감정
평가사 1차

감정평가관계법규

한권으로 끝내기

시대에듀

2026 Certified Appraiser

2026 시대에듀 감정평가사 1차
감정평가관계법규 한권으로 끝내기

Always **with you**

사람의 인연은 길에서 우연하게 만나거나 함께 살아가는 것만을 의미하지는 않습니다.
책을 펴내는 출판사와 그 책을 읽는 독자의 만남도 소중한 인연입니다.
시대에듀는 항상 독자의 마음을 헤아리기 위해 노력하고 있습니다.
늘 독자와 함께하겠습니다.

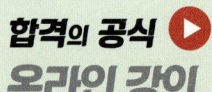 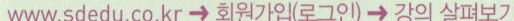 

보다 깊이 있는 학습을 원하는 수험생들을 위한
시대에듀의 동영상 강의가 준비되어 있습니다.
www.sdedu.co.kr → 회원가입(로그인) → 강의 살펴보기

PREFACE 머리말

감정평가란 부동산, 동산을 포함하여 토지, 건물, 기계기구, 항공기, 선박, 유가증권, 영업권과 같은 유·무형의 재산에 대한 경제적 가치를 판정하여 그 결과를 가액으로 표시하는 행위를 뜻합니다. 이러한 평가를 하기 위해서는 변해가는 경제상황 및 이에 기반한 다양한 이론과 법령을 알아야 하며, 그 분량은 매우 광범위합니다.

감정평가사 1차 시험은 전과목 40점 이상, 전과목 평균 60점을 넘으면 합격하는 절대평가 시험입니다. 그중 감정평가관계법규는 방대한 양의 법령 조문을 학습해야 하는 과목입니다. 생소한 법률 용어와 법 개념을 충분한 시간을 통해 암기해야 할 필요성도 있습니다. 이러한 시험에서 감정평가관계법규 과목을 평균점수를 높이기 위한 전략과목으로 만들려면 학습 분량을 체계적으로 파악하여 출제빈도가 높은 내용 중심으로 학습할 필요가 있습니다.

본서는 감정평가관계법규 학습에 필요한 내용을 간결하고 충실히 정리하였으며, 필수적인 기본이론과 문제까지 한 권에 수록하여 학습자의 부담을 최소화하면서 동시에 최대의 효과를 거두려는 방향으로 기획되었습니다. 이론학습과 병행하여 기출문제를 통해 이론과 문제를 한 번에 정리하길 바랍니다. 특히 기출문제를 통해 출제방향을 살피고 구체적인 사례까지 학습하는 것을 추천드립니다.

도서의 특징

❶ 필수이론과 기출문제를 한 권에 수록하여 방대한 학습분량을 최적화하였습니다.
❷ 최신 개정법령 및 기출문제의 출제경향을 완벽하게 반영하여 수록하였습니다.
❸ 철저한 검수를 통해 교재상의 오류를 없애고, 최근 출제경향을 정확하게 반영하여 출제가능성이 높은 테마를 빠짐없이 학습할 수 있도록 하였습니다.
❹ 감정평가사 1차 시험의 기출문제를 완벽하게 분석하여 상세한 해설을 수록하였고, 중요이론에 내해서는 기출표기를 통해 학습의 포인트를 부여하였습니다.
❺ 보다 깊이 있는 학습을 원하는 수험생들은 본 도서를 교재로 사용하는 시대에듀 유료 동영상 강의를 통해 검증된 수준의 강의를 지원받을 수 있습니다.

본서로 학습하는 수험생 여러분의 합격을 기원합니다.

편저자 드림

STRUCTURES
이 책의 구성과 특징

출제포인트
시험에 출제되는 중요한 포인트를 단원별로 미리 확인할 수 있게 정리하여 해당 단원의 학습 방향을 설정할 수 있도록 하였습니다.

핵심이론
최근 출제경향을 반영하여 기출문제 보기 지문을 바탕으로 핵심이론을 구성하였고, 최신 개정법령을 반영하여 법률별 각 조항을 분석한 상세한 이론 전개로 감정평가관계법규의 내용을 단계적으로 파악할 수 있도록 하였습니다.

법령박스
학습의 토대가 되는 조문을 수록하여 어떠한 조문이 중요한지, 시험에 자주 출제되는지를 쉽게 파악할 수 있도록 하였습니다.

합격의 공식 Formula of pass | 시대에듀 www.sdedu.co.kr

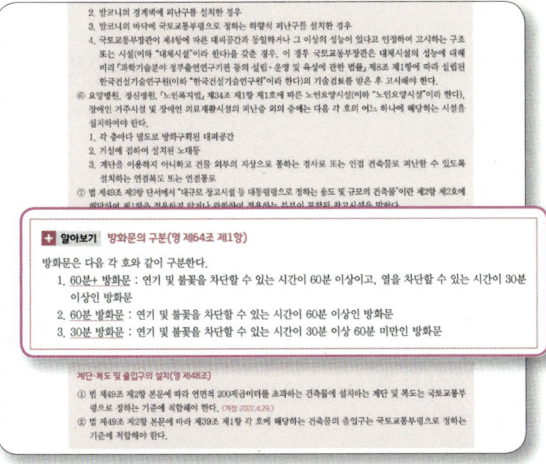

➕ 알아보기

심화학습을 위한 이론을 쉽게 이해할 수 있도록 정리한 ➕ 알아보기 를 통해 학습 효율을 향상시킬 수 있도록 하였습니다.

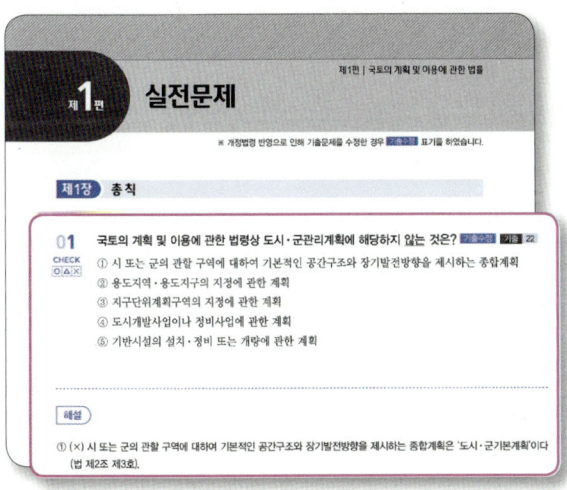

실전문제 & 상세한 해설

단원별로 최근 10개년 기출문제와 연습문제를 수록하여 이론과 연계된 문제를 풀며 실전 감각을 키울 수 있습니다. 또한 최신 개정법령 및 출제포인트를 분석한 상세한 해설을 수록하여 혼자서도 학습이 가능하도록 하였습니다.

유료 동영상 강의 교재

본 도서를 교재로 사용하는 시대에듀 유료 동영상 강의가 진행되고 있습니다. 충분히 독학할 수 있도록 기획·제작되었으나, 내용 이해가 어려운 수험생들은 유료 동영상 강의를 이용해 주시기 바랍니다.

INFORMATION
감정평가사 자격시험 안내

⭐ 감정평가
감정평가란 부동산, 동산을 포함하여 토지, 건물, 기계기구, 항공기, 선박, 유가증권, 영업권과 같은 유·무형의 재산에 대한 경제적 가치를 판정하여 그 결과를 가액으로 표시하는 것

⭐ 수행직무
❶ 정부에서 매년 고시하는 공시지가와 관련된 표준지의 조사·평가
❷ 기업체 등의 의뢰와 관련된 자산의 재평가
❸ 금융기관, 보험회사, 신탁회사의 의뢰와 관련된 토지 및 동산에 대한 평가
❹ 주택단지나 공업단지 조성 및 도로개설 등과 같은 공공사업 수행

⭐ 응시자격
감정평가 및 감정평가사에 관한 법률 제12조의 다음 각호 중 어느 하나에 해당하는 결격사유가 없는 사람

1. 파산선고를 받은 사람으로서 복권되지 아니한 사람
2. 금고 이상의 실형을 선고받고 그 집행이 종료(집행이 종료된 것으로 보는 경우를 포함한다)되거나 그 집행이 면제된 날부터 3년이 지나지 아니한 사람
3. 금고 이상의 형의 집행유예를 받고 그 유예기간이 만료된 날부터 1년이 지나지 아니한 사람
4. 금고 이상의 형의 선고유예를 받고 그 선고유예기간 중에 있는 사람
5. 제13조에 따라 감정평가사 자격이 취소된 후 3년이 지나지 아니한 사람
   ※ 단, 제39조 제1항 제11호 및 제12호에 따라 자격이 취소된 후 5년이 지나지 아니한 사람은 제외한다.
6. 제39조 제1항 제11호 및 제12호에 따라 자격이 취소된 후 5년이 지나지 아니한 사람

⭐ 공인어학성적 기준점수

시험명	TOEFL		TOEIC	TEPS	G-TELP	FLEX	TOSEL	IELTS
	PBT	IBT						
일반 응시자	530	71	700	340	65 (level-2)	625	640 (Advanced)	4.5 (Overall Band Score)
청각 장애인	352	—	350	204	43 (level-2)	375	145 (Advanced)	—

※ 청각장애인(장애의 정도가 심한 청각장애인을 말한다)의 경우 듣기부분을 제외한 나머지 부분의 합계점수를 말함. 청각장애인의 기준 점수를 적용 받으려는 수험자는 원서접수 마감일까지 장애의 정도가 심한 청각장애인으로 유효하게 등록되어 있어야 하며, 원서접수 마감일부터 4일 이내에 장애인등록증의 사본을 원서접수 기관에 제출하여야 함

시험일정 (2026년)

감정평가사 시험은 1차와 2차 각각 연 1회 실시됩니다. 1차 시험은 그 해의 상반기(4월)에 실시하고, 2차 시험은 그 해의 하반기(7월)에 실시합니다. 매해 시험일정이 상이하므로 상세한 시험일정은 한국산업인력공단 홈페이지(www.q-net.or.kr)를 통하여 확인하시기 바랍니다.

시험과목

구 분	시험과목	시험방법
1차 시험	❶ 「민법」 중 총칙, 물권에 관한 규정 ❷ 경제학원론 ❸ 부동산학원론 ❹ 감정평가관계법규 → 「국토의 계획 및 이용에 관한 법률」, 「건축법」, 「공간정보의 구축 및 관리 등에 관한 법률」 중 지적에 관한 규정, 「국유재산법」, 「도시 및 주거환경정비법」, 「부동산등기법」, 「감정평가 및 감정평가사에 관한 법률」, 「부동산 가격공시에 관한 법률」 및 「동산·채권 등의 담보에 관한 법률」 ❺ 회계학 ❻ 영어(영어시험성적 제출로 대체)	객관식 5지 택일형
2차 시험	❶ 감정평가실무 ❷ 감정평가이론 ❸ 감정평가 및 보상법규 → 「감정평가 및 감정평가사에 관한 법률」, 「공익사업을 위한 토지 등의 취득 및 보상에 관한 법률」, 「부동산 가격공시에 관한 법률」	주관식 논술형 (기입형 병행가능)

※ 시험과 관련하여 법률, 회계처리기준 등을 적용하여 정답을 구하여야 하는 문제는 시험시행일 현재 시행 중인 법률, 회계처리기준 등을 적용하여 그 정답을 구하여야 함
※ 회계학 과목의 경우 한국채택국제회계기준(K-IFRS)만 적용하여 출제
※ 기활용된 문제, 기출문제 등도 변형·활용되어 출제될 수 있음

합격자 결정

구 분	내 용
1차 시험	영어 과목을 제외한 나머지 시험과목에서 과목당 100점을 만점으로 하여 모든 과목 40점 이상이고, 전 과목 평균 60점 이상인 사람
2차 시험	❶ 과목당 100점을 만점으로 하여 모든 과목 40점 이상, 전 과목 평균 60점 이상을 득점한 사람 ❷ 최소합격인원에 미달하는 경우 최소합격인원의 범위에서 모든 과목 40점 이상을 득점한 사람 중에서 전 과목 평균점수가 높은 순으로 합격자를 결정

※ 동점자로 인하여 최소합격인원을 초과하는 경우에는 동점자 모두를 합격자로 결정. 이 경우 동점자의 점수는 소수점 이하 둘째자리까지만 계산하며, 반올림은 하지 아니함

감정평가사 자격시험 안내

⭐ 과목별 시험시간

구 분	교시	시험과목	입실완료	시험시간	시험방법
1차 시험	1교시	❶ 민법 (총칙, 물권) ❷ 경제학원론 ❸ 부동산학원론	09:00	09:30~11:30(120분)	과목별 40문항 (객관식 5지 택일형)
	2교시	❹ 감정평가관계법규 ❺ 회계학	11:50	12:00~13:20(80분)	
2차 시험	1교시	감정평가실무	09:00	09:30~11:10(100분)	과목별 4문항 (주관식)
	중식시간 11:10~12:10(60분)				
	2교시	감정평가이론	12:10	12:30~14:10(100분)	
	휴식시간 14:10~14:30(20분)				
	3교시	감정평가 및 보상법규	14:30	14:40~16:20(100분)	

※ 장애인 등 응시 편의 제공으로 시험시간 연장 시 수험인원과 효율적인 시험 집행을 고려하여 시행기관에서 휴식 및 중식 시간을 조정할 수 있음

⭐ 감정평가사 시험 통계자료

구 분		2021년(32회)	2022년(33회)	2023년(34회)	2024년(35회)	2025년(36회)
1차 시험	대 상	4,019명	4,513명	6,484명	6,746명	7,969명
	응 시	3,176명	3,642명	5,515명	5,755명	6,702명
	응시율	79%	80.7%	85.06%	85.31%	84.1%
	합 격	1,171명	877명	1,773명	1,340명	1,914명
	합격률	36.9%	24.08%	32.15%	23.28%	28.55%
2차 시험	대 상	1,905명	2,227명	2,655명	2,950명	-
	응 시	1,531명	1,803명	2,377명	2,667명	-
	응시율	80.36%	80.96%	89.53%	90.4%	-
	합 격	203명	202명	204명	195명	-
	합격률	13.26%	11.20%	8.58%	7.31%	-

감정평가관계법규 출제비율

구 분	32회	33회	34회	35회	36회	전체 통계	
						합 계	비 율
국토의 계획 및 이용에 관한 법률	13	13	13	13	13	65	32.5%
감정평가 및 감정평가사에 관한 법률	3	3	3	3	3	15	7.5%
부동산 가격공시에 관한 법률	3	3	3	3	3	15	7.5%
국유재산법	4	4	4	4	4	20	10%
건축법	4	4	4	4	4	20	10%
공간정보의 구축 및 관리 등에 관한 법률	4	4	4	4	4	20	10%
부동산등기법	4	4	4	4	4	20	10%
동산·채권 등의 담보에 관한 법률	1	1	1	1	1	5	2.5%
도시 및 주거환경정비법	4	4	4	4	4	20	10%
합 계	40	40	40	40	40	200	100%

이 책의 차례

제1편 국토의 계획 및 이용에 관한 법률

제1장 총 칙 002
제2장 광역도시계획 013
제3장 도시·군기본계획 019
제4장 도시·군관리계획 024
제5장 개발행위의 허가 등 081
제6장 용도지역·용도지구 및 용도구역에서의 행위 제한 112
제7장 도시·군계획시설사업의 시행 127
제8장 비 용 140
제9장 도시계획위원회 143
제10장 보 칙 149
제11장 벌 칙 156
실전문제 159

제2편 감정평가 및 감정평가사에 관한 법률

제1장 총 칙 264
제2장 감정평가 265
제3장 감정평가사 276
제4장 한국감정평가사협회 293
제5장 징 계 296
제6장 과징금 300
제7장 보칙 및 벌칙 303
실전문제 307

제3편 부동산 가격공시에 관한 법률

제1장 총 칙 336
제2장 지가의 공시 337
제3장 주택가격의 공시 349
제4장 비주거용 부동산가격의 공시 357
제5장 부동산가격공시위원회 365
제6장 보 칙 368
실전문제 372

제4편 국유재산법

제1장 총 칙 ··· 402
제2장 총괄청 ··· 414
제3장 행정재산 ·· 419
제4장 일반재산 ·· 432
제5장 지식재산 관리·처분의 특례 ······················ 456
제6장 대장(臺帳)과 보고 ···································· 459
제7장 보칙 및 벌칙 ·· 461
실전문제 ·· 469

제5편 건축법

제1장 총 칙 ··· 508
제2장 건축물의 건축 ·· 528
제3장 건축물의 대지와 도로 ······························ 552
제4장 건축물의 구조 및 재료 등 ······················· 558
제5장 지역 및 지구의 건축물 ····························· 573
제6장 특별건축구역 등 ······································· 579
제7장 건축협정 및 결합건축 ······························ 587
제8장 보 칙 ··· 594
실전문제 ·· 608

제6편 공간정보의 구축 및 관리 등에 관한 법률

제1장 총 칙 ··· 646
제2장 측 량 ··· 651
제3장 지적(地籍) ·· 664
제4장 보 칙 ··· 689
실전문제 ·· 691

CONTENTS
이 책의 차례

제7편 부동산등기법

제1장 총 칙 724
제2장 등기소와 등기관 727
제3장 등기부 등 730
제4장 등기절차 735
제5장 이 의 759
제6장 보칙 및 벌칙 761
실전문제 763

제8편 동산·채권 등의 담보에 관한 법률

제1장 총 칙 798
제2장 동산담보권 800
제3장 채권담보권 808
제4장 담보등기 810
제5장 지식재산권의 담보에 관한 특례 816
제6장 보칙 및 벌칙 817
실전문제 818

제9편 도시 및 주거환경정비법

제1장 총 칙 836
제2장 기본계획의 수립 및 정비구역의 지정 841
제3장 정비사업의 시행 856
제4장 비용의 부담 등 898
제5장 공공재개발사업 및 공공재건축사업 904
제6장 감독 등 910
제7장 보칙 및 벌칙 914
실전문제 921

제1편

국토의 계획 및 이용에 관한 법률

2026 시대에듀 감정평가사 1차 감정평가관계법규

제1장	총 칙
제2장	광역도시계획
제3장	도시·군기본계획
제4장	도시·군관리계획
제5장	개발행위의 허가 등
제6장	용도지역·용도지구 및 용도구역에서의 행위제한
제7장	도시·군계획시설사업의 시행
제8장	비 용
제9장	도시계획위원회
제10장	보 칙
제11장	벌 칙

제1장 총칙

> **Point 출제포인트**
> ▷ 도시·군기본계획의 정의
> ▷ 도시·군관리계획의 정의
> ▷ 기반시설의 구분
> ▷ 기반시설부담구역

1 법 제1조(목적)

이 법은 국토의 이용·개발과 보전을 위한 계획의 수립 및 집행 등에 필요한 사항을 정하여 공공복리를 증진시키고 국민의 삶의 질을 향상시키는 것을 목적으로 한다.

2 법 제2조(정의)

이 법에서 사용하는 용어의 뜻은 다음과 같다. 〈개정 2024.2.6.〉

(1) 광역도시계획 기출 31회

"광역도시계획"이란 제10조에 따라 지정된 광역계획권의 장기발전방향을 제시하는 계획을 말한다.

(2) 도시·군계획

"도시·군계획"이란 특별시·광역시·특별자치시·특별자치도·시 또는 군(광역시의 관할 구역에 있는 군은 제외한다)의 관할 구역에 대하여 수립하는 공간구조와 발전방향에 대한 계획으로서 도시·군기본계획과 도시·군관리계획으로 구분한다.

(3) 도시·군기본계획 기출 33회

"도시·군기본계획"이란 특별시·광역시·특별자치시·특별자치도·시 또는 군의 관할 구역 및 생활권에 대하여 기본적인 공간구조와 장기발전방향을 제시하는 종합계획으로서 도시·군관리계획 수립의 지침이 되는 계획을 말한다.

(4) 도시·군관리계획 기출 32회·36회

"도시·군관리계획"이란 특별시·광역시·특별자치시·특별자치도·시 또는 군의 개발·정비 및 보전을 위하여 수립하는 토지 이용, 교통, 환경, 경관, 안전, 산업, 정보통신, 보건, 복지, 안보, 문화 등에 관한 다음의 계획을 말한다.
① 용도지역·용도지구의 지정 또는 변경에 관한 계획
② 개발제한구역, 도시자연공원구역, 시가화조정구역(市街化調整區域), 수산자원보호구역의 지정 또는 변경에 관한 계획
③ 기반시설의 설치·정비 또는 개량에 관한 계획
④ 도시개발사업이나 정비사업에 관한 계획
⑤ 지구단위계획구역의 지정 또는 변경에 관한 계획과 지구단위계획
⑥ 도시혁신구역의 지정 또는 변경에 관한 계획과 도시혁신계획
⑦ 복합용도구역의 지정 또는 변경에 관한 계획과 복합용도계획
⑧ 도시·군계획시설입체복합구역의 지정 또는 변경에 관한 계획

(5) 지구단위계획

"지구단위계획"이란 도시·군계획 수립 대상지역의 일부에 대하여 토지 이용을 합리화하고 그 기능을 증진시키며 미관을 개선하고 양호한 환경을 확보하며, 그 지역을 체계적·계획적으로 관리하기 위하여 수립하는 도시·군관리계획을 말한다.

(6) 성장관리계획 기출 36회

"성장관리계획"이란 성장관리계획구역에서의 난개발을 방지하고 계획적인 개발을 유도하기 위하여 수립하는 계획을 말한다.

(7) 공간재구조화계획

"공간재구조화계획"이란 토지의 이용 및 건축물이나 그 밖의 시설의 용도·건폐율·용적률·높이 등을 완화하는 용도구역의 효율적이고 계획적인 관리를 위하여 수립하는 계획을 말한다.

(8) 도시혁신계획

"도시혁신계획"이란 창의적이고 혁신적인 도시공간의 개발을 목적으로 도시혁신구역에서의 토지의 이용 및 건축물의 용도·건폐율·용적률·높이 등의 제한에 관한 사항을 따로 정하기 위하여 공간재구조화계획으로 결정하는 도시·군관리계획을 말한다.

(9) 복합용도계획

"복합용도계획"이란 주거·상업·산업·교육·문화·의료 등 다양한 도시기능이 융복합된 공간의 조성을 목적으로 복합용도구역에서의 건축물의 용도별 구성비율 및 건폐율·용적률·높이 등의 제한에 관한 사항을 따로 정하기 위하여 공간재구조화계획으로 결정하는 도시·군관리계획을 말한다.

(10) 기반시설 기출 30회·31회·32회·33회·35회

"기반시설"이란 다음의 시설로서 대통령령으로 정하는 시설을 말한다.
① 도로·철도·항만·공항·주차장 등 교통시설
② 광장·공원·녹지 등 공간시설
③ 유통업무설비, 수도·전기·가스공급설비, 방송·통신시설, 공동구 등 유통·공급시설
④ 학교·공공청사·문화시설 및 공공필요성이 인정되는 체육시설 등 공공·문화체육시설
⑤ 하천·유수지(遊水池)·방화설비 등 방재시설
⑥ 장사시설 등 보건위생시설
⑦ 하수도, 폐기물처리 및 재활용시설, 빗물저장 및 이용시설 등 환경기초시설

> **대통령령으로 정하는 시설(영 제2조 제1항)**
> 다음 각 호의 시설(당해 시설 그 자체의 기능발휘와 이용을 위하여 필요한 부대시설 및 편익시설을 포함한다)을 말한다.
> 1. 교통시설 : 도로·철도·항만·공항·주차장·자동차정류장·궤도·차량 검사 및 면허시설
> 2. 공간시설 : 광장·공원·녹지·유원지·공공공지
> 3. 유통·공급시설 : 유통업무설비, 수도·전기·가스·열공급설비, 방송·통신시설, 공동구·시장, 유류저장 및 송유설비
> 4. 공공·문화체육시설 : 학교·공공청사·문화시설·공공필요성이 인정되는 체육시설·연구시설·사회복지시설·공공직업훈련시설·청소년수련시설
> 5. 방재시설 : 하천·유수지·저수지·방화설비·방풍설비·방수설비·사방설비·방조설비
> 6. 보건위생시설 : 장사시설·도축장·종합의료시설
> 7. 환경기초시설 : 하수도·폐기물처리 및 재활용시설·빗물저장 및 이용시설·수질오염방지시설·폐차장

[기반시설 중 도로·자동차정류장 및 광장의 세분류(영 제2조 제2항)]

도 로	자동차정류장	광 장
가. 일반도로	가. 여객자동차터미널	가. 교통광장
나. 자동차전용도로	나. 물류터미널	나. 일반광장
다. 보행자전용도로	다. 공영차고지	다. 경관광장
라. 보행자우선도로	라. 공동차고지	라. 지하광장
마. 자전거전용도로	마. 화물자동차 휴게소	마. 건축물부설광장
바. 고가도로	바. 복합환승센터	
사. 지하도로	사. 환승센터 〈개정 2023.7.18.〉	

(11) 도시·군계획시설

"도시·군계획시설"이란 기반시설 중 도시·군관리계획으로 결정된 시설을 말한다.

(12) 광역시설

"광역시설"이란 기반시설 중 광역적인 정비체계가 필요한 다음의 시설로서 대통령령으로 정하는 시설을 말한다.
① 둘 이상의 특별시·광역시·특별자치시·특별자치도·시 또는 군의 관할 구역에 걸쳐 있는 시설
② 둘 이상의 특별시·광역시·특별자치시·특별자치도·시 또는 군이 공동으로 이용하는 시설

> **대통령령으로 정하는 시설(영 제3조)**
> 1. 2 이상의 특별시·광역시·특별자치시·특별자치도·시 또는 군(광역시의 관할구역 안에 있는 군을 제외한다. 다만, 제110조·제112조 및 제128조에서는 광역시의 관할구역 안에 있는 군을 포함한다)의 관할구역에 걸치는 시설 : 도로·철도·광장·녹지, 수도·전기·가스·열공급설비, 방송·통신시설, 공동구, 유류저장 및 송유설비, 하천·하수도(하수종말처리시설을 제외한다)
> 2. 2 이상의 특별시·광역시·특별자치시·특별자치도·시 또는 군이 공동으로 이용하는 시설 : 항만·공항·자동차정류장·공원·유원지·유통업무설비·문화시설·공공필요성이 인정되는 체육시설·사회복지시설·공공직업훈련시설·청소년수련시설·유수지·장사시설·도축장·하수도(하수종말처리시설에 한한다)·폐기물처리 및 재활용시설·수질오염방지시설·폐차장

(13) 공동구

"공동구"란 전기·가스·수도 등의 공급설비, 통신시설, 하수도시설 등 지하매설물을 공동 수용함으로써 미관의 개선, 도로구조의 보전 및 교통의 원활한 소통을 위하여 지하에 설치하는 시설물을 말한다.

(14) 도시·군계획시설사업

"도시·군계획시설사업"이란 도시·군계획시설을 설치·정비 또는 개량하는 사업을 말한다.

(15) 도시·군계획사업

"도시·군계획사업"이란 도시·군관리계획을 시행하기 위한 다음의 사업을 말한다.
① 도시·군계획시설사업
②「도시개발법」에 따른 도시개발사업
③「도시 및 주거환경정비법」에 따른 정비사업

(16) 도시·군계획사업시행자

"도시·군계획사업시행자"란 이 법 또는 다른 법률에 따라 도시·군계획사업을 하는 자를 말한다.

(17) 공공시설

"공공시설"이란 도로·공원·철도·수도, 그 밖에 대통령령으로 정하는 공공용 시설을 말한다.

> **대통령령으로 정하는 공공용시설(영 제4조)**
> 1. 항만·공항·광장·녹지·공공공지·공동구·하천·유수지·방화설비·방풍설비·방수설비·사방설비·방조설비·하수도·구거(溝渠 : 도랑)
> 2. 행정청이 설치하는 시설로서 주차장, 저수지 및 그 밖에 국토교통부령으로 정하는 시설(규칙 제2조)
>   • 공공필요성이 인정되는 체육시설 중 운동장
>   • 장사시설 중 화장장·공동묘지·봉안시설(자연장지 또는 장례식장에 화장장·공동묘지·봉안시설 중 한 가지 이상의 시설을 같이 설치하는 경우를 포함한다)
> 3.「스마트도시 조성 및 산업진흥 등에 관한 법률」제2조 제3호 다목에 따른 시설

(18) 국가계획 기출 31회

"국가계획"이란 중앙행정기관이 법률에 따라 수립하거나 국가의 정책적인 목적을 이루기 위하여 수립하는 계획 중 제19조 제1항 제1호부터 제9호까지에 규정된 사항이나 도시·군관리계획으로 결정하여야 할 사항이 포함된 계획을 말한다.

(19) 용도지역

"용도지역"이란 토지의 이용 및 건축물의 용도, 건폐율(「건축법」 제55조의 건폐율을 말한다), 용적률(「건축법」 제56조의 용적률을 말한다), 높이 등을 제한함으로써 토지를 경제적·효율적으로 이용하고 공공복리의 증진을 도모하기 위하여 서로 중복되지 아니하게 도시·군관리계획으로 결정하는 지역을 말한다.

(20) 용도지구

"용도지구"란 토지의 이용 및 건축물의 용도·건폐율·용적률·높이 등에 대한 용도지역의 제한을 강화하거나 완화하여 적용함으로써 용도지역의 기능을 증진시키고 경관·안전 등을 도모하기 위하여 도시·군관리계획으로 결정하는 지역을 말한다.

(21) 용도구역

"용도구역"이란 토지의 이용 및 건축물의 용도·건폐율·용적률·높이 등에 대한 용도지역 및 용도지구의 제한을 강화하거나 완화하여 따로 정함으로써 시가지의 무질서한 확산방지, 계획적이고 단계적인 토지이용의 도모, 혁신적이고 복합적인 토지활용의 촉진, 토지이용의 종합적 조정·관리 등을 위하여 도시·군관리계획으로 결정하는 지역을 말한다.

(22) 개발밀도관리구역

"개발밀도관리구역"이란 개발로 인하여 기반시설이 부족할 것으로 예상되나 기반시설을 설치하기 곤란한 지역을 대상으로 건폐율이나 용적률을 강화하여 적용하기 위하여 제66조에 따라 지정하는 구역을 말한다.

(23) 기반시설부담구역

"기반시설부담구역"이란 개발밀도관리구역 외의 지역으로서 개발로 인하여 도로, 공원, 녹지 등 대통령령으로 정하는 기반시설의 설치가 필요한 지역을 대상으로 기반시설을 설치하거나 그에 필요한 용지를 확보하게 하기 위하여 제67조에 따라 지정·고시하는 구역을 말한다.

> **기반시설부담구역에 설치가 필요한 기반시설(영 제4조의2)** 기출 33회
>
> "도로, 공원, 녹지 등 대통령령으로 정하는 기반시설"이란 다음 각 호의 기반시설(해당 시설의 이용을 위하여 필요한 부대시설 및 편의시설을 포함한다)을 말한다.
> 1. 도로(인근의 간선도로로부터 기반시설부담구역까지의 진입도로를 포함한다)
> 2. 공원
> 3. 녹지
> 4. 학교(「고등교육법」 제2조에 따른 학교는 제외한다)
> 5. 수도(인근의 수도로부터 기반시설부담구역까지 연결하는 수도를 포함한다)
> 6. 하수도(인근의 하수도로부터 기반시설부담구역까지 연결하는 하수도를 포함한다)
> 7. 폐기물처리 및 재활용시설
> 8. 그 밖에 특별시장·광역시장·특별자치시장·특별자치도지사·시장 또는 군수가 법 제68조 제2항 단서에 따른 기반시설부담계획에서 정하는 시설

(24) 기반시설설치비용

"기반시설설치비용"이란 단독주택 및 숙박시설 등 대통령령으로 정하는 시설의 신·증축 행위로 인하여 유발되는 기반시설을 설치하거나 그에 필요한 용지를 확보하기 위하여 제69조에 따라 부과·징수하는 금액을 말한다.

> **기반시설을 유발하는 시설의 종류(영 제4조의3)**
> "단독주택 및 숙박시설 등 대통령령으로 정하는 시설"이란 「건축법 시행령」[별표 1]에 따른 용도별 건축물을 말한다. 다만, [별표 1]의 건축물은 제외한다.

3 법 제3조(국토 이용 및 관리의 기본원칙)

국토는 자연환경의 보전과 자원의 효율적 활용을 통하여 환경적으로 건전하고 지속가능한 발전을 이루기 위하여 다음의 목적을 이룰 수 있도록 이용되고 관리되어야 한다.
① 국민생활과 경제활동에 필요한 토지 및 각종 시설물의 효율적 이용과 원활한 공급
② 자연환경 및 경관의 보전과 훼손된 자연환경 및 경관의 개선 및 복원
③ 교통·수자원·에너지 등 국민생활에 필요한 각종 기초 서비스 제공
④ 주거 등 생활환경 개선을 통한 국민의 삶의 질 향상
⑤ 지역의 정체성과 문화유산의 보전
⑥ 지역 간 협력 및 균형발전을 통한 공동번영의 추구
⑦ 지역경제의 발전과 지역 및 지역 내 적절한 기능 배분을 통한 사회적 비용의 최소화
⑧ 기후변화에 대한 대응 및 풍수해 저감을 통한 국민의 생명과 재산의 보호
⑨ 저출산·인구의 고령화에 따른 대응과 새로운 기술변화를 적용한 최적의 생활환경 제공

4 법 제3조의2(도시의 지속가능성 및 생활인프라 수준 평가) 기출 34회

① 국토교통부장관은 도시의 지속가능하고 균형 있는 발전과 주민의 편리하고 쾌적한 삶을 위하여 도시의 지속가능성 및 생활인프라(교육시설, 문화·체육시설, 교통시설 등의 시설로서 국토교통부장관이 정하는 것을 말한다) 수준을 평가할 수 있다.
② 평가를 위한 절차 및 기준 등에 관하여 필요한 사항은 대통령령으로 정한다.
③ 국가와 지방자치단체는 평가결과를 도시·군계획의 수립 및 집행에 반영하여야 한다.

> **도시의 지속가능성 및 생활인프라 수준 평가의 기준·절차(영 제4조의4)**
> ① 국토교통부장관은 법 제3조의2 제2항에 따른 도시의 지속가능성 및 생활인프라 수준의 평가기준을 정할 때에는 다음 각 호의 구분에 따른 사항을 종합적으로 고려하여야 한다.
> 1. 지속가능성 평가기준 : 토지이용의 효율성, 환경친화성, 생활공간의 안전성·쾌적성·편의성 등에 관한 사항
> 2. 생활인프라 평가기준 : 보급률 등을 고려한 생활인프라 설치의 적정성, 이용의 용이성·접근성·편리성 등에 관한 사항

② 국토교통부장관은 법 제3조의2 제1항에 따른 평가를 실시하려는 경우 특별시장·광역시장·특별자치시장·특별자치도지사·시장 또는 군수에게 해당 지방자치단체의 자체평가를 실시하여 그 결과를 제출하도록 하여야 하며, 제출받은 자체평가 결과를 바탕으로 최종평가를 실시한다.
③ 국토교통부장관은 제2항에 따른 평가결과의 일부 또는 전부를 공개할 수 있으며, 「도시재생 활성화 및 지원에 관한 특별법」 제27조에 따른 도시재생 활성화를 위한 비용의 보조 또는 융자, 「지방자치분권 및 지역균형발전에 관한 특별법」 제86조에 따른 포괄보조금의 지원 등에 평가결과를 활용하도록 할 수 있다. 〈개정 2023.7.7.〉
④ 국토교통부장관은 제2항에 따른 평가를 전문기관에 의뢰할 수 있다.
⑤ 제1항부터 제4항까지에서 규정한 평가기준 및 절차 등에 관하여 필요한 세부사항은 국토교통부장관이 정하여 고시한다.

5 법 제4조(국가계획, 광역도시계획 및 도시·군계획의 관계 등) 기출 31회·36회

① 도시·군계획은 특별시·광역시·특별자치시·특별자치도·시 또는 군의 관할 구역에서 수립되는 다른 법률에 따른 토지의 이용·개발 및 보전에 관한 계획의 기본이 된다.
② 광역도시계획 및 도시·군계획은 국가계획에 부합되어야 하며, 광역도시계획 또는 도시·군계획의 내용이 국가계획의 내용과 다를 때에는 국가계획의 내용이 우선한다. 이 경우 국가계획을 수립하려는 중앙행정기관의 장은 미리 지방자치단체의 장의 의견을 듣고 충분히 협의하여야 한다.
③ 광역도시계획이 수립되어 있는 지역에 대하여 수립하는 도시·군기본계획은 그 광역도시계획에 부합되어야 하며, 도시·군기본계획의 내용이 광역도시계획의 내용과 다를 때에는 광역도시계획의 내용이 우선한다.
④ 특별시장·광역시장·특별자치시장·특별자치도지사·시장 또는 군수(광역시의 관할 구역에 있는 군의 군수는 제외한다. 다만, 제8조 제2항 및 제3항, 제113조, 제133조, 제136조, 제138조 제1항, 제139조 제1항·제2항에서는 광역시의 관할 구역에 있는 군의 군수를 포함한다)가 관할 구역에 대하여 다른 법률에 따른 환경·교통·수도·하수도·주택 등에 관한 부문별 계획을 수립할 때에는 도시·군기본계획의 내용에 부합되게 하여야 한다.

6 법 제5조(도시·군계획 등의 명칭)

① 행정구역의 명칭이 특별시·광역시·특별자치시·특별자치도·시인 경우 도시·군계획, 도시·군기본계획, 도시·군관리계획, 도시·군계획시설, 도시·군계획시설사업, 도시·군계획사업 및 도시·군계획상임기획단의 명칭은 각각 "도시계획", "도시기본계획", "도시관리계획", "도시계획시설", "도시계획시설사업", "도시계획사업" 및 "도시계획상임기획단"으로 한다.
② 행정구역의 명칭이 군인 경우 도시·군계획, 도시·군기본계획, 도시·군관리계획, 도시·군계획시설, 도시·군계획시설사업, 도시·군계획사업 및 도시·군계획상임기획단의 명칭은 각각 "군계획", "군기본계획", "군관리계획", "군계획시설", "군계획시설사업", "군계획사업" 및 "군계획상임기획단"으로 한다.
③ 군에 설치하는 도시계획위원회의 명칭은 "군계획위원회"로 한다.

7 법 제6조(국토의 용도 구분)

국토는 토지의 이용실태 및 특성, 장래의 토지 이용 방향, 지역 간 균형발전 등을 고려하여 다음과 같은 용도지역으로 구분한다.

(1) 도시지역

인구와 산업이 밀집되어 있거나 밀집이 예상되어 그 지역에 대하여 체계적인 개발·정비·관리·보전 등이 필요한 지역

(2) 관리지역

도시지역의 인구와 산업을 수용하기 위하여 도시지역에 준하여 체계적으로 관리하거나 농림업의 진흥, 자연환경 또는 산림의 보전을 위하여 농림지역 또는 자연환경보전지역에 준하여 관리할 필요가 있는 지역

(3) 농림지역

도시지역에 속하지 아니하는 「농지법」에 따른 농업진흥지역 또는 「산지관리법」에 따른 보전산지 등으로서 농림업을 진흥시키고 산림을 보전하기 위하여 필요한 지역

(4) 자연환경보전지역 〈개정 2023.5.16.〉

자연환경·수자원·해안·생태계·상수원 및 「국가유산기본법」 제3조에 따른 국가유산의 보전과 수산자원의 보호·육성 등을 위하여 필요한 지역

8 법 제7조(용도지역별 관리 의무)

국가나 지방자치단체는 제6조에 따라 정하여진 용도지역의 효율적인 이용 및 관리를 위하여 다음에서 정하는 바에 따라 그 용도지역에 관한 개발·정비 및 보전에 필요한 조치를 마련하여야 한다.

(1) 도시지역

이 법 또는 관계 법률에서 정하는 바에 따라 그 지역이 체계적이고 효율적으로 개발·정비·보전될 수 있도록 미리 계획을 수립하고 그 계획을 시행하여야 한다.

(2) 관리지역

이 법 또는 관계 법률에서 정하는 바에 따라 필요한 보전조치를 취하고 개발이 필요한 지역에 대하여는 계획적인 이용과 개발을 도모하여야 한다.

(3) 농림지역

이 법 또는 관계 법률에서 정하는 바에 따라 농림업의 진흥과 산림의 보전·육성에 필요한 조사와 대책을 마련하여야 한다.

(4) 자연환경보전지역 〈개정 2023.5.16.〉

이 법 또는 관계 법률에서 정하는 바에 따라 환경오염 방지, 자연환경·수질·수자원·해안·생태계 및 「국가유산기본법」 제3조에 따른 국가유산의 보전과 수산자원의 보호·육성을 위하여 필요한 조사와 대책을 마련하여야 한다.

9 법 제8조(다른 법률에 따른 토지 이용에 관한 구역 등의 지정 제한 등)

① 중앙행정기관의 장이나 지방자치단체의 장은 다른 법률에 따라 토지 이용에 관한 지역·지구·구역 또는 구획 등(이하 "구역 등"이라 한다)을 지정하려면 그 구역 등의 지정목적이 이 법에 따른 용도지역·용도지구 및 용도구역의 지정목적에 부합되도록 하여야 한다.

② 중앙행정기관의 장이나 지방자치단체의 장은 다른 법률에 따라 지정되는 구역 등 중 대통령령으로 정하는 면적 이상의 구역 등을 지정하거나 변경하려면 중앙행정기관의 장은 국토교통부장관과 협의하여야 하며 지방자치단체의 장은 국토교통부장관의 승인을 받아야 한다.

③ 지방자치단체의 장이 ②항에 따라 승인을 받아야 하는 구역 등 중 대통령령으로 정하는 면적 미만의 구역 등을 지정하거나 변경하려는 경우 특별시장·광역시장·특별자치시장·도지사·특별자치도지사(이하 "시·도지사"라 한다)는 ②항에도 불구하고 국토교통부장관의 승인을 받지 아니하되, 시장·군수 또는 구청장(자치구의 구청장을 말한다)은 시·도지사의 승인을 받아야 한다.

> **다른 법률에 의한 토지이용에 관한 구역 등의 지정제한 등(영 제5조 제1항~제4항)**
>
> ① 법 제8조 제2항에서 "대통령령으로 정하는 면적"이란 1제곱킬로미터(「도시개발법」에 의한 도시개발구역의 경우에는 5제곱킬로미터)를 말한다.
> ② 중앙행정기관의 장 또는 지방자치단체의 장이 법 제8조 제2항의 규정에 의하여 국토교통부장관에게 협의 또는 승인을 요청하는 때에는 다음 각 호의 서류를 국토교통부장관에게 제출하여야 한다.
>   1. 구역 등의 지정 또는 변경의 목적·필요성·배경·추진절차 등에 관한 설명서(관계 법령의 규정에 의하여 당해 구역 등을 지정 또는 변경할 때 포함되어야 하는 내용을 포함한다)
>   2. 대상지역과 주변지역의 용도지역·기반시설 등을 표시한 축척 2만5천분의 1의 토지이용현황도
>   3. 대상지역 안에 지정하고자 하는 구역 등을 표시한 축척 5천분의 1 내지 2만5천분의 1의 도면
>   4. 그 밖에 국토교통부령이 정하는 서류
> ③ 법 제8조 제3항에서 "대통령령으로 정하는 면적"이란 5제곱킬로미터[특별시장·광역시장·특별자치시장·도지사·특별자치도지사(이하 "시·도지사"라 한다)가 법 제113조 제1항에 따른 시·도도시계획위원회의 심의를 거쳐 구역 등을 지정 또는 변경하는 경우에 한정한다]를 말한다.
> ④ 시장·군수 또는 구청장(자치구의 구청장을 말한다)이 법 제8조 제3항에 따라 시·도지사의 승인을 요청하는 경우에는 제2항 각 호의 서류를 시·도지사에게 제출하여야 한다.

④ 다음의 어느 하나에 해당하는 경우에는 국토교통부장관과의 협의를 거치지 아니하거나 국토교통부장관 또는 시·도지사의 승인을 받지 아니한다.
  ㉠ 다른 법률에 따라 지정하거나 변경하려는 구역 등이 도시·군기본계획에 반영된 경우
  ㉡ 보전관리지역·생산관리지역·농림지역 또는 자연환경보전지역에서 다음의 지역을 지정하려는 경우
    ⓐ 「농지법」 제28조에 따른 농업진흥지역
    ⓑ 「한강수계 상수원수질개선 및 주민지원 등에 관한 법률」 등에 따른 수변구역
    ⓒ 「수도법」 제7조에 따른 상수원보호구역
    ⓓ 「자연환경보전법」 제12조에 따른 생태·경관보전지역
    ⓔ 「야생생물 보호 및 관리에 관한 법률」 제27조에 따른 야생생물 특별보호구역
    ⓕ 「해양생태계의 보전 및 관리에 관한 법률」 제25조에 따른 해양보호구역

ⓒ 군사상 기밀을 지켜야 할 필요가 있는 구역 등을 지정하려는 경우
ⓓ 협의 또는 승인을 받은 구역 등을 대통령령으로 정하는 범위에서 변경하려는 경우

> **대통령령으로 정하는 범위에서 변경하려는 경우(영 제5조 제5항)**
> 다음 각 호의 어느 하나에 해당하는 경우를 말한다.
> 1. 협의 또는 승인을 얻은 지역·지구·구역 또는 구획 등의 면적의 10퍼센트의 범위 안에서 면적을 증감시키는 경우
> 2. 협의 또는 승인을 얻은 구역등의 면적산정의 착오를 정정하기 위한 경우

⑤ 국토교통부장관 또는 시·도지사는 협의 또는 승인을 하려면 "중앙도시계획위원회" 또는 "시·도도시계획위원회"의 심의를 거쳐야 한다. 다만, 다음의 경우에는 그러하지 아니하다. 〈개정 2024.2.26.〉
　㉠ 보전관리지역이나 생산관리지역에서 다음의 구역 등을 지정하는 경우
　　ⓐ 「산지관리법」 제4조 제1항 제1호에 따른 보전산지
　　ⓑ 「야생생물 보호 및 관리에 관한 법률」 제33조에 따른 야생생물 보호구역
　　ⓒ 「습지보전법」 제8조에 따른 습지보호지역
　　ⓓ 「토양환경보전법」 제17조에 따른 토양보전대책지역
　㉡ 농림지역이나 자연환경보전지역에서 다음의 구역 등을 지정하는 경우
　　ⓐ ㉠의 어느 하나에 해당하는 구역 등
　　ⓑ 「자연공원법」 제4조에 따른 자연공원
　　ⓒ 「자연환경보전법」 제34조 제1항 제1호에 따른 생태·자연도 1등급 권역
　　ⓓ 「독도 등 도서지역의 생태계보전에 관한 특별법」 제4조에 따른 특정도서
　　ⓔ 「자연유산의 보존 및 활용에 관한 법률」 제11조부터 제13조까지에 따른 명승 및 천연기념물과 그 보호구역
　　ⓕ 「해양생태계의 보전 및 관리에 관한 법률」 제12조 제1항 제1호에 따른 해양생태도 1등급 권역
⑥ 중앙행정기관의 장이나 지방자치단체의 장은 다른 법률에 따라 지정된 토지 이용에 관한 구역 등을 변경하거나 해제하려면 도시·군관리계획의 입안권자의 의견을 들어야 한다. 이 경우 의견 요청을 받은 도시·군관리계획의 입안권자는 이 법에 따른 용도지역·용도지구·용도구역의 변경이 필요하면 도시·군관리계획에 반영하여야 한다.
⑦ 시·도지사가 다음의 어느 하나에 해당하는 행위를 할 때 도시·군관리계획의 변경이 필요하여 시·도도시계획위원회의 심의를 거친 경우에는 해당 각 호에 따른 심의를 거친 것으로 본다.
　㉠ 「농지법」 제31조 제1항에 따른 농업진흥지역의 해제 : 「농업·농촌 및 식품산업 기본법」 제15조에 따른 시·도 농업·농촌 및 식품산업정책심의회의 심의
　㉡ 「산지관리법」 제6조 제3항에 따른 보전산지의 지정해제 : 「산지관리법」 제22조 제2항에 따른 지방산지관리위원회의 심의

10 법 제9조(다른 법률에 따른 도시·군관리계획의 변경 제한)

중앙행정기관의 장이나 지방자치단체의 장은 다른 법률에서 이 법에 따른 도시·군관리계획의 결정을 의제(擬制)하는 내용이 포함되어 있는 계획을 허가·인가·승인 또는 결정하려면 대통령령으로 정하는 바에 따라 중앙도시계획위원회 또는 "지방도시계획위원회"의 심의를 받아야 한다. 다만, 다음의 어느 하나에 해당하는 경우에는 그러하지 아니하다.

① 제8조 제2항 또는 제3항에 따라 국토교통부장관과 협의하거나 국토교통부장관 또는 시·도지사의 승인을 받은 경우
② 다른 법률에 따라 중앙도시계획위원회나 지방도시계획위원회의 심의를 받은 경우
③ 그 밖에 대통령령으로 정하는 경우

다른 법률에 의한 용도지역 등의 변경제한(영 제6조)

① 법 제9조 각 호 외의 부분 본문에 따라 중앙행정기관의 장 또는 지방자치단체의 장은 용도지역·용도지구·용도구역의 지정 또는 변경에 대한 도시·군관리계획의 결정을 의제하는 계획을 허가·인가·승인 또는 결정하고자 하는 경우에는 미리 다음 각 호의 구분에 따라 법 제106조에 따른 중앙도시계획위원회 또는 법 제113조에 따른 지방도시계획위원회의 심의를 받아야 한다. 다만, 법 제8조 제4항 제1호에 해당하거나 도시·군관리계획의 결정을 의제하는 계획에서 그 계획면적의 5퍼센트 미만을 변경하는 경우에는 그러하지 아니하다.

  1. 중앙도시계획위원회의 심의를 받아야 하는 경우
    가. 중앙행정기관의 장이 30만제곱미터 이상의 용도지역·용도지구 또는 용도구역의 지정 또는 변경에 대한 도시·군관리계획의 결정을 의제하는 계획을 허가·인가·승인 또는 결정하고자 하는 경우
    나. 지방자치단체의 장이 5제곱킬로미터 이상의 용도지역·용도지구 또는 용도구역의 지정 또는 변경에 대한 도시·군관리계획의 결정을 의제하는 계획을 허가·인가·승인 또는 결정하고자 하는 경우
  2. 지방도시계획위원회의 심의를 받아야 하는 경우 : 지방자치단체의 장이 30만제곱미터 이상 5제곱킬로미터 미만의 용도지역·용도지구 또는 용도구역의 지정 또는 변경에 대한 도시·군관리계획의 결정을 의제하는 계획을 허가·인가·승인 또는 결정하고자 하는 경우

② 중앙행정기관의 장 또는 지방자치단체의 장이 제1항의 규정에 의하여 중앙도시계획위원회 또는 지방도시계획위원회의 심의를 받는 때에는 다음 각 호의 서류를 국토교통부장관 또는 당해 지방도시계획위원회가 설치된 지방자치단체의 장에게 제출하여야 한다.

  1. 계획의 목적·필요성·배경·내용·추진절차 등을 포함한 계획서(관계 법령의 규정에 의하여 당해 계획에 포함되어야 하는 내용을 포함한다)
  2. 대상지역과 주변지역의 용도지역·기반시설 등을 표시한 축척 2만5천분의 1의 토지이용현황도
  3. 용도지역·용도지구 또는 용도구역의 지정 또는 변경에 대한 내용을 표시한 축척 1천분의 1(도시지역외의 지역은 5천분의 1 이상으로 할 수 있다)의 도면
  4. 그 밖에 국토교통부령이 정하는 서류

제2장 광역도시계획

> **Point 출제포인트**
> ▷ 광역계획권의 지정 또는 변경
> ▷ 광역도시계획의 수립
> ▷ 광역도시계획의 수립권자
> ▷ 광역도시계획의 수립기준
> ▷ 광역도시계획의 수립절차

1 법 제10조(광역계획권의 지정)

(1) 광역계획권의 지정

국토교통부장관 또는 도지사는 둘 이상의 특별시·광역시·특별자치시·특별자치도·시 또는 군의 공간구조 및 기능을 상호 연계시키고 환경을 보전하며 광역시설을 체계적으로 정비하기 위하여 필요한 경우에는 다음의 구분에 따라 인접한 둘 이상의 특별시·광역시·특별자치시·특별자치도·시 또는 군의 관할 구역 전부 또는 일부를 대통령령으로 정하는 바에 따라 광역계획권으로 지정할 수 있다.

① 광역계획권이 둘 이상의 특별시·광역시·특별자치시·도 또는 특별자치도(이하 "시·도"라 한다)의 관할 구역에 걸쳐 있는 경우 : 국토교통부장관이 지정
② 광역계획권이 도의 관할 구역에 속하여 있는 경우 : 도지사가 지정

> **광역계획권의 지정(영 제7조)**
> ① 법 제10조 제1항의 규정에 의한 광역계획권은 인접한 2 이상의 특별시·광역시·특별자치시·특별자치도·시 또는 군의 관할구역 단위로 지정한다.
> ② 국토교통부장관 또는 도지사는 제1항에도 불구하고 인접한 둘 이상의 특별시·광역시·특별자치시·특별자치도·시 또는 군의 관할구역의 일부를 광역계획권에 포함시키고자 하는 때에는 구·군(광역시의 관할구역 안에 있는 군을 말한다)·읍 또는 면의 관할구역 단위로 하여야 한다.

(2) 광역계획권의 지정 또는 변경 〔기출〕 31회·33회·34회·35회

① 중앙행정기관의 장, 시·도지사, 시장 또는 군수는 국토교통부장관이나 도지사에게 광역계획권의 지정 또는 변경을 요청할 수 있다.
② 국토교통부장관은 광역계획권을 지정하거나 변경하려면 관계 시·도지사, 시장 또는 군수의 의견을 들은 후 중앙도시계획위원회의 심의를 거쳐야 한다.
③ 도지사가 광역계획권을 지정하거나 변경하려면 관계 중앙행정기관의 장, 관계 시·도지사, 시장 또는 군수의 의견을 들은 후 지방도시계획위원회의 심의를 거쳐야 한다.
④ 국토교통부장관 또는 도지사는 광역계획권을 지정하거나 변경하면 지체 없이 관계 시·도지사, 시장 또는 군수에게 그 사실을 통보하여야 한다.

2 광역도시계획의 수립 기출 31회·32회·33회·34회·35회

(1) 광역도시계획의 수립권자(법 제11조)
국토교통부장관, 시·도지사, 시장 또는 군수는 다음의 구분에 따라 광역도시계획을 수립하여야 한다.
① 광역계획권이 같은 도의 관할 구역에 속하여 있는 경우 : 관할 시장 또는 군수가 공동으로 수립
② 광역계획권이 둘 이상의 시·도의 관할 구역에 걸쳐 있는 경우 : 관할 시·도지사가 공동으로 수립
③ 광역계획권을 지정한 날부터 3년이 지날 때까지 관할 시장 또는 군수로부터 광역도시계획의 승인 신청이 없는 경우 : 관할 도지사가 수립
④ 국가계획과 관련된 광역도시계획의 수립이 필요한 경우나 광역계획권을 지정한 날부터 3년이 지날 때까지 관할 시·도지사로부터 광역도시계획의 승인 신청이 없는 경우 : 국토교통부장관이 수립

(2) 광역도시계획의 공동 수립
① 국토교통부장관은 시·도지사가 요청하는 경우와 그 밖에 필요하다고 인정되는 경우에는 관할 시·도지사와 공동으로 광역도시계획을 수립할 수 있다.
② 도지사는 시장 또는 군수가 요청하는 경우와 그 밖에 필요하다고 인정하는 경우에는 관할 시장 또는 군수와 공동으로 광역도시계획을 수립할 수 있으며, 시장 또는 군수가 협의를 거쳐 요청하는 경우에는 단독으로 광역도시계획을 수립할 수 있다.

3 법 제12조(광역도시계획의 내용)

(1) 광역도시계획에 포함되는 사항 기출 31회
광역도시계획에는 다음의 사항 중 그 광역계획권의 지정목적을 이루는데 필요한 사항에 대한 정책 방향이 포함되어야 한다.
① 광역계획권의 공간 구조와 기능 분담에 관한 사항
② 광역계획권의 녹지관리체계와 환경 보전에 관한 사항
③ 광역시설의 배치·규모·설치에 관한 사항
④ 경관계획에 관한 사항
⑤ 그 밖에 광역계획권에 속하는 특별시·광역시·특별자치시·특별자치도·시 또는 군 상호 간의 기능 연계에 관한 사항으로서 대통령령으로 정하는 사항

> **대통령령으로 정하는 사항(영 제9조)**
> 1. 광역계획권의 교통 및 물류유통체계에 관한 사항
> 2. 광역계획권의 문화·여가공간 및 방재에 관한 사항

(2) 광역도시계획의 수립기준 [기출 33회]

광역도시계획의 수립기준 등은 대통령령으로 정하는 바에 따라 국토교통부장관이 정한다.

> **광역도시계획의 수립기준(영 제10조)**
>
> 국토교통부장관은 법 제12조 제2항에 따라 광역도시계획의 수립기준을 정할 때에는 다음 각 호의 사항을 종합적으로 고려하여야 한다.
> 1. 광역계획권의 미래상과 이를 실현할 수 있는 체계화된 전략을 제시하고 국토종합계획 등과 서로 연계되도록 할 것
> 2. 특별시·광역시·특별자치시·특별자치도·시 또는 군간의 기능분담, 도시의 무질서한 확산방지, 환경보전, 광역시설의 합리적 배치 그 밖에 광역계획권 안에서 현안사항이 되고 있는 특정부문 위주로 수립할 수 있도록 할 것
> 3. 여건변화에 탄력적으로 대응할 수 있도록 포괄적이고 개략적으로 수립하도록 하되, 특정부문 위주로 수립하는 경우에는 도시·군기본계획이나 도시·군관리계획에 명확한 지침을 제시할 수 있도록 구체적으로 수립하도록 할 것
> 4. 녹지축·생태계·산림·경관 등 양호한 자연환경과 우량농지, 보전목적의 용도지역, 국가유산 및 역사문화환경 등을 충분히 고려하여 수립하도록 할 것 〈개정 2024.5.7.〉
> 5. 부문별 계획은 서로 연계되도록 할 것
> 6. 「재난 및 안전관리기본법」 제24조 제1항에 따른 시·도안전관리계획 및 같은 법 제25조 제1항에 따른 시·군·구안전관리계획과 「자연재해대책법」 제16조 제1항에 따른 시·군 자연재해저감 종합계획을 충분히 고려하여 수립하도록 할 것

4 광역도시계획의 수립절차

(1) 광역도시계획의 수립을 위한 기초조사(법 제13조) [기출 34회·35회]

① 국토교통부장관, 시·도지사, 시장 또는 군수는 광역도시계획을 수립하거나 변경하려면 미리 인구, 경제, 사회, 문화, 토지 이용, 환경, 교통, 주택, 그 밖에 대통령령으로 정하는 사항 중 그 광역도시계획의 수립 또는 변경에 필요한 사항을 대통령령으로 정하는 바에 따라 조사하거나 측량(이하 "기초조사"라 한다)하여야 한다.
② 국토교통부장관, 시·도지사, 시장 또는 군수는 관계 행정기관의 장에게 기초조사에 필요한 자료를 제출하도록 요청할 수 있다. 이 경우 요청을 받은 관계 행정기관의 장은 특별한 사유가 없으면 그 요청에 따라야 한다.
③ 국토교통부장관, 시·도지사, 시장 또는 군수는 효율적인 기초조사를 위하여 필요하면 기초조사를 전문기관에 의뢰할 수 있다.
④ 국토교통부장관, 시·도지사, 시장 또는 군수가 기초조사를 실시한 경우에는 해당 정보를 체계적으로 관리하고 효율적으로 활용하기 위하여 기초조사정보체계를 구축·운영하여야 한다.
⑤ 국토교통부장관, 시·도지사, 시장 또는 군수가 기초조사정보체계를 구축한 경우에는 등록된 정보의 현황을 5년마다 확인하고 변동사항을 반영하여야 한다.
⑥ 기초조사정보체계의 구축·운영에 필요한 사항은 대통령령으로 정한다.

광역도시계획의 수립을 위한 기초조사(영 제11조)

① 법 제13조 제1항에서 "대통령령으로 정하는 사항"이란 다음 각 호의 사항을 말한다.
  1. 기후·지형·자원·생태 등 자연적 여건
  2. 기반시설 및 주거수준의 현황과 전망
  3. 풍수해·지진 그 밖의 재해의 발생현황 및 추이
  4. 광역도시계획과 관련된 다른 계획 및 사업의 내용
  5. 그 밖에 광역도시계획의 수립에 필요한 사항
② 법 제13조 제1항의 규정에 의한 기초조사를 함에 있어서 조사할 사항에 관하여 다른 법령의 규정에 의하여 조사·측량한 자료가 있는 경우에는 이를 활용할 수 있다.
③ 국토교통부장관, 시·도지사, 시장 또는 군수는 수립된 광역도시계획을 변경하려면 법 제13조 제1항에 따른 기초조사사항 중 해당 광역도시계획의 변경에 관하여 필요한 사항을 조사·측량하여야 한다.
④ 법 제13조 제4항에 따라 구축·운영하는 기초조사정보체계(이하 "기초조사정보체계"라 한다)에서 관리하는 정보는 다음 각 호와 같다.
  1. 법 제13조 제1항에 따라 광역도시계획의 수립 또는 변경을 위하여 실시하는 기초조사에 관한 정보
  2. 법 제20조 제1항에 따라 준용하는 법 제13조 제1항에 따라 도시·군기본계획의 수립 또는 변경을 위하여 실시하는 기초조사에 관한 정보(법 제20조 제2항에 따라 토지적성평가 또는 재해취약성분석을 실시하는 경우에는 토지적성평가 또는 재해취약성분석에 관한 정보를 포함한다)
  3. 법 제27조 제1항에 따라 준용하는 법 제13조 제1항에 따라 도시·군관리계획의 수립 또는 변경을 위하여 실시하는 기초조사에 관한 정보(법 제27조 제2항 및 제3항에 따라 환경성 검토, 토지적성평가 또는 재해취약성분석을 실시하는 경우에는 환경성 검토, 토지적성평가 또는 재해취약성분석에 관한 정보를 포함한다)
⑤ 기초조사정보체계의 구축·운영을 위한 자료의 수집, 입력, 유지 및 관리 등에 관한 세부적인 기준은 국토교통부장관이 정한다.

(2) 공청회의 개최(법 제14조)

① 국토교통부장관, 시·도지사, 시장 또는 군수는 광역도시계획을 수립하거나 변경하려면 미리 공청회를 열어 주민과 관계 전문가 등으로부터 의견을 들어야 하며, 공청회에서 제시된 의견이 타당하다고 인정하면 광역도시계획에 반영하여야 한다.
② 공청회의 개최에 필요한 사항은 대통령령으로 정한다.

광역도시계획의 수립을 위한 공청회(영 제12조)

① 국토교통부장관, 시·도지사, 시장 또는 군수는 법 제14조 제1항에 따라 공청회를 개최하려면 다음 각 호의 사항을 일간신문, 관보, 공보, 인터넷 홈페이지 또는 방송 등의 방법으로 공청회 개최예정일 14일 전까지 1회 이상 공고해야 한다.
  1. 공청회의 개최목적
  2. 공청회의 개최예정일시 및 장소
  3. 수립 또는 변경하고자 하는 광역도시계획의 개요
  4. 그 밖에 필요한 사항
② 법 제14조 제1항에 따른 공청회는 광역계획권 단위로 개최하되, 필요한 경우에는 광역계획권을 여러 개의 지역으로 구분하여 개최할 수 있다.
③ 법 제14조 제1항에 따른 공청회는 국토교통부장관, 시·도지사, 시장 또는 군수가 지명하는 사람이 주재한다.
④ 제1항부터 제3항까지에서 규정한 사항 외에 공청회의 개최에 관하여 필요한 사항은 그 공청회를 개최하는 주체에 따라 국토교통부장관이 정하거나 특별시·광역시·특별자치시·도·특별자치도(이하 "시·도"라 한다), 시 또는 군의 도시·군계획에 관한 조례(이하 "도시·군계획조례"라 한다)로 정할 수 있다.

(3) 지방자치단체의 의견 청취(법 제15조)

① 시·도지사, 시장 또는 군수는 광역도시계획을 수립하거나 변경하려면 미리 관계 시·도, 시 또는 군의 의회와 관계 시장 또는 군수의 의견을 들어야 한다.

② 국토교통부장관은 광역도시계획을 수립하거나 변경하려면 관계 시·도지사에게 광역도시계획안을 송부하여야 하며, 관계 시·도지사는 그 광역도시계획 안에 대하여 그 시·도의 의회와 관계 시장 또는 군수의 의견을 들은 후 그 결과를 국토교통부장관에게 제출하여야 한다.

③ 시·도, 시 또는 군의 의회와 관계 시장 또는 군수는 특별한 사유가 없으면 30일 이내에 시·도지사, 시장 또는 군수에게 의견을 제시하여야 한다.

5 법 제16조(광역도시계획의 승인) 기출 36회

① 시·도지사는 광역도시계획을 수립하거나 변경하려면 국토교통부장관의 승인을 받아야 한다. 다만, 제11조 제3항에 따라 도지사가 수립하는 광역도시계획은 그러하지 아니하다.

② 국토교통부장관은 광역도시계획을 승인하거나 직접 광역도시계획을 수립 또는 변경(시·도지사와 공동으로 수립하거나 변경하는 경우를 포함한다)하려면 관계 중앙행정기관과 협의한 후 중앙도시계획위원회의 심의를 거쳐야 한다.

③ 협의 요청을 받은 관계 중앙행정기관의 장은 특별한 사유가 없으면 그 요청을 받은 날부터 30일 이내에 국토교통부장관에게 의견을 제시하여야 한다.

④ 국토교통부장관은 직접 광역도시계획을 수립 또는 변경하거나 승인하였을 때에는 관계 중앙행정기관의 장과 시·도지사에게 관계 서류를 송부하여야 하며, 관계 서류를 받은 시·도지사는 대통령령으로 정하는 바에 따라 그 내용을 공고하고 일반이 열람할 수 있도록 하여야 한다.

⑤ 시장 또는 군수는 광역도시계획을 수립하거나 변경하려면 도지사의 승인을 받아야 한다.

⑥ 도지사가 광역도시계획을 승인하거나 직접 광역도시계획을 수립 또는 변경(시장·군수와 공동으로 수립하거나 변경하는 경우를 포함한다)하려면 ②항부터 ④항까지의 규정을 준용한다. 이 경우 "국토교통부장관"은 "도지사"로, "중앙행정기관의 장"은 "행정기관의 장(국토교통부장관을 포함한다)"으로, "중앙도시계획위원회"는 "지방도시계획위원회"로 "시·도지사"는 "시장 또는 군수"로 본다.

⑦ 위에서 규정된 사항 외에 광역도시계획의 수립 및 집행에 필요한 사항은 대통령령으로 정한다.

> **광역도시계획의 승인(영 제13조)**
>
> ① 시·도지사는 법 제16조 제1항에 따라 광역도시계획의 승인을 받으려는 때에는 광역도시계획안에 다음 각 호의 서류를 첨부하여 국토교통부장관에게 제출해야 한다.
> 1. 기초조사 결과
> 2. 공청회개최 결과
> 3. 법 제15조 제1항에 따른 관계 시·도의 의회와 관계 시장 또는 군수(광역시의 관할구역 안에 있는 군의 군수를 제외하며, 다만, 제110조·제112조·제127조·제128조 및 제130조에서는 광역시의 관할구역 안에 있는 군의 군수를 포함한다)의 의견청취 결과
> 4. 시·도시계획위원회의 자문을 거친 경우에는 그 결과
> 5. 법 제16조 제2항의 규정에 의한 관계 중앙행정기관의 장과의 협의 및 중앙도시계획위원회의 심의에 필요한 서류

> ② 국토교통부장관은 제1항의 규정에 의하여 제출된 광역도시계획안이 법 제12조 제2항의 규정에 의한 수립기준 등에 적합하지 아니한 때에는 시·도지사에게 광역도시계획안의 보완을 요청할 수 있다.
> ③ 법 제16조 제4항에 따른 광역도시계획의 공고는 해당 시·도의 공보와 인터넷 홈페이지에, 법 제16조 제6항에 따른 광역도시계획의 공고는 해당 시·군의 공보와 인터넷 홈페이지에 게재하는 방법으로 하며, 관계 서류의 열람기간은 30일 이상으로 해야 한다.

6 법 제17조(광역도시계획의 조정) 기출 30회·31회

① 광역도시계획을 공동으로 수립하는 시·도지사는 그 내용에 관하여 서로 협의가 되지 아니하면 공동이나 단독으로 국토교통부장관에게 조정(調停)을 신청할 수 있다.
② 국토교통부장관은 단독으로 조정신청을 받은 경우에는 기한을 정하여 당사자 간에 다시 협의를 하도록 권고할 수 있으며, 기한까지 협의가 이루어지지 아니하는 경우에는 직접 조정할 수 있다.
③ 국토교통부장관은 조정의 신청을 받거나 직접 조정하려는 경우에는 중앙도시계획위원회의 심의를 거쳐 광역도시계획의 내용을 조정하여야 한다. 이 경우 이해관계를 가진 지방자치단체의 장은 중앙도시계획위원회의 회의에 출석하여 의견을 진술할 수 있다.
④ 광역도시계획을 수립하는 자는 조정 결과를 광역도시계획에 반영하여야 한다.
⑤ 광역도시계획을 공동으로 수립하는 시장 또는 군수는 그 내용에 관하여 서로 협의가 되지 아니하면 공동이나 단독으로 도지사에게 조정을 신청할 수 있다.
⑥ 도지사가 광역도시계획을 조정하는 경우에는 ②항부터 ④항까지의 규정을 준용한다. 이 경우 "국토교통부장관"은 "도지사"로, "중앙도시계획위원회"는 "도의 지방도시계획위원회"로 본다.

7 법 제17조의2(광역도시계획협의회의 구성 및 운영)

① 국토교통부장관, 시·도지사, 시장 또는 군수는 광역도시계획을 공동으로 수립할 때에는 광역도시계획의 수립에 관한 협의 및 조정이나 자문 등을 위하여 광역도시계획협의회를 구성하여 운영할 수 있다.
② 광역도시계획협의회에서 광역도시계획의 수립에 관하여 협의·조정을 한 경우에는 그 조정 내용을 광역도시계획에 반영하여야 하며, 해당 시·도지사, 시장 또는 군수는 이에 따라야 한다.
③ 위에서 규정한 사항 외에 광역도시계획협의회의 구성 및 운영에 필요한 사항은 대통령령으로 정한다.

> **광역도시계획협의회의 구성 및 운영(영 제13조의2)**
> ① 법 제17조의2에 따른 광역도시계획협의회의 위원은 관계 공무원, 광역도시계획에 관하여 학식과 경험이 있는 사람으로 구성한다.
> ② 제1항에 따른 광역도시계획협의회의 구성 및 운영에 관한 구체적인 사항은 법 제11조에 따른 광역도시계획 수립권자가 협의하여 정한다.

제3장 도시·군기본계획

Point 출제포인트
▷ 도시·군기본계획의 수립절차
▷ 도시·군기본계획에 포함되는 사항
▷ 도시·군기본계획의 수립권자와 대상지역
▷ 도시·군기본계획을 수립하지 아니할 수 있는 지역
▷ 도시·군기본계획의 입안 및 정비

1 법 제18조(도시·군기본계획의 수립권자와 대상지역) 기출 27회

① 특별시장·광역시장·특별자치시장·특별자치도지사·시장 또는 군수는 관할 구역에 대하여 도시·군기본계획을 수립하여야 한다. 다만, 시 또는 군의 위치, 인구의 규모, 인구감소율 등을 고려하여 대통령령으로 정하는 시 또는 군은 도시·군기본계획을 수립하지 아니할 수 있다.

> **도시·군기본계획을 수립하지 아니할 수 있는 지역(영 제14조)**
> 법 제18조 제1항 단서에서 "대통령령으로 정하는 시 또는 군"이란 다음 각 호의 어느 하나에 해당하는 시 또는 군을 말한다.
> 1. 「수도권정비계획법」 제2조 제1호의 규정에 의한 수도권에 속하지 아니하고 광역시와 경계를 같이하지 아니한 시 또는 군으로서 인구 10만명 이하인 시 또는 군
> 2. 관할구역 전부에 대하여 광역도시계획이 수립되어 있는 시 또는 군으로서 당해 광역도시계획에 법 제19조 제1항 각 호의 사항이 모두 포함되어 있는 시 또는 군

② 특별시장·광역시장·특별자치시장·특별자치도지사·시장 또는 군수는 지역여건상 필요하다고 인정되면 인접한 특별시·광역시·특별자치시·특별자치도·시 또는 군의 관할 구역 전부 또는 일부를 포함하여 도시·군기본계획을 수립할 수 있다.

③ 특별시장·광역시장·특별자치시장·특별자치도지사·시장 또는 군수는 인접한 특별시·광역시·특별자치시·특별자치도·시 또는 군의 관할 구역을 포함하여 도시·군기본계획을 수립하려면 미리 그 특별시장·광역시장·특별자치시장·특별자치도지사·시장 또는 군수와 협의하여야 한다.

2 법 제19조(도시·군기본계획의 내용)

(1) 도시·군기본계획에 포함되는 사항

도시·군기본계획에는 다음의 사항에 대한 정책 방향이 포함되어야 한다.
① 지역적 특성 및 계획의 방향·목표에 관한 사항
② 공간구조 및 인구의 배분에 관한 사항
③ 생활권의 설정과 생활권역별 개발·정비 및 보전 등에 관한 사항 〈개정 2024.2.6.〉
④ 토지의 이용 및 개발에 관한 사항
⑤ 토지의 용도별 수요 및 공급에 관한 사항
⑥ 환경의 보전 및 관리에 관한 사항
⑦ 기반시설에 관한 사항
⑧ 공원·녹지에 관한 사항
⑨ 경관에 관한 사항
⑩ 기후변화 대응 및 에너지절약에 관한 사항
⑪ 방재·방범 등 안전에 관한 사항
⑫ ②항부터 ⑨항까지, ⑩항 및 ⑪항에 규정된 사항의 단계별 추진에 관한 사항
⑬ 그 밖에 대통령령으로 정하는 사항

> **그 밖에 대통령령으로 정하는 사항(영 제15조)**
>
> 다음 각 호의 사항으로서 도시·군기본계획의 방향 및 목표 달성과 관련된 사항을 말한다.
>   1. 도심 및 주거환경의 정비·보전에 관한 사항
>   2. 다른 법률에 따라 도시·군기본계획에 반영되어야 하는 사항
>   3. 도시·군기본계획의 시행을 위하여 필요한 재원조달에 관한 사항
>   4. 그 밖에 법 제22조의2 제1항에 따른 도시·군기본계획 승인권자가 필요하다고 인정하는 사항

(2) 도시·군기본계획의 수립기준

도시·군기본계획의 수립기준 등은 대통령령으로 정하는 바에 따라 국토교통부장관이 정한다.

> **도시·군기본계획의 수립기준(영 제16조)**
>
> 국토교통부장관은 법 제19조 제3항에 따라 도시·군기본계획의 수립기준을 정할 때에는 다음 각 호의 사항을 종합적으로 고려하여야 한다.
>   1. 특별시·광역시·특별자치시·특별자치도·시 또는 군의 기본적인 공간구조와 장기발전방향을 제시하는 토지이용·교통·환경 등에 관한 종합계획이 되도록 할 것
>   2. 여건변화에 탄력적으로 대응할 수 있도록 포괄적이고 개략적으로 수립하도록 할 것
>   3. 법 제23조의 규정에 의하여 도시·군기본계획을 정비할 때에는 종전의 도시·군기본계획의 내용중 수정이 필요한 부분만을 발췌하여 보완함으로써 계획의 연속성이 유지되도록 할 것
>   4. 도시와 농어촌 및 산촌지역의 인구밀도, 토지이용의 특성 및 주변환경 등을 종합적으로 고려하여 지역별로 계획의 상세정도를 다르게 하되, 기반시설의 배치계획, 토지용도 등은 도시와 농어촌 및 산촌지역이 서로 연계되도록 할 것

> 5. 부문별 계획은 법 제19조 제1항 제1호의 규정에 의한 도시·군기본계획의 방향에 부합하고 도시·군기본계획의 목표를 달성할 수 있는 방안을 제시함으로써 도시·군기본계획의 통일성과 일관성을 유지하도록 할 것
> 6. 도시지역 등에 위치한 개발가능토지는 단계별로 시차를 두어 개발되도록 할 것
> 7. 녹지축·생태계·산림·경관 등 양호한 자연환경과 우량농지, 보전목적의 용도지역, 국가유산 및 역사문화환경 등을 충분히 고려하여 수립하도록 할 것 〈개정 2024.5.7.〉
> 8. 법 제19조 제1항 제8호의 경관에 관한 사항에 대하여는 필요한 경우에는 도시·군기본계획도서의 별책으로 작성할 수 있도록 할 것
> 9. 「재난 및 안전관리기본법」 제24조 제1항에 따른 시·도안전관리계획 및 같은 법 제25조 제1항에 따른 시·군·구안전관리계획과 「자연재해대책법」 제16조 제1항에 따른 시·군 자연재해저감 종합계획을 충분히 고려하여 수립하도록 할 것

3 법 제19조의2(생활권계획 수립의 특례) 〈본조신설 2024.2.6.〉

① 특별시장·광역시장·특별자치시장·특별자치도지사·시장 또는 군수는 제19조 제1항 제2호의2에 따른 생활권역별 개발·정비 및 보전 등에 필요한 경우 대통령령으로 정하는 바에 따라 생활권계획을 따로 수립할 수 있다.
② 생활권계획을 수립할 때에는 제20조부터 제22조까지 및 제22조의2를 준용한다.
③ 생활권계획이 수립 또는 승인된 때에는 해당 계획이 수립된 생활권에 대해서는 도시·군기본계획이 수립 또는 변경된 것으로 본다. 이 경우 제19조 제1항 각 호의 사항 중에서 생활권의 설정 및 인구의 배분에 관한 사항 등은 대통령령으로 정하는 범위에서 수립·변경하는 경우로 한정한다.

> **생활권계획의 수립기준 등(영 제16조의2)** 〈본조신설 2024.7.30.〉
> ① 특별시장·광역시장·특별자치시장·특별자치도지사·시장 또는 군수는 법 제19조의2에 따라 생활권계획을 따로 수립하는 경우에는 다음 각 호의 기준을 따라야 한다.
> 1. 도시·군기본계획의 공간구조 설정 및 토지이용계획 등을 생활권역별로 구체화할 것
> 2. 해당 지방자치단체에서 생활권이 차지하는 공간적 위치 및 특성, 주변지역의 특성 등을 고려하여 생활권을 설정하고, 생활권별 특성에 맞추어 기반시설의 설치·관리 계획을 수립할 것
> 3. 그 밖에 지역경제의 활성화 및 주민 생활여건 개선 등을 위해 생활권별로 개발·정비 및 보전할 필요가 있는 사항을 포함할 것
> ② 법 제19조의2 제3항 후단에서 "대통령령으로 정하는 범위에서 수립·변경하는 경우"란 다음 각 호의 경우를 말한다.
> 1. 도시·군기본계획에서 정하는 생활권을 세분화하는 경우
> 2. 도시·군기본계획에서 정하는 생활권 간의 경계를 변경하는 경우
> 3. 전체 인구 규모의 범위에서 생활권별 인구의 배분에 관한 사항을 수립·변경하는 경우
> 4. 제3호에 따라 생활권별 인구의 배분에 관한 사항을 변경함에 따라 기반시설의 설치에 관한 사항을 수립·변경하는 경우

4 도시·군기본계획의 수립절차

(1) 도시·군기본계획 수립을 위한 기초조사 및 공청회(법 제20조) 기출 32회·35회

① 도시·군기본계획을 수립하거나 변경하는 경우에는 제13조와 제14조를 준용한다. 이 경우 "국토교통부장관, 시·도지사, 시장 또는 군수"는 "특별시장·광역시장·특별자치시장·특별자치도지사·시장 또는 군수"로, "광역도시계획"은 "도시·군기본계획"으로 본다.

② 시·도지사, 시장 또는 군수는 기초조사의 내용에 국토교통부장관이 정하는 바에 따라 실시하는 토지의 토양, 입지, 활용가능성 등 토지의 적성에 대한 평가(이하 "토지적성평가"라 한다)와 재해 취약성에 관한 분석(이하 "재해취약성분석"이라 한다)을 포함하여야 한다.

③ 도시·군기본계획 입안일부터 5년 이내에 토지적성평가를 실시한 경우 등 대통령령으로 정하는 경우에는 토지적성평가 또는 재해취약성분석을 하지 아니할 수 있다.

> **도시·군기본계획 수립을 위한 기초조사 중 토지적성평가 및 재해취약성분석 면제사유(영 제16조의3)**
>
> 법 제20조 제3항에서 "도시·군기본계획 입안일부터 5년 이내에 토지적성평가를 실시한 경우 등 대통령령으로 정하는 경우"란 다음 각 호의 구분에 따른 경우를 말한다.
> 1. 법 제20조 제2항에 따른 토지의 적성에 대한 평가(이하 "토지적성평가"라 한다) : 다음 각 목의 어느 하나에 해당하는 경우
>   가. 도시·군기본계획 입안일부터 5년 이내에 토지적성평가를 실시한 경우
>   나. 법률에 따른 지역·지구 등의 지정이나 개발계획 수립 등으로 인하여 도시·군기본계획의 변경이 필요한 경우
> 2. 법 제20조 제2항에 따른 재해 취약성에 관한 분석(이하 "재해취약성분석"이라 한다) : 다음 각 목의 어느 하나에 해당하는 경우
>   가. 도시·군기본계획 입안일부터 5년 이내에 재해취약성분석을 실시한 경우
>   나. 다른 법률에 따른 지역·지구 등의 지정이나 개발계획 수립 등으로 인하여 도시·군기본계획의 변경이 필요한 경우

(2) 지방의회의 의견 청취(법 제21조)

① 특별시장·광역시장·특별자치시장·특별자치도지사·시장 또는 군수는 도시·군기본계획을 수립하거나 변경하려면 미리 그 특별시·광역시·특별자치시·특별자치도·시 또는 군 의회의 의견을 들어야 한다.

② 특별시·광역시·특별자치시·특별자치도·시 또는 군의 의회는 특별한 사유가 없으면 30일 이내에 특별시장·광역시장·특별자치시장·특별자치도지사·시장 또는 군수에게 의견을 제시하여야 한다.

(3) 특별시·광역시·특별자치시·특별자치도의 도시·군기본계획의 확정(법 제22조) 기출 31회

① 특별시장·광역시장·특별자치시장 또는 특별자치도지사는 도시·군기본계획을 수립하거나 변경하려면 관계 행정기관의 장(국토교통부장관을 포함한다)과 협의한 후 지방도시계획위원회의 심의를 거쳐야 한다.

② 협의 요청을 받은 관계 행정기관의 장은 특별한 사유가 없으면 그 요청을 받은 날부터 30일 이내에 특별시장·광역시장·특별자치시장 또는 특별자치도지사에게 의견을 제시하여야 한다.

③ 특별시장·광역시장·특별자치시장 또는 특별자치도지사는 도시·군기본계획을 수립하거나 변경한 경우에는 관계 행정기관의 장에게 관계 서류를 송부하여야 하며, 대통령령으로 정하는 바에 따라 그 계획을 공고하고 일반인이 열람할 수 있도록 하여야 한다.

> **특별시·광역시·특별자치시·특별자치도 도시·군기본계획의 공고 및 열람(영 제16조의4)**
>
> 법 제22조 제3항에 따른 특별시·광역시·특별자치시·특별자치도 도시·군기본계획의 공고는 해당 특별시·광역시·특별자치시·특별자치도의 공보와 인터넷 홈페이지에 게재하는 방법으로 하며, 관계 서류의 열람기간은 30일 이상으로 해야 한다.

5 법 제22조의2(시·군 도시·군기본계획의 승인) 기출 31회

① 시장 또는 군수는 도시·군기본계획을 수립하거나 변경하려면 대통령령으로 정하는 바에 따라 도지사의 승인을 받아야 한다.
② 도지사는 도시·군기본계획을 승인하려면 관계 행정기관의 장과 협의한 후 지방도시계획위원회의 심의를 거쳐야 한다.
③ 협의에 관하여는 제22조 제2항을 준용한다. 이 경우 "특별시장·광역시장·특별자치시장 또는 특별자치도지사"는 "도지사"로 본다.
④ 도지사는 도시·군기본계획을 승인하면 관계 행정기관의 장과 시장 또는 군수에게 관계 서류를 송부하여야 하며, 관계 서류를 받은 시장 또는 군수는 대통령령으로 정하는 바에 따라 그 계획을 공고하고 일반인이 열람할 수 있도록 하여야 한다.

> **시·군 도시·군기본계획의 승인(영 제17조)**
>
> ① 시장 또는 군수는 법 제22조의2 제1항에 따라 도시·군기본계획의 승인을 받으려면 도시·군기본계획안에 다음 각 호의 서류를 첨부하여 도지사에게 제출하여야 한다.
>   1. 기초조사 결과
>   2. 공청회개최 결과
>   3. 법 제21조에 따른 해당 시·군의 의회의 의견청취 결과
>   4. 해당 시·군에 설치된 지방도시계획위원회의 자문을 거친 경우에는 그 결과
>   5. 법 제22조의2 제2항에 따른 관계 행정기관의 장과의 협의 및 도의 지방도시계획위원회의 심의에 필요한 서류
> ② 도지사는 제1항에 따라 제출된 도시·군기본계획안이 법 제19조 제3항에 따른 수립기준 등에 적합하지 아니한 때에는 시장 또는 군수에게 도시·군기본계획안의 보완을 요청할 수 있다.
> ③ 법 제22조의2 제4항에 따른 도시·군기본계획의 공고는 해당 시·군의 공보와 인터넷 홈페이지에 게재하는 방법으로 하며, 관계 서류의 열람기간은 30일 이상으로 해야 한다.

6 법 제23조(도시·군기본계획의 정비) 기출 31회

① 특별시장·광역시장·특별자치시장·특별자치도지사·시장 또는 군수는 5년마다 관할 구역의 도시·군기본계획에 대하여 타당성을 전반적으로 재검토하여 정비하여야 한다.
② 특별시장·광역시장·특별자치시장·특별자치도지사·시장 또는 군수는 제4조 제2항 및 제3항에 따라 도시·군기본계획의 내용에 우선하는 광역도시계획의 내용 및 도시·군기본계획에 우선하는 국가계획의 내용을 도시·군기본계획에 반영하여야 한다.

제4장 도시·군관리계획

> **Point 출제포인트**
> ▷ 도시·군관리계획의 입안권자
> ▷ 도시·군관리계획의 입안제안
> ▷ 도시·군관리계획의 입안절차
> ▷ 도시·군관리계획의 결정 및 효력
> ▷ 용도지역·용도지구·용도구역
> ▷ 입지규제최소구역의 지정
> ▷ 용도지역 지정 등의 의제
> ▷ 공동구의 설치
> ▷ 도시·군계획시설 부지의 매수 청구
> ▷ 도시·군계획시설 결정의 실효
> ▷ 지구단위계획의 수립기준
> ▷ 지구단위계획의 내용

제1절 도시·군관리계획의 수립절차

1 법 제24조(도시·군관리계획의 입안권자) 기출 27회·35회

① 특별시장·광역시장·특별자치시장·특별자치도지사·시장 또는 군수는 관할 구역에 대하여 도시·군관리계획을 입안하여야 한다.

② 특별시장·광역시장·특별자치시장·특별자치도지사·시장 또는 군수는 다음의 어느 하나에 해당하면 인접한 특별시·광역시·특별자치시·특별자치도·시 또는 군의 관할 구역 전부 또는 일부를 포함하여 도시·군관리계획을 입안할 수 있다.

　㉠ 지역여건상 필요하다고 인정하여 미리 인접한 특별시장·광역시장·특별자치시장·특별자치도지사·시장 또는 군수와 협의한 경우

　㉡ 인접한 특별시·광역시·특별자치시·특별자치도·시 또는 군의 관할 구역을 포함하여 도시·군기본계획을 수립한 경우

③ 인접한 특별시·광역시·특별자치시·특별자치도·시 또는 군의 관할 구역에 대한 도시·군관리계획은 관계 특별시장·광역시장·특별자치시장·특별자치도지사·시장 또는 군수가 협의하여 공동으로 입안하거나 입안할 자를 정한다.

④ 협의가 성립되지 아니하는 경우 도시·군관리계획을 입안하려는 구역이 같은 도의 관할 구역에 속할 때에는 관할 도지사가, 둘 이상의 시·도의 관할 구역에 걸쳐 있을 때에는 국토교통부장관(제40조에 따른 수산자원보호구역의 경우 해양수산부장관을 말한다)이 입안할 자를 지정하고 그 사실을 고시하여야 한다.

⑤ 국토교통부장관은 ①항이나 ②항에도 불구하고 다음의 어느 하나에 해당하는 경우에는 직접 또는 관계 중앙행정기관의 장의 요청에 의하여 도시·군관리계획을 입안할 수 있다. 이 경우 국토교통부장관은 관할 시·도지사 및 시장·군수의 의견을 들어야 한다.
  ㉠ 국가계획과 관련된 경우
  ㉡ 둘 이상의 시·도에 걸쳐 지정되는 용도지역·용도지구 또는 용도구역과 둘 이상의 시·도에 걸쳐 이루어지는 사업의 계획 중 도시·군관리계획으로 결정하여야 할 사항이 있는 경우
  ㉢ 특별시장·광역시장·특별자치시장·특별자치도지사·시장 또는 군수가 제138조에 따른 기한까지 국토교통부장관의 도시·군관리계획 조정 요구에 따라 도시·군관리계획을 정비하지 아니하는 경우

⑥ 도지사는 ①항이나 ②항에도 불구하고 다음의 어느 하나의 경우에는 직접 또는 시장이나 군수의 요청에 의하여 도시·군관리계획을 입안할 수 있다. 이 경우 도지사는 관계 시장 또는 군수의 의견을 들어야 한다.
  ㉠ 둘 이상의 시·군에 걸쳐 지정되는 용도지역·용도지구 또는 용도구역과 둘 이상의 시·군에 걸쳐 이루어지는 사업의 계획 중 도시·군관리계획으로 결정하여야 할 사항이 포함되어 있는 경우
  ㉡ 도지사가 직접 수립하는 사업의 계획으로서 도시·군관리계획으로 결정하여야 할 사항이 포함되어 있는 경우

2 법 제25조(도시·군관리계획의 입안) 기출 28회·31회·35회

(1) 도시·군관리계획의 입안기준

① 도시·군관리계획은 광역도시계획과 도시·군기본계획(제19조의2에 따른 생활권계획을 포함한다)에 부합되어야 한다. 〈개정 2024.2.6.〉

② 국토교통부장관(제40조에 따른 수산자원보호구역의 경우 해양수산부장관을 말한다), 시·도지사, 시장 또는 군수는 도시·군관리계획을 입안할 때에는 대통령령으로 정하는 바에 따라 도시·군관리계획도서(계획도와 계획조서를 말한다)와 이를 보조하는 계획설명서(기초조사결과·재원조달방안 및 경관계획 등을 포함한다)를 작성하여야 한다.

③ 도시·군관리계획은 계획의 상세 정도, 도시·군관리계획으로 결정하여야 하는 기반시설의 종류 등에 대하여 도시 및 농·산·어촌 지역의 인구밀도, 토지 이용의 특성 및 주변 환경 등을 종합적으로 고려하여 차등을 두어 입안하여야 한다.

④ 도시·군관리계획의 수립기준, 도시·군관리계획도서 및 계획설명서의 작성기준·작성방법 등은 대통령령으로 정하는 바에 따라 국토교통부장관이 정한다.

> **도시·군관리계획도서 및 계획설명서의 작성기준 등(영 제18조)**
> ① 법 제25조 제2항의 규정에 의한 도시·군관리계획도서 중 계획도는 축척 1천분의 1 또는 축척 5천분의 1(축척 1천분의 1 또는 축척 5천분의 1의 지형도가 간행되어 있지 아니한 경우에는 축척 2만5천분의 1)의 지형도(수치지형도를 포함한다)에 도시·군관리계획사항을 명시한 도면으로 작성하여야 한다. 다만, 지형도가 간행되어 있지 아니한 경우에는 해도·해저지형도 등의 도면으로 지형도에 갈음할 수 있다.
> ② 제1항의 규정에 의한 계획도가 2매 이상인 경우에는 법 제25조 제2항의 규정에 의한 계획설명서에 도시·군관리계획총괄도(축척 5만분의 1 이상의 지형도에 주요 도시·군관리계획사항을 명시한 도면을 말한다)를 포함시킬 수 있다.

(2) 도시·군관리계획의 수립기준(영 제19조) 기출 31회

국토교통부장관(법 제40조에 따른 수산자원보호구역의 경우 해양수산부장관을 말한다)은 도시·군관리계획의 수립기준을 정할 때에는 다음의 사항을 종합적으로 고려하여야 한다.

① 광역도시계획 및 도시·군기본계획(법 제19조의2에 따른 생활계획권을 포함한다)등에서 제시한 내용을 수용하고 개별 사업계획과의 관계 및 도시의 성장추세를 고려하여 수립하도록 할 것 〈개정 2024.7.30.〉
② 도시·군기본계획을 수립하지 아니하는 시·군의 경우 당해 시·군의 장기발전구상 및 법 제19조 제1항의 규정에 의한 도시·군기본계획에 포함될 사항 중 도시·군관리계획의 원활한 수립을 위하여 필요한 사항이 포함되도록 할 것
③ 도시·군관리계획의 효율적인 운영 등을 위하여 필요한 경우에는 특정지역 또는 특정부문에 한정하여 정비할 수 있도록 할 것
④ 공간구조는 생활권단위로 적정하게 구분하고 생활권별로 생활·편익시설이 고루 갖추어지도록 할 것
⑤ 도시와 농어촌 및 산촌지역의 인구밀도, 토지이용의 특성 및 주변환경 등을 종합적으로 고려하여 지역별로 계획의 상세정도를 다르게 하되, 기반시설의 배치계획, 토지용도 등은 도시와 농어촌 및 산촌지역이 서로 연계되도록 할 것
⑥ 토지이용계획을 수립할 때에는 주간 및 야간활동인구 등의 인구규모, 도시의 성장추이를 고려하여 그에 적합한 개발밀도가 되도록 할 것
⑦ 녹지축·생태계·산림·경관 등 양호한 자연환경과 우량농지, 국가유산 및 역사문화환경 등을 고려하여 토지이용계획을 수립하도록 할 것
⑧ 수도권안의 인구집중유발시설이 수도권외의 지역으로 이전하는 경우 종전의 대지에 대하여는 그 시설의 지방이전이 촉진될 수 있도록 토지이용계획을 수립하도록 할 것
⑨ 도시·군계획시설은 집행능력을 고려하여 적정한 수준으로 결정하고, 기존 도시·군계획시설은 시설의 설치현황과 관리·운영상태를 점검하여 규모 등이 불합리하게 결정되었거나 실현가능성이 없는 시설 또는 존치 필요성이 없는 시설은 재검토하여 해제하거나 조정함으로써 토지이용의 활성화를 도모할 것
⑩ 도시의 개발 또는 기반시설의 설치 등이 환경에 미치는 영향을 미리 검토하는 등 계획과 환경의 유기적 연관성을 높여 건전하고 지속가능한 도시발전을 도모하도록 할 것
⑪ 「재난 및 안전관리기본법」 제24조 제1항에 따른 시·도안전관리계획 및 같은 법 제25조 제1항에 따른 시·군·구안전관리계획과 「자연재해대책법」 제16조 제1항에 따른 시·군 자연재해저감 종합계획을 고려하여 재해로 인한 피해가 최소화되도록 할 것

3 도시·군관리계획 입안의 제안

(1) 도시·군관리계획 입안의 제안(법 제26조 제1항) 기출 34회·35회·36회

주민(이해관계자를 포함한다)은 다음의 사항에 대하여 도시·군관리계획을 입안할 수 있는 자에게 도시·군관리계획의 입안을 제안할 수 있다. 이 경우 제안서에는 도시·군관리계획도서와 계획설명서를 첨부하여야 한다.

① 기반시설의 설치·정비 또는 개량에 관한 사항
② 지구단위계획구역의 지정 및 변경과 지구단위계획의 수립 및 변경에 관한 사항
③ 다음의 어느 하나에 해당하는 용도지구의 지정 및 변경에 관한 사항
  ㉠ 개발진흥지구 중 공업기능 또는 유통물류기능 등을 집중적으로 개발·정비하기 위한 개발진흥지구로서 대통령령으로 정하는 개발진흥지구
    ※ "대통령령으로 정하는 개발진흥지구"란 제31조 제2항 제8호 나목에 따른 산업·유통개발진흥지구를 말한다. (영 제19조의2 제1항)
  ㉡ 제37조에 따라 지정된 용도지구 중 해당 용도지구에 따른 건축물이나 그 밖의 시설의 용도·종류 및 규모 등의 제한을 지구단위계획으로 대체하기 위한 용도지구
④ 도시·군계획시설입체복합구역의 지정 및 변경과 도시·군계획시설입체복합구역의 건축제한·건폐율·용적률·높이 등에 관한 사항 〈개정 2024.2.6.〉

> **토지소유자의 동의(영 제19조의2 제2항)** 〈개정 2024.7.30.〉
>
> 도시·군관리계획의 입안을 제안하려는 자는 다음 각 호의 구분에 따라 토지소유자의 동의를 받아야 한다. 이 경우 동의 대상 토지 면적에서 국·공유지는 제외한다.
>   1. 법 제26조 제1항 제1호 및 제5호의 사항에 대한 제안의 경우 : 대상 토지 면적의 5분의 4 이상
>   2. 법 제26조 제1항 제2호 및 제3호의 사항에 대한 제안의 경우 : 대상 토지 면적의 3분의 2 이상

(2) 처리 결과의 통보(법 제26조 제2항) 기출 31회

도시·군관리계획의 입안을 제안받은 자는 그 처리 결과를 제안자에게 알려야 한다.

> **제안서의 처리절차(영 제20조)**
>
> ① 법 제26조 제1항에 따라 도시·군관리계획입안의 제안을 받은 국토교통부장관, 시·도지사, 시장 또는 군수는 제안일부터 45일 이내에 도시·군관리계획입안에의 반영 여부를 제안자에게 통보하여야 한다. 다만, 부득이한 사정이 있는 경우에는 1회에 한하여 30일을 연장할 수 있다.
> ② 국토교통부장관, 시·도지사, 시장 또는 군수는 법 제26조 제1항의 규정에 의한 제안을 도시·군관리계획입안에 반영할 것인지 여부를 결정함에 있어서 필요한 경우에는 중앙도시계획위원회 또는 당해 지방자치단체에 설치된 지방도시계획위원회의 자문을 거칠 수 있다.
> ③ 국토교통부장관, 시·도지사, 시장 또는 군수는 법 제26조 제1항의 규정에 의한 제안을 도시·군관리계획입안에 반영하는 경우에는 제안서에 첨부된 도시·군관리계획도서와 계획설명서를 도시·군관리계획의 입안에 활용할 수 있다.

(3) 비용의 부담(법 제26조 제3항) 기출 35회

도시·군관리계획의 입안을 제안받은 자는 제안자와 협의하여 제안된 도시·군관리계획의 입안 및 결정에 필요한 비용의 전부 또는 일부를 제안자에게 부담시킬 수 있다.

(4) 개발진흥지구의 지정 제안을 위하여 충족하여야 할 지구의 규모, 용도지역 등의 요건(법 제26조 제4항)

개발진흥지구의 지정 제안을 위하여 충족하여야 할 지구의 규모, 용도지역 등의 요건은 대통령령으로 정한다.

> **도시·군관리계획의 입안의 제안(영 제19조의2)**
> ③ 산업·유통개발진흥지구의 지정을 제안할 수 있는 대상지역은 다음 각 호의 요건을 모두 갖춘 지역으로 한다.
>   1. 지정 대상 지역의 면적은 1만제곱미터 이상 3만제곱미터 미만일 것
>   2. 지정 대상 지역이 자연녹지지역·계획관리지역 또는 생산관리지역일 것. 다만, 계획관리지역에 있는 기존 공장의 증축이 필요한 경우로서 해당 공장이 도로·철도·하천·건축물·바다 등으로 둘러싸여 있어 증축을 위해서는 불가피하게 보전관리지역 또는 농림지역을 포함해야 하는 경우에는 전체 면적의 20퍼센트 이하의 범위에서 보전관리지역 또는 농림지역을 포함하되, 다음의 어느 하나에 해당하는 경우에는 20퍼센트 이상으로 할 수 있다.
>   가. 보전관리지역 또는 농림지역의 해당 토지가 개발행위허가를 받는 등 이미 개발된 토지인 경우
>   나. 보전관리지역 또는 농림지역의 해당 토지를 개발하여도 주변지역의 환경오염·환경훼손 우려가 없는 경우로서 해당 도시계획위원회의 심의를 거친 경우
>   3. 지정 대상 지역의 전체 면적에서 계획관리지역의 면적이 차지하는 비율이 100분의 50 이상일 것. 이 경우 자연녹지지역 또는 생산관리지역 중 도시·군기본계획에 반영된 지역은 계획관리지역으로 보아 산정한다.
>   4. 지정 대상 지역의 토지특성이 과도한 개발행위의 방지를 위하여 국토교통부장관이 정하여 고시하는 기준에 적합할 것
> ④ 도시·군관리계획의 입안을 제안하려는 경우에는 다음 각 호의 요건을 모두 갖추어야 한다.
>   1. 둘 이상의 용도지구가 중첩하여 지정되어 해당 행위제한의 내용을 정비하거나 통합적으로 관리할 필요가 있는 지역을 대상지역으로 제안할 것
>   2. 해당 용도지구에 따른 건축물이나 그 밖의 시설의 용도·종류 및 규모 등의 제한을 대체하는 지구단위계획구역의 지정 및 변경과 지구단위계획의 수립 및 변경에 관한 사항을 동시에 제안할 것
> ⑤ 위에서 규정한 사항 외에 도시·군관리계획 입안 제안의 세부적인 절차는 국토교통부장관이 정하여 고시한다.

(5) 도시·군관리계획의 제안, 제안을 위한 토지소유자의 동의 비율, 제안서의 처리 절차(법 제26조 제5항)

위에 규정된 사항 외에 도시·군관리계획의 제안, 제안을 위한 토지소유자의 동의 비율, 제안서의 처리 절차 등에 필요한 사항은 대통령령으로 정한다.

4 도시·군관리계획의 입안절차

(1) 도시·군관리계획의 입안을 위한 기초조사 등(법 제27조)

① 도시·군관리계획을 입안하는 경우에는 제13조를 준용한다. 다만, 대통령령으로 정하는 경미한 사항을 입안하는 경우에는 그러하지 아니하다.
② 국토교통부장관(제40조에 따른 수산자원보호구역의 경우 해양수산부장관을 말한다), 시·도지사, 시장 또는 군수는 기초조사의 내용에 도시·군관리계획이 환경에 미치는 영향 등에 대한 환경성 검토를 포함하여야 한다.
③ 국토교통부장관, 시·도지사, 시장 또는 군수는 기초조사의 내용에 토지적성평가와 재해취약성분석을 포함하여야 한다.
④ 도시·군관리계획으로 입안하려는 지역이 도심지에 위치하거나 개발이 끝나 나대지가 없는 등 대통령령으로 정하는 요건에 해당하면 ①항부터 ③항까지의 규정에 따른 기초조사, 환경성 검토, 토지적성평가 또는 재해취약성분석을 하지 아니할 수 있다.

도시·군관리계획의 입안을 위한 기초조사 면제사유 등(영 제21조) [기출] 30회·31회·32회

① 법 제27조 제1항 단서에서 "대통령령으로 정하는 경미한 사항"이란 제25조 제3항 각 호 및 같은 조 제4항 각 호의 사항을 말한다.
② 법 제27조 제4항에서 "대통령령으로 정하는 요건"이란 다음 각 호의 구분에 따른 요건을 말한다.
  1. 기초조사를 실시하지 아니할 수 있는 요건 : 다음 각 목의 어느 하나에 해당하는 경우
    가. 해당 지구단위계획구역이 도심지(상업지역과 상업지역에 연접한 지역을 말한다)에 위치하는 경우
    나. 해당 지구단위계획구역 안의 나대지면적이 구역면적의 2퍼센트에 미달하는 경우
    다. 해당 지구단위계획구역 또는 도시·군계획시설부지가 다른 법률에 따라 지역·지구 등으로 지정되거나 개발계획이 수립된 경우
    라. 해당 지구단위계획구역의 지정목적이 해당 구역을 정비 또는 관리하고자 하는 경우로서 지구단위계획의 내용에 너비 12미터 이상 도로의 설치계획이 없는 경우
    마. 기존의 용도지구를 폐지하고 지구단위계획을 수립 또는 변경하여 그 용도지구에 따른 건축물이나 그 밖의 시설의 용도·종류 및 규모 등의 제한을 그대로 대체하려는 경우
    바. 해당 도시·군계획시설의 결정을 해제하려는 경우
    사. 그 밖에 국토교통부령으로 정하는 요건에 해당하는 경우
  2. 환경성 검토를 실시하지 아니할 수 있는 요건 : 다음 각 목의 어느 하나에 해당하는 경우
    가. 제1호 가목부터 사목까지의 어느 하나에 해당하는 경우
    나. 「환경영향평가법」 제9조에 따른 전략환경영향평가 대상인 도시·군관리계획을 입안하는 경우
  3. 토지적성평가를 실시하지 아니할 수 있는 요건 : 다음 각 목의 어느 하나에 해당하는 경우
    가. 제1호 가목부터 사목까지의 어느 하나에 해당하는 경우
    나. 도시·군관리계획 입안일부터 5년 이내에 토지적성평가를 실시한 경우
    다. 주거지역·상업지역 또는 공업지역에 도시·군관리계획을 입안하는 경우
    라. 법 또는 다른 법령에 따라 조성된 지역에 도시·군관리계획을 입안하는 경우
    마. 「개발제한구역의 지정 및 관리에 관한 특별조치법 시행령」 제2조 제3항 제1호·제2호 또는 제6호(같은 항 제1호 또는 제2호에 따른 지역과 연접한 대지로 한정한다)의 지역에 해당하여 개발제한구역에서 조정 또는 해제된 지역에 대하여 도시·군관리계획을 입안하는 경우
    바. 「도시개발법」에 따른 도시개발사업의 경우
    사. 지구단위계획구역 또는 도시·군계획시설부지에서 도시·군관리계획을 입안하는 경우

아. 다음의 어느 하나에 해당하는 용도지역·용도지구·용도구역의 지정 또는 변경의 경우
　　　　　1) 주거지역·상업지역·공업지역 또는 계획관리지역의 그 밖의 용도지역으로의 변경(계획관리지역을 자연녹지지역으로 변경하는 경우는 제외한다)
　　　　　2) 주거지역·상업지역·공업지역 또는 계획관리지역 외의 용도지역 상호간의 변경(자연녹지지역으로 변경하는 경우는 제외한다)
　　　　　3) 용도지구·용도구역의 지정 또는 변경(개발진흥지구의 지정 또는 확대지정은 제외한다)
　　　자. 다음의 어느 하나에 해당하는 기반시설을 설치하는 경우
　　　　　1) 제55조 제1항 각 호에 따른 용도지역별 개발행위규모에 해당하는 기반시설
　　　　　2) 도로·철도·궤도·수도·가스 등 선형(線型)으로 된 교통시설 및 공급시설
　　　　　3) 공간시설(체육공원·묘지공원 및 유원지는 제외한다)
　　　　　4) 방재시설 및 환경기초시설(폐차장은 제외한다)
　　　　　5) 개발제한구역 안에 설치하는 기반시설
　　4. 재해취약성분석을 실시하지 않을 수 있는 요건 : 다음 각 목의 어느 하나에 해당하는 경우
　　　가. 제1호 가목부터 사목까지의 어느 하나에 해당하는 경우
　　　나. 도시·군관리계획 입안일부터 5년 이내에 재해취약성분석을 실시한 경우
　　　다. 제3호 아목에 해당하는 경우(방재지구의 지정·변경은 제외한다)
　　　라. 다음의 어느 하나에 해당하는 기반시설을 설치하는 경우
　　　　　1) 제3호 자목 1)의 기반시설
　　　　　2) 삭제 〈2019.8.6.〉
　　　　　3) 공간시설 중 녹지·공공공지

(2) 주민의 의견 청취(법 제28조 제1항~제5항)

① 국토교통부장관(제40조에 따른 수산자원보호구역의 경우 해양수산부장관을 말한다), 시·도지사, 시장 또는 군수는 도시·군관리계획을 입안할 때에는 주민의 의견을 들어야 하며, 그 의견이 타당하다고 인정되면 도시·군관리계획안에 반영하여야 한다. 다만, 국방상 또는 국가안보장상 기밀을 지켜야 할 필요가 있는 사항(관계 중앙행정기관의 장이 요청하는 것만 해당한다)이거나 대통령령으로 정하는 경미한 사항인 경우에는 그러하지 아니하다.

② 국토교통부장관이나 도지사는 도시·군관리계획을 입안하려면 주민의 의견 청취 기한을 밝혀 도시·군관리계획안을 관계 특별시장·광역시장·특별자치시장·특별자치도지사·시장 또는 군수에게 송부하여야 한다.

③ 도시·군관리계획안을 받은 특별시장·광역시장·특별자치시장·특별자치도지사·시장 또는 군수는 명시된 기한까지 그 도시·군관리계획안에 대한 주민의 의견을 들어 그 결과를 국토교통부장관이나 도지사에게 제출하여야 한다.

④ 국토교통부장관, 시·도지사, 시장 또는 군수는 다음의 어느 하나에 해당하는 경우로서 그 내용이 해당 지방자치단체의 조례로 정하는 중요한 사항인 경우에는 그 내용을 다시 공고·열람하게 하여 주민의 의견을 들어야 한다.
　㉠ ①항에 따라 청취한 주민 의견을 도시·군관리계획안에 반영하고자 하는 경우
　㉡ 제30조 제1항·제2항에 따른 관계 행정기관의 장과의 협의 및 같은 조 제3항에 따른 중앙도시계획위원회의 심의, 시·도도시계획위원회의 심의 또는 시·도에 두는 건축위원회와 도시계획위원회의 공동 심의에서 제시된 의견을 반영하여 도시·군관리계획을 결정하고자 하는 경우

⑤ 주민의 의견 청취에 필요한 사항은 대통령령으로 정하는 기준에 따라 해당 지방자치단체의 조례로 정한다.

> **주민 및 지방의회의 의견 청취(영 제22조 제1항~제6항)**
> ① 법 제28조 제1항 단서에서 "대통령령으로 정하는 경미한 사항"이란 제25조 제3항 각 호의 사항 및 같은 조 제4항 각 호의 사항을 말한다.
> ② 법 제28조 제5항에 따라 조례로 주민의 의견 청취에 필요한 사항을 정할 때 적용되는 기준은 다음 각 호와 같다.
>   1. 도시·군관리계획안의 주요 내용을 다음 각 목의 매체에 각각 공고할 것
>   가. 해당 지방자치단체의 공보나 둘 이상의 일반일간신문(「신문 등의 진흥에 관한 법률」 제9조 제1항에 따라 전국 또는 해당 지방자치단체를 주된 보급지역으로 등록한 일반일간신문을 말한다)
>   나. 해당 지방자치단체의 인터넷 홈페이지 등의 매체
>   다. 법 제128조 제1항에 따라 국토교통부장관이 구축·운영하는 국토이용정보체계 〈개정 2024.1.26.〉
>   2. 도시·군관리계획안을 14일 이상의 기간 동안 일반인이 열람할 수 있도록 할 것
> ③ 삭제 〈2022.11.1.〉
> ④ 제2항의 규정에 의하여 공고된 도시·군관리계획안의 내용에 대하여 의견이 있는 자는 열람기간내에 특별시장·광역시장·특별자치시장·특별자치도지사·시장 또는 군수에게 의견서를 제출할 수 있다. 〈개정 2022.1.18.〉
> ⑤ 국토교통부장관, 시·도지사, 시장 또는 군수는 제4항에 따라 제출된 의견을 도시·군관리계획안에 반영할 것인지 여부를 검토하여 그 결과를 열람기간이 종료된 날부터 60일 이내에 해당 의견을 제출한 자에게 통보해야 한다. 〈개정 2022.1.18.〉
> ⑥ 삭제 〈2021.7.6.〉

(3) 지방의회의 의견 청취(법 제28조 제6항~제8항) [기출 33회]

① 국토교통부장관, 시·도지사, 시장 또는 군수는 도시·군관리계획을 입안하려면 대통령령으로 정하는 사항에 대하여 해당 지방의회의 의견을 들어야 한다.
② 국토교통부장관이나 도지사가 지방의회의 의견을 듣는 경우에는 제2항과 제3항을 준용한다. 이 경우 "주민"은 "지방의회"로 본다.
③ 특별시장·광역시장·특별자치시장·특별자치도지사·시장 또는 군수가 지방의회의 의견을 들으려면 의견 제시 기한을 밝혀 도시·군관리계획안을 송부하여야 한다. 이 경우 해당 지방의회는 명시된 기한까지 특별시장·광역시장·특별자치시장·특별자치도지사·시장 또는 군수에게 의견을 제시하여야 한다.

> **주민 및 지방의회의 의견 청취(영 제22조 제7항)** 〈개정 2021.7.6.〉
> "대통령령으로 정하는 사항"이란 다음 각 호의 사항을 말한다. 다만, 제25조 제3항 각 호의 사항 및 지구단위계획으로 결정 또는 변경결정하는 사항은 제외한다.
>   1. 법 제36조부터 제38조까지, 제38조의2, 제39조, 제40조 및 제40조의2에 따른 용도지역·용도지구 또는 용도구역의 지정 또는 변경지정. 다만, 용도지구에 따른 건축물이나 그 밖의 시설의 용도·종류 및 규모 등의 제한을 그대로 지구단위계획으로 대체하기 위한 경우로서 해당 용도지구를 폐지하기 위하여 도시·군관리계획을 결정하는 경우에는 제외한다.
>   2. 광역도시계획에 포함된 광역시설의 설치·정비 또는 개량에 관한 도시·군관리계획의 결정 또는 변경결정

3. 다음 각 목의 어느 하나에 해당하는 기반시설의 설치·정비 또는 개량에 관한 도시·군관리계획의 결정 또는 변경결정. 다만, 법 제48조 제4항에 따른 지방의회의 권고대로 도시·군계획시설 결정(도시·군계획시설에 대한 도시·군관리계획 결정을 말한다)을 해제하기 위한 도시·군관리계획을 결정하는 경우는 제외한다.
   가. 도로중 주간선도로(시·군내 주요지역을 연결하거나 시·군 상호간이나 주요지방 상호간을 연결하여 대량통과교통을 처리하는 도로로서 시·군의 골격을 형성하는 도로를 말한다)
   나. 철도중 도시철도
   다. 자동차정류장중 여객자동차터미널(시외버스운송사업용에 한한다)
   라. 공원(「도시공원 및 녹지 등에 관한 법률」에 따른 소공원 및 어린이공원은 제외한다)
   마. 유통업무설비
   바. 학교중 대학
   사. 삭제 〈2018.11.13.〉
   아. 삭제 〈2005.9.8.〉
   자. 공공청사 중 지방자치단체의 청사
   차. 삭제 〈2018.11.13.〉
   카. 삭제 〈2018.11.13.〉
   타. 삭제 〈2018.11.13.〉
   파. 하수도(하수종말처리시설에 한한다)
   하. 폐기물처리 및 재활용시설
   거. 수질오염방지시설
   너. 그 밖에 국토교통부령으로 정하는 시설

5 도시·군관리계획의 결정

(1) 도시·군관리계획의 결정권자(법 제29조)

① 도시·군관리계획은 시·도지사가 직접 또는 시장·군수의 신청에 따라 결정한다. 다만, 「지방자치법」 제198조에 따른 서울특별시와 광역시 및 특별자치시를 제외한 인구 50만 이상의 대도시(이하 "대도시"라 한다)의 경우에는 해당 시장(이하 "대도시 시장"이라 한다)이 직접 결정하고, 다음의 도시·군관리계획은 시장 또는 군수가 직접 결정한다.
   ㉠ 시장 또는 군수가 입안한 지구단위계획구역의 지정·변경과 지구단위계획의 수립·변경에 관한 도시·군관리계획
   ㉡ 지구단위계획으로 대체하는 용도지구 폐지에 관한 도시·군관리계획[해당 시장(대도시 시장은 제외한다) 또는 군수가 도지사와 미리 협의한 경우에 한정한다]

② 다음의 도시·군관리계획은 국토교통부장관이 결정한다. 다만, ㉣의 도시·군관리계획은 해양수산부장관이 결정한다.
   ㉠ 제24조 제5항에 따라 국토교통부장관이 입안한 도시·군관리계획
   ㉡ 제38조에 따른 개발제한구역의 지정 및 변경에 관한 도시·군관리계획
   ㉢ 제39조 제1항 단서에 따른 시가화조정구역의 지정 및 변경에 관한 도시·군관리계획
   ㉣ 제40조에 따른 수산자원보호구역의 지정 및 변경에 관한 도시·군관리계획

(2) 도시·군관리계획의 결정(법 제30조) 기출 31회

① 시·도지사는 도시·군관리계획을 결정하려면 관계 행정기관의 장과 미리 협의하여야 하며, 국토교통부장관(제40조에 따른 수산자원보호구역의 경우 해양수산부장관을 말한다)이 도시·군관리계획을 결정하려면 관계 중앙행정기관의 장과 미리 협의하여야 한다. 이 경우 협의 요청을 받은 기관의 장은 특별한 사유가 없으면 그 요청을 받은 날부터 30일 이내에 의견을 제시하여야 한다.

② 시·도지사는 국토교통부장관이 입안하여 결정한 도시·군관리계획을 변경하거나 그 밖에 대통령령으로 정하는 중요한 사항에 관한 도시·군관리계획을 결정하려면 미리 국토교통부장관과 협의하여야 한다.

> **도시·군관리계획의 결정(영 제25조 제1항)**
>
> 법 제30조 제2항에서 "대통령령으로 정하는 중요한 사항에 관한 도시·군관리계획"이란 다음 각 호의 어느 하나에 해당하는 도시·군관리계획을 말한다. 다만, 제3항 각 호 및 제4항 각 호의 사항과 관계 법령에 따라 국토교통부장관(법 제40조에 따른 수산자원보호구역의 경우 해양수산부장관을 말한다)과 미리 협의한 사항을 제외한다.
> 1. 광역도시계획과 관련하여 시·도지사가 입안한 도시·군관리계획
> 2. 개발제한구역이 해제되는 지역에 대하여 해제 이후 최초로 결정되는 도시·군관리계획
> 3. 2 이상의 시·도에 걸치는 기반시설의 설치·정비 또는 개량에 관한 도시·군관리계획 중 국토교통부령이 정하는 도시·군관리계획

③ 국토교통부장관은 도시·군관리계획을 결정하려면 중앙도시계획위원회의 심의를 거쳐야 하며, 시·도지사가 도시·군관리계획을 결정하려면 시·도도시계획위원회의 심의를 거쳐야 한다. 다만, 시·도지사가 지구단위계획(지구단위계획과 지구단위계획구역을 동시에 결정할 때에는 지구단위계획구역의 지정 또는 변경에 관한 사항을 포함할 수 있다)이나 제52조 제1항 제1호의2에 따라 지구단위계획으로 대체하는 용도지구 폐지에 관한 사항을 결정하려면 대통령령으로 정하는 바에 따라 「건축법」 제4조에 따라 시·도에 두는 건축위원회와 도시계획위원회가 공동으로 하는 심의를 거쳐야 한다.

> **도시·군관리계획의 결정(영 제25조 제2항)**
>
> 법 제30조 제3항 단서 또는 제7항에 따라 건축위원회와 도시계획위원회가 공동으로 지구단위계획을 심의하려는 경우에는 다음 각 호의 기준에 따라 공동위원회를 구성한다. 〈개정 2022.1.18.〉
> 1. 공동위원회의 위원은 건축위원회 및 도시계획위원회의 위원 중에서 시·도지사 또는 시장·군수가 임명 또는 위촉할 것. 이 경우 법 제113조 제3항에 따라 지방도시계획위원회에 지구단위계획을 심의하기 위한 분과위원회가 설치되어 있는 경우에는 당해 분과위원회의 위원 전원을 공동위원회의 위원으로 임명 또는 위촉하여야 한다.
> 2. 공동위원회의 위원 수는 30명 이내로 할 것
> 3. 공동위원회의 위원 중 건축위원회의 위원이 3분의 1 이상이 되도록 할 것
> 4. 공동위원회 위원장은 제1호에 따라 임명 또는 위촉한 위원 중에서 시·도지사 또는 시장·군수가 임명 또는 위촉할 것

④ 국토교통부장관이나 시·도지사는 국방상 또는 국가안전보장상 기밀을 지켜야 할 필요가 있다고 인정되면(관계 중앙행정기관의 장이 요청할 때만 해당된다) 그 도시·군관리계획의 전부 또는 일부에 대하여 ①항부터 ③항까지의 규정에 따른 절차를 생략할 수 있다.

⑤ 결정된 도시·군관리계획을 변경하려는 경우에는 ①항부터 ④항까지의 규정을 준용한다. 다만, 대통령령으로 정하는 경미한 사항을 변경하는 경우에는 그러하지 아니하다.

도시·군관리계획의 결정(영 제25조 제3항~제5항)

③ 다음 각 호의 어느 하나에 해당하는 경우(다른 호에 저촉되지 않는 경우로 한정한다)에는 법 제30조 제5항 단서에 따라 관계 행정기관의 장과의 협의, 국토교통부장관과의 협의 및 중앙도시계획위원회 또는 지방도시계획위원회의 심의를 거치지 않고 도시·군관리계획(지구단위계획, 도시혁신계획 및 복합용도계획은 제외한다)을 변경할 수 있다. 〈개정 2024.7.30.〉

1. 다음 각 목의 어느 하나에 해당하는 경우
   가. 단위 도시·군계획시설부지 면적 또는 법 제40조의5에 따른 도시·군계획시설입체복합구역(이하 "입체복합구역"이라 한다) 면적의 5퍼센트 미만의 변경인 경우. 다만, 다음의 어느 하나에 해당하는 시설은 해당 요건을 충족하는 경우만 해당한다.
      1) 도로 : 시작지점 또는 끝지점이 변경(해당 도로와 접한 도시·군계획시설의 변경으로 시작지점 또는 끝지점이 변경되는 경우는 제외한다)되지 않는 경우로서 중심선이 종전에 결정된 도로의 범위를 벗어나지 않는 경우
      2) 공원 및 녹지 : 다음의 어느 하나에 해당하는 경우
         가) 면적이 증가되는 경우
         나) 최초 도시·군계획시설 결정 후 변경되는 면적의 합계가 1만제곱미터 미만이고, 최초 도시·군계획시설 결정 당시 부지 면적의 5퍼센트 미만의 범위에서 면적이 감소되는 경우. 다만, 「도시공원 및 녹지 등에 관한 법률」 제35조 제1호의 완충녹지(도시지역 외의 지역에서 같은 법을 준용하여 설치하는 경우를 포함한다)인 경우는 제외한다.
   나. 지형사정으로 인한 도시·군계획시설의 근소한 위치변경 또는 비탈면 등으로 인한 시설부지의 불가피한 변경인 경우
   다. 그 밖에 국토교통부령으로 정하는 경미한 사항의 변경인 경우
2. 삭제 〈2019.8.6.〉
3. 이미 결정된 도시·군계획시설의 세부시설을 변경하는 경우로서 세부시설 면적, 건축물 연면적 또는 건축물 높이의 변경[50퍼센트 미만으로서 시·도 또는 대도시(「지방자치법」 제198조 제1항에 따른 서울특별시·광역시 및 특별자치시를 제외한 인구 50만 이상 대도시를 말한다)의 도시·군계획조례로 정하는 범위 이내의 변경은 제외하며, 건축물 높이의 변경은 층수변경이 수반되는 경우를 포함한다]이 포함되지 않는 경우
4. 도시지역의 축소에 따른 용도지역·용도지구·용도구역 또는 지구단위계획구역의 변경인 경우
5. 도시지역외의 지역에서 「농지법」에 의한 농업진흥지역 또는 「산지관리법」에 의한 보전산지를 농림지역으로 결정하는 경우
6. 「자연공원법」에 따른 공원구역, 「수도법」에 의한 상수원보호구역, 「문화유산의 보존 및 활용에 관한 법률」에 따라 지정된 지정문화유산과 그 보호구역 또는 「자연유산의 보존 및 활용에 관한 법률」에 따라 지정된 천연기념물등과 그 보호구역을 자연환경보전지역으로 결정하는 경우
6의2. 체육시설(제2조 제3항에 따라 세분된 체육시설을 말한다) 및 그 부지의 전부 또는 일부를 다른 체육시설 및 그 부지로 변경(둘 이상의 체육시설을 같은 부지에 함께 결정하기 위하여 변경하는 경우를 포함한다)하는 경우
6의3. 문화시설(제2조 제3항에 따라 세분된 문화시설을 말하되, 국토교통부령으로 정하는 시설은 제외한다) 및 그 부지의 전부 또는 일부를 다른 문화시설 및 그 부지로 변경(둘 이상의 문화시설을 같은 부지에 함께 결정하기 위하여 변경하는 경우를 포함한다)하는 경우
6의4. 장사시설(제2조 제3항에 따라 세분된 장사시설을 말한다) 및 그 부지의 전부 또는 일부를 다른 장사시설 및 그 부지로 변경(둘 이상의 장사시설을 같은 부지에 함께 결정하기 위하여 변경하는 경우를 포함한다)하는 경우
7. 그 밖에 국토교통부령(법 제40조에 따른 수산자원보호구역의 경우 해양수산부령을 말한다)이 정하는 경미한 사항의 변경인 경우

④ 지구단위계획 중 다음 각 호의 어느 하나에 해당하는 경우(다른 호에 저촉되지 않는 경우로 한정한다)에는 법 제30조 제5항 단서에 따라 관계 행정기관의 장과의 협의, 국토교통부장관과의 협의 및 중앙도시계획위원회·지방도시계획위원회 또는 제2항에 따른 공동위원회의 심의를 거치지 않고 지구단위계획을 변경할 수 있다. 다만, 제14호에 해당하는 경우에는 공동위원회의 심의를 거쳐야 한다. 〈개정 2021.1.26.〉
1. 지구단위계획으로 결정한 용도지역·용도지구 또는 도시·군계획시설에 대한 변경결정으로서 제3항 각 호의 어느 하나에 해당하는 변경인 경우(다른 호에 저촉되지 않는 경우로 한정한다)
2. 가구(제42조의3 제2항 제4호에 따른 별도의 구역을 포함한다)면적의 10퍼센트 이내의 변경인 경우
3. 획지(劃地 : 구획된 한 단위의 토지를 말한다) 면적의 30퍼센트 이내의 변경인 경우
4. 건축물높이의 20퍼센트 이내의 변경인 경우(층수변경이 수반되는 경우를 포함한다)
5. 제46조 제7항 제2호 각 목의 1에 해당하는 획지의 규모 및 조성계획의 변경인 경우
6. 삭제 〈2019.8.6.〉
7. 건축선 또는 차량출입구의 변경으로서 다음 각 목의 어느 하나에 해당하는 경우
   가. 건축선의 1미터 이내의 변경인 경우
   나. 「도시교통정비촉진법」 제17조 또는 제18조에 따른 교통영향평가서의 심의를 거쳐 결정된 경우
8. 건축물의 배치·형태 또는 색채의 변경인 경우
9. 지구단위계획에서 경미한 사항으로 결정된 사항의 변경인 경우. 다만, 용도지역·용도지구·도시·군계획시설·가구면적·획지면적·건축물높이 또는 건축선의 변경에 해당하는 사항을 제외한다.
10. 법률 제6655호 국토의 계획 및 이용에 관한 법률 부칙 제17조 제2항의 규정에 의하여 제2종 지구단위계획으로 보는 개발계획에서 정한 건폐율 또는 용적률을 감소시키거나 10퍼센트 이내에서 증가시키는 경우(증가시키는 경우에는 제47조 제1항의 규정에 의한 건폐율·용적률의 한도를 초과하는 경우를 제외한다)
11. 지구단위계획구역 면적의 10퍼센트(용도지역 변경을 포함하는 경우에는 5퍼센트를 말한다) 이내의 변경 및 동 변경지역 안에서의 지구단위계획의 변경
12. 국토교통부령으로 정하는 경미한 사항의 변경인 경우
13. 그 밖에 제1호부터 제12호까지와 유사한 사항으로서 도시·군계획조례로 정하는 사항의 변경인 경우
14. 「건축법」 등 다른 법령의 규정에 따른 건폐율 또는 용적률 완화 내용을 반영하기 위하여 지구단위계획을 변경하는 경우

⑤ 도시혁신계획 또는 복합용도계획 중 다음 각 호의 어느 하나에 해당하는 경우(다른 호에 저촉되지 않는 경우로 한정한다)에는 법 제30조 제5항 단서에 따라 관계 행정기관의 장과의 협의, 국토교통부장관과의 협의 및 중앙도시계획위원회·지방도시계획위원회의 심의를 거치지 않고 도시혁신계획 또는 복합용도계획을 변경할 수 있다. 〈개정 2024.7.30.〉
1. 도시혁신계획 또는 복합용도계획으로 결정한 용도지역·용도지구, 지구단위계획 또는 도시·군계획시설에 대한 변경결정으로서 제3항 각 호, 같은 조 제4항 제2호부터 제5호까지, 제7호 및 제8호의 어느 하나에 해당하는 변경인 경우(다른 호에 저촉되지 않는 경우로 한정한다)
2. 도시혁신계획 또는 복합용도계획에서 경미한 사항으로 결정된 사항의 변경인 경우. 다만, 용도지역·용도지구, 도시·군계획시설, 가구면적, 획지면적, 건축물 높이 또는 건축선의 변경에 해당하는 사항은 제외한다.
3. 법 제40조의3에 따른 도시혁신구역(이하 "도시혁신구역"이라 한다) 면적 또는 법 제40조의4에 따른 복합용도구역(이하 "복합용도구역"이라 한다) 면적의 10퍼센트 이내의 변경 및 해당 변경지역 안에서의 도시혁신계획 또는 복합용도계획의 변경

⑥ 국토교통부장관이나 시·도지사는 도시·군관리계획을 결정하면 대통령령으로 정하는 바에 따라 그 결정을 고시하고, 국토교통부장관이나 도지사는 관계 서류를 관계 특별시장·광역시장·특별자치시장·특별자치도지사·시장 또는 군수에게 송부하여 일반이 열람할 수 있도록 하여야 하며, 특별시장·광역시장·특별자치시장·특별자치도지사는 관계 서류를 일반이 열람할 수 있도록 하여야 한다.

⑦ 시장 또는 군수가 도시·군관리계획을 결정하는 경우에는 제1항부터 제6항까지의 규정을 준용한다. 이 경우 "시·도지사"는 "시장 또는 군수"로, "시·도도시계획위원회"는 "제113조 제2항에 따른 시·군·구도시계획위원회"로, "「건축법」 제4조에 따라 시·도에 두는 건축위원회"는 "「건축법」 제4조에 따라 시 또는 군에 두는 건축위원회"로, "특별시장·광역시장·특별자치시장·특별자치도지사"는 "시장 또는 군수"로 본다.

도시·군관리계획의 결정(영 제25조 제6항~제7항)

⑥ 법 제30조 제6항 및 제7항에 따른 도시·군관리계획 결정의 고시는 국토교통부장관이 하는 경우에는 관보와 국토교통부의 인터넷 홈페이지에, 시·도지사 또는 시장·군수가 하는 경우에는 해당 시·도 또는 시·군의 공보와 인터넷 홈페이지에 다음 각 호의 사항을 게재하는 방법으로 한다. 〈개정 2021.1.26.〉
1. 법 제2조 제4호 각 목의 어느 하나에 해당하는 계획이라는 취지
2. 위치
3. 면적 또는 규모
4. 그 밖에 국토교통부령이 정하는 사항

⑦ 특별시장 또는 광역시장·특별자치시장·특별자치도지사는 다른 특별시·광역시·특별자치시·특별자치도·시 또는 군의 관할구역이 포함된 도시·군관리계획 결정을 고시하는 때에는 당해 특별시장·광역시장·특별자치시장·특별자치도지사·시장 또는 군수에게 관계 서류를 송부하여야 한다.

6 법 제31조(도시·군관리계획 결정의 효력) 기출 30회·31회

① 도시·군관리계획 결정의 효력은 지형도면을 고시한 날부터 발생한다.

② 도시·군관리계획 결정 당시 이미 사업이나 공사에 착수한 자(이 법 또는 다른 법률에 따라 허가·인가·승인 등을 받아야 하는 경우에는 그 허가·인가·승인 등을 받아 사업이나 공사에 착수한 자를 말한다)는 그 도시·군관리계획 결정과 관계없이 그 사업이나 공사를 계속할 수 있다. 다만, 시가화조정구역이나 수산자원보호구역의 지정에 관한 도시·군관리계획 결정이 있는 경우에는 대통령령으로 정하는 바에 따라 특별시장·광역시장·특별자치시장·특별자치도지사·시장 또는 군수에게 신고하고 그 사업이나 공사를 계속할 수 있다.

시행중인 공사에 대한 특례(영 제26조)

① 시가화조정구역 또는 수산자원보호구역의 지정에 관한 도시·군관리계획의 결정 당시 이미 사업 또는 공사에 착수한 자는 당해 사업 또는 공사를 계속하고자 하는 때에는 법 제31조 제2항 단서의 규정에 의하여 시가화조정구역 또는 수산자원보호구역의 지정에 관한 도시·군관리계획 결정의 고시일부터 3월 이내에 그 사업 또는 공사의 내용을 관할 특별시장·광역시장·특별자치시장·특별자치도지사·시장 또는 군수에게 신고하여야 한다.

② 제1항의 규정에 의하여 신고한 행위가 건축물의 건축을 목적으로 하는 토지의 형질변경인 경우 당해 건축물을 건축하고자 하는 자는 토지의 형질변경에 관한 공사를 완료한 후 3월 이내에 건축허가를 신청하는 때에는 당해 건축물을 건축할 수 있다.
③ 건축물의 건축을 목적으로 하는 토지의 형질변경에 관한 공사를 완료한 후 1년 이내에 제1항의 규정에 의한 도시·군관리계획 결정의 고시가 있는 경우 당해 건축물을 건축하고자 하는 자는 당해 도시·군관리계획 결정의 고시일부터 6월 이내에 건축허가를 신청하는 때에는 당해 건축물을 건축할 수 있다.

③ ①항에서 규정한 사항 외에 도시·군관리계획 결정의 효력 발생 및 실효 등에 관하여는 「토지이용규제기본법」 제8조 제3항부터 제5항까지의 규정에 따른다.

지역·지구 등의 지정 등(토지이용규제기본법 제8조 제3항~제5항)
③ 제2항에 따라 지형도면 또는 지적도 등에 지역·지구 등을 명시한 도면(이하 "지형도면 등"이라 한다)을 고시하여야 하는 지역·지구 등의 지정의 효력은 지형도면 등의 고시를 함으로써 발생한다. 다만, 지역·지구 등을 지정할 때에 지형도면 등의 고시가 곤란한 경우로서 대통령령으로 정하는 경우에는 그러하지 아니하다.
④ 제3항 단서에 해당되는 경우에는 지역·지구 등의 지정일부터 2년이 되는 날까지 지형도면 등을 고시하여야 하며, 지형도면 등의 고시가 없는 경우에는 그 2년이 되는 날의 다음 날부터 그 지정의 효력을 잃는다.
⑤ 제4항에 따라 지역·지구 등의 지정이 효력을 잃은 때에는 그 지역·지구 등의 지정권자는 대통령령으로 정하는 바에 따라 지체 없이 그 사실을 관보 또는 공보에 고시하고, 이를 관계 특별자치도지사·시장·군수(광역시의 관할 구역에 있는 군의 군수를 포함한다) 또는 구청장(구청장은 자치구의 구청장을 말하며, 이하 "시장·군수 또는 구청장"이라 한다)에게 통보하여야 한다. 이 경우 시장·군수 또는 구청장은 그 내용을 제12조에 따른 국토이용정보체계(이하 "국토이용정보체계"라 한다)에 등재(登載)하여 일반 국민이 볼 수 있도록 하여야 한다.

7 도시·군관리계획에 관한 지형도면의 고시 등(법 제32조) 기출 31회

① 특별시장·광역시장·특별자치시장·특별자치도지사·시장 또는 군수는 도시·군관리계획 결정(이하 "도시·군관리계획 결정"이라 한다)이 고시되면 지적(地籍)이 표시된 지형도에 도시·군관리계획에 관한 사항을 자세히 밝힌 도면을 작성하여야 한다.
② 시장(대도시 시장은 제외한다)이나 군수는 지형도에 도시·군관리계획(지구단위계획구역의 지정·변경과 지구단위계획의 수립·변경에 관한 도시·군관리계획은 제외한다)에 관한 사항을 자세히 밝힌 도면(이하 "지형도면"이라 한다)을 작성하면 도지사의 승인을 받아야 한다. 이 경우 지형도면의 승인 신청을 받은 도지사는 그 지형도면과 결정·고시된 도시·군관리계획을 대조하여 착오가 없다고 인정되면 대통령령으로 정하는 기간에 그 지형도면을 승인하여야 한다.
  ※ "대통령령으로 정하는 기간"이란 30일 이내를 말한다(영 제27조).
③ 국토교통부장관(제40조에 따른 수산자원보호구역의 경우 해양수산부장관을 말한다)이나 도지사는 도시·군관리계획을 직접 입안한 경우에는 ①항과 ②항에도 불구하고 관계 특별시장·광역시장·특별자치시장·특별자치도지사·시장 또는 군수의 의견을 들어 직접 지형도면을 작성할 수 있다.

④ 국토교통부장관, 시·도지사, 시장 또는 군수는 직접 지형도면을 작성하거나 지형도면을 승인한 경우에는 이를 고시하여야 한다.
⑤ 지형도면의 작성기준 및 방법과 지형도면의 고시방법 및 절차 등에 관하여는 「토지이용규제기본법」 제8조 제2항 및 제6항부터 제9항까지의 규정에 따른다.

지역·지구 등의 지정 등(토지이용규제기본법 제8조 제2항 및 제6항~제9항)

② 중앙행정기관의 장이 지역·지구 등을 지정하는 경우에는 지적(地籍)이 표시된 지형도에 지역·지구 등을 명시한 도면(이하 "지형도면"이라 한다)을 작성하여 관보에 고시하고, 지방자치단체의 장이 지역·지구 등을 지정하는 경우에는 지형도면을 작성하여 그 지방자치단체의 공보에 고시하여야 한다. 다만, 대통령령으로 정하는 경우에는 지형도면을 작성·고시하지 아니하거나 지적도 등에 지역·지구 등을 명시한 도면을 작성하여 고시할 수 있다.
⑥ 중앙행정기관의 장이나 지방자치단체의 장은 지역·지구 등의 지정을 입안하거나 신청하는 자가 따로 있는 경우에는 그 자에게 제2항에 따른 고시에 필요한 지형도면 등을 작성하여 제출하도록 요청할 수 있다.
⑦ 제2항에 따른 지형도면 등의 작성에 필요한 구체적인 기준 및 방법 등은 대통령령으로 정한다.
⑧ 중앙행정기관의 장이나 지방자치단체의 장은 제2항에 따라 지형도면 등의 고시를 하려면 관계 시장·군수 또는 구청장에게 관련 서류와 고시예정일 등 대통령령으로 정하는 사항을 미리 통보하여야 한다. 다만, 제2항 단서에 따라 지형도면을 작성·고시하지 아니하는 경우에는 지역·지구 등을 지정할 때에 대통령령으로 정하는 사항을 미리 통보하여야 하고, 제3항 단서에 따라 지역·지구 등의 지정 후에 지형도면 등의 고시를 하는 경우에는 지역·지구 등을 지정할 때와 제4항에 따른 지형도면 등을 고시할 때에 대통령령으로 정하는 사항을 미리 통보하여야 한다.
⑨ 제8항에 따라 통보를 받은 시장·군수 또는 구청장은 그 내용을 국토이용정보체계에 등재하여 지역·지구 등의 지정 효력이 발생한 날부터 일반 국민이 볼 수 있도록 하여야 한다. 다만, 제3항 단서에 따라 지역·지구 등의 지정 후에 지형도면 등의 고시를 하는 경우에는 제4항에 따라 지형도면 등을 고시한 날부터 일반 국민이 볼 수 있도록 하여야 한다.

8 법 제34조 제1항(도시·군관리계획의 정비)

특별시장·광역시장·특별자치시장·특별자치도지사·시장 또는 군수는 5년마다 관할 구역의 도시·군관리계획에 대하여 대통령령으로 정하는 바에 따라 그 타당성을 전반적으로 재검토하여 정비하여야 한다.

도시·군관리계획의 정비(영 제29조)

① 특별시장·광역시장·특별자치시장·특별자치도지사·시장 또는 군수는 법 제34조 제1항에 따라 도시·군관리계획을 정비하는 경우에는 다음 각 호의 사항을 검토하여 그 결과를 도시·군관리계획입안에 반영하여야 한다.
1. 도시·군계획시설 설치에 관한 도시·군관리계획 : 다음 각 목의 사항
   가. 도시·군계획시설 결정의 고시일부터 3년 이내에 해당 도시·군계획시설의 설치에 관한 도시·군계획시설사업의 전부 또는 일부가 시행되지 아니한 경우 해당 도시·군계획시설 결정의 타당성
   나. 도시·군계획시설 결정에 따라 설치된 시설 중 여건 변화 등으로 존치 필요성이 없는 도시·군계획시설에 대한 해제 여부

> 2. 용도지구 지정에 관한 도시·군관리계획 : 다음 각 목의 사항
>   가. 지정목적을 달성하거나 여건 변화 등으로 존치 필요성이 없는 용도지구에 대한 변경 또는 해제 여부
>   나. 해당 용도지구와 중첩하여 지구단위계획구역이 지정되어 지구단위계획이 수립되거나 다른 법률에 따른 지역·지구 등이 지정된 경우 해당 용도지구의 변경 및 해제 여부 등을 포함한 용도지구 존치의 타당성
>   다. 둘 이상의 용도지구가 중첩하여 지정되어 있는 경우 용도지구의 지정 목적, 여건 변화 등을 고려할 때 해당 용도지구를 법 제52조 제1항 제1호의2에 규정된 사항을 내용으로 하는 지구단위계획으로 대체할 필요성이 있는지 여부
> ② 삭제 〈2021.7.6.〉
> ③ 법 제18조 제1항 단서의 규정에 의하여 도시·군기본계획을 수립하지 아니하는 시·군의 시장·군수는 법 제34조의 규정에 의하여 도시·군관리계획을 정비하는 때에는 법 제25조 제2항의 규정에 의한 계획설명서에 당해 시·군의 장기발전구상을 포함시켜야 하며, 공청회를 개최하여 이에 관한 주민의 의견을 들어야 한다.
> ④ 제3항에 따른 공청회의 개최 등에 관하여는 제12조를 준용한다.

9 법 제35조(도시·군관리계획 입안의 특례)

① 국토교통부장관, 시·도지사, 시장 또는 군수는 도시·군관리계획을 조속히 입안하여야 할 필요가 있다고 인정되면 광역도시계획이나 도시·군기본계획을 수립할 때에 도시·군관리계획을 함께 입안할 수 있다.

② 국토교통부장관(제40조에 따른 수산자원보호구역의 경우 해양수산부장관을 말한다), 시·도지사, 시장 또는 군수는 필요하다고 인정되면 도시·군관리계획을 입안할 때에 제30조 제1항에 따라 협의하여야 할 사항에 관하여 관계 중앙행정기관의 장이나 관계 행정기관의 장과 협의할 수 있다. 이 경우 시장이나 군수는 도지사에게 그 도시·군관리계획(지구단위계획구역의 지정·변경과 지구단위계획의 수립·변경에 관한 도시·군관리계획은 제외한다)의 결정을 신청할 때에 관계 행정기관의 장과의 협의 결과를 첨부하여야 한다.

③ 미리 협의한 사항에 대하여는 제30조 제1항에 따른 협의를 생략할 수 있다.

10 법 제35조의2(공간재구조화계획의 입안) 〈본조신설 2024.2.6.〉

① 특별시장·광역시장·특별자치시장·특별자치도지사·시장 또는 군수는 다음 각 호의 용도구역을 지정하고 해당 용도구역에 대한 계획을 수립하기 위하여 공간재구조화계획을 입안하여야 한다.
   ㉠ 제40조의3에 따른 도시혁신구역 및 도시혁신계획
   ㉡ 제40조의4에 따른 복합용도구역 및 복합용도계획
   ㉢ 제40조의5에 따른 도시·군계획시설입체복합구역(㉠ 또는 ㉡과 함께 구역을 지정하거나 계획을 입안하는 경우로 한정한다)

② 공간재구조화계획의 입안과 관련하여 제24조 제2항부터 제6항까지를 준용한다. 이 경우 "도시·군관리계획"은 "공간재구조화계획"으로 본다.

③ 국토교통부장관은 제1항 및 제2항에도 불구하고 도시의 경쟁력 향상, 특화발전 및 지역 균형발전 등을 위하여 필요한 때에는 관할 특별시장·광역시장·특별자치시장·특별자치도지사·시장 또는 군수의 요청에 따라 공간재구조화계획을 입안할 수 있다.

④ 공간재구조화계획을 입안하려는 국토교통부장관(제40조에 따른 수산자원보호구역의 경우 해양수산부장관을 말한다), 시·도지사, 시장 또는 군수(이하 "공간재구조화계획 입안권자"라 한다)는 공간재구조화계획도서(계획도와 계획조서를 말한다) 및 이를 보조하는 계획설명서(기초조사결과·재원조달방안 및 경관계획을 포함한다)를 작성하여야 한다.

⑤ 공간재구조화계획의 입안범위와 기준, 공간재구조화계획도서 및 계획설명서의 작성기준·작성방법 등은 국토교통부장관이 정한다.

11 법 제35조의3(공간재구조화계획 입안의 제안) 〈본조신설 2024.2.6.〉

① 주민(이해관계자를 포함한다.)은 제35조의2 제1항 각 호의 용도구역 지정을 위하여 공간재구조화계획 입안권자에게 공간재구조화계획의 입안을 제안할 수 있다. 이 경우 제안서에는 공간재구조화계획도서와 계획설명서를 첨부하여야 한다.

② 공간재구조화계획의 입안을 제안받은 공간재구조화계획 입안권자는 「국유재산법」·「공유재산 및 물품 관리법」에 따른 국유재산·공유재산이 공간재구조화계획으로 지정된 용도구역 내에 포함된 경우 등 대통령령으로 정하는 경우에는 제안자 외의 제3자에 의한 제안이 가능하도록 제안 내용의 개요를 공고하여야 한다. 다만, 제안받은 공간재구조화계획을 입안하지 아니하기로 결정한 때에는 그러하지 아니하다.

③ 공간재구조화계획 입안권자는 ①항에 따른 최초 제안자의 제안서 및 ②항에 따른 제3자 제안서에 대하여 토지이용계획의 적절성 등 대통령령으로 정하는 바에 따라 검토·평가한 후 제출한 제안서 내용의 전부 또는 일부를 공간재구조화계획의 입안에 반영할 수 있다.

④ 공간재구조화계획 입안권자가 제안서 내용의 채택 여부 등을 결정한 경우에는 그 결과를 제안자와 제3자에게 알려야 한다.

⑤ 공간재구조화계획 입안권자는 제안자 또는 제3자와 협의하여 제안된 공간재구조화계획의 입안 및 결정에 필요한 비용의 전부 또는 일부를 제안자 또는 제3자에게 부담시킬 수 있다.

⑥ 위에 규정된 사항 외에 공간재구조화계획 제안의 기준, 절차 등에 필요한 사항은 대통령령으로 정한다.

공간재구조화계획 입안의 제안(영 제29조의2) 〈본조신설 2024.7.30.〉 기출 36회

① 법 제35조의3 제1항에 따라 공간재구조화계획의 입안을 제안하려는 자는 다음 각 호의 구분에 따라 토지소유자의 동의를 받아야 한다. 이 경우 동의 대상 토지 면적에서 국유지 및 공유지는 제외한다.
  1. 도시혁신구역 또는 복합용도구역의 지정을 제안하는 경우 : 대상 토지면적의 3분의 2 이상
  2. 입체복합구역의 지정을 제안하는 경우(법 제35조의2 제1항 제3호에 따라 도시혁신구역 또는 복합용도구역과 함께 입체복합구역을 지정하거나 도시혁신계획 또는 복합용도계획과 함께 입체복합구역 지정에 관한 공간재구조화계획을 입안하는 경우로 한정한다) : 대상 토지면적의 5분의 4 이상
② 법 제35조의3 제1항에 따른 제안을 받은 국토교통부장관(법 제40조에 따른 수산자원보호구역의 경우 해양수산부장관을 말한다), 시·도지사, 시장 또는 군수(이하 "공간재구조화계획 입안권자"라 한다)는 제안일부터 45일 이내에 공간재구조화계획 입안에의 반영 여부를 제안자에게 통보해야 한다. 다만, 부득이한 사정이 있는 경우에는 1회에 한정하여 30일을 연장할 수 있다.
③ 공간재구조화계획 입안권자는 법 제35조의3 제1항에 따른 제안을 공간재구조화계획 입안에 반영할지 여부를 결정함에 있어서 필요한 경우에는 중앙도시계획위원회 또는 지방도시계획위원회의 자문을 거칠 수 있다.
④ 법 제35조의3 제2항 본문에서 "「국유재산법」·「공유재산 및 물품 관리법」에 따른 국유재산·공유재산이 공간재구조화계획으로 지정된 용도구역 내에 포함된 경우 등 대통령령으로 정하는 경우"란 공간재구조화계획으로 지정된 용도구역 내 「국유재산법」에 따른 국유재산의 면적 및 「공유재산 및 물품 관리법」에 따른 공유재산의 면적의 합이 공간재구조화계획으로 지정된 용도구역 면적의 100분의 50을 초과하는 경우를 말한다.
⑤ 공간재구조화계획 입안권자는 법 제35조의3 제2항 본문에 따라 제안 내용의 개요를 공고하려는 경우에는 90일 이상의 기간을 정하여 해당 제안 내용의 개요를 다음 각 호의 구분에 따라 공고해야 한다. 이 경우 공간재구조화계획 입안권자는 제안자에게 이를 사전에 알려야 한다.
  1. 공간재구조화계획 입안권자가 국토교통부장관인 경우 : 다음 각 목의 매체에 각각 공고할 것
    가. 관보나 둘 이상의 일반일간신문(「신문 등의 진흥에 관한 법률」 제9조 제1항에 따라 전국을 주된 보급지역으로 등록한 일반일간신문을 말한다)
    나. 국토교통부(법 제40조에 따른 수산자원보호구역의 경우에는 해양수산부를 말한다)의 인터넷 홈페이지 등의 매체
    다. 법 제128조 제1항에 따라 국토교통부장관이 구축·운영하는 국토이용정보체계
  2. 공간재구조화계획 입안권자가 시·도지사, 시장 또는 군수인 경우 : 다음 각 목의 매체에 각각 공고할 것
    가. 해당 지방자치단체의 공보나 둘 이상의 일반일간신문(「신문 등의 진흥에 관한 법률」 제9조 제1항에 따라 전국 또는 해당 지방자치단체를 주된 보급지역으로 등록한 일반일간신문을 말한다)
    나. 해당 지방자치단체의 인터넷 홈페이지 등의 매체
    다. 법 제128조 제1항에 따라 국토교통부장관이 구축·운영하는 국토이용정보체계
⑥ 제5항에 따라 공고된 제안 내용의 개요에 대해 의견이 있는 자는 공고기간 내에 공간재구조화계획 입안권자에게 의견서 또는 제안서를 제출할 수 있다.
⑦ 공간재구조화계획 입안권자는 법 제35조의3 제3항에 따라 제안서를 검토·평가할 때에는 토지이용계획의 적절성, 용도구역 지정 목적의 타당성, 기반시설 확보의 적정성, 도시·군기본계획 등 상위 계획과의 부합성, 주변 지역에 미치는 영향 등을 고려해야 한다.
⑧ 제1항부터 제7항까지에서 규정한 사항 외에 공간재구조화계획의 제안에 관한 세부 사항은 공간재구조화계획 입안권자가 따로 정할 수 있다.

12 법 제35조의4(공간재구조화계획의 내용 등) 〈본조신설 2024.2.6.〉

공간재구조화계획에는 다음의 사항을 포함하여야 한다.
① 제35조의2 제1항 각 호의 용도구역 지정 위치 및 용도구역에 대한 계획 등에 관한 사항
② 그 밖에 제35조의2 제1항 각 호의 용도구역을 지정함에 따라 인근 지역의 주거·교통·기반시설 등에 미치는 영향 등 대통령령으로 정하는 사항

> **인근 지역의 주거·교통·기반시설 등에 미치는 영향 등 대통령령으로 정하는 사항(영 제29조의3)** 〈본조신설 2024.7.30.〉
> 다음 각 호의 사항을 말한다.
> 1. 공간재구조화계획의 범위 설정에 관한 사항
> 2. 공간재구조화계획 기본구상 및 토지이용계획
> 3. 도시혁신구역 및 복합용도구역 내의 도시·군기본계획 변경 및 도시·군관리계획 결정·변경에 관한 사항
> 4. 도시혁신구역 및 복합용도구역 외의 지역에 대한 주거·교통·기반시설 등에 미치는 영향 및 이에 대한 관리방안(도시·군관리계획 결정·변경에 관한 사항을 포함한다)
> 5. 환경관리계획 또는 경관계획
> 6. 그 밖에 국토교통부장관이 정하는 사항

13 법 제35조의5(공간재구조화계획 수립을 위한 기초조사, 의견청취 등) 〈본조신설 2024.2.6.〉

① 공간재구조화계획의 입안을 위한 기초조사, 주민과 지방의회의 의견 청취 등에 관하여는 제27조 및 제28조(제28조 제4항 제2호의 경우 관계 행정기관의 장과의 협의, 중앙도시계획위원회의 심의만 해당한다)를 준용한다. 이 경우 "도시·군관리계획"은 "공간재구조화계획"으로, "국토교통부장관, 시·도지사, 시장 또는 군수"는 "공간재구조화계획 입안권자"로 본다.
② 기초조사, 환경성 검토, 토지적성평가 또는 재해취약성분석은 공간재구조화계획 입안일부터 5년 이내 기초조사를 실시한 경우 등 대통령령으로 정하는 바에 따라 생략할 수 있다.

> **공간재구조화계획의 입안을 위한 기초조사 등 면제사유(영 제29조의4)** 〈본조신설 2024.7.30.〉
> 공간재구조화계획 입안권자는 법 제35조의5 제2항에 따라 공간재구조화계획의 입안을 위한 기초조사, 환경성 검토, 토지적성평가 또는 재해취약성분석을 다음 각 호의 구분에 따라 생략할 수 있다.
> 1. 기초조사를 생략할 수 있는 경우 : 다음 각 목의 어느 하나에 해당하는 경우
>   가. 공간재구조화계획의 입안일부터 5년 이내에 기초조사를 실시한 경우
>   나. 해당 도시혁신구역, 복합용도구역 또는 입체복합구역이 도심지(상업지역과 상업지역에 연접한 지역을 말한다)에 위치하는 경우
>   다. 해당 도시혁신구역, 복합용도구역 또는 입체복합구역 안의 나대지면적이 구역면적의 2퍼센트에 미달하는 경우
>   라. 해당 도시혁신구역, 복합용도구역 또는 입체복합구역이 다른 법률에 따라 지역·지구 등으로 지정되거나 개발계획이 수립된 경우
>   마. 해당 도시혁신구역, 복합용도구역 또는 입체복합구역의 지정목적이 해당 구역을 정비 또는 관리하려는 경우로서 공간재구조화계획의 내용에 너비 12미터 이상 도로의 설치계획이 없는 경우

2. 환경성 검토를 생략할 수 있는 경우 : 다음 각 목의 어느 하나에 해당하는 경우
  가. 공간재구조화계획의 입안일부터 5년 이내에 환경성 검토를 실시한 경우
  나. 제1호나목부터 마목까지의 경우
  다. 「환경영향평가법」 제9조에 따른 전략환경영향평가 대상인 공간재구조화계획을 입안하는 경우
3. 토지적성평가를 생략할 수 있는 경우 : 다음 각 목의 어느 하나에 해당하는 경우
  가. 공간재구조화계획의 입안일부터 5년 이내에 토지적성평가를 실시한 경우
  나. 제1호 나목부터 마목까지의 경우
  다. 주거지역·상업지역 또는 공업지역에 공간재구조화계획을 입안하는 경우
  라. 법 또는 다른 법률에 따라 조성된 지역에 공간재구조화계획을 입안하는 경우
  마. 「도시개발법」에 따른 도시개발사업의 경우
  바. 지구단위계획구역 또는 도시·군계획시설부지에서 공간재구조화계획을 입안하는 경우
  사. 다음의 어느 하나에 해당하는 용도지역·용도지구의 지정 또는 변경을 포함하는 경우
    1) 주거지역·상업지역·공업지역 또는 계획관리지역의 그 밖의 용도지역으로의 변경(계획관리지역을 자연녹지지역으로 변경하는 경우는 제외한다)
    2) 주거지역·상업지역·공업지역 또는 계획관리지역 외의 용도지역 상호간의 변경(자연녹지지역으로 변경하는 경우는 제외한다)
    3) 용도지구의 지정 또는 변경(개발진흥지구의 지정·변경은 제외한다)
  아. 다음의 어느 하나에 해당하는 기반시설의 설치를 포함하는 경우
    1) 제55조 제1항 각 호에 따른 용도지역별 개발행위규모에 해당하는 기반시설
    2) 도로·철도·궤도·수도·가스 등 선형(線型)으로 된 교통시설 및 공급시설
    3) 공간시설(체육공원·묘지공원 및 유원지는 제외한다)
    4) 방재시설 및 환경기초시설(폐차장은 제외한다)
4. 재해취약성분석을 생략할 수 있는 경우: 다음 각 목의 어느 하나에 해당하는 경우
  가. 공간재구조화계획의 입안일부터 5년 이내에 재해취약성분석을 실시한 경우
  나. 제1호 나목부터 마목까지의 경우
  다. 제3호 사목에 해당하는 경우(방재지구의 지정·변경은 제외한다)
  라. 다음의 어느 하나에 해당하는 기반시설의 설치를 포함하는 경우
    1) 제3호 아목 1)의 기반시설
    2) 공간시설 중 녹지·공공공지

14 법 제35조의6(공간재구조화계획의 결정) 〈본조신설 2024.2.6.〉

① 공간재구조화계획은 시·도지사가 직접 또는 시장·군수의 신청에 따라 결정한다. 다만, 제35조의2에 따라 국토교통부장관이 입안한 공간재구조화계획은 국토교통부장관이 결정한다.
② 국토교통부장관 또는 시·도지사가 공간재구조화계획을 결정하려면 미리 관계 행정기관의 장(국토교통부장관을 포함한다)과 협의하고 다음 각 호에 따라 중앙도시계획위원회 또는 지방도시계획위원회의 심의를 거쳐야 한다. 이 경우 협의 요청을 받은 기관의 장은 특별한 사유가 없으면 그 요청을 받은 날부터 30일(도시혁신구역 지정을 위한 공간재구조화계획 결정의 경우에는 근무일 기준으로 10일) 이내에 의견을 제시하여야 한다.

㉠ 다음의 어느 하나에 해당하는 사항은 중앙도시계획위원회의 심의를 거친다.
　　　ⓐ 국토교통부장관이 결정하는 공간재구조화계획
　　　ⓑ 시·도지사가 결정하는 공간재구조화계획 중 제35조의2 제1항 각 호의 용도구역 지정 및 입지 타당성 등에 관한 사항
　　㉡ ㉠의 사항을 제외한 공간재구조화계획에 대하여는 지방도시계획위원회의 심의를 거친다.
③ 국토교통부장관 또는 시·도지사는 공간재구조화계획을 결정하면 대통령령으로 정하는 바에 따라 그 결정을 고시하고, 국토교통부장관이나 도지사는 관계 서류를 관계 특별시장·광역시장·특별자치시장·특별자치도지사·시장 또는 군수에게 송부하여 일반이 열람할 수 있도록 하여야 하며, 특별시장·광역시장·특별자치시장·특별자치도지사는 관계 서류를 일반이 열람할 수 있도록 하여야 한다.

> **공간재구조화계획의 결정·고시(영 제29조의5)** 〈본조신설 2024.7.30.〉
> 법 제35조의6 제3항에 따른 공간재구조화계획 결정의 고시는 국토교통부장관이 하는 경우에는 관보와 국토교통부(법 제40조에 따른 수산자원보호구역의 경우에는 해양수산부를 말한다)의 인터넷 홈페이지에, 시·도지사가 하는 경우에는 해당 시·도의 공보와 인터넷 홈페이지에 다음 각 호의 사항을 게재하는 방법으로 한다.
> 1. 법 제2조 제5호의4에 해당하는 계획이라는 취지
> 2. 위치
> 3. 면적 또는 규모
> 4. 그 밖에 국토교통부령으로 정하는 사항

15 법 제35조의7(공간재구조화계획 결정의 효력 등) 〈본조신설 2024.2.6.〉

① 공간재구조화계획 결정의 효력은 지형도면을 고시한 날부터 발생한다. 다만, 지형도면이 필요 없는 경우에는 제35조의6 제3항에 따라 고시한 날부터 효력이 발생한다.
② 고시를 한 경우에 해당 구역 지정 및 계획 수립에 필요한 내용에 대해서는 고시한 내용에 따라 도시·군기본계획의 수립·변경(제19조 제1항 각 호 중에서 인구의 배분 등은 대통령령으로 정하는 범위에서 변경하는 경우로 한정한다)과 도시·군관리계획의 결정(변경결정을 포함한다) 고시를 한 것으로 본다.

> **"대통령령으로 정하는 범위에서 변경하는 경우"(영 제29조의6)** 〈본조신설 2024.7.30.〉
> 법 제19조 제1항 제2호에 따른 인구의 배분에 관한 계획을 전체 인구 규모의 5퍼센트 미만의 범위에서 변경하는 경우를 말한다.

③ 지형도면 고시 등에 관하여는 제32조를 준용한다. 이 경우 "도시·군관리계획"은 "공간재구조화계획"으로 본다.
④ 고시를 할 당시에 이미 사업이나 공사에 착수한 자(이 법 또는 다른 법률에 따라 허가·인가·승인 등을 받아야 하는 경우에는 그 허가·인가·승인 등을 받아 사업이나 공사에 착수한 자를 말한다)는 그 공간재구조화계획 결정과 관계없이 그 사업이나 공사를 계속할 수 있다.
⑤ 고시된 공간재구조화계획의 내용은 도시·군계획으로 관리하여야 한다.

제2절 용도지역·용도지구·용도구역

1 법 제36조(용도지역의 지정)

(1) 용도지역의 분류 기출 27회·28회·30회·31회·32회·33회

국토교통부장관, 시·도지사 또는 대도시 시장은 다음의 어느 하나에 해당하는 용도지역의 지정 또는 변경을 도시·군관리계획으로 결정한다.

① 도시지역 : 다음의 어느 하나로 구분하여 지정한다.
  ㉠ 주거지역 : 거주의 안녕과 건전한 생활환경의 보호를 위하여 필요한 지역
  ㉡ 상업지역 : 상업이나 그 밖의 업무의 편익을 증진하기 위하여 필요한 지역
  ㉢ 공업지역 : 공업의 편익을 증진하기 위하여 필요한 지역
  ㉣ 녹지지역 : 자연환경·농지 및 산림의 보호, 보건위생, 보안과 도시의 무질서한 확산을 방지하기 위하여 녹지의 보전이 필요한 지역

② 관리지역 : 다음의 어느 하나로 구분하여 지정한다.
  ㉠ 보전관리지역 : 자연환경 보호, 산림 보호, 수질오염 방지, 녹지공간 확보 및 생태계 보전 등을 위하여 보전이 필요하나, 주변 용도지역과의 관계 등을 고려할 때 자연환경보전지역으로 지정하여 관리하기가 곤란한 지역
  ㉡ 생산관리지역 : 농업·임업·어업 생산 등을 위하여 관리가 필요하나, 주변 용도지역과의 관계 등을 고려할 때 농림지역으로 지정하여 관리하기가 곤란한 지역
  ㉢ 계획관리지역 : 도시지역으로의 편입이 예상되는 지역이나 자연환경을 고려하여 제한적인 이용·개발을 하려는 지역으로서 계획적·체계적인 관리가 필요한 지역

③ 농림지역
④ 자연환경보전지역

(2) 용도지역의 세분류

국토교통부장관, 시·도지사 또는 대도시 시장은 대통령령으로 정하는 바에 따라 용도지역을 도시·군관리계획 결정으로 다시 세분하여 지정하거나 변경할 수 있다.

> **용도지역의 세분(영 제30조)** 기출 30회·35회·36회
>
> ① 국토교통부장관, 시·도지사 또는 대도시의 시장(이하 "대도시 시장"이라 한다)은 법 제36조 제2항에 따라 도시·군관리계획 결정으로 주거지역·상업지역·공업지역 및 녹지지역을 다음 각 호와 같이 세분하여 지정할 수 있다.
>   1. 주거지역
>   가. 전용주거지역 : 양호한 주거환경을 보호하기 위하여 필요한 지역
>   (1) 제1종전용주거지역 : 단독주택 중심의 양호한 주거환경을 보호하기 위하여 필요한 지역
>   (2) 제2종전용주거지역 : 공동주택 중심의 양호한 주거환경을 보호하기 위하여 필요한 지역
>   나. 일반주거지역 : 편리한 주거환경을 조성하기 위하여 필요한 지역
>   (1) 제1종일반주거지역 : 저층주택을 중심으로 편리한 주거환경을 조성하기 위하여 필요한 지역
>   (2) 제2종일반주거지역 : 중층주택을 중심으로 편리한 주거환경을 조성하기 위하여 필요한 지역
>   (3) 제3종일반주거지역 : 중고층주택을 중심으로 편리한 주거환경을 조성하기 위하여 필요한 지역

2. 상업지역
　　　가. 중심상업지역 : 도심・부도심의 상업기능 및 업무기능의 확충을 위하여 필요한 지역
　　　나. 일반상업지역 : 일반적인 상업기능 및 업무기능을 담당하게 하기 위하여 필요한 지역
　　　다. 근린상업지역 : 근린지역에서의 일용품 및 서비스의 공급을 위하여 필요한 지역
　　　라. 유통상업지역 : 도시내 및 지역간 유통기능의 증진을 위하여 필요한 지역
　　3. 공업지역
　　　가. 전용공업지역 : 주로 중화학공업, 공해성 공업 등을 수용하기 위하여 필요한 지역
　　　나. 일반공업지역 : 환경을 저해하지 아니하는 공업의 배치를 위하여 필요한 지역
　　　다. 준공업지역 : 경공업 그 밖의 공업을 수용하되, 주거기능・상업기능 및 업무기능의 보완이 필요한 지역
　　4. 녹지지역
　　　가. 보전녹지지역 : 도시의 자연환경・경관・산림 및 녹지공간을 보전할 필요가 있는 지역
　　　나. 생산녹지지역 : 주로 농업적 생산을 위하여 개발을 유보할 필요가 있는 지역
　　　다. 자연녹지지역 : 도시의 녹지공간의 확보, 도시확산의 방지, 장래 도시용지의 공급 등을 위하여 보전할 필요가 있는 지역으로서 불가피한 경우에 한하여 제한적인 개발이 허용되는 지역
② 시・도지사 또는 대도시 시장은 해당 시・도 또는 대도시의 도시・군계획조례로 정하는 바에 따라 도시・군 관리계획 결정으로 제1항에 따라 세분된 주거지역・상업지역・공업지역・녹지지역을 추가적으로 세분하여 지정할 수 있다.

2 법 제37조(용도지구의 지정)

(1) 용도지구의 분류   기출 28회・30회・31회・32회

국토교통부장관, 시・도지사 또는 대도시 시장은 다음의 어느 하나에 해당하는 용도지구의 지정 또는 변경을 도시・군관리계획으로 결정한다.
① **경관지구** : 경관의 보전・관리 및 형성을 위하여 필요한 지구
② **고도지구** : 쾌적한 환경 조성 및 토지의 효율적 이용을 위하여 건축물 높이의 최고한도를 규제할 필요가 있는 지구
③ **방화지구** : 화재의 위험을 예방하기 위하여 필요한 지구
④ **방재지구** : 풍수해, 산사태, 지반의 붕괴, 그 밖의 재해를 예방하기 위하여 필요한 지구
⑤ **보호지구** : 「국가유산기본법」 제3조에 따른 국가유산, 중요 시설물(항만, 공항 등 대통령령으로 정하는 시설물을 말한다) 및 문화적・생태적으로 보존가치가 큰 지역의 보호와 보존을 위하여 필요한 지구
〈개정 2023.5.16.〉

> **항만, 공항 등 대통령령으로 정하는 시설물(영 제31조 제1항)**
> 항만, 공항, 공용시설(공공업무시설, 공공필요성이 인정되는 문화시설・집회시설・운동시설 및 그 밖에 이와 유사한 시설로서 도시・군계획조례로 정하는 시설을 말한다), 교정시설・군사시설을 말한다.

⑥ **취락지구** : 녹지지역・관리지역・농림지역・자연환경보전지역・개발제한구역 또는 도시자연공원구역의 취락을 정비하기 위한 지구

⑦ 개발진흥지구 : 주거기능・상업기능・공업기능・유통물류기능・관광기능・휴양기능 등을 집중적으로 개발・정비할 필요가 있는 지구
⑧ 특정용도제한지구 : 주거 및 교육 환경 보호나 청소년 보호 등의 목적으로 오염물질 배출시설, 청소년 유해시설 등 특정시설의 입지를 제한할 필요가 있는 지구
⑨ 복합용도지구 : 지역의 토지이용 상황, 개발 수요 및 주변 여건 등을 고려하여 효율적이고 복합적인 토지이용을 도모하기 위하여 특정시설의 입지를 완화할 필요가 있는 지구
⑩ 그 밖에 대통령령으로 정하는 지구

(2) 용도지구의 세분류

국토교통부장관, 시・도지사 또는 대도시 시장은 필요하다고 인정되면 대통령령으로 정하는 바에 따라 용도지구를 도시・군관리계획 결정으로 다시 세분하여 지정하거나 변경할 수 있다.

용도지구의 세분(영 제31조 제2항~제3항)

② 국토교통부장관, 시・도지사 또는 대도시 시장은 법 제37조 제2항에 따라 도시・군관리계획 결정으로 경관지구・방재지구・보호지구・취락지구 및 개발진흥지구를 다음 각 호와 같이 세분하여 지정할 수 있다.

1. 경관지구
   가. 자연경관지구 : 산지・구릉지 등 자연경관을 보호하거나 유지하기 위하여 필요한 지구
   나. 시가지경관지구 : 지역 내 주거지, 중심지 등 시가지의 경관을 보호 또는 유지하거나 형성하기 위하여 필요한 지구
   다. 특화경관지구 : 지역 내 주요 수계의 수변 또는 문화적 보존가치가 큰 건축물 주변의 경관 등 특별한 경관을 보호 또는 유지하거나 형성하기 위하여 필요한 지구
2. 삭제 〈2017.12.29.〉
3. 삭제 〈2017.12.29.〉
4. 방재지구
   가. 시가지방재지구 : 건축물・인구가 밀집되어 있는 지역으로서 시설 개선 등을 통하여 재해 예방이 필요한 지구
   나. 자연방재지구 : 토지의 이용도가 낮은 해안변, 하천변, 급경사지 주변 등의 지역으로서 건축 제한 등을 통하여 재해 예방이 필요한 지구
5. 보호지구
   가. 역사문화환경보호지구 : 국가유산・전통사찰 등 역사・문화적으로 보존가치가 큰 시설 및 지역의 보호와 보존을 위하여 필요한 지구 〈개정 2024.5.7.〉
   나. 중요시설물보호지구 : 중요시설물(제1항에 따른 시설물을 말한다)의 보호와 기능의 유지 및 증진 등을 위하여 필요한 지구
   다. 생태계보호지구 : 야생동식물서식처 등 생태적으로 보존가치가 큰 지역의 보호와 보존을 위하여 필요한 지구
6. 삭제 〈2017.12.29.〉
7. 취락지구
   가. 자연취락지구 : 녹지지역・관리지역・농림지역 또는 자연환경보전지역안의 취락을 정비하기 위하여 필요한 지구
   나. 집단취락지구 : 개발제한구역 안의 취락을 정비하기 위하여 필요한 지구

> 8. 개발진흥지구
>   가. 주거개발진흥지구 : 주거기능을 중심으로 개발·정비할 필요가 있는 지구
>   나. 산업·유통개발진흥지구 : 공업기능 및 유통·물류기능을 중심으로 개발·정비할 필요가 있는 지구
>   다. 삭제 〈2012.4.10.〉
>   라. 관광·휴양개발진흥지구 : 관광·휴양기능을 중심으로 개발·정비할 필요가 있는 지구
>   마. 복합개발진흥지구 : 주거기능, 공업기능, 유통·물류기능 및 관광·휴양기능중 2 이상의 기능을 중심으로 개발·정비할 필요가 있는 지구
>   바. 특정개발진흥지구 : 주거기능, 공업기능, 유통·물류기능 및 관광·휴양기능 외의 기능을 중심으로 특정한 목적을 위하여 개발·정비할 필요가 있는 지구
> ③ 시·도지사 또는 대도시 시장은 지역여건상 필요한 때에는 해당 시·도 또는 대도시의 도시·군계획조례로 정하는 바에 따라 제2항 제1호에 따른 경관지구를 추가적으로 세분(특화경관지구의 세분을 포함한다)하거나 제2항 제5호 나목에 따른 중요시설물보호지구 및 법 제37조 제1항 제8호에 따른 특정용도제한지구를 세분하여 지정할 수 있다.

(3) 시·도 또는 대도시의 조례에 따른 용도지구의 세분류

시·도지사 또는 대도시 시장은 지역여건상 필요하면 <u>대통령령으로 정하는 기준</u>에 따라 그 시·도 또는 대도시의 조례로 용도지구의 명칭 및 지정목적, 건축이나 그 밖의 행위의 금지 및 제한에 관한 사항 등을 정하여 용도지구 외의 용도지구의 지정 또는 변경을 도시·군관리계획으로 결정할 수 있다.

> **시·도 또는 대도시의 조례에 따른 용도지구의 세분류(영 제31조 제4항)**
>
> 법 제37조 제3항에 따라 시·도 또는 대도시의 도시·군계획조례로 같은 조 제1항 각 호에 따른 용도지구외의 용도지구를 정할 때에는 다음 각 호의 기준을 따라야 한다.
> 1. 용도지구의 신설은 법에서 정하고 있는 용도지역·용도지구·용도구역·지구단위계획구역 또는 다른 법률에 따른 지역·지구만으로는 효율적인 토지이용을 달성할 수 없는 부득이한 사유가 있는 경우에 한할 것
> 2. 용도지구 안에서의 행위제한은 그 용도지구의 지정목적 달성에 필요한 최소한도에 그치도록 할 것
> 3. 당해 용도지역 또는 용도구역의 행위제한을 완화하는 용도지구를 신설하지 아니할 것

(4) 방재지구의 지정 또는 변경

시·도지사 또는 대도시 시장은 <u>연안침식이 진행 중이거나 우려되는 지역 등 대통령령으로 정하는 지역</u>에 대해서는 방재지구의 지정 또는 변경을 도시·군관리계획으로 결정하여야 한다. 이 경우 도시·군관리계획의 내용에는 해당 방재지구의 재해저감대책을 포함하여야 한다.

> **연안침식이 진행 중이거나 우려되는 지역 등 대통령령으로 정하는 지역(영 제31조 제5항)**
>
> 다음 각 호의 어느 하나에 해당하는 지역을 말한다.
> 1. 연안침식으로 인하여 심각한 피해가 발생하거나 발생할 우려가 있어 이를 특별히 관리할 필요가 있는 지역으로서 「연안관리법」제20조의2에 따른 연안침식관리구역으로 지정된 지역(같은 법 제2조 제3호의 연안육역에 한정한다)
> 2. 풍수해, 산사태 등의 동일한 재해가 최근 10년 이내 2회 이상 발생하여 인명 피해를 입은 지역으로서 향후 동일한 재해 발생 시 상당한 피해가 우려되는 지역

(5) **복합용도지구의 지정** 기출 36회

시·도지사 또는 대도시 시장은 <u>대통령령으로 정하는 주거지역·공업지역·관리지역</u>에 복합용도지구를 지정할 수 있으며, 그 지정기준 및 방법 등에 필요한 사항은 대통령령으로 정한다.

> **복합용도지구의 지정(영 제31조 제6항~제7항)**
> ⑥ 법 제37조 제5항에서 "대통령령으로 정하는 주거지역·공업지역·관리지역"이란 다음 각 호의 어느 하나에 해당하는 용도지역을 말한다.
>   1. 일반주거지역
>   2. 일반공업지역
>   3. 계획관리지역
> ⑦ 시·도지사 또는 대도시 시장은 법 제37조 제5항에 따라 복합용도지구를 지정하는 경우에는 다음 각 호의 기준을 따라야 한다.
>   1. 용도지역의 변경시 기반시설이 부족해지는 등의 문제가 우려되어 해당 용도지역의 건축제한만을 완화하는 것이 적합한 경우에 지정할 것
>   2. 간선도로의 교차지(交叉地), 대중교통의 결절지(結節地) 등 토지이용 및 교통 여건의 변화가 큰 지역 또는 용도지역 간의 경계지역, 가로변 등 토지를 효율적으로 활용할 필요가 있는 지역에 지정할 것
>   3. 용도지역의 지정목적이 크게 저해되지 아니하도록 해당 용도지역 전체 면적의 3분의 1 이하의 범위에서 지정할 것
>   4. 그 밖에 해당 지역의 체계적·계획적인 개발 및 관리를 위하여 지정 대상지가 국토교통부장관이 정하여 고시하는 기준에 적합할 것

3 용도구역의 지정 기출 31회·32회

(1) **개발제한구역의 지정(법 제38조)**
① 국토교통부장관은 도시의 무질서한 확산을 방지하고 도시주변의 자연환경을 보전하여 도시민의 건전한 생활환경을 확보하기 위하여 도시의 개발을 제한할 필요가 있거나 국방부장관의 요청이 있어 보안상 도시의 개발을 제한할 필요가 있다고 인정되면 개발제한구역의 지정 또는 변경을 도시·군관리계획으로 결정할 수 있다.
② 개발제한구역의 지정 또는 변경에 필요한 사항은 따로 법률로 정한다.

(2) **도시자연공원구역의 지정(법 제38조의2)**
① 시·도지사 또는 대도시 시장은 도시의 자연환경 및 경관을 보호하고 도시민에게 건전한 여가·휴식공간을 제공하기 위하여 도시지역 안에서 식생(植生)이 양호한 산지(山地)의 개발을 제한할 필요가 있다고 인정하면 도시자연공원구역의 지정 또는 변경을 도시·군관리계획으로 결정할 수 있다.
② 도시자연공원구역의 지정 또는 변경에 필요한 사항은 따로 법률로 정한다.

(3) 시가화조정구역의 지정(법 제39조) 기출 32회

① 시·도지사는 직접 또는 관계 행정기관의 장의 요청을 받아 도시지역과 그 주변지역의 무질서한 시가화를 방지하고 계획적·단계적인 개발을 도모하기 위하여 대통령령으로 정하는 기간 동안 시가화를 유보할 필요가 있다고 인정되면 시가화조정구역의 지정 또는 변경을 도시·군관리계획으로 결정할 수 있다. 다만, 국가계획과 연계하여 시가화조정구역의 지정 또는 변경이 필요한 경우에는 국토교통부장관이 직접 시가화조정구역의 지정 또는 변경을 도시·군관리계획으로 결정할 수 있다.
② 시가화조정구역의 지정에 관한 도시·군관리계획의 결정은 시가화 유보기간이 끝난 날의 다음 날부터 그 효력을 잃는다. 이 경우 국토교통부장관 또는 시·도지사는 대통령령으로 정하는 바에 따라 그 사실을 고시하여야 한다.

> **시가화조정구역의 지정(영 제32조)**
> ① 법 제39조 제1항 본문에서 "대통령령으로 정하는 기간"이란 5년 이상 20년 이내의 기간을 말한다.
> ② 국토교통부장관 또는 시·도지사는 법 제39조 제1항에 따라 시가화조정구역을 지정 또는 변경하고자 하는 때에는 당해 도시지역과 그 주변지역의 인구의 동태, 토지의 이용상황, 산업발전상황 등을 고려하여 도시·군관리계획으로 시가화유보기간을 정하여야 한다.
> ③ 법 제39조 제2항 후단에 따른 시가화조정구역지정의 실효고시는 국토교통부장관이 하는 경우에는 관보와 국토교통부의 인터넷 홈페이지에, 시·도지사가 하는 경우에는 해당 시·도의 공보와 인터넷 홈페이지에 다음 각 호의 사항을 게재하는 방법으로 한다.
> 1. 실효일자
> 2. 실효사유
> 3. 실효된 도시·군관리계획의 내용

(4) 수산자원보호구역의 지정(법 제40조) 기출 31회

해양수산부장관은 직접 또는 관계 행정기관의 장의 요청을 받아 수산자원을 보호·육성하기 위하여 필요한 공유수면이나 그에 인접한 토지에 대한 수산자원보호구역의 지정 또는 변경을 도시·군관리계획으로 결정할 수 있다.

(5) 도시혁신구역의 지정 등(법 제40조의3) 〈본조신설 2024.2.6.〉

① 도시혁신구역의 지정 대상 : 공간재구조화계획 결정권자(이하 "공간재구조화계획 결정권자"라 한다)는 다음의 어느 하나에 해당하는 지역을 도시혁신구역으로 지정할 수 있다.
  ㉠ 도시·군기본계획에 따른 도심·부도심 또는 생활권의 중심지역
  ㉡ 주요 기반시설과 연계하여 지역의 거점 역할을 수행할 수 있는 지역
  ㉢ 그 밖에 도시공간의 창의적이고 혁신적인 개발이 필요하다고 인정되는 경우로서 대통령령으로 정하는 지역

> **"대통령령으로 정하는 지역"(영 제32조의3)** 〈본조신설 2024.7.30.〉
> 다음 각 호의 어느 하나에 해당하는 지역을 말한다.
> 1. 유휴토지 또는 대규모 시설의 이전부지
> 2. 그 밖에 도시공간의 창의적이고 혁신적인 개발이 필요하다고 인정되는 지역으로서 해당 시·도의 도시·군계획조례로 정하는 지역

② **도시혁신계획에 포함되는 사항** : 도시혁신계획에는 도시혁신구역의 지정 목적을 이루기 위하여 다음에 관한 사항이 포함되어야 한다.
  ㉠ 용도지역·용도지구, 도시·군계획시설 및 지구단위계획의 결정에 관한 사항
  ㉡ 주요 기반시설의 확보에 관한 사항
  ㉢ 건축물의 건폐율·용적률·높이에 관한 사항
  ㉣ 건축물의 용도·종류 및 규모 등에 관한 사항
  ㉤ 제83조의3에 따른 다른 법률 규정 적용의 완화 또는 배제에 관한 사항
  ㉥ 도시혁신구역 내 개발사업 및 개발사업의 시행자 등에 관한 사항
  ㉦ 그 밖에 도시혁신구역의 체계적 개발과 관리에 필요한 사항
③ **도시혁신구역의 지정 및 변경과 도시혁신계획시 고려사항** : 도시혁신구역의 지정 및 변경과 도시혁신계획은 다음의 사항을 종합적으로 고려하여 공간재구조화계획으로 결정한다.
  ㉠ 도시혁신구역의 지정 목적
  ㉡ 해당 지역의 용도지역·기반시설 등 토지이용 현황
  ㉢ 도시·군기본계획 등 상위계획과의 부합성
  ㉣ 주변 지역의 기반시설, 경관, 환경 등에 미치는 영향 및 도시환경 개선·정비 효과
  ㉤ 도시의 개발 수요 및 지역에 미치는 사회적·경제적 파급효과
④ **다른 법률에서 공간재구조화계획의 결정을 의제하고 있는 경우** : 다른 법률에서 공간재구조화계획의 결정을 의제하고 있는 경우에도 이 법에 따르지 아니하고 도시혁신구역의 지정과 도시혁신계획을 결정할 수 없다.
⑤ **협의 요청의 회신** : 공간재구조화계획 결정권자가 공간재구조화계획을 결정하기 위하여 제35조의6 제2항에 따라 관계 행정기관의 장과 협의하는 경우 협의 요청을 받은 기관의 장은 그 요청을 받은 날부터 10일(근무일 기준) 이내에 의견을 회신하여야 한다.
⑥ **도시혁신구역에서의 건축 등에 관한 다른 특별한 규정이 없는 경우** : 도시혁신구역 및 도시혁신계획에 관한 도시·군관리계획 결정의 실효, 도시혁신구역에서의 건축 등에 관하여 다른 특별한 규정이 없으면 제53조 및 제54조를 준용한다. 이 경우 "지구단위계획구역"은 "도시혁신구역"으로, "지구단위계획"은 "도시혁신계획"으로 본다.
⑦ **도시혁신계획의 수립기준 등 세부적인 사항** : 도시혁신구역의 지정 및 변경과 도시혁신계획의 수립 및 변경에 관한 세부적인 사항은 국토교통부장관이 정하여 고시한다.

(6) **복합용도구역의 지정 등(법 제40조의4)** 〈본조신설 2024.2.6.〉

① **복합용도구역의 지정 대상** : 공간재구조화계획 결정권자는 다음의 어느 하나에 해당하는 지역을 복합용도구역으로 지정할 수 있다.
  ㉠ 산업구조 또는 경제활동의 변화로 복합적 토지이용이 필요한 지역
  ㉡ 노후 건축물 등이 밀집하여 단계적 정비가 필요한 지역
  ㉢ 그 밖에 복합된 공간이용을 촉진하고 다양한 도시공간을 조성하기 위하여 계획적 관리가 필요하다고 인정되는 경우로서 대통령령으로 정하는 지역

> **"대통령령으로 정하는 지역"(영 제32조의4)** 〈본조신설 2024.7.30.〉
> 다음 각 호의 어느 하나에 해당하는 지역을 말한다.
> 1. 복합용도구역으로 지정하려는 지역이 둘 이상의 용도지역에 걸치는 경우로서 토지를 효율적으로 이용하기 위해 건축물의 용도, 종류 및 규모 등을 통합적으로 관리할 필요가 있는 지역
> 2. 그 밖에 복합된 공간이용을 촉진하고 다양한 도시공간을 조성하기 위해 계획적 관리가 필요하다고 인정되는 지역으로서 해당 시·도의 도시·군계획조례로 정하는 지역

② **복합용도계획에 포함되는 사항** : 복합용도계획에는 복합용도구역의 지정 목적을 이루기 위하여 다음에 관한 사항이 포함되어야 한다.
  ㉠ 용도지역·용도지구, 도시·군계획시설 및 지구단위계획의 결정에 관한 사항
  ㉡ 주요 기반시설의 확보에 관한 사항
  ㉢ 건축물의 용도별 복합적인 배치비율 및 규모 등에 관한 사항
  ㉣ 건축물의 건폐율·용적률·높이에 관한 사항
  ㉤ 제83조의4에 따른 특별건축구역계획에 관한 사항
  ㉥ 그 밖에 복합용도구역의 체계적 개발과 관리에 필요한 사항

③ **복합용도구역의 지정 및 변경과 복합용도계획시 고려사항** : 복합용도구역의 지정 및 변경과 복합용도계획은 다음의 사항을 종합적으로 고려하여 공간재구조화계획으로 결정한다.
  ㉠ 복합용도구역의 지정 목적
  ㉡ 해당 지역의 용도지역·기반시설 등 토지이용 현황
  ㉢ 도시·군기본계획 등 상위계획과의 부합성
  ㉣ 주변 지역의 기반시설, 경관, 환경 등에 미치는 영향 및 도시환경 개선·정비 효과

④ **복합용도구역에서의 건축 등에 관한 특별한 규정이 없는 경우** : 복합용도구역 및 복합용도계획에 관한 도시·군관리계획 결정의 실효, 복합용도구역에서의 건축 등에 관하여 다른 특별한 규정이 없으면 제53조 및 제54조를 준용한다. 이 경우 "지구단위계획구역"은 "복합용도구역"으로, "지구단위계획"은 "복합용도계획"으로 본다.

⑤ **복합용도계획의 수립기준 등 세부적인 사항** : 복합용도구역의 지정 및 변경과 복합용도계획의 수립 및 변경에 관한 세부적인 사항은 국토교통부장관이 정하여 고시한다.

(7) 도시·군계획시설입체복합구역의 지정(법 제40조의5) 〈본조신설 2024.2.6.〉

① 도시·군계획시설입체복합구역의 지정 대상 : 도시·군관리계획의 결정권자(이하 "도시·군관리계획 결정권자"라 한다)는 도시·군계획시설의 입체복합적 활용을 위하여 다음의 어느 하나에 해당하는 경우에 도시·군계획시설이 결정된 토지의 전부 또는 일부를 도시·군계획시설입체복합구역(이하 "입체복합구역"이라 한다)으로 지정할 수 있다.
  ㉠ 도시·군계획시설 준공 후 10년이 경과한 경우로서 해당 시설의 개량 또는 정비가 필요한 경우
  ㉡ 주변지역 정비 또는 지역경제 활성화를 위하여 기반시설의 복합적 이용이 필요한 경우
  ㉢ 첨단기술을 적용한 새로운 형태의 기반시설 구축 등이 필요한 경우
  ㉣ 그 밖에 효율적이고 복합적인 도시·군계획시설의 조성을 위하여 필요한 경우로서 대통령령으로 정하는 경우
    ※ "대통령령으로 정하는 경우"란 효율적이고 복합적인 도시·군계획시설의 조성을 위해 필요한 경우로서 해당 시·도 또는 대도시의 도시·군계획조례로 정하는 경우를 말한다(영 제32조의5 제1항). 〈본조신설 2024.7.30.〉

② 이 법 또는 다른 법률의 규정에도 불구하고 입체복합구역에서의 도시·군계획시설과 도시·군계획시설이 아닌 시설에 대한 건축물이나 그 밖의 시설의 용도·종류 및 규모 등의 제한(이하 "건축제한"이라 한다), 건폐율, 용적률, 높이 등은 대통령령으로 정하는 범위에서 따로 정할 수 있다. 다만, 다른 법률에 따라 정하여진 건축제한, 건폐율, 용적률, 높이 등을 완화하는 경우에는 미리 관계 기관의 장과 협의하여야 한다.

> **"대통령령으로 정하는 범위"(영 제32조의5 제2항)** 〈본조신설 2024.7.30.〉
>
> 다음 각 호의 구분에 따른 범위를 말한다.
> 1. 입체복합구역에서의 도시·군계획시설과 도시·군계획시설이 아닌 시설에 대한 건축물이나 그 밖의 시설의 용도·종류 및 규모 등의 제한 : 다음 각 목의 구분에 따른 범위
>   가. 도시지역의 경우 : 법 제36조 제1항 제1호의 도시지역에서 허용되는 범위
>   나. 관리지역, 농림지역 및 자연환경보전지역의 경우 : 법 제36조 제1항 제2호 다목의 계획관리지역에서 허용되는 범위
> 2. 입체복합구역 안에서의 건폐율 : 제84조 제1항 각 호에 따른 해당 용도지역별 건폐율의 최대한도의 150퍼센트 이하의 범위. 이 경우 건폐율은 도시·군계획시설과 도시·군계획시설이 아닌 시설의 건축면적의 합을 기준으로 한다.
> 3. 입체복합구역 안에서의 용적률 : 제85조 제1항 각 호에 따른 해당 용도지역별 용적률의 최대한도의 200퍼센트 이하의 범위. 이 경우 용적률은 도시·군계획시설과 도시·군계획시설이 아닌 시설의 바닥면적의 합을 기준으로 한다.
> 4. 입체복합구역 안에서의 건축물의 높이 : 다음 각 목의 구분에 따른 범위
>   가. 「건축법」 제60조에 따라 제한된 높이의 150퍼센트 이하의 범위
>   나. 「건축법」 제61조 제2항에 따른 채광 등의 확보를 위한 건축물의 높이 제한의 200퍼센트 이하의 범위

③ 건폐율과 용적률은 제77조 및 제78조에 따라 대통령령으로 정하고 있는 해당 용도지역별 최대한도의 200퍼센트 이하로 한다.

④ 그 밖에 입체복합구역의 지정·변경 등에 필요한 사항은 국토교통부장관이 정한다.

(8) **도시혁신구역, 복합용도구역, 입체복합구역에 대한 공공시설등의 설치비용 등(법 제40조의6)** 〈본조신설 2024.2.6.〉

① 다음의 어느 하나에 해당하는 구역 안에서 개발사업이나 개발행위를 하려는 자(제26조 제1항 제5호에 따라 도시·군관리계획을 입안하거나 제35조의3에 따라 공간재구조화계획을 입안하는 경우 입안 제안자를 포함한다)는 건축물이나 그 밖의 시설의 용도, 건폐율, 용적률 등의 건축제한 완화 또는 행위제한 완화로 인한 토지가치 상승분(「감정평가 및 감정평가사에 관한 법률」에 따른 감정평가법인 등이 해당 구역에 따른 계획 등의 변경 전·후에 대하여 각각 감정평가한 토지가액의 차이를 말한다)의 범위에서 해당 구역에 따른 계획으로 정하는 바에 따라 해당 구역 안에 제52조의2 제1항 각 호의 시설(이하 "공공시설등"이라 한다)의 부지를 제공하거나 공공시설등을 설치하여 제공하도록 하여야 한다.
　㉠ 제40조의3에 따른 도시혁신구역
　㉡ 제40조의4에 따른 복합용도구역
　㉢ 제40조의5에 따른 입체복합구역

② 공공시설 등의 부지제공과 설치, 비용납부 등에 관하여는 제52조의2 제2항부터 제6항까지를 준용한다. 이 경우 "지구단위계획구역"은 각각 "도시혁신구역", "복합용도구역", "입체복합구역"으로, "지구단위계획"은 각각 "도시혁신계획", "복합용도계획", "도시·군관리계획"으로 본다.

③ ①항 및 ②항은 ①항의 구역이 의제되는 경우에도 적용한다. 다만, 다음의 부담금이 부과(해당 법률에 따라 부담금을 면제하는 경우를 포함한다)되는 경우에는 그러하지 아니하다.
　㉠ 「개발이익 환수에 관한 법률」에 따른 개발부담금
　㉡ 「재건축초과이익 환수에 관한 법률」에 따른 재건축부담금

4 법 제41조(공유수면매립지에 관한 용도지역의 지정) 기출 31회

① 공유수면(바다만 해당한다)의 매립 목적이 그 매립구역과 이웃하고 있는 용도지역의 내용과 같으면 제25조와 제30조에도 불구하고 도시·군관리계획의 입안 및 결정 절차 없이 그 매립준공구역은 그 매립의 준공인가일부터 이와 이웃하고 있는 용도지역으로 지정된 것으로 본다. 이 경우 관계 특별시장·광역시장·특별자치시장·특별자치도지사·시장 또는 군수는 그 사실을 지체 없이 고시하여야 한다.

② 공유수면의 매립 목적이 그 매립구역과 이웃하고 있는 용도지역의 내용과 다른 경우 및 그 매립구역이 둘 이상의 용도지역에 걸쳐 있거나 이웃하고 있는 경우 그 매립구역이 속할 용도지역은 도시·군관리계획 결정으로 지정하여야 한다.

③ 관계 행정기관의 장은 「공유수면 관리 및 매립에 관한 법률」에 따른 공유수면 매립의 준공검사를 하면 국토교통부령으로 정하는 바에 따라 지체 없이 관계 특별시장·광역시장·특별자치시장·특별자치도지사·시장 또는 군수에게 통보하여야 한다.

> **공유수면매립지에 관한 용도지역의 지정(영 제33조)**
> ① 법 제41조 제1항 전단 및 같은 조 제2항에서 "용도지역"이란 법 제36조 제1항에 따라 지정된 용도지역을 말한다. 다만, 용도지역이 도시지역에 해당하는 경우에는 제30조에 따라 세분하여 지정된 용도지역을 말한다.
> ② 법 제41조 제1항 후단에 따른 고시는 해당 시·도의 공보와 인터넷 홈페이지에 게재하는 방법으로 한다.

5 법 제42조(다른 법률에 따라 지정된 지역의 용도지역 지정 등의 의제) 기출 30회·35회

(1) 도시지역으로 결정·고시

다음의 어느 하나의 구역 등으로 지정·고시된 지역은 이 법에 따른 도시지역으로 결정·고시된 것으로 본다.

① 「항만법」제2조 제4호에 따른 항만구역으로서 도시지역에 연접한 공유수면
② 「어촌·어항법」제17조 제1항에 따른 어항구역으로서 도시지역에 연접한 공유수면
③ 「산업입지 및 개발에 관한 법률」제2조 제8호 가목부터 다목까지의 규정에 따른 국가산업단지, 일반산업단지 및 도시첨단산업단지
④ 「택지개발촉진법」제3조에 따른 택지개발지구
⑤ 「전원개발촉진법」제5조 및 같은 법 제11조에 따른 전원개발사업구역 및 예정구역(수력발전소 또는 송·변전설비만을 설치하기 위한 전원개발사업구역 및 예정구역은 제외한다)

(2) 농림지역 또는 자연환경보전지역으로 결정·고시

관리지역에서 「농지법」에 따른 농업진흥지역으로 지정·고시된 지역은 이 법에 따른 농림지역으로, 관리지역의 산림 중 「산지관리법」에 따라 보전산지로 지정·고시된 지역은 그 고시에서 구분하는 바에 따라 이 법에 따른 농림지역 또는 자연환경보전지역으로 결정·고시된 것으로 본다.

(3) 항만구역 등 지정통보

관계 행정기관의 장은 항만구역, 어항구역, 산업단지, 택지개발지구, 전원개발사업구역 및 예정구역, 농업진흥지역 또는 보전산지를 지정한 경우에는 국토교통부령으로 정하는 바에 따라 제32조에 따라 고시된 지형도면 또는 지형도에 그 지정 사실을 표시하여 그 지역을 관할하는 특별시장·광역시장·특별자치시장·특별시도지사·시장 또는 군수에게 통보하여야 한다.

> **항만구역 등 지정통보(규칙 제5조)**
>
> 관계 행정기관의 장은 법 제42조 제3항의 규정에 의하여 항만구역·어항구역·산업단지·택지개발지구·전원개발사업구역 및 예정구역·농업진흥지역 또는 보전임지(이하 "항만구역 등"이라 한다)를 지정한 사실을 통보하고자 하는 때에는 별지 제2호서식의 항만구역 등 지정통보서에 다음 각 호의 서류를 첨부하여 특별시장·광역시장·특별자치시장·특별자치도지사·시장 또는 군수에게 송부하여야 한다.
> 1. 법 제42조 제1항 및 제2항의 규정에 의한 용도지역을 표시한 축척 1천분의 1 또는 5천분의 1(축척 1천분의 1 또는 5천분의 1의 지형도가 간행되어 있지 아니한 경우에는 축척 2만5천분의 1)의 지형도(수치지형도를 포함한다)
> 2. 항만구역 등의 지정범위를 표시한 지적이 표시된 지형도. 이 경우 지형도의 작성에 관하여는 「토지이용규제기본법 시행령」제7조에 따른다.

(4) 용도지역의 환원

① 구역·단지·지구 등(이하 "구역 등"이라 한다)이 해제되는 경우(개발사업의 완료로 해제되는 경우는 제외한다) 이 법 또는 다른 법률에서 그 구역 등이 어떤 용도지역에 해당되는지를 따로 정하고 있지 아니한 경우에는 이를 지정하기 이전의 용도지역으로 환원된 것으로 본다. 이 경우 지정권자는 용도지역이 환원된 사실을 대통령령으로 정하는 바에 따라 고시하고, 그 지역을 관할하는 특별시장·광역시장·특별자치시장·특별자치도지사·시장 또는 군수에게 통보하여야 한다.

> **용도지역 환원의 고시(영 제34조)**
>
> 법 제42조 제4항 후단에 따른 용도지역 환원의 고시는 환원일자 및 환원사유와 용도지역이 환원된 도시·군관리계획의 내용을 해당 시·도의 공보와 인터넷 홈페이지에 게재하는 방법으로 한다.

② 용도지역이 환원되는 당시 이미 사업이나 공사에 착수한 자(이 법 또는 다른 법률에 따라 허가·인가·승인 등을 받아야 하는 경우에는 그 허가·인가·승인 등을 받아 사업이나 공사에 착수한 자를 말한다)는 그 용도지역의 환원과 관계없이 그 사업이나 공사를 계속할 수 있다.

제3절 도시·군계획시설

1 법 제43조(도시·군계획시설의 설치·관리)

(1) 도시·군계획시설의 설치

지상·수상·공중·수중 또는 지하에 기반시설을 설치하려면 그 시설의 종류·명칭·위치·규모 등을 미리 도시·군관리계획으로 결정하여야 한다. 다만, 용도지역·기반시설의 특성 등을 고려하여 대통령령으로 정하는 경우에는 그러하지 아니하다.

> **대통령령으로 정하는 경우(영 제35조 제1항)** 기출 36회
>
> 다음 각 호의 경우를 말한다.
> 1. 도시지역 또는 지구단위계획구역에서 다음 각 목의 기반시설을 설치하고자 하는 경우
>   가. 주차장, 차량 검사 및 면허시설, 공공공지, 열공급설비, 방송·통신시설, 시장·공공청사·문화시설·공공필요성이 인정되는 체육시설·연구시설·사회복지시설·공공직업 훈련시설·청소년수련시설·저수지·방화설비·방풍설비·방수설비·사방설비·방조설비·장사시설·종합의료시설·빗물저장 및 이용시설·폐차장
>   나. 「도시공원 및 녹지 등에 관한 법률」의 규정에 의하여 점용허가대상이 되는 공원안의 기반시설
>   다. 그 밖에 국토교통부령으로 정하는 시설
> 2. 도시지역 및 지구단위계획구역외의 지역에서 다음 각 목의 기반시설을 설치하고자 하는 경우
>   가. 제1호 가목 및 나목의 기반시설
>   나. 궤도 및 전기공급설비
>   다. 그 밖에 국토교통부령이 정하는 시설

> **➕ 알아보기 도시·군관리계획의 결정 없이 설치할 수 있는 시설(규칙 제6조)** 〈개정 2023.1.27.〉 기출 36회
>
> ① 영 제35조 제1항 제1호 다목에서 "국토교통부령으로 정하는 시설"이란 다음 각 호의 시설을 말한다.
> 1. 공항 중 「공항시설법 시행령」 제3조 제3호의 규정에 의한 도심공항터미널
> 2. 삭제 〈2016.12.30.〉
> 3. 여객자동차터미널 중 전세버스운송사업용 여객자동차터미널
> 4. 광장 중 건축물부설광장

5. 전기공급설비(발전시설, 옥외에 설치하는 변전시설 및 지상에 설치하는 전압 15만 4천볼트 이상의 송전선로는 제외한다)

5의2. 「신에너지 및 재생에너지 개발·이용·보급촉진법」 제2조 제3호에 따른 신·재생에너지설비로서 다음 각 목의 어느 하나에 해당하는 설비
　가. 「신에너지 및 재생에너지 개발·이용·보급촉진법 시행규칙」 제2조 제2호에 따른 연료전지 설비 및 같은 조 제4호에 따른 태양에너지 설비
　나. 「신에너지 및 재생에너지 개발·이용·보급촉진법 시행규칙」 제2조 제1호, 제3호 및 제5호부터 제12호까지에 해당하는 설비로서 발전용량이 200킬로와트 이하인 설비(전용주거지역 및 일반주거지역 외의 지역에 설치하는 경우로 한정한다)

6. 다음 각 목의 어느 하나에 해당하는 가스공급설비
　가. 「액화석유가스의 안전관리 및 사업법」 제5조 제1항에 따라 액화석유가스충전사업의 허가를 받은 자가 설치하는 액화석유가스 충전시설
　나. 「도시가스사업법」 제3조에 따라 도시가스사업의 허가를 받은 자 또는 같은 법 제39조의2 제1항 각 호 외의 부분 전단에 따른 도시가스사업자 외의 가스공급시설 설치자가 설치하는 같은 법 제2조 제5호에 따른 가스공급시설
　다. 「환경친화적 자동차의 개발 및 보급촉진에 관한 법률」 제2조 제9호에 따른 수소연료공급시설
　라. 「고압가스안전관리법」 제3조 제1호에 따른 저장소로서 자기가 직접 다음의 어느 하나의 용도로 소비할 목적으로 고압가스를 저장하는 저장소
　　1) 발전용 : 전기(電氣)를 생산하는 용도
　　2) 산업용 : 제조업의 제조공정용 원료 또는 연료(제조부대시설의 운영에 필요한 연료를 포함한다)로 사용하는 용도
　　3) 열병합용 : 전기와 열을 함께 생산하는 용도
　　4) 열 전용(專用) 설비용 : 열만을 생산하는 용도

6의2. 수도공급설비 중 「수도법」 제3조 제9호의 마을상수도

7. 유류저장 및 송유설비 중 「위험물안전관리법」 제6조에 따른 제조소등의 설치허가를 받은 자가 「위험물안전관리법 시행령」 [별표 1]에 따른 인화성액체 중 유류를 저장하기 위하여 설치하는 유류서상시설

8. 다음 각 목의 학교
　가. 「유아교육법」 제2조 제2호에 따른 유치원
　나. 「장애인 등에 대한 특수교육법」 제2조 제10호에 따른 특수학교
　다. 「초·중등교육법」 제60조의3에 따른 대안학교
　라. 「고등교육법」 제2조 제5호에 따른 방송대학·통신대학 및 방송통신대학

9. 삭제 〈2018.12.27.〉

10. 다음 각 목의 어느 하나에 해당하는 도축장
　가. 대지면적이 500제곱미터 미만인 도축장
　나. 「산업입지 및 개발에 관한 법률」 제2조 제8호에 따른 산업단지 내에 설치하는 도축장

11. 폐기물처리 및 재활용시설 중 재활용시설

12. 수질오염방지시설 중 「광산피해의 방지 및 복구에 관한 법률」 제31조에 따른 한국광해관리공단이 같은 법 제11조에 따른 광해방지사업의 일환으로 폐광의 폐수를 처리하기 위하여 설치하는 시설(「건축법」 제11조에 따른 건축허가를 받아 건축하여야 하는 시설은 제외한다)

② 영 제35조 제1항 제2호 다목에서 "그 밖에 국토교통부령이 정하는 시설"이란 다음 각 호의 시설을 말한다.
　1. 삭제 〈2018.12.27.〉
　2. 자동차정류장
　3. 광장
　4. 유류저장 및 송유설비
　5. 제1항 제1호·제6호·제6호의2·제8호부터 제12호까지의 시설

(2) 도시·군계획시설의 결정·구조 및 설치의 기준

① 효율적인 토지이용을 위하여 둘 이상의 도시·군계획시설을 같은 토지에 함께 결정하거나 도시·군계획시설이 위치하는 공간의 일부를 구획하여 도시·군계획시설을 결정할 수 있다. 〈신설 2024.2.6.〉
② 도시·군계획시설의 결정·구조 및 설치의 기준 등에 필요한 사항은 국토교통부령으로 정하고, 그 세부사항은 국토교통부령으로 정하는 범위에서 시·도의 조례로 정할 수 있다. 다만, 이 법 또는 다른 법률에 특별한 규정이 있는 경우에는 그에 따른다. 〈개정 2024.2.6.〉
③ ①항에 따라 설치한 도시·군계획시설의 관리에 관하여 이 법 또는 다른 법률에 특별한 규정이 있는 경우 외에는 국가가 관리하는 경우에는 대통령령으로, 지방자치단체가 관리하는 경우에는 그 지방자치단체의 조례로 도시·군계획시설의 관리에 관한 사항을 정한다. 〈개정 2024.2.6.〉

2 법 제44조(공동구의 설치)

(1) 공동구의 설치 기출 30회·32회·35회

다음에 해당하는 지역·지구·구역 등(이하 "지역 등"이라 한다)이 대통령령으로 정하는 규모를 초과하는 경우에는 해당 지역 등에서 개발사업을 시행하는 자(이하 "사업시행자"라 한다)는 공동구를 설치하여야 한다.

※ "대통령령으로 정하는 규모"란 200만제곱미터를 말한다(영 제35조의2 제1항).

① 「도시개발법」 제2조 제1항에 따른 도시개발구역
② 「택지개발촉진법」 제2조 제3호에 따른 택지개발지구
③ 「경제자유구역의 지정 및 운영에 관한 특별법」 제2조 제1호에 따른 경제자유구역
④ 「도시 및 주거환경정비법」 제2조 제1호에 따른 정비구역
⑤ 그 밖에 대통령령으로 정하는 지역

※ "대통령령으로 정하는 지역"이란
1. 「공공주택 특별법」 제2조 제2호에 따른 공공주택지구
2. 「도청이전을 위한 도시건설 및 지원에 관한 특별법」 제2조 제3호에 따른 도청이전신도시를 말한다(영 제35조의2 제2항).

> **공동구의 설치에 대한 의견 청취(영 제36조)**
> ① 법 제44조 제1항에 따른 개발사업의 시행자(이하 "사업시행자"라 한다)는 공동구를 설치하기 전에 다음 각 호의 사항을 정하여 공동구에 수용되어야 할 시설을 설치하기 위하여 공동구를 점용하려는 자(이하 "공동구점용예정자"라 한다)에게 미리 통지하여야 한다.
> 1. 공동구의 위치
> 2. 공동구의 구조
> 3. 공동구 점용예정자의 명세
> 4. 공동구 점용예정자별 점용예정부문의 개요
> 5. 공동구의 설치에 필요한 비용과 그 비용의 분담에 관한 사항
> 6. 공사 착수 예정일 및 공사 준공 예정일

② 제1항에 따라 공동구의 설치에 관한 통지를 받은 공동구 점용예정자는 사업시행자가 정한 기한까지 해당 시설을 개별적으로 매설할 때 필요한 비용 등을 포함한 의견서를 제출하여야 한다.
③ 사업시행자가 제2항에 따른 의견서를 받은 때에는 공동구의 설치계획 등에 대하여 공동구협의회의 심의를 거쳐 그 결과를 법 제44조 제1항에 따른 개발사업의 실시계획인가(실시계획승인, 사업시행인가 및 지구계획 승인을 포함한다. 이하 "개발사업의 실시계획인가 등"이라 한다) 신청서에 반영하여야 한다.

(2) 공동구 설치의 타당성 검토

「도로법」 제23조에 따른 도로 관리청은 지하매설물의 빈번한 설치 및 유지관리 등의 행위로 인하여 도로 구조의 보전과 안전하고 원활한 도로교통의 확보에 지장을 초래하는 경우에는 공동구 설치의 타당성을 검토하여야 한다. 이 경우 재정여건 및 설치 우선순위 등을 고려하여 단계적으로 공동구가 설치될 수 있도록 하여야 한다.

(3) 공동구에 수용하여야 하는 시설 기출 33회·35회

① 공동구가 설치된 경우에는 대통령령으로 정하는 바에 따라 공동구에 수용하여야 할 시설이 모두 수용되도록 하여야 한다.

> **공동구에 수용하여야 하는 시설(영 제35조의3)**
>
> 공동구가 설치된 경우에는 법 제44조 제3항에 따라 제1호부터 제6호까지의 시설을 공동구에 수용하여야 하며, 제7호 및 제8호의 시설은 법 제44조의2 제4항에 따른 공동구협의회(이하 "공동구협의회"라 한다)의 심의를 거쳐 수용할 수 있다.
> 1. 전선로
> 2. 통신선로
> 3. 수도관
> 4. 열수송관
> 5. 중수도관
> 6. 쓰레기수송관
> 7. 가스관
> 8. 하수도관, 그 밖의 시설

② 공동구에 수용되어야 하는 시설물의 설치기준 등은 다른 법률에 특별한 규정이 있는 경우를 제외하고는 국토교통부장관이 정한다.

(4) 공동구협의회의 심의

공동구 설치에 따른 개발사업의 계획을 수립할 경우에는 공동구 설치에 관한 계획을 포함하여야 한다. 이 경우 공동구에 수용되어야 할 시설을 설치하고자 공동구를 점용하려는 자(이하 "공동구 점용예정자"라 한다)와 설치 노선 및 규모 등에 관하여 미리 협의한 후 공동구협의회의 심의를 거쳐야 한다.

> **공동구에의 수용(영 제37조)**
>
> ① 사업시행자는 공동구의 설치공사를 완료한 때에는 지체 없이 다음 각 호의 사항을 공동구 점용예정자에게 개별적으로 통지하여야 한다.
> 1. 공동구에 수용될 시설의 점용공사 기간
> 2. 공동구 설치위치 및 설계도면
> 3. 공동구에 수용할 수 있는 시설의 종류
> 4. 공동구 점용공사 시 고려할 사항

② 공동구 점용예정자는 제1항 제1호에 따른 점용공사 기간 내에 공동구에 수용될 시설을 공동구에 수용하여야 한다. 다만, 그 기간 내에 점용공사를 완료하지 못하는 특별한 사정이 있어서 미리 사업시행자와 협의한 경우에는 그러하지 아니하다.
③ 공동구 점용예정자는 공동구에 수용될 시설을 공동구에 수용함으로써 용도가 폐지된 종래의 시설은 사업시행자가 지정하는 기간 내에 철거하여야 하고, 도로는 원상으로 회복하여야 한다.

(5) 공동구의 설치비용 등 기출 35회

① 공동구의 설치(개량하는 경우를 포함한다)에 필요한 비용은 이 법 또는 다른 법률에 특별한 규정이 있는 경우를 제외하고는 공동구 점용예정자와 사업시행자가 부담한다. 이 경우 공동구 점용예정자는 해당 시설을 개별적으로 매설할 때 필요한 비용의 범위에서 대통령령으로 정하는 바에 따라 부담한다.
② 공동구 점용예정자와 사업시행자가 공동구 설치비용을 부담하는 경우 국가, 특별시장·광역시장·특별자치시장·특별자치도지사·시장 또는 군수는 공동구의 원활한 설치를 위하여 그 비용의 일부를 보조 또는 융자할 수 있다.

> **공동구의 설치비용 등(영 제38조)**
> ① 법 제44조 제5항 전단에 따른 공동구의 설치에 필요한 비용은 다음 각 호와 같다. 다만, 법 제44조 제6항에 따른 보조금이 있는 때에는 그 보조금의 금액을 공제하여야 한다.
>   1. 설치공사의 비용
>   2. 내부공사의 비용
>   3. 설치를 위한 측량·설계비용
>   4. 공동구의 설치로 인하여 보상의 필요가 있는 때에는 그 보상비용
>   5. 공동구부대시설의 설치비용
>   6. 법 제44조 제6항에 따른 융자금이 있는 경우에는 그 이자에 해당하는 금액
> ② 법 제44조 제5항 후단에 따라 공동구 점용예정자가 부담하여야 하는 공동구 설치비용은 해당 시설을 개별적으로 매설할 때 필요한 비용으로 하되, 특별시장·광역시장·특별자치시장·특별자치도지사·시장 또는 군수(이하 "공동구관리자"라 한다)가 공동구협의회의 심의를 거쳐 해당 공동구의 위치, 규모 및 주변 여건 등을 고려하여 정한다.
> ③ 사업시행자는 공동구의 설치가 포함되는 개발사업의 실시계획인가 등이 있은 후 지체 없이 공동구 점용예정자에게 제1항 및 제2항에 따라 산정된 부담금의 납부를 통지하여야 한다.
> ④ 제3항에 따른 부담금의 납부통지를 받은 공동구 점용예정자는 공동구설치공사가 착수되기 전에 부담액의 3분의 1 이상을 납부하여야 하며, 그 나머지 금액은 제37조 제1항 제1호에 따른 점용공사기간 만료일(만료일 전에 공사가 완료된 경우에는 그 공사의 완료일을 말한다)전까지 납부하여야 한다.

3 공동구의 관리·운영 등

(1) 공동구의 관리·운영(법 제44조의2) 기출 35회

① 공동구는 특별시장·광역시장·특별자치시장·특별자치도지사·시장 또는 군수(이하 "공동구관리자"라 한다)가 관리한다. 다만, 공동구의 효율적인 관리·운영을 위하여 필요하다고 인정하는 경우에는 대통령령으로 정하는 기관에 그 관리·운영을 위탁할 수 있다.

> **대통령령으로 정하는 기관(영 제39조 제1항)**
> 다음 각 호의 어느 하나에 해당하는 기관을 말한다.
>   1. 「지방공기업법」 제49조 또는 제76조에 따른 지방공사 또는 지방공단
>   2. 「국토안전관리원법」에 따른 국토안전관리원
>   3. 공동구의 관리·운영에 전문성을 갖춘 기관으로서 특별시·광역시·특별자치시·특별자치도·시 또는 군의 도시·군계획조례로 정하는 기관

② 공동구관리자는 5년마다 해당 공동구의 안전 및 유지관리계획을 대통령령으로 정하는 바에 따라 수립·시행하여야 한다.

> **공동구의 관리·운영 등(영 제39조 제2항~제4항)**
> ② 법 제44조의2 제2항에 따른 공동구의 안전 및 유지관리계획에는 다음 각 호의 사항이 모두 포함되어야 한다.
>   1. 공동구의 안전 및 유지관리를 위한 조직·인원 및 장비의 확보에 관한 사항
>   2. 긴급상황 발생시 조치체계에 관한 사항
>   3. 법 제44조의2 제3항에 따른 안전점검 또는 정밀안전진단의 실시계획에 관한 사항
>   4. 해당 공동구의 설계, 시공, 감리 및 유지관리 등에 관련된 설계도서의 수집·보관에 관한 사항
>   5. 그 밖에 공동구의 안전 및 유지관리에 필요한 사항
> ③ 공동구관리자가 법 제44조의2 제2항에 따른 공동구의 안전 및 유지관리계획을 수립하거나 변경하려면 미리 관계 행정기관의 장과 협의한 후 공동구협의회의 심의를 거쳐야 한다.
> ④ 공동구관리자가 제3항에 따라 공동구의 안전 및 유지관리계획을 수립하거나 변경한 경우에는 관계 행정기관의 장에게 관계 서류를 송부하여야 한다.

③ 공동구관리자는 대통령령으로 정하는 바에 따라 1년에 1회 이상 공동구의 안전점검을 실시하여야 하며, 안전점검결과 이상이 있다고 인정되는 때에는 지체 없이 정밀안전진단·보수·보강 등 필요한 조치를 하여야 한다.

  ※ 공동구관리자는 법 제44조의2 제3항에 따라 「시설물의 안전 및 유지관리에 관한 특별법」 제11조 및 제12조에 따른 안전점검 및 정밀안전진단을 실시하여야 한다(영 제39조 제5항).

④ 공동구관리자는 공동구의 설치·관리에 관한 주요 사항의 심의 또는 자문을 하게 하기 위하여 공동구협의회를 둘 수 있다. 이 경우 공동구협의회의 구성·운영 등에 필요한 사항은 대통령령으로 정한다.

⑤ 국토교통부장관은 공동구의 관리에 필요한 사항을 정할 수 있다.

(2) 공동구의 관리비용(법 제44조의3)

① 공동구의 관리에 소요되는 비용은 그 공동구를 점용하는 자가 함께 부담하되, 부담비율은 점용면적을 고려하여 공동구관리자가 정한다.

  ※ 공동구관리자는 법 제44조의3 제1항에 따른 공동구의 관리에 드는 비용을 연 2회로 분할하여 납부하게 하여야 한다(영 제39조의3).

② 공동구 설치비용을 부담하지 아니한 자(부담액을 완납하지 아니한 자를 포함한다)가 공동구를 점용하거나 사용하려면 그 공동구를 관리하는 공동구관리자의 허가를 받아야 한다.

③ 공동구를 점용하거나 사용하는 자는 그 공동구를 관리하는 특별시·광역시·특별자치시·특별자치도·시 또는 군의 조례로 정하는 바에 따라 점용료 또는 사용료를 납부하여야 한다.

4 법 제45조(광역시설의 설치 · 관리 등)

(1) 광역시설의 설치 및 관리
광역시설의 설치 및 관리는 법 제43조(도시 · 군계획시설의 설치 · 관리)에 따른다.

(2) 광역시설의 설치 · 관리자
① 관계 특별시장 · 광역시장 · 특별자치시장 · 특별자치도지사 · 시장 또는 군수는 협약을 체결하거나 협의회 등을 구성하여 광역시설을 설치 · 관리할 수 있다. 다만, 협약의 체결이나 협의회 등의 구성이 이루어지지 아니하는 경우 그 시 또는 군이 같은 도에 속할 때에는 관할 도지사가 광역시설을 설치 · 관리할 수 있다.
② 국가계획으로 설치하는 광역시설은 그 광역시설의 설치 · 관리를 사업목적 또는 사업종목으로 하여 다른 법률에 따라 설립된 법인이 설치 · 관리할 수 있다.

(3) 광역시설의 설치에 따른 지원
지방자치단체는 환경오염이 심하게 발생하거나 해당 지역의 개발이 현저하게 위축될 우려가 있는 광역시설을 다른 지방자치단체의 관할 구역에 설치할 때에는 대통령령으로 정하는 바에 따라 환경오염 방지를 위한 사업이나 해당 지역 주민의 편익을 증진시키기 위한 사업을 해당 지방자치단체와 함께 시행하거나 이에 필요한 자금을 해당 지방자치단체에 지원하여야 한다. 다만, 다른 법률에 특별한 규정이 있는 경우에는 그 법률에 따른다.

> **광역시설의 설치에 따른 지원 등(영 제40조)**
> 지방자치단체는 법 제45조 제4항의 규정에 의하여 광역시설을 다른 지방자치단체의 관할구역에 설치하고자 하는 경우에는 다음 각 호의 어느 하나에 해당하는 사업을 당해 지방자치단체와 함께 시행하거나 이에 필요한 자금 등을 지원하여야 한다.
> 1. 환경오염의 방지를 위한 사업 : 녹지 · 하수도 또는 폐기물처리 및 재활용시설의 설치사업과 대기오염 · 수질오염 · 악취 · 소음 및 진동방지사업 등
> 2. 지역주민의 편익을 위한 사업 : 도로 · 공원 · 수도공급설비 · 문화시설 · 사회복지시설 · 노인정 · 하수도 · 종합의료시설 등의 설치사업 등

5 법 제46조(도시 · 군계획시설의 공중 및 지하 설치기준과 보상 등) 기출 32회

도시 · 군계획시설을 공중 · 수중 · 수상 또는 지하에 설치하는 경우 그 높이나 깊이의 기준과 그 설치로 인하여 토지나 건물의 소유권 행사에 제한을 받는 자에 대한 보상 등에 관하여는 따로 법률로 정한다.

6 법 제47조(도시·군계획시설 부지의 매수 청구) 기출 30회·32회

(1) 도시·군계획시설 부지의 매수 청구

도시·군계획시설에 대한 도시·군관리계획의 결정(이하 "도시·군계획시설 결정"이라 한다)의 고시일부터 10년 이내에 그 도시·군계획시설의 설치에 관한 도시·군계획시설사업이 시행되지 아니하는 경우(제88조에 따른 실시계획의 인가나 그에 상당하는 절차가 진행된 경우는 제외한다) 그 도시·군계획시설의 부지로 되어 있는 토지 중 지목(地目)이 대(垈)인 토지(그 토지에 있는 건축물 및 정착물을 포함한다)의 소유자는 대통령령으로 정하는 바에 따라 특별시장·광역시장·특별자치시장·특별자치도지사·시장 또는 군수에게 그 토지의 매수를 청구할 수 있다. 다만, 다음의 어느 하나에 해당하는 경우에는 그에 해당하는 자(특별시장·광역시장·특별자치시장·특별자치도지사·시장 또는 군수를 포함한다. 이하 "매수의무자"라 한다)에게 그 토지의 매수를 청구할 수 있다.

① 이 법에 따라 해당 도시·군계획시설사업의 시행자가 정하여진 경우에는 그 시행자
② 이 법 또는 다른 법률에 따라 도시·군계획시설을 설치하거나 관리하여야 할 의무가 있는 자가 있으면 그 의무가 있는 자. 이 경우 도시·군계획시설을 설치하거나 관리하여야 할 의무가 있는 자가 서로 다른 경우에는 설치하여야 할 의무가 있는 자에게 매수 청구하여야 한다.

도시·군계획시설부지의 매수 청구(영 제41조 제1항)

법 제47조 제1항의 규정에 의하여 토지의 매수를 청구하고자 하는 자는 국토교통부령이 정하는 도시·군계획시설부지매수청구서(전자문서로 된 청구서를 포함한다)에 대상토지 및 건물에 대한 등기사항증명서를 첨부하여 법 제47조 제1항 각 호 외의 부분 단서의 규정에 의한 매수의무자에게 제출하여야 한다. 다만, 매수의무자는 「전자정부법」 제36조 제1항에 따른 행정정보의 공동이용을 통하여 대상토지 및 건물에 대한 등기부 등본을 확인할 수 있는 경우에는 그 확인으로 첨부서류를 갈음하여야 한다.

(2) 매수의무자의 대금 지급

① 매수의무자는 매수 청구를 받은 토지를 매수할 때에는 현금으로 그 대금을 지급한다. 다만, 다음의 어느 하나에 해당하는 경우로서 매수의무자가 지방자치단체인 경우에는 채권(이하 "도시·군계획시설채권"이라 한다)을 발행하여 지급할 수 있다.

㉠ 토지 소유자가 원하는 경우
㉡ 대통령령으로 정하는 부재부동산 소유자의 토지 또는 비업무용 토지로서 매수대금이 대통령령으로 정하는 금액을 초과하여 그 초과하는 금액을 지급하는 경우

매수대금의 지급(영 제41조 제2항~제4항)

② 법 제47조 제2항 제2호의 규정에 의한 부재부동산소유자의 토지의 범위에 관하여는 「공익사업을 위한 토지 등의 취득 및 손실보상에 관한 법률 시행령」 제26조의 규정을 준용한다. 이 경우 "사업인정고시일"은 각각 "매수청구일"로 본다.
③ 법 제47조 제2항 제2호의 규정에 의한 비업무용토지의 범위에 관하여는 「법인세법 시행령」 제49조 제1항 제1호의 규정을 준용한다.
④ 법 제47조 제2항 제2호에서 "대통령령으로 정하는 금액"이란 3천만원을 말한다.

② 도시·군계획시설채권의 상환기간은 10년 이내로 하며, 그 이율은 채권 발행 당시 「은행법」에 따른 인가를 받은 은행 중 전국을 영업으로 하는 은행이 적용하는 1년 만기 정기예금금리의 평균 이상이어야 하며, 구체적인 상환기간과 이율은 특별시·광역시·특별자치시·특별자치도·시 또는 군의 조례로 정한다.

(3) 매수가격·매수절차

① 매수 청구된 토지의 매수가격·매수절차 등에 관하여 이 법에 특별한 규정이 있는 경우 외에는 「공익사업을 위한 토지 등의 취득 및 보상에 관한 법률」을 준용한다.

② 도시·군계획시설채권의 발행절차나 그 밖에 필요한 사항에 관하여 이 법에 특별한 규정이 있는 경우 외에는 「지방재정법」에서 정하는 바에 따른다.

(4) 매수 청구기간

매수의무자는 매수 청구를 받은 날부터 6개월 이내에 매수 여부를 결정하여 토지 소유자와 특별시장·광역시장·특별자치시장·특별자치도지사·시장 또는 군수(매수의무자가 특별시장·광역시장·특별자치시장·특별자치도지사·시장 또는 군수인 경우는 제외한다)에게 알려야 하며, 매수하기로 결정한 토지는 매수 결정을 알린 날부터 2년 이내에 매수하여야 한다.

(5) 매수 청구권자의 권리 기출 34회

매수 청구를 한 토지의 소유자는 다음의 어느 하나에 해당하는 경우 제56조에 따른 허가를 받아 대통령령으로 정하는 건축물 또는 공작물을 설치할 수 있다. 이 경우 제54조, 제58조와 제64조는 적용하지 아니한다.

① 매수하지 아니하기로 결정한 경우
② 매수 결정을 알린 날부터 2년이 지날 때까지 해당 토지를 매수하지 아니하는 경우

> **대통령령으로 정하는 건축물 또는 공작물(영 제41조 제5항)**
> 다음 각 호의 것을 말한다. 다만, 다음 각 호에 규정된 범위에서 특별시·광역시·특별자치시·특별자치도·시 또는 군의 도시·군계획조례로 따로 허용범위를 정하는 경우에는 그에 따른다.
> 1. 「건축법 시행령」[별표 1] 제1호 가목의 단독주택으로서 3층 이하인 것
> 2. 「건축법 시행령」[별표 1] 제3호의 제1종 근린생활시설로서 3층 이하인 것
> 2의2. 「건축법 시행령」[별표 1] 제4호의 제2종 근린생활시설(같은 호 거목, 더목 및 러목은 제외한다)로서 3층 이하인 것
> 3. 공작물

7 법 제48조(도시·군계획시설 결정의 실효 등) 기출 33회

(1) 도시·군계획시설 결정의 실효

도시·군계획시설 결정이 고시된 도시·군계획시설에 대하여 그 고시일부터 20년이 지날 때까지 그 시설의 설치에 관한 도시·군계획시설사업이 시행되지 아니하는 경우 그 도시·군계획시설 결정은 그 고시일부터 20년이 되는 날의 다음 날에 그 효력을 잃는다.

(2) 도시·군계획시설 결정의 실효고시

① 시·도지사 또는 대도시 시장은 도시·군계획시설 결정이 효력을 잃으면 대통령령으로 정하는 바에 따라 지체 없이 그 사실을 고시하여야 한다.

> **도시·군계획시설 결정의 실효고시(영 제42조 제1항)**
>
> 법 제48조 제2항에 따른 도시·군계획시설 결정의 실효고시는 국토교통부장관이 하는 경우에는 관보와 국토교통부의 인터넷 홈페이지에, 시·도지사 또는 대도시 시장이 하는 경우에는 해당 시·도 또는 대도시의 공보와 인터넷 홈페이지에 다음 각 호의 사항을 게재하는 방법으로 한다.
> 1. 실효일자
> 2. 실효사유
> 3. 실효된 도시·군계획의 내용

② 특별시장·광역시장·특별자치시장·특별자치도지사·시장 또는 군수는 도시·군계획시설 결정이 고시된 도시·군계획시설(국토교통부장관이 결정·고시한 도시·군계획시설 중 관계 중앙행정기관의 장이 직접 설치하기로 한 시설은 제외한다)을 설치할 필요성이 없어진 경우 또는 그 고시일부터 10년이 지날 때까지 해당 시설의 설치에 관한 도시·군계획시설사업이 시행되지 아니하는 경우에는 대통령령으로 정하는 바에 따라 그 현황과 제85조에 따른 단계별 집행계획을 해당 지방의회에 보고하여야 한다.

> **도시·군계획시설 결정의 실효고시(영 제42조 제2항~제3항)**
>
> ② 특별시장·광역시장·특별자치시장·특별자치도지사·시장 또는 군수(이하 "지방자치단체의 장"이라 한다)는 법 제48조 제3항에 따라 도시·군계획시설 결정이 고시된 도시·군계획시설 중 설치할 필요성이 없어진 도시·군계획시설 또는 그 고시일부터 10년이 지날 때까지 해당 시설의 설치에 관한 도시·군계획시설사업이 시행되지 아니한 도시·군계획시설(이하 "장기미집행 도시·군계획시설 등"이라 한다)에 대하여 다음 각 호의 사항을 매년 해당 지방의회의「지방자치법」제53조 및 제54조에 따른 정례회 또는 임시회의 기간 중에 보고하여야 한다. 이 경우 지방자치단체의 장이 필요하다고 인정하는 경우에는 해당 지방자치단체에 소속된 지방도시계획위원회의 자문을 거치거나 관계 행정기관의 장과 미리 협의를 거칠 수 있다.
> 1. 장기미집행 도시·군계획시설 등의 전체 현황(시설의 종류, 면적 및 설치비용 등을 말한다)
> 2. 장기미집행 도시·군계획시설 등의 명칭, 고시일 또는 변경고시일, 위치, 규모, 미집행 사유, 단계별 집행계획, 개략 도면, 현황 사진 또는 항공사진 및 해당 시설의 해제에 관한 의견
> 3. 그 밖에 지방의회의 심의·의결에 필요한 사항
>
> ③ 지방자치단체의 장은 제2항에 따라 지방의회에 보고한 장기미집행 도시·군계획시설 등 중 도시·군계획시설 결정이 해제되지 아니한 장기미집행 도시·군계획시설 등에 대하여 최초로 지방의회에 보고한 때부터 2년마다 지방의회에 보고하여야 한다. 이 경우 지방의회의 보고에 관하여는 제2항을 준용한다.

(3) 도시·군계획시설 결정의 해제권고

① 실효고시에 따라 보고를 받은 지방의회는 대통령령으로 정하는 바에 따라 해당 특별시장·광역시장·특별자치시장·특별자치도지사·시장 또는 군수에게 도시·군계획시설 결정의 해제를 권고할 수 있다.

② 도시·군계획시설 결정의 해제를 권고받은 특별시장·광역시장·특별자치시장·특별자치도지사·시장 또는 군수는 특별한 사유가 없으면 대통령령으로 정하는 바에 따라 그 도시·군계획시설 결정의 해제를 위한 도시·군관리계획을 결정하거나 도지사에게 그 결정을 신청하여야 한다. 이 경우 신청을 받은 도지사는 특별한 사유가 없으면 그 도시·군계획시설 결정의 해제를 위한 도시·군관리계획을 결정하여야 한다.

> **도시·군계획시설 결정의 해제권고(영 제42조 제4항~제7항)**
>
> ④ 지방의회는 법 제48조 제4항에 따라 장기미집행 도시·군계획시설 등에 대하여 해제를 권고하는 경우에는 제2항 또는 제3항에 따른 보고가 지방의회에 접수된 날부터 90일 이내에 해제를 권고하는 서면(도시·군계획시설의 명칭, 위치, 규모 및 해제사유 등이 포함되어야 한다)을 지방자치단체의 장에게 보내야 한다.
> ⑤ 제4항에 따라 장기미집행 도시·군계획시설 등의 해제를 권고받은 지방자치단체의 장은 상위계획과의 연관성, 단계별 집행계획, 교통, 환경 및 주민 의사 등을 고려하여 해제할 수 없다고 인정하는 특별한 사유가 있는 경우를 제외하고는 법 제48조 제5항에 따라 해당 장기미집행 도시·군계획시설 등의 해제권고를 받은 날부터 1년 이내에 해제를 위한 도시·군관리계획을 결정하여야 한다. 이 경우 지방자치단체의 장은 지방의회에 해제할 수 없다고 인정하는 특별한 사유를 해제권고를 받은 날부터 6개월 이내에 소명하여야 한다.
> ⑥ 제5항에도 불구하고 시장 또는 군수는 법 제24조 제6항에 따라 도지사가 결정한 도시·군관리계획의 해제가 필요한 경우에는 도지사에게 그 결정을 신청하여야 한다.
> ⑦ 제6항에 따라 도시·군계획시설 결정의 해제를 신청받은 도지사는 특별한 사유가 없으면 신청을 받은 날부터 1년 이내에 해당 도시·군계획시설의 해제를 위한 도시·군관리계획 결정을 하여야 한다.

8 법 제48조의2(도시·군계획시설 결정의 해제 신청 등)

① 도시·군계획시설 결정의 고시일부터 10년 이내에 그 도시·군계획시설의 설치에 관한 도시·군계획시설사업이 시행되지 아니한 경우로서 단계별 집행계획상 해당 도시·군계획시설의 실효시까지 집행계획이 없는 경우에는 그 도시·군계획시설 부지로 되어 있는 토지의 소유자는 대통령령으로 정하는 바에 따라 해당 도시·군계획시설에 대한 도시·군관리계획 입안권자에게 그 토지의 도시·군계획시설 결정 해제를 위한 도시·군관리계획 입안을 신청할 수 있다.

② 도시·군관리계획 입안권자는 신청을 받은 날부터 3개월 이내에 입안 여부를 결정하여 토지 소유자에게 알려야 하며, 해당 도시·군계획시설 결정의 실효시까지 설치하기로 집행계획을 수립하는 등 대통령령으로 정하는 특별한 사유가 없으면 그 도시·군계획시설 결정의 해제를 위한 도시·군관리계획을 입안하여야 한다.

③ 도시·군계획시설 결정의 해제 신청을 한 토지 소유자는 해당 도시·군계획시설 결정의 해제를 위한 도시·군관리계획이 입안되지 아니하는 등 대통령령으로 정하는 사항에 해당하는 경우에는 해당 도시·군계획시설에 대한 도시·군관리계획 결정권자에게 그 도시·군계획시설 결정의 해제를 신청할 수 있다.

④ 도시·군관리계획 결정권자는 신청을 받은 날부터 2개월 이내에 결정 여부를 정하여 토지 소유자에게 알려야 하며, 특별한 사유가 없으면 그 도시·군계획시설 결정을 해제하여야 한다.

⑤ 해제 신청을 한 토지 소유자는 해당 도시·군계획시설 결정이 해제되지 아니하는 등 대통령령으로 정하는 사항에 해당하는 경우에는 국토교통부장관에게 그 도시·군계획시설 결정의 해제 심사를 신청할 수 있다.

⑥ 신청을 받은 국토교통부장관은 대통령령으로 정하는 바에 따라 해당 도시·군계획시설에 대한 도시·군관리계획 결정권자에게 도시·군계획시설 결정의 해제를 권고할 수 있다.

⑦ 해제를 권고받은 도시·군관리계획 결정권자는 특별한 사유가 없으면 그 도시·군계획시설 결정을 해제하여야 한다.

⑧ 도시·군계획시설 결정 해제를 위한 도시·군관리계획의 입안 절차와 도시·군계획시설 결정의 해제 절차는 대통령령으로 정한다.

제4절 지구단위계획

1 법 제49조(지구단위계획의 수립)

(1) 지구단위계획 수립시 고려사항 기출 29회

지구단위계획은 다음의 사항을 고려하여 수립한다.
① 도시의 정비·관리·보전·개발 등 지구단위계획구역의 지정 목적
② 주거·산업·유통·관광휴양·복합 등 지구단위계획구역의 중심기능
③ 해당 용도지역의 특성
④ 그 밖에 대통령령으로 정하는 사항

> **대통령령으로 정하는 사항(영 제42조의3 제1항)**
>
> 다음 각 호의 사항을 말한다.
> 1. 지역 공동체의 활성화
> 2. 안전하고 지속가능한 생활권의 조성
> 3. 해당 지역 및 인근 지역의 토지 이용을 고려한 토지이용계획과 건축계획의 조화

(2) 지구단위계획의 수립기준 기출 32회

지구단위계획의 수립기준 등은 대통령령으로 정하는 바에 따라 국토교통부장관이 정한다.

> **지구단위계획의 수립기준(영 제42조의3 제2항)**
>
> 국토교통부장관은 법 제49조 제2항에 따라 지구단위계획의 수립기준을 정할 때에는 다음 각 호의 사항을 고려해야 한다.
> 1. 개발제한구역에 지구단위계획을 수립할 때에는 개발제한구역의 지정 목적이나 주변환경이 훼손되지 아니하도록 하고, 「개발제한구역의 지정 및 관리에 관한 특별조치법」을 우선하여 적용할 것
> 1의2. 보전관리지역에 지구단위계획을 수립할 때에는 제44조 제1항 제1호의2 각 목 외의 부분 후단에 따른 경우를 제외하고는 녹지 또는 공원으로 계획하는 등 환경 훼손을 최소화할 것
> 1의3. 「문화유산의 보존 및 활용에 관한 법률」 제13조에 따른 역사문화환경 보존지역 및 「자연유산의 보존 및 활용에 관한 법률」 제10조에 따른 역사문화환경 보존지역에서 지구단위계획을 수립하는 경우에는 국가유산 및 역사문화환경과 조화되도록 할 것 〈개정 2024.5.7.〉
> 2. 지구단위계획구역에서 원활한 교통소통을 위하여 필요한 경우에는 지구단위계획으로 건축물부설주차장을 해당 건축물의 대지가 속하여 있는 가구에서 해당 건축물의 대지 바깥에 단독 또는 공동으로 설치하게 할 수 있도록 할 것. 이 경우 대지 바깥에 공동으로 설치하는 건축물부설주차장의 위치 및 규모 등은 지구단위계획으로 정한다.
> 3. 제2호에 따라 대지 바깥에 설치하는 건축물부설주차장의 출입구는 간선도로변에 두지 아니하도록 할 것. 다만, 특별시장·광역시장·특별자치시장·특별자치도지사·시장 또는 군수가 해당 지구단위계획구역의 교통소통에 관한 계획 등을 고려하여 교통소통에 지장이 없다고 인정하는 경우에는 그러하지 아니하다.
> 4. 지구단위계획구역에서 공공사업의 시행, 대형건축물의 건축 또는 2필지 이상의 토지소유자의 공동개발 등을 위하여 필요한 경우에는 특정 부분을 별도의 구역으로 지정하여 계획의 상세 정도 등을 따로 정할 수 있도록 할 것
> 5. 지구단위계획구역의 지정 목적, 향후 예상되는 여건변화, 지구단위계획구역의 관리 방안 등을 고려하여 제25조 제4항 제9호에 따른 경미한 사항을 정하는 것이 필요한지를 검토하여 지구단위계획에 반영하도록 할 것

6. 지구단위계획의 내용 중 기존의 용도지역 또는 용도지구를 용적률이 높은 용도지역 또는 용도지구로 변경하는 사항이 포함되어 있는 경우 변경되는 구역의 용적률은 기존의 용도지역 또는 용도지구의 용적률을 적용하되, 공공시설부지의 제공현황 등을 고려하여 용적률을 완화할 수 있도록 계획할 것
7. 제46조 및 제47조에 따른 건폐율·용적률 등의 완화 범위를 포함하여 지구단위계획을 수립하도록 할 것
8. 법 제51조 제1항 제8호의2에 해당하는 도시지역 내 주거·상업·업무 등의 기능을 결합하는 복합적 토지 이용의 증진이 필요한 지역은 지정 목적을 복합용도개발형으로 구분하되, 3개 이상의 중심기능을 포함하여야 하고 중심기능 중 어느 하나에 집중되지 아니하도록 계획할 것
9. 법 제51조 제2항 제1호의 지역에 수립하는 지구단위계획의 내용 중 법 제52조 제1항 제1호 및 같은 항 제4호(건축물의 용도제한은 제외한다)의 사항은 해당 지역에 시행된 사업이 끝난 때의 내용을 유지함을 원칙으로 할 것
10. 도시지역 외의 지역에 지정하는 지구단위계획구역은 해당 구역의 중심기능에 따라 주거형, 산업·유통형, 관광·휴양형 또는 복합형 등으로 지정 목적을 구분할 것
11. 도시지역 외의 지구단위계획구역에서 건축할 수 있는 건축물의 용도·종류 및 규모 등은 해당 구역의 중심기능과 유사한 도시지역의 용도지역별 건축제한 등을 고려하여 지구단위계획으로 정할 것

2 법 제50조(지구단위계획구역 및 지구단위계획의 결정)

지구단위계획구역 및 지구단위계획은 도시·군관리계획으로 결정한다.

3 법 제51조(지구단위계획구역의 지정 등)

(1) 지구단위계획구역의 임의 지정

국토교통부장관, 시·도지사, 시장 또는 군수는 다음의 어느 하나에 해당하는 지역의 전부 또는 일부에 대하여 지구단위계획구역을 지정할 수 있다.

① 제37조에 따라 지정된 용도지구
② 「도시개발법」 제3조에 따라 지정된 도시개발구역
③ 「도시 및 주거환경정비법」 제8조에 따라 지정된 정비구역
④ 「택지개발촉진법」 제3조에 따라 지정된 택지개발지구
⑤ 「주택법」 제15조에 따른 대지조성사업지구
⑥ 「산업입지 및 개발에 관한 법률」 제2조 제8호의 산업단지와 같은 조 제12호의 준산업단지
⑦ 「관광진흥법」 제52조에 따라 지정된 관광단지와 같은 법 제70조에 따라 지정된 관광특구
⑧ 개발제한구역·도시자연공원구역·시가화조정구역 또는 공원에서 해제되는 구역, 녹지지역에서 주거·상업·공업지역으로 변경되는 구역과 새로 도시지역으로 편입되는 구역 중 계획적인 개발 또는 관리가 필요한 지역
⑨ 도시지역 내 주거·상업·업무 등의 기능을 결합하는 등 복합적인 토지 이용을 증진시킬 필요가 있는 지역으로서 대통령령으로 정하는 요건에 해당하는 지역

> **대통령령으로 정하는 요건에 해당하는 지역(영 제43조 제1항)**
>
> 일반주거지역, 준주거지역, 준공업지역 및 상업지역에서 낙후된 도심 기능을 회복하거나 도시균형발전을 위한 중심지 육성이 필요한 경우로서 다음 각 호의 어느 하나에 해당하는 지역을 말한다.
> 1. 주요 역세권, 고속버스 및 시외버스 터미널, 간선도로의 교차지 등 양호한 기반시설을 갖추고 있어 대중교통 이용이 용이한 지역
> 2. 역세권의 체계적·계획적 개발이 필요한 지역
> 3. 세 개 이상의 노선이 교차하는 대중교통 결절지(結節地)로부터 1킬로미터 이내에 위치한 지역
> 4. 「역세권의 개발 및 이용에 관한 법률」에 따른 역세권개발구역, 「도시재정비 촉진을 위한 특별법」에 따른 고밀복합형 재정비촉진지구로 지정된 지역

⑩ 도시지역 내 유휴토지를 효율적으로 개발하거나 교정시설, 군사시설, 그 밖에 <u>대통령령으로 정하는 시설</u>을 이전 또는 재배치하여 토지 이용을 합리화하고, 그 기능을 증진시키기 위하여 집중적으로 정비가 필요한 지역으로서 <u>대통령령으로 정하는 요건에 해당하는 지역</u>

> **대통령령으로 정하는 시설(영 제43조 제2항)**
>
> 다음 각 호의 시설을 말한다.
> 1. 철도, 항만, 공항, 공장, 병원, 학교, 공공청사, 공공기관, 시장, 운동장 및 터미널
> 2. 그 밖에 제1호와 유사한 시설로서 특별시·광역시·특별자치시·특별자치도·시 또는 군의 도시·군계획조례로 정하는 시설

> **대통령령으로 정하는 요건에 해당하는 지역(영 제43조 제3항)**
>
> 5천제곱미터 이상으로서 도시·군계획조례로 정하는 면적 이상의 유휴토지 또는 대규모 시설의 이전부지로서 다음 각 호의 어느 하나에 해당하는 지역을 말한다.
> 1. 대규모 시설의 이전에 따라 도시기능의 재배치 및 정비가 필요한 지역
> 2. 토지의 활용 잠재력이 높고 지역거점 육성이 필요한 지역
> 3. 지역경제 활성화와 고용창출의 효과가 클 것으로 예상되는 지역

⑪ 도시지역의 체계적·계획적인 관리 또는 개발이 필요한 지역
⑫ 그 밖에 양호한 환경의 확보나 기능 및 미관의 증진 등을 위하여 필요한 지역으로서 <u>대통령령으로 정하는 지역</u>

> **대통령령으로 정하는 지역(영 제43조 제4항)**
>
> 다음 각 호의 지역을 말한다.
> 1. 법 제127조 제1항의 규정에 의하여 지정된 시범도시
> 2. 법 제63조 제2항의 규정에 의하여 고시된 개발행위허가제한지역
> 3. 지하 및 공중공간을 효율적으로 개발하고자 하는 지역
> 4. 용도지역의 지정·변경에 관한 도시·군관리계획을 입안하기 위하여 열람공고된 지역
> 5. 삭제 〈2012.4.10.〉
> 6. 주택재건축사업에 의하여 공동주택을 건축하는 지역
> 7. 지구단위계획구역으로 지정하고자 하는 토지와 접하여 공공시설을 설치하고자 하는 자연녹지지역
> 8. 그 밖에 양호한 환경의 확보 또는 기능 및 미관의 증진 등을 위하여 필요한 지역으로서 특별시·광역시·특별자치시·특별자치도·시 또는 군의 도시·군계획조례가 정하는 지역

(2) 지구단위계획구역의 의무 지정

국토교통부장관, 시·도지사, 시장 또는 군수는 다음의 어느 하나에 해당하는 지역은 지구단위계획구역으로 지정하여야 한다. 다만, 관계 법률에 따라 그 지역에 토지 이용과 건축에 관한 계획이 수립되어 있는 경우에는 그러하지 아니하다.

① 「도시 및 주거환경정비법」 제8조에 따라 지정된 정비구역 및 「택지개발촉진법」 제3조에 따라 지정된 택지개발지구의 지역에서 시행되는 사업이 끝난 후 10년이 지난 지역
② 제1항 각 호 중 체계적·계획적인 개발 또는 관리가 필요한 지역으로서 대통령령으로 정하는 지역

> **대통령령으로 정하는 지역(영 제43조 제5항)**
> 다음 각 호의 지역으로서 그 면적이 30만제곱미터 이상인 지역을 말한다.
> 1. 시가화조정구역 또는 공원에서 해제되는 지역. 다만, 녹지지역으로 지정 또는 존치되거나 법 또는 다른 법령에 의하여 도시·군계획사업 등 개발계획이 수립되지 아니하는 경우를 제외한다.
> 2. 녹지지역에서 주거지역·상업지역 또는 공업지역으로 변경되는 지역
> 3. 그 밖에 특별시·광역시·특별자치시·특별자치도·시 또는 군의 도시·군계획조례로 정하는 지역

(3) 도시지역 외의 지역에서 지구단위계획구역의 지정

도시지역 외의 지역을 지구단위계획구역으로 지정하려는 경우 다음의 어느 하나에 해당하여야 한다.
① 지정하려는 구역 면적의 100분의 50 이상이 지정된 계획관리지역으로서 대통령령으로 정하는 요건에 해당하는 지역

> **대통령령으로 정하는 요건(영 제44조 제1항)**
> 다음 각 호의 요건을 말한다.
> 1. 계획관리지역 외에 지구단위계획구역에 포함하는 지역은 생산관리지역 또는 보전관리지역일 것
> 1의2. 지구단위계획구역에 보전관리지역을 포함하는 경우 해당 보전관리지역의 면적은 다음 각 목의 구분에 따른 요건을 충족할 것. 이 경우 개발행위허가를 받는 등 이미 개발된 토지, 「산지관리법」 제25조에 따른 토석채취허가를 받고 토석의 채취가 완료된 토지로서 같은 법 제4조 제1항 제2호의 준보전산지에 해당하는 토지 및 해당 토지를 개발하여도 주변지역의 환경오염·환경훼손 우려가 없는 경우로서 해당 도시계획위원회 또는 제25조 제2항에 따른 공동위원회의 심의를 거쳐 지구단위계획구역에 포함되는 토지의 면적은 다음 각 목에 따른 보전관리지역의 면적 산정에서 제외한다.
>   가. 전체 지구단위계획구역 면적이 10만제곱미터 이하인 경우 : 전체 지구단위계획구역 면적의 20퍼센트 이내
>   나. 전체 지구단위계획구역 면적이 10만제곱미터 초과 20만제곱미터 이하인 경우 : 2만제곱미터
>   다. 전체 지구단위계획구역 면적이 20만제곱미터를 초과하는 경우 : 전체 지구단위계획구역 면적의 10퍼센트 이내
> 2. 지구단위계획구역으로 지정하고자 하는 토지의 면적이 다음 각 목의 어느 하나에 규정된 면적 요건에 해당할 것
>   가. 지정하고자 하는 지역에 「건축법 시행령」 [별표 1] 제2호의 공동주택 중 아파트 또는 연립주택의 건설계획이 포함되는 경우에는 30만제곱미터 이상일 것. 이 경우 다음 요건에 해당하는 때에는 일단의 토지를 통합하여 하나의 지구단위계획구역으로 지정할 수 있다.
>   (1) 아파트 또는 연립주택의 건설계획이 포함되는 각각의 토지의 면적이 10만제곱미터 이상이고, 그 총면적이 30만제곱미터 이상일 것
>   (2) (1)의 각 토지는 국토교통부장관이 정하는 범위안에 위치하고, 국토교통부장관이 정하는 규모 이상의 도로로 서로 연결되어 있거나 연결도로의 설치가 가능할 것

나. 지정하고자 하는 지역에 「건축법 시행령」 [별표 1] 제2호의 공동주택 중 아파트 또는 연립주택의 건설계획이 포함되는 경우로서 다음의 어느 하나에 해당하는 경우에는 10만제곱미터 이상일 것
　　　　(1) 지구단위계획구역이 「수도권정비계획법」 제6조 제1항 제3호의 규정에 의한 자연보전권역인 경우
　　　　(2) 지구단위계획구역 안에 초등학교 용지를 확보하여 관할 교육청의 동의를 얻거나 지구단위계획구역 안 또는 지구단위계획구역으로부터 통학이 가능한 거리에 초등학교가 위치하고 학생수용이 가능한 경우로서 관할 교육청의 동의를 얻은 경우
　　　다. 가목 및 나목의 경우를 제외하고는 3만제곱미터 이상일 것
　　3. 당해 지역에 도로·수도공급설비·하수도 등 기반시설을 공급할 수 있을 것
　　4. 자연환경·경관·미관 등을 해치지 아니하고 국가유산의 훼손우려가 없을 것 〈개정 2024.5.7.〉

② 지정된 개발진흥지구로서 대통령령으로 정하는 요건에 해당하는 지역

> **대통령령으로 정하는 요건(영 제44조 제2항)**
> 다음 각 호의 요건을 말한다.
> 　1. 제1항 제2호부터 제4호까지의 요건에 해당할 것
> 　2. 당해 개발진흥지구가 다음 각 목의 지역에 위치할 것
> 　　가. 주거개발진흥지구, 복합개발진흥지구(주거기능이 포함된 경우에 한한다) 및 특정개발진흥지구 : 계획관리지역
> 　　나. 산업·유통개발진흥지구 및 복합개발진흥지구(주거기능이 포함되지 아니한 경우에 한한다) : 계획관리지역·생산관리지역 또는 농림지역
> 　　다. 관광·휴양개발진흥지구 : 도시지역외의 지역

③ 지정된 용도지구를 폐지하고 그 용도지구에서의 행위 제한 등을 지구단위계획으로 대체하려는 지역

4 법 제52조(지구단위계획의 내용) 기출 30회

(1) 지구단위계획에 포함되어야 하는 사항

지구단위계획구역의 지정목적을 이루기 위하여 지구단위계획에는 다음의 사항 중 ③항과 ⑤항의 사항을 포함한 둘 이상의 사항이 포함되어야 한다. 다만, ②항을 내용으로 하는 지구단위계획의 경우에는 그러하지 아니하다.

① 용도지역이나 용도지구를 대통령령으로 정하는 범위에서 세분하거나 변경하는 사항

> **지구단위계획의 내용(영 제45조 제2항)**
> 법 제52조 제1항 제1호의 규정에 의한 용도지역 또는 용도지구의 세분 또는 변경은 제30조 각 호의 용도지역 또는 제31조 제2항 각 호의 용도지구를 그 각 호의 범위(제31조 제3항의 규정에 의하여 도시·군계획조례로 세분되는 용도지구를 포함한다) 안에서 세분 또는 변경하는 것으로 한다. 이 경우 법 제51조 제1항 제8호의2 및 제8호의3에 따라 지정된 지구단위계획구역에서는 제30조 각 호에 따른 용도지역 간의 변경을 포함한다.

② 기존의 용도지구를 폐지하고 그 용도지구에서의 건축물이나 그 밖의 시설의 용도·종류 및 규모 등의 제한을 대체하는 사항
③ 대통령령으로 정하는 기반시설의 배치와 규모

> **대통령령으로 정하는 기반시설(영 제45조 제3항)**
> 다음 각 호의 시설로서 해당 지구단위계획구역의 지정목적 달성을 위하여 필요한 시설을 말한다.
> 1. 법 제51조 제1항 제2호부터 제7호까지의 규정에 따른 지역인 경우에는 해당 법률에 따른 개발사업으로 설치하는 기반시설
> 2. 제2조 제1항에 따른 기반시설. 다만, 다음 각 목의 시설 중 시·도 또는 대도시의 도시·군계획조례로 정하는 기반시설은 제외한다.
>   가. 철도
>   나. 항만
>   다. 공항
>   라. 궤도
>   마. 공원(「도시공원 및 녹지 등에 관한 법률」 제15조 제1항 제3호 라목에 따른 묘지공원으로 한정한다)
>   바. 유원지
>   사. 방송·통신시설
>   아. 유류저장 및 송유설비
>   자. 학교(「고등교육법」 제2조에 따른 학교로 한정한다)
>   차. 저수지
>   카. 도축장

④ 도로로 둘러싸인 일단의 지역 또는 계획적인 개발·정비를 위하여 구획된 일단의 토지의 규모와 조성계획
⑤ <u>건축물의 용도제한, 건축물의 건폐율 또는 용적률, 건축물 높이의 최고한도 또는 최저한도</u>
⑥ 건축물의 배치·형태·색채 또는 건축선에 관한 계획
⑦ 환경관리계획 또는 경관계획
⑧ 보행안전 등을 고려한 교통처리계획
⑨ 그 밖에 토지 이용의 합리화, 도시나 농·산·어촌의 기능 증진 등에 필요한 사항으로서 <u>대통령령으로 정하는 사항</u>

> **대통령령으로 정하는 사항(영 제45조 제4항)**
> 다음 각 호의 사항을 말한다.
> 1. 지하 또는 공중공간에 설치할 시설물의 높이·깊이·배치 또는 규모
> 2. 대문·담 또는 울타리의 형태 또는 색채
> 3. 간판의 크기·형태·색채 또는 재질
> 4. 장애인·노약자 등을 위한 편의시설계획
> 5. 에너지 및 자원의 절약과 재활용에 관한 계획
> 6. 생물서식공간의 보호·조성·연결 및 물과 공기의 순환 등에 관한 계획
> 7. 국가유산 및 역사문화환경 보호에 관한 계획 〈개정 2024.5.7.〉

(2) **지구단위계획과 지구단위계획구역에 있는 건축물의 개발밀도와의 조화**

지구단위계획은 도로, 상하수도 등 대통령령으로 정하는 도시·군계획시설의 처리·공급 및 수용능력이 지구단위계획구역에 있는 건축물의 연면적, 수용인구 등 개발밀도와 적절한 조화를 이룰 수 있도록 하여야 한다.

> **대통령령으로 정하는 도시·군계획시설(영 제45조 제5항)**
> 도로·주차장·공원·녹지·공공공지, 수도·전기·가스·열공급설비, 학교(초등학교 및 중학교에 한한다)·하수도·폐기물처리 및 재활용시설을 말한다.

(3) **지구단위계획구역에서의 완화적용** 기출 36회

지구단위계획구역에서는 제76조부터 제78조까지의 규정과 「건축법」 제42조·제43조·제44조·제60조 및 제61조, 「주차장법」 제19조 및 제19조의2를 대통령령으로 정하는 범위에서 지구단위계획으로 정하는 바에 따라 완화하여 적용할 수 있다.

5 지구단위계획구역에서의 건폐율 등의 완화적용 기출 28회

(1) **도시지역내 지구단위계획구역에서의 건폐율 등의 완화적용(영 제46조)** 기출 36회

① 대지의 일부를 "공공시설 등"의 부지로 제공하거나 공공시설 등을 설치하여 제공하는 경우 : 지구단위계획구역(도시지역 내에 지정하는 경우로 한정한다)에서 건축물을 건축하려는 자가 그 대지의 일부를 법 제52조의2 제1항 각 호의 시설(이하 "공공시설 등"이라 한다)의 부지로 제공하거나 공공시설 등을 설치하여 제공하는 경우[지구단위계획구역 밖의 「하수도법」 제2조 제14호에 따른 배수구역에 공공하수처리시설을 설치하여 제공하는 경우(지구단위계획구역에 다른 공공시설 및 기반시설이 충분히 설치되어 있는 경우로 한정한다)를 포함한다]에는 법 제52조 제3항에 따라 그 건축물에 대하여 지구단위계획으로 다음의 구분에 따라 건폐율·용적률 및 높이제한을 완화하여 적용할 수 있다. 이 경우 제공받은 공공시설 등은 국유재산 또는 공유재산으로 관리한다.

㉠ 공공시설 등의 부지를 제공하는 경우에는 다음의 비율까지 건폐율·용적률 및 높이제한을 완화하여 적용할 수 있다. 다만, 지구단위계획구역 안의 일부 토지를 공공시설 등의 부지로 제공하는 자가 해당 지구단위계획구역 안의 다른 대지에서 건축물을 건축하는 경우에는 ⓑ의 비율까지 그 용적률만 완화하여 적용할 수 있다.

ⓐ 완화할 수 있는 건폐율 = 해당 용도지역에 적용되는 건폐율 × [1 + 공공시설 등의 부지로 제공하는 면적(공공시설 등의 부지를 제공하는 자가 법 제65조 제2항에 따라 용도가 폐지되는 공공시설을 무상으로 양수받은 경우에는 그 양수받은 부지면적을 빼고 산정한다) ÷ 원래의 대지면적] 이내

ⓑ 완화할 수 있는 용적률 = 해당 용도지역에 적용되는 용적률 + [1.5 × (공공시설 등의 부지로 제공하는 면적 × 공공시설 등 제공 부지의 용적률) ÷ 공공시설 등의 부지 제공 후의 대지면적] 이내

ⓒ 완화할 수 있는 높이 = 「건축법」 제60조에 따라 제한된 높이 × (1 + 공공시설 등의 부지로 제공하는 면적 ÷ 원래의 대지면적) 이내

ⓒ 공공시설 등을 설치하여 제공(그 부지의 제공은 제외한다)하는 경우에는 공공시설 등을 설치하는 데에 드는 비용에 상응하는 가액(價額)의 부지를 제공한 것으로 보아 ㉠에 따른 비율까지 건폐율·용적률 및 높이제한을 완화하여 적용할 수 있다. 이 경우 공공시설 등 설치비용 및 이에 상응하는 부지 가액의 산정 방법 등은 시·도 또는 대도시의 도시·군계획조례로 정한다.

ⓒ 공공시설 등을 설치하여 그 부지와 함께 제공하는 경우에는 ㉠ 및 ㉡에 따라 완화할 수 있는 건폐율·용적률 및 높이를 합산한 비율까지 완화하여 적용할 수 있다.

② 공공시설부지로 제공하고 보상을 받은 자 또는 그 포괄승계인이 "반환금"을 반환하는 경우 : 특별시장·광역시장·특별자치시장·특별자치도지사·시장 또는 군수는 지구단위계획구역에 있는 토지를 공공시설부지로 제공하고 보상을 받은 자 또는 그 포괄승계인이 그 보상금액에 국토교통부령이 정하는 이자를 더한 금액(이하 "반환금"이라 한다)을 반환하는 경우에는 당해 지방자치단체의 도시·군계획조례가 정하는 바에 따라 ①항의 ㉠을 적용하여 당해 건축물에 대한 건폐율·용적률 및 높이제한을 완화할 수 있다. 이 경우 그 반환금은 기반시설의 확보에 사용하여야 한다.

※ "국토교통부령이 정하는 이자"란 보상을 받은 날부터 보상금의 반환일 전일까지의 기간 동안 발생된 이자로서 그 이자율은 보상금 반환 당시의 「은행법」에 따른 인가를 받은 금융기관 중 전국을 영업구역으로 하는 금융기관이 적용하는 1년 만기 정기예금금리의 평균으로 한다(규칙 제8조의3).

③ 「건축법」 제43조 제1항에 따른 공개공지 또는 공개공간의 의무면적을 초과하여 설치한 경우 : 지구단위계획구역에서 건축물을 건축하고자 하는 자가 「건축법」 제43조 제1항에 따른 공개공지 또는 공개공간의 의무면적을 초과하여 설치한 경우에는 법 제52조 제3항에 따라 당해 건축물에 대하여 지구단위계획으로 다음의 비율까지 용적률 및 높이제한을 완화하여 적용할 수 있다.

㉠ 완화할 수 있는 용적률=「건축법」 제43조 제2항에 따라 완화된 용적률+(당해 용도지역에 적용되는 용적률×의무면적을 초과하는 공개공지 또는 공개공간의 면적의 절반÷대지면적) 이내

㉡ 완화할 수 있는 높이=「건축법」 제43조 제2항에 따라 완화된 높이+(「건축법」 제60조에 따른 높이×의무면적을 초과하는 공개공지 또는 공개공간의 면적의 절반÷대지면적) 이내

④ 영 제84조(용도지역 안에서의 건폐율)에 따른 건폐율의 완화적용 : 지구단위계획구역에서는 법 제52조 제3항의 규정에 의하여 도시·군계획조례의 규정에 불구하고 지구단위계획으로 영 제84조에 규정된 범위 안에서 건폐율을 완화하여 적용할 수 있다.

⑤ 용도지역 안에서 건축할 수 있는 건축물의 용도·종류 및 규모 등의 완화적용 : 지구단위계획구역에서는 법 제52조 제3항의 규정에 의하여 지구단위계획으로 법 제76조의 규정에 의하여 영 제30조의 용도지역 안에서 건축할 수 있는 건축물(도시·군계획조례가 정하는 바에 의하여 건축할 수 있는 건축물의 경우 도시·군계획조례에서 허용되는 건축물에 한한다)의 용도·종류 및 규모 등의 범위 안에서 이를 완화하여 적용할 수 있다.

⑥ 주차장 설치기준의 완화적용 : 지구단위계획구역의 지정목적이 다음에 해당하는 경우에는 법 제52조 제3항의 규정에 의하여 지구단위계획으로 「주차장법」 제19조 제3항의 규정에 의한 주차장 설치기준을 100퍼센트까지 완화하여 적용할 수 있다.

㉠ 한옥마을을 보존하고자 하는 경우

㉡ 차 없는 거리를 조성하고자 하는 경우(지구단위계획으로 보행자전용도로를 지정하거나 차량의 출입을 금지한 경우를 포함한다)

ⓒ 그 밖에 국토교통부령이 정하는 경우
　　　※ "그 밖에 국토교통부령이 정하는 경우"라 함은 원활한 교통소통 또는 보행환경 조성을 위하여 도로에서 대지로의 차량통행이 제한되는 차량진입금지구간을 지정한 경우를 말한다(규칙 제8조의4).

⑦ 용도지역에 적용되는 용적률을 완화적용 하는 경우 : 다음에 해당하는 경우에는 법 제52조 제3항의 규정에 의하여 지구단위계획으로 당해 용도지역에 적용되는 용적률의 120퍼센트 이내에서 용적률을 완화하여 적용할 수 있다.
　㉠ 도시지역에 개발진흥지구를 지정하고 당해 지구를 지구단위계획구역으로 지정한 경우
　㉡ 다음에 해당하는 경우로서 특별시장·광역시장·특별자치시장·특별자치도지사·시장 또는 군수의 권고에 따라 공동개발을 하는 경우
　　　ⓐ 지구단위계획에 2필지 이상의 토지에 하나의 건축물을 건축하도록 되어 있는 경우
　　　ⓑ 지구단위계획에 합벽건축을 하도록 되어 있는 경우
　　　ⓒ 지구단위계획에 주차장·보행자통로 등을 공동으로 사용하도록 되어 있어 2필지 이상의 토지에 건축물을 동시에 건축할 필요가 있는 경우

⑧ 도시지역에 개발진흥지구를 지정한 경우 건축물의 높이제한을 완화적용 하는 경우 : 도시지역에 개발진흥지구를 지정하고 당해 지구를 지구단위계획구역으로 지정한 경우에는 법 제52조 제3항에 따라 지구단위계획으로 「건축법」 제60조에 따라 제한된 건축물높이의 120퍼센트 이내에서 높이제한을 완화하여 적용할 수 있다.

⑨ 용적률 완화를 적용하지 않는 경우 : ①항 ㉠의 ⓑ(①항 ㉡ 및 ②항에 따라 적용되는 경우를 포함한다), ③항 ㉠ 및 ⑦항은 다음의 어느 하나에 해당하는 경우에는 적용하지 아니한다.
　㉠ 개발제한구역·시가화조정구역·녹지지역 또는 공원에서 해제되는 구역과 새로이 도시지역으로 편입되는 구역 중 계획적인 개발 또는 관리가 필요한 지역인 경우
　㉡ 기존의 용도지역 또는 용도지구가 용적률이 높은 용도지역 또는 용도지구로 변경되는 경우로서 기존의 용도지역 또는 용도지구의 용적률을 적용하지 아니하는 경우

⑩ 건폐율 및 용적률의 완화적용 범위 : ①항 내지 ④항 및 ⑦항의 규정에 의하여 완화하여 적용되는 건폐율 및 용적률은 당해 용도지역 또는 용도지구에 적용되는 건폐율의 150퍼센트 및 용적률의 200퍼센트를 각각 초과할 수 없다.

> **지구단위계획구역내 준주거지역의 건폐율 등의 완화적용(영 제46조 제11항~제13항)**
> ⑪ 제1항에도 불구하고 법 제51조 제1항 제8호의2에 따라 지정된 지구단위계획구역내 준주거지역(제45조 제2항 전단에 따라 준주거지역으로 변경하는 경우를 포함한다)에서 건축물을 건축하려는 자가 그 대지의 일부를 공공시설 등의 부지로 제공하거나 공공시설 등을 설치하여 제공하는 경우에는 법 제52조 제3항에 따라 지구단위계획으로 법 제78조 제1항 제1호 가목에 따른 용적률의 140퍼센트 이내의 범위에서 용적률을 완화하여 적용할 수 있다. 이 경우 공공시설 등의 부지를 제공하거나 공공시설 등을 설치하여 제공하는 비용은 용적률 완화에 따른 토지가치 상승분[「감정평가 및 감정평가사에 관한 법률」에 따른 감정평가법인 등(이하 "감정평가법인 등"이라 한다)이 용적률 완화 전후에 각각 감정평가한 토지가액의 차이를 말한다]의 범위로 하며, 그 비용 중 시·도 또는 대도시의 도시·군계획조례로 정하는 비율 이상은 「공공주택 특별법」 제2조 제1호 가목에 따른 공공임대주택을 제공하는 데에 사용해야 한다.

⑫ 법 제51조 제1항 제8호의2에 따라 지정된 지구단위계획구역내 준주거지역에서 「공공주택 특별법」에 따른 도심 공공주택 복합사업(같은 법 시행령 [별표 4의2] 제1호 가목의 주거상업고밀지구에서 시행하는 사업으로 한정한다) 또는 「빈집 및 소규모주택 정비에 관한 특례법」에 따른 소규모재개발사업을 시행하는 경우에는 법 제52조 제3항에 따라 지구단위계획으로 법 제78조 제1항 제1호 가목에 따른 용적률의 140퍼센트 이내의 범위에서 용적률을 완화하여 적용할 수 있다.

⑬ 법 제51조 제1항 제8호의2에 따라 지정된 지구단위계획구역내 준주거지역에서는 법 제52조 제3항에 따라 지구단위계획으로 「건축법」 제61조 제2항에 따른 채광(採光) 등의 확보를 위한 건축물의 높이 제한을 200퍼센트 이내의 범위에서 완화하여 적용할 수 있다.

⑪ 도시·군관리계획 결정권자의 용적률의 완화적용
  ㉠ 법 제29조에 따른 도시·군관리계획의 결정권자는 지구단위계획구역내 「국가첨단전략산업 경쟁력 강화 및 보호에 관한 특별조치법」 제2조 제1호에 따른 국가첨단전략기술을 보유하고 있는 자가 입주하는(이미 입주한 경우를 포함한다) 「산업입지 및 개발에 관한 법률」 제2조 제8호에 따른 산업단지에 대하여 용적률 완화에 관한 산업통상자원부장관의 요청이 있는 경우 같은 법 제3조 제1항에 따른 산업입지정책심의회의 심의를 거쳐 법 제52조 제3항에 따라 지구단위계획으로 제85조 제1항 각 호에 따른 용도지역별 최대한도의 140퍼센트 이내의 범위에서 용적률을 완화하여 적용할 수 있다. 〈신설 2023.3.21.〉
  ㉡ 법 제29조에 따른 도시·군관리계획의 결정권자는 지구단위계획구역 내 제1종전용주거지역·제2종전용주거지역·제1종일반주거지역 또는 제2종일반주거지역이 다음의 요건을 모두 갖춘 경우에는 법 제52조 제3항에 따라 해당 지역에 건축하는 「건축법 시행령」 [별표 1] 제1호의 단독주택, 같은 표 제2호 나목의 연립주택 및 같은 호 다목의 다세대주택의 부지에 대해서 지구단위계획으로 제85조 제1항 제1호부터 제4호까지의 규정에 따른 용도지역별 용적률 최대한도의 120퍼센트 이내의 범위에서 용적률을 완화하여 적용할 수 있다. 〈신설 2024.7.30.〉
    ⓐ 해당 지역에 「도시재생 활성화 및 지원에 관한 특별법」 제2조 제6호에 따른 도시재생활성화계획이 수립되어 있을 것
    ⓑ ⓐ에 따른 도시재생활성화계획이 「건축법 시행령」 [별표 1] 제1호의 단독주택, 같은 표 제2호 나목의 연립주택 및 같은 호 다목의 다세대주택을 건축하는 내용을 포함할 것

(2) 도시지역 외 지구단위계획구역에서의 건폐율 등의 완화적용(영 제47조)
  ① 용도지역 또는 개발진흥지구에 적용되는 건폐율의 완화적용 : 지구단위계획구역(도시지역 외에 지정하는 경우로 한정한다)에서는 법 제52조 제3항에 따라 지구단위계획으로 해당 용도지역 또는 개발진흥지구에 적용되는 건폐율의 150퍼센트 및 용적률의 200퍼센트 이내에서 건폐율 및 용적률을 완화하여 적용할 수 있다. 다만, 제84조 제4항 제2호 가목 단서에 해당하는 산업·유통개발진흥지구의 전부 또는 일부에 대해 지구단위계획구역이 지정된 경우에는 같은 규정에 따른 건폐율의 120퍼센트 이내의 범위에서 건폐율을 완화하여 적용할 수 있다. 〈개정 2024.5.28.〉

② 건축물의 용도·종류 및 규모 등의 완화적용 : 지구단위계획구역에서는 법 제52조 제3항의 규정에 의하여 지구단위계획으로 법 제76조의 규정에 의한 건축물의 용도·종류 및 규모 등을 완화하여 적용할 수 있다. 다만, 개발진흥지구(계획관리지역에 지정된 개발진흥지구를 제외한다)에 지정된 지구단위계획구역에 대하여는「건축법 시행령」[별표 1] 제2호의 공동주택 중 아파트 및 연립주택은 허용되지 아니한다.

6 법 제52조의2(공공시설 등의 설치비용 등)

(1) 토지가치 상승분의 범위에서 공공시설 등의 부지를 제공하거나 공공시설 등을 설치하여 제공

제51조 제1항 제8호의2 또는 제8호의3에 해당하는 지역의 전부 또는 일부를 지구단위계획구역으로 지정함에 따라 지구단위계획으로 제36조 제1항 제1호(도시지역)의 용도지역이 변경되어 용적률이 높아지거나 건축제한이 완화되는 경우 또는 제52조 제1항에 따른 지구단위계획으로 제43조에 따른 도시·군계획시설 결정이 변경되어 행위제한이 완화되는 경우에는 해당 지구단위계획구역에서 건축물을 건축하려는 자(제26조 제1항 제2호에 따라 도시·군관리계획이 입안되는 경우 입안 제안자를 포함한다)가 용도지역의 변경 또는 도시·군계획시설 결정의 변경 등으로 인한 토지가치 상승분(「감정평가 및 감정평가사에 관한 법률」에 따른 감정평가법인 등이 용도지역의 변경 또는 도시·군계획시설 결정의 변경 전·후에 대하여 각각 감정평가한 토지가액의 차이를 말한다)의 범위에서 지구단위계획으로 정하는 바에 따라 해당 지구단위계획구역 안에 다음의 시설의 부지를 제공하거나 공공시설 등을 설치하여 제공하도록 하여야 한다. 〈개정 2024.2.6.〉

① 공공시설
② 기반시설
③ 「공공주택특별법」 제2조 제1호 가목에 따른 공공임대주택 또는「건축법」및 같은 법 시행령 [별표 1] 제2호 라목에 따른 기숙사 등 공공필요성이 인정되어 해당 시·도 또는 대도시의 조례로 정하는 시설

(2) 공공시설 등의 설치비용 납부

<u>대통령령으로 정하는</u> 바에 따라 해당 지구단위계획구역 안의 공공시설 등이 충분한 것으로 인정될 때에는 해당 지구단위계획구역 밖의 관할 특별시·광역시·특별자치시·특별자치도·시 또는 군에 지구단위계획으로 정하는 바에 따라 다음의 사업에 필요한 비용을 납부하는 것으로 갈음할 수 있다.

① 도시·군계획시설 결정의 고시일부터 10년 이내에 도시·군계획시설사업이 시행되지 아니한 도시·군계획시설의 설치
② (1)의 ③항에 따른 시설의 설치
③ 공공시설 또는 ①항에 해당하지 아니하는 기반시설의 설치

> **공공시설 등의 설치비용 납부 등(영 제46조의2)**
> ① 법 제52조의2 제2항에 따라 지구단위계획구역에 공공시설 등의 부지를 제공하거나 공공시설 등을 설치하여 제공하는 것을 갈음하여 공공시설 등의 설치비용을 납부하게 하려는 경우 지구단위계획구역 안의 공공시설 등이 충분한지는 특별시장·광역시장·특별자치시장·특별자치도지사·시장 또는 군수가 「건축법」 제4조에 따라 해당 지방자치단체에 두는 건축위원회와 도시계획위원회의 공동 심의를 거쳐 인정한다. 이 경우 심의 및 인정여부의 결정을 할 때에는 다음 각 호의 사항을 고려해야 한다.
>   1. 현재 지구단위계획구역 안의 공공시설 등의 확보 현황
>   2. 개발사업에 따른 인구·교통량 등의 변화와 공공시설 등의 수요 변화 등
> ② 법 제52조의2 제2항에 따라 납부해야 하는 비용은 감정평가법인 등이 지구단위계획에 관한 도시·군관리계획 결정의 고시일을 기준으로 용도지역의 변경 또는 도시·군계획시설 결정의 변경 전·후에 대하여 각각 감정평가한 토지가액 차이의 범위에서 시·도 또는 대도시의 도시·군계획조례로 정하는 금액에서 법 제52조의2 제1항에 따라 지구단위계획구역 안에 공공시설 등의 부지를 제공하거나 공공시설 등을 설치하여 제공하는데 소요된 비용을 공제한 금액으로 한다.
> ③ 제2항에 따른 비용은 착공일부터 사용승인 또는 준공검사 신청 전까지 납부하되, 시·도 또는 대도시의 도시·군계획조례로 정하는 바에 따라 분할납부할 수 있다.

(3) 공공시설 등의 설치비용 납부액의 귀속

지구단위계획구역이 특별시 또는 광역시 관할인 경우에는 공공시설 등의 설치비용 납부액 중 대통령령으로 정하는 비율에 해당하는 금액은 해당 지구단위계획구역의 관할 구(자치구를 말한다) 또는 군(광역시의 관할 구역에 있는 군을 말한다)에 귀속된다.

※ "대통령령으로 정하는 비율"이란 100분의 20 이상 100분의 30 이하의 범위에서 해당 지구단위계획으로 정하는 비율을 말한다(영 제46조의2 제4항).

(4) 기금의 설치 및 용도

① 특별시장·광역시장·특별자치시장·특별자치도지사·시장·군수 또는 구청장은 납부받거나 귀속되는 공공시설 등의 설치비용의 관리 및 운용을 위하여 기금을 설치할 수 있다.
② 특별시·광역시·특별자치시·특별자치도·시 또는 군은 납부받은 공공시설 등의 설치비용의 100분의 10 이상을 (2)의 ①항의 사업에 우선 사용하여야 하고, 해당 지구단위계획구역의 관할 구 또는 군은 귀속되는 공공시설 등의 설치비용의 전부를 (2)의 ①항의 사업에 우선 사용하여야 한다. 이 경우 공공시설 등의 설치비용의 사용기준 등 필요한 사항은 해당 시·도 또는 대도시의 조례로 정한다.

(5) 공공시설 등의 설치비용 납부액의 산정기준 및 납부방법

공공시설 등의 설치비용 납부액의 산정기준 및 납부방법 등에 관하여 필요한 사항은 대통령령으로 정한다.

7 법 제53조(지구단위계획구역의 지정 및 지구단위계획에 관한 도시·군관리계획 결정의 실효 등) 기출 30회·32회·34회

(1) 지구단위계획구역의 지정에 관한 도시·군관리계획 결정의 실효

지구단위계획구역의 지정에 관한 도시·군관리계획 결정의 고시일부터 3년 이내에 그 지구단위계획구역에 관한 지구단위계획이 결정·고시되지 아니하면 그 3년이 되는 날의 다음 날에 그 지구단위계획구역의 지정에 관한 도시·군관리계획 결정은 효력을 잃는다. 다만, 다른 법률에서 지구단위계획의 결정(결정된 것으로 보는 경우를 포함한다)에 관하여 따로 정한 경우에는 그 법률에 따라 지구단위계획을 결정할 때까지 지구단위계획구역의 지정은 그 효력을 유지한다.

(2) 지구단위계획에 관한 도시·군관리계획 결정의 실효

지구단위계획(제26조 제1항에 따라 주민이 입안을 제안한 것에 한정한다)에 관한 도시·군관리계획 결정의 고시일부터 5년 이내에 이 법 또는 다른 법률에 따라 허가·인가·승인 등을 받아 사업이나 공사에 착수하지 아니하면 그 5년이 된 날의 다음 날에 그 지구단위계획에 관한 도시·군관리계획 결정은 효력을 잃는다. 이 경우 지구단위계획과 관련한 도시·군관리계획 결정에 관한 사항은 해당 지구단위계획구역 지정 당시의 도시·군관리계획으로 환원된 것으로 본다.

> **지구단위계획안에 대한 주민 등의 의견(영 제49조)**
>
> 다음 각 호의 어느 하나에 해당하는 자는 지구단위계획안에 포함시키고자 하는 사항을 특별시장·광역시장·특별자치시장·특별자치도지사·시장 또는 군수에게 제출할 수 있으며, 특별시장·광역시장·특별자치시장·특별자치도지사·시장 또는 군수는 제출된 사항이 타당하다고 인정되는 때에는 이를 지구단위계획안에 반영하여야 한다.
> 1. 지구단위계획구역이 법 제26조의 규정에 의한 주민의 제안에 의하여 지정된 경우에는 그 제안자
> 2. 지구단위계획구역이 법 제51조 제1항 제2호부터 제7호까지의 지역에 대하여 지정된 경우에는 그 지정 근거가 되는 개별 법률에 의한 개발사업의 시행자

(3) 지구단위계획구역지정의 실효고시

국토교통부장관, 시·도지사, 시장 또는 군수는 지구단위계획구역 지정 및 지구단위계획 결정이 효력을 잃으면 대통령령으로 정하는 바에 따라 지체 없이 그 사실을 고시하여야 한다.

> **지구단위계획구역지정의 실효고시(영 제50조)**
>
> 법 제53조 제3항에 따른 지구단위계획구역지정의 실효고시는 국토교통부장관이 하는 경우에는 관보와 국토교통부의 인터넷 홈페이지에, 시·도지사 또는 시장·군수가 하는 경우에는 해당 시·도 또는 시·군의 공보와 인터넷 홈페이지에 다음 각 호의 사항을 게재하는 방법으로 한다.
> 1. 실효일자
> 2. 실효사유
> 3. 실효된 지구단위계획구역의 내용

8 법 제54조(지구단위계획구역에서의 건축 등)

지구단위계획구역에서 건축물(일정 기간내 철거가 예상되는 경우 등 대통령령으로 정하는 가설건축물은 제외한다)을 건축 또는 용도변경하거나 공작물을 설치하려면 그 지구단위계획에 맞게 하여야 한다. 다만, 지구단위계획이 수립되어 있지 아니한 경우에는 그러하지 아니하다.

> **지구단위계획이 적용되지 않는 가설건축물(영 제50조의2)** 〈개정 2023.7.18.〉
>
> "대통령령으로 정하는 가설건축물"이란 다음 각 호의 어느 하나에 해당하는 가설건축물을 말한다.
> 1. 존치기간(연장된 존치기간을 포함한 총 존치기간을 말한다)이 3년의 범위에서 해당 특별시·광역시·특별자치시·특별자치도·시 또는 군의 도시·군계획조례로 정한 존치기간 이내인 가설건축물. 다만, 다음 각 목의 어느 하나에 해당하는 가설건축물의 경우에는 각각 다음 각 목의 기준에 따라 존치기간을 연장할 수 있다.
>   가. 국가 또는 지방자치단체가 공익 목적으로 건축하는 가설건축물 또는 「건축법 시행령」 제15조 제5항 제4호에 따른 전시를 위한 견본주택이나 그 밖에 이와 비슷한 가설건축물 : 횟수별 3년의 범위에서 해당 특별시·광역시·특별자치시·특별자치도·시 또는 군의 도시·군계획조례로 정하는 횟수만큼
>   나. 「건축법」 제20조 제1항에 따라 특별자치시장·특별자치도지사 또는 시장·군수·구청장의 허가를 받아 도시·군계획시설 및 도시·군계획시설예정지에서 건축하는 가설건축물 : 도시·군계획사업이 시행될 때까지
> 2. 재해복구기간 중 이용하는 재해복구용 가설건축물
> 3. 공사기간 중 이용하는 공사용 가설건축물

제5장 개발행위의 허가 등

Point 출제포인트
▷ 개발행위의 허가
▷ 개발행위 규모의 제한
▷ 개발행위에 대한 도시계획위원회의 심의
▷ 개발행위의 허가대상행위
▷ 개발행위에 따른 공공시설 등의 귀속
▷ 개발밀도관리구역의 지정기준 및 관리방법
▷ 성장관리계획구역의 지정

제1절 개발행위의 허가

1 법 제56조(개발행위의 허가)

(1) 개발행위허가 기출 33회

다음의 어느 하나에 해당하는 행위로서 <u>대통령령으로 정하는 행위</u>(이하 "개발행위"라 한다)를 하려는 자는 특별시장·광역시장·특별자치시장·특별자치도지사·시장 또는 군수의 허가(이하 "개발행위허가"라 한다)를 받아야 한다. 다만, 도시·군계획사업(다른 법률에 따라 도시·군계획사업을 의제한 사업을 포함한다)에 의한 행위는 그러하지 아니하다.
① 건축물의 건축 또는 공작물의 설치
② 토지의 형질 변경(경작을 위한 경우로서 <u>대통령령으로 정하는 토지의 형질 변경</u>은 제외한다)
③ 토석의 채취
④ 토지 분할(건축물이 있는 대지의 분할은 제외한다)
⑤ 녹지지역·관리지역 또는 자연환경보전지역에 물건을 1개월 이상 쌓아놓는 행위

> **개발행위허가의 대상(영 제51조)** 〈개정 2023.3.21.〉
> ① 법 제56조 제1항에 따라 개발행위허가를 받아야 하는 행위는 다음 각 호와 같다.
> 1. 건축물의 건축 : 「건축법」 제2조 제1항 제2호에 따른 건축물의 건축
> 2. 공작물의 설치 : 인공을 가하여 제작한 시설물(「건축법」 제2조 제1항 제2호에 따른 건축물을 제외한다)의 설치
> 3. 토지의 형질변경 : 절토(땅깎기)·성토(흙쌓기)·정지(땅고르기)·포장 등의 방법으로 토지의 형상을 변경하는 행위와 공유수면의 매립(경작을 위한 토지의 형질변경을 제외한다)
> 4. 토석채취 : 흙·모래·자갈·바위 등의 토석을 채취하는 행위. 다만, 토지의 형질변경을 목적으로 하는 것을 제외한다.

5. 토지분할 : 다음 각 목의 어느 하나에 해당하는 토지의 분할(「건축법」 제57조에 따른 건축물이 있는 대지는 제외한다)
   가. 녹지지역·관리지역·농림지역 및 자연환경보전지역 안에서 관계법령에 따른 허가·인가 등을 받지 아니하고 행하는 토지의 분할
   나. 「건축법」 제57조 제1항에 따른 분할제한면적 미만으로의 토지의 분할
   다. 관계 법령에 의한 허가·인가 등을 받지 아니하고 행하는 너비 5미터 이하로의 토지의 분할
6. 물건을 쌓아놓는 행위 : 녹지지역·관리지역 또는 자연환경보전지역 안에서 「건축법」 제22조에 따라 사용승인을 받은 건축물의 울타리안(적법한 절차에 의하여 조성된 대지에 한한다)에 위치하지 아니한 토지에 물건을 1개월 이상 쌓아놓는 행위

② 법 제56조 제1항 제2호에서 "대통령령으로 정하는 토지의 형질변경"이란 조성이 끝난 농지에서 농작물 재배, 농지의 지력 증진 및 생산성 향상을 위한 객토(새 흙 넣기)·환토(흙 바꾸기)·정지(땅고르기) 또는 양수·배수 시설의 설치·정비를 위한 토지의 형질변경으로서 다음 각 호의 어느 하나에 해당하지 않는 형질변경을 말한다. 〈개정 2024.12.31.〉

1. 인접토지의 관개·배수 및 농작업에 영향을 미치는 경우
2. 재활용 골재, 사업장 폐토양, 무기성 오니(오염된 침전물) 등 수질오염 또는 토질오염의 우려가 있는 토사 등을 사용하여 성토하는 경우. 다만, 「농지법」 제2조 제6호의2 나목에 따른 성토는 제외한다.
3. 지목의 변경을 수반하는 경우(전·답 사이의 변경은 제외한다)
4. 옹벽 설치(제53조에 따라 허가를 받지 않아도 되는 옹벽 설치는 제외한다) 또는 2미터 이상의 절토·성토가 수반되는 경우. 다만, 절토·성토에 대해서는 2미터 이내의 범위에서 특별시·광역시·특별자치시·특별자치도·시 또는 군의 도시·군계획조례로 따로 정할 수 있다.

(2) 개발행위허가의 변경 기출 29회

개발행위허가를 받은 사항을 변경하는 경우에는 (1)항을 준용한다. 다만, 대통령령으로 정하는 경미한 사항을 변경하는 경우에는 그러하지 아니하다.

개발행위허가의 경미한 변경(영 제52조) 기출 34회

① 법 제56조 제2항 단서에서 "대통령령으로 정하는 경미한 사항을 변경하는 경우"란 다음 각 호의 어느 하나에 해당하는 경우(다른 호에 저촉되지 않는 경우로 한정한다)를 말한다. 〈개정 2022.1.18.〉
1. 사업기간을 단축하는 경우
2. 다음 각 목의 어느 하나에 해당하는 경우
   가. 부지면적 또는 건축물 연면적을 5퍼센트 범위에서 축소[공작물의 무게, 부피, 수평투영면적(하늘에서 내려다보이는 수평면적을 말한다) 또는 토석채취량을 5퍼센트 범위에서 축소하는 경우를 포함한다]하는 경우
   나. 관계 법령의 개정 또는 도시·군관리계획의 변경에 따라 허가받은 사항을 불가피하게 변경하는 경우
   다. 「공간정보의 구축 및 관리 등에 관한 법률」 제26조 제2항 및 「건축법」 제26조에 따라 허용되는 오차를 반영하기 위한 변경인 경우
   라. 「건축법 시행령」 제12조 제3항 각 호의 어느 하나에 해당하는 변경(공작물의 위치를 1미터 범위에서 변경하는 경우를 포함한다)인 경우
② 개발행위허가를 받은 자는 제1항 각 호의 1에 해당하는 경미한 사항을 변경한 때에는 지체 없이 그 사실을 특별시장·광역시장·특별자치시장·특별자치도지사·시장 또는 군수에게 통지하여야 한다.

(3) 다른 법률에 의한 개발행위허가

(1)의 ②항 및 ③항의 개발행위 중 도시지역과 계획관리지역의 산림에서의 임도(林道) 설치와 사방사업에 관하여는 「산림자원의 조성 및 관리에 관한 법률」과 「사방사업법」에 따르고, 보전관리지역·생산관리지역·농림지역 및 자연환경보전지역의 산림에서의 (1)의 ②항(농업·임업·어업을 목적으로 하는 토지의 형질 변경만 해당한다) 및 ③항의 개발행위에 관하여는 「산지관리법」에 따른다.

(4) 개발행위허가를 받지 아니하고 할 수 있는 개발행위 기출 31회

다음의 어느 하나에 해당하는 행위는 개발행위허가를 받지 아니하고 할 수 있다. 다만, ①항의 응급조치를 한 경우에는 1개월 이내에 특별시장·광역시장·특별자치시장·특별자치도지사·시장 또는 군수에게 신고하여야 한다.

① 재해복구나 재난수습을 위한 응급조치
② 「건축법」에 따라 신고하고 설치할 수 있는 건축물의 개축·증축 또는 재축과 이에 필요한 범위에서의 토지의 형질 변경(도시·군계획시설사업이 시행되지 아니하고 있는 도시·군계획시설의 부지인 경우만 가능하다)
③ 그 밖에 대통령령으로 정하는 경미한 행위

> **대통령령으로 정하는 경미한 행위(영 제53조)** 〈개정 2023.3.21.〉
>
> 다음 각 호의 행위를 말한다. 다만, 다음 각 호에 규정된 범위에서 특별시·광역시·특별자치시·특별자치도·시 또는 군의 도시·군계획조례로 따로 정하는 경우에는 그에 따른다.
> 1. 건축물의 건축 : 「건축법」 제11조 제1항에 따른 건축허가 또는 같은 법 제14조 제1항에 따른 건축신고 및 같은 법 제20조 제1항에 따른 가설건축물 건축의 허가 또는 같은 조 제3항에 따른 가설건축물의 축조신고 대상에 해당하지 아니하는 건축물의 건축
> 2. 공작물의 설치
>   가. 도시지역 또는 지구단위계획구역에서 무게가 50톤 이하, 부피가 50세제곱미터 이하, 수평투영면적이 50제곱미터 이하인 공작물의 설치. 다만, 「건축법 시행령」 제118조 제1항 각 호의 어느 하나에 해당하는 공작물의 설치는 제외한다.
>   나. 도시지역·자연환경보전지역 및 지구단위계획구역 외의 지역에서 무게가 150톤 이하, 부피가 150세제곱미터 이하, 수평투영면적이 150제곱미터 이하인 공작물의 설치. 다만, 「건축법 시행령」 제118조 제1항 각 호의 어느 하나에 해당하는 공작물의 설치는 제외한다.
>   다. 녹지지역·관리지역 또는 농림지역 안에서의 농림어업용 비닐하우스(「양식산업발전법」 제43조 제1항 각 호에 따른 양식업을 하기 위하여 비닐하우스 안에 설치하는 양식장은 제외한다)의 설치
> 3. 토지의 형질변경
>   가. 높이 50센티미터 이내 또는 깊이 50센티미터 이내의 절토·성토·정지 등(포장을 제외하며, 주거지역·상업지역 및 공업지역 외의 지역에서는 지목변경을 수반하지 아니하는 경우에 한한다)
>   나. 도시지역·자연환경보전지역 및 지구단위계획구역 외의 지역에서 면적이 660제곱미터 이하인 토지에 대한 지목변경을 수반하지 아니하는 절토·성토·정지·포장 등(토지의 형질변경 면적은 형질변경이 이루어지는 당해 필지의 총면적을 말한다)
>   다. 조성이 완료된 기존 대지에 건축물이나 그 밖의 공작물을 설치하기 위한 토지의 형질변경(절토 및 성토는 제외한다)
>   라. 국가 또는 지방자치단체가 공익상 필요에 의하여 직접 시행하는 사업을 위한 토지의 형질변경

4. 토석채취
    가. 도시지역 또는 지구단위계획구역에서 채취면적이 25제곱미터 이하인 토지에서의 부피 50세제곱미터 이하의 토석채취
    나. 도시지역·자연환경보전지역 및 지구단위계획구역 외의 지역에서 채취면적이 250제곱미터 이하인 토지에서의 부피 500세제곱미터 이하의 토석채취
5. 토지분할
    가. 「사도법」에 의한 사도개설허가를 받은 토지의 분할
    나. 토지의 일부를 국유지 또는 공유지로 하거나 공공시설로 사용하기 위한 토지의 분할
    다. 행정재산 중 용도폐지되는 부분의 분할 또는 일반재산을 매각·교환 또는 양여하기 위한 분할
    라. 토지의 일부가 도시·군계획시설로 지형도면고시가 된 당해 토지의 분할
    마. 너비 5미터 이하로 이미 분할된 토지의 「건축법」 제57조 제1항에 따른 분할제한면적 이상으로의 분할
6. 물건을 쌓아놓는 행위
    가. 녹지지역 또는 지구단위계획구역에서 물건을 쌓아놓는 면적이 25제곱미터 이하인 토지에 전체무게 50톤 이하, 전체부피 50세제곱미터 이하로 물건을 쌓아놓는 행위
    나. 관리지역(지구단위계획구역으로 지정된 지역을 제외한다)에서 물건을 쌓아놓는 면적이 250제곱미터 이하인 토지에 전체무게 500톤 이하, 전체부피 500세제곱미터 이하로 물건을 쌓아놓는 행위

2 법 제57조(개발행위허가의 절차)

(1) 계획서를 첨부한 신청서의 제출

개발행위를 하려는 자는 그 개발행위에 따른 기반시설의 설치나 그에 필요한 용지의 확보, 위해(危害) 방지, 환경오염 방지, 경관, 조경 등에 관한 계획서를 첨부한 신청서를 개발행위허가권자에게 제출하여야 한다. 이 경우 개발밀도관리구역 안에서는 기반시설의 설치나 그에 필요한 용지의 확보에 관한 계획서를 제출하지 아니한다. 다만, 제56조 제1항 제1호의 행위 중 「건축법」의 적용을 받는 건축물의 건축 또는 공작물의 설치를 하려는 자는 「건축법」에서 정하는 절차에 따라 신청서류를 제출하여야 한다.

(2) 개발행위허가의 신청에 대한 허가 여부 처분

① 특별시장·광역시장·특별자치시장·특별자치도지사·시장 또는 군수는 개발행위허가의 신청에 대하여 특별한 사유가 없으면 대통령령으로 정하는 기간 이내에 허가 또는 불허가의 처분을 하여야 한다.
  ※ "대통령령으로 정하는 기간"이란 15일(도시계획위원회의 심의를 거쳐야 하거나 관계 행정기관의 장과 협의를 하여야 하는 경우에는 심의 또는 협의기간을 제외한다)을 말한다(영 제54조 제1항).
② 특별시장·광역시장·특별자치시장·특별자치도지사·시장 또는 군수는 허가 또는 불허가의 처분을 할 때에는 지체 없이 그 신청인에게 허가내용이나 불허가처분의 사유를 서면 또는 제128조에 따른 국토이용정보체계를 통하여 알려야 한다.

(3) 조건 있는 개발행위허가 기출 31회

특별시장·광역시장·특별자치시장·특별자치도지사·시장 또는 군수는 개발행위허가를 하는 경우에는 대통령령으로 정하는 바에 따라 그 개발행위에 따른 기반시설의 설치 또는 그에 필요한 용지의 확보, 위해 방지, 환경오염 방지, 경관, 조경 등에 관한 조치를 할 것을 조건으로 개발행위허가를 할 수 있다.
  ※ 특별시장·광역시장·특별자치시장·특별자치도지사·시장 또는 군수는 법 제57조 제4항에 따라 개발행위허가에 조건을 붙이려는 때에는 미리 개발행위허가를 신청한 자의 의견을 들어야 한다(영 제54조 제2항).

3 법 제58조(개발행위허가의 기준) 기출 31회·35회

(1) 허가기준

특별시장·광역시장·특별자치시장·특별자치도지사·시장 또는 군수는 개발행위허가의 신청 내용이 다음 각 호의 기준에 맞는 경우에만 개발행위허가 또는 변경허가를 하여야 한다.

① 용도지역별 특성을 고려하여 대통령령으로 정하는 개발행위의 규모에 적합할 것. 다만, 개발행위가 「농어촌정비법」 제2조 제4호에 따른 농어촌정비사업으로 이루어지는 경우 등 대통령령으로 정하는 경우에는 개발행위 규모의 제한을 받지 아니한다.
② 도시·군관리계획 및 성장관리계획의 내용에 어긋나지 아니할 것
③ 도시·군계획사업의 시행에 지장이 없을 것
④ 주변지역의 토지이용실태 또는 토지이용계획, 건축물의 높이, 토지의 경사도, 수목의 상태, 물의 배수, 하천·호소·습지의 배수 등 주변환경이나 경관과 조화를 이룰 것
⑤ 해당 개발행위에 따른 기반시설의 설치나 그에 필요한 용지의 확보계획이 적절할 것

> **개발행위허가의 규모(영 제55조)**
>
> ① 법 제58조 제1항 제1호 본문에서 "대통령령으로 정하는 개발행위의 규모"란 다음 각 호에 해당하는 토지의 형질변경면적을 말한다. 다만, 관리지역 및 농림지역에 대하여는 제2호 및 제3호의 규정에 의한 면적의 범위 안에서 당해 특별시·광역시·특별자치시·특별자치도·시 또는 군의 도시·군계획조례로 따로 정할 수 있다.
>   1. 도시지역
>   가. 주거지역·상업지역·자연녹지지역·생산녹지지역: 1만제곱미터 미만
>   나. 공업지역: 3만제곱미터 미만
>   다. 보전녹지지역: 5천제곱미터 미만
>   2. 관리지역: 3만제곱미터 미만
>   3. 농림지역: 3만제곱미터 미만
>   4. 자연환경보전지역: 5천제곱미터 미만
> ② 제1항의 규정을 적용함에 있어서 개발행위허가의 대상인 토지가 2 이상의 용도지역에 걸치는 경우에는 각각의 용도지역에 위치하는 토지부분에 대하여 각각의 용도지역의 개발행위의 규모에 관한 규정을 적용한다. 다만, 개발행위허가의 대상인 토지의 총면적이 당해 토지가 걸쳐 있는 용도지역중 개발행위의 규모가 가장 큰 용도지역의 개발행위의 규모를 초과하여서는 아니 된다.
> ③ 법 제58조 제1항 제1호 단서에서 "개발행위가 「농어촌정비법」 제2조 제4호에 따른 농어촌정비사업으로 이루어지는 경우 등 대통령령으로 정하는 경우"란 다음 각 호의 어느 하나에 해당하는 경우를 말한다.
>   1. 지구단위계획으로 정한 가구 및 획지의 범위 안에서 이루어지는 토지의 형질변경으로서 당해 형질변경과 관련된 기반시설이 이미 설치되었거나 형질변경과 기반시설의 설치가 동시에 이루어지는 경우
>   2. 해당 개발행위가 「농어촌정비법」 제2조 제4호에 따른 농어촌정비사업으로 이루어지는 경우
>   2의2. 해당 개발행위가 「국방·군사시설 사업에 관한 법률」 제2조 제2호에 따른 국방·군사시설사업으로 이루어지는 경우
>   3. 초지조성, 농지조성, 영림 또는 토석채취를 위한 경우

3의2. 해당 개발행위가 다음 각 목의 어느 하나에 해당하는 경우. 이 경우 특별시장·광역시장·특별자치시장·특별자치도지사·시장 또는 군수는 그 개발행위에 대한 허가를 하려면 시·도도시계획위원회 또는 법 제113조 제2항에 따른 시·군·구도시계획위원회(이하 "시·군·구도시계획위원회"라 한다) 중 대도시에 두는 도시계획위원회의 심의를 거쳐야 하고, 시장(대도시 시장은 제외한다) 또는 군수(특별시장·광역시장의 개발행위허가 권한이 법 제139조 제2항에 따라 조례로 군수 또는 자치구의 구청장에게 위임된 경우에는 그 군수 또는 자치구의 구청장을 포함한다)는 시·도도시계획위원회에 심의를 요청하기 전에 해당 지방자치단체에 설치된 지방도시계획위원회에 자문할 수 있다.
 가. 하나의 필지(법 제62조에 따른 준공검사를 신청할 때 둘 이상의 필지를 하나의 필지로 합칠 것을 조건으로 하여 허가하는 경우를 포함하되, 개발행위허가를 받은 후에 매각을 목적으로 하나의 필지를 둘 이상의 필지로 분할하는 경우는 제외한다)에 건축물을 건축하거나 공작물을 설치하기 위한 토지의 형질변경
 나. 하나 이상의 필지에 하나의 용도에 사용되는 건축물을 건축하거나 공작물을 설치하기 위한 토지의 형질변경
4. 건축물의 건축, 공작물의 설치 또는 지목의 변경을 수반하지 아니하고 시행하는 토지복원사업
5. 그 밖에 국토교통부령이 정하는 경우

(2) 시행자의 의견 청취

특별시장·광역시장·특별자치시장·특별자치도지사·시장 또는 군수는 개발행위허가 또는 변경허가를 하려면 그 개발행위가 도시·군계획사업의 시행에 지장을 주는지에 관하여 해당 지역에서 시행되는 도시·군계획사업의 시행자의 의견을 들어야 한다.

(3) 고려사항

허가할 수 있는 경우 그 허가의 기준은 지역의 특성, 지역의 개발상황, 기반시설의 현황 등을 고려하여 다음의 구분에 따라 대통령령으로 정한다.

① **시가화 용도** : 토지의 이용 및 건축물의 용도·건폐율·용적률·높이 등에 대한 용도지역의 제한에 따라 개발행위허가의 기준을 적용하는 주거지역·상업지역 및 공업지역
② **유보 용도** : 도시계획위원회의 심의를 통하여 개발행위허가의 기준을 강화 또는 완화하여 적용할 수 있는 계획관리지역·생산관리지역 및 녹지지역 중 대통령령으로 정하는 지역
 ※ "대통령령으로 정하는 지역"이란 자연녹지지역을 말한다(영 제56조 제2항).
③ **보전 용도** : 도시계획위원회의 심의를 통하여 개발행위허가의 기준을 강화하여 적용할 수 있는 보전관리지역·농림지역·자연환경보전지역 및 녹지지역 중 대통령령으로 정하는 지역
 ※ "대통령령으로 정하는 지역"이란 생산녹지지역 및 보전녹지지역을 말한다(영 제56조 제3항).

4 법 제59조(개발행위에 대한 도시계획위원회의 심의)

(1) 도시계획위원회의 심의 [기출 32회]

관계 행정기관의 장은 제56조 제1항 제1호부터 제3호까지의 행위 중 어느 하나에 해당하는 행위로서 대통령령으로 정하는 행위를 이 법에 따라 허가 또는 변경허가를 하거나 다른 법률에 따라 인가·허가·승인 또는 협의를 하려면 대통령령으로 정하는 바에 따라 중앙도시계획위원회나 지방도시계획위원회의 심의를 거쳐야 한다.

개발행위에 대한 도시계획위원회의 심의 등(영 제57조 제1항~제4항))

① 법 제59조 제1항에서 "대통령령으로 정하는 행위"란 다음 각 호의 행위를 말한다. 다만, 도시·군계획사업(「택지개발촉진법」 등 다른 법률에서 도시·군계획사업을 의제하는 사업을 제외한다)에 따른 경우는 제외한다. 〈개정 2023.3.21.〉

1. 건축물의 건축 또는 공작물의 설치를 목적으로 하는 토지의 형질변경으로서 그 면적이 제55조 제1항 각 호의 어느 하나에 해당하는 규모(같은 항 각 호 외의 부분 단서에 따라 도시·군계획조례로 규모를 따로 정하는 경우에는 그 규모를 말한다) 이상인 경우. 다만, 제55조 제3항 제3호의2에 따라 시·도도시계획위원회 또는 시·군·구도시계획위원회 중 대도시에 두는 도시계획위원회의 심의를 거치는 토지의 형질변경의 경우는 제외한다.

1의2. 녹지지역, 관리지역, 농림지역 또는 자연환경보전지역에서 건축물의 건축 또는 공작물의 설치를 목적으로 하는 토지의 형질변경으로서 그 면적이 제55조 제1항 각 호의 어느 하나에 해당하는 규모 미만인 경우. 다만, 다음 각 목의 어느 하나에 해당하는 경우(법 제37조 제1항 제4호에 따른 방재지구 및 도시·군계획조례로 정하는 지역에서 건축물의 건축 또는 공작물의 설치를 목적으로 하는 토지의 형질변경에 해당하지 않는 경우로 한정한다)는 제외한다.

  가. 해당 토지가 자연취락지구, 개발진흥지구, 기반시설부담구역, 「산업입지 및 개발에 관한 법률」 제8조의3에 따른 준산업단지 또는 같은 법 제40조의2에 따른 공장입지유도지구에 위치한 경우

  나. 해당 토지가 특별시장·광역시장·특별자치시장·특별자치도지사·시장 또는 군수가 도로 등 기반시설이 이미 설치되어 있거나 설치에 관한 도시·군관리계획이 수립된 지역으로 인정하여 지방도시계획위원회의 심의를 거쳐 해당 지방자치단체의 공보에 고시한 지역에 위치한 경우

  다. 해당 토지에 건축하려는 건축물 또는 설치하려는 공작물이 다음의 어느 하나에 해당하는 경우로서 특별시·광역시·특별자치시·특별자치도·시 또는 군의 도시·군계획조례로 정하는 용도·규모(대지의 규모를 포함한다)·층수 또는 주택호수 등의 범위에 해당하는 경우

  1) 「건축법 시행령」 [별표 1] 제1호의 단독주택(「주택법」 제15조에 따른 사업계획승인을 받아야 하는 주택은 제외한다)
  2) 「건축법 시행령」 [별표 1] 제2호의 공동주택(「주택법」 제15조에 따른 사업계획승인을 받아야 하는 주택은 제외한다)
  3) 「건축법 시행령」 [별표 1] 제3호의 제1종 근린생활시설
  4) 「건축법 시행령」 [별표 1] 제4호의 제2종 근린생활시설(같은 호 거목, 더목 및 러목의 시설은 제외한다)
  5) 「건축법 시행령」 [별표 1] 제10호 가목의 학교 중 유치원(1,500제곱미터 이내의 토지의 형질변경으로 한정하며, 보전녹지지역 및 보전관리지역에 설치하는 경우는 제외한다)
  6) 「건축법 시행령」 [별표 1] 제11호 가목의 아동 관련 시설(1,500제곱미터 이내의 토지의 형질변경으로 한정하며, 보전녹지지역 및 보전관리지역에 설치하는 경우는 제외한다)
  7) 「건축법 시행령」 [별표 1] 제11호 나목의 노인복지시설(「노인복지법」 제36조에 따른 노인여가복지시설로서 부지면적이 1,500제곱미터 미만인 시설로 한정하며, 보전녹지지역 및 보전관리지역에 설치하는 경우는 제외한다)
  8) 「건축법 시행령」 [별표 1] 제18호 가목의 창고(농업·임업·어업을 목적으로 하는 경우로서 660제곱미터 이내의 토지의 형질변경으로 한정하며, 자연환경보전지역에 설치하는 경우는 제외한다)
  9) 「건축법 시행령」 [별표 1] 제21호의 동물 및 식물 관련 시설(같은 호 다목·라목의 시설이 포함되지 않은 경우로서 660제곱미터 이내의 토지의 형질변경으로 한정하며, 자연환경보전지역에 설치하는 경우는 제외한다)
  10) 기존 부지면적의 100분의 10(여러 차례에 걸쳐 증축하는 경우에는 누적하여 산정한다) 이하의 범위에서 증축하려는 건축물
  11) 1)부터 10)까지의 규정에 해당하는 건축물의 건축 또는 공작물의 설치를 목적으로 설치하는 진입도로(도로 연장이 50미터를 초과하는 경우는 제외한다)

라. 해당 토지에 다음의 요건을 모두 갖춘 건축물을 건축하려는 경우
   1) 건축물의 집단화를 유도하기 위하여 특별시·광역시·특별자치시·특별자치도·시 또는 군의 도시·군계획조례로 정하는 용도지역 안에 건축할 것
   2) 특별시·광역시·특별자치시·특별자치도·시 또는 군의 도시·군계획조례로 정하는 용도의 건축물을 건축할 것
   3) 2)의 용도로 개발행위가 완료되었거나 개발행위허가 등에 따라 개발행위가 진행 중이거나 예정된 토지로부터 특별시·광역시·특별자치시·특별자치도·시 또는 군의 도시·군계획조례로 정하는 거리(50미터 이내로 하되, 도로의 너비는 제외한다) 이내에 건축할 것
   4) 1)의 용도지역에서 2) 및 3)의 요건을 모두 갖춘 건축물을 건축하기 위한 기존 개발행위의 전체 면적(개발행위허가 등에 의하여 개발행위가 진행 중이거나 예정된 토지면적을 포함한다)이 특별시·광역시·특별자치시·특별자치도·시 또는 군의 도시·군계획조례로 정하는 규모(제55조 제1항에 따른 용도지역별 개발행위허가 규모 이상으로 정하되, 난개발이 되지 아니하도록 충분히 넓게 정하여야 한다) 이상일 것
   5) 기반시설 또는 경관, 그 밖에 필요한 사항에 관하여 특별시·광역시·특별자치시·특별자치도·시 또는 군의 도시·군계획조례로 정하는 기준을 갖출 것
마. 계획관리지역(관리지역이 세분되지 아니한 경우에는 관리지역을 말한다) 안에서 다음의 공장 중 부지가 1만제곱미터 미만인 공장의 부지를 종전 부지면적의 50퍼센트 범위 안에서 확장하려는 경우. 이 경우 확장하려는 부지가 종전 부지와 너비 8미터 미만의 도로를 사이에 두고 접한 경우를 포함한다.
   1) 2002년 12월 31일 이전에 준공된 공장
   2) 법률 제6655호 국토의 계획 및 이용에 관한 법률 부칙 제19조에 따라 종전의 「국토이용관리법」, 「도시계획법」 또는 「건축법」의 규정을 적용받는 공장
   3) 2002년 12월 31일 이전에 종전의 「공업배치 및 공장설립에 관한 법률」(법률 제6842호 공업배치 및 공장설립에 관한 법률 중 개정법률에 따라 개정되기 전의 것을 말한다) 제13조에 따라 공장설립 승인을 받은 경우 또는 같은 조에 따라 공장설립 승인을 신청한 경우([별표 19] 제2호 자목, [별표 20] 제1호 자목 및 제2호 타목에 따른 요건에 적합하지 아니하여 2003년 1월 1일 이후 그 신청이 반려된 경우를 포함한다)로서 2005년 1월 20일까지 「건축법」 제21조에 따른 착공신고를 한 공장
바. 건축물의 건축 또는 공작물의 설치를 목적으로 조성이 완료된 대지의 면적을 해당 대지 면적의 100분의 10 이하의 범위에서 확장하려는 경우(여러 차례에 걸쳐 확장하는 경우에는 누적하여 산정한다)
2. 부피 3만세제곱미터 이상의 토석채취
② 제1항 제1호의2 다목부터 마목까지의 규정에 따라 도시계획위원회의 심의를 거치지 않고 개발행위허가를 하는 경우로서 그 개발행위의 준공 후 해당 건축물의 용도를 변경(제1항 제1호의2 다목부터 마목까지의 규정에 따라 건축할 수 있는 건축물 간의 변경은 제외한다)하려는 경우에는 도시계획위원회의 심의를 거치도록 조건을 붙여야 한다.
③ 특별시장·광역시장·특별자치시장·특별자치도지사·시장 또는 군수는 제1항 제1호의2 라목에 따라 건축물의 집단화를 유도하는 지역에 대해서는 도로 및 상수도·하수도 등 기반시설의 설치를 우선적으로 지원할 수 있다.
④ 관계 행정기관의 장은 제1항 각 호의 행위를 법에 따라 허가하거나 다른 법률에 따라 허가·인가·승인 또는 협의를 하고자 하는 경우에는 법 제59조 제1항에 따라 다음 각 호의 구분에 따라 중앙도시계획위원회 또는 지방도시계획위원회의 심의를 거쳐야 한다.
1. 중앙도시계획위원회의 심의를 거쳐야 하는 사항
   가. 면적이 1제곱킬로미터 이상인 토지의 형질변경
   나. 부피 1백만세제곱미터 이상의 토석채취

2. 시·도도시계획위원회 또는 시·군·구도시계획위원회 중 대도시에 두는 도시계획위원회의 심의를 거쳐야 하는 사항
      가. 면적이 30만제곱미터 이상 1제곱킬로미터 미만인 토지의 형질변경
      나. 부피 50만세제곱미터 이상 1백만세제곱미터 미만의 토석채취
   3. 시·군·구도시계획위원회의 심의를 거쳐야 하는 사항
      가. 면적이 30만제곱미터 미만인 토지의 형질변경
      나. 부피 3만세제곱미터 이상 50만세제곱미터 미만의 토석채취

(2) 도시계획위원회의 심의를 거치지 않는 경우 기출 33회

다음의 어느 하나에 해당하는 개발행위는 중앙도시계획위원회와 지방도시계획위원회의 심의를 거치지 아니한다.

① 제8조, 제9조 또는 다른 법률에 따라 도시계획위원회의 심의를 받는 구역에서 하는 개발행위
② 지구단위계획 또는 성장관리계획을 수립한 지역에서 하는 개발행위
③ 주거지역·상업지역·공업지역에서 시행하는 개발행위 중 특별시·광역시·특별자치시·특별자치도·시 또는 군의 조례로 정하는 규모·위치 등에 해당하지 아니하는 개발행위
④ 「환경영향평가법」에 따라 환경영향평가를 받은 개발행위
⑤ 「도시교통정비촉진법」에 따라 교통영향평가에 대한 검토를 받은 개발행위
⑥ 「농어촌정비법」 제2조 제4호에 따른 농어촌정비사업 중 대통령령으로 정하는 사업을 위한 개발행위
   ※ "대통령령으로 정하는 사업"이란 「농어촌정비법」 제2조 제4호에 규정된 사업 전부를 말한다(영 제57조 제7항).
⑦ 「산림자원의 조성 및 관리에 관한 법률」에 따른 산림사업 및 「사방사업법」에 따른 사방사업을 위한 개발행위

(3) 도시·군계획에 포함되지 아니한 개발행위의 심의

국토교통부장관이나 지방자치단체의 장은 다음에 해당하는 개발행위가 도시·군계획에 포함되지 아니한 경우에는 관계 행정기관의 장에게 대통령령으로 정하는 바에 따라 중앙도시계획위원회나 지방도시계획위원회의 심의를 받도록 요청할 수 있다. 이 경우 관계 행정기관의 장은 특별한 사유가 없으면 요청에 따라야 한다.

① 지구단위계획 또는 성장관리계획을 수립한 지역에서 하는 개발행위
② 「환경영향평가법」에 따라 환경영향평가를 받은 개발행위
③ 「도시교통정비촉진법」에 따라 교통영향평가에 대한 검토를 받은 개발행위

> **도시·군계획에 포함되지 아니한 개발행위의 심의(영 제58조)**
> ① 법 제59조 제3항의 규정에 의하여 국토교통부장관 또는 지방자치단체의 장이 관계 행정기관의 장에게 중앙도시계획위원회 또는 지방도시계획위원회의 심의를 받도록 요청하는 때에는 심의가 필요한 사유를 명시하여야 한다.
> ② 법 제59조 제3항의 규정에 의하여 중앙도시계획위원회 또는 지방도시계획위원회의 심의를 받도록 요청받은 관계 행정기관의 장이 중앙행정기관의 장인 경우에는 중앙도시계획위원회의 심의를 받아야 하며, 지방자치단체의 장인 경우에는 당해 지방자치단체에 설치된 지방도시계획위원회의 심의를 받아야 한다.

5 법 제60조(개발행위허가의 이행 보증 등)

(1) 이행보증금의 예치

특별시장·광역시장·특별자치시장·특별자치도지사·시장 또는 군수는 기반시설의 설치나 그에 필요한 용지의 확보, 위해 방지, 환경오염 방지, 경관, 조경 등을 위하여 필요하다고 인정되는 경우로서 대통령령으로 정하는 경우에는 이의 이행을 보증하기 위하여 개발행위허가(다른 법률에 따라 개발행위허가가 의제되는 협의를 거친 인가·허가·승인 등을 포함한다)를 받는 자로 하여금 이행보증금을 예치하게 할 수 있다. 다만, 다음의 어느 하나에 해당하는 경우에는 그러하지 아니하다.

① 국가나 지방자치단체가 시행하는 개발행위
② 「공공기관의 운영에 관한 법률」에 따른 공공기관 중 대통령령으로 정하는 기관이 시행하는 개발행위
   ※ "대통령령으로 정하는 기관"이란 「공공기관의 운영에 관한 법률」 제5조 제4항 제1호 또는 제2호 나목에 해당하는 기관을 말한다(영 제59조 제5항).
③ 그 밖에 해당 지방자치단체의 조례로 정하는 공공단체가 시행하는 개발행위

> **대통령령으로 정하는 경우(영 제59조 제1항)**
>
> 다음 각 호의 어느 하나에 해당하는 경우를 말한다.
> 1. 법 제56조 제1항 제1호 내지 제3호의1에 해당하는 개발행위로서 당해 개발행위로 인하여 도로·수도 공급설비·하수도 등 기반시설의 설치가 필요한 경우
> 2. 토지의 굴착으로 인하여 인근의 토지가 붕괴될 우려가 있거나 인근의 건축물 또는 공작물이 손괴될 우려가 있는 경우
> 3. 토석의 발파로 인한 낙석·먼지 등에 의하여 인근지역에 피해가 발생할 우려가 있는 경우
> 4. 토석을 운반하는 차량의 통행으로 인하여 통행로 주변의 환경이 오염될 우려가 있는 경우
> 5. 토지의 형질변경이나 토석의 채취가 완료된 후 비탈면에 조경을 할 필요가 있는 경우

(2) 이행보증금의 산정 및 예치방법 등 기출 33회

이행보증금의 산정 및 예치방법 등에 관하여 필요한 사항은 대통령령으로 정한다.

> **개발행위허가의 이행담보 등(영 제59조 제2항~제4항)**
>
> ② 법 제60조 제1항에 따른 이행보증금(이하 "이행보증금"이라 한다)의 예치금액은 기반시설의 설치나 그에 필요한 용지의 확보, 위해의 방지, 환경오염의 방지, 경관 및 조경에 필요한 비용의 범위 안에서 산정하되 총공사비의 20퍼센트 이내(산지에서의 개발행위의 경우 「산지관리법」 제38조에 따른 복구비를 합하여 총공사비의 20퍼센트 이내)가 되도록 하고, 그 산정에 관한 구체적인 사항 및 예치방법은 특별시·광역시·특별자치시·특별자치도·시 또는 군의 도시·군계획조례로 정한다. 이 경우 산지에서의 개발행위에 대한 이행보증금의 예치금액은 「산지관리법」 제38조에 따른 복구비를 포함하여 정하되, 복구비가 이행보증금에 중복하여 계상되지 아니하도록 하여야 한다.
> ③ 이행보증금은 현금으로 납입하되, 「국가를 당사자로 하는 계약에 관한 법률 시행령」 제37조 제2항 각 호 및 「지방자치단체를 당사자로 하는 계약에 관한 법률 시행령」 제37조 제2항 각 호의 보증서 등 또는 「한국광해광업공단법」 제8조 제1항 제6호에 따라 한국광해광업공단이 발행하는 이행보증서 등으로 이를 갈음할 수 있다.
> ④ 이행보증금은 개발행위허가를 받은 자가 법 제62조 제1항의 규정에 의한 준공검사를 받은 때에는 즉시 이를 반환하여야 한다.

(3) 원상회복명령 기출 33회

① 특별시장·광역시장·특별자치시장·특별자치도지사·시장 또는 군수는 개발행위허가를 받지 아니하고 개발행위를 하거나 허가내용과 다르게 개발행위를 하는 자에게는 그 토지의 원상회복을 명할 수 있다.

② 특별시장·광역시장·특별자치시장·특별자치도지사·시장 또는 군수는 원상회복의 명령을 받은 자가 원상회복을 하지 아니하면 「행정대집행법」에 따른 행정대집행에 따라 원상회복을 할 수 있다. 이 경우 행정대집행에 필요한 비용은 ①항에 따라 개발행위허가를 받은 자가 예치한 이행보증금을 사용할 수 있다.

> **개발행위허가의 이행담보 등(영 제59조 제6항~제7항)**
> ⑥ 특별시장·광역시장·특별자치시장·특별자치도지사·시장 또는 군수는 개발행위허가를 받은 자가 법 제60조 제3항의 규정에 의한 원상회복명령을 이행하지 아니하는 때에는 이행보증금을 사용하여 동조 제4항의 규정에 의한 대집행에 의하여 원상회복을 할 수 있다. 이 경우 잔액이 있는 때에는 즉시 이를 이행보증금의 예치자에게 반환하여야 한다.
> ⑦ 특별시장·광역시장·특별자치시장·특별자치도지사·시장 또는 군수는 법 제60조 제3항에 따라 원상회복을 명하는 경우에는 국토교통부령으로 정하는 바에 따라 구체적인 조치내용·기간 등을 정하여 서면으로 통지해야 한다.

6 법 제61조(관련 인·허가 등의 의제)

(1) 인·허가 등의 의제

개발행위허가 또는 변경허가를 할 때에 특별시장·광역시장·특별자치시장·특별자치도지사·시장 또는 군수가 그 개발행위에 대한 다음의 인가·허가·승인·면허·협의·해제·신고 또는 심사 등(이하 "인·허가 등"이라 한다)에 관하여 미리 관계 행정기관의 장과 협의한 사항에 대하여는 그 인·허가 등을 받은 것으로 본다. 〈개정 2022.12.27.〉

① 「공유수면 관리 및 매립에 관한 법률」 제8조에 따른 공유수면의 점용·사용허가, 같은 법 제17조에 따른 점용·사용 실시계획의 승인 또는 신고, 같은 법 제28조에 따른 공유수면의 매립면허 및 같은 법 제38조에 따른 공유수면매립실시계획의 승인
② 「광업법」 제42조에 따른 채굴계획의 인가
③ 「농어촌정비법」 제23조에 따른 농업생산기반시설의 사용허가
④ 「농지법」 제34조에 따른 농지전용의 허가 또는 협의, 같은 법 제35조에 따른 농지전용의 신고 및 같은 법 제36조에 따른 농지의 타용도 일시사용의 허가 또는 협의
⑤ 「도로법」 제36조에 따른 도로관리청이 아닌 자에 대한 도로공사 시행의 허가, 같은 법 제52조에 따른 도로와 다른 시설의 연결허가 및 같은 법 제61조에 따른 도로의 점용 허가
⑥ 「장사 등에 관한 법률」 제27조 제1항에 따른 무연분묘(無緣墳墓)의 개장(改葬) 허가

⑦ 「사도법」 제4조에 따른 사도(私道) 개설(開設)의 허가
⑧ 「사방사업법」 제14조에 따른 토지의 형질 변경 등의 허가 및 같은 법 제20조에 따른 사방지 지정의 해제
⑨ 「산업집적활성화 및 공장설립에 관한 법률」 제13조에 따른 공장설립 등의 승인
⑩ 「산지관리법」 제14조·제15조에 따른 산지전용허가 및 산지전용신고, 같은 법 제15조의2에 따른 산지일시사용허가·신고, 같은 법 제25조 제1항에 따른 토석채취허가, 같은 법 제25조 제2항에 따른 토사채취신고 및 「산림자원의 조성 및 관리에 관한 법률」 제36조 제1항·제5항에 따른 입목벌채(立木伐採) 등의 허가·신고
⑪ 「소하천정비법」 제10조에 따른 소하천공사 시행의 허가 및 같은 법 제14조에 따른 소하천의 점용 허가
⑫ 「수도법」 제52조에 따른 전용상수도 설치 및 같은 법 제54조에 따른 전용공업용수도설치의 인가
⑬ 「연안관리법」 제25조에 따른 연안정비사업실시계획의 승인
⑭ 「체육시설의 설치·이용에 관한 법률」 제12조에 따른 사업계획의 승인
⑮ 「초지법」 제23조에 따른 초지전용의 허가, 신고 또는 협의
⑯ 「공간정보의 구축 및 관리 등에 관한 법률」 제15조 제4항에 따른 지도 등의 간행 심사
⑰ 「하수도법」 제16조에 따른 공공하수도에 관한 공사시행의 허가 및 같은 법 제24조에 따른 공공하수도의 점용허가
⑱ 「하천법」 제30조에 따른 하천공사 시행의 허가 및 같은 법 제33조에 따른 하천 점용의 허가
⑲ 「도시공원 및 녹지 등에 관한 법률」 제24조에 따른 도시공원의 점용허가 및 같은 법 제38조에 따른 녹지의 점용허가

(2) 관련 서류의 제출

인·허가 등의 의제를 받으려는 자는 개발행위허가 또는 변경허가를 신청할 때에 해당 법률에서 정하는 관련 서류를 함께 제출하여야 한다.

(3) 협의 요청

① 특별시장·광역시장·특별자치시장·특별자치도지사·시장 또는 군수는 개발행위허가 또는 변경허가를 할 때에 그 내용에 (1)의 인·허가 등의 의제에 해당하는 사항이 있으면 미리 관계 행정기관의 장과 협의하여야 한다.
② 협의 요청을 받은 관계 행정기관의 장은 요청을 받은 날부터 20일 이내에 의견을 제출하여야 하며, 그 기간 내에 의견을 제출하지 아니하면 협의가 이루어진 것으로 본다.

(4) 통합 고시

국토교통부장관은 의제되는 인·허가 등의 처리기준을 관계 중앙행정기관으로부터 제출받아 통합하여 고시하여야 한다.

7 법 제63조(개발행위허가의 제한) 기출 30회·31회·33회

(1) 도시계획위원회의 심의

국토교통부장관, 시·도지사, 시장 또는 군수는 다음의 어느 하나에 해당되는 지역으로서 도시·군관리계획상 특히 필요하다고 인정되는 지역에 대해서는 대통령령으로 정하는 바에 따라 중앙도시계획위원회나 지방도시계획위원회의 심의를 거쳐 한 차례만 3년 이내의 기간 동안 개발행위허가를 제한할 수 있다. 다만, ③항부터 ⑤항까지에 해당하는 지역에 대해서는 중앙도시계획위원회나 지방도시계획위원회의 심의를 거치지 아니하고 한 차례만 2년 이내의 기간 동안 개발행위허가의 제한을 연장할 수 있다.

① 녹지지역이나 계획관리지역으로서 수목이 집단적으로 자라고 있거나 조수류 등이 집단적으로 서식하고 있는 지역 또는 우량 농지 등으로 보전할 필요가 있는 지역
② 개발행위로 인하여 주변의 환경·경관·미관 및 「국가유산기본법」 제3조에 따른 국가유산 등이 크게 오염되거나 손상될 우려가 있는 지역 〈개정 2023.5.16.〉
③ 도시·군기본계획이나 도시·군관리계획을 수립하고 있는 지역으로서 그 도시·군기본계획이나 도시·군관리계획이 결정될 경우 용도지역·용도지구 또는 용도구역의 변경이 예상되고 그에 따라 개발행위허가의 기준이 크게 달라질 것으로 예상되는 지역
④ 지구단위계획구역으로 지정된 지역
⑤ 기반시설부담구역으로 지정된 지역

> **개발행위허가의 제한(영 제60조 제1항~제2항)**
> ① 법 제63조 제1항의 규정에 의하여 개발행위허가를 제한하고자 하는 자가 국토교통부장관인 경우에는 중앙도시계획위원회의 심의를 거쳐야 하며, 시·도지사 또는 시장·군수인 경우에는 당해 지방자치단체에 설치된 지방도시계획위원회의 심의를 거쳐야 한다.
> ② 법 제63조 제1항의 규정에 의하여 개발행위허가를 제한하고자 하는 자가 국토교통부장관 또는 시·도지사인 경우에는 제1항의 규정에 의한 중앙도시계획위원회 또는 시·도도시계획위원회의 심의 전에 미리 제한하고자 하는 지역을 관할하는 시장 또는 군수의 의견을 들어야 한다.

(2) 사전 고시

국토교통부장관, 시·도지사, 시장 또는 군수는 개발행위허가를 제한하려면 대통령령으로 정하는 바에 따라 제한지역·제한사유·제한대상행위 및 제한기간을 미리 고시하여야 한다.

> **개발행위허가의 제한(영 제60조 제3항~제4항)**
> ③ 법 제63조 제2항에 따른 개발행위허가의 제한 및 같은 조 제3항 후단에 따른 개발행위허가의 제한 해제에 관한 고시는 국토교통부장관이 하는 경우에는 관보에, 시·도지사 또는 시장·군수가 하는 경우에는 당해 지방자치단체의 공보에 게재하는 방법에 의한다.
> ④ 국토교통부장관, 시·도지사, 시장 또는 군수는 제3항에 따라 고시한 내용을 해당 기관의 인터넷 홈페이지에도 게재하여야 한다.

(3) 개발행위허가제한의 해제

개발행위허가를 제한하기 위하여 개발행위허가제한지역 등을 고시한 국토교통부장관, 시·도지사, 시장 또는 군수는 해당 지역에서 개발행위를 제한할 사유가 없어진 경우에는 그 제한기간이 끝나기 전이라도 지체 없이 개발행위허가의 제한을 해제하여야 한다. 이 경우 국토교통부장관, 시·도지사, 시장 또는 군수는 대통령령으로 정하는 바에 따라 해제지역 및 해제시기를 고시하여야 한다.

(4) 다른 법률의 적용

국토교통부장관, 시·도지사, 시장 또는 군수가 개발행위허가를 제한하거나 개발행위허가제한을 연장 또는 해제하는 경우 그 지역의 지형도면 고시, 지정의 효력, 주민 의견 청취 등에 관하여는 「토지이용규제기본법」 제8조에 따른다.

8 법 제64조(도시·군계획시설 부지에서의 개발행위)

(1) 도시·군계획시설 부지에서의 개발행위

특별시장·광역시장·특별자치시장·특별자치도지사·시장 또는 군수는 도시·군계획시설의 설치 장소로 결정된 지상·수상·공중·수중 또는 지하는 그 도시·군계획시설이 아닌 건축물의 건축이나 공작물의 설치를 허가하여서는 아니 된다. 다만, 대통령령으로 정하는 경우에는 그러하지 아니하다.

> **대통령령으로 정하는 경우(영 제61조 제1항)**
> 다음 각 호의 어느 하나에 해당하는 경우를 말한다. 〈개정 2022.1.28.〉
> 1. 지상·수상·공중·수중 또는 지하에 일정한 공간적 범위를 정하여 도시·군계획시설이 결정되어 있고, 그 도시·군계획시설의 설치·이용 및 장래의 확장 가능성에 지장이 없는 범위에서 도시·군계획시설이 아닌 건축물 또는 공작물을 그 도시·군계획시설인 건축물 또는 공작물의 부지에 설치하는 경우
> 2. 도시·군계획시설과 도시·군계획시설이 아닌 시설을 같은 건축물안에 설치한 경우(법률 제6243호 도시계획법 개정법률에 의하여 개정되기 전에 설치한 경우를 말한다)로서 법 제88조의 규정에 의한 실시계획인가를 받아 다음 각 목의 어느 하나에 해당하는 경우
>   가. 건폐율이 증가하지 아니하는 범위 안에서 당해 건축물을 증축 또는 대수선하여 도시·군계획시설이 아닌 시설을 설치하는 경우
>   나. 도시·군계획시설의 설치·이용 및 장래의 확장 가능성에 지장이 없는 범위 안에서 도시·군계획시설을 도시·군계획시설이 아닌 시설로 변경하는 경우
> 3. 「도로법」 등 도시·군계획시설의 설치 및 관리에 관하여 규정하고 있는 다른 법률에 의하여 점용허가를 받아 건축물 또는 공작물을 설치하는 경우
> 4. 도시·군계획시설의 설치·이용 및 장래의 확장 가능성에 지장이 없는 범위에서 「신에너지 및 재생에너지 개발·이용·보급촉진법」 제2조 제3호에 따른 신·재생에너지 설비 중 태양에너지 설비 또는 연료전지 설비를 설치하는 경우
> 5. 도시·군계획시설의 설치·이용이나 장래의 확장 가능성에 지장이 없는 범위에서 재해복구 또는 재난수습을 위한 응급조치로서 가설건축물 또는 공작물을 설치하는 경우

(2) 도시·군계획시설사업이 시행되지 않은 도시·군계획시설의 부지에 대한 개발행위

특별시장·광역시장·특별자치시장·특별자치도지사·시장 또는 군수는 도시·군계획시설 결정의 고시일부터 2년이 지날 때까지 그 시설의 설치에 관한 사업이 시행되지 아니한 도시·군계획시설 중 제85조에 따라 단계별 집행계획이 수립되지 아니하거나 단계별 집행계획에서 제1단계 집행계획(단계별 집행계획을 변경한 경우에는 최초의 단계별 집행계획을 말한다)에 포함되지 아니한 도시·군계획시설의 부지에 대하여는 다음의 개발행위를 허가할 수 있다.
① 가설건축물의 건축과 이에 필요한 범위에서의 토지의 형질 변경
② 도시·군계획시설의 설치에 지장이 없는 공작물의 설치와 이에 필요한 범위에서의 토지의 형질 변경
③ 건축물의 개축 또는 재축과 이에 필요한 범위에서의 토지의 형질 변경(제56조 제4항 제2호에 해당하는 경우는 제외한다)

(3) 원상회복명령

① 특별시장·광역시장·특별자치시장·특별자치도지사·시장 또는 군수는 (2)의 ①항 또는 ②항에 따라 가설건축물의 건축이나 공작물의 설치를 허가한 토지에서 도시·군계획시설사업이 시행되는 경우에는 그 시행예정일 3개월 전까지 가설건축물이나 공작물 소유자의 부담으로 그 가설건축물이나 공작물의 철거 등 원상회복에 필요한 조치를 명하여야 한다. 다만, 원상회복이 필요하지 아니하다고 인정되는 경우에는 그러하지 아니하다.
② 특별시장·광역시장·특별자치시장·특별자치도지사·시장 또는 군수는 원상회복의 명령을 받은 자가 원상회복을 하지 아니하면 「행정대집행법」에 따른 행정대집행에 따라 원상회복을 할 수 있다.

9 법 제65조(개발행위에 따른 공공시설 등의 귀속) 기출 30회·35회

(1) 개발행위허가를 받은 자가 행정청인 경우

① 개발행위허가(다른 법률에 따라 개발행위허가가 의제되는 협의를 거친 인가·허가·승인 등을 포함한다)를 받은 자가 행정청인 경우 개발행위허가를 받은 자가 새로 공공시설을 설치하거나 기존의 공공시설에 대체되는 공공시설을 설치한 경우에는 「국유재산법」과 「공유재산 및 물품관리법」에도 불구하고 새로 설치된 공공시설은 그 시설을 관리할 관리청에 무상으로 귀속되고, 종래의 공공시설은 개발행위허가를 받은 자에게 무상으로 귀속된다.
② 개발행위허가를 받은 자가 행정청인 경우 개발행위허가를 받은 자는 개발행위가 끝나 준공검사를 마친 때에는 해당 시설의 관리청에 공공시설의 종류와 토지의 세목(細目)을 통지하여야 한다. 이 경우 공공시설은 그 통지한 날에 해당 시설을 관리할 관리청과 개발행위허가를 받은 자에게 각각 귀속된 것으로 본다.
③ 개발행위허가를 받은 자가 행정청인 경우 개발행위허가를 받은 자는 그에게 귀속된 공공시설의 처분으로 인한 수익금을 도시·군계획사업 외의 목적에 사용하여서는 아니 된다.

(2) 개발행위허가를 받은 자가 행정청이 아닌 경우 기출 33회

① 개발행위허가를 받은 자가 행정청이 아닌 경우 개발행위허가를 받은 자가 새로 설치한 공공시설은 그 시설을 관리할 관리청에 무상으로 귀속되고, 개발행위로 용도가 폐지되는 공공시설은 「국유재산법」과 「공유재산 및 물품관리법」에도 불구하고 새로 설치한 공공시설의 설치비용에 상당하는 범위에서 개발행위허가를 받은 자에게 무상으로 양도할 수 있다.

② 개발행위허가를 받은 자가 행정청이 아닌 경우 개발행위허가를 받은 자는 관리청에 귀속되거나 그에게 양도될 공공시설에 관하여 개발행위가 끝나기 전에 그 시설의 관리청에 그 종류와 토지의 세목을 통지하여야 하고, 준공검사를 한 특별시장·광역시장·특별자치시장·특별자치도지사·시장 또는 군수는 그 내용을 해당 시설의 관리청에 통보하여야 한다. 이 경우 공공시설은 준공검사를 받음으로써 그 시설을 관리할 관리청과 개발행위허가를 받은 자에게 각각 귀속되거나 양도된 것으로 본다.

(3) 관리청의 의견청취

특별시장·광역시장·특별자치시장·특별자치도지사·시장 또는 군수는 공공시설의 귀속에 관한 사항이 포함된 개발행위허가를 하려면 미리 해당 공공시설이 속한 관리청의 의견을 들어야 한다. 다만, 관리청이 지정되지 아니한 경우에는 관리청이 지정된 후 준공되기 전에 관리청의 의견을 들어야 하며, 관리청이 불분명한 경우에는 도로 등에 대하여는 국토교통부장관을, 하천에 대하여는 환경부장관을 관리청으로 보고, 그 외의 재산에 대하여는 기획재정부장관을 관리청으로 본다.

(4) 점용료 또는 사용료의 면제

특별시장·광역시장·특별자치시장·특별자치도지사·시장 또는 군수가 관리청의 의견을 듣고 개발행위허가를 한 경우 개발행위허가를 받은 자는 그 허가에 포함된 공공시설의 점용 및 사용에 관하여 관계 법률에 따른 승인·허가 등을 받은 것으로 보아 개발행위를 할 수 있다. 이 경우 해당 공공시설의 점용 또는 사용에 따른 점용료 또는 사용료는 면제된 것으로 본다.

(5) 공공시설의 등기

공공시설을 등기할 때에 「부동산등기법」에 따른 등기원인을 증명하는 서면은 제62조 제1항에 따른 준공검사를 받았음을 증명하는 서면으로 갈음한다.

(6) 다른 법률에 특별한 규정이 있는 경우

공공시설의 귀속에 관하여 다른 법률에 특별한 규정이 있는 경우에는 이 법률의 규정에도 불구하고 그 법률에 따른다.

제2절 개발행위에 따른 기반시설의 설치

1 법 제66조(개발밀도관리구역) 기출 27회·31회·35회

(1) 개발밀도관리구역의 지정

특별시장·광역시장·특별자치시장·특별자치도지사·시장 또는 군수는 주거·상업 또는 공업지역에서의 개발행위로 기반시설(도시·군계획시설을 포함한다)의 처리·공급 또는 수용능력이 부족할 것으로 예상되는 지역 중 기반시설의 설치가 곤란한 지역을 개발밀도관리구역으로 지정할 수 있다.

(2) 건폐율 또는 용적률의 강화적용

특별시장·광역시장·특별자치시장·특별자치도지사·시장 또는 군수는 개발밀도관리구역에서는 대통령령으로 정하는 범위에서 제77조나 제78조에 따른 건폐율 또는 용적률을 강화하여 적용한다.

※ "대통령령으로 정하는 범위"란 해당 용도지역에 적용되는 용적률의 최대한도의 50퍼센트를 말한다(영 제62조 제1항).

(3) 지방도시계획위원회의 심의

특별시장·광역시장·특별자치시장·특별자치도지사·시장 또는 군수는 개발밀도관리구역을 지정하거나 변경하려면 다음 각 호의 사항을 포함하여 해당 지방자치단체에 설치된 지방도시계획위원회의 심의를 거쳐야 한다.
① 개발밀도관리구역의 명칭
② 개발밀도관리구역의 범위
③ 제77조나 제78조에 따른 건폐율 또는 용적률의 강화 범위

(4) 개발밀도관리구역의 지정 및 변경의 고시

특별시장·광역시장·특별자치시장·특별자치도지사·시장 또는 군수는 개발밀도관리구역을 지정하거나 변경한 경우에는 그 사실을 대통령령으로 정하는 바에 따라 고시하여야 한다.

> **개발밀도관리구역의 지정 또는 변경의 고시(영 제62조 제2항~제3항)**
> ② 법 제66조 제4항의 규정에 의한 개발밀도관리구역의 지정 또는 변경의 고시는 동조 제3항 각 호의 사항을 당해 지방자치단체의 공보에 게재하는 방법에 의한다.
> ③ 특별시장·광역시장·특별자치시장·특별자치도지사·시장 또는 군수는 제2항에 따라 고시한 내용을 해당 기관의 인터넷 홈페이지에 게재하여야 한다.

(5) 개발밀도관리구역의 지정기준 및 관리방법 등

개발밀도관리구역의 지정기준, 개발밀도관리구역의 관리 등에 관하여 필요한 사항은 대통령령으로 정하는 바에 따라 국토교통부장관이 정한다.

> **개발밀도관리구역의 지정기준 및 관리방법(영 제63조)**
>
> 국토교통부장관은 법 제66조 제5항에 따라 개발밀도관리구역의 지정기준 및 관리방법을 정할 때에는 다음 각 호의 사항을 종합적으로 고려해야 한다.
> 1. 개발밀도관리구역은 도로·수도공급설비·하수도·학교 등 기반시설의 용량이 부족할 것으로 예상되는 지역중 기반시설의 설치가 곤란한 지역으로서 다음 각 목의 1에 해당하는 지역에 대하여 지정할 수 있도록 할 것
>   가. 당해 지역의 도로서비스 수준이 매우 낮아 차량통행이 현저하게 지체되는 지역. 이 경우 도로서비스 수준의 측정에 관하여는 「도시교통정비촉진법」에 따른 교통영향평가의 예에 따른다.
>   나. 당해 지역의 도로율이 국토교통부령이 정하는 용도지역별 도로율에 20퍼센트 이상 미달하는 지역
>   다. 향후 2년 이내에 당해 지역의 수도에 대한 수요량이 수도시설의 시설용량을 초과할 것으로 예상되는 지역
>   라. 향후 2년 이내에 당해 지역의 하수발생량이 하수시설의 시설용량을 초과할 것으로 예상되는 지역
>   마. 향후 2년 이내에 당해 지역의 학생수가 학교수용능력을 20퍼센트 이상 초과할 것으로 예상되는 지역
> 2. 개발밀도관리구역의 경계는 도로·하천 그 밖에 특색 있는 지형지물을 이용하거나 용도지역의 경계선을 따라 설정하는 등 경계선이 분명하게 구분되도록 할 것
> 3. 용적률의 강화범위는 제62조 제1항의 범위에서 제1호 각 목에 따른 기반시설의 부족 정도를 고려하여 결정할 것
> 4. 개발밀도관리구역 안의 기반시설의 변화를 주기적으로 검토하여 용적률을 강화 또는 완화하거나 개발밀도관리구역을 해제하는 등 필요한 조치를 취하도록 할 것

2 법 제67조(기반시설부담구역의 지정)

(1) 기반시설부담구역의 지정

특별시장·광역시장·특별자치시장·특별자치도지사·시장 또는 군수는 다음의 어느 하나에 해당하는 지역에 대하여는 기반시설부담구역으로 지정하여야 한다. 다만, 개발행위가 집중되어 특별시장·광역시장·특별자치시장·특별자치도지사·시장 또는 군수가 해당 지역의 계획적 관리를 위하여 필요하다고 인정하면 다음에 해당하지 아니하는 경우라도 기반시설부담구역으로 지정할 수 있다.

① 이 법 또는 다른 법령의 제정·개정으로 인하여 행위 제한이 완화되거나 해제되는 지역
② 이 법 또는 다른 법령에 따라 지정된 용도지역 등이 변경되거나 해제되어 행위 제한이 완화되는 지역
③ 개발행위허가 현황 및 인구증가율 등을 고려하여 <u>대통령령으로 정하는 지역</u>

> **대통령령으로 정하는 지역(영 제64조 제1항)**
>
> 특별시장·광역시장·특별자치시장·특별자치도지사·시장 또는 군수가 제4조의2에 따른 기반시설의 설치가 필요하다고 인정하는 지역으로서 다음 각 호의 어느 하나에 해당하는 지역을 말한다.
> 1. 해당 지역의 전년도 개발행위허가 건수가 전전년도 개발행위허가 건수보다 20퍼센트 이상 증가한 지역
> 2. 해당 지역의 전년도 인구증가율이 그 지역이 속하는 특별시·광역시·특별자치시·특별자치도·시 또는 군(광역시의 관할 구역에 있는 군은 제외한다)의 전년도 인구증가율보다 20퍼센트 이상 높은 지역

(2) 주민의 의견청취 및 고시

특별시장·광역시장·특별자치시장·특별자치도지사·시장 또는 군수는 기반시설부담구역을 지정 또는 변경하려면 주민의 의견을 들어야 하며, 해당 지방자치단체에 설치된 지방도시계획위원회의 심의를 거쳐 대통령령으로 정하는 바에 따라 이를 고시하여야 한다.

> **기반시설부담구역의 지정(영 제64조 제2항)**
>
> 특별시장·광역시장·특별자치시장·특별자치도지사·시장 또는 군수는 기반시설부담구역을 지정하거나 변경하였으면 법 제67조 제2항에 따라 기반시설부담구역의 명칭·위치·면적 및 지정일자와 관계 도서의 열람방법을 해당 지방자치단체의 공보와 인터넷 홈페이지에 고시하여야 한다.

(3) 기반시설설치계획의 수립

특별시장·광역시장·특별자치시장·특별자치도지사·시장 또는 군수는 기반시설부담구역이 지정되면 대통령령으로 정하는 바에 따라 기반시설설치계획을 수립하여야 하며, 이를 도시·군관리계획에 반영하여야 한다.

> **기반시설설치계획의 수립(영 제65조)**
>
> ① 특별시장·광역시장·특별자치시장·특별자치도지사·시장 또는 군수는 법 제67조 제4항에 따른 기반시설설치계획(이하 "기반시설설치계획"이라 한다)을 수립할 때에는 다음 각 호의 내용을 포함하여 수립하여야 한다.
>   1. 설치가 필요한 기반시설(제4조의2 각 호의 기반시설을 말한다)의 종류, 위치 및 규모
>   2. 기반시설의 설치 우선순위 및 단계별 설치계획
>   3. 그 밖에 기반시설의 설치에 필요한 사항
> ② 특별시장·광역시장·특별자치시장·특별자치도지사·시장 또는 군수는 기반시설설치계획을 수립할 때에는 다음 각 호의 사항을 종합적으로 고려해야 한다.
>   1. 기반시설의 배치는 해당 기반시설부담구역의 토지이용계획 또는 앞으로 예상되는 개발수요를 고려하여 적절하게 정할 것
>   2. 기반시설의 설치시기는 재원조달계획, 시설별 우선순위, 사용자의 편의와 예상되는 개발행위의 완료시기 등을 고려하여 합리적으로 정할 것
> ③ 제1항 및 제2항에도 불구하고 법 제52조 제1항에 따라 지구단위계획을 수립한 경우에는 기반시설설치계획을 수립한 것으로 본다.
> ④ 기반시설부담구역의 지정고시일부터 1년이 되는 날까지 기반시설설치계획을 수립하지 아니하면 그 1년이 되는 날의 다음 날에 기반시설부담구역의 지정은 해제된 것으로 본다.

(4) 기반시설부담구역의 지정기준

기반시설부담구역의 지정기준 등에 관하여 필요한 사항은 대통령령으로 정하는 바에 따라 국토교통부장관이 정한다.

> **기반시설부담구역의 지정기준(영 제66조)**
> 국토교통부장관은 법 제67조 제5항에 따라 기반시설부담구역의 지정기준을 정할 때에는 다음 각 호의 사항을 종합적으로 고려하여야 한다.
> 1. 기반시설부담구역은 기반시설이 적절하게 배치될 수 있는 규모로서 최소 10만제곱미터 이상의 규모가 되도록 지정할 것
> 2. 소규모 개발행위가 연접하여 시행될 것으로 예상되는 지역의 경우에는 하나의 단위구역으로 묶어서 기반시설부담구역을 지정할 것
> 3. 기반시설부담구역의 경계는 도로, 하천, 그 밖의 특색 있는 지형지물을 이용하는 등 경계선이 분명하게 구분되도록 할 것

3 법 제68조(기반시설설치비용의 부과대상 및 산정기준)

(1) 기반시설설치비용의 부과대상 기출 33회·34회·36회

기반시설부담구역에서 기반시설설치비용의 부과대상인 건축행위는 제2조 제20호에 따른 시설로서 200제곱미터(기존 건축물의 연면적을 포함한다)를 초과하는 건축물의 신축·증축 행위로 한다. 다만, 기존 건축물을 철거하고 신축하는 경우에는 기존 건축물의 건축연면적을 초과하는 건축행위만 부과대상으로 한다.

(2) 기반시설설치비용의 산정기준

① 기반시설설치비용 : 기반시설설치비용은 기반시설을 설치하는데 필요한 기반시설 표준시설비용과 용지비용을 합산한 금액에 부과대상 건축연면적과 기반시설 설치를 위하여 사용되는 총 비용 중 국가·지방자치단체의 부담분을 제외하고 민간 개발사업자가 부담하는 부담률을 곱한 금액으로 한다. 다만, 특별시장·광역시장·특별자치시장·특별자치도지사·시장 또는 군수가 해당 지역의 기반시설 소요량 등을 고려하여 대통령령으로 정하는 바에 따라 기반시설부담계획을 수립한 경우에는 그 부담계획에 따른다.

> **기반시설부담계획의 수립(영 제67조)**
> ① 특별시장·광역시장·특별자치시장·특별자치도지사·시장 또는 군수는 법 제68조 제2항 단서에 따른 기반시설부담계획(이하 "기반시설부담계획"이라 한다)을 수립할 때에는 다음 각 호의 내용을 포함하여야 한다.
> 1. 기반시설의 설치 또는 그에 필요한 용지의 확보에 소요되는 총부담비용
> 2. 제1호에 따른 총부담비용 중 법 제68조 제1항에 따른 건축행위를 하는 자(제70조의2 제1항 각 호에 해당하는 자를 포함한다. 이하 "납부의무자"라 한다)가 각각 부담하여야 할 부담분
> 3. 제2호에 따른 부담분의 부담시기
> 4. 재원의 조달 및 관리·운영방법

② 제1항 제2호에 따른 부담분은 다음 각 호의 방법으로 산정한다.
1. 총부담비용을 건축물의 연면적에 따라 배분하되, 건축물의 용도에 따라 가중치를 부여하여 결정하는 방법
2. 제1호에도 불구하고 특별시장·광역시장·특별자치시장·특별자치도지사·시장 또는 군수와 납부의무자가 서로 협의하여 산정방법을 정하는 경우에는 그 방법

③ 특별시장·광역시장·특별자치시장·특별자치도지사·시장 또는 군수는 기반시설부담계획을 수립할 때에는 다음 각 호의 사항을 종합적으로 고려하여야 한다.
1. 총부담비용은 각 시설별로 소요되는 용지보상비·공사비 등 합리적 근거를 기준으로 산출하고, 기반시설의 설치 또는 용지 확보에 필요한 비용을 초과하여 과다하게 산정되지 아니하도록 할 것
2. 각 납부의무자의 부담분은 건축물의 연면적·용도 등을 종합적으로 고려하여 합리적이고 형평에 맞게 정하도록 할 것
3. 기반시설부담계획의 수립시기와 기반시설의 설치 또는 용지의 확보에 필요한 비용의 납부시기가 일치하지 아니하는 경우에는 물가상승률 등을 고려하여 부담분을 조정할 수 있도록 할 것

④ 특별시장·광역시장·특별자치시장·특별자치도지사·시장 또는 군수는 기반시설부담계획을 수립하거나 변경할 때에는 주민의 의견을 듣고 해당 지방자치단체에 설치된 지방도시계획위원회의 심의를 거쳐야 한다. 이 경우 주민의 의견청취에 관하여는 법 제28조 제1항부터 제5항까지의 규정을 준용한다.

⑤ 특별시장·광역시장·특별자치시장·특별자치도지사·시장 또는 군수는 기반시설부담계획을 수립하거나 변경하였으면 그 내용을 고시하여야 한다. 이 경우 기반시설부담계획의 수립 또는 변경의 고시에 관하여는 제64조 제2항을 준용한다.

⑥ 기반시설부담계획 중 다음 각 호에 해당하는 경미한 사항을 변경하는 경우에는 제4항 및 제5항을 적용하지 아니한다.
1. 납부의무자의 전부 또는 일부의 부담분을 증가시키지 아니하고 부담시기를 앞당기지 아니한 경우
2. 기반시설의 설치 및 그에 필요한 용지의 확보와 관련하여 특별시장·광역시장·특별자치시장·특별자치도지사·시장 또는 군수의 지원을 경감하지 아니한 경우

② **기반시설 표준시설비용** : 기반시설 표준시설비용은 기반시설 조성을 위하여 사용되는 단위당 시설비로서 해당 연도의 생산자물가상승률 등을 고려하여 대통령령으로 정하는 바에 따라 국토교통부장관이 고시한다.

기반시설 표준시설비용의 고시(영 제68조)

국토교통부장관은 법 제68조 제3항에 따라 매년 1월 1일을 기준으로 한 기반시설 표준시설비용을 매년 6월 10일까지 고시하여야 한다.

③ **용지비용** : 용지비용은 부과대상이 되는 건축행위가 이루어지는 토지를 대상으로 다음의 기준을 곱하여 산정한 가액(價額)으로 한다.
㉠ 지역별 기반시설의 설치 정도를 고려하여 0.4 범위에서 지방자치단체의 조례로 정하는 용지환산계수
   ※ "용지환산계수"란 기반시설부담구역별로 기반시설이 설치된 정도를 고려하여 산정된 기반시설 필요 면적률(기반시설부담구역의 전체 토지면적 중 기반시설이 필요한 토지면적의 비율을 말한다)을 건축 연면적당 기반시설 필요 면적으로 환산하는데 사용되는 계수를 말한다(영 제69조 제1항).
㉡ 기반시설부담구역의 개별공시지가 평균 및 대통령령으로 정하는 건축물별 기반시설유발계수

> **➕ 알아보기** "대통령령으로 정하는 건축물별 기반시설유발계수"(영 제69조 제2항, [별표 1의3])
>
> 1. 단독주택 : 0.7
> 2. 공동주택 : 0.7
> 3. 제1종 근린생활시설 : 1.3
> 4. 제2종 근린생활시설 : 1.6
> 5. 문화 및 집회시설 : 1.4
> 6. 종교시설 : 1.4
> 7. 판매시설 : 1.3
> 8. 운수시설 : 1.4
> 9. 의료시설 : 0.9
> 10. 교육연구시설 : 0.7
> 11. 노유자시설 : 0.7
> 12. 수련시설 : 0.7
> 13. 운동시설 : 0.7
> 14. 업무시설 : 0.7
> 15. 숙박시설 : 1.0
> 16. 위락시설 : 2.1
> 17. 공장
>   가. 목재 및 나무제품 제조공장(가구제조공장은 제외한다) : 2.1
>   나. 펄프, 종이 및 종이제품 제조공장 : 2.5
>   다. 비금속 광물제품 제조공장 : 1.3
>   라. 코크스, 석유정제품 및 핵연료 제조공장 : 2.1
>   마. 가죽, 가방 및 신발제조공장 : 1.0
>   바. 전자부품, 영상, 음향 및 통신장비 제조공장 : 0.7
>   사. 음·식료품 제조공장 : 0.5
>   아. 화합물 및 화학제품 제조공장 : 0.5
>   자. 섬유제품 제조공장(봉제의복 제조공장은 제외한다) : 0.4
>   차. 봉제의복 및 모피제품 제조공장 : 0.7
>   카. 가구 및 그 밖의제품 제조공장 : 0.3
>   타. 그 밖의 전기기계 및 전기 변환장치 제조공장 : 0.3
>   파. 조립금속제품 제조공장(기계 및 가구공장을 제외한다) : 0.3
>   하. 출판, 인쇄 및 기록매체 복제공장 : 0.4
>   거. 의료, 정밀, 광학기기 및 시계 제조공장 : 0.4
>   너. 제1차 금속 제조공장 : 0.3
>   더. 컴퓨터 및 사무용기기 제조공장 : 0.4
>   러. 재생용 가공원료 생산공장 : 0.3
>   머. 고무 및 플라스틱 제품 제조공장 : 0.4
>   버. 그 밖의 운송장비 제조공장 : 0.4
>   서. 그 밖의 기계 및 장비 제조공장 : 0.4
>   어. 자동차 및 트레일러 제조공장 : 0.3
>   저. 담배제조공장 : 0.3
> 18. 창고시설 : 0.5
> 19. 위험물저장 및 처리시설 : 0.7
> 20. 자동차관련시설 : 0.7
> 21. 동물 및 식물관련시설 : 0.7

                22. 자원순환 관련 시설 : 1.4
                23. 교정 및 군사시설 : 0.7
                24. 방송통신시설 : 0.8
                25. 발전시설 : 0.7
                26. 묘지 관련 시설 : 0.7
                27. 관광휴게시설 : 1.9
                28. 장례시설 : 0.7
                29. 야영장시설 : 0.7

④ 민간 개발사업자가 부담하는 부담률 : 민간 개발사업자가 부담하는 부담률은 100분의 20으로 하며, 특별시장·광역시장·특별자치시장·특별자치도지사·시장 또는 군수가 건물의 규모, 지역 특성 등을 고려하여 100분의 25의 범위에서 부담률을 가감할 수 있다.

⑤ 기반시설설치비용의 감면
  ㉠ 납부의무자가 다음의 어느 하나에 해당하는 경우에는 이 법에 따른 기반시설설치비용에서 감면한다.
    ⓐ 제2조 제19호에 따른 기반시설을 설치하거나 그에 필요한 용지를 확보한 경우
    ⓑ 「도로법」 제91조에 따른 원인자 부담금 등 대통령령으로 정하는 비용을 납부한 경우
  ㉡ 감면기준 및 감면절차와 그 밖에 필요한 사항은 대통령령으로 정한다.

> **기반시설설치비용의 감면 등(영 제70조)**
> ① 법 제68조 제6항에 따라 납부의무자가 직접 기반시설을 설치하거나 그에 필요한 용지를 확보한 경우에는 기반시설설치비용에서 직접 기반시설을 설치하거나 용지를 확보하는데 든 비용을 공제한다.
> ② 제1항에 따른 공제금액 중 납부의무자가 직접 기반시설을 설치하는데 든 비용은 다음 각 호의 금액을 합산하여 산정한다.
>   1. 법 제69조 제2항에 따른 건축허가(다른 법률에 따른 사업승인 등 건축허가가 의제되는 경우에는 그 사업승인)를 받은 날(이하 "부과기준시점"이라 한다)을 기준으로 국토교통부장관이 정하는 요건을 갖춘 둘 이상의 감정평가법인 등이 감정평가한 금액을 산술평균한 토지의 가액
>   2. 부과기준시점을 기준으로 국토교통부장관이 매년 고시하는 기반시설별 단위당 표준조성비에 납부의무자가 설치하는 기반시설량을 곱하여 산정한 기반시설별 조성비용. 다만, 납부의무자가 실제 투입된 조성비용 명세서를 제출하면 국토교통부령으로 정하는 바에 따라 그 조성비용을 기반시설별 조성비용으로 인정할 수 있다.
> ③ 제2항에도 불구하고 부과기준시점에 다음 각 호의 어느 하나에 해당하는 금액에 따른 토지의 가액과 제2항 제2호에 따른 기반시설별 조성비용을 적용하여 산정된 공제 금액이 기반시설설치비용을 초과하는 경우에는 그 금액을 납부의무자가 직접 기반시설을 설치하는데 든 비용으로 본다.
>   1. 부과기준시점으로부터 가장 최근에 결정·공시된 개별공시지가
>   2. 국가, 지방자치단체, 「공공기관의 운영에 관한 법률」에 따른 공공기관 또는 「지방공기업법」에 따른 지방공기업으로부터 매입한 토지의 가액
>   3. 「공공기관의 운영에 관한 법률」에 따른 공공기관 또는 「지방공기업법」에 따른 지방공기업이 매입한 토지의 가액
>   4. 「공익사업을 위한 토지 등의 취득 및 보상에 관한 법률」에 따른 협의 또는 수용에 따라 취득한 토지의 가액
>   5. 해당 토지의 무상 귀속을 목적으로 한 토지의 감정평가금액
> ④ 제1항에 따른 공제금액 중 기반시설에 필요한 용지를 확보하는데 든 비용은 제2항 제1호에 따라 산정한다.
> ⑤ 제1항의 경우 외에 법 제68조 제6항에 따라 기반시설설치비용에서 감면하는 비용 및 감면액은 [별표 1의4]와 같다.

4 법 제69조(기반시설설치비용의 납부 및 체납처분)

(1) 기반시설설치비용의 납부

① 제68조 제1항에 따른 건축행위를 하는 자(건축행위의 위탁자 또는 지위의 승계자 등 대통령령으로 정하는 자를 포함한다. 이하 "납부의무자"라 한다)는 기반시설설치비용을 내야 한다.

> **납부의무자(영 제70조의2)**
> 법 제69조 제1항에서 "건축행위의 위탁자 또는 지위의 승계자 등 대통령령으로 정하는 자"란 다음 각 호의 어느 하나에 해당하는 자를 말한다.
> 1. 건축행위를 위탁 또는 도급한 경우에는 그 위탁이나 도급을 한 자
> 2. 타인 소유의 토지를 임차하여 건축행위를 하는 경우에는 그 행위자
> 3. 건축행위를 완료하기 전에 건축주의 지위나 제1호 또는 제2호에 해당하는 자의 지위를 승계하는 경우에는 그 지위를 승계한 자

② 특별시장·광역시장·특별자치시장·특별자치도지사·시장 또는 군수는 납부의무자가 국가 또는 지방자치단체로부터 건축허가(다른 법률에 따른 사업승인 등 건축허가가 의제되는 경우에는 그 사업승인)를 받은 날부터 2개월 이내에 기반시설설치비용을 부과하여야 하고, 납부의무자는 사용승인(다른 법률에 따라 준공검사 등 사용승인이 의제되는 경우에는 그 준공검사) 신청 시까지 이를 내야 한다.

> **기반시설설치비용의 예정 통지 등(영 제70조의3)**
> ① 특별시장·광역시장·특별자치시장·특별자치도지사·시장 또는 군수는 법 제69조 제2항에 따라 기반시설설치비용을 부과하려면 부과기준시점부터 30일 이내에 납부의무자에게 적용되는 부과 기준 및 부과될 기반시설설치비용을 미리 알려야 한다.
> ② 제1항에 따른 통지(이하 "예정 통지"라 한다)를 받은 납부의무자는 예정 통지된 기반시설설치비용에 대하여 이의가 있으면 예정 통지를 받은 날부터 15일 이내에 특별시장·광역시장·특별자치시장·특별자치도지사·시장 또는 군수에게 심사(이하 "고지 전 심사"라 한다)를 청구할 수 있다.
> ③ 예정 통지를 받은 납부의무자가 고지 전 심사를 청구하려면 다음 각 호의 사항을 적은 고지 전 심사청구서를 특별시장·광역시장·특별자치시장·특별자치도지사·시장 또는 군수에게 제출하여야 한다.
>   1. 청구인의 성명(청구인이 법인인 경우에는 법인의 명칭 및 대표자의 성명을 말한다)
>   2. 청구인의 주소 또는 거소(청구인이 법인인 경우에는 법인의 주소 및 대표자의 주소를 말한다)
>   3. 기반시설설치비용 부과 대상 건축물에 관한 자세한 내용
>   4. 예정 통지된 기반시설설치비용
>   5. 고지 전 심사 청구 이유
> ④ 제2항에 따라 고지 전 심사 청구를 받은 특별시장·광역시장·특별자치시장·특별자치도지사·시장 또는 군수는 그 청구를 받은 날부터 15일 이내에 청구 내용을 심사하여 그 결과를 청구인에게 알려야 한다.
> ⑤ 고지 전 심사 결과의 통지는 다음 각 호의 사항을 적은 고지 전 심사 결정 통지서로 하여야 한다.
>   1. 청구인의 성명(청구인이 법인인 경우에는 법인의 명칭 및 대표자의 성명을 말한다)
>   2. 청구인의 주소 또는 거소(청구인이 법인인 경우에는 법인의 주소 및 대표자의 주소를 말한다)
>   3. 기반시설설치비용 부과 대상 건축물에 관한 자세한 내용
>   4. 납부할 기반시설설치비용
>   5. 고지 전 심사의 결과 및 그 이유

(2) 기반시설설치비용의 체납처분

특별시장·광역시장·특별자치시장·특별자치도지사·시장 또는 군수는 납부의무자가 (1)의 ②항에서 정한 때까지 기반시설설치비용을 내지 아니하는 경우에는 「지방행정제재·부과금의 징수 등에 관한 법률」에 따라 징수할 수 있다.

(3) 기반시설설치비용의 환급

특별시장·광역시장·특별자치시장·특별자치도지사·시장 또는 군수는 기반시설설치비용을 납부한 자가 사용승인 신청 후 해당 건축행위와 관련된 기반시설의 추가 설치 등 기반시설설치비용을 환급하여야 하는 사유가 발생하는 경우에는 그 사유에 상당하는 기반시설설치비용을 환급하여야 한다.

(4) 기반시설설치비용의 부과절차, 납부 및 징수방법, 환급사유 등

그 밖에 기반시설설치비용의 부과절차, 납부 및 징수방법, 환급사유 등에 관하여 필요한 사항은 대통령령으로 정할 수 있다.

기반시설설치비용의 결정(영 제70조의4)

특별시장·광역시장·특별자치시장·특별자치도지사·시장 또는 군수는 예정 통지에 이의가 없는 경우 또는 고지 전 심사청구에 대한 심사결과를 통지한 경우에는 그 통지한 금액에 따라 기반시설설치비용을 결정한다.

납부의 고지(영 제70조의5)

① 특별시장·광역시장·특별자치시장·특별자치도지사·시장 또는 군수는 법 제69조 제2항에 따라 기반시설설치비용을 부과하려면 납부의무자에게 납부고지서를 발급하여야 한다.
② 특별시장·광역시장·특별자치시장·특별자치도지사·시장 또는 군수는 제1항에 따라 납부고지서를 발급할 때에는 납부금액 및 그 산출 근거, 납부기한과 납부 장소를 명시하여야 한다.

기반시설설치비용의 정정 등(영 제70조의6)

① 특별시장·광역시장·특별자치시장·특별자치도지사·시장 또는 군수는 제70조의5에 따라 기반시설설치비용을 부과한 후 그 내용에 누락이나 오류가 있는 것을 발견한 경우에는 즉시 부과한 기반시설설치비용을 조사하여 정정하고 그 정정 내용을 납부의무자에게 알려야 한다.
② 특별시장·광역시장·특별자치시장·특별자치도지사·시장 또는 군수는 건축허가사항 등의 변경으로 건축 연면적이 증가되는 등 기반시설설치비용의 증가사유가 발생한 경우에는 변경허가 등을 받은 날을 기준으로 산정한 변경된 건축허가사항 등에 대한 기반시설설치비용에서 변경허가 등을 받은 날을 기준으로 산정한 당초 건축허가사항 등에 대한 기반시설설치비용을 뺀 금액을 추가로 부과하여야 한다.

기반시설설치비용의 물납(영 제70조의7)

① 기반시설설치비용은 현금, 신용카드 또는 직불카드로 납부하도록 하되, 부과대상 토지 및 이와 비슷한 토지로 하는 납부(이하 "물납"이라 한다)를 인정할 수 있다.
② 제1항에 따라 물납을 신청하려는 자는 법 제69조 제2항에 따른 납부기한 20일 전까지 기반시설설치비용, 물납 대상 토지의 면적 및 위치, 물납신청 당시 물납 대상 토지의 개별공시지가 등을 적은 물납신청서를 특별시장·광역시장·특별자치시장·특별자치도지사·시장 또는 군수에게 제출하여야 한다.
③ 특별시장·광역시장·특별자치시장·특별자치도지사·시장 또는 군수는 제1항에 따른 물납신청서를 받은 날부터 10일 이내에 신청인에게 수납 여부를 서면으로 알려야 한다.

④ 물납을 신청할 수 있는 토지의 가액은 해당 기반시설설치비용의 부과액을 초과할 수 없으며, 납부의무자는 부과된 기반시설설치비용에서 물납하는 토지의 가액을 뺀 금액을 현금, 신용카드 또는 직불카드로 납부하여야 한다.
⑤ 물납에 충당할 토지의 가액은 다음 각 호에 해당하는 금액을 합한 가액으로 한다.
　1. 제3항에 따라 서면으로 알린 날의 가장 최근에 결정·공시된 개별공시지가
　2. 제1호에 따른 개별공시지가의 기준일부터 제3항에 따라 서면으로 알린 날까지의 해당 시·군·구의 지가변동률을 일 단위로 적용하여 산정한 금액
⑥ 특별시장·광역시장·특별자치시장·특별자치도지사·시장 또는 군수는 물납을 받으면 법 제70조 제1항에 따라 해당 기반시설부담구역에 설치한 기반시설특별회계에 귀속시켜야 한다.

납부 기일의 연기 및 분할 납부(영 제70조의8)

① 특별시장·광역시장·특별자치시장·특별자치도지사·시장 또는 군수는 납부의무자가 다음 각 호의 어느 하나에 해당하여 기반시설설치비용을 납부하기가 곤란하다고 인정되면 해당 개발사업 목적에 따른 이용 상황 등을 고려하여 1년의 범위에서 납부 기일을 연기하거나 2년의 범위에서 분할 납부를 인정할 수 있다.
　1. 재해나 도난으로 재산에 심한 손실을 입은 경우
　2. 사업에 뚜렷한 손실을 입은 때
　3. 사업이 중대한 위기에 처한 경우
　4. 납부의무자나 그 동거 가족의 질병이나 중상해로 장기치료가 필요한 경우
② 제1항에 따라 기반시설설치비용의 납부 기일을 연기하거나 분할 납부를 신청하려는 자는 제70조의5 제1항에 따라 납부고지서를 받은 날부터 15일 이내에 납부 기일 연기신청서 또는 분할 납부 신청서를 특별시장·광역시장·특별자치시장·특별자치도지사·시장 또는 군수에게 제출하여야 한다.
③ 특별시장·광역시장·특별자치시장·특별자치도지사·시장 또는 군수는 제2항에 따른 납부 기일 연기신청서 또는 분할 납부 신청서를 받은 날부터 15일 이내에 납부 기일의 연기 또는 분할 납부 여부를 서면으로 알려야 한다.
④ 제1항에 따라 납부를 연기한 기간 또는 분할 납부로 납부가 유예된 기간에 대하여는 기반시설설치비용에 「국세기본법 시행령」 제43조의3 제2항에 따른 이자를 더하여 징수하여야 한다.

납부의 독촉(영 제70조의9)

특별시장·광역시장·특별자치시장·특별자치도지사·시장 또는 군수는 납부의무자가 법 제69조 제2항에 따른 사용승인(다른 법률에 따라 준공검사 등 사용승인이 의제되는 경우에는 그 준공검사) 신청 시까지 그 기반시설설치비용을 완납하지 아니하면 납부기한이 지난 후 10일 이내에 독촉장을 보내야 한다.

기반시설설치비용의 환급(영 제70조의10)

① 특별시장·광역시장·특별자치시장·특별자치도지사·시장 또는 군수는 다음 각 호의 어느 하나에 해당하는 경우에는 법 제69조 제4항에 따라 기반시설설치비용을 환급하여야 한다.
　1. 건축허가사항 등의 변경으로 건축면적이 감소되는 등 납부한 기반시설설치비용의 감소 사유가 발생한 경우
　2. 납부의무자가 [별표 1의4] 각 호의 어느 하나에 해당하는 비용을 추가로 납부한 경우
　3. 제70조 제1항에 따라 공제받을 금액이 증가한 경우

② 특별시장·광역시장·특별자치시장·특별자치도지사·시장 또는 군수는 제1항에 따라 기반시설설치비용을 환급할 때에는 납부의무자가 납부한 기반시설설치비용에서 당초 부과기준시점을 기준으로 산정한 변경된 건축허가사항에 대한 기반시설설치비용을 뺀 금액(이하 "환급금"이라 한다)과 다음 각 호의 어느 하나에 해당하는 날의 다음 날부터 환급결정을 하는 날까지의 기간에 대하여 「국세기본법 시행령」 제43조의3 제2항에 따른 이자율에 따라 계산한 금액(이하 "환급가산금"이라 한다)을 환급하여야 한다.
  1. 과오납부·이중납부 또는 납부 후 그 부과의 취소·정정으로 환급하는 경우에는 그 납부일
  2. 납부자에게 책임이 있는 사유로 인하여 설치비용을 발생시킨 허가가 취소되어 환급하는 경우에는 그 취소일
  3. 납부자의 건축계획 변경, 그 밖에 이에 준하는 사유로 환급하는 경우에는 그 변경허가일 또는 이에 준하는 행정처분의 결정일
③ 환급금과 환급가산금은 해당 기반시설부담구역에 설치된 기반시설특별회계에서 지급한다. 다만, 특별시장·광역시장·특별자치시장·특별자치도지사·시장 또는 군수는 허가의 취소, 사업면적의 축소 등으로 사업시행자에게 원상회복의 책임이 있는 경우에는 원상회복이 완료될 때까지 원상회복에 소요되는 비용에 상당하는 금액의 지급을 유보할 수 있다.
④ 제1항에 따라 기반시설설치비용을 환급받으려는 납부의무자는 부담금 납부 또는 기반시설 설치에 관한 변동사항과 그 변동사항을 증명하는 자료를 해당 건축행위의 사용승인일 또는 준공일까지 특별시장·광역시장·특별자치시장·특별자치도지사·시장 또는 군수에게 제출하여야 한다.

5 법 제70조(기반시설설치비용의 관리 및 사용 등)

(1) 특별회계의 설치

특별시장·광역시장·특별자치시장·특별자치도지사·시장 또는 군수는 기반시설설치비용의 관리 및 운용을 위하여 기반시설부담구역별로 특별회계를 설치하여야 하며, 그에 필요한 사항은 지방자치단체의 조례로 정한다.

(2) 기반시설설치비용의 용도

납부한 기반시설설치비용은 해당 기반시설부담구역에서 기반시설의 설치 또는 그에 필요한 용지의 확보 등을 위하여 사용하여야 한다. 다만, 해당 기반시설부담구역에 사용하기가 곤란한 경우로서 대통령령으로 정하는 경우에는 해당 기반시설부담구역의 기반시설과 연계된 기반시설의 설치 또는 그에 필요한 용지의 확보 등에 사용할 수 있다.

> **기반시설설치비용의 관리 및 사용 등(영 제70조의11)**
> ① 법 제70조 제2항 단서에서 "대통령령으로 정하는 경우"란 해당 기반시설부담구역에 필요한 기반시설을 모두 설치하거나 그에 필요한 용지를 모두 확보한 후에도 잔액이 생기는 경우를 말한다.
> ② 법 제69조 제2항에 따라 납부한 기반시설설치비용은 다음 각 호의 용도로 사용하여야 한다.
>   1. 기반시설부담구역별 기반시설설치계획 및 기반시설부담계획 수립
>   2. 기반시설부담구역에서 건축물의 신·증축행위로 유발되는 기반시설의 신규 설치, 그에 필요한 용지 확보 또는 기존 기반시설의 개량
>   3. 기반시설부담구역별로 설치하는 특별회계의 관리 및 운영

(3) 기반시설설치비용의 관리, 사용 등에 필요한 사항

기반시설설치비용의 관리, 사용 등에 필요한 사항은 대통령령으로 정하는 바에 따라 국토교통부장관이 정한다.

제3절　성장관리계획

1　법 제75조의2(성장관리계획구역의 지정 등)

(1) 성장관리계획구역의 지정 기준 기출 33회·36회

특별시장·광역시장·특별자치시장·특별자치도지사·시장 또는 군수는 녹지지역, 관리지역, 농림지역 및 자연환경보전지역 중 다음의 어느 하나에 해당하는 지역의 전부 또는 일부에 대하여 성장관리계획구역을 지정할 수 있다.
① 개발수요가 많아 무질서한 개발이 진행되고 있거나 진행될 것으로 예상되는 지역
② 주변의 토지이용이나 교통여건 변화 등으로 향후 시가화가 예상되는 지역
③ 주변지역과 연계하여 체계적인 관리가 필요한 지역
④ 「토지이용규제기본법」 제2조 제1호에 따른 지역·지구 등의 변경으로 토지이용에 대한 행위제한이 완화되는 지역
⑤ 그 밖에 난개발의 방지와 체계적인 관리가 필요한 지역으로서 대통령령으로 정하는 지역

> **대통령령으로 정하는 지역(영 제70조의12)**
> 다음 각 호의 지역을 말한다.
> 1. 인구 감소 또는 경제성장 정체 등으로 압축적이고 효율적인 도시성장관리가 필요한 지역
> 2. 공장 등과 입지 분리 등을 통해 쾌적한 주거환경 조성이 필요한 지역
> 3. 그 밖에 난개발의 방지와 체계적인 관리가 필요한 지역으로서 특별시·광역시·특별자치시·특별자치도·시 또는 군의 도시·군계획조례로 정하는 지역

(2) 성장관리계획구역의 지정 또는 변경 기출 36회

특별시장·광역시장·특별자치시장·특별자치도지사·시장 또는 군수는 성장관리계획구역을 지정하거나 이를 변경하려면 대통령령으로 정하는 바에 따라 미리 주민과 해당 지방의회의 의견을 들어야 하며, 관계 행정기관과의 협의 및 지방도시계획위원회의 심의를 거쳐야 한다. 다만, 대통령령으로 정하는 경미한 사항을 변경하는 경우에는 그러하지 아니하다.

> **성장관리계획구역의 지정 또는 변경 절차(영 제70조의13 제1항~제5항)** 〈개정 2022.1.18.〉
> ① 특별시장·광역시장·특별자치시장·특별자치도지사·시장 또는 군수는 법 제75조의2 제2항 본문에 따라 성장관리계획구역의 지정 또는 변경에 관하여 주민의 의견을 들으려면 성장관리계획구역 안의 주요 내용을 해당 지방자치단체의 공보나 전국 또는 해당 지방자치단체를 주된 보급지역으로 하는 둘 이상의 일간신문에 게재하고, 해당 지방자치단체의 인터넷 홈페이지 등에 공고해야 한다.
> ② 특별시장·광역시장·특별자치시장·특별자치도지사·시장 또는 군수는 제1항에 따른 공고를 한 때에는 성장관리계획구역안을 14일 이상 일반이 열람할 수 있도록 해야 한다.
> ③ 제1항에 따라 공고된 성장관리계획구역 안에 대하여 의견이 있는 사람은 열람기간 내에 특별시장·광역시장·특별자치시장·특별자치도지사·시장 또는 군수에게 의견서를 제출할 수 있다.

④ 특별시장·광역시장·특별자치시장·특별자치도지사·시장 또는 군수는 제3항에 따라 제출된 의견을 성장관리계획구역 안에 반영할 것인지 여부를 검토하여 그 결과를 열람기간이 종료된 날부터 30일 이내에 해당 의견을 제출한 사람에게 통보해야 한다.

⑤ 법 제75조의2 제2항 단서에서 "대통령령으로 정하는 경미한 사항을 변경하는 경우"란 성장관리계획구역의 면적을 10퍼센트 이내에서 변경하는 경우(성장관리계획구역을 변경하는 부분에 둘 이상의 읍·면 또는 동의 일부 또는 전부가 포함된 경우에는 해당 읍·면 또는 동 단위로 구분된 지역의 면적을 각각 10퍼센트 이내에서 변경하는 경우로 한정한다)를 말한다.

(3) 의견 제시

① 특별시·광역시·특별자치시·특별자치도·시 또는 군의 의회는 특별한 사유가 없으면 60일 이내에 특별시장·광역시장·특별자치시장·특별자치도지사·시장 또는 군수에게 의견을 제시하여야 하며, 그 기한까지 의견을 제시하지 아니하면 의견이 없는 것으로 본다.

② 협의 요청을 받은 관계 행정기관의 장은 특별한 사유가 없으면 요청을 받은 날부터 30일 이내에 특별시장·광역시장·특별자치시장·특별자치도지사·시장 또는 군수에게 의견을 제시하여야 한다.

(4) 고시 및 열람

특별시장·광역시장·특별자치시장·특별자치도지사·시장 또는 군수가 성장관리계획구역을 지정하거나 이를 변경한 경우에는 관계 행정기관의 장에게 관계 서류를 송부하여야 하며, 대통령령으로 정하는 바에 따라 이를 고시하고 일반인이 열람할 수 있도록 하여야 한다. 이 경우 지형도면의 고시 등에 관하여는 「토지이용규제기본법」 제8조에 따른다.

성장관리계획구역의 지정 또는 변경 절차(영 제70조의13 제6항)

성장관리계획구역의 지정 또는 변경 고시는 해당 특별시·광역시·특별자치시·특별자치도·시 또는 군의 공보와 인터넷 홈페이지에 다음의 사항을 게재하는 방법으로 한다.
  1. 성장관리계획구역의 지정 또는 변경 목적
  2. 성장관리계획구역의 위치 및 경계
  3. 성장관리계획구역의 면적 및 규모

(5) 성장관리계획구역의 지정 기준 및 절차 등

그 밖에 성장관리계획구역의 지정 기준 및 절차 등에 관하여 필요한 사항은 대통령령으로 정한다.

2 법 제75조의3(성장관리계획의 수립 등) 기출 34회·35회

(1) 성장관리계획구역의 지정목적을 이루는데 필요한 사항

특별시장·광역시장·특별자치시장·특별자치도지사·시장 또는 군수는 성장관리계획구역을 지정할 때에는 다음의 사항 중 그 성장관리계획구역의 지정목적을 이루는데 필요한 사항을 포함하여 성장관리계획을 수립하여야 한다.

① 도로, 공원 등 기반시설의 배치와 규모에 관한 사항
② 건축물의 용도제한, 건축물의 건폐율 또는 용적률

③ 건축물의 배치, 형태, 색채 및 높이
④ 환경관리 및 경관계획
⑤ 그 밖에 난개발의 방지와 체계적인 관리에 필요한 사항으로서 대통령령으로 정하는 사항

> **대통령령으로 정하는 사항(영 제70조의14 제1항)**
> 다음 각 호의 사항을 말한다.
> 1. 성장관리계획구역 내 토지개발·이용, 기반시설, 생활환경 등의 현황 및 문제점
> 2. 그 밖에 난개발의 방지와 체계적인 관리에 필요한 사항으로서 특별시·광역시·특별자치시·특별자치도·시 또는 군의 도시·군계획조례로 정하는 사항

(2) 건폐율의 완화적용 기출 36회

성장관리계획구역에서는 다음의 구분에 따른 범위에서 성장관리계획으로 정하는 바에 따라 특별시·광역시·특별자치시·특별자치도·시 또는 군의 조례로 정하는 비율까지 건폐율을 완화하여 적용할 수 있다.

① 계획관리지역 : 50퍼센트 이하
② 생산관리지역·농림지역 및 대통령령으로 정하는 녹지지역 : 30퍼센트 이하

※ 대통령령으로 정하는 녹지지역이란 자연녹지지역과 생산녹지지역을 말한다(영 제70조의14 제2항).

(3) 용적률의 완화적용

성장관리계획구역내 계획관리지역에서는 125퍼센트 이하의 범위에서 성장관리계획으로 정하는 바에 따라 특별시·광역시·특별자치시·특별자치도·시 또는 군의 조례로 정하는 비율까지 용적률을 완화하여 적용할 수 있다.

(4) 준용 규정

성장관리계획의 수립 및 변경에 관한 절차는 제75조의2 제2항부터 제5항까지의 규정을 준용한다. 이 경우 "성장관리계획구역"은 "성장관리계획"으로 본다.

> **성장관리계획의 수립 등(영 제70조의14 제3항~제4항)**
> ③ 특별시장·광역시장·특별자치시장·특별자치도지사·시장 또는 군수는 다음 각 호의 어느 하나에 해당하는 경우(다른 호에 저촉되지 않는 경우로 한정한다)에는 법 제75조의3 제4항에서 준용하는 법 제75조의2 제2항 단서에 따라 주민과 해당 지방의회의 의견 청취, 관계 행정기관과의 협의 및 지방도시계획위원회의 심의를 거치지 않고 성장관리계획을 변경할 수 있다.
> 1. 제70조의13 제5항에 해당하는 변경지역에서 성장관리계획을 변경하는 경우
> 2. 성장관리계획의 변경이 다음 각 목의 어느 하나에 해당하는 경우
>   가. 단위 기반시설부지 면적의 10퍼센트 미만을 변경하는 경우. 다만, 도로의 경우 시작지점 또는 끝지점이 변경되지 않는 경우로서 중심선이 종전 도로의 범위를 벗어나지 않는 경우로 한정한다.
>   나. 지형사정으로 인한 기반시설의 근소한 위치변경 또는 비탈면 등으로 인한 시설부지의 불가피한 변경인 경우

3. 건축물의 배치·형태·색채 또는 높이의 변경인 경우
4. 그 밖에 특별시·광역시·특별자치시·특별자치도·시 또는 군의 도시·군계획조례로 정하는 경미한 변경인 경우

④ 법 제75조의3 제4항에서 준용하는 법 제75조의2 제5항에 따른 성장관리계획의 수립 또는 변경 고시는 해당 특별시·광역시·특별자치시·특별자치도·시 또는 군의 공보와 인터넷 홈페이지에 다음 각 호의 사항을 게재하는 방법으로 한다.
1. 성장관리계획의 수립 또는 변경 목적
2. 법 제75조의3 제1항에 따른 성장관리계획의 수립 또는 변경 내용

(5) 성장관리계획의 재검토

특별시장·광역시장·특별자치시장·특별자치도지사·시장 또는 군수는 5년마다 관할 구역 내 수립된 성장관리계획에 대하여 대통령령으로 정하는 바에 따라 그 타당성 여부를 전반적으로 재검토하여 정비하여야 한다.

성장관리계획을 재검토하여 정비하는 경우(영 제70조의14 제5항)

특별시장·광역시장·특별자치시장·특별자치도지사·시장 또는 군수는 법 제75조의3 제5항에 따라 성장관리계획을 재검토하여 정비하는 경우에는 다음 각 호의 사항을 포함하여 검토한 후 그 결과를 성장관리계획 입안에 반영해야 한다.
1. 개발수요의 주변지역으로의 확산 방지 등을 고려한 성장관리계획구역의 면적 또는 경계의 적정성
2. 성장관리계획이 난개발의 방지 및 체계적인 관리 등 성장관리계획구역의 지정목적을 충분히 달성하고 있는지 여부
3. 성장관리계획구역의 지정목적을 달성하는 수준을 초과하여 건축물의 용도를 제한하는 등 토지소유자의 토지이용을 과도하게 제한하고 있는지 여부
4. 향후 예상되는 여건변화

(6) 성장관리계획의 수립기준 및 절차 등

그 밖에 성장관리계획의 수립기준 및 절차 등에 관하여 필요한 사항은 대통령령으로 정한다.

성장관리계획구역 지정 등의 세부기준(영 제70조의15)

제70조의12부터 제70조의14까지의 규정에 따른 성장관리계획구역 지정·변경의 기준 및 절차, 성장관리계획 수립·변경의 기준 및 절차 등에 관한 세부적인 사항은 국토교통부장관이 정하여 고시한다.

3 법 제75조의4(성장관리계획구역에서의 개발행위 등) 기출 36회

성장관리계획구역에서 개발행위 또는 건축물의 용도변경을 하려면 그 성장관리계획에 맞게 하여야 한다.

제6장 용도지역·용도지구 및 용도구역에서의 행위제한

> **Point 출제포인트**
> ▷ 용도지역 및 용도지구에서의 건축물의 건축제한
> ▷ 용도지역별 건폐율의 최대한도
> ▷ 용도지역 안에서 용적률의 범위
> ▷ 용도지역별 용적률의 최대한도
> ▷ 용도지역에 적용되는 용적률의 완화시설
> ▷ 용도지역 미지정 또는 미세분지역에서의 행위제한

1 법 제76조(용도지역 및 용도지구에서의 건축물의 건축제한 등)

(1) 용도지역 및 용도지구에서의 건축물의 건축제한

① 지정된 용도지역에서의 건축물이나 그 밖의 시설의 용도·종류 및 규모 등의 제한에 관한 사항은 대통령령으로 정한다.

② 지정된 용도지구에서의 건축물이나 그 밖의 시설의 용도·종류 및 규모 등의 제한에 관한 사항은 이 법 또는 다른 법률에 특별한 규정이 있는 경우 외에는 대통령령으로 정하는 기준에 따라 특별시·광역시·특별자치시·특별자치도·시 또는 군의 조례로 정할 수 있다.

③ 건축물이나 그 밖의 시설의 용도·종류 및 규모 등의 제한은 해당 용도지역과 용도지구의 지정목적에 적합하여야 한다.

④ 건축물이나 그 밖의 시설의 용도·종류 및 규모 등을 변경하는 경우 변경 후의 건축물이나 그 밖의 시설의 용도·종류 및 규모 등은 ①항과 ②항에 맞아야 한다.

⑤ 다음의 어느 하나에 해당하는 경우의 건축물이나 그 밖의 시설의 용도·종류 및 규모 등의 제한에 관하여는 ①항부터 ④항까지의 규정에도 불구하고 다음에서 정하는 바에 따른다.

  ㉠ 제37조 제1항 제6호에 따른 취락지구에서는 취락지구의 지정목적 범위에서 대통령령으로 따로 정한다.

  ㉡ 제37조 제1항 제7호에 따른 개발진흥지구에서는 개발진흥지구의 지정목적 범위에서 대통령령으로 따로 정한다.

  ㉢ 제37조 제1항 제9호에 따른 복합용도지구에서는 복합용도지구의 지정목적 범위에서 대통령령으로 따로 정한다.

  ㉣ 「산업입지 및 개발에 관한 법률」 제2조 제8호 라목에 따른 농공단지에서는 같은 법에서 정하는 바에 따른다.

ⓜ 농림지역 중 농업진흥지역, 보전산지 또는 초지인 경우에는 각각 「농지법」, 「산지관리법」 또는 「초지법」에서 정하는 바에 따른다.
ⓑ 자연환경보전지역 중 「자연공원법」에 따른 공원구역, 「수도법」에 따른 상수원보호구역, 「문화재보호법」에 따라 지정된 지정문화재와 그 보호구역, 「자연유산의 보존 및 활용에 관한 법률」에 따라 지정된 천연기념물과 그 보호구역, 「해양생태계의 보전 및 관리에 관한 법률」에 따른 해양보호구역인 경우에는 각각 「자연공원법」, 「수도법」 또는 「문화재보호법」, 「자연유산의 보존 및 활용에 관한 법률」 또는 「해양생태계의 보전 및 관리에 관한 법률」에서 정하는 바에 따른다. 〈개정 2023.3.21.〉
ⓢ 자연환경보전지역 중 수산자원보호구역인 경우에는 「수산자원관리법」에서 정하는 바에 따른다.
⑥ 보전관리지역이나 생산관리지역에 대하여 농림축산식품부장관·해양수산부장관·환경부장관 또는 산림청장이 농지 보전, 자연환경 보전, 해양환경 보전 또는 산림 보전에 필요하다고 인정하는 경우에는 「농지법」, 「자연환경보전법」, 「야생생물 보호 및 관리에 관한 법률」, 「해양생태계의 보전 및 관리에 관한 법률」 또는 「산림자원의 조성 및 관리에 관한 법률」에 따라 건축물이나 그 밖의 시설의 용도·종류 및 규모 등을 제한할 수 있다. 이 경우 이 법에 따른 제한의 취지와 형평을 이루도록 하여야 한다.

(2) 용도지역 안에서의 건축제한(영 제71조 제1항)

용도지역 안에서의 건축물의 용도·종류 및 규모 등의 제한(이하 "건축제한"이라 한다)은 다음과 같다.

1. 제1종전용주거지역 안에서 건축할 수 있는 건축물 : [별표 2]에 규정된 건축물
2. 제2종전용주거지역 안에서 건축할 수 있는 건축물 : [별표 3]에 규정된 건축물
3. 제1종일반주거지역 안에서 건축할 수 있는 건축물 : [별표 4]에 규정된 건축물
4. 제2종일반주거지역 안에서 건축할 수 있는 건축물 : [별표 5]에 규정된 건축물
5. 제3종일반주거지역 안에서 건축할 수 있는 건축물 : [별표 6]에 규정된 건축물
6. 준주거지역 안에서 건축할 수 없는 건축물 : [별표 7]에 규정된 건축물
7. 중심상업지역 안에서 건축할 수 없는 건축물 : [별표 8]에 규정된 건축물
8. 일반상업지역 안에서 건축할 수 없는 건축물 : [별표 9]에 규정된 건축물
9. 근린상업지역 안에서 건축할 수 없는 건축물 : [별표 10]에 규정된 건축물
10. 유통상업지역 안에서 건축할 수 없는 건축물 : [별표 11]에 규정된 건축물
11. 전용공업지역 안에서 건축할 수 있는 건축물 : [별표 12]에 규정된 건축물
12. 일반공업지역 안에서 건축할 수 있는 건축물 : [별표 13]에 규정된 건축물
13. 준공업지역 안에서 건축할 수 없는 건축물 : [별표 14]에 규정된 건축물
14. 보전녹지지역 안에서 건축할 수 있는 건축물 : [별표 15]에 규정된 건축물
15. 생산녹지지역 안에서 건축할 수 있는 건축물 : [별표 16]에 규정된 건축물
16. 자연녹지지역 안에서 건축할 수 있는 건축물 : [별표 17]에 규정된 건축물
17. 보전관리지역 안에서 건축할 수 있는 건축물 : [별표 18]에 규정된 건축물
18. 생산관리지역 안에서 건축할 수 있는 건축물 : [별표 19]에 규정된 건축물
19. 계획관리지역 안에서 건축할 수 없는 건축물 : [별표 20]에 규정된 건축물
20. 농림지역 안에서 건축할 수 있는 건축물 : [별표 21]에 규정된 건축물
21. 자연환경보전지역 안에서 건축할 수 있는 건축물 : [별표 22]에 규정된 건축물

(3) 경관지구 안에서의 건축제한(영 제72조)
   ① 경관지구 안에서는 그 지구의 경관의 보전·관리·형성에 장애가 된다고 인정하여 도시·군계획조례가 정하는 건축물을 건축할 수 없다. 다만, 특별시장·광역시장·특별자치시장·특별자치도지사·시장 또는 군수가 지구의 지정목적에 위배되지 아니하는 범위 안에서 도시·군계획조례가 정하는 기준에 적합하다고 인정하여 해당 지방자치단체에 설치된 도시계획위원회의 심의를 거친 경우에는 그러하지 아니하다.
   ② 경관지구 안에서의 건축물의 건폐율·용적률·높이·최대너비·색채 및 대지안의 조경 등에 관하여는 그 지구의 경관의 보전·관리·형성에 필요한 범위 안에서 도시·군계획조례로 정한다.
   ③ 다음의 어느 하나에 해당하는 경우에는 해당 경관지구의 지정에 관한 도시·군관리계획으로 건축제한의 내용을 따로 정할 수 있다.
      ㉠ 도시·군계획조례로 정해진 건축제한의 전부를 적용하는 것이 주변지역의 토지이용 상황이나 여건 등에 비추어 불합리한 경우. 이 경우 도시·군관리계획으로 정할 수 있는 건축제한은 도시·군계획조례로 정해진 건축제한의 일부에 한정하여야 한다.
      ㉡ 도시·군계획조례로 정해진 건축제한을 적용하여도 해당 지구의 위치, 환경, 그 밖의 특성에 따라 경관의 보전·관리·형성이 어려운 경우. 이 경우 도시·군관리계획으로 정할 수 있는 건축제한은 규모(건축물 등의 앞면 길이에 대한 옆면길이 또는 높이의 비율을 포함한다) 및 형태, 건축물 바깥쪽으로 돌출하는 건축설비 및 그 밖의 유사한 것의 형태나 그 설치의 제한 또는 금지에 관한 사항으로 한정한다.

(4) 고도지구 안에서의 건축제한(영 제74조)
   고도지구 안에서는 도시·군관리계획으로 정하는 높이를 초과하는 건축물을 건축할 수 없다.

(5) 방재지구 안에서의 건축제한(영 제75조)
   방재지구 안에서는 풍수해·산사태·지반붕괴·지진 그 밖에 재해예방에 장애가 된다고 인정하여 도시·군계획조례가 정하는 건축물을 건축할 수 없다. 다만, 특별시장·광역시장·특별자치시장·특별자치도지사·시장 또는 군수가 지구의 지정목적에 위배되지 아니하는 범위 안에서 도시·군계획조례가 정하는 기준에 적합하다고 인정하여 당해 지방자치단체에 설치된 도시계획위원회의 심의를 거친 경우에는 그러하지 아니하다.

(6) 보호지구 안에서의 건축제한(영 제76조)
   보호지구 안에서는 다음의 구분에 따른 건축물에 한하여 건축할 수 있다. 다만, 특별시장·광역시장·특별자치시장·특별자치도지사·시장 또는 군수가 지구의 지정목적에 위배되지 아니하는 범위 안에서 도시·군계획조례가 정하는 기준에 적합하다고 인정하여 관계 행정기관의 장과의 협의 및 당해 지방자치단체에 설치된 도시계획위원회의 심의를 거친 경우에는 그러하지 아니하다. 〈개정 2024.5.7.〉
   ① **역사문화환경보호지구**: 「국가유산기본법」의 적용을 받는 국가유산을 직접 관리·보호하기 위한 건축물과 문화적으로 보존가치가 큰 지역의 보호 및 보존을 저해하지 아니하는 건축물로서 도시·군계획조례가 정하는 것

② 중요시설물보호지구 : 중요시설물의 보호와 기능 수행에 장애가 되지 아니하는 건축물로서 도시·군계획조례가 정하는 것. 이 경우 제31조 제3항에 따라 공항시설에 관한 보호지구를 세분하여 지정하려는 경우에는 공항시설을 보호하고 항공기의 이·착륙에 장애가 되지 아니하는 범위에서 건축물의 용도 및 형태 등에 관한 건축제한을 포함하여 정할 수 있다.
③ 생태계보호지구 : 생태적으로 보존가치가 큰 지역의 보호 및 보존을 저해하지 아니하는 건축물로서 도시·군계획조례가 정하는 것

(7) 취락지구 안에서의 건축제한(영 제78조)
① 자연취락지구 안에서 건축할 수 있는 건축물은 [별표 23]과 같다.
② 집단취락지구 안에서의 건축제한에 관하여는 개발제한구역의 지정 및 관리에 관한 특별조치법령이 정하는 바에 의한다.

(8) 개발진흥지구에서의 건축제한(영 제79조)
① 지구단위계획 또는 관계 법률에 따른 개발계획을 수립하는 개발진흥지구에서는 지구단위계획 또는 관계 법률에 따른 개발계획에 위반하여 건축물을 건축할 수 없으며, 지구단위계획 또는 개발계획이 수립되기 전에는 개발진흥지구의 계획적 개발에 위배되지 아니하는 범위에서 도시·군계획조례로 정하는 건축물을 건축할 수 있다.
② 지구단위계획 또는 관계 법률에 따른 개발계획을 수립하지 아니하는 개발진흥지구에서는 해당 용도지역에서 허용되는 건축물을 건축할 수 있다.
③ 산업·유통개발진흥지구에서는 해당 용도지역에서 허용되는 건축물 외에 해당 지구계획(해당 지구의 토지이용, 기반시설 설치 및 환경오염 방지 등에 관한 계획을 말한다)에 따라 다음의 구분에 따른 요건을 갖춘 건축물 중 도시·군계획조례로 정하는 건축물을 건축할 수 있다.
　㉠ 계획관리지역 : 계획관리지역에서 건축이 허용되지 아니하는 공장 중 다음의 요건을 모두 갖춘 것
　　ⓐ 「대기환경보전법」, 「물환경보전법」 또는 「소음·진동관리법」에 따른 배출시설의 설치 허가·신고 대상이 아닐 것
　　ⓑ 「악취방지법」에 따른 배출시설이 없을 것
　　ⓒ 「산업집적활성화 및 공장설립에 관한 법률」 제9조 제1항 또는 제13조 제1항에 따른 공장설립 가능 여부의 확인 또는 공장설립 등의 승인에 필요한 서류를 갖추어 법 제30조 제1항에 따라 관계 행정기관의 장과 미리 협의하였을 것
　㉡ 자연녹지지역·생산관리지역·보전관리지역 또는 농림지역 : 해당 용도지역에서 건축이 허용되지 않는 공장 중 다음의 요건을 모두 갖춘 것
　　ⓐ 산업·유통개발진흥지구 지정 전에 계획관리지역에 설치된 기존 공장이 인접한 용도지역의 토지로 확장하여 설치하는 공장일 것
　　ⓑ 해당 용도지역에 확장하여 설치되는 공장부지의 규모가 3천제곱미터 이하일 것. 다만, 해당 용도지역 내에 기반시설이 설치되어 있거나 기반시설의 설치에 필요한 용지의 확보가 충분하고 주변지역의 환경오염·환경훼손 우려가 없는 경우로서 도시계획위원회의 심의를 거친 경우에는 5천제곱미터까지로 할 수 있다.

(9) 특정용도제한지구 안에서의 건축제한(영 제80조)

특정용도제한지구 안에서는 주거기능 및 교육환경을 훼손하거나 청소년 정서에 유해하다고 인정하여 도시·군계획조례가 정하는 건축물을 건축할 수 없다.

(10) 복합용도지구에서의 건축제한(영 제81조)

복합용도지구에서는 해당 용도지역에서 허용되는 건축물 외에 다음에 따른 건축물 중 도시·군계획조례가 정하는 건축물을 건축할 수 있다.

① 일반주거지역 : 준주거지역에서 허용되는 건축물. 다만, 다음의 건축물은 제외한다.
　㉠「건축법 시행령」[별표 1] 제4호의 제2종 근린생활시설 중 안마시술소
　㉡「건축법 시행령」[별표 1] 제5호 다목의 관람장
　㉢「건축법 시행령」[별표 1] 제17호의 공장
　㉣「건축법 시행령」[별표 1] 제19호의 위험물 저장 및 처리 시설
　㉤「건축법 시행령」[별표 1] 제21호의 동물 및 식물 관련 시설
　㉥「건축법 시행령」[별표 1] 제28호의 장례시설

② 일반공업지역 : 준공업지역에서 허용되는 건축물. 다만 다음의 건축물은 제외한다.
　㉠「건축법 시행령」[별표 1] 제2호 가목의 아파트
　㉡「건축법 시행령」[별표 1] 제4호의 제2종 근린생활시설 중 단란주점 및 안마시술소
　㉢「건축법 시행령」[별표 1] 제11호의 노유자시설

③ 계획관리지역 : 다음의 어느 하나에 해당하는 건축물
　㉠「건축법 시행령」[별표 1] 제4호의 제2종 근린생활시설 중 일반음식점·휴게음식점·제과점 ([별표 20] 제1호 라목에 따라 건축할 수 없는 일반음식점·휴게음식점·제과점은 제외한다)
　㉡「건축법 시행령」[별표 1] 제7호의 판매시설
　㉢「건축법 시행령」[별표 1] 제15호의 숙박시설([별표 20] 제1호 사목에 따라 건축할 수 없는 숙박시설은 제외한다)
　㉣「건축법 시행령」[별표 1] 제16호 다목의 유원시설업의 시설, 그 밖에 이와 비슷한 시설

(11) 그 밖의 용도지구 안에서의 건축제한(영 제82조)

제72조부터 제80조까지에 규정된 용도지구 외의 용도지구 안에서의 건축제한에 관하여는 그 용도지구 지정의 목적달성에 필요한 범위 안에서 특별시·광역시·특별자치시·특별자치도·시 또는 군의 도시·군계획조례로 정한다.

(12) 용도지역·용도지구 및 용도구역 안에서의 건축제한의 예외 등(영 제83조)

① 용도지역·용도지구 안에서의 도시·군계획시설에 대하여는 제71조 내지 제82조의 규정을 적용하지 아니한다.

② 경관지구 또는 고도지구 안에서의「건축법 시행령」제6조 제1항 제6호에 따른 리모델링이 필요한 건축물에 대해서는 제72조부터 제74조까지의 규정에도 불구하고「건축법 시행령」제6조 제1항 제6호에 따라 건축물의 높이·규모 등의 제한을 완화하여 제한할 수 있다.

③ 개발제한구역, 도시자연공원구역, 시가화조정구역 및 수산자원보호구역 안에서의 건축제한에 관하여는 다음의 법령 또는 규정에서 정하는 바에 따른다.

㉠ 개발제한구역 안에서의 건축제한 : 「개발제한구역의 지정 및 관리에 관한 특별조치법」
㉡ 도시자연공원구역 안에서의 건축제한 : 「도시공원 및 녹지 등에 관한 법률」
㉢ 시가화조정구역 안에서의 건축제한 : 제87조부터 제89조까지의 규정
㉣ 수산자원보호구역 안에서의 건축제한 : 「수산자원관리법」

④ 용도지역·용도지구 또는 용도구역 안에서의 건축물이 아닌 시설의 용도·종류 및 규모 등의 제한에 관하여는 [별표 2]부터 [별표 25]까지, 제72조, 제74조부터 제76조까지, 제79조, 제80조 및 제82조에 따른 건축물에 관한 사항을 적용한다. 다만, 다음의 시설의 용도·종류 및 규모 등의 제한에 관하여는 적용하지 아니한다.

㉠ 「관광진흥법」 제3조 제1항 제6호에 따른 유원시설업(이하 "유원시설업"이라 한다)을 위한 유기시설(遊技施設)·유기기구(遊技機具)로서 다음의 요건을 모두 갖춘 시설
  ⓐ 철로를 활용하는 궤도주행형 유기시설·유기기구일 것
  ⓑ ⓐ의 철로는 「철도사업법」 제4조에 따라 지정·고시된 사항의 변경으로 사업용철도노선에서 제외된 기존 선로일 것
㉡ ㉠의 유기시설·유기기구를 설치하는 유원시설업을 위하여 「관광진흥법」 제5조 제2항에 따라 갖추어야 하는 시설

⑤ 용도지역·용도지구 또는 용도구역 안에서 허용되는 건축물 또는 시설을 설치하기 위하여 공사현장에 설치하는 자재야적장, 레미콘·아스콘생산시설 등 공사용 부대시설은 ④항 및 제55조·제56조의 규정에 불구하고 당해 공사에 필요한 최소한의 면적의 범위 안에서 기간을 정하여 사용 후에 그 시설 등을 설치한 자의 부담으로 원상복구할 것을 조건으로 설치를 허가할 수 있다.

⑥ 방재지구 안에서는 제71조에 따른 용도지역 안에서의 건축제한 중 층수 제한에 있어서는 1층 전부를 필로티 구조로 하는 경우 필로티 부분을 층수에서 제외한다.

2 법 제77조(용도지역의 건폐율)

(1) 용도지역 안에서의 건폐율 기출 31회·32회·35회

① 지정된 용도지역에서 건폐율의 최대한도는 관할 구역의 면적과 인구 규모, 용도지역의 특성 등을 고려하여 다음의 범위에서 대통령령으로 정하는 기준에 따라 특별시·광역시·특별자치시·특별자치도·시 또는 군의 조례로 정한다.

도시지역	주거지역	70퍼센트 이하
	상업지역	90퍼센트 이하
	공업지역	70퍼센트 이하
	녹지지역	20퍼센트 이하
관리지역	보전관리지역	20퍼센트 이하
	생산관리지역	20퍼센트 이하
	계획관리지역	40퍼센트 이하
농림지역	-	20퍼센트 이하
자연환경보전지역	-	20퍼센트 이하

② 세분된 용도지역에서의 건폐율에 관한 기준은 ①항의 범위에서 대통령령으로 따로 정한다.

> **용도지역 안에서의 건폐율(영 제84조 제1항~제2항)**
>
> ① 법 제77조 제1항 및 제2항에 따른 건폐율은 다음 각 호의 범위에서 특별시·광역시·특별자치시·특별자치도·시 또는 군의 도시·군계획조례가 정하는 비율 이하로 한다.
>   1. 제1종전용주거지역 : 50퍼센트 이하
>   2. 제2종전용주거지역 : 50퍼센트 이하
>   3. 제1종일반주거지역 : 60퍼센트 이하
>   4. 제2종일반주거지역 : 60퍼센트 이하
>   5. 제3종일반주거지역 : 50퍼센트 이하
>   6. 준주거지역 : 70퍼센트 이하
>   7. 중심상업지역 : 90퍼센트 이하
>   8. 일반상업지역 : 80퍼센트 이하
>   9. 근린상업지역 : 70퍼센트 이하
>   10. 유통상업지역 : 80퍼센트 이하
>   11. 전용공업지역 : 70퍼센트 이하
>   12. 일반공업지역 : 70퍼센트이하
>   13. 준공업지역 : 70퍼센트 이하
>   14. 보전녹지지역 : 20퍼센트 이하
>   15. 생산녹지지역 : 20퍼센트 이하
>   16. 자연녹지지역 : 20퍼센트 이하
>   17. 보전관리지역 : 20퍼센트 이하
>   18. 생산관리지역 : 20퍼센트 이하
>   19. 계획관리지역 : 40퍼센트 이하
>   20. 농림지역 : 20퍼센트 이하
>   21. 자연환경보전지역 : 20퍼센트 이하
> ② 제1항의 규정에 의하여 도시·군계획조례로 용도지역별 건폐율을 정함에 있어서 필요한 경우에는 당해 지방자치단체의 관할구역을 세분하여 건폐율을 달리 정할 수 있다.

(2) 대통령령으로 정하는 기준에 따라 따로 정하는 건폐율

① 다음의 어느 하나에 해당하는 지역에서의 건폐율에 관한 기준은 80퍼센트 이하의 범위에서 <u>대통령령으로 정하는 기준</u>에 따라 특별시·광역시·특별자치시·특별자치도·시 또는 군의 조례로 따로 정한다.
  ㉠ 제37조 제1항 제6호에 따른 취락지구
  ㉡ 제37조 제1항 제7호에 따른 개발진흥지구(도시지역 외의 지역 또는 <u>대통령령으로 정하는 용도지역</u>만 해당한다)
   ※ "대통령령으로 정하는 용도지역"이란 자연녹지지역을 말한다(영 제84조 제3항).
  ㉢ 제40조에 따른 수산자원보호구역
  ㉣ 「자연공원법」에 따른 자연공원
  ㉤ 「산업입지 및 개발에 관한 법률」제2조 제8호 라목에 따른 농공단지
  ㉥ 공업지역에 있는 「산업입지 및 개발에 관한 법률」제2조 제8호 가목부터 다목까지의 규정에 따른 국가산업단지, 일반산업단지 및 도시첨단산업단지와 같은 조 제12호에 따른 준산업단지

> **용도지역 안에서의 건폐율(영 제84조 제4항)**
>
> 법 제77조 제3항에 따라 다음 각 호의 지역에서의 건폐율은 각 호에서 정한 범위에서 특별시·광역시·특별자치시·특별자치도·시 또는 군의 도시·군계획조례로 정하는 비율 이하로 한다. 〈개정 2024.5.28.〉
> 1. 취락지구 : 60퍼센트 이하(집단취락지구에 대하여는 개발제한구역의 지정 및 관리에 관한 특별조치법령이 정하는 바에 의한다)
> 2. 개발진흥지구 : 다음 각 목에서 정하는 비율 이하
>   가. 도시지역 외의 지역에 지정된 경우 : 40퍼센트. 다만, 계획관리지역에 제31조 제2항 제8호 나목에 따른 산업·유통개발진흥지구가 지정된 경우에는 60퍼센트로 한다.
>   나. 자연녹지지역에 지정된 경우 : 30퍼센트
> 3. 수산자원보호구역 : 40퍼센트 이하
> 4. 「자연공원법」에 따른 자연공원 : 60퍼센트 이하
> 5. 「산업입지 및 개발에 관한 법률」 제2조 제8호 라목에 따른 농공단지 : 70퍼센트 이하
> 6. 공업지역에 있는 「산업입지 및 개발에 관한 법률」 제2조 제8호 가목부터 다목까지의 규정에 따른 국가산업단지·일반산업단지·도시첨단산업단지 및 같은 조 제12호에 따른 준산업단지 : 80퍼센트 이하

② 다음의 어느 하나에 해당하는 경우로서 대통령령으로 정하는 경우에는 대통령령으로 정하는 기준에 따라 특별시·광역시·특별자치시·특별자치도·시 또는 군의 조례로 건폐율을 따로 정할 수 있다.
  ㉠ 토지이용의 과밀화를 방지하기 위하여 건폐율을 강화할 필요가 있는 경우
  ㉡ 주변 여건을 고려하여 토지의 이용도를 높이기 위하여 건폐율을 완화할 필요가 있는 경우
  ㉢ 녹지지역, 보전관리지역, 생산관리지역, 농림지역 또는 자연환경보전지역에서 농업용·임업용·어업용 건축물을 건축하려는 경우
  ㉣ 보전관리지역, 생산관리지역, 농림지역 또는 자연환경보전지역에서 주민생활의 편익을 증진시키기 위한 건축물을 건축하려는 경우

3 법 제78조(용도지역에서의 용적률) 기출 31회·33회·34회

(1) 용도지역 안에서의 용적률

① 지정된 용도지역에서 용적률의 최대한도는 관할 구역의 면적과 인구 규모, 용도지역의 특성 등을 고려하여 다음의 범위에서 대통령령으로 정하는 기준에 따라 특별시·광역시·특별자치시·특별자치도·시 또는 군의 조례로 정한다.

도시지역	주거지역	500퍼센트 이하
	상업지역	1천500퍼센트 이하
	공업지역	400퍼센트 이하
	녹지지역	100퍼센트 이하
관리지역	보전관리지역	80퍼센트 이하
	생산관리지역	80퍼센트 이하
	계획관리지역	100퍼센트 이하
농림지역	-	80퍼센트 이하
자연환경보전지역	-	80퍼센트 이하

② 세분된 용도지역에서의 용적률에 관한 기준은 ①항의 범위에서 대통령령으로 따로 정한다.

> **용도지역 안에서의 용적률(영 제85조 제1항~제2항)** 기출 34회
>
> ① 법 제78조 제1항 및 제2항에 따른 용적률은 다음 각 호의 범위에서 관할구역의 면적, 인구규모 및 용도지역의 특성 등을 고려하여 특별시·광역시·특별자치시·특별자치도·시 또는 군의 도시·군계획조례가 정하는 비율을 초과할 수 없다.
>   1. 제1종전용주거지역 : 50퍼센트 이상 100퍼센트 이하
>   2. 제2종전용주거지역 : 50퍼센트 이상 150퍼센트 이하
>   3. 제1종일반주거지역 : 100퍼센트 이상 200퍼센트 이하
>   4. 제2종일반주거지역 : 100퍼센트 이상 250퍼센트 이하
>   5. 제3종일반주거지역 : 100퍼센트 이상 300퍼센트 이하
>   6. 준주거지역 : 200퍼센트 이상 500퍼센트 이하
>   7. 중심상업지역 : 200퍼센트 이상 1천500퍼센트 이하
>   8. 일반상업지역 : 200퍼센트 이상 1천300퍼센트 이하
>   9. 근린상업지역 : 200퍼센트 이상 900퍼센트 이하
>   10. 유통상업지역 : 200퍼센트 이상 1천100퍼센트 이하
>   11. 전용공업지역 : 150퍼센트 이상 300퍼센트 이하
>   12. 일반공업지역 : 150퍼센트 이상 350퍼센트 이하
>   13. 준공업지역 : 150퍼센트 이상 400퍼센트 이하
>   14. 보전녹지지역 : 50퍼센트 이상 80퍼센트 이하
>   15. 생산녹지지역 : 50퍼센트 이상 100퍼센트 이하
>   16. 자연녹지지역 : 50퍼센트 이상 100퍼센트 이하
>   17. 보전관리지역 : 50퍼센트 이상 80퍼센트 이하
>   18. 생산관리지역 : 50퍼센트 이상 80퍼센트 이하
>   19. 계획관리지역 : 50퍼센트 이상 100퍼센트 이하
>   20. 농림지역 : 50퍼센트 이상 80퍼센트 이하
>   21. 자연환경보전지역 : 50퍼센트 이상 80퍼센트 이하
> ② 제1항의 규정에 의하여 도시·군계획조례로 용도지역별 용적률을 정함에 있어서 필요한 경우에는 당해 지방자치단체의 관할구역을 세분하여 용적률을 달리 정할 수 있다.

(2) 대통령령으로 정하는 기준에 따라 따로 정하는 용적률

① 다음에 해당하는 지역에서의 용적률에 대한 기준은 200퍼센트 이하의 범위에서 대통령령으로 정하는 기준에 따라 특별시·광역시·특별자치시·특별자치도·시 또는 군의 조례로 따로 정한다.
  ㉠ 개발진흥지구(도시지역 외의 지역)
  ㉡ 수산자원보호구역
  ㉢ 자연공원
  ㉣ 농공단지(도시지역 외의 지역에 지정된 농공단지에 한한다)

> **용도지역 안에서의 용적률(영 제85조 제6항)**
>
> 법 제78조 제3항의 규정에 의하여 다음 각 호의 지역 안에서의 용적률은 각 호에서 정한 범위 안에서 특별시·광역시·특별자치시·특별자치도·시 또는 군의 도시·군계획조례가 정하는 비율을 초과하여서는 아니 된다.
>   1. 도시지역 외의 지역에 지정된 개발진흥지구 : 100퍼센트 이하
>   2. 수산자원보호구역 : 80퍼센트 이하
>   3. 「자연공원법」에 따른 자연공원 : 100퍼센트 이하
>   4. 「산업입지 및 개발에 관한 법률」 제2조 제8호 라목에 따른 농공단지(도시지역 외의 지역에 지정된 농공단지에 한한다) : 150퍼센트 이하

② 건축물의 주위에 공원·광장·도로·하천 등의 공지가 있거나 이를 설치하는 경우에는 대통령령으로 정하는 바에 따라 특별시·광역시·특별자치시·특별자치도·시 또는 군의 조례로 용적률을 따로 정할 수 있다.

> **용도지역 안에서의 용적률(영 제85조 제7항~제8항)**
>
> ⑦ 법 제78조 제4항의 규정에 의하여 준주거지역·중심상업지역·일반상업지역·근린상업지역·전용공업지역·일반공업지역 또는 준공업지역 안의 건축물로서 다음 각 호의 1에 해당하는 건축물에 대한 용적률은 경관·교통·방화 및 위생상 지장이 없다고 인정되는 경우에는 제1항 각 호의 규정에 의한 해당 용적률의 120퍼센트 이하의 범위 안에서 특별시·광역시·특별자치시·특별자치도·시 또는 군의 도시·군계획조례가 정하는 비율로 할 수 있다.
>   1. 공원·광장(교통광장을 제외한다)·하천 그 밖에 건축이 금지된 공지에 접한 도로를 전면도로로 하는 대지안의 건축물이나 공원·광장·하천 그 밖에 건축이 금지된 공지에 20미터 이상 접한 대지안의 건축물
>   2. 너비 25미터 이상인 도로에 20미터 이상 접한 대지안의 건축면적이 1천제곱미터 이상인 건축물
> ⑧ 법 제78조 제4항의 규정에 의하여 다음 각 호의 지역·지구 또는 구역 안에서 건축물을 건축하고자 하는 자가 그 대지의 일부를 공공시설부지로 제공하는 경우에는 당해 건축물에 대한 용적률은 제1항 각 호의 규정에 의한 해당 용적률의 200퍼센트 이하의 범위 안에서 대지면적의 제공비율에 따라 특별시·광역시·특별자치시·특별자치도·시 또는 군의 도시·군계획조례가 정하는 비율로 할 수 있다.
>   1. 상업지역
>   2. 삭제 〈2005.1.15.〉
>   3. 「도시 및 주거환경정비법」에 따른 재개발사업 및 재건축사업을 시행하기 위한 정비구역

(3) 건축높이의 제한

도시지역(녹지지역만 해당한다), 관리지역에서는 창고 등 대통령령으로 정하는 용도의 건축물 또는 시설물은 특별시·광역시·특별자치시·특별자치도·시 또는 군의 조례로 정하는 높이로 규모 등을 제한할 수 있다.

※ "창고 등 대통령령으로 정하는 용도의 건축물 또는 시설물"이란 창고를 말한다(영 제85조 제9항).

(4) 용적률의 완화 기출 28회·29회

① 건축물을 건축하려는 자가 그 대지의 일부에 「사회복지사업법」 제2조 제4호에 따른 사회복지시설 중 대통령령으로 정하는 시설을 설치하여 국가 또는 지방자치단체에 기부채납하는 경우에는 특별시·광역시·특별자치시·특별자치도·시 또는 군의 조례로 해당 용도지역에 적용되는 용적률을 완화할 수 있다. 이 경우 용적률 완화의 허용범위, 기부채납의 기준 및 절차 등에 필요한 사항은 대통령령으로 정한다.

> **용도지역 안에서의 용적률(영 제85조 제10항~제12항)**
>
> ⑩ 법 제78조 제6항 전단에서 "대통령령으로 정하는 시설"이란 다음 각 호의 시설을 말한다.
>   1. 「영유아보육법」 제2조 제3호에 따른 어린이집
>   2. 「노인복지법」 제36조 제1항 제1호에 따른 노인복지관
>   3. 그 밖에 특별시장·광역시장·특별자치시장·특별자치도지사·시장 또는 군수가 해당 지역의 사회복지시설 수요를 고려하여 도시·군계획조례로 정하는 사회복지시설
> ⑪ 제1항에도 불구하고 건축물을 건축하려는 자가 법 제78조 제6항 전단에 따라 그 대지의 일부에 사회복지시설을 설치하여 기부하는 경우에는 기부하는 시설의 연면적의 2배 이하의 범위에서 도시·군계획조례로 정하는 바에 따라 추가 건축을 허용할 수 있다. 다만, 해당 용적률은 다음 각 호의 기준을 초과할 수 없다.
>   1. 제1항에 따라 도시·군계획조례로 정하는 용적률의 120퍼센트
>   2. 제1항 각 호의 구분에 따른 용도지역별 용적률의 최대한도
> ⑫ 국가나 지방자치단체는 법 제78조 제6항 전단에 따라 기부 받은 사회복지시설을 제10항 각 호에 따른 시설 외의 시설로 용도변경하거나 그 주요 용도에 해당하는 부분을 분양 또는 임대할 수 없으며, 해당 시설의 면적이나 규모를 확장하여 설치장소를 변경(지방자치단체에 기부한 경우에는 그 관할 구역 내에서의 설치장소 변경을 말한다)하는 경우를 제외하고는 국가나 지방자치단체 외의 자에게 그 시설의 소유권을 이전할 수 없다.

② 이 법 및 「건축법」 등 다른 법률에 따른 용적률의 완화에 관한 규정은 이 법 및 다른 법률에도 불구하고 다음의 구분에 따른 범위에서 중첩하여 적용할 수 있다. 다만, 용적률 완화 규정을 중첩 적용하여 완화되는 용적률이 대통령령으로 정하고 있는 해당 용도지역별 용적률 최대한도를 초과하는 경우에는 관할 시·도지사, 시장·군수 또는 구청장이 제30조 제3항 단서 또는 같은 조 제7항에 따른 건축위원회와 도시계획위원회의 공동 심의를 거쳐 기반시설의 설치 및 그에 필요한 용지의 확보가 충분하다고 인정하는 경우에 한정한다.
  ㉠ 지구단위계획구역 : 제52조 제3항에 따라 지구단위계획으로 정하는 범위
  ㉡ 지구단위계획구역 외의 지역 : 대통령령으로 정하고 있는 해당 용도지역별 용적률 최대한도의 120퍼센트 이하

4 법 제79조(용도지역 미지정 또는 미세분 지역에서의 행위제한 등) 기출 31회·33회

① 도시지역, 관리지역, 농림지역 또는 자연환경보전지역으로 용도가 지정되지 아니한 지역에 대하여는 제76조부터 제78조까지의 규정을 적용할 때에 자연환경보전지역에 관한 규정을 적용한다.
② 도시지역 또는 관리지역이 세부 용도지역으로 지정되지 아니한 경우에는 제76조부터 제78조까지의 규정을 적용할 때에 해당 용도지역이 도시지역인 경우에는 녹지지역 중 대통령령으로 정하는 지역에 관한 규정을 적용하고, 관리지역인 경우에는 보전관리지역에 관한 규정을 적용한다.
※ "대통령령으로 정하는 지역"이란 보전녹지지역을 말한다(영 제86조).

5 용도구역 안에서의 행위제한 등

(1) 개발제한구역에서의 행위제한(법 제80조)
개발제한구역에서의 행위제한이나 그 밖에 개발제한구역의 관리에 필요한 사항은 따로 법률로 정한다.

(2) 도시자연공원구역에서의 행위제한(법 제80조의2)
도시자연공원구역에서의 행위 제한 등 도시자연공원구역의 관리에 필요한 사항은 따로 법률로 정한다.

(3) 도시혁신구역에서의 행위제한(법 제80조의4) 〈본조신설 2024.2.6.〉
용도지역 및 용도지구에 따른 제한에도 불구하고 도시혁신구역에서의 토지의 이용, 건축물이나 그 밖의 시설의 용도·건폐율·용적률·높이 등에 관한 제한 및 그 밖에 대통령령으로 정하는 사항에 관하여는 도시혁신계획으로 따로 정한다.

※ "대통령령으로 정하는 사항"이란 건축물이나 그 밖의 시설의 종류 및 규모의 제한에 관한 사항을 말한다(영 제86조의2). 〈본조신설 2024.7.30.〉

(4) 복합용도구역에서의 행위제한(법 제80조의5) 〈본조신설 2024.2.6.〉
① 용도지역 및 용도지구에 따른 제한에도 불구하고 복합용도구역에서의 건축물이나 그 밖의 시설의 용도·종류 및 규모 등의 제한에 관한 사항은 대통령령으로 정하는 범위에서 복합용도계획으로 따로 정한다.

※ "대통령령으로 정하는 범위"란 건축물이나 그 밖의 시설의 용도·종류 및 규모 등의 제한에 관하여 법 제36조 제1항 제1호의 도시지역에서 허용되는 범위를 말한다(영 제86조의3). 〈본조신설 2024.7.30.〉

② 복합용도구역에서의 건폐율과 용적률은 제77조 제1항 각 호 및 제78조 제1항 각 호에 따른 용도지역별 건폐율과 용적률의 최대한도의 범위에서 복합용도계획으로 정한다.

(5) 시가화조정구역에서의 행위제한(법 제81조) 기출 35회
① 시가화조정구역 안에서 시행할 수 있는 도시·군계획사업 : 지정된 시가화조정구역에서의 도시·군계획사업은 대통령령으로 정하는 사업만 시행할 수 있다.

※ "대통령령으로 정하는 사업"이란 국방상 또는 공익상 시가화조정구역 안에서의 사업시행이 불가피한 것으로서 관계 중앙행정기관의 장의 요청에 의하여 국토교통부장관이 시가화조정구역의 지정목적달성에 지장이 없다고 인정하는 도시·군계획사업을 말한다(영 제87조).

② 시가화조정구역 안에서의 행위제한 : 시가화조정구역에서는 제56조와 제76조에도 불구하고 ①항에 따른 도시·군계획사업의 경우 외에는 다음의 어느 하나에 해당하는 행위에 한정하여 특별시장·광역시장·특별자치시장·특별자치도지사·시장 또는 군수의 허가를 받아 그 행위를 할 수 있다.

㉠ 농업·임업 또는 어업용의 건축물 중 대통령령으로 정하는 종류와 규모의 건축물이나 그 밖의 시설을 건축하는 행위

㉡ 마을공동시설, 공익시설·공공시설, 광공업 등 주민의 생활을 영위하는 데에 필요한 행위로서 대통령령으로 정하는 행위

㉢ 입목의 벌채, 조림, 육림, 토석의 채취, 그 밖에 대통령령으로 정하는 경미한 행위

시가화조정구역 안에서의 행위제한(영 제88조)

법 제81조 제2항의 규정에 의하여 시가화조정구역 안에서 특별시장·광역시장·특별자치시장·특별자치도지사·시장 또는 군수의 허가를 받아 할 수 있는 행위는 [별표 24]와 같다.

> **➕ 알아보기** 시가화조정구역 안에서의 행위허가의 기준 등(영 제89조 제1항~제6항)
>
> ① 특별시장·광역시장·특별자치시장·특별자치도지사·시장 또는 군수는 시가화조정구역의 지정목적달성에 지장이 있거나 당해 토지 또는 주변토지의 합리적인 이용에 지장이 있다고 인정되는 경우에는 법 제81조 제2항의 규정에 의한 허가를 하여서는 아니 된다.
> ② 시가화조정구역 안에 있는 산림 안에서의 입목의 벌채, 조림 및 육림의 허가기준에 관하여는 「산림자원의 조성 및 관리에 관한 법률」의 규정에 의한다.
> ③ 특별시장·광역시장·특별자치시장·특별자치도지사·시장 또는 군수는 [별표 25]에 규정된 행위에 대하여는 특별한 사유가 없는 한 법 제81조 제2항의 규정에 의한 허가를 거부하여서는 아니 된다.
> ④ 특별시장·광역시장·특별자치시장·특별자치도지사·시장 또는 군수는 법 제81조 제2항의 규정에 의한 허가를 함에 있어서 시가화조정구역의 지정목적상 필요하다고 인정되는 경우에는 조경 등 필요한 조치를 할 것을 조건으로 허가할 수 있다.
> ⑤ 특별시장·광역시장·특별자치시장·특별자치도지사·시장 또는 군수는 법 제81조 제2항의 규정에 의한 허가를 하고자 하는 때에는 당해 행위가 도시·군계획사업의 시행에 지장을 주는지의 여부에 관하여 당해 시가화조정구역 안에서 시행되는 도시·군계획사업의 시행자의 의견을 들어야 한다.
> ⑥ 제55조 및 제56조의 규정은 법 제81조 제2항의 규정에 의한 허가에 관하여 이를 준용한다.

③ **사전 협의** : 특별시장·광역시장·특별자치시장·특별자치도지사·시장 또는 군수는 ②항에 따른 허가를 하려면 미리 다음의 어느 하나에 해당하는 자와 협의하여야 한다.
  ㉠ ⑤항 각 호의 허가에 관한 권한이 있는 자
  ㉡ 허가대상행위와 관련이 있는 공공시설의 관리자
  ㉢ 허가대상행위에 따라 설치되는 공공시설을 관리하게 될 자
④ **준용 규정** : 시가화조정구역에서 ②항에 따른 허가를 받지 아니하고 건축물의 건축, 토지의 형질 변경 등의 행위를 하는 자에 관하여는 제60조 제3항 및 제4항(원상회복명령)을 준용한다.
⑤ **허가 또는 신고의 의제** : ②항에 따른 허가가 있는 경우에는 다음의 허가 또는 신고가 있는 것으로 본다. 〈개정 2022.12.27.〉
  ㉠ 「산지관리법」 제14조·제15조에 따른 산지전용허가 및 산지전용신고, 같은 법 제15조의2에 따른 산지일시사용허가·신고
  ㉡ 「산림자원의 조성 및 관리에 관한 법률」 제36조 제1항·제5항에 따른 입목벌채 등의 허가·신고
⑥ 허가의 기준 및 신청 절차 등
  ㉠ 허가의 기준 및 신청 절차 등에 관하여 필요한 사항은 대통령령으로 정한다.
  ㉡ 허가를 신청하고자 하는 자는 국토교통부령이 정하는 서류를 특별시장·광역시장·특별자치시장·특별자치도지사·시장 또는 군수에게 제출하여야 한다(영 제89조 제7항).

6 법 제82조(기존 건축물에 대한 특례)

법령의 제정·개정이나 그 밖에 대통령령으로 정하는 사유로 기존 건축물이 이 법에 맞지 아니하게 된 경우에는 대통령령으로 정하는 범위에서 증축, 개축, 재축 또는 용도변경을 할 수 있다.

7 법 제83조(도시지역에서의 다른 법률의 적용 배제)

도시지역에 대하여는 다음의 법률 규정을 적용하지 아니한다.
① 「도로법」 제40조에 따른 접도구역
② 「농지법」 제8조에 따른 농지취득자격증명. 다만, 녹지지역의 농지로서 도시·군계획시설사업에 필요하지 아니한 농지에 대하여는 그러하지 아니하다.

> **+ 알아보기** 도시혁신구역에서의 다른 법률의 적용 특례(법 제83조의3) 〈본조신설 2024.2.6.〉
>
> ① 도시혁신구역에 대하여는 다음 각 호의 법률 규정에도 불구하고 도시혁신계획으로 따로 정할 수 있다.
>   1. 「주택법」 제35조에 따른 주택의 배치, 부대시설·복리시설의 설치기준 및 대지조성기준
>   2. 「주차장법」 제19조에 따른 부설주차장의 설치
>   3. 「문화예술진흥법」 제9조에 따른 건축물에 대한 미술작품의 설치
>   4. 「건축법」 제43조에 따른 공개 공지 등의 확보
>   5. 「도시공원 및 녹지 등에 관한 법률」 제14조에 따른 도시공원 또는 녹지 확보기준
>   6. 「학교용지 확보 등에 관한 특례법」 제3조에 따른 학교용지의 조성·개발 기준
> ② 도시혁신구역으로 지정된 지역은 「건축법」 제69조에 따른 특별건축구역으로 지정된 것으로 본다.
> ③ 시·도지사 또는 시장·군수·구청장은 「건축법」 제70조에도 불구하고 도시혁신구역에서 건축하는 건축물을 같은 법 제73조에 따라 건축기준 등의 특례사항을 적용하여 건축할 수 있는 건축물에 포함시킬 수 있다.
> ④ 도시혁신구역의 지정·변경 및 도시혁신계획 결정의 고시는 「도시개발법」 제5조에 따른 개발계획의 내용에 부합하는 경우 같은 법 제9조 제1항에 따른 도시개발구역의 지정 및 개발계획 수립의 고시로 본다. 이 경우 도시혁신계획에서 정한 시행자는 같은 법 제11조에 따른 사업시행자 지정요건 및 도시개발구역 지정 제안 요건 등을 갖춘 경우에 한정하여 같은 법에 따른 도시개발사업의 시행자로 지정된 것으로 본다.
> ⑤ 도시혁신계획에 대한 도시계획위원회 심의 시 「교육환경 보호에 관한 법률」 제5조 제8항에 따른 지역교육환경보호위원회, 「문화유산의 보존 및 활용에 관한 법률」 제8조에 따른 문화유산위원회(같은 법 제70조에 따른 시·도지정문화유산에 관한 사항의 경우 같은 법 제71조에 따른 시·도문화유산위원회를 말한다) 또는 「자연유산의 보존 및 활용에 관한 법률」 제7조의2에 따른 자연유산위원회(같은 법 제40조에 따른 시·도자연유산에 관한 사항의 경우 같은 법 제41조의2에 따른 시·도자연유산위원회를 말한다)와 공동으로 심의를 개최하고, 그 결과에 따라 다음 각 호의 법률 규정을 완화하여 적용할 수 있다. 이 경우 다음 각 호의 완화 여부는 각각 지역교육환경보호위원회, 문화유산위원회 및 자연유산위원회의 의결에 따른다.
>   1. 「교육환경 보호에 관한 법률」 제9조에 따른 교육환경보호구역에서의 행위제한
>   2. 「문화유산의 보존 및 활용에 관한 법률」 제13조에 따른 역사문화환경 보존지역에서의 행위제한
>   3. 「자연유산의 보존 및 활용에 관한 법률」 제10조에 따른 역사문화환경 보존지역에서의 행위제한

> **+ 알아보기** 복합용도구역에서의 건축법 적용 특례(법 제83조의4) 〈본조신설 2024.2.6.〉
>
> 제83조의3 제2항 및 제3항은 복합용도구역에도 적용한다. 이 경우 "도시혁신구역"은 "복합용도구역"으로 본다.

8 법 제84조(둘 이상의 용도지역·용도지구·용도구역에 걸치는 대지에 대한 적용기준)

(1) 적용기준

하나의 대지가 둘 이상의 용도지역·용도지구 또는 용도구역(이하 "용도지역 등"이라 한다)에 걸치는 경우로서 각 용도지역 등에 걸치는 부분 중 가장 작은 부분의 규모가 대통령령으로 정하는 규모 이하인 경우에는 전체 대지의 건폐율 및 용적률은 각 부분이 전체 대지 면적에서 차지하는 비율을 고려하여 다음의 구분에 따라 각 용도지역 등별 건폐율 및 용적률을 가중평균한 값을 적용하고, 그 밖의 건축 제한 등에 관한 사항은 그 대지 중 가장 넓은 면적이 속하는 용도지역 등에 관한 규정을 적용한다. 다만, 건축물이 고도지구에 걸쳐 있는 경우에는 그 건축물 및 대지의 전부에 대하여 고도지구의 건축물 및 대지에 관한 규정을 적용한다.

※ "대통령령으로 정하는 규모"라 함은 330제곱미터를 말한다. 다만, 도로변에 띠 모양으로 지정된 상업지역에 걸쳐 있는 토지의 경우에는 660제곱미터를 말한다(영 제94조).

① 가중평균한 건폐율 = $(f_1x_1 + f_2x_2 + ... + f_nx_n)$ / 전체 대지 면적 : 이 경우 f_1부터 f_n까지는 각 용도지역 등에 속하는 토지 부분의 면적을 말하고, x_1부터 x_n까지는 해당 토지 부분이 속하는 각 용도지역 등의 건폐율을 말하며, n은 용도지역 등에 걸치는 각 토지 부분의 총 개수를 말한다.

② 가중평균한 용적률 = $(f_1x_1 + f_2x_2 + ... + f_nx_n)$ / 전체 대지 면적 : 이 경우 f_1부터 f_n까지는 각 용도지역 등에 속하는 토지 부분의 면적을 말하고, x_1부터 x_n까지는 해당 토지 부분이 속하는 각 용도지역 등의 용적률을 말하며, n은 용도지역 등에 걸치는 각 토지 부분의 총 개수를 말한다.

(2) 방화지구와 용도지역·용도지구 또는 용도구역에 걸쳐 있는 경우

하나의 건축물이 방화지구와 그 밖의 용도지역·용도지구 또는 용도구역에 걸쳐 있는 경우에는 그 전부에 대하여 방화지구의 건축물에 관한 규정을 적용한다. 다만, 그 건축물이 있는 방화지구와 그 밖의 용도지역·용도지구 또는 용도구역의 경계가 「건축법」 제50조 제2항에 따른 방화벽으로 구획되는 경우 그 밖의 용도지역·용도지구 또는 용도구역에 있는 부분에 대하여는 그러하지 아니하다.

(3) 녹지지역과 용도지역·용도지구 또는 용도구역에 걸쳐 있는 경우

하나의 대지가 녹지지역과 그 밖의 용도지역·용도지구 또는 용도구역에 걸쳐 있는 경우(규모가 가장 작은 부분이 녹지지역으로서 해당 녹지지역이 대통령령으로 정하는 규모 이하인 경우는 제외한다)에는 각각의 용도지역·용도지구 또는 용도구역의 건축물 및 토지에 관한 규정을 적용한다. 다만, 녹지지역의 건축물이 고도지구 또는 방화지구에 걸쳐 있는 경우에는 (1)의 단서나 (2)에 따른다.

※ "대통령령으로 정하는 규모"라 함은 330제곱미터를 말한다. 다만, 도로변에 띠 모양으로 지정된 상업지역에 걸쳐 있는 토지의 경우에는 660제곱미터를 말한다(영 제94조).

제7장 도시·군계획시설사업의 시행

> **Point 출제포인트**
> ▷ 도시·군계획시설사업의 시행자
> ▷ 도시·군계획시설사업의 수립권자
> ▷ 도시·군계획시설사업의 이행담보

1 법 제85조(단계별 집행계획의 수립)

(1) 단계별 집행계획의 수립

① 특별시장·광역시장·특별자치시장·특별자치도지사·시장 또는 군수는 도시·군계획시설에 대하여 도시·군계획시설 결정의 고시일부터 3개월 이내에 <u>대통령령으로 정하는 바</u>에 따라 재원조달계획, 보상계획 등을 포함하는 단계별 집행계획을 수립하여야 한다. 다만, <u>대통령령으로 정하는 법률</u>에 따라 도시·군관리계획의 결정이 의제되는 경우에는 해당 도시·군계획시설 결정의 고시일부터 2년 이내에 단계별 집행계획을 수립할 수 있다.

> **단계별 집행계획의 수립(영 제95조 제1항~제2항)**
> ① 특별시장·광역시장·특별자치시장·특별자치도지사·시장 또는 군수는 법 제85조 제1항의 규정에 의하여 단계별집행계획을 수립하고자 하는 때에는 미리 관계 행정기관의 장과 협의하여야 하며, 해당 지방의회의 의견을 들어야 한다.
> ② 법 제85조 제1항 단서에서 "대통령령으로 정하는 법률"이란 다음 각 호의 법률을 말한다.
>   1. 「도시 및 주거환경정비법」
>   2. 「도시재정비 촉진을 위한 특별법」
>   3. 「도시재생 활성화 및 지원에 관한 특별법」

② 국토교통부장관이나 도지사가 직접 입안한 도시·군관리계획인 경우 국토교통부장관이나 도지사는 단계별 집행계획을 수립하여 해당 특별시장·광역시장·특별자치시장·특별자치도지사·시장 또는 군수에게 송부할 수 있다.

(2) 단계별 집행계획의 구분

① 단계별 집행계획은 제1단계 집행계획과 제2단계 집행계획으로 구분하여 수립하되, 3년 이내에 시행하는 도시·군계획시설사업은 제1단계 집행계획에, 3년 후에 시행하는 도시·군계획시설사업은 제2단계 집행계획에 포함되도록 하여야 한다.

② 특별시장·광역시장·특별자치시장·특별자치도지사·시장 또는 군수는 매년 제2단계 집행계획을 검토하여 3년 이내에 도시·군계획시설사업을 시행할 도시·군계획시설은 이를 제1단계 집행계획에 포함시킬 수 있다(영 제95조 제3항).

(3) 단계별 집행계획의 공고 기출 34회

① 특별시장·광역시장·특별자치시장·특별자치도지사·시장 또는 군수는 단계별 집행계획을 수립하거나 받은 때에는 대통령령으로 정하는 바에 따라 지체 없이 그 사실을 공고하여야 한다.

※ 단계별 집행계획의 공고는 해당 지방자치단체의 공보와 인터넷 홈페이지에 게재하는 방법으로 하며, 필요한 경우 전국 또는 해당 지방자치단체를 주된 보급지역으로 하는 일간신문에 게재하는 방법이나 방송 등의 방법을 병행할 수 있다(영 제95조 제4항).

② 공고된 단계별 집행계획을 변경하는 경우에는 위의 규정을 준용한다. 다만, 대통령령으로 정하는 경미한 사항을 변경하는 경우에는 그러하지 아니하다.

※ "대통령령으로 정하는 경미한 사항을 변경하는 경우"란 제25조 제3항 각 호 및 제4항 각 호에 따른 도시·군관리계획의 변경에 따라 단계별 집행계획을 변경하는 경우를 말한다(영 제95조 제5항).

2 법 제86조(도시·군계획시설사업의 시행자) 기출 34회

(1) 원칙

특별시장·광역시장·특별자치시장·특별자치도지사·시장 또는 군수는 이 법 또는 다른 법률에 특별한 규정이 있는 경우 외에는 관할 구역의 도시·군계획시설사업을 시행한다.

(2) 협의하여 정하는 경우

도시·군계획시설사업이 둘 이상의 특별시·광역시·특별자치시·특별자치도·시 또는 군의 관할 구역에 걸쳐 시행되게 되는 경우에는 관계 특별시장·광역시장·특별자치시장·특별자치도지사·시장 또는 군수가 서로 협의하여 시행자를 정한다.

(3) 협의가 성립되지 아니하는 경우

협의가 성립되지 아니하는 경우 도시·군계획시설사업을 시행하려는 구역이 같은 도의 관할 구역에 속하는 경우에는 관할 도지사가 시행자를 지정하고, 둘 이상의 시·도의 관할 구역에 걸치는 경우에는 국토교통부장관이 시행자를 지정한다.

(4) 국토교통부장관 또는 도지사가 직접 시행하는 경우

위의 규정에도 불구하고 국토교통부장관은 국가계획과 관련되거나 그 밖에 특히 필요하다고 인정되는 경우에는 관계 특별시장·광역시장·특별자치시장·특별자치도지사·시장 또는 군수의 의견을 들어 직접 도시·군계획시설사업을 시행할 수 있으며, 도지사는 광역도시계획과 관련되거나 특히 필요하다고 인정되는 경우에는 관계 시장 또는 군수의 의견을 들어 직접 도시·군계획시설사업을 시행할 수 있다.

(5) 시행자의 지정

위의 규정에 따라 시행자가 될 수 있는 자 외의 자는 대통령령으로 정하는 바에 따라 국토교통부장관, 시·도지사, 시장 또는 군수로부터 시행자로 지정을 받아 도시·군계획시설사업을 시행할 수 있다.

> **시행자의 지정(영 제96조 제1항)**
> 법 제86조 제5항의 규정에 의하여 도시·군계획시설사업의 시행자로 지정받고자 하는 자는 다음 각 호의 사항을 기재한 신청서를 국토교통부장관, 시·도지사 또는 시장·군수에게 제출하여야 한다.
> 1. 사업의 종류 및 명칭
> 2. 사업시행자의 성명 및 주소(법인인 경우에는 법인의 명칭 및 소재지와 대표자의 성명 및 주소)
> 3. 토지 또는 건물의 소재지·지번·지목 및 면적, 소유권과 소유권외의 권리의 명세 및 그 소유자·권리자의 성명·주소
> 4. 사업의 착수예정일 및 준공예정일
> 5. 자금조달계획

(6) 시행자 지정의 고시

국토교통부장관, 시·도지사, 시장 또는 군수는 도시·군계획시설사업의 시행자를 지정한 경우에는 국토교통부령으로 정하는 바에 따라 그 지정 내용을 고시하여야 한다.

(7) 시행자로 지정을 받기 위한 요건

다음에 해당하지 아니하는 자가 도시·군계획시설사업의 시행자로 지정을 받으려면 도시·군계획시설사업의 대상인 토지(국공유지는 제외한다)의 소유 면적 및 토지 소유자의 동의 비율에 관하여 대통령령으로 정하는 요건을 갖추어야 한다.

> **대통령령으로 정하는 요건(영 제96조 제2항)**
> 도시계획시설사업의 대상인 토지(국·공유지를 제외한다)면적의 3분의 2 이상에 해당하는 토지를 소유하고, 토지소유자 총수의 2분의 1 이상에 해당하는 자의 동의를 얻는 것을 말한다.

① 국가 또는 지방자치단체
② 대통령령으로 정하는 공공기관

> **대통령령으로 정하는 공공기관(영 제96조 제3항)** 기출 34회
> 1. 「한국농수산식품유통공사법」에 따른 한국농수산식품유통공사
> 2. 「대한석탄공사법」에 따른 대한석탄공사
> 3. 「한국토지주택공사법」에 따른 한국토지주택공사

4. 「한국관광공사법」에 따른 한국관광공사
　　5. 「한국농어촌공사 및 농지관리기금법」에 따른 한국농어촌공사
　　6. 「한국도로공사법」에 따른 한국도로공사
　　7. 「한국석유공사법」에 따른 한국석유공사
　　8. 「한국수자원공사법」에 따른 한국수자원공사
　　9. 「한국전력공사법」에 따른 한국전력공사
　　10. 「한국철도공사법」에 따른 한국철도공사

③ 그 밖에 대통령령으로 정하는 자

> **대통령령으로 정하는 자(영 제96조 제4항)**
> 1. 「지방공기업법」에 의한 지방공사 및 지방공단
> 2. 다른 법률에 의하여 도시·군계획시설사업이 포함된 사업의 시행자로 지정된 자
> 3. 법 제65조의 규정에 의하여 공공시설을 관리할 관리청에 무상으로 귀속되는 공공시설을 설치하고자 하는 자
> 4. 「국유재산법」 제13조 또는 「공유재산 및 물품관리법」 제7조에 따라 기부를 조건으로 시설물을 설치하려는 자

3 법 제87조(도시·군계획시설사업의 분할 시행) 기출 34회

① 도시·군계획시설사업의 시행자는 도시·군계획시설사업을 효율적으로 추진하기 위하여 필요하다고 인정되면 사업시행대상지역 또는 대상시설을 둘 이상으로 분할하여 도시·군계획시설사업을 시행할 수 있다.

② 법 제87조의 규정에 의하여 도시·군계획시설사업을 분할 시행하는 때에는 분할된 지역별로 실시계획을 작성할 수 있다(영 제97조 제5항).

4 법 제88조(실시계획의 작성 및 인가 등) 기출 34회

(1) 실시계획의 작성

도시·군계획시설사업의 시행자는 대통령령으로 정하는 바에 따라 그 도시·군계획시설사업에 관한 실시계획(이하 "실시계획"이라 한다)을 작성하여야 한다.

> **실시계획의 인가(영 제97조 제1항)**
> 법 제88조 제1항의 규정에 의한 실시계획(이하 "실시계획"이라 한다)에는 다음 각 호의 사항이 포함되어야 한다.
> 1. 사업의 종류 및 명칭
> 2. 사업의 면적 또는 규모
> 3. 사업시행자의 성명 및 주소(법인인 경우에는 법인의 명칭 및 소재지와 대표자의 성명 및 주소)
> 4. 사업의 착수예정일 및 준공예정일

(2) 실시계획의 인가신청

도시·군계획시설사업의 시행자(국토교통부장관, 시·도지사와 대도시 시장은 제외한다)는 실시계획을 작성하면 대통령령으로 정하는 바에 따라 국토교통부장관, 시·도지사 또는 대도시 시장의 인가를 받아야 한다. 다만, 제98조에 따른 준공검사를 받은 후에 해당 도시·군계획시설사업에 대하여 국토교통부령으로 정하는 경미한 사항을 변경하기 위하여 실시계획을 작성하는 경우에는 국토교통부장관, 시·도지사 또는 대도시 시장의 인가를 받지 아니한다.

> **실시계획의 인가(영 제97조 제2항~제3항)**
> ② 법 제88조 제2항 본문에 따라 도시·군계획시설사업의 시행자가 실시계획의 인가를 받고자 하는 경우 국토교통부장관이 지정한 시행자는 국토교통부장관의 인가를 받아야 하며, 그 밖의 시행자는 시·도지사 또는 대도시 시장의 인가를 받아야 한다.
> ③ 도시·군계획시설사업의 시행자로 지정된 자는 특별한 사유가 없는 한 시행자지정시에 정한 기일까지 국토교통부장관, 시·도지사 또는 대도시 시장에게 국토교통부령이 정하는 실시계획인가신청서를 제출하여야 한다.

> **➕ 알아보기 경미한 사항의 변경(규칙 제16조 제1항)** 〈개정 2023.1.27.〉
> 법 제88조 제2항 단서에서 "국토교통부령으로 정하는 경미한 사항을 변경하기 위하여 실시계획을 작성하는 경우"란 다음 각 호의 어느 하나에 해당하는 경우(다른 호에 저촉되지 않는 경우로 한정한다)를 위하여 실시계획을 작성하는 경우를 말한다.
> 1. 사업명칭을 변경하는 경우
> 2. 구역경계의 변경이 없는 범위 안에서 행하는 건축물의 연면적(구역경계 안에 「건축법 시행령」[별표 1]에 따른 용도를 기준으로 그 용도가 동일한 건축물이 2개 이상 있는 경우에는 각 건축물의 연면적을 모두 합산한 면적을 말한다) 10퍼센트 미만의 변경과 「학교시설사업촉진법」에 의한 학교시설의 변경인 경우
> 2의2. 다음 각 목의 공작물을 설치하는 경우
>   가. 도시지역 또는 지구단위계획구역에 설치되는 공작물로서 무게는 50톤, 부피는 50세제곱미터, 수평투영면적은 50제곱미터를 각각 넘지 않는 공작물
>   나. 도시지역·자연환경보전지역 및 지구단위계획구역 외의 지역에 설치되는 공작물로서 무게는 150톤, 부피는 150세제곱미터, 수평투영면적은 150제곱미터를 각각 넘지 않는 공작물
> 3. 기존 시설의 일부 또는 전부에 대한 용도변경을 수반하지 않는 대수선·재축 및 개축인 경우
> 4. 도로의 포장 등 기존 도로의 면적·위치 및 규모의 변경을 수반하지 아니하는 도로의 개량인 경우
> 5. 구역경계의 변경이 없는 범위에서 측량결과에 따라 면적을 변경하는 경우

(3) 실시계획의 인가

국토교통부장관, 시·도지사 또는 대도시 시장은 도시·군계획시설사업의 시행자가 작성한 실시계획이 제43조 제2항 및 제3항에 따른 도시·군계획시설의 결정·구조 및 설치의 기준 등에 맞다고 인정하는 경우에는 실시계획을 인가하여야 한다. 이 경우 국토교통부장관, 시·도지사 또는 대도시 시장은 기반시설의 설치나 그에 필요한 용지의 확보, 위해 방지, 환경오염 방지, 경관 조성, 조경 등의 조치를 할 것을 조건으로 실시계획을 인가할 수 있다. 〈개정 2024.2.6.〉

(4) 실시계획의 변경

① 인가받은 실시계획을 변경하거나 폐지하는 경우에는 (2)의 본문을 준용한다. 다만, 국토교통부령으로 정하는 경미한 사항을 변경하는 경우에는 그러하지 아니하다.
　※ "국토교통부령으로 정하는 경미한 사항을 변경하는 경우"란 규칙 제16조 제1항 각 호의 어느 하나에 해당하는 경우(다른 호에 저촉되지 않는 경우로 한정한다)를 말한다(규칙 제16조 제2항).

② 실시계획에는 사업시행에 필요한 설계도서, 자금계획, 시행기간, 그 밖에 대통령령으로 정하는 사항(실시계획을 변경하는 경우에는 변경되는 사항에 한정한다)을 자세히 밝히거나 첨부하여야 한다.
　※ 도시·군계획시설사업의 시행자로 지정을 받은 자는 실시계획을 작성하고자 하는 때에는 미리 당해 특별시장·광역시장·특별자치시장·특별자치도지사·시장 또는 군수의 의견을 들어야 한다(영 제97조 제4항).

③ 실시계획이 작성(도시·군계획시설사업의 시행자가 국토교통부장관, 시·도지사 또는 대도시 시장인 경우를 말한다) 또는 인가된 때에는 그 실시계획에 반영된 제30조 제5항 단서에 따른 경미한 사항의 범위에서 도시·군관리계획이 변경된 것으로 본다. 이 경우 제30조 제6항 및 제32조에 따라 도시·군관리계획의 변경사항 및 이를 반영한 지형도면을 고시하여야 한다.

(5) 실시계획의 효력

① 도시·군계획시설 결정의 고시일부터 10년 이후에 실시계획을 작성하거나 인가(다른 법률에 따라 의제된 경우는 제외한다) 받은 도시·군계획시설사업의 시행자(이하 "장기미집행 도시·군계획시설사업의 시행자"라 한다)가 제91조에 따른 실시계획 고시일부터 5년 이내에 「공익사업을 위한 토지 등의 취득 및 보상에 관한 법률」 제28조 제1항에 따른 재결신청(이하 "재결신청"이라 한다)을 하지 아니한 경우에는 실시계획 고시일부터 5년이 지난 다음 날에 그 실시계획은 효력을 잃는다. 다만, 장기미집행 도시·군계획시설사업의 시행자가 재결신청을 하지 아니하고 실시계획 고시일부터 5년이 지나기 전에 해당 도시·군계획시설사업에 필요한 토지 면적의 3분의 2 이상을 소유하거나 사용할 수 있는 권원을 확보하고 실시계획 고시일부터 7년 이내에 재결신청을 하지 아니한 경우 실시계획 고시일부터 7년이 지난 다음 날에 그 실시계획은 효력을 잃는다.

② 장기미집행 도시·군계획시설사업의 시행자가 재결신청 없이 도시·군계획시설사업에 필요한 모든 토지·건축물 또는 그 토지에 정착된 물건을 소유하거나 사용할 수 있는 권원을 확보한 경우 그 실시계획은 효력을 유지한다.

③ 실시계획이 폐지되거나 효력을 잃은 경우 해당 도시·군계획시설 결정은 제48조 제1항에도 불구하고 다음에서 정한 날 효력을 잃는다. 이 경우 시·도지사 또는 대도시 시장은 대통령령으로 정하는 바에 따라 지체 없이 그 사실을 고시하여야 한다.
　※ 시·도지사 또는 대도시 시장은 해당 시·도 또는 대도시의 공보와 인터넷 홈페이지에 실효일자 및 실효사유와 실효된 도시·군계획의 내용을 게재하는 방법으로 도시·군계획시설 결정의 실효고시를 해야 한다(영 제97조 제7항).

　㉠ 도시·군계획시설 결정의 고시일부터 20년이 되기 전에 실시계획이 폐지되거나 효력을 잃고 다른 도시·군계획시설사업이 시행되지 아니하는 경우 : 도시·군계획시설 결정의 고시일부터 20년이 되는 날의 다음 날
　㉡ 도시·군계획시설 결정의 고시일부터 20년이 되는 날의 다음 날 이후 실시계획이 폐지되거나 효력을 잃은 경우 : 실시계획이 폐지되거나 효력을 잃은 날

5 법 제89조(도시·군계획시설사업의 이행담보)

(1) 이행보증금의 예치 원칙 및 예외

① 원칙 : 특별시장·광역시장·특별자치시장·특별자치도지사·시장 또는 군수는 기반시설의 설치나 그에 필요한 용지의 확보, 위해 방지, 환경오염 방지, 경관 조성, 조경 등을 위하여 필요하다고 인정되는 경우로서 대통령령으로 정하는 경우에는 그 이행을 담보하기 위하여 도시·군계획시설사업의 시행자에게 이행보증금을 예치하게 할 수 있다.

> **대통령령으로 정하는 경우(영 제98조 제1항)**
> 다음 각 호의 어느 하나에 해당하는 경우를 말한다.
> 1. 도시·군계획시설사업으로 인하여 도로·수도공급설비·하수도 등 기반시설의 설치가 필요한 경우
> 2. 도시·군계획시설사업으로 인하여 제59조 제1항 제2호 내지 제5호의1에 해당하는 경우

② 예외 : 다만, 다음의 어느 하나에 해당하는 자에 대하여는 그러하지 아니하다.
  ㉠ 국가 또는 지방자치단체
  ㉡ 대통령령으로 정하는 공공기관
   ※ "대통령령으로 정하는 공공기관"이란 「공공기관의 운영에 관한 법률」 제5조 제4항 제1호 또는 제2호 나목에 해당하는 기관을 말한다(영 제98조 제2항).
  ㉢ 그 밖에 대통령령으로 정하는 자
   ※ "대통령령으로 정하는 자"란 「지방공기업법」에 의한 지방공사 및 지방공단을 말한다(영 제98조 제3항).

(2) 이행보증금의 산정과 예치방법 등

이행보증금의 산정과 예치방법 등에 관하여 필요한 사항은 대통령령으로 정한다.
 ※ 제59조 제2항 내지 제4항의 규정은 법 제89조 제2항의 규정에 의한 예치금액의 산정 및 예치방법 등에 관하여 이를 준용한다(영 제98조 제4항).

(3) 원상회복명령

① 특별시장·광역시장·특별자치시장·특별자치도지사·시장 또는 군수는 제88조 제2항 본문 또는 제4항 본문에 따른 실시계획의 인가 또는 변경인가를 받지 아니하고 도시·군계획시설사업을 하거나 그 인가 내용과 다르게 도시·군계획시설사업을 하는 자에게 그 토지의 원상회복을 명할 수 있다.

② 특별시장·광역시장·특별자치시장·특별자치도지사·시장 또는 군수는 원상회복의 명령을 받은 자가 원상회복을 하지 아니하는 경우에는 「행정대집행법」에 따른 행정대집행에 따라 원상회복을 할 수 있다. 이 경우 행정대집행에 필요한 비용은 도시·군계획시설사업의 시행자가 예치한 이행보증금으로 충당할 수 있다.

6 서류의 열람 및 실시계획의 고시

(1) 서류의 열람 등(법 제90조)

① 국토교통부장관, 시·도지사 또는 대도시 시장은 실시계획을 인가하려면 미리 대통령령으로 정하는 바에 따라 그 사실을 공고하고, 관계 서류의 사본을 14일 이상 일반이 열람할 수 있도록 하여야 한다.

> **서류의 열람 등(영 제99조)**
> ① 법 제90조 제1항에 따른 공고는 국토교통부장관이 하는 경우에는 관보나 전국을 보급지역으로 하는 일간신문에, 시·도지사 또는 대도시 시장이 하는 경우에는 해당 시·도 또는 대도시의 공보나 해당 시·도 또는 대도시를 주된 보급지역으로 하는 일간신문에 다음 각 호의 사항을 게재하는 방법에 따른다. 이 경우 국토교통부장관, 시·도지사 또는 대도시 시장은 공고한 내용을 해당 기관의 인터넷 홈페이지에도 게재해야 한다.
> 1. 인가신청의 요지
> 2. 열람의 일시 및 장소
> ② 다음 각 호의 어느 하나에 해당하는 경미한 사항의 변경인 경우에는 제1항에 따른 공고 및 열람을 하지 아니할 수 있다.
> 1. 사업시행지의 변경이 수반되지 아니하는 범위 안에서의 사업내용변경
> 2. 사업의 착수예정일 및 준공예정일의 변경. 다만, 사업시행에 필요한 토지 등(공공시설은 제외한다)의 취득이 완료되기 전에 준공예정일을 연장하는 경우는 제외한다.
> 3. 사업시행자의 주소(사업시행자가 법인인 경우에는 법인의 소재지와 대표자의 성명 및 주소)의 변경
> ③ 제1항의 규정에 의한 공고에 소요되는 비용은 도시·군계획시설사업의 시행자가 부담한다.

② 도시·군계획시설사업의 시행지구의 토지·건축물 등의 소유자 및 이해관계인은 ①항에 따른 열람기간 이내에 국토교통부장관, 시·도지사, 대도시 시장 또는 도시·군계획시설사업의 시행자에게 의견서를 제출할 수 있으며, 국토교통부장관, 시·도지사, 대도시 시장 또는 도시·군계획시설사업의 시행자는 제출된 의견이 타당하다고 인정되면 그 의견을 실시계획에 반영하여야 한다.

③ 국토교통부장관, 시·도지사 또는 대도시 시장이 실시계획을 작성하는 경우에 관하여는 ①항과 ②항을 준용한다.

(2) 실시계획의 고시(법 제91조)

국토교통부장관, 시·도지사 또는 대도시 시장은 실시계획을 작성(변경작성을 포함한다), 인가(변경인가를 포함한다), 폐지하거나 실시계획이 효력을 잃은 경우에는 대통령령으로 정하는 바에 따라 그 내용을 고시하여야 한다.

> **실시계획의 고시(영 제100조)**
> ① 법 제91조에 따른 실시계획의 고시는 국토교통부장관이 하는 경우에는 관보와 국토교통부의 인터넷 홈페이지에, 시·도지사 또는 대도시 시장이 하는 경우에는 해당 시·도 또는 대도시의 공보와 인터넷 홈페이지에 다음 각 호의 사항을 게재하는 방법으로 한다.
> 1. 사업시행지의 위치
> 2. 사업의 종류 및 명칭
> 3. 면적 또는 규모

> 4. 시행자의 성명 및 주소(법인인 경우에는 법인의 명칭 및 주소와 대표자의 성명 및 주소)
> 5. 사업의 착수예정일 및 준공예정일
> 6. 수용 또는 사용할 토지 또는 건물의 소재지·지번·지목 및 면적, 소유권과 소유권외의 권리의 명세 및 그 소유자·권리자의 성명·주소
> 7. 법 제99조의 규정에 의한 공공시설 등의 귀속 및 양도에 관한 사항
> ② 국토교통부장관, 시·도지사 또는 대도시 시장은 제1항에 따라 실시계획을 고시하였으면 그 내용을 관계 행정기관의 장에게 통보하여야 한다.

7 법 제92조(관련 인·허가 등의 의제)

(1) 인·허가 등의 의제

국토교통부장관, 시·도지사 또는 대도시 시장이 실시계획을 작성 또는 변경작성하거나 인가 또는 변경인가를 할 때에 그 실시계획에 대한 다음의 인·허가 등에 관하여 관계 행정기관의 장과 협의한 사항에 대하여는 해당 인·허가 등을 받은 것으로 보며, 실시계획을 고시한 경우에는 관계 법률에 따른 인·허가 등의 고시·공고 등이 있은 것으로 본다. 〈개정 2022.12.27.〉

① 「건축법」 제11조에 따른 건축허가, 같은 법 제14조에 따른 건축신고 및 같은 법 제20조에 따른 가설건축물 건축의 허가 또는 신고
② 「산업집적활성화 및 공장설립에 관한 법률」 제13조에 따른 공장설립 등의 승인
③ 「공유수면 관리 및 매립에 관한 법률」 제8조에 따른 공유수면의 점용·사용허가, 같은 법 제17조에 따른 점용·사용 실시계획의 승인 또는 신고, 같은 법 제28조에 따른 공유수면의 매립면허, 같은 법 제35조에 따른 국가 등이 시행하는 매립의 협의 또는 승인 및 같은 법 제38조에 따른 공유수면매립 실시계획의 승인
④ 삭제 〈2010.4.15.〉
⑤ 「광업법」 제42조에 따른 채굴계획의 인가
⑥ 「국유재산법」 제30조에 따른 사용·수익의 허가
⑦ 「농어촌정비법」 제23조에 따른 농업생산기반시설의 사용허가
⑧ 「농지법」 제34조에 따른 농지전용의 허가 또는 협의, 같은 법 제35조에 따른 농지전용의 신고 및 같은 법 제36조에 따른 농지의 타용도 일시사용의 허가 또는 협의
⑨ 「도로법」 제36조에 따른 도로관리청이 아닌 자에 대한 도로공사 시행의 허가 및 같은 법 제61조에 따른 도로의 점용 허가
⑩ 「장사 등에 관한 법률」 제27조 제1항에 따른 무연분묘의 개장허가
⑪ 「사도법」 제4조에 따른 사도 개설의 허가
⑫ 「사방사업법」 제14조에 따른 토지의 형질 변경 등의 허가 및 같은 법 제20조에 따른 사방지 지정의 해제

⑬ 「산지관리법」 제14조·제15조에 따른 산지전용허가 및 산지전용신고, 같은 법 제15조의2에 따른 산지일시사용허가·신고, 같은 법 제25조 제1항에 따른 토석채취허가, 같은 법 제25조 제2항에 따른 토사채취신고 및 「산림자원의 조성 및 관리에 관한 법률」 제36조 제1항·제5항에 따른 입목벌채 등의 허가·신고

⑭ 「소하천정비법」 제10조에 따른 소하천공사 시행의 허가 및 같은 법 제14조에 따른 소하천의 점용허가

⑮ 「수도법」 제17조에 따른 일반수도사업 및 같은 법 제49조에 따른 공업용수도사업의 인가, 같은 법 제52조에 따른 전용상수도 설치 및 같은 법 제54조에 따른 전용공업용수도 설치의 인가

⑯ 「연안관리법」 제25조에 따른 연안정비사업실시계획의 승인

⑰ 「에너지이용합리화법」 제8조에 따른 에너지사용계획의 협의

⑱ 「유통산업발전법」 제8조에 따른 대규모점포의 개설등록

⑲ 「공유재산 및 물품관리법」 제20조 제1항에 따른 사용·수익의 허가

⑳ 「공간정보의 구축 및 관리 등에 관한 법률」 제86조 제1항에 따른 사업의 착수·변경 또는 완료의 신고

「집단에너지사업법」 제4조에 따른 집단에너지의 공급 타당성에 관한 협의

「체육시설의 설치·이용에 관한 법률」 제12조에 따른 사업계획의 승인

「초지법」 제23조에 따른 초지전용의 허가, 신고 또는 협의

「공간정보의 구축 및 관리 등에 관한 법률」 제15조 제4항에 따른 지도 등의 간행 심사

「하수도법」 제16조에 따른 공공하수도에 관한 공사시행의 허가 및 같은 법 제24조에 따른 공공하수도의 점용허가

「하천법」 제30조에 따른 하천공사 시행의 허가, 같은 법 제33조에 따른 하천 점용의 허가

「항만법」 제9조 제2항에 따른 항만개발사업 시행의 허가 및 같은 법 제10조 제2항에 따른 항만개발사업실시계획의 승인

(2) 관련 서류의 제출

인·허가 등의 의제를 받으려는 자는 실시계획 인가 또는 변경인가를 신청할 때에 해당 법률에서 정하는 관련 서류를 함께 제출하여야 한다.

(3) 관계 행정기관의 장과 협의

국토교통부장관, 시·도지사 또는 대도시 시장은 실시계획을 작성 또는 변경작성하거나 인가 또는 변경인가할 때에 그 내용에 (1)의 어느 하나에 해당하는 사항이 있으면 미리 관계 행정기관의 장과 협의하여야 한다.

(4) 통합 고시

국토교통부장관은 의제되는 인·허가 등의 처리기준을 관계 중앙행정기관으로부터 받아 통합하여 고시하여야 한다.

8 관계 서류의 열람 및 송달

(1) 관계 서류의 열람 등(법 제93조)
도시·군계획시설사업의 시행자는 도시·군계획시설사업을 시행하기 위하여 필요하면 등기소나 그 밖의 관계 행정기관의 장에게 필요한 서류의 열람 또는 복사나 그 등본 또는 초본의 발급을 무료로 청구할 수 있다.

(2) 서류의 송달(법 제94조)
① 도시·군계획시설사업의 시행자는 이해관계인에게 서류를 송달할 필요가 있으나 이해관계인의 주소 또는 거소(居所)가 불분명하거나 그 밖의 사유로 서류를 송달할 수 없는 경우에는 대통령령으로 정하는 바에 따라 그 서류의 송달을 갈음하여 그 내용을 공시할 수 있다.
   ※ 행정청이 아닌 도시·군계획시설사업의 시행자는 공시송달을 하려는 경우에는 국토교통부장관, 관할 시·도지사 또는 대도시 시장의 승인을 받아야 한다(영 제101조).
② 서류의 공시송달에 관하여는 「민사소송법」의 공시송달의 예에 따른다.

9 토지 등의 수용 및 사용

(1) 토지 등의 수용 및 사용(법 제95조)
① 도시·군계획시설사업의 시행자는 도시·군계획시설사업에 필요한 다음의 물건 또는 권리를 수용하거나 사용할 수 있다.
   ㉠ 토지·건축물 또는 그 토지에 정착된 물건
   ㉡ 토지·건축물 또는 그 토지에 정착된 물건에 관한 소유권 외의 권리
② 도시·군계획시설사업의 시행자는 사업시행을 위하여 특히 필요하다고 인정되면 도시·군계획시설에 인접한 다음의 물건 또는 권리를 일시 사용할 수 있다.
   ㉠ 토지·건축물 또는 그 토지에 정착된 물건
   ㉡ 토지·건축물 또는 그 토지에 정착된 물건에 관한 소유권 외의 권리

(2) 「공익사업을 위한 토지 등의 취득 및 보상에 관한 법률」의 준용(법 제96조)
① 제95조에 따른 수용 및 사용에 관하여는 이 법에 특별한 규정이 있는 경우 외에는 「공익사업을 위한 토지 등의 취득 및 보상에 관한 법률」을 준용한다.
② 「공익사업을 위한 토지 등의 취득 및 보상에 관한 법률」을 준용할 때에 제91조에 따른 실시계획을 고시한 경우에는 같은 법 제20조 제1항과 제22조에 따른 사업인정 및 그 고시가 있었던 것으로 본다. 다만, 재결 신청은 같은 법 제23조 제1항과 제28조 제1항에도 불구하고 실시계획에서 정한 도시·군계획시설사업의 시행기간에 하여야 한다.

10 법 제97조(국공유지의 처분 제한)

① 도시·군관리계획 결정을 고시한 경우에는 국공유지로서 도시·군계획시설사업에 필요한 토지는 그 도시·군관리계획으로 정하여진 목적 외의 목적으로 매각하거나 양도할 수 없다.
② ①항을 위반한 행위는 무효로 한다.

11 법 제98조(공사완료의 공고 등)

① 도시·군계획시설사업의 시행자(국토교통부장관, 시·도지사와 대도시 시장은 제외한다)는 도시·군계획시설사업의 공사를 마친 때에는 국토교통부령으로 정하는 바에 따라 공사완료보고서를 작성하여 시·도지사나 대도시 시장의 준공검사를 받아야 한다.
② 시·도지사나 대도시 시장은 공사완료보고서를 받으면 지체 없이 준공검사를 하여야 한다.
③ 시·도지사나 대도시 시장은 준공검사를 한 결과 실시계획대로 완료되었다고 인정되는 경우에는 도시·군계획시설사업의 시행자에게 준공검사증명서를 발급하고 공사완료 공고를 하여야 한다.
④ 국토교통부장관, 시·도지사 또는 대도시 시장인 도시·군계획시설사업의 시행자는 도시·군계획시설사업의 공사를 마친 때에는 공사완료 공고를 하여야 한다.

> **공사완료공고 등(영 제102조)**
> ① 도시·군계획시설사업에 대하여 다른 법령에 따른 준공검사·준공인가 등을 받은 경우 그 부분에 대하여는 법 제98조 제2항에 따른 준공검사를 하지 아니할 수 있다. 이 경우 시·도지사 또는 대도시 시장은 다른 법령에 따른 준공검사·준공인가 등을 한 기관의 장에 대하여 그 준공검사·준공인가 등의 내용을 통보하여 줄 것을 요청할 수 있다.
> ② 법 제98조 제3항 및 제4항에 따른 공사완료 공고는 국토교통부장관이 하는 경우에는 관보와 국토교통부의 인터넷 홈페이지에, 시·도지사 또는 대도시 시장이 하는 경우에는 해당 시·도 또는 대도시의 공보와 인터넷 홈페이지에 게재하는 방법으로 한다.

⑤ 준공검사를 하거나 공사완료 공고를 할 때에 국토교통부장관, 시·도지사 또는 대도시 시장이 제92조에 따라 의제되는 인·허가 등에 따른 준공검사·준공인가 등에 관하여 관계 행정기관의 장과 협의한 사항에 대하여는 그 준공검사·준공인가 등을 받은 것으로 본다.
⑥ 도시·군계획시설사업의 시행자(국토교통부장관, 시·도지사와 대도시 시장은 제외한다)는 준공검사·준공인가 등의 의제를 받으려면 준공검사를 신청할 때에 해당 법률에서 정하는 관련 서류를 함께 제출하여야 한다.
⑦ 국토교통부장관, 시·도지사 또는 대도시 시장은 준공검사를 하거나 공사완료 공고를 할 때에 그 내용에 제92조에 따라 의제되는 인·허가 등에 따른 준공검사·준공인가 등에 해당하는 사항이 있으면 미리 관계 행정기관의 장과 협의하여야 한다.
⑧ 국토교통부장관은 ⑤항에 따라 의제되는 준공검사·준공인가 등의 처리기준을 관계 중앙행정기관으로부터 받아 통합하여 고시하여야 한다.

12 법 제99조(공공시설 등의 귀속)

도시·군계획시설사업에 의하여 새로 공공시설을 설치하거나 기존의 공공시설에 대체되는 공공시설을 설치한 경우에는 제65조를 준용한다. 이 경우 제65조 제5항 중 "준공검사를 마친 때"는 "준공검사를 마친 때(시행자가 국토교통부장관, 시·도지사 또는 대도시 시장인 경우에는 제98조 제4항에 따른 공사완료 공고를 한 때를 말한다)"로 보고, 같은 조 제7항 중 "제62조 제1항에 따른 준공검사를 받았음을 증명하는 서면"은 "제98조 제3항에 따른 준공검사증명서(시행자가 국토교통부장관, 시·도지사 또는 대도시 시장인 경우에는 같은 조 제4항에 따른 공사완료 공고를 하였음을 증명하는 서면을 말한다)"로 본다.

13 제100조(다른 법률과의 관계)

도시·군계획시설사업으로 조성된 대지와 건축물 중 국가나 지방자치단체의 소유에 속하는 재산을 처분하려면 「국유재산법」과 「공유재산 및 물품관리법」에도 불구하고 대통령령으로 정하는 바에 따라 다음의 순위에 따라 처분할 수 있다.
① 해당 도시·군계획시설사업의 시행으로 수용된 토지 또는 건축물 소유자에의 양도
② 다른 도시·군계획시설사업에 필요한 토지와의 교환

> **조성대지 등의 처분(영 제103조)**
>
> 국가 또는 지방자치단체는 법 제100조에 따른 도시·군계획시설사업으로 조성된 대지 및 건축물 중 그 소유에 속하는 재산을 처분하려는 때에는 다음 각 호의 사항을 공고하되, 국가가 하는 경우에는 관보와 해당 기관의 인터넷 홈페이지에, 지방자치단체가 하는 경우에는 해당 지방자치단체의 공보와 인터넷 홈페이지에 게재하는 방법으로 한다.
> 1. 법 제100조 각 호의 순위에 의하여 처분한다는 취지
> 2. 처분하고자 하는 대지 또는 건축물의 위치 및 면적

제8장 비용

> **Point 출제포인트**
> ▷ 비용 부담의 원칙
> ▷ 보조 또는 융자
> ▷ 취락지구 또는 방재지구에 대한 지원

1 비용 부담

(1) 비용 부담의 원칙(법 제101조)

광역도시계획 및 도시·군계획의 수립과 도시·군계획시설사업에 관한 비용은 이 법 또는 다른 법률에 특별한 규정이 있는 경우 외에는 국가가 하는 경우에는 국가예산에서, 지방자치단체가 하는 경우에는 해당 지방자치단체가, 행정청이 아닌 자가 하는 경우에는 그 자가 부담함을 원칙으로 한다.

(2) 지방자치단체의 비용 부담(법 제102조)

① 국토교통부장관이나 시·도지사는 그가 시행한 도시·군계획시설사업으로 현저히 이익을 받는 시·도, 시 또는 군이 있으면 대통령령으로 정하는 바에 따라 그 도시·군계획시설사업에 든 비용의 일부를 그 이익을 받는 시·도, 시 또는 군에 부담시킬 수 있다. 이 경우 국토교통부장관은 시·도, 시 또는 군에 비용을 부담시키기 전에 행정안전부장관과 협의하여야 한다.

② 시·도지사는 그 시·도에 속하지 아니하는 특별시·광역시·특별자치시·특별자치도·시 또는 군에 비용을 부담시키려면 해당 지방자치단체의 장과 협의하되, 협의가 성립되지 아니하는 경우에는 행정안전부장관이 결정하는 바에 따른다.

③ 시장이나 군수는 그가 시행한 도시·군계획시설사업으로 현저히 이익을 받는 다른 지방자치단체가 있으면 대통령령으로 정하는 바에 따라 그 도시·군계획시설사업에 든 비용의 일부를 그 이익을 받는 다른 지방자치단체와 협의하여 그 지방자치단체에 부담시킬 수 있다.

④ 협의가 성립되지 아니하는 경우 다른 지방자치단체가 같은 도에 속할 때에는 관할 도지사가 결정하는 바에 따르며, 다른 시·도에 속할 때에는 행정안전부장관이 결정하는 바에 따른다.

> **지방자치단체의 비용부담(영 제104조)**
> ① 법 제102조 제1항의 규정에 의하여 부담하는 비용의 총액은 당해 도시·군계획시설사업에 소요된 비용의 50퍼센트를 넘지 못한다. 이 경우 도시·군계획시설사업에 소요된 비용에는 당해 도시·군계획시설사업의 조사·측량비, 설계비 및 관리비를 포함하지 아니한다.

② 국토교통부장관 또는 시·도지사는 도시·군계획시설사업으로 인하여 이익을 받는 시·도 또는 시·군에 법 제102조 제1항의 규정에 의한 비용을 부담시키고자 하는 때에는 도시·군계획시설사업에 소요된 비용총액의 명세와 부담액을 명시하여 당해 시·도지사 또는 시장·군수에게 송부하여야 한다.
③ 제1항 및 제2항의 규정은 법 제102조 제3항의 규정에 의하여 시장 또는 군수가 다른 지방자치단체에 도시·군계획시설사업에 소요된 비용의 일부를 부담시키고자 하는 경우에 이를 준용한다.

2 법 제104조(보조 또는 융자)

(1) 기초조사 또는 지형도면의 작성에 소요되는 비용

시·도지사, 시장 또는 군수가 수립하는 광역도시·군계획 또는 도시·군계획에 관한 기초조사나 지형도면의 작성에 드는 비용은 대통령령으로 정하는 바에 따라 그 비용의 전부 또는 일부를 국가예산에서 보조할 수 있다.

※ 기초조사 또는 지형도면의 작성에 소요되는 비용은 그 비용의 80퍼센트 이하의 범위 안에서 국가예산으로 보조할 수 있다(영 제106조 제1항).

(2) 도시·군계획시설사업에 드는 비용

행정청이 시행하는 도시·군계획시설사업에 드는 비용은 대통령령으로 정하는 바에 따라 그 비용의 전부 또는 일부를 국가예산에서 보조하거나 융자할 수 있으며, 행정청이 아닌 자가 시행하는 도시·군계획시설사업에 드는 비용의 일부는 대통령령으로 정하는 바에 따라 국가 또는 지방자치단체가 보조하거나 융자할 수 있다.

보조 또는 융자(영 제106조 제2항)

행정청이 시행하는 도시·군계획시설사업에 대하여는 당해 도시·군계획시설사업에 소요되는 비용(조사·측량비, 설계비 및 관리비를 제외한 공사비와 감정비를 포함한 보상비를 말한다)의 50퍼센트 이하의 범위 안에서 국가예산으로 보조 또는 융자할 수 있으며, 행정청이 아닌 자가 시행하는 도시·군계획시설사업에 대하여는 당해 도시·군계획시설사업에 소요되는 비용의 3분의 1 이하의 범위 안에서 국가 또는 지방자치단체가 보조 또는 융자할 수 있다.

이 경우 국가 또는 지방자치단체는 다음의 어느 하나에 해당하는 지역을 우선 지원할 수 있다.
① 도로, 상하수도 등 기반시설이 인근지역에 비하여 부족한 지역
② 광역도시계획에 반영된 광역시설이 설치되는 지역
③ 개발제한구역(집단취락만 해당한다)에서 해제된 지역
④ 도시·군계획시설 결정의 고시일부터 10년이 지날 때까지 그 도시·군계획시설의 설치에 관한 도시·군계획시설사업이 시행되지 아니한 경우로서 해당 도시·군계획시설의 설치 필요성이 높은 지역

3 취락지구 또는 방재지구에 대한 지원

(1) 취락지구에 대한 지원(법 제105조)

국가나 지방자치단체는 대통령령으로 정하는 바에 따라 취락지구 주민의 생활 편익과 복지 증진 등을 위한 사업을 시행하거나 그 사업을 지원할 수 있다.

> **취락지구에 대한 지원(영 제107조)** 기출 36회
>
> 법 제105조의 규정에 의하여 국가 또는 지방자치단체가 취락지구안의 주민의 생활편익과 복지증진 등을 위하여 시행하거나 지원할 수 있는 사업은 다음 각 호와 같다.
> 1. 집단취락지구 : 개발제한구역의 지정 및 관리에 관한 특별조치법령에서 정하는 바에 의한다.
> 2. 자연취락지구
>   가. 자연취락지구안에 있거나 자연취락지구에 연결되는 도로·수도공급설비·하수도 등의 정비
>   나. 어린이놀이터·공원·녹지·주차장·학교·마을회관 등의 설치·정비
>   다. 쓰레기처리장·하수처리시설 등의 설치·개량
>   라. 하천정비 등 재해방지를 위한 시설의 설치·개량
>   마. 주택의 신축·개량

(2) 방재지구에 대한 지원(법 제105조의2)

국가나 지방자치단체는 이 법률 또는 다른 법률에 따라 방재사업을 시행하거나 그 사업을 지원하는 경우 방재지구에 우선적으로 지원할 수 있다.

제 9 장 도시계획위원회

> **Point 출제포인트**
> ▷ 중앙도시계획위원회의 조직
> ▷ 회의록의 공개
> ▷ 분과위원회

1 중앙도시계획위원회

(1) 중앙도시계획위원회의 설치(법 제106조)

다음의 업무를 수행하기 위하여 국토교통부에 중앙도시계획위원회를 둔다.
① 광역도시계획·도시·군계획·토지거래계약허가구역 등 국토교통부장관의 권한에 속하는 사항의 심의
② 이 법 또는 다른 법률에서 중앙도시계획위원회의 심의를 거치도록 한 사항의 심의
③ 도시·군계획에 관한 조사·연구

> **중앙도시계획위원회의 운영(영 제108조)**
> ① 중앙도시계획위원회는 필요하다고 인정하는 경우에는 관계 행정기관의 장에게 필요한 자료의 제출을 요구할 수 있으며, 도시·군계획에 관하여 학식이 풍부한 자의 설명을 들을 수 있다.
> ② 관계 중앙행정기관의 장, 시·도지사, 시장 또는 군수는 해당 중앙행정기관 또는 지방자치단체의 도시·군계획 관련 사항에 관하여 중앙도시계획위원회에 출석하여 발언할 수 있다.
> ③ 중앙도시계획위원회의 간사는 회의시마다 회의록을 작성하여 다음 회의에 보고하고 이를 보관하여야 한다.

(2) 조직(법 제107조)

① 중앙도시계획위원회는 위원장·부위원장 각 1명을 포함한 25명 이상 30명 이하의 위원으로 구성한다.
② 중앙도시계획위원회의 위원장과 부위원장은 위원 중에서 국토교통부장관이 임명하거나 위촉한다.
③ 위원은 관계 중앙행정기관의 공무원과 토지 이용, 건축, 주택, 교통, 공간정보, 환경, 법률, 복지, 방재, 문화, 농림 등 도시·군계획과 관련된 분야에 관한 학식과 경험이 풍부한 자 중에서 국토교통부장관이 임명하거나 위촉한다.
④ 공무원이 아닌 위원의 수는 10명 이상으로 하고, 그 임기는 2년으로 한다.
⑤ 보궐위원의 임기는 전임자 임기의 남은 기간으로 한다.

(3) 위원장 등의 직무(법 제108조)

① 위원장은 중앙도시계획위원회의 업무를 총괄하며, 중앙도시계획위원회의 의장이 된다.
② 부위원장은 위원장을 보좌하며, 위원장이 부득이한 사유로 그 직무를 수행하지 못할 때에는 그 직무를 대행한다.
③ 위원장과 부위원장이 모두 부득이한 사유로 그 직무를 수행하지 못할 때에는 위원장이 미리 지명한 위원이 그 직무를 대행한다.

(4) 회의의 소집 및 의결 정족수(법 제109조) 기출 31회

① 중앙도시계획위원회의 회의는 국토교통부장관이나 위원장이 필요하다고 인정하는 경우에 국토교통부장관이나 위원장이 소집한다.
② 중앙도시계획위원회의 회의는 재적위원 과반수의 출석으로 개의(開議)하고, 출석위원 과반수의 찬성으로 의결한다.

(5) 분과위원회(법 제110조)

① 다음의 사항을 효율적으로 심의하기 위하여 중앙도시계획위원회에 분과위원회를 둘 수 있다.
   ㉠ 토지 이용에 관한 구역 등의 지정·변경 및 용도지역 등의 변경계획에 관한 사항
   ㉡ 제59조(개발행위에 대한 도시계획위원회의 심의)에 따른 심의에 관한 사항
   ㉢ 중앙도시계획위원회에서 위임하는 사항
② 분과위원회의 심의는 중앙도시계획위원회의 심의로 본다. 다만, 중앙도시계획위원회에서 위임하는 사항의 경우에는 중앙도시계획위원회가 분과위원회의 심의를 중앙도시계획위원회의 심의로 보도록 하는 경우만 해당한다.

중앙도시계획위원회의 분과위원회(영 제109조) 기출 36회

① 법 제110조의 규정에 의하여 중앙도시계획위원회에 두는 분과위원회 및 그 소관업무는 다음 각 호와 같다.
  1. 제1분과위원회
     가. 법 제8조 제2항의 규정에 의한 토지이용계획에 관한 구역 등의 지정
     나. 법 제9조의 규정에 의한 용도지역 등의 변경계획에 관한 사항의 심의
     다. 법 제59조의 규정에 의한 개발행위에 관한 사항의 심의
  2. 제2분과위원회 : 중앙도시계획위원회에서 위임하는 사항의 심의
  3. 삭제 〈2004.1.20.〉
② 각 분과위원회는 위원장 1인을 포함한 5인 이상 17인 이하의 위원으로 구성한다.
③ 각 분과위원회의 위원은 중앙도시계획위원회가 그 위원 중에서 선출하며, 중앙도시계획위원회의 위원은 2 이상의 분과위원회의 위원이 될 수 있다.
④ 각 분과위원회의 위원장은 분과위원회의 위원 중에서 호선한다.
⑤ 중앙도시계획위원회의 위원장은 제1항에도 불구하고 효율적인 심사를 위하여 필요한 경우에는 각 분과위원회가 분장하는 업무의 일부를 조정할 수 있다.

(6) 전문위원(법 제111조) 기출 31회
   ① 도시·군계획 등에 관한 중요 사항을 조사·연구하기 위하여 중앙도시계획위원회에 전문위원을 둘 수 있다.
   ② 전문위원은 위원장 및 중앙도시계획위원회나 분과위원회의 요구가 있을 때에는 회의에 출석하여 발언할 수 있다.
   ③ 전문위원은 토지 이용, 건축, 주택, 교통, 공간정보, 환경, 법률, 복지, 방재, 문화, 농림 등 도시·군계획과 관련된 분야에 관한 학식과 경험이 풍부한 자 중에서 국토교통부장관이 임명한다.

(7) 간사 및 서기(법 제112조)
   ① 중앙도시계획위원회에 간사와 서기를 둔다.
   ② 간사와 서기는 국토교통부 소속 공무원 중에서 국토교통부장관이 임명한다.
   ③ 간사는 위원장의 명을 받아 중앙도시계획위원회의 서무를 담당하고, 서기는 간사를 보좌한다.

2 지방도시계획위원회(법 제113조)

(1) 시·도도시계획위원회의 설치

다음의 심의를 하게 하거나 자문에 응하게 하기 위하여 시·도에 시·도도시계획위원회를 둔다.
   ① 시·도지사가 결정하는 도시·군관리계획의 심의 등 시·도지사의 권한에 속하는 사항과 다른 법률에서 시·도도시계획위원회의 심의를 거치도록 한 사항의 심의
   ② 국토교통부장관의 권한에 속하는 사항 중 중앙도시계획위원회의 심의 대상에 해당하는 사항이 시·도지사에게 위임된 경우 그 위임된 사항의 심의
   ③ 도시·군관리계획과 관련하여 시·도지사가 자문하는 사항에 대한 조언
   ④ 그 밖에 대통령령으로 정하는 사항에 관한 심의 또는 조언

> **시·도도시계획위원회의 구성 및 운영(영 제111조)**
> ① 시·도도시계획위원회는 위원장 및 부위원장 각 1명을 포함한 25명 이상 30명 이하의 위원으로 구성한다.
> ② 시·도도시계획위원회의 위원장은 위원 중에서 해당 시·도지사가 임명 또는 위촉하며, 부위원장은 위원 중에서 호선한다.
> ③ 시·도도시계획위원회의 위원은 다음 각 호의 어느 하나에 해당하는 자 중에서 시·도지사가 임명 또는 위촉한다. 이 경우 제3호에 해당하는 위원의 수는 전체 위원의 3분의 2 이상이어야 하고, 법 제8조 제7항에 따라 농업진흥지역의 해제 또는 보전산지의 지정해제를 할 때에 도시·군관리계획의 변경이 필요하여 시·도도시계획위원회의 심의를 거쳐야 하는 시·도의 경우에는 농림 분야 공무원 및 농림 분야 전문가가 각각 2명 이상이어야 한다.
>   1. 당해 시·도 지방의회의 의원
>   2. 당해 시·도 및 도시·군계획과 관련 있는 행정기관의 공무원
>   3. 토지이용·건축·주택·교통·환경·방재·문화·농림·정보통신 등 도시·군계획 관련 분야에 관하여 학식과 경험이 있는 자
> ④ 제3항 제3호에 해당하는 위원의 임기는 2년으로 하되, 연임할 수 있다. 다만, 보궐위원의 임기는 전임자의 임기 중 남은 기간으로 한다.
> ⑤ 시·도도시계획위원회의 위원장은 위원회의 업무를 총괄하며, 위원회를 소집하고 그 의장이 된다.

⑥ 시·도도시계획위원회의 회의는 재적위원 과반수의 출석(출석위원의 과반수는 제3항 제3호에 해당하는 위원이어야 한다)으로 개의하고, 출석위원 과반수의 찬성으로 의결한다.
⑦ 시·도도시계획위원회에 간사 1인과 서기 약간인을 둘 수 있으며, 간사와 서기는 위원장이 임명한다.
⑧ 시·도도시계획위원회의 간사는 위원장의 명을 받아 서무를 담당하고, 서기는 간사를 보좌한다.

(2) 시·군·구도시계획위원회의 설치

도시·군관리계획과 관련된 다음의 심의를 하게 하거나 자문에 응하게 하기 위하여 시·군(광역시의 관할 구역에 있는 군을 포함한다) 또는 구에 각각 시·군·구도시계획위원회를 둔다.
① 시장 또는 군수가 결정하는 도시·군관리계획의 심의와 국토교통부장관이나 시·도지사의 권한에 속하는 사항 중 시·도도시계획위원회의 심의대상에 해당하는 사항이 시장·군수 또는 구청장에게 위임되거나 재위임된 경우 그 위임되거나 재위임된 사항의 심의
② 도시·군관리계획과 관련하여 시장·군수 또는 구청장이 자문하는 사항에 대한 조언
③ 개발행위의 허가 등에 관한 심의
④ 그 밖에 대통령령으로 정하는 사항에 관한 심의 또는 조언

> **시·군·구도시계획위원회의 구성 및 운영(영 제112조)**
> ① 시·군·구도시계획위원회는 위원장 및 부위원장 각 1인을 포함한 15인 이상 25인 이하의 위원으로 구성한다. 다만, 2 이상의 시·군 또는 구에 공동으로 시·군·구도시계획위원회를 설치하는 경우에는 그 위원의 수를 30인까지로 할 수 있다.
> ② 시·군·구도시계획위원회의 위원장은 위원 중에서 해당 시장·군수 또는 구청장이 임명 또는 위촉하며, 부위원장은 위원 중에서 호선한다. 다만, 2 이상의 시·군 또는 구에 공동으로 설치하는 시·군·구도시계획위원회의 위원장은 당해 시장·군수 또는 구청장이 협의하여 정한다.
> ③ 시·군·구도시계획위원회의 위원은 다음 각 호의 자 중에서 시장·군수 또는 구청장이 임명 또는 위촉한다. 이 경우 제3호에 해당하는 위원의 수는 위원 총수의 50퍼센트 이상이어야 한다.
> 1. 당해 시·군·구 지방의회의 의원
> 2. 당해 시·군·구 및 도시·군계획과 관련 있는 행정기관의 공무원
> 3. 토지이용·건축·주택·교통·환경·방재·문화·농림·정보통신 등 도시·군계획 관련 분야에 관하여 학식과 경험이 있는 자
> ④ 제111조 제4항 내지 제8항의 규정은 시·군·구도시계획위원회에 관하여 이를 준용한다.
> ⑤ 제1항 및 제3항에도 불구하고 시·군·구도시계획위원회 중 대도시에 두는 도시계획위원회는 위원장 및 부위원장 각 1명을 포함한 20명 이상 25명 이하의 위원으로 구성하며, 제3항 제3호에 해당하는 위원의 수는 전체 위원의 3분의 2 이상이어야 한다.

(3) 분과위원회 기출 31회·36회

① 시·도도시계획위원회나 시·군·구도시계획위원회의 심의 사항 중 대통령령으로 정하는 사항을 효율적으로 심의하기 위하여 시·도도시계획위원회나 시·군·구도시계획위원회에 분과위원회를 둘 수 있다.

> **대통령령으로 정하는 사항(영 제113조)**
> 다음 각 호의 사항을 말한다.
> 1. 법 제9조의 규정에 의한 용도지역 등의 변경계획에 관한 사항
> 2. 법 제50조의 규정에 의한 지구단위계획구역 및 지구단위계획의 결정 또는 변경결정에 관한 사항

> 3. 법 제59조의 규정에 의한 개발행위에 대한 심의에 관한 사항
> 4. 법 제120조의 규정에 의한 이의신청에 관한 사항
> 5. 지방도시계획위원회에서 위임하는 사항

② 분과위원회에서 심의하는 사항 중 시·도도시계획위원회나 시·군·구도시계획위원회가 지정하는 사항은 분과위원회의 심의를 시·도도시계획위원회나 시·군·구도시계획위원회의 심의로 본다.

(4) 전문위원

① 도시·군계획 등에 관한 중요 사항을 조사·연구하기 위하여 지방도시계획위원회에 전문위원을 둘 수 있다.

② 지방도시계획위원회에 전문위원을 두는 경우에는 제111조 제2항 및 제3항을 준용한다. 이 경우 "중앙도시계획위원회"는 "지방도시계획위원회"로, "국토교통부장관"은 "해당 지방도시계획위원회가 속한 지방자치단체의 장"으로 본다.

3 중앙도시계획위원회 및 지방도시계획위원회의 운영

(1) 회의록의 공개(법 제113조의2) 기출 31회

중앙도시계획위원회 및 지방도시계획위원회의 심의 일시·장소·안건·내용·결과 등이 기록된 회의록은 1년의 범위에서 대통령령으로 정하는 기간이 지난 후에는 공개 요청이 있는 경우 대통령령으로 정하는 바에 따라 공개하여야 한다. 다만, 공개에 의하여 부동산 투기 유발 등 공익을 현저히 해칠 우려가 있다고 인정하는 경우나 심의·의결의 공정성을 침해할 우려가 있다고 인정되는 이름·주민등록번호 등 대통령령으로 정하는 개인 식별 정보에 관한 부분의 경우에는 그러하지 아니하다.

> **회의록의 공개(영 제113조의3)**
> ① 법 제113조의2 본문에서 "대통령령으로 정하는 기간"이란 중앙도시계획위원회의 경우에는 심의 종결 후 6개월, 지방도시계획위원회의 경우에는 6개월 이하의 범위에서 해당 지방자치단체의 도시·군계획조례로 정하는 기간을 말한다.
> ② 법 제113조의2 본문에 따른 회의록의 공개는 열람 또는 사본을 제공하는 방법으로 한다.
> ③ 법 제113조의2 단서에서 "이름·주민등록번호 등 대통령령으로 정하는 개인식별 정보"란 이름·주민등록번호·직위 및 주소 등 특정인임을 식별할 수 있는 정보를 말한다.

(2) 위원의 제척·회피(법 제113조의3)

① 중앙도시계획위원회의 위원 및 지방도시계획위원회의 위원은 다음의 어느 하나에 해당하는 경우에 심의·자문에서 제척(除斥)된다.
  ㉠ 자기나 배우자 또는 배우자이었던 자가 당사자이거나 공동권리자 또는 공동의무자인 경우
  ㉡ 자기가 당사자와 친족관계이거나 자기 또는 자기가 속한 법인이 당사자의 법률·경영 등에 대한 자문·고문 등으로 있는 경우
  ㉢ 자기 또는 자기가 속한 법인이 당사자 등의 대리인으로 관여하거나 관여하였던 경우
  ㉣ 그 밖에 해당 안건에 자기가 이해관계인으로 관여한 경우로서 대통령령으로 정하는 경우

> **대통령령으로 정하는 경우(영 제113조의2)**
> 다음 각 호의 어느 하나에 해당하는 경우를 말한다.
> 1. 자기가 심의하거나 자문에 응한 안건에 관하여 용역을 받거나 그 밖의 방법으로 직접 관여한 경우
> 2. 자기가 심의하거나 자문에 응한 안건의 직접적인 이해관계인이 되는 경우

② 위원이 제1항 각 호의 사유에 해당하는 경우에는 스스로 그 안건의 심의·자문에서 회피할 수 있다.

(3) 벌칙 적용시의 공무원 의제(법 제113조의4)

중앙도시계획위원회의 위원·전문위원 및 지방도시계획위원회의 위원·전문위원 중 공무원이 아닌 위원이나 전문위원은 그 직무상 행위와 관련하여 「형법」 제129조부터 제132조까지의 규정을 적용할 때에는 공무원으로 본다.

(4) 운영 세칙(법 제114조)

① 중앙도시계획위원회와 분과위원회의 설치 및 운영에 필요한 사항은 대통령령으로 정한다.
② 지방도시계획위원회와 분과위원회의 설치 및 운영에 필요한 사항은 대통령령으로 정하는 범위에서 해당 지방자치단체의 조례로 정한다.

> **운영 세칙(영 제114조)**
> 중앙도시계획위원회 및 그 분과위원회의 운영에 관한 다음 각 호의 사항은 국토교통부장관이 정하고, 지방도시계획위원회 및 그 분과위원회의 운영에 관한 다음 각 호의 사항은 해당 지방자치단체의 도시·군계획조례로 정한다.
> 1. 위원의 자격 및 임명·위촉·해촉(解囑) 기준
> 2. 회의 소집 방법, 의결정족수 등 회의 운영에 관한 사항
> 3. 위원회 및 분과위원회의 심의·자문 대상 및 그 업무의 구분에 관한 사항
> 4. 위원의 제척·기피·회피에 관한 사항
> 5. 안건 처리기한 및 반복 심의 제한에 관한 사항
> 6. 이해관계자 및 전문가 등의 의견청취에 관한 사항
> 7. 법 제116조에 따른 도시·군계획상임기획단의 구성 및 운영에 관한 사항

(5) 위원 등의 수당 및 여비(법 제115조)

중앙도시계획위원회의 위원이나 전문위원, 지방도시계획위원회의 위원에게는 대통령령이나 조례로 정하는 바에 따라 수당과 여비를 지급할 수 있다.

※ 법 제115조의 규정에 의하여 중앙도시계획위원회의 위원 및 전문위원에게 예산의 범위 안에서 국토교통부령이 정하는 바에 따라 수당 및 여비를 지급할 수 있다(영 제115조).

4 법 제116조(도시·군계획상임기획단)

지방자치단체의 장이 입안한 광역도시계획·도시·군기본계획 또는 도시·군관리계획을 검토하거나 지방자치단체의 장이 의뢰하는 광역도시계획·도시·군기본계획 또는 도시·군관리계획에 관한 기획·지도 및 조사·연구를 위하여 해당 지방자치단체의 조례로 정하는 바에 따라 지방도시계획위원회에 제113조 제5항에 따른 전문위원 등으로 구성되는 도시·군계획상임기획단을 둔다.

제10장 보 칙

> **Point 출제포인트**
> ▷ 시범도시
> ▷ 타인의 토지에의 출입
> ▷ 청문을 실시해야 하는 경우

1 시범도시

(1) 시범도시의 지정·지원(법 제127조)

① 국토교통부장관은 도시의 경제·사회·문화적인 특성을 살려 개성 있고 지속가능한 발전을 촉진하기 위하여 필요하면 직접 또는 관계 중앙행정기관의 장이나 시·도지사의 요청에 의하여 경관, 생태, 정보통신, 과학, 문화, 관광, 그 밖에 대통령령으로 정하는 분야별로 시범도시(시범지구나 시범단지를 포함한다)를 지정할 수 있다.

> **시범도시의 지정(영 제126조)**
> ① 법 제127조 제1항에서 "대통령령으로 정하는 분야"란 교육·안전·교통·경제활력·도시재생 및 기후변화 분야를 말한다.
> ② 시범도시는 다음 각 호의 기준에 적합하여야 한다.
>   1. 시범도시의 지정이 도시의 경쟁력 향상, 특화발전 및 지역균형발전에 기여할 수 있을 것
>   2. 시범도시의 지정에 대한 주민의 호응도가 높을 것
>   3. 시범도시의 지정목적 달성에 필요한 사업(이하 "시범도시사업"이라 한다)에 주민이 참여할 수 있을 것
>   4. 시범도시사업의 재원조달계획이 적정하고 실현가능할 것
> ③ 국토교통부장관은 법 제127조 제1항의 규정에 의한 분야별로 시범도시의 지정에 관한 세부기준을 정할 수 있다.
> ④ 관계 중앙행정기관의 장 또는 시·도지사는 법 제127조 제1항의 규정에 의하여 국토교통부장관에게 시범도시의 지정을 요청하고자 하는 때에는 미리 설문조사·열람 등을 통하여 주민의 의견을 들은 후 관계 지방자치단체의 장의 의견을 들어야 한다.
> ⑤ 시·도지사는 법 제127조 제1항의 규정에 의하여 국토교통부장관에게 시범도시의 지정을 요청하고자 하는 때에는 미리 당해 시·도도시계획위원회의 자문을 거쳐야 한다.
> ⑥ 관계 중앙행정기관의 장 또는 시·도지사는 법 제127조 제1항의 규정에 의하여 시범도시의 지정을 요청하고자 하는 때에는 다음 각 호의 서류를 국토교통부장관에게 제출하여야 한다.
>   1. 제2항 및 제3항의 규정에 의한 지정기준에 적합함을 설명하는 서류
>   2. 지정을 요청하는 관계 중앙행정기관의 장 또는 시·도지사가 직접 시범도시에 대하여 지원할 수 있는 예산·인력 등의 내역
>   3. 제4항의 규정에 의한 주민의견청취의 결과와 관계 지방자치단체의 장의 의견
>   4. 제5항의 규정에 의한 시·도도시계획위원회에의 자문 결과

⑦ 국토교통부장관은 시범도시를 지정하려면 중앙도시계획위원회의 심의를 거쳐야 한다.
⑧ 국토교통부장관은 시범도시를 지정한 때에는 지정목적·지정분야·지정대상도시 등을 관보와 국토교통부의 인터넷 홈페이지에 공고하고 관계 행정기관의 장에게 통보해야 한다.

② 국토교통부장관, 관계 중앙행정기관의 장 또는 시·도지사는 지정된 시범도시에 대하여 예산·인력 등 필요한 지원을 할 수 있다.
③ 국토교통부장관은 관계 중앙행정기관의 장이나 시·도지사에게 시범도시의 지정과 지원에 필요한 자료를 제출하도록 요청할 수 있다.
④ 시범도시의 지정 및 지원의 기준·절차 등에 관하여 필요한 사항은 대통령령으로 정한다.

(2) 시범도시의 공모(영 제127조)

① 국토교통부장관은 법 제127조 제1항의 규정에 의하여 직접 시범도시를 지정함에 있어서 필요한 경우에는 국토교통부령이 정하는 바에 따라 그 대상이 되는 도시를 공모할 수 있다.
② 공모에 응모할 수 있는 자는 특별시장·광역시장·특별자치시장·특별자치도지사·시장·군수 또는 구청장으로 한다.
③ 국토교통부장관은 시범도시의 공모 및 평가 등에 관한 업무를 원활하게 수행하기 위하여 필요한 때에는 전문기관에 자문하거나 조사·연구를 의뢰할 수 있다.

(3) 시범도시사업계획의 수립·시행(영 제128조) 기출 36회

① 시범도시를 관할하는 특별시장·광역시장·특별자치시장·특별자치도지사·시장·군수 또는 구청장은 다음의 구분에 따라 시범도시사업의 시행에 관한 계획(이하 "시범도시사업계획"이라 한다)을 수립·시행하여야 한다.
  ㉠ 시범도시가 시·군 또는 구의 관할구역에 한정되어 있는 경우 : 관할 시장·군수 또는 구청장이 수립·시행
  ㉡ 그 밖의 경우 : 특별시장·광역시장·특별자치시장 또는 특별자치도지사가 수립·시행
② 시범도시사업계획에는 다음의 사항이 포함되어야 한다.
  ㉠ 시범도시사업의 목표·전략·특화발전계획 및 추진체제에 관한 사항
  ㉡ 시범도시사업의 시행에 필요한 도시·군계획 등 관련계획의 조정·정비에 관한 사항
  ㉢ 시범도시사업의 시행에 필요한 도시·군계획사업에 관한 사항
  ㉣ 시범도시사업의 시행에 필요한 재원조달에 관한 사항
  ㉤ 주민참여 등 지역사회와의 협력체계에 관한 사항
  ㉥ 그 밖에 시범도시사업의 원활한 시행을 위하여 필요한 사항
③ 특별시장·광역시장·특별자치시장·특별자치도지사·시장·군수 또는 구청장은 시범도시사업계획을 수립하고자 하는 때에는 미리 설문조사·열람 등을 통하여 주민의 의견을 들어야 한다.
④ 특별시장·광역시장·특별자치시장·특별자치도지사·시장·군수 또는 구청장은 시범도시사업계획을 수립하고자 하는 때에는 미리 국토교통부장관(관계 중앙행정기관의 장 또는 시·도지사의 요청에 의하여 지정된 시범도시의 경우에는 지정을 요청한 기관을 말한다)과 협의하여야 한다.
⑤ 특별시장·광역시장·특별자치시장·특별자치도지사·시장·군수 또는 구청장은 시범도시사업계획을 수립한 때에는 그 주요내용을 해당 지방자치단체의 공보와 인터넷 홈페이지에 고시한 후 그 사본 1부를 국토교통부장관에게 송부해야 한다.
⑥ 제3항 내지 제5항의 규정은 시범도시사업계획의 변경에 관하여 이를 준용한다.

(4) 시범도시의 지원기준(영 제129조)
　① 국토교통부장관, 관계 중앙행정기관의 장은 시범도시에 대하여 다음의 범위에서 보조 또는 융자를 할 수 있다.
　　㉠ 시범도시사업계획의 수립에 소요되는 비용의 80퍼센트 이하
　　㉡ 시범도시사업의 시행에 소요되는 비용(보상비를 제외한다)의 50퍼센트 이하
　② 시·도지사는 시범도시에 대하여 ①항의 범위에서 보조나 융자를 할 수 있다.
　③ 관계 중앙행정기관의 장 또는 시·도지사는 시범도시에 대하여 예산·인력 등을 지원한 때에는 그 지원내역을 국토교통부장관에게 통보하여야 한다.
　④ 시장·군수 또는 구청장은 시범도시사업의 시행을 위하여 필요한 경우에는 다음의 사항을 도시·군계획조례로 정할 수 있다.
　　㉠ 시범도시사업의 예산집행에 관한 사항
　　㉡ 주민의 참여에 관한 사항

(5) 시범도시사업의 평가·조정(영 제130조)
　① 시범도시를 관할하는 특별시장·광역시장·특별자치시장·특별자치도지사·시장·군수 또는 구청장은 매년말까지 당해 연도 시범도시사업계획의 추진실적을 국토교통부장관과 당해 시범도시의 지정을 요청한 관계 중앙행정기관의 장 또는 시·도지사에게 제출하여야 한다.
　② 국토교통부장관, 관계 중앙행정기관의 장 또는 시·도지사는 ①항의 규정에 의하여 제출된 추진실적을 분석한 결과 필요하다고 인정하는 때에는 시범도시사업계획의 조정요청, 지원내용의 축소 또는 확대 등의 조치를 할 수 있다.

2 법 제128조(국토이용정보체계의 활용)

① 국토교통부장관, 시·도지사, 시장 또는 군수가「토지이용규제기본법」제12조에 따라 국토이용정보체계를 구축하여 도시·군계획에 관한 정보를 관리하는 경우에는 해당 정보를 도시·군계획을 수립하는 데에 활용하여야 한다.
② 특별시장·광역시장·특별자치시장·특별자치도지사·시장 또는 군수는 개발행위허가 민원 간소화 및 업무의 효율적인 처리를 위하여 국토이용정보체계를 활용하여야 한다.

3 법 제129조(전문기관에 자문 등)

① 국토교통부장관은 필요하다고 인정하는 경우에는 광역도시계획이나 도시·군기본계획의 승인, 그 밖에 도시·군계획에 관한 중요 사항에 대하여 도시·군계획에 관한 전문기관에 자문을 하거나 조사·연구를 의뢰할 수 있다.
② 국토교통부장관은 자문을 하거나 조사·연구를 의뢰하는 경우에는 그에 필요한 비용을 예산의 범위에서 해당 전문기관에 지급할 수 있다.

4 법 제130조(토지에의 출입 등) 기출 34회

(1) 타인의 토지에 출입하는 목적

국토교통부장관, 시·도지사, 시장 또는 군수나 도시·군계획시설사업의 시행자는 다음의 행위를 하기 위하여 필요하면 타인의 토지에 출입하거나 타인의 토지를 재료 적치장 또는 임시통로로 일시 사용할 수 있으며, 특히 필요한 경우에는 나무, 흙, 돌, 그 밖의 장애물을 변경하거나 제거할 수 있다.
① 도시·군계획·광역도시·군계획에 관한 기초조사
② 개발밀도관리구역, 기반시설부담구역 및 기반시설설치계획에 관한 기초조사
③ 지가의 동향 및 토지거래의 상황에 관한 조사
④ 도시·군계획시설사업에 관한 조사·측량 또는 시행

(2) 타인 토지의 출입 허가 및 통지

타인의 토지에 출입하려는 자는 특별시장·광역시장·특별자치시장·특별자치도지사·시장 또는 군수의 허가를 받아야 하며, 출입하려는 날의 7일 전까지 그 토지의 소유자·점유자 또는 관리인에게 그 일시와 장소를 알려야 한다. 다만, 행정청인 도시·군계획시설사업의 시행자는 허가를 받지 아니하고 타인의 토지에 출입할 수 있다.

(3) 타인 토지의 일시사용 및 장애물의 변경 또는 제거

① **사전동의** : 타인의 토지를 재료 적치장 또는 임시통로로 일시사용하거나 나무, 흙, 돌, 그 밖의 장애물을 변경 또는 제거하려는 자는 토지의 소유자·점유자 또는 관리인의 동의를 받아야 한다.
② **사전허가** : 토지나 장애물의 소유자·점유자 또는 관리인이 현장에 없거나 주소 또는 거소가 불분명하여 그 동의를 받을 수 없는 경우에는 행정청인 도시·군계획시설사업의 시행자는 관할 특별시장·광역시장·특별자치시장·특별자치도지사·시장 또는 군수에게 그 사실을 통지하여야 하며, 행정청이 아닌 도시·군계획시설사업의 시행자는 미리 관할 특별시장·광역시장·특별자치시장·특별자치도지사·시장 또는 군수의 허가를 받아야 한다.
③ **사전통지** : 토지를 일시 사용하거나 장애물을 변경 또는 제거하려는 자는 토지를 사용하려는 날이나 장애물을 변경 또는 제거하려는 날의 3일 전까지 그 토지나 장애물의 소유자·점유자 또는 관리인에게 알려야 한다.

(4) 타인 토지의 출입제한

일출 전이나 일몰 후에는 그 토지 점유자의 승낙 없이 택지나 담장 또는 울타리로 둘러싸인 타인의 토지에 출입할 수 없다.

(5) 수인의무 기출 32회

토지의 점유자는 정당한 사유 없이 토지에의 출입 등에 따른 행위를 방해하거나 거부하지 못한다.

(6) 증표의 휴대 및 제시
   ① 토지에의 출입 등에 따른 행위를 하려는 자는 그 권한을 표시하는 증표와 허가증을 지니고 이를 관계인에게 내보여야 한다.
   ② 증표와 허가증에 관하여 필요한 사항은 국토교통부령으로 정한다.

(7) 토지에의 출입 등에 따른 손실 보상(법 제131조)
   ① 토지에의 출입 등에 따른 행위로 인하여 손실을 입은 자가 있으면 그 행위자가 속한 행정청이나 도시·군계획시설사업의 시행자가 그 손실을 보상하여야 한다.
   ② 손실 보상에 관하여는 그 손실을 보상할 자와 손실을 입은 자가 협의하여야 한다.
   ③ 손실을 보상할 자나 손실을 입은 자는 협의가 성립되지 아니하거나 협의를 할 수 없는 경우에는 관할 토지수용위원회에 재결을 신청할 수 있다.
   ④ 관할 토지수용위원회의 재결에 관하여는 「공익사업을 위한 토지 등의 취득 및 보상에 관한 법률」 제83조부터 제87조까지의 규정을 준용한다.

5 법 제134조(행정심판)

「국토계획법」에 따른 도시·군계획시설사업 시행자의 처분에 대하여는 「행정심판법」에 따라 행정심판을 제기할 수 있다. 이 경우 행정청이 아닌 시행자의 처분에 대하여는 제86조 제5항에 따라 그 시행자를 지정한 자에게 행정심판을 제기하여야 한다.

6 법 제135조(권리·의무의 승계 등)

(1) 권리·의무의 승계
   토지 또는 건축물에 관하여 소유권이나 그 밖의 권리를 가진 자의 도시·군관리계획에 관한 권리·의무는 그 토지 또는 건축물에 관한 소유권이나 그 밖의 권리의 변동과 동시에 그 승계인에게 이전한다.

(2) 승계인에 대한 효력
   이 법 또는 이 법에 따른 명령에 의한 처분, 그 절차 및 그 밖의 행위는 그 행위와 관련된 토지 또는 건축물에 대하여 소유권이나 그 밖의 권리를 가진 자의 승계인에 대하여 효력을 가진다.

7 법 제136조(청문) 기출 31회

국토교통부장관, 시·도지사, 시장·군수 또는 구청장은 다음의 어느 하나에 해당하는 처분을 하려면 청문을 하여야 한다.
   ① 개발행위허가의 취소
   ② 도시·군계획시설사업의 시행자 지정의 취소
   ③ 실시계획인가의 취소

8 법 제137조(보고 및 검사 등)

(1) 보고 및 검사

국토교통부장관(제40조에 따른 수산자원보호구역의 경우 해양수산부장관을 말한다), 시·도지사, 시장 또는 군수는 다음의 어느 하나에 해당하는 경우에는 개발행위허가를 받은 자나 도시·군계획시설사업의 시행자에게 감독을 위하여 필요한 보고를 하게 하거나 자료를 제출하도록 명할 수 있으며, 소속 공무원으로 하여금 개발행위에 관한 업무 상황을 검사하게 할 수 있다.

① 다음의 내용에 대한 이행 여부의 확인이 필요한 경우
  ㉠ 제56조에 따른 개발행위허가의 내용
  ㉡ 제88조에 따른 실시계획인가의 내용
② 제133조 제1항 제5호, 제5호의2, 제6호, 제7호, 제7호의2, 제15호, 제15호의2, 제15호의3 및 제16호부터 제22호까지 중 어느 하나에 해당한다고 판단하는 경우
③ 그 밖에 해당 개발행위의 체계적 관리를 위하여 관련 자료 및 현장 확인이 필요한 경우

(2) 증표의 휴대 및 제시

① 업무를 검사하는 공무원은 그 권한을 표시하는 증표를 지니고 이를 관계인에게 내보여야 한다.
② 증표에 관하여 필요한 사항은 국토교통부령으로 정한다.

9 법 제138조(도시·군계획의 수립 및 운영에 대한 감독 및 조정)

① 국토교통부장관(제40조에 따른 수산자원보호구역의 경우 해양수산부장관을 말한다)은 필요한 경우에는 시·도지사 또는 시장·군수에게, 시·도지사는 시장·군수에게 도시·군기본계획과 도시·군관리계획의 수립 및 운영실태를 감독하기 위하여 필요한 보고를 하게 하거나 자료를 제출하도록 명할 수 있으며, 소속 공무원으로 하여금 도시·군기본계획과 도시·군관리계획에 관한 업무 상황을 검사하게 할 수 있다.
② 국토교통부장관은 도시·군기본계획과 도시·군관리계획이 국가계획 및 광역도시계획의 취지에 부합하지 아니하거나 도시·군관리계획이 도시·군기본계획의 취지에 부합하지 아니하다고 판단하는 경우에는 특별시장·광역시장·특별자치시장·특별자치도지사·시장 또는 군수에게 기한을 정하여 도시·군기본계획과 도시·군관리계획의 조정을 요구할 수 있다. 이 경우 특별시장·광역시장·특별자치시장·특별자치도지사·시장 또는 군수는 도시·군기본계획과 도시·군관리계획을 재검토하여 정비하여야 한다.
③ 도지사는 시·군 도시·군관리계획이 광역도시계획이나 도시·군기본계획의 취지에 부합하지 아니하다고 판단되는 경우에는 시장 또는 군수에게 기한을 정하여 그 도시·군관리계획의 조정을 요구할 수 있다. 이 경우 시장 또는 군수는 그 도시·군관리계획을 재검토하여 정비하여야 한다.

10 법 제139조(권한의 위임 및 위탁)

(1) 권한의 위임

① 이 법에 따른 국토교통부장관(제40조에 따른 수산자원보호구역의 경우 해양수산부장관을 말한다)의 권한은 그 일부를 대통령령으로 정하는 바에 따라 시·도지사에게 위임할 수 있으며, 시·도지사는 국토교통부장관의 승인을 받아 그 위임받은 권한을 시장·군수 또는 구청장에게 재위임할 수 있다.

② 이 법에 따른 시·도지사의 권한은 시·도의 조례로 정하는 바에 따라 시장·군수 또는 구청장에게 위임할 수 있다. 이 경우 시·도지사는 권한의 위임사실을 국토교통부장관에게 보고하여야 한다.

③ 권한이 위임되거나 재위임된 경우 그 위임되거나 재위임된 사항 중 다음 각 호의 사항에 대하여는 그 위임 또는 재위임받은 기관이 속하는 지방자치단체에 설치된 지방도시계획위원회의 심의 또는 시·도의 조례로 정하는 바에 따라 「건축법」 제4조에 의하여 시·군·구에 두는 건축위원회와 도시계획위원회가 공동으로 하는 심의를 거쳐야 하며, 해당 지방의회의 의견을 들어야 하는 사항에 대하여는 그 위임 또는 재위임받은 기관이 속하는 지방자치단체의 의회의 의견을 들어야 한다.

㉠ 중앙도시계획위원회·지방도시계획위원회의 심의를 거쳐야 하는 사항

㉡ 「건축법」 제4조에 따라 시·도에 두는 건축위원회와 지방도시계획위원회가 공동으로 하는 심의를 거쳐야 하는 사항

(2) 권한의 위탁

① 이 법에 따른 국토교통부장관, 시·도지사, 시장 또는 군수의 사무는 그 일부를 대통령령이나 해당 지방자치단체의 조례로 정하는 바에 따라 다른 행정청이나 행정청이 아닌 자에게 위탁할 수 있다.

② 위탁받은 사무를 수행하는 자(행정청이 아닌 자로 한정한다)나 그에 소속된 직원은 「형법」이나 그 밖의 법률에 따른 벌칙을 적용할 때에는 공무원으로 본다.

제11장 벌칙

> **Point 출제포인트**
> ▷ 과태료 부과 대상
> ▷ 벌칙 규정

1 벌칙

(1) 3년 이하의 징역 또는 3천만원 이하의 벌금(법 제140조)

다음의 어느 하나에 해당하는 자는 3년 이하의 징역 또는 3천만원 이하의 벌금에 처한다.
① 제56조 제1항 또는 제2항을 위반하여 허가 또는 변경허가를 받지 아니하거나, 속임수나 그 밖의 부정한 방법으로 허가 또는 변경허가를 받아 개발행위를 한 자
② 시가화조정구역에서 허가를 받지 아니하고 제81조 제2항 각 호의 어느 하나에 해당하는 행위를 한 자

(2) 3년 이하의 징역 또는 기반시설설치비용의 3배 이하에 상당하는 벌금(법 제140조의2)

기반시설설치비용을 면탈·경감할 목적 또는 면탈·경감하게 할 목적으로 거짓 계약을 체결하거나 거짓 자료를 제출한 자는 3년 이하의 징역 또는 면탈·경감하였거나 면탈·경감하고자 한 기반시설설치비용의 3배 이하에 상당하는 벌금에 처한다.

(3) 2년 이하의 징역 또는 2천만원 이하의 벌금(법 제141조)

다음의 어느 하나에 해당하는 자는 2년 이하의 징역 또는 2천만원(허가 또는 변경허가를 받지 아니하고 토지거래계약을 체결하거나, 속임수나 그 밖의 부정한 방법으로 토지거래계약 허가를 받은 자는 계약 체결 당시의 개별공시지가에 의한 해당 토지가격의 100분의 30에 해당하는 금액) 이하의 벌금에 처한다.
① 제43조 제1항을 위반하여 도시·군관리계획의 결정이 없이 기반시설을 설치한 자
② 제44조 제3항을 위반하여 공동구에 수용하여야 하는 시설을 공동구에 수용하지 아니한 자
③ 제54조를 위반하여 지구단위계획에 맞지 아니하게 건축물을 건축하거나 용도를 변경한 자
④ 제76조(같은 조 제5항 제2호부터 제4호까지의 규정은 제외한다)에 따른 용도지역 또는 용도지구에서의 건축물이나 그 밖의 시설의 용도·종류 및 규모 등의 제한을 위반하여 건축물이나 그 밖의 시설을 건축 또는 설치하거나 그 용도를 변경한 자

(4) **1년 이하의 징역 또는 1천만원 이하의 벌금(법 제142조)**

제133조 제1항에 따른 허가·인가 등의 취소, 공사의 중지, 공작물 등의 개축 또는 이전 등의 처분 또는 조치명령을 위반한 자는 1년 이하의 징역 또는 1천만원 이하의 벌금에 처한다.

2 법 제143조(양벌규정)

법인의 대표자나 법인 또는 개인의 대리인, 사용인, 그 밖의 종업원이 그 법인 또는 개인의 업무에 관하여 제140조부터 제142조까지의 어느 하나에 해당하는 위반행위를 하면 그 행위자를 벌할 뿐만 아니라 그 법인 또는 개인에게도 해당 조문의 벌금형을 과(科)한다. 다만, 법인 또는 개인이 그 위반행위를 방지하기 위하여 해당 업무에 관하여 상당한 주의와 감독을 게을리하지 아니한 경우는 그러하지 아니하다.

3 과태료

(1) **1천만원 이하의 과태료(법 제144조 제1항)** 기출 32회

다음의 어느 하나에 해당하는 자에게는 1천만원 이하의 과태료를 부과한다.
① 제44조의3 제2항에 따른 허가를 받지 아니하고 공동구를 점용하거나 사용한 자
② 정당한 사유 없이 제130조 제1항에 따른 행위를 방해하거나 거부한 자
③ 제130조 제2항부터 제4항까지의 규정에 따른 허가 또는 동의를 받지 아니하고 같은 조 제1항에 따른 행위를 한 자
④ 제137조 제1항에 따른 검사를 거부·방해하거나 기피한 자

(2) **500만원 이하의 과태료(법 제144조 제2항)**

다음의 어느 하나에 해당하는 자에게는 500만원 이하의 과태료를 부과한다.
① 제56조 제4항 단서에 따른 신고를 하지 아니한 자
② 제137조 제1항에 따른 보고 또는 자료 제출을 하지 아니하거나, 거짓된 보고 또는 자료 제출을 한 자

(3) **과태료의 부과·징수(법 제144조 제3항)**

과태료는 대통령령으로 정하는 바에 따라 다음의 자가 각각 부과·징수한다.
① 국토교통부장관(수산자원보호구역의 경우 해양수산부장관을 말한다), 시·도지사, 시장 또는 군수가 부과·징수하는 경우
  ㉠ 정당한 사유 없이 제130조 제1항에 따른 행위를 방해하거나 거부한 자
  ㉡ 제137조 제1항에 따른 검사를 거부·방해하거나 기피한 자
  ㉢ 제137조 제1항에 따른 보고 또는 자료 제출을 하지 아니하거나, 거짓된 보고 또는 자료 제출을 한 자

② 특별시장・광역시장・특별자치시장・특별자치도지사・시장 또는 군수가 부과・징수하는 경우
  ㉠ 제44조의3 제2항에 따른 허가를 받지 아니하고 공동구를 점용하거나 사용한 자
  ㉡ 제130조 제2항부터 제4항까지의 규정에 따른 허가 또는 동의를 받지 아니하고 같은 조 제1항에 따른 행위를 한 자
  ㉢ 제56조 제4항 단서에 따른 신고를 하지 아니한 자

과태료의 부과기준(영 제134조)
① 법 제144조 제1항 및 제2항에 따른 과태료의 부과기준은 [별표 28]과 같다.
② 국토교통부장관(법 제40조에 따른 수산자원보호구역의 경우에는 해양수산부장관을 말한다), 시・도지사, 시장 또는 군수는 위반행위의 동기・결과 및 횟수 등을 고려하여 [별표 28]에 따른 과태료 금액의 2분의 1의 범위에서 가중하거나 경감할 수 있다.
③ 제2항에 따라 과태료를 가중하여 부과하는 경우에도 과태료 부과금액은 다음 각 호의 구분에 따른 금액을 초과할 수 없다.
  1. 법 제144조 제1항의 경우 : 1천만원
  2. 법 제144조 제2항의 경우 : 5백만원

제1편 | 국토의 계획 및 이용에 관한 법률

제1편 실전문제

※ 개정법령 반영으로 인해 기출문제를 수정한 경우 기출수정 표기를 하였습니다.

제1장 총칙

01 국토의 계획 및 이용에 관한 법령상 도시·군관리계획에 해당하지 않는 것은? 기출수정 기출 22

① 시 또는 군의 관할 구역에 대하여 기본적인 공간구조와 장기발전방향을 제시하는 종합계획
② 용도지역·용도지구의 지정에 관한 계획
③ 지구단위계획구역의 지정에 관한 계획
④ 도시개발사업이나 정비사업에 관한 계획
⑤ 기반시설의 설치·정비 또는 개량에 관한 계획

해설

① (×) 시 또는 군의 관할 구역에 대하여 기본적인 공간구조와 장기발전방향을 제시하는 종합계획은 '도시·군기본계획'이다 (법 제2조 제3호).

> **"도시·군기본계획"(법 제2조 제3호)** 〈개정 2024.2.6.〉
> "도시·군기본계획"이란 특별시·광역시·특별자치시·특별자치도·시 또는 군의 관할 구역 및 생활권에 대하여 기본적인 공간구조와 장기발전방향을 제시하는 종합계획으로서 도시·군관리계획 수립의 지침이 되는 계획을 말한다.

②·③·④·⑤ (○) **"도시·군관리계획"(법 제2조 제4호)**
"도시·군관리계획"이란 특별시·광역시·특별자치시·특별자치도·시 또는 군의 개발·정비 및 보전을 위하여 수립하는 토지이용, 교통, 환경, 경관, 안전, 산업, 정보통신, 보건, 복지, 안보, 문화 등에 관한 다음 각 목의 계획을 말한다.
  가. 용도지역·용도지구의 지정 또는 변경에 관한 계획 (②)
  나. 개발제한구역, 도시자연공원구역, 시가화조정구역(市街化調整區域), 수산자원보호구역의 지정 또는 변경에 관한 계획
  다. 기반시설의 설치·정비 또는 개량에 관한 계획 (⑤)
  라. 도시개발사업이나 정비사업에 관한 계획 (④)
  마. 지구단위계획구역의 지정 또는 변경에 관한 계획과 지구단위계획 (③)
  바. 삭제 〈2024.2.6.〉
  사. 도시혁신구역의 지정 또는 변경에 관한 계획과 도시혁신계획
  아. 복합용도구역의 지정 또는 변경에 관한 계획과 복합용도계획
  자. 도시·군계획시설입체복합구역의 지정 또는 변경에 관한 계획

답 ①

02 국토의 계획 및 이용에 관한 법령상 도시·군관리계획에 해당하는 것을 모두 고른 것은? 기출 21

ㄱ. 정비사업에 관한 계획
ㄴ. 수산자원보호구역의 지정에 관한 계획
ㄷ. 기반시설의 개량에 관한 계획
ㄹ. 시범도시사업의 재원조달에 관한 계획

① ㄱ, ㄷ
② ㄴ, ㄹ
③ ㄱ, ㄴ, ㄷ
④ ㄴ, ㄷ, ㄹ
⑤ ㄱ, ㄴ, ㄷ, ㄹ

해설

③ (○) ㄱ, ㄴ, ㄷ은 도시·군관리계획에 해당한다.

> **"도시·군관리계획"(법 제2조 제4호)**
>
> "도시·군관리계획"이란 특별시·광역시·특별자치시·특별자치도·시 또는 군의 개발·정비 및 보전을 위하여 수립하는 토지 이용, 교통, 환경, 경관, 안전, 산업, 정보통신, 보건, 복지, 안보, 문화 등에 관한 다음 각 목의 계획을 말한다.
> 가. 용도지역·용도지구의 지정 또는 변경에 관한 계획
> 나. 개발제한구역, 도시자연공원구역, 시가화조정구역(市街化調整區域), 수산자원보호구역의 지정 또는 변경에 관한 계획 (ㄴ)
> 다. 기반시설의 설치·정비 또는 개량에 관한 계획 (ㄷ)
> 라. 도시개발사업이나 정비사업에 관한 계획 (ㄱ)
> 마. 지구단위계획구역의 지정 또는 변경에 관한 계획과 지구단위계획
> 바. 삭제 〈2024.2.6.〉
> 사. 도시혁신구역의 지정 또는 변경에 관한 계획과 도시혁신계획
> 아. 복합용도구역의 지정 또는 변경에 관한 계획과 복합용도계획
> 자. 도시·군계획시설입체복합구역의 지정 또는 변경에 관한 계획

답 ③

03 국토의 계획 및 이용에 관한 법령상 도시·군관리계획에 해당하지 않는 것은? 기출 25

① 도시개발사업이나 정비사업에 관한 계획
② 성장관리계획
③ 복합용도계획
④ 도시혁신계획
⑤ 도시·군계획시설입체복합구역의 지정 또는 변경에 관한 계획

해설

② (×) 성장관리계획이란 성장관리계획구역에서의 난개발을 방지하고 계획적인 개발을 유도하기 위하여 수립하는 계획(법 제2조 제5호의3)을 말하며, 도시·군관리계획에 해당하지 않는다(법 제2조 제4호 참조).

답 ②

04 국토의 계획 및 이용에 관한 법률에 규정된 도시·군관리계획에 해당하지 않는 것은?

기출수정 기출 16

① 용도지역·용도지구의 지정 또는 변경에 관한 계획
② 수산자원보호구역의 지정 또는 변경에 관한 계획
③ 기반시설의 설치·정비 또는 개량에 관한 계획
④ 도시자연공원구역의 행위제한에 관한 계획
⑤ 도시혁신구역의 지정 또는 변경에 관한 계획

해설

④ (×) 도시자연공원구역의 지정 또는 변경에 관한 계획이 도시·군관리계획에 해당한다(법 제2조 제4호 나목).
① (○) 용도지역·용도지구의 지정 또는 변경에 관한 계획(법 제2조 제4호 가목)
② (○) 수산자원보호구역의 지정 또는 변경에 관한 계획(법 제2조 제4호 나목)
③ (○) 기반시설의 설치·정비 또는 개량에 관한 계획(법 제2조 제4호 다목)
⑤ (○) 도시혁신구역의 지정 또는 변경에 관한 계획(법 제2조 제4호 사목)

답 ④

05 국토의 계획 및 이용에 관한 법령상 기반시설 중 공공·문화체육시설에 해당하지 않는 것은?

기출 22

① 연구시설
② 사회복지시설
③ 공공직업훈련시설
④ 방송·통신시설
⑤ 청소년수련시설

해설

④ (×) 방송·통신시설은 유통·공급시설이다(영 제2조 제1항 제3호).

기반시설(영 제2조 제1항)

국토의 계획 및 이용에 관한 법률(이하 "법"이라 한다) 제2조 제6호 각 목 외의 부분에서 "대통령령으로 정하는 시설"이란 다음 각 호의 시설(당해 시설 그 자체의 기능발휘와 이용을 위하여 필요한 부대시설 및 편익시설을 포함한다)을 말한다.
1. 교통시설 : 도로·철도·항만·공항·주차장·자동차정류장·궤도·차량 검사 및 면허시설
2. 공간시설 : 광장·공원·녹지·유원지·공공공지
3. 유통·공급시설 : 유통업무설비, 수도·전기·가스·열공급설비, 방송·통신시설 (④), 공동구·시장, 유류저장 및 송유설비
4. 공공·문화체육시설 : 학교·공공청사·문화시설·공공필요성이 인정되는 체육시설·연구시설 (①)·사회복지시설 (②)·공공직업훈련시설 (③)·청소년수련시설 (⑤)
5. 방재시설 : 하천·유수지·저수지·방화설비·방풍설비·방수설비·사방설비·방조설비
6. 보건위생시설 : 장사시설·도축장·종합의료시설
7. 환경기초시설 : 하수도·폐기물처리 및 재활용시설·빗물저장 및 이용시설·수질오염방지시설·폐차장

답 ④

06

국토의 계획 및 이용에 관한 법령상 기반시설 중 유통·공급시설에 해당하는 것은? 기출 20

① 재활용시설
② 방수설비
③ 공동구
④ 주차장
⑤ 도축장

해설

유통·공급시설: 유통업무설비, 수도·전기·가스·열공급설비, 방송·통신시설, 공동구·시장, 유류저장 및 송유설비(법 제2조 제6호, 영 제2조 제1항 제3호)
① (×) **재활용시설**: 환경기초시설(영 제2조 제1항 제7호)
② (×) **방수설비**: 방재시설(영 제2조 제1항 제5호)
④ (×) **주차장**: 교통시설(영 제2조 제1항 제1호)
⑤ (×) **도축장**: 보건위생시설(영 제2조 제1항 제6호)

답 ③

07

국토의 계획 및 이용에 관한 법령상 기반시설과 그 해당 시설의 연결로 옳지 않은 것은? 기출 24

① 공간시설 – 녹지
② 유통·공급시설 – 공동구
③ 공공·문화체육시설 – 공공청사
④ 환경기초시설 – 도축장
⑤ 방재시설 – 유수지

해설

④ (×) 도축장은 환경기초시설이 아니라, 보건위생시설이다(영 제2조 제1항 제6호).
① (○) **공간시설**: 녹지(영 제2조 제1항 제2호)
② (○) **유통·공급시설**: 공동구(영 제2조 제1항 제3호)
③ (○) **공공·문화체육시설**: 공공청사(영 제2조 제1항 제4호)
⑤ (○) **방재시설**: 유수지(영 제2조 제1항 제5호)

답 ④

08 국토의 계획 및 이용에 관한 법령상 기반시설과 그 해당 시설의 연결로 옳지 <u>않은</u> 것은? 기출 21

① 공간시설 – 연구시설
② 방재시설 – 유수지
③ 유통·공급시설 – 시장
④ 보건위생시설 – 도축장
⑤ 교통시설 – 주차장

> **해설**

① (×) 연구시설은 공간시설이 아니라, 공공문화체육시설이다(영 제2조 제1항 제4호).
② (○) **방재시설** : 유수지(영 제2조 제1항 제5호)
③ (○) **유통·공급시설** : 시장(영 제2조 제1항 제3호)
④ (○) **보건위생시설** : 도축장(영 제2조 제1항 제6호)
⑤ (○) **교통시설** : 주차장(영 제2조 제1항 제1호)

답 ①

09 국토의 계획 및 이용에 관한 법령상 기반시설의 종류와 그 해당 시설의 연결로 옳지 <u>않은</u> 것은?

기출 17

① 유통·공급시설 – 방송·통신시설
② 보건위생시설 – 수질오염방지시설
③ 공공·문화체육시설 – 공공직업훈련시설
④ 방재시설 – 유수지
⑤ 공간시설 – 녹지

> **해설**

② (×) 수질오염방지시설은 환경기초시설이다(영 제2조 제1항 제7호).
① (○) **유통·공급시설** : 방송·통신시설(영 제2조 제1항 제3호)
③ (○) **공공·문화체육시설** : 공공직업훈련시설(영 제2조 제1항 제4호)
④ (○) **방재시설** : 유수지(영 제2조 제1항 제5호)
⑤ (○) **공간시설** : 녹지(영 제2조 제1항 제2호)

답 ②

10 국토의 계획 및 이용에 관한 법령상 기반시설 중 공간시설에 해당하는 것은? 기출 19

① 학교
② 녹지
③ 하천
④ 주차장
⑤ 빗물저장 및 이용시설

해설

공간시설 : 광장·공원·녹지·유원지·공공공지(영 제2조 제1항 제2호)
① (×) **공공·문화체육시설** : 학교·공공청사·문화시설·공공필요성이 인정되는 체육시설·연구시설·사회복지시설·공공직업훈련시설·청소년수련시설(영 제2조 제1항 제4호)
③ (×) **방재시설** : 하천·유수지·저수지·방화설비·방풍설비·방수설비·사방설비·방조설비(영 제2조 제1항 제1호)
④ (×) **교통시설** : 도로·철도·항만·공항·주차장·자동차정류장·궤도·자동차 및 건설기계검사시설(영 제2조 제1항 제1호)
⑤ (×) **환경기초시설** : 하수도·폐기물처리 및 재활용시설·빗물저장 및 이용시설·수질오염방지시설·폐차장(영 제2조 제1항 제7호)

답 ②

11 국토의 계획 및 이용에 관한 법령상 기반시설 중 환경기초시설에 해당하지 않는 것은? 기출 18

① 하수도
② 폐차장
③ 유류저장설비
④ 폐기물처리시설
⑤ 수질오염방지시설

해설

③ (×) 유류저장설비는 유통·공급시설에 해당한다(영 제2조 제1항 제3호).

환경기초시설(영 제2조 제1항 제7호)
하수도 (①)·폐기물처리 및 재활용시설 (④)·빗물저장 및 이용시설·수질오염방지시설 (⑤)·폐차장 (②)

답 ③

12 국토의 계획 및 이용에 관한 법령상 기반시설의 구분과 시설 종류의 연결이 옳지 않은 것은? 기출 16

① 공간시설 : 공원, 청소년수련시설
② 유통·공급시설 : 유통업무설비, 방송·통신시설
③ 보건위생시설 : 장사시설, 도축장
④ 환경기초시설 : 하수도, 폐차장
⑤ 방재시설 : 하천, 유수지

해설

① (×) 청소년수련시설은 공공·문화체육시설에 해당한다(영 제2조 제1항 제4호).
　※ **공간시설** : 광장·공원·녹지·유원지·공공공지(영 제2조 제1항 제2호)
② (○) **유통·공급시설** : 유통업무설비, 방송·통신시설(영 제2조 제1항 제3호)
③ (○) **보건위생시설** : 장사시설, 도축장(영 제2조 제1항 제6호)
④ (○) **환경기초시설** : 하수도, 폐차장(영 제2조 제1항 제7호)
⑤ (○) **방재시설** : 하천, 유수지(영 제2조 제1항 제5호)

답 ①

13 국토의 계획 및 이용에 관한 법령상 기반시설부담구역에 설치가 필요한 기반시설에 해당하지 <u>않는</u> 것은? (단, 조례는 고려하지 않음) 기출 22

① 도로(인근의 간선도로로부터 기반시설부담구역까지의 진입도로를 포함)
② 공원
③ 학교(「고등교육법」에 따른 학교를 포함)
④ 수도(인근의 수도로부터 기반시설부담구역까지 연결하는 수도를 포함)
⑤ 하수도(인근의 하수도로부터 기반시설부담구역까지 연결하는 하수도를 포함)

해설

③ (×) 「고등교육법」 제2조에 따른 학교는 제외한다(영 제4조의2 제4호).

> **기반시설부담구역에 설치가 필요한 기반시설(영 제4조의2)**
> 법 제2조 제19호에서 "도로, 공원, 녹지 등 대통령령으로 정하는 기반시설"이란 다음 각 호의 기반시설(해당 시설의 이용을 위하여 필요한 부대시설 및 편의시설을 포함한다)을 말한다.
> 　1. 도로(인근의 간선도로로부터 기반시설부담구역까지의 진입도로를 포함한다)
> 　2. 공원

> 3. 녹지
> 4. 학교(「고등교육법」 제2조에 따른 학교는 제외한다)
> 5. 수도(인근의 수도로부터 기반시설부담구역까지 연결하는 수도를 포함한다)
> 6. 하수도(인근의 하수도로부터 기반시설부담구역까지 연결하는 하수도를 포함한다)
> 7. 폐기물처리 및 재활용시설
> 8. 그 밖에 특별시장·광역시장·특별자치시장·특별자치도지사·시장 또는 군수가 법 제68조 제2항 단서에 따른 기반시설부담계획에서 정하는 시설

답 ③

14 국토의 계획 및 이용에 관한 법령상 도시·군계획 등에 관한 설명으로 옳은 것은? 기출 20

① 광역도시계획은 광역계획권의 장기발전방향을 제시하는 계획을 말한다.
② 도시·군기본계획의 내용이 광역도시계획의 내용과 다를 때에는 도시·군기본계획의 내용이 우선한다.
③ 도시·군관리계획으로 결정하여야 할 사항은 국가계획에 포함될 수 없다.
④ 시장 또는 군수가 관할 구역에 대하여 다른 법률에 따른 환경에 관한 부문별 계획을 수립할 때에는 도시·군관리계획의 내용에 부합되게 하여야 한다.
⑤ 이해관계자가 도시·군관리계획의 입안을 제안한 경우, 그 입안 및 결정에 필요한 비용의 전부를 이해관계자가 부담하여야 한다.

해설

① (○) 법 제2조 제1호
② (×) 도시·군기본계획의 내용이 광역도시계획의 내용과 다를 때에는 광역도시계획의 내용이 우선한다(법 제4조 제3항).
③ (×) 국가계획에 포함될 수 있다. 즉 "국가계획"이란 중앙행정기관이 법률에 따라 수립하거나 국가의 정책적인 목적을 이루기 위하여 수립하는 계획 중 제19조 제1항 제1호부터 제9호까지 규정된 사항이나 도시·군관리계획으로 결정하여야 할 사항이 포함된 계획을 말한다(법 제2조 제14호).
④ (×) 도시 단위에서의 부문별 계획은 도시·군기본계획에 부합하여야 한다(법 제4조 제4항).
⑤ (×) 비용을 부담하게 할 수 있는 것이지, 부담하게 하여야 하는 것이 아니다. 즉 도시·군관리계획의 입안을 제안받은 자는 제안자와 협의하여 제안된 도시·군관리계획의 입안 및 결정에 필요한 비용의 전부 또는 일부를 제안자에게 부담시킬 수 있다(법 제26조 제3항).

답 ①

15 국토의 계획 및 이용에 관한 법령상 도시의 지속가능성 및 생활인프라 수준평가에 관한 설명으로 옳지 않은 것은? 기출 23

① 도시의 지속가능성 및 생활인프라 수준의 최종평가 주체는 시·도지사이다.
② 지속가능성 평가기준에서는 토지이용의 효율성, 환경친화성, 생활공간의 안전성·쾌적성·편의성 등에 관한 사항을 고려하여야 한다.
③ 국가와 지방자치단체는 지속가능성 및 생활인프라 수준평가 결과를 도시·군계획의 수립 및 집행에 반영하여야 한다.
④ 생활인프라 평가기준에서는 보급률 등을 고려한 생활인프라 설치의 적정성, 이용의 용이성·접근성·편리성 등에 관한 사항을 고려하여야 한다.
⑤ 「도시재생 활성화 및 지원에 관한 특별법」에 따른 도시재생 활성화를 위한 비용의 보조 또는 융자에 지속가능성 및 생활인프라 수준평가 결과를 활용하도록 할 수 있다.

해설

① (×) 국토교통부장관은 도시의 지속가능하고 균형 있는 발전과 주민의 편리하고 쾌적한 삶을 위하여 도시의 지속가능성 및 생활인프라(교육시설, 문화·체육시설, 교통시설 등의 시설로서 국토교통부장관이 정하는 것을 말한다) 수준을 평가할 수 있다(법 제3조의2 제1항).
② (○) 1영 제4조의4 제1항 제1호
③ (○) 법 제3조의2 제3항
④ (○) 영 제4조의4 제1항 제2호
⑤ (○) 영 제4조의4 제3항

답 ①

16 국토의 계획 및 이용에 관한 법령상 도시·군기본계획에 관한 설명으로 옳지 않은 것은? 기출 25

① 광역도시계획이 수립되어 있는 지역에 대하여 수립하는 도시·군기본계획의 내용이 광역도시계획의 내용과 다를 때에는 도시·군기본계획의 내용이 우선한다.
② 도시·군기본계획에는 기후변화 대응 및 에너지절약에 관한 사항에 대한 정책 방향이 포함되어야 한다.
③ 도시·군기본계획에서 정하는 생활권 간의 경계를 변경하는 생활권계획이 수립된 때에는 해당 계획이 수립된 생활권에 대해서는 도시·군기본계획이 수립된 것으로 본다.
④ 도시·군기본계획 입안일부터 5년 이내에 토지적성평가를 실시한 경우에는 토지적성평가를 하지 아니할 수 있다.
⑤ 수도권에 속하지 아니하고 광역시와 경계를 같이하지 아니한 시 또는 군으로서 인구 10만명 이하인 시 또는 군은 도시·군기본계획을 수립하지 아니할 수 있다.

해설

① (×) 광역도시계획이 수립되어 있는 지역에 대하여 수립하는 도시·군기본계획은 그 광역도시계획에 부합되어야 하며, 도시·군기본계획의 내용이 광역도시계획의 내용과 다를 때에는 광역도시계획의 내용이 우선한다(법 제4조 제3항).
② (○) 법 제19조 제1항 제8호의2
③ (○) 법 제19조의2 제3항, 영 제16조의2 제2항 제2호
④ (○) 법 제20조 제3항
⑤ (○) 법 제18조 제1항 단서, 영 제14조 제1호

답 ①

제2장 광역도시계획

01 국토의 계획 및 이용에 관한 법령상 광역도시계획의 수립에 관한 설명으로 옳지 않은 것은? 기출 22

① 국토교통부장관은 시·도지사가 요청하는 경우 관할 시·도지사와 공동으로 광역도시계획을 수립할 수 있다.
② 시·도지사가 광역도시계획을 수립하는 경우 미리 공청회를 열어 주민과 관계 전문가 등으로부터 의견을 들어야 한다.
③ 국토교통부장관은 관계 행정기관의 장에게 광역도시계획의 수립을 위한 기초조사에 필요한 자료를 제출하도록 요청할 수 있다.
④ 시·도지사가 광역도시계획을 수립하는 경우 미리 관계 중앙행정기관과 협의한 후 중앙도시계획위원회의 심의를 거쳐야 한다.
⑤ 시·도지사가 광역도시계획의 승인을 받으려는 때에는 광역도시계획 안에 기초조사 결과를 포함한 서류를 첨부하여 국토교통부장관에게 제출해야 한다.

> **해설**

④ (×) 도지사가 광역계획권을 지정하거나 변경하려면 관계 중앙행정기관의 장, 관계 시·도지사, 시장 또는 군수의 의견을 들은 후 지방도시계획위원회의 심의를 거쳐야 한다(법 제10조 제4항).
① (○) 법 제11조 제2항
② (○) 법 제14조 제1항
③ (○) 법 제13조 제2항
⑤ (○) 영 제13조 제1항 제1호

답 ④

02 국토의 계획 및 이용에 관한 법령상 국토교통부장관이 단독으로 광역도시계획을 수립하는 경우는?

기출 21

① 시·도지사가 협의를 거쳐 요청하는 경우
② 광역계획권을 지정한 날부터 3년이 지날 때까지 관할 시·도지사로부터 광역도시계획의 승인 신청이 없는 경우
③ 광역계획권이 둘 이상의 시·도의 관할 구역에 걸쳐 있는 경우
④ 광역계획권이 같은 도의 관할 구역에 속하여 있는 경우
⑤ 중앙행정기관의 장이 요청하는 경우

해설

② (○) 광역계획권을 지정한 날부터 3년이 지날 때까지 관할 시·도지사로부터 광역도시계획의 승인 신청이 없는 경우는 국토교통부장관이 단독으로 광역도시계획을 수립한다(법 제11조 제1항 제4호).

> **광역도시계획의 수립권자(법 제11조)**
> ① 국토교통부장관, 시·도지사, 시장 또는 군수는 다음 각 호의 구분에 따라 광역도시계획을 수립하여야 한다.
>   1. 광역계획권이 같은 도의 관할 구역에 속하여 있는 경우 : 관할 시장 또는 군수가 공동으로 수립
>   2. 광역계획권이 둘 이상의 시·도의 관할 구역에 걸쳐 있는 경우 : 관할 시·도지사가 공동으로 수립
>   3. 광역계획권을 지정한 날부터 3년이 지날 때까지 관할 시장 또는 군수로부터 제16조 제1항에 따른 광역도시계획의 승인 신청이 없는 경우 : 관할 도지사가 수립
>   4. 국가계획과 관련된 광역도시계획의 수립이 필요한 경우나 광역계획권을 지정한 날부터 3년이 지날 때까지 관할 시·도지사로부터 제16조 제1항에 따른 광역도시계획의 승인 신청이 없는 경우 : <u>국토교통부장관이 수립</u>
> ② 국토교통부장관은 시·도지사가 요청하는 경우와 그 밖에 필요하다고 인정되는 경우에는 제1항에도 불구하고 관할 시·도지사와 공동으로 광역도시계획을 수립할 수 있다.
> ③ 도지사는 시장 또는 군수가 요청하는 경우와 그 밖에 필요하다고 인정하는 경우에는 제1항에도 불구하고 관할 시장 또는 군수와 공동으로 광역도시계획을 수립할 수 있으며, 시장 또는 군수가 협의를 거쳐 요청하는 경우에는 단독으로 광역도시계획을 수립할 수 있다.

답 ②

03 국토의 계획 및 이용에 관한 법령상 광역도시계획에 관한 설명으로 옳은 것은? 기출 23

① 광역계획권이 둘 이상의 시·도의 관할 구역에 걸쳐 있는 경우에는 관할 시·도지사가 공동으로 광역도시계획을 수립한다.
② 광역계획권을 지정한 날부터 2년이 지날 때까지 관할 시·도지사로부터 광역도시계획의 승인 신청이 없는 경우에는 국토교통부장관이 광역도시계획을 수립한다.
③ 중앙행정기관의 장, 시·도지사, 시장 또는 군수는 국토교통부장관이나 도지사에게 광역계획권의 지정 또는 변경을 요청할 수 없다.
④ 도지사가 시장 또는 군수의 요청에 의하여 관할 시장 또는 군수와 공동으로 광역도시계획을 수립하는 경우에는 국토교통부장관의 승인을 받아야 한다.
⑤ 국토교통부장관, 시·도지사, 시장 또는 군수가 기초조사정보체계를 구축한 경우에는 등록된 정보의 현황을 3년마다 확인하고 변동사항을 반영하여야 한다.

해설

① (○) 광역계획권이 둘 이상의 시·도의 관할 구역에 걸쳐 있는 경우에는 관할 시·도지사가 공동으로 수립한다(법 제11조 제1항 제2호).
② (×) 광역계획권을 지정한 날부터 3년이 지날 때까지 관할 시장 또는 군수로부터 광역도시계획의 승인 신청이 없는 경우에는 관할 도지사가 수립한다(법 제11조 제1항 제3호).
③ (×) 중앙행정기관의 장, 시·도지사, 시장 또는 군수는 국토교통부장관이나 도지사에게 광역계획권의 지정 또는 변경을 요청할 수 있다(법 제10조 제2항).
④ (×) 도지사는 시장 또는 군수가 요청하는 경우와 그 밖에 필요하다고 인정하는 경우에는 관할 시장 또는 군수와 공동으로 광역도시계획을 수립할 수 있으며, 시장 또는 군수가 협의를 거쳐 요청하는 경우에는 단독으로 광역도시계획을 수립할 수 있다(법 제11조 제3항).
⑤ (×) 국토교통부장관, 시·도지사, 시장 또는 군수가 기초조사정보체계를 구축한 경우에는 등록된 정보의 현황을 5년마다 확인하고 변동사항을 반영하여야 한다(법 제13조 제5항).

답 ①

04 국토의 계획 및 이용에 관한 법령상 광역도시계획에 관한 설명으로 옳은 것은? 기출 20

① 광역도시계획에는 경관계획에 관한 사항 중 광역계획권의 지정목적을 이루는데 필요한 사항에 대한 정책 방향이 포함되어야 한다.
② 도지사가 광역계획권을 지정하려면 관계 중앙행정기관의 장의 의견을 들은 후 지방의회의 동의를 얻어야 한다.
③ 광역도시계획을 공동으로 수립하는 시·도지사는 그 내용에 관하여 서로 협의가 되지 아니하는 경우 공동으로 국토교통부장관에게 조정을 신청하여야 한다.
④ 광역계획권이 둘 이상의 시·도의 관할 구역에 걸쳐 있는 경우에는 국토교통부장관이 당해 광역도시계획의 수립권자가 된다.
⑤ 도지사는 시장 또는 군수가 요청하는 경우에는 단독으로 광역도시계획을 수립할 수 있으며, 이 경우 국토교통부장관의 승인을 받아야 한다.

해설

① (○) 법 제12조 제1항 제4호

> **광역도시계획의 내용(법 제12조 제1항)**
> 광역도시계획에는 다음 각 호의 사항 중 그 광역계획권의 지정목적을 이루는데 필요한 사항에 대한 정책 방향이 포함되어야 한다.
> 1. 광역계획권의 공간 구조와 기능 분담에 관한 사항
> 2. 광역계획권의 녹지관리체계와 환경 보전에 관한 사항
> 3. 광역시설의 배치·규모·설치에 관한 사항
> 4. 경관계획에 관한 사항
> 5. 그 밖에 광역계획권에 속하는 특별시·광역시·특별자치시·특별자치도·시 또는 군 상호 간의 기능 연계에 관한 사항으로서 대통령령으로 정하는 사항

② (×) 광역계획권의 지정에는 지방의회의 의견 및 동의를 받아야 하는 절차는 없다. 관계 중앙행정기관의 장, 관계 시·도지사, 시장 또는 군수의 의견을 들은 후 지방도시계획위원회의 심의를 거쳐야 한다(법 제10조 제4항).
③ (×) 공동이나 단독으로 국토교통부장관에게 조정(調停)을 신청할 수 있다(법 제17조 제1항).
④ (×) 광역계획권이 둘 이상의 시·도의 관할 구역에 걸쳐 있는 경우에는 시·도지사가 공동으로 수립한다(법 제11조 제1항 제2호).
⑤ (×) 도지사는 시장 또는 군수가 요청하는 경우에는 관할 시장 또는 군수와 공동으로 광역도시계획을 수립할 수 있으며, 시장 또는 군수가 협의를 거쳐 요청하는 경우에는 단독으로 광역도시계획을 수립할 수 있다(법 제11조 제3항).

답 ①

05 국토의 계획 및 이용에 관한 법령상 광역도시계획에 관한 설명으로 옳지 않은 것은? 기출 25

① 광역도시계획은 광역계획권의 장기발전방향을 제시하는 계획을 말한다.
② 국토교통부장관은 광역계획권을 지정하려면 관계 시·도지사, 시장 또는 군수의 의견을 들은 후 중앙도시계획위원회의 심의를 거쳐야 한다.
③ 국토교통부장관은 시·도지사가 요청하는 경우에는 관할 시·도지사와 공동으로 광역도시계획을 수립할 수 있다.
④ 도지사는 시장 또는 군수가 협의를 거쳐 요청하는 경우에는 단독으로 광역도시계획을 수립할 수 있다.
⑤ 시장 또는 군수는 광역도시계획을 수립하려면 국토교통부장관의 승인을 받아야 한다.

해설

⑤ (×) 시장 또는 군수는 광역도시계획을 수립하거나 변경하려면 도지사의 승인을 받아야 한다(법 제16조 제5항).
① (○) 법 제2조 제1호
② (○) 법 제10조 제3항
③ (○) 법 제11조 제2항
④ (○) 법 제11조 제3항

답 ⑤

06 국토의 계획 및 이용에 관한 법령상 광역도시계획에 관한 설명으로 옳지 않은 것은? 기출 19

① 광역계획권이 둘 이상의 인접한 시·도의 관할구역에 걸쳐 있는 경우 국토교통부장관이 광역계획권을 지정한다.
② 광역도시계획에는 광역계획권의 지정목적을 이루는데 필요한 경관계획에 관한 사항이 포함되어야 한다.
③ 국토교통부장관은 광역도시계획을 수립하거나 변경하려면 미리 공청회를 열어야 한다.
④ 광역도시계획을 공동으로 수립하는 시·도지사는 그 내용에 관하여 서로 협의가 되지 아니하면 공동으로 조정을 신청하여야 한다.
⑤ 광역도시계획협의회에서 광역도시계획의 수립에 관하여 조정을 한 경우에는 그 조정내용을 광역도시계획에 반영하여야 한다.

해설

④ (×) 광역도시계획을 공동으로 수립하는 시·도지사는 그 내용에 관하여 서로 협의가 되지 아니하면 <u>공동이나 단독으로</u> 국토교통부장관에게 조정을 신청할 수 있다(법 제17조 제1항).
① (○) 법 제10조 제1항 제1호
② (○) 법 제12조 제1항 제4호
③ (○) 법 제14조 제1항
⑤ (○) 법 제17조의2 제2항

답 ④

07 국토의 계획 및 이용에 관한 법령상 국토교통부장관이 도시·군관리계획의 수립기준을 정할 때 고려하여야 하는 사항이 아닌 것은? 기출 22

① 공간구조는 생활권단위로 적정하게 구분하고 생활권별로 생활·편익시설이 고루 갖추어지도록 할 것
② 녹지축·생태계·산림·경관 등 양호한 자연환경과 우량농지, 문화재 및 역사문화환경 등을 고려하여 토지이용계획을 수립하도록 할 것
③ 수도권 안의 인구집중유발시설이 수도권 외의 지역으로 이전하는 경우 종전의 대지에 대하여는 그 시설의 지방이전이 촉진될 수 있도록 토지이용계획을 수립하도록 할 것
④ 도시의 개발 또는 기반시설의 설치 등이 환경에 미치는 영향을 미리 검토하는 등 계획과 환경의 유기적 연관성을 높여 건전하고 지속가능한 도시발전을 도모하도록 할 것
⑤ 광역계획권의 미래상과 이를 실현할 수 있는 체계화된 전략을 제시하고 국토종합계획 등과 서로 연계되도록 할 것

해설

①·②·③·④ (○) 도시·군관리계획의 수립기준, 도시·군관리계획도서 및 계획설명서의 작성기준·작성방법 등은 대통령령으로 정하는 바에 따라 국토교통부장관이 정한다(법 제25조 제4항).

> **도시·군관리계획의 수립기준(영 제19조)**
> 국토교통부장관(법 제40조에 따른 수산자원보호구역의 경우 해양수산부장관을 말한다)은 법 제25조 제4항에 따라 도시·군관리계획의 수립기준을 정할 때에는 다음 각 호의 사항을 종합적으로 고려하여야 한다. 〈개정 2024.7.30.〉
> 1. 광역도시계획 및 도시·군기본계획(법 제19조의2에 따른 생활권계획을 포함한다) 등에서 제시한 내용을 수용하고 개별 사업계획과의 관계 및 도시의 성장추세를 고려하여 수립하도록 할 것
> 2. 도시·군기본계획을 수립하지 아니하는 시·군의 경우 당해 시·군의 장기발전구상 및 도시·군기본계획에 포함될 사항 중 도시·군관리계획의 원활한 수립을 위하여 필요한 사항이 포함되도록 할 것
> 3. 도시·군관리계획의 효율적인 운영 등을 위하여 필요한 경우에는 특정지역 또는 특정부문에 한정하여 정비할 수 있도록 할 것
> 4. 공간구조는 생활권단위로 적정하게 구분하고 생활권별로 생활·편익시설이 고루 갖추어지도록 할 것 (①)
> 5. 도시와 농어촌 및 산촌지역의 인구밀도, 토지이용의 특성 및 주변환경 등을 종합적으로 고려하여 지역별로 계획의 상세정도를 다르게 하되, 기반시설의 배치계획, 토지용도 등은 도시와 농어촌 및 산촌지역이 서로 연계되도록 할 것
> 6. 토지이용계획을 수립할 때에는 주간 및 야간활동인구 등의 인구규모, 도시의 성장추이를 고려하여 그에 적합한 개발밀도가 되도록 할 것
> 7. 녹지축·생태계·산림·경관 등 양호한 자연환경과 우량농지, 국가유산 및 역사문화환경 등을 고려하여 토지이용계획을 수립하도록 할 것 (②)
> 8. 수도권안의 인구집중유발시설이 수도권외의 지역으로 이전하는 경우 종전의 대지에 대하여는 그 시설의 지방이전이 촉진될 수 있도록 토지이용계획을 수립하도록 할 것 (③)
> 9. 도시·군계획시설은 집행능력을 고려하여 적정한 수준으로 결정하고, 기존 도시·군계획시설은 시설의 설치현황과 관리·운영상태를 점검하여 규모 등이 불합리하게 결정되었거나 실현가능성이 없는 시설 또는 존치 필요성이 없는 시설은 재검토하여 해제하거나 조정함으로써 토지이용의 활성화를 도모할 것

10. 도시의 개발 또는 기반시설의 설치 등이 환경에 미치는 영향을 미리 검토하는 등 계획과 환경의 유기적 연관성을 높여 건전하고 지속가능한 도시발전을 도모하도록 할 것 (④)
11. 「재난 및 안전관리 기본법」에 따른 시·도안전관리계획 및 시·군·구안전관리계획과 「자연재해대책법」에 따른 시·군 자연재해저감 종합계획을 고려하여 재해로 인한 피해가 최소화되도록 할 것

답 ⑤

08 국토의 계획 및 이용에 관한 법령상 광역도시계획에 관한 설명으로 옳은 것은? 기출 24

① 군수는 도지사에게 광역계획권의 지정을 요청할 수 없다.
② 도지사가 광역계획권을 변경하려면 중앙도시계획위원회의 심의를 거쳐 관계 중앙행정기관의 장의 승인을 받아야 한다.
③ 국토교통부장관은 광역계획권을 변경하면 지체 없이 관계 중앙행정기관의 장에게 그 사실을 통보하여야 한다.
④ 광역계획권을 지정한 날부터 2년이 지날 때까지 시장·군수의 광역도시계획 승인 신청이 없는 경우에는 관할 도지사가 광역도시계획을 수립한다.
⑤ 국토교통부장관은 기초조사정보체계를 구축한 경우 등록된 정보의 현황을 5년마다 확인하고 변동사항을 반영하여야 한다.

해설

⑤ (○) 법 제13조 제5항
① (×) 중앙행정기관의 장, 시·도지사, 시장 또는 군수는 국토교통부장관이나 도지사에게 광역계획권의 지정 또는 변경을 요청할 수 있다(법 제10조 제2항).
② (×) 도지사가 광역계획권을 지정하거나 변경하려면 관계 중앙행정기관의 장, 관계 시·도지사, 시장 또는 군수의 의견을 들은 후 지방도시계획위원회의 심의를 거쳐야 한다(법 제10조 제4항).
③ (×) 국토교통부장관 또는 도지사는 광역계획권을 지정하거나 변경하면 지체 없이 관계 시·도지사, 시장 또는 군수에게 그 사실을 통보하여야 한다(법 제10조 제5항).
④ (×) 광역계획권을 지정한 날부터 3년이 지날 때까지 관할 시장 또는 군수로부터 제16조 제1항에 따른 광역도시계획의 승인 신청이 없는 경우 관할 도지사가 수립한다(법 제11조 제1항 제3호).

답 ⑤

제3장 도시·군기본계획

01 국토의 계획 및 이용에 관한 법령상 도시·군기본계획을 수립하지 않을 수 있는 지방자치단체는? (단, 수도권은 「수도권정비계획법」상의 수도권을 의미함) 기출 16

① 수도권에 속하는 인구 10만명 이하인 군
② 수도권에서 광역시·특별시와 경계를 같이하는 인구 10만명 이하인 시
③ 수도권외 지역에서 광역시와 경계를 같이하지 아니하는 인구 10만명 이하인 시
④ 관할구역 일부에 대하여 광역도시계획이 수립되어 있는 시로서 광역도시계획에 도시·군기본계획의 내용이 모두 포함되어 있는 시
⑤ 관할구역 전부에 대하여 광역도시계획이 수립되어 있는 군으로서 광역도시계획에 도시·군기본계획의 내용이 일부 포함되어 있는 군

해설

③ (○) 법 제18조 제1항 단서, 영 제14조 제1호

도시·군기본계획의 수립권자와 대상지역(법 제18조 제1항)

특별시장·광역시장·특별자치시장·특별자치도지사·시장 또는 군수는 관할 구역에 대하여 도시·군기본계획을 수립하여야 한다. 다만, 시 또는 군의 위치, 인구의 규모, 인구감소율 등을 고려하여 대통령령으로 정하는 시 또는 군은 도시·군기본계획을 수립하지 아니할 수 있다.

도시·군기본계획을 수립하지 아니할 수 있는 지역(영 제14조)

법 제18조 제1항 단서에서 "대통령령으로 정하는 시 또는 군"이란 다음 각 호의 어느 하나에 해당하는 시 또는 군을 말한다.
1. 「수도권정비계획법」 제2조 제1호의 규정에 의한 수도권에 속하지 아니하고 광역시와 경계를 같이하지 아니한 시 또는 군으로서 인구 10만명 이하인 시 또는 군
2. 관할구역 전부에 대하여 광역도시계획이 수립되어 있는 시 또는 군으로서 당해 광역도시계획에 법 제19조 제1항 각 호의 사항이 모두 포함되어 있는 시 또는 군

답 ③

02 국토의 계획 및 이용에 관한 법령상 도시·군기본계획에 관한 설명으로 옳은 것은? 기출 18

① 시장 또는 군수는 도시·군기본계획의 수립을 위한 공청회 개최와 관련한 사항을 일간신문에 공청회 개최예정일 7일 전까지 2회 이상 공고하여야 한다.
② 도시·군기본계획에는 기후변화 대응 및 에너지절약에 관한 사항에 대한 정책 방향이 포함되어야 한다.
③ 시장 또는 군수는 3년마다 관할 구역의 도시·군기본계획에 대하여 그 타당성 여부를 전반적으로 재검토하여 정비하여야 한다.
④ 시장 또는 군수가 도시·군기본계획을 변경하려면 지방의회의 승인을 받아야 한다.
⑤ 시장 또는 군수는 대통령령이 정하는 바에 따라 도시·군기본계획의 수립기준을 정한다.

해설

② (○) 법 제19조 제1항 제8의2호
① (×) 공청회 개최예정일 14일 전까지 1회 이상 공고하여야 한다(영 제12조 제1항).
③ (×) 5년마다 관할 구역의 도시·군기본계획에 대하여 타당성을 전반적으로 재검토하여 정비하여야 한다(법 제23조 제1항).
④ (×) 도지사의 승인을 받아야 한다(법 제22조의2 제1항).
⑤ (×) 도시·군기본계획의 수립기준 등은 대통령령으로 정하는 바에 따라 국토교통부장관이 정한다(법 제19조 제3항).

답 ②

03 국토의 계획 및 이용에 관한 법령상 도시·군기본계획에 관한 설명으로 옳은 것은? 기출 21

① 특별시장·광역시장·특별자치시장·도지사·특별자치도지사는 관할 구역에 대하여 도시·군기본계획을 수립하여야 한다.
② 시장 또는 군수가 도시·군기본계획을 변경하려면 지방의회의 승인을 받아야 한다.
③ 도시·군기본계획을 변경하기 위하여 공청회를 개최한 경우, 공청회에서 제시된 의견이 타당하다고 인정하더라도 도시·군기본계획에 반영하지 않을 수 있다.
④ 도시·군기본계획 입안일부터 5년 이내에 토지적성평가를 실시한 경우에는 도시·군 기본계획의 수립을 위한 기초조사의 내용에 포함되어야 하는 토지적성평가를 하지 아니할 수 있다.
⑤ 도지사는 시장 또는 군수가 수립한 도시·군기본계획에 대하여 관계 행정기관의 장과 협의하였다면, 지방도시계획위원회의 심의를 거치지 아니하고 승인할 수 있다.

> 해설

④ (○) 법 제20조 제3항, 영 제16조의2 제1호 가목
① (×) 특별시장·광역시장·특별자치시장·특별자치도지사·시장·군수는 관할 구역에 대하여 도시·군기본계획을 수립하여야 한다(법 제18조 제1항).
② (×) 특시장 또는 군수가 도시·군기본계획을 변경하려면 지방의회의 의견을 들어야 한다(법 제21조 제1항).
③ (×) 특도시·군기본계획을 변경하기 위하여 공청회를 개최한 경우, 공청회에서 제시된 의견이 타당하다고 인정되면 도시·군기본계획에 반영하여야 한다(법 제20조 제1항).
⑤ (×) 특도지사는 시장 또는 군수가 수립한 도시·군기본계획에 대하여 관계 행정기관의 장과 협의하였다면, 지방도시계획위원회의 심의를 거쳐야 하며, 승인권자의 승인을 받는다(법 제22조의2 제2항).

답 ④

04 CHECK ○△×

국토의 계획 및 이용에 관한 법령상 도시·군기본계획에 관한 설명으로 옳지 <u>않은</u> 것은? 기출 20

① 다른 법률에 따른 지역·지구 등의 지정으로 인하여 도시·군기본계획의 변경이 필요한 경우에는 토지적성평가를 하지 아니할 수 있다.
② 광역시장은 도시·군기본계획을 변경하려면 관계 행정기관의 장과 협의한 후 지방도시계획위원회의 심의를 거쳐야 한다.
③ 시장 또는 군수는 도시·군기본계획을 변경하려면 도지사의 승인을 받아야 한다.
④ 시장 또는 군수는 10년마다 관할 구역의 도시·군기본계획에 대하여 그 타당성 여부를 전반적으로 재검토하여 정비하여야 한다.
⑤ 「수도권정비계획법」에 의한 수도권에 속하지 아니하고 광역시와 경계를 같이하지 아니한 시로서 인구 10만명 이하인 시의 시장은 도시기본계획을 수립하지 아니할 수 있다.

> 해설

④ (×) 특별시장·광역시장·특별자치시장·특별자치도지사·시장 또는 군수는 5년마다 관할 구역의 도시·군기본계획에 대하여 타당성을 전반적으로 재검토하여 정비하여야 한다(법 제23조 제1항).
① (○) 영 제16조의2 제1항 제2호
② (○) 법 제22조 제1항
③ (○) 법 제22조의2 제1항
⑤ (○) 영 제14조 제1호

답 ④

제4장 도시·군관리계획

01 국토의 계획 및 이용에 관한 법령상 도시·군관리계획의 입안권자에 해당하지 <u>않는</u> 자는? (단, 조례는 고려하지 않음) 기출 16

① 시장
② 군수
③ 구청장
④ 특별자치시장
⑤ 특별자치도지사

해설

③ (×) 특별시장·광역시장·특별자치시장·특별자치도지사·시장 또는 군수는 관할 구역에 대하여 도시·군관리계획을 입안하여야 한다(법 제24조 제1항).

> **"국토교통부장관 또는 도지사가 도시·군관리계획을 입안할 수 있는 경우"**(법 제24조 제5항, 제6항)
> ⑤ 국토교통부장관은 제1항이나 제2항에도 불구하고 다음 각 호의 어느 하나에 해당하는 경우에는 직접 또는 관계 중앙행정기관의 장의 요청에 의하여 도시·군관리계획을 입안할 수 있다. 이 경우 국토교통부장관은 관할 시·도지사 및 시장·군수의 의견을 들어야 한다.
> 1. 국가계획과 관련된 경우
> 2. 둘 이상의 시·도에 걸쳐 지정되는 용도지역·용도지구 또는 용도구역과 둘 이상의 시·도에 걸쳐 이루어지는 사업의 계획 중 도시·군관리계획으로 결정하여야 할 사항이 있는 경우
> 3. 특별시장·광역시장·특별자치시장·특별자치도지사·시장 또는 군수가 제138조에 따른 기한까지 국토교통부장관의 도시·군관리계획 조정 요구에 따라 도시·군관리계획을 정비하지 아니하는 경우
> ⑥ 도지사는 제1항이나 제2항에도 불구하고 다음 각 호의 어느 하나의 경우에는 직접 또는 시장이나 군수의 요청에 의하여 도시·군관리계획을 입안할 수 있다. 이 경우 도지사는 관계 시장 또는 군수의 의견을 들어야 한다.
> 1. 둘 이상의 시·군에 걸쳐 지정되는 용도지역·용도지구 또는 용도구역과 둘 이상의 시·군에 걸쳐 이루어지는 사업의 계획 중 도시·군관리계획으로 결정하여야 할 사항이 포함되어 있는 경우
> 2. 도지사가 직접 수립하는 사업의 계획으로서 도시·군관리계획으로 결정하여야 할 사항이 포함되어 있는 경우

답 ③

02 CHECK ☐△✗

국토의 계획 및 이용에 관한 법령상 주민이 도시·군관리계획 입안권자에게 도시·군관리계획의 입안을 제안할 수 있는 사항을 모두 고른 것은? 기출수정 기출 23

> ㄱ. 시가화조정구역의 지정 및 변경
> ㄴ. 기반시설의 설치·정비
> ㄷ. 지구단위계획의 수립 및 변경
> ㄹ. 도시·군계획시설입체복합구역의 지정 및 변경

① ㄱ, ㄴ
② ㄱ, ㄷ
③ ㄴ, ㄹ
④ ㄴ, ㄷ, ㄹ
⑤ ㄱ, ㄴ, ㄷ, ㄹ

해설

ㄱ. (✗) 시가화조정구역의 지정 및 변경에 관한 도시·군관리계획은 <u>국토교통부장관이 결정한다</u>(법 제29조 제2항 제3호).
ㄴ·ㄷ·ㄹ. (○) 법 제26조 제1항 참조

> **도시·군관리계획 입안의 제안(법 제26조 제1항)**
> 주민(이해관계자를 포함한다)은 다음 각 호의 사항에 대하여 도시·군관리계획을 입안할 수 있는 자에게 도시·군관리계획의 입안을 제안할 수 있다. 이 경우 제안서에는 도시·군관리계획도서와 계획설명서를 첨부하여야 한다.
> 1. <u>기반시설의 설치·정비</u> 또는 개량에 관한 사항 (ㄴ)
> 2. 지구단위계획구역의 지정 및 변경과 <u>지구단위계획의 수립 및 변경에 관한 사항</u> (ㄷ)
> 3. 다음 각 목의 어느 하나에 해당하는 용도지구의 지정 및 변경에 관한 사항
>   가. 개발진흥지구 중 공업기능 또는 유통물류기능 등을 집중적으로 개발·정비하기 위한 개발진흥지구로서 대통령령으로 정하는 개발진흥지구
>   나. 제37조에 따라 지정된 용도지구 중 해당 용도지구에 따른 건축물이나 그 밖의 시설의 용도·종류 및 규모 등의 제한을 지구단위계획으로 대체하기 위한 용도지구
> 4. 삭제 〈2024.2.6.〉
> 5. <u>도시·군계획시설입체복합구역의 지정 및 변경</u> (ㄹ)과 도시·군계획시설입체복합구역의 건축제한·건폐율·용적률·높이 등에 관한 사항

답 ④

03 국토의 계획 및 이용에 관한 법령상 도시·군관리계획에 관한 설명으로 옳은 것은? 기출 25

① 도시·군관리계획은 광역도시계획과 도시·군기본계획(생활권계획 제외)에 부합되어야 한다.
② 주민은 산업·유통개발진흥지구의 지정 및 변경에 관한 사항에 대하여 도시·군관리계획의 입안을 제안할 수 있다.
③ 시·도지사는 개발제한구역의 지정 및 변경에 관한 도시·군관리계획을 직접 결정하여야 한다.
④ 도시·군관리계획 결정의 효력은 지형도면을 고시한 날의 다음날부터 발생한다.
⑤ 시장 또는 군수가 입안한 지구단위계획의 수립·변경에 관한 도시·군관리계획은 시·도지사가 결정한다.

해설

② (○) 법 제26조 제1항 전단 제3호 가목, 영 제19조의2 제1항

> **도시·군관리계획 입안의 제안(법 제26조 제1항)**
>
> 주민(이해관계자를 포함한다)은 다음 각 호의 사항에 대하여 도시·군관리계획을 입안할 수 있는 자에게 도시·군관리계획의 입안을 제안할 수 있다. 이 경우 제안서에는 도시·군관리계획도서와 계획설명서를 첨부하여야 한다.
> 〈개정 2024.2.6.〉
>
> 1. 기반시설의 설치·정비 또는 개량에 관한 사항
> 2. 지구단위계획구역의 지정 및 변경과 지구단위계획의 수립 및 변경에 관한 사항
> 3. 다음 각 목의 어느 하나에 해당하는 용도지구의 지정 및 변경에 관한 사항
>   가. 개발진흥지구 중 공업기능 또는 유통물류기능 등을 집중적으로 개발·정비하기 위한 개발진흥지구로서 대통령령으로 정하는 개발진흥지구
>   ※ "대통령령으로 정하는 개발진흥지구"란 제31조 제2항 제8호 나목에 따른 산업·유통개발진흥지구를 말한다(영 제19조의2 제1항).
>   나. 제37조에 따라 지정된 용도지구 중 해당 용도지구에 따른 건축물이나 그 밖의 시설의 용도·종류 및 규모 등의 제한을 지구단위계획으로 대체하기 위한 용도지구
> 4. 삭제 〈2024.2.6.〉
> 5. 도시·군계획시설입체복합구역의 지정 및 변경과 도시·군계획시설입체복합구역의 건축제한·건폐율·용적률·높이 등에 관한 사항

① (×) 도시·군관리계획은 광역도시계획과 도시·군기본계획(제19조의2에 따른 생활권계획을 포함한다)에 부합되어야 한다(법 제25조 제1항).
③ (×) 개발제한구역의 지정 및 변경에 관한 도시·군관리계획은 국토교통부장관이 결정한다(법 제29조 제2항 제2호).
④ (×) 도시·군관리계획 결정의 효력은 제32조 제4항에 따라 지형도면을 고시한 날부터 발생한다(법 제31조 제1항).
⑤ (×) 시장 또는 군수가 입안한 지구단위계획의 수립·변경에 관한 도시·군관리계획은 시장 또는 군수가 직접 결정한다(법 제29조 제1항 단서 제1호).

답 ②

04 국토의 계획 및 이용에 관한 법령상 도시·군관리계획에 관한 설명으로 옳은 것은? 기출 20

① 도시·군관리계획 결정의 효력은 지형도면을 고시한 날의 다음 날부터 발생한다.
② 시·도지사는 국토교통부장관이 입안하여 결정한 도시·군관리계획을 변경하려면 미리 환경부장관과 협의하여야 한다.
③ 도시·군관리계획을 입안할 수 있는 자가 입안을 제안받은 경우 그 처리 결과를 제안자에게 알려야 한다.
④ 도시·군관리계획도서 및 계획설명서의 작성기준·작성방법 등은 조례로 정한다.
⑤ 도지사가 도시·군관리계획을 직접 입안하는 경우 지형도면을 작성할 수 없다.

해설

③ (○) 도시·군관리계획을 입안할 수 있는 자가 입안을 제안받은 경우 그 처리 결과를 제안자에게 알려야 한다(법 제26조 제2항).
① (×) 도시·군관리계획 결정의 효력은 지형도면을 고시한 날부터 발생한다(법 제31조 제1항).
② (×) 시·도지사는 국토교통부장관이 입안하여 결정한 도시·군관리계획을 변경하거나 그 밖에 대통령령으로 정하는 중요한 사항에 관한 도시·군관리계획을 결정하려면 미리 국토교통부장관과 협의하여야 한다(법 제30조 제2항).
④ (×) 도시·군관리계획도서 및 계획설명서의 작성기준·작성방법 등은 대통령령으로 정하는 바에 따라 국토교통부장관이 정한다(법 제25조 제4항).
⑤ (×) 도지사가 도시·군관리계획을 직접 입안한 경우에는 관계 특별시장·광역시장·특별자치시장·특별자치도지사·시장 또는 군수의 의견을 들어 직접 지형도면을 작성할 수 있다(법 제32조 제3항).

 ③

05 국토의 계획 및 이용에 관한 법령상 도시·군관리계획의 입안 등에 관한 설명으로 옳지 않은 것은? 기출 17

① 주민은 기반시설의 개량에 관한 사항에 대하여 도시·군관리계획의 입안을 제안할 수 있다.
② 도시·군관리계획의 입안을 제안받은 자는 제안자와 협의하여 제안된 도시·군관리계획의 입안 및 결정에 필요한 비용의 전부 또는 일부를 제안자에게 부담시킬 수 있다.
③ 지구단위계획구역의 지정에 관한 사항에 대하여 도시·군관리계획의 입안을 제안하려는 자는 국·공유지를 제외한 대상 토지면적의 3분의 2 이상의 토지소유자의 동의를 받아야 한다.
④ 도시·군관리계획으로 입안하려는 지구단위계획구역이 상업지역에 위치하는 경우에는 재해취약성 분석을 실시하여야 한다.
⑤ 도시지역의 축소에 따른 지구단위계획구역의 변경에 대한 도시·군관리계획을 입안할 때에는 주민의 의견청취가 요구되지 아니한다.

> **해설**

④ (×) 도시·군관리계획으로 입안하려는 지역이 도심지에 위치하거나 개발이 끝나 나대지가 없는 등 대통령령으로 정하는 요건에 해당하면 기초조사, 환경성 검토, 토지적성평가 또는 재해취약성분석을 하지 아니할 수 있다(법 제27조 제4항, 영 제21조 제2항 제4호).

> **재해취약성분석을 실시하지 않을 수 있는 요건(영 제21조 제2항 제4호)**
>
> 1. 다음의 어느 하나에 해당하는 경우
>   - 해당 지구단위계획구역이 도심지(상업지역과 상업지역에 연접한 지역을 말한다)에 위치하는 경우
>   - 해당 지구단위계획구역 안의 나대지면적이 구역면적의 2퍼센트에 미달하는 경우
>   - 해당 지구단위계획구역 또는 도시·군계획시설부지가 다른 법률에 따라 지역·지구 등으로 지정되거나 개발계획이 수립된 경우
>   - 해당 지구단위계획구역의 지정목적이 해당 구역을 정비 또는 관리하고자 하는 경우로서 지구단위계획의 내용에 너비 12미터 이상 도로의 설비계획이 없는 경우
>   - 기존의 용도지구를 폐지하고 지구단위계획을 수립 또는 변경하여 그 용도지구에 따른 건축물이나 그 밖의 시설의 용도·종류 및 규모 등의 제한을 그대로 대체하려는 경우
>   - 해당 도시·군계획시설의 결정을 해제하려는 경우
>   - 그 밖에 국토교통부령으로 정하는 요건에 해당하는 경우
> 2. 도시·군관리계획 입안일부터 5년 이내에 재해취약성분석을 실시한 경우
> 3. 다음의 어느 하나에 해당하는 용도지역·용도지구·용도구역의 지정 또는 변경의 경우(방재지구의 지정·변경은 제외한다)
>   - 주거지역·상업지역·공업지역 또는 계획관리지역의 그 밖의 용도지역으로의 변경(계획관리지역을 자연녹지지역으로 변경하는 경우는 제외한다)
>   - 주거지역·상업지역·공업지역 또는 계획관리지역 외의 용도지역 상호간의 변경(자연녹지지역으로 변경하는 경우는 제외한다)
>   - 용도지구·용도구역의 지정 또는 변경(개발진흥지구의 지정 또는 확대지정은 제외한다)
> 4. 다음의 어느 하나에 해당하는 기반시설을 설치하는 경우
>   - 용도지역별 개발행위규모에 해당하는 기반시설
>   - 공간시설 중 녹지·공공공지

① (○) 법 제26조 제1항 제1호
② (○) 법 제26조 제3항
③ (○) 법 제26조 제1항 제2호, 영 제19조의2 제2항 제2호
⑤ (○) 법 제28조 제1항 단서, 영 제22조 제1항 및 제25조 제3항 제4호

답 ④

06 국토의 계획 및 이용에 관한 법령상 도시·군관리계획에 관한 설명으로 옳지 않은 것은? 기출 24

① 국토교통부장관은 국가계획과 관련된 경우에는 직접 도시·군관리계획을 입안할 수 있다.
② 도시·군관리계획은 광역도시계획과 도시·군기본계획에 부합되어야 한다.
③ 주민은 지구단위계획의 수립에 관한 사항에 대하여 도시·군관리계획의 입안을 제안할 수 있다.
④ 도시·군관리계획의 입안을 제안받은 자는 제안된 도시·군관리계획의 입안 및 결정에 필요한 비용의 전부를 제안자에게 부담시킬 수는 없다.
⑤ 주거지역에 도시·군관리계획을 입안하는 경우 토지적성평가를 실시하지 아니할 수 있다.

해설

④ (×) 도시·군관리계획의 입안을 제안받은 자는 제안자와 협의하여 제안된 도시·군관리계획의 입안 및 결정에 필요한 비용의 전부 또는 일부를 제안자에게 부담시킬 수 있다(법 제26조 제3항).
① (○) 법 제24조 제5항 제1호
② (○) 법 제25조 제1항
③ (○) 법 제26조 제1항 제1호
⑤ (○) 법 제27조 제4항, 영 제21조 제2항 제3호 다목

답 ④

07 국토의 계획 및 이용에 관한 법령상 도시·군관리계획에 관한 설명으로 옳지 않은 것은? 기출 18

① 도시·군관리계획 결정의 효력은 지형도면을 고시한 날의 다음 날부터 발생한다.
② 주민은 기반시설의 설치·정비 또는 개량에 관한 사항에 대하여 도시·군관리계획의 입안을 제안할 수 있다.
③ 도시·군관리계획의 입안시 주민의 의견을 청취하여야 하는 경우 그에 필요한 사항은 대통령령이 정하는 기준에 따라 해당 지방자치단체의 조례로 정한다.
④ 국가계획과 관련되어 국토교통부장관이 입안한 도시·군관리계획은 국토교통부장관이 결정한다.
⑤ 도시·군관리계획을 조속히 입안하여야 할 필요가 있다고 인정되면 광역도시계획이나 도시·군기본계획을 수립할 때에 도시·군관리계획을 함께 입안할 수 있다.

> **해설**

① (×) 도시·군관리계획 결정의 효력은 지형도면을 고시한 날부터 발생한다(법 제31조 제1항).
② (○) 법 제26조 제1항
③ (○) 법 제28조 제5항
④ (○) 법 제24조 제5항 제1호
⑤ (○) 법 제35조 제1항

답 ①

08 국토의 계획 및 이용에 관한 법령상 공간재구조화계획에 관한 설명으로 옳지 않은 것은? 기출 25

① 국토교통부장관은 특화발전 및 지역 균형발전을 위하여 필요한 때에는 관할 시장 또는 군수의 요청에 따라 공간재구조화계획을 입안할 수 있다.
② 주민이 복합용도구역의 지정을 위하여 공간재구조화계획의 입안을 제안하려면 대상 토지면적(국유지 포함)의 3분의 2 이상의 토지소유자의 동의를 받아야 한다.
③ 주거지역에 공간재구조화계획을 입안하는 경우에 토지적성평가를 생략할 수 있다.
④ 시·도지사가 결정하는 공간재구조화계획 중 복합용도구역 지정 및 입지 타당성 등에 관한 사항은 중앙도시계획위원회의 심의를 거친다.
⑤ 지형도면이 필요 없는 경우에 공간재구조화계획 결정의 효력은 그 계획 결정을 고시한 날부터 발생한다.

> **해설**

② (×) 주민이 복합용도구역의 지정을 위하여 공간재구조화계획의 입안을 제안하려면 대상 토지면적의 3분의 2 이상의 토지소유자의 동의를 받아야 한다. <u>이 경우 동의 대상 토지면적에서 국유지 및 공유지는 제외한다</u>(영 제29조의2 제1항 제1호).

> **공간재구조화계획 입안의 제안(영 제29조의2 제1항)**
>
> 법 제35조의3 제1항에 따라 <u>공간재구조화계획의 입안을 제안하려는 자는 다음 각 호의 구분에 따라 토지소유자의 동의를 받아야 한다. 이 경우 동의 대상 토지면적에서 국유지 및 공유지는 제외한다.</u>
> 1. 도시혁신구역 또는 복합용도구역의 지정을 제안하는 경우 : 대상 토지면적의 3분의 2 이상
> 2. 입체복합구역의 지정을 제안하는 경우(법 제35조의2 제1항 제3호에 따라 도시혁신구역 또는 복합용도구역과 함께 입체복합구역을 지정하거나 도시혁신계획 또는 복합용도계획과 함께 입체복합구역 지정에 관한 공간재구조화계획을 입안하는 경우로 한정한다) : 대상 토지면적의 5분의 4 이상

① (○) 법 제35조의2 제3항
③ (○) 영 제29조의4 제3호 다목
④ (○) 법 제35조의6 제2항 제1호 나목
⑤ (○) 법 제35조의7 제1항 단서

답 ②

09 CHECK ☐△✗

국토의 계획 및 이용에 관한 법령상 용도지역에 관한 설명이다. 괄호 안에 들어갈 용어가 옳게 연결된 것은? 기출 19

- (ㄱ) : 중고층주택을 중심으로 편리한 주거환경을 조성하기 위하여 필요한 지역
- (ㄴ) : 환경을 저해하지 아니하는 공업의 배치를 위하여 필요한 지역
- (ㄷ) : 도시의 녹지공간의 확보, 도시확산의 방지, 장래 도시용지의 공급 등을 위하여 보전할 필요가 있는 지역으로서 불가피한 경우에 한하여 제한적인 개발이 허용되는 지역

① ㄱ : 제2종일반주거지역, ㄴ : 준공업지역, ㄷ : 자연녹지지역
② ㄱ : 제2종일반주거지역, ㄴ : 준공업지역, ㄷ : 보전녹지지역
③ ㄱ : 제2종일반주거지역, ㄴ : 일반공업지역, ㄷ : 자연녹지지역
④ ㄱ : 제3종일반주거지역, ㄴ : 일반공업지역, ㄷ : 보전녹지지역
⑤ ㄱ : 제3종일반주거지역, ㄴ : 일반공업지역, ㄷ : 자연녹지지역

해설

⑤ ㄱ : 제3종일반주거지역, ㄴ : 일반공업지역, ㄷ : 자연녹지지역

용도지역의 세분(영 제30조 제1항)

국토교통부장관, 시·도지사 또는 대도시의 시장(이하 "대도시 시장"이라 한다)은 법 제36조 제2항에 따라 도시·군관리계획 결정으로 주거지역·상업지역·공업지역 및 녹지지역을 다음 각 호와 같이 세분하여 지정할 수 있다.

1. 주거지역
   가. 전용주거지역 : 양호한 주거환경을 보호하기 위하여 필요한 지역
      (1) 제1종전용주거지역 : 단독주택 중심의 양호한 주거환경을 보호하기 위하여 필요한 지역
      (2) 제2종전용주거지역 : 공동주택 중심의 양호한 주거환경을 보호하기 위하여 필요한 지역
   나. 일반주거지역 : 편리한 주거환경을 조성하기 위하여 필요한 지역
      (1) 제1종일반주거지역 : 저층주택을 중심으로 편리한 주거환경을 조성하기 위하여 필요한 지역
      (2) 제2종일반주거지역 : 중층주택을 중심으로 편리한 주거환경을 조성하기 위하여 필요한 지역
      (3) 제3종일반주거지역 (ㄱ) : 중고층주택을 중심으로 편리한 주거환경을 조성하기 위하여 필요한 지역
   다. 준주거지역 : 주거기능을 위주로 이를 지원하는 일부 상업기능 및 업무기능을 보완하기 위하여 필요한 지역
2. 상업지역
   가. 중심상업지역 : 도심·부도심의 상업기능 및 업무기능의 확충을 위하여 필요한 지역
   나. 일반상업지역 : 일반적인 상업기능 및 업무기능을 담당하게 하기 위하여 필요한 지역
   다. 근린상업지역 : 근린지역에서의 일용품 및 서비스의 공급을 위하여 필요한 지역
   라. 유통상업지역 : 도시내 및 지역간 유통기능의 증진을 위하여 필요한 지역

> 3. 공업지역
>   가. 전용공업지역 : 주로 중화학공업, 공해성 공업 등을 수용하기 위하여 필요한 지역
>   나. 일반공업지역 (ㄴ) : 환경을 저해하지 아니하는 공업의 배치를 위하여 필요한 지역
>   다. 준공업지역 : 경공업 그 밖의 공업을 수용하되, 주거기능·상업기능 및 업무기능의 보완이 필요한 지역
> 4. 녹지지역
>   가. 보전녹지지역 : 도시의 자연환경·경관·산림 및 녹지공간을 보전할 필요가 있는 지역
>   나. 생산녹지지역 : 주로 농업적 생산을 위하여 개발을 유보할 필요가 있는 지역
>   다. 자연녹지지역 (ㄷ) : 도시의 녹지공간의 확보, 도시확산의 방지, 장래 도시용지의 공급 등을 위하여 보전할 필요가 있는 지역으로서 불가피한 경우에 한하여 제한적인 개발이 허용되는 지역

답 ⑤

10

국토의 계획 및 이용에 관한 법령상 제1종일반주거지역 안에서 건축할 수 있는 건축물에 해당하지 않는 것은? (단, 조례는 고려하지 않음) 기출 19

① 다가구주택
② 다세대주택
③ 아파트
④ 제1종근린생활시설
⑤ 노유자시설

해설

③ (×) 제1종일반주거지역은 저층주택을 중심으로 편리한 주거환경을 조성하기 위하여 필요한 지역이므로, 아파트를 건축할 수 없다(영 제30조 제1항 제1호 나목, [별표 4]).

답 ③

11 국토의 계획 및 이용에 관한 법령상 무엇에 관한 설명인가? 기출 19

> 주거 및 교육 환경 보호나 청소년 보호 등의 목적으로 오염물질 배출시설, 청소년 유해시설 등 특정시설의 입지를 제한할 필요가 있는 지구

① 방재지구
② 방화지구
③ 복합용도지구
④ 개발진흥지구
⑤ 특정용도제한지구

해설

⑤ 문제의 지문은 특정용도제한지구에 대한 설명이다(법 제37조 제1항 제8호).

용도지구의 지정(법 제37조 제1항)

국토교통부장관, 시·도지사 또는 대도시 시장은 다음 각 호의 어느 하나에 해당하는 용도지구의 지정 또는 변경을 도시·군관리계획으로 결정한다.
1. 경관지구 : 경관의 보전·관리 및 형성을 위하여 필요한 지구
2. 고도지구 : 쾌적한 환경 조성 및 토지의 효율적 이용을 위하여 건축물 높이의 최고한도를 규제할 필요가 있는 지구
3. 방화지구 : 화재의 위험을 예방하기 위하여 필요한 지구
4. 방재지구 : 풍수해, 산사태, 지반의 붕괴, 그 밖의 재해를 예방하기 위하여 필요한 지구
5. 보호지구 : 「국가유산기본법」 제3조에 따른 국가유산, 중요 시설물(항만, 공항 등 대통령령으로 정하는 시설물을 말한다) 및 문화적·생태적으로 보존가치가 큰 지역의 보호와 보존을 위하여 필요한 지구 〈개정 2023.5.16.〉
6. 취락지구 : 녹지지역·관리지역·농림지역·자연환경보전지역·개발제한구역 또는 도시자연공원구역의 취락을 정비하기 위한 지구
7. 개발진흥지구 : 주거기능·상업기능·공업기능·유통물류기능·관광기능·휴양기능 등을 집중적으로 개발·정비할 필요가 있는 지구
8. 특정용도제한지구 : 주거 및 교육 환경 보호나 청소년 보호 등의 목적으로 오염물질 배출시설, 청소년 유해시설 등 특정시설의 입지를 제한할 필요가 있는 지구
9. 복합용도지구 : 지역의 토지이용 상황, 개발 수요 및 주변 여건 등을 고려하여 효율적이고 복합적인 토지이용을 도모하기 위하여 특정시설의 입지를 완화할 필요가 있는 지구
10. 그 밖에 대통령령으로 정하는 지구

답 ⑤

12 국토의 계획 및 이용에 관한 법령상 ( )에 들어갈 용도지역을 옳게 연결한 것은? 기출 18

> • 환경을 저해하지 아니하는 공업의 배치를 위하여 필요한 지역은 (ㄱ)으로 지정할 수 있다.
> • 관리지역이 세부 용도지역으로 지정되지 아니한 경우에는 용도지역에서의 용적률 규정을 적용할 때에 (ㄴ)에 관한 규정을 적용한다.

① ㄱ : 일반공업지역,　ㄴ : 보전관리지역
② ㄱ : 일반공업지역,　ㄴ : 계획관리지역
③ ㄱ : 일반공업지역,　ㄴ : 생산관리지역
④ ㄱ : 준공업지역,　　ㄴ : 보전관리지역
⑤ ㄱ : 준공업지역,　　ㄴ : 계획관리지역

해설

ㄱ : 환경을 저해하지 아니하는 공업의 배치를 위하여 필요한 지역은 (**일반공업지역**)으로 지정할 수 있다(영 제30조 제1항 제3호 나목).
ㄴ : 관리지역이 세부 용도지역으로 지정되지 아니한 경우에는 용도지역에서의 용적률 규정을 적용할 때에 (**보전관리지역**)에 관한 규정을 적용한다(법 제79조 제2항).

답 ①

13 국토의 계획 및 이용에 관한 법령상 용도지역·용도지구의 내용으로 옳지 않은 것은? 기출 24

① 제2종일반주거지역 : 중고층주택을 중심으로 편리한 주거환경을 조성하기 위하여 필요한 지역
② 일반상업지역 : 일반적인 상업기능 및 업무기능을 담당하게 하기 위하여 필요한 지역
③ 생산녹지지역 : 주로 농업적 생산을 위하여 개발을 유보할 필요가 있는 지역
④ 시가지방재지구 : 건축물·인구가 밀집되어 있는 지역으로서 시설 개선 등을 통하여 재해 예방이 필요한 지구
⑤ 집단취락지구 : 개발제한구역안의 취락을 정비하기 위하여 필요한 지구

해설

① (×) **제2종일반주거지역** : 중층주택을 중심으로 편리한 주거환경을 조성하기 위하여 필요한 지역(영 제30조 제1항 제1호 나목)
　※ 중고층주택을 중심으로 편리한 주거환경을 조성하기 위하여 필요한 지역은 '제3종일반주거지역'이다(영 제30조 제1항 제1호 나목).

답 ①

14 국토의 계획 및 이용에 관한 법령상 아파트를 건축할 수 있는 용도지역은? 기출 16

① 준주거지역
② 일반공업지역
③ 유통상업지역
④ 계획관리지역
⑤ 제1종일반주거지역

해설

준주거지역 : 주거기능을 위주로 이를 지원하는 일부 상업기능 및 업무기능을 보완하기 위하여 필요한 지역으로 아파트를 건축할 수 있다(영 제30조 제1호 다목, [별표 7] 참조).
② (×) **일반공업지역** : 환경을 저해하지 아니하는 공업의 배치를 위하여 필요한 지역(영 제30조 제3호 나목)
③ (×) **유통상업지역** : 도시내 및 지역간 유통기능의 증진을 위하여 필요한 지역(영 제30조 제2호 라목)
④ (×) **계획관리지역** : 도시지역으로의 편입이 예상되는 지역이나 자연환경을 고려하여 제한적인 이용개발을 하려는 지역으로서 계획적·체계적인 관리가 필요한 지역(법 제36조 제1항 제2호 다목)
⑤ (×) **제1종일반주거지역** : 저층주택을 중심으로 편리한 주거환경을 조성하기 위하여 필요한 지역(영 제30조 제1호 나목)
 ※ 제1종일반주거지역에는 「건축법 시행령」 [별표 1] 제2호의 공동주택을 건축할 수 있으나, 아파트는 제외된다([별표 4] 참조).

답 ①

---

15 국토의 계획 및 이용에 관한 법령상 용도지역·용도지구·용도구역에 관한 설명으로 옳지 않은 것은? 기출 20

① 녹지지역과 공업지역은 도시지역에 속한다.
② 용도지구 중 보호지구는 주거 및 교육 환경 보호나 청소년 보호 등의 목적으로 청소년 유해시설 등 특정시설의 입지를 제한할 필요가 있는 지구이다.
③ 국토교통부장관은 국방부장관의 요청이 있어 보안상 도시의 개발을 제한할 필요가 있다고 인정되면 개발제한구역의 지정을 도시·군관리계획으로 결정할 수 있다.
④ 해양수산부장관은 수산자원을 보호·육성하기 위하여 필요한 공유수면이나 그에 인접한 토지에 대한 수산자원보호구역의 지정을 도시·군관리계획으로 결정할 수 있다.
⑤ 공유수면매립구역이 둘 이상의 용도지역에 걸쳐 있거나 이웃하고 있는 경우 그 매립구역이 속할 용도지역은 도시·군관리계획 결정으로 지정하여야 한다.

해설

② (×) 주거 및 교육 환경 보호나 청소년 보호 등의 목적으로 청소년 유해시설 등 특정시설의 입지를 제한할 필요가 있는 지구는 '특정용도제한지구'이다(법 제37조 제1항 제8호).
① (○) 법 제36조 제1항 제1호
③ (○) 법 제38조 제1항
④ (○) 법 제40조
⑤ (○) 법 제41조 제2항

답 ②

16 국토의 계획 및 이용에 관한 법령상 용도지구에 관한 설명으로 옳지 않은 것은? 기출수정 기출 17

CHECK
○△×

① 용도지구는 토지의 이용 및 건축물의 용도 등에 대한 용도지역의 제한을 강화하거나 완화하여 적용함으로써 용도지역의 기능을 증진시키고 미관·경관·안전 등을 도모하기 위하여 지정한다.
② 용도지구의 지정 또는 변경은 도시·군관리계획으로 결정한다.
③ 보호지구는 역사문화환경보호지구, 중요시설물보호지구, 생태계보호지구로 세분된다.
④ 개발제한구역 안의 취락을 정비하기 위하여 필요한 지구는 자연취락지구이다.
⑤ 주거기능, 공업기능, 유통·물류기능 및 관광·휴양기능 중 2 이상의 기능을 중심으로 개발·정비할 필요가 있는 경우 복합개발진흥지구로 지정한다.

해설

④ (×) 개발제한구역 안의 취락을 정비하기 위하여 필요한 지구는 <u>집단취락지구</u>이다(영 제31조 제2항 제7호 나목).
① (○) 법 제2조 제16호
② (○) 법 제2조 제4호 가목
③ (○) 법 제37조 제1항 제5호, 영 제31조 제2항 제5호
⑤ (○) 영 제31조 제2항 제8호 마목

답 ④

17. 국토의 계획 및 이용에 관한 법령상 복합용도지구로 지정할 수 있는 용도지역을 모두 고른 것은?

> ㄱ. 계획관리지역
> ㄴ. 생산관리지역
> ㄷ. 일반공업지역
> ㄹ. 제3종일반주거지역

① ㄱ
② ㄴ, ㄷ
③ ㄱ, ㄴ, ㄹ
④ ㄱ, ㄷ, ㄹ
⑤ ㄴ, ㄷ, ㄹ

해설

④ (○) 제시된 내용 중 법령상 복합용도지구로 지정할 수 있는 용도지역은 **계획관리지역 (ㄱ), 일반공업지역 (ㄷ), 제3종일반주거지역 (ㄹ)**이다(법 제37조 제5항).

ㄹ과 관련하여 주거지역은 전용주거지역, 일반주거지역, 준주거지역으로 구분할 수 있고, 일반주거지역은 다시 제1종일반주거지역, 제2종일반주거지역, 제3종일반주거지역으로 세분할 수 있다(영 제30조 제1항 제1호).

> **복합용도지구의 지정 등(법 제37조 제5항)**
> 시·도지사 또는 대도시 시장은 대통령령으로 정하는 주거지역·공업지역·관리지역에 복합용도지구를 지정할 수 있으며, 그 지정기준 및 방법 등에 필요한 사항은 대통령령으로 정한다.
>
> **대통령령으로 정하는 주거지역·공업지역·관리지역(영 제31조 제6항)**
> 1. 일반주거지역
> 2. 일반공업지역
> 3. 계획관리지역

답 ④

18 국토의 계획 및 이용에 관한 법령상 용도구역의 종류이다. 시·도지사가 지정할 수 있는 용도구역을 모두 고른 것은? (단, 구역면적의 변경은 제외함) 기출수정 기출 16

> ㄱ. 개발제한구역
> ㄴ. 도시자연공원구역
> ㄷ. 시가화조정구역
> ㄹ. 수산자원보호구역

① ㄱ, ㄹ
② ㄴ, ㄷ
③ ㄷ, ㄹ
④ ㄱ, ㄴ, ㄷ
⑤ ㄴ, ㄷ, ㄹ

해설

ㄱ. (×) 개발제한구역의 지정 – 국토교통부장관(법 제38조 제1항)
ㄴ. (○) 도시자연공원구역의 지정 – 시·도지사 또는 대도시 시장(법 제38조의2 제1항).
ㄷ. (○) 시가화조정구역의 지정 – 시·도지사(원칙), 국토교통부장관(예외)(법 제39조 제1항)
ㄹ. (×) 수산자원보호구역의 지정 – 해양수산부장관(법 제40조)

답 ②

19 국토의 계획 및 이용에 관한 법령상 용도구역에 관한 설명이다. 다음 (　) 안에 알맞은 것은?

시·도지사 또는 대도시 시장은 도시의 자연환경 및 경관을 보호하고 도시민에게 건전한 여가·휴식공간을 제공하기 위하여 도시지역 안에서 식생이 양호한 산지(山地)의 개발을 제한할 필요가 있다고 인정하면 (　)의 지정 또는 변경을 도시·군관리계획으로 결정할 수 있다.

① 시가화조정구역
② 개발제한구역
③ 수산자원보호구역
④ 입지규제최소구역
⑤ 도시자연공원구역

해설

도시자연공원구역의 지정(법 제38조의2 제1항)
시·도지사 또는 대도시 시장은 도시의 자연환경 및 경관을 보호하고 도시민에게 건전한 여가·휴식공간을 제공하기 위하여 도시지역 안에서 식생(植生)이 양호한 산지(山地)의 개발을 제한할 필요가 있다고 인정하면 (도시자연공원구역)의 지정 또는 변경을 도시·군관리계획으로 결정할 수 있다.

답 ⑤

20 국토의 계획 및 이용에 관한 법령상 용도지역·용도지구·용도구역에 관한 설명으로 옳지 <u>않은</u> 것은? 기출 21

① 제2종일반주거지역은 중층주택을 중심으로 편리한 주거환경을 조성하기 위하여 필요한 지역을 말한다.
② 시·도지사는 대통령령으로 주거지역·공업지역·관리지역에 복합용도지구를 지정할 수 있다.
③ 경관지구는 자연경관지구, 시가지경관지구, 특화경관지구로 세분할 수 있다.
④ 관리지역에서 「농지법」에 따른 농업진흥지역으로 지정·고시된 지역은 농림지역으로 결정·고시된 것으로 본다.
⑤ 시가화조정구역의 지정에 관한 도시·군관리계획의 결정은 시가화 유보기간이 끝난 날부터 그 효력을 잃는다.

> 해설

⑤ (×) 시가화조정구역의 지정에 관한 도시·군관리계획의 결정은 시가화 유보기간이 끝난 다음 날부터 그 효력을 잃는다 (법 제39조 제2항).

답 ⑤

21

국토의 계획 및 이용에 관한 법률상 다른 법률에 따라 지정·고시된 지역이 이 법에 따른 도시지역으로 결정·고시된 것으로 보는 경우를 모두 고른 것은? 기출 19

ㄱ. 「택지개발촉진법」에 따른 택지개발지구
ㄴ. 「산업입지 및 개발에 관한 법률」에 따른 국가산업단지
ㄷ. 「어촌·어항법」에 따른 어항구역으로서 도시지역에 연접한 공유수면
ㄹ. 관리지역의 산림 중 「산지관리법」에 따라 보전산지로 지정·고시된 지역

① ㄱ, ㄴ
② ㄷ, ㄹ
③ ㄱ, ㄴ, ㄷ
④ ㄱ, ㄷ, ㄹ
⑤ ㄴ, ㄷ, ㄹ

> 해설

ㄱ, ㄴ, ㄷ은 도시지역으로 결정·고시된 것으로 본다(법 제42조 제1항).

다른 법률에 따라 지정된 지역의 용도지역 지정 등의 의제(법 제42조 제1항)

다음 각 호의 어느 하나의 구역 등으로 지정·고시된 지역은 이 법에 따른 도시지역으로 결정·고시된 것으로 본다.
1. 「항만법」 제2조 제4호에 따른 항만구역으로서 도시지역에 연접한 공유수면
2. 「어촌·어항법」 제17조 제1항에 따른 어항구역으로서 도시지역에 연접한 공유수면 (ㄷ)
3. 「산업입지 및 개발에 관한 법률」 제2조 제8호 가목부터 다목까지의 규정에 따른 국가산업단지, 일반산업단지 및 도시첨단산업단지 (ㄴ)
4. 「택지개발촉진법」 제3조에 따른 택지개발지구 (ㄱ)
5. 「전원개발촉진법」 제5조 및 같은 법 제11조에 따른 전원개발사업구역 및 예정구역(수력발전소 또는 송·변전 설비만을 설치하기 위한 전원개발사업구역 및 예정구역은 제외한다)

ㄹ. (×) 관리지역의 산림 중 「산지관리법」에 따라 보전산지로 지정·고시된 지역은 그 고시에서 구분하는 바에 따라 이 법에 따른 농림지역 또는 자연환경보전지역으로 결정·고시된 것으로 본다(법 제42조 제2항).

답 ③

22 국토의 계획 및 이용에 관한 법령상 용도지역에 관한 설명으로 옳은 것은? 기출 24

① 용도지역을 세분하는 지정은 도시·군기본계획으로도 할 수 있다.
② 하나의 시·도 안에서 둘 이상의 시·군에 걸쳐 지정되는 용도지역에 대해서는 국토교통부장관이 직접 도시·군관리계획을 입안할 수 있다.
③ 하천의 매립목적이 그 매립구역과 이웃하고 있는 용도지역의 내용과 같으면 도시·군관리계획의 입안 및 결정 절차 없이 그 매립준공구역은 이웃하고 있는 용도지역으로 지정된 것으로 본다.
④ 「산업입지 및 개발에 관한 법률」에 따라 국가산업단지로 지정된 지역은 「국토의 계획 및 이용에 관한 법률」에 따른 도시지역으로 결정·고시된 것으로 본다.
⑤ 「택지개발촉진법」에 따른 택지개발지구가 개발사업의 완료로 해제되는 경우 그 지역은 택지개발지구를 지정하기 이전의 용도지역으로 환원된 것으로 본다.

해설

④ (○) 법 제42조 제1항 제3호
① (×) 국토교통부장관, 시·도지사 또는 대도시 시장은 대통령령으로 정하는 바에 따라 용도지역을 <u>도시·군관리계획결정</u>으로 다시 세분하여 지정하거나 변경할 수 있다(법 제36조 제2항).
② (×) 하나의 시·도 안에서 둘 이상의 시·군에 걸쳐 지정되는 용도지역에 대해서는 <u>도지사가</u> 직접 도시·군관리계획을 입안할 수 있다(법 제24조 제6항 제1호).
③ (×) <u>공유수면(바다만 해당한다)</u>의 매립 목적이 그 매립구역과 이웃하고 있는 용도지역의 내용과 같으면 제25조와 제30조에도 불구하고 도시·군관리계획의 입안 및 결정 절차 없이 그 매립준공구역은 그 매립의 준공인가일부터 이와 이웃하고 있는 용도지역으로 지정된 것으로 본다(법 제41조 제1항).
⑤ (×) 구역·단지·지구 등(이하 "구역 등"이라 한다)이 해제되는 경우(개발사업의 완료로 해제되는 경우는 제외한다) 이 법 또는 다른 법률에서 그 구역 등이 어떤 용도지역에 해당되는지를 따로 정하고 있지 아니한 경우에는 이를 지정하기 이전의 용도지역으로 환원된 것으로 본다(법 제42조 제4항).

답 ④

23 국토의 계획 및 이용에 관한 법령상 지구단위계획구역에서 도시·군관리계획의 결정 없이 설치할 수 있는 기반시설에 해당하는 것을 모두 고른 것은? 기출 25

ㄱ. 여객자동차터미널 중 전세버스운송사업용 여객자동차터미널
ㄴ. 수도공급설비 중 「수도법」에 따른 마을상수도
ㄷ. 광장 중 건축물부설광장
ㄹ. 폐기물처리 및 재활용시설 중 재활용시설

① ㄱ, ㄴ, ㄷ
② ㄱ, ㄴ, ㄹ
③ ㄱ, ㄷ, ㄹ
④ ㄴ, ㄷ, ㄹ
⑤ ㄱ, ㄴ, ㄷ, ㄹ

> 해설

ㄱ, ㄴ, ㄷ, ㄹ 모두 법령상 지구단위계획구역에서 도시·군관리계획의 결정 없이 설치할 수 있는 기반시설에 해당한다(법 제43조 제1항 단서, 영 제35조 제1항 제1호 다목, 규칙 제6조 제1항).

ㄱ. (○) 여객자동차터미널 중 전세버스운송사업용 여객자동차터미널(규칙 제6조 제1항 제3호)
ㄴ. (○) 수도공급설비 중 「수도법」에 따른 마을상수도(규칙 제6조 제1항 제6호의2)
ㄷ. (○) 광장 중 건축물부설광장(규칙 제6조 제1항 제4호)
ㄹ. (○) 폐기물처리 및 재활용시설 중 재활용시설(규칙 제6조 제1항 제11호)

답 ⑤

24

국토의 계획 및 이용에 관한 법령상 '도시지역 및 지구단위계획구역외의 지역'에서 도시·군관리계획으로 결정하지 아니하여도 설치할 수 있는 기반시설에 해당하지 <u>않는</u> 것은? 기출 17

① 궤도 및 전기공급설비
② 화장시설
③ 주차장
④ 자동차정류장
⑤ 유류저장 및 송유설비

> 해설

② (✕) 궤도 및 전기공급설비, 주차장, 자동차정류장, 광장, 유류저장 및 송유설비 등은 설치할 수 있다(법 제43조 제1항 단서, 영 제35조 제1항 제2호 및 규칙 제6조 제2항).

> '도시지역 및 지구단위계획구역외의 지역'에서 도시·군관리계획으로 결정하지 아니하여도 설치할 수 있는 기반시설 (영 제35조 제1항 제2호)
> 1. <u>주차장 (③)</u>, 차량 검사 및 면허시설, 공공공지, 열공급설비, 방송·통신시설, 시장·공공청사·문화시설·공공필요성이 인정되는 체육시설·연구시설·사회복지시설·공공직업 훈련시설·청소년수련시설·저수지·방화설비·방풍설비·방수설비·사방설비·방조설비·장사시설·종합의료시설·빗물저장 및 이용시설·폐차장
> 2. 「도시공원 및 녹지 등에 관한 법률」의 규정에 의하여 점용허가대상이 되는 공원안의 기반시설
> 3. <u>궤도 및 전기공급설비 (①)</u>
> 4. 그 밖에 국토교통부령이 정하는 시설(규칙 제6조 제2항)
>   • <u>자동차정류장 (④)</u>
>   • 광장
>   • <u>유류저장 및 송유설비 (⑤)</u>

답 ②

25 국토의 계획 및 이용에 관한 법령상 사업시행자가 공동구를 설치하여야 하는 지역 등에 해당하지 않는 것은? (단, 지역 등의 규모는 200만제곱미터를 초과함) 기출 21

① 「지역개발 및 지원에 관한 법률」에 따른 지역개발사업구역
② 「도시개발법」에 따른 도시개발구역
③ 「경제자유구역의 지정 및 운영에 관한 특별법」에 따른 경제자유구역
④ 「도시 및 주거환경정비법」에 따른 정비구역
⑤ 「도청이전을 위한 도시건설 및 지원에 관한 특별법」에 따른 도청이전신도시

해설

① (×) 「지역개발 및 지원에 관한 법률」에 따른 지역개발사업구역은 공동구를 설치하여야 하는 지역 등에 해당하지 않는다.

> **공동구의 설치(법 제44조 제1항)**
> 다음 각 호에 해당하는 지역·지구·구역 등(이하 "지역 등"이라 한다)이 대통령령으로 정하는 규모를 초과하는 경우에는 해당 지역 등에서 개발사업을 시행하는 자(이하 "사업시행자"라 한다)는 공동구를 설치하여야 한다.
> 1. 「도시개발법」 제2조 제1항에 따른 도시개발구역 (②)
> 2. 「택지개발촉진법」 제2조 제3호에 따른 택지개발지구
> 3. 「경제자유구역의 지정 및 운영에 관한 특별법」 제2조 제1호에 따른 경제자유구역 (③)
> 4. 「도시 및 주거환경정비법」 제2조 제1호에 따른 정비구역 (④)
> 5. 그 밖에 대통령령으로 정하는 지역(영 제35조의2 제2항)
>   • 「공공주택 특별법」 제2조 제2호에 따른 공공주택지구
>   • 「도청이전을 위한 도시건설 및 지원에 관한 특별법」 제2조 제3호에 따른 도청이전신도시 (⑤)
> ※ "대통령령으로 정하는 규모"란 200만제곱미터를 말한다(영 제35조의2 제1항).

 ①

26 국토의 계획 및 이용에 관한 법령상 공동구에 관한 설명으로 옳은 것은? 기출 24

① 「도시개발법」에 따른 100만제곱미터 규모의 도시개발구역에서 개발사업을 시행하는 자는 공동구를 설치하여야 한다.
② 통신선로는 공동구협의회의 심의를 거쳐야 수용할 수 있다.
③ 공동구의 설치비용은 「국토의 계획 및 이용에 관한 법률」 또는 다른 법률에 특별한 규정이 있는 경우를 제외하고는 공동구 점용예정자와 사업시행자가 부담한다.
④ 부담금의 납부통지를 받은 공동구 점용예정자는 공동구설치공사가 착수되기 전에 부담액의 3분의 2 이상을 납부하여야 한다.
⑤ 공동구관리자는 1년에 2회 이상 공동구의 안전점검을 실시하여야 한다.

> 해설

③ (○) 공동구의 설치(개량하는 경우를 포함한다)에 필요한 비용은 「국토의 계획 및 이용에 관한 법률」 또는 다른 법률에 특별한 규정이 있는 경우를 제외하고는 공동구 점용예정자와 사업시행자가 부담한다(법 제44조 제5항).
① (×) 「도시개발법」에 따른 200만제곱미터 규모의 도시개발구역에서 개발사업을 시행하는 자는 공동구를 설치하여야 한다(법 제44조 제1항 제5호, 영 제35조의2 제1항).
② (×) 가스관, 하수도관, 그 밖의 시설은 공동구협의회의 심의를 거쳐 수용할 수 있다(영 제35조의3).
④ (×) 부담금의 납부통지를 받은 공동구 점용예정자는 공동구설치공사가 착수되기 전에 부담액의 3분의 1 이상을 납부하여야 하며, 그 나머지 금액은 점용공사기간 만료일(만료일 전에 공사가 완료된 경우에는 그 공사의 완료일을 말한다) 전까지 납부하여야 한다(영 제38조 제4항).
⑤ (×) 공동구관리자는 대통령령으로 정하는 바에 따라 1년에 1회 이상 공동구의 안전점검을 실시하여야 하며, 안전점검결과 이상이 있다고 인정되는 때에는 지체 없이 정밀안전진단ㆍ보수ㆍ보강 등 필요한 조치를 하여야 한다(법 제44조의2 제3항).

답 ③

27 CHECK ○△×

국토의 계획 및 이용에 관한 법령상 공동구협의회의 심의를 거쳐야 공동구에 수용할 수 있는 시설은? 기출 22

① 가스관
② 통신선로
③ 열수송관
④ 중수도관
⑤ 쓰레기수송관

> 해설

① (○) 공동구협의회의 심의를 거쳐야 공동구에 수용할 수 있는 시설은 가스관이다(영 제35조의3 제7호).

> **공동구에 수용하여야 하는 시설(영 제35조의3)**
> 공동구가 설치된 경우에는 법 제44조 제3항에 따라 제1호부터 제6호까지의 시설을 공동구에 수용하여야 하며, 제7호 및 제8호의 시설은 법 제44조의2 제4항에 따른 공동구협의회의 심의를 거쳐 수용할 수 있다.
> 1. 전선로
> 2. 통신선로
> 3. 수도관
> 4. 열수송관
> 5. 중수도관
> 6. 쓰레기수송관
> 7. 가스관
> 8. 하수도관, 그 밖의 시설

답 ①

28 국토의 계획 및 이용에 관한 법령상 공동구에 관한 설명으로 옳지 않은 것은? 기출 17

① 200만제곱미터를 초과하는 택지개발지구에서 개발사업을 시행하는 자는 공동구를 설치하여야 한다.
② 공동구가 설치된 경우 가스관은 공동구협의회의 심의를 거쳐 공동구에 수용할 수 있다.
③ 공동구의 설치에 필요한 비용은 공동구 점용예정자가 부담하되, 그 부담액은 사업시행자와 협의하여 정한다.
④ 공동구의 효율적인 관리·운영을 위하여 필요하다고 인정하는 경우에는 지방공사 또는 지방공단에 그 관리·운영을 위탁할 수 있다.
⑤ 공동구관리자는 공동구의 안전점검으로서 매년 1월 1일을 기준으로 6개월에 1회 이상 정기점검을 실시하여야 한다.

해설

③ (×) 공동구의 설치(개량하는 경우를 포함한다)에 필요한 비용은 이 법 또는 다른 법률에 특별한 규정이 있는 경우를 제외하고는 공동구 점용예정자와 사업시행자가 부담한다. 이 경우 공동구점용예정자는 해당 시설을 개별적으로 매설할 때 필요한 비용의 범위에서 대통령령으로 정하는 바에 따라 부담한다(법 제44조 제5항).
① (○) 법 제44조 제1항 제2호, 영 제35조의2 제1항
② (○) 가스관, 하수도관, 그 밖의 시설은 공동구협의회의 심의를 거쳐 공동구에 수용할 수 있다(법 제44조 제3항, 영 제35조의3 제7호).
④ (○) 법 제44조의2 제1항 단서, 영 제39조 제1항 제1호
⑤ (○) 법 제44조의2 제3항, 영 제39조 제5항

답 ③

29 국토의 계획 및 이용에 관한 법령상 공동구에 관한 설명으로 옳은 것은? 기출 18

① 「도시개발법」에 따른 도시개발구역이 100만m²를 초과하는 경우에는 해당 구역에서 개발사업을 시행하는 자는 공동구를 설치하여야 한다.
② 공동구가 설치된 경우에 전선로, 통신선로 및 수도관은 공동구에 수용하지 아니할 수 있다.
③ 공동구 설치에 필요한 비용은 「국토의 계획 및 이용에 관한 법률」이나 다른 법률에 특별한 규정이 있는 경우를 제외하고는 사업시행자가 단독으로 부담한다.
④ 공동구의 관리에 소요되는 비용은 그 공동구를 점용하는 자가 함께 부담하되, 부담비율은 점용면적을 고려하여 공동구관리자가 정한다.
⑤ 공동구관리자는 3년마다 해당 공동구의 안전 및 유지관리계획을 수립·시행하여야 한다.

> 해설

④ (○) 법 제44조의3 제1항
① (×) 「도시개발법」에 따른 도시개발구역이 200만m²를 초과하는 경우에는 해당 구역에서 개발사업을 시행하는 자는 공동구를 설치하여야 한다(법 제44조 제1항, 영 제35조의2 제1항).
② (×) 공동구가 설치된 경우에 수도관은 공동구에 수용하여야 한다(영 제35조의3).
③ (×) 공동구 설치에 필요한 비용은 「국토의 계획 및 이용에 관한 법률」이나 다른 법률에 특별한 규정이 있는 경우를 제외하고는 공동구 점용예정자와 사업시행자가 부담한다. 이 경우 공동구 점용예정자는 해당 시설을 개별적으로 매설할 때 필요한 비용의 범위에서 대통령령으로 정하는 바에 따라 부담한다(법 제44조 제5항).
⑤ (×) 공동구관리자는 5년마다 해당 공동구의 안전 및 유지관리계획을 수립·시행하여야 한다(법 제44조의2 제2항).

답 ④

30 국토의 계획 및 이용에 관한 법령상 조례로 따로 정할 수 있는 것에 해당하지 않는 것은? (단, 조례에 대한 위임은 고려하지 않음) 기출 21

① 도시·군계획시설의 설치로 인하여 토지 소유권 행사에 제한을 받는 자에 대한 보상에 관한 사항
② 도시·군관리계획 입안시 주민의 의견 청취에 필요한 사항
③ 대도시 시장이 지역여건상 필요하며 정하는 용도지구의 명칭 및 지정목적에 관한 사항
④ 기반시설부담구역별 특별회계 설치에 필요한 사항
⑤ 공동구의 점용료 또는 사용료 납부에 관한 사항

> 해설

① (×) 도시·군계획시설을 공중·수중·수상 또는 지하에 설치하는 경우 그 높이나 깊이의 기준과 그 설치로 인하여 토지나 건물의 소유권 행사에 제한을 받는 자에 대한 보상 등에 관하여는 따로 법률로 정한다(법 제46조).
② (○) 법 제28조 제5항
③ (○) 법 제37조 제3항
④ (○) 법 제70조 제1항
⑤ (○) 법 제44조의3 제3항

답 ①

31 국토의 계획 및 이용에 관한 법령상 도시·군계획시설 부지의 매수 청구에 관한 설명이다. 괄호 안에 들어갈 내용을 옳게 연결한 것은? 기출 19

> • 도시·군계획시설 결정의 고시일부터 (ㄱ)년 이내에 그 도시·군계획시설사업이 시행되지 아니하는 경우(실시계획의 인가나 그에 상당하는 절차가 진행된 경우는 제외한다)에 청구할 수 있다.
> • 도시·군계획시설의 부지로 되어 있는 토지 중 (ㄴ)인 토지(그 토지에 있는 건축물 및 정착물을 포함한다)의 소유자가 청구할 수 있다.

① ㄱ : 10, ㄴ : 지목이 대
② ㄱ : 10, ㄴ : 용도지역이 거주지역
③ ㄱ : 10, ㄴ : 용도지역이 관리지역
④ ㄱ : 20, ㄴ : 지목이 대
⑤ ㄱ : 20, ㄴ : 용도지역이 관리지역

해설

① (○) ㄱ : 10, ㄴ : 지목이 대(법 제47조 제1항)

> **도시·군계획시설 부지의 매수 청구(법 제47조 제1항)**
> 도시·군계획시설에 대한 도시·군관리계획의 결정(이하 "도시·군계획시설 결정"이라 한다)의 고시일부터 **10년** 이내에 그 도시·군계획시설의 설치에 관한 도시·군계획시설사업이 시행되지 아니하는 경우(제88조에 따른 실시계획의 인가나 그에 상당하는 절차가 진행된 경우는 제외한다) 그 도시·군계획시설의 부지로 되어 있는 토지 중 **지목(地目)이 대(垈)**인 토지(그 토지에 있는 건축물 및 정착물을 포함한다)의 소유자는 대통령령으로 정하는 바에 따라 특별시장·광역시장·특별자치시장·특별자치도지사·시장 또는 군수에게 그 토지의 매수를 청구할 수 있다.

 ①

32 국토의 계획 및 이용에 관한 법령상 도시·군계획시설 부지의 매수청구에 관한 설명으로 옳은 것을 모두 고른 것은? (단, 조례는 고려하지 않음) 기출 21

> ㄱ. 도시·군계획시설채권의 상환기간은 10년 이내로 한다.
> ㄴ. 시장 또는 군수가 해당 도시·군계획시설사업의 시행자로 정하여진 경우에는 시장 또는 군수가 매수의무자이다.
> ㄷ. 매수의무자는 매수하기로 결정한 토지를 매수 결정을 알린 날부터 3년 이내에 매수하여야 한다.
> ㄹ. 매수 청구를 한 토지의 소유자는 매수의무자가 매수하지 아니하기로 결정한 경우 개발행위허가를 받아 대통령령으로 정하는 건축물을 설치할 수 있다.

① ㄱ, ㄴ
② ㄱ, ㄷ
③ ㄷ, ㄹ
④ ㄱ, ㄴ, ㄹ
⑤ ㄴ, ㄷ, ㄹ

해설

ㄱ. (○) 법 제47조 제3항
ㄴ. (○) 법 제47조 제1항
ㄷ. (×) 매수의무자는 매수하기로 결정한 토지를 매수 결정을 알린 날부터 <u>2년 이내</u>에 매수하여야 한다(법 제47조 제6항).
ㄹ. (○) 법 제47조 제7항 제1호

답 ④

33 국토의 계획 및 이용에 관한 법령상 도시·군계획시설 부지의 매수청구에 관한 설명으로 옳지 <u>않은</u> 것은? 기출 16

① 매수청구대상에는 도시·군계획시설의 부지로 되어 있는 토지 중 지목이 잡종지인 토지는 포함되지 않는다.
② 부재부동산 소유자의 토지로서 매수대금이 2,000만원을 초과하는 경우 매수의무자는 도시·군계획시설채권을 발행하여 지급할 수 있다.
③ 도시·군계획시설사업의 시행자가 정하여진 경우 매수대상인 토지의 소유자는 시행자에게 그 토지의 매수를 청구할 수 있다.
④ 도시·군계획시설채권의 상환기간은 10년 이내로 한다.
⑤ 매수의무자가 매수하기로 결정한 토지는 매수 결정을 알린 날부터 2년 이내에 매수하여야 한다.

해설

② (×) 대통령령으로 정하는 부재부동산 소유자의 토지 또는 비업무용 토지로서 매수대금이 대통령령으로 정하는 금액(**3천만원**)을 초과하여 그 초과하는 금액을 지급하는 경우 매수의무자가 지방자치단체인 경우에는 도시·군계획시설채권을 발행하여 지급할 수 있다(법 제47조 제2항 단서, 영 제40조 제4항).
① (○) 도시·군계획시설의 부지로 되어 있는 토지 중 지목(地目)이 대(垈)인 토지의 소유자는 대통령령으로 정하는 바에 따라 특별시장·광역시장·특별자치시장·특별자치도지사·시장 또는 군수에게 그 토지의 매수를 청구할 수 있다(법 제47조 제1항 본문).
③ (○) 해당 도시·군계획시설사업의 시행자가 정하여진 경우에는 그 시행자에게 그 토지의 매수를 청구할 수 있다(법 제47조 제1항 제1호 단서).
④ (○) 도시·군계획시설채권의 상환기간은 10년 이내로 한다(법 제47조 제3항).
⑤ (○) 매수의무자는 매수청구를 받은 날부터 6개월 이내에 매수 여부를 결정하여 토지 소유자와 특별시장·광역시장·특별자치시장·특별자치도지사·시장 또는 군수(매수의무자가 특별시장·광역시장·특별자치시장·특별자치도지사·시장 또는 군수인 경우는 제외한다)에게 알려야 하며, 매수하기로 결정한 토지는 매수 결정을 알린 날부터 2년 이내에 매수하여야 한다(법 제47조 제6항).

 ②

34 국토의 계획 및 이용에 관한 법령상 도시·군계획시설부지의 매수청구에 관한 설명으로 옳지 않은 것은? (단, 조례는 고려하지 않음) 기출 23

① 매수청구를 한 토지의 소유자는 매수의무자가 그 토지를 매수하지 아니하기로 결정한 경우 개발행위허가를 받아 5층 이하의 제1종 근린생활시설을 설치할 수 있다.
② 매수의무자는 매수하기로 결정한 토지에 대하여 매수 결정을 알린 날부터 2년 이내에 매수하여야 한다.
③ 도시·군계획시설채권의 상환기간은 10년 이내로 한다.
④ 지방자치단체인 매수의무자는 토지소유자가 원하는 경우 채권을 발행하여 매수대금을 지급할 수 있다.
⑤ 매수의무자는 매수청구를 받은 날부터 6개월 이내에 매수 여부를 결정하여야 한다.

해설

① (×) 매수청구를 한 토지의 소유자는 매수의무자가 그 토지를 매수하지 아니하기로 결정한 경우 개발행위허가를 받아 <u>3층</u> 이하의 제1종 근린생활시설을 설치할 수 있다(법 제47조 제7항 제1호, 영 제41조 제5항 제2호).
② (○) 법 제47조 제6항
③ (○) 법 제47조 제3항
④ (○) 법 제47조 제2항 제1호
⑤ (○) 법 제47조 제6항

답 ①

35 국토의 계획 및 이용에 관한 법령상 매수의무자가 도시·군계획시설 부지의 매수 결정을 알린 날부터 2년이 지날 때까지 해당 토지를 매수하지 아니하는 경우 매수청구를 한 토지소유자가 개발행위허가를 받아 건축할 수 있는 것은? (단, 조례는 고려하지 않음) 기출 18

① 5층의 치과의원
② 4층의 다가구주택
③ 3층의 동물병원
④ 2층의 노래연습장
⑤ 3층의 생활숙박시설

해설

③ (○) 3층의 동물병원(제2종 근린생활시설로서 3층 이하인 것)은 국토의 계획 및 이용에 관한 법령상 매수의무자가 도시·군계획시설 부지의 매수 결정을 알린 날부터 2년이 지날 때까지 해당 토지를 매수하지 아니하는 경우 매수청구를 한 토지소유자가 개발행위허가를 받아 건축할 수 있다(법 제47조 제7항 제2호, 영 제41조 제5항 제2의2호).

> **"대통령령으로 정하는 건축물 또는 공작물"**(영 제41조 제5항)
>
> 다음 각 호의 것을 말한다. 다만, 다음 각 호에 규정된 범위에서 특별시·광역시·특별자치시·특별자치도·시 또는 군의 도시·군계획조례로 따로 허용범위를 정하는 경우에는 그에 따른다.
> 1. 「건축법 시행령」[별표 1] 제1호 가목의 단독주택으로서 3층 이하인 것
> 2. 「건축법 시행령」[별표 1] 제3호의 제1종 근린생활시설로서 3층 이하인 것
> 2의2. 「건축법 시행령」[별표 1] 제4호의 제2종 근린생활시설(같은 호 거목, 더목 및 러목은 제외한다)로서 3층 이하인 것
> 3. 공작물

답 ③

36 국토의 계획 및 이용에 관한 법령상 도시·군계획시설 결정의 실효에 관한 조문의 일부이다. ( )에 들어갈 내용으로 옳은 것은? 기출 22

> 도시·군계획시설 결정이 고시된 도시·군계획시설에 대하여 그 고시일부터 (ㄱ)이 지날 때까지 그 시설의 설치에 관한 도시·군계획시설사업이 시행되지 아니하는 경우 그 도시·군계획시설 결정은 그 고시일부터 (ㄴ)에 그 효력을 잃는다.

① ㄱ : 10년, ㄴ : 10년이 되는 날
② ㄱ : 10년, ㄴ : 10년이 되는 날의 다음 날
③ ㄱ : 20년, ㄴ : 20년이 되는 날
④ ㄱ : 20년, ㄴ : 20년이 되는 날의 다음 날
⑤ ㄱ : 30년, ㄴ : 30년이 되는 날

해설

④ (○) ㄱ : 20년, ㄴ : 20년이 되는 날의 다음 날

> **도시·군계획시설 결정의 실효 등(법 제48조 제1항)**
> 도시·군계획시설 결정이 고시된 도시·군계획시설에 대하여 그 고시일부터 (20년)이 지날 때까지 그 시설의 설치에 관한 도시·군계획시설사업이 시행되지 아니하는 경우 그 도시·군계획시설 결정은 그 고시일부터 (20년이 되는 날의 다음 날)에 그 효력을 잃는다.

답 ④

37 국토의 계획 및 이용에 관한 법령상 국토교통부장관이 지구단위계획의 수립기준을 정할 때 고려하여야 하는 사항으로 옳지 않은 것은? 기출수정 기출 21

① 도시지역 외의 지역에 지정하는 지구단위계획구역은 해당 구역의 중심기능에 따라 주거형, 산업·유통형, 관광·휴양형 또는 복합형 등으로 지정 목적을 구분할 것
② 「택지개발촉진법」에 따라 지정된 택지개발지구에서 시행되는 사업이 끝난 후 10년이 지난 지역에 수립하는 지구단위계획의 내용 중 건축물의 용도제한의 사항은 해당 지역에 시행된 사업이 끝난 때의 내용을 유지함을 원칙으로 할 것
③ 「문화유산의 보존 및 활용에 관한 법률」에 따른 역사문화환경 보존지역 및 「자연유산의 보존 및 활용에 관한 법률」에 따른 역사문화환경 보존지역에서 지구단위계획을 수립하는 경우에는 국가유산 및 역사문화환경과 조화되도록 할 것
④ 건폐율·용적률 등의 완화 범위를 포함하여 지구단위계획을 수립하도록 할 것
⑤ 개발제한구역에 지구단위계획을 수립할 때에는 개발제한구역의 지정 목적이나 주변환경이 훼손되지 아니하도록 하고, 「개발제한구역의 지정 및 관리에 관한 특별조치법」을 우선하여 적용할 것

> 해설

② (×) 「도시개발법」 제3조에 따라 지정된 도시개발구역에 수립하는 지구단위계획의 내용 중 용도지역이나 용도지구를 대통령령으로 정하는 범위에서 세분하거나 변경하는 사항 및 건축물의 용도제한, 건축물의 건폐율 또는 용적률, 건축물 높이의 최고한도 또는 최저한도(건축물의 용도제한은 제외한다)의 사항은 해당 지역에 시행된 사업이 끝난 때의 내용을 유지함을 원칙으로 할 것(영 제42조의3 제2항 제9호)
① (○) 영 제42조의3 제2항 제10호
③ (○) 영 제42조의3 제2항 제1의3호 〈개정 2024.5.7.〉
④ (○) 영 제42조의3 제2항 제7호
⑤ (○) 영 제42조의3 제2항 제1호

 ②

38

국토의 계획 및 이용에 관한 법령상 지구단위계획의 수립시 고려사항으로 명시하고 있지 <u>않은</u> 것은? 기출 18

① 지역공동체의 활성화
② 해당 용도지역의 특성
③ 안전하고 지속가능한 생활권의 조성
④ 도시의 자연환경 및 경관보호와 도시민에게 건전한 여가·휴식공간의 제공
⑤ 해당 지역 및 인근 지역의 토지 이용을 고려한 토지이용계획과 건축계획의 조화

해설

④ (×) '도시자연공원구역의 지정'에 관련된 내용이다(법 제38조의2).

> **지구단위계획의 수립(법 제49조 제1항)**
>
> 지구단위계획은 다음 각 호의 사항을 고려하여 수립한다.
> 1. 도시의 정비·관리·보전·개발 등 지구단위계획구역의 지정 목적
> 2. 주거·산업·유통·관광휴양·복합 등 지구단위계획구역의 중심기능
> 3. 해당 용도지역의 특성 (②)
> 4. 그 밖에 대통령령으로 정하는 사항(영 제42조의3 제1항)
>   - 지역 공동체의 활성화 (①)
>   - 안전하고 지속가능한 생활권의 조성 (③)
>   - 해당 지역 및 인근 지역의 토지 이용을 고려한 토지이용계획과 건축계획의 조화 (⑤)

답 ④

39 국토의 계획 및 이용에 관한 법령상 지구단위계획구역에 관한 설명으로 옳지 않은 것은? 기출 17

① 지구단위계획구역은 도시·군관리계획으로 결정한다.
② 용도지구로 지정된 지역에 대하여는 지구단위계획구역을 지정할 수 없다.
③ 「도시 및 주거환경정비법」에 따라 지정된 정비구역의 일부에 대하여 지구단위계획구역을 지정할 수 있다.
④ 도시지역 외 지구단위계획구역에서는 지구단위계획으로 해당 용도지역 또는 개발진흥지구에 적용되는 건폐율의 150퍼센트 이내에서 건폐율을 완화하여 적용할 수 있다.
⑤ 도시지역 내 지구단위계획구역의 지정목적이 한옥마을을 보존하고자 하는 경우 지구단위계획으로 「주차장법」에 의한 주차장 설치기준을 100퍼센트까지 완화하여 적용할 수 있다.

해설

② (×) 국토교통부장관, 시·도지사, 시장 또는 군수는 지정된 용도지구에 해당하는 지역의 전부 또는 일부에 대하여 지구단위계획구역을 지정할 수 있다(법 제51조 제1항 제1호).
① (○) 법 제2조 제4호 마목
③ (○) 법 제51조 제1항 제3호
④ (○) 영 제47조 제1항
⑤ (○) 영 제46조 제6항 제1호

답 ②

40

국토의 계획 및 이용에 관한 법령상 지구단위계획에 관한 설명으로 옳은 것은? 기출 16

① 지구단위계획은 도시·군기본계획으로 결정한다.
② 지구단위계획의 수립기준 등은 시·도지사가 정한다.
③ 지구단위계획구역은 계획관리지역에 한하여 지정할 수 있다.
④ 계획관리지역 내에 지정하는 지구단위계획구역에 대해서는 해당 지역에 적용되는 건폐율의 200퍼센트 및 용적률의 150퍼센트 이내에서 완화하여 적용할 수 있다.
⑤ 용도지역을 변경하는 지구단위계획에는 건축물의 용도제한이 반드시 포함되어야 한다.

해설

⑤ (○) 법 제52조 제1항 제1호, 제4호 참조

> **지구단위계획의 내용(법 제52조 제1항)**
> 지구단위계획구역의 지정목적을 이루기 위하여 지구단위계획에는 다음 각 호의 사항 중 제2호와 제4호의 사항을 포함한 둘 이상의 사항이 포함되어야 한다. 다만, 제1호의2를 내용으로 하는 지구단위계획의 경우에는 그러하지 아니하다.
> 1. 용도지역이나 용도지구를 대통령령으로 정하는 범위에서 세분하거나 변경하는 사항
> 1의2. 기존의 용도지구를 폐지하고 그 용도지구에서의 건축물이나 그 밖의 시설의 용도·종류 및 규모 등의 제한을 대체하는 사항
> 2. 대통령령으로 정하는 기반시설의 배치와 규모
> 3. 도로로 둘러싸인 일단의 지역 또는 계획적인 개발·정비를 위하여 구획된 일단의 토지의 규모와 조성계획
> 4. 건축물의 용도제한, 건축물의 건폐율 또는 용적률, 건축물 높이의 최고한도 또는 최저한도
> 5. 건축물의 배치·형태·색채 또는 건축선에 관한 계획
> 6. 환경관리계획 또는 경관계획
> 7. 보행안전 등을 고려한 교통처리계획
> 8. 그 밖에 토지 이용의 합리화, 도시나 농·산·어촌의 기능 증진 등에 필요한 사항으로서 대통령령으로 정하는 사항

① (×) 지구단위계획구역 및 지구단위계획은 도시·군관리계획으로 결정한다(법 제50조).
② (×) 지구단위계획의 수립기준 등은 대통령령으로 정하는 바에 따라 국토교통부장관이 정한다(법 제49조 제2항).
③ (×) 지구단위계획구역은 도시지역 내·외에 요건에 따라 지정할 수 있다(법 제51조 제1항, 제3항).
④ (×) 지구단위계획구역(도시지역 외에 지정하는 경우로 한정한다)에서는 지구단위계획으로 해당 용도지역 또는 개발진흥지구에 적용되는 건폐율의 150퍼센트 및 용적률의 200퍼센트 이내에서 건폐율 및 용적률을 완화하여 적용할 수 있다(영 제47조 제1항).

답 ⑤

41 국토의 계획 및 이용에 관한 법령상 지구단위계획에 관한 설명으로 옳은 것은? (단, 조례는 고려하지 않음) 기출 25

① 개발제한구역에서 해제되는 구역 중 계획적인 관리가 필요한 지역은 지구단위계획구역으로 지정할 수 없다.
② 지구단위계획구역의 지정목적이 한옥마을을 보존하고자 하는 경우에는 지구단위계획으로 「주차장법」에 따른 주차장 설치기준을 150퍼센트까지 강화하여 적용한다.
③ 도시지역에 개발진흥지구를 지정하고 당해 지구를 지구단위계획구역으로 지정한 경우에는 지구단위계획으로 「건축법」 제60조에 따라 제한된 건축물높이의 120퍼센트 이내에서 높이제한을 완화하여 적용할 수 있다.
④ 주민이 입안을 제안한 지구단위계획에 관한 도시·군관리계획결정이 효력을 잃은 경우 해당 지구단위계획구역 지정 당시의 도시·군관리계획도 효력을 잃은 것으로 본다.
⑤ 지구단위계획구역과 지구단위계획은 도시·군기본계획으로 결정한다.

> 해설

③ (○) 지구단위계획구역에서는 제76조부터 제78조까지의 규정과 「건축법」 제42조·제43조·제44조·제60조(건축물의 높이제한) 및 제61조, 「주차장법」 제19조 및 제19조의2를 대통령령으로 정하는 범위에서 지구단위계획으로 정하는 바에 따라 완화하여 적용할 수 있다(법 제52조 제3항, 영 제46조 제7항).

> **도시지역 내 지구단위계획구역에서의 건폐율 등의 완화적용(영 제46조 제7항)**
>
> 다음 각 호의 1에 해당하는 경우에는 법 제52조 제3항의 규정에 의하여 지구단위계획으로 당해 용도지역에 적용되는 용적률의 120퍼센트 이내에서 용적률을 완화하여 적용할 수 있다.
> 1. 도시지역에 개발진흥지구를 지정하고 당해 지구를 지구단위계획구역으로 지정한 경우
> 2. 다음 각 목의 1에 해당하는 경우로서 특별시장·광역시장·특별자치시장·특별자치도지사·시장 또는 군수의 권고에 따라 공동개발을 하는 경우
>   가. 지구단위계획에 2필지 이상의 토지에 하나의 건축물을 건축하도록 되어 있는 경우
>   나. 지구단위계획에 합벽건축을 하도록 되어 있는 경우
>   다. 지구단위계획에 주차장·보행자통로 등을 공동으로 사용하도록 되어 있어 2필지 이상의 토지에 건축물을 동시에 건축할 필요가 있는 경우

① (×) 개발제한구역·도시자연공원구역·시가화조정구역 또는 공원에서 해제되는 구역, 녹지지역에서 주거·상업·공업지역으로 변경되는 구역과 새로 도시지역으로 편입되는 구역 중 계획적인 개발 또는 관리가 필요한 지역은 지구단위계획구역으로 지정할 수 있다(법 제51조 제1항 제8호).
② (×) 지구단위계획구역의 지정목적이 한옥마을을 보존하고자 하는 경우에는 지구단위계획으로 「주차장법」에 따른 주차장 설치기준을 100퍼센트까지 완화하여 적용할 수 있다(영 제46조 제6항 제1호).

④ (×) 주민이 입안을 제안한 지구단위계획에 관한 도시·군관리계획결정의 고시일부터 5년 이내에 이 법 또는 다른 법률에 따라 허가·인가·승인 등을 받아 사업이나 공사에 착수하지 아니하면 그 5년이 된 날의 다음날에 그 지구단위계획에 관한 도시·군관리계획결정은 효력을 잃는다. 이 경우 지구단위계획과 관련한 도시·군관리계획결정에 관한 사항은 해당 지구단위계획구역 지정 당시의 도시·군관리계획으로 환원된 것으로 본다(법 제53조 제2항).

⑤ (×) 지구단위계획구역과 지구단위계획은 도시·군관리계획의 내용이므로(법 제26조 제1항 제2호 참조) 도시·군관리계획으로 결정한다.

답 ③

42

국토의 계획 및 이용에 관한 법령상 지구단위계획에 관한 설명으로 옳지 않은 것은? 기출 19

① 지구단위계획구역의 지정에 관한 고시일부터 5년 이내에 지구단위계획이 결정·고시되지 아니하면 그 5년이 되는 날에 지구단위계획구역의 지정에 관한 도시·군관리계획 결정은 효력을 잃는다.
② 지구단위계획에는 건축물의 건축선에 관한 계획이 포함될 수 있다.
③ 지구단위계획구역 및 지구단위계획은 도시·군관리계획으로 결정한다.
④ 국토교통부장관, 시·도지사, 시장 또는 군수는 지구단위계획구역 지정이 효력을 잃으면 지체 없이 그 사실을 고시하여야 한다.
⑤ 국토교통부장관은 용도지구의 전부 또는 일부에 대하여 지구단위계획구역을 지정할 수 있다.

해설

① (×) 지구단위계획구역의 지정에 관한 도시·군관리계획 결정의 고시일부터 3년 이내에 그 지구단위계획구역에 관한 지구단위계획이 결정·고시되지 아니하면 그 3년이 되는 날의 다음 날에 그 지구단위계획구역의 지정에 관한 도시·군관리계획 결정은 효력을 잃는다(법 제53조 제1항).
② (○) 법 제52조 제1항 제5호
③ (○) 법 제50조
④ (○) 법 제53조 제3항
⑤ (○) 법 제51조 제1항 제1호

답 ①

43 국토의 계획 및 이용에 관한 법령상 지구단위계획에 관한 설명이다. ( )에 들어갈 내용으로 각각 옳은 것은? 기출 21

> 주민의 입안제안에 따른 지구단위계획에 관한 (ㄱ) 결정의 고시일부터 (ㄴ) 이내에 이 법 또는 다른 법률에 따라 허가·인가·승인 등을 받아 사업이나 공사에 착수하지 아니하면 그 (ㄴ)이 된 날의 다음 날에 그 지구단위계획에 관한 (ㄱ) 결정은 효력을 잃는다.

① ㄱ : 도시·군기본계획, ㄴ : 3년
② ㄱ : 도시·군기본계획, ㄴ : 5년
③ ㄱ : 도시·군관리계획, ㄴ : 1년
④ ㄱ : 도시·군관리계획, ㄴ : 3년
⑤ ㄱ : 도시·군관리계획, ㄴ : 5년

해설

⑤ (○) ㄱ : 도시·군관리계획, ㄴ : 5년
　주민의 입안제안에 따른 지구단위계획에 관한 (**도시·군관리계획**)결정의 고시일부터 (**5년**) 이내에 이 법 또는 다른 법률에 따라 허가·인가·승인 등을 받아 사업이나 공사에 착수하지 아니하면 그 (**5년**)이 된 날의 다음 날에 그 지구단위계획에 관한 (**도시·군관리계획**) 결정은 효력을 잃는다(법 제53조 제2항).

답 ⑤

44 국토의 계획 및 이용에 관한 법령상 지구단위계획에 관한 설명으로 옳지 않은 것은? 기출 23

① 도시지역 내 지구단위계획구역의 지정목적이 한옥마을을 보존하고자 하는 경우에는 지구단위계획으로 「주차장법」 제19조 제3항의 규정에 의한 주차장 설치기준을 100퍼센트까지 완화하여 적용할 수 있다.
② 주민이 입안을 제안한 경우, 지구단위계획에 관한 도시·군관리계획 결정의 고시일부터 3년 이내에 허가를 받아 사업이나 공사에 착수하지 아니하면 그 3년이 된 날에 지구단위계획구역의 지정에 관한 도시·군관리계획 결정은 효력을 잃는다.
③ 도시지역 외에서 지정되는 지구단위계획구역에서는 지구단위계획으로 해당 용도지역 또는 개발진흥지구에 적용되는 건폐율의 150퍼센트 및 용적률의 200퍼센트 이내에서 건폐율 및 용적률을 완화하여 적용할 수 있다.
④ 도시지역에 개발진흥지구를 지정하고 당해 지구를 지구단위계획구역으로 지정한 경우에는 지구단위계획으로 당해 용도지역에 적용되는 용적률의 120퍼센트 이내에서 용적률을 완화하여 적용할 수 있다.
⑤ 국토교통부장관은 「도시개발법」에 따라 지정된 도시개발구역의 전부 또는 일부에 대하여 지구단위계획구역을 지정할 수 있다.

해설

② (○) 지구단위계획(주민이 입안을 제안한 것에 한정한다)에 관한 도시·군관리계획 결정의 고시일부터 5년 이내에 이 법 또는 다른 법률에 따라 허가·인가·승인 등을 받아 사업이나 공사에 착수하지 아니하면 그 5년이 된 날의 다음 날에 그 지구단위계획에 관한 도시·군관리계획 결정은 효력을 잃는다(법 제53조 제2항).
① (×) 영 제46조 제6항 제1호
③ (×) 영 제47조 제1항
④ (×) 영 제46조 제8항
⑤ (×) 법 제51조 제1항 제2호

답 ②

제5장 개발행위의 허가 등

01 국토의 계획 및 이용에 관한 법령상 개발행위의 허가에 관한 설명으로 옳지 <u>않은</u> 것은? (단, 조례는 고려하지 않음) 기출 18

① 허가권자는 개발행위허가의 신청 내용이 도시·군계획사업의 시행에 지장이 있는 경우에는 개발행위허가를 하여서는 아니 된다.
② 개발행위허가를 받은 부지면적을 3퍼센트 확대하는 경우에는 별도의 변경허가를 받지 않아도 된다.
③ 성장관리계획을 수립한 지역에서 개발행위허가를 하는 경우에는 중앙도시계획위원회와 지방도시계획위원회의 심의를 거치지 아니한다.
④ 특별시장, 광역시장, 특별자치시장, 특별자치도지사, 시장 또는 군수는 개발행위 허가내용과 다르게 개발행위를 하는 자에게 그 토지의 원상회복을 명할 수 있다.
⑤ 지구단위계획구역으로 지정된 지역에 대해서는 중앙도시계획위원회나 지방도시계획위원회의 심의를 거치지 아니하고 한 차례만 2년 이내의 기간 동안 개발행위허가의 제한을 연장할 수 있다.

해설

② (×) 개발행위허가를 받은 사항을 변경하는 경우에는 특별시장·광역시장·특별자치시장·특별자치도지사·시장 또는 군수의 허가를 받아야 한다. 다만, 대통령령으로 정하는 경미한 사항을 변경하는 경우에는 그러하지 아니하다. 즉 개발행위허가를 받은 부지면적을 5퍼센트 범위에서 축소하는 경우에는 별도의 변경허가를 받지 않아도 된다(법 제56조 제1항, 영 제52조 제1항 제2호 가목).

> **"대통령령으로 정하는 경미한 사항을 변경하는 경우"**(영 제52조 제1항)
> 다음 각 호의 어느 하나에 해당하는 경우(다른 호에 저촉되지 않는 경우로 한정한다)를 말한다.
> 1. 사업기간을 단축하는 경우
> 2. 다음 각 목의 어느 하나에 해당하는 경우
>   가. 부지면적 또는 건축물 연면적을 5퍼센트 범위에서 축소[공작물의 무게, 부피, 수평투영면적(하늘에서 내려다보이는 수평면적을 말한다) 또는 토석채취량을 5퍼센트 범위에서 축소하는 경우를 포함한다]하는 경우
>   나. 관계 법령의 개정 또는 도시·군관리계획의 변경에 따라 허가받은 사항을 불가피하게 변경하는 경우
>   다. 「공간정보의 구축 및 관리 등에 관한 법률」제26조 제2항 및 「건축법」제26조에 따라 허용되는 오차를 반영하기 위한 변경인 경우
>   라. 「건축법 시행령」제12조 제3항 각 호의 어느 하나에 해당하는 변경(공작물의 위치를 1미터 범위에서 변경하는 경우를 포함한다)인 경우

① (○) 법 제58조 제1항 제3호
③ (○) 법 제59조 제2항 제2호
④ (○) 법 제60조 제3항
⑤ (○) 법 제63조 제1항

답 ②

02 국토의 계획 및 이용에 관한 법령상 개발행위의 허가에 관한 설명으로 옳지 <u>않은</u> 것은? (단, 조례는 고려하지 않음) 기출 23

① 개발행위허가를 제한하고자 하는 자가 시·도지사인 경우에는 당해 시·도에 설치된 지방도시계획위원회의 심의를 거쳐야 한다.
② 「사도법」에 의한 사도개설허가를 받은 토지의 분할은 개발행위허가를 받지 아니하고 할 수 있다.
③ 시장 또는 군수는 개발행위허가에 조건을 붙이려는 때에는 미리 개발행위허가를 신청한 자의 의견을 들어야 한다.
④ 「사방사업법」에 따른 사방사업을 위한 개발행위는 중앙도시계획위원회와 지방도시계획위원회의 심의를 거치지 아니한다.
⑤ 개발행위허가를 받은 부지면적을 5퍼센트 확장하는 경우에는 별도의 변경허가를 받지 않아도 된다.

해설

⑤ (×) 부지면적 또는 건축물 연면적을 5퍼센트 범위에서 <u>축소하는</u> 경우에는 별도의 변경허가를 받지 않아도 된다(영 제52조 제1항 제2호 가목).
① (○) 법 제60조 제1항
② (○) 영 제53조 제5호 가목
③ (○) 영 제54조 제2항
④ (○) 법 제59조 제2항 제7호

답 ⑤

03 국토의 계획 및 이용에 관한 법령상 개발행위의 허가 등에 관한 설명으로 옳은 것은? 기출 20

① 재난수습을 위한 응급조치인 경우에도 개발행위허가를 받고 하여야 한다.
② 시장 또는 군수가 개발행위허가에 경관에 관한 조치를 할 것을 조건으로 붙이는 경우 미리 개발행위허가를 신청한 자의 의견을 들어야 한다.
③ 성장관리방안을 수립한 지역에서 하는 개발행위는 중앙도시계획위원회와 지방도시계획위원회의 심의를 거쳐야 한다.
④ 지방자치단체는 자신이 시행하는 개발행위의 이행을 보증하기 위하여 이행보증금을 예치하여야 한다.
⑤ 기반시설부담구역으로 지정된 지역은 중앙도시계획위원회의 심의를 거쳐 10년 이내의 기간 동안 개발행위허가를 제한할 수 있다.

> 해설

② (○) 시장 또는 군수가 개발행위허가에 경관에 관한 조치를 할 것을 조건으로 붙이는 경우 미리 개발행위허가를 신청한 자의 의견을 들어야 한다(영 제54조 제2항).
① (×) 응급조치인 경우에는 허가 없이 선 조치 후 1개월 이내에 신고하여야 한다(법 제56조 제4항 제1호).
③ (×) 성장관리계획을 수립한 지역에서 하는 개발행위는 중앙도시계획위원회와 지방도시계획위원회의 심의를 거치지 아니한다(법 제59조 제2항 제2호).
④ (×) 국가나 지방자치단체가 시행하는 개발행위는 이행보증금을 예치하지 않는다(법 제60조 제1항 제1호).
⑤ (×) 기반시설부담구역으로 지정된 지역은 중앙도시계획위원회의 심의를 거쳐 한 차례만 3년 이내의 기간 동안 개발행위허가를 제한할 수 있다. 다만, 심의를 거치지 않고 2년 이내의 기간 동안 개발행위허가의 제한을 연장할 수 있다(법 제63조 제1항 제5호). 따라서 최대 5년 이내의 기간 동안 개발행위허가를 제한할 수 있다.

답 ②

04 국토의 계획 및 이용에 관한 법령상 개발행위허가시 개발행위 규모의 제한을 받는 경우 용도지역별로 허용되는 토지형질변경면적으로 옳은 것은? 기출 24

① 자연환경보전지역 : 5천제곱미터 미만
② 자연녹지지역 : 3만제곱미터 미만
③ 공업지역 : 1만제곱미터 미만
④ 생산녹지지역 : 5천제곱미터 미만
⑤ 주거지역 : 3만제곱미터 미만

> 해설

개발행위허가의 규모(영 제55조 제1항)
법 제58조 제1항 제1호 본문에서 "대통령령으로 정하는 개발행위의 규모"란 다음 각 호에 해당하는 토지의 형질변경면적을 말한다. 다만, 관리지역 및 농림지역에 대하여는 제2호 및 제3호의 규정에 의한 면적의 범위 안에서 당해 특별시·광역시·특별자치시·특별자치도·시 또는 군의 도시·군계획조례로 따로 정할 수 있다.

1. 도시지역
   가. 주거지역·상업지역·자연녹지지역·생산녹지지역 : 1만제곱미터 미만 (②·④·⑤)
   나. 공업지역 : 3만제곱미터 미만 (③)
   다. 보전녹지지역 : 5천제곱미터 미만
2. 관리지역 : 3만제곱미터 미만
3. 농림지역 : 3만제곱미터 미만
4. 자연환경보전지역 : 5천제곱미터 미만 (①)

답 ①

05
국토의 계획 및 이용에 관한 법령상 개발행위 규모의 제한을 받는 경우 용도지역과 그 용도지역에서 허용되는 토지형질변경면적을 옳게 연결한 것은? 기출 20

① 상업지역 – 3만제곱미터 미만
② 공업지역 – 3만제곱미터 미만
③ 보전녹지지역 – 1만제곱미터 미만
④ 관리지역 – 5만제곱미터 미만
⑤ 자연환경보전지역 – 1만제곱미터 미만

해설

② (○) 영 제55조 제1항 제1호 나목
① (×) 상업지역 – 1만제곱미터 미만(영 제55조 제1항 제1호 가목)
③ (×) 보전녹지지역– 5천제곱미터 미만(영 제55조 제1항 제1호 다목)
④ (×) 관리지역 – 3만제곱미터 미만(영 제55조 제1항 제2호)
⑤ (×) 자연환경보전지역 – 5천제곱미터 미만(영 제55조 제1항 제4호)

 ②

06
국토의 계획 및 이용에 관한 법률은 중앙도시계획위원회와 지방도시계획위원회의 심의를 거치지 아니하고 개발행위의 허가를 하는 경우를 규정하고 있다. 이에 해당하는 개발행위를 모두 고른 것은? 기출 22

ㄱ. 다른 법률에 따라 도시계획위원회의 심의를 받는 구역에서 하는 개발행위
ㄴ. 「산림자원의 조성 및 관리에 관한 법률」에 따른 산림사업을 위한 개발행위
ㄷ. 「사방사업법」에 따른 사방사업을 위한 개발행위

① ㄱ
② ㄴ
③ ㄱ, ㄷ
④ ㄴ, ㄷ
⑤ ㄱ, ㄴ, ㄷ

> **해설**

⑤ (○) ㄱ, ㄴ, ㄷ은 중앙도시계획위원회와 지방도시계획위원회의 심의를 거치지 아니하고 개발행위의 허가를 할 수 있다.

> **개발행위에 대한 도시계획위원회의 심의(법 제59조 제2항)**
> 다음 각 호의 어느 하나에 해당하는 개발행위는 중앙도시계획위원회와 지방도시계획위원회의 심의를 거치지 아니한다.
> 1. 제8조, 제9조 또는 다른 법률에 따라 도시계획위원회의 심의를 받는 구역에서 하는 개발행위 (ㄱ)
> 2. 지구단위계획 또는 성장관리계획을 수립한 지역에서 하는 개발행위
> 3. 주거지역·상업지역·공업지역에서 시행하는 개발행위 중 특별시·광역시·특별자치시·특별자치도·시 또는 군의 조례로 정하는 규모·위치 등에 해당하지 아니하는 개발행위
> 4. 「환경영향평가법」에 따라 환경영향평가를 받은 개발행위
> 5. 「도시교통정비촉진법」에 따라 교통영향평가에 대한 검토를 받은 개발행위
> 6. 「농어촌정비법」 제2조 제4호에 따른 농어촌정비사업 중 대통령령으로 정하는 사업을 위한 개발행위
> 7. <u>「산림자원의 조성 및 관리에 관한 법률」</u>에 따른 산림사업 및 <u>「사방사업법」</u>에 따른 사방사업을 위한 개발행위 (ㄴ·ㄷ)

답 ⑤

---

07 국토의 계획 및 이용에 관한 법령상 개발행위에 대한 도시계획위원회의 심의를 거쳐야 하는 사항에 관한 조문의 일부이다. ( )에 들어갈 내용으로 각각 옳은 것은? 기출 21

〈시·군·구도시계획위원회의 심의를 거쳐야 하는 사항〉
• 면적이 (ㄱ)만 제곱미터 미만인 토지의 형질변경
• 부피 (ㄴ)만 세제곱미터 이상 50만 세제곱미터 미만의 토석채취

① ㄱ : 30, ㄴ : 3
② ㄱ : 30, ㄴ : 5
③ ㄱ : 30, ㄴ : 7
④ ㄱ : 50, ㄴ : 3
⑤ ㄱ : 50, ㄴ : 5

> **해설**

시·군·구도시계획위원회의 심의를 거쳐야 하는 사항(영 제57조 제4항 제3호)
• 면적이 (**30**)만 제곱미터 미만인 토지의 형질변경
• 부피 (**3**)만 세제곱미터 이상 50만 세제곱미터 미만의 토석채취

답 ①

08 국토의 계획 및 이용에 관한 법령상 A군수가 민간건설업자 B에 대해 개발행위허가를 할 때, 토석을 운반하는 차량 통행으로 통행로 주변 환경이 오염될 우려가 있어 환경오염 방지의 이행 보증 등에 관한 조치를 명하는 경우이다. 그에 관한 설명으로 옳은 것은? 기출 22

① B가 예치하는 이행보증금은 총공사비의 30퍼센트 이상이 되도록 해야 한다.
② B가 준공검사를 받은 때에는 A군수는 즉시 이행보증금을 반환하여야 한다.
③ A군수는 이행보증금을 행정대집행의 비용으로 사용할 수 없다.
④ B가 산지에서 개발행위를 하는 경우 이행보증금의 예치금액의 기준이 되는 총공사비에는 「산지관리법」에 따른 복구비는 포함되지 않는다.
⑤ B가 민간건설업자가 아닌 국가인 경우라도 민간건설업자의 경우와 동일한 이행보증이 필요하다.

해설

② (○) 이행보증금은 개발행위허가를 받은 자가 준공검사를 받은 때에는 즉시 이를 반환하여야 한다(영 제59조 제4항).
① (×) B가 예치하는 이행보증금은 총공사비의 20퍼센트 이내가 되도록 해야 한다(영 제59조 제2항).
③ (×) A군수는 개발행위허가를 받은 자가 원상회복명령을 이행하지 아니하는 때에는 이행보증금을 사용하여 대집행에 의하여 원상회복을 할 수 있다(영 제59조 제6항).
④ (×) B가 산지에서 개발행위를 하는 경우 이행보증금의 예치금액의 기준이 되는 총공사비에는 「산지관리법」에 따른 복구비를 포함하여 정한다(영 제59조 제2항).
⑤ (×) B가 민간건설업자가 아닌 국가인 경우에는 이행보증금을 예치하지 않아도 된다(법 제60조 제1항 제1호).

답 ②

---

09 국토의 계획 및 이용에 관한 법령상 개발행위에 따른 공공시설 등의 귀속에 관한 설명으로 옳지 않은 것은? 기출 22

① 개발행위허가를 받은 자가 행정청인 경우 개발행위허가를 받은 자가 새로 공공시설을 설치한 경우 새로 설치된 공공시설은 그 시설을 관리할 관리청에 무상으로 귀속된다.
② 개발행위허가를 받은 자가 행정청인 경우 개발행위허가를 받은 자가 기존의 공공시설에 대체되는 공공시설을 설치한 경우 종래의 공공시설은 개발행위허가를 받은 자에게 무상으로 귀속된다.
③ 개발행위허가를 받은 자가 행정청이 아닌 경우 개발행위허가를 받은 자가 새로 설치한 공공시설은 그 시설을 관리할 관리청에 무상으로 귀속된다.
④ 개발행위허가를 받은 자가 행정청이 아닌 경우 개발행위로 용도가 폐지되는 공공시설은 개발행위허가를 받은 자에게 무상으로 귀속된다.
⑤ 특별시장·광역시장·특별자치시장·특별자치도지사·시장 또는 군수는 공공시설의 귀속에 관한 사항이 포함된 개발행위허가를 하려면 미리 관리청의 의견을 들어야 한다.

> 해설

④ (×) 개발행위허가를 받은 자가 행정청이 아닌 경우 개발행위허가를 받은 자가 새로 설치한 공공시설은 그 시설을 관리할 관리청에 무상으로 귀속되고, 개발행위로 용도가 폐지되는 공공시설은 「국유재산법」과 「공유재산 및 물품관리법」에도 불구하고 새로 설치한 공공시설의 설치비용에 상당하는 범위에서 개발행위허가를 받은 자에게 <u>무상으로 양도할 수 있다</u>(법 제65조 제2항).
① (○) 법 제65조 제1항
② (○) 법 제65조 제1항
③ (○) 법 제65조 제2항
⑤ (○) 법 제65조 제3항

답 ④

10 국토의 계획 및 이용에 관한 법령상 개발행위에 따른 공공시설의 귀속에 관한 설명으로 옳은 것은? 기출 19

① 개발행위허가를 받은 자가 행정청이 아닌 경우 개발행위로 용도가 폐지되는 공공시설은 새로 설치한 공공시설의 설치비용에 상당하는 범위에서 개발행위허가를 받은 자에게 무상으로 양도할 수 있다.
② 개발행위허가를 받은 자가 행정청이 아닌 경우 개발행위허가를 받은 자가 새로 설치한 공공시설은 그 시설을 관리할 관리청에 유상으로 귀속된다.
③ 개발행위허가를 받은 자가 행정청인 경우 개발행위허가를 받은 자가 새로 설치한 공공시설은 개발행위허가를 받은 행정청에 귀속된다.
④ 군수는 공공시설인 도로의 귀속에 관한 사항이 포함된 개발행위허가를 하려면 미리 기획재정부장관의 의견을 들어야 한다.
⑤ 개발행위허가를 받은 자가 행정청인 경우 개발행위허가를 받은 자가 준공검사를 마쳤다면 해당 시설의 관리청에 공공시설의 종류를 통지할 필요가 없다.

> 해설

① (○) 법 제65조 제2항
② (×) 개발행위허가를 받은 자가 행정청이 아닌 경우 개발행위허가를 받은 자가 새로 설치한 공공시설은 그 시설을 관리할 관리청에 무상으로 귀속되고, 개발행위로 용도가 폐지되는 공공시설은 「국유재산법」과 「공유재산 및 물품관리법」에도 불구하고 새로 설치한 공공시설이 설치비용에 상당하는 범위에서 개발행위허가를 받은 자에게 무상으로 양도할 수 있다(법 제65조 제2항).

③ (×) 개발행위허가를 받은 행정청에 귀속되는 것이 아니고, 새로 설치된 공공시설을 관리할 관리청에 무상으로 귀속된다(법 제65조 제1항).
④ (×) 기획재정부장관이 아닌 공공시설이 속한 관리청의 의견을 들어야 한다(법 제65조 제3항).
⑤ (×) 개발행위허가를 받은 자가 행정청인 경우 개발행위허가를 받은 자는 개발행위가 끝나 준공검사를 마친 때에는 해당 시설의 관리청에 공공시설의 종류와 토지의 세목을 통지하여야 한다(법 제65조 제5항).

답 ①

11 국토의 계획 및 이용에 관한 법령상 개발행위허가를 받은 자가 행정청인 경우 개발행위에 따른 공공시설의 귀속에 관한 설명으로 옳지 않은 것은? 기출 24

① 개발행위허가를 받은 자가 새로 설치한 공공시설은 그 시설을 관리할 관리청에 무상으로 귀속된다.
② 개발행위허가를 받은 자가 기존의 공공시설에 대체되는 공공시설을 설치한 경우 종래의 공공시설은 개발행위허가를 받은 자에게 무상으로 귀속된다.
③ 새로 설치된 공공시설의 귀속시점은 준공검사를 받은 날이다.
④ 개발행위허가를 받은 자는 개발행위가 끝나 준공검사를 마친 때에는 해당 시설의 관리청에 공공시설의 종류와 토지의 세목을 통지하여야 한다.
⑤ 개발행위허가를 받은 자는 그에게 귀속된 공공시설의 처분으로 인한 수익금을 도시·군계획사업 외의 목적에 사용하여서는 아니 된다.

해설

③ (×) 개발행위허가를 받은 자가 행정청인 경우 개발행위허가를 받은 자는 개발행위가 끝나 준공검사를 마친 때에는 해당 시설의 관리청에 공공시설의 종류와 토지의 세목(細目)을 통지하여야 한다. 이 경우 공공시설은 그 통지한 날에 해당 시설을 관리할 관리청과 개발행위허가를 받은 자에게 각각 귀속된 것으로 본다(법 제65조 제5항).
① (○) 법 제65조 제2항
② (○) 법 제65조 제1항
④ (○) 법 제65조 제5항
⑤ (○) 법 제65조 제8항

답 ③

12 국토의 계획 및 이용에 관한 법령상 개발밀도관리구역에 관한 설명으로 옳지 않은 것은? 기출 20

① 개발밀도관리구역의 지정권자는 특별시장·광역시장·특별자치시장·특별자치도지사·시장 또는 군수이다.
② 개발밀도관리구역은 기반시설의 설치가 용이한 지역을 대상으로 건폐율·용적률을 강화하여 적용하기 위해 지정한다.
③ 개발밀도관리구역에서는 해당 용도지역에 적용되는 용적률 최대한도의 50퍼센트 범위에서 용적률을 강화하여 적용한다.
④ 지정권자가 개발밀도관리구역을 지정하려면 해당 지방자치단체에 설치된 지방도시계획위원회의 심의를 거쳐야 한다.
⑤ 지정권자는 개발밀도관리구역을 지정·변경한 경우에는 그 사실을 당해 지방자치단체의 공보에 게재하는 방법으로 고시하여야 한다.

해설

② (×) 기반시설의 설치가 곤란한 지역을 대상으로 지정한다(법 제66조 제1항).

> **개발밀도관리구역(법 제66조 제1항)**
> 특별시장·광역시장·특별자치시장·특별자치도지사·시장 또는 군수는 주거·상업 또는 공업지역에서의 개발행위로 기반시설(도시·군계획시설을 포함한다)의 처리·공급 또는 수용능력이 부족할 것으로 예상되는 지역 중 기반시설의 설치가 곤란한 지역을 개발밀도관리구역으로 지정할 수 있다.

① (○) 법 제66조 제1항
③ (○) 법 제66조 제2항, 영 제62조 제1항
④ (○) 법 제66조 제3항
⑤ (○) 영 제62조 제2항

답 ②

13

국토의 계획 및 이용에 관한 법령상 개발밀도관리구역에 관한 설명으로 옳지 않은 것은? 기출 24

① 공업지역에서의 개발행위로 기반시설의 수용능력이 부족할 것이 예상되는 지역 중 기반시설의 설치가 곤란한 지역을 개발밀도관리구역으로 지정할 수 있다.
② 개발밀도관리구역에서는 해당 용도지역에 적용되는 용적률 최대한도의 30퍼센트 범위에서 용적률을 강화하여 적용한다.
③ 개발밀도관리구역을 변경하려면 해당 지방자치단체에 설치된 지방도시계획위원회의 심의를 거쳐야 한다.
④ 지정권자는 개발밀도관리구역을 지정한 경우 그 사실을 당해 지방자치단체의 공보에 게재하는 방법으로 고시하여야 한다.
⑤ 개발밀도관리구역의 지정기준을 정할 때 고려되는 기반시설에 수도공급설비도 포함된다.

해설

② (×) 개발밀도관리구역에서는 해당 용도지역에 적용되는 용적률 최대한도의 50퍼센트 범위에서 용적률을 강화하여 적용한다(법 제66조 제2항, 영 제62조 제1항).
① (○) 법 제66조 제1항
  ※ "개발밀도관리구역"이란 개발로 인하여 기반시설이 부족할 것으로 예상되나 기반시설을 설치하기 곤란한 지역을 대상으로 건폐율이나 용적률을 강화하여 적용하기 위하여 제66조에 따라 지정하는 구역을 말한다(법 제2조 제18호).
③ (○) 법 제66조 제3항 제1호
④ (○) 영 제62조 제2항
⑤ (○) 영 제63조 제1호

답 ②

14 국토의 계획 및 이용에 관한 법령상 개발밀도관리구역에 관한 설명으로 옳지 않은 것은? 기출 16

① 주거·상업 또는 공업지역에서의 개발행위로 기반시설의 처리능력이 부족할 것이 예상되는 지역 중 기반시설의 설치가 곤란한 지역을 개발밀도관리구역으로 지정할 수 있다.
② 개발밀도관리구역을 지정할 때 개발밀도관리구역에서는 당해 용도지역에 적용되는 건폐율 또는 용적률을 강화하여 적용한다.
③ 개발밀도관리구역을 지정하기 위해서는 지방도시계획위원회의 심의를 거쳐야 한다.
④ 개발밀도관리구역의 경계는 특색 있는 지형지물을 이용하는 등 경계선이 분명하게 구분되도록 하여야 한다.
⑤ 개발밀도관리구역의 지정기준을 정할 때 고려되는 기반시설에 학교는 포함되지 않는다.

해설

⑤ (×) 개발밀도관리구역의 지정기준을 정할 때 고려되는 기반시설에 학교는 포함된다(영 제63조 제1호).

> **개발밀도관리구역의 지정기준 및 관리방법(영 제63조)**
> 국토교통부장관은 법 제66조 제5항의 규정에 의하여 개발밀도관리구역의 지정기준 및 관리방법을 정할 때에는 다음 각 호의 사항을 종합적으로 고려하여야 한다.
> 1. 개발밀도관리구역은 도로·수도공급설비·하수도·학교 등 기반시설의 용량이 부족할 것으로 예상되는 지역중 기반시설의 설치가 곤란한 지역으로서 다음 각 목의 1에 해당하는 지역에 대하여 지정할 수 있도록 할 것
>   가. 당해 지역의 도로서비스 수준이 낮아 차량통행이 현저하게 지체되는 지역. 이 경우 도로서비스 수준의 측정에 관하여는 「도시교통정비촉진법」에 따른 교통영향평가의 예에 따른다.
>   나. 당해 지역의 도로율이 국토교통부령이 정하는 용도지역별 도로율에 20퍼센트 이상 미달하는 지역
>   다. 향후 2년 이내에 당해 지역의 수도에 대한 수요량이 수도시설의 시설용량을 초과할 것으로 예상되는 지역
>   라. 향후 2년 이내에 당해 지역의 하수발생량이 하수시설의 시설용량을 초과할 것으로 예상되는 지역
>   마. 향후 2년 이내에 당해 지역의 학생수가 학교수용능력을 20퍼센트 이상 초과할 것으로 예상되는 지역
> 2. 개발밀도관리구역의 경계는 도로·하천 그 밖에 특색 있는 지형지물을 이용하거나 용도지역의 경계선을 따라 설정하는 등 경계선이 분명하게 구분되도록 할 것
> 3. 용적률의 강화범위는 제62조 제1항의 규정에 의한 범위 안에서 제1호 각 목에 규정된 기반시설의 부족정도를 감안하여 결정할 것
> 4. 개발밀도관리구역 안의 기반시설의 변화를 주기적으로 검토하여 용적률을 강화 또는 완화하거나 개발밀도관리구역을 해제하는 등 필요한 조치를 취하도록 할 것

① (○) 법 제66조 제1항
② (○) 법 제66조 제2항
③ (○) 법 제66조 제3항
④ (○) 영 제63조 제2호

답 ⑤

15 국토의 계획 및 이용에 관한 법령상 기반시설부담구역에 관한 내용이다. (   )에 들어갈 숫자로 옳은 것은? 기출 23

> 기반시설부담구역에서 기반시설설치비용의 부과대상인 건축행위는 「국토의 계획 및 이용에 관한 법률」 제2조 제20호에 따른 시설로서 (   )제곱미터(기존 건축물의 연면적 포함)를 초과하는 건축물의 신축·증축 행위로 한다.

① 100
② 200
③ 300
④ 400
⑤ 500

해설

② (○) 기반시설부담구역에서 기반시설설치비용의 부과대상인 건축행위는 제2조 제20호에 따른 시설로서 (**200**)제곱미터(기존 건축물의 연면적을 포함한다)를 초과하는 건축물의 신축·증축 행위로 한다. 다만, 기존 건축물을 철거하고 신축하는 경우에는 기존 건축물의 건축연면적을 초과하는 건축행위만 부과대상으로 한다(법 제68조 제1항).

답 ②

16

국토의 계획 및 이용에 관한 법령상 기반시설부담구역에 관한 설명으로 옳지 않은 것은? 기출 25

① 시장은 기반시설부담구역을 지정 또는 변경하려면 주민의 의견을 들어야 한다.
② 기반시설부담구역의 지정고시일부터 1년이 되는 날까지 기반시설설치계획을 수립하지 아니하면 그 1년이 되는 날의 다음날에 기반시설부담구역의 지정은 해제된 것으로 본다.
③ 시장은 기반시설설치비용의 관리 및 운용을 위하여 기반시설부담구역별로 특별회계를 설치하여야 한다.
④ 기반시설부담구역에서 150제곱미터의 단독주택으로 증축하는 행위는 기반시설설치비용의 부과대상이다.
⑤ 공원은 기반시설부담구역에 설치가 필요한 기반시설에 해당한다.

해설

④ (×) 기반시설부담구역에서 <u>200제곱미터(기존 건축물의 연면적을 포함한다)를 초과하는 단독주택으로 증축하는 행위</u>가 기반시설설치비용의 부과대상이다(법 제68조 제1항 본문, 제2조 제20호).

기반시설설치비용의 부과대상 및 산정기준(법 제68조 제1항)

기반시설부담구역에서 기반시설설치비용의 부과대상인 건축행위는 제2조 제20호에 따른 시설로서 200제곱미터(기존 건축물의 연면적을 포함한다)를 초과하는 건축물의 신축 · 증축 행위로 한다. 다만, 기존 건축물을 철거하고 신축하는 경우에는 기존 건축물의 건축연면적을 초과하는 건축행위만 부과대상으로 한다.

기반시설설치비용의 정의(법 제2조 제20호)

"기반시설설치비용"이란 <u>단독주택 및 숙박시설 등 대통령령으로 정하는 시설의 신 · 증축 행위</u>로 인하여 유발되는 기반시설을 설치하거나 그에 필요한 용지를 확보하기 위하여 제69조에 따라 부과 · 징수하는 금액을 말한다.

① (○) 법 제67조 제2항
② (○) 영 제65조 제4항
③ (○) 법 제70조 제1항
⑤ (○) 법 제2조 제19호, 영 제4조의2 제2호

답 ④

17 국토의 계획 및 이용에 관한 법령상 성장관리계획구역을 지정할 수 있는 지역이 <u>아닌</u> 것은? (단, 조례는 고려하지 않음) 기출 22

① 개발수요가 많아 무질서한 개발이 진행되고 있거나 진행될 것으로 예상되는 지역
② 기반시설이 부족할 것으로 예상되나 기반시설을 설치하기 곤란한 지역을 대상으로 건폐율이나 용적률을 강화하여 적용하기 위한 지역
③ 「토지이용규제기본법」 제2조 제1호에 따른 지역·지구 등의 변경으로 토지이용에 대한 행위제한이 완화되는 지역
④ 주변의 토지이용이나 교통여건 변화 등으로 향후 시가화가 예상되는 지역
⑤ 주변지역과 연계하여 체계적인 관리가 필요한 지역

해설

② (×) 개발로 인하여 기반시설이 부족할 것으로 예상되나 기반시설을 설치하기 곤란한 지역을 대상으로 건폐율이나 용적률을 강화하여 적용하기 위한 지역은 "개발밀도관리구역"으로 지정할 수 있다(법 제66조 제1항).

> **성장관리계획구역의 지정 등(법 제75조의2 제1항)**
>
> 특별시장·광역시장·특별자치시장·특별자치도지사·시장 또는 군수는 녹지지역, 관리지역, 농림지역 및 자연환경보전지역 중 다음 각 호의 어느 하나에 해당하는 지역의 전부 또는 일부에 대하여 성장관리계획구역을 지정할 수 있다.
> 1. 개발수요가 많아 무질서한 개발이 진행되고 있거나 진행될 것으로 예상되는 지역 (①)
> 2. <u>주변의 토지이용이나 교통여건 변화 등</u>으로 향후 시가화가 예상되는 지역 (④)
> 3. 주변지역과 연계하여 체계적인 관리가 필요한 지역 (⑤)
> 4. 「토지이용규제기본법」 제2조 제1호에 따른 지역·지구 등의 변경으로 토지이용에 대한 행위제한이 완화되는 지역 (③)
> 5. 그 밖에 난개발의 방지와 체계적인 관리가 필요한 지역으로서 대통령령으로 정하는 지역

답 ②

18 국토의 계획 및 이용에 관한 법령상 성장관리계획에 포함되어야 할 사항으로 명시되어 있지 <u>않은</u> 것은? 기출 23

① 건축물의 용도제한, 건축물의 건폐율 또는 용적률
② 환경관리 및 경관계획
③ 건축물의 디자인 및 건축선
④ 성장관리계획구역내 토지개발·이용, 기반시설, 생활환경 등의 현황 및 문제점
⑤ 도로, 공원 등 기반시설의 배치와 규모에 관한 사항

해설

성장관리계획의 수립 등(법 제75조의3 제1항)
특별시장·광역시장·특별자치시장·특별자치도지사·시장 또는 군수는 성장관리계획구역을 지정할 때에는 다음 각 호의 사항 중 그 성장관리계획구역의 지정목적을 이루는데 필요한 사항을 포함하여 성장관리계획을 수립하여야 한다.
  1. 도로, 공원 등 기반시설의 배치와 규모에 관한 사항 (⑤)
  2. 건축물의 용도제한, 건축물의 건폐율 또는 용적률 (①)
  3. 건축물의 배치, 형태, 색채 및 높이
  4. 환경관리 및 경관계획 (②)
  5. 그 밖에 난개발의 방지와 체계적인 관리에 필요한 사항으로서 <u>대통령령으로 정하는 사항</u>

> **"대통령령으로 정하는 사항"(영 제70조의14 제1항)**
>
> 다음 각 호의 사항을 말한다.
>   1. 성장관리계획구역내 토지개발·이용, 기반시설, 생활환경 등의 현황 및 문제점 (④)
>   2. 그 밖에 난개발의 방지와 체계적인 관리에 필요한 사항으로서 특별시·광역시·특별자치시·특별자치도·시 또는 군의 도시·군계획조례로 정하는 사항

 ③

19 국토의 계획 및 이용에 관한 법률상 성장관리계획에 관한 조문의 일부이다. ( )에 들어갈 숫자로 옳은 것은? 기출 24

> 성장관리계획구역에서는 다음 각 호의 구분에 따른 범위에서 성장관리계획으로 정하는 바에 따라 특별시·광역시·특별자치시·특별자치도·시 또는 군의 조례로 정하는 비율까지 건폐율을 완화하여 적용할 수 있다.
> 1. 계획관리지역 : (ㄱ)퍼센트 이하
> 2. 생산관리지역·농림지역 및 대통령령으로 정하는 녹지지역 : (ㄴ)퍼센트 이하

① ㄱ : 30, ㄴ : 20
② ㄱ : 30, ㄴ : 30
③ ㄱ : 50, ㄴ : 30
④ ㄱ : 50, ㄴ : 50
⑤ ㄱ : 60, ㄴ : 50

해설

③ (○) ㄱ : 50, ㄴ : 30

> **성장관리계획의 수립 등(법 제75조의3 제2항)**
> 성장관리계획구역에서는 제77조 제1항에도 불구하고 다음 각 호의 구분에 따른 범위에서 성장관리계획으로 정하는 바에 따라 특별시·광역시·특별자치시·특별자치도·시 또는 군의 조례로 정하는 비율까지 건폐율을 완화하여 적용할 수 있다.
> 1. 계획관리지역 : 50퍼센트 이하
> 2. 생산관리지역·농림지역 및 대통령령으로 정하는 녹지지역 : 30퍼센트 이하

답 ③

20 국토의 계획 및 이용에 관한 법령상 성장관리계획에 관한 설명으로 옳은 것은? 기출 25

① 공업지역 중 주변지역과 연계하여 체계적인 관리가 필요한 지역은 성장관리계획구역으로 지정할 수 있다.
② 성장관리계획구역 내 보전녹지지역에서는 성장관리계획으로 정하는 바에 따라 50퍼센트 이하로 건폐율을 완화하여 적용할 수 있다.
③ 성장관리계획구역에서 개발행위 또는 건축물의 용도변경을 하려면 그 성장관리계획에 맞게 하여야 한다.
④ 성장관리계획구역의 면적을 5퍼센트 이내에서 변경하려면 미리 주민과 지방의회의 의견을 들어야 한다.
⑤ 군수는 성장관리계획구역의 지정 또는 변경에 관한 공고를 한 때에는 성장관리계획구역안을 10일 이내로 일반이 열람할 수 있도록 해야 한다.

해설

③ (○) 법 제75조의4
① (×) 녹지지역, 관리지역, 농림지역 및 자연환경보전지역 중 주변지역과 연계하여 체계적인 관리가 필요한 지역은 성장관리계획구역을 지정할 수 있다(법 제75조의2 제1항 제3호).
② (×) 성장관리계획구역 내 계획관리지역에서는 50퍼센트 이하, 생산관리지역·농림지역 및 자연녹지지역과 생산녹지지역에서는 30퍼센트 이하의 범위에서 성장관리계획으로 정하는 바에 따라 특별시·광역시·특별자치시·특별자치도·시 또는 군의 조례로 정하는 비율까지 건폐율을 완화하여 적용할 수 있다(법 제75조의3 제2항, 영 제70조의14 제2항).
④ (×) 성장관리계획구역의 면적을 10퍼센트 이내에서 변경하는 경우에는 주민과 지방의회의 의견을 생략할 수 있다(법 제75조의2 제2항, 영 70조의13 제5항).
⑤ (×) 군수는 성장관리계획구역의 지정 또는 변경에 관한 공고를 한 때에는 성장관리계획구역안을 14일 이상 일반이 열람할 수 있도록 해야 한다(영 제70조의13 제2항).

답 ③

제6장 용도지역·용도지구 및 용도구역에서의 행위제한

01 국토의 계획 및 이용에 관한 법령상 제3종일반주거지역 안에서 건축할 수 있는 건축물을 모두 고른 것은? (단, 조례는 고려하지 않음) 기출 17

ㄱ. 다가구주택	ㄴ. 아파트
ㄷ. 공중화장실	ㄹ. 단란주점
ㅁ. 생활숙박시설	

① ㄱ, ㄴ, ㄷ
② ㄱ, ㄴ, ㄹㅈ
③ ㄱ, ㄹ, ㅁ
④ ㄴ, ㄷ, ㅁ
⑤ ㄷ, ㄹ, ㅁ

해설

제3종일반주거지역 안에서 건축할 수 있는 건축물 : 영 제71조 제1항 제5호 [별표 6]에 규정된 건축물

ㄱ. (○) **다가구주택** : 「건축법 시행령」 [별표 1] 제1호의 단독주택([별표 6] 제1호 가목)
ㄴ. (○) **아파트** : 「건축법 시행령」 [별표 1] 제2호의 공동주택([별표 6] 제1호 나목)
ㄷ. (○) **공중화장실** : 「건축법 시행령」 [별표 1] 제3호의 제1종 근린생활시설([별표 6] 제1호 다목)
ㄹ. (×) 제2종근린생활시설 중 단란주점 및 안마시술소를 제외한다([별표 6] 제2호 가목).
ㅁ. (×) 일반숙박시설 및 생활숙박시설은 해당되지 않는다(건축법 시행령 [별표 1]).

답 ①

02 국토의 계획 및 이용에 관한 법령상 용도지역별 건폐율의 최대한도가 큰 순서대로 나열된 것은? (단, 조례 및 기타 강화 완화조건은 고려하지 않음) 기출 19

> ㄱ. 계획관리지역
> ㄴ. 자연녹지지역
> ㄷ. 근린상업지역
> ㄹ. 제2종일반주거지역

① ㄷ – ㄹ – ㄱ – ㄴ
② ㄷ – ㄹ – ㄴ – ㄱ
③ ㄹ – ㄱ – ㄷ – ㄴ
④ ㄹ – ㄷ – ㄱ – ㄴ
⑤ ㄹ – ㄷ – ㄴ – ㄱ

해설

ㄷ > ㄹ > ㄱ > ㄴ (법 제77조 제1항, 영 제84조 제1항)

ㄱ. **계획관리지역** : 40퍼센트 이하
ㄴ. **자연녹지지역** : 20퍼센트 이하
ㄷ. **근린상업지역** : 70퍼센트 이하
ㄹ. **제2종일반주거지역** : 60퍼센트 이하

답 ①

03 국토의 계획 및 이용에 관한 법령상 용도지역 안에서의 건폐율의 최대한도가 가장 큰 것은? (단, 조례 및 기타 강화·완화조건은 고려하지 않음) 기출 21

① 제1종일반주거지역
② 일반상업지역
③ 계획관리지역
④ 준공업지역
⑤ 준주거지역

해설

② (○) 일반상업지역(80%)
① (×) 제1종일반주거지역(60%)
③ (×) 계획관리지역(40%)
④ (×) 준공업지역(70%)
⑤ (×) 준주거지역(70%)

용도지역 안에서의 건폐율(영 제84조 제1항)

1. 제1종전용주거지역 : 50퍼센트 이하
2. 제2종전용주거지역 : 50퍼센트 이하
3. 제1종일반주거지역 : 60퍼센트 이하
4. 제2종일반주거지역 : 60퍼센트 이하
5. 제3종일반주거지역 : 50퍼센트 이하
6. 준주거지역 : 70퍼센트 이하
7. 중심상업지역 : 90퍼센트 이하
8. 일반상업지역 : 80퍼센트 이하
9. 근린상업지역 : 70퍼센트 이하
10. 유통상업지역 : 80퍼센트 이하
11. 전용공업지역 : 70퍼센트 이하
12. 일반공업지역 : 70퍼센트 이하
13. 준공업지역 : 70퍼센트 이하
14. 보전녹지지역 : 20퍼센트 이하
15. 생산녹지지역 : 20퍼센트 이하
16. 자연녹지지역 : 20퍼센트 이하
17. 보전관리지역 : 20퍼센트 이하
18. 생산관리지역 : 20퍼센트 이하
19. 계획관리지역 : 40퍼센트 이하
20. 농림지역 : 20퍼센트 이하
21. 자연환경보전지역 : 20퍼센트 이하

답 ②

04

국토의 계획 및 이용에 관한 법령상 용도지역별 건폐율의 최대한도가 옳은 것을 모두 고른 것은? (단, 조례와 건축법령상의 예외는 고려하지 않음) 기출 18

> ㄱ. 제1종일반주거지역 : 60퍼센트 이하
> ㄴ. 준주거지역 : 70퍼센트 이하
> ㄷ. 중심상업지역 : 80퍼센트 이하
> ㄹ. 준공업지역 : 80퍼센트 이하
> ㅁ. 계획관리지역 : 20퍼센트 이하

① ㄱ, ㄴ
② ㄱ, ㄹ
③ ㄱ, ㄴ, ㄹ
④ ㄴ, ㄷ, ㅁ
⑤ ㄷ, ㄹ, ㅁ

해설

ㄱ. (○) **제1종일반주거지역** : 60퍼센트 이하
ㄴ. (○) **준주거지역** : 70퍼센트 이하
ㄷ. (×) **중심상업지역** : 90퍼센트 이하
ㄹ. (×) **준공업지역** : 70퍼센트 이하
ㅁ. (×) **계획관리지역** : 40퍼센트 이하

답 ①

05 국토의 계획 및 이용에 관한 법령상 용도지역별 건폐율의 최대한도가 큰 순서대로 나열된 것은? (단, 조례 및 기타 강화·완화조건은 고려하지 않음) 기출 24

> ㄱ. 제2종전용주거지역
> ㄴ. 유통상업지역
> ㄷ. 일반공업지역
> ㄹ. 농림지역

① ㄴ - ㄱ - ㄷ - ㄹ
② ㄴ - ㄷ - ㄱ - ㄹ
③ ㄷ - ㄴ - ㄹ - ㄱ
④ ㄷ - ㄹ - ㄱ - ㄴ
⑤ ㄹ - ㄷ - ㄴ - ㄱ

해설

ㄴ > ㄷ > ㄱ > ㄹ (법 제77조 제1항, 영 제84조 제1항)

ㄱ. **제2종전용주거지역** : 50퍼센트 이하
ㄴ. **유통상업지역** : 80퍼센트 이하
ㄷ. **일반공업지역** : 70퍼센트 이하
ㄹ. **농림지역** : 20퍼센트 이하

답 ②

06 국토의 계획 및 이용에 관한 법령상 용도지역 안에서의 용적률 범위에 관한 조문의 일부이다. ( )에 들어갈 내용으로 옳은 것은? 기출 22

> • 제1종일반주거지역 : (ㄱ)퍼센트 이상 (ㄴ)퍼센트 이하
> • 제2종일반주거지역 : (ㄱ)퍼센트 이상 (ㄷ)퍼센트 이하
> • 제3종일반주거지역 : (ㄱ)퍼센트 이상 (ㄹ)퍼센트 이하

① ㄱ : 50,   ㄴ : 100,   ㄷ : 150,   ㄹ : 200
② ㄱ : 50,   ㄴ : 200,   ㄷ : 250,   ㄹ : 300
③ ㄱ : 100, ㄴ : 200,   ㄷ : 250,   ㄹ : 300
④ ㄱ : 100, ㄴ : 250,   ㄷ : 300,   ㄹ : 350
⑤ ㄱ : 200, ㄴ : 250,   ㄷ : 300,   ㄹ : 350

해설

③ (○) ㄱ : 100, ㄴ : 200, ㄷ : 250, ㄹ : 300

> **용도지역 안에서의 용적률(영 제85조 제1항)**
> 1. 제1종전용주거지역 : 50퍼센트 이상 100퍼센트 이하
> 2. 제2종전용주거지역 : 50퍼센트 이상 150퍼센트 이하
> 3. 제1종일반주거지역 : 100퍼센트 이상 200퍼센트 이하 (ㄱ·ㄴ)
> 4. 제2종일반주거지역 : 100퍼센트 이상 250퍼센트 이하 (ㄱ·ㄷ)
> 5. 제3종일반주거지역 : 100퍼센트 이상 300퍼센트 이하 (ㄱ·ㄹ)
> 6. 준주거지역 : 200퍼센트 이상 500퍼센트 이하
> 7. 중심상업지역 : 200퍼센트 이상 1천500퍼센트 이하
> 8. 일반상업지역 : 200퍼센트 이상 1천300퍼센트 이하
> 9. 근린상업지역 : 200퍼센트 이상 900퍼센트 이하
> 10. 유통상업지역 : 200퍼센트 이상 1천100퍼센트 이하
> 11. 전용공업지역 : 150퍼센트 이상 300퍼센트 이하
> 12. 일반공업지역 : 150퍼센트 이상 350퍼센트 이하
> 13. 준공업지역 : 150퍼센트 이상 400퍼센트 이하
> 14. 보전녹지지역 : 50퍼센트 이상 80퍼센트 이하
> 15. 생산녹지지역 : 50퍼센트 이상 100퍼센트 이하
> 16. 자연녹지지역 : 50퍼센트 이상 100퍼센트 이하
> 17. 보전관리지역 : 50퍼센트 이상 80퍼센트 이하
> 18. 생산관리지역 : 50퍼센트 이상 80퍼센트 이하
> 19. 계획관리지역 : 50퍼센트 이상 100퍼센트 이하
> 20. 농림지역 : 50퍼센트 이상 80퍼센트 이하
> 21. 자연환경보전지역 : 50퍼센트 이상 80퍼센트 이하

답 ③

07 국토의 계획 및 이용에 관한 법령상 용도지역과 용적률의 최대한도의 연결로 옳은 것은? (단, 조례 및 기타 강화·완화조건은 고려하지 않음) 기출 23

① 준공업지역 : 350퍼센트
② 근린상업지역 : 1,300퍼센트
③ 계획관리지역 : 100퍼센트
④ 자연환경보전지역 : 150퍼센트
⑤ 제2종일반주거지역 : 150퍼센트

> 해설

③ (○) **계획관리지역** : 100퍼센트 이하(법 제78조 제1항 제2호 다목)
① (×) **준공업지역** : 150퍼센트 이상 400퍼센트 이하(영 제85조 제1항 제13호)
② (×) **근린상업지역** : 200퍼센트 이상 900퍼센트 이하(영 제85조 제1항 제9호)
④ (×) **자연환경보전지역** : 50퍼센트 이상 80퍼센트 이하(영 제85조 제1항 제21호)
⑤ (×) **제2종일반주거지역** : 100퍼센트 이상 250퍼센트 이하(영 제85조 제1항 제4호)

답 ③

08 국토의 계획 및 이용에 관한 법령상 용도지역별 용적률의 범위로 옳지 않은 것은? (단, 조례 및 기타 강화·완화조건은 고려하지 않음) 기출 20

① 제2종일반주거지역 : 100퍼센트 이상 250퍼센트 이하
② 유통상업지역 : 200퍼센트 이상 1천100퍼센트 이하
③ 생산녹지지역 : 50퍼센트 이상 100퍼센트 이하
④ 준공업지역 : 150퍼센트 이상 500퍼센트 이하
⑤ 농림지역 : 50퍼센트 이상 80퍼센트 이하

> 해설

④ (×) 준공업지역의 용적률의 범위는 <u>150퍼센트 이상 400퍼센트 이하</u>이다(영 제85조 제1항 제13호).

답 ④

09 국토의 계획 및 이용에 관한 법령상 용도지역에서의 용적률의 최대한도가 큰 순서대로 나열된 것은? (단, 조례는 고려하지 않음) 기출 17

> ㄱ. 제1종일반주거지역
> ㄴ. 일반상업지역
> ㄷ. 전용공업지역
> ㄹ. 자연녹지지역

① ㄱ - ㄴ - ㄷ - ㄹ
② ㄴ - ㄱ - ㄷ - ㄹ
③ ㄴ - ㄷ - ㄱ - ㄹ
④ ㄷ - ㄱ - ㄴ - ㄹ
⑤ ㄷ - ㄴ - ㄱ - ㄹ

해설

ㄴ > ㄷ > ㄱ > ㄹ (법 제78조 제1항, 영 제85조 제1항)

ㄱ. **제1종일반주거지역** : 100퍼센트 이상 200퍼센트 이하
ㄴ. **일반상업지역** : 200퍼센트 이상 1천300퍼센트 이하
ㄷ. **전용공업지역** : 150퍼센트 이상 300퍼센트 이하
ㄹ. **자연녹지지역** : 50퍼센트 이상 100퍼센트 이하

답 ③

10 국토의 계획 및 이용에 관한 법령상 건축물을 건축하려는 자가 그 대지의 일부에 설치하여 국가 또는 지방자치단체에 기부채납하는 경우에 조례로 해당 용도지역에 적용되는 용적률을 완화할 수 있는 시설에 해당하는 것은? 기출 17

① 「청소년활동진흥법」에 따른 청소년수련관
② 「노인복지법」에 따른 노인복지관
③ 「물류시설의 개발 및 운영에 관한 법률」에 따른 물류터미널
④ 「여객자동차 운수사업법」에 따른 차고
⑤ 「농수산물유통 및 가격안정에 관한 법률」에 따른 농수산물도매시장

> 해설

② (○) 건축물을 건축하려는 자가 그 대지의 일부에 「사회복지사업법」 제2조 제4호에 따른 사회복지시설 중 <u>대통령령으로 정하는 시설</u>을 설치하여 국가 또는 지방자치단체에 기부채납하는 경우에는 특별시·광역시·특별자치시·특별자치도·시 또는 군의 조례로 해당 용도지역에 적용되는 용적률을 완화할 수 있다(법 제78조 제6항, 영 제85조 제10항).

> "대통령령으로 정하는 시설"(영 제85조 제10항)
>
> 다음 각 호의 시설을 말한다.
> 1. 「영유아보육법」 제2조 제3호에 따른 어린이집
> 2. 「노인복지법」 제36조 제1항 제1호에 따른 노인복지관
> 3. 그 밖에 특별시장·광역시장·특별자치시장·특별자치도지사·시장 또는 군수가 해당 지역의 사회복지시설 수요를 고려하여 도시·군계획조례로 정하는 사회복지시설

답 ②

---

11 국토의 계획 및 이용에 관한 법령상 '도시지역, 관리지역, 농림지역 또는 자연환경보전지역으로 용도가 지정되지 아니한 지역'의 용적률의 최대한도는? (단, 조례 및 기타 강화·완화조건은 고려하지 않음) 기출 19

① 20퍼센트　　　② 50퍼센트
③ 80퍼센트　　　④ 100퍼센트
⑤ 125퍼센트

> 해설

③ (○) 도시지역, 관리지역, 농림지역 또는 자연환경보전지역으로 용도가 지정되지 아니한 지역에 대하여는 자연환경보전지역에 관한 규정을 적용하므로, 용적률의 최대한도는 <u>80퍼센트</u>이다(법 제79조 제1항, 영 제85조 제1항 제21호).

답 ③

12 국토의 계획 및 이용에 관한 법령상 용도지역 미지정지역의 건폐율의 최대한도(%)는? (단, 조례는 고려하지 않음) 기출 17

① 20
② 30
③ 40
④ 50
⑤ 60

해설

① (○) 도시지역, 관리지역, 농림지역 또는 자연환경보전지역으로 용도가 지정되지 아니한 지역에 대하여는 법 제76조(건축제한), 법 제77조(건폐율), 법 제78조(용적률)의 규정을 적용할 때에 자연환경보전지역(**건폐율 20% 이하**)에 관한 규정을 적용한다(법 제79조 제1항, 법 제77조 제1항 제4호).

답 ①

13 국토의 계획 및 이용에 관한 법령상 도시지역, 관리지역, 농림지역 또는 자연환경보전지역으로 용도가 지정되지 아니한 지역에 대하여 건폐율의 최대한도를 정할 때에는 (   )에 관한 규정을 적용한다. (   )에 해당하는 것은? 기출 22

① 도시지역
② 관리지역
③ 농림지역
④ 자연환경보전지역
⑤ 녹지지역

해설

④ (○) 도시지역·관리지역·농림지역 또는 자연환경보전지역으로 용도가 지정되지 아니한 지역에 대하여는 용도지역별 건축제한, 건폐율, 용적률의 규정을 적용함에 있어서 (**자연환경보전지역**)에 관한 규정을 적용한다(법 제79조 제1항).

> **용도지역 미지정 또는 미세분 지역에서의 행위 제한 등(법 제79조)**
> ① 도시지역, 관리지역, 농림지역 또는 자연환경보전지역으로 용도가 지정되지 아니한 지역에 대하여는 제76조부터 제78조까지의 규정을 적용할 때에 자연환경보전지역에 관한 규정을 적용한다.
> ② 제36조에 따른 도시지역 또는 관리지역이 같은 조 제1항 각 호 각 목의 세부 용도지역으로 지정되지 아니한 경우에는 제76조부터 제78조까지의 규정을 적용할 때에 해당 용도지역이 도시지역인 경우에는 녹지지역 중 대통령령으로 정하는 지역에 관한 규정을 적용하고, 관리지역인 경우에는 보전관리지역에 관한 규정을 적용한다.

답 ④

14 국토의 계획 및 이용에 관한 법령상 용도지역 미세분지역에 관한 설명이다. 다음 (   )안의 내용이 옳게 연결된 것은? 기출 16

> 도시지역 또는 관리지역이 세부 용도지역으로 지정되지 아니한 경우, 용도지역별 건축물의 건축제한에 관한 규정을 적용할 때에 해당 용도지역이 도시지역인 경우에는 (ㄱ)에 관한 규정을 적용하고, 관리지역인 경우에는 (ㄴ)에 관한 규정을 적용한다.

① ㄱ : 생산녹지지역,   ㄴ : 보전관리지역
② ㄱ : 생산녹지지역,   ㄴ : 자연환경보전지역
③ ㄱ : 보전녹지지역,   ㄴ : 보전관리지역
④ ㄱ : 보전녹지지역,   ㄴ : 자연환경보전지역
⑤ ㄱ : 자연환경보전지역, ㄴ : 자연환경보전지역

해설

③ (○) 도시지역 또는 관리지역이 세부 용도지역으로 지정되지 아니한 경우에는 해당 용도지역이 도시지역인 경우에는 녹지지역 중 대통령령으로 정하는 지역(**보전녹지지역**)에 관한 규정을 적용하고, 관리지역인 경우에는 (**보전관리지역**)에 관한 규정을 적용한다(법 제79조 제2항, 영 제86조).

답 ③

15 국토의 계획 및 이용에 관한 법령상 시가화조정구역에 관한 설명으로 옳지 않은 것은? 기출 24

① 시가화를 유보할 수 있는 기간은 5년 이상 20년 이내이다.
② 시가화조정구역의 지정에 관한 도시·군관리계획 결정이 있는 경우 결정 당시 이미 허가를 받아 공사에 착수한 자는 관할 관청에 신고하고 그 공사를 계속할 수 있다.
③ 시가화조정구역에서 해제되는 구역 중 계획적인 개발 또는 관리가 필요한 지역에 대하여는 지구단위계획구역을 지정할 수 있다.
④ 시가화조정구역에서 입목의 조림 또는 육림은 관할 관청에 신고하고 그 행위를 할 수 있다.
⑤ 시가화조정구역의 지정에 관한 도시·군관리계획의 결정은 시가화 유보기간이 끝난 날의 다음 날부터 그 효력을 잃는다.

해설

④ (×) 시가화조정구역에서 입목의 조림 또는 육림은 **특별시장·광역시장·특별자치시장·특별자치도지사·시장 또는 군수의 허가를 받아** 그 행위를 할 수 있다(법 제81조 제2항 제3호).
① (○) 법 제39조 제1항, 영 제32조 제1항
② (○) 법 제31조 제2항, 영 제26조 제1항
③ (○) 법 제51조 제1항 제8호
⑤ (○) 법 제39조 제2항

답 ④

16

국토의 계획 및 이용에 관한 법령상 도시혁신구역에 대하여 도시혁신계획으로 따로 정할 수 있는 법률 규정에 해당하지 않는 것은? 기출수정 기출 24

① 「건축법」 제43조에 따른 공개 공지 등의 확보
② 「주택법」 제35조에 따른 주택과의 복합건축 등에 관한 주택건설기준
③ 「주차장법」 제19조에 따른 부설주차장의 설치
④ 「문화예술진흥법」 제9조에 따른 건축물에 대한 미술작품의 설치
⑤ 「도시공원 및 녹지 등에 관한 법률」 제14조에 따른 녹지 확보기준

해설

도시혁신구역에서의 다른 법률의 적용 특례(법 제83조의3 제1항) 〈본조신설 2024.2.6.〉
도시혁신구역에 대하여는 다음 각 호의 법률 규정에도 불구하고 도시혁신계획으로 따로 정할 수 있다.
1. 「주택법」 제35조에 따른 주택의 배치, 부대시설·복리시설의 설치기준 및 대지조성기준
2. 「주차장법」 제19조에 따른 부설주차장의 설치 (③)
3. 「문화예술진흥법」 제9조에 따른 건축물에 대한 미술작품의 설치 (④)
4. 「건축법」 제43조에 따른 공개 공지 등의 확보 (①)
5. 「도시공원 및 녹지 등에 관한 법률」 제14조에 따른 도시공원 또는 녹지 확보기준 (⑤)
6. 「학교용지 확보 등에 관한 특례법」 제3조에 따른 학교용지의 조성·개발 기준

주택건설기준 등(주택법 제35조 제1항)

사업주체가 건설·공급하는 주택의 건설 등에 관한 다음 각 호의 기준(이하 "주택건설기준 등"이라 한다)은 대통령령으로 정한다.
1. 주택 및 시설의 배치, 주택과의 복합건축 등에 관한 주택건설기준
2. 세대 간의 경계벽, 바닥충격음 차단구조, 구조내력(構造耐力) 등 주택의 구조·설비기준
3. 부대시설의 설치기준
4. 복리시설의 설치기준
5. 대지조성기준
6. 주택의 규모 및 규모별 건설비율

답 ②

제7장 도시·군계획시설사업의 시행

01 국토의 계획 및 이용에 관한 법령상 도시·군계획시설사업의 단계별 집행계획에 관한 설명으로 옳은 것은? 기출 23

① 국토교통부장관은 단계별 집행계획의 수립주체가 될 수 있다.
②「도시 및 주거환경정비법」에 따라 도시·군관리계획의 결정이 의제되는 경우에는 해당 도시·군계획시설 결정의 고시일부터 3년 이내에 단계별 집행계획을 수립할 수 있다.
③ 단계별 집행계획은 제1단계 집행계획과 제2단계 집행계획 및 제3단계 집행계획으로 구분하여 수립한다.
④ 3년 이내에 시행하는 도시·군계획시설사업은 제2단계 집행계획에 포함되도록 하여야 한다.
⑤ 단계별 집행계획이 수립되어 공고되면 변경할 수 없다.

해설

① (○) 국토교통부장관이나 도지사가 직접 입안한 도시·군관리계획인 경우 국토교통부장관이나 도지사는 단계별 집행계획을 수립하여 해당 특별시장·광역시장·특별자치시장·특별자치도지사·시장 또는 군수에게 송부할 수 있다(법 제85조 제2항).
② (×)「도시 및 주거환경정비법」에 따라 도시·군관리계획의 결정이 의제되는 경우에는 해당 도시·군계획시설 결정의 고시일부터 2년 이내에 단계별 집행계획을 수립할 수 있다(법 제85조 제1항 단서).
③ (×) 단계별 집행계획은 제1단계 집행계획과 제2단계 집행계획으로 구분하여 수립한다(법 제85조 제3항).
④ (×) 3년 이내에 시행하는 도시·군계획시설사업은 제1단계 집행계획에 포함되도록 하여야 한다(법 제85조 제3항).
⑤ (×) 단계별 집행계획이 수립되어 공고되면 변경할 수 있다(법 제85조 제5항).

답 ①

02 국토의 계획 및 이용에 관한 법령상 도시·군계획시설사업에 관한 설명으로 옳은 것은? 기출 23

① 대도시 시장이 작성한 도시·군계획시설사업에 관한 실시계획은 국토교통부장관의 인가를 받아야 한다.
② 도시·군계획시설사업이 둘 이상의 시 또는 군의 관할 구역에 걸쳐 시행되게 되는 경우에는 국토교통부장관이 시행자를 정한다.
③ 도시·군계획시설사업의 대상시설을 둘 이상으로 분할하여 도시·군계획시설사업을 시행할 수 없다.
④ 「한국토지주택공사법」에 따른 한국토지주택공사가 도시·군계획시설사업의 시행자로 지정받기 위해서 제출해야 하는 신청서에 자금조달계획은 포함되지 않는다.
⑤ 「한국전력공사법」에 따른 한국전력공사는 도시·군계획시설사업의 시행자가 될 수 있다.

해설

⑤ (○) 법 제86조 제7항 제2호, 영 제96조 제3항 제9호
① (×) 도시·군계획시설사업의 시행자(국토교통부장관, 시·도지사와 대도시 시장은 제외한다)는 실시계획을 작성하면 대통령령으로 정하는 바에 따라 국토교통부장관, 시·도지사 또는 대도시 시장의 인가를 받아야 한다. 도시·군계획시설사업의 시행자가 실시계획의 인가를 받고자 하는 경우 국토교통부장관이 지정한 시행자는 국토교통부장관의 인가를 받아야 하며, 그 밖의 시행자는 시·도지사 또는 대도시 시장의 인가를 받아야 한다(법 제88조 제2항, 영 제97조 제2항).
② (×) 도시·군계획시설사업이 둘 이상의 특별시·광역시·특별자치시·특별자치도·시 또는 군의 관할 구역에 걸쳐 시행되게 되는 경우에는 관계 특별시장·광역시장·특별자치시장·특별자치도지사·시장 또는 군수가 서로 협의하여 시행자를 정한다(법 제86조 제2항).
③ (×) 도시·군계획시설사업의 시행자는 도시·군계획시설사업을 효율적으로 추진하기 위하여 필요하다고 인정되면 사업시행대상지역 또는 대상시설을 둘 이상으로 분할하여 도시·군계획시설사업을 시행할 수 있다(법 제87조).
④ (×) 신청서에 자금조달계획이 기재되어 있어야 한다(영 제96조 제1항 제5호).

> **시행자의 지정(영 제96조 제1항)**
> 도시·군계획시설사업의 시행자로 지정받고자 하는 자는 다음 각 호의 사항을 기재한 신청서를 국토교통부장관, 시·도지사 또는 시장·군수에게 제출하여야 한다.
>   1. 사업의 종류 및 명칭
>   2. 사업시행자의 성명 및 주소(법인인 경우에는 법인의 명칭 및 소재지와 대표자의 성명 및 주소)
>   3. 토지 또는 건물의 소재지·지번·지목 및 면적, 소유권과 소유권외의 권리의 명세 및 그 소유자·권리자의 성명·주소
>   4. 사업의 착수예정일 및 준공예정일
>   5. 자금조달계획

답 ⑤

03 국토의 계획 및 이용에 관한 법령상 도시·군계획시설사업에 관한 설명으로 옳지 않은 것은?

기출 18

① 도시·군계획시설사업의 시행자는 사업시행대상지역 또는 대상시설을 둘 이상으로 분할하여 도시·군계획시설사업을 시행할 수 있다.
② 한국토지주택공사가 도시·군계획시설사업 시행자로 지정을 받으려면 토지소유자 총수의 2분의 1 이상에 해당하는 자의 동의를 얻어야 한다.
③ 도지사는 광역도시계획과 관련되거나 특히 필요하다고 인정되는 경우에는 관계시장 또는 군수의 의견을 들어 직접 도시·군계획시설사업을 시행할 수 있다.
④ 도시·군계획시설에 대한 단계별 집행계획은 제1단계 집행계획과 제2단계 집행계획으로 구분하여 수립하되, 3년 이내에 시행하는 도시·군계획시설사업은 제1단계 집행계획에 포함되도록 하여야 한다.
⑤ 도시·군계획시설사업의 시행자로 지정받은 「지방공기업법」에 의한 지방공사는 기반시설의 설치가 필요한 경우에 그 이행을 담보하기 위한 이행보증금을 예치하지 않아도 된다.

해설

② (×) 다음에 해당하지 아니하는 자가 도시·군계획시설사업의 시행자로 지정을 받으려면 도시·군계획시설사업의 대상인 토지(국공유지는 제외한다)의 소유 면적 및 토지 소유자의 동의 비율에 관하여 <u>대통령령으로 정하는 요건</u>을 갖추어야 한다(법 제86조 제7항).
   1. 국가 또는 지방자치단체
   2. 대통령령으로 정하는 공공기관(한국토지주택공사 등)
   3. 그 밖에 대통령령으로 정하는 자

> **"대통령령으로 정하는 요건"**(영 제96조 제2항)
> 도시계획시설사업의 대상인 토지(국·공유지를 제외한다)면적의 <u>3분의 2 이상에 해당하는 토지를 소유하고, 토지소유자 총수의 2분의 1 이상에 해당하는 자의 동의를 얻는 것</u>을 말한다.

① (○) 법 제87조
③ (○) 법 제86조 제4항
④ (○) 법 제85조 제3항
⑤ (○) 법 제89조 제1항 제3호, 영 제98조 제3항

답 ②

제8장 비용

01 甲은 행정청이 아닌 자로서 도시·군계획시설사업을 시행하는 자이다. 국토의 계획 및 이용에 관한 법령상 甲의 사업비용에 관한 설명으로 옳은 것은?

① 국가 또는 지방자치단체는 법령에서 정한 소요비용의 3분의 1 이하의 범위 안에서 甲의 사업비용을 보조 또는 융자할 수 있다.
② 甲이 현저한 이익을 받는 지방자치단체에게 비용을 부담하게 하는 경우 당해 사업의 설계비도 소요비용에 포함된다.
③ 甲의 사업이 다른 공공시설의 정비를 주된 내용으로 하는 경우에는 갑은 자신의 사업으로 현저한 이익을 받은 공공시설의 관리자에게 그 사업에 든 비용의 2분의 1까지 부담시킬 수 있다.
④ 국가 또는 지방자치단체는 甲의 도시·군계획시설사업에 소요되는 조사·측량비를 보조할 수 있다.
⑤ 甲은 자신의 사업으로 현저한 이익을 받는 지방자치단체에게 그 사업에 든 비용의 일부를 부담시킬 수 있다.

해설

① (○) 행정청이 아닌 자가 시행하는 도시계획시설사업에 대하여는 당해 도시계획시설사업에 소요되는 비용의 3분의 1 이하의 범위 안에서 국가 또는 지방자치단체가 보조 또는 융자할 수 있다(영 제106조 제2항 참조).
②·③·⑤ (×) 甲은 행정청이 아닌 자이기 때문에 지방자치단체에게 부담시킬 수 없다.
④ (×) 행정청이 시행하는 도시·군계획시설사업에 드는 비용은 그 비용의 전부 또는 일부를 국가예산에서 보조하거나 융자할 수 있다. 즉 행정청이 시행하는 도시·군계획시설사업에 대하여는 당해 도시·군계획시설사업에 소요되는 비용(조사·측량비, 설계비 및 관리비를 제외한 공사비와 감정비를 포함한 보상비를 말한다)의 50퍼센트 이하의 범위 안에서 국가예산으로 보조 또는 융자할 수 있다(법 제104조 제2항, 영 제106조 제2항).

답 ①

02 국토의 계획 및 이용에 관한 법령상 자연취락지구에 대한 지원으로 시행하거나 지원할 수 있는 사업에 해당하지 않는 것은? 기출 25

① 주차장·학교·마을회관 등의 설치·정비
② 쓰레기처리장·하수처리시설 등의 설치·개량
③ 하천정비 등 재해방지를 위한 시설의 설치·개량
④ 주택의 신축·개량
⑤ 「산지관리법」에 따른 임도의 신설·개량

해설

⑤ (×) 「산지관리법」에 따른 임도의 신설·개량은 자연취락지구에 대한 지원으로 시행하거나 지원할 수 있는 사업에 해당하지 않는다(영 제107조 참조).

취락지구에 대한 지원(영 제107조)

법 제105조의 규정에 의하여 국가 또는 지방자치단체가 취락지구안의 주민의 생활편익과 복지증진 등을 위하여 시행하거나 지원할 수 있는 사업은 다음 각 호와 같다.
1. 집단취락지구 : 개발제한구역의 지정 및 관리에 관한 특별조치법령에서 정하는 바에 의한다.
2. 자연취락지구
    가. 자연취락지구안에 있거나 자연취락지구에 연결되는 도로·수도공급설비·하수도 등의 정비
    나. 어린이놀이터·공원·녹지·주차장·학교·마을회관 등의 설치·정비 (①)
    다. 쓰레기처리장·하수처리시설 등의 설치·개량 (②)
    라. 하천정비 등 재해방지를 위한 시설의 설치·개량 (③)
    마. 주택의 신축·개량 (④)

답 ⑤

제9장　도시계획위원회

01 국토의 계획 및 이용에 관한 법령상 도시계획위원회에 관한 설명으로 옳은 것은? 기출 20

① 시·도 도시계획위원회는 위원장 및 부위원장 각 1명을 포함한 20명 이상 25명 이하의 위원으로 구성한다.
② 시·도 도시계획위원회의 위원장과 부위원장은 위원 중에서 해당 시·도지사가 임명 또는 위촉한다.
③ 중앙도시계획위원회의 회의는 재적위원 과반수의 출석으로 개의하고, 출석위원 과반수의 찬성으로 의결한다.
④ 시·군·구 도시계획위원회에는 분과위원회를 둘 수 없다.
⑤ 중앙도시계획위원회 회의록은 심의 종결 후 3개월 이내에 공개 요청이 있는 경우 원본을 제공하여야 한다.

해설

③ (○) 법 제109조 제2항
① (×) 시·도 도시계획위원회는 위원장 및 부위원장 각 1명을 포함한 <u>25명 이상 30명 이하의 위원으로 구성한다</u>(영 제111조 제1항).
② (×) 시·도 도시계획위원회의 위원장은 위원 중에서 해당 시·도지사가 임명 또는 위촉하며, <u>부위원장은 위원 중에서 호선</u>한다(영 제111조 제2항).
④ (×) 시·도도시계획위원회나 시·군·구도시계획위원회에 <u>분과위원회를 둘 수 있다</u>(법 제113조 제3항).
⑤ (×) 중앙도시계획위원회 및 지방도시계획위원회의 심의 일시·장소·안건·내용·결과 등이 기록된 회의록은 1년의 범위에서 대통령령으로 정하는 기간(<u>중앙도시계획위원회의 경우에는 심의 종결 후 6개월, 지방도시계획위원회의 경우에는 6개월 이하의 범위에서 해당 지방자치단체의 도시·군계획조례로 정하는 기간</u>)이 지난 후에는 공개 요청이 있는 경우 열람 또는 사본을 제공하는 방법으로 공개하여야 한다(법 제113조의2, 영 제113조의3).

답 ③

02 국토의 계획 및 이용에 관한 법령상 지방도시계획위원회의 분과위원회의 심의사항으로 명시된 사항이 아닌 것은? 기출 25

① 동법 제8조 제2항의 규정에 의한 토지이용계획에 관한 구역 등의 지정
② 동법 제9조의 규정에 의한 용도지역 등의 변경계획에 관한 사항
③ 동법 제50조의 규정에 의한 지구단위계획구역 및 지구단위계획의 결정 또는 변경결정에 관한 사항
④ 동법 제59조의 규정에 의한 개발행위에 대한 심의에 관한 사항
⑤ 지방도시계획위원회에서 위임하는 사항

해설

① (×) 동법 제8조 제2항의 규정에 의한 토지이용계획에 관한 구역 등의 지정은 중앙도시계획위원회에 두는 제1분과위원회의 소관업무에 해당한다(영 제109조 제1항 제1호 가목).

> **지방도시계획위원회의 분과위원회(법 제113조 제3항)**
>
> 시·도 도시계획위원회나 시·군·구 도시계획위원회의 심의 사항 중 대통령령으로 정하는 사항을 효율적으로 심의하기 위하여 시·도 도시계획위원회나 시·군·구 도시계획위원회에 분과위원회를 둘 수 있다.
>
> **대통령령으로 정하는 사항(영 제113조)**
> 1. 법 제9조의 규정에 의한 용도지역 등의 변경계획에 관한 사항 (②)
> 2. 법 제50조의 규정에 의한 지구단위계획구역 및 지구단위계획의 결정 또는 변경결정에 관한 사항 (③)
> 3. 법 제59조의 규정에 의한 개발행위에 대한 심의에 관한 사항 (④)
> 4. 법 제120조의 규정에 의한 이의신청에 관한 사항
> 5. 지방도시계획위원회에서 위임하는 사항 (⑤)

답 ①

03

국토의 계획 및 이용에 관한 법령상 중앙도시계획위원회에 관한 설명으로 옳지 않은 것은? 기출 18

① 국토교통부장관은 중앙도시계획위원회의 회의를 소집할 수 있다.
② 중앙도시계획위원회는 도시·군계획에 관한 조사·연구 업무를 수행할 수 있다.
③ 중앙도시계획위원회의 회의는 재적위원 과반수의 출석으로 개의(開議)하고, 출석위원 과반수의 찬성으로 의결한다.
④ 중앙도시계획위원회의 위원장과 부위원장이 모두 부득이한 사유로 그 직무를 수행하지 못할 때에는 위원장이 미리 지명한 위원이 그 직무를 대행한다.
⑤ 중앙도시계획위원회의 회의록은 심의 종결 후 3개월이 지난 후에는 공개요청이 있는 경우 이를 공개하여야 한다.

해설

⑤ (×) 중앙도시계획위원회의 회의록은 심의 종결 후 <u>6개월</u>이 지난 후에는 공개요청이 있는 경우 이를 공개하여야 한다(법 제113조의2, 영 제113조의3 제1항).

> **회의록의 공개(법 제113조의2)**
> 중앙도시계획위원회 및 지방도시계획위원회의 심의 일시·장소·안건·내용·결과 등이 기록된 회의록은 1년의 범위에서 <u>대통령령으로 정하는 기간</u>이 지난 후에는 공개 요청이 있는 경우 대통령령으로 정하는 바에 따라 공개하여야 한다. 다만, 공개에 의하여 부동산 투기 유발 등 공익을 현저히 해칠 우려가 있다고 인정하는 경우나 심의·의결의 공정성을 침해할 우려가 있다고 인정되는 이름·주민등록번호 등 대통령령으로 정하는 개인 식별 정보에 관한 부분의 경우에는 그러하지 아니하다.
>
> **"대통령령으로 정하는 기간"(영 제113조의3 제1항)**
> 중앙도시계획위원회의 경우에는 심의 종결 후 6개월, 지방도시계획위원회의 경우에는 6개월 이하의 범위에서 해당 지방자치단체의 도시·군계획조례로 정하는 기간을 말한다.

① (○) 법 제109조 제1항
② (○) 법 제106조 제3호
③ (○) 법 제109조 제2항
④ (○) 법 제108조 제2항

답 ⑤

제10장 보칙

01 국토의 계획 및 이용에 관한 법령상 시범도시에 관한 설명으로 옳은 것은? 기출 18

① 국토교통부장관과 시·도지사는 시장·군수·구청장의 신청을 받아 시범도시를 지정할 수 있다.
② 시범도시사업의 시행을 위하여 필요한 경우에는 시범도시사업의 예산집행에 관한 사항을 도시·군계획조례로 정할 수 있다.
③ 시범도시를 공모할 경우 이에 응모할 수 있는 자는 특별시장·광역시장·특별자치시장·특별자치도지사·시장·군수·구청장 또는 주민자치회이다.
④ 국토교통부장관은 시범도시를 지정하려면 설문조사·열람 등을 통하여 주민의 의견을 들은 후 관계 지방자치단체장의 의견을 들어야 한다.
⑤ 국토교통부장관은 시범도시사업계획의 수립에 소요되는 비용의 전부에 대하여 보조 또는 융자할 수 있다.

해설

② (○) 영 제129조 제4항 제1호
① (×) 국토교통부장관은 도시의 경제·사회·문화적인 특성을 살려 개성 있고 지속가능한 발전을 촉진하기 위하여 필요하면 직접 또는 관계 중앙행정기관의 장이나 <u>시·도지사의 요청</u>에 의하여 경관, 생태, 정보통신, 과학, 문화, 관광, 그 밖에 대통령령으로 정하는 분야별로 시범도시(시범지구나 시범단지를 포함한다)를 지정할 수 있다(법 제127조 제1항).
③ (×) 공모에 응모할 수 있는 자는 <u>특별시장·광역시장·특별자치시장·특별자치도지사·시장·군수 또는 구청장</u>으로 한다 (영 제127조 제2항).
④ (×) 관계 중앙행정기관의 장 또는 <u>시·도지사는 법 제127조 제1항의 규정에 의하여 국토교통부장관에게 시범도시의 지정을 요청하고자 하는 때에는</u> 미리 설문조사·열람 등을 통하여 주민의 의견을 들은 후 관계 지방자치단체의 장의 의견을 들어야 한다(영 제126조 제4항).
⑤ (×) 국토교통부장관, 관계 중앙행정기관의 장은 시범도시에 대하여 시범도시사업계획의 수립에 <u>소요되는 비용의 80퍼센트 이하 범위</u>에서 보조 또는 융자를 할 수 있다(영 제129조 제1항 제1호).

 ②

02 국토의 계획 및 이용에 관한 법령상 시범도시사업계획에 포함되어야 하는 사항으로 명시된 것이 아닌 것은? 기출 25

① 시범도시사업의 목표·전략·특화발전계획 및 추진체제에 관한 사항
② 시범도시사업의 시행에 필요한 국토종합계획 및 광역도시계획의 수정·정비에 관한 사항
③ 시범도시사업의 시행에 필요한 도시·군계획사업에 관한 사항
④ 시범도시사업의 시행에 필요한 재원조달에 관한 사항
⑤ 주민참여 등 지역사회와의 협력체계에 관한 사항

해설

② (×) 시범도시사업계획에 포함되어야 하는 사항으로 명시된 내용은 시범도시사업의 시행에 필요한 도시·군계획 등 관련계획의 조정·정비에 관한 사항이다(영 제128조 제2항 제2호 참조).

> **시범도시사업계획에 포함되어야 하는 사항(영 제128조 제2항)**
> 1. 시범도시사업의 목표·전략·특화발전계획 및 추진체제에 관한 사항 (①)
> 2. 시범도시사업의 시행에 필요한 도시·군계획 등 관련계획의 조정·정비에 관한 사항
> 3. 시범도시사업의 시행에 필요한 도시·군계획사업에 관한 사항 (③)
> 4. 시범도시사업의 시행에 필요한 재원조달에 관한 사항 (④)
> 4의2. 주민참여 등 지역사회와의 협력체계에 관한 사항 (⑤)
> 5. 그 밖에 시범도시사업의 원활한 시행을 위하여 필요한 사항

답 ②

03 국토의 계획 및 이용에 관한 법령상 국토교통부장관, 시·도지사, 시장 또는 군수나 도시·군계획시설사업의 시행자가 타인의 토지에 출입할 수 있는 경우를 모두 고른 것은? 기출 23

> ㄱ. 도시·군계획에 관한 기초조사
> ㄴ. 개발밀도관리구역에 관한 기초조사
> ㄷ. 도시·군계획시설사업에 관한 측량
> ㄹ. 지가의 동향에 관한 조사

① ㄱ
② ㄴ
③ ㄷ, ㄹ
④ ㄱ, ㄴ, ㄷ
⑤ ㄱ, ㄴ, ㄷ, ㄹ

해설

⑤ (○) ㄱ, ㄴ, ㄷ, ㄹ 모두 해당한다(법 제130조 제1항).

> **토지에의 출입 등(법 제130조 제1항)**
> 국토교통부장관, 시·도지사, 시장 또는 군수나 도시·군계획시설사업의 시행자는 다음 각 호의 행위를 하기 위하여 필요하면 타인의 토지에 출입하거나 타인의 토지를 재료 적치장 또는 임시통로로 일시 사용할 수 있으며, 특히 필요한 경우에는 나무, 흙, 돌, 그 밖의 장애물을 변경하거나 제거할 수 있다.
> 1. 도시·군계획·광역도시·군계획에 관한 기초조사 (ㄱ)
> 2. 개발밀도관리구역, 기반시설부담구역 및 제67조 제4항에 따른 기반시설설치계획에 관한 기초조사 (ㄴ)
> 3. 지가의 동향 및 토지거래의 상황에 관한 조사 (ㄹ)
> 4. 도시·군계획시설사업에 관한 조사·측량 또는 시행 (ㄷ)

답 ⑤

04 국토의 계획 및 이용에 관한 법령상 토지에의 출입 등에 관한 설명으로 옳은 것은? 기출 16

① 도시·군계획에 관한 기초조사를 위해 타인의 토지에 출입하는 행위로 인하여 손실을 입은 자가 있으면, 그 행위자가 손실을 보상하여야 한다.
② 도시·군계획시설사업에 관한 조사를 위하여 필요한 경우 행정청인 도시계획시설사업의 시행자는 허가 없이 타인의 토지에 출입할 수 있다.
③ 도시·군계획시설사업에 관한 조사를 위하여 타인의 토지에 출입하려는 자는 시·도지사의 허가를 받아야 하며, 토지의 소유자·점유자 또는 관리인의 동의를 받아야 한다.
④ 도시·군계획시설사업의 시행자는 타인의 토지를 임시통로로 일시사용 하는 경우 토지의 소유자·점유자 또는 관리인의 동의를 받을 필요가 없다.
⑤ 일출 전이나 일몰 후에는 그 토지 점유자의 승낙 여부와 관계없이 택지나 담장 또는 울타리로 둘러싸인 타인의 토지에 출입할 수 없다.

해설

② (○) 타인의 토지에 출입하려는 자는 특별시장·광역시장·특별자치시장·특별자치도지사·시장 또는 군수의 허가를 받아야 하며, 출입하려는 날의 7일 전까지 그 토지의 소유자·점유자 또는 관리인에게 그 일시와 장소를 알려야 한다. 다만, 행정청인 도시·군계획시설사업의 시행자는 허가를 받지 아니하고 타인의 토지에 출입할 수 있다(법 제130조 제2항).
① (×) 도시·군계획에 관한 기초조사를 위해 타인의 토지에 출입행위로 인하여 손실을 입은 자가 있으면 그 행위자가 속한 행정청이나 도시·군계획시설사업의 시행자가 그 손실을 보상하여야 한다(법 제131조 제1항).
③ (×) 도시·군계획시설사업에 관한 조사를 위하여 타인의 토지에 출입하려는 자는 특별시장·광역시장·특별자치시장·특별자치도지사·시장 또는 군수의 허가를 받아야 하며, 출입하려는 날의 7일 전까지 그 토지의 소유자·점유자 또는 관리인에게 그 일시와 장소를 알려야 한다(법 제130조 제2항).
④ (×) 타인의 토지를 재료 적치장 또는 임시통로로 일시사용하거나 나무, 흙, 돌, 그 밖의 장애물을 변경 또는 제거하려는 자는 토지의 소유자·점유자 또는 관리인의 동의를 받아야 한다(법 제130조 제3항).
⑤ (×) 일출 전이나 일몰 후에는 그 토지 점유자의 승낙 없이 택지나 담장 또는 울타리로 둘러싸인 타인의 토지에 출입할 수 없다(법 제130조 제6항).

답 ②

05 국토의 계획 및 이용에 관한 법령상 '법률 등의 위반자에 대한 처분'을 함에 있어서 청문을 실시해야 하는 경우로 명시된 것을 모두 고른 것은? 기출 20

> ㄱ. 개발행위허가의 취소
> ㄴ. 개발행위의 변경허가
> ㄷ. 토지거래계약 허가의 취소
> ㄹ. 실시계획인가의 취소
> ㅁ. 도시·군계획시설사업의 시행자 지정의 취소

① ㄱ, ㄴ
② ㄴ, ㄷ
③ ㄱ, ㄹ, ㅁ
④ ㄷ, ㄹ, ㅁ
⑤ ㄱ, ㄴ, ㄷ, ㄹ

해설

청문(법 제136조)

국토교통부장관, 시·도지사, 시장·군수 또는 구청장은 제133조 제1항(법률 등의 위반자에 대한 처분)에 따라 다음 각 호의 어느 하나에 해당하는 처분을 하려면 청문을 하여야 한다.

1. 개발행위허가의 취소 (ㄱ)
2. 제86조 제5항에 따른 도시·군계획시설사업의 시행자 지정의 취소 (ㅁ)
3. 실시계획인가의 취소 (ㄹ)

ㄴ. (×) 개발행위의 변경허가는 관련 인·허가 등의 의제 사항이다.
ㄷ. (×) 토지거래계약 허가의 취소는 삭제된 사항이다. 〈삭제 2016.1.19.〉

 ③

제11장 벌칙

01 국토의 계획 및 이용에 관한 법령상 과태료 부과 대상에 해당하는 것은? `기출 21`

① 도시·군관리계획의 결정이 없이 기반시설을 설치한 자
② 공동구에 수용하여야 하는 시설을 공동구에 수용하지 아니한 자
③ 정당한 사유 없이 지가의 동향 및 토지거래의 상황에 관한 조사를 방해한 자
④ 지구단위계획에 맞지 아니하게 건축물을 건축하거나 용도를 변경한 자
⑤ 기반시설설치비용을 면탈·경감하게 할 목적으로 거짓 자료를 제출한 자

해설

③ (○) 정당한 사유 없이 제130조 제1항에 따른 행위를 방해하거나 거부한 자는 1천만원 이하의 과태료를 부과한다(법 제144조 제1항 제2호).

> **토지에의 출입 등(법 제130조 제1항)**
> 국토교통부장관, 시·도지사, 시장 또는 군수나 도시·군계획시설사업의 시행자는 다음 각 호의 행위를 하기 위하여 필요하면 타인의 토지에 출입하거나 타인의 토지를 재료 적치장 또는 임시통로로 일시 사용할 수 있으며, 특히 필요한 경우에는 나무, 흙, 돌, 그 밖의 장애물을 변경하거나 제거할 수 있다.
> 1. 도시·군계획·광역도시·군계획에 관한 기초조사
> 2. 개발밀도관리구역, 기반시설부담구역 및 제67조 제4항에 따른 기반시설설치계획에 관한 기초조사
> 3. 지가의 동향 및 토지거래의 상황에 관한 조사
> 4. 도시·군계획시설사업에 관한 조사·측량 또는 시행

①·②·④ (×) 2년 이하의 징역 또는 2천만원 이하의 벌금(법 제141조)
⑤ (×) 3년 이하의 징역 또는 면탈·경감하였거나 면탈·경감하고자 한 기반시설설치비용의 3배 이하에 상당하는 벌금(법 제140조의2)

답 ③

우리가 쓰는 것 중 가장 값비싼 것은 시간이다.
— 테오프라스토스 —

제2편

감정평가 및 감정평가사에 관한 법률

2026 시대에듀 감정평가사 대 감정평가관계법규

제1장	총 칙
제2장	감정평가
제3장	감정평가사
제4장	한국감정평가사협회
제5장	징 계
제6장	과징금
제7장	보칙 및 벌칙

제1장 총칙

> **Point 출제포인트**
> ▷ 감정평가의 대상
> ▷ 용어의 정의

1 법 제1조(목적)

이 법은 감정평가 및 감정평가사에 관한 제도를 확립하여 공정한 감정평가를 도모함으로써 국민의 재산권을 보호하고 국가경제 발전에 기여함을 목적으로 한다.

2 법 제2조(정의) 기출 30회

이 법에서 사용하는 용어의 뜻은 다음과 같다.

(1) 토지 등

토지 및 그 정착물, 동산, 그 밖에 대통령령으로 정하는 재산과 이들에 관한 소유권 외의 권리를 말한다.

> **대통령령으로 정하는 재산(영 제2조)**
> 다음 각 호의 재산을 말한다.
> 1. 저작권·산업재산권·어업권·양식업권·광업권 및 그 밖의 물권에 준하는 권리
> 2. 「공장 및 광업재단 저당법」에 따른 공장재단과 광업재단
> 3. 「입목에 관한 법률」에 따른 입목
> 4. 자동차·건설기계·선박·항공기 등 관계 법령에 따라 등기하거나 등록하는 재산
> 5. 유가증권

(2) 감정평가

토지 등의 경제적 가치를 판정하여 그 결과를 가액(價額)으로 표시하는 것을 말한다.

(3) 감정평가업

타인의 의뢰에 따라 일정한 보수를 받고 토지 등의 감정평가를 업(業)으로 행하는 것을 말한다.

(4) 감정평가법인 등

사무소를 개설한 감정평가사와 인가를 받은 감정평가법인을 말한다.

제2장 감정평가

> **Point 출제포인트**
> ▷ 감정평가의 기준
> ▷ 토지의 감정평가
> ▷ 감정평가서 등의 보존
> ▷ 감정평가업자

1 법 제3조(기준)

① 감정평가법인 등이 토지를 감정평가하는 경우에는 그 토지와 이용가치가 비슷하다고 인정되는 「부동산 가격공시에 관한 법률」에 따른 표준지공시지가를 기준으로 하여야 한다. 다만, 적정한 실거래가가 있는 경우에는 이를 기준으로 할 수 있다.

② ①항에도 불구하고 감정평가법인 등이 「주식회사 등의 외부감사에 관한 법률」에 따른 재무제표 작성 등 기업의 재무제표 작성에 필요한 감정평가와 담보권의 설정·경매 등 대통령령으로 정하는 감정평가를 할 때에는 해당 토지의 임대료, 조성비용 등을 고려하여 감정평가를 할 수 있다.

※ "「주식회사 등의 외부감사에 관한 법률」에 따른 재무제표 작성 등 기업의 재무제표 작성에 필요한 감정평가와 담보권의 설정·경매 등 대통령령으로 정하는 감정평가"란 법 제10조 제3호·제4호(법원에 계속 중인 소송을 위한 감정평가 중 보상과 관련된 감정평가는 제외한다) 및 제5호에 따른 감정평가를 말한다(영 제3조).

③ 감정평가의 공정성과 합리성을 보장하기 위하여 감정평가법인 등(소속 감정평가사를 포함한다)이 준수하여야 할 원칙과 기준은 국토교통부령으로 정한다.

> **➕ 알아보기** 감정평가에 관한 규칙 〈개정 2023.9.14.〉
>
> **제1조(목적)**
> 이 규칙은 「감정평가 및 감정평가사에 관한 법률」 제3조 제3항에 따라 감정평가법인 등이 감정평가를 할 때 준수해야 할 원칙과 기준을 규정함을 목적으로 한다.
>
> **제2조(정의)**
> 이 규칙에서 사용하는 용어의 뜻은 다음 각 호와 같다.
> 1. "시장가치"란 감정평가의 대상이 되는 토지 등(이하 "대상물건"이라 한다)이 통상적인 시장에서 충분한 기간 동안 거래를 위하여 공개된 후 그 대상물건의 내용에 정통한 당사자 사이에 신중하고 자발적인 거래가 있을 경우 성립될 가능성이 가장 높다고 인정되는 대상물건의 가액(價額)을 말한다.
> 2. "기준시점"이란 대상물건의 감정평가액을 결정하는 기준이 되는 날짜를 말한다.
> 3. "기준가치"란 감정평가의 기준이 되는 가치를 말한다.
> 4. "가치형성요인"이란 대상물건의 경제적 가치에 영향을 미치는 일반요인, 지역요인 및 개별요인 등을 말한다.

5. "원가법"이란 대상물건의 재조달원가에 감가수정(減價修正)을 하여 대상물건의 가액을 산정하는 감정평가방법을 말한다.
6. "적산법(積算法)"이란 대상물건의 기초가액에 기대이율을 곱하여 산정된 기대수익에 대상물건을 계속하여 임대하는 데에 필요한 경비를 더하여 대상물건의 임대료[(賃貸料), 사용료를 포함한다]를 산정하는 감정평가방법을 말한다.
7. "거래사례비교법"이란 대상물건과 가치형성요인이 같거나 비슷한 물건의 거래사례와 비교하여 대상물건의 현황에 맞게 사정보정(事情補正), 시점수정, 가치형성요인 비교 등의 과정을 거쳐 대상물건의 가액을 산정하는 감정평가방법을 말한다.
8. "임대사례비교법"이란 대상물건과 가치형성요인이 같거나 비슷한 물건의 임대사례와 비교하여 대상물건의 현황에 맞게 사정보정, 시점수정, 가치형성요인 비교 등의 과정을 거쳐 대상물건의 임대료를 산정하는 감정평가방법을 말한다.
9. "공시지가기준법"이란 「감정평가 및 감정평가사에 관한 법률」(이하 "법"이라 한다) 제3조 제1항 본문에 따라 감정평가의 대상이 된 토지(이하 "대상토지"라 한다)와 가치형성요인이 같거나 비슷하여 유사한 이용가치를 지닌다고 인정되는 표준지(이하 "비교표준지"라 한다)의 공시지가를 기준으로 대상토지의 현황에 맞게 시점수정, 지역요인 및 개별요인 비교, 그 밖의 요인의 보정(補正)을 거쳐 대상토지의 가액을 산정하는 감정평가방법을 말한다.
10. "수익환원법(收益還元法)"이란 대상물건이 장래 산출할 것으로 기대되는 순수익이나 미래의 현금흐름을 환원하거나 할인하여 대상물건의 가액을 산정하는 감정평가방법을 말한다.
11. "수익분석법"이란 일반기업 경영에 의하여 산출된 총수익을 분석하여 대상물건이 일정한 기간에 산출할 것으로 기대되는 순수익에 대상물건을 계속하여 임대하는 데에 필요한 경비를 더하여 대상물건의 임대료를 산정하는 감정평가방법을 말한다.
12. "감가수정"이란 대상물건에 대한 재조달원가를 감액하여야 할 요인이 있는 경우에 물리적 감가, 기능적 감가 또는 경제적 감가 등을 고려하여 그에 해당하는 금액을 재조달원가에서 공제하여 기준시점에 있어서의 대상물건의 가액을 적정화하는 작업을 말한다.
12의2. "적정한 실거래가"란 「부동산 거래신고 등에 관한 법률」에 따라 신고된 실제 거래가격(이하 "거래가격"이라 한다)으로서 거래 시점이 도시지역(「국토의 계획 및 이용에 관한 법률」제36조 제1항 제1호에 따른 도시지역을 말한다)은 3년 이내, 그 밖의 지역은 5년 이내인 거래가격 중에서 감정평가법인 등이 인근지역의 지가수준 등을 고려하여 감정평가의 기준으로 적용하기에 적정하다고 판단하는 거래가격을 말한다.
13. "인근지역"이란 감정평가의 대상이 된 부동산(이하 "대상부동산"이라 한다)이 속한 지역으로서 부동산의 이용이 동질적이고 가치형성요인 중 지역요인을 공유하는 지역을 말한다.
14. "유사지역"이란 대상부동산이 속하지 아니하는 지역으로서 인근지역과 유사한 특성을 갖는 지역을 말한다.
15. "동일수급권(同一需給圈)"이란 대상부동산과 대체·경쟁 관계가 성립하고 가치 형성에 서로 영향을 미치는 관계에 있는 다른 부동산이 존재하는 권역(圈域)을 말하며, 인근지역과 유사지역을 포함한다.

제3조(감정평가법인 등의 의무)
감정평가법인 등은 다음 각 호의 어느 하나에 해당하는 경우에는 감정평가를 해서는 안 된다.
1. 자신의 능력으로 업무수행이 불가능하거나 매우 곤란한 경우
2. 이해관계 등의 이유로 자기가 감정평가하는 것이 타당하지 않다고 인정되는 경우

제4조(적용범위)

감정평가법인 등은 다른 법령에 특별한 규정이 있는 경우를 제외하고는 이 규칙으로 정하는 바에 따라 감정평가해야 한다.

제5조(시장가치기준 원칙)

① 대상물건에 대한 감정평가액은 시장가치를 기준으로 결정한다.
② 감정평가법인 등은 제1항에도 불구하고 다음 각 호의 어느 하나에 해당하는 경우에는 대상물건의 감정평가액을 시장가치 외의 가치를 기준으로 결정할 수 있다.
  1. 법령에 다른 규정이 있는 경우
  2. 감정평가 의뢰인(이하 "의뢰인"이라 한다)이 요청하는 경우
  3. 감정평가의 목적이나 대상물건의 특성에 비추어 사회통념상 필요하다고 인정되는 경우
③ 감정평가법인 등은 제2항에 따라 시장가치 외의 가치를 기준으로 감정평가할 때에는 다음 각 호의 사항을 검토해야 한다. 다만, 제2항 제1호의 경우에는 그렇지 않다.
  1. 해당 시장가치 외의 가치의 성격과 특징
  2. 시장가치 외의 가치를 기준으로 하는 감정평가의 합리성 및 적법성
④ 감정평가법인 등은 시장가치 외의 가치를 기준으로 하는 감정평가의 합리성 및 적법성이 결여(缺如)되었다고 판단할 때에는 의뢰를 거부하거나 수임(受任)을 철회할 수 있다.

제6조(현황기준 원칙)

① 감정평가는 기준시점에서의 대상물건의 이용상황(불법적이거나 일시적인 이용은 제외한다) 및 공법상 제한을 받는 상태를 기준으로 한다.
② 감정평가법인 등은 제1항에도 불구하고 다음 각 호의 어느 하나에 해당하는 경우에는 기준시점의 가치형성요인 등을 실제와 다르게 가정하거나 특수한 경우로 한정하는 조건(이하 "감정평가조건"이라 한다)을 붙여 감정평가할 수 있다.
  1. 법령에 다른 규정이 있는 경우
  2. 의뢰인이 요청하는 경우
  3. 감정평가의 목적이나 대상물건의 특성에 비추어 사회통념상 필요하다고 인정되는 경우
③ 감정평가법인 등은 제2항에 따라 감정평가조건을 붙일 때에는 감정평가조건의 합리성, 적법성 및 실현가능성을 검토해야 한다. 다만, 제2항 제1호의 경우에는 그렇지 않다.
④ 감정평가법인 등은 감정평가조건의 합리성, 적법성이 결여되거나 사실상 실현 불가능하다고 판단할 때에는 의뢰를 거부하거나 수임을 철회할 수 있다.

제7조(개별물건기준 원칙 등)

① 감정평가는 대상물건마다 개별로 하여야 한다.
② 둘 이상의 대상물건이 일체로 거래되거나 대상물건 상호 간에 용도상 불가분의 관계가 있는 경우에는 일괄하여 감정평가할 수 있다.
③ 하나의 대상물건이라도 가치를 달리하는 부분은 이를 구분하여 감정평가할 수 있다.
④ 일체로 이용되고 있는 대상물건의 일부분에 대하여 감정평가하여야 할 특수한 목적이나 합리적인 이유가 있는 경우에는 그 부분에 대하여 감정평가할 수 있다.

제8조(감정평가의 절차)

감정평가법인 등은 다음 각 호의 순서에 따라 감정평가를 해야 한다. 다만, 합리적이고 능률적인 감정평가를 위하여 필요할 때에는 순서를 조정할 수 있다.
1. 기본적 사항의 확정
2. 처리계획 수립
3. 대상물건 확인
4. 자료수집 및 정리
5. 자료검토 및 가치형성요인의 분석
6. 감정평가방법의 선정 및 적용
7. 감정평가액의 결정 및 표시

제9조(기본적 사항의 확정)

① 감정평가법인 등은 감정평가를 의뢰받았을 때에는 의뢰인과 협의하여 다음 각 호의 사항을 확정해야 한다.
1. 의뢰인
2. 대상물건
3. 감정평가 목적
4. 기준시점
5. 감정평가조건
6. 기준가치
7. 관련 전문가에 대한 자문 또는 용역(이하 "자문등"이라 한다)에 관한 사항
8. 수수료 및 실비에 관한 사항

② 기준시점은 대상물건의 가격조사를 완료한 날짜로 한다. 다만, 기준시점을 미리 정하였을 때에는 그 날짜에 가격조사가 가능한 경우에만 기준시점으로 할 수 있다.
③ 감정평가법인 등은 필요한 경우 관련 전문가에 대한 자문등을 거쳐 감정평가할 수 있다.

제10조(대상물건의 확인)

① 감정평가법인 등이 감정평가를 할 때에는 실지조사를 하여 대상물건을 확인해야 한다.
② 감정평가법인 등은 제1항에도 불구하고 다음 각 호의 어느 하나에 해당하는 경우로서 실지조사를 하지 않고도 객관적이고 신뢰할 수 있는 자료를 충분히 확보할 수 있는 경우에는 실지조사를 하지 않을 수 있다.
1. 천재지변, 전시·사변, 법령에 따른 제한 및 물리적인 접근 곤란 등으로 실지조사가 불가능하거나 매우 곤란한 경우
2. 유가증권 등 대상물건의 특성상 실지조사가 불가능하거나 불필요한 경우

제11조(감정평가방식)

감정평가법인 등은 다음 각 호의 감정평가방식에 따라 감정평가를 한다.
1. 원가방식 : 원가법 및 적산법 등 비용성의 원리에 기초한 감정평가방식
2. 비교방식 : 거래사례비교법, 임대사례비교법 등 시장성의 원리에 기초한 감정평가방식 및 공시지가기준법
3. 수익방식 : 수익환원법 및 수익분석법 등 수익성의 원리에 기초한 감정평가방식

~ 이하 생략 ~

④ 국토교통부장관은 감정평가법인 등이 감정평가를 할 때 필요한 세부적인 기준(이하 "실무기준"이라 한다)의 제정 등에 관한 업무를 수행하기 위하여 대통령령으로 정하는 바에 따라 전문성을 갖춘 민간법인 또는 단체(이하 "기준제정기관"이라 한다)를 지정할 수 있다. 〈신설 2021.7.20.〉

기준제정기관의 지정(영 제3조의2) 〈본조신설 2022.1.21.〉

① 국토교통부장관은 법 제3조 제4항에 따라 다음 각 호의 요건을 모두 갖춘 민간법인 또는 단체를 기준제정기관으로 지정한다.
  1. 다음 각 목의 어느 하나에 해당하는 인력을 3명 이상 상시 고용하고 있을 것
     가. 법 제17조 제1항에 따라 등록한 감정평가사로서 5년 이상의 실무경력이 있는 사람
     나. 감정평가와 관련된 분야의 박사학위 취득자로서 해당 분야의 업무에 3년 이상 종사한 경력(박사학위를 취득하기 전의 경력을 포함한다)이 있는 사람
  2. 법 제3조 제4항에 따른 실무기준(이하 "감정평가실무기준"이라 한다)의 제정·개정 및 연구 등의 업무를 수행하는 데 필요한 전담 조직과 관리 체계를 갖추고 있을 것
  3. 투명한 회계기준이 마련되어 있을 것
  4. 국토교통부장관이 정하여 고시하는 금액 이상의 자산을 보유하고 있을 것
② 기준제정기관으로 지정받으려는 민간법인 또는 단체는 국토교통부장관이 공고하는 지정신청서에 다음 각 호의 서류를 첨부하여 국토교통부장관에게 제출해야 한다.
  1. 제1항 각 호의 요건을 갖추었음을 증명할 수 있는 서류
  2. 민간법인 또는 단체의 정관 또는 규약
  3. 사업계획서
③ 국토교통부장관은 기준제정기관을 지정하려면 법 제40조에 따른 감정평가관리·징계위원회(이하 "감정평가관리·징계위원회"라 한다)의 심의를 거쳐야 한다.
④ 국토교통부장관은 기준제정기관을 지정한 경우에는 지체 없이 그 사실을 관보에 공고하거나 국토교통부 홈페이지에 게시해야 한다.

기준제정기관의 업무 등(영 제3조의3) 〈본조신설 2022.1.21.〉

① 제3조의2 제4항에 따라 지정된 기준제정기관(이하 "기준제정기관"이라 한다)이 수행하는 업무는 다음 각 호와 같다.
  1. 감정평가실무기준의 제정 및 개정
  2. 감정평가실무기준에 대한 연구
  3. 감정평가실무기준의 해석
  4. 감정평가실무기준에 관한 질의에 대한 회신
  5. 감정평가와 관련된 제도의 개선에 관한 연구
  6. 그 밖에 감정평가실무기준의 운영과 관련하여 국토교통부장관이 정하는 업무
② 기준제정기관은 감정평가실무기준의 제정·개정 및 해석에 관한 중요 사항을 심의하기 위하여 기준제정기관에 국토교통부장관이 정하는 바에 따라 9명 이내의 위원으로 구성되는 감정평가실무기준심의위원회를 두어야 한다.
③ 제2항에 따른 감정평가실무기준심의위원회의 구성 및 운영에 필요한 사항은 국토교통부장관이 정한다.

⑤ 국토교통부장관은 필요하다고 인정되는 경우 감정평가관리·징계위원회의 심의를 거쳐 기준제정기관에 실무기준의 내용을 변경하도록 요구할 수 있다. 이 경우 기준제정기관은 정당한 사유가 없으면 이에 따라야 한다. 〈신설 2021.7.20.〉
⑥ 국가는 기준제정기관의 설립 및 운영에 필요한 비용의 일부 또는 전부를 지원할 수 있다. 〈신설 2021.7.20.〉

2 법 제4조(직무)

① 감정평가사는 타인의 의뢰를 받아 토지 등을 감정평가하는 것을 그 직무로 한다.
② 감정평가사는 공공성을 지닌 가치평가 전문직으로서 공정하고 객관적으로 그 직무를 수행한다.

〈신설 2021.7.20.〉

3 법 제5조(감정평가의 의뢰)

① 국가, 지방자치단체, 「공공기관의 운영에 관한 법률」에 따른 공공기관 또는 그 밖에 대통령령으로 정하는 공공단체(이하 "국가 등"이라 한다)가 토지 등의 관리·매입·매각·경매·재평가 등을 위하여 토지 등을 감정평가하려는 경우에는 감정평가법인 등에 의뢰하여야 한다.

  ※ "대통령령으로 정하는 공공단체"란 「지방공기업법」 제49조에 따라 설립한 지방공사를 말한다(영 제4조 제1항).

② 금융기관·보험회사·신탁회사 또는 그 밖에 대통령령으로 정하는 기관이 대출, 자산의 매입·매각·관리 또는 「주식회사 등의 외부감사에 관한 법률」에 따른 재무제표 작성을 포함한 기업의 재무제표 작성 등과 관련하여 토지 등의 감정평가를 하려는 경우에는 감정평가법인 등에 의뢰하여야 한다.

> **대통령령으로 정하는 기관(영 제4조 제2항)**
> 다음 각 호의 기관을 말한다.
> 1. 「신용협동조합법」에 따른 신용협동조합
> 2. 「새마을금고법」에 따른 새마을금고

③ 감정평가를 의뢰하려는 자는 한국감정평가사협회에 요청하여 추천받은 감정평가법인 등에 감정평가를 의뢰할 수 있다.
④ 의뢰의 절차와 방법 및 추천의 기준 등에 필요한 사항은 대통령령으로 정한다.

> **감정평가법인 등의 추천(영 제5조)**
> ① 법 제33조 제1항에 따른 한국감정평가사협회(이하 "협회"라 한다)는 법 제5조 제3항에 따라 감정평가법인 등의 추천을 요청받은 경우에는 요청을 받은 날부터 7일 이내에 감정평가법인 등을 추천해야 한다.
> 〈개정 2024.8.20.〉
> ② 협회는 법 제5조 제3항에 따른 감정평가법인 등의 추천을 할 때에는 다음 각 호의 기준을 고려해야 한다.
> 〈개정 2024.8.20.〉
>   1. 감정평가 대상물건에 대한 전문성 및 업무실적
>   2. 감정평가 대상물건의 규모 등을 고려한 감정평가법인 등의 조직규모 및 손해배상능력
>   3. 법 제39조에 따른 징계 건수 및 내용
>   4. 「부동산 가격공시에 관한 법률」 제3조에 따른표준지공시지가 조사·평가 업무 수행 실적
>   5. 그 밖에 협회가 추천에 필요하다고 인정하는 사항

4 법 제6조(감정평가서) 기출 30회·36회

① 감정평가법인 등은 감정평가를 의뢰받은 때에는 지체 없이 감정평가를 실시한 후 국토교통부령으로 정하는 바에 따라 감정평가 의뢰인에게 감정평가서(「전자문서 및 전자거래기본법」 제2조에 따른 전자문서로 된 감정평가서를 포함한다)를 발급하여야 한다.
② 감정평가서에는 감정평가법인 등의 사무소 또는 법인의 명칭을 적고, 감정평가를 한 감정평가사가 그 자격을 표시한 후 서명과 날인을 하여야 한다. 이 경우 감정평가법인의 경우에는 그 대표사원 또는 대표이사도 서명이나 날인을 하여야 한다.
③ 감정평가법인 등은 감정평가서의 원본과 그 관련 서류를 <u>국토교통부령으로 정하는 기간</u> 이상 보존하여야 하며, 해산하거나 폐업하는 경우에도 <u>대통령령으로 정하는 바</u>에 따라 보존하여야 한다. 이 경우 감정평가법인 등은 감정평가서의 원본과 그 관련 서류를 이동식 저장장치 등 전자적 기록매체에 수록하여 보존할 수 있다.

> **감정평가서 등의 보존(영 제6조)**
>
> ① 감정평가법인 등은 해산하거나 폐업하는 경우 법 제6조 제3항에 따른 보존을 위하여 감정평가서의 원본과 그 관련 서류를 국토교통부장관에게 제출해야 한다. 이 경우 법 제6조 제3항 후단에 따라 감정평가서의 원본과 관련 서류를 전자적 기록매체에 수록하여 보존하고 있으면 감정평가서의 원본과 관련 서류의 제출을 갈음하여 그 전자적 기록매체를 제출할 수 있다. 〈개정 2022.1.21.〉
> ② 감정평가법인 등은 제1항 전단에 따른 감정평가서의 원본과 관련 서류(같은 항 후단에 따라 전자적 기록매체를 제출하는 경우에는 전자적 기록매체로 한다)를 해산하거나 폐업한 날부터 30일 이내에 제출해야 한다.
> 〈신설 2022.1.21.〉
> ③ 국토교통부장관은 제1항에 따라 제출받은 감정평가서의 원본과 관련 서류를 다음 각 호의 구분에 따른 기간 동안 보관해야 한다. 〈개정 2022.1.21.〉
>   1. 감정평가서 원본 : 발급일부터 5년
>   2. 감정평가서 관련 서류 : 발급일부터 2년

> **➕ 알아보기 감정평가서 등의 보존(규칙 제3조)** 기출 36회
>
> 법 제6조 제3항에서 "국토교통부령으로 정하는 기간"이란 다음 각 호의 구분에 따른 기간을 말한다.
>   1. 감정평가서의 원본 : 발급일부터 5년
>   2. 감정평가서의 관련 서류 : 발급일부터 2년

5 법 제7조(감정평가서의 심사 등)

① 감정평가법인은 감정평가서를 의뢰인에게 발급하기 전에 감정평가를 한 소속 감정평가사가 작성한 감정평가서의 적정성을 같은 법인 소속의 다른 감정평가사에게 심사하게 하고, 그 적정성을 심사한 감정평가사로 하여금 감정평가서에 그 심사사실을 표시하고 서명과 날인을 하게 하여야 한다.

감정평가서의 심사대상 및 절차(영 제7조)

① 법 제7조 제1항에 따른 감정평가서의 적정성 심사는 법 제3조 제3항에 따른 원칙과 기준의 준수 여부를 그 내용으로 한다.
② 법 제7조 제1항에 따라 감정평가서를 심사하는 감정평가사는 작성된 감정평가서의 수정·보완이 필요하다고 판단하는 경우에는 해당 감정평가서를 작성한 감정평가사에게 수정·보완 의견을 제시하고, 해당 감정평가서의 수정·보완을 확인한 후 감정평가서에 심사사실을 표시하고 서명과 날인을 하여야 한다.

② 감정평가서의 적정성을 심사하는 감정평가사는 감정평가서가 제3조에 따른 원칙과 기준을 준수하여 작성되었는지 여부를 신의와 성실로써 공정하게 심사하여야 한다.
③ <u>감정평가 의뢰인 및 관계 기관 등 대통령령으로 정하는 자</u>는 발급된 감정평가서의 적정성에 대한 검토를 <u>대통령령으로 정하는 기준을 충족하는 감정평가법인 등</u>(해당 감정평가서를 발급한 감정평가법인 등은 제외한다)에게 의뢰할 수 있다. 〈신설 2021.7.20.〉
④ 심사대상·절차·기준 및 검토절차·기준 등에 관하여 필요한 사항은 <u>대통령령으로 정한다</u>. 〈신설 2021.7.20.〉

감정평가서 적정성 검토의뢰인 등(영 제7조의2) 〈본조신설 2022.1.21.〉

① 법 제7조 제3항에서 "감정평가 의뢰인 및 관계 기관 등 대통령령으로 정하는 자"란 다음 각 호의 자를 말한다. 다만, 「공익사업을 위한 토지 등의 취득 및 보상에 관한 법률」 등 관계 법령에 감정평가와 관련하여 권리구제 절차가 규정되어 있는 경우로서 권리구제 절차가 진행 중이거나 권리구제 절차를 이행할 수 있는 자(권리구제 절차의 이행이 완료된 자를 포함한다)는 제외한다.
  1. 감정평가 의뢰인
  2. 감정평가 의뢰인이 발급받은 감정평가서를 활용하는 거래나 계약 등의 상대방
  3. 감정평가 결과를 고려하여 관계 법령에 따른 인가·허가·등록 등의 여부를 판단하거나 그 밖의 업무를 수행하려는 행정기관
② 법 제7조 제3항에서 "대통령령으로 정하는 기준을 충족하는 감정평가법인 등"이란 소속된 감정평가사(감정평가사인 감정평가법인 등의 대표사원, 대표이사 또는 대표자를 포함한다)가 둘 이상인 감정평가법인 등을 말한다.

감정평가서 적정성 검토절차 등(영 제7조의3) 〈본조신설 2022.1.21.〉

① 법 제7조 제3항에 따라 감정평가서의 적정성에 대한 검토를 의뢰하려는 자는 법 제6조 제1항에 따라 발급받은 감정평가서(「전자문서 및 전자거래기본법」에 따른 전자문서로 된 감정평가서를 포함한다)의 사본을 첨부하여 제7조의2 제2항에 따른 감정평가법인 등에게 검토를 의뢰해야 한다.
② 제1항에 따른 검토 의뢰를 받은 감정평가법인 등은 지체 없이 검토업무를 수행할 감정평가사를 지정해야 한다.
③ 제2항에 따라 검토업무를 수행할 감정평가사는 5년 이상 감정평가 업무를 수행한 사람으로서 감정평가실적이 100건 이상인 사람이어야 한다.

적정성 검토결과의 통보 등(영 제7조의4) 〈본조신설 2022.1.21.〉
① 제7조의3 제1항에 따른 검토 의뢰를 받은 감정평가법인 등은 의뢰받은 감정평가서의 적정성 검토가 완료된 경우에는 적정성 검토 의뢰인에게 검토결과서(「전자문서 및 전자거래기본법」에 따른 전자문서로 된 검토결과서를 포함한다)를 발급해야 한다.
② 제1항에 따른 검토결과서에는 감정평가법인 등의 사무소 또는 법인의 명칭을 적고, 적정성 검토를 한 감정평가사가 그 자격을 표시한 후 서명과 날인을 해야 한다. 이 경우 감정평가사가 소속된 곳이 감정평가법인인 경우에는 그 대표사원 또는 대표이사도 서명이나 날인을 해야 한다.

6 법 제8조(감정평가 타당성조사 등)

① 국토교통부장관은 감정평가서가 발급된 후 해당 감정평가가 이 법 또는 다른 법률에서 정하는 절차와 방법 등에 따라 타당하게 이루어졌는지를 직권으로 또는 관계 기관 등의 요청에 따라 조사할 수 있다.
② 타당성조사를 할 경우에는 해당 감정평가법인 등 및 대통령령으로 정하는 이해관계인에게 의견진술 기회를 주어야 한다.
③ 타당성조사의 절차 등에 필요한 사항은 대통령령으로 정한다.

타당성조사의 절차 등(영 제8조)
① 국토교통부장관은 다음 각 호의 어느 하나에 해당하는 경우 법 제8조 제1항에 따른 타당성조사를 할 수 있다. 〈개정 2022.1.21.〉
  1. 국토교통부장관이 법 제47조에 따른 지도·감독을 위한 감정평가법인 등의 사무소 출입·검사 결과나 그 밖의 사유에 따라 조사가 필요하다고 인정하는 경우
  2. 관계 기관 또는 제3항에 따른 이해관계인이 조사를 요청하는 경우
② 국토교통부장관은 법 제8조 제1항에 따른 타당성조사의 대상이 되는 감정평가가 다음 각 호의 어느 하나에 해당하는 경우에는 타당성조사를 하지 않거나 중지할 수 있다.
  1. 법원의 판결에 따라 확정된 경우
  2. 재판이 계속 중이거나 수사기관에서 수사 중인 경우
  3. 「공익사업을 위한 토지 등의 취득 및 보상에 관한 법률」 등 관계 법령에 감정평가와 관련하여 권리구제 절차가 규정되어 있는 경우로서 권리구제 절차가 진행 중이거나 권리구제 절차를 이행할 수 있는 경우(권리구제 절차를 이행하여 완료된 경우를 포함한다)
  4. 징계처분, 제재처분, 형사처벌 등을 할 수 없어 타당성조사의 실익이 없는 경우
③ 법 제8조 제2항에서 "대통령령으로 정하는 이해관계인"이란 해당 감정평가를 의뢰한 자를 말한다.
④ 국토교통부장관은 법 제8조 제1항에 따른 타당성조사에 착수한 경우에는 착수일부터 10일 이내에 해당 감정평가법인 등과 제3항에 따른 이해관계인에게 다음 각 호의 사항을 알려야 한다. 〈개정 2022.1.21.〉
  1. 타당성조사의 사유
  2. 타당성조사에 대하여 의견을 제출할 수 있다는 것과 의견을 제출하지 아니하는 경우의 처리방법
  3. 법 제46조 제1항 제1호에 따라 업무를 수탁한 기관의 명칭 및 주소
  4. 그 밖에 국토교통부장관이 공정하고 효율적인 타당성조사를 위하여 필요하다고 인정하는 사항
⑤ 제4항에 따른 통지를 받은 감정평가법인 등과 이해관계인은 통지를 받은 날부터 10일 이내에 국토교통부장관에게 의견을 제출할 수 있다. 〈개정 2022.1.21.〉
⑥ 국토교통부장관은 법 제8조 제1항에 따른 타당성조사를 완료한 경우에는 해당 감정평가법인 등, 제3항에 따른 이해관계인 및 법 제8조 제1항에 따라 타당성조사를 요청한 관계 기관에 지체 없이 그 결과를 통지해야 한다. 〈개정 2022.1.21.〉

④ 국토교통부장관은 감정평가 제도를 개선하기 위하여 대통령령으로 정하는 바에 따라 제6조 제1항에 따라 발급된 감정평가서에 대한 표본조사를 실시할 수 있다. 〈신설 2021.7.20.〉

> **감정평가서에 대한 표본조사(영 제8조의2)** 〈본조신설 2022.1.21.〉
> ① 국토교통부장관은 법 제8조 제4항에 따라 다음 각 호의 표본조사를 할 수 있다.
>   1. 무작위추출방식의 표본조사
>   2. 우선추출방식의 표본조사
> ② 제1항 제2호의 표본조사는 다음 각 호의 분야에 대해 국토교통부장관이 정하는 바에 따라 실시한다.
>   1. 최근 3년 이내에 실시한 제8조 제1항에 따른 타당성조사 결과 감정평가의 원칙과 기준을 준수하지 않는 등 감정평가의 부실이 발생한 분야
>   2. 제1항 제1호의 표본조사를 실시한 결과 법 또는 다른 법률에서 정하는 방법이나 절차 등을 위반한 사례가 다수 발생한 분야
>   3. 그 밖에 감정평가의 부실을 방지하기 위하여 협회의 요청을 받아 국토교통부장관이 필요하다고 인정하는 분야
> ③ 국토교통부장관은 제1항 및 제2항에 따른 표본조사 결과 감정평가 제도의 개선이 필요하다고 인정되는 경우에는 기준제정기관에 감정평가의 방법과 절차 등에 관한 개선 의견을 요청할 수 있다.
> ④ 제1항 및 제2항에 따른 표본조사에 필요한 세부사항은 국토교통부장관이 정하여 고시한다.

7 법 제9조(감정평가 정보체계의 구축·운용 등)

① 국토교통부장관은 국가 등이 의뢰하는 감정평가와 관련된 정보 및 자료를 효율적이고 체계적으로 관리하기 위하여 감정평가 정보체계(이하 "감정평가 정보체계"라 한다)를 구축·운영할 수 있다.

> **감정평가 정보체계의 구축·운영(규칙 제4조)**
> 법 제9조 제1항에 따라 구축·운영하는 감정평가 정보체계(이하 "감정평가 정보체계"라 한다)에 관리하는 정보 및 자료는 다음 각 호와 같다.
>   1. 제5조 제1항에 따른 감정평가의 선례정보(평가기관·평가목적·기준시점·평가가액 및 대상 토지·건물의 소재지·지번·지목·용도지역 또는 용도 등을 말한다)
>   2. 토지 및 건물의 가격에 관한 정보(공시지가·지가변동률·임대정보·수익률·실거래가 등을 말한다) 및 자료
>   3. 그 밖에 감정평가에 필요한 정보 및 자료

② 「공익사업을 위한 토지 등의 취득 및 보상에 관한 법률」에 따른 감정평가 등 국토교통부령으로 정하는 감정평가를 의뢰받은 감정평가법인 등은 감정평가 결과를 감정평가 정보체계에 등록하여야 한다. 다만, 개인정보 보호 등 국토교통부장관이 정하는 정당한 사유가 있는 경우에는 그러하지 아니하다.

> **감정평가 정보체계의 정보 등록(규칙 제5조)**
> ① 법 제9조 제2항 본문에서 "「공익사업을 위한 토지 등의 취득 및 보상에 관한 법률」에 따른 감정평가 등 국토교통부령으로 정하는 감정평가"란 국가, 지방자치단체, 「공공기관의 운영에 관한 법률」에 따른 공공기관 또는 「지방공기업법」 제49조에 따라 설립한 지방공사가 다음 각 호의 어느 하나에 해당하는 목적을 위하여 의뢰한 감정평가를 말한다.
>   1. 「공익사업을 위한 토지 등의 취득 및 보상에 관한 법률」에 따른 토지·물건 및 권리의 취득 또는 사용
>   2. 「국유재산법」, 「공유재산 및 물품관리법」 또는 그 밖의 법령에 따른 국유·공유재산(토지와 건물만 해당한다)의 취득·처분 또는 사용·수익

3. 「국토의 계획 및 이용에 관한 법률」에 따른 도시·군계획시설부지 및 토지의 매수, 「개발제한구역의 지정 및 관리에 관한 특별조치법」에 따른 토지의 매수
　　4. 「도시개발법」, 「도시 및 주거환경정비법」, 「산업입지 및 개발에 관한 법률」 또는 그 밖의 법령에 따른 조성토지 등의 공급 또는 분양
　　5. 「도시개발법」, 「산업입지 및 개발에 관한 법률」 또는 그 밖의 법령에 따른 환지 및 체비지의 처분
　　6. 「민사소송법」, 「형사소송법」 등에 따른 소송
　　7. 「국세징수법」, 「지방세기본법」에 따른 공매
　　8. 「도시 및 주거환경정비법」 제24조 및 제26조에 따라 시장·군수 등이 직접 시행하는 정비사업의 관리처분계획
　　9. 「공공주택 특별법」에 따른 토지 또는 건물의 매입 및 임대료 평가
② 법 제9조 제2항에 따라 감정평가법인 등이 감정평가 정보체계에 등록해야 하는 감정평가 결과는 제4조 제1호의 감정평가 선례정보로 한다. 〈개정 2022.1.21.〉
③ 법 제9조 제2항에 따라 감정평가법인 등은 감정평가서 발급일부터 40일 이내에 감정평가 결과를 감정평가 정보체계에 등록해야 한다. 〈개정 2022.1.21.〉
④ 국토교통부장관은 필요한 경우에는 감정평가법인 등에게 감정평가 정보체계에 등록된 감정평가 결과의 수정·보완을 요청할 수 있다. 이 경우 요청을 받은 감정평가법인 등은 요청일부터 10일 이내에 수정·보완된 감정평가 결과를 감정평가 정보체계에 등록해야 한다. 〈개정 2022.1.21.〉
⑤ 법 제9조 제2항 단서에 따라 감정평가 결과를 감정평가 정보체계에 등록하지 않아도 되는 경우는 「개인정보 보호법」 제3조에 따라 개인정보 보호가 필요한 경우로 한다. 이 경우 보호가 필요한 개인정보를 제외한 감정평가 결과는 등록해야 한다. 〈개정 2022.1.21.〉
⑥ 감정평가 정보체계에 정보를 등록하고 확인하는 세부적인 절차 및 그 밖의 사항은 국토교통부장관이 정한다.

③ 감정평가법인 등은 감정평가 정보체계 등록 대상인 감정평가에 대해서는 감정평가서를 발급할 때 해당 의뢰인에게 그 등록에 대한 사실을 알려야 한다. 〈신설 2021.7.20.〉
④ 국토교통부장관은 감정평가 정보체계의 운용을 위하여 필요한 경우 관계 기관에 자료제공을 요청할 수 있다. 이 경우 이를 요청받은 기관은 정당한 사유가 없으면 그 요청을 따라야 한다.
⑤ 감정평가 정보 및 자료의 종류, 감정평가 정보체계의 구축·운영방법 등에 필요한 사항은 <u>국토교통부령으로 정한다</u>.

감정평가 정보체계의 이용(규칙 제6조)
① 「한국부동산원법」에 따른 한국부동산원(이하 "한국부동산원"이라 한다)은 감정평가 정보체계에 구축되어 있는 제4조 각 호의 정보 및 자료를 다음 각 호의 수요자에게 제공할 수 있다.
　1. 감정평가법인 등(소속 감정평가사 및 사무직원을 포함한다)
　2. 한국부동산원 소속 직원
　3. 법 제33조 제1항에 따른 한국감정평가사협회(이하 "협회"라 한다)
② 감정평가 정보체계에 등록된 정보 또는 자료를 영리 목적으로 활용할 수 없다. 다만, 감정평가법인 등이 그 업무 범위 내에서 활용하는 경우는 예외로 한다. 〈개정 2022.1.21.〉

제3장 감정평가사

> **Point 출제포인트**
> ▷ 감정평가법인 등의 업무와 의무
> ▷ 감정평가사의 결격사유
> ▷ 등록의 취소
> ▷ 감정평가사의 권리와 의무
> ▷ 사무직원
> ▷ 인가취소

제1절 업무와 자격

1 법 제10조(감정평가법인 등의 업무) 기출 30회·31회·33회

감정평가법인 등은 다음의 업무를 행한다.
① 「부동산 가격공시에 관한 법률」에 따라 감정평가법인 등이 수행하는 업무
② 「부동산 가격공시에 관한 법률」 제8조 제2호에 따른 목적을 위한 토지 등의 감정평가
③ 「자산재평가법」에 따른 토지 등의 감정평가
④ 법원에 계속 중인 소송 또는 경매를 위한 토지 등의 감정평가
⑤ 금융기관·보험회사·신탁회사 등 타인의 의뢰에 따른 토지 등의 감정평가
⑥ 감정평가와 관련된 상담 및 자문
⑦ 토지의 이용 및 개발 등에 대한 조언이나 정보 등의 제공
⑧ 다른 법령에 따라 감정평가법인 등이 할 수 있는 토지 등의 감정평가
⑨ ①항부터 ⑧항까지의 업무에 부수되는 업무

2 법 제11조(자격)

감정평가사시험에 합격한 사람은 감정평가사의 자격이 있다.

3 법 제12조(결격사유)

① 다음의 어느 하나에 해당하는 사람은 감정평가사가 될 수 없다.
  ㉠ 파산선고를 받은 사람으로서 복권되지 아니한 사람
  ㉡ 금고 이상의 실형을 선고받고 그 집행이 종료(집행이 종료된 것으로 보는 경우를 포함한다)되거나 그 집행이 면제된 날부터 3년이 지나지 아니한 사람

ⓒ 금고 이상의 형의 집행유예를 받고 그 유예기간이 만료된 날부터 1년이 지나지 아니한 사람
ⓐ 금고 이상의 형의 선고유예를 받고 그 선고유예기간 중에 있는 사람
ⓜ 제13조에 따라 감정평가사 자격이 취소된 후 3년이 지나지 아니한 사람. 다만, ⓑ에 해당하는 사람은 제외한다. 〈개정 2023.5.9.〉
ⓑ 제39조 제1항 제11호 및 제12호에 따라 자격이 취소된 후 5년이 지나지 아니한 사람
② 국토교통부장관은 감정평가사가 ①항 ㉠부터 ㉣까지의 어느 하나에 해당하는지 여부를 확인하기 위하여 관계 기관에 자료를 요청할 수 있다. 이 경우 관계 기관은 특별한 사정이 없으면 그 자료를 제공하여야 한다. 〈신설 2021.7.20.〉

4 법 제13조(자격의 취소) 기출 35회

① 국토교통부장관은 감정평가사가 다음의 어느 하나에 해당하는 경우에는 그 자격을 취소하여야 한다.
  ㉠ 부정한 방법으로 감정평가사의 자격을 받은 경우
  ㉡ 제39조 제2항 제1호에 해당하는 징계를 받은 경우
② 국토교통부장관은 감정평가사의 자격을 취소한 경우에는 국토교통부령으로 정하는 바에 따라 그 사실을 공고하여야 한다.
③ 감정평가사의 자격이 취소된 사람은 자격증(제17조에 따라 등록한 경우에는 등록증을 포함한다)을 국토교통부장관에게 반납하여야 한다.

> **자격취소의 공고 등(규칙 제7조)**
> ① 법 제13조 제2항에 따른 감정평가사 자격취소 사실의 공고는 다음 각 호의 사항을 관보에 공고하고, 국토교통부의 인터넷 홈페이지에 게시하는 방법으로 한다.
>   1. 감정평가사의 성명 및 생년월일
>   2. 자격취소 사실
>   3. 자격취소 사유
> ② 법 제13조 제3항에 따라 감정평가사의 자격이 취소된 사람은 자격취소 처분일부터 7일 이내에 감정평가사 자격증을 반납하여야 한다.

제2절 시험

1 법 제14조(감정평가사시험)

① 감정평가사시험(이하 "시험"이라 한다)은 국토교통부장관이 실시하며, 제1차 시험과 제2차 시험으로 이루어진다.
② 시험의 최종 합격 발표일을 기준으로 제12조에 따른 결격사유에 해당하는 사람은 시험에 응시할 수 없다.

③ 국토교통부장관은 시험에 응시할 수 없음에도 불구하고 시험에 응시하여 최종 합격한 사람에 대해서는 합격결정을 취소하여야 한다.
④ 시험과목, 시험공고 등 시험의 절차·방법 등에 필요한 사항은 대통령령으로 정한다.
⑤ 시험에 응시하려는 사람은 실비의 범위에서 대통령령으로 정하는 수수료를 내야 한다. 이 경우 수수료의 납부방법, 반환 등에 필요한 사항은 대통령령으로 정한다.

2 법 제15조(시험의 일부면제) 기출 35회

① 감정평가법인 등 대통령령으로 정하는 기관에서 5년 이상 감정평가와 관련된 업무에 종사한 사람에 대해서는 시험 중 제1차 시험을 면제한다.
   ※ 업무종사기간을 산정할 때 기준일은 제2차 시험 시행일이 속한 연도의 3월 1일로 하며, 둘 이상의 기관에서 해당 업무에 종사한 사람에 대해서는 각 기관에서 종사한 기간을 합산한다(영 제14조 제2항). 〈개정 2022.1.21.〉

> **감정평가법인 등 대통령령으로 정하는 기관(영 제14조)**
> 다음 각 호의 기관을 말한다.
>   1. 감정평가법인
>   2. 감정평가사사무소
>   3. 협회
>   4. 「한국부동산원법」에 따른 한국부동산원(이하 "한국부동산원"이라 한다)
>   5. 감정평가업무를 지도하거나 감독하는 기관
>   6. 「부동산 가격공시에 관한 법률」에 따른 개별공시지가·개별주택가격·공동주택가격 또는 비주거용 부동산가격을 결정·공시하는 업무를 수행하거나 그 업무를 지도·감독하는 기관
>   7. 「부동산 가격공시에 관한 법률」에 따른 토지가격비준표, 주택가격비준표 및 비주거용 부동산가격비준표를 작성하는 업무를 수행하는 기관
>   8. 국유재산을 관리하는 기관
>   9. 과세시가표준액을 조사·결정하는 업무를 수행하거나 그 업무를 지도·감독하는 기관

② 제1차 시험에 합격한 사람에 대해서는 다음 회의 시험에 한정하여 제1차 시험을 면제한다.

3 법 제16조(부정행위자에 대한 제재)

① 국토교통부장관은 다음의 어느 하나에 해당하는 사람에 대해서는 해당 시험을 정지시키거나 무효로 한다.
   ㉠ 부정한 방법으로 시험에 응시한 사람
   ㉡ 시험에서 부정한 행위를 한 사람
   ㉢ 제15조 제1항에 따른 시험의 일부 면제를 위한 관련 서류를 거짓 또는 부정한 방법으로 제출한 사람
② ①항에 따라 처분을 받은 사람은 그 처분을 받은 날부터 5년간 시험에 응시할 수 없다.

제3절 등록

1 법 제17조(등록 및 갱신등록) 기출 30회·35회

① 감정평가사 자격이 있는 사람이 제10조에 따른 업무를 하려는 경우에는 대통령령으로 정하는 바에 따라 실무수습 또는 교육연수를 마치고 국토교통부장관에게 등록하여야 한다.
② 등록한 감정평가사는 대통령령으로 정하는 바에 따라 등록을 갱신하여야 한다. 이 경우 갱신기간은 3년 이상으로 한다.
③ 실무수습 또는 교육연수는 한국감정평가사협회가 국토교통부장관의 승인을 받아 실시·관리한다.
④ 실무수습·교육연수의 대상·방법·기간 등과 등록 및 갱신등록을 위하여 필요한 신청절차, 구비서류 및 그 밖에 필요한 사항은 대통령령으로 정한다.

감정평가사 실무수습 기간(영 제15조) 〈개정 2022.1.21.〉

법 제17조 제1항에 따른 실무수습의 기간은 다음 각 호의 구분에 따른다.
  1. 법 제14조에 따른 감정평가사시험에 합격한 사람으로서 제2호에 해당하지 않는 사람 : 1년
  2. 법 제15조 제1항에 따라 제1차 시험을 면제받고 법 제14조에 따른 감정평가사시험에 합격한 사람 : 4주

감정평가사 실무수습사항(영 제16조) 〈개정 2022.1.21.〉

① 법 제17조 제1항에 따른 실무수습(이하 "실무수습"이라 한다)을 받는 사람은 실무수습기간 중에 감정평가에 관한 이론·실무, 직업윤리 및 그 밖에 감정평가사의 업무수행에 필요한 사항을 습득해야 한다.
② 국토교통부장관은 실무수습에 필요한 지시를 협회에 할 수 있다.
③ 협회는 실무수습계획을 수립하여 국토교통부장관의 승인을 받아야 하며, 실무수습이 종료되면 실무수습 종료일부터 10일 이내에 그 결과를 국토교통부장관에게 보고하여야 한다.
④ 실무수습의 내용·방법·절차 및 그 밖에 필요한 사항은 국토교통부령으로 정한다.

감정평가사 교육연수(영 제16조의2) 〈본조신설 2022.1.21.〉

① 법 제17조 제1항에 따른 교육연수의 대상자는 법 제39조 제2항 제2호 및 제3호의 징계를 받은 감정평가사로 한다.
② 제1항에 따른 교육연수의 시간은 25시간 이상으로 한다.
③ 감정평가사의 교육연수사항 등에 관하여는 제16조 제1항부터 제3항까지를 준용한다. 이 경우 "실무수습"은 "교육연수"로 본다.
④ 제1항부터 제3항까지에서 규정한 사항 외에 교육연수의 내용·방법 및 절차와 그 밖에 필요한 사항은 국토교통부령으로 정한다.

등록(영 제17조)

① 법 제17조 제1항에 따라 등록을 하려는 사람은 등록신청서(전자문서로 된 신청서를 포함한다)에 감정평가사 자격을 증명하는 서류와 실무수습 및 교육연수의 종료를 증명하는 서류를 첨부하여 국토교통부장관에게 제출해야 한다. 〈개정 2022.1.21.〉
② 국토교통부장관은 제1항에 따른 등록신청을 받았을 때에는 신청인이 법 제18조 제1항 각 호의 어느 하나에 해당하는 경우를 제외하고는 감정평가사 등록부에 등재하고, 신청인에게 등록증을 발급하여야 한다.

갱신등록(영 제18조)

① 법 제17조 제1항에 따라 등록한 감정평가사는 같은 조 제2항에 따라 5년마다 그 등록을 갱신하여야 한다.
② 제1항에 따라 등록을 갱신하려는 감정평가사는 등록일부터 5년이 되는 날의 60일 전까지 갱신등록 신청서를 국토교통부장관에게 제출하여야 한다.
③ 국토교통부장관은 감정평가사 등록을 한 사람에게 감정평가사 등록을 갱신하려면 갱신등록 신청을 하여야 한다는 사실과 갱신등록신청절차를 등록일부터 5년이 되는 날의 120일 전까지 통지하여야 한다.
④ 제3항에 따른 통지는 문서, 팩스, 전자우편, 휴대전화에 의한 문자메시지 등의 방법으로 할 수 있다.
⑤ 국토교통부장관은 제2항에 따른 갱신등록 신청을 받은 경우 신청인이 법 제18조 제1항 각 호의 어느 하나에 해당하는 경우를 제외하고는 감정평가사 등록부에 등재하고, 신청인에게 등록증을 갱신하여 발급하여야 한다.

➕ 알아보기   실무수습 및 교육연수

실무수습 신청 등(규칙 제11조)

① 감정평가사 자격을 취득하고 실무수습을 받으려는 사람(이하 "실무수습자"라 한다)은 협회에서 정하는 바에 따라 실무수습 신청을 하여야 한다.
② 협회는 실무수습자가 성실히 실무수습을 받을 수 있도록 필요한 조치를 하여야 한다.

실무수습의 시행(규칙 제12조)

① 실무수습은 감정평가에 관한 이론과 직업윤리를 습득하는 이론교육과정 및 감정평가에 관한 실무를 습득하는 실무훈련과정으로 나누어 시행한다. 〈개정 2022.1.21.〉
② 이론교육과정은 4개월간, 실무훈련과정은 8개월간 시행하며, 실무훈련과정은 이론교육과정의 이수 후 시행한다. 다만, 이론교육과정과 실무훈련과정의 기간을 조정할 필요가 있을 때에는 협회에서 그 기간을 따로 정할 수 있다. 〈개정 2022.1.21.〉
③ 이론교육과정은 강의·논문제출 등의 방법으로 시행하며, 실무훈련과정은 현장실습근무의 방법으로 시행한다.
④ 제3항에 따른 현장실습근무지는 협회 및 감정평가법인 등의 사무소로 한다. 〈개정 2022.1.21.〉
⑤ 제1항부터 제4항까지의 규정에도 불구하고 법 제15조 제1항에 따라 제1차 시험을 면제받고 감정평가사 자격을 취득한 사람에 대해서는 4주간의 이론교육과정을 시행한다. 〈개정 2022.1.21.〉
⑥ 제1항부터 제5항까지에서 규정한 사항 외에 실무수습의 방법·절차 및 그 밖에 필요한 사항은 협회가 국토교통부장관의 승인을 받아 정한다.

제12조의2(교육연수의 시행) 〈본조신설 2022.1.21.〉

① 법 제17조 제1항에 따른 교육연수를 받으려는 사람은 협회에서 정하는 바에 따라 교육연수를 신청해야 한다.
② 협회는 교육연수를 신청한 사람이 성실히 교육연수를 받을 수 있도록 필요한 조치를 해야 한다.
③ 협회는 법 제39조 제2항에 따른 징계의 종류, 감정평가업무를 수행하지 않은 기간 등을 고려하여 교육연수의 시간 및 내용을 정해야 한다.
④ 교육연수의 구체적인 시간 및 내용, 방법·절차와 그 밖에 필요한 사항은 협회가 국토교통부장관의 승인을 받아 정한다.

2 법 제18조(등록 및 갱신등록의 거부)

① 국토교통부장관은 제17조에 따른 등록 또는 갱신등록을 신청한 사람이 다음의 어느 하나에 해당하는 경우에는 그 등록을 거부하여야 한다.
  ㉠ 제12조 각 호의 어느 하나에 해당하는 경우
  ㉡ 제17조 제1항에 따른 실무수습 또는 교육연수를 받지 아니한 경우
  ㉢ 제39조에 따라 등록이 취소된 후 3년이 지나지 아니한 경우
  ㉣ 제39조에 따라 업무가 정지된 감정평가사로서 그 업무정지 기간이 지나지 아니한 경우
  ㉤ 미성년자 또는 피성년후견인·피한정후견인

② 국토교통부장관은 등록 또는 갱신등록을 거부한 경우에는 그 사실을 관보에 공고하고, 정보통신망 등을 이용하여 일반인에게 알려야 한다.

③ 공고의 방법, 내용 및 그 밖에 필요한 사항은 국토교통부령으로 정한다. 국토교통부장관은 감정평가사가 ①항 ㉠ 및 ㉤에 해당하는지 여부를 확인하기 위하여 관계 기관에 관련 자료를 요청할 수 있다. 이 경우 관계 기관은 특별한 사정이 없으면 그 자료를 제공하여야 한다. 〈신설 2021.7.20.〉

3 법 제19조(등록의 취소) 기출 32회

① 국토교통부장관은 제17조에 따라 등록한 감정평가사가 다음의 어느 하나에 해당하는 경우에는 그 등록을 취소하여야 한다.
  ㉠ 제12조 각 호의 어느 하나에 해당하는 경우
  ㉡ 사망한 경우
  ㉢ 등록취소를 신청한 경우
  ㉣ 제39조 제2항 제2호에 해당하는 징계를 받은 경우

② 국토교통부장관은 등록을 취소한 경우에는 그 사실을 관보에 공고하고, 정보통신망 등을 이용하여 일반인에게 알려야 한다.

③ 등록이 취소된 사람은 등록증을 국토교통부장관에게 반납하여야 한다.

④ 공고의 방법, 내용 및 그 밖에 필요한 사항은 국토교통부령으로 정한다.

⑤ 국토교통부장관은 감정평가사가 ①항 ㉠에 해당하는지 여부를 확인하기 위하여 관계 기관에 관련 자료를 요청할 수 있다. 이 경우 관계 기관은 특별한 사정이 없으면 그 자료를 제공하여야 한다.
〈신설 2021.7.20.〉

4 법 제20조(외국감정평가사)

① 외국의 감정평가사 자격을 가진 사람으로서 제12조에 따른 결격사유에 해당하지 아니하는 사람은 그 본국에서 대한민국정부가 부여한 감정평가사 자격을 인정하는 경우에 한정하여 국토교통부장관의 인가를 받아 제10조 각 호의 업무를 수행할 수 있다.

② 국토교통부장관은 ①항에 따른 인가를 하는 경우 필요하다고 인정하는 때에는 그 업무의 일부를 제한할 수 있다.

③ 위에서 규정된 것 외에 외국감정평가사에 필요한 사항은 <u>대통령령으로 정한다</u>.

> **외국감정평가사의 인가 등(영 제19조)**
> ① 법 제20조 제1항에 따른 본국은 외국감정평가사가 그 자격을 취득한 국가로 한다.
> ② 외국감정평가사는 법 제20조 제1항에 따라 인가를 받으려는 경우에는 인가 신청서에 그 자격을 취득한 본국이 대한민국정부가 부여하는 감정평가사 자격을 인정함을 증명하는 서류를 첨부하여 국토교통부장관에게 제출하여야 한다. 이 경우 협회를 거쳐야 한다.
> ③ 법 제20조 제1항에 따라 국토교통부장관이 외국감정평가사의 업무에 대하여 인가를 하는 경우 같은 조 제2항에 따라 제한할 수 있는 업무는 법 제10조 제1호부터 제5호까지 및 제8호의 업무로 한다.

제4절 권리와 의무

1 법 제21조(사무소 개설 등) 기출 35회

① 제17조에 따라 등록을 한 감정평가사가 감정평가업을 하려는 경우에는 감정평가사사무소를 개설할 수 있다.
② 다음의 어느 하나에 해당하는 사람은 ①항에 따른 개설을 할 수 없다.
  ㉠ 제18조 제1항 각 호의 어느 하나에 해당하는 사람
  ㉡ 제32조 제1항(제1호, 제7호 및 제15호는 제외한다)에 따라 설립인가가 취소되거나 업무가 정지된 감정평가법인의 설립인가가 취소된 후 1년이 지나지 아니하였거나 업무정지 기간이 지나지 아니한 경우 그 감정평가법인의 사원 또는 이사였던 사람
  ㉢ 제32조 제1항(제1호 및 제7호는 제외한다)에 따라 업무가 정지된 감정평가사로서 업무정지 기간이 지나지 아니한 사람
③ 감정평가사는 그 업무를 효율적으로 수행하고 공신력을 높이기 위하여 합동사무소를 <u>대통령령으로 정하는 바</u>에 따라 설치할 수 있다. 이 경우 합동사무소는 <u>대통령령으로 정하는 수</u> 이상의 감정평가사를 두어야 한다.

> **합동사무소의 개설(영 제21조)**
> ① 법 제21조 제3항에 따라 감정평가사합동사무소를 개설한 감정평가사는 감정평가사합동사무소의 규약을 국토교통부장관에게 제출해야 한다. 〈개정 2022.1.21.〉
> ② 법 제21조 제3항 후단에서 "대통령령으로 정하는 수"란 2명을 말한다. 〈개정 2022.1.21.〉
> ③ 제1항에 따른 규약에 정하여야 할 사항과 그 밖에 감정평가사합동사무소 관리 등에 필요한 사항은 국토교통부령으로 정한다.

④ 감정평가사는 감정평가업을 하기 위하여 1개의 사무소만을 설치할 수 있다.
⑤ 감정평가사사무소에는 소속 감정평가사를 둘 수 있다. 이 경우 소속 감정평가사는 제18조 제1항 각 호의 어느 하나에 해당하는 사람이 아니어야 하며, 감정평가사사무소를 개설한 감정평가사는 소속 감정평가사가 아닌 사람에게 제10조에 따른 업무를 하게 하여서는 아니 된다.

2 법 제21조의2(고용인의 신고) 기출 31회

감정평가법인 등은 소속 감정평가사 또는 제24조에 따른 사무직원을 고용하거나 고용관계가 종료된 때에는 국토교통부령으로 정하는 바에 따라 국토교통부장관에게 신고하여야 한다.

> **감정평가법인 등의 고용인 신고(규칙 제18조의2)**
> ① 법 제21조의2에 따라 소속 감정평가사 또는 사무직원의 고용 신고를 하려는 감정평가법인 등은 그 소속 감정평가사 또는 사무직원이 업무를 시작하기 전에 별지 제15호의2서식의 고용 신고서를 국토교통부장관에게 제출해야 한다. 〈개정 2022.1.21.〉
> ② 국토교통부장관은 제1항에 따라 신고서를 제출받은 경우 그 사무직원이 법 제24조 제1항에 따른 결격사유에 해당하는지 여부를 확인해야 한다.
> ③ 법 제21조의2에 따라 소속 감정평가사 또는 사무직원의 고용관계 종료 신고를 하려는 감정평가법인 등은 별지 제15호의2서식의 고용관계 종료 신고서를 고용관계가 종료된 날부터 10일 이내에 국토교통부장관에게 제출해야 한다. 〈개정 2022.1.21.〉

3 법 제22조(사무소의 명칭 등)

① 제21조에 따라 사무소를 개설한 감정평가법인 등은 그 사무소의 명칭에 "감정평가사사무소"라는 용어를 사용하여야 하며, 제29조에 따른 법인은 그 명칭에 "감정평가법인"이라는 용어를 사용하여야 한다.
② 이 법에 따른 감정평가사가 아닌 사람은 "감정평가사" 또는 이와 비슷한 명칭을 사용할 수 없으며, 이 법에 따른 감정평가법인 등이 아닌 자는 "감정평가사사무소", "감정평가법인" 또는 이와 비슷한 명칭을 사용할 수 없다.

4 법 제23조(수수료 등)

① 감정평가법인 등은 의뢰인으로부터 업무수행에 따른 수수료와 그에 필요한 실비를 받을 수 있다.
② 수수료의 요율 및 실비의 범위는 국토교통부장관이 감정평가관리·징계위원회의 심의를 거쳐 결정한다.
③ 감정평가법인 등과 의뢰인은 수수료의 요율 및 실비에 관한 기준을 준수하여야 한다.

> **수수료 등의 공고(영 제22조)**
> 국토교통부장관은 법 제23조 제2항에 따라 감정평가법인 등의 업무수행에 관한 수수료의 요율 및 실비의 범위를 결정하거나 변경했을 때에는 일간신문, 관보, 인터넷 홈페이지나 그 밖의 효과적인 방법으로 공고해야 한다.

5 법 제24조(사무직원) 기출 32회

① 감정평가법인 등은 그 직무의 수행을 보조하기 위하여 사무직원을 둘 수 있다. 다만, 다음의 어느 하나에 해당하는 사람은 사무직원이 될 수 없다. 〈개정 2023.5.9.〉
  ㉠ 미성년자 또는 피성년후견인 · 피한정후견인
  ㉡ 이 법 또는 「형법」 제129조부터 제132조까지, 「특정범죄 가중처벌 등에 관한 법률」 제2조 또는 제3조, 그 밖에 대통령령으로 정하는 법률에 따라 유죄 판결을 받은 사람으로서 다음의 어느 하나에 해당하는 사람
    ⓐ 징역 이상의 형을 선고받고 그 집행이 끝나거나 그 집행을 받지 아니하기로 확정된 후 3년이 지나지 아니한 사람
    ⓑ 징역형의 집행유예를 선고받고 그 유예기간이 지난 후 1년이 지나지 아니한 사람
    ⓒ 징역형의 선고유예를 받고 그 유예기간 중에 있는 사람
  ㉢ 제13조에 따라 감정평가사 자격이 취소된 후 1년이 경과되지 아니한 사람. 다만, ㉣ 또는 ㉤에 해당하는 사람은 제외한다.
  ㉣ 제39조 제1항 제11호에 따라 자격이 취소된 후 5년이 경과되지 아니한 사람
  ㉤ 제39조 제1항 제12호에 따라 자격이 취소된 후 3년이 경과되지 아니한 사람
  ㉥ 제39조에 따라 업무가 정지된 감정평가사로서 그 업무정지 기간이 지나지 아니한 사람
② 감정평가법인 등은 사무직원을 지도 · 감독할 책임이 있다.
③ 국토교통부장관은 사무직원이 ①항 ㉠부터 ㉥까지의 어느 하나에 해당하는지 여부를 확인하기 위하여 관계 기관에 관련 자료를 요청할 수 있다. 이 경우 관계 기관은 특별한 사정이 없으면 그 자료를 제공하여야 한다. 〈개정 2023.5.9.〉

6 법 제25조(성실의무 등) 기출 31회 · 33회

① 감정평가법인 등(감정평가법인 또는 감정평가사사무소의 소속 감정평가사를 포함한다)은 제10조에 따른 업무를 하는 경우 품위를 유지하여야 하고, 신의와 성실로써 공정하게 하여야 하며, 고의 또는 중대한 과실로 업무를 잘못하여서는 아니 된다.
② 감정평가법인 등은 자기 또는 친족 소유, 그 밖에 불공정하게 제10조에 따른 업무를 수행할 우려가 있다고 인정되는 토지 등에 대해서는 그 업무를 수행하여서는 아니 된다.
③ 감정평가법인 등은 토지 등의 매매업을 직접 하여서는 아니 된다.
④ 감정평가법인 등이나 그 사무직원은 제23조에 따른 수수료와 실비 외에는 어떠한 명목으로도 그 업무와 관련된 대가를 받아서는 아니 되며, 감정평가 수주의 대가로 금품 또는 재산상의 이익을 제공하거나 제공하기로 약속하여서는 아니 된다.
⑤ 감정평가사, 감정평가사가 아닌 사원 또는 이사 및 사무직원은 둘 이상의 감정평가법인(같은 법인의 주 · 분사무소를 포함한다) 또는 감정평가사사무소에 소속될 수 없으며, 소속된 감정평가법인 이외의 다른 감정평가법인의 주식을 소유할 수 없다.
⑥ 감정평가법인 등이나 사무직원은 제28조의2에서 정하는 유도 또는 요구에 따라서는 아니 된다.
〈신설 2021.7.20.〉

7 법 제26조(비밀엄수)

감정평가법인 등(감정평가법인 또는 감정평가사사무소의 소속 감정평가사를 포함한다)이나 그 사무직원 또는 감정평가법인 등이었거나 그 사무직원이었던 사람은 업무상 알게 된 비밀을 누설하여서는 아니 된다. 다만, 다른 법령에 특별한 규정이 있는 경우에는 그러하지 아니하다.

8 법 제27조(명의대여 등의 금지)

① 감정평가사 또는 감정평가법인 등은 다른 사람에게 자기의 성명 또는 상호를 사용하여 제10조에 따른 업무를 수행하게 하거나 자격증·등록증 또는 인가증을 양도·대여하거나 이를 부당하게 행사하여서는 아니 된다.
② 누구든지 ①항의 행위를 알선해서는 아니 된다.

9 법 제28조(손해배상책임)

① 감정평가법인 등이 감정평가를 하면서 고의 또는 과실로 감정평가 당시의 적정가격과 현저한 차이가 있게 감정평가를 하거나 감정평가 서류에 거짓을 기록함으로써 감정평가 의뢰인이나 선의의 제3자에게 손해를 발생하게 하였을 때에는 감정평가법인 등은 그 손해를 배상할 책임이 있다.

> **손해배상을 위한 보험 가입 등(영 제23조)**
> ① 감정평가법인 등은 법 제28조 제1항에 따른 손해배상책임을 보장하기 위하여 보증보험에 가입하거나 법 제33조 제4항에 따라 협회가 운영하는 공제사업에 가입해야 한다. 〈개정 2022.1.21.〉
> ② 감정평가법인 등은 제1항에 따라 보증보험에 가입한 경우에는 국토교통부령으로 정하는 바에 따라 국토교통부장관에게 통보해야 한다. 〈개정 2022.1.21.〉
> ③ 감정평가법인 등이 제1항에 따라 보증보험에 가입하는 경우 해당 보험의 보험 가입 금액은 감정평가사 1명당 1억원 이상으로 한다. 〈개정 2022.1.21.〉
> ④ 감정평가법인 등은 제1항에 따른 보증보험금으로 손해배상을 하였을 때에는 10일 이내에 보험계약을 다시 체결해야 한다. 〈개정 2022.1.21.〉

> **+ 알아보기** 보증보험 가입의 통보(규칙 제19조)
> ① 감정평가법인 등은 영 제23조 제2항에 따라 법 제21조에 따른 감정평가사무소의 개설 또는 법 제29조에 따른 설립 등기를 한 날부터 10일 이내에 보증보험 가입을 증명하는 서류를 협회에 제출해야 한다. 〈개정 2022.1.21.〉
> ② 감정평가법인 등은 보증기간의 만료 또는 보증보험금에 의한 손해배상 등으로 보증보험계약을 다시 체결한 경우에는 그 사실을 증명하는 서류를 지체 없이 협회에 제출해야 한다. 〈개정 2022.1.21.〉

② 감정평가법인 등은 손해배상책임을 보장하기 위하여 대통령령으로 정하는 바에 따라 보험에 가입하거나 한국감정평가사협회가 운영하는 공제사업에 가입하는 등 필요한 조치를 하여야 한다.

③ 감정평가법인 등은 감정평가 의뢰인이나 선의의 제3자에게 법원의 확정판결을 통한 손해배상이 결정된 경우에는 국토교통부령으로 정하는 바에 따라 그 사실을 국토교통부장관에게 알려야 한다. 〈신설 2021.7.20.〉

> **손해배상 결정사실의 통지(규칙 제19조의2)** 〈본조신설 2022.1.21.〉
>
> 감정평가법인 등은 법 제28조 제3항에 따라 법원의 확정판결을 통한 손해배상이 결정된 경우에는 지체 없이 다음 각 호의 사항을 국토교통부장관에게 서면으로 알려야 한다.
> 1. 감정평가법인 등의 명칭 및 주소
> 2. 감정평가의 목적, 대상 및 감정평가액
> 3. 손해배상 청구인
> 4. 손해배상금액 및 손해배상사유

④ 국토교통부장관은 감정평가 의뢰인이나 선의의 제3자를 보호하기 위하여 감정평가법인 등이 갖추어야 하는 손해배상능력 등에 대한 기준을 국토교통부령으로 정할 수 있다. 〈신설 2021.7.20.〉

> **손해배상능력 등에 관한 기준(규칙 제19조의3)** 〈본조신설 2022.1.21.〉
>
> 법 제28조 제4항에 따른 감정평가법인 등이 갖춰야 하는 손해배상능력 등에 관한 기준은 다음 각 호와 같다. 이 경우 감정평가법인 등이 각 호의 요건을 모두 갖춰야 손해배상능력 등에 관한 기준을 충족한 것으로 본다.
> 1. 전문인 배상책임보험 등 법 제28조 제2항에 따른 보험 가입이나 공제사업 가입으로 보장되지 않는 손해배상책임을 보장할 수 있는 다른 손해배상책임보험에 가입할 것
> 2. 「주식회사의 외부감사에 관한 법률」 제18조에 따른 감사보고서(적정하다는 감사의견이 표명된 것으로 한정한다)를 갖추거나 매 사업연도가 끝난 후 3개월 이내에 표준재무제표증명[법 제21조에 따라 사무소(합동사무소를 포함한다)를 개설한 감정평가사로서 최근 3년간 연속하여 결손이 발생하지 않은 경우로 한정한다]을 발급받을 것

10 법 제28조의2(감정평가 유도·요구 금지) 〈본조신설 2021.7.20.〉

누구든지 감정평가법인 등(감정평가법인 또는 감정평가사사무소의 소속 감정평가사를 포함한다)과 그 사무직원에게 토지 등에 대하여 특정한 가액으로 감정평가를 유도 또는 요구하는 행위를 하여서는 아니 된다.

제5절 감정평가법인

1 법 제29조(설립 등) 기출 30회

① 감정평가사는 제10조에 따른 업무를 조직적으로 수행하기 위하여 감정평가법인을 설립할 수 있다.
② 감정평가법인은 전체 사원 또는 이사의 100분의 70이 넘는 범위에서 대통령령으로 정하는 비율 이상을 감정평가사로 두어야 한다. 이 경우 감정평가사가 아닌 사원 또는 이사는 토지 등에 대한 전문성 등 대통령령으로 정하는 자격을 갖춘 자로서 제18조 제1항 제1호 또는 제5호에 해당하는 사람이 아니어야 한다.

※ "대통령령으로 정하는 비율"이란 100분의 90을 말한다(영 제24조 제1항). 〈신설 2022.1.21.〉

> **"토지 등에 대한 전문성 등 대통령령으로 정하는 자격을 갖춘 자"(영 제24조 제2항)** 〈신설 2022.1.21.〉
>
> 다음 각 호의 사람을 말한다.
> 1. 변호사·법무사·공인회계사·세무사·기술사·건축사 또는 변리사 자격이 있는 사람
> 2. 법학·회계학·세무학·건축학, 그 밖에 국토교통부장관이 정하여 고시하는 분야의 석사학위를 취득한 사람으로서 해당 분야에서 3년 이상 근무한 경력(석사학위를 취득하기 전의 근무 경력을 포함한다)이 있는 사람
> 3. 제2호에 따른 분야의 박사학위를 취득한 사람
> 4. 그 밖에 토지 등 분야에 관한 학식과 업무경험이 풍부한 사람으로서 국토교통부장관이 정하여 고시하는 자격이나 경력이 있는 사람

③ 감정평가법인의 대표사원 또는 대표이사는 감정평가사여야 한다. 〈신설 2021.7.20.〉
④ 감정평가법인과 그 주사무소(主事務所) 및 분사무소(分事務所)에는 대통령령으로 정하는 수 이상의 감정평가사를 두어야 한다. 이 경우 감정평가법인의 소속 감정평가사는 제18조 제1항 각 호의 어느 하나 및 제21조 제2항 제2호에 해당하는 사람이 아니어야 한다.

※ "대통령령으로 정하는 수"란 5명을 말한다(영 제24조 제3항). 〈개정 2022.1.21.〉
※ 감정평가법인의 주사무소 및 분사무소에 주재하는 최소 감정평가사의 수는 다음 각 호와 같다(영 제24조 제4항).
〈개정 2022.1.21.〉

1. 주사무소 : 2명
2. 분사무소 : 2명

⑤ 감정평가법인을 설립하려는 경우에는 사원이 될 사람 또는 감정평가사인 발기인이 공동으로 다음 각 호의 사항을 포함한 정관을 작성하여 대통령령으로 정하는 바에 따라 국토교통부장관의 인가를 받아야 하며, 정관을 변경할 때에도 또한 같다. 다만, 대통령령으로 정하는 경미한 사항의 변경은 신고할 수 있다.

※ "대통령령으로 정하는 경미한 사항의 변경"이란 법 제29조 제5항 제3호부터 제5호까지의 사항의 변경을 말한다(영 제28조). 〈개정 2022.1.21.〉

㉠ 목적
㉡ 명칭
㉢ 주사무소 및 분사무소의 소재지

ㄹ 사원(주식회사의 경우에는 발기인)의 성명, 주민등록번호 및 주소
ㅁ 사원의 출자(주식회사의 경우에는 주식의 발행)에 관한 사항
ㅂ 업무에 관한 사항

감정평가법인의 설립인가(영 제25조)

① 법 제29조 제5항 각 호 외의 부분 본문에 따라 감정평가법인 설립인가를 받으려는 자는 사원(社員)이 될 사람 또는 감정평가사인 발기인 전원이 서명하고 날인한 인가 신청서에 다음 각 호의 서류를 첨부하여 국토교통부장관에게 제출해야 한다. 〈개정 2022.1.21.〉
   1. 정관
   2. 사원 및 소속 감정평가사의 제17조 제2항 또는 제18조 제5항에 따른 등록증 사본(법 제20조에 따라 인가를 받은 외국감정평가사의 경우에는 인가서 사본을 말한다)
   3. 감정평가사가 아닌 사원 또는 이사가 제24조 제2항 각 호의 어느 하나에 해당함을 증명하는 서류
   4. 사무실 보유를 증명하는 서류
   5. 그 밖에 국토교통부령으로 정하는 서류
② 국토교통부장관은 법 제29조 제5항 각 호 외의 부분 본문에 따른 감정평가법인의 설립인가를 할 때에는 다음 각 호의 사항을 심사·확인해야 한다. 〈개정 2022.1.21.〉
   1. 설립하려는 감정평가법인이 법 제29조 제2항부터 제4항까지의 규정에 따른 요건을 갖추었는지 여부
   2. 정관의 내용이 법령에 적합한지 여부

감정평가법인의 등기사실 통보(영 제26조)

법 제29조에 따라 감정평가법인 설립인가를 받은 자는 설립일부터 1개월 이내에 등기사실을 국토교통부장관에게 통보하여야 한다. 이 경우 국토교통부장관은 「전자정부법」 제36조 제1항에 따른 행정정보의 공동이용을 통하여 해당 법인의 등기사항증명서를 확인하여야 한다.

합병 등의 인가신청(영 제27조)

법 제29조 제5항 각 호 외의 부분 본문 또는 같은 조 제8항에 따라 정관변경 또는 합병에 대한 인가를 받으려는 자는 사원 또는 이사 전원이 기명날인한 인가 신청서에 다음 각 호의 서류를 첨부하여 국토교통부장관에게 제출해야 한다. 〈개정 2022.1.21.〉
   1. 이유서
   2. 정관변경 또는 합병에 관한 사원총회 또는 주주총회의 의사록 사본
   3. 신·구 정관

⑥ 국토교통부장관은 ⑤항에 따른 인가의 신청을 받은 날부터 20일 이내에 인가 여부를 신청인에게 통지하여야 한다.
⑦ 국토교통부장관이 ⑥항에 따른 기간 내에 인가 여부를 통지할 수 없을 때에는 그 기간이 끝나는 날의 다음 날부터 기산(起算)하여 20일의 범위에서 기간을 연장할 수 있다. 이 경우 국토교통부장관은 연장된 사실과 연장 사유를 신청인에게 지체 없이 문서(전자문서를 포함한다)로 통지하여야 한다.
⑧ 감정평가법인은 사원 전원의 동의 또는 주주총회의 의결이 있는 때에는 국토교통부장관의 인가를 받아 다른 감정평가법인과 합병할 수 있다.
⑨ 감정평가법인은 해당 법인의 소속 감정평가사 외의 사람에게 제10조에 따른 업무를 하게 하여서는 아니 된다.
⑩ 감정평가법인은 「주식회사 등의 외부감사에 관한 법률」 제5조에 따른 회계처리 기준에 따라 회계처리를 하여야 한다.

⑪ 감정평가법인은 「주식회사 등의 외부감사에 관한 법률」 제2조 제2호에 따른 재무제표를 작성하여 매 사업연도가 끝난 후 3개월 이내에 국토교통부장관이 정하는 바에 따라 국토교통부장관에게 제출하여야 한다.
⑫ 국토교통부장관은 필요한 경우 재무제표가 적정하게 작성되었는지를 검사할 수 있다.
⑬ 감정평가법인에 관하여 이 법에서 정한 사항을 제외하고는 「상법」 중 회사에 관한 규정을 준용한다.

2 법 제30조(해산) 기출 33회

① 감정평가법인은 다음의 어느 하나에 해당하는 경우에는 해산한다.
　㉠ 정관으로 정한 해산 사유의 발생
　㉡ 사원총회 또는 주주총회의 결의
　㉢ 합병
　㉣ 설립인가의 취소
　㉤ 파산
　㉥ 법원의 명령 또는 판결
② 감정평가법인이 해산한 때에는 국토교통부령으로 정하는 바에 따라 이를 국토교통부장관에게 신고하여야 한다.

3 법 제31조(자본금 등)

① 감정평가법인의 자본금은 2억원 이상이어야 한다.
② 감정평가법인은 직전 사업연도 말 재무상태표의 자산총액에서 부채총액을 차감한 금액이 2억원에 미달하면 미달한 금액을 매 사업연도가 끝난 후 6개월 이내에 사원의 증여로 보전(補塡)하거나 증자(增資)하여야 한다.
③ 증여받은 금액은 특별이익으로 계상(計上)한다.

4 법 제32조(인가취소 등) 기출 32회·35회·36회

① 국토교통부장관은 감정평가법인 등이 다음의 어느 하나에 해당하는 경우에는 그 설립인가를 취소(제29조에 따른 감정평가법인에 한정한다)하거나 2년 이내의 범위에서 기간을 정하여 업무의 정지를 명할 수 있다. 다만, 제2호 또는 제7호에 해당하는 경우에는 그 설립인가를 취소하여야 한다.

> 1. 감정평가법인이 설립인가의 취소를 신청한 경우
> 2. 감정평가법인 등이 업무정지처분 기간 중에 제10조에 따른 업무를 한 경우
> 3. 감정평가법인 등이 업무정지처분을 받은 소속 감정평가사에게 업무정지처분 기간 중에 제10조에 따른 업무를 하게 한 경우
> 4. 제3조 제1항을 위반하여 감정평가를 한 경우
> 5. 제3조 제3항에 따른 원칙과 기준을 위반하여 감정평가를 한 경우
> 6. 제6조에 따른 감정평가서의 작성·발급 등에 관한 사항을 위반한 경우

7. 감정평가법인 등이 제21조 제3항이나 제29조 제4항에 따른 감정평가사의 수에 미달한 날부터 3개월 이내에 감정평가사를 보충하지 아니한 경우
8. 제21조 제4항을 위반하여 둘 이상의 감정평가사사무소를 설치한 경우
9. 제21조 제5항이나 제29조 제9항을 위반하여 해당 감정평가사 외의 사람에게 제10조에 따른 업무를 하게 한 경우
10. 제23조 제3항을 위반하여 수수료의 요율 및 실비에 관한 기준을 지키지 아니한 경우
11. 제25조, 제26조 또는 제27조를 위반한 경우. 다만, 소속 감정평가사나 그 사무직원이 제25조 제4항을 위반한 경우로서 그 위반행위를 방지하기 위하여 해당 업무에 관하여 상당한 주의와 감독을 게을리하지 아니한 경우는 제외한다.
12. 제28조 제2항을 위반하여 보험 또는 한국감정평가사협회가 운영하는 공제사업에 가입하지 아니한 경우
13. 정관을 거짓으로 작성하는 등 부정한 방법으로 제29조에 따른 인가를 받은 경우
14. 제29조 제10항에 따른 회계처리를 하지 아니하거나 같은 조 제11항에 따른 재무제표를 작성하여 제출하지 아니한 경우
15. 제31조 제2항에 따라 기간 내에 미달한 금액을 보전하거나 증자하지 아니한 경우
16. 제47조에 따른 지도와 감독 등에 관하여 다음 각 목의 어느 하나에 해당하는 경우
    가. 업무에 관한 사항의 보고 또는 자료의 제출을 하지 아니하거나 거짓으로 보고 또는 제출한 경우
    나. 장부나 서류 등의 검사를 거부, 방해 또는 기피한 경우
17. 제29조 제5항 각 호의 사항을 인가받은 정관에 따라 운영하지 아니하는 경우

인가취소 등의 기준(영 제29조)

법 제32조 제1항에 따른 감정평가업자의 설립인가 취소와 업무정지의 기준은 [별표 3]과 같다.

감정평가법인 등의 설립인가 취소와 업무정지의 기준(영 제29조 관련) [별표 3] 〈개정 2024.8.20.〉

1. 일반기준
    가. 위반행위의 횟수에 따른 행정처분의 기준은 최근 1년간(제2호 하목의 경우에는 최근 3년간을 말한다) 같은 위반행위(근거 법조문 내에서 위반행위가 구분되어 있는 경우에는 그 구분된 위반행위를 말한다)로 행정처분을 받은 경우에 적용한다. 이 경우 위반횟수는 같은 위반행위에 대하여 행정처분을 받은 날과 그 처분 후에 다시 같은 위반행위를 하여 적발된 날을 각각 기준으로 하여 계산한다.
    나. 위반행위가 둘 이상인 경우에는 각 처분기준을 합산한 기간을 넘지 않는 범위에서 가장 무거운 처분기준의 2분의 1 범위에서 그 기간을 늘릴 수 있다. 다만, 늘리는 경우에도 총 업무정지기간은 2년을 넘을 수 없다.
    다. 국토교통부장관은 위반행위의 동기·내용 및 위반의 정도 등을 고려하여 처분기준의 2분의 1 범위에서 그 기간을 늘릴 수 있다. 다만, 늘리는 경우에도 총 업무정지기간은 2년을 넘을 수 없다.
    라. 국토교통부장관은 위반행위의 동기·내용 및 위반의 정도 등 다음의 사유를 고려하여 처분기준의 2분의 1 범위에서 그 처분기간을 줄일 수 있다. 이 경우 법을 위반한 자가 천재지변 등 부득이한 사유로 법에 따른 의무를 이행할 수 없었음을 입증한 경우에는 업무정지처분을 하지 않을 수 있다.
        1) 위반행위가 고의나 중대한 과실이 아닌 사소한 부주의나 오류로 인한 것으로 인정되는 경우
        2) 위반의 내용·정도가 경미하여 감정평가 의뢰인 등에게 미치는 피해가 적다고 인정되는 경우
        3) 위반행위자가 처음 위반행위를 한 경우로서 3년 이상 해당 사업을 모범적으로 해 온 사실이 인정된 경우
        4) 위반행위자가 해당 위반행위로 인하여 검사로부터 기소유예 처분을 받거나 법원으로부터 선고유예의 판결을 받은 경우
        5) 위반행위자가 부동산 가격공시 업무 등에 특히 이바지한 사실이 인정된 경우

2. 개별기준

위반행위	근거 법조문	행정처분기준		
		1차 위반	2차 위반	3차 이상 위반
가. 감정평가법인이 설립인가의 취소를 신청한 경우	법 제32조 제1항 제1호	설립인가 취소		
나. 감정평가법인 등이 업무정지처분 기간 중에 법 제10조에 따른 업무를 한 경우	법 제32조 제1항 제2호	설립인가 취소		
다. 감정평가법인 등이 업무정지처분을 받은 소속 감정평가사에게 업무정지처분 기간 중에 법 제10조에 따른 업무를 하게 한 경우	법 제32조 제1항 제3호	업무정지 1개월	설립인가 취소	
라. 법 제3조 제1항을 위반하여 감정평가를 한 경우	법 제32조 제1항 제4호	업무정지 1개월	업무정지 3개월	업무정지 6개월
마. 법 제3조 제3항에 따른 원칙과 기준을 위반하여 감정평가를 한 경우	법 제32조 제1항 제5호	업무정지 1개월	업무정지 2개월	업무정지 4개월
바. 법 제6조에 따른 감정평가서의 작성·발급 등에 관한 사항을 위반한 경우	법 제32조 제1항 제6호			
1) 정당한 이유 없이 타인이 의뢰하는 감정평가업무를 거부하거나 기피한 경우		업무정지 15일	업무정지 1개월	업무정지 2개월
2) 감정평가서의 발급을 정당한 이유 없이 지연한 경우		업무정지 15일	업무정지 1개월	업무정지 2개월
3) 타인이 작성한 감정평가서에 서명·날인한 경우		업무정지 6개월	업무정지 1년	업무정지 2년
4) 감정평가서의 기재사항에 중대한 하자가 있는 경우		업무정지 1개월	업무정지 2개월	업무정지 4개월
5) 감정평가서의 원본과 그 관련 서류를 보존기간 동안 보존하지 않은 경우		업무정지 1개월	업무정지 3개월	업무정지 6개월
사. 감정평가법인 등이 법 제21조 제3항이나 법 제29조 제4항에 따른 감정평가사의 수에 미달한 날부터 3개월 이내에 감정평가사를 보충하지 않은 경우	법 제32조 제1항 제7호	설립인가 취소		
아. 법 제21조 제4항을 위반하여 둘 이상의 감정평가사사무소를 설치한 경우	법 제32조 제1항 제8호	업무정지 6개월	업무정지 1년	업무정지 2년
자. 법 제21조 제5항이나 법 제29조 제9항을 위반하여 해당 감정평가사 외의 사람에게 법 제10조에 따른 업무를 하게 한 경우	법 제32조 제1항 제9호	업무정지 3개월	업무정지 6개월	업무정지 1년
차. 법 제23조 제3항을 위반하여 수수료 요율 및 실비에 관한 기준을 지키지 않은 경우	법 제32조 제1항 제10호	업무정지 1개월	업무정지 2개월	업무정지 4개월

카. 법 제25조, 제26조 또는 제27조를 위반한 경우	법 제32조 제1항 제11호			
1) 법 제10조에 따른 업무를 하면서 고의로 잘못된 평가를 한 경우		업무정지 6개월	업무정지 1년	업무정지 2년
2) 법 제10조에 따른 업무를 하면서 중대한 과실로 잘못된 평가를 한 경우		업무정지 3개월	업무정지 6개월	업무정지 1년
3) 법 제10조에 따른 업무를 하면서 신의와 성실로써 공정하게 감정평가를 하지 않은 경우		업무정지 15일	업무정지 1개월	업무정지 2개월
4) 다른 사람에게 자격증·등록증 또는 인가증을 양도 또는 대여하거나 이를 부당하게 행사한 경우		업무정지 1년	업무정지 2년	설립인가 취소
5) 본인 또는 친족의 소유토지나 그 밖에 불공정한 감정평가를 할 우려가 있다고 인정되는 토지 등에 대해 감정평가를 한 경우		업무정지 1개월	업무정지 3개월	업무정지 6개월
6) 토지 등의 매매업을 직접 경영한 경우		업무정지 3개월	업무정지 6개월	업무정지 1년
7) 법 제23조에 따른 수수료 및 실비 외에 그 업무와 관련된 대가를 받은 경우		업무정지 6개월	업무정지 1년	업무정지 2년
8) 정당한 사유 없이 업무상 알게 된 비밀을 누설한 경우		업무정지 3개월	업무정지 6개월	업무정지 1년
타. 법 제28조 제2항을 위반하여 보험 또는 한국감정평가사협회가 운영하는 공제사업에 가입하지 않은 경우	법 제32조 제1항 제12호	설립인가 취소		
파. 정관을 거짓으로 작성하는 등 부정한 방법으로 법 제29조에 따른 인가를 받은 경우	법 제32조 제1항 제13호	설립인가 취소		
하. 법 제29조 제10항에 따른 회계처리를 하지 않거나 같은 조 제11항에 따른 재무제표를 작성하여 제출하지 않은 경우	법 제32조 제1항 제14호	업무정지 1개월	업무정지 2개월	업무정지 4개월

② 한국감정평가사협회는 감정평가법인 등에 ①항의 어느 하나에 해당하는 사유가 있다고 인정하는 경우에는 그 증거서류를 첨부하여 국토교통부장관에게 그 설립인가를 취소하거나 업무정지처분을 하여 줄 것을 요청할 수 있다.
③ 국토교통부장관은 설립인가를 취소하거나 업무정지를 한 경우에는 그 사실을 관보에 공고하고, 정보통신망 등을 이용하여 일반인에게 알려야 한다.
④ 설립인가의 취소 및 업무정지처분은 위반 사유가 발생한 날부터 5년이 지나면 할 수 없다.
⑤ 설립인가의 취소와 업무정지에 관한 기준은 대통령령으로 정하고, 공고의 방법, 내용 및 그 밖에 필요한 사항은 국토교통부령으로 정한다.

제4장 한국감정평가사협회

> **Point 출제포인트**
> ▷ 한국감정평가사협회의 설립인가
> ▷ 회칙
> ▷ 자문

1 법 제33조(목적 및 설립)

① 감정평가사의 품위 유지와 직무의 개선·발전을 도모하고, 회원의 관리 및 지도에 관한 사무를 하도록 하기 위하여 한국감정평가사협회(이하 "협회"라 한다)를 둔다.
② 협회는 법인으로 한다.
③ 협회는 국토교통부장관의 인가를 받아 주된 사무소의 소재지에서 설립등기를 함으로써 성립한다.
④ 협회는 회칙으로 정하는 바에 따라 공제사업을 운영할 수 있다.
⑤ 협회의 조직 및 그 밖에 필요한 사항은 대통령령으로 정한다.
⑥ 협회에 관하여 이 법에 규정된 것 외에는 「민법」 중 사단법인에 관한 규정을 준용한다.

> **한국감정평가사협회의 설립인가(영 제30조)**
>
> ① 법 제33조 제3항에 따라 협회를 설립하려는 경우에는 법 제21조 제1항에 따라 사무소를 개설한 감정평가사나 감정평가법인 등의 소속 감정평가사 30명 이상이 발기인이 되어 창립총회를 소집하고, 법 제21조 제1항에 따라 사무소를 개설한 감정평가사나 감정평가법인 등의 소속 감정평가사 300명 이상이 출석한 창립총회에서 출석한 감정평가사의 과반수의 동의를 받아 회칙을 작성한 후 인가 신청서를 국토교통부장관에게 제출해야 한다. 〈개정 2024.8.20.〉
> ② 제1항에 따른 인가 신청서에는 다음 각 호의 사항이 포함되어야 한다.
>   1. 명칭
>   2. 목적
>   3. 사무소의 소재지
>   4. 임원과 이사회에 관한 사항
>   5. 사무국의 설치에 관한 사항
>   6. 회원의 가입 및 탈퇴에 관한 사항
>   7. 회원의 권리 및 의무에 관한 사항
>   8. 회원의 교육·훈련, 평가기법 개발에 관한 사항
>   9. 회원의 직무상 분쟁의 조정에 관한 사항
>   10. 공제사업의 운영에 관한 사항
>   11. 회의에 관한 사항
>   12. 회비에 관한 사항
>   13. 회계 및 재산에 관한 사항

> **공제사업 등(영 제31조)**
> ① 감정평가법인 등은 법 제33조 제4항에 따른 협회의 공제사업에 가입한 경우에는 협회 회칙으로 정하는 바에 따라 그가 받은 수수료의 100분의 1 이상을 공제사업에 출자해야 한다. 〈개정 2022.1.21.〉
> ② 제1항에도 불구하고 협회는 공제사고율, 공제금 지급실적 등을 고려하여 협회 회칙으로 출자금의 비율을 수수료의 100분의 1 미만으로 정할 수 있다.
>
> **부설기관(영 제32조)**
> 협회는 부동산공시제도 및 감정평가에 관한 각종 연구사업을 추진하기 위하여 정관으로 정하는 바에 따라 부설기관을 둘 수 있다.

2 법 제34조(회칙)

① 협회는 회칙을 정하여 국토교통부장관의 인가를 받아야 한다. 회칙을 변경할 때에도 또한 같다.
② 회칙에는 다음의 사항이 포함되어야 한다.
  ㉠ 명칭과 사무소 소재지
  ㉡ 회원가입 및 탈퇴에 관한 사항
  ㉢ 임원 구성에 관한 사항
  ㉣ 회원의 권리 및 의무에 관한 사항
  ㉤ 회원의 지도 및 관리에 관한 사항
  ㉥ 자산과 회계에 관한 사항
  ㉦ 그 밖에 필요한 사항

3 법 제35조(회원가입 의무 등)

① 감정평가법인 등과 그 소속 감정평가사는 협회에 회원으로 가입하여야 하며, 그 밖의 감정평가사는 협회의 회원으로 가입할 수 있다.
② 협회에 회원으로 가입한 감정평가법인 등과 감정평가사는 회칙을 준수하여야 한다.

> **회원의 경력 등 관리(영 제33조)**
> ① 협회는 법 제35조에 따라 회원으로 가입한 감정평가사의 경력 및 전문분야를 관리할 수 있다. 〈개정 2022.1.21.〉
> ② 국토교통부장관은 제1항에 따른 경력 및 전문분야의 구분이나 관리의 기준에 관하여 협회에 의견을 제시할 수 있다. 〈개정 2022.1.21.〉

4 **법 제36조(윤리규정)**
① 협회는 회원이 직무를 수행할 때 지켜야 할 직업윤리에 관한 규정을 제정하여야 한다.
② 회원은 ①항에 따른 직업윤리에 관한 규정을 준수하여야 한다.

5 **법 제37조(자문 등)**
① 국가 등은 감정평가사의 직무에 관한 사항에 대하여 협회에 업무의 자문을 요청하거나 협회의 임원·회원 또는 직원을 전문분야에 위촉하기 위하여 추천을 요청할 수 있다.
② 협회는 자문 또는 추천을 요청받은 경우 그 회원으로 하여금 요청받은 업무를 수행하게 할 수 있다.
③ 협회는 국가 등에 대하여 필요한 경우 감정평가의 관리·감독·의뢰 등과 관련한 업무의 개선을 건의할 수 있다.

6 **법 제38조(회원에 대한 교육·연수 등)**
① 협회는 다음의 사람에 대하여 교육·연수를 실시하고 회원의 자체적인 교육·연수활동을 지도·관리한다.
　㉠ 회원
　㉡ 제17조에 따라 등록을 하려는 감정평가사
　㉢ 제24조에 따른 사무직원
② 교육·연수를 실시하기 위하여 협회에 연수원을 둘 수 있다.
③ 교육·연수 및 지도·관리에 필요한 사항은 협회가 국토교통부장관의 승인을 얻어 정한다.

제5장 징계

> **Point 출제포인트**
> ▷ 감정평가사의 징계사유
> ▷ 징계의 종류

1 법 제39조(징계) 기출 31회·35회·36회

① 국토교통부장관은 감정평가사가 다음의 어느 하나에 해당하는 경우에는 감정평가관리·징계위원회의 의결에 따라 ②항의 어느 하나에 해당하는 징계를 할 수 있다. 다만, 자격의 취소에 따른 징계는 제11호, 제12호에 해당하는 경우 및 제27조를 위반하여 다른 사람에게 자격증·등록증 또는 인가증을 양도 또는 대여한 경우에만 할 수 있다. 〈개정 2023.5.9.〉

1. 제3조 제1항을 위반하여 감정평가를 한 경우
2. 제3조 제3항에 따른 원칙과 기준을 위반하여 감정평가를 한 경우
3. 제6조에 따른 감정평가서의 작성·발급 등에 관한 사항을 위반한 경우
3의2. 제7조 제2항을 위반하여 고의 또는 중대한 과실로 잘못 심사한 경우
4. 업무정지처분 기간에 제10조에 따른 업무를 하거나 업무정지처분을 받은 소속 감정평가사에게 업무정지처분 기간에 제10조에 따른 업무를 하게 한 경우
5. 제17조 제1항 또는 제2항에 따른 등록이나 갱신등록을 하지 아니하고 제10조에 따른 업무를 수행한 경우
6. 구비서류를 거짓으로 작성하는 등 부정한 방법으로 제17조 제1항 또는 제2항에 따른 등록이나 갱신등록을 한 경우
7. 제21조를 위반하여 감정평가업을 한 경우
8. 제23조 제3항을 위반하여 수수료의 요율 및 실비에 관한 기준을 지키지 아니한 경우
9. 제25조, 제26조 또는 제27조를 위반한 경우
10. 제47조에 따른 지도와 감독 등에 관하여 다음 각 목의 어느 하나에 해당하는 경우
    가. 업무에 관한 사항의 보고 또는 자료의 제출을 하지 아니하거나 거짓으로 보고 또는 제출한 경우
    나. 장부나 서류 등의 검사를 거부 또는 방해하거나 기피한 경우
11. 감정평가사의 직무와 관련하여 금고 이상의 형을 선고받아(집행유예를 선고받은 경우를 포함한다) 그 형이 확정된 경우
12. 이 법에 따라 업무정지 1년 이상의 징계처분을 2회 이상 받은 후 다시 제1항에 따른 징계사유가 있는 사람으로서 감정평가사의 직무를 수행하는 것이 현저히 부적당하다고 인정되는 경우

② 감정평가사에 대한 징계의 종류는 다음과 같다.
　㉠ 자격의 취소
　㉡ 등록의 취소
　㉢ 2년 이하의 업무정지
　㉣ 견책
③ 협회는 감정평가사에게 ①항의 어느 하나에 해당하는 징계사유가 있다고 인정하는 경우에는 그 증거서류를 첨부하여 국토교통부장관에게 징계를 요청할 수 있다.
④ 자격이 취소된 사람은 자격증과 등록증을 국토교통부장관에게 반납하여야 하며, 등록이 취소되거나 업무가 정지된 사람은 등록증을 국토교통부장관에게 반납하여야 한다.
⑤ 업무가 정지된 자로서 등록증을 국토교통부장관에게 반납한 자 중 제17조에 따른 교육연수 대상에 해당하는 자가 등록갱신기간이 도래하기 전에 업무정지기간이 도과하여 등록증을 다시 교부받으려는 경우 제17조 제1항에 따른 교육연수를 이수하여야 한다. 〈신설 2021.7.20.〉
⑥ 제19조 제2항·제4항은 자격 취소 또는 등록 취소를 하는 경우에 준용한다.
⑦ 징계의결은 국토교통부장관의 요구에 따라 하며, 징계의결의 요구는 위반사유가 발생한 날부터 5년이 지나면 할 수 없다.

> **징계의결의 요구 등(영 제34조)** 〈개정 2022.1.21.〉
> ① 국토교통부장관은 감정평가사에게 법 제39조 제1항 각 호의 어느 하나에 따른 징계사유가 있다고 인정하는 경우에는 증명서류를 갖추어 감정평가관리·징계위원회에 징계의결을 요구해야 한다.
> ② 감정평가관리·징계위원회는 제1항에 따른 징계의결의 요구를 받으면 지체 없이 징계요구 내용과 징계심의 기일을 해당 감정평가사(이하 "당사자"라 한다)에게 통지해야 한다.
>
> **징계의결기한(영 제35조)** 〈개정 2022.1.21.〉
> 감정평가관리·징계위원회는 징계의결을 요구받은 날부터 60일 이내에 징계에 관한 의결을 해야 한다. 다만, 부득이한 사유가 있을 때에는 감정평가관리·징계위원회의 의결로 30일의 범위에서 그 기간을 한 차례만 연장할 수 있다.

2 법 제39조의2(징계의 공고) 〈본조신설 2021.7.20.〉

① 국토교통부장관은 제39조 제1항 및 제2항에 따라 징계를 한 때에는 지체 없이 그 구체적인 사유를 해당 감정평가사, 감정평가법인 등 및 협회에 각각 알리고, 그 내용을 대통령령으로 정하는 바에 따라 관보 또는 인터넷 홈페이지 등에 게시 또는 공고하여야 한다.
② 협회는 ①항에 따라 통보받은 내용을 협회가 운영하는 인터넷홈페이지에 3개월 이상 게재하는 방법으로 공개하여야 한다.
③ 협회는 감정평가를 의뢰하려는 자가 해당 감정평가사에 대한 징계 사실을 확인하기 위하여 징계 정보의 열람을 신청하는 경우에는 그 정보를 제공하여야 한다.
④ ①항부터 ③항까지에 따른 조치 또는 징계 정보의 공개 범위, 시행·열람의 방법 및 절차 등에 관하여 필요한 사항은 대통령령으로 정한다.

징계사실의 통보 등(영 제36조) 〈개정 2022.1.21.〉

① 국토교통부장관은 법 제39조의2 제1항에 따라 구체적인 징계 사유를 알리는 경우에는 징계의 종류와 사유를 명확히 기재하여 서면으로 알려야 한다.
② 국토교통부장관은 법 제39조의2 제1항에 따라 같은 항에 따른 징계사유 통보일부터 14일 이내에 다음 각 호의 사항을 관보에 공고해야 한다.
  1. 징계를 받은 감정평가사의 성명, 생년월일, 소속된 감정평가법인 등의 명칭 및 사무소 주소
  2. 징계의 종류
  3. 징계 사유(징계사유와 관련된 사실관계의 개요를 포함한다)
  4. 징계의 효력발생일(징계의 종류가 업무정지인 경우에는 업무정지 시작일 및 종료일)
③ 국토교통부장관은 제2항 각 호의 사항을 법 제9조에 따른 감정평가 정보체계에도 게시해야 한다.
④ 제3항 및 법 제39조의2 제2항에 따른 징계내용 게시의 기간은 제2항에 따른 공고일부터 다음 각 호의 구분에 따른 기간까지로 한다.
  1. 법 제39조 제2항 제1호 및 제2호의 자격의 취소 및 등록의 취소의 경우 : 3년
  2. 법 제39조 제2항 제3호의 업무정지의 경우 : 업무정지 기간(업무정지 기간이 3개월 미만인 경우에는 3개월)
  3. 법 제39조 제2항 제4호의 견책의 경우 : 3개월

징계 정보의 열람 신청(영 제36조의2) 〈본조신설 2022.1.21.〉

① 법 제39조의2 제3항에 따라 징계 정보의 열람을 신청하려는 자는 신청 취지를 적은 신청서에 다음 각 호의 서류를 첨부하여 협회에 제출해야 한다.
  1. 주민등록증 사본 또는 법인 등기사항증명서 등 신청인의 신분을 확인할 수 있는 서류
  2. 열람 대상 감정평가사에게 감정평가를 의뢰(감정평가사가 소속된 감정평가법인이나 감정평가사사무소에 의뢰하는 것을 포함한다)하려는 의사와 징계 정보가 필요한 사유를 적은 서류
  3. 대리인이 신청하는 경우에는 위임장 등 대리관계를 증명할 수 있는 서류
② 제1항에 따른 열람 신청은 신청인이 신청서 및 첨부서류를 협회에 직접 제출하거나 우편, 팩스 또는 전자우편 등 정보통신망을 이용한 방법으로 할 수 있다.

영 제36조의3(징계 정보의 제공 방법 등) 〈본조신설 2022.1.21.〉

① 협회는 제36조의2 제1항에 따른 신청을 받은 경우 10일 이내에 신청인이 징계 정보를 열람할 수 있게 해야 한다.
② 협회는 제1항에 따라 징계 정보를 열람하게 한 경우에는 지체 없이 해당 감정평가사에게 그 사실을 알려야 한다.
③ 법 제39조의2 제3항에 따른 제공 대상 정보는 제36조 제2항에 따라 관보에 공고하는 사항으로서 신청일부터 역산하여 다음 각 호의 구분에 따른 기간까지 공고된 정보로 한다.
  1. 법 제39조 제2항 제1호 및 제2호의 자격의 취소 및 등록의 취소의 경우 : 10년
  2. 법 제39조 제2항 제3호의 업무정지의 경우 : 5년
  3. 법 제39조 제2항 제4호의 견책의 경우 : 1년
④ 협회는 제36조의2 제1항에 따라 열람을 신청한 자에게 열람에 드는 비용을 부담하게 할 수 있다.
⑤ 제1항부터 제4항까지에서 규정한 사항 외에 징계 정보의 열람에 필요한 세부사항은 국토교통부장관이 정하여 고시한다.

3 법 제40조(감정평가관리·징계위원회)

① 다음의 사항을 심의 또는 의결하기 위하여 국토교통부에 감정평가관리·징계위원회(이하 "위원회"라 한다)를 둔다.
    ㉠ 감정평가 관계 법령의 제정·개정에 관한 사항 중 국토교통부장관이 회의에 부치는 사항
    ㉡ 제3조 제5항에 따른 실무기준의 변경에 관한 사항
    ㉢ 제14조에 따른 감정평가사시험에 관한 사항
    ㉣ 제23조에 따른 수수료의 요율 및 실비의 범위에 관한 사항
    ㉤ 제39조에 따른 징계에 관한 사항
    ㉥ 그 밖에 감정평가와 관련하여 국토교통부장관이 회의에 부치는 사항
② 그 밖에 위원회의 구성과 운영 등에 필요한 사항은 대통령령으로 정한다.

감정평가관리·징계위원회의 구성(영 제37조)

① 위원회는 위원장 1명과 부위원장 1명을 포함하여 13명의 위원으로 구성하며, 성별을 고려하여야 한다.
② 위원회의 위원장은 제3항 제2호 또는 제3호의 위원 중에서, 부위원장은 같은 항 제1호의 위원 중에서 국토교통부장관이 위촉하거나 지명하는 사람이 된다.
③ 위원회의 위원은 다음 각 호의 사람이 된다.
   1. 국토교통부의 4급 이상 공무원 중에서 국토교통부장관이 지명하는 사람 3명
   2. 변호사 중에서 국토교통부장관이 위촉하는 사람 2명
   3. 「고등교육법」에 따른 대학에서 토지·주택 등에 관한 이론을 가르치는 조교수 이상으로 재직하고 있거나 재직하였던 사람 중에서 국토교통부장관이 위촉하는 사람 4명
   4. 협회의 장이 소속 상임임원 중에서 추천하여 국토교통부장관이 위촉하는 사람 1명
   5. 한국부동산원장이 소속 상임이사 중에서 추천하여 국토교통부장관이 위촉하는 사람 1명
   6. 감정평가사 자격을 취득한 날부터 10년 이상 지난 감정평가사 중에서 국토교통부장관이 위촉하는 사람 2명
④ 제3항 제2호부터 제6호까지의 위원의 임기는 2년으로 하며, 한 차례만 연임할 수 있다.

위원장의 직무(영 제40조)

① 감정평가관리·징계위원회의 위원장(이하 "위원장"이라 한다)은 위원회를 대표하고, 위원회의 업무를 총괄한다. 〈개정 2022.1.21.〉
② 위원장은 감정평가관리·징계위원회의 회의를 소집하고 그 의장이 된다. 〈개정 2022.1.21.〉
③ 위원장이 부득이한 사유로 직무를 수행할 수 없을 때에는 부위원장이 그 직무를 대행하며, 위원장 및 부위원장이 모두 부득이한 사유로 직무를 수행할 수 없는 때에는 위원장이 지명하는 위원이 그 직무를 대행한다. 다만, 불가피한 사유로 위원장이 직무를 대행할 위원을 지명하지 못할 경우에는 국토교통부장관이 지명하는 위원이 그 직무를 대행한다.

당사자의 출석(영 제41조) 〈개정 2022.1.21.〉

당사자는 감정평가관리·징계위원회에 출석하여 구술 또는 서면으로 자기에게 유리한 사실을 진술하거나 필요한 증거를 제출할 수 있다.

감정평가관리·징계위원회의 의결(영 제42조) 〈개정 2022.1.21.〉

감정평가관리·징계위원회의 회의는 재적위원 과반수의 출석으로 개의(開議)하고, 출석위원 과반수의 찬성으로 의결한다.

제6장 과징금

> **Point 출제포인트**
> ▷ 과징금의 부과
> ▷ 과징금의 징수

1 법 제41조(과징금의 부과)

① 국토교통부장관은 감정평가법인 등 이 제32조 제1항 각 호의 어느 하나에 해당하게 되어 업무정지처분을 하여야 하는 경우로서 그 업무정지처분이 「부동산 가격공시에 관한 법률」 제3조에 따른 표준지공시지가의 공시 등의 업무를 정상적으로 수행하는 데에 지장을 초래하는 등 공익을 해칠 우려가 있는 경우에는 업무정지처분을 갈음하여 5천만원(감정평가법인인 경우는 5억원) 이하의 과징금을 부과할 수 있다.

② 국토교통부장관은 과징금을 부과하는 경우에는 다음의 사항을 고려하여야 한다.
  ㉠ 위반행위의 내용과 정도
  ㉡ 위반행위의 기간과 위반횟수
  ㉢ 위반행위로 취득한 이익의 규모

③ 국토교통부장관은 이 법을 위반한 감정평가법인이 합병을 하는 경우 그 감정평가법인이 행한 위반행위는 합병 후 존속하거나 합병으로 신설된 감정평가법인이 행한 행위로 보아 과징금을 부과·징수할 수 있다.

④ 과징금의 부과기준 등에 필요한 사항은 대통령령으로 정한다.

> **과징금의 부과기준 등(영 제43조)**
> ① 법 제41조에 따른 과징금의 부과기준은 다음 각 호와 같다.
>   1. 위반행위로 인한 [별표 3] 제2호의 개별기준에 따른 업무정지 기간이 1년 이상인 경우 : 법 제41조 제1항에 따른 과징금최고액(이하 "과징금최고액"이라 한다)의 100분의 70 이상을 과징금으로 부과
>   2. 위반행위로 인한 [별표 3] 제2호의 개별기준에 따른 업무정지 기간이 6개월 이상 1년 미만인 경우 : 과징금최고액의 100분의 50 이상 100분의 70 미만을 과징금으로 부과
>   3. 위반행위로 인한 [별표 3] 제2호의 개별기준에 따른 업무정지 기간이 6개월 미만인 경우 : 과징금최고액의 100분의 20 이상 100분의 50 미만을 과징금으로 부과
> ② 제1항에 따라 산정한 과징금의 금액은 법 제41조 제2항 각 호의 사항을 고려하여 그 금액의 2분의 1 범위에서 늘리거나 줄일 수 있다. 다만, 늘리는 경우에도 과징금의 총액은 과징금최고액을 초과할 수 없다.

③ 국토교통부장관은 법 제41조에 따라 과징금을 부과하는 경우에는 위반행위의 종류와 과징금의 금액을 명시하여 서면으로 통지하여야 한다.
④ 제3항에 따라 통지를 받은 자는 통지가 있은 날부터 60일 이내에 국토교통부장관이 정하는 수납기관에 과징금을 납부하여야 한다.

2 법 제42조(이의신청)

① 과징금의 부과에 이의가 있는 자는 이를 통보받은 날부터 30일 이내에 사유서를 갖추어 국토교통부장관에게 이의를 신청할 수 있다.
② 국토교통부장관은 이의신청에 대하여 30일 이내에 결정을 하여야 한다. 다만, 부득이한 사정으로 그 기간에 결정을 할 수 없을 때에는 30일의 범위에서 기간을 연장할 수 있다.
③ 결정에 이의가 있는 자는 「행정심판법」에 따라 행정심판을 청구할 수 있다.

3 법 제43조(과징금 납부기한의 연장과 분할납부) 기출 34회

① 국토교통부장관은 과징금을 부과받은 자(이하 "과징금납부의무자"라 한다)가 다음의 어느 하나에 해당하는 사유로 과징금의 전액을 일시에 납부하기 어렵다고 인정될 때에는 그 납부기한을 연장하거나 분할납부하게 할 수 있다. 이 경우 필요하다고 인정할 때에는 담보를 제공하게 할 수 있다.
  ㉠ 재해 등으로 재산에 큰 손실을 입은 경우
  ㉡ 과징금을 일시에 납부할 경우 자금사정에 큰 어려움이 예상되는 경우
  ㉢ 그 밖에 ㉠이나 ㉡에 준하는 사유가 있는 경우

> **납부기한 연장 등(영 제44조)**
> ① 법 제43조 제1항에 따른 납부기한 연장은 납부기한의 다음 날부터 1년을 초과할 수 없다.
> ② 법 제43조 제1항에 따라 분할납부를 하게 하는 경우 각 분할된 납부기한 간의 간격은 6개월 이내로 하며, 분할 횟수는 3회 이내로 한다.

② 과징금납부의무자가 과징금 납부기한을 연장받거나 분할납부를 하려면 납부기한 10일 전까지 국토교통부장관에게 신청하여야 한다.
③ 국토교통부장관은 납부기한이 연장되거나 분할납부가 허용된 과징금납부의무자가 다음의 어느 하나에 해당할 때에는 납부기한 연장이나 분할납부 결정을 취소하고 과징금을 일시에 징수할 수 있다.
  ㉠ 분할납부가 결정된 과징금을 그 납부기한까지 납부하지 아니하였을 때
  ㉡ 담보의 변경이나 담보 보전에 필요한 국토교통부장관의 명령을 이행하지 아니하였을 때
  ㉢ 강제집행, 경매의 개시, 파산선고, 법인의 해산, 국세나 지방세의 체납처분을 받는 등 과징금의 전부나 나머지를 징수할 수 없다고 인정될 때
  ㉣ 그 밖에 ㉠부터 ㉢까지에 준하는 사유가 있을 때
④ 과징금 납부기한의 연장, 분할납부, 담보의 제공 등에 필요한 사항은 대통령령으로 정한다.

4 법 제44조(과징금의 징수와 체납처분) 기출 34회

① 국토교통부장관은 과징금납부의무자가 납부기한까지 과징금을 납부하지 아니한 경우에는 납부기한의 다음 날부터 과징금을 납부한 날의 전날까지의 기간에 대하여 대통령령으로 정하는 가산금을 징수할 수 있다.

※ "대통령령으로 정하는 가산금"이란 체납된 과징금액에 연 100분의 6을 곱하여 계산한 금액을 말한다. 이 경우 가산금을 징수하는 기간은 60개월을 초과할 수 없다(영 제45조).

② 국토교통부장관은 과징금납부의무자가 납부기한까지 과징금을 납부하지 아니하였을 때에는 기간을 정하여 독촉을 하고, 그 지정한 기간 내에 과징금이나 가산금을 납부하지 아니하였을 때에는 국세 체납처분의 예에 따라 징수할 수 있다.

> **독촉(영 제46조)**
> ① 법 제44조 제2항에 따른 독촉은 납부기한이 지난 후 15일 이내에 서면으로 하여야 한다.
> ② 제1항에 따라 독촉장을 발부하는 경우 체납된 과징금의 납부기한은 독촉장 발부일부터 10일 이내로 한다.

③ 과징금의 징수와 체납처분 절차 등에 필요한 사항은 대통령령으로 정한다.

제7장 보칙 및 벌칙

> **Point 출제포인트**
> ▷ 청문
> ▷ 업무의 위탁

제1절 보칙

1 법 제45조(청문)

국토교통부장관은 다음의 어느 하나에 해당하는 처분을 하려는 경우에는 청문을 실시하여야 한다.
① 제13조 제1항 제1호에 따른 감정평가사 자격의 취소
② 제32조 제1항에 따른 감정평가법인의 설립인가 취소

2 법 제46조(업무의 위탁)

① 이 법에 따른 국토교통부장관의 업무 중 다음의 업무는 「한국부동산원법」에 따른 한국부동산원, 「한국산업인력공단법」에 따른 한국산업인력공단 또는 협회에 위탁할 수 있다. 다만, ⓒ 및 ⓔ에 따른 업무는 협회에만 위탁할 수 있다.
  ⊙ 제8조 제1항에 따른 감정평가 타당성조사 및 같은 조 제4항에 따른 감정평가서에 대한 표본조사와 관련하여 대통령령으로 정하는 업무
  ⓛ 제14조에 따른 감정평가사시험의 관리
  ⓒ 제17조에 따른 감정평가사 등록 및 등록 갱신
  ⓔ 제21조의2에 따른 소속 감정평가사 또는 사무직원의 신고
  ⓜ 그 밖에 대통령령으로 정하는 업무
② ①항에 따라 그 업무를 위탁할 때에는 예산의 범위에서 필요한 경비를 보조할 수 있다.

> **업무의 위탁(영 제47조)** 기출 34회
> ① 국토교통부장관은 법 제46조 제1항에 따라 다음 각 호의 업무를 한국부동산원에 위탁한다. 〈개정 2022.1.21.〉
>   1. 제8조 제1항에 따른 타당성조사를 위한 기초자료 수집 및 감정평가 내용 분석
>   2. 제8조의2에 따른 감정평가서에 대한 표본조사
>   3. 법 제9조에 따른 감정평가 정보체계의 구축·운영

② 국토교통부장관은 법 제46조 제1항에 따라 다음 각 호의 업무를 협회에 위탁한다.
  1. 법 제6조 제3항 및 이 영 제6조에 따른 감정평가서의 원본과 관련 서류의 접수 및 보관
  2. 법 제17조에 따른 감정평가사의 등록 신청과 갱신등록 신청의 접수 및 이 영 제18조에 따른 갱신등록의 사전통지
  3. 삭제 〈2022.1.21.〉
  3의2. 법 제21조의2에 따른 소속 감정평가사 또는 사무직원의 고용 및 고용관계 종료 신고의 접수
  4. 제23조 제2항에 따른 보증보험 가입 통보의 접수
③ 국토교통부장관은 법 제46조 제1항에 따라 법 제14조에 따른 감정평가사시험의 관리 업무를 「한국산업인력공단법」에 따른 한국산업인력공단에 위탁한다.

> **+ 알아보기** 민감정보 및 고유식별정보의 처리(영 제48조)
>
> 국토교통부장관(법 제46조에 따라 국토교통부장관의 업무를 위탁받은 자를 포함한다)은 다음 각 호의 사무를 수행하기 위하여 불가피한 경우 「개인정보 보호법 시행령」 제18조 제2호의 범죄경력자료에 해당하는 정보나 같은 영 제19조 제1호 또는 제4호의 주민등록번호 또는 외국인등록번호가 포함된 자료를 처리할 수 있다.
> 〈개정 2022.1.21.〉
>
>   1. 법 제13조에 따른 감정평가사의 자격 취소에 관한 사무
>   2. 법 제14조에 따른 감정평가사시험에 관한 사무
>   3. 법 제17조에 따른 감정평가사의 실무수습, 교육연수, 등록 및 갱신등록에 관한 사무
>   3의2. 법 제18조에 따른 등록 및 갱신등록의 거부에 관한 사무
>   4. 법 제19조에 따른 감정평가사의 등록 취소에 관한 사무
>   5. 법 제20조에 따른 외국감정평가사의 인가에 관한 사무
>   5의2. 법 제21조의2에 따른 소속 감정평가사 또는 사무직원의 고용 및 고용관계 종료 신고에 관한 사무
>   6. 법 제29조 및 제30조에 따른 감정평가법인의 설립, 정관인가, 합병 및 해산에 관한 사무
>   7. 법 제33조에 따른 협회의 설립인가에 관한 사무
>   8. 법 제38조에 따른 감정평가사 교육·연수에 관한 사무
>   9. 법 제39조에 따른 징계에 관한 사무
>   9의2. 법 제39조의2 제1항에 따른 징계사유의 공고에 관한 사무
>   9의3. 법 제39조의2 제3항에 따른 징계 정보의 제공에 관한 사무
>   10. 제12조 제2항에 따른 감정평가사 자격증 발급에 관한 사무

3 법 제47조(지도·감독)

① 국토교통부장관은 감정평가법인 등 및 협회를 감독하기 위하여 필요할 때에는 그 업무에 관한 보고 또는 자료의 제출, 그 밖에 필요한 명령을 할 수 있으며, 소속 공무원으로 하여금 그 사무소에 출입하여 장부·서류 등을 검사하게 할 수 있다.
② 출입·검사를 하는 공무원은 그 권한을 표시하는 증표를 지니고 이를 관계인에게 내보여야 한다.

4 법 제48조(벌칙 적용에서 공무원 의제)

다음의 어느 하나에 해당하는 사람은 「형법」 제129조부터 제132조까지의 규정을 적용할 때에는 공무원으로 본다.
① 제10조 제1호 및 제2호의 업무를 수행하는 감정평가사
② 제40조에 따른 위원회의 위원 중 공무원이 아닌 위원
③ 제46조에 따른 위탁업무에 종사하는 협회의 임직원

제2절 벌칙

1 벌칙

(1) 3년 이하의 징역 또는 3천만원 이하의 벌금(법 제49조)

① 부정한 방법으로 감정평가사의 자격을 취득한 사람
② 감정평가법인 등이 아닌 자로서 감정평가업을 한 자
③ 구비서류를 거짓으로 작성하는 등 부정한 방법으로 제17조에 따른 등록이나 갱신등록을 한 사람
④ 제18조에 따라 등록 또는 갱신등록이 거부되거나 제13조, 제19조 또는 제39조에 따라 자격 또는 등록이 취소된 사람으로서 제10조의 업무를 한 사람
⑤ 제25조 제1항을 위반하여 고의로 업무를 잘못하거나 같은 조 제6항을 위반하여 제28조의2에서 정하는 유도 또는 요구에 따른 자
⑥ 제25조 제4항을 위반하여 업무와 관련된 대가를 받거나 감정평가 수주의 대가로 금품 또는 재산상의 이익을 제공하거나 제공하기로 약속한 자
⑦ 제28조의2를 위반하여 특정한 가액으로 감정평가를 유도 또는 요구하는 행위를 한 자
⑧ 정관을 거짓으로 작성하는 등 부정한 방법으로 제29조에 따른 인가를 받은 자

(2) 1년 이하의 징역 또는 1천만원 이하의 벌금(법 제50조)

① 제21조 제4항을 위반하여 둘 이상의 사무소를 설치한 사람
② 제21조 제5항 또는 제29조 제9항을 위반하여 소속 감정평가사 외의 사람에게 제10조의 업무를 하게 한 자
③ 제25조 제3항, 제5항 또는 제26조를 위반한 자
④ 제27조 제1항을 위반하여 감정평가사의 자격증·등록증 또는 감정평가법인의 인가증을 다른 사람에게 양도 또는 대여한 자와 이를 양수 또는 대여받은 자
⑤ 제27조 제2항을 위반하여 같은 조 제1항의 행위를 알선한 자

2 법 제50조의2(몰수·추징)

제49조 제6호 및 제50조 제4호의 죄를 지은 자가 받은 금품이나 그 밖의 이익은 몰수한다. 이를 몰수할 수 없을 때에는 그 가액을 추징한다.

3 법 제51조(양벌규정)

법인의 대표자나 법인 또는 개인의 대리인, 사용인, 그 밖의 종업원이 그 법인 또는 개인의 업무에 관하여 제49조 또는 제50조의 위반행위를 하면 그 행위자를 벌하는 외에 그 법인 또는 개인에게도 해당 조문의 벌금형을 부과한다. 다만, 법인 또는 개인이 그 위반행위를 방지하기 위하여 해당 업무에 상당한 주의와 감독을 게을리하지 아니한 경우에는 그러하지 아니하다.

4 법 제52조(과태료)

(1) 500만원 이하의 과태료 기출 34회

사무직원의 규정(법 제24조 제1항)을 위반하여 사무직원을 둔 자에게는 500만원 이하의 과태료를 부과한다. 〈신설 2021.7.20.〉

(2) 400만원 이하의 과태료

다음의 어느 하나에 해당하는 자에게는 400만원 이하의 과태료를 부과한다.
① 제28조 제2항을 위반하여 보험 또는 협회가 운영하는 공제사업에의 가입 등 필요한 조치를 하지 아니한 사람
② 제47조에 따른 업무에 관한 보고, 자료 제출, 명령 또는 검사를 거부·방해 또는 기피하거나 국토교통부장관에게 거짓으로 보고한 자

(3) 300만원 이하의 과태료

다음의 어느 하나에 해당하는 자에게는 300만원 이하의 과태료를 부과한다. 〈신설 2021.7.20.〉
① 제6조 제3항을 위반하여 감정평가서의 원본과 그 관련 서류를 보존하지 아니한 자
② 제22조 제1항을 위반하여 "감정평가사사무소" 또는 "감정평가법인"이라는 용어를 사용하지 아니하거나 같은 조 제2항을 위반하여 "감정평가사", "감정평가사사무소", "감정평가법인" 또는 이와 유사한 명칭을 사용한 자

(4) 150만원 이하의 과태료

다음의 어느 하나에 해당하는 자에게는 150만원 이하의 과태료를 부과한다. 〈신설 2021.7.20.〉
① 제9조 제2항을 위반하여 감정평가 결과를 감정평가 정보체계에 등록하지 아니한 자
② 제13조 제3항, 제19조 제3항 및 제39조 제4항을 위반하여 자격증 또는 등록증을 반납하지 아니한 사람
③ 제28조 제3항을 위반하여 같은 조 제1항에 따른 손해배상사실을 국토교통부장관에게 알리지 아니한 자

(5) 과태료의 부과·징수

과태료는 대통령령으로 정하는 바에 따라 국토교통부장관이 부과·징수한다.

제2편 실전문제

제1장 총칙

01 감정평가 및 감정평가사에 관한 법령상 감정평가의 대상에 해당하지 않는 것은? 기출 18

① 어업권
② 유가증권
③ 도로점용 허가권한
④ 「입목에 관한 법률」에 따른 입목
⑤ 「공장 및 광업재단 저당법」에 따른 공장재단

해설

③ (×) 영 제2조 참고

> **감정평가의 대상이 되는 "대통령령으로 정하는 재산"(영 제2조)**
>
> 다음 각 호의 재산을 말한다.
> 1. 저작권·산업재산권·어업권 (①)·양식업권·광업권 및 그 밖의 물권에 준하는 권리
> 2. 「공장 및 광업재단 저당법」에 따른 공장재단과 광업재단 (⑤)
> 3. 「입목에 관한 법률」에 따른 입목 (④)
> 4. 자동차·건설기계·선박·항공기 등 관계 법령에 따라 등기하거나 등록하는 재산
> 5. 유가증권 (②)

답 ③

제2장 감정평가

01 감정평가 및 감정평가사에 관한 법령상 감정평가법인 등이 토지를 감정평가하는 경우 해당 토지의 임대료, 조성비용 등을 고려하여 감정평가를 할 수 있는 경우가 아닌 것은? 기출 22

① 보험회사의 의뢰에 따른 감정평가
② 신탁회사의 의뢰에 따른 감정평가
③ 「자산재평가법」에 따른 감정평가
④ 법원에 계속 중인 소송을 위한 감정평가 중 보상과 관련된 감정평가
⑤ 금융기관의 의뢰에 따른 감정평가

해설

④ (×) 법원에 계속 중인 소송을 위한 감정평가 중 보상과 관련된 감정평가는 제외한다(영 제3조).

> **기준(법 제3조 제2항)**
> 감정평가법인 등이 「주식회사 등의 외부감사에 관한 법률」에 따른 재무제표 작성 등 기업의 재무제표 작성에 필요한 감정평가와 담보권의 설정·경매 등 대통령령으로 정하는 감정평가를 할 때에는 해당 토지의 임대료, 조성비용 등을 고려하여 감정평가를 할 수 있다.
>
> **토지의 감정평가(영 제3조)**
> 법 제3조 제2항에서 "「주식회사 등의 외부감사에 관한 법률」에 따른 재무제표 작성 등 기업의 재무제표 작성에 필요한 감정평가와 담보권의 설정·경매 등 대통령령으로 정하는 감정평가"란 법 제10조 제3호(「자산재평가법」에 따른 토지 등의 감정평가)·제4호(법원에 계속 중인 소송 또는 경매를 위한 토지 등의 감정평가. 다만, 법원에 계속 중인 소송을 위한 감정평가 중 보상과 관련된 감정평가는 제외한다) 및 제5호(금융기관·보험회사·신탁회사 등 타인의 의뢰에 따른 토지 등의 감정평가)에 따른 감정평가를 말한다.

답 ④

02 감정평가 및 감정평가사에 관한 법령상 감정평가에 관한 설명으로 옳지 않은 것은? 기출 22

① 금융기관이 대출과 관련하여 토지 등의 감정평가를 하려는 경우에는 감정평가법인 등에 의뢰하여야 한다.
② 감정평가법인 등이 해산하거나 폐업하는 경우 시·도지사는 감정평가서의 원본을 발급일부터 5년 동안 보관해야 한다.
③ 국토교통부장관은 감정평가서가 발급된 후 해당 감정평가가 법률에서 정하는 절차와 방법 등에 따라 타당하게 이루어졌는지를 직권으로 조사할 수 있다.
④ 최근 3년 이내에 실시한 감정평가 타당성조사 결과 감정평가의 부실이 발생한 분야에 대해서는 우선추출방식의 표본조사가 실시될 수 있다.
⑤ 감정평가서에 대한 표본조사는 무작위추출방식으로도 할 수 있다.

해설

② (×) 감정평가법인 등이 해산하거나 폐업하는 경우 <u>국토교통부장관은</u> 감정평가서의 원본을 발급일부터 5년 동안 보관해야 한다(영 제6조 제3항 제1호).

> **감정평가서 등의 보존(영 제6조 제3항)** 〈개정 2022.1.21.〉
> 국토교통부장관은 제출받은 감정평가서의 원본과 관련 서류를 다음 각 호의 구분에 따른 기간 동안 보관해야 한다.
>   1. 감정평가서 원본 : 발급일부터 5년
>   2. 감정평가서 관련 서류 : 발급일부터 2년

① (○) 법 제5조 제2항
③ (○) 법 제8조 제1항
④ (○) 영 제8조의2 제1항 제2호
⑤ (○) 영 제8조의2 제1항 제1호

답 ②

03 감정평가 및 감정평가사에 관한 법령상 감정평가에 관한 설명으로 옳지 않은 것은? 기출 25

① 국토교통부장관은 타당성조사의 대상이 되는 감정평가를 한 감정평가사에 대하여 징계처분을 할 수 없어 타당성조사의 실익이 없는 경우에는 조사를 하지 않을 수 있다.
② 감정평가법인은 감정평가서를 의뢰인에게 발급하기 전에 감정평가를 한 소속 감정평가사가 작성한 감정평가서의 적정성을 같은 법인 소속의 다른 감정평가사에게 심사하게 하여야 한다.
③ 국가는 토지 등의 관리를 위하여 토지 등을 감정평가하려는 경우에는 감정평가법인 등에 의뢰하여야 한다.
④ 신탁회사가 자산의 매입·매각·관리를 위하여 감정평가를 의뢰하려는 경우 한국감정평가사협회에 요청하여 추천받은 감정평가법인 등에 감정평가를 의뢰할 수 있다.
⑤ 감정평가법인 등은 감정평가서의 원본을 발급일부터 2년 이상 보존하여야 한다.

해설

⑤ (×) 감정평가법인 등은 감정평가서의 원본을 발급일부터 5년 이상 보존하여야 한다(법 제6조 제3항 전단, 규칙 제3조 제1호).

> **감정평가서(법 제6조 제3항)**
> 감정평가법인 등은 감정평가서의 원본과 그 관련 서류를 국토교통부령으로 정하는 기간 이상 보존하여야 하며, 해산하거나 폐업하는 경우에도 대통령령으로 정하는 바에 따라 보존하여야 한다. 이 경우 감정평가법인 등은 감정평가서의 원본과 그 관련 서류를 이동식 저장장치 등 전자적 기록매체에 수록하여 보존할 수 있다.
>
> **감정평가서 등의 보존(규칙 제3조)**
> 법 제6조 제3항에서 "국토교통부령으로 정하는 기간"이란 다음 각 호의 구분에 따른 기간을 말한다.
>   1. 감정평가서의 원본 : 발급일부터 5년
>   2. 감정평가서의 관련 서류 : 발급일부터 2년

① (○) 영 제8조 제2항 제4호
② (○) 법 제7조 제1항
③ (○) 법 제5조 제1항
④ (○) 법 제5조 제2항, 제3항

답 ⑤

04 감정평가 및 감정평가사에 관한 법령상 감정평가에 관한 설명으로 옳지 않은 것은? 기출수정 기출 20

① 감정평가법인 등이 토지를 감정평가하는 경우 적정한 실거래가가 있는 경우에는 이를 기준으로 할 수 있다.
② 감정평가법인 등이 해산 또는 폐업하는 경우에도 감정평가서 관련 서류를 발급일부터 5년 이상 보존하여야 한다.
③ 국토교통부장관은 감정평가 타당성조사를 할 경우 해당 감정평가를 의뢰한 자에게 의견진술기회를 주어야 한다.
④ 감정평가법인은 감정평가서를 의뢰인에게 발급하기 전에 같은 법인 소속의 다른 감정평가사에게 감정평가서의 적정성을 심사하게 하여야 한다.
⑤ 토지 및 건물의 가격에 관한 정보 및 자료는 감정평가정보체계의 관리대상에 해당한다.

해설

② (×) 원본의 경우는 발급일부터 5년 이상, 관련 서류의 경우는 발급일부터 2년 이상 보관해야 한다(영 제6조 제3항).
① (○) 법 제3조
③ (○) 법 제8조 제2항, 영 제8조 제3항
④ (○) 법 제7조 제1항
⑤ (○) 규칙 제4조 제2호

답 ②

05 감정평가 및 감정평가사에 관한 법령상 감정평가에 관한 설명으로 옳지 않은 것은? 기출수정 기출 17

① 감정평가법인 등은 해산하거나 폐업하는 경우 감정평가서의 원본과 그 관련 서류를 국토교통부장관에게 제출하여야 한다.
② 감정평가법인 등은 감정평가서의 관련 서류를 발급일로부터 5년 이상 보존하여야 한다.
③ 감정평가 의뢰인이 감정평가서를 분실하거나 훼손하여 감정평가서 재발급을 신청한 경우 감정평가법인 등은 정당한 사유가 있을 때를 제외하고는 감정평가서를 재발급하여야 한다.
④ 국가가 토지 등을 경매하기 위하여 감정평가를 의뢰하려고 한국감정평가사협회에 감정평가법인 등의 추천을 요청한 경우 협회는 요청을 받은 날부터 7일 이내에 감정평가법인 등을 추천하여야 한다.
⑤ 유가증권도 감정평가의 대상이 된다.

해설

② (×) 감정평가서 원본은 발급일부터 5년 이상, 감정평가서의 관련 서류는 발급일부터 2년 이상 보관해야 한다(영 제6조 제3항).
① (○) 법 제6조 제3항, 영 제6조 제1항
③ (○) 규칙 제2조 제3항
④ (○) 법 제5조 제3항, 영 제5조 제1항 〈개정 2024.8.20.〉
⑤ (○) 법 제2조 제1호, 영 제2조 제5호

답 ②

06 감정평가 및 감정평가사에 관한 법령상 감정평가법인 등에 관한 설명으로 옳은 것은?

① 감정평가법인 등이 토지를 감정평가 하는 경우에는 그 토지와 이용가치가 비슷하다고 인정되는 토지의 적정한 실거래가를 기준으로 하여야 한다.
② 감정평가법인 등은 감정평가서의 원본을 발급일부터 2년 동안 보존하여야 한다.
③ 감정평가법인 등은 토지의 매매업을 직접 할 수 있다.
④ 감정평가법인 등의 업무수행에 따른 수수료의 요율은 국통교통부장관이 감정평가관리·징계위원회의 심의를 거치지 아니하고 결정할 수 있다.
⑤ 감정평가법인 등이 감정평가서 관련 서류를 보관하는 기간과 국토교통부장관이 감정평가업자의 해산이나 폐업시 제출받은 감정평가서 관련 서류를 보관하는 기간은 동일하다.

해설

⑤ (○) 법 제6조 제3항, 영 제6조 제3항, 규칙 제3조
① (×) 감정평가법인 등이 토지를 감정평가 하는 경우에는 그 토지와 이용가치가 비슷하다고 인정되는 「부동산 가격공시에 관한 법률」에 따른 표준지공시지가를 기준으로 하여야 한다. 다만, 적정한 실거래가가 있는 경우에는 이를 기준으로 할 수 있다(법 제3조 제1항).
② (×) 원본은 발급일부터 5년 이상, 관련 서류는 발급일부터 2년 이상 보관해야 한다(규칙 제3조).
③ (×) 감정평가법인 등은 토지 등의 매매업을 직접 하여서는 아니 된다(법 제25조 제3항).
④ (×) 수수료의 요율 및 실비의 범위는 국토교통부장관이 감정평가관리·징계위원회의 심의를 거쳐 결정한다(법 제23조 제2항).

답 ⑤

제3장 감정평가사

01 감정평가 및 감정평가사에 관한 법령상 감정평가법인 등의 업무에 해당하는 것을 모두 고른 것은?

기출 18

> ㄱ. 법원에 계속 중인 소송 또는 경매를 위한 토지 등의 감정평가에 부수되는 업무
> ㄴ. 금융기관·보험회사·신탁회사 등 타인의 의뢰에 따른 토지 등의 감정평가
> ㄷ. 「자산재평가법」에 따른 토지 등의 감정평가
> ㄹ. 토지 등의 이용 및 개발 등에 대한 조언이나 정보 등의 제공
> ㅁ. 감정평가와 관련된 상담 및 자문

① ㄹ, ㅁ
② ㄱ, ㄴ, ㄷ
③ ㄱ, ㄴ, ㄷ, ㅁ
④ ㄴ, ㄷ, ㄹ, ㅁ
⑤ ㄱ, ㄴ, ㄷ, ㄹ, ㅁ

해설

⑤ (○) ㄱ, ㄴ, ㄷ, ㄹ, ㅁ 모두 해당된다(법 제10조).

> **감정평가법인 등의 업무(법 제10조)**
> 감정평가법인 등은 다음 각 호의 업무를 행한다.
> 1. 「부동산 가격공시에 관한 법률」에 따라 감정평가법인 등이 수행하는 업무
> 2. 「부동산 가격공시에 관한 법률」 제8조 제2호에 따른 목적을 위한 토지 등의 감정평가
> 3. 「자산재평가법」에 따른 토지 등의 감정평가 (ㄷ)
> 4. 법원에 계속 중인 소송 또는 경매를 위한 토지 등의 감정평가 (ㄱ)
> 5. 금융기관·보험회사·신탁회사 등 타인의 의뢰에 따른 토지 등의 감정평가 (ㄴ)
> 6. 감정평가와 관련된 상담 및 자문 (ㅁ)
> 7. 토지 등의 이용 및 개발 등에 대한 조언이나 정보 등의 제공 (ㄹ)
> 8. 다른 법령에 따라 감정평가법인 등이 할 수 있는 토지 등의 감정평가
> 9. 제1호부터 제8호까지의 업무에 부수되는 업무

답 ⑤

02 감정평가 및 감정평가사에 관한 법령상 감정평가사가 될 수 있는 자는? 기출수정 기출 16

① 감정평가사 자격이 취소된 후 3년이 지나지 아니한 사람
② 파산선고를 받은 자로서 복권되지 아니한 사람
③ 금고 이상의 형의 집행유예를 받고 그 유예기간이 만료된 날부터 2년이 지난 사람
④ 금고 이상의 형의 선고유예를 받고 그 선고유예기간 중에 있는 사람
⑤ 감정평가사 자격이 취소된 후 2년이 지나지 아니한 사람

해설

③ (○) 금고 이상의 형의 집행유예를 받고 그 유예기간이 만료된 날부터 1년이 지나지 아니한 사람은 감정평가사가 될 수 없으므로, 지문에 해당하는 자는 감정평가사가 될 수 있다(법 제12조 제4호).

> **결격사유(법 제12조)**
> 다음 각 호의 어느 하나에 해당하는 사람은 감정평가사가 될 수 없다.
> 1. 삭제 〈2021.7.20.〉
> 2. 파산선고를 받은 사람으로서 복권되지 아니한 사람
> 3. 금고 이상의 실형을 선고받고 그 집행이 종료(집행이 종료된 것으로 보는 경우를 포함한다)되거나 그 집행이 면제된 날부터 3년이 지나지 아니한 사람
> 4. 금고 이상의 형의 집행유예를 받고 그 유예기간이 만료된 날부터 1년이 지나지 아니한 사람
> 5. 금고 이상의 형의 선고유예를 받고 그 선고유예기간 중에 있는 사람
> 6. 제13조에 따라 감정평가사 자격이 취소된 후 3년이 지나지 아니한 사람. 다만, 제7호에 해당하는 사람은 제외한다. 〈개정 2023.5.9.〉
> 7. 제39조 제1항 제11호 및 제12호에 따라 자격이 취소된 후 5년이 지나지 아니한 사람

① (×) 법 제12조 제6호
② (×) 법 제12조 제2호
④ (×) 법 제12조 제5호
⑤ (×) 법 제12조 제7호

답 ③

03 감정평가 및 감정평가사에 관한 법령상 감정평가사에 관한 설명으로 옳지 않은 것은? 기출 21

① 감정평가사 결격사유는 감정평가사 등록의 거부사유와 취소사유가 된다.
② 등록한 감정평가사는 5년마다 그 등록을 갱신하여야 한다.
③ 등록한 감정평가사가 징계로 감정평가사 자격이 취소된 후 5년이 지나지 아니한 경우 국토교통부장관은 그 등록을 취소할 수 있다.
④ 감정평가사는 감정평가업을 하기 위하여 1개의 사무소만을 설치할 수 있다.
⑤ 부정한 방법으로 감정평가사 자격을 받은 이유로 그 자격이 취소된 후 3년이 지나지 아니한 사람은 감정평가사가 될 수 없다.

해설

③ (×) 등록한 감정평가사가 징계로 감정평가사 자격이 취소된 후 5년이 지나지 아니한 경우 국토교통부장관은 그 등록을 취소하여야 한다(법 제19조 제1항).

> **등록의 취소(법 제19조 제1항)**
> 국토교통부장관은 제17조에 따라 등록한 감정평가사가 다음 각 호의 어느 하나에 해당하는 경우에는 그 등록을 취소하여야 한다.
> 1. 제12조 각 호의 어느 하나에 해당하는 경우
> 2. 사망한 경우
> 3. 등록취소를 신청한 경우
> 4. 제39조 제2항 제2호에 해당하는 징계를 받은 경우

① (○) 법 제12조, 법 제19조
② (○) 법 제17조 제2항, 영 제18조 제1항
④ (○) 법 제21조 제4항
⑤ (○) 법 제13조 제1항 제1호, 법 제12조 제6호

답 ③

04 감정평가 및 감정평가사에 관한 법령상 감정평가사에 관한 설명으로 옳지 않은 것은? 기출 19

① 감정평가사 자격이 취소된 후 3년이 경과되지 아니한 사람은 감정평가사가 될 수 없다.
② 감정평가사 결격사유는 감정평가사 등록 및 갱신등록의 거부사유가 된다.
③ 감정평가사는 둘 이상의 감정평가법인 또는 감정평가사무소에 소속될 수 없다.
④ 감정평가사 자격이 있는 사람이 국토교통부장관에게 등록하기 위해서는 1년 이상의 실무수습을 마쳐야 한다.
⑤ 감정평가사시험에 합격한 사람은 별도의 연수과정을 마치지 않더라도 감정평가사의 자격이 있다.

해설

④ (×) 1차 시험을 면제받고 감정평가사시험에 합격한 사람인 경우에는 4주 이상의 실무수습을 마치면 된다(영 제15조 제2호).
① (○) 법 제12조 제6호
② (○) 법 제18조 제1항 제1호
③ (○) 법 제25조 제5항
⑤ (○) 법 제11조

답 ④

05 감정평가 및 감정평가사에 관한 법령상 감정평가사의 권리와 의무에 관한 설명으로 옳지 않은 것은? 기출 17

① 감정평가사는 2명 이상의 감정평가사로 구성된 합동사무소를 설치할 수 있다.
② 감정평가사가 감정평가업을 하려는 경우에는 감정평가사무소 개설에 대하여 국토교통부장관의 인가를 받아야 한다.
③ 감정평가사는 감정평가업을 하기 위하여 1개의 사무소만을 설치할 수 있다.
④ 감정평가업자는 토지 등의 매매업을 직접 하여서는 아니 된다.
⑤ 감정평가업자가 손해배상책임을 보장하기 위하여 보증보험에 가입하는 경우 보험가입 금액은 감정평가사 1인당 1억원 이상으로 한다.

해설

② (×) 등록을 한 감정평가사가 감정평가업을 하려는 경우에는 감정평가사사무소를 개설할 수 있다(법 제21조 제1항). 즉 국토교통부장관의 인가사항이 아니다.
① (○) 법 제21조 제3항, 영 제21조 제2항
③ (○) 법 제21조 제4항
④ (○) 법 제25조 제3항
⑤ (○) 법 제28조 제2항, 영 제23조 제3항

답 ②

06 감정평가 및 감정평가사에 관한 법령상 감정평가사의 권리와 의무 등에 관한 설명으로 옳지 않은 것은? 기출수정 기출 20

① 감정평가사합동사무소에 두는 감정평가사의 수는 2명 이상으로 한다.
② 누구든지 감정평가법인 등과 그 사무직원에게 토지 등에 대하여 특정한 가액으로 감정평가를 유도 또는 요구하는 행위를 하여서는 아니 된다.
③ 감정평가업자는 소속 감정평가사의 고용관계가 종료된 때에는 한국부동산원에 신고하여야 한다.
④ 감정평가업자는 고의 또는 중대한 과실로 잘못된 평가를 하여서는 아니 된다.
⑤ 감정평가업자가 감정평가를 하면서 고의 또는 과실로 감정평 당시의 적정가격과 현저한 차이가 있게 감정평가를 함으로써 선의의 제3자에게 손해를 발생하게 하였을 때에는 그 손해를 배상할 책임이 있다.

해설

③ (×) 감정평가법인 등은 소속 감정평가사 또는 사무직원을 고용하거나 고용관계가 종료된 때에는 국토교통부장관에게 신고하여야 한다(법 제21조의2).
① (○) 법 제21조 제3항, 영 제21조 제2항
② (○) 법 제28조의2
④ (○) 법 제25조 제1항
⑤ (○) 법 제28조 제1항

답 ③

07 감정평가 및 감정평가사에 관한 법령상 감정평가사의 권리와 의무에 관한 설명으로 옳지 <u>않은</u> 것은? 기출 21

① 등록을 한 감정평가사가 감정평가업을 하려는 경우에는 국토교통부장관에게 감정평가사사무소의 개설신고를 하여야 한다.
② 감정평가사는 다른 사람에게 자격증·등록증을 양도·대여하여서는 아니 된다.
③ 감정평가사는 2명 이상의 감정평가사로 구성된 감정평가합동사무소를 설치할 수 있다.
④ 감정평가사는 둘 이상의 감정평가법인 또는 감정평가사사무소에 소속될 수 없다.
⑤ 감정평가법인 등은 그 직무의 수행을 보조하기 위하여 피성년후견인을 사무직원으로 둘 수 있다.

해설

⑤ (×) 감정평가법인 등은 그 직무의 수행을 보조하기 위하여 피성년후견인을 사무직원으로 둘 수 없다(법 제24조 제1항 제1호).

> **사무직원(법 제24조 제1항)** 〈개정 2023.5.9.〉
> 감정평가법인 등은 그 직무의 수행을 보조하기 위하여 사무직원을 둘 수 있다. 다만, 다음 각 호의 어느 하나에 해당하는 사람은 사무직원이 될 수 없다.
> 1. 미성년자 또는 피성년후견인·피한정후견인
> 2. 이 법 또는 「형법」 제129조부터 제132조까지, 「특정범죄 가중처벌 등에 관한 법률」 제2조 또는 제3조, 그 밖에 대통령령으로 정하는 법률에 따라 유죄 판결을 받은 사람으로서 다음 각 목의 어느 하나에 해당하는 사람
>   가. 징역 이상의 형을 선고받고 그 집행이 끝나거나 그 집행을 받지 아니하기로 확정된 후 3년이 지나지 아니한 사람
>   나. 징역형의 집행유예를 선고받고 그 유예기간이 지난 후 1년이 지나지 아니한 사람
>   다. 징역형의 선고유예를 받고 그 유예기간 중에 있는 사람
> 3. 제13조에 따라 감정평가사 자격이 취소된 후 1년이 경과되지 아니한 사람. 다만, 제4호 또는 제5호에 해당하는 사람은 제외한다.
> 4. 제39조 제1항 제11호에 따라 자격이 취소된 후 5년이 경과되지 아니한 사람
> 5. 제39조 제1항 제12호에 따라 자격이 취소된 후 3년이 경과되지 아니한 사람
> 6. 제39조에 따라 업무가 정지된 감정평가사로서 그 업무정지 기간이 지나지 아니한 사람

① (○) 법 제21조 제1항
② (○) 법 제27조 제1항
③ (○) 법 제21조 제3항, 영 제21조 제2항
④ (○) 법 제25조 제5항

답 ⑤

08 감정평가 및 감정평가사에 관한 법령상 감정평가법인 등에 관한 설명으로 옳지 않은 것은? 기출 22

① 부정한 방법으로 감정평가사의 자격을 받았다는 사유로 감정평가사 자격이 취소된 후 1년이 경과되지 아니한 사람은 감정평가법인 등의 사무직원이 될 수 없다.
② 감정평가법인은 국토교통부장관의 허가를 받아 토지 등의 매매업을 직접 할 수 있다.
③ 감정평가법인 등이나 그 사무직원은 업무수행에 따른 수수료와 실비 외에는 어떠한 명목으로도 그 업무와 관련된 대가를 받아서는 아니 된다.
④ 감정평가사가 고의 또는 중대한 과실 없이 감정평가서의 적정성을 잘못 심사한 것은 징계사유가 아니다.
⑤ 한국감정평가사협회는 감정평가를 의뢰하려는 자가 해당 감정평가사에 대한 징계 사실을 확인하기 위하여 징계 정보의 열람을 신청하는 경우에는 그 정보를 제공하여야 한다.

해설

② (×) 감정평가법인은 국토교통부장관의 허가를 받아 토지 등의 매매업을 직접 할 수 없다(법 제25조 제3항).
① (○) 법 제24조 제1항 제3호
③ (○) 법 제25조 제4항
④ (○) 법 제39조 제1항 제3의2호
⑤ (○) 법 제39조의2 제3항

 ②

09 감정평가 및 감정평가사에 관한 법령상 감정평가법인 등(감정평가법인 또는 감정평가사사무소의 소속 감정평가사를 포함한다)의 의무에 관한 설명으로 옳은 것은? 기출 18

① 자신이 소유한 토지에 대하여 감정평가를 하기 위해서는 국토교통부장관의 허가를 받아야 한다.
② 감정평가업무와 관련하여 필요한 경우에만 국토교통부장관의 허가를 받아 토지의 매매업을 직접 할 수 있다.
③ 감정평가업무의 경쟁력 강화를 위해 필요한 경우 감정평가 수주의 대가로 일정한 재산상의 이익을 제공할 수 있다.
④ 신의와 성실로써 공정하게 감정평가를 하여야 하며, 고의 또는 중대한 과실로 잘못된 평가를 하여서는 아니 된다.
⑤ 공익을 위해 필요한 경우에는 다른 사람에게 자기의 자격증을 대여할 수 있다.

> [해설]

④ (○) 법 제25조 제1항
① (×) 감정평가법인 등은 자기 또는 친족 소유, 그 밖에 불공정하게 제10조에 따른 업무(감정평가법인 등의 업무)를 수행할 우려가 있다고 인정되는 토지 등에 대해서는 그 업무를 수행하여서는 아니 된다(법 제25조 제2항).
② (×) 감정평가법인 등은 토지 등의 매매업을 직접 하여서는 아니 된다(법 제25조 제3항).
③ (×) 감정평가법인 등이나 그 사무직원은 수수료와 실비 외에는 어떠한 명목으로도 그 업무와 관련된 대가를 받아서는 아니 되며, 감정평가 수주의 대가로 금품 또는 재산상의 이익을 제공하거나 제공하기로 약속하여서는 아니 된다(법 제25조 제4항).
⑤ (×) 감정평가사 또는 감정평가법인 등은 다른 사람에게 자기의 성명 또는 상호를 사용하여 제10조에 따른 업무를 수행하게 하거나 자격증·등록증 또는 인가증을 양도·대여하거나 이를 부당하게 행사하여서는 아니 된다(법 제27조 제1항).

답 ④

---

10 감정평가 및 감정평가사에 관한 법령상 감정평가법인에 관한 설명으로 옳은 것을 모두 고른 것은?

기출수정 | 기출 16

> ㄱ. 감정평가법인에는 5명 이상의 감정평가사를 두어야 한다.
> ㄴ. 감정평가법인의 주사무소에 주재하는 최소 감정평가사의 수는 3명이고, 분사무소에 주재하는 최소 감정평가사의 수는 2명이다.
> ㄷ. 감정평가법인이 해산하고자 할 때에는 국토교통부장관의 인가를 받아야 한다.
> ㄹ. 감정평가법인에 관하여 이 법에서 정한 사항을 제외하고는 「상법」 중 회사에 관한 규정을 준용한다.

① ㄱ, ㄴ
② ㄱ, ㄷ
③ ㄱ, ㄹ
④ ㄴ, ㄷ
⑤ ㄴ, ㄹ

> [해설]

ㄱ. (○) 감정평가법인과 그 주사무소(主事務所) 및 분사무소(分事務所)에는 대통령령으로 정하는 수(5명) 이상의 감정평가사를 두어야 한다(법 제29조 제4항, 영 제24조 제3항).
ㄴ. (×) 감정평가법인의 주사무소 및 분사무소에 주재하는 최소 감정평가사의 수는 주사무소 2명, 분사무소 2명이다(영 제24조 제4항).
ㄷ. (×) 감정평가법인이 해산한 때에는 국토교통부령으로 정하는 바에 따라 이를 국토교통부장관에게 신고하여야 한다(법 제30조 제2항).
ㄹ. (○) 감정평가법인에 관하여 이 법에서 정한 사항을 제외하고는 「상법」 중 회사에 관한 규정을 준용한다(법 제29조 제13항).

답 ③

11 감정평가 및 감정평가사에 관한 법령상 감정평가법인에 관한 설명으로 옳은 것은? 기출 19

① 감정평가법인의 주사무소 및 분사무소에 주재하는 감정평가사가 각각 3명이면 설립기준을 충족하지 못한다.
② 감정평가법인을 해산하려는 경우에는 국토교통부장관의 인가를 받아야 한다.
③ 감정평가법인은 사원 전원의 동의 또는 주주총회의 의결이 있는 때에는 국토교통부장관의 인가를 받아 다른 감정평가법인과 합병할 수 있다.
④ 자본금 미달은 감정평가법인의 해산 사유에 해당한다.
⑤ 국토교통부장관은 감정평가업자가 업무정지처분 기간 중에 법원에 계속 중인 소송 또는 경매를 위한 토지 등의 감정평가업무를 한 경우 가중하여 업무의 정지를 명할 수 있다.

해설

③ (○) 법 제29조 제8항
① (×) 감정평가법인과 그 주사무소 및 분사무소에는 대통령령으로 정하는 수(5명) 이상의 감정평가사를 두어야 하며, 주사무소와 분사무소에 주재하는 최소 감정평가사의 수는 각각 2명이다. 그러므로 지문의 경우 설립기준을 충족한다(법 제29조 제4항, 영 제24조 제3항).
② (×) 감정평가법인을 해산하려는 경우에는 국토교통부장관에게 신고하여야 한다(법 제30조 제2항).
④ (×) 자본금 미달은 해산 사유에 해당하지 않는다. 감정평가법인은 직전 사업연도 말 재무상태표의 자산총액에서 부채총액을 차감한 금액이 2억원에 미달하면 미달한 금액을 매 사업연도가 끝난 후 6개월 이내에 사원의 증여로 보전하거나 증자하여야 한다(법 제31조 제2항).
⑤ (×) 국토교통부장관은 감정평가업자가 업무정지처분 기간 중에 법원에 계속 중인 소송 또는 경매를 위한 토지 등의 감정평가업무를 한 경우 설립인가를 취소하여야 한다(법 제32조 제1항 제2호).

답 ③

12 감정평가 및 감정평가사에 관한 법령상 감정평가법인에 관한 설명으로 옳지 않은 것은? 기출 21

① 감정평가법인은 토지 등의 이용 및 개발 등에 대한 조언이나 정보 등의 제공을 행한다.
② 감정평가법인은 토지 등의 매매업을 직접 하여서는 아니 된다.
③ 감정평가법인이 합병으로 해산한 때에는 이를 국토교통부장관에게 신고하여야 한다.
④ 국토교통부장관은 감정평가법인이 업무정지처분 기간 중에 감정평가업무를 한 경우에는 그 설립인가를 취소할 수 있다.
⑤ 감정평가법인의 자본금은 2억원 이상이어야 한다.

해설

④ (×) 국토교통부장관은 감정평가법인이 업무정지처분 기간 중에 감정평가업무를 한 경우에는 그 설립인가를 취소하여야 한다(법 제32조 제1항 제2호).

> **인가취소 등(법 제32조 제1항)**
> 국토교통부장관은 감정평가법인 등이 다음 각 호의 어느 하나에 해당하는 경우에는 그 설립인가를 취소(제29조에 따른 감정평가법인에 한정한다)하거나 2년 이내의 범위에서 기간을 정하여 업무의 정지를 명할 수 있다. 다만, 제2호 또는 제7호에 해당하는 경우에는 그 설립인가를 취소하여야 한다.
> 2. 감정평가법인 등이 업무정지처분 기간 중에 제10조에 따른 업무를 한 경우
> 7. 감정평가법인 등이 제21조 제3항이나 제29조 제3항에 따른 감정평가사의 수에 미달한 날부터 3개월 이내에 감정평가사를 보충하지 아니한 경우

① (○) 법 제10조 제7호
② (○) 법 제25조 제3항
③ (○) 법 제30조 제2항
⑤ (○) 법 제31조 제1항

답 ④

13 감정평가 및 감정평가사에 관한 법령상 감정평가법인에 관한 설명으로 옳지 않은 것은? 기출 24

① 감정평가법인은 전체 사원 또는 이사의 100분의 90 이상을 감정평가사로 두어야 한다.
② 국토교통부장관은 감정평가법인 등이 장부 등의 검사를 거부 또는 방해한 경우에는 그 설립인가를 취소할 수 있다.
③ 감정평가법인 등은 토지 등의 매매업을 직접 하여서는 아니 된다.
④ 감정평가법인의 자본금은 2억원 이상이어야 한다.
⑤ 감정평가법인의 대표사원 또는 대표이사는 감정평가사여야 한다.

해설

② (×) 국토교통부장관은 감정평가법인 등이 장부 등의 검사를 거부 또는 방해한 경우에는 업무정지처분을 할 수 있다(법 제32조 제1항 제16호 나목, 영 제29조, [별표 3]).

- 1차 위반 : 업무정지 1개월
- 2차 위반 : 업무정지 3개월
- 3차 이상 위반 : 업무정지 6개월

① (○) 법 제29조 제2항, 영 제24조 제1항
③ (○) 법 제25조 제3항
④ (○) 법 제31조 제1항
⑤ (○) 법 제29조 제3항

답 ②

14

감정평가 및 감정평가사에 관한 법령상 국토교통부장관이 감정평가법인 등의 설립인가를 반드시 취소하여야 하는 사유를 모두 고른 것은? 기출 25

> ㄱ. 감정평가법인 등이 업무정지처분 기간 중에 감정평가와 관련된 상담 및 자문을 한 사실이 1차례 적발된 경우
> ㄴ. 국토교통부령으로 정한 감정평가법인 등이 준수하여야 할 원칙과 기준을 위반하여 감정평가한 사실이 2차례 적발된 경우
> ㄷ. 감정평가법인이 해당 법인의 소속 감정평가사 외의 사람에게 토지 등의 이용 및 개발 등에 대한 조언이나 정보제공한 사실이 3차례 적발된 경우

① ㄱ
② ㄴ
③ ㄱ, ㄷ
④ ㄴ, ㄷ
⑤ ㄱ, ㄴ, ㄷ

해설

ㄱ. **[절대적 설립인가 취소]** 법 제32조 제1항 단서, 영 제29조, [별표 3] 제2호 개별기준 나목
ㄴ. **[업무정지 2개월]** 영 제29조, [별표 3] 제2호 개별기준 마목
ㄷ. **[업무정지 1년]** 영 제29조, [별표 3] 제2호 개별기준 자목

[별표 3] 감정평가법인 등의 설립인가 취소와 업무정지의 기준(영 제29조 관련) ⟨개정 2024.8.20.⟩

2. 개별기준

위반행위	근거법조문	1차 위반	2차 위반	3차 이상 위반
나. 감정평가법인 등이 업무정지처분기간 중에 법 제10조에 따른 업무를 한 경우	법 제32조 제1항 제2호	설립인가 취소		
마. 법 제3조 제3항에 따른 원칙과 기준을 위반하여 감정평가를 한 경우	법 제32조 제1항 제5호	업무정지 1개월	업무정지 2개월	업무정지 4개월
자. 법 제21조 제5항이나 법 제29조 제9항을 위반하여 해당 감정평가사외의 사람에게 법 제10조에 따른 업무를 하게 한 경우	법 제32조 제1항 제9호	업무정지 3개월	업무정지 6개월	업무정지 1년

답 ①

제4장 한국감정평가사협회

01 감정평가 및 감정평가사에 관한 법령상 한국감정평가사협회에 관한 내용으로 옳지 않은 것은?

① 감정평가법인 등과 그 소속 감정평가사는 협회에 회원으로 가입하여야 하며, 그 밖의 감정평가사는 협회의 회원으로 가입할 수 있다.
② 협회는 국가 등에 대하여 필요한 경우 감정평가의 관리·감독·의뢰 등과 관련한 업무의 개선을 건의할 수 있다.
③ 협회는 회칙으로 정하는 바에 따라 공제사업을 운영할 수 있다.
④ 협회는 국토교통부장관의 허가를 받아 주된 사무소의 소재지에서 설립등기를 함으로써 성립한다.
⑤ 협회는 법인으로 한다.

해설

④ (×) 한국감정평가사협회는 국토교통부장관의 인가를 받아 주된 사무소의 소재지에서 설립등기를 함으로써 성립한다(법 제33조 제3항).
① (○) 법 제35조 제1항
② (○) 법 제37조 제3항
③ (○) 법 제33조 제4항
⑤ (○) 법 제33조 제2항

답 ④

제5장　징계

01 감정평가 및 감정평가사에 관한 법령상 감정평가사의 징계사유에 해당하지 않는 것은?

기출수정　기출 20

① 등록을 한 감정평가사가 감정평가사사무소의 개설신고를 하지 아니하고 감정평가업을 한 경우
② 수수료의 요율 및 실비에 관한 기준을 지키지 아니한 경우
③ 토지 등의 매매업을 직접 한 경우
④ 친족 소유 토지 등에 대해서 감정평가한 경우
⑤ 직무와 관련하여 금고 이상의 형을 선고받아(집행유예를 선고받은 경우를 제외) 그 형이 확정된 경우

해설

⑤ (×) 감정평가사의 직무와 관련하여 금고 이상의 형을 선고받아(집행유예를 선고받은 경우를 포함한다) 그 형이 확정된 경우이다(법 제39조 제1항 제11호). 〈개정 2023.5.9.〉

답 ⑤

02 감정평가 및 감정평가사에 관한 법령상 감정평가사에 대한 징계사유에 해당하지 않는 것은? (단, 다른 조건은 고려하지 않음) 기출 25

① 감정평가사가 2개의 사무소를 설치하여 감정평가업을 한 경우
② 감정평가사가 직무와 관련하여 금고 이상의 형의 집행유예를 선고받아 그 형이 확정된 경우
③ 감정평가사가 손해배상책임을 보장하기 위한 보증보험 또는 공제사업에 가입하지 않은 경우
④ 감정평가사가 감정평가사무소에 출입하여 장부나 서류 등을 검사하는 국토교통부 소속 공무원의 검사를 거부한 경우
⑤ 감정평가사가 등록일로부터 5년이 경과되어도 갱신등록을 하지 아니하고 감정평가와 관련된 상담 및 자문을 행한 경우

> 해설

③ (×) 손해배상책임을 보장하기 위한 보증보험 또는 공제사업에 가입할 의무는 감정평가법인 등에게 있고(법 제28조 제2항), 이는 감정평가사에 대한 징계사유에 해당하지 않는다(법 제39조 제1항 참조).

징계(법 제39조 제1항)

국토교통부장관은 감정평가사가 다음 각 호의 어느 하나에 해당하는 경우에는 제40조에 따른 감정평가관리·징계위원회의 의결에 따라 제2항 각 호의 어느 하나에 해당하는 징계를 할 수 있다. 다만, 제2항 제1호에 따른 징계는 제11호, 제12호에 해당하는 경우 및 제27조를 위반하여 다른 사람에게 자격증·등록증 또는 인가증을 양도 또는 대여한 경우에만 할 수 있다.

1. 제3조 제1항을 위반하여 감정평가를 한 경우
2. 제3조 제3항에 따른 원칙과 기준을 위반하여 감정평가를 한 경우
3. 제6조에 따른 감정평가서의 작성·발급 등에 관한 사항을 위반한 경우
3의2. 제7조 제2항을 위반하여 고의 또는 중대한 과실로 잘못 심사한 경우
4. 업무정지처분 기간에 제10조에 따른 업무를 하거나 업무정지처분을 받은 소속 감정평가사에게 업무정지처분 기간에 제10조에 따른 업무를 하게 한 경우
5. 제17조 제1항 또는 제2항에 따른 등록이나 갱신등록을 하지 아니하고 제10조에 따른 업무를 수행한 경우
6. 구비서류를 거짓으로 작성하는 등 부정한 방법으로 제17조 제1항 또는 제2항에 따른 등록이나 갱신등록을 한 경우
7. 제21조를 위반하여 감정평가업을 한 경우
8. 제23조 제3항을 위반하여 수수료의 요율 및 실비에 관한 기준을 지키지 아니한 경우
9. 제25조, 제26조 또는 제27조를 위반한 경우
10. 제47조에 따른 지도와 감독 등에 관하여 다음 각 목의 어느 하나에 해당하는 경우
    가. 업무에 관한 사항의 보고 또는 자료의 제출을 하지 아니하거나 거짓으로 보고 또는 제출한 경우
    나. 장부나 서류 등의 검사를 거부 또는 방해하거나 기피한 경우
11. 감정평가사의 직무와 관련하여 금고 이상의 형을 선고받아(집행유예를 선고받은 경우를 포함한다) 그 형이 확정된 경우
12. 이 법에 따라 업무정지 1년 이상의 징계처분을 2회 이상 받은 후 다시 제1항에 따른 징계사유가 있는 사람으로서 감정평가사의 직무를 수행하는 것이 현저히 부당하다고 인정되는 경우

① (○) 법 제39조 제1항 본문 제7호 징계사유에 해당한다.
② (○) 법 제39조 제1항 본문 제11호 징계사유에 해당한다.
④ (○) 법 제39조 제1항 본문 제10호 나목의 징계사유에 해당한다.
⑤ (○) 법 제39조 제1항 본문 제5호 징계사유에 해당한다.

답 ③

03

감정평가 및 감정평가사에 관한 법령상 감정평가사에 대한 징계의 종류에 해당하지 않는 것은?

기출 17

① 자격의 취소
② 등록의 취소
③ 경고
④ 2년 이하의 업무정지
⑤ 견책

해설

③ (×) 법 제39조 제2항 참조

> **감정평가사에 대한 징계의 종류(법 제39조 제2항)**
> 1. 자격의 취소
> 2. 등록의 취소
> 3. 2년 이하의 업무정지
> 4. 견책

답 ③

04

감정평가 및 감정평가사에 관한 법령상 감정평가사에 대한 징계의 종류가 아닌 것은? 기출 24

① 견책
② 자격의 취소
③ 2년 이하의 업무정지
④ 등록의 취소
⑤ 6개월 이하의 자격의 정지

해설

⑤ (×) 법 제39조 제2항 참조

답 ⑤

05 감정평가 및 감정평가사에 관한 법령상 감정평가사에 관한 설명으로 옳지 않은 것은? 기출 24

① 감정평가사는 감정평가업을 하기 위하여 1개의 사무소만을 설치할 수 있다.
② 견책을 받은 감정평가사는 감정평가사 교육연수의 대상자에 포함된다.
③ 국유재산을 관리하는 기관에서 5년 이상 감정평가와 관련된 업무에 종사한 사람에 대해서는 감정평가사시험 중 제1차 시험을 면제한다.
④ 국토교통부장관은 등록한 감정평가사가 파산선고를 받고 복권되지 아니한 경우에는 그 등록을 취소하여야 한다.
⑤ 등록한 감정평가사는 5년마다 그 등록을 갱신하여야 한다.

해설

② (×) 교육연수의 대상자는 '등록의 취소' 및 '2년 이하의 업무정지'의 징계를 받은 감정평가사로 한다(영 제16조의2 제1항).
① (○) 법 제21조 제4항
③ (○) 법 제15조 제1항
④ (○) 법 제19조 제1항 제1호, 법 제12조 제1항 제2호
⑤ (○) 영 제18조 제1항

답 ②

제6장 과징금

01 감정평가 및 감정평가사에 관한 법령상 과징금에 관한 설명이다. ( )에 들어갈 내용을 순서대로 나열한 것은? 기출 23

- 감정평가법인에 대한 과징금부과처분의 경우 과징금최고액은 ( )원이다.
- 과징금납부의무자가 과징금을 분할납부하려면 납부기한 ( )일 전까지 국토교통부장관에게 신청하여야 한다.
- 과징금을 납부기한까지 납부하지 아니한 경우에는 납부기한의 다음 날부터 과징금을 ( )까지의 기간에 대하여 가산금을 징수할 수 있다.

① 3억, 10, 납부한 날의 전날
② 3억, 30, 납부한 날
③ 5억, 10, 납부한 날의 전날
④ 5억, 10, 납부한 날
⑤ 5억, 30, 납부한 날의 전날

해설

- 감정평가법인에 대한 과징금부과처분의 경우 과징금최고액은 (**5억**)원이다(법 제41조 제1항).
- 과징금납부의무자가 과징금을 분할납부하려면 납부기한 (**10**)일 전까지 국토교통부장관에게 신청하여야 한다(법 제43조 제2항).
- 과징금을 납부기한까지 납부하지 아니한 경우에는 납부기한의 다음 날부터 과징금을 (**납부한 날의 전날**)까지의 기간에 대하여 가산금을 징수할 수 있다(법 제44조 제1항).

답 ③

02 감정평가 및 감정평가사에 관한 법령상 과징금에 관한 설명이다. 다음 ( ) 안에 알맞은 것은?

> 국토교통부장관은 감정평가법인 등의 위반행위에 대해 업무정지처분을 하여야 하는 경우로서 그 업무정지처분이 표준지공시지가의 조사·평가 등의 업무의 정상적인 수행에 지장을 초래하는 등 공익을 해칠 우려가 있는 경우에는 업무정지처분에 갈음하여 (ㄱ) 이하, 감정평가법인인 경우는 (ㄴ) 이하의 과징금을 부과할 수 있다.

① ㄱ : 5천만원,　ㄴ : 5억원
② ㄱ : 5천만원,　ㄴ : 10억원
③ ㄱ : 7천만원,　ㄴ : 7억원
④ ㄱ : 1억원,　　ㄴ : 5억원
⑤ ㄱ : 1억원,　　ㄴ : 10억원

해설

① (○) ㄱ : 5천만원, ㄴ : 5억원

> **과징금의 부과(법 제41조 제1항)**
> 국토교통부장관은 감정평가법인 등이 제32조 제1항 각 호의 어느 하나에 해당하게 되어 업무정지처분을 하여야 하는 경우로서 그 업무정지처분이「부동산 가격공시에 관한 법률」제3조에 따른 표준지공시지가의 공시 등의 업무를 정상적으로 수행하는 데에 지장을 초래하는 등 공익을 해칠 우려가 있는 경우에는 업무정지처분을 갈음하여 **5천만원(감정평가법인인 경우는 5억원)** 이하의 과징금을 부과할 수 있다.

답 ①

제7장 보칙 및 벌칙

01 감정평가 및 감정평가사에 관한 법령상 국토교통부장관이 협회에 위탁할 수 있는 업무에 해당되는 것을 모두 고른 것은?

ㄱ. 타당성조사를 위한 기초자료 수집
ㄴ. 감정평가서에 대한 표본조사
ㄷ. 감정평가사의 등록 신청과 갱신등록 신청의 접수
ㄹ. 감정평가서의 원본과 관련 서류의 접수 및 보관
ㅁ. 감정평가 정보체계의 구축·운영

① ㄱ, ㄴ
② ㄱ, ㄴ
③ ㄴ, ㄷ
④ ㄷ, ㄹ
⑤ ㄷ, ㄹ, ㅁ

해설

ㄱ. (×) 타당성조사를 위한 기초자료 수집 → **한국부동산원에 위탁**(영 제47조 제1항 제1호)
ㄴ. (×) 감정평가서에 대한 표본조사 → **한국부동산원에 위탁**(영 제47조 제1항 제2호)
ㄷ. (○) 감정평가사의 등록 신청과 갱신등록 신청의 접수(영 제47조 제2항 제2호)
ㄹ. (○) 감정평가서의 원본과 관련 서류의 접수 및 보관(영 제47조 제2항 제1호)
ㅁ. (×) 감정평가 정보체계의 구축·운영 → **한국부동산원에 위탁**(영 제47조 제1항 제3호)

답 ④

02 감정평가 및 감정평가사에 관한 법령상 국토교통부장관이 한국부동산원에 위탁한 것이 아닌 것은?

기출 23

① 감정평가서에 대한 표본조사
② 감정평가서의 원본과 관련 서류의 보관
③ 감정평가 타당성조사를 위한 기초자료 수집
④ 감정평가 정보체계의 구축
⑤ 감정평가 정보체계의 운영

> 해설

② (×) 감정평가서의 원본과 관련 서류의 접수 및 보관은 협회에 위탁한다(영 제47조 제2항).

업무의 위탁(영 제47조)	
한국부동산원에 위탁	1. 타당성조사를 위한 기초자료 수집 및 감정평가 내용 분석 2. 감정평가서에 대한 표본조사 3. 감정평가 정보체계의 구축 · 운영
협회에 위탁	1. <u>감정평가서의 원본과 관련 서류의 접수 및 보관</u> 2. 감정평가사의 등록 신청과 갱신등록 신청의 접수 및 갱신등록의 사전통지 3. 소속 감정평가사 또는 사무직원의 고용 및 고용관계 종료 신고의 접수 4. 보증보험 가입 통보의 접수

답 ②

03 감정평가 및 감정평가사에 관한 법령상 과태료의 부과 대상은? 기출 23

CHECK
○△×

① 감정평가법인 등이 아닌 자로서 감정평가업을 한 자
② 사무직원이 될 수 없는 자를 사무직원으로 둔 감정평가법인
③ 둘 이상의 감정평가사사무소를 설치한 사람
④ 구비서류를 거짓으로 작성하여 감정평가사 등록을 한 사람
⑤ 감정평가사 자격증 대여를 알선한 자

> 해설

② (○) 감정평가법인의 사무직원 규정(법 제24조 제1항)을 위반하여 사무직원을 둔 자에게는 <u>500만원 이하의 과태료를 부과</u>한다(법 제52조 제1항).
① · ④ (×) 3년 이하의 징역 또는 3천만원 이하의 벌금
③ · ⑤ (×) 1년 이하의 징역 또는 1천만원 이하의 벌금

답 ②

제3편
부동산 가격공시에 관한 법률

2026 시대에듀 감정평가사 따 감정평가관계법규

제1장   총 칙
제2장   지가의 공시
제3장   주택가격의 공시
제4장   비주거용 부동산가격의 공시
제5장   부동산가격공시위원회
제6장   보 칙

제1장 총칙

> **Point 출제포인트**
> ▷ 용어의 정의
> ▷ 비주거용 부동산
> ▷ 적정가격

1 법 제1조(목적)

이 법은 부동산의 적정가격(適正價格) 공시에 관한 기본적인 사항과 부동산 시장·동향의 조사·관리에 필요한 사항을 규정함으로써 부동산의 적정한 가격형성과 각종 조세·부담금 등의 형평성을 도모하고 국민경제의 발전에 이바지함을 목적으로 한다.

2 법 제2조(정의)

이 법에서 사용하는 용어의 뜻은 다음과 같다.

(1) 주 택

「주택법」 제2조 제1호에 따른 주택을 말한다. 즉 "주택"이란 세대(世帶)의 구성원이 장기간 독립된 주거생활을 할 수 있는 구조로 된 건축물의 전부 또는 일부 및 그 부속토지를 말하며, 단독주택과 공동주택으로 구분한다.

(2) 공동주택

「주택법」 제2조 제3호에 따른 공동주택을 말한다. 즉 "공동주택"이란 건축물의 벽·복도·계단이나 그 밖의 설비 등의 전부 또는 일부를 공동으로 사용하는 각 세대가 하나의 건축물 안에서 각각 독립된 주거생활을 할 수 있는 구조로 된 주택을 말한다.

(3) 단독주택

공동주택을 제외한 주택을 말한다.

(4) 비주거용 부동산

주택을 제외한 건축물이나 건축물과 그 토지의 전부 또는 일부를 말하며 다음과 같이 구분한다.
① 비주거용 집합부동산 : 「집합건물의 소유 및 관리에 관한 법률」에 따라 구분소유되는 비주거용 부동산
② 비주거용 일반부동산 : ①항을 제외한 비주거용 부동산

(5) 적정가격

토지, 주택 및 비주거용 부동산에 대하여 통상적인 시장에서 정상적인 거래가 이루어지는 경우 성립될 가능성이 가장 높다고 인정되는 가격을 말한다.

제2장 지가의 공시

> **Point 출제포인트**
> ▷ 표준지공시지가의 공시방법
> ▷ 표준지공시지가의 평가
> ▷ 표준지공시지가의 공시사항
> ▷ 표준지공시지가의 효력
> ▷ 표준지공시지가의 조사·평가보고서
> ▷ 표준지공시지가 조사·평가의 의뢰
> ▷ 개별공시지가의 결정·공시
> ▷ 개별공시지가의 정정
> ▷ 개별공시지가의 검증

제1절 표준지공시지가

1 법 제3조(표준지공시지가의 조사·평가 및 공시 등) 기출 30회·32회·33회

① 국토교통부장관은 토지이용상황이나 주변 환경, 그 밖의 자연적·사회적 조건이 일반적으로 유사하다고 인정되는 일단의 토지 중에서 선정한 표준지에 대하여 매년 공시기준일 현재의 단위면적당 적정가격(이하 "표준지공시지가"라 한다)을 조사·평가하고, 중앙부동산가격공시위원회의 심의를 거쳐 이를 공시하여야 한다.

표준지의 선정(영 제2조)
① 국토교통부장관은 「부동산 가격공시에 관한 법률」(이하 "법"이라 한다) 제3조 제1항에 따라 표준지를 선정할 때에는 일단(一團)의 토지 중에서 해당 일단의 토지를 대표할 수 있는 필지의 토지를 선정하여야 한다.
② 법 제3조 제1항에 따른 표준지 선정 및 관리에 필요한 세부기준은 법 제24조에 따른 중앙부동산가격공시위원회(이하 "중앙부동산가격공시위원회"라 한다)의 심의를 거쳐 국토교통부장관이 정한다.

표준지공시지가의 공시기준일(영 제3조)
법 제3조 제1항에 따른 표준지공시지가(이하 "표준지공시지가"라 한다)의 공시기준일은 1월 1일로 한다. 다만, 국토교통부장관은 표준지공시지가 조사·평가인력 등을 고려하여 부득이하다고 인정하는 경우에는 일부 지역을 지정하여 해당 지역에 대한 공시기준일을 따로 정할 수 있다.

표준지공시지가의 공시방법(영 제4조)

① 국토교통부장관은 법 제3조 제1항에 따라 표준지공시지가를 공시할 때에는 다음 각 호의 사항을 관보에 공고하고, 표준지공시지가를 국토교통부가 운영하는 부동산공시가격시스템(이하 "부동산공시가격시스템"이라 한다)에 게시하여야 한다.
  1. 법 제5조 각 호의 사항의 개요
  2. 표준지공시지가의 열람방법
  3. 이의신청의 기간·절차 및 방법
② 국토교통부장관은 필요하다고 인정하는 경우에는 표준지공시지가와 이의신청의 기간·절차 및 방법을 표준지 소유자(소유자가 여러 명인 경우에는 각 소유자를 말한다)에게 개별 통지할 수 있다.
③ 국토교통부장관은 제2항에 따른 통지를 하지 아니하는 경우에는 제1항에 따른 공고 및 게시사실을 방송·신문 등을 통하여 알려 표준지 소유자가 표준지공시지가를 열람하고 필요한 경우에는 이의신청을 할 수 있도록 하여야 한다.

② 국토교통부장관은 표준지공시지가를 공시하기 위하여 표준지의 가격을 조사·평가할 때에는 <u>대통령령으로 정하는 바</u>에 따라 해당 토지 소유자의 의견을 들어야 한다.

표준지 소유자의 의견청취절차(영 제5조)

① 국토교통부장관은 법 제3조 제2항에 따라 표준지 소유자의 의견을 들으려는 경우에는 부동산공시가격시스템에 다음 각 호의 사항을 20일 이상 게시해야 한다.
  1. 공시대상, 열람기간 및 방법
  2. 의견제출기간 및 의견제출방법
  3. 법 제3조 제5항에 따라 감정평가법인 등(「감정평가 및 감정평가사에 관한 법률」 제2조 제4호의 감정평가법인 등을 말한다)이 평가한 공시 예정가격
② 국토교통부장관은 제1항에 따른 게시사실을 표준지 소유자에게 개별 통지해야 한다. 다만, 표준지가 「집합건물의 소유 및 관리에 관한 법률」에 따른 건물의 대지인 경우 같은 법 제23조 또는 제24조에 따른 관리단 또는 관리인에게 통지하여 건물 내의 게시판 등 알리기 적합한 장소에 제1항에 따른 사항을 7일 이상 게시하게 할 수 있다.
③ 제1항에 따라 게시된 가격에 이의가 있는 표준지 소유자는 의견제출기간에 의견을 제출할 수 있다.

③ 표준지의 선정, 공시기준일, 공시의 시기, 조사·평가 기준 및 공시절차 등에 필요한 사항은 <u>대통령령으로 정한다</u>.
④ 국토교통부장관이 표준지공시지가를 조사·평가하는 경우에는 인근 유사토지의 거래가격·임대료 및 해당 토지와 유사한 이용가치를 지닌다고 인정되는 토지의 조성에 필요한 비용추정액, 인근지역 및 다른 지역과의 형평성·특수성, 표준지공시지가 변동의 예측 가능성 등 제반사항을 종합적으로 참작하여야 한다.

표준지공시지가 조사·평가의 기준(영 제6조) 기출 30회

① 법 제3조 제4항에 따라 국토교통부장관이 표준지공시지가를 조사·평가하는 경우 참작하여야 하는 사항의 기준은 다음 각 호와 같다.
  1. 인근 유사토지의 거래가격 또는 임대료의 경우 : 해당 거래 또는 임대차가 당사자의 특수한 사정에 의하여 이루어지거나 토지거래 또는 임대차에 대한 지식의 부족으로 인하여 이루어진 경우에는 그러한 사정이 없었을 때에 이루어졌을 거래가격 또는 임대료를 기준으로 할 것
  2. 해당 토지와 유사한 이용가치를 지닌다고 인정되는 토지의 조성에 필요한 비용추정액의 경우 : 공시기준일 현재 해당 토지를 조성하기 위한 표준적인 조성비와 일반적인 부대비용으로 할 것

② 표준지에 건물 또는 그 밖의 정착물이 있거나 지상권 또는 그 밖의 토지의 사용·수익을 제한하는 권리가 설정되어 있을 때에는 그 정착물 또는 권리가 존재하지 아니하는 것으로 보고 표준지공시지가를 평가하여야 한다.
③ 제1항 및 제2항에서 규정한 사항 외에 표준지공시지가의 조사·평가에 필요한 세부기준은 국토교통부장관이 정한다.

⑤ 국토교통부장관이 표준지공시지가를 조사·평가할 때에는 업무실적, 신인도(信認度) 등을 고려하여 둘 이상의 「감정평가 및 감정평가사에 관한 법률」에 따른 감정평가법인 등(이하 "감정평가법인 등"이라 한다)에게 이를 의뢰하여야 한다. 다만, <u>지가 변동이 작은 경우 등 대통령령으로 정하는 기준에 해당하는 표준지</u>에 대해서는 하나의 감정평가법인 등에 의뢰할 수 있다.

표준지공시지가 조사·평가의 의뢰(영 제7조)

① 국토교통부장관은 법 제3조 제5항에 따라 다음 각 호의 요건을 모두 갖춘 감정평가법인 등 중에서 표준지공시지가 조사·평가를 의뢰할 자를 선정해야 한다.
   1. 표준지공시지가 조사·평가 의뢰일부터 30일 이전이 되는 날(이하 "선정기준일"이라 한다)을 기준으로 하여 직전 1년간의 업무실적이 표준지 적정가격 조사·평가업무를 수행하기에 적정한 수준일 것
   2. 회계감사절차 또는 감정평가서의 심사체계가 적정할 것
   3. 「감정평가 및 감정평가사에 관한 법률」에 따른 업무정지처분, 과태료 또는 소속 감정평가사에 대한 징계처분 등이 다음 각 목의 기준 어느 하나에도 해당하지 아니할 것
      가. 선정기준일부터 직전 2년간 업무정지처분을 3회 이상 받은 경우
      나. 선정기준일부터 직전 1년간 과태료처분을 3회 이상 받은 경우
      다. 선정기준일부터 직전 1년간 징계를 받은 소속 감정평가사의 비율이 선정기준일 현재 소속 전체 감정평가사의 10퍼센트 이상인 경우
      라. 선정기준일 현재 업무정지기간이 만료된 날부터 1년이 지나지 아니한 경우
② 제1항 각 호의 요건에 관한 세부기준은 국토교통부장관이 정하여 고시한다.
③ 국토교통부장관은 제1항에 따라 선정한 감정평가법인 등별로 조사·평가물량을 배정할 때에는 선정된 전체 감정평가법인 등 소속 감정평가사(조사·평가에 참여할 수 있는 감정평가사를 말한다) 중 개별 감정평가법인 등 소속 감정평가사(조사·평가에 참여할 수 있는 감정평가사를 말한다)가 차지하는 비율을 기준으로 비례적으로 배정해야 한다. 다만, 감정평가법인 등의 신인도, 종전 표준지공시지가 조사·평가에서의 성실도 및 소속 감정평가사의 징계 여부에 따라 배정물량을 조정할 수 있다.
④ 법 제3조 제5항 단서에서 "지가 변동이 작은 경우 등 대통령령으로 정하는 기준에 해당하는 표준지"란 다음 각 호의 요건을 모두 갖춘 지역의 표준지를 말한다.
   1. 최근 1년간 읍·면·동별 지가변동률이 전국 평균 지가변동률 이하인 지역
   2. 개발사업이 시행되거나 「국토의 계획 및 이용에 관한 법률」 제2조 제15호에 따른 용도지역(이하 "용도지역"이라 한다) 또는 같은 조 제16호에 따른 용도지구(이하 "용도지구"라 한다)가 변경되는 등의 사유가 없는 지역
⑤ 제1항부터 제4항까지에서 규정한 사항 외에 감정평가법인 등 선정 및 표준지 적정가격 조사·평가 물량 배정 등에 필요한 세부기준은 국토교통부장관이 정하여 고시한다.

표준지공시지가 조사·평가의 절차(영 제8조) 기출 32회·36회

① 법 제3조 제5항에 따라 표준지공시지가 조사·평가를 의뢰받은 감정평가법인 등은 표준지공시지가 및 그 밖에 <u>국토교통부령으로 정하는 사항</u>을 조사·평가한 후 국토교통부령으로 정하는 바에 따라 조사·평가보고서를 작성하여 국토교통부장관에게 제출해야 한다.
② 감정평가법인 등은 제1항에 따라 조사·평가보고서를 작성하는 경우에는 미리 해당 표준지를 관할하는 특별시장·광역시장·특별자치시장·도지사 또는 특별자치도지사(이하 "시·도지사"라 한다) 및 시장·군수·구청장(자치구의 구청장을 말한다)의 의견을 들어야 한다.

③ 시·도지사 및 시장·군수·구청장은 제2항에 따라 의견 제시 요청을 받은 경우에는 요청받은 날부터 20일 이내에 의견을 제시해야 한다. 이 경우 시장·군수 또는 구청장은 법 제25조에 따른 시·군·구부동산가격공시위원회(이하 "시·군·구부동산가격공시위원회"라 한다)의 심의를 거쳐 의견을 제시해야 한다.
④ 표준지공시지가는 제1항에 따라 제출된 보고서에 따른 조사·평가액의 산술평균치를 기준으로 한다.
⑤ 국토교통부장관은 제1항에 따라 제출된 보고서에 대하여 「부동산 거래신고 등에 관한 법률」 제3조에 따라 신고한 실제 매매가격(이하 "실거래신고가격"이라 한다) 및 「감정평가 및 감정평가사에 관한 법률」 제9조에 따른 감정평가 정보체계(이하 "감정평가 정보체계"라 한다) 등을 활용하여 그 적정성 여부를 검토할 수 있다.
⑥ 국토교통부장관은 제5항에 따른 검토 결과 부적정하다고 판단되거나 조사·평가액 중 최고평가액이 최저평가액의 1.3배를 초과하는 경우에는 해당 감정평가법인 등에게 보고서를 시정하여 다시 제출하게 할 수 있다.
⑦ 국토교통부장관은 제1항에 따라 제출된 보고서의 조사·평가가 관계 법령을 위반하여 수행되었다고 인정되는 경우에는 해당 감정평가법인 등에게 그 사유를 통보하고, 다른 감정평가법인 등 2인에게 대상 표준지공시지가의 조사·평가를 다시 의뢰해야 한다. 이 경우 표준지 적정가격은 다시 조사·평가한 가액의 산술평균치를 기준으로 한다.

> **➕ 알아보기** 표준지공시지가 조사·평가보고서(규칙 제3조 제1항) 기출 36회
>
> 영 제8조 제1항에서 "국토교통부령으로 정하는 사항"이란 다음 각 호의 사항을 말한다.
> 1. 토지의 소재지, 면적 및 공부상 지목
> 2. 지리적 위치
> 3. 토지 이용 상황
> 4. 「국토의 계획 및 이용에 관한 법률」 제2조 제15호에 따른 용도지역
> 5. 주위 환경
> 6. 도로 및 교통 환경
> 7. 토지 형상 및 지세(地勢)

⑥ 국토교통부장관은 표준지공시지가 조사·평가를 의뢰받은 감정평가업자가 공정하고 객관적으로 해당 업무를 수행할 수 있도록 하여야 한다.
⑦ 감정평가법인 등의 선정기준 및 업무범위는 대통령령으로 정한다.
⑧ 국토교통부장관은 제10조에 따른 개별공시지가의 산정을 위하여 필요하다고 인정하는 경우에는 표준지와 산정대상 개별 토지의 가격형성요인에 관한 표준적인 비교표(이하 "토지가격비준표"라 한다)를 작성하여 시장·군수 또는 구청장에게 제공하여야 한다.

2 법 제4조(표준지공시지가의 조사협조)

국토교통부장관은 표준지의 선정 또는 표준지공시지가의 조사·평가를 위하여 필요한 경우에는 관계 행정기관에 해당 토지의 인·허가 내용, 개별법에 따른 등록사항 등 대통령령으로 정하는 관련 자료의 열람 또는 제출을 요구할 수 있다. 이 경우 관계 행정기관은 정당한 사유가 없으면 그 요구를 따라야 한다.

개별법에 따른 등록사항 등 대통령령으로 정하는 관련 자료(영 제9조)

다음 각 호의 자료(해당 자료에 포함된 「주민등록법」 제7조의2 제1항에 따른 주민등록번호 및 「출입국관리법」 제31조 제5항에 따른 외국인등록번호는 제외한다)를 말한다.
1. 「건축법」에 따른 건축물대장(현황도면을 포함한다)
2. 「공간정보의 구축 및 관리 등에 관한 법률」에 따른 지적도, 임야도, 정사영상지도(正射映像地圖), 토지대장 및 임야대장
3. 「토지이용규제 기본법」에 따른 토지이용계획확인서(확인도면을 포함한다)
4. 「국토의 계획 및 이용에 관한 법률」에 따른 도시·군관리계획 지형도면(전자지도를 포함한다)
5. 「부동산등기법」 제2조 제1호에 따른 등기부
6. 「부동산 거래신고 등에 관한 법률」 제3조에 따라 신고한 실제 거래가격
7. 「감정평가 및 감정평가사에 관한 법률」 제9조 제2항 본문에 따라 감정평가 정보체계에 등록된 정보 및 자료
8. 「상가건물 임대차보호법」 제4조 제2항 전단에 따른 확정일자부 중 임대차계약에 관한 자료
9. 행정구역별 개발사업 인·허가 현황
10. 표준지 소유자의 성명 및 주소
11. 그 밖에 표준지의 선정 또는 표준지 적정가격의 조사·평가에 필요한 자료로서 국토교통부령으로 정하는 자료

+ 알아보기 고유식별정보의 처리(영 제77조) 〈본조신설 2024.12.10.〉

법 제4조에 따라 국토교통부장관으로부터 자료의 열람 또는 제출을 요구받은 관계 행정기관의 장은 제9조 제10호에 따른 표준지 소유자의 성명 및 주소의 제출을 위해 불가피한 경우 「개인정보보호법 시행령」 제19조 제1호 또는 제4호에 따른 주민등록번호 또는 외국인등록번호가 포함된 자료를 처리할 수 있다.

3 법 제5조(표준지공시지가의 공시사항) 기출 32회·33회·35회

제3조에 따른 공시에는 다음의 사항이 포함되어야 한다.
① 표준지의 지번
② 표준지의 단위면적당 가격
　※ 단위면적은 1제곱미터로 한다(영 제10조 제1항).
③ 표준지의 면적 및 형상
④ 표준지 및 주변토지의 이용상황
⑤ 그 밖에 대통령령으로 정하는 사항

대통령령으로 정하는 사항(영 제10조 제2항)

표준지에 대한 다음 각 호의 사항을 말한다.
1. 지목
2. 용도지역
3. 도로 상황
4. 그 밖에 표준지공시지가 공시에 필요한 사항

4 법 제6조(표준지공시지가의 열람 등)

국토교통부장관은 제3조에 따라 표준지공시지가를 공시한 때에는 그 내용을 특별시장·광역시장 또는 도지사를 거쳐 시장·군수 또는 구청장(지방자치단체인 구의 구청장에 한정한다)에게 송부하여 일반인이 열람할 수 있게 하고, 대통령령으로 정하는 바에 따라 이를 도서·도표 등으로 작성하여 관계 행정기관 등에 공급하여야 한다.

> **표준지공시지가에 관한 도서 등의 작성·공급(영 제11조)**
> ① 법 제6조에 따라 국토교통부장관이 관계 행정기관 등에 공급하는 도서·도표 등에는 법 제5조 각 호의 사항이 포함되어야 한다.
> ② 국토교통부장관은 제1항에 따른 도서·도표 등을 전자기록 등 특수매체기록으로 작성·공급할 수 있다.

5 법 제7조(표준지공시지가에 대한 이의신청) 기출 35회

① 표준지공시지가에 이의가 있는 자는 그 공시일부터 30일 이내에 서면(전자문서를 포함한다)으로 국토교통부장관에게 이의를 신청할 수 있다.
② 국토교통부장관은 이의신청 기간이 만료된 날부터 30일 이내에 이의신청을 심사하여 그 결과를 신청인에게 서면으로 통지하여야 한다. 이 경우 국토교통부장관은 이의신청의 내용이 타당하다고 인정될 때에는 제3조에 따라 해당 표준지공시지가를 조정하여 다시 공시하여야 한다.
③ 위에서 규정한 것 외에 이의신청 및 처리절차 등에 필요한 사항은 대통령령으로 정한다.

> **표준지공시지가에 대한 이의신청(영 제12조)**
> 법 제7조 제1항에 따라 표준지공시지가에 대한 이의신청을 하려는 자는 이의신청서에 이의신청 사유를 증명하는 서류를 첨부하여 국토교통부장관에게 제출하여야 한다.

6 법 제8조(표준지공시지가의 적용) 기출 34회

국가 또는 지방자치단체가 지가 산정의 목적을 위하여 지가를 산정할 때에는 그 토지와 이용가치가 비슷하다고 인정되는 하나 또는 둘 이상의 표준지의 공시지가를 기준으로 토지가격비준표를 사용하여 지가를 직접 산정하거나 감정평가법인 등에 감정평가를 의뢰하여 산정할 수 있다. 다만, 필요하다고 인정할 때에는 산정된 지가를 지가 산정의 목적에 따라 가감(加減) 조정하여 적용할 수 있다.

① 지가 산정의 주체
  ㉠ 국가 또는 지방자치단체
  ㉡ 「공공기관의 운영에 관한 법률」에 따른 공공기관
  ㉢ 그 밖에 대통령령으로 정하는 공공단체

> **대통령령으로 정하는 공공단체(영 제13조 제1항)**
>
> 다음 각 호의 기관 또는 단체를 말한다.
> 1. 「산림조합법」에 따른 산림조합 및 산림조합중앙회
> 2. 「농업협동조합법」에 따른 조합 및 농업협동조합중앙회
> 3. 「수산업협동조합법」에 따른 수산업협동조합 및 수산업협동조합중앙회
> 4. 「한국농어촌공사 및 농지관리기금법」에 따른 한국농어촌공사
> 5. 「중소기업진흥에 관한 법률」에 따른 중소벤처기업진흥공단
> 6. 「산업집적활성화 및 공장설립에 관한 법률」에 따른 산업단지관리공단

② 지가 산정의 목적
  ㉠ 공공용지의 매수 및 토지의 수용·사용에 대한 보상
  ㉡ 국유지·공유지의 취득 또는 처분
  ㉢ 그 밖에 대통령령으로 정하는 지가의 산정

> **대통령령으로 정하는 지가의 산정(영 제13조 제2항)**
>
> 다음 각 호의 목적을 위한 지가의 산정을 말한다.
> 1. 「국토의 계획 및 이용에 관한 법률」 또는 그 밖의 법령에 따라 조성된 용지 등의 공급 또는 분양
> 2. 다음 각 목의 어느 하나에 해당하는 사업을 위한 환지·체비지(替費地)의 매각 또는 환지신청
>   가. 「도시개발법」 제2조 제1항 제2호에 따른 도시개발사업
>   나. 「도시 및 주거환경정비법」 제2조 제2호에 따른 정비사업
>   다. 「농어촌정비법」 제2조 제5호에 따른 농업생산기반 정비사업
> 3. 토지의 관리·매입·매각·경매 또는 재평가

7 법 제9조(표준지공시지가의 효력)

표준지공시지가는 토지시장에 지가정보를 제공하고 일반적인 토지거래의 지표가 되며, 국가·지방자치단체 등이 그 업무와 관련하여 지가를 산정하거나 감정평가법인 등이 개별적으로 토지를 감정평가하는 경우에 기준이 된다.

제2절　개별공시지가

1 법 제10조(개별공시지가의 결정·공시 등) 기출 31회·33회·34회·35회·36회

① 시장·군수 또는 구청장은 국세·지방세 등 각종 세금의 부과, 그 밖의 다른 법령에서 정하는 목적을 위한 지가산정에 사용되도록 하기 위하여 제25조에 따른 시·군·구부동산가격공시위원회의 심의를 거쳐 매년 공시지가의 공시기준일 현재 관할 구역 안의 개별토지의 <u>단위면적당 가격</u>(이하 "개별공시지가"라 한다)을 결정·공시하고, 이를 관계 행정기관 등에 제공하여야 한다.

※ 개별공시지가의 단위면적은 1제곱미터로 한다(영 제14조).

② ①항에도 불구하고 표준지로 선정된 토지, 조세 또는 부담금 등의 부과대상이 아닌 토지, 그 밖에 <u>대통령령으로 정하는 토지</u>에 대하여는 개별공시지가를 결정·공시하지 아니할 수 있다. 이 경우 표준지로 선정된 토지에 대하여는 해당 토지의 표준지공시지가를 개별공시지가로 본다.

> **개별공시지가를 공시하지 아니할 수 있는 토지(영 제15조)**
> ① 시장·군수 또는 구청장은 법 제10조 제2항 전단에 따라 다음 각 호의 어느 하나에 해당하는 토지에 대해서는 법 제10조 제1항에 따른 개별공시지가(이하 "개별공시지가"라 한다)를 결정·공시하지 아니할 수 있다.
>   1. 표준지로 선정된 토지
>   2. 농지보전부담금 또는 개발부담금 등의 부과대상이 아닌 토지
>   3. 국세 또는 지방세 부과대상이 아닌 토지(국공유지의 경우에는 공공용 토지만 해당한다)
> ② 제1항에도 불구하고 시장·군수 또는 구청장은 다음 각 목의 어느 하나에 해당하는 토지에 대해서는 개별공시지가를 결정·공시하여야 한다.
>   1. 관계 법령에 따라 지가 산정 등에 개별공시지가를 적용하도록 규정되어 있는 토지
>   2. 시장·군수 또는 구청장이 관계 행정기관의 장과 협의하여 개별공시지가를 결정·공시하기로 한 토지

③ 시장·군수 또는 구청장은 공시기준일 이후에 분할·합병 등이 발생한 토지에 대하여는 <u>대통령령으로 정하는 날</u>을 기준으로 하여 개별공시지가를 결정·공시하여야 한다.

> **개별공시지가 공시기준일을 다르게 할 수 있는 토지(영 제16조)**
> ① 법 제10조 제3항에 따라 개별공시지가 공시기준일을 다르게 할 수 있는 토지는 다음 각 호의 어느 하나에 해당하는 토지로 한다.
>   1. 「공간정보의 구축 및 관리 등에 관한 법률」에 따라 분할 또는 합병된 토지
>   2. 공유수면 매립 등으로 「공간정보의 구축 및 관리 등에 관한 법률」에 따른 신규등록이 된 토지
>   3. 토지의 형질변경 또는 용도변경으로 「공간정보의 구축 및 관리 등에 관한 법률」에 따른 지목변경이 된 토지
>   4. 국유·공유에서 매각 등에 따라 사유(私有)로 된 토지로서 개별공시지가가 없는 토지
> ② 법 제10조 제3항에서 "대통령령으로 정하는 날"이란 다음 각 호의 구분에 따른 날을 말한다.
>   1. 1월 1일부터 6월 30일까지의 사이에 제1항 각 호의 사유가 발생한 토지 : 그 해 7월 1일
>   2. 7월 1일부터 12월 31일까지의 사이에 제1항 각 호의 사유가 발생한 토지 : 다음 해 1월 1일

④ 시장·군수 또는 구청장이 개별공시지가를 결정·공시하는 경우에는 해당 토지와 유사한 이용가치를 지닌다고 인정되는 하나 또는 둘 이상의 표준지의 공시지가를 기준으로 토지가격비준표를 사용하여 지가를 산정하되, 해당 토지의 가격과 표준지공시지가가 균형을 유지하도록 하여야 한다.

개별공시지가 조사·산정의 기준(영 제17조)

① 국토교통부장관은 법 제10조 제4항에 따른 개별공시지가 조사·산정의 기준을 정하여 시장·군수 또는 구청장에게 통보하여야 하며, 시장·군수 또는 구청장은 그 기준에 따라 개별공시지가를 조사·산정하여야 한다.
② 제1항에 따른 기준에는 다음 각 호의 사항이 포함되어야 한다.
  1. 지가형성에 영향을 미치는 토지 특성조사에 관한 사항
  2. 개별공시지가의 산정기준이 되는 표준지(이하 "비교표준지"라 한다)의 선정에 관한 사항
  3. 법 제3조 제8항에 따른 토지가격비준표(이하 "토지가격비준표"라 한다)의 사용에 관한 사항
  4. 그 밖에 개별공시지가의 조사·산정에 필요한 사항

⑤ 시장·군수 또는 구청장은 개별공시지가를 결정·공시하기 위하여 개별토지의 가격을 산정할 때에는 그 타당성에 대하여 감정평가법인 등의 검증을 받고 토지소유자, 그 밖의 이해관계인의 의견을 들어야 한다. 다만, 시장·군수 또는 구청장은 감정평가법인 등의 검증이 필요 없다고 인정되는 때에는 지가의 변동상황 등 대통령령으로 정하는 사항을 고려하여 감정평가법인 등의 검증을 생략할 수 있다.

개별공시지가의 검증(영 제18조)

① 시장·군수 또는 구청장은 법 제10조 제5항 본문에 따라 개별토지가격의 타당성에 대한 검증을 의뢰하는 경우에는 같은 조 제4항에 따라 산정한 전체 개별토지가격에 대한 지가현황도면 및 지가조사자료를 제공하여야 한다.
② 법 제10조 제5항 본문에 따라 검증을 의뢰받은 감정평가법인 등은 다음 각 호의 사항을 검토·확인하고 의견을 제시해야 한다.
  1. 비교표준지 선정의 적정성에 관한 사항
  2. 개별토지 가격 산정의 적정성에 관한 사항
  3. 산정한 개별토지가격과 표준지공시지가의 균형 유지에 관한 사항
  4. 산정한 개별토지가격과 인근토지의 지가와의 균형 유지에 관한 사항
  5. 표준주택가격, 개별주택가격, 비주거용 표준부동산가격 및 비주거용 개별부동산가격 산정 시 고려된 토지특성과 일치하는지 여부
  6. 개별토지가격 산정 시 적용된 용도지역, 토지이용상황 등 주요 특성이 공부(公簿)와 일치하는지 여부
  7. 그 밖에 시장·군수 또는 구청장이 검토를 의뢰한 사항
③ 시장·군수 또는 구청장은 법 제10조 제5항 단서에 따라 감정평가법인 등의 검증을 생략할 때에는 개별토지의 지가변동률과 해당 토지가 있는 읍·면·동의 연평균 지가변동률(국토교통부장관이 조사·공표하는 연평균 지가변동률을 말한다) 간의 차이가 작은 순으로 대상 토지를 선정해야 한다. 다만, 개발사업이 시행되거나 용도지역·용도지구가 변경되는 등의 사유가 있는 토지는 검증 생략 대상 토지로 선정해서는 안 된다.
④ 제1항부터 제3항까지에서 규정한 사항 외에 개별토지 가격의 검증에 필요한 세부적인 사항은 국토교통부장관이 정한다. 이 경우 검증의 생략에 대해서는 관계 중앙행정기관의 장과 미리 협의하여야 한다.

개별토지 소유자 등의 의견청취(영 제19조)

① 시장·군수 또는 구청장은 법 제10조 제5항에 따라 개별토지의 가격 산정에 관하여 토지소유자 및 그 밖의 이해관계인(이하 "개별토지소유자 등"이라 한다)의 의견을 들으려는 경우에는 개별토지가격 열람부를 갖추어 놓고 해당 시·군 또는 구(자치구를 말한다)의 게시판 또는 인터넷 홈페이지에 다음 각 호의 사항을 20일 이상 게시하여 개별토지소유자 등이 개별토지가격을 열람할 수 있도록 하여야 한다.
  1. 열람기간 및 열람장소
  2. 의견제출기간 및 의견제출방법

② 제1항에 따라 열람한 개별토지가격에 의견이 있는 개별토지소유자 등은 의견제출기간에 해당 시장·군수 또는 구청장에게 의견을 제출할 수 있다.
③ 시장·군수 또는 구청장은 제2항에 따라 의견을 제출받은 경우에는 의견제출기간 만료일부터 30일 이내에 심사하여 그 결과를 의견제출인에게 통지하여야 한다.
④ 시장·군수 또는 구청장은 제3항에 따라 심사를 할 때에는 현지조사와 검증을 할 수 있다.

⑥ 시장·군수 또는 구청장이 검증을 받으려는 때에는 해당 지역의 표준지의 공시지가를 조사·평가한 감정평가법인 등 또는 대통령령으로 정하는 감정평가실적 등이 우수한 감정평가법인 등에 의뢰하여야 한다.
  ※ "대통령령으로 정하는 감정평가실적 등이 우수한 감정평가법인 등"이란 제7조 제1항 각 호의 요건을 모두 갖춘 감정평가법인 등을 말한다(영 제20조).
⑦ 국토교통부장관은 지가공시 행정의 합리적인 발전을 도모하고 표준지공시지가와 개별공시지가와의 균형유지 등 적정한 지가형성을 위하여 필요하다고 인정하는 경우에는 개별공시지가의 결정·공시 등에 관하여 시장·군수 또는 구청장을 지도·감독할 수 있다.
⑧ 위에서 규정한 것 외에 개별공시지가의 산정, 검증 및 결정, 공시기준일, 공시의 시기, 조사·산정의 기준, 이해관계인의 의견청취, 감정평가법인 등의 지정 및 공시절차 등에 필요한 사항은 대통령령으로 정한다.

> **개별공시지가의 결정 및 공시(영 제21조)**
> ① 시장·군수 또는 구청장은 매년 5월 31일까지 개별공시지가를 결정·공시하여야 한다. 다만, 제16조 제2항 제1호의 경우에는 그 해 10월 31일까지, 같은 항 제2호의 경우에는 다음 해 5월 31일까지 결정·공시하여야 한다.
> ② 시장·군수 또는 구청장은 제1항에 따라 개별공시지가를 공시할 때에는 다음 각 호의 사항을 해당 시·군 또는 구의 게시판 또는 인터넷 홈페이지에 게시하여야 한다.
>   1. 조사기준일, 공시필지의 수 및 개별공시지가의 열람방법 등 개별공시지가의 결정에 관한 사항
>   2. 이의신청의 기간·절차 및 방법
> ③ 개별공시지가 및 이의신청기간 등의 통지에 관하여는 제4조 제2항 및 제3항을 준용한다.

2 제11조(개별공시지가에 대한 이의신청)

① 개별공시지가에 이의가 있는 자는 그 결정·공시일부터 30일 이내에 서면으로 시장·군수 또는 구청장에게 이의를 신청할 수 있다.
② 시장·군수 또는 구청장은 이의신청 기간이 만료된 날부터 30일 이내에 이의신청을 심사하여 그 결과를 신청인에게 서면으로 통지하여야 한다. 이 경우 시장·군수 또는 구청장은 이의신청의 내용이 타당하다고 인정될 때에는 제10조에 따라 해당 개별공시지가를 조정하여 다시 결정·공시하여야 한다.
③ 위에서 규정한 것 외에 이의신청 및 처리절차 등에 필요한 사항은 대통령령으로 정한다.

> **개별공시지가에 대한 이의신청(영 제22조)**
> ① 법 제11조 제1항에 따라 개별공시지가에 대하여 이의신청을 하려는 자는 이의신청서에 이의신청 사유를 증명하는 서류를 첨부하여 해당 시장·군수 또는 구청장에게 제출하여야 한다.
> ② 시장·군수 또는 구청장은 제1항에 따라 제출된 이의신청을 심사하기 위하여 필요할 때에는 감정평가법인 등에게 검증을 의뢰할 수 있다.

3 법 제12조(개별공시지가의 정정) 기출 27회

시장·군수 또는 구청장은 개별공시지가에 틀린 계산, 오기, 표준지 선정의 착오, 그 밖에 대통령령으로 정하는 명백한 오류가 있음을 발견한 때에는 지체 없이 이를 정정하여야 한다.

> **개별공시지가의 정정사유(영 제23조)**
> ① 법 제12조에서 "대통령령으로 정하는 명백한 오류"란 다음 각 호의 어느 하나에 해당하는 경우를 말한다.
>   1. 법 제10조에 따른 공시절차를 완전하게 이행하지 아니한 경우
>   2. 용도지역·용도지구 등 토지가격에 영향을 미치는 주요 요인의 조사를 잘못한 경우
>   3. 토지가격비준표의 적용에 오류가 있는 경우
> ② 시장·군수 또는 구청장은 법 제12조에 따라 개별공시지가의 오류를 정정하려는 경우에는 시·군·구부동산가격공시위원회의 심의를 거쳐 정정사항을 결정·공시하여야 한다. 다만, 틀린 계산 또는 오기(誤記)의 경우에는 시·군·구부동산가격공시위원회의 심의를 거치지 아니할 수 있다.

4 법 제13조(타인토지에의 출입 등) 기출 30회

① 관계 공무원 또는 부동산가격공시업무를 의뢰받은 자(이하 "관계공무원 등"이라 한다)는 표준지가격의 조사·평가 또는 토지가격의 산정을 위하여 필요한 때에는 타인의 토지에 출입할 수 있다.
② 관계공무원 등이 택지 또는 담장이나 울타리로 둘러싸인 타인의 토지에 출입하고자 할 때에는 시장·군수 또는 구청장의 허가(부동산가격공시업무를 의뢰 받은 자에 한정한다)를 받아 출입할 날의 3일 전에 그 점유자에게 일시와 장소를 통지하여야 한다. 다만, 점유자를 알 수 없거나 부득이한 사유가 있는 경우에는 그러하지 아니하다.
③ 일출 전·일몰 후에는 그 토지의 점유자의 승인 없이 택지 또는 담장이나 울타리로 둘러싸인 타인의 토지에 출입할 수 없다.
④ ②항에 따라 출입을 하고자 하는 자는 그 권한을 표시하는 증표와 허가증을 지니고 이를 관계인에게 내보여야 한다.
⑤ 증표와 허가증에 필요한 사항은 국토교통부령으로 정한다.

5 법 제14조(개별공시지가의 결정·공시비용의 보조) 기출 31회·35회

개별공시지가의 결정·공시에 소요되는 비용은 대통령령으로 정하는 바에 따라 그 일부를 국고에서 보조할 수 있다.

> **개별공시지가 결정·공시비용의 보조(영 제24조)**
> 법 제14조에 따라 국고에서 보조할 수 있는 비용은 개별공시지가의 결정·공시에 드는 비용의 50퍼센트 이내로 한다.

6 법 제15조(부동산 가격정보 등의 조사)

① 국토교통부장관은 부동산의 적정가격 조사 등 부동산 정책의 수립 및 집행을 위하여 부동산 시장동향, 수익률 등의 가격정보 및 관련 통계 등을 조사·관리하고, 이를 관계 행정기관 등에 제공할 수 있다.
② 부동산 가격정보 등의 조사의 대상, 절차 등에 필요한 사항은 대통령령으로 정한다.
③ ①항에 따른 조사를 위하여 관계 행정기관에 국세, 지방세, 토지, 건물 등 관련 자료의 열람 또는 제출을 요구하거나 타인의 토지 등에 출입하는 경우에는 제4조 및 제13조를 각각 준용한다.

> **부동산 가격정보 등의 조사(영 제25조)**
> 국토교통부장관은 법 제15조 제1항에 따라 적정 주기별로 다음 각 호의 사항을 조사할 수 있다.
> 1. 토지·주택의 매매·임대 등 가격동향 조사
> 2. 비주거용 부동산의 임대료·관리비·권리금 등 임대차 관련 정보와 공실률(空室率)·투자수익률 등 임대시장 동향에 대한 조사

제3장 주택가격의 공시

> **Point 출제포인트**
> ▷ 표준주택가격의 공시사항
> ▷ 표준주택가격의 공시방법
> ▷ 개별주택가격의 결정·공시
> ▷ 공동주택가격의 조사·산정 및 공시
> ▷ 주택가격 공시의 효력

1 법 제16조(표준r주택가격의 조사·산정 및 공시 등) 기출 28회·31회·34회·35회

① 국토교통부장관은 용도지역, 건물구조 등이 일반적으로 유사하다고 인정되는 일단의 단독주택 중에서 선정한 표준주택에 대하여 매년 공시기준일 현재의 적정가격(이하 "표준주택가격"이라 한다)을 조사·산정하고, 중앙부동산가격공시위원회의 심의를 거쳐 이를 공시하여야 한다.

> **표준주택의 선정(영 제26조)**
> ① 국토교통부장관은 법 제16조 제1항에 따라 표준주택을 선정할 때에는 일반적으로 유사하다고 인정되는 일단의 단독주택 중에서 해당 일단의 단독주택을 대표할 수 있는 주택을 선정하여야 한다.
> ② 법 제16조 제1항에 따른 표준주택 선정 및 관리에 필요한 세부기준은 중앙부동산가격공시위원회의 심의를 거쳐 국토교통부장관이 정한다.
>
> **표준주택가격의 공시기준일(영 제27조)**
> 법 제16조 제1항에 따른 표준주택가격(이하 "표준주택가격"이라 한다)의 공시기준일은 1월 1일로 한다. 다만, 국토교통부장관은 표준주택가격 조사·산정인력 및 표준주택 수 등을 고려하여 부득이하다고 인정하는 경우에는 일부 지역을 지정하여 해당 지역에 대한 공시기준일을 따로 정할 수 있다.
>
> **표준주택가격의 공시방법(영 제28조)**
> ① 국토교통부장관은 법 제16조 제1항에 따라 표준주택가격을 공시할 때에는 다음 각 호의 사항을 관보에 공고하고, 표준주택가격을 부동산공시가격시스템에 게시하여야 한다.
>   1. 법 제16조 제2항 각 호의 사항의 개요
>   2. 표준주택가격의 열람방법
>   3. 이의신청의 기간·절차 및 방법
> ② 표준주택가격 및 이의신청기간 등의 통지에 관하여는 제4조 제2항 및 제3항을 준용한다.

② 공시에는 다음의 사항이 포함되어야 한다.
   ㉠ 표준주택의 지번
   ㉡ 표준주택가격

ⓒ 표준주택의 대지면적 및 형상
ⓔ 표준주택의 용도, 연면적, 구조 및 사용승인일(임시사용승인일을 포함한다)
ⓜ 그 밖에 대통령령으로 정하는 사항

> **대통령령으로 정하는 사항(영 제29조)**
> 다음 각 호의 사항을 말한다.
>   1. 지목
>   2. 용도지역
>   3. 도로 상황
>   4. 그 밖에 표준주택가격 공시에 필요한 사항

③ 표준주택의 선정, 공시기준일, 공시의 시기, 조사·산정 기준 및 공시절차 등에 필요한 사항은 대통령령으로 정한다.
④ 국토교통부장관은 표준주택가격을 조사·산정하고자 할 때에는 「한국부동산원법」에 따른 한국부동산원(이하 "부동산원"이라 한다)에 의뢰한다.

> **표준주택가격 조사·산정의 절차(영 제30조)**
> ① 법 제16조 제4항에 따라 표준주택가격 조사·산정을 의뢰받은 「한국부동산원법」에 따른 한국부동산원(이하 "부동산원"이라 한다)은 표준주택가격 및 그 밖에 국토교통부령으로 정하는 사항을 조사·산정한 후 국토교통부령으로 정하는 바에 따라 표준주택가격 조사·산정보고서를 작성하여 국토교통부장관에게 제출하여야 한다.
> ② 부동산원은 제1항에 따라 조사·산정보고서를 작성하는 경우에는 미리 해당 표준주택 소재지를 관할하는 시·도지사 및 시장·군수·구청장의 의견을 들어야 한다.
> ③ 시·도지사 및 시장·군수·구청장은 제2항에 따라 의견 제시 요청을 받은 경우에는 요청받은 날부터 20일 이내에 의견을 제시해야 한다. 이 경우 시장·군수 또는 구청장은 시·군·구부동산가격공시위원회의 심의를 거쳐 의견을 제시해야 한다.
> ④ 국토교통부장관은 제1항에 따라 제출된 보고서에 대하여 실거래신고가격 및 감정평가 정보체계 등을 활용하여 그 적정성 여부를 검토할 수 있다.
> ⑤ 국토교통부장관은 제4항에 따른 검토 결과 부적정하다고 판단되거나 표준주택가격의 조사·산정이 관계 법령을 위반하여 수행되었다고 인정되는 경우에는 부동산원에 보고서를 시정하여 다시 제출하게 할 수 있다.

> **표준주택가격 조사·산정보고서(규칙 제11조)** 기출 35회
> ① 영 제30조 제1항에서 "국토교통부령으로 정하는 사항"이란 다음 각 호의 사항을 말한다.
>   1. 주택의 소재지, 공부상 지목 및 대지면적
>   2. 주택 대지의 용도지역
>   3. 도로접면
>   4. 대지 형상
>   5. 주건물 구조 및 층수
>   6. 「건축법」 제22조에 따른 사용승인연도
>   7. 주위 환경

⑤ 국토교통부장관이 표준주택가격을 조사·산정하는 경우에는 인근 유사 단독주택의 거래가격·임대료 및 해당 단독주택과 유사한 이용가치를 지닌다고 인정되는 단독주택의 건설에 필요한 비용추정액, 인근지역 및 다른 지역과의 형평성·특수성, 표준주택가격 변동의 예측 가능성 등 제반사항을 종합적으로 참작하여야 한다.

> **표준주택가격 조사·산정의 기준(영 제31조)**
> ① 법 제16조 제5항에 따라 국토교통부장관이 표준주택가격을 조사·산정하는 경우 참작하여야 하는 사항의 기준은 다음 각 호와 같다.
>   1. 인근 유사 단독주택의 거래가격 또는 임대료의 경우 : 해당 거래 또는 임대차가 당사자의 특수한 사정에 의하여 이루어지거나 단독주택거래 또는 임대차에 대한 지식의 부족으로 인하여 이루어진 경우에는 그러한 사정이 없었을 때에 이루어졌을 거래가격 또는 임대료를 기준으로 할 것
>   2. 해당 단독주택과 유사한 이용가치를 지닌다고 인정되는 단독주택의 건축에 필요한 비용추정액의 경우 : 공시기준일 현재 해당 단독주택을 건축하기 위한 표준적인 건축비와 일반적인 부대비용으로 할 것
> ② 표준주택에 전세권 또는 그 밖에 단독주택의 사용·수익을 제한하는 권리가 설정되어 있을 때에는 그 권리가 존재하지 아니하는 것으로 보고 적정가격을 산정하여야 한다.
> ③ 제1항 및 제2항에서 규정한 사항 외에 표준주택가격의 조사·산정에 필요한 세부기준은 국토교통부장관이 정한다.

⑥ 국토교통부장관은 개별주택가격의 산정을 위하여 필요하다고 인정하는 경우에는 표준주택과 산정대상 개별주택의 가격형성요인에 관한 표준적인 비교표(이하 "주택가격비준표"라 한다)를 작성하여 시장·군수 또는 구청장에게 제공하여야 한다.

2 법 제17조(개별주택가격의 결정·공시 등) 기출 33회

① 시장·군수 또는 구청장은 시·군·구부동산가격공시위원회의 심의를 거쳐 매년 표준주택가격의 공시기준일 현재 관할 구역 안의 개별주택의 가격(이하 "개별주택가격"이라 한다)을 결정·공시하고, 이를 관계 행정기관 등에 제공하여야 한다.
② ①항에도 불구하고 표준주택으로 선정된 단독주택, 그 밖에 대통령령으로 정하는 단독주택에 대하여는 개별주택가격을 결정·공시하지 아니할 수 있다. 이 경우 표준주택으로 선정된 주택에 대하여는 해당 주택의 표준주택가격을 개별주택가격으로 본다.

> **개별주택가격을 공시하지 아니할 수 있는 단독주택(영 제32조)**
> ① 시장·군수 또는 구청장은 법 제17조 제2항 전단에 따라 다음 각 호의 어느 하나에 해당하는 단독주택에 대해서는 개별주택가격(같은 조 제1항에 따른 개별주택가격을 말한다)을 결정·공시하지 아니할 수 있다.
>   1. 표준주택으로 선정된 단독주택
>   2. 국세 또는 지방세 부과대상이 아닌 단독주택
> ② 제1항에도 불구하고 시장·군수 또는 구청장은 다음 각 호의 어느 하나에 해당하는 단독주택에 대해서는 개별주택가격을 결정·공시하여야 한다.
>   1. 관계 법령에 따라 단독주택의 가격 산정 등에 개별주택가격을 적용하도록 규정되어 있는 단독주택
>   2. 시장·군수 또는 구청장이 관계 행정기관의 장과 협의하여 개별주택가격을 결정·공시하기로 한 단독주택

③ 개별주택가격의 공시에는 다음의 사항이 포함되어야 한다.
　㉠ 개별주택의 지번
　㉡ 개별주택가격
　㉢ 그 밖에 대통령령으로 정하는 사항

> **대통령령으로 정하는 사항(영 제33조)**
> 다음 각 호의 사항을 말한다.
> 　1. 개별주택의 용도 및 면적
> 　2. 그 밖에 개별주택가격 공시에 필요한 사항

④ 시장·군수 또는 구청장은 공시기준일 이후에 토지의 분할·합병이나 건축물의 신축 등이 발생한 경우에는 대통령령으로 정하는 날을 기준으로 하여 개별주택가격을 결정·공시하여야 한다.

> **개별주택가격 공시기준일을 다르게 할 수 있는 단독주택(영 제34조)**
> ① 법 제17조 제4항에 따라 개별주택가격 공시기준일을 다르게 할 수 있는 단독주택은 다음 각 호의 어느 하나에 해당하는 단독주택으로 한다.
> 　1. 「공간정보의 구축 및 관리 등에 관한 법률」에 따라 그 대지가 분할 또는 합병된 단독주택
> 　2. 「건축법」에 따른 건축·대수선 또는 용도변경이 된 단독주택
> 　3. 국유·공유에서 매각 등에 따라 사유로 된 단독주택으로서 개별주택가격이 없는 단독주택
> ② 법 제17조 제4항에서 "대통령령으로 정하는 날"이란 다음 각 호의 구분에 따른 날을 말한다.
> 　1. 1월 1일부터 5월 31일까지의 사이에 제1항 각 호의 사유가 발생한 단독주택 : 그 해 6월 1일
> 　2. 6월 1일부터 12월 31일까지의 사이에 제1항 각 호의 사유가 발생한 단독주택 : 다음 해 1월 1일

⑤ 시장·군수 또는 구청장이 개별주택가격을 결정·공시하는 경우에는 해당 주택과 유사한 이용가치를 지닌다고 인정되는 표준주택가격을 기준으로 주택가격비준표를 사용하여 가격을 산정하되, 해당 주택의 가격과 표준주택가격이 균형을 유지하도록 하여야 한다.

> **개별주택가격 조사·산정의 절차(영 제35조)**
> ① 국토교통부장관은 법 제17조 제5항에 따른 개별주택가격 조사·산정의 기준을 정하여 시장·군수 또는 구청장에게 통보하여야 하며, 시장·군수 또는 구청장은 그 기준에 따라 개별주택가격을 조사·산정하여야 한다.
> ② 제1항에 따른 기준에는 다음 각 호의 사항이 포함되어야 한다.
> 　1. 주택가격형성에 영향을 미치는 주택특성 조사에 관한 사항
> 　2. 개별주택가격의 산정기준이 되는 표준주택(이하 "비교표준주택"이라 한다)의 선정에 관한 사항
> 　3. 법 제16조 제6항에 따른 주택가격비준표(이하 "주택가격비준표"라 한다)의 사용에 관한 사항
> 　4. 그 밖에 개별주택가격의 조사·산정에 필요한 사항

⑥ 시장·군수 또는 구청장은 개별주택가격을 결정·공시하기 위하여 개별주택의 가격을 산정할 때에는 표준주택가격과의 균형 등 그 타당성에 대하여 대통령령으로 정하는 바에 따라 부동산원의 검증을 받고 토지소유자, 그 밖의 이해관계인의 의견을 들어야 한다. 다만, 시장·군수 또는 구청장은 부동산원의 검증이 필요 없다고 인정되는 때에는 주택가격의 변동상황 등 대통령령으로 정하는 사항을 고려하여 부동산원의 검증을 생략할 수 있다.

개별주택가격의 검증(영 제36조)

① 시장·군수 또는 구청장은 법 제17조 제6항 본문에 따라 부동산원에 개별주택가격의 타당성에 대한 검증을 의뢰하는 경우에는 같은 조 제1항에 따라 산정한 전체 개별주택가격에 대한 가격현황도면 및 가격조사자료를 제공하여야 한다.
② 법 제17조 제6항 본문에 따라 검증을 의뢰받은 부동산원은 다음 각 호의 사항을 검토·확인하고 의견을 제시해야 한다.
　1. 비교표준주택 선정의 적정성에 관한 사항
　2. 개별주택가격 산정의 적정성에 관한 사항
　3. 산정한 개별주택가격과 표준주택가격의 균형 유지에 관한 사항
　4. 산정한 개별주택가격과 인근주택의 개별주택가격과의 균형 유지에 관한 사항
　5. 표준지공시지가 및 개별공시지가 산정 시 고려된 토지 특성과 일치하는지 여부
　6. 개별주택가격 산정 시 적용된 용도지역, 토지이용상황 등 주요 특성이 공부와 일치하는지 여부
　7. 그 밖에 시장·군수 또는 구청장이 검토를 의뢰한 사항
③ 시장·군수 또는 구청장은 법 제17조 제6항 단서에 따라 부동산원의 검증을 생략할 때에는 개별주택가격의 변동률과 해당 단독주택이 있는 시·군 또는 구의 연평균 주택가격변동률(국토교통부장관이 조사·공표하는 연평균 주택가격변동률을 말한다) 간의 차이가 작은 순으로 대상 주택을 선정하여야 한다. 다만, 개발사업이 시행되거나 용도지역·용도지구가 변경되는 등의 사유가 있는 주택은 검증 생략 대상 주택으로 선정해서는 아니 된다.
④ 제1항부터 제3항까지에서 규정한 사항 외에 개별주택가격의 검증에 필요한 세부적인 사항은 국토교통부장관이 정한다. 이 경우 검증의 생략에 대해서는 관계 중앙행정기관의 장과 미리 협의하여야 한다.

개별주택 소유자 등의 의견청취(영 제37조)

법 제17조 제6항 본문에 따른 의견청취에 관하여는 제19조를 준용한다.

⑦ 국토교통부장관은 공시행정의 합리적인 발전을 도모하고 표준주택가격과 개별주택가격과의 균형유지 등 적정한 가격형성을 위하여 필요하다고 인정하는 경우에는 개별주택가격의 결정·공시 등에 관하여 시장·군수 또는 구청장을 지도·감독할 수 있다.
⑧ 개별주택가격에 대한 이의신청 및 개별주택가격의 정정에 대하여는 제11조 및 제12조를 각각 준용한다. 이 경우 제11조 제2항 후단 중 "제10조"는 "제17조"로 본다.
⑨ 위에서 규정한 것 외에 개별주택가격의 산정, 검증 및 결정, 공시기준일, 공시의 시기, 조사·산정의 기준, 이해관계인의 의견청취 및 공시절차 등에 필요한 사항은 대통령령으로 정한다.

개별주택가격의 결정 및 공시(영 제38조) 기출 36회

① 시장·군수 또는 구청장은 매년 4월 30일까지 개별주택가격을 결정·공시하여야 한다. 다만, 제34조 제2항 제1호의 경우에는 그 해 9월 30일까지, 같은 항 제2호의 경우에는 다음 해 4월 30일까지 결정·공시하여야 한다.
② 시장·군수 또는 구청장은 제1항에 따라 개별주택가격을 공시할 때에는 다음 각 호의 사항을 해당 시·군 또는 구의 게시판 또는 인터넷 홈페이지에 게시하여야 한다.
　1. 조사기준일 및 개별주택가격의 열람방법 등 개별주택가격의 결정에 관한 사항
　2. 이의신청의 기간·절차 및 방법
③ 개별주택가격의 공시방법 및 통지에 관하여는 제4조 제2항 및 제3항을 준용한다.

개별주택가격 결정·공시비용의 보조(영 제39조)

개별주택가격 결정·공시비용의 보조에 관하여는 제24조를 준용한다.

3 법 제18조(공동주택가격의 조사·산정 및 공시 등) 기출 30회

① 국토교통부장관은 공동주택에 대하여 매년 공시기준일 현재의 적정가격(이하 "공동주택가격"이라 한다)을 조사·산정하여 중앙부동산가격공시위원회의 심의를 거쳐 공시하고, 이를 관계 행정기관 등에 제공하여야 한다. 다만, <u>대통령령으로 정하는</u> 바에 따라 국세청장이 국토교통부장관과 협의하여 공동주택가격을 별도로 결정·고시하는 경우는 제외한다.

공동주택가격의 공시기준일(영 제40조)

법 제18조 제1항 본문에 따른 공동주택가격(이하 "공동주택가격"이라 한다)의 공시기준일은 1월 1일로 한다. 다만, 국토교통부장관은 공동주택가격 조사·산정인력 및 공동주택의 수 등을 고려하여 부득이하다고 인정하는 경우에는 일부 지역을 지정하여 해당 지역에 대한 공시기준일을 따로 정할 수 있다.

국세청장이 별도로 공동주택가격을 고시하는 경우(영 제41조)

법 제18조 제1항 단서에 따라 국세청장이 공동주택가격을 별도로 결정·고시하는 경우는 국세청장이 그 시기·대상 등에 대하여 국토교통부장관과의 협의를 거쳐 「소득세법」 제99조 제1항 제1호 라목 단서 및 「상속세 및 증여세법」 제61조 제1항 제4호 각 목 외의 부분 단서에 따라 다음 각 호의 어느 하나에 해당하는 공동주택의 기준시가를 결정·고시하는 경우로 한다.
  1. 아파트
  2. 건축 연면적 165제곱미터 이상의 연립주택

공동주택가격의 산정 및 공시(영 제43조)

① 국토교통부장관은 매년 4월 30일까지 공동주택가격을 산정·공시하여야 한다. 다만, 제44조 제2항 제1호의 경우에는 그 해 9월 30일까지, 같은 항 제2호의 경우에는 다음 해 4월 30일까지 공시하여야 한다.
② 법 제18조 제1항에 따른 공동주택가격의 공시에는 다음 각 호의 사항이 포함되어야 한다.
  1. 공동주택의 소재지·명칭·동·호수
  2. 공동주택가격
  3. 공동주택의 면적
  4. 그 밖에 공동주택가격 공시에 필요한 사항
③ 국토교통부장관은 법 제18조 제1항 본문에 따라 공동주택가격을 공시할 때에는 다음 각 호의 사항을 관보에 공고하고, 공동주택가격을 부동산공시가격시스템에 게시하여야 한다. 이 경우 공동주택가격의 통지에 관하여는 제4조 제2항 및 제3항을 준용한다.
  1. 제2항 각 호의 사항의 개요
  2. 공동주택가격의 열람방법
  3. 이의신청의 기간·절차 및 방법
④ 국토교통부장관은 법 제18조 제1항 본문에 따라 공동주택가격 공시사항을 제3항에 따른 공고일부터 10일 이내에 다음 각 호의 자에게 제공하여야 한다.
  1. 행정안전부장관
  2. 국세청장
  3. 시장·군수 또는 구청장

② 국토교통부장관은 공동주택가격을 공시하기 위하여 그 가격을 산정할 때에는 <u>대통령령으로 정하는</u> 바에 따라 공동주택소유자와 그 밖의 이해관계인의 의견을 들어야 한다.

> **공동주택소유자 등의 의견청취(영 제42조)**
> 법 제18조 제2항에 따른 의견청취에 관하여는 제5조 제1항 및 제3항을 준용한다.

③ 공동주택의 조사대상의 선정, 공시기준일, 공시의 시기, 공시사항, 조사·산정 기준 및 공시절차 등에 필요한 사항은 대통령령으로 정한다.
④ 국토교통부장관은 공시기준일 이후에 토지의 분할·합병이나 건축물의 신축 등이 발생한 경우에는 <u>대통령령으로 정하는 날</u>을 기준으로 하여 공동주택가격을 결정·공시하여야 한다.

> **공동주택가격 공시기준일을 다르게 할 수 있는 공동주택(영 제44조)**
> ① 법 제18조 제4항에 따라 공동주택가격 공시기준일을 다르게 할 수 있는 공동주택은 다음 각 호의 어느 하나에 해당하는 공동주택으로 한다.
>   1. 「공간정보의 구축 및 관리 등에 관한 법률」에 따라 그 대지가 분할 또는 합병된 공동주택
>   2. 「건축법」에 따른 건축·대수선 또는 용도변경이 된 공동주택
>   3. 국유·공유에서 매각 등에 따라 사유로 된 공동주택으로서 공동주택가격이 없는 주택
> ② 법 제18조 제4항에서 "대통령령으로 정하는 날"이란 다음 각 호의 구분에 따른 날을 말한다.
>   1. 1월 1일부터 5월 31일까지의 사이에 제1항 각 호의 사유가 발생한 공동주택 : 그 해 6월 1일
>   2. 6월 1일부터 12월 31일까지의 사이에 제1항 각 호의 사유가 발생한 공동주택 : 다음 해 1월 1일

⑤ 국토교통부장관이 공동주택가격을 조사·산정하는 경우에는 인근 유사 공동주택의 거래가격·임대료 및 해당 공동주택과 유사한 이용가치를 지닌다고 인정되는 공동주택의 건설에 필요한 비용추정액, 인근지역 및 다른 지역과의 형평성·특수성, 공동주택가격 변동의 예측 가능성 등 제반사항을 종합적으로 참작하여야 한다.

> **공동주택가격 조사·산정의 기준(영 제45조)**
> ① 법 제18조 제5항에 따라 국토교통부장관이 공동주택가격을 조사·산정하는 경우 참작하여야 하는 사항의 기준은 다음 각 호와 같다.
>   1. 인근 유사 공동주택의 거래가격 또는 임대료의 경우 : 해당 거래 또는 임대차가 당사자의 특수한 사정에 의하여 이루어지거나 공동주택거래 또는 임대차에 대한 지식의 부족으로 인하여 이루어진 경우에는 그러한 사정이 없었을 때에 이루어졌을 거래가격 또는 임대료를 기준으로 할 것
>   2. 해당 공동주택과 유사한 이용가치를 지닌다고 인정되는 공동주택의 건설에 필요한 비용추정액의 경우 : 공시기준일 현재 해당 공동주택을 건축하기 위한 표준적인 건축비와 일반적인 부대비용으로 할 것
> ② 공동주택에 전세권 또는 그 밖에 공동주택의 사용·수익을 제한하는 권리가 설정되어 있을 때에는 그 권리가 존재하지 아니하는 것으로 보고 적정가격을 산정하여야 한다.
> ③ 제1항 및 제2항에서 규정한 사항 외에 공동주택가격의 조사·산정에 필요한 세부기준은 국토교통부장관이 정한다.

⑥ 국토교통부장관이 공동주택가격을 조사·산정하고자 할 때에는 부동산원에 의뢰한다.

> **공동주택가격 조사·산정의 절차(영 제46조)**
> ① 법 제18조 제6항에 따라 공동주택가격 조사·산정을 의뢰받은 부동산원은 공동주택가격 및 그 밖에 국토교통부령으로 정하는 사항을 조사·산정한 후 국토교통부령으로 정하는 바에 따라 공동주택가격 조사·산정보고서를 작성하여 국토교통부장관에게 제출하여야 한다.
> ② 부동산원은 제1항에 따라 조사·산정보고서를 작성하는 경우에는 미리 해당 공동주택 소재지를 관할하는 시·도지사 및 시장·군수·구청장의 의견을 들어야 한다. 〈신설 2024.8.20.〉
> ③ 시·도지사 및 시장·군수·구청장은 제2항에 따라 의견 제시 요청을 받은 경우에는 요청받은 날부터 20일 이내에 의견을 제시해야 한다. 이 경우 시장·군수 또는 구청장은 시·군·구 부동산가격공시위원회의 심의를 거쳐 의견을 제시해야 한다. 〈신설 2024.8.20.〉
> ④ 국토교통부장관은 제1항에 따라 보고서를 제출받으면 다음 각 호의 자에게 해당 보고서를 제공해야 한다. 〈개정 2024.8.20.〉
>   1. 행정안전부장관
>   2. 국세청장
>   3. 시·도지사
>   4. 시장·군수 또는 구청장
> ⑤ 제4항에 따라 보고서를 제공받은 자는 국토교통부장관에게 보고서에 대한 적정성 검토를 요청할 수 있다. 〈개정 2024.8.20.〉
> ⑥ 제1항에 따라 제출된 보고서에 대한 적정성 여부 검토 및 보고서 시정에 관하여는 제30조 제4항 및 제5항을 준용한다. 〈개정 2024.8.20.〉

⑦ 국토교통부장관은 ①항 또는 ④항에 따라 공시한 가격에 틀린 계산, 오기, 그 밖에 대통령령으로 정하는 명백한 오류가 있음을 발견한 때에는 지체 없이 이를 정정하여야 한다.

> **공동주택가격의 정정사유(영 제47조)**
> ① 법 제18조 제7항에서 "대통령령으로 정하는 명백한 오류"란 다음 각 호의 어느 하나에 해당하는 경우를 말한다.
>   1. 법 제18조에 따른 공시절차를 완전하게 이행하지 아니한 경우
>   2. 공동주택가격에 영향을 미치는 동·호수 및 층의 표시 등 주요 요인의 조사를 잘못한 경우
> ② 국토교통부장관은 법 제18조 제7항에 따라 공동주택가격의 오류를 정정하려는 경우에는 중앙부동산가격공시위원회의 심의를 거쳐 정정사항을 결정·공시하여야 한다. 다만, 틀린 계산 또는 오기의 경우에는 중앙부동산가격공시위원회의 심의를 거치지 아니할 수 있다.

4 법 제19조(주택가격 공시의 효력)

① 표준주택가격은 국가·지방자치단체 등이 그 업무와 관련하여 개별주택가격을 산정하는 경우에 그 기준이 된다.
② 개별주택가격 및 공동주택가격은 주택시장의 가격정보를 제공하고, 국가·지방자치단체 등이 과세 등의 업무와 관련하여 주택의 가격을 산정하는 경우에 그 기준으로 활용될 수 있다.

제4장 비주거용 부동산가격의 공시

> **Point 출제포인트**
> ▷ 비주거용 표준부동산가격의 공시사항
> ▷ 비주거용 표준부동산가격의 공시방법
> ▷ 비주거용 개별부동산가격의 결정·공시
> ▷ 비주거용 부동산가격공시의 효력

1 법 제20조(비주거용 표준부동산가격의 조사·산정 및 공시 등) 기출 31회·35회

① 국토교통부장관은 용도지역, 이용상황, 건물구조 등이 일반적으로 유사하다고 인정되는 일단의 비주거용 일반부동산 중에서 선정한 비주거용 표준부동산에 대하여 매년 공시기준일 현재의 적정가격(이하 "비주거용 표준부동산가격"이라 한다)을 조사·산정하고, 중앙부동산가격공시위원회의 심의를 거쳐 이를 공시할 수 있다.

비주거용 표준부동산의 선정(영 제48조)

① 국토교통부장관은 법 제20조 제1항에 따라 비주거용 표준부동산을 선정할 때에는 일단의 비주거용 일반부동산 중에서 해당 일단의 비주거용 일반부동산을 대표할 수 있는 부동산을 선정하여야 한다. 이 경우 미리 해당 비주거용 표준부동산이 소재하는 시·도지사 및 시장·군수·구청장의 의견을 들어야 한다.
② 법 제20조 제1항에 따른 비주거용 표준부동산의 선정 및 관리에 필요한 세부기준은 중앙부동산가격공시위원회의 심의를 거쳐 국토교통부장관이 정한다.

비주거용 표준부동산가격의 공시기준일(영 제49조)

법 제20조 제1항에 따른 비주거용 표준부동산가격(이하 "비주거용 표준부동산가격"이라 한다)의 공시기준일은 1월 1일로 한다. 다만, 국토교통부장관은 비주거용 표준부동산가격 조사·산정인력 및 비주거용 표준부동산의 수 등을 고려하여 부득이하다고 인정하는 경우에는 일부 지역을 지정하여 해당 지역에 대한 공시기준일을 따로 정하여 고시할 수 있다.

비주거용 표준부동산가격의 공시방법(영 제50조)

① 국토교통부장관은 법 제20조 제1항에 따라 비주거용 표준부동산가격을 공시할 때에는 다음 각 호의 사항을 관보에 공고하고, 비주거용 표준부동산가격을 부동산공시가격시스템에 게시하여야 한다.
  1. 법 제20조 제2항 각 호의 사항의 개요
  2. 비주거용 표준부동산가격의 열람방법
  3. 이의신청의 기간·절차 및 방법
② 비주거용 표준부동산가격 및 이의신청기간 등의 통지에 관하여는 제4조 제2항 및 제3항을 준용한다.

② 비주거용 표준부동산가격의 공시에는 다음의 사항이 포함되어야 한다.
    ㉠ 비주거용 표준부동산의 지번
    ㉡ 비주거용 표준부동산가격
    ㉢ 비주거용 표준부동산의 대지면적 및 형상
    ㉣ 비주거용 표준부동산의 용도, 연면적, 구조 및 사용승인일(임시사용승인일을 포함한다)
    ㉤ 그 밖에 대통령령으로 정하는 사항

> **대통령령으로 정하는 사항(영 제51조)**
> 다음 각 호의 사항을 말한다.
> 1. 지목
> 2. 용도지역
> 3. 도로 상황
> 4. 그 밖에 비주거용 표준부동산가격 공시에 필요한 사항

③ 비주거용 표준부동산의 선정, 공시기준일, 공시의 시기, 조사·산정 기준 및 공시절차 등에 필요한 사항은 대통령령으로 정한다.
④ 국토교통부장관은 비주거용 표준부동산가격을 조사·산정하려는 경우 감정평가법인 등 또는 대통령령으로 정하는 부동산 가격의 조사·산정에 관한 전문성이 있는 자에게 의뢰한다.
   ※ "대통령령으로 정하는 부동산 가격의 조사·산정에 관한 전문성이 있는 자"란 부동산원을 말한다(영 제52조).

> **비주거용 표준부동산가격 조사·산정의 절차(영 제53조)**
> ① 법 제20조 제4항에 따라 비주거용 표준부동산가격의 조사·산정을 의뢰받은 자(이하 "비주거용 표준부동산가격 조사·산정기관"이라 한다)는 비주거용 표준부동산가격 및 그 밖에 국토교통부령으로 정하는 사항을 조사·산정한 후 국토교통부령으로 정하는 바에 따라 비주거용 표준부동산가격 조사·산정보고서를 작성하여 국토교통부장관에게 제출하여야 한다.
> ② 비주거용 표준부동산가격 조사·산정기관은 제1항에 따라 조사·산정보고서를 작성하는 경우에는 미리 해당 부동산 소재지를 관할하는 시·도지사 및 시장·군수·구청장의 의견을 들어야 한다.
> ③ 시·도지사 및 시장·군수·구청장은 제2항에 따라 의견 제시 요청을 받은 경우에는 요청받은 날부터 20일 이내에 의견을 제시하여야 한다. 이 경우 시장·군수 또는 구청장은 시·군·구부동산가격공시위원회의 심의를 거쳐 의견을 제시하여야 한다.
> ④ 제1항에 따른 비주거용 표준부동산가격 조사·산정보고서의 적정성 검토 및 보고서 시정에 관하여는 제30조 제4항 및 제5항을 준용한다.

⑤ 국토교통부장관이 비주거용 표준부동산가격을 조사·산정하는 경우에는 인근 유사 비주거용 일반부동산의 거래가격·임대료 및 해당 비주거용 일반부동산과 유사한 이용가치를 지닌다고 인정되는 비주거용 일반부동산의 건설에 필요한 비용추정액 등을 종합적으로 참작하여야 한다.

> **비주거용 표준부동산가격 조사·산정의 기준(영 제54조)**
> ① 법 제20조 제5항에 따라 국토교통부장관이 비주거용 표준부동산가격을 조사·산정하는 경우 참작하여야 하는 사항의 기준은 다음 각 호와 같다.
>   1. 인근 유사 비주거용 일반부동산의 거래가격 또는 임대료의 경우 : 해당 거래 또는 임대차가 당사자의 특수한 사정에 의하여 이루어지거나 비주거용 일반부동산거래 또는 임대차에 대한 지식의 부족으로 인하여 이루어진 경우에는 그러한 사정이 없었을 때에 이루어졌을 거래가격 또는 임대료를 기준으로 할 것

2. 해당 비주거용 일반부동산과 유사한 이용가치를 지닌다고 인정되는 비주거용 일반부동산의 건설에 필요한 비용추정액의 경우 : 공시기준일 현재 해당 비주거용 일반부동산을 건설하기 위한 표준적인 건설비와 일반적인 부대비용으로 할 것

② 비주거용 일반부동산에 전세권 또는 그 밖에 비주거용 일반부동산의 사용·수익을 제한하는 권리가 설정되어 있을 때에는 그 권리가 존재하지 아니하는 것으로 보고 적정가격을 조사·산정하여야 한다.

③ 제1항 및 제2항에서 규정한 사항 외에 비주거용 표준부동산가격의 조사·산정에 필요한 세부기준은 국토교통부장관이 정한다.

⑥ 국토교통부장관은 비주거용 개별부동산가격의 산정을 위하여 필요하다고 인정하는 경우에는 비주거용 표준부동산과 산정대상 비주거용 개별부동산의 가격형성요인에 관한 표준적인 비교표(이하 "비주거용 부동산가격비준표"라 한다)를 작성하여 시장·군수 또는 구청장에게 제공하여야 한다.

2 법 제21조(비주거용 개별부동산가격의 결정·공시 등)

① 시장·군수 또는 구청장은 시·군·구부동산가격공시위원회의 심의를 거쳐 매년 비주거용 표준부동산가격의 공시기준일 현재 관할 구역 안의 비주거용 개별부동산의 가격(이하 "비주거용 개별부동산가격"이라 한다)을 결정·공시할 수 있다. 다만, 대통령령으로 정하는 바에 따라 행정안전부장관 또는 국세청장이 국토교통부장관과 협의하여 비주거용 개별부동산의 가격을 별도로 결정·고시하는 경우는 제외한다.

행정안전부장관 또는 국세청장이 비주거용 개별부동산가격을 결정·고시하는 경우(영 제55조)

법 제21조 제1항 단서에 따라 행정안전부장관 또는 국세청장이 같은 항 본문에 따른 비주거용 개별부동산가격(이하 "비주거용 개별부동산가격"이라 한다)을 별도로 결정·고시하는 경우는 행정안전부장관 또는 국세청장이 그 대상·시기 등에 대하여 미리 국토교통부장관과 협의한 후 비주거용 개별부동산가격을 별도로 결정·고시하는 경우로 한다.

② ①항에도 불구하고 비주거용 표준부동산으로 선정된 비주거용 일반부동산 등 대통령령으로 정하는 비주거용 일반부동산에 대하여는 비주거용 개별부동산가격을 결정·공시하지 아니할 수 있다. 이 경우 비주거용 표준부동산으로 선정된 비주거용 일반부동산에 대하여는 해당 비주거용 표준부동산가격을 비주거용 개별부동산가격으로 본다.

비주거용 개별부동산가격을 공시하지 아니할 수 있는 비주거용 일반부동산(영 제56조)

① 시장·군수 또는 구청장은 법 제21조 제2항 전단에 따라 다음 각 호의 어느 하나에 해당하는 비주거용 일반부동산에 대해서는 비주거용 개별부동산가격을 결정·공시하지 아니할 수 있다.
1. 비주거용 표준부동산으로 선정된 비주거용 일반부동산
2. 국세 또는 지방세 부과대상이 아닌 비주거용 일반부동산
3. 그 밖에 국토교통부장관이 정하는 비주거용 일반부동산

② 제1항에도 불구하고 시장·군수 또는 구청장은 다음 각 호의 어느 하나에 해당하는 비주거용 일반부동산에 대해서는 비주거용 개별부동산가격을 공시한다.
1. 관계 법령에 따라 비주거용 일반부동산의 가격산정 등에 비주거용 개별부동산가격을 적용하도록 규정되어 있는 비주거용 일반부동산
2. 시장·군수 또는 구청장이 관계 행정기관의 장과 협의하여 비주거용 개별부동산가격을 결정·공시하기로 한 비주거용 일반부동산

③ 비주거용 개별부동산가격의 공시에는 다음의 사항이 포함되어야 한다.
　㉠ 비주거용 부동산의 지번
　㉡ 비주거용 부동산가격
　㉢ 그 밖에 대통령령으로 정하는 사항

> **대통령령으로 정하는 사항(영 제57조)**
> 다음 각 호의 사항을 말한다.
> 　1. 비주거용 개별부동산의 용도 및 면적
> 　2. 그 밖에 비주거용 개별부동산가격 공시에 필요한 사항

④ 시장·군수 또는 구청장은 공시기준일 이후에 토지의 분할·합병이나 건축물의 신축 등이 발생한 경우에는 대통령령으로 정하는 날을 기준으로 하여 비주거용 개별부동산가격을 결정·공시하여야 한다.

> **비주거용 개별부동산가격 공시기준일을 다르게 할 수 있는 비주거용 일반부동산(영 제58조)**
> ① 법 제21조 제4항에 따라 비주거용 개별부동산가격 공시기준일을 다르게 할 수 있는 비주거용 일반부동산은 다음 각 호의 어느 하나에 해당하는 부동산으로 한다.
> 　1. 「공간정보의 구축 및 관리 등에 관한 법률」에 따라 그 대지가 분할 또는 합병된 비주거용 일반부동산
> 　2. 「건축법」에 따른 건축·대수선 또는 용도변경이 된 비주거용 일반부동산
> 　3. 국유·공유에서 매각 등에 따라 사유로 된 비주거용 일반부동산으로서 비주거용 개별부동산가격이 없는 비주거용 일반부동산
> ② 법 제21조 제4항에서 "대통령령으로 정하는 날"이란 다음 각 호의 구분에 따른 날을 말한다.
> 　1. 1월 1일부터 5월 31일까지의 사이에 제1항 각 호의 사유가 발생한 비주거용 일반부동산 : 그 해 6월 1일
> 　2. 6월 1일부터 12월 31일까지의 사이에 제1항 각 호의 사유가 발생한 비주거용 일반부동산 : 다음 해 1월 1일

⑤ 시장·군수 또는 구청장이 비주거용 개별부동산가격을 결정·공시하는 경우에는 해당 비주거용 일반부동산과 유사한 이용가치를 지닌다고 인정되는 비주거용 표준부동산가격을 기준으로 비주거용 부동산가격비준표를 사용하여 가격을 산정하되, 해당 비주거용 일반부동산의 가격과 비주거용 표준부동산가격이 균형을 유지하도록 하여야 한다.

> **비주거용 개별부동산가격 조사·산정의 절차(영 제59조)**
> ① 국토교통부장관은 법 제21조 제5항에 따른 비주거용 개별부동산가격 조사·산정의 기준을 정하여 시장·군수 또는 구청장에게 통보하여야 하며, 시장·군수 또는 구청장은 그 기준에 따라 비주거용 개별부동산가격을 조사·산정하여야 한다.
> ② 제1항에 따른 기준에는 다음 각 호의 사항이 포함되어야 한다.
> 　1. 비주거용 일반부동산가격의 형성에 영향을 미치는 비주거용 일반부동산 특성조사에 관한 사항
> 　2. 비주거용 개별부동산가격의 산정기준이 되는 비주거용 표준부동산(이하 "비주거용 비교표준부동산"이라 한다)의 선정에 관한 사항
> 　3. 법 제20조 제6항에 따른 비주거용 부동산가격비준표의 사용에 관한 사항
> 　4. 그 밖에 비주거용 개별부동산가격의 조사·산정에 필요한 사항

⑥ 시장·군수 또는 구청장은 비주거용 개별부동산가격을 결정·공시하기 위하여 비주거용 일반부동산의 가격을 산정할 때에는 비주거용 표준부동산가격과의 균형 등 그 타당성에 대하여 <u>비주거용 표준부동산가격의 조사·산정을 의뢰 받은 자 등 대통령령으로 정하는 자</u>의 검증을 받고 비주거용 일반부동산의 소유자와 그 밖의 이해관계인의 의견을 들어야 한다. 다만, 시장·군수 또는 구청장은 비주거용 개별부동산가격에 대한 검증이 필요 없다고 인정하는 때에는 비주거용 부동산가격의 변동상황 등 <u>대통령령으로 정하는 사항</u>을 고려하여 검증을 생략할 수 있다.

비주거용 개별부동산가격의 검증(영 제60조)

① 시장·군수 또는 구청장은 법 제21조 제6항 본문에 따라 비주거용 개별부동산가격에 대한 검증을 의뢰할 때에는 같은 조 제1항에 따라 산정한 전체 비주거용 개별부동산가격에 대한 가격현황도면 및 가격조사자료를 제공하여야 한다.
② 법 제21조 제6항 본문에서 "제20조에 따른 비주거용 표준부동산가격의 조사·산정을 의뢰 받은 자 등 대통령령으로 정하는 자"란 다음 각 호의 어느 하나에 해당하는 자를 말한다.
　1. 감정평가법인 등
　2. 부동산원
③ 법 제21조 제6항 본문에 따라 검증을 의뢰받은 자는 다음 각 호의 사항을 검토·확인하고 의견을 제시해야 한다.
　1. 비주거용 비교표준부동산 선정의 적정성에 관한 사항
　2. 비주거용 개별부동산가격 산정의 적정성에 관한 사항
　3. 산정한 비주거용 개별부동산가격과 비주거용 표준부동산가격의 균형 유지에 관한 사항
　4. 산정한 비주거용 개별부동산가격과 인근 비주거용 일반부동산의 비주거용 개별부동산가격과의 균형 유지에 관한 사항
　5. 표준지공시지가 및 개별공시지가 산정 시 고려된 토지 특성과 일치하는지 여부
　6. 비주거용 개별부동산가격 산정 시 적용된 용도지역, 토지이용상황 등 주요 특성이 공부와 일치하는지 여부
　7. 그 밖에 시장·군수 또는 구청장이 검토를 의뢰한 사항
④ 시장·군수 또는 구청장은 법 제21조 제6항 단서에 따라 검증을 생략할 때에는 비주거용 개별부동산가격의 변동률과 해당 비주거용 일반부동산이 있는 시·군 또는 구의 연평균 비주거용 개별부동산가격변동률(국토교통부장관이 조사·공표하는 연평균 비주거용 개별부동산가격변동률을 말한다)의 차이가 작은 순으로 대상 비주거용 일반부동산을 선정하여야 한다. 다만, 개발사업이 시행되거나 용도지역·용도지구가 변경되는 등의 사유가 있는 비주거용 일반부동산은 검증 생략 대상 부동산으로 선정해서는 아니 된다.
⑤ 제1항부터 제4항까지에서 규정한 사항 외에 비주거용 개별부동산가격의 검증에 필요한 세부적인 사항은 국토교통부장관이 정한다. 이 경우 검증의 생략에 대해서는 관계 중앙행정기관의 장과 미리 협의하여야 한다.

비주거용 일반부동산 소유자 등의 의견청취(영 제61조)

법 제21조 제6항 본문에 따른 의견청취에 관하여는 제19조를 준용한다.

⑦ 국토교통부장관은 공시행정의 합리적인 발전을 도모하고 비주거용 표준부동산가격과 비주거용 개별부동산가격과의 균형유지 등 적정한 가격형성을 위하여 필요하다고 인정하는 경우에는 비주거용 개별부동산가격의 결정·공시 등에 관하여 시장·군수 또는 구청장을 지도·감독할 수 있다.
⑧ 비주거용 개별부동산가격에 대한 이의신청 및 정정에 대하여는 제11조 및 제12를 각각 준용한다. 이 경우 제11조 제2항 후단 중 "제10조"는 "제21조"로 본다.
⑨ 위에서 규정한 것 외에 비주거용 개별부동산가격의 산정, 검증 및 결정, 공시기준일, 공시의 시기, 조사·산정의 기준, 이해관계인의 의견청취 및 공시절차 등에 필요한 사항은 대통령령으로 정한다.

비주거용 개별부동산가격의 결정 및 공시(영 제62조)

① 시장·군수 또는 구청장은 비주거용 개별부동산가격을 결정·공시하려는 경우에는 매년 4월 30일까지 비주거용 개별부동산가격을 결정·공시하여야 한다. 다만, 제58조 제2항 제1호의 경우에는 그 해 9월 30일까지, 같은 항 제2호의 경우에는 다음 해 4월 30일까지 결정·공시하여야 한다.
② 제1항에 따라 비주거용 개별부동산가격을 공시하는 시장·군수 또는 구청장은 다음 각 호의 사항을 비주거용 개별부동산 소유자에게 개별 통지하여야 한다.
  1. 조사기준일, 비주거용 개별부동산의 수 및 비주거용 개별부동산가격의 열람방법 등 비주거용 개별부동산가격의 결정에 관한 사항
  2. 이의신청의 기간·절차 및 방법

3 법 제22조(비주거용 집합부동산가격의 조사·산정 및 공시 등)

① 국토교통부장관은 비주거용 집합부동산에 대하여 매년 공시기준일 현재의 적정가격(이하 "비주거용 집합부동산가격"이라 한다)을 조사·산정하여 중앙부동산가격공시위원회의 심의를 거쳐 공시할 수 있다. 이 경우 시장·군수 또는 구청장은 비주거용 집합부동산가격을 결정·공시한 경우에는 이를 관계 행정기관 등에 제공하여야 한다.

비주거용 집합부동산가격의 공시기준일(영 제63조)

법 제22조 제1항 전단에 따른 비주거용 집합부동산가격(이하 "비주거용 집합부동산가격"이라 한다)의 공시기준일은 1월 1일로 한다. 다만, 국토교통부장관은 비주거용 집합부동산가격 조사·산정인력 및 비주거용 집합부동산의 수 등을 고려하여 부득이하다고 인정하는 경우에는 일부 지역을 지정하여 해당 지역에 대한 공시기준일을 따로 정할 수 있다.

비주거용 집합부동산가격의 산정 및 공시(영 제64조)

① 국토교통부장관은 비주거용 집합부동산가격을 산정·공시하려는 경우에는 매년 4월 30일까지 비주거용 집합부동산가격을 산정·공시하여야 한다. 다만, 제67조 제2항 제1호의 경우에는 그 해 9월 30일까지, 같은 항 제2호의 경우에는 다음 해 4월 30일까지 산정·공시하여야 한다.
② 법 제22조 제1항에 따른 비주거용 집합부동산가격의 공시에는 다음 각 호의 사항이 포함되어야 한다.
  1. 비주거용 집합부동산의 소재지·명칭·동·호수
  2. 비주거용 집합부동산가격
  3. 비주거용 집합부동산의 면적
  4. 그 밖에 비주거용 집합부동산가격 공시에 필요한 사항
③ 국토교통부장관은 법 제22조 제1항 전단에 따라 비주거용 집합부동산가격을 공시할 때에는 다음 각 호의 사항을 관보에 공고하고, 비주거용 집합부동산가격을 부동산공시가격시스템에 게시하여야 하며, 비주거용 집합부동산 소유자에게 개별 통지하여야 한다.
  1. 제2항 각 호의 사항의 개요
  2. 비주거용 집합부동산가격의 열람방법
  3. 이의신청의 기간·절차 및 방법
④ 국토교통부장관은 법 제22조 제1항 후단에 따라 비주거용 집합부동산가격 공시사항을 제3항에 따른 공고일부터 10일 이내에 다음 각 호의 자에게 제공하여야 한다.
  1. 행정안전부장관
  2. 국세청장
  3. 시장·군수 또는 구청장

② ①항에도 불구하고 대통령령으로 정하는 바에 따라 행정안전부장관 또는 국세청장이 국토교통부장관과 협의하여 비주거용 집합부동산의 가격을 별도로 결정·고시하는 경우에는 해당 비주거용 집합부동산의 비주거용 개별부동산가격을 결정·공시하지 아니한다.

행정안전부장관 또는 국세청장이 비주거용 집합부동산가격을 결정·고시하는 경우(영 제65조)

법 제22조 제2항에 따라 행정안전부장관 또는 국세청장이 비주거용 집합부동산가격을 별도로 결정·고시하는 경우는 행정안전부장관 또는 국세청장이 그 대상·시기 등에 대하여 미리 국토교통부장관과 협의한 후 비주거용 집합부동산가격을 별도로 결정·고시하는 경우로 한다.

③ 국토교통부장관은 비주거용 집합부동산가격을 공시하기 위하여 비주거용 집합부동산의 가격을 산정할 때에는 대통령령으로 정하는 바에 따라 비주거용 집합부동산의 소유자와 그 밖의 이해관계인의 의견을 들어야 한다.

비주거용 집합부동산 소유자 등의 의견청취(영 제66조)

법 제22조 제3항에 따른 의견청취에 관하여는 제5조 제1항 및 제3항을 준용한다.

④ 비주거용 집합부동산의 조사대상의 선정, 공시기준일, 공시의 시기, 공시사항, 조사·산정 기준 및 공시절차 등에 필요한 사항은 대통령령으로 정한다.

⑤ 국토교통부장관은 공시기준일 이후에 토지의 분할·합병이나 건축물의 신축 등이 발생한 경우에는 대통령령으로 정하는 날을 기준으로 하여 비주거용 집합부동산가격을 결정·공시하여야 한다.

비주거용 집합부동산가격 공시기준일을 다르게 할 수 있는 비주거용 집합부동산(영 제67조)

① 법 제22조 제5항에 따라 비주거용 집합부동산가격 공시기준일을 다르게 할 수 있는 비주거용 집합부동산은 다음 각 호의 어느 하나에 해당하는 부동산으로 한다.
  1. 「공간정보의 구축 및 관리 등에 관한 법률」에 따라 그 대지가 분할 또는 합병된 비주거용 집합부동산
  2. 「건축법」에 따른 건축·대수선 또는 용도변경이 된 비주거용 집합부동산
  3. 국유·공유에서 매각 등에 따라 사유로 된 비주거용 집합부동산으로서 비주거용 집합부동산가격이 없는 비주거용 집합부동산
② 법 제22조 제5항에서 "대통령령으로 정하는 날"이란 다음 각 호의 구분에 따른 날을 말한다.
  1. 1월 1일부터 5월 31일까지의 사이에 제1항 각 호의 사유가 발생한 비주거용 집합부동산 : 그 해 6월 1일
  2. 6월 1일부터 12월 31일까지의 사이에 제1항 각 호의 사유가 발생한 비주거용 집합부동산 : 다음 해 1월 1일

⑥ 국토교통부장관이 비주거용 집합부동산가격을 조사·산정하는 경우에는 인근 유사 비주거용 집합부동산의 거래가격·임대료 및 해당 비주거용 집합부동산과 유사한 이용가치를 지닌다고 인정되는 비주거용 집합부동산의 건설에 필요한 비용추정액 등을 종합적으로 참작하여야 한다.

비주거용 집합부동산가격 조사·산정의 기준(영 제68조)

① 국토교통부장관은 법 제22조 제6항에 따라 비주거용 집합부동산가격을 조사·산정할 때 그 비주거용 집합부동산에 전세권 또는 그 밖에 비주거용 집합부동산의 사용·수익을 제한하는 권리가 설정되어 있는 경우에는 그 권리가 존재하지 아니하는 것으로 보고 적정가격을 산정하여야 한다.
② 법 제22조에 따른 비주거용 집합부동산가격 조사 및 산정의 세부기준은 중앙부동산가격공시위원회의 심의를 거쳐 국토교통부장관이 정한다.

⑦ 국토교통부장관은 비주거용 집합부동산가격을 조사·산정할 때에는 부동산원 또는 대통령령으로 정하는 부동산 가격의 조사·산정에 관한 전문성이 있는 자에게 의뢰한다.

> **비주거용 집합부동산가격 조사·산정의 절차(영 제69조)**
> ① 법 제22조 제7항에서 "대통령령으로 정하는 부동산 가격의 조사·산정에 관한 전문성이 있는 자"란 감정평가법인 등을 말한다.
> ② 법 제22조 제7항에 따라 비주거용 집합부동산가격 조사·산정을 의뢰받은 자(이하 "비주거용 집합부동산가격 조사·산정기관"이라 한다)는 비주거용 집합부동산가격 및 그 밖에 국토교통부령으로 정하는 사항을 조사·산정한 후 국토교통부령으로 정하는 바에 따라 비주거용 집합부동산가격 조사·산정보고서를 작성하여 국토교통부장관에게 제출하여야 한다.
> ③ 국토교통부장관은 제2항에 따라 보고서를 제출받으면 다음 각 호의 자에게 해당 보고서를 제공하여야 한다.
>   1. 행정안전부장관
>   2. 국세청장
>   3. 시·도지사
>   4. 시장·군수 또는 구청장
> ④ 제3항에 따라 보고서를 제공받은 자는 국토교통부장관에게 보고서에 대한 적정성 검토를 요청할 수 있다.
> ⑤ 국토교통부장관은 제2항에 따라 제출된 보고서에 대하여 실거래신고가격 및 감정평가 정보체계 등을 활용하여 그 적정성 여부를 검토할 수 있다.
> ⑥ 국토교통부장관은 제5항에 따른 적정성 여부 검토를 위하여 필요하다고 인정하는 경우에는 해당 비주거용 집합부동산가격 조사·산정기관 외에 부동산 가격의 조사·산정에 관한 전문성이 있는 자를 별도로 지정하여 의견을 들을 수 있다.
> ⑦ 국토교통부장관은 제5항에 따른 검토 결과 부적정하다고 판단되거나 비주거용 집합부동산가격 조사·산정이 관계 법령을 위반하여 수행되었다고 인정되는 경우에는 해당 비주거용 집합부동산가격 조사·산정기관에 보고서를 시정하여 다시 제출하게 할 수 있다.

⑧ 국토교통부장관은 ①항 또는 ④항에 따라 공시한 가격에 틀린 계산, 오기, 그 밖에 대통령령으로 정하는 명백한 오류가 있음을 발견한 때에는 지체 없이 이를 정정하여야 한다.

> **비주거용 집합부동산가격의 정정사유(영 제70조)**
> ① 법 제22조 제8항에서 "대통령령으로 정하는 명백한 오류"란 다음 각 호의 어느 하나에 해당하는 경우를 말한다.
>   1. 법 제22조에 따른 공시절차를 완전하게 이행하지 아니한 경우
>   2. 비주거용 집합부동산가격에 영향을 미치는 동·호수 및 층의 표시 등 주요 요인의 조사를 잘못한 경우
> ② 국토교통부장관은 법 제22조 제8항에 따라 비주거용 집합부동산가격의 오류를 정정하려는 경우에는 중앙부동산가격공시위원회의 심의를 거쳐 정정사항을 결정·공시하여야 한다. 다만, 틀린 계산 또는 오기의 경우에는 중앙부동산가격공시위원회의 심의를 거치지 아니할 수 있다.

4 법 제23조(비주거용 부동산가격공시의 효력)

① 비주거용 표준부동산가격은 국가·지방자치단체 등이 그 업무와 관련하여 비주거용 개별부동산가격을 산정하는 경우에 그 기준이 된다.
② 비주거용 개별부동산가격 및 비주거용 집합부동산가격은 비주거용 부동산시장에 가격정보를 제공하고, 국가·지방자치단체 등이 과세 등의 업무와 관련하여 비주거용 부동산의 가격을 산정하는 경우에 그 기준으로 활용될 수 있다.

제5장 부동산가격공시위원회

> **Point 출제포인트**
> ▷ 중앙부동산가격공시위원회의 조직 구성
> ▷ 시·군·구부동산가격공시위원회

1 제24조(중앙부동산가격공시위원회) 기출 27회

① 다음의 사항을 심의하기 위하여 국토교통부장관 소속으로 중앙부동산가격공시위원회(이하 "위원회"라 한다)를 둔다.

1. 부동산 가격공시 관계 법령의 제정·개정에 관한 사항 중 국토교통부장관이 심의에 부치는 사항
2. 제3조에 따른 표준지의 선정 및 관리지침
3. 제3조에 따라 조사·평가된 표준지공시지가
4. 제7조에 따른 표준지공시지가에 대한 이의신청에 관한 사항
5. 제16조에 따른 표준주택의 선정 및 관리지침
6. 제16조에 따라 조사·산정된 표준주택가격
7. 제16조에 따른 표준주택가격에 대한 이의신청에 관한 사항
8. 제18조에 따른 공동주택의 조사 및 산정지침
9. 제18조에 따라 조사·산정된 공동주택가격
10. 제18조에 따른 공동주택가격에 대한 이의신청에 관한 사항
11. 제20조에 따른 비주거용 표준부동산의 선정 및 관리지침
12. 제20조에 따라 조사·산정된 비주거용 표준부동산가격
13. 제20조에 따른 비주거용 표준부동산가격에 대한 이의신청에 관한 사항
14. 제22조에 따른 비주거용 집합부동산의 조사 및 산정 지침
15. 제22조에 따라 조사·산정된 비주거용 집합부동산가격
16. 제22조에 따른 비주거용 집합부동산가격에 대한 이의신청에 관한 사항
17. 제26조의2에 따른 계획 수립에 관한 사항
18. 그 밖에 부동산정책에 관한 사항 등 국토교통부장관이 심의에 부치는 사항

② 위원회는 위원장을 포함한 20명 이내의 위원으로 구성한다.
③ 위원회의 위원장은 국토교통부 제1차관이 된다.

④ 위원회의 위원은 대통령령으로 정하는 중앙행정기관의 장이 지명하는 6명 이내의 공무원과 다음의 어느 하나에 해당하는 사람 중 국토교통부장관이 위촉하는 사람이 된다.
   ㉠ 「고등교육법」에 따른 대학에서 토지·주택 등에 관한 이론을 가르치는 조교수 이상으로 재직하고 있거나 재직하였던 사람
   ㉡ 판사, 검사, 변호사 또는 감정평가사의 자격이 있는 사람
   ㉢ 부동산가격공시 또는 감정평가 관련 분야에서 10년 이상 연구 또는 실무경험이 있는 사람
⑤ 공무원이 아닌 위원의 임기는 2년으로 하되, 한차례 연임할 수 있다.
⑥ 국토교통부장관은 필요하다고 인정하면 위원회의 심의에 부치기 전에 미리 관계 전문가의 의견을 듣거나 조사·연구를 의뢰할 수 있다.
⑦ 위에서 규정한 사항 외에 위원회의 조직 및 운영에 필요한 사항은 대통령령으로 정한다.

중앙부동산가격공시위원회(영 제71조)

① 법 제24조 제2항에 따라 중앙부동산가격공시위원회를 구성할 때에는 성별을 고려하여야 한다.
② 법 제24조 제4항 각 호 외의 부분에서 "대통령령으로 정하는 중앙행정기관"이란 다음 각 호의 중앙행정기관을 말한다.
   1. 기획재정부
   2. 행정안전부
   3. 농림축산식품부
   3의2. 보건복지부
   4. 국토교통부
③ 중앙부동산가격공시위원회의 위원장(이하 "위원장"이라 한다)은 중앙부동산가격공시위원회를 대표하고, 중앙부동산가격공시위원회의 업무를 총괄한다.
④ 위원장은 중앙부동산가격공시위원회의 회의를 소집하고 그 의장이 된다.
⑤ 중앙부동산가격공시위원회에 부위원장 1명을 두며, 부위원장은 위원 중 위원장이 지명하는 사람이 된다.
⑥ 부위원장은 위원장을 보좌하고 위원장이 부득이한 사유로 직무를 수행할 수 없을 때에 그 직무를 대행한다.
⑦ 위원장 및 부위원장이 모두 부득이한 사유로 직무를 수행할 수 없을 때에는 위원장이 미리 지명한 위원이 그 직무를 대행한다.
⑧ 위원장은 중앙부동산가격공시위원회의 회의를 소집할 때에는 개회 3일 전까지 의안을 첨부하여 위원에게 개별 통지하여야 한다.
⑨ 중앙부동산가격공시위원회의 회의는 재적위원 과반수의 출석으로 개의(開議)하고, 출석위원 과반수의 찬성으로 의결한다.
⑩ 중앙부동산가격공시위원회의 위원 중 공무원이 아닌 위원에게는 예산의 범위에서 수당과 여비를 지급할 수 있다.
⑪ 제1항부터 제10항까지에서 규정한 사항 외에 중앙부동산가격공시위원회의 운영에 필요한 세부적인 사항은 중앙부동산가격공시위원회의 의결을 거쳐 위원장이 정한다.

2 법 제25조(시·군·구부동산가격공시위원회)

① 다음의 사항을 심의하기 위하여 시장·군수 또는 구청장 소속으로 시·군·구부동산가격공시위원회를 둔다.
  ㉠ 제10조에 따른 개별공시지가의 결정에 관한 사항
  ㉡ 제11조에 따른 개별공시지가에 대한 이의신청에 관한 사항
  ㉢ 제17조에 따른 개별주택가격의 결정에 관한 사항
  ㉣ 제17조에 따른 개별주택가격에 대한 이의신청에 관한 사항
  ㉤ 제21조에 따른 비주거용 개별부동산가격의 결정에 관한 사항
  ㉥ 제21조에 따른 비주거용 개별부동산가격에 대한 이의신청에 관한 사항
  ㉦ 그 밖에 시장·군수 또는 구청장이 심의에 부치는 사항
② ①항에 규정된 것 외에 시·군·구부동산가격공시위원회의 조직 및 운영에 필요한 사항은 대통령령으로 정한다.

> **시·군·구부동산가격공시위원회(영 제74조)**
> ① 시·군·구부동산가격공시위원회는 위원장 1명을 포함한 10명 이상 15명 이하의 위원으로 구성하며, 성별을 고려하여야 한다.
> ② 시·군·구부동산가격공시위원회 위원장은 부시장·부군수 또는 부구청장이 된다. 이 경우 부시장·부군수 또는 부구청장이 2명 이상이면 시장·군수 또는 구청장이 지명하는 부시장·부군수 또는 부구청장이 된다.
> ③ 시·군·구부동산가격공시위원회 위원은 시장·군수 또는 구청장이 지명하는 6명 이내의 공무원과 다음 각 호의 어느 하나에 해당하는 사람 중에서 시장·군수 또는 구청장이 위촉하는 사람이 된다.
>   1. 부동산 가격공시 또는 감정평가에 관한 학식과 경험이 풍부하고 해당 지역의 사정에 정통한 사람
>   2. 시민단체(「비영리민간단체 지원법」 제2조에 따른 비영리민간단체를 말한다)에서 추천한 사람
> ④ 시·군·구부동산가격공시위원회 위원의 제척·기피·회피 및 해촉에 관하여는 제72조 및 제73조를 준용한다.
> ⑤ 제1항부터 제4항까지에서 규정한 사항 외에 시·군·구부동산가격공시위원회의 구성·운영에 필요한 사항은 해당 시·군·구의 조례로 정한다.

제6장 보칙

> **Point 출제포인트**
> ▷ 적정가격 반영을 위한 계획 수립
> ▷ 공시가격정보체계의 구축 및 관리

1 법 제26조(공시보고서의 제출 등)

① 정부는 표준지공시지가, 표준주택가격 및 공동주택가격의 주요사항에 관한 보고서를 매년 정기국회의 개회 전까지 국회에 제출하여야 한다.
② 국토교통부장관은 표준지공시지가, 표준주택가격, 공동주택가격, 비주거용 표준부동산가격 및 비주거용 집합부동산가격을 공시하는 때에는 부동산의 시세 반영률, 조사·평가 및 산정 근거 등의 자료를 국토교통부령으로 정하는 바에 따라 인터넷 홈페이지 등에 공개하여야 한다.

> **자료의 공개(규칙 제32조)**
> 국토교통부장관은 법 제26조 제1항에 따라 표준지공시지가, 표준주택가격 및 공동주택가격의 주요사항에 관한 보고서를 국회에 제출하는 때에 같은 조 제2항에 따라 다음 각 호의 자료를 영 제4조에 따른 부동산공시가격시스템에 게시해야 한다.
> 1. 부동산 유형별 종합적인 시세 반영률
> 2. 부동산 유형별 공시가격의 조사·산정 기준 및 절차
> 3. 부동산 공시가격 산정에 고려된 용도지역 또는 용도 등 주요 특성 및 현황
> 4. 부동산 공시가격 산정에 참고한 인근지역의 실거래가 및 시세자료 등 가격에 관한 자료

2 법 제26조의2(적정가격 반영을 위한 계획 수립 등)

① 국토교통부장관은 부동산공시가격이 적정가격을 반영하고 부동산의 유형·지역 등에 따른 균형성을 확보하기 위하여 부동산의 시세 반영률의 목표치를 설정하고, 이를 달성하기 위하여 대통령령으로 정하는 바에 따라 계획을 수립하여야 한다.

> **적정가격 반영을 위한 계획 수립(영 제74조의2)**
> ① 국토교통부장관은 법 제26조의2 제1항에 따른 계획을 수립하는 때에는 다음 각 호의 사항을 포함하여 수립해야 한다.
> 1. 부동산의 유형별 시세 반영률의 목표
> 2. 부동산의 유형별 시세 반영률의 목표 달성을 위하여 필요한 기간 및 연도별 달성계획

> 3. 부동산공시가격의 균형성 확보 방안
> 4. 부동산 가격의 변동 상황 및 유형·지역·가격대별 형평성과 특수성을 반영하기 위한 방안
> ② 국토교통부장관은 법 제26조의2 제1항에 따른 계획을 수립하기 위하여 필요한 경우에는 국가기관, 지방자치단체, 부동산원, 그 밖의 기관·법인·단체에 대하여 필요한 자료의 제출 또는 열람을 요구하거나 의견의 제출을 요구할 수 있다.

② ①항에 따른 계획을 수립하는 때에는 부동산 가격의 변동 상황, 지역 간의 형평성, 해당 부동산의 특수성 등 제반사항을 종합적으로 고려하여야 한다.
③ 국토교통부장관이 ①항에 따른 계획을 수립하는 때에는 관계 행정기관과의 협의를 거쳐 공청회를 실시하고, 제24조에 따른 중앙부동산가격공시위원회의 심의를 거쳐야 한다.
④ 국토교통부장관, 시장·군수 또는 구청장은 부동산공시가격을 결정·공시하는 경우 ①항에 따른 계획에 부합하도록 하여야 한다.

3 법 제27조(공시가격정보체계의 구축 및 관리)

① 국토교통부장관은 토지, 주택 및 비주거용 부동산의 공시가격과 관련된 정보를 효율적이고 체계적으로 관리하기 위하여 공시가격정보체계를 구축·운영할 수 있다.
② 국토교통부장관은 공시가격정보체계를 구축하기 위하여 필요한 경우 관계 기관에 자료를 요청할 수 있다. 이 경우 관계 기관은 정당한 사유가 없으면 그 요청을 따라야 한다.
③ ①항 및 ②항에 따른 정보 및 자료의 종류, 공시가격정보체계의 구축·운영방법 등에 필요한 사항은 대통령령으로 정한다.

> **공시가격정보체계의 구축·관리(영 제75조)**
> ① 법 제27조 제1항에 따른 공시가격정보체계(이하 "공시가격정보체계"라 한다)에는 다음 각 호의 정보가 포함되어야 한다.
>   1. 법에 따라 공시되는 가격에 관한 정보
>   2. 제1호에 따른 공시대상 부동산의 특성에 관한 정보
>   3. 그 밖에 부동산공시가격과 관련된 정보
> ② 국토교통부장관(법 제28조 제1항 제5호에 따라 공시가격정보체계의 구축 및 관리를 위탁받은 자를 포함한다)은 제1항 각 호의 정보를 다음 각 호의 자에게 제공할 수 있다. 다만, 개인정보 보호 등 정당한 사유가 있는 경우에는 제공하는 정보의 종류와 내용을 제한할 수 있다.
>   1. 행정안전부장관
>   2. 국세청장
>   3. 시·도지사
>   4. 시장·군수 또는 구청장

4 법 제27조의2(회의록의 공개)

중앙부동산가격공시위원회 및 시·군·구부동산가격공시위원회 심의의 일시·장소·안건·내용·결과 등이 기록된 회의록은 3개월의 범위에서 대통령령으로 정하는 기간이 지난 후에는 대통령령으로 정하는 바에 따라 인터넷 홈페이지 등에 공개하여야 한다. 다만, 공익을 현저히 해할 우려가 있거나 심의의 공정성을 침해할 우려가 있다고 인정되는 이름, 주민등록번호 등 대통령령으로 정하는 개인 식별 정보에 관한 부분의 경우에는 그러하지 아니하다.

> **회의록의 공개(영 제75조의2)**
> ① 법 제27조의2 본문에서 "대통령령으로 정하는 기간"이란 3개월을 말한다.
> ② 국토교통부장관은 법 제27조의2에 따라 다음 각 호의 어느 하나에 해당하는 중앙부동산가격공시위원회 심의의 회의록을 부동산공시가격시스템에 게시해야 한다.
>   1. 법 제3조 제1항에 따른 표준지공시지가의 공시를 위한 심의
>   2. 법 제16조 제1항에 따른 표준주택가격의 공시를 위한 심의
>   3. 법 제18조 제1항 본문에 따른 공동주택가격의 공시를 위한 심의
>   4. 법 제20조 제1항에 따른 비주거용 표준부동산가격의 공시를 위한 심의
>   5. 법 제22조 제1항 전단에 따른 비주거용 집합부동산가격의 공시를 위한 심의
> ③ 시장·군수 또는 구청장은 법 제27조의2에 따라 다음 각 호의 어느 하나에 해당하는 시·군·구부동산가격공시위원회 심의의 회의록을 해당 시·군 또는 구의 게시판 또는 인터넷 홈페이지에 게시하거나 국토교통부장관에게 부동산공시가격시스템에 게시하도록 요청해야 한다.
>   1. 법 제10조 제1항에 따른 개별공시지가의 결정·공시를 위한 심의
>   2. 법 제17조 제1항에 따른 개별주택가격의 결정·공시를 위한 심의
>   3. 법 제21조 제1항 본문에 따른 비주거용 개별부동산가격의 결정·공시를 위한 심의
> ④ 법 제27조의2 단서에서 "이름·주민등록번호 등 대통령령으로 정하는 개인 식별 정보"란 이름·주민등록번호·주소 및 직위 등 특정인임을 식별할 수 있는 정보를 말한다.

5 법 제28조(업무위탁)

(1) 업무의 위탁

국토교통부장관은 다음의 업무를 부동산원 또는 국토교통부장관이 정하는 기관에 위탁할 수 있다.
① 다음의 업무 수행에 필요한 부대업무
   ㉠ 표준지공시지가의 조사·평가
   ㉡ 표준주택가격의 조사·산정
   ㉢ 공동주택가격의 조사·산정
   ㉣ 비주거용 표준부동산가격의 조사·산정
   ㉤ 비주거용 집합부동산가격의 조사·산정
② 표준지공시지가, 표준주택가격, 공동주택가격, 비주거용 표준부동산가격 및 비주거용 집합부동산가격에 관한 도서·도표 등 작성·공급

③ 토지가격비준표, 주택가격비준표 및 비주거용 부동산가격비준표의 작성·제공
④ 부동산 가격정보 등의 조사
⑤ 공시가격정보체계의 구축 및 관리
⑥ 위의 업무와 관련된 업무로서 대통령령으로 정하는 업무

> **업무의 위탁(영 제76조)**
> ① 법 제28조 제1항 제6호에서 "대통령령으로 정하는 업무"란 같은 항 제1호부터 제5호까지의 업무와 관련된 교육 및 연구를 말한다.
> ② 국토교통부장관은 법 제28조 제1항 각 호의 업무를 부동산원에 위탁한다.

(2) 경비의 보조
국토교통부장관은 그 업무를 위탁할 때에는 예산의 범위에서 필요한 경비를 보조할 수 있다.

6 법 제29조(수수료 등)

① 부동산원 및 감정평가법인 등은 이 법에 따른 표준지공시지가의 조사·평가, 개별공시지가의 검증, 부동산 가격정보·통계 등의 조사, 표준주택가격의 조사·산정, 개별주택가격의 검증, 공동주택가격의 조사·산정, 비주거용 표준부동산가격의 조사·산정, 비주거용 개별부동산가격의 검증 및 비주거용 집합부동산가격의 조사·산정 등의 업무수행을 위한 수수료와 출장 또는 사실 확인 등에 소요된 실비를 받을 수 있다.
② 수수료의 요율 및 실비의 범위는 국토교통부장관이 정하여 고시한다.

7 법 제30조(벌칙 적용에서 공무원 의제)

다음의 어느 하나에 해당하는 사람은 「형법」 제129조부터 제132조까지의 규정을 적용할 때에는 공무원으로 본다.
① 제28조 제1항에 따라 업무를 위탁받은 기관의 임직원
② 중앙부동산가격공시위원회의 위원 중 공무원이 아닌 위원

제3편 실전문제

※ 개정법령 반영으로 인해 기출문제를 수정한 경우 기출수정 표기를 하였습니다.

제1장 총칙

01 부동산 가격공시에 관한 법령상 용어에 관한 설명으로 옳지 않은 것은?

① "주택"이란 「주택법」 제2조 제1호에 따른 주택을 말한다.
② "공동주택"이란 「주택법」 제2조 제3호에 따른 공동주택을 말한다.
③ "단독주택"이란 공동주택을 제외한 주택을 말한다.
④ "적정가격"이란 주거용 부동산(비주거용 부동산 제외)에 대하여 통상적인 시장에서 정상적인 거래가 이루어지는 경우 성립될 가능성이 가장 높다고 인정되는 가격을 말한다.
⑤ "비주거용 부동산"이란 주택을 제외한 건축물이나 건축물과 그 토지의 전부 또는 일부를 말한다.

해설

④ (×) "적정가격"이란 토지, 주택 및 비주거용 부동산에 대하여 통상적인 시장에서 정상적인 거래가 이루어지는 경우 성립될 가능성이 가장 높다고 인정되는 가격을 말한다(법 제2조 제5호).
① (○) 법 제2조 제1호
② (○) 법 제2조 제2호
③ (○) 법 제2조 제3호
⑤ (○) 법 제2조 제4호

답 ④

02

부동산 가격공시에 관한 법령에서 용어의 정의를 직접 규정하고 있지 않은 것은?

① 비주거용 부동산
② 단독주택
③ 다가구주택
④ 공동주택
⑤ 적정가격

> 해설

③ (×) 다가구주택에 관한 규정은 건축법 시행령 [별표 1]에서 단독주택의 세부종류로 설명되어 있다.

> **다가구주택(건축법 시행령 [별표 1] 참조)**
> 다음의 요건을 모두 갖춘 주택으로서 공동주택에 해당하지 아니하는 것을 말한다.
> 1) 주택으로 쓰는 층수(지하층은 제외한다)가 3개 층 이하일 것. 다만, 1층의 전부 또는 일부를 필로티 구조로 하여 주차장으로 사용하고 나머지 부분을 주택(주거 목적으로 한정한다) 외의 용도로 쓰는 경우에는 해당 층을 주택의 층수에서 제외한다.
> 2) 1개 동의 주택으로 쓰이는 바닥면적의 합계가 660제곱미터 이하일 것
> 3) 19세대(대지 내 동별 세대수를 합한 세대를 말한다) 이하가 거주할 수 있을 것

답 ③

제2장 지가의 공시

01 부동산 가격공시에 관한 법령상 표준지공시지가의 공시방법에 관한 설명으로 옳은 것은? 기출 18

① 국토교통부장관은 매년 표준지공시지가를 중앙부동산가격공시위원회의 심의를 거쳐 공시하여야 한다.
② 표준지공시지가를 공시할 때에는 표준지공시지가의 열람방법을 부동산공시가격시스템에 게시하여야 한다.
③ 표준지공시지가를 공시할 때에는 표준지공시지가에 대한 이의신청의 기간·절차 및 방법을 부동산공시가격시스템에 게시하여야 한다.
④ 국토교통부장관은 표준지공시지가와 표준지공시지가의 열람방법을 표준지 소유자에게 개별 통지하여야 한다.
⑤ 국토교통부장관은 표준지공시지가를 관보에 공고하고, 그 공고사실을 방송·신문 등을 통하여 알려야 한다.

해설

① (○) 국토교통부장관은 토지이용상황이나 주변 환경, 그 밖의 자연적·사회적 조건이 일반적으로 유사하다고 인정되는 일단의 토지 중에서 선정한 표준지에 대하여 매년 공시기준일 현재의 단위면적당 적정가격(이하 "표준지공시지가"라 한다)을 조사·평가하고, 중앙부동산가격공시위원회의 심의를 거쳐 이를 공시하여야 한다(법 제3조 제1항).
② (×) 국토교통부장관은 표준지공시지가를 공시할 때에는 표준지공시지가의 열람방법을 관보에 공고하고, 표준지공시지가를 국토교통부가 운영하는 부동산공시가격시스템에 게시하여야 한다(영 제4조 제1항 제2호).
③ (×) 표준지공시지가를 공시할 때에는 이의신청의 기간·절차 및 방법을 관보에 공고하고, 표준지공시지가를 국토교통부가 운영하는 부동산공시가격시스템에 게시하여야 한다(영 제4조 제1항 제3호).
④ (×) 국토교통부장관은 필요하다고 인정하는 경우에는 표준지공시지가와 이의신청의 기간·절차 및 방법을 표준지 소유자(소유자가 여러 명인 경우에는 각 소유자를 말한다)에게 개별 통지할 수 있다(영 제4조 제2항).
⑤ (×) 국토교통부장관은 통지를 하지 아니하는 경우에는 공고 및 게시사실을 방송·신문 등을 통하여 알려 표준지 소유자가 표준지공시지가를 열람하고 필요한 경우에는 이의신청을 할 수 있도록 하여야 한다(영 제4조 제3항).

답 ①

02 부동산 가격공시에 관한 법령상 지가의 공시 등에 관한 설명으로 옳지 않은 것은? 기출 18

① 표준지로 선정되어 개별공시지가를 결정·공시하지 아니하는 토지의 경우 해당 토지의 표준지공시지가를 개별공시지가로 본다.
② 개별공시지가 조사·산정의 기준에는 지가형성에 영향을 미치는 토지 특성조사에 관한 사항이 포함되어야 한다.
③ 관계공무원 등이 표준지가격의 조사·평가를 위해 택지에 출입하고자 할 때에는 점유자를 알 수 없거나 부득이한 사유가 있는 경우를 제외하고는 출입할 날의 3일 전에 그 점유자에게 일시와 장소를 통지하여야 한다.
④ 표준지공시지가의 공시기준일은 1월 1일이며, 일부 지역을 지정하여 해당 지역에 대한 공시기준일을 따로 정할 수는 없다.
⑤ 개별공시지가의 결정·공시에 소요되는 비용은 대통령령으로 정하는 바에 따라 그 일부를 국고에서 보조할 수 있다.

해설

④ (×) 표준지공시지가의 공시기준일은 1월 1일로 한다. 다만, 국토교통부장관은 표준지공시지가 조사·평가인력 등을 고려하여 부득이하다고 인정하는 경우에는 일부 지역을 지정하여 해당 지역에 대한 공시기준일을 따로 정할 수 있다(영 제3조).
① (○) 법 제10조 제2항
② (○) 영 제17조 제2항 제1호
③ (○) 법 제13조 제2항
⑤ (○) 법 제14조

답 ④

03 부동산 가격공시에 관한 법령상 표준지공시지가에 관한 설명으로 옳지 않은 것은? 기출 17

① 표준지에 정착물이 있을 때에는 그 정착물이 존재하지 아니하는 것으로 보고 표준지공시지가를 평가하여야 한다.
② 표준지공시지가에 이의가 있는 자는 그 공시일부터 30일 이내에 서면으로 국토교통부장관에게 이의를 신청할 수 있다.
③ 국토교통부장관은 이의신청 기간이 만료된 날부터 30일 이내에 이의신청을 심사하여 그 결과를 신청인에게 서면으로 통지하여야 한다.
④ 표준지에 지상권이 설정되어 있을 때에는 그 권리의 가액을 반영하여 표준지공시지가를 평가하여야 한다.
⑤ 선정기준일부터 직전 1년간 과태료처분을 3회 이상 받은 감정평가업자는 표준지공시지가 조사·평가의 의뢰 대상에서 제외된다.

해설

④ (×) 표준지에 건물 또는 그 밖의 정착물이 있거나 지상권 또는 그 밖의 토지의 사용·수익을 제한하는 권리가 설정되어 있을 때에는 그 정착물 또는 권리가 존재하지 아니하는 것으로 보고 표준지공시지가를 평가하여야 한다(영 제6조 제2항).
① (○) 영 제6조 제2항
② (○) 법 제7조 제1항
③ (○) 법 제7조 제2항
⑤ (○) 영 제7조 제1항 제3호 나목

답 ④

04 부동산 가격공시에 관한 법령상 표준지공시지가 조사·평가보고서에 포함되는 사항이 아닌 것은?

기출 25

① 지리적 위치
② 「국토의 계획 및 이용에 관한 법률」에 따른 용도구역
③ 주위 환경
④ 토지 이용 상황
⑤ 토지 형상 및 지세(地勢)

해설

② (×) 「국토의 계획 및 이용에 관한 법률」에 따른 용도지역이 표준지공시지가 조사·평가보고서에 포함되는 사항에 해당한다 (영 제8조 제1항, 규칙 제3조 제1항 제4호).

표준지공시지가 조사·평가의 절차(영 제8조 제1항)

법 제3조 제5항에 따라 표준지공시지가 조사·평가를 의뢰받은 감정평가법인등은 표준지공시지가 및 그 밖에 국토교통부령으로 정하는 사항을 조사·평가한 후 국토교통부령으로 정하는 바에 따라 조사·평가보고서를 작성하여 국토교통부장관에게 제출해야 한다.

국토교통부령으로 정하는 사항(규칙 제3조 제1항)

1. 토지의 소재지, 면적 및 공부상 지목
2. 지리적 위치 (①)
3. 토지 이용 상황 (④)
4. 「국토의 계획 및 이용에 관한 법률」 제2조 제15호에 따른 용도지역
5. 주위 환경 (③)
6. 도로 및 교통 환경
7. 토지 형상 및 지세(地勢) (⑤)

답 ②

05 부동산 가격공시에 관한 법령상 표준지에 관한 사항으로 표준지공시지가의 공시에 포함되어야 하는 것을 모두 고른 것은? 기출 18

> ㄱ. 지목　　　　　　　　　　ㄴ. 지번
> ㄷ. 용도지역　　　　　　　　ㄹ. 도로상황
> ㅁ. 주변토지의 이용상황

① ㄱ, ㄴ, ㄷ
② ㄱ, ㄹ, ㅁ
③ ㄱ, ㄴ, ㄷ, ㄹ
④ ㄴ, ㄷ, ㄹ, ㅁ
⑤ ㄱ, ㄴ, ㄷ, ㄹ, ㅁ

해설

표준지공시지가의 공시사항(법 제5조)
공시에는 다음 각 호의 사항이 포함되어야 한다.
 1. 표준지의 지번 (ㄴ)
 2. 표준지의 단위면적당 가격
 3. 표준지의 면적 및 형상
 4. 표준지 및 주변토지의 이용상황 (ㅁ)
 5. 그 밖에 대통령령으로 정하는 사항

> **"대통령령으로 정하는 사항"(영 제10조 제2항)**
> 표준지에 대한 다음 각 호의 사항을 말한다.
> 1. 지목 (ㄱ)
> 2. 용도지역 (ㄷ)
> 3. 도로상황 (ㄹ)
> 4. 그 밖에 표준지공시지가 공시에 필요한 사항

답 ⑤

---

06 부동산 가격공시에 관한 법령상 지가의 공시에 관한 설명으로 옳은 것은? 기출 24

① 개별공시지가에 이의가 있는 자는 그 결정·공시일부터 60일 이내에 서면으로 관할 관청에 이의를 신청할 수 있다.
② 표준지공시지가의 단위면적은 3.3제곱미터로 한다.
③ 개발부담금의 부과대상이 아닌 토지에 대하여는 개별공시지가를 결정·공시하여야 한다.
④ 표준지공시지가의 공시에는 표준지에 대한 지목 및 용도지역이 포함되어야 한다.
⑤ 개별공시지가의 결정·공시에 드는 비용은 30퍼센트 이내에서 국고에서 보조한다.

해설

④ (○) 영 제10조 제2항
① (×) 개별공시지가에 이의가 있는 자는 그 결정·공시일부터 30일 이내에 서면으로 관할 관청에 이의를 신청할 수 있다(법 제7조 제1항).
② (×) 개표준지공시지가의 단위면적은 1제곱미터로 한다(영 제10조 제1항).
③ (×) 개개발부담금의 부과대상이 아닌 토지에 대하여는 개별공시지가를 결정·공시하지 아니할 수 있다(영 제15조 제1항 제2호).
⑤ (×) 개개별공시지가의 결정·공시에 드는 비용은 50퍼센트 이내에서 국고에서 보조한다(영 제24조).

답 ④

---

07 부동산 가격공시에 관한 법령상 표준지공시지가의 공시사항에 포함되는 것을 모두 고른 것은?

> ㄱ. 표준지 및 주변토지의 이용상황
> ㄴ. 표준지의 면적 및 형상
> ㄷ. 도로상황
> ㄹ. 표준지의 지번

① ㄱ, ㄴ
② ㄱ, ㄹ
③ ㄱ, ㄴ, ㄷ
④ ㄴ, ㄷ, ㄹ
⑤ ㄱ, ㄴ, ㄷ, ㄹ

해설

표준지공시지가의 공시사항(법 제5조)
1. 표준지의 지번 (ㄹ)
2. 표준지의 단위면적당 가격
3. 표준지의 면적 및 형상 (ㄴ)
4. 표준지 및 주변토지의 이용상황 (ㄱ)
5. 그 밖에 대통령령으로 정하는 사항(영 제10조 제2항)
    • 지목
    • 용도지역
    • 도로상황 (ㄷ)
    • 그 밖에 표준지공시지가 공시에 필요한 사항

답 ⑤

08 부동산 가격공시에 관한 법령상 표준지공시지가의 효력에 해당하는 것을 모두 고른 것은? 기출 17

ㄱ. 토지시장에 지가정보 제공
ㄴ. 일반적인 토지거래의 지표
ㄷ. 국가가 그 업무에 관련하여 지가를 산정하는 경우의 기준
ㄹ. 감정평가업자가 개별적으로 토지를 감정평가하는 경우의 기준

① ㄱ, ㄷ
② ㄴ, ㄹ
③ ㄱ, ㄴ, ㄷ
④ ㄴ, ㄷ, ㄹ
⑤ ㄱ, ㄴ, ㄷ, ㄹ

해설

ㄱ·ㄴ·ㄷ·ㄹ. (○) 표준지공시지가는 토지시장에 지가정보를 제공하고 일반적인 토지거래의 지표가 되며, 국가·지방자치단체 등이 그 업무와 관련하여 지가를 산정하거나 감정평가법인 등이 개별적으로 토지를 감정평가하는 경우에 기준이 된다(법 제9조).

답 ⑤

09 부동산 가격공시에 관한 법령상 지가의 공시에 관한 설명으로 옳은 것은? 기출 19

① 개별공시지가의 단위면적은 3.3제곱미터로 한다.
② 시장·군수 또는 구청장은 농지보전부담금 부과대상인 토지에 대해서는 개별공시지가를 결정·공시하지 아니할 수 있다.
③ 개별공시지가는 토지시장에 지가정보를 제공하고 일반적인 토지거래의 지표가 되며, 감정평가업자가 개별적으로 토지를 감정평가 하는 경우에 기준이 된다.
④ 표준지에 지상권이 설정되어 있을 때에는 그 지상권이 존재하지 아니하는 것으로 보고 표준지공시지가를 평가하여야 한다.
⑤ 표준지에 대한 용도지역은 표준지공시지가의 공시사항에 포함되지 않는다.

해설

④ (○) 표준지에 건물 또는 그 밖의 정착물이 있거나 지상권 또는 그 밖의 토지의 사용·수익을 제한하는 권리가 설정되어 있을 때에는 그 정착물 또는 권리가 존재하지 아니하는 것으로 보고 표준지공시지가를 평가하여야 한다(영 제6조 제2항).
① (×) 개별공시지가의 단위면적은 1제곱미터로 한다(법 제10조 제1항, 영 제14조).

② (×) 농지보전부담금 부과대상이 아닌 토지에 대해서는 개별공시지가를 결정·공시하지 아니할 수 있다(법 제10조 제2항, 영 제15조 제1항 제2호).
③ (×) 표준지공시지가는 토지시장에 지가정보를 제공하고 일반적인 토지거래의 지표가 되며, 국가·지방자치단체 등이 그 업무와 관련하여 지가를 산정하거나 감정평가법인 등이 개별적으로 토지를 감정평가 하는 경우에 기준이 된다(법 제9조).
⑤ (×) 표준지공시지가의 공시사항에는 표준지의 지번, 표준지의 단위면적당 가격, 표준지의 면적 및 형상, 표준지 및 주변 토지의 이용상황, 지목, 용도지역, 도로 상황, 그 밖에 표준지공시지가 공시에 필요한 사항 등이 포함되어야 한다(법 제5조, 영 제10조 제2항).

답 ④

10 부동산 가격공시에 관한 법령상 표준지공시지가에 관한 설명으로 옳지 않은 것은? 기출 21

① 국토교통부장관은 표준지를 선정할 때에는 일단의 토지 중에서 해당 일단의 토지를 대표할 수 있는 필지의 토지를 선정하여야 한다.
② 국토교통부장관은 표준지공시지가를 공시하기 위하여 표준지의 가격을 조사·평가할 때에는 해당 토지 소유자의 의견을 들어야 한다.
③ 국토교통부장관은 표준지공시지가의 조사·평가액 중 최고평가액이 최저평가액의 1.3배를 초과하는 경우에는 해당 감정평가법인 등에게 조사·평가보고서를 시정하여 다시 제출하게 할 수 있다.
④ 감정평가법인 등은 표준지공시지가에 대하여 조사·평가보고서를 작성하는 경우에는 미리 해당 표준지를 관할하는 시·도지사 및 시장·군수·구청장의 의견을 들어야 한다.
⑤ 표준지공시지가는 감정평가법인 등이 제출한 조사·평가보고서에 따른 조사·평가액의 최저치를 기준으로 한다.

해설

⑤ (×) 표준지공시지가는 감정평가법인 등이 제출한 조사·평가보고서에 따른 조사·평가액의 산술평균치를 기준으로 한다(영 제8조 제4항).
① (○) 영 제2조 제1항
② (○) 법 제3조 제2항
③ (○) 영 제8조 제6항
④ (○) 영 제8조 제2항

답 ⑤

11 부동산 가격공시에 관한 법령상 표준지공시지가에 관한 설명으로 옳지 않은 것은? 기출 23

① 국토교통부장관은 개별공시지가의 산정을 위하여 필요하다고 인정하는 경우에는 토지가격비준표를 작성하여 시장·군수 또는 구청장에게 제공하여야 한다.
② 표준지공시지가의 공시에는 표준지의 1제곱미터당 가격이 포함되어야 한다.
③ 표준지공시지가의 공시에는 표준지에 대한 도로상황이 포함되어야 한다.
④ 표준지공시지가에 대한 이의신청은 서면(전자문서 포함)으로 하여야 한다.
⑤ 「산림조합법」에 따른 산림조합은 국유지 취득을 위해 표준지공시지가를 조사·평가할 수 있다.

해설

⑤ (×) 「산림조합법」에 따른 산림조합은 국유지 취득을 위해 표준지공시지가를 산정할 수 있다(법 제8조 제1호 다목, 제2호 나목, 영 제13조 제1항 제1호). 표준지공시지가를 조사·평가할 수 있는 주체는 국토교통부장관이다(법 제3조 제1항).

표준지공시지가의 적용(법 제8조)

제1호 각 목의 자가 제2호 각 목의 목적을 위하여 지가를 산정할 때에는 그 토지와 이용가치가 비슷하다고 인정되는 하나 또는 둘 이상의 표준지의 공시지가를 기준으로 토지가격비준표를 사용하여 지가를 직접 산정하거나 감정평가법인 등에 감정평가를 의뢰하여 산정할 수 있다. 다만, 필요하다고 인정할 때에는 산정된 지가를 제2호 각 목의 목적에 따라 가감(加減) 조정하여 적용할 수 있다.

1. 지가 산정의 주체
   가. 국가 또는 지방자치단체
   나. 「공공기관의 운영에 관한 법률」에 따른 공공기관
   다. 그 밖에 대통령령으로 정하는 공공단체(영 제13조)
      • 「산림조합법」에 따른 산림조합 및 산림조합중앙회
      • 「농업협동조합법」에 따른 조합 및 농업협동조합중앙회
      • 「수산업협동조합법」에 따른 수산업협동조합 및 수산업협동조합중앙회
      • 「한국농어촌공사 및 농지관리기금법」에 따른 한국농어촌공사
      • 「중소기업진흥에 관한 법률」에 따른 중소벤처기업진흥공단
      • 「산업집적활성화 및 공장설립에 관한 법률」에 따른 산업단지관리공단
2. 지가 산정의 목적
   가. 공공용지의 매수 및 토지의 수용·사용에 대한 보상
   나. 국유지·공유지의 취득 또는 처분
   다. 그 밖에 대통령령으로 정하는 지가의 산정

① (○) 법 제3조 제8항
② (○) 법 제5조 제2호, 영 제10조 제1항
③ (○) 법 제5조 제5호, 영 제10조 제2항 제3호
④ (○) 법 제7조 제1항

답 ⑤

12 부동산 가격공시에 관한 법령상 개별공시지가에 관한 설명으로 옳지 않은 것은? 기출 23

① 시·도지사는 개별공시지가를 산정한 때에는 중앙부동산가격공시위원회의 심의를 거쳐 이를 공시하여야 한다.
② 표준지로 선정된 토지에 대한 개별공시지가가 결정·공시되지 아니한 경우 해당 토지의 표준지공시지가를 개별공시지가로 본다.
③ 공시기준일 이후에 토지의 형질변경으로 「공간정보의 구축 및 관리 등에 관한 법률」에 따른 지목변경이 된 토지는 개별공시지가 공시기준일을 다르게 할 수 있는 토지에 해당한다.
④ 개별공시지가의 결정·공시에 소요되는 비용 중 국고에서 보조할 수 있는 비용은 개별공시지가의 결정·공시에 드는 비용의 50퍼센트 이내로 한다.
⑤ 토지가격비준표의 적용에 오류가 있는 경우는 개별공시지가를 정정하여야 할 사유에 해당한다.

해설

① (×) 시장·군수 또는 구청장은 국세·지방세 등 각종 세금의 부과, 그 밖의 다른 법령에서 정하는 목적을 위한 지가산정에 사용되도록 하기 위하여 시·군·구부동산가격공시위원회의 심의를 거쳐 매년 공시지가의 공시기준일 현재 관할 구역 안의 개별토지의 단위면적당 가격(이하 "개별공시지가"라 한다)을 결정·공시하고, 이를 관계 행정기관 등에 제공하여야 한다 (법 제10조 제1항).
② (○) 법 제10조 제2항
③ (○) 법 제10조 제3항, 영 제16조 제1항 제3호
④ (○) 영 제24조
⑤ (○) 영 제23조 제1항 제3호

답 ①

13 부동산 가격공시에 관한 법령상 개별공시지가에 관한 설명으로 옳지 않은 것은? 기출 25

① 군수가 관계 행정기관의 장과 협의하여 개별공시지가를 결정·공시하기로 한 토지에 대해서는 개별공시지가를 결정·공시하여야 한다.
② 토지의 형질변경으로 「공간정보의 구축 및 관리 등에 관한 법률」에 따른 지목변경이 된 토지는 개별공시지가 공시기준일을 다르게 할 수 있다.
③ 시장은 개별공시지가의 결정·공시를 위하여 개별토지의 가격을 산정하는 경우 용도지역이 변경되는 토지를 검증 생략 대상 토지로 선정할 수 있다.
④ 개별공시지가에 이의가 있는 자는 그 결정·공시일부터 30일 이내에 서면으로 시장·군수 또는 구청장에게 이의를 신청할 수 있다.
⑤ 군수는 토지가격비준표의 적용에 오류가 있음을 발견한 때에는 지체 없이 이를 정정하여야 한다.

해설

③ (×) 시장은 개별공시지가의 결정·공시를 위하여 개별토지의 가격을 산정하는 경우 용도지역이 변경되는 토지를 검증 생략 대상 토지로 선정해서는 안 된다(법 제10조 제5항, 영 제18조 제3항).

> **개별공시지가의 결정·공시 등(법 제10조 제5항)**
> 시장·군수 또는 구청장은 개별공시지가를 결정·공시하기 위하여 개별토지의 가격을 산정할 때에는 그 타당성에 대하여 감정평가법인 등의 검증을 받고 토지소유자, 그 밖의 이해관계인의 의견을 들어야 한다. 다만, 시장·군수 또는 구청장은 감정평가법인 등의 검증이 필요 없다고 인정되는 때에는 지가의 변동상황 등 대통령령으로 정하는 사항을 고려하여 감정평가법인등의 검증을 생략할 수 있다.
>
> **개별공시지가의 검증(영 제18조 제3항)**
> 시장·군수 또는 구청장은 법 제10조 제5항 단서에 따라 감정평가법인 등의 검증을 생략할 때에는 개별토지의 지가변동률과 해당 토지가 있는 읍·면·동의 연평균 지가변동률(국토교통부장관이 조사·공표하는 연평균 지가변동률을 말한다) 간의 차이가 작은 순으로 대상 토지를 선정해야 한다. 다만, 개발사업이 시행되거나 용도지역·용도지구가 변경되는 등의 사유가 있는 토지는 검증 생략 대상 토지로 선정해서는 안 된다.

① (○) 영 제15조 제2항 제2호
② (○) 영 제16조 제1항 제3호
④ (○) 법 제11조 제1항
⑤ (○) 법 제12조, 영 23조 제1항 제3호

답 ③

14 부동산 가격공시에 관한 법령상 개별공시지가에 관한 설명으로 옳지 않은 것은? 기출 21

① 시장·군수 또는 구청장은 개별공시지가에 토지가격비준표의 적용에 오류가 있음을 발견한 때에는 지체 없이 이를 정정하여야 한다.
② 표준지로 설정된 토지에 대하여 개별공시지가를 결정·공시하지 아니하는 경우에는 해당 토지의 표준지공시지가를 개별공시지가로 본다.
③ 개별공시지가에 이의가 있는 자는 그 결정·공시일부터 60일 이내에 서면 또는 구두로 이의를 신청할 수 있다.
④ 개별공시지가의 결정·공시에 소요되는 비용 중 국고에서 보조할 수 있는 비용은 개별공시지가의 결정·공시에 드는 비용의 50퍼센트 이내로 한다.
⑤ 개별공시지가의 단위면적은 1제곱미터로 한다.

해설

③ (×) 개별공시지가에 이의가 있는 자는 그 결정·공시일부터 30일 이내에 서면으로 이의를 신청할 수 있다(법 제11조 제1항).
① (○) 법 제12조
② (○) 법 제10조 제2항
④ (○) 영 제24조
⑤ (○) 법 제10조 제1항, 영 제14조

답 ③

15 부동산 가격공시에 관한 법령상 개별공시지가에 관한 설명으로 옳지 않은 것은? 기출 22

① 표준지로 선정된 토지에 대하여는 개별공시지가를 결정·공시하지 아니할 수 있다.
② 개별토지가격 산정의 타당성에 대한 감정평가법인 등의 검증을 생략하려는 경우 개발사업이 시행되는 토지는 검증 생략 대상 토지로 선정해서는 안 된다.
③ 개별토지가격 산정의 타당성 검증을 의뢰할 감정평가법인 등을 선정할 때 선정기준일부터 직전 1년간 과태료처분을 2회 받은 감정평가법인 등은 선정에서 배제된다.
④ 개별공시지가 조사·산정의 기준에는 토지가격비준표의 사용에 관한 사항이 포함되어야 한다.
⑤ 개별공시지가에 이의가 있는 자는 그 결정·공시일부터 30일 이내에 서면으로 시장·군수 또는 구청장에게 이의를 신청할 수 있다.

해설

③ (×) 개별토지가격 산정의 타당성 검증을 의뢰할 감정평가법인 등을 선정할 때 선정기준일부터 직전 1년간 과태료처분을 3회 받은 감정평가법인 등은 선정에서 배제된다(영 제7조 제1항 제3호 나목).

> **표준지공시지가 조사·평가의 의뢰(영 제7조 제1항)**
>
> 국토교통부장관은 법 제3조 제5항에 따라 다음 각 호의 요건을 모두 갖춘 감정평가법인 등 중에서 표준지공시지가 조사·평가를 의뢰할 자를 선정해야 한다.
> 1. 표준지공시지가 조사·평가 의뢰일부터 30일 이전이 되는 날(이하 "선정기준일"이라 한다)을 기준으로 하여 직전 1년간의 업무실적이 표준지 적정가격 조사·평가업무를 수행하기에 적정한 수준일 것
> 2. 회계감사절차 또는 감정평가서의 심사체계가 적정할 것
> 3. 「감정평가 및 감정평가사에 관한 법률」에 따른 업무정지처분, 과태료 또는 소속 감정평가사에 대한 징계처분 등이 다음 각 목의 기준 어느 하나에도 해당하지 아니할 것
>   가. 선정기준일부터 직전 2년간 업무정지처분을 3회 이상 받은 경우
>   나. 선정기준일부터 직전 1년간 과태료처분을 3회 이상 받은 경우
>   다. 선정기준일부터 직전 1년간 징계를 받은 소속 감정평가사의 비율이 선정기준일 현재 소속 전체 감정평가사의 10퍼센트 이상인 경우
>   라. 선정기준일 현재 업무정지기간이 만료된 날부터 1년이 지나지 아니한 경우

① (○) 법 제10조 제2항
② (○) 법 제10조 제5항, 영 제18조 제3항
④ (○) 법 제3조 제8항
⑤ (○) 법 제7조 제1항

답 ③

16 부동산 가격공시에 관한 법령상 개별공시지가에 관한 설명으로 옳지 않은 것은? 기출 19

① 개별공시지가에 이의가 있는 자는 그 결정·공시일부터 30일 이내에 서면으로 시장·군수 또는 구청장에게 이의를 신청할 수 있다.
② 시장·군수 또는 구청장은 개별공시지가에 표준지 선정의 착오가 있음을 발견한 때에는 지체 없이 이를 정정하여야 한다.
③ 관계공무원이 표준지가격의 조사·평가를 위하여 택지에 출입하고자 할 때에는 시장·군수 또는 구청장의 허가를 받아 출입할 날의 3일 전에 그 점유자에게 일시와 장소를 통지하여야 한다.
④ 일출 전·일몰 후에는 그 토지의 점유자의 승인 없이 택지 또는 담장이나 울타리로 둘러싸인 타인의 토지에 출입할 수 없다.
⑤ 개별공시지가의 결정·공시에 소요되는 비용은 그 비용의 50퍼센트 이내에서 국고에서 보조할 수 있다.

해설

③ (×) 관계공무원 등이 택지 또는 담장이나 울타리로 둘러싸인 타인의 토지에 출입하고자 할 때에는 시장·군수 또는 구청장의 허가(부동산가격공시업무를 의뢰받은 자에 한정한다)를 받아 출입할 날의 3일 전에 그 점유자에게 일시와 장소를 통지하여야 한다(법 제13조 제2항).

> **타인토지에의 출입 등(법 제13조)**
> ① 관계 공무원 또는 부동산가격공시업무를 의뢰받은 자(이하 "관계공무원 등"이라 한다)는 제3조 제4항에 따른 표준지가격의 조사·평가 또는 제10조 제1항에 따른 토지가격의 산정을 위하여 필요한 때에는 타인의 토지에 출입할 수 있다.
> ② 관계공무원 등이 제1항에 따라 택지 또는 담장이나 울타리로 둘러싸인 타인의 토지에 출입하고자 할 때에는 시장·군수 또는 구청장의 허가(부동산가격공시업무를 의뢰 받은 자에 한정한다)를 받아 출입할 날의 3일 전에 그 점유자에게 일시와 장소를 통지하여야 한다. 다만, 점유자를 알 수 없거나 부득이한 사유가 있는 경우에는 그러하지 아니하다.

① (○) 법 제7조 제1항
② (○) 법 제12조
④ (○) 법 제13조 제3항
⑤ (○) 법 제14조, 영 제24조

답 ③

17 부동산 가격공시에 관한 법령상 표준지공시지가에 관한 설명으로 옳은 것을 모두 고른 것은?

기출 22

ㄱ. 표준지공시지가의 공시에는 표준지 및 주변토지의 이용상황이 포함되어야 한다.
ㄴ. 표준지공시지가는 일반적인 토지거래의 지표가 된다.
ㄷ. 도시개발사업에서 환지를 위하여 지가를 산정할 때에는 표준지공시지가를 기준으로 하지 아니한다.
ㄹ. 최근 1년간 시·군·구별 지가변동률이 전국 평균 지가변동률 이하인 지역의 표준지에 대해서는 하나의 감정평가법인 등에 의뢰하여 표준지공시지가를 조사·평가할 수 있다.

① ㄱ, ㄴ
② ㄱ, ㄷ
③ ㄱ, ㄴ, ㄹ
④ ㄴ, ㄷ, ㄹ
⑤ ㄱ, ㄴ, ㄷ, ㄹ

해설

ㄱ. (○) 법 제5조 제4호

> **표준지공시지가의 공시사항(법 제5조)**
> 공시에는 다음 각 호의 사항이 포함되어야 한다.
> 1. 표준지의 지번
> 2. 표준지의 단위면적당 가격
> 3. 표준지의 면적 및 형상
> 4. 표준지 및 주변토지의 이용상황
> 5. 그 밖에 대통령령으로 정하는 사항

ㄴ. (○) 법 제9조

> **표준지공시지가의 효력(법 제9조)**
> 표준지공시지가는 토지시장에 지가정보를 제공하고 일반적인 토지거래의 지표가 되며, 국가·지방자치단체 등이 그 업무와 관련하여 지가를 산정하거나 감정평가법인 등이 개별적으로 토지를 감정평가하는 경우에 기준이 된다.

ㄷ. (×) 도시개발사업에서 환지를 위하여 지가를 산정할 때에는 표준지공시지가를 기준으로 한다(영 제13조 제2항 제2호 가목).
ㄹ. (×) 최근 1년간 읍·면·동별 지가변동률이 전국 평균 지가변동률 이하인 지역이다(영 제7조 제4항 제1호).

답 ①

18

부동산 가격공시에 관한 법령상 개별공시지가의 검증을 의뢰받은 감정평가업자가 검토·확인하여야 하는 사항에 해당하지 않는 것은? 기출 20

① 비교표준지 선정의 적정성에 관한 사항
② 산정한 개별토지가격과 표준지공시지가의 균형 유지에 관한 사항
③ 산정한 개별토지가격과 인근토지의 지가 및 전년도 지가와의 균형 유지에 관한 사항
④ 토지가격비준표 작성의 적정성에 관한 사항
⑤ 개별토지가격 산정의 적정성에 관한 사항

해설

④ (×) 토지가격비준표 작성의 적정성에 관한 사항은 감정평가업자가 검토·확인하여야 하는 사항에 해당하지 않는다.

> **개별공시지가의 검증(영 제18조 제2항)**
> 법 제10조 제5항 본문에 따라 검증을 의뢰받은 감정평가법인 등은 다음 각 호의 사항을 검토·확인하고 의견을 제시해야 한다.
> 1. 비교표준지 선정의 적정성에 관한 사항 (①)
> 2. 개별토지가격 산정의 적정성에 관한 사항 (⑤)
> 3. 산정한 개별토지가격과 표준지공시지가의 균형 유지에 관한 사항 (②)
> 4. 산정한 개별토지가격과 인근토지의 지가와의 균형 유지에 관한 사항 (③)
> 5. 표준주택가격, 개별주택가격, 비주거용 표준부동산가격 및 비주거용 개별부동산가격 산정시 고려된 토지 특성과 일치하는지 여부
> 6. 개별토지가격 산정시 적용된 용도지역, 토지이용상황 등 주요 특성이 공부(公簿)와 일치하는지 여부
> 7. 그 밖에 시장·군수 또는 구청장이 검토를 의뢰한 사항

답 ④

19 부동산 가격공시에 관한 법령상 시장·군수가 개별공시지가를 정정할 수 있는 사유가 아닌 것은?

① 표준지 선정의 착오
② 개별공시지가를 결정·공시하기 위하여 개별토지가격을 산정한 때에 토지소유자의 의견청취절차를 거치지 아니한 경우
③ 토지가격비준표의 적용에 오류가 있는 경우
④ 용도지역 등 토지가격에 영향을 미치는 주요 요인의 조사를 잘못한 경우
⑤ 토지가격이 전년대비 급격하게 상승한 경우

해설

⑤ (×) 시장·군수 또는 구청장은 개별공시지가에 틀린 계산, 오기, 표준지 선정의 착오 (①), 그 밖에 대통령령으로 정하는 명백한 오류가 있음을 발견한 때에는 지체 없이 이를 정정하여야 한다(법 제12조).

> **"대통령령으로 정하는 명백한 오류"**(영 제23조 제1항)
> 다음 각 호의 어느 하나에 해당하는 경우를 말한다.
> 1. 법 제10조에 따른 공시절차를 완전하게 이행하지 아니한 경우 (②)
>   ※ 시장·군수 또는 구청장은 개별공시지가를 결정·공시하기 위하여 개별토지의 가격을 산정할 때에는 그 타당성에 대하여 감정평가법인 등의 검증을 받고 토지소유자, 그 밖의 이해관계인의 의견을 들어야 한다(법 제10조 제5항).
> 2. 용도지역·용도지구 등 토지가격에 영향을 미치는 주요 요인의 조사를 잘못한 경우 (④)
> 3. 토지가격비준표의 적용에 오류가 있는 경우 (③)

답 ⑤

제3장 주택가격의 공시

01 부동산 가격공시에 관한 법령상 표준주택가격의 공시사항에 포함되어야 하는 것을 모두 고른 것은?

기출 21

> ㄱ. 표준주택의 지번
> ㄴ. 표준주택의 임시사용승인일
> ㄷ. 표준주택의 대지면적 및 형상
> ㄹ. 용도지역

① ㄱ, ㄴ
② ㄷ, ㄹ
③ ㄱ, ㄴ, ㄷ
④ ㄱ, ㄷ, ㄹ
⑤ ㄱ, ㄴ, ㄷ, ㄹ

해설

⑤ (○) ㄱ, ㄴ, ㄷ, ㄹ 모두 표준주택가격의 공시사항에 포함된다.

> **표준주택가격의 공시에 포함되어야 하는 사항(법 제16조 제2항)**
>
> 공시에는 다음 각 호의 사항이 포함되어야 한다.
> 1. 표준주택의 지번 (ㄱ)
> 2. 표준주택가격
> 3. 표준주택의 대지면적 및 형상 (ㄷ)
> 4. 표준주택의 용도, 연면적, 구조 및 사용승인일(임시사용승인일을 포함한다) (ㄴ)
> 5. 그 밖에 대통령령으로 정하는 사항(영 제29조)
>   - 지목
>   - 용도지역 (ㄹ)
>   - 도로 상황
>   - 그 밖에 표준주택가격 공시에 필요한 사항

답 ⑤

02 부동산 가격공시에 관한 법령상 주택가격의 공시에 관한 설명으로 옳지 않은 것은? 기출 23

① 이의신청의 기간·절차 및 방법은 표준주택가격을 공시할 때 관보에 공고해야 하는 사항이다.
② 표준주택가격의 공시에는 표준주택의 용도가 포함되어야 한다.
③ 비주거용 집합부동산의 조사 및 산정 지침은 중앙부동산가격공시위원회의 심의 대상이다.
④ 국토교통부장관은 표준주택가격을 조사·산정한 때에는 둘 이상의 감정평가법인 등의 검증을 받아야 한다.
⑤ 공동주택가격의 공시에는 공동주택의 면적이 포함되어야 한다.

해설

④ (×) 국토교통부장관은 표준주택가격을 조사·산정하고자 할 때에는 「한국부동산원법」에 따른 한국부동산원(이하 "부동산원"이라 한다)에 의뢰한다(법 제16조 제4항).
① (○) 영 제28조 제1항 제3호
② (○) 법 제16조 제2항 제4호
③ (○) 법 제24조 제1항 제14호
⑤ (○) 영 제43조 제2항 제3호

답 ④

03 부동산 가격공시에 관한 법령상 주택가격의 공시에 관한 설명으로 옳은 것은? 기출수정 기출 20

① 국토교통부장관은 표준주택을 선정할 때에는 일반적으로 유사하다고 인정되는 일단의 공동주택 중에서 해당 일단의 공동주택을 대표할 수 있는 주택을 선정하여야 한다.
② 국토교통부장관은 표준주택가격을 조사·산정하고자 할 때에는 한국부동산원 또는 둘 이상의 감정평가업자에게 의뢰한다.
③ 표준주택가격은 국가·지방자치단체 등이 과세업무와 관련하여 주택의 가격을 산정하는 경우에 그 기준으로 활용하여야 한다.
④ 표준주택가격의 공시사항에는 지목, 도로 상황이 포함되어야 한다.
⑤ 개별주택가격 결정·공시에 소요되는 비용은 75퍼센트 이내에서 지방자치단체가 보조할 수 있다.

> 해설

④ (○) 영 제29조 제1호, 제3호
① (×) 일반적으로 유사하다고 인정되는 일단의 단독주택 중에서 선정한다(법 제16조 제1항).
② (×) 「한국부동산원법」에 따른 한국부동산원에 의뢰한다(법 제16조 제4항).
③ (×) 표준주택가격은 개별주택가격을 산정하는 경우에 그 기준이 되며, 개별주택가격 및 공동주택가격은 주택시장의 가격정보를 제공하고, 국가·지방자치단체 등이 과세 등의 업무와 관련하여 주택의 가격을 산정하는 경우에 그 기준으로 활용될 수 있다(법 제19조 제2항).
⑤ (×) 50퍼센트 이내에서 그 일부를 국고에서 보조할 수 있다(영 제24조).

답 ④

04 부동산 가격공시에 관한 법령상 표준주택가격의 공시 등에 관한 설명으로 옳지 않은 것은?

기출수정 | 기출 17

① 국토교통부장관은 표준주택가격을 조사·산정하고자 할 때에는 한국부동산원에 의뢰한다.
② 표준주택가격은 국토교통부장관이 중앙부동산가격공시위원회의 심의를 거쳐 공시하여야 한다.
③ 표준주택의 대지면적 및 형상은 표준주택가격의 공시에 포함되어야 한다.
④ 국토교통부장관이 표준주택가격을 조사·산정하는 경우에는 인근 유사 단독주택의 거래가격·임대료 등을 종합적으로 참작하여야 한다.
⑤ 국토교통부장관은 개별주택가격의 산정을 위하여 필요하다고 인정하는 경우에는 주택가격비준표를 작성하여 시·도지사 또는 대도시 시장에게 제공하여야 한다.

> 해설

⑤ (×) 국토교통부장관은 개별주택가격의 산정을 위하여 필요하다고 인정하는 경우에는 표준주택과 산정대상 개별주택의 가격형성요인에 관한 표준적인 비교표(이하 "주택가격비준표"라 한다)를 작성하여 시장·군수 또는 구청장에게 제공하여야 한다(법 제16조 제6항).
① (○) 법 제16조 제4항
② (○) 법 제16조 제1항
③ (○) 법 제16조 제2항 제3호
④ (○) 법 제16조 제5항

답 ⑤

05 6월 10일자로 「건축법」에 따른 대수선이 된 단독주택에 대하여 부동산 가격공시에 관한 법령에 따라 개별주택가격을 결정·공시하는 경우 공시기준일은? 기출 22

① 그 해 1월 1일
② 그 해 6월 1일
③ 그 해 7월 1일
④ 그 해 10월 1일
⑤ 다음 해 1월 1일

해설

⑤ (○) 다음 해 1월 1일이 공시기준일이다.

> **개별주택가격 공시기준일을 다르게 할 수 있는 단독주택(영 제34조)**
> ① 법 제17조 제4항에 따라 개별주택가격 공시기준일을 다르게 할 수 있는 단독주택은 다음 각 호의 어느 하나에 해당하는 단독주택으로 한다.
>   1. 「공간정보의 구축 및 관리 등에 관한 법률」에 따라 그 대지가 분할 또는 합병된 단독주택
>   2. 「건축법」에 따른 건축·대수선 또는 용도변경이 된 단독주택
>   3. 국유·공유에서 매각 등에 따라 사유로 된 단독주택으로서 개별주택가격이 없는 단독주택
> ② 법 제17조 제4항에서 "대통령령으로 정하는 날"이란 다음 각 호의 구분에 따른 날을 말한다.
>   1. 1월 1일부터 5월 31일까지의 사이에 제1항 각 호의 사유가 발생한 단독주택 : 그 해 6월 1일
>   2. 6월 1일부터 12월 31일까지의 사이에 제1항 각 호의 사유가 발생한 단독주택 : 다음 해 1월 1일

답 ⑤

06 부동산 가격공시에 관한 법령상 주택가격의 공시에 관한 설명으로 옳지 않은 것은? 기출 25

① 군수는 군부동산가격공시위원회의 심의를 거쳐 매년 표준주택가격의 공시기준일 현재 관할 구역 안의 개별주택의 가격을 결정·공시하여야 한다.
② 표준주택으로 선정된 단독주택에 대하여는 개별주택가격을 결정·공시하지 아니할 수 있고, 해당 주택의 표준주택가격을 개별주택가격으로 본다.
③ 개별주택가격의 공시사항에는 개별주택의 사용승인일이 포함되어야 한다.
④ 개별주택가격 및 공동주택가격은 지방자치단체가 지방세 부과 업무와 관련하여 주택의 가격을 산정하는 경우에 그 기준으로 활용될 수 있다.
⑤ 표준주택 선정 및 관리에 필요한 세부기준은 중앙부동산가격공시위원회의 심의를 거쳐 국토교통부장관이 정한다.

> 해설

③ (×) 개별주택의 사용승인일은 개별주택가격의 공시사항에 해당하지 않는다(영 제38조 제2항 참조).

> **개별주택가격의 결정 및 공시(영 제38조 제2항)**
>
> 시장·군수 또는 구청장은 개별주택가격을 공시할 때에는 다음 각 호의 사항을 해당 시·군 또는 구의 게시판 또는 인터넷 홈페이지에 게시하여야 한다.
> 1. 조사기준일 및 개별주택가격의 열람방법 등 개별주택가격의 결정에 관한 사항
> 2. 이의신청의 기간·절차 및 방법

① (○) 법 제10조 제1항
② (○) 법 제17조 제2항
④ (○) 법 제19조 제2항
⑤ (○) 영 제26조 제2항

답 ③

---

07 부동산 가격공시에 관한 법령상 공동주택가격의 조사·산정 및 공시에 관한 설명으로 옳지 않은 것은? 기출수정 기출 19

① 국토교통부장관이 표준주택가격을 조사·산정하고자 할 때에는 한국부동산원에 의뢰한다.
② 국토교통부장관은 3월 31일에 대지가 합병된 공동주택의 공동주택가격을 그 해 6월 1일까지 산정·공시하여야 한다.
③ 공시기준일 이후 「건축법」에 따른 용도변경이 된 공동주택은 공동주택가격의 공시기준일을 다르게 할 수 있는 공동주택에 해당한다.
④ 공동주택가격의 공시에는 공동주택의 면적이 포함되어야 한다.
⑤ 아파트에 해당하는 공동주택은 국세청장이 국토교통부장관과 협의하여 그 공동주택가격을 별도로 결정·고시할 수 있다.

> 해설

② (×) 그 해 6월 1일을 기준으로 하여 공동주택가격을 결정·공시하여야 한다(법 제18조 제4항, 영 제44조 제2항 제1호).
① (○) 법 제16조 제4항
③ (○) 영 제34조 제1항 제2호
④ (○) 영 제43조 제2항 제3호
⑤ (○) 영 제41조 제1호

답 ②

08 부동산 가격공시에 관한 법령상 표준주택가격의 조사·산정보고서에 포함되는 사항을 모두 고른 것은? 기출 24

> ㄱ. 주택 대지의 용도지역
> ㄴ. 주건물 구조 및 층수
> ㄷ. 「건축법」에 따른 사용승인연도
> ㄹ. 도로접면

① ㄱ, ㄴ
② ㄷ, ㄹ
③ ㄱ, ㄴ, ㄷ
④ ㄴ, ㄷ, ㄹ
⑤ ㄱ, ㄴ, ㄷ, ㄹ

해설

표준주택가격 조사·산정보고서에 포함되는 사항(규칙 제11조 제1항)
1. 주택의 소재지, 공부상 지목 및 대지면적
2. 주택 대지의 용도지역 (ㄱ)
3. 도로접면 (ㄹ)
4. 대지 형상
5. 주건물 구조 및 층수 (ㄴ)
6. 「건축법」 제22조에 따른 사용승인연도 (ㄷ)
7. 주위 환경

답 ⑤

제4장 비주거용 부동산가격의 공시

01 부동산 가격공시에 관한 법령상 비주거용 부동산가격의 공시에 관한 설명으로 옳지 <u>않은</u> 것은?

기출 20

① 국토교통부장관이 비주거용 표준부동산을 선정할 경우 미리 해당 비주거용 표준부동산이 소재하는 시·도지사의 의견을 들어야 하나, 이를 시장·군수·구청장의 의견으로 대신할 수 있다.
② 국토교통부장관은 중앙부동산가격공시위원회의 심의를 거쳐 비주거용 표준부동산가격을 공시할 수 있다.
③ 비주거용 표준부동산가격의 공시에는 비주거용 표준부동산의 대지면적 및 형상이 포함되어야 한다.
④ 국토교통부장관은 비주거용 개별부동산가격의 산정을 위하여 필요하다고 인정하는 경우에는 비주거용 부동산가격비준표를 작성하여 시장·군수 또는 구청장에게 제공하여야 한다.
⑤ 공시기준일이 따로 정해지지 않은 경우, 비주거용 집합부동산가격의 공시기준일은 1월 1일로 한다.

해설

① (×) 해당 비주거용 표준부동산이 소재하는 시·도지사 및 시장·군수·구청장의 의견을 들어야 한다(영 제48조 제1항).
② (○) 법 제20조 제1항
③ (○) 법 제20조 제2항 제3호
④ (○) 법 제20조 제6항
⑤ (○) 영 제63조

답 ①

02 부동산 가격공시에 관한 법령상 비주거용 부동산가격의 공시에 관한 설명으로 옳지 않은 것은?

기출 24

① 공시기준일 이후에 「건축법」에 따른 대수선이 된 비주거용 일반부동산은 해당 비주거용 개별부동산가격의 공시기준일을 다르게 할 수 있다.
② 비주거용 표준부동산의 임시사용승인일은 비주거용 표준부동산가격의 공시사항에 포함되지 않는다.
③ 비주거용 표준부동산가격은 국가 등이 그 업무와 관련하여 비주거용 개별부동산가격을 산정하는 경우에 그 기준이 된다.
④ 국토교통부장관은 비주거용 집합부동산가격을 공시하기 위하여 그 가격을 산정할 때에는 비주거용 집합부동산의 소유자와 그 밖의 이해관계인의 의견을 들어야 한다.
⑤ 국토교통부장관은 공시한 비주거용 집합부동산가격의 오기를 정정하려는 경우에는 중앙부동산가격공시위원회의 심의를 거치지 아니할 수 있다.

해설

② (×) 비주거용 표준부동산의 임시사용승인일은 비주거용 표준부동산가격의 공시사항에 포함된다(법 제20조 제2항 제4호).

> **비주거용 표준부동산가격의 조사·산정 및 공시 등(법 제20조)**
> 비주거용 표준부동산가격의 공시에는 다음 각 호의 사항이 포함되어야 한다.
> 1. 비주거용 표준부동산의 지번
> 2. 비주거용 표준부동산가격
> 3. 비주거용 표준부동산의 대지면적 및 형상
> 4. 비주거용 표준부동산의 용도, 연면적, 구조 및 사용승인일(임시사용승인일을 포함한다)
> 5. 그 밖에 대통령령으로 정하는 사항

① (○) 영 제58조 제1항 제2호
③ (○) 법 제23조 제1항
④ (○) 법 제22조 제3항
⑤ (○) 영 제70조 제2항

답 ②

제5장 부동산가격공시위원회

01 부동산 가격공시에 관한 법령상 중앙부동산가격공시위원회에 관한 설명으로 옳은 것은?

기출수정 기출 16

① 위원회는 위원장을 포함한 25명 이내의 위원으로 구성한다.
② 위원회의 위원 중 공무원은 9명 이내이어야 한다.
③ 위원회의 위원장은 국토교통부장관이 된다.
④ 위원회의 회의는 위원장이 이를 소집하고, 개회 3일 전에 의안을 첨부하여 각 위원에게 통지하여야 한다.
⑤ 공무원이 아닌 위원의 임기는 2년으로 하되, 연임할 수 없다.

> **해설**

④ (○) 위원장은 중앙부동산가격공시위원회의 회의를 소집할 때에는 개회 3일 전까지 의안을 첨부하여 위원에게 개별 통지하여야 한다(영 제71조 제8항).
① (×) 위원회는 위원장을 포함한 20명 이내의 위원으로 구성한다(법 제24조 제2항).
② (×) 위원회의 위원 중 공무원은 6명 이내이어야 한다(법 제24조 제4항).
③ (×) 위원회의 위원장은 국토교통부 제1차관이 된다(법 제24조 제3항).
⑤ (×) 공무원이 아닌 위원의 임기는 2년으로 하되, 한차례 연임할 수 있다(법 제24조 제5항).

답 ④

제6장 보칙

01 부동산 가격공시에 관한 법령상 규정된 내용으로 옳지 <u>않은</u> 것은?

① 정부는 표준지공시지가, 표준주택가격 및 공동주택가격의 주요사항에 관한 보고서를 매년 정기국회의 개회 전까지 국회에 제출하여야 한다.
② 국토교통부장관은 부동산공시가격이 적정가격을 반영하고 부동산의 유형·지역 등에 따른 균형성을 확보하기 위하여 부동산의 시세 반영률의 목표치를 설정하고, 이를 달성하기 위하여 대통령령으로 정하는 바에 따라 계획을 수립하여야 한다.
③ 계획을 수립하는 때에는 부동산 가격의 변동 상황, 지역 간의 형평성, 해당 부동산의 특수성 등 제반사항을 종합적으로 고려하여야 한다.
④ 국토교통부장관은 토지, 주택 및 비주거용 부동산의 공시가격과 관련된 정보를 효율적이고 체계적으로 관리하기 위하여 공시가격정보체계를 구축·운영하여야 한다.
⑤ 중앙부동산가격공시위원회 및 시·군·구부동산가격공시위원회 심의의 일시·장소·안건·내용·결과 등이 기록된 회의록은 3개월이 지난 후에는 인터넷 홈페이지 등에 공개하여야 한다.

해설

④ (×) 국토교통부장관은 토지, 주택 및 비주거용 부동산의 공시가격과 관련된 정보를 효율적이고 체계적으로 관리하기 위하여 공시가격정보체계를 <u>구축·운영할 수 있다</u>(법 제27조 제1항).
① (○) 법 제26조 제1항
② (○) 법 제26조의2 제1항
③ (○) 법 제26조의2 제2항
⑤ (○) 법 제27조의2

 ④

제4편
국유재산법

제1장   총 칙
제2장   총괄청
제3장   행정재산
제4장   일반재산
제5장   지식재산 관리·처분의 특례
제6장   대장(臺帳)과 보고
제7장   보칙 및 벌칙

제1장 총칙

> **Point 출제포인트**
> ▷ 용어의 정의
> ▷ 국유재산 관리·처분의 기본원칙
> ▷ 국유재산의 구분과 종류
> ▷ 국유재산 사무의 총괄과 관리
> ▷ 사권 설정의 제한
> ▷ 영구시설물의 축조 금지

1 법 제1조(목적)

이 법은 국유재산에 관한 기본적인 사항을 정함으로써 국유재산의 적정한 보호와 효율적인 관리·처분을 목적으로 한다.

2 법 제2조(정의) 기출 30회·31회·32회·35회

이 법에서 사용하는 용어의 뜻은 다음과 같다.

(1) 국유재산

국가의 부담, 기부채납이나 법령 또는 조약에 따라 국가 소유로 된 제5조 제1항의 재산을 말한다.

(2) 기부채납

국가 외의 자가 제5조 제1항에 해당하는 재산의 소유권을 무상으로 국가에 이전하여 국가가 이를 취득하는 것을 말한다.

(3) 관리

국유재산의 취득·운용과 유지·보존을 위한 모든 행위를 말한다.

(4) 처분

매각, 교환, 양여, 신탁, 현물출자 등의 방법으로 국유재산의 소유권이 국가 외의 자에게 이전되는 것을 말한다.

(5) 관리전환

일반회계와 특별회계·기금 간 또는 서로 다른 특별회계·기금 간에 국유재산의 관리권을 넘기는 것을 말한다.

(6) 정부출자기업체

정부가 출자하였거나 출자할 기업체로서 대통령령으로 정하는 기업체를 말한다.
※ "대통령령으로 정하는 기업체"란 [별표 1]에 규정된 기업체를 말한다(영 제2조).

(7) 사용허가

행정재산을 국가 외의 자가 일정 기간 유상이나 무상으로 사용·수익할 수 있도록 허용하는 것을 말한다.

(8) 대부계약

일반재산을 국가 외의 자가 일정 기간 유상이나 무상으로 사용·수익할 수 있도록 체결하는 계약을 말한다.

(9) 변상금

사용허가나 대부계약 없이 국유재산을 사용·수익하거나 점유한 자(사용허가나 대부계약 기간이 끝난 후 다시 사용허가나 대부계약 없이 국유재산을 계속 사용·수익하거나 점유한 자를 포함한다. 이하 "무단점유자"라 한다)에게 부과하는 금액을 말한다.

(10) 총괄청

기획재정부장관을 말한다.

(11) 중앙관서의 장 등

「국가재정법」 제6조에 따른 중앙관서의 장(이하 "중앙관서의 장"이라 한다)과 제42조 제1항에 따라 일반재산의 관리·처분에 관한 사무를 위임·위탁받은 자를 말한다.

3 법 제3조(국유재산 관리·처분의 기본원칙) 기출 39회

국가는 국유재산을 관리·처분할 때에는 다음의 원칙을 지켜야 한다.
① 국가전체의 이익에 부합되도록 할 것
② 취득과 처분이 균형을 이룰 것
③ 공공가치와 활용가치를 고려할 것
④ 경제적 비용을 고려할 것
⑤ 투명하고 효율적인 절차를 따를 것

4 법 제4조(다른 법률과의 관계)

국유재산의 관리와 처분에 관하여는 다른 법률에 특별한 규정이 있는 경우를 제외하고는 이 법에서 정하는 바에 따른다. 다만, 다른 법률의 규정이 제2장(총괄청)에 저촉되는 경우에는 이 법에서 정하는 바에 따른다.

5 법 제5조(국유재산의 범위) 기출 35회

(1) 국유재산의 범위
① 부동산과 그 종물(從物)
② 선박, 부표(浮標), 부잔교(浮棧橋), 부선거(浮船渠) 및 항공기와 그들의 종물
③ 「정부기업예산법」 제2조에 따른 정부기업(이하 "정부기업"이라 한다)이나 정부시설에서 사용하는 기계와 기구 중 대통령령으로 정하는 것
　※ "대통령령으로 정하는 것"이란 기관차·전차·객차(客車)·화차(貨車)·기동차(汽動車) 등 궤도차량을 말한다 (영 제3호).
④ 지상권, 지역권, 전세권, 광업권, 그 밖에 이에 준하는 권리
⑤ 「자본시장과 금융투자업에 관한 법률」 제4조에 따른 증권
⑥ 다음의 어느 하나에 해당하는 권리(이하 "지식재산"이라 한다)
　㉠ 「특허법」·「실용신안법」·「디자인보호법」 및 「상표법」에 따라 등록된 특허권, 실용신안권, 디자인권 및 상표권
　㉡ 「저작권법」에 따른 저작권, 저작인접권 및 데이터베이스제작자의 권리 및 그 밖에 같은 법에서 보호되는 권리로서 같은 법 제53조 및 제112조 제1항에 따라 한국저작권위원회에 등록된 권리(이하 "저작권 등"이라 한다)
　㉢ 「식물신품종보호법」 제2조 제4호에 따른 품종보호권
　㉣ 위의 규정에 따른 지식재산 외에 「지식재산기본법」 제3조 제3호에 따른 지식재산권. 다만, 「저작권법」에 따라 등록되지 아니한 권리는 제외한다.

(2) 정부기업이나 정부시설에서 사용하는 기계와 기구의 용도폐지
정부기업이나 정부시설에서 사용하는 기계와 기구로서 해당 기업이나 시설의 폐지와 함께 포괄적으로 용도폐지된 것은 해당 기업이나 시설이 폐지된 후에도 국유재산으로 한다.

6 법 제6조(국유재산의 구분과 종류)

(1) 국유재산의 구분
국유재산은 그 용도에 따라 행정재산과 일반재산으로 구분한다.

(2) 행정재산
행정재산의 종류는 다음과 같다.
① **공용재산** : 국가가 직접 사무용·사업용 또는 공무원의 주거용(직무 수행을 위하여 필요한 경우로서 대통령령으로 정하는 경우로 한정한다)으로 사용하거나 대통령령으로 정하는 기한까지 사용하기로 결정한 재산

> **대통령령으로 정하는 경우(영 제4조 제2항)**
> 다음 각 호의 어느 하나에 해당하는 목적으로 사용하거나 사용하려는 경우를 말한다.
> 　1. 대통령 관저
> 　2. 국무총리, 「국가재정법」 제6조 제1항 및 제2항에 따른 독립기관 및 중앙관서의 장이 사용하는 공관

3. 「국방·군사시설 사업에 관한 법률」 제2조 제1호에 따른 국방·군사시설 중 주거용으로 제공되는 시설
4. 원래의 근무지와 다른 지역에서 근무하게 되는 사람 또는 인사명령에 의하여 지역을 순환하여 근무하는 사람에게 제공되는 주거용 시설
5. 비상근무에 종사하는 사람에게 제공되는 해당 근무지의 구내 또는 이와 인접한 장소에 설치된 주거용 시설
6. 그 밖에 해당 재산의 위치, 용도 등에 비추어 직무상 관련성이 있다고 인정되는 주거용 시설

② 공공용재산 : 국가가 직접 공공용으로 사용하거나 대통령령으로 정하는 기한까지 사용하기로 결정한 재산

대통령령으로 정하는 기한(영 제4조 제1항)
국가나 「정부기업예산법」 제2조에 따른 정부기업이 행정재산으로 사용하기로 결정한 날부터 5년이 되는 날을 말한다.

③ 기업용재산 : 정부기업이 직접 사무용·사업용 또는 그 기업에 종사하는 직원의 주거용(직무 수행을 위하여 필요한 경우로서 대통령령으로 정하는 경우로 한정한다)으로 사용하거나 대통령령으로 정하는 기한까지 사용하기로 결정한 재산

대통령령으로 정하는 경우(영 제4조 제3항)
영 제4조 제2항 제4호부터 제6호까지에 해당하는 목적으로 사용하거나 사용하려는 경우를 말한다.

④ 보존용재산 : 법령이나 그 밖의 필요에 따라 국가가 보존하는 재산

그 밖의 필요에 따라 국가가 보존하는 재산(영 제4조 제4항)
국가가 보존할 필요가 있다고 총괄청이 결정한 재산을 말한다.

※ 행정재산의 사용 또는 보존 여부는 총괄청이 「국가재정법」 제6조에 따른 중앙관서의 장(이하 "중앙관서의 장"이라 한다)의 의견을 들어 결정한다(영 제4조 제5항).

(3) 일반재산

"일반재산"이란 행정재산 외의 모든 국유재산을 말한다.

국유재산의 관리·처분 방법(영 제4조 제6항)
총괄청은 법 제6조 제2항 제1호(공용재산)·제3호(기업용재산) 및 같은 조 제3항(일반재산)에 따른 국유재산 중 공무원 또는 정부기업에 종사하는 직원의 주거용으로 사용하거나 주거용으로 사용할 필요가 있다고 인정하는 국유재산의 관리·처분 방법을 따로 정할 수 있다.

7 법 제7조(국유재산의 보호)

① 누구든지 이 법 또는 다른 법률에서 정하는 절차와 방법에 따르지 아니하고는 국유재산을 사용하거나 수익하지 못한다.
② 행정재산은 「민법」 제245조에도 불구하고 시효취득(時效取得)의 대상이 되지 아니한다.

8 국유재산 사무의 총괄과 관리 등

(1) 국유재산 사무의 총괄과 관리(법 제8조) 기출 33회

① 총괄청은 국유재산에 관한 사무를 총괄하고 그 국유재산(중앙관서의 장이 관리·처분하는 국유재산은 제외한다)을 관리·처분한다.
② 총괄청은 일반재산을 보존용재산으로 전환하여 관리할 수 있다.
③ 중앙관서의 장은 「국가재정법」 제4조에 따라 설치된 특별회계 및 같은 법 제5조에 따라 설치된 기금에 속하는 국유재산과 제40조 제2항 각 호에 따른 재산을 관리·처분한다.
④ 중앙관서의 장은 ③항 외의 국유재산을 행정재산으로 사용하려는 경우에는 대통령령으로 정하는 바에 따라 총괄청의 승인을 받아야 한다.

> **행정재산의 사용 승인 신청(영 제4조의2)**
> 중앙관서의 장은 법 제8조 제4항에 따라 행정재산의 사용 승인을 받으려면 다음 각 호의 내용을 적은 신청서를 총괄청에 제출하여야 한다.
> 1. 재산의 표시
> 2. 사용 목적
> 3. 사용 계획
> 4. 그 밖에 총괄청이 필요하다고 인정하는 사항

⑤ 총괄청은 사용승인을 할 때 제40조의2에 따른 우선사용예약을 고려하여야 한다.
⑥ 이 법에 따른 총괄청의 행정재산의 관리·처분에 관한 사무는 그 일부를 대통령령으로 정하는 바에 따라 중앙관서의 장에게 위임할 수 있다.

> **행정재산 관리·처분의 사무 위임(영 제4조의3)**
> ① 총괄청은 법 제8조 제6항에 따라 다음 각 호의 사무를 중앙관서의 장에게 위임한다. 〈개정 2022.12.30.〉
> 1. 법 제13조의 기부채납에 따른 재산의 취득에 관한 사무
> 2. 행정재산(공용재산 중 법 제5조 제1항 제1호에 따른 재산은 제외한다)의 매입 등에 따른 취득에 관한 사무
> 3. 「국방·군사시설 사업에 관한 법률」 제2조 제1호에 따른 국방·군사시설의 취득에 관한 사무
> 4. 행정재산의 관리(취득에 관한 사무는 제외한다)에 관한 사무
> 5. 용도가 폐지된 행정재산(법 제5조 제1항 제1호에 따른 재산은 제외한다)의 처분에 관한 사무
> 6. 그 밖에 총괄청이 행정재산의 효율적인 관리·처분을 위하여 필요하다고 인정하여 지정하는 사무
> ② 중앙관서의 장이 제1항 제1호부터 제3호까지의 규정에 따라 취득하는 행정재산의 사용에 대해서는 법 제8조 제4항에 따른 승인을 받은 것으로 본다.

(2) 사용 승인 철회 등(법 제8조의2)

① 총괄청은 사용을 승인한 행정재산에 대하여 다음의 어느 하나에 해당하는 경우에는 국유재산정책심의위원회의 심의를 거쳐 그 사용 승인을 철회할 수 있다.
  ㉠ 다른 국가기관의 행정목적을 달성하기 위하여 우선적으로 필요한 경우
  ㉡ 제21조 제1항에 따른 보고나 같은 조 제3항에 따른 감사 결과 위법하거나 부당한 재산관리가 인정되는 경우
  ㉢ ㉠ 및 ㉡의 경우 외에 감사원의 감사 결과 위법하거나 부당한 재산관리가 인정되는 등 사용 승인의 철회가 불가피하다고 인정되는 경우

② 총괄청은 사용 승인 철회를 하려면 미리 그 내용을 중앙관서의 장에게 알려 의견을 제출할 기회를 주어야 한다.
③ 중앙관서의 장은 사용 승인이 철회된 경우에는 해당 행정재산을 지체 없이 총괄청에 인계하여야 한다. 이 경우 인계된 재산은 제40조 제1항에 따라 용도가 폐지된 것으로 본다.

9 법 제9조(국유재산종합계획) 기출 34회

① 총괄청은 다음 연도의 국유재산의 관리·처분에 관한 계획의 작성을 위한 지침을 매년 4월 30일까지 중앙관서의 장에게 통보하여야 한다.
② 중앙관서의 장은 ①항의 지침에 따라 국유재산의 관리·처분에 관한 다음 연도의 계획을 작성하여 매년 6월 30일까지 총괄청에 제출하여야 한다.
③ 총괄청은 제출된 계획을 종합조정하여 수립한 국유재산종합계획을 국무회의의 심의를 거쳐 대통령의 승인을 받아 확정하고, 회계연도 개시 120일 전까지 국회에 제출하여야 한다.
④ 국유재산종합계획에는 다음의 사항이 포함되어야 한다.
   ㉠ 국유재산을 효율적으로 관리·처분하기 위한 중장기적인 국유재산 정책방향
   ㉡ <u>대통령령으로 정하는 국유재산 관리·처분의 총괄 계획</u>
   ㉢ 국유재산 처분의 기준에 관한 사항
   ㉣ 「국유재산특례제한법」 제8조에 따른 국유재산특례 종합계획에 관한 사항
   ㉤ 위의 규정에 따른 사항 외에 국유재산의 관리·처분에 관한 중요한 사항

> **대통령령으로 정하는 국유재산 관리·처분의 총괄 계획(영 제5조)**
> 다음 각 호의 계획을 말한다.
>   1. 국유재산의 취득에 관한 계획
>   2. 국유재산의 처분에 관한 계획
>   3. 법 제8조 제4항에 따른 행정재산의 사용에 관한 계획
>   4. 법 제57조에 따른 일반재산의 개발에 관한 계획
>   5. 그 밖에 국유재산의 사용허가, 대부 등 관리에 관한 계획

⑤ 국유재산종합계획을 변경하는 경우에는 ③항을 준용한다.
⑥ 총괄청은 국유재산종합계획을 확정하거나 변경한 경우에는 중앙관서의 장에게 알리고, 변경한 경우에는 지체 없이 국회에 제출하여야 한다.
⑦ 중앙관서의 장은 확정된 국유재산종합계획의 반기별 집행계획을 수립하여 해당 연도 1월 31일까지 총괄청에 제출하여야 한다.
⑧ 총괄청이 국유재산종합계획을 수립하는 경우에는 「국가재정법」 제6조 제1항에 따른 독립기관의 장(이하 "독립기관의 장"이라 한다)의 의견을 최대한 존중하여야 하며, 국유재산 정책운용 등에 따라 불가피하게 조정이 필요한 때에는 해당 독립기관의 장과 미리 협의하여야 한다.
⑨ 총괄청은 협의에도 불구하고 독립기관의 계획을 조정하려는 때에는 국무회의에서 해당 독립기관의 장의 의견을 들어야 하며, 총괄청이 그 계획을 조정한 때에는 그 규모 및 이유, 조정에 대한 독립기관의 장의 의견을 국유재산종합계획과 함께 국회에 제출하여야 한다.

10 법 제10조(국유재산의 취득)

① 국가는 국유재산의 매각대금과 비축 필요성 등을 고려하여 국유재산의 취득을 위한 재원을 확보하도록 노력하여야 한다.
② 중앙관서의 장이 「국가재정법」 제4조에 따라 설치된 특별회계와 같은 법 제5조에 따라 설치된 기금의 재원으로 공용재산 용도의 토지나 건물을 매입하려는 경우에는 총괄청과 협의하여야 한다.

11 법 제11조(사권 설정의 제한) 기출 30회·31회·34회

① 사권(私權)이 설정된 재산은 그 사권이 소멸된 후가 아니면 국유재산으로 취득하지 못한다. 다만, 판결에 따라 취득하는 경우에는 그러하지 아니하다.
② 국유재산에는 사권을 설정하지 못한다. 다만, 일반재산에 대하여 대통령령으로 정하는 경우에는 그러하지 아니하다.

> **대통령령으로 정하는 경우(영 제6조)**
> 다음 각 호의 어느 하나에 해당하는 경우를 말한다.
> 1. 다른 법률 또는 확정판결(재판상 화해 등 확정판결과 같은 효력을 갖는 것을 포함한다)에 따라 일반재산에 사권(私權)을 설정하는 경우
> 2. 일반재산의 사용 및 이용에 지장이 없고 재산의 활용가치를 높일 수 있는 경우로서 중앙관서의 장 등이 필요하다고 인정하는 경우

12 법 제12조(소유자 없는 부동산의 처리)

① 총괄청이나 중앙관서의 장은 소유자 없는 부동산을 국유재산으로 취득한다.
② 총괄청이나 중앙관서의 장은 소유자 없는 부동산을 국유재산으로 취득할 경우에는 대통령령으로 정하는 바에 따라 6개월 이상의 기간을 정하여 그 기간에 정당한 권리자나 그 밖의 이해관계인이 이의를 제기할 수 있다는 뜻을 공고하여야 한다.

> **소유자 없는 부동산의 취득(영 제7조)**
> ① 법 제12조 제2항에 따라 총괄청이나 중앙관서의 장이 공고할 사항은 다음 각 호와 같다.
> 1. 해당 부동산의 표시
> 2. 공고 후 6개월이 지날 때까지 해당 부동산에 대하여 정당한 권리를 주장하는 자가 신고하지 아니하면 국유재산으로 취득한다는 뜻
> ② 제1항의 공고는 관보와 일간신문에 게재하고 해당 부동산의 소재지를 관할하는 지방조달청의 인터넷 홈페이지에 14일 이상 게재하여야 한다.

③ 총괄청이나 중앙관서의 장은 소유자 없는 부동산을 취득하려면 ②항에 따른 기간에 이의가 없는 경우에만 ②항에 따른 공고를 하였음을 입증하는 서류를 첨부하여 「공간정보의 구축 및 관리 등에 관한 법률」에 따른 지적소관청에 소유자 등록을 신청할 수 있다.
④ 위의 규정에 따라 취득한 국유재산은 그 등기일부터 10년간은 처분을 하여서는 아니 된다. 다만, 대통령령으로 정하는 특별한 사유가 있으면 그러하지 아니하다.

> **대통령령으로 정하는 특별한 사유(영 제7조 제3항)**
> 다음 각 호의 어느 하나에 해당하는 사유를 말한다.
> 1. 해당 국유재산이 「공익사업을 위한 토지 등의 취득 및 보상에 관한 법률」에 따른 공익사업에 필요하게 된 경우
> 2. 해당 국유재산을 매각하여야 하는 불가피한 사유가 있는 경우로서 법 제9조 제4항 제3호에 따른 기준에서 정한 경우

13 법 제13조(기부채납) 기출 36회

① 총괄청이나 중앙관서의 장(특별회계나 기금에 속하는 국유재산으로 기부받으려는 경우만 해당한다)은 제5조 제1항 각 호의 재산을 국가에 기부하려는 자가 있으면 대통령령으로 정하는 바에 따라 받을 수 있다.

> **기부채납(영 제8조 제1항, 제2항, 제4항)**
> ① 총괄청이나 중앙관서의 장은 법 제13조 제1항에 따라 기부를 받으려면 다음 각 호의 사항을 적은 기부서를 받아야 한다. 이 경우 총괄청이나 중앙관서의 장은 필요한 경우 「전자정부법」 제36조 제1항에 따른 행정정보의 공동이용을 통하여 해당 재산의 등기부 등본, 건축물대장, 토지대장, 임야대장, 지적도, 임야도를 확인하여야 한다.
> 1. 기부할 재산의 표시
> 2. 기부자의 성명 및 주소
> 3. 기부의 목적
> 4. 기부할 재산의 가격
> 5. 소유권을 증명할 수 있는 서류
> 6. 「공간정보의 구축 및 관리 등에 관한 법률」 제2조 제19호에 따른 공유지연명부, 대지권등록부, 경계점좌표등록부
> 7. 그 밖에 기부할 재산의 건축물현황도 등 필요한 도면
> ② 대표자에 의하여 기부하는 경우에는 대표자임을 증명하는 서류와 각 기부자의 성명·주소 및 기부재산을 적은 명세서를 제1항의 기부서에 첨부하여야 한다.
> ④ 기부를 조건으로 건물이나 그 밖의 영구시설물을 축조하는 경우에는 총괄청이나 중앙관서의 장은 사용허가를 하기 전에 기부 등에 관한 계약을 체결하거나 이행각서를 받아야 한다.

② 총괄청이나 중앙관서의 장은 국가에 기부하려는 재산이 국가가 관리하기 곤란하거나 필요하지 아니한 것인 경우 또는 기부에 조건이 붙은 경우에는 받아서는 아니 된다. 다만, 다음 의 어느 하나에 해당하는 경우에는 기부에 조건이 붙은 것으로 보지 아니한다.
  ㉠ 행정재산으로 기부하는 재산에 대하여 기부자, 그 상속인, 그 밖의 포괄승계인에게 무상으로 사용허가 하여 줄 것을 조건으로 그 재산을 기부하는 경우
  ㉡ 행정재산의 용도를 폐지하는 경우 그 용도에 사용될 대체시설을 제공한 자, 그 상속인, 그 밖의 포괄승계인이 그 부담한 비용의 범위에서 제55조 제1항 제3호에 따라 용도폐지된 재산을 양여할 것을 조건으로 그 대체시설을 기부하는 경우

> **국가가 관리하기 곤란하거나 필요하지 아니한 것인 경우(영 제8조 제3항)**
> 다음 각 호의 어느 하나에 해당하는 경우를 말한다.
> 1. 법 제13조 제2항 제1호에 따른 무상 사용허가 기간이 지난 후에도 해당 중앙관서의 장이 직접 사용하기 곤란한 경우
> 2. 재산가액 대비 유지·보수비용이 지나치게 많은 경우
> 3. 그 밖에 국가에 이익이 없는 것으로 인정되는 경우

14 법 제14조(등기·등록 등)

① 총괄청이나 중앙관서의 장은 국유재산을 취득한 경우 대통령령으로 정하는 바에 따라 지체 없이 등기·등록, 명의개서(名義改書), 그 밖의 권리보전에 필요한 조치를 하여야 한다.

> **등기·등록 등(영 제9조)**
> ① 총괄청이나 중앙관서의 장은 국유재산을 취득한 후 그 소관에 속하게 된 날부터 60일 이내에 법 제14조 제1항에 따른 등기·등록, 명의개서, 그 밖에 권리보전에 필요한 조치를 하여야 한다.
> ② 총괄청이나 중앙관서의 장이 제1항에 따른 권리보전에 필요한 조치를 하는 경우에는 해당 재산의 소관청임을 증명하는 다음 각 호의 어느 하나에 해당하는 서류를 갖추어야 한다.
>   1. 법 제16조 제1항에 따른 협의가 성립된 경우에는 그 협의서
>   2. 법 제16조 제2항에 따라 총괄청이 결정하는 경우에는 그 결정서
>   3. 법 제24조에 따라 총괄청이 중앙관서의 장을 지정하는 경우에는 그 지정서

② 등기·등록이나 명의개서가 필요한 국유재산인 경우 그 권리자의 명의는 국(國)으로 하되 소관 중앙관서의 명칭을 함께 적어야 한다. 다만, 대통령령으로 정하는 법인에 증권을 예탁(預託)하는 경우에는 권리자의 명의를 그 법인으로 할 수 있다.
  ※ "대통령령으로 정하는 법인"이란 「자본시장과 금융투자업에 관한 법률」 제294조에 따라 설립된 한국예탁결제원 (이하 "한국예탁결제원"이라 한다)을 말한다(영 제9조 제3항).
③ 중앙관서의 장 등은 국유재산이 지적공부와 일치하지 아니하는 경우 「공간정보의 구축 및 관리 등에 관한 법률」에 따라 등록전환, 분할·합병 또는 지목변경 등 필요한 조치를 하여야 한다. 이 경우 「공간정보의 구축 및 관리 등에 관한 법률」 제106조에 따른 수수료는 면제한다.

15 법 제15조(증권의 보관·취급) 기출 34회

① 총괄청이나 중앙관서의 장 등은 증권을 한국은행이나 대통령령으로 정하는 법인(이하 "한국은행 등"이라 한다)으로 하여금 보관·취급하게 하여야 한다.

> **증권의 보관·취급(영 제10조)**
> ① 법 제15조 제1항에서 "대통령령으로 정하는 법인"이란 다음 각 호의 어느 하나에 해당하는 법인을 말한다.
>   1. 「은행법」 제2조 제1항 제2호에 따른 은행(같은 법 제5조에 따라 은행으로 보는 것과 외국은행은 제외한다)
>   2. 한국예탁결제원
> ② 「자본시장과 금융투자업에 관한 법률」 제4조 제1항에 따른 증권(이하 "증권"이라 한다)의 보관이나 취급 등에 필요한 사항은 기획재정부령으로 정한다.
> ③ 정부가 출자한 법인이 「자본시장과 금융투자업에 관한 법률」 제4조 제4항에 따른 지분증권(이하 "지분증권"이라 한다)을 신규로 발행하는 경우에는 총괄청이 그 납입금액, 납입의 방법·시기 및 장소를 정하여 청약한다.

② 한국은행 등은 증권의 보관·취급에 관한 장부를 갖추어 두고 증권의 수급을 기록하여야 한다. 이 경우 장부와 수급의 기록은 전산자료로 대신할 수 있다.

③ 한국은행 등은 증권의 수급에 관한 보고서 및 계산서를 작성하여 총괄청과 감사원에 제출하되, 감사원에 제출하는 수급계산서에는 증거서류를 붙여야 한다.

④ 한국은행 등은 증권의 수급에 관하여 감사원의 검사를 받아야 한다.

⑤ 한국은행 등은 증권의 보관·취급과 관련하여 국가에 손해를 끼친 경우에는 「민법」과 「상법」에 따라 그 손해를 배상할 책임을 진다.

16 관리전환

(1) 국유재산의 관리전환(법 제16조)

① 국유재산의 관리전환은 다음의 방법에 따른다.
  ㉠ 일반회계와 특별회계·기금 간에 관리전환을 하려는 경우 : 총괄청과 해당 특별회계·기금의 소관 중앙관서의 장 간의 협의
  ㉡ 서로 다른 특별회계·기금 간에 관리전환을 하려는 경우 : 해당 특별회계·기금의 소관 중앙관서의 장 간의 협의

② 협의가 성립되지 아니하는 경우 총괄청은 다음의 사항을 고려하여 소관 중앙관서의 장을 결정한다.
  ㉠ 해당 재산의 관리 상황 및 활용 계획
  ㉡ 국가의 정책목적 달성을 위한 우선 순위

> **관리전환(영 제11조)**
> 법 제16조에 따라 관리전환을 하는 경우 해당 재산을 이관하는 총괄청이나 중앙관서의 장은 그 재산을 이관받는 총괄청이나 중앙관서의 장에게 관리전환하기로 결정한 문서와 그 재산에 관한 기록을 함께 이관하여야 한다.

(2) 유상 관리전환 등(법 제17조)

국유재산을 관리전환하거나 서로 다른 회계·기금 간에 그 사용을 하도록 하는 경우에는 유상으로 하여야 한다. 다만, 다음의 어느 하나에 해당하는 경우에는 무상으로 할 수 있다.
① 직접 도로, 하천, 항만, 공항, 철도, 공유수면, 그 밖의 공공용으로 사용하기 위하여 필요한 경우
② 다음의 어느 하나에 해당하는 사유로 총괄청과 중앙관서의 장 또는 중앙관서의 장 간에 무상으로 관리전환하기로 합의하는 경우
  ㉠ 관리전환하려는 국유재산의 감정평가에 드는 비용이 해당 재산의 가액(價額)에 비하여 과다할 것으로 예상되는 경우
  ㉡ 상호교환의 형식으로 관리전환하는 경우로서 유상으로 관리전환하는 데에 드는 예산을 확보하기가 곤란한 경우
  ㉢ 특별회계 및 기금에 속하는 일반재산의 효율적인 활용을 위하여 필요한 경우로서 국유재산정책심의위원회의 심의를 거친 경우

유상 관리전환 등(영 제12조)
① 법 제17조 각 호 외의 부분 본문에 따라 유상 관리전환을 하는 경우 해당 재산가액은 다음 각 호의 구분에 따른 방법으로 결정한다. 〈개정 2022.1.21.〉
  1. 증권 : 제43조 및 제44조를 준용하여 산출한 가액
  2. 증권 외의 국유재산 : 「감정평가 및 감정평가사에 관한 법률」에 따른 감정평가법인 등(이하 "감정평가법인 등"이라 한다) 중 하나의 감정평가법인 등이 평가한 가액
② 법 제17조 각 호 외의 부분 단서에 따라 무상 관리전환을 할 경우 해당 재산가액은 국유재산의 대장에 기록된 가격(이하 "대장가격"이라 한다)으로 한다.
③ 법 제17조에 따라 국유재산을 사용하도록 하는 경우 사용료의 결정에 관하여는 제29조 또는 제67조의8을 준용한다.

17 영구시설물의 축조 금지(법 제18조) 기출 32회·34회

① 국가 외의 자는 국유재산에 건물, 교량 등 구조물과 그 밖의 영구시설물을 축조하지 못한다. 다만, 다음의 어느 하나에 해당하는 경우에는 그러하지 아니하다.
  ㉠ 기부를 조건으로 축조하는 경우
  ㉡ 다른 법률에 따라 국가에 소유권이 귀속되는 공공시설을 축조하는 경우
  ㉢ 제50조 제2항에 따라 매각대금을 나누어 내고 있는 일반재산으로서 대통령령으로 정하는 경우

대통령령으로 정하는 경우(영 제13조의2)
다음 각 호의 어느 하나에 해당하는 경우를 말한다.
  1. 제55조 제2항 제1호 또는 제2호에 해당하는 재산으로서 매각대금의 2분의 1 이상을 낸 경우
  1의2. 삭제 〈2023.12.12.〉
  2. 제55조 제2항 제3호에 해당하는 토지로서 그 토지에 있는 사유건물이 천재지변이나 그 밖의 재해로 파손된 경우

3. 제55조 제3항 제3호의2에 해당하는 재산으로서 매각대금의 5분의 1 이상을 낸 경우
4. 제55조 제2항 제9호에 해당하는 토지로서 매각대금의 5분의 1 이상을 낸 경우

ⓔ 지방자치단체나 「지방공기업법」에 따른 지방공기업(이하 "지방공기업"이라 한다)이 「사회기반시설에 대한 민간투자법」 제2조 제1호의 사회기반시설 중 주민생활을 위한 문화시설, 생활체육시설 등 기획재정부령으로 정하는 사회기반시설을 해당 국유재산 소관 중앙관서의 장과 협의를 거쳐 총괄청의 승인을 받아 축조하는 경우
ⓜ 제59조의2에 따라 개발하는 경우
ⓗ 법률 제4347호 「지방교육자치에 관한 법률」 시행 전에 설립한 초등학교·중학교·고등학교 및 특수학교에 총괄청 및 관련 중앙관서의 장과 협의를 거쳐 교육부장관의 승인을 받아 「학교시설사업촉진법」 제2조 제1호에 따른 학교시설을 증축 또는 개축하는 경우
ⓢ 그 밖에 국유재산의 사용 및 이용에 지장이 없고 국유재산의 활용가치를 높일 수 있는 경우로서 대부계약의 사용목적을 달성하기 위하여 중앙관서의 장 등이 필요하다고 인정하는 경우

② ①항의 단서에 따라 영구시설물의 축조를 허용하는 경우에는 대통령령으로 정하는 기준 및 절차에 따라 그 영구시설물의 철거 등 원상회복에 필요한 비용의 상당액에 대하여 이행을 보증하는 조치를 하게 하여야 한다.

18 법 제19조(국유재산에 관한 법령의 협의)

각 중앙관서의 장은 국유재산의 관리·처분에 관련된 법령을 제정·개정하거나 폐지하려면 그 내용에 관하여 총괄청 및 감사원과 협의하여야 한다.

19 법 제20조(직원의 행위 제한) 기출 34회

① 국유재산에 관한 사무에 종사하는 직원은 그 처리하는 국유재산을 취득하거나 자기의 소유재산과 교환하지 못한다. 다만, 해당 총괄청이나 중앙관서의 장의 허가를 받은 경우에는 그러하지 아니하다.
② ①항을 위반한 행위는 무효로 한다.

제2장 총괄청

> **Point 출제포인트**
> ▷ 총괄청의 권한
> ▷ 총괄청의 용도폐지 요구
> ▷ 총괄사무의 위임 및 위탁
> ▷ 국유재산관리기금

1 법 제21조(총괄청의 감사 등)

① 총괄청은 중앙관서의 장 등에 해당 국유재산의 관리상황에 관하여 보고하게 하거나 자료를 제출하게 할 수 있다.
② 중앙관서의 장은 소관 행정재산 중 대통령령으로 정하는 유휴 행정재산 현황을 매년 1월 31일까지 총괄청에 보고하여야 한다.
③ 총괄청은 중앙관서의 장 등의 재산 관리상황과 유휴 행정재산 현황을 감사(監査)하거나 그 밖에 필요한 조치를 할 수 있다.

2 법 제22조(총괄청의 용도폐지 요구 등)

① 총괄청은 중앙관서의 장에게 그 소관에 속하는 국유재산의 용도를 폐지하거나 변경할 것을 요구할 수 있으며, 그 국유재산을 관리전환하게 하거나 총괄청에 인계하게 할 수 있다.
② 총괄청은 ①항의 조치를 하려면 미리 그 내용을 중앙관서의 장에게 통보하여 의견을 제출할 기회를 주어야 한다.
③ 총괄청은 중앙관서의 장이 정당한 사유 없이 용도폐지 등을 이행하지 아니하는 경우에는 직권으로 용도폐지 등을 할 수 있다.
④ 직권으로 용도폐지된 재산은 제8조의2에 따라 행정재산의 사용 승인이 철회된 것으로 본다.

3 법 제23조(용도폐지된 재산의 처리)

총괄청은 용도를 폐지함으로써 일반재산으로 된 국유재산에 대하여 필요하다고 인정하는 경우에는 그 처리방법을 지정하거나 이를 인계받아 직접 처리할 수 있다.

4 법 제24조(중앙관서의 장의 지정)

총괄청은 국유재산의 관리·처분에 관한 소관 중앙관서의 장이 없거나 분명하지 아니한 국유재산에 대하여 그 소관 중앙관서의 장을 지정한다.

5 법 제25조(총괄사무의 위임 및 위탁)

총괄청은 대통령령으로 정하는 바에 따라 이 법에서 규정하는 총괄에 관한 사무의 일부를 조달청장 또는 지방자치단체의 장에게 위임하거나 정부출자기업체 또는 특별법에 따라 설립된 법인으로서 대통령령으로 정하는 자에게 위탁할 수 있다.

> **총괄사무의 위임 및 위탁(영 제16조)**
>
> ① 총괄청은 법 제25조에 따라 다음 각 호의 사무를 조달청장에게 위임한다.
> 1. 법 제21조 제1항 및 제2항에 따른 총괄사무를 지원하기 위한 국유재산 현황의 조사 등에 관한 사무(제2항 제1호에 따른 사무는 제외한다)
> 2. 법 제21조 제3항에 따른 감사(監査) 및 그 밖에 필요한 조치를 지원하기 위한 국유재산 관리 실태의 확인·점검에 관한 사무
> 3. 법 제24조에 따른 소관 중앙관서의 장의 지정에 관한 사무
> 4. 삭제 〈2017.3.2.〉
> 5. 은닉된 국유재산, 소유자 없는 부동산 및 「귀속재산처리법」 제2조에 따른 귀속재산(이하 "은닉재산 등"이라 한다)의 사실조사와 국가 환수 및 귀속에 관한 사무
> 6. 장래의 행정수요에 대비하기 위한 비축용 토지의 취득에 관한 사무
> 7. 중앙관서의 장 등 소관 행정재산의 법 제73조의2 제2항에 따른 무상귀속 사전협의에 관한 사무
> 8. 청사, 관사 등의 신축에 필요한 토지·건물의 조사에 관한 사무
>
> ② 총괄청은 법 제25조에 따라 다음 각 호의 사무를 「한국자산관리공사 설립 등에 관한 법률」에 따른 한국자산관리공사(이하 "한국자산관리공사"라 한다)에 위탁한다. 이 경우 위탁비용 등 필요한 사항은 기획재정부령으로 정한다. 〈개정 2022.2.17.〉
> 1. 법 제21조 제1항 및 제2항에 따른 총괄사무를 지원하기 위한 국유재산 현황의 전수조사 사무로서 항공조사 사무 및 그에 부수하는 사무
> 2. 법 제73조의2 제1항에 따른 총괄청 소관 일반재산에 대한 도시·군관리계획의 협의에 관한 사무
> 3. 제38조 제3항에 따라 관리·처분에 관한 사무가 위탁된 총괄청 소관 일반재산의 「국토의 계획 및 이용에 관한 법률」 및 그 밖의 법률에 따른 무상귀속 협의에 관한 사무
>
> ③ 조달청장 또는 한국자산관리공사가 제1항 또는 제2항에 따라 위임받거나 위탁받은 사무를 수행하기 위하여 특별시장·광역시장·특별자치시장·도지사 또는 특별자치도지사(이하 "시·도지사"라 한다)와 중앙관서의 장 등에게 협조를 요청하는 경우 시·도지사와 중앙관서의 장 등은 이에 따라야 한다.
>
> ④ 조달청장은 제1항 제1호 및 제2호에 따른 사무를 수행하기 위하여 매년 2월 말일까지 국유재산 현황의 조사 계획 및 국유재산 관리 실태의 확인·점검 계획을 수립하여 총괄청에 보고하고, 해당 중앙관서의 장 등에 통지하여야 한다.
>
> ⑤ 조달청장은 제1항 제1호에 따른 조사 결과, 같은 항 제2호에 따른 확인·점검 결과 및 국유재산의 관리에 필요한 사항 등을 총괄청에 보고하여야 한다.

6 법 제26조(국유재산정책심의위원회)

(1) 국유재산정책심의위원회의 설치

국유재산의 관리·처분에 관한 다음의 사항을 심의하기 위하여 총괄청에 국유재산정책심의위원회(이하 "위원회"라 한다)를 둔다.
① 국유재산의 중요 정책방향에 관한 사항
② 국유재산과 관련한 법령 및 제도의 개정·폐지에 관한 중요 사항
③ 제8조의2에 따른 행정재산의 사용 승인 철회에 관한 사항
④ 제9조에 따른 국유재산종합계획의 수립 및 변경에 관한 중요 사항
⑤ 제16조 제2항에 따른 소관 중앙관서의 장의 지정 및 제22조 제3항에 따른 직권 용도폐지에 관한 사항
⑥ 제17조 제2호 다목에 따른 무상 관리전환에 관한 사항
⑦ 제26조의2에 따른 국유재산관리기금의 관리·운용에 관한 사항
⑧ 제57조에 따른 일반재산의 개발에 관한 사항
⑨ 제60조에 따른 현물출자에 관한 중요 사항
⑩ 「국유재산특례제한법」 제6조에 따른 국유재산특례의 신설등 및 같은 법 제7조에 따른 국유재산특례의 점검·평가에 관한 사항
⑪ 그 밖에 국유재산의 관리·처분 업무와 관련하여 총괄청이 중요하다고 인정한 사항

(2) 국유재산정책심의위원회의 구성 및 운영

① 위원회는 위원장을 포함한 20명 이내의 위원으로 구성한다.
② 위원회의 위원장은 기획재정부장관이 되고, 위원은 관계 중앙행정기관의 소속 공무원과 국유재산 분야에 학식과 경험이 풍부한 사람 중에서 기획재정부장관이 임명 또는 위촉한다. 이 경우 공무원이 아닌 위원의 정수는 전체 위원 정수의 과반수가 되어야 한다.
③ 위원회를 효율적으로 운영하기 위하여 위원회에 분야별 분과위원회를 둘 수 있다. 이 경우 분과위원회의 심의는 위원회의 심의로 본다.
④ 위에서 규정한 사항 외에 위원회 및 분과위원회의 조직과 운영 등에 필요한 사항은 대통령령으로 정한다.

7 국유재산관리기금

(1) 국유재산관리기금의 설치(법 제26조의2)

국유재산의 원활한 수급과 개발 등을 통한 국유재산의 효용을 높이기 위하여 국유재산관리기금을 설치한다.

(2) 국유재산관리기금의 조성(법 제26조의3)

국유재산관리기금은 다음의 재원으로 조성한다.
① 정부의 출연금 또는 출연재산
② 다른 회계 또는 다른 기금으로부터의 전입금
③ 제26조의4에 따른 차입금

④ 다음의 어느 하나에 해당하는 총괄청 소관 일반재산(증권은 제외한다)과 관련된 수입금
  ㉠ 대부료, 변상금 등 재산관리에 따른 수입금
  ㉡ 매각, 교환 등 처분에 따른 수입금
⑤ 총괄청 소관 일반재산에 대한 제57조의 개발에 따른 관리·처분 수입금
⑥ 위의 규정에 따른 재원 외에 국유재산관리기금의 관리·운용에 따른 수입금

(3) 자금의 차입(법 제26조의4)

① 총괄청은 국유재산관리기금의 관리·운용을 위하여 필요한 경우에는 위원회의 심의를 거쳐 국유재산관리기금의 부담으로 금융회사 등이나 다른 회계 또는 다른 기금으로부터 자금을 차입할 수 있다.
② 총괄청은 국유재산관리기금의 운용을 위하여 필요할 때에는 국유재산관리기금의 부담으로 자금을 일시차입할 수 있다.
③ 일시차입금은 해당 회계연도 내에 상환하여야 한다.

(4) 국유재산관리기금의 용도(법 제26조의5)

① 국유재산관리기금은 다음의 어느 하나에 해당하는 용도에 사용한다.
  ㉠ 국유재산의 취득에 필요한 비용의 지출
  ㉡ 총괄청 소관 일반재산의 관리·처분에 필요한 비용의 지출
  ㉢ 제26조의4에 따른 차입금의 원리금 상환
  ㉣ 제26조의6에 따른 국유재산관리기금의 관리·운용에 필요한 위탁료 등의 지출
  ㉤ 제42조 제1항에 따른 총괄청 소관 일반재산 중 부동산의 관리·처분에 관한 사무의 위임·위탁에 필요한 귀속금 또는 위탁료 등의 지출
  ㉥ 제57조에 따른 개발에 필요한 비용의 지출
  ㉦ 「국가재정법」 제13조에 따른 다른 회계 또는 다른 기금으로의 전출금
  ㉧ 위의 규정에 따른 용도 외에 국유재산관리기금의 관리·운용에 필요한 비용의 지출
② 국유재산관리기금에서 취득한 재산은 일반회계 소속으로 한다.

(5) 국유재산관리기금의 관리·운용(법 제26조의6)

① 국유재산관리기금은 총괄청이 관리·운용한다.
② 총괄청은 국유재산관리기금의 관리·운용에 관한 사무의 일부를 대통령령으로 정하는 바에 따라 「한국자산관리공사 설립 등에 관한 법률」에 따른 한국자산관리공사(이하 "한국자산관리공사"라 한다)에 위탁할 수 있다.

> **국유재산관리기금 관리·운용 사무의 위탁(영 제18조의2)**
> ① 총괄청은 법 제26조의6 제2항에 따라 다음 각 호의 사무를 한국자산관리공사에 위탁한다.
>   1. 법 제26조의2에 따른 국유재산관리기금(이하 "국유재산관리기금"이라 한다)의 관리·운용에 관한 회계 사무
>   2. 국유재산관리기금의 결산보고서 작성에 관한 사무
>   3. 법 제57조 제1항에 따라 국유재산관리기금의 재원으로 개발하는 사업에 관한 사무
>   4. 국유재산관리기금의 여유자금 운용에 관한 사무
>   5. 그 밖에 총괄청이 국유재산관리기금의 관리·운용에 관하여 필요하다고 인정하는 사무
> ② 한국자산관리공사가 제1항에 따라 위탁받은 사무를 처리하는 데에 드는 비용은 국유재산관리기금의 부담으로 한다.

(6) 국유재산관리기금의 회계기관(법 제26조의7)

① 총괄청은 소속 공무원 중에서 국유재산관리기금의 수입과 지출에 관한 업무를 수행할 기금수입징수관, 기금재무관, 기금지출관 및 기금출납공무원을 임명하여야 한다.

② 총괄청이 국유재산관리기금의 관리·운용에 관한 사무의 일부를 한국자산관리공사에 위탁한 경우에는 국유재산관리기금의 출납업무 수행을 위하여 한국자산관리공사의 임원 중에서 기금수입 담당임원과 기금지출원인행위 담당임원을, 한국자산관리공사의 직원 중에서 기금지출원과 기금출납원을 각각 임명하여야 한다. 이 경우 기금수입 담당임원은 기금수입징수관의 직무를, 기금지출원인행위 담당임원은 기금재무관의 직무를, 기금지출원은 기금지출관의 직무를, 기금출납원은 기금출납공무원의 직무를 수행한다.

국유재산관리기금 회계의 구분 처리(영 제18조의3)
한국자산관리공사는 국유재산관리기금의 회계를 한국자산관리공사의 다른 회계와 구분하여 처리하여야 한다.

제3장 행정재산

> **Point 출제포인트**
> ▷ 행정재산의 교환·양여
> ▷ 행정재산의 관리위탁
> ▷ 행정재산의 사용허가
> ▷ 사용허가의 방법
> ▷ 지식재산의 사용료 및 행정재산의 사용료
> ▷ 사용료의 감면
> ▷ 사용허가의 취소·철회사유

1 법 제27조(처분의 제한)

(1) 행정재산의 교환·양여

행정재산은 처분하지 못한다. 다만, 다음의 어느 하나에 해당하는 경우에는 교환하거나 양여할 수 있다.
① 공유(公有) 또는 사유재산과 교환하여 그 교환받은 재산을 행정재산으로 관리하려는 경우
② 대통령령으로 정하는 행정재산을 직접 공용이나 공공용으로 사용하려는 지방자치단체에 양여하는 경우

> **행정재산의 교환·양여(영 제19조)**
> ① 법 제27조 제1항 제1호에 따른 교환에 관하여는 제57조를 준용하고, 법 제27조 제1항 제2호에 따른 양여에 관하여는 제59조를 준용한다.
> ② 법 제27조 제1항 제2호에서 "대통령령으로 정하는 행정재산"이란 제58조 제1항 각 호의 어느 하나에 해당하는 재산을 말한다.

(2) 준용 규정

① 교환하는 경우에는 제54조 제2항부터 제4항까지를 준용하고, 양여하는 경우에는 제55조 제2항·제3항을 준용한다. 이 경우 "일반재산"은 "행정재산"으로 본다.
② 교환에 관한 교환목적·가격 등의 확인사항, 양여하는 경우 제55조 제3항의 준용에 따라 총괄청과 협의하여야 하는 사항, 그 밖에 필요한 사항은 대통령령으로 정한다.

2 행정재산의 관리

(1) 국유재산책임관의 임명 등(법 제27조의2) 기출 30회

① 중앙관서의 장은 소관 국유재산의 관리·처분 업무를 효율적으로 수행하기 위하여 그 관서의 고위공무원으로서 기획 업무를 총괄하는 직위에 있는 자를 국유재산책임관으로 임명하여야 한다.
② 국유재산책임관의 업무는 다음과 같다.
　㉠ 소관 국유재산의 관리·처분에 관한 계획과 집행계획에 관한 업무
　㉡ 국유재산관리운용보고에 관한 업무
　㉢ ㉠ 및 ㉡에 따른 업무 외에 국유재산 관리·처분 업무와 관련하여 대통령령으로 정하는 업무
③ 국유재산책임관의 임명은 중앙관서의 장이 소속 관서에 설치된 직위를 지정하는 것으로 갈음할 수 있다.

(2) 관리사무의 위임(법 제28조)

① 중앙관서의 장은 대통령령으로 정하는 바에 따라 소속 공무원에게 그 소관에 속하는 행정재산의 관리에 관한 사무를 위임할 수 있다.
② 중앙관서의 장은 위임을 받은 공무원의 사무의 일부를 분장하는 공무원을 둘 수 있다.
③ 중앙관서의 장은 대통령령으로 정하는 바에 따라 다른 중앙관서의 장의 소속 공무원에게 그 소관에 속하는 행정재산의 관리에 관한 사무를 위임할 수 있다.
④ 중앙관서의 장은 그 소관에 속하는 행정재산의 관리에 관한 사무의 일부를 대통령령으로 정하는 바에 따라 지방자치단체의 장이나 그 소속 공무원에게 위임할 수 있다.
⑤ 위의 규정에 따른 사무의 위임은 중앙관서의 장이 해당 기관에 설치된 직위를 지정함으로써 갈음할 수 있다.

> **관리사무의 위임(영 제20조)**
> ① 중앙관서의 장은 법 제28조 제1항 및 제2항에 따라 그 소속 공무원에게 행정재산 관리에 관한 사무를 위임하거나 분장하게 한 경우에는 그 뜻을 감사원에 통지하여야 한다.
> ② 중앙관서의 장은 법 제28조 제3항에 따라 다른 중앙관서의 장의 소속 공무원에게 행정재산의 관리에 관한 사무를 위임하려는 경우에는 위임받을 공무원 및 직위와 위임할 사무의 범위에 관하여 해당 중앙관서의 장의 의견을 들어 위임하고, 그 사실을 감사원에 통지하여야 한다.
> ③ 중앙관서의 장은 법 제28조 제4항에 따라 지방자치단체의 장 또는 그 소속 공무원에게 행정재산의 관리에 관한 사무를 위임하려는 경우에는 위임받을 공무원 및 직위와 위임할 사무의 범위에 관하여 해당 지방자치단체를 감독하는 중앙관서의 장의 의견을 들어 위임하고, 그 사실을 감사원에 통지하여야 한다.

(3) 법 제29조(관리위탁) 기출 33회

① 중앙관서의 장은 행정재산을 효율적으로 관리하기 위하여 필요하면 국가기관 외의 자에게 그 재산의 관리를 위탁(이하 "관리위탁"이라 한다)할 수 있다.
② 관리위탁을 받은 자는 미리 해당 중앙관서의 장의 승인을 받아 위탁받은 재산의 일부를 사용·수익하거나 다른 사람에게 사용·수익하게 할 수 있다.
③ 관리위탁을 받을 수 있는 자의 자격, 관리위탁 기간, 관리위탁을 받은 재산의 사용료, 관리현황에 대한 보고, 그 밖에 관리위탁에 필요한 사항은 대통령령으로 정한다.

관리위탁을 받을 자의 자격(영 제21조)

법 제29조에 따라 행정재산의 관리를 위탁(이하 "관리위탁"이라 한다)할 때에는 해당 재산의 규모, 용도 등을 고려하여 재산의 관리를 위하여 특별한 기술과 능력이 필요한 경우에는 그 기술과 능력을 갖춘 자 등 해당 재산을 관리하기에 적합한 자에게 관리위탁하여야 한다.

관리위탁 기간 등(영 제22조)

① 관리위탁의 기간은 5년 이내로 하되, 다음 각 호의 어느 하나에 해당하는 경우를 제외하고는 5년을 초과하지 아니하는 범위에서 종전의 관리위탁을 갱신할 수 있다.
  1. 관리위탁한 재산을 국가나 지방자치단체가 직접 공용이나 공공용으로 사용하기 위하여 필요한 경우
  2. 법 제29조에 따라 관리위탁을 받은 자(이하 "관리수탁자"라 한다)가 제21조에 따른 관리위탁을 받을 자격을 갖추지 못하게 된 경우
  3. 관리수탁자가 관리위탁 조건을 위반한 경우
  4. 관리위탁이 필요하지 아니하게 된 경우
② 관리수탁자가 법 제29조 제2항에 따라 위탁받은 재산의 일부를 사용·수익하거나 다른 사람에게 사용·수익하게 하려는 경우에는 관리위탁 기간 내에서 하여야 한다.

관리위탁 재산의 관리(영 제23조)

① 관리수탁자는 선량한 관리자로서의 주의의무를 다하여 공익목적에 맞게 위탁받은 재산을 관리하여야 하며, 그 재산에 손해가 발생한 경우에는 지체 없이 소관 중앙관서의 장에 보고하여야 한다.
② 관리수탁자는 위탁받은 재산의 원형이 변경되는 대규모의 수리 또는 보수를 하려면 소관 중앙관서의 장의 승인을 받아야 한다. 다만, 긴급한 경우에는 필요한 최소한의 조치를 한 후 지체 없이 그 내용을 중앙관서의 장에게 보고하여야 한다.

관리위탁 재산의 사용료 등(영 제24조)

① 법 제29조에 따라 위탁받은 재산을 사용·수익하는 자에게서 받는 사용료는 제29조 및 제67조의8의 사용료율과 산출방법에 따라 산출된 금액을 기준으로 하되, 예상수익을 고려하여 중앙관서의 장이 결정한다.
② 중앙관서의 장은 1년을 단위로 관리수탁자에게 지급할 총지출이 관리수탁자로부터 받을 총수입을 초과하는 경우에는 그 차액을 관리수탁자에게 지급하여야 하며, 총수입이 총지출을 초과하는 경우에는 그 차액을 국고에 납입하게 하여야 한다. 이 경우 지출 및 수입의 범위는 기획재정부령으로 정한다.

관리현황에 대한 보고 등(영 제25조)

① 관리수탁자는 위탁받은 재산의 연간 관리현황을 다음 연도 1월 31일까지 해당 중앙관서의 장에게 보고하여야 한다.
② 중앙관서의 장은 필요한 경우 관리위탁 재산의 관리현황을 확인·조사하거나 관리수탁자가 보고하도록 할 수 있다.

3 사용허가 등 기출 30회·35회

(1) 사용허가(법 제30조)

① 중앙관서의 장은 다음의 범위에서만 행정재산의 사용허가를 할 수 있다.
  ㉠ 공용·공공용·기업용 재산 : 그 용도나 목적에 장애가 되지 아니하는 범위
  ㉡ 보존용재산 : 보존목적의 수행에 필요한 범위
② 사용허가를 받은 자는 그 재산을 다른 사람에게 사용·수익하게 하여서는 아니 된다. 다만, 다음의 어느 하나에 해당하는 경우에는 중앙관서의 장의 승인을 받아 다른 사람에게 사용·수익하게 할 수 있다.
  ㉠ 기부를 받은 재산에 대하여 사용허가를 받은 자가 그 재산의 기부자이거나 그 상속인, 그 밖의 포괄승계인인 경우
  ㉡ 지방자치단체나 지방공기업이 행정재산에 대하여 제18조 제1항 제3호에 따른 사회기반시설로 사용·수익하기 위한 사용허가를 받은 후 이를 지방공기업 등 대통령령으로 정하는 기관으로 하여금 사용·수익하게 하는 경우
③ 중앙관서의 장은 ②항의 단서에 따른 사용·수익이 그 용도나 목적에 장애가 되거나 원상회복이 어렵다고 인정되면 승인하여서는 아니 된다.

(2) 사용허가의 방법(법 제31조)

① 행정재산을 사용허가하려는 경우에는 그 뜻을 공고하여 일반경쟁에 부쳐야 한다. 다만, 사용허가의 목적·성질·규모 등을 고려하여 필요하다고 인정되면 대통령령으로 정하는 바에 따라 참가자의 자격을 제한하거나 참가자를 지명하여 경쟁에 부치거나 수의(隨意)의 방법으로 할 수 있다.

> **사용허가의 방법(영 제27조)** 기출 31회·34회·35회
>
> ① 법 제31조 제1항에 따른 경쟁입찰은 1개 이상의 유효한 입찰이 있는 경우 최고가격으로 응찰한 자를 낙찰자로 한다.
> ② 행정재산이 다음 각 호의 어느 하나에 해당하는 경우에는 법 제31조 제1항 단서에 따라 제한경쟁이나 지명경쟁의 방법으로 사용허가를 받을 자를 결정할 수 있다.
>   1. 토지의 용도 등을 고려할 때 해당 재산에 인접한 토지의 소유자를 지명하여 경쟁에 부칠 필요가 있는 경우
>   1의2. 제3항에 따른 사용허가의 신청이 경합하는 경우
>   2. 그 밖에 재산의 위치·형태·용도 등이나 계약의 목적·성질 등으로 보아 사용허가 받는 자의 자격을 제한하거나 지명할 필요가 있는 경우
> ③ 행정재산이 다음 각 호의 어느 하나에 해당하는 경우에는 법 제31조 제1항 단서에 따라 수의의 방법으로 사용허가를 받을 자를 결정할 수 있다.
>   1. 주거용으로 사용허가를 하는 경우
>   2. 경작용으로 실경작자에게 사용허가를 하는 경우
>   3. 외교상 또는 국방상의 이유로 사용·수익 행위를 비밀리에 할 필요가 있는 경우
>   4. 천재지변이나 그 밖의 부득이한 사유가 발생하여 재해 복구나 구호의 목적으로 사용허가를 하는 경우
>   4의2. 법 제18조 제1항 제3호에 따른 사회기반시설로 사용하려는 지방자치단체나 지방공기업에 사용허가를 하는 경우

5. 법 제34조 제1항 또는 다른 법률에 따라 사용료 면제의 대상이 되는 자에게 사용허가를 하는 경우
6. 국가와 재산을 공유하는 자에게 국가의 지분에 해당하는 부분에 대하여 사용허가를 하는 경우
7. 국유재산의 관리·처분에 지장이 없는 경우로서 사용목적이나 계절적 요인 등을 고려하여 6개월 미만의 사용허가를 하는 경우
8. 두 번에 걸쳐 유효한 입찰이 성립되지 아니한 경우
9. 그 밖에 재산의 위치·형태·용도 등이나 계약의 목적·성질 등으로 보아 경쟁입찰에 부치기 곤란하다고 인정되는 경우

④ 입찰공고에는 해당 행정재산의 사용료 예정가격 등 경쟁입찰에 부치려는 사항을 구체적으로 밝혀야 하고, 사용허가 신청자에게 공고한 내용을 통지하여야 한다.
⑤ 중앙관서의 장은 행정재산에 대하여 일반경쟁입찰을 두 번 실시하여도 낙찰자가 없는 재산에 대하여는 세 번째 입찰부터 최초 사용료 예정가격의 100분의 20을 최저한도로 하여 매회 100분의 10의 금액만큼 그 예정가격을 낮추는 방법으로 조정할 수 있다.

② 경쟁에 부치는 경우에는 총괄청이 지정·고시하는 정보처리장치를 이용하여 입찰공고·개찰·낙찰선언을 한다. 이 경우 중앙관서의 장은 필요하다고 인정하면 일간신문 등에 게재하는 방법을 병행할 수 있으며, 같은 재산에 대하여 수회의 입찰에 관한 사항을 일괄하여 공고할 수 있다.
③ 행정재산의 사용허가에 관하여는 이 법에서 정한 것을 제외하고는 「국가를 당사자로 하는 계약에 관한 법률」의 규정을 준용한다.

사용허가부(영 제28조)

① 중앙관서의 장은 그 소관에 속하는 행정재산에 대하여 다음 각 호의 사항을 적은 사용허가부(使用許可簿)를 갖추어 두어야 한다.
1. 재산의 표시
2. 사용목적
3. 사용허가 받은 자의 성명 및 주소
4. 허가 조건
5. 사용허가기간
6. 사용료
7. 허가일
8. 기부받은 재산에 대하여 사용허가를 받은 자가 법 제30조 제2항 각 호의 어느 하나에 해당하여 중앙관서의 장의 승인을 받아 다른 사람에게 해당 재산을 사용·수익하게 한 경우에는 그에 관한 사항

② 제1항의 사용허가부는 전자적 처리를 할 수 없는 특별한 사유가 없으면 전자적 처리가 가능한 방법으로 작성·관리하여야 한다.

(3) 사용료(법 제32조) 기출 31회

① 행정재산을 사용허가한 때에는 대통령령으로 정하는 요율(料率)과 산출방법에 따라 매년 사용료를 징수한다. 다만, 연간 사용료가 대통령령으로 정하는 금액 이하인 경우에는 사용허가기간의 사용료를 일시에 통합 징수할 수 있다.

※ "대통령령으로 정하는 금액 이하"란 20만원 이하를 말한다(영 제30조 제4항).

사용료율과 사용료 산출방법(영 제29조)

① 법 제32조 제1항에 따른 연간 사용료는 해당 재산가액에 1천분의 50 이상의 요율을 곱한 금액으로 하되, 월 단위, 일 단위 또는 시간 단위로 계산할 수 있다. 다만, 다음 각 호의 어느 하나에 해당하는 경우에는 해당 재산의 가액에 해당 요율을 곱한 금액으로 하되, 제6호 단서의 경우에는 총괄청이 해당 요율이 적용되는 한도를 정하여 고시할 수 있다. 〈개정 2023.12.12.〉

1. 경작용(「농지법 시행령」 제2조 제3항 제2호에 해당하는 시설로 직접 사용하는 용도를 포함한다) 또는 목축용인 경우 : 1천분의 10 이상
1의2. 「수산업법」에 따른 어업, 「내수면어업법」에 따른 내수면어업 또는 「양식산업발전법」에 따른 양식업(이하 "어업 등"이라 한다)에 직접 사용하는 경우(어업 등의 영위에 필요한 다음 각 목의 시설로 직접 사용하는 경우를 포함한다) : 1천분의 10 이상
    가. 어구 등 어업 등에 사용하는 장비를 보관하기 위한 시설
    나. 수산종자 생산시설, 수산종자 배양장 등 수산자원 육성시설
    다. 어업 등으로 생산한 생산물의 건조, 간이 보관 시설 및 패류의 껍데기를 까기 위한 시설
    라. 해수 취수·배수 및 여과를 위한 시설
    마. 어업 등으로 생산한 생산물 또는 어업 등에 사용하는 장비를 선박에서 육지로 이동하기 위한 하역시설(생산물의 보관시설은 제외한다)
    바. 그 밖에 어업 등을 영위하기 위하여 필요한 시설로서 기획재정부장관이 정하여 고시하는 시설
1의3. 「임업·산림 공익기능 증진을 위한 직접지불제도 운영에 관한 법률」에 따른 임산물생산업 또는 육림업에 직접 사용하는 경우 : 1천분의 10 이상
2. 주거용인 경우 : 1천분의 20 이상(「국민기초생활보장법」 제2조 제2호에 따른 수급자가 주거용으로 사용하는 경우 : 1천분의 10 이상)
3. 행정목적의 수행에 사용하는 경우 : 1천분의 25 이상
3의2. 지방자치단체가 해당 지방자치단체의 행정목적 수행에 사용하는 경우 : 1천분의 25 이상
3의3. 지방자치단체나 지방공기업이 법 제18조 제1항 제3호에 따른 사회기반시설로 사용하는 경우 : 1천분의 25 이상
4. 공무원의 후생목적으로 사용하는 경우 : 1천분의 40 이상
5. 「사회복지사업법」 제2조 제1호에 따른 사회복지사업에 직접 사용하는 경우 및 「부동산 실권리자명의 등기에 관한 법률 시행령」 제5조 제1항 제1호·제2호에 따른 종교단체가 그 고유목적사업에 직접 사용하는 경우 : 1천분의 25 이상
6. 「소상공인기본법」 제2조에 따른 소상공인(이하 "소상공인"이라 한다)이 경영하는 업종(「중소기업창업지원법」 제5조 제1항 단서에 해당하는 업종은 제외한다)에 직접 사용하는 경우 : 1천분의 30 이상. 다만, 천재지변이나 「재난 및 안전관리기본법」 제3조 제1호의 재난, 경기침체, 대량실업 등으로 인한 경영상의 부담을 완화하기 위해 총괄청이 기간을 정하여 고시하는 경우에는 1천분의 10 이상의 요율을 적용한다.
6의2. 「중소기업기본법」 제2조에 따른 중소기업(소상공인은 제외하며, 이하 "중소기업"이라 한다)이 경영하는 업종(「중소기업창업지원법」 제5조 제1항 단서에 해당하는 업종은 제외한다)에 직접 사용하는 경우로서 천재지변이나 「재난 및 안전관리기본법」 제3조 제1호의 재난, 경기침체, 대량실업 등으로 인한 경영상의 부담을 완화하기 위해 총괄청이 기간을 정하여 고시하는 경우 : 1천분의 30 이상

7. 다음 각 목의 어느 하나에 해당하는 기업 또는 조합이 해당 법령에 따른 사업 목적 달성을 위해 직접 사용하는 경우 : 1천분의 25 이상
   가. 사회적 기업
   나. 협동조합 및 사회적 협동조합
   다. 자활기업
   라. 마을기업

② 제1항에 따라 사용료를 계산할 때 해당 재산가액은 다음 각 호의 방법으로 산출한다. 이 경우 제1호, 제2호 및 제3호 본문에 따른 재산가액은 허가기간 동안 연도마다 결정하고, 제3호 단서에 따른 재산가액은 감정평가일부터 3년 이내에만 적용할 수 있다. 〈개정 2022.1.21.〉
  1. 토지 : 사용료 산출을 위한 재산가액 결정 당시의 개별공시지가(「부동산 가격공시에 관한 법률」 제10조에 따른 해당 토지의 개별공시지가로 하며, 해당 토지의 개별공시지가가 없으면 같은 법 제8조에 따른 공시지가를 기준으로 하여 산출한 금액을 말한다)를 적용한다.
  2. 주택 : 사용료 산출을 위한 재산가액 결정 당시의 주택가격으로서 다음 각 목의 구분에 따른 가격으로 한다.
    가. 단독주택 : 「부동산 가격공시에 관한 법률」 제17조에 따라 공시된 해당 주택의 개별주택가격
    나. 공동주택 : 「부동산 가격공시에 관한 법률」 제18조에 따라 공시된 해당 주택의 공동주택가격
    다. 개별주택가격 또는 공동주택가격이 공시되지 아니한 주택 : 「지방세법」 제4조 제1항 단서에 따른 시가표준액
  3. 그 외의 재산 : 「지방세법」 제4조 제2항에 따른 시가표준액으로 한다. 다만, 해당 시가표준액이 없는 경우에는 하나의 감정평가법인 등의 평가액을 적용한다.

③ 경작용으로 사용허가 하는 경우의 사용료는 제1항 제1호에 따라 산출한 사용료와 「통계법」 제3조 제3호의 통계작성기관이 조사·발표하는 농가경제조사통계에 따른 해당 시·도 농가별 단위면적당 농작물수입(서울특별시·인천광역시는 경기도, 대전광역시·세종특별자치시는 충청남도, 광주광역시는 전라남도, 대구광역시는 경상북도, 부산광역시·울산광역시는 경상남도의 통계를 각각 적용한다)의 10분의 1에 해당하는 금액 중 적은 금액으로 할 수 있다. 〈개정 2023.12.12.〉

④ 국유재산인 토지의 공중 또는 지하 부분을 사용허가하는 경우의 사용료는 제1항에 따라 산출된 사용료에 그 공간을 사용함으로 인하여 토지의 이용이 저해되는 정도에 따른 적정한 비율을 곱하여 산정한 금액으로 한다.

⑤ 제1항에 따른 사용료는 공개하여야 하며, 그 공개한 사용료 미만으로 응찰한 입찰서는 무효로 한다.

⑥ 경쟁입찰로 사용허가를 하는 경우 첫해의 사용료는 최고입찰가로 결정하고, 2차 연도 이후 기간(사용허가를 갱신하지 아니한 사용허가기간 중으로 한정한다)의 사용료는 다음의 계산식에 따라 산출한다. 다만, 제1항 제6호 단서 및 같은 항 제6호의2에 따라 총괄청이 기간을 정하여 고시하는 경우 해당 기간의 사용료는 같은 항 제6호 단서 및 같은 항 제6호의2에 따라 각각 산출한 사용료로 한다.

$$\boxed{\text{입찰로 결정된 첫해의 사용료}} \times \boxed{\text{제2항에 따라 산출한 해당 연도의 재산가액}} \div \boxed{\text{입찰 당시의 재산가액}}$$

⑦ 보존용재산을 사용허가하는 경우에 재산의 유지·보존을 위하여 관리비가 특히 필요할 때에는 사용료에서 그 관리비 상당액을 뺀 나머지 금액을 징수할 수 있다.

⑧ 제7항의 경우에 해당 보존용재산이 훼손되었을 때에는 공제된 관리비 상당액을 추징한다.

⑨ 제7항의 관리비의 범위는 기획재정부령으로 정한다.

② 사용료는 대통령령으로 정하는 바에 따라 나누어 내게 할 수 있다. 이 경우 연간 사용료가 대통령령으로 정하는 금액 이상인 경우에는 사용허가(허가를 갱신하는 경우를 포함한다)할 때에 그 허가를 받는 자에게 대통령령으로 정하는 금액의 범위에서 보증금을 예치하게 하거나 이행보증조치를 하도록 하여야 한다.

※ "대통령령으로 정하는 금액 이상"이란 1천만원 이상을 말하고, "대통령령으로 정하는 금액의 범위"란 연간 사용료의 100분의 50에 해당하는 금액의 범위를 말한다(영 제30조 제6항).

사용료의 납부시기 등(영 제30조 제1항~제3항, 제5항)

① 법 제32조 제1항 및 제65조의9 제1항에 따른 사용료는 선납하여야 한다.
② 제1항에 따른 사용료의 납부기한은 사용허가를 한 날부터 60일 이내로 하되, 사용·수익을 시작하기 전으로 한다. 다만, 중앙관서의 장은 부득이한 사유로 납부기한까지 사용료를 납부하기 곤란하다고 인정될 때에는 납부기한을 따로 정할 수 있다.
③ 제1항 및 제2항에도 불구하고 천재지변이나 「재난 및 안전관리기본법」 제3조 제1호의 재난, 경기침체, 대량실업 등으로 인한 경영상의 부담을 완화하기 위해 총괄청이 대상과 기간을 정하여 고시하는 경우에는 해당 기간에 납부기한이 도래하거나 납부고지된 법 제32조 제1항에 따른 사용료를 고시로 정하는 바에 따라 1년의 범위에서 미루어 내게 할 수 있다. 〈신설 2020.7.31.〉
⑤ 법 제32조 제2항 전단에 따라 사용료를 나누어 내게 하려는 경우에는 사용료가 50만원을 초과하는 경우에만 연 12회 이내에서 나누어 내게 할 수 있다. 이 경우 남은 금액에 대해서는 시중은행의 1년 만기 정기예금의 평균 수신금리를 고려하여 총괄청이 고시하는 이자율(이하 "고시이자율"이라 한다)을 적용하여 산출한 이자를 붙여야 한다. 〈개정 2022.12.30.〉

③ 중앙관서의 장이 사용허가에 관한 업무를 지방자치단체의 장에게 위임한 경우에는 제42조 제6항을 준용한다.
④ ①항의 단서에 따라 사용료를 일시에 통합 징수하는 경우에 사용허가기간 중의 사용료가 증가 또는 감소되더라도 사용료를 추가로 징수하거나 반환하지 아니한다.

(4) 사용료의 조정(법 제33조)

① 중앙관서의 장은 동일인(상속인이나 그 밖의 포괄승계인은 피승계인과 동일인으로 본다)이 같은 행정재산을 사용허가기간 내에서 1년을 초과하여 계속 사용·수익하는 경우로서 대통령령으로 정하는 경우에는 사용료를 조정할 수 있다.

대통령령으로 정하는 경우(영 제31조)

해당 연도의 사용료가 전년도 사용료(제29조 제1항 제6호 단서 및 같은 항 제6호의2에 따라 연간 사용료가 변경된 경우에는 변경전 연간 사용료를 말한다)보다 다음 각 호의 구분과 같이 증가한 경우를 말하며, 이 경우 조정되는 해당 연도 사용료의 산출방법은 다음 각 호의 구분과 같다. 〈개정 2023.12.12.〉
1. 제29조 제1항 제1호, 제1호의2, 제1호의3 및 제2호의 사용료가 5퍼센트 이상 증가한 경우(사용허가를 갱신하는 경우를 포함한다) : 전년도 사용료보다 5퍼센트 증가된 금액
2. 제1호 외의 경우 : 다음 각 목의 구분에 따른 경우
 가. 「상가건물 임대차보호법」 제2조 제1항에 따른 상가건물로서 사용료가 5퍼센트 이상 증가한 경우(사용허가를 갱신하는 경우를 포함하되, 사용허가를 2회 이상 갱신하는 경우에는 2회차 이상에 해당하는 갱신기간의 각 최초 연도의 경우는 제외한다) : 전년도 사용료보다 5퍼센트 증가된 금액
 나. 가목 외의 사용료가 9퍼센트 이상 증가한 경우(사용허가를 갱신하는 최초 연도의 경우는 제외한다) : 전년도 사용료보다 9퍼센트 증가된 금액

② ①항에 따라 조정되는 해당 연도 사용료의 산출방법은 대통령령으로 정한다.
③ 다른 법률에 따른 사용료나 점용료의 납부 대상인 행정재산이 이 법에 따른 사용료 납부 대상으로 된 경우 그 사용료의 산출에 관하여는 ①항 및 ②항을 준용한다.

(5) 사용료의 감면(법 제34조) 기출 33회·36회

① 중앙관서의 장은 다음의 어느 하나에 해당하면 대통령령으로 정하는 바에 따라 그 사용료를 면제할 수 있다.
  ㉠ 행정재산으로 할 목적으로 기부를 받은 재산에 대하여 기부자나 그 상속인, 그 밖의 포괄승계인에게 사용허가하는 경우
  ㉡ 건물 등을 신축하여 기부채납을 하려는 자가 신축기간에 그 부지를 사용하는 경우
  ㉢ 행정재산을 직접 공용·공공용 또는 비영리 공익사업용으로 사용하려는 지방자치단체에 사용허가하는 경우
  ㉣ 행정재산을 직접 비영리 공익사업용으로 사용하려는 대통령령으로 정하는 공공단체에 사용허가하는 경우

> **대통령령으로 정하는 공공단체(영 제33조)**
> 다음 각 호의 어느 하나에 해당하는 법인을 말한다.
>   1. 법령에 따라 정부가 자본금의 전액을 출자하는 법인
>   2. 법령에 따라 정부가 기본재산의 전액을 출연하는 법인

② 사용허가를 받은 행정재산을 천재지변이나 「재난 및 안전관리기본법」 제3조 제1호의 재난으로 사용하지 못하게 되면 그 사용하지 못한 기간에 대한 사용료를 면제할 수 있다.
③ 중앙관서의 장은 행정재산의 형태·규모·내용연수 등을 고려하여 활용성이 낮거나 보수가 필요한 재산 등 대통령령으로 정하는 행정재산을 사용허가하는 경우에는 대통령령으로 정하는 바에 따라 사용료를 감면할 수 있다.

> **사용료의 감면(영 제32조)**
> ① 법 제34조 제1항 제1호에 따라 사용료를 면제할 때에는 사용료 총액이 기부받은 재산의 가액이 될 때까지 면제할 수 있되, 그 기간은 20년을 넘을 수 없다.
> ② 제1항에도 불구하고 법 제5조 제1항 제6호의 재산(이하 "지식재산"이라 한다)의 사용료 면제기간은 20년으로 한다.
> ③ 건물이나 그 밖의 시설물을 기부받은 경우에는 제1항의 사용료 총액에 그 건물이나 시설물의 부지사용료를 합산한다.
> ④ 제1항의 기부받은 재산의 가액 및 그 사용료 계산의 기준이 되는 재산의 가액과 제3항에 따라 사용료 총액에 합산할 부지사용료 계산의 기준이 되는 부지의 가액은 제29조 제2항을 준용하여 산출하되, 최초의 사용허가 당시를 기준으로 하여 결정한다.
> ⑤ 지방자치단체는 법 제34조 제1항 제2호에 따라 사용료를 면제받으려면 그 재산의 취득 계획을 중앙관서의 장에게 제출하여야 한다.
> ⑥ 제5항에 따라 취득 계획을 제출받은 중앙관서의 장이 사용료를 면제하려는 경우 그 사용허가 기간은 1년을 초과해서는 아니 된다.

⑦ 법 제34조 제3항에서 "활용성이 낮거나 보수가 필요한 재산 등 대통령령으로 정하는 행정재산"이란 다음 각 호의 행정재산을 말하며, 같은 항에 따라 사용료를 감면하는 기준은 다음 각 호의 구분과 같다.
  1. 통행이 어렵거나 경사지거나 부정형(不定形) 등의 사유로 활용이 곤란한 토지로서 면적이 100제곱미터(m²) 이하이고 재산가액이 1천만원 이하인 경우 : 사용료의 100분의 30을 감면
  2. 면적이 30제곱미터 이하인 토지로서 재산가액이 100만원 이하인 경우 : 사용료의 100분의 30을 감면
  3. 다음 각 목의 어느 하나에 해당하는 건물로서 사용허가를 받은 자가 시설보수비용을 지출하는 경우 : 지출하는 보수비용에 상당하는 금액을 사용료에서 감면(최초 1회로 한정한다)
     가. 준공 후 20년이 지난 건물로서 원활한 사용을 위하여 보수가 필요한 경우
     나. 「시설물의 안전 및 유지관리에 관한 특별법 시행령」 제12조에 따른 시설물의 안전등급 기준이 같은 영 [별표 8]에 따른 C등급 이하인 건물로서 안전관리를 위하여 보수가 필요한 경우
     다. 천재지변이나 그 밖의 재해 등으로 인하여 파손된 건물로서 별도의 보수가 필요한 경우

(6) 사용허가기간(법 제35조) 기출 34회·36회

① 행정재산의 사용허가기간은 5년 이내로 한다. 다만, 제34조 제1항 제1호의 경우(행정재산으로 할 목적으로 기부를 받은 재산에 대하여 기부자나 그 상속인, 그 밖의 포괄승계인에게 사용허가하는 경우)에는 사용료의 총액이 기부를 받은 재산의 가액에 이르는 기간 이내로 한다.
② 허가기간이 끝난 재산에 대하여 대통령령으로 정하는 경우를 제외하고는 5년을 초과하지 아니하는 범위에서 종전의 사용허가를 갱신할 수 있다. 다만, 수의의 방법으로 사용허가를 할 수 있는 경우가 아니면 1회만 갱신할 수 있다.
③ 갱신받으려는 자는 허가기간이 끝나기 1개월 전에 중앙관서의 장에게 신청하여야 한다.

사용허가의 갱신 등(영 제34조)

① 법 제35조 제2항 본문에서 "대통령령으로 정하는 경우"란 다음 각 호의 어느 하나에 해당하는 경우를 말한다.
  1. 법 제30조 제1항의 사용허가 범위에 포함되지 아니한 경우
  2. 법 제36조 제1항 각 호의 어느 하나에 해당하는 경우
  3. 사용허가한 재산을 국가나 지방자치단체가 직접 공용이나 공공용으로 사용하기 위하여 필요한 경우
  4. 사용허가 조건을 위반한 경우
  5. 중앙관서의 장이 사용허가 외의 방법으로 해당 재산을 관리·처분할 필요가 있다고 인정되는 경우
② 법 제35조 제2항에 따라 사용허가를 갱신하는 경우 갱신된 사용허가 기간의 연간 사용료는 다음 각 호의 금액 중 큰 금액으로 한다. 다만, 제29조 제1항 제6호 단서 및 같은 항 제6호의2에 따라 총괄청이 기간을 정하여 고시하는 경우 해당 기간의 사용료는 같은 항 제6호 단서 및 같은 항 제6호의2에 따라 각각 산출한 사용료로 한다.
  1. 제29조에 따라 산출한 사용료
  2. 다음 계산식에 따라 산출한 사용료

$$\text{갱신하기 직전 연도의 연간 사용료} \text{ (제29조 제1항 제6호 단서 및 같은 항 제6호의2에 따라 연간 사용료가 변경된 경우에는 변경전 연간 사용료를 말한다)} \times \frac{\text{제29조 제2항에 따라 산출한 해당 연도의 재산가액}}{\text{해당 연도의 재산가액}}$$

(7) 사용허가의 취소와 철회(법 제36조) 기출 32회·35회

① 중앙관서의 장은 행정재산의 사용허가를 받은 자가 다음의 어느 하나에 해당하면 그 허가를 취소하거나 철회할 수 있다.
  ㉠ 거짓 진술을 하거나 부실한 증명서류를 제시하거나 그 밖에 부정한 방법으로 사용허가를 받은 경우
  ㉡ 사용허가 받은 재산을 제30조 제2항을 위반하여 다른 사람에게 사용·수익하게 한 경우
  ㉢ 해당 재산의 보존을 게을리 하였거나 그 사용목적을 위배한 경우
  ㉣ 납부기한까지 사용료를 납부하지 아니하거나 제32조 제2항 후단에 따른 보증금 예치나 이행보증조치를 하지 아니한 경우
  ㉤ 중앙관서의 장의 승인 없이 사용허가를 받은 재산의 원래 상태를 변경한 경우
② 중앙관서의 장은 사용허가한 행정재산을 국가나 지방자치단체가 직접 공용이나 공공용으로 사용하기 위하여 필요하게 된 경우에는 그 허가를 철회할 수 있다.
③ ②항의 경우에 그 철회로 인하여 해당 사용허가를 받은 자에게 손실이 발생하면 그 재산을 사용할 기관은 대통령령으로 정하는 바에 따라 보상한다.

> **사용허가 철회로 인한 손실보상(영 제35조)**
>
> 법 제36조 제3항에 따른 보상액은 다음 각 호와 같다.
> 1. 사용허가 철회 당시를 기준으로 아직 남은 허가기간에 해당하는 시설비 또는 시설의 이전(수목의 옮겨심기를 포함한다. 이하 이 조에서 같다)에 필요한 경비
> 2. 사용허가 철회에 따라 시설을 이전하거나 새로운 시설을 설치하게 되는 경우 그 기간 동안 영업을 할 수 없게 됨으로써 발생하는 손실에 대한 평가액

④ 중앙관서의 장은 ①항이나 ②항에 따라 사용허가를 취소하거나 철회한 경우에 그 재산이 기부를 받은 재산으로서 제30조 제2항 단서에 따라 사용·수익하고 있는 자가 있으면 그 사용·수익자에게 취소 또는 철회 사실을 알려야 한다.

4 법 제37조(청문) 기출 31회·32회

중앙관서의 장은 행정재산의 사용허가를 취소하거나 철회하려는 경우에는 청문을 하여야 한다.

5 법 제38조(원상회복) 기출 35회

사용허가를 받은 자는 허가기간이 끝나거나 사용허가가 취소 또는 철회된 경우에는 그 재산을 원래 상태대로 반환하여야 한다. 다만, 중앙관서의 장이 미리 상태의 변경을 승인한 경우에는 변경된 상태로 반환할 수 있다.

6 법 제39조(관리 소홀에 대한 제재)

행정재산의 사용허가를 받은 자가 그 행정재산의 관리를 소홀히 하여 재산상의 손해를 발생하게 한 경우에는 사용료 외에 대통령령으로 정하는 바에 따라 그 사용료를 넘지 아니하는 범위에서 가산금을 징수할 수 있다.

> **가산금(영 제36조)**
> ① 법 제39조에 따른 가산금은 사용허가할 때에 정하여야 한다.
> ② 제1항의 가산금은 해당 중앙관서의 장 또는 법 제28조에 따라 위임을 받은 자가 징수한다.
> ③ 제1항의 가산금을 징수할 때에는 그 금액, 납부기한, 납부장소와 가산금의 산출 근거를 명시하여 문서로 고지하여야 한다.
> ④ 제3항의 납부기한은 고지한 날부터 60일 이내로 한다.

7 법 제40조(용도폐지) 기출 31회

① 중앙관서의 장은 행정재산이 다음의 어느 하나에 해당하는 경우에는 지체 없이 그 용도를 폐지하여야 한다.
  ㉠ 행정목적으로 사용되지 아니하게 된 경우
  ㉡ 행정재산으로 사용하기로 결정한 날부터 5년이 지난날까지 행정재산으로 사용되지 아니한 경우
  ㉢ 제57조에 따라 개발하기 위하여 필요한 경우
② 중앙관서의 장은 용도폐지를 한 때에는 그 재산을 지체 없이 총괄청에 인계하여야 한다. 다만, 다음의 어느 하나에 해당하는 재산은 그러하지 아니하다.
  ㉠ 관리전환, 교환 또는 양여의 목적으로 용도를 폐지한 재산
  ㉡ 제5조 제1항 제2호의 재산[선박, 부표(浮標), 부잔교(浮棧橋), 부선거(浮船渠) 및 항공기와 그들의 종물]
  ㉢ 공항·항만 또는 산업단지에 있는 재산으로서 그 시설운영에 필요한 재산
  ㉣ 총괄청이 그 중앙관서의 장에게 관리·처분하도록 하거나 다른 중앙관서의 장에게 인계하도록 지정한 재산

> **용도폐지(영 제37조 제2항)**
> 중앙관서의 장은 법 제40조 제1항에 따라 용도폐지한 행정재산으로서 철거 또는 폐기할 필요가 있는 건물, 시설물, 기계 및 기구가 있으면 이를 지체 없이 철거 또는 폐기하고 총괄청에 인계하여야 한다.

8 법 제40조의2(우선사용예약)

① 중앙관서의 장은 행정재산이 용도폐지된 경우 장래의 행정수요에 대비하기 위하여 해당 재산에 대하여 사용승인을 우선적으로 해 줄 것(이하 "우선사용예약"이라 한다)을 용도폐지된 날부터 1개월 이내에 대통령령으로 정하는 바에 따라 총괄청에 신청할 수 있다.

> **우선사용예약 신청(영 제37조의2)**
> 중앙관서의 장은 법 제40조의2 제1항에 따라 우선사용예약을 신청하려는 경우에는 다음 각 호의 내용을 적은 신청서에 사업계획서를 첨부하여 총괄청에 제출해야 한다.
> 1. 재산의 표시
> 2. 사용 목적
> 3. 사용 계획
> 4. 그 밖에 총괄청이 필요하다고 인정하는 사항

② 총괄청은 신청을 받은 경우 중앙관서의 장이 제출한 사업계획 및 다른 기관의 행정수요 등을 고려하여 우선사용예약을 승인할 수 있다.

③ 중앙관서의 장이 우선사용예약을 승인받은 날부터 3년 이내에 총괄청으로부터 사용승인을 받지 아니한 경우에는 그 우선사용예약은 효력을 잃는다.

제4장 일반재산

> **Point 출제포인트**
> ▷ 일반재산의 처분
> ▷ 처분재산의 가격결정
> ▷ 상장증권의 예정가격
> ▷ 일반재산의 대부
> ▷ 매각재산의 소유권 이전
> ▷ 일반재산의 교환
> ▷ 민간참여 개발

제1절 통칙

1 법 제41조(처분 등)

① 일반재산은 대부 또는 처분할 수 있다.
② 중앙관서의 장 등은 국가의 활용계획이 없는 건물이나 그 밖의 시설물이 다음의 어느 하나에 해당하는 경우에는 철거할 수 있다.
  ㉠ 구조상 공중의 안전에 미치는 위험이 중대한 경우
  ㉡ 재산가액에 비하여 유지·보수비용이 과다한 경우
  ㉢ 위치, 형태, 용도, 노후화 등의 사유로 철거가 불가피하다고 중앙관서의 장 등이 인정하는 경우

2 법 제42조(관리·처분 사무의 위임·위탁) 기출 31회

① 총괄청은 대통령령으로 정하는 바에 따라 소관 일반재산의 관리·처분에 관한 사무의 일부를 총괄청 소속 공무원, 중앙관서의 장 또는 그 소속 공무원, 지방자치단체의 장 또는 그 소속 공무원에게 위임하거나 정부출자기업체, 금융기관, 투자매매업자·투자중개업자 또는 특별법에 따라 설립된 법인으로서 대통령령으로 정하는 자에게 위탁할 수 있다.

> **관리·처분기관(영 제38조)**
> ① 총괄청은 증권의 처분을 중앙관서의 장이나 다음 각 호의 어느 하나에 해당하는 자에게 위탁할 수 있다.
>   1. 해당 증권을 발행한 법인
>   2. 「은행법」 제2조 제1항 제2호에 따른 은행(같은 법 제5조에 따라 은행으로 보는 것을 포함한다)

3. 「자본시장과 금융투자업에 관한 법률」에 따른 투자매매업자, 투자중개업자 및 집합투자업자
  4. 「예금자보호법」에 따른 예금보험공사
  5. 「중소기업은행법」에 따른 중소기업은행
  6. 「한국산업은행법」에 따른 한국산업은행
  7. 「한국수출입은행법」에 따른 한국수출입은행
  8. 「한국은행법」에 따른 한국은행
② 삭제 〈2013.4.5.〉
③ 총괄청은 법 제42조 제1항에 따라 다음 각 호의 일반재산의 관리·처분에 관한 사무(관리·처분과 관련된 소송업무를 포함한다) 및 이미 처분된 총괄청 소관 일반재산의 처분과 관련된 소송업무(제5항 제2호에 따른 소송업무는 제외한다)를 한국자산관리공사에 위탁한다. 〈개정 2022.12.30.〉
  1. 국세물납에 따라 취득한 일반재산
  2. 법 제40조 제2항 본문에 따라 용도폐지되어 총괄청에 인계된 재산
  3. 삭제 〈2016.5.10.〉
  4. 법 제59조의2 제2항 전단에 따른 출자로 인하여 취득한 증권
  5. 제47조에 따라 대여의 방법으로 운용하기 위하여 총괄청이 지정하는 증권
  6. 제79조에 따른 청산법인의 청산이 종결됨에 따라 국가에 현물증여되는 재산
  7. 그 밖에 일반재산의 효율적 관리·처분을 위하여 총괄청이 지정하는 재산
④ 총괄청은 법 제42조 제2항에 따라 위탁받은 법 제8조 제3항의 일반재산의 관리·처분에 관한 사무를 한국자산관리공사에 위탁한다.
⑤ 총괄청 또는 중앙관서의 장은 법 제42조 제1항 또는 제3항에 따라 다음 각 호의 사무를 한국자산관리공사 또는 「한국토지주택공사법」에 따른 한국토지주택공사에 위탁한다.
  1. 법 제59조에 따라 개발하려는 일반재산의 관리·처분에 관한 사무
  2. 제1호에 따른 일반재산으로서 이미 처분된 총괄청 또는 중앙관서의 장 소관 일반재산의 처분과 관련된 소송업무
⑥ 제1항, 제3항부터 제5항까지의 규정에 따라 위탁을 받은 경우에는 위탁의 근거 규정을 표시하고, 위탁받은 자의 명의로 관리·처분한다.
⑦ 제3항부터 제5항까지의 규정에 따라 일반재산의 관리·처분에 관한 사무를 위탁하는 경우에 위탁료 등 세부적인 내용과 절차는 기획재정부령으로 정한다.

② 총괄청은 제8조 제3항의 일반재산의 관리·처분에 관한 사무의 일부를 위탁받을 수 있으며, 필요한 경우 위탁하는 중앙관서의 장과 협의를 거쳐 특별법에 따라 설립된 법인으로서 대통령령으로 정하는 자에게 위탁받은 사무를 재위탁할 수 있다.
③ 중앙관서의 장이 소관 특별회계나 기금에 속하는 일반재산을 제59조에 따라 개발하려는 경우에는 ①항을 준용하여 위탁할 수 있다.
④ 중앙관서의 장과 위임받은 기관이 일반재산을 관리·처분하는 경우에는 제28조 및 제29조를 준용한다.
⑤ 일반재산의 관리·처분에 관한 사무를 위임이나 위탁한 총괄청이나 중앙관서의 장은 위임이나 위탁을 받은 자가 해당 사무를 부적절하게 집행하고 있다고 인정되거나 일반재산의 집중적 관리 등을 위하여 필요한 경우에는 그 위임이나 위탁을 철회할 수 있다.
⑥ 위임이나 위탁을 받아 관리·처분한 일반재산 중 대통령령으로 정하는 재산의 대부료, 매각대금, 개발수입 또는 변상금은 「국가재정법」 제17조와 「국고금관리법」 제7조에도 불구하고 대통령령으로 정하는 바에 따라 위임이나 위탁을 받은 자에게 귀속시킬 수 있다.

> **대부료 등의 귀속(영 제39조 제1항, 제3항)**
>
> ① 법 제42조 제6항에서 "대통령령으로 정하는 재산"이란 다음 각 호의 어느 하나에 해당하는 재산을 말한다.
>   1. 부동산과 그 종물
>   2. 증권
> ③ 제1항 제2호의 경우에 제38조 제1항 각 호의 자에게 귀속시킬 수 있는 매각대금의 범위는 매각 과정에서 발생한 필요경비로 한다. 이 경우 총괄청은 위탁받은 자와 협의하여 필요경비의 100분의 10의 범위에서 대행수수료를 추가로 귀속시킬 수 있다.

3 법 제43조(계약의 방법)

① 일반재산을 처분하는 계약을 체결할 경우에는 그 뜻을 공고하여 일반경쟁에 부쳐야 한다. 다만, 계약의 목적·성질·규모 등을 고려하여 필요하다고 인정되면 대통령령으로 정하는 바에 따라 참가자의 자격을 제한하거나 참가자를 지명하여 경쟁에 부치거나 수의계약으로 할 수 있으며, 증권인 경우에는 대통령령으로 정하는 방법에 따를 수 있다.

> **증권의 매각방법(영 제41조)**
>
> 법 제43조 제1항 단서에서 "대통령령으로 정하는 방법"이란 다음 각 호의 방법을 말한다.
>   1. 「자본시장과 금융투자업에 관한 법률」 제9조 제9항에 따른 매출의 방법
>   2. 「자본시장과 금융투자업에 관한 법률」 제9조 제13항에 따른 증권시장(이하 "증권시장"이라 한다)에서 거래되는 증권을 그 증권시장에서 매각하는 방법
>   3. 「자본시장과 금융투자업에 관한 법률」 제133조에 따른 공개매수에 응모하는 방법
>   4. 「상법」에 따른 주식매수청구권을 행사하는 방법
>   5. 그 밖에 다른 법령에 따른 증권의 매각방법

② 경쟁에 부치는 경우 공고와 절차에 관하여는 제31조 제2항을 준용한다.

> **처분의 방법(영 제40조)**
>
> ① 법 제43조 제1항에 따른 경쟁입찰은 1개 이상의 유효한 입찰이 있는 경우 최고가격으로 응찰한 자를 낙찰자로 한다.
> ② 일반재산이 다음 각 호의 어느 하나에 해당하는 경우에는 법 제43조 제1항 단서에 따라 제한경쟁이나 지명경쟁의 방법으로 처분할 수 있다.
>   1. 토지의 용도 등을 고려할 때 해당 재산에 인접한 토지의 소유자를 지명하여 경쟁에 부칠 필요가 있는 경우
>   2. 농경지의 경우에 특별자치시장·특별자치도지사·시장·군수 또는 구청장(자치구의 구청장을 말한다)이 인정하는 실경작자를 지명하거나 이들을 입찰에 참가할 수 있는 자로 제한하여 경쟁에 부칠 필요가 있는 경우
>   3. 법 제49조에 따라 용도를 지정하여 매각하는 경우
>   4. 제3항에 따른 수의계약 신청이 경합하는 경우
> ③ 일반재산이 다음 각 호의 어느 하나에 해당하는 경우에는 법 제43조 제1항 단서에 따라 수의계약으로 처분할 수 있다. 이 경우 처분가격은 예정가격 이상으로 한다. 〈개정 2024.6.25.〉
>   1. 외교상 또는 국방상의 이유로 비밀리에 처분할 필요가 있는 경우
>   2. 천재지변이나 그 밖의 부득이한 사유가 발생하여 재해 복구나 구호의 목적으로 재산을 처분하는 경우
>   3. 해당 재산을 양여받거나 무상으로 대부받을 수 있는 자에게 그 재산을 매각하는 경우

4. 지방자치단체가 직접 공용 또는 공공용으로 사용하는 데에 필요한 재산을 해당 지방자치단체에 처분하는 경우
5. 공공기관이 직접 사무용 또는 사업용으로 사용하는 데에 필요한 재산을 해당 공공기관에 처분하는 경우
6. 삭제 〈2023.12.12.〉
7. 법 제45조 제1항에 따라 개척·매립·간척 또는 조림 사업의 완성을 조건으로 매각을 예약하고, 같은 조 제3항에 따른 기한까지 그 사업이 완성되어 그 완성된 부분을 예약 상대방에게 매각하는 경우
8. 법 제59조의2 제2항 전단에 따른 국유지개발목적회사(이하 "국유지개발목적회사"라 한다)에 개발 대상 국유재산을 매각하는 경우
9. 법 제78조에 따라 은닉된 국유재산을 국가에 반환한 자에게 매각하는 경우
10. 법률 제3482호 국유재산법 중 개정법률 부칙 제3조에 해당하는 재산을 당초에 국가로부터 매수한 자(매수자의 상속인 또는 승계인을 포함한다)에게 매각하는 경우
11. 국가가 각종 사업의 시행과 관련하여 이주대책의 목적으로 조성하였거나 조성할 예정인 이주단지의 국유지를 그 이주민에게 매각하는 경우
12. 다른 국가가 대사관·영사관, 그 밖에 이에 준하는 외교목적의 시설로 사용하기 위하여 필요로 하는 국유재산을 해당 국가에 매각하는 경우
13. 국가와 국가 외의 자가 공유하고 있는 국유재산을 해당 공유지분권자에게 매각하는 경우
14. 국유재산으로서 이용가치가 없으며, 국가 외의 자가 소유한 건물로 점유·사용되고 있는 다음 각 목의 어느 하나에 해당하는 국유지를 그 건물 바닥면적의 두 배 이내의 범위에서 그 건물의 소유자에게 매각하는 경우
    가. 2012년 12월 31일 이전부터 국가 외의 자 소유의 건물로 점유된 국유지
    나. 토지 소유자와 건물 소유자가 동일하였으나 판결 등에 따라 토지 소유권이 국가로 이전된 국유지
15. 2012년 12월 31일 이전부터 종교단체가 직접 그 종교 용도로 점유·사용하고 있는 재산을 그 점유·사용자에게 매각하는 경우
16. 사유지에 설치된 국가 소유의 건물이나 공작물로서 그 건물이나 공작물의 위치, 규모, 형태 및 용도 등을 고려하여 해당 재산을 그 사유지의 소유자에게 매각하는 경우
17. 국유지의 위치, 규모, 형태 및 용도 등을 고려할 때 국유지만으로는 이용가치가 없는 경우로서 그 국유지와 서로 맞닿은 사유토지의 소유자에게 그 국유지를 매각하는 경우
18. 법률에 따라 수행하는 사업 등을 지원하기 위한 다음 각 목의 어느 하나에 해당하는 경우
    가. 삭제 〈2023.12.12.〉
    나. 삭제 〈2023.12.12.〉
    다. 삭제 〈2023.12.12.〉
    라. 「관광진흥법」 제55조에 따른 조성사업의 시행에 필요한 재산을 그 사업시행자에게 매각하는 경우
    마. 삭제 〈2023.12.12.〉
    바. 삭제 〈2023.12.12.〉
    사. 삭제 〈2023.12.12.〉
    아. 「농지법」에 따른 농지로서 국유지를 대부(사용허가를 포함한다) 받아 직접 5년 이상 계속하여 경작하고 있는 자에게 매각하는 경우
    자. 「사도법」 제4조에 따라 개설되는 사도에 편입되는 국유지를 그 사도를 개설하는 자에게 매각하는 경우
    차. 「산업입지 및 개발에 관한 법률」 제2조에 따른 산업단지 또는 그 배후주거지역에 위치한 국유지를 「영유아보육법」 제14조에 따라 직장어린이집을 설치하려는 자로서 교육부장관의 추천을 받은 자에게 1천400제곱미터 범위에서 매각하는 경우
    카. 「산업집적활성화 및 공장설립에 관한 법률」 제13조에 따른 설립승인 대상이 되는 규모의 공장입지에 위치하는 국유지를 공장설립 등의 승인을 받은 자에게 매각하는 경우[국유지의 면적이 공장부지 전체 면적의 50퍼센트 미만(「중소기업창업지원법」 제45조에 따른 공장 설립계획의 승인을 받은 자에 대해서는 국유지 편입비율의 제한을 하지 아니한다)인 경우로 한정한다]

타. 「주택법」 제15조, 제19조 및 제30조에 따라 매각 대상이 되는 국유지를 그 사업주체에게 매각하는 경우[매각대상 국유지의 면적이 주택건립부지 전체 면적의 50퍼센트 미만(「주택법 시행령」 제3조에 따른 공동주택으로 점유된 국유지에 재건축하는 경우에는 국유지 편입비율의 제한을 받지 아니한다)인 경우로 한정한다]

파. 「초·중등교육법」 제2조 각 호의 어느 하나에 해당하는 학교의 부지로 사용되고 있는 재산 또는 「고등교육법」 제2조 각 호의 어느 하나에 해당하는 대학의 부지로 사용되고 있거나 그 대학의 학교법인이 건립하려는 기숙사의 부지에 위치한 재산을 그 학교·대학 또는 학교법인에 매각하는 경우

하. 다른 법률에 따라 특정한 사업목적 외의 처분이 제한되거나 일정한 자에게 매각하여야 하는 재산을 그 사업의 시행자 또는 그 법률에서 정한 자에게 매각하는 경우

19.~23. 생략

24. 「근로복지기본법」 제2조 제4호에 따른 우리사주조합에 가입한 자(이하 "우리사주조합원"이라 한다)에게 정부출자기업체의 지분증권을 매각하는 경우

25.~28. 생략

④ 제3항 제15호 및 같은 항 제18호 자목 및 차목에 따라 수의계약의 방법으로 매각하는 경우 매각일부터 2년 이내에 그 재산을 해당 용도에 사용하지 아니하거나 매각일부터 10년 이내에 그 용도를 폐지하는 경우에는 법 제52조 제3호에 따라 그 계약을 해제한다는 내용의 특약등기를 하여야 한다. 〈개정 2023.12.12.〉

⑤ 제3항 제24호에 따라 우리사주조합원에게 지분증권을 수의계약으로 매각하는 경우 우리사주조합원이 이미 소유한 지분증권과 수의계약으로 취득할 지분증권의 합계는 해당 정부출자기업체의 지분증권 발행 총수의 100분의 20을 초과하지 아니하여야 한다.

⑥ 사실상 또는 소송상 분쟁의 우려 등으로 인하여 수의의 방법으로 계약하기 곤란하다고 인정되는 재산은 제3항에도 불구하고 경쟁입찰의 방법으로 처분하여야 한다.

4 법 제44조(처분재산의 가격결정) 기출 28회·31회·33회·34회

일반재산의 처분가격은 대통령령으로 정하는 바에 따라 시가(時價)를 고려하여 결정한다.

(1) 처분재산의 예정가격(영 제42조)

① 증권을 제외한 일반재산을 처분할 때에는 시가를 고려하여 해당 재산의 예정가격을 결정하여야 한다. 이 경우 예정가격의 결정방법은 다음 각 호와 같다. 〈개정 2022.1.21.〉
 1. 대장가격이 3천만원 이상인 경우(제2호의 경우는 제외한다) : 두 개의 감정평가법인 등의 평가액을 산술평균한 금액
 2. 대장가격이 3천만원 미만인 경우나 지방자치단체 또는 공공기관에 처분하는 경우 : 하나의 감정평가법인 등의 평가액

② 제1항에 따른 감정평가법인 등의 평가액은 평가일부터 1년이 지나면 적용할 수 없다. 〈개정 2022.1.21.〉

③ 중앙관서의 장 등은 일반재산에 대하여 일반경쟁입찰을 두 번 실시하여도 낙찰자가 없는 경우에는 세 번째 입찰부터 최초 매각 예정가격의 100분의 50을 최저한도로 하여 매회 100분의 10의 금액만큼 그 예정가격을 낮출 수 있다.

④ 삭제 〈2019.3.12.〉

⑤ 일반재산을 법 제45조에 따라 개척·매립·간척 또는 조림하거나 그 밖에 정당한 사유로 점유하고 개량한 자에게 해당 재산을 매각하는 경우에는 매각 당시의 개량한 상태의 가격에서 개량비 상당액을 뺀 금액을 매각대금으로 한다. 다만, 매각을 위한 평가일 현재 개량하지 아니한 상태의 가액이 개량비 상당액을 빼고 남은 금액을 초과하는 경우에는 그 가액 이상으로 매각대금을 결정하여야 한다.

⑥ 법 제45조에 따라 개척·매립·간척 또는 조림하거나 그 밖에 정당한 사유로 점유하고 개량한 일반재산을 「공익사업을 위한 토지 등의 취득 및 보상에 관한 법률」에 따른 공익사업의 사업시행자에게 매각하는 경우로서 해당 사업시행자가 해당 점유·개량자에게 개량비 상당액을 지급한 경우에 관하여는 법 제44조의2 제1항을 준용한다.
⑦ 제5항 및 제6항의 개량비의 범위는 기획재정부령으로 정한다.
⑧ 법 제55조 제1항 제1호 및 제4호에 따라 양여하는 경우에는 제1항에도 불구하고 대장가격을 재산가격으로 한다.
⑨ 「공익사업을 위한 토지 등의 취득 및 보상에 관한 법률」에 따른 공익사업에 필요한 일반재산을 해당 사업의 사업시행자에게 처분하는 경우에는 제1항에도 불구하고 해당 법률에 따라 산출한 보상액을 일반재산의 처분가격으로 할 수 있다.
⑩ 다음 각 호의 어느 하나에 해당하는 국유지를 법 제43조 제1항 본문에 따른 일반경쟁입찰의 방법으로 처분하는 경우에는 제1항에도 불구하고 해당 국유지의 개별공시지가를 예정가격으로 할 수 있다. 〈개정 2023.12.12.〉
  1. 일단(一團)의 토지[경계선이 서로 맞닿은 일반재산(국가와 국가 외의 자가 공유한 토지는 제외한다)인 일련(一連)의 토지를 말한다] 면적이 100제곱미터 이하인 국유지(특별시·광역시에 소재한 국유지는 제외한다)
  2. 일단의 토지 대장가격이 1천만원 이하인 국유지
⑪ 중앙관서의 장 등은 일반재산의 처분을 신청한 자가 감정평가 실시 후에 정당한 사유 없이 그 신청을 철회한 경우에는 감정평가 및 측량에 든 비용을 그 신청자(지방자치단체가 신청자인 경우는 제외한다)로 하여금 부담하게 할 수 있다. 〈신설 2022.12.30.〉

(2) 지식재산의 처분에 관한 예정가격(영 제42조의2)

① 제42조 제1항에도 불구하고 지식재산을 처분할 때의 예정가격은 다음 각 호의 방법으로 결정한 금액으로 한다. 〈개정 2022.1.21.〉
  1. 해당 지식재산 존속기간 중의 사용료 또는 대부료 추정 총액
  2. 감정평가법인 등이 평가한 금액(제1호에 따라 예정가격을 결정할 수 없는 경우로 한정한다)
② 제1항 제2호에 따른 감정평가법인 등이 평가한 금액은 평가일부터 1년이 지나면 적용할 수 없다. 〈개정 2022.1.21.〉
③ 제1항의 방법으로 예정가격을 결정하기 곤란한 경우에는 유사한 지식재산의 매매실례가격에 따라 결정하며, 유사한 지식재산의 매매실례가격이 없는 경우에는 「국가공무원 등 직무발명의 처분·관리 및 보상 등에 관한 규정」 제11조 제3항 또는 「종자산업법 시행령」 제17조를 준용하여 예정가격을 결정할 수 있다. 〈개정 2021.10.19.〉

(3) 상장증권의 예정가격(영 제43조)

① 상장법인이 발행한 주권을 처분할 때에는 그 예정가격은 다음 각 호의 어느 하나에 해당하는 가격 이상으로 한다.
  1. 평가기준일 전 1년 이내의 최근에 거래된 30일간의 증권시장에서의 최종 시세가액을 가중산술평균하여 산출한 가액으로 하되, 거래 실적이 있는 날이 30일 미만일 때에는 거래된 날의 증권시장의 최종 시세가액을 가중산술평균한 가액과 제44조 제1항의 방법에 따른 가액을 고려하여 산출한 가격. 다만, 경쟁입찰의 방법으로 처분하거나 「자본시장과 금융투자업에 관한 법률」 제9조 제9항에 따른 매출의 방법으로 처분하는 경우에는 평가기준일 전 1년 이내의 최근에 거래된 30일간(거래 실적이 있는 날이 30일 미만인 경우에는 거래된 날)의 증권시장에서의 최종 시세가액을 가중산술평균한 가액과 제44조 제1항의 방법에 따른 가액을 고려하여 산출한 가격으로 할 수 있다.
  2. 제41조 제3호에 따라 공개매수에 응모하는 경우에는 그 공개매수 가격

3. 제41조 제4호에 따라 주식매수청구권을 행사하는 경우에는 「자본시장과 금융투자업에 관한 법률」 제165조의5에 따라 산출한 가격
4. 제41조 제5호에 따라 매각가격을 특정할 수 있는 경우에는 그 가격

② 제1항 외의 상장증권은 평가기준일 전 1년 이내의 최근에 거래된 증권시장에서의 시세가격 및 수익률 등을 고려하여 산출한 가격 이상으로 한다.

③ 제1항 및 제2항에도 불구하고 상장증권을 증권시장 또는 기획재정부장관이 가격 결정의 공정성이 있다고 인정하여 고시하는 시장을 통하여 매각할 때에는 예정가격 없이 그 시장에서 형성되는 시세가격에 따른다.

(4) 비상장증권의 예정가격(영 제44조)

① 비상장법인이 발행한 지분증권을 처분할 때에는 그 예정가격은 기획재정부령으로 정하는 산출방식에 따라 비상장법인의 자산가치, 수익가치 및 상대가치를 고려하여 산출한 가격 이상으로 한다. 다만, 기획재정부령으로 정하는 경우에는 수익가치 또는 상대가치를 고려하지 아니할 수 있다.

② 제1항에도 불구하고 국세물납으로 취득한 지분증권의 경우에는 물납재산의 수납가액 또는 증권시장 외의 시장에서 형성되는 시세가격을 고려하여 예정가격을 산출할 수 있다. 다만, 다음 각 호의 요건을 모두 충족하는 지분증권의 경우에는 물납재산의 수납가액과 관리 비용 등을 고려하여 기획재정부령으로 정하는 방법에 따라 예정가격을 산출할 수 있다. 〈개정 2022.12.30.〉
1. 제1항에 따라 산출한 예정가격으로 일반경쟁입찰을 실시했으나 유효한 입찰이 성립되지 않았을 것
2. 제1호에 따른 예정가격의 산출일이 속하는 해의 다음 해에 다시 제1항에 따라 예정가격을 산출하여 일반경쟁입찰을 실시했으나 유효한 입찰이 성립되지 않았을 것
3. 제40조 제3항 제25호에 따라 수의계약의 방법으로 처분하는 경우일 것
4. 수의계약의 상대방이 해당 지분증권을 발행한 법인일 것

③ 비상장법인이 발행한 지분증권을 현물출자하는 경우에는 그 증권을 발행한 법인의 재산 상태 및 수익성을 기준으로 하여 기획재정부장관이 재산가격을 결정한다.

④ 제1항 외의 비상장증권의 예정가격은 기획재정부령으로 정하는 방식에 따라 산정한 기대수익 또는 예상수익률을 고려하여 산출한 가격 이상으로 한다.

(5) 예정가격의 공개(영 제45조)

제42조, 제42조의2, 제43조 및 제44조에 따른 예정가격은 공개하여야 한다. 다만, 지분증권을 처분하는 경우에는 공개하지 아니할 수 있다.

(6) 증권의 평가기관(영 제46조)

총괄청이나 중앙관서의 장 등은 증권의 처분가격을 산출할 때 필요하면 다음 각 호의 평가기관 등에 의뢰하여 그 평가액을 고려할 수 있다. 〈개정 2022.1.21.〉
1. 감정평가법인 등
2. 「자본시장과 금융투자업에 관한 법률」에 따른 신용평가회사
3. 「공인회계사법」에 따른 회계법인

(7) 증권의 운용(영 제47조)

> 증권은 「자본시장과 금융투자업에 관한 법률」에 따라 대여의 방법으로 운용할 수 있다.

5 법 제44조의2(물납 증권의 처분 제한)

① 「상속세 및 증여세법」 제73조에 따라 물납된 증권의 경우 물납한 본인 및 대통령령으로 정하는 자에게는 수납가액보다 적은 금액으로 처분할 수 없다. 다만, 「자본시장과 금융투자업에 관한 법률」 제8조의2 제4항 제1호에 따른 증권시장에서 거래되는 증권을 그 증권시장에서 매각하는 경우에는 그러하지 아니하다.

> **대통령령으로 정하는 자(영 제47조의2)**
> 다음 각 호의 어느 하나에 해당하는 자를 말한다.
>   1. 물납한 본인과 다음 각 목의 관계에 있는 사람
>   가. 배우자
>   나. 직계혈족
>   다. 형제자매
>   라. 배우자의 직계혈족
>   마. 배우자의 형제자매
>   바. 직계혈족의 배우자
>   2. 물납한 본인 및 물납한 본인과 제1호 각 목의 관계에 있는 사람이 물납 증권 처분 당시 보유한 지분증권의 합계가 그 외 각 주주가 보유한 지분증권보다 많은 법인

② 총괄청은 ①항 본문에 따른 처분 제한 대상자의 해당 여부를 확인하기 위하여 관계 행정기관의 장, 「공공기관의 운영에 관한 법률」에 따른 공공기관의 장에게 필요한 자료의 제출을 요청할 수 있다. 이 경우 자료 제출을 요청받은 관계 행정기관의 장 등은 특별한 사유가 없으면 이에 따라야 한다.
③ 자료 제출 요청의 범위와 절차 등 필요한 사항은 대통령령으로 정한다.

6 법 제45조(개척·매립·간척·조림을 위한 예약)

① 일반재산은 개척·매립·간척 또는 조림 사업을 시행하기 위하여 그 사업의 완성을 조건으로 대통령령으로 정하는 바에 따라 대부·매각 또는 양여를 예약할 수 있다.

> **개척·조림 등을 위한 예약(영 제48조)**
> ① 법 제45조 제1항에 따른 예약기간은 계약일부터 10년 이내로 정하여야 한다. 다만, 해당 중앙관서의 장은 천재지변이나 그 밖의 부득이한 사유가 있는 경우에만 총괄청과 협의하여 5년의 범위에서 예약기간을 연장할 수 있다.
> ② 법 제45조 제1항에 따라 예약을 한 자는 계약일부터 1년 이내에 그 사업을 시작하여야 한다.

② ①항의 경우에 예약 상대방은 그 사업기간 중 예약된 재산 또는 사업의 기성부분(旣成部分)을 무상으로 사용하거나 수익할 수 있다.
③ 예약 상대방이 지정된 기한까지 사업을 시작하지 아니하거나 그 사업을 완성할 수 없다고 인정되면 그 예약을 해제하거나 해지할 수 있다.
④ 예약을 해제하거나 해지하는 경우에 사업의 일부가 이미 완성된 때에는 공익상 지장이 없다고 인정되는 경우에만 그 기성부분의 전부 또는 일부를 예약 상대방에게 대부·매각 또는 양여할 수 있다.

> **예약에 따른 양여(영 제49조)**
> ① 법 제45조 제4항에 따라 양여하는 일반재산의 가액은 해당 사업에 투자된 금액을 초과하지 못한다.
> ② 제1항의 일반재산의 가액은 해당 사업의 전부가 완성된 경우에는 해당 공사의 준공 당시의 가격을 기준으로 하고, 일부가 완성된 경우에는 예약의 해제 또는 해지 당시의 가격을 기준으로 한다.

⑤ 중앙관서의 장 등이 그 재산의 매각이나 양여를 예약하려는 경우에는 총괄청과 협의하여야 한다.

제2절 대부

1 법 제46조(대부기간) 기출 31회·33회·35회·36회

① 일반재산의 대부기간은 다음의 기간 이내로 한다. 다만, 제18조 제1항 단서에 따라 영구시설물을 축조하는 경우에는 10년 이내로 한다.
  ㉠ 조림을 목적으로 하는 토지와 그 정착물 : 20년
  ㉡ 대부 받은 자의 비용으로 시설을 보수하는 건물(대통령령으로 정하는 경우에 한정한다) : 10년
  ㉢ ㉠ 및 ㉡ 외의 토지와 그 정착물 : 5년
  ㉣ 그 밖의 재산 : 1년

> **대통령령으로 정하는 경우(영 제50조 제1항)**
> 다음 각 호의 어느 하나에 해당하는 경우를 말한다.
>   1. 준공 후 20년이 지난 건물로서 원활한 사용을 위하여 보수가 필요한 경우
>   2. 「시설물의 안전 및 유지관리에 관한 특별법 시행령」제12조에 따른 시설물의 안전등급 기준이 같은 영 [별표 8]에 따른 C등급 이하인 건물로서 안전관리를 위하여 보수가 필요한 경우
>   3. 천재지변이나 그 밖의 재해 등으로 인하여 파손된 건물로서 별도의 보수가 필요한 경우

② 대부기간이 끝난 재산에 대하여 대통령령으로 정하는 경우를 제외하고는 그 대부기간을 초과하지 아니하는 범위에서 종전의 대부계약을 갱신할 수 있다. 다만, 수의계약의 방법으로 대부할 수 있는 경우가 아니면 1회만 갱신할 수 있다.
  ※ 법 제42조 제1항에 따라 일반재산의 관리·처분에 관한 사무를 위임·위탁받은 자가 해당 일반재산의 대부료를 면제하려는 경우에는 미리 총괄청의 승인을 받아야 한다(영 제50조 제3항).

> **대통령령으로 정하는 경우(영 제50조 제2항)**
> 다음 각 호의 어느 하나에 해당하는 경우를 말한다.
> 1. 대부재산을 국가나 지방자치단체가 법 제6조 제2항 각 호의 용도로 사용하기 위하여 필요한 경우
> 2. 법 제36조 제1항 각 호의 어느 하나에 해당하는 경우
> 3. 대부계약 조건을 위반한 경우

③ 갱신을 받으려는 자는 대부기간이 끝나기 1개월 전에 중앙관서의 장 등에 신청하여야 한다.
④ ①항에도 불구하고 제58조 및 제59조의2에 따라 개발된 일반재산의 대부기간은 30년 이내로 할 수 있으며, 20년의 범위에서 한 차례만 연장할 수 있다.

2 법 제47조(대부료, 계약의 해제 등)

① 일반재산의 대부의 제한, 대부료, 대부료의 감면 및 대부계약의 해제나 해지 등에 관하여는 제30조 제2항, 제31조 제1항·제2항, 제32조, 제33조, 제34조 제1항 제2호·제3호, 같은 조 제2항·제3항, 제36조 및 제38조를 준용한다.
② ①항에도 불구하고 대부료에 관하여는 대통령령으로 정하는 바에 따라 연간 대부료의 전부 또는 일부를 대부보증금으로 환산하여 받을 수 있다.

> **대부보증금의 산출(영 제51조의2)**
> 법 제47조 제2항에 따른 대부보증금은 다음 계산식에 따라 산출한다.
>
> $$\text{대부보증금} = \frac{\text{연간 대부료 중 대부보증금 전환대상 금액}}{\text{고시이자율}}$$

③ 중앙관서의 장 등은 대부기간이 만료되거나 대부계약이 해제 또는 해지된 경우에는 대부보증금을 반환하여야 한다. 이 경우 대부받은 자가 내지 아니한 대부료, 공과금 등이 있으면 이를 제외하고 반환하여야 한다.

3 법 제47조의2(대부료의 감면)

중앙관서의 장은 국가가 타인의 재산을 점유하는 동시에 해당 재산 소유자는 일반재산을 점유(이하 "상호점유"라 한다)하는 경우 대통령령으로 정하는 바에 따라 해당 재산 소유자에게 점유 중인 일반재산의 대부료를 감면할 수 있다.

> **대부료의 감면(영 제51조의3)**
> 법 제47조의2에 따라 중앙관서의 장이 대부료를 감면하려는 경우에는 같은 조에 따른 상호 점유하고 있는 사유재산을 행정재산으로 보아 그에 대하여 제29조에 따라 사용료액을 계산할 경우 산출되는 금액을 한도로 감면할 수 있다.

제3절 매각

1 법 제48조(매각)

① 일반재산은 다음의 어느 하나에 해당하는 경우 외에는 매각할 수 있다.
  ㉠ 중앙관서의 장이 행정목적으로 사용하기 위하여 그 재산에 대하여 제8조 제4항에 따른 행정재산의 사용 승인이나 관리전환을 신청한 경우
  ㉡ 「국토의 계획 및 이용에 관한 법률」 등 다른 법률에 따라 그 처분이 제한되는 경우
  ㉢ 장래 행정목적의 필요성 등을 고려하여 제9조 제4항 제3호의 처분기준에서 정한 처분제한 대상에 해당하는 경우
  ㉣ ㉠부터 ㉢까지의 규정에 따른 경우 외에 대통령령으로 정하는 바에 따라 국가가 관리할 필요가 있다고 총괄청이나 중앙관서의 장이 지정하는 경우
② 중앙관서의 장이 소관 특별회계나 기금에 속하는 일반재산 중 대통령령으로 정하는 일반재산을 매각하려는 경우에는 총괄청과 협의하여야 한다.

> **매각(영 제52조)**
> ① 법 제48조 제1항 제4호에 따라 국가가 관리할 필요가 있다고 총괄청이나 중앙관서의 장이 지정하는 재산은 다음 각 호의 어느 하나에 해당하는 재산으로 한다.
>   1. 법 제57조에 따른 개발이 필요한 재산
>   2. 장래의 행정수요에 대비하기 위하여 비축할 필요가 있는 재산
>   3. 사실상 또는 소송상 분쟁이 진행 중이거나 예상되는 등의 사유로 매각을 제한할 필요가 있는 재산
> ② 법 제48조 제2항에서 "대통령령으로 정하는 일반재산"이란 다음 각 호의 어느 하나에 해당하는 재산을 말한다.
>   1. 공용재산으로 사용 후 용도폐지된 토지나 건물
>   2. 일단의 토지 면적이 3천제곱미터를 초과하는 재산
> ③ 법 제42조 제1항 및 이 영 제38조 제3항에 따라 일반재산의 관리·처분에 관한 사무를 위임·위탁받은 자는 해당 일반재산을 매각하려는 경우 법 제9조 제4항 제3호에 따른 국유재산 처분의 기준에서 정하는 바에 따라 미리 총괄청의 승인을 받아야 한다. 〈개정 2023.12.12.〉
> ④ 중앙관서의 장 등은 다음 각 호의 어느 하나에 해당하는 국유지를 매각하려는 경우에는 우선적으로 장기공공임대주택(「공공주택특별법」 제2조 제1호의2에 따른 공공건설임대주택으로서 임대의무기간이 10년 이상인 임대주택을 말한다)의 용도로 필요한지에 관하여 국토교통부장관과 협의하여야 한다.
>   1. 용도폐지된 군부대, 교도소 및 학교의 부지
>   2. 일단의 토지 면적이 1만제곱미터를 초과하는 토지

2 법 제49조(용도를 지정한 매각)

일반재산을 매각하는 경우에는 대통령령으로 정하는 바에 따라 매수자에게 그 재산의 용도와 그 용도에 사용하여야 할 기간을 정하여 매각할 수 있다.

> **용도를 지정한 매각(영 제53조)**
> ① 법 제49조에 따라 용도를 지정하여 매각하는 경우에는 그 재산의 매각일부터 10년 이상 지정된 용도로 활용하여야 한다.
> ② 총괄청은 필요하다고 인정하는 경우에는 용도를 지정하여 매각한 재산의 관리상황에 관하여 보고를 받거나 자료의 제출을 요구할 수 있고, 소속 공무원에게 그 관리상황을 감사하게 하거나 그 밖에 필요한 조치를 할 수 있다.
> ③ 법 제49조에 따라 용도를 지정하여 매각하는 경우에는 법 제52조 제3호의 사유가 발생하면 해당 매매계약을 해제한다는 내용의 특약등기를 하여야 한다.

3 법 제50조(매각대금의 납부)

(1) 매각대금의 납부기간

일반재산의 매각대금은 대통령령으로 정하는 바에 따라 납부하여야 한다. 다만, 대통령령으로 정하는 경우에는 납부기간을 연장할 수 있다.

> **매각대금의 납부기간(영 제54조)**
> ① 법 제50조에 따른 매각대금은 계약 체결일부터 60일의 범위에서 중앙관서의 장 등이 정하는 기한까지 전액을 내야 한다. 다만, 제55조 제1항부터 제4항까지의 규정에 해당하는 경우에는 그러하지 아니하다.
> ② 법 제50조 제1항 단서에서 "대통령령으로 정하는 경우"란 다음 각 호의 어느 하나에 해당하는 경우를 말한다.
>   1. 천재지변이나 「재난 및 안전관리기본법」 제3조 제1호에 따른 재난으로 매수인에게 책임을 물을 수 없는 사고가 발생한 경우
>   2. 국가의 필요에 따라 국가가 매각재산을 일정 기간 계속하여 점유·사용할 목적으로 재산인도일과 매각대금의 납부기산을 계약 시에 따로 정하는 경우

(2) 매각대금의 분할납부 기출 35회

일반재산의 매각대금을 한꺼번에 납부하도록 하는 것이 곤란하다고 인정되어 대통령령으로 정하는 경우에는 1년 만기 정기예금 금리수준을 고려하여 대통령령으로 정하는 이자를 붙여 20년 이내에 걸쳐 나누어 내게 할 수 있다.

> **매각대금의 분할납부(영 제55조)**
> ① 법 제50조 제2항에 따라 매각대금이 500만원을 초과하고 3천만원 이하인 경우에는 그 매각대금을 3년 이내의 기간에 걸쳐 나누어 내게 할 수 있다. 〈개정 2023.12.12.〉
> ② 법 제50조 제2항에 따라 다음 각 호의 어느 하나에 해당하는 경우에는 매각대금을 5년 이내의 기간에 걸쳐 나누어 내게 할 수 있다. 〈개정 2024.7.2.〉
>   1. 매각대금이 3천만원을 초과하는 경우
>   1의2. 삭제 〈2023.12.12.〉
>   2. 제33조에 따른 공공단체가 직접 비영리공익사업용으로 사용하려는 재산을 해당 공공단체에 매각하는 경우

3. 2012년 12월 31일 이전부터 사유건물로 점유·사용되고 있는 토지와 「특정건축물 정리에 관한 특별조치법」(법률 제3533호로 제정된 것, 법률 제6253호로 제정된 것, 법률 제7698호로 제정된 것, 법률 제11930호로 제정된 것을 말한다)에 따라 준공인가를 받은 건물로 점유·사용되고 있는 토지를 해당 점유·사용자에게 매각하는 경우
4. 「도시 및 주거환경정비법」 제2조 제2호 나목에 따른 재개발사업을 시행하기 위한 정비구역에 있는 토지로서 시·도지사가 같은 법에 따라 재개발사업의 시행을 위하여 정하는 기준에 해당하는 사유건물로 점유·사용되고 있는 토지를 재개발사업 사업시행계획인가 당시의 점유·사용자로부터 같은 법 제129조에 따라 그 권리·의무를 승계한 자에게 매각하는 경우(해당 토지가 같은 법 제2조 제4호에 따른 정비기반시설의 설치예정지에 해당되어 그 토지의 점유·사용자로부터 같은 법 제129조에 따라 권리·의무를 승계한 자에게 그 정비구역의 다른 국유지를 매각하는 경우를 포함한다)
5. 「전통시장 및 상점가 육성을 위한 특별법」 제31조에 따른 시장정비사업 시행구역의 토지 중 사유건물로 점유·사용되고 있는 토지를 그 점유·사용자에게 매각하는 경우
6. 「벤처기업육성에 관한 특별법」 제19조 제1항에 따라 벤처기업집적시설의 개발 또는 설치와 그 운영을 위하여 필요한 토지를 벤처기업집적시설의 설치·운영자에게 매각하는 경우
7. 「산업기술단지 지원에 관한 특례법」 제10조 제1항에 따른 산업기술단지의 조성에 필요한 토지를 사업시행자에게 매각하는 경우
8. 국가가 매각재산을 일정기간 계속하여 점유·사용하는 경우
9. 「산업집적활성화 및 공장설립에 관한 법률」 제2조 제14호에 따른 산업단지에 공장 설립을 위하여 필요한 토지를 입주기업체에 매각하는 경우
10. 다음 각 목의 어느 하나에 해당하는 기업 또는 조합이 해당 법령에 따른 사업 목적 달성을 위해 직접 사용하려는 재산을 그 기업 또는 조합에 매각하는 경우
   가. 「사회적 기업육성법」 제2조 제1호에 따른 사회적 기업
   나. 「협동조합기본법」 제2조 제1호에 따른 협동조합 및 같은 조 제3호에 따른 사회적 협동조합
   다. 「국민기초생활보장법」 제18조에 따른 자활기업
   라. 「도시재생 활성화 및 지원에 관한 특별법」 제2조 제1항 제9호에 따른 마을기업
③ 법 제50조 제2항에 따라 다음 각 호의 어느 하나에 해당하는 경우에는 매각대금을 10년 이내의 기간에 걸쳐 나누어 내게 할 수 있다. 〈개정 2023.12.12.〉
1. 「농지법」에 따른 농지로서 국유지를 실경작자에게 매각하는 경우
2. 「도시개발법」 제3조에 따른 도시개발구역에 있는 토지로서 도시개발사업에 필요한 토지를 해당 사업의 시행자(같은 법 제11조 제1항 제7호에 따른 수도권 외의 지역으로 이전하는 법인만 해당한다)에게 매각하는 경우
3. 지방자치단체에 그 지방자치단체가 「산업입지 및 개발에 관한 법률」에 따른 산업단지의 조성에 사용하려는 재산을 매각하는 경우
3의2. 국유지개발목적회사에 개발대상 국유재산을 매각하는 경우
4. 「체육시설의 설치·이용에 관한 법률」에 따른 체육시설 중 골프장·스키장 등 실외 체육시설로 점유되고 있는 국유지를 해당 점유자에게 매각하는 경우
5. 삭제 〈2023.12.12.〉
6. 소상공인이 경영하는 업종(「중소기업창업지원법」 제5조 제1항 단서에 해당하는 업종은 제외한다)에 직접 사용하기 위한 재산을 그 소상공인에게 매각하는 경우

④ 법 제50조 제2항에 따라 다음 각 호의 어느 하나에 해당하는 경우에는 매각대금을 20년 이내의 기간에 걸쳐 나누어 내게 할 수 있다.
  1. 「도시 및 주거환경정비법」 제2조 제2호 나목에 따른 재개발사업을 시행하기 위한 정비구역에 있는 토지로서 제2항 제4호에 따른 사유건물로 점유·사용되고 있는 토지를 재개발사업 시행인가 당시의 점유·사용자에게 매각하는 경우(해당 토지가 같은 법 제2조 제4호에 따른 정비기반시설의 설치예정지에 해당되어 그 토지의 점유·사용자에게 그 정비구역의 다른 국유지를 매각하는 경우를 포함한다)
  2. 다음 각 목의 어느 하나에 해당하는 경우로서 국무회의의 심의를 거쳐 대통령의 승인을 받은 경우
    가. 일반재산의 매각이 인구의 분산을 위한 정착사업에 필요하다고 인정되는 경우
    나. 천재지변이나 「재난 및 안전관리기본법」 제3조 제1호에 따른 재난으로 인하여 일반재산의 매각이 부득이하다고 인정되는 경우
⑤ 법 제50조 제2항에서 "대통령령으로 정하는 이자"란 제1항부터 제4항까지의 규정에 따른 매각대금 잔액에 고시이자율을 적용하여 산출한 이자를 말한다.
⑥ 제2항 제8호에 따라 매각대금을 5년 이내의 기간에 걸쳐 나누어 내는 경우 제5항에 따른 이자는 매수자가 매각재산을 인도받거나 점유·사용을 시작한 때부터 징수한다.

4 법 제51조(소유권의 이전 등) 기출 31회·35회

① 일반재산을 매각하는 경우 해당 매각재산의 소유권 이전은 매각대금이 완납된 후에 하여야 한다.
② ①항에도 불구하고 제50조 제2항에 따라 매각대금을 나누어 내게 하는 경우로서 공익사업의 원활한 시행 등을 위하여 소유권의 이전이 불가피하여 대통령령으로 정하는 경우에는 매각대금이 완납되기 전에 소유권을 이전할 수 있다. 이 경우 저당권 설정 등 채권의 확보를 위하여 필요한 조치를 취하여야 한다.
  ※ "대통령령으로 정하는 경우"란 제55조 제2항 제2호 및 제4호부터 제7호까지, 같은 조 제3항 제3호, 같은 조 제4항 제1호에 따라 매각대금을 나누어 내는 경우를 말한다(영 제56조). 〈개정 2023.12.12.〉

5 법 제52조(매각계약의 해제) 기출 35회

일반재산을 매각한 경우에 다음의 어느 하나에 해당하는 사유가 있으면 그 계약을 해제할 수 있다.
① 매수자가 매각대금을 체납한 경우
② 매수자가 거짓 진술을 하거나 부실한 증명서류를 제시하거나 그 밖의 부정한 방법으로 매수한 경우
③ 제49조에 따라 용도를 지정하여 매각한 경우에 매수자가 지정된 날짜가 지나도 그 용도에 사용하지 아니하거나 지정된 용도에 제공한 후 지정된 기간에 그 용도를 폐지한 경우

6 법 제53조(건물 등의 매수)

일반재산의 매각계약이 해제된 경우 그 재산에 설치된 건물이나 그 밖의 물건을 중앙관서의 장이 제44조에 따라 결정한 가격으로 매수할 것을 알린 경우 그 소유자는 정당한 사유 없이 그 매수를 거절하지 못한다.

제4절 교환

1 법 제54조(교환) 기출 31회

① 다음의 어느 하나에 해당하는 경우에는 일반재산인 토지·건물, 그 밖의 토지의 정착물, 동산과 공유 또는 사유재산인 토지·건물, 그 밖의 토지의 정착물, 동산을 교환할 수 있다.
  ㉠ 국가가 직접 행정재산으로 사용하기 위하여 필요한 경우
  ㉡ 소규모 일반재산을 한 곳에 모아 관리함으로써 재산의 효용성을 높이기 위하여 필요한 경우
  ㉢ 일반재산의 가치와 이용도를 높이기 위하여 필요한 경우로서 매각 등 다른 방법으로 해당 재산의 처분이 곤란한 경우
  ㉣ 상호 점유를 하고 있고 해당 재산 소유자가 사유토지만으로는 진입·출입이 곤란한 경우 등 대통령령으로 정하는 불가피한 사유로 인하여 점유 중인 일반재산과 교환을 요청한 경우
② 교환하는 재산의 종류와 가격 등은 대통령령으로 정하는 바에 따라 제한할 수 있다.
③ 교환할 때 쌍방의 가격이 같지 아니하면 그 차액을 금전으로 대신 납부하여야 한다.
④ 중앙관서의 장 등은 일반재산을 교환하려면 그 내용을 감사원에 보고하여야 한다.

> **교환(영 제57조)**
> ① 법 제54조 제1항에 따라 교환하는 재산은 다음 각 호의 어느 하나에 해당하는 경우 외에는 서로 유사한 재산이어야 한다.
>   1. 공유재산(公有財産)과 교환하는 경우
>   2. 새로운 관사를 취득하기 위하여 노후화된 기존 관사와 교환하는 경우
> ② 제1항에서 서로 유사한 재산의 교환은 다음 각 호의 어느 하나에 해당하는 경우로 한다.
>   1. 토지를 토지와 교환하는 경우
>   2. 건물을 건물과 교환하는 경우
>   3. 양쪽 또는 어느 한 쪽의 재산에 건물(공작물을 포함한다)이 있는 토지인 경우에 주된 재산(그 재산의 가액이 전체 재산가액의 2분의 1 이상인 재산을 말한다)이 서로 일치하는 경우
>   4. 동산(動産)을 동산과 교환하는 경우
> ③ 중앙관서의 장 등은 일반재산이 다음 각 호의 어느 하나에 해당하는 경우에는 교환해서는 아니 된다. 다만, 제3호 또는 제4호에 해당하는 일반재산이 제4항 각 호의 어느 하나에 해당하는 경우에는 그러하지 아니하다.
>   1. 「국토의 계획 및 이용에 관한 법률」, 그 밖의 법률에 따라 그 처분이 제한되는 경우
>   2. 장래에 도로·항만·공항 등 공공용 시설로 활용할 수 있는 재산으로서 보존·관리할 필요가 있는 경우
>   3. 교환으로 취득하는 재산에 대한 구체적인 사용계획 없이 교환하려는 경우
>   4. 한쪽 재산의 가격이 다른 쪽 재산 가격의 4분의 3(법 제54조 제1항 제2호에 따른 교환인 경우에는 2분의 1을 말한다) 미만인 경우. 다만, 교환 대상 재산이 공유재산인 경우는 제외한다.
>   5. 교환한 후 남는 국유재산의 효용이 뚜렷하게 감소되는 경우
>   6. 교환 상대방에게 건물을 신축하게 하고 그 건물을 교환으로 취득하려는 경우
>   7. 그 밖에 법 제9조 제4항 제3호에 따른 처분기준에서 정한 교환제한대상에 해당하는 경우

④ 법 제54조 제1항 제4호에서 "해당 재산 소유자가 사유토지만으로는 진입·출입이 곤란한 경우 등 대통령령으로 정하는 불가피한 사유"란 다음 각 호의 어느 하나에 해당하는 사유를 말한다.
  1. 사유재산 소유자가 사유토지만으로는 진입·출입이 곤란한 경우
  2. 국가의 점유로 인하여 해당 사유재산의 효용이 현저하게 감소된 경우
  3. 2016년 3월 2일 전부터 사유재산 소유자가 소유한 건물로 점유·사용되고 있는 일반재산인 토지로서 해당 토지의 향후 행정재산으로서의 활용가능성이 현저하게 낮은 경우
⑤ 중앙관서의 장 등은 일반재산을 교환하려는 경우에는 기획재정부령으로 정하는 바에 따라 교환목적, 교환대상자, 교환재산의 가격 및 교환자금의 결제방법 등을 명백히 하여야 한다.
⑥ 공유재산과 교환하려는 경우에는 제42조 제1항에도 불구하고 중앙관서의 장 등과 지방자치단체가 협의하여 개별공시지가로 산출된 금액이나 하나 이상의 감정평가법인 등의 평가액을 기준으로 하여 교환할 수 있다.
〈개정 2022.1.21.〉
⑦ 중앙관서의 장 등은 동산과 동산을 교환하려는 경우에는 미리 총괄청과 협의하여야 한다.
⑧ 법 제42조 제1항에 따라 일반재산의 관리·처분에 관한 사무를 위임·위탁받은 자는 해당 일반재산을 교환하려는 경우에는 미리 총괄청의 승인을 받아야 한다.

제5절 양여

1 법 제55조(양여)

① 일반재산은 다음의 어느 하나에 해당하는 경우에는 양여할 수 있다.
  ㉠ 대통령령으로 정하는 일반재산을 직접 공용이나 공공용으로 사용하려는 지방자치단체에 양여하는 경우

대통령령으로 정하는 일반재산(영 제58조 제1항)
다음 각 호의 어느 하나에 해당하는 재산을 말한다.
  1. 국가 사무에 사용하던 재산을 그 사무를 이관받은 지방자치단체가 계속하여 그 사무에 사용하는 일반재산
  2. 지방자치단체가 청사 부지로 사용하는 일반재산. 이 경우 종전 내무부 소관의 토지로서 1961년부터 1965년까지의 기간에 그 지방자치단체로 양여할 조건을 갖추었으나 양여하지 못한 재산을 계속하여 청사 부지로 사용하는 일반재산에 한정한다.
  3. 「국토의 계획 및 이용에 관한 법률」 제86조에 따라 지방자치단체(특별시·광역시·경기도와 그 관할구역의 지방자치단체는 제외한다)의 장이 시행하는 도로시설(1992년 이전에 결정된 도시·군관리계획에 따른 도시·군계획시설을 말한다)사업부지에 포함되어 있는 총괄청 소관의 일반재산
  4. 「도로법」 제14조부터 제18조까지의 규정에 따른 도로(2004년 12월 31일 이전에 그 도로에 포함된 경우로 한정한다)에 포함되어 있는 총괄청 소관의 일반재산
  5. 「5·18민주화운동 등에 관한 특별법」 제5조에 따른 기념사업을 추진하는 데에 필요한 일반재산

ⓒ 지방자치단체나 대통령령으로 정하는 공공단체가 유지·보존비용을 부담한 공공용재산이 용도폐지 됨으로써 일반재산이 되는 경우에 해당 재산을 그 부담한 비용의 범위에서 해당 지방자치단체나 공공단체에 양여하는 경우
  ※ "대통령령으로 정하는 공공단체"란 제33조에 따른 법인을 말한다(영 제58조 제2항).

ⓒ 대통령령으로 정하는 행정재산을 용도폐지하는 경우 그 용도에 사용될 대체시설을 제공한 자 또는 그 상속인, 그 밖의 포괄승계인에게 그 부담한 비용의 범위에서 용도폐지된 재산을 양여하는 경우

대통령령으로 정하는 행정재산(영 제58조 제3항)
다음 각 호의 어느 하나에 해당하는 재산을 말한다.
1. 「공익사업을 위한 토지 등의 취득 및 보상에 관한 법률」제20조에 따라 사업인정을 받은 공익사업의 사업지구에 편입되는 행정재산
2. 군사시설 이전 등 대규모 국책사업을 수행하기 위하여 용도폐지가 불가피한 행정재산

ⓔ 국가가 보존·활용할 필요가 없고 대부·매각이나 교환이 곤란하여 대통령령으로 정하는 재산을 양여하는 경우

대통령령으로 정하는 재산(영 제58조 제5항)
다음 각 호의 어느 하나에 해당하는 재산을 말한다.
1. 국가 외의 자가 소유하는 토지에 있는 국가 소유의 건물(부대시설을 포함한다). 이 경우 양여받는 상대방은 그 국가 소유의 건물이 있는 토지의 소유자로 한정한다.
2. 국가 행정 목적의 원활한 수행 등을 위하여 국무회의의 심의를 거쳐 대통령의 승인을 받아 양여하기로 결정한 일반재산

② 양여한 재산이 10년 내에 양여목적과 달리 사용된 때에는 그 양여를 취소할 수 있다.

양여 시의 특약등기(영 제59조)
법 제55조 제1항 제1호에 따라 양여하는 경우에는 법 제55조 제2항의 사유가 발생하면 그 양여계약을 해제한다는 내용의 특약등기를 하여야 한다.

③ 중앙관서의 장 등은 ①항에 따라 일반재산을 양여하려면 총괄청과 협의하여야 한다. 다만, 대통령령으로 정하는 가액 이하의 일반재산을 ①항 ⓒ에 따라 양여하는 경우에는 그러하지 아니하다.
  ※ "대통령령으로 정하는 가액"이란 500억원을 말한다(영 제58조 제7항).

양여(영 제58조 제4항, 제6항, 제8항)
④ 법 제55조 제1항 제3호에 따른 용도폐지된 재산의 평가의 기준시점 등에 관하여 필요한 사항은 기획재정부장관이 정한다.
⑥ 중앙관서의 장 등이 법 제55조 제3항 본문에 따라 총괄청과 협의할 때에는 양여의 목적·조건과 그 재산의 가격 및 양여받을 자가 부담한 경비의 명세를 명백히 하여야 한다.
⑧ 법 제42조 제1항에 따라 일반재산의 관리·처분에 관한 사무를 위임·위탁받은 자가 해당 일반재산을 양여하려는 경우에는 미리 총괄청의 승인을 받아야 한다.

제6절 개 발

1 법 제57조(개발)

① 일반재산은 국유재산관리기금의 운용계획에 따라 국유재산관리기금의 재원으로 개발하거나 제58조·제59조 및 제59조의2에 따라 개발하여 대부·분양할 수 있다.

※ 법 제57조에 따른 개발은 분양형, 대부형 및 혼합형(분양형과 대부형을 혼합한 형태를 말한다)으로 할 수 있다(영 제60조 제1항).

② 개발이란 다음의 행위를 말한다.
  ㉠ 「건축법」 제2조에 따른 건축, 대수선, 리모델링 등의 행위
  ㉡ 「공공주택특별법」, 「국토의 계획 및 이용에 관한 법률」, 「도시개발법」, 「도시 및 주거환경정비법」, 「산업입지 및 개발에 관한 법률」, 「주택법」, 「택지개발촉진법」 및 그 밖에 대통령령으로 정하는 법률에 따라 토지를 조성하는 행위

> **대통령령으로 정하는 법률(영 제60조 제1항)**
> 다음 각 호의 어느 하나에 해당하는 법률을 말한다.
> 1. 「혁신도시 조성 및 발전에 관한 특별법」
> 2. 「도시재정비 촉진을 위한 특별법」
> 3. 「민간임대주택에 관한 특별법」
> 4. 「지역 개발 및 지원에 관한 법률」
> 5. 「항만법」
> 6. 「항만 재개발 및 주변지역 발전에 관한 법률」
> 7. 「도시재생 활성화 및 지원에 관한 특별법」
> 8. 「농어촌정비법」
> 9. 「관광진흥법」

③ ②항 ㉡에 따른 개발은 제59조에 따라 위탁 개발하는 경우에 한정한다.
④ 일반재산을 개발하는 경우에는 다음의 사항을 고려하여야 한다.
  ㉠ 재정수입의 증대 등 재정관리의 건전성
  ㉡ 공공시설의 확보 등 공공의 편익성
  ㉢ 주변환경의 개선 등 지역발전의 기여도
  ㉣ ㉠부터 ㉢까지의 규정에 따른 사항 외에 국가 행정목적 달성을 위한 필요성

2 법 제58조(신탁 개발)

① 일반재산은 대통령령으로 정하는 바에 따라 부동산신탁을 취급하는 신탁업자에게 신탁하여 개발할 수 있다.

신탁계약(영 제61조 제1항~제2항)
① 중앙관서의 장 등이 법 제58조에 따라 신탁 개발하려는 경우에는 기획재정부령으로 정하는 바에 따라 신탁계약을 체결하여야 한다.
② 중앙관서의 장 등은 제1항에 따른 신탁계약을 체결하기 전에 신탁계약의 내용을 명백히 하여 법 제58조 제2항이나 제3항에 따라 총괄청과 협의하거나 총괄청의 승인을 받아야 한다.

② 중앙관서의 장이 소관 특별회계나 기금에 속하는 일반재산을 ①항에 따라 개발하려는 경우에는 신탁업자의 선정, 신탁기간, 신탁보수, 자금차입의 한도, 시설물의 용도 등에 대하여 대통령령으로 정하는 바에 따라 총괄청과 협의하여야 한다. 협의된 사항 중 대통령령으로 정하는 중요 사항을 변경하려는 경우에도 또한 같다.

③ 제42조 제1항에 따라 관리·처분에 관한 사무를 위임·위탁받은 자가 ①항에 따라 개발하려는 경우에는 신탁업자의 선정, 신탁기간, 신탁보수, 자금차입의 한도, 시설물의 용도 등에 대하여 대통령령으로 정하는 바에 따라 총괄청의 승인을 받아야 한다. 승인받은 사항 중 대통령령으로 정하는 중요 사항을 변경하려는 경우에도 또한 같다.

대통령령으로 정하는 중요 사항(영 제61조 제3항)
다음 각 호의 어느 하나에 해당하는 사항을 말한다.
1. 신탁업자의 선정
2. 신탁기간
3. 신탁보수
4. 자금차입의 한도
5. 시설물의 용도
6. 개발의 종류

④ 신탁으로 발생한 수익의 국가귀속방법, 그 밖에 필요한 사항은 대통령령으로 정한다.

신탁개발 수익의 국가귀속 방법 등(영 제62조)
① 일반재산을 신탁받은 신탁업자는 신탁기간 중 매년 말일을 기준으로 신탁사무의 계산을 하고, 발생된 수익을 다음 연도 2월 말일까지 중앙관서의 장 등에 내야 한다.
② 신탁기간이 끝나거나 신탁계약이 해지된 경우 신탁업자는 신탁사무의 최종 계산을 하여 중앙관서의 장 등의 승인을 받고, 해당 신탁재산을 다음 각 호의 방법으로 국가에 이전하여야 한다.
 1. 토지와 그 정착물은 신탁등기를 말소하고 국가로 소유권이전등기를 한다. 다만, 등기하기 곤란한 정착물은 현 상태대로 이전한다.
 2. 그 밖에 신탁으로 발생한 재산은 금전으로 중앙관서의 장 등에 낸다.

3 법 제59조(위탁 개발)

① 제42조 제1항과 제3항에 따라 관리·처분에 관한 사무를 위탁받은 자(이하 "수탁자"라 한다)는 위탁받은 일반재산을 개발할 수 있다.

② 수탁자가 ①항에 따라 개발하려는 경우에는 위탁기간, 위탁보수, 자금차입의 한도, 시설물의 용도 등에 대하여 대통령령으로 정하는 바에 따라 총괄청이나 중앙관서의 장의 승인을 받아야 한다. 승인받은 사항 중 대통령령으로 정하는 중요 사항을 변경하려는 경우에도 또한 같다.

> **위탁개발사업계획(영 제63조 제1항~제2항)**
> ① 법 제42조 제1항과 제3항에 따라 일반재산의 관리·처분에 관한 사무를 위탁받은 자(이하 "수탁자"라 한다)가 법 제59조 제2항에 따라 승인을 받으려는 경우에는 위탁기간, 위탁보수, 자금차입의 한도, 시설물의 용도, 토지이용계획 등을 포함하는 위탁개발사업계획을 수립하여야 한다.
> ② 중앙관서의 장이 법 제59조 제3항에 따라 협의하려는 경우에는 제1항의 위탁개발사업계획을 총괄청에 제출하여야 한다.

③ 중앙관서의 장이 ②항에 따라 개발을 승인하려는 경우에는 대통령령으로 정하는 바에 따라 총괄청과 협의하여야 한다. 협의된 사항 중 대통령령으로 정하는 중요 사항을 변경하려는 경우에도 또한 같다.

> **대통령령으로 정하는 중요 사항(영 제63조 제3항)**
> 다음 각 호의 어느 하나에 해당하는 사항을 말한다.
> 1. 위탁기간
> 2. 위탁보수
> 3. 자금차입의 한도
> 4. 시설물의 용도
> 5. 개발의 종류
> 6. 토지이용계획

④ 위탁 개발로 발생한 수익의 국가귀속방법, 그 밖에 필요한 사항은 대통령령으로 정한다.

> **위탁 개발 수익의 국가귀속 방법 등(영 제64조)**
> ① 수탁자가 법 제59조에 따라 개발한 재산의 소유권은 국가로 귀속된다.
> ② 수탁자는 위탁기간 중 매년 말일을 기준으로 위탁사무의 계산을 하고, 발생한 수익을 총괄청이나 중앙관서의 장에 내야 한다.

⑤ 개발한 재산의 대부·분양·관리의 방법은 제43조·제44조·제46조 및 제47조에도 불구하고 수탁자가 총괄청이나 중앙관서의 장과 협의하여 정할 수 있다.

4 민간참여 개발

(1) 민간참여 개발(법 제59조의2) 기출 30회·34회·36회

① 총괄청은 다음의 어느 하나에 해당하는 일반재산을 대통령령으로 정하는 민간사업자와 공동으로 개발할 수 있다.
  ㉠ 5년 이상 활용되지 아니한 재산
  ㉡ 국유재산정책심의위원회의 심의를 거쳐 개발이 필요하다고 인정되는 재산

> **대통령령으로 정하는 민간사업자(영 제64조의2)**
> 다음 각 호에 해당하는 자를 제외한 법인(외국법인을 포함한다)을 말한다.
>   1. 국가, 지방자치단체 및 공공기관
>   2. 특별법에 따라 설립된 공사 또는 공단

② 총괄청은 개발을 위하여 설립하는 국유지개발목적회사(국유지를 개발하기 위하여 민간사업자와 공동으로 설립하는 「법인세법」 제51조의2 제1항 제9호에 따른 투자회사를 말한다)와 자산관리회사(자산관리·운용 및 처분에 관한 업무의 수행을 국유지개발목적회사로부터 위탁받은 자산관리회사로서 대통령령으로 정하는 회사를 말한다)에 국유재산관리기금운용계획에 따라 출자할 수 있다. 이 경우 국유지개발목적회사에 대한 국가의 출자규모는 자본금의 100분의 30을 초과할 수 없다.
  ※ "대통령령으로 정하는 회사"란 「법인세법 시행령」 제86조의2 제5항 제2호 각 목의 어느 하나에 해당하는 법인을 말한다(영 제64조의3).

③ 국유지개발목적회사는 다음에 해당하는 자(각 호의 자와 대통령령으로 정하는 특수관계에 있는 자를 포함한다)로부터 총사업비의 100분의 30을 초과하여 사업비를 조달하여서는 아니 된다.
  ㉠ 「공공기관의 운영에 관한 법률」에 따른 공공기관
  ㉡ 특별법에 따라 설립된 각종 공사 또는 공단

> **대통령령으로 정하는 특수관계에 있는 자(영 제64조의4)**
> 다음 각 호의 어느 하나에 해당하는 자를 말한다.
>   1. 법 제59조의2 제3항 각 호의 어느 하나에 해당하는 자가 소유한 지분이 100분의 30을 넘는 법인
>   2. 법 제59조의2 제3항 각 호의 어느 하나에 해당하는 자가 최대 주식 소유자로서 경영에 참여하고 있는 법인

④ 국유지개발목적회사와 자산관리회사에 관하여 이 법에서 정하는 사항 외에는 「상법」에서 정하는 바에 따른다.
⑤ 총괄청은 국유재산관리기금운용계획에서 정한 범위 외에 국가에 부담이 되는 계약을 체결하려는 경우에는 미리 국회의 의결을 얻어야 한다.
⑥ 총괄청은 개발이 완료되고 출자목적이 달성된 경우 기획재정부장관이 정하는 바에 따라 출자한 지분을 회수하여야 한다.

(2) 민간참여 개발의 절차(법 제59조의3)

① 총괄청이 제59조의2에 따른 개발을 하려면 다음의 사항을 포함하는 민간참여 개발사업에 관한 기본계획(이하 "민간참여개발기본계획"이라 한다)을 수립하여야 한다.
  ㉠ 개발대상 재산 및 시설물의 용도에 관한 사항
  ㉡ 개발사업의 추정 투자금액·건설기간 및 규모에 관한 사항
  ㉢ 사전사업타당성 조사 결과에 관한 사항(「국가재정법」 제38조에 따른 예비타당성조사를 포함한다)
  ㉣ 민간사업자 모집에 관한 사항
  ㉤ 협상대상자 선정 기준 및 방법에 관한 사항
  ㉥ 그 밖에 개발과 관련된 중요 사항
② 총괄청은 민간참여개발기본계획에 대하여 제26조 제4항에 따른 분과위원회를 거쳐 위원회의 심의를 받아야 한다.
③ 총괄청은 위원회의 전문적인 심의를 위하여 기획재정부장관이 정하는 바에 따라 수익성 분석 및 기술 분야의 전문가로 민간참여개발자문단을 구성·운영하여야 한다. 이 경우 민간참여개발자문단은 민간참여개발기본계획에 대한 자문의견서를 위원회에 제출하여야 한다.
④ 총괄청은 협상대상자 선정 기준 및 방법 등 대통령령으로 정하는 민간참여개발기본계획의 중요 사항을 변경하려는 경우 ②항을 준용한다.

> **협상대상자 선정 기준 및 방법 등 대통령령으로 정하는 민간참여개발기본계획의 중요사항을 변경하려는 경우(영 제64조의5)**
> 다음 각 호의 어느 하나에 해당하는 경우를 말한다.
>   1. 공용재산 부분에 대한 시설물의 용도를 변경하려는 경우
>   2. 개발사업의 추정 투자금액 또는 시설물의 규모를 100분의 10 이상 변경하려는 경우
>   3. 협상대상자 선정 기준 및 방법에 관한 사항을 변경하려는 경우
>   4. 그 밖에 총괄청이 민간참여 개발사업의 원활한 추진을 위하여 위원회 및 분과위원회의 심의를 받을 필요가 있다고 인정하는 중요사항을 변경하려는 경우

⑤ 총괄청은 민간사업자를 공개적으로 모집하고 선정하여야 한다. 이 경우 협상대상자 선정 기준 및 방법 등 모집에 관한 사항을 공고(인터넷에 게재하는 방식에 따른 경우를 포함한다)하여야 한다.
⑥ 민간사업자가 공고된 민간참여 개발사업에 참여하려는 경우에는 타당성 조사내용, 수익배분기준 등 대통령령으로 정하는 사항을 포함하는 민간참여개발사업계획제안서(이하 "사업제안서"라 한다)를 작성하여 총괄청에 제출하여야 한다.

> **대통령령으로 정하는 사항(영 제64조의6)**
> 다음 각 호를 말한다.
>   1. 사업계획에 관한 사항
>   2. 사업계획의 타당성 조사에 관한 사항
>   3. 국유지개발목적회사의 지분 구성과 사업 구조 등 세부 운영방안에 관한 사항
>   4. 개발 대상 국유지의 매입가격에 관한 사항
>   5. 총사업비의 명세 및 자금조달 계획에 관한 사항

        6. 수익배분 기준에 관한 사항
        7. 분양·매각 및 임대 계획에 관한 사항
        8. 사업 참여자 간 역할과 책임에 관한 사항
        9. 그 밖에 총괄청이 필요하다고 인정하는 사항

    ⑦ 총괄청은 제출된 사업제안서에 대하여 민간전문가가 과반수로 구성된 민간참여개발사업평가단의 평가와 위원회의 심의를 거쳐 협상대상자를 지정하여야 한다.
    ⑧ 총괄청은 지정한 협상대상자와의 협의에 따라 개발사업의 추진을 위한 사업협약을 체결한다. 이 경우 제59조의2 제3항에 따른 사업비 조달 제한 및 위반 시 책임에 관한 사항이 포함되어야 한다.
    ⑨ 민간참여개발사업평가단의 구성·운영에 관한 사항은 대통령령으로 정한다.

(3) 민간참여 개발사업의 평가(법 제59조의4)
    ① 총괄청은 매년 민간참여 개발사업의 추진현황 및 실적을 평가하여 위원회에 보고하여야 한다.
    ② 총괄청은 평가결과 제59조의2 제3항을 위반하거나 사업부실 등으로 개발목적을 달성할 수 없다고 판단하는 경우에는 위원회의 심의를 거쳐 출자지분의 회수 등 필요한 조치를 하여야 한다.

5 법 제59조의5(손해배상책임)

제59조의3 제7항에 따라 협상대상자로 지정받은 자가 사업제안서를 거짓으로 작성하여 국가에 손해를 발생하게 한 때에는 국가에 손해를 배상할 책임을 진다.

제7절 현물출자

1 법 제60조(현물출자) 기출 32회

정부는 다음의 어느 하나에 해당하는 경우에는 일반재산을 현물출자할 수 있다.
① 정부출자기업체를 새로 설립하려는 경우
② 정부출자기업체의 고유목적사업을 원활히 수행하기 위하여 자본의 확충이 필요한 경우
③ 정부출자기업체의 운영체제와 경영구조의 개편을 위하여 필요한 경우

2 법 제61조(현물출자 절차)

① 정부출자기업체는 현물출자를 받으려는 때에는 다음의 서류를 붙여 관계 법령에 따라 해당 정부출자기업체의 업무를 관장하는 행정기관의 장(이하 "주무기관의 장"이라 한다)에게 신청하여야 한다.
    ㉠ 현물출자의 필요성
    ㉡ 출자재산의 규모와 명세

ⓒ 출자재산의 가격평가서
　　　ⓓ 재무제표 및 경영현황
　　　ⓔ 사업계획서
　② 주무기관의 장이 출자신청을 받은 때에는 현물출자의 적정성을 검토한 후 ①항의 서류와 현물출자 의견서를 붙여 총괄청에 현물출자를 요청하여야 한다.
　③ 총괄청은 현물출자를 요청받은 경우에는 현물출자계획서를 작성하여 국무회의의 심의를 거쳐 대통령의 승인을 받아야 한다.

3 법 제62조(출자가액 산정)

현물출자하는 경우에 일반재산의 출자가액은 제44조에 따라 산정한다. 다만, 지분증권의 산정가액이 액면가에 미달하는 경우에는 그 지분증권의 액면가에 따른다.
※ 법 제62조에 따라 출자가액을 산정하는 경우 재산의 평가기준일은 기획재정부장관이 정한다(영 제65조).

4 법 제63조(출자재산 등의 수정)

총괄청은 평가기준일부터 출자일까지의 기간에 현물출자 대상재산이 멸실·훼손 등으로 변동된 경우에는 출자재산이나 출자가액을 수정할 수 있다. 이 경우 해당 주무기관의 장은 현물출자 대상재산의 변동 사실을 지체 없이 총괄청에 알려야 한다.

5 법 제64조(현물출자에 따른 지분증권의 취득가액)

정부가 현물출자로 취득하는 지분증권의 취득가액은 기획재정부령으로 정하는 자산가치 이하로 한다. 다만, 지분증권의 자산가치가 액면가에 미달하는 경우로서 대통령령으로 정하는 경우에는 액면가로 할 수 있다.

대통령령으로 정하는 경우(영 제66조)
다음 각 호의 어느 하나에 해당하는 경우를 말한다.
　1. 정부가 자본금의 전액을 출자한 기업체에 현물출자하는 경우
　2. 정부가 출자한 현물을 회수하기 위하여 현물출자한 재산과 그 대가로 취득한 지분증권을 상호반환하는 것을 조건으로 하여 현물출자 하는 경우
　3. 「금융산업의 구조개선에 관한 법률」제12조에 따라 금융위원회로부터 자본감소의 명령을 받은 금융기관에 대하여 금융위원회의 요청에 따라 현물출자하는 경우

현물출자 재산의 반환(영 제67조)
① 제66조 제2호에 따라 출자한 현물을 반환받는 경우에 현물출자한 재산과 그 대가로 취득한 지분증권은 반환 시점의 시가에도 불구하고 현물출자 당시와 동일하게 상호반환하는 것을 조건으로 하여야 한다.
② 제1항에 따른 반환의 시기와 그 밖에 필요한 사항은 총괄청과 기업체 간의 계약으로 정한다.

제5장 지식재산 관리·처분의 특례

> **Point 출제포인트**
> ▷ 지식재산의 사용허가
> ▷ 지식재산의 사용허가 등의 방법
> ▷ 지식재산의 사용허가 등 기간

1 제65조의7(지식재산의 사용허가 등)

① 지식재산의 사용허가 또는 대부(이하 "사용허가 등"이라 한다)를 받은 자는 제30조 제2항 본문 및 제47조 제1항에도 불구하고 해당 중앙관서의 장 등의 승인을 받아 그 지식재산을 다른 사람에게 사용·수익하게 할 수 있다.
② 저작권 등의 사용허가 등을 받은 자는 해당 지식재산을 관리하는 중앙관서의 장 등의 승인을 받아 그 저작물의 변형, 변경 또는 개작을 할 수 있다.

2 법 제65조의8(지식재산의 사용허가 등의 방법)

① 중앙관서의 장 등은 지식재산의 사용허가 등을 하려는 경우에는 제31조 제1항 본문 및 제47조 제1항에도 불구하고 수의(隨意)의 방법으로 하되, 다수에게 일시에 또는 여러 차례에 걸쳐 할 수 있다.
② 사용허가 등을 받은 자는 다른 사람의 이용을 방해하여서는 아니 된다.
③ 중앙관서의 장 등은 ②항을 위반하여 다른 사람의 이용을 방해한 자에 대하여 사용허가 등을 철회할 수 있다.
④ 중앙관서의 장 등은 ①항에도 불구하고 제65조의11 제1항에 따른 사용허가 등의 기간 동안 신청자 외에 사용허가 등을 받으려는 자가 없거나 지식재산의 효율적인 관리를 위하여 특히 필요하다고 인정하는 경우에는 특정인에 대하여만 사용허가 등을 할 수 있다. 이 경우 사용허가 등의 방법은 제31조 제1항 본문 및 제2항 또는 제47조 제1항에 따른다.

> **지식재산의 사용허가 등의 방법(영 제67조의7)**
> 중앙관서의 장 등은 법 제65조의8 제4항 후단에 따라 지식재산을 일반경쟁입찰에 부치는 경우 일반경쟁입찰을 두 번 실시하여도 낙찰자가 없는 재산에 대해서는 법 제65조의8 제1항에 따라 수의(隨意)의 방법으로 사용허가 등을 할 수 있다.

3 법 제65조의9(지식재산의 사용료 등)

① 지식재산의 사용허가 등을 한 때에는 제32조 제1항 및 제47조 제1항에도 불구하고 해당 지식재산으로부터의 매출액 등을 고려하여 대통령령으로 정하는 사용료 또는 대부료를 징수한다.

② 동일인(상속인이나 그 밖의 포괄승계인은 피승계인과 동일인으로 본다)이 같은 지식재산을 계속 사용·수익하는 경우에는 제33조 및 제47조 제1항은 적용하지 아니한다.

지식재산 사용료 등의 산정기준(영 제67조의8)

① 법 제65조의9 제1항에 따른 지식재산의 사용료 또는 대부료(이하 "사용료 등"이라 한다)의 산정기준은 다음 각 호의 구분에 따른다.
  1. 법 제5조 제1항 제6호 가목의 지식재산 : [별표 2의2]
  2. 법 제5조 제1항 제6호 나목의 지식재산 : 총괄청이 지식재산을 이용한 제품의 매출액 또는 지식재산의 이용횟수 등을 고려하여 문화체육관광부장관과 협의하여 정한 기준
  3. 법 제5조 제1항 제6호 다목의 지식재산 : [별표 2의3]
  4. 법 제5조 제1항 제6호 라목의 지식재산 : 제1호부터 제3호까지의 기준 중 해당 지식재산과 가장 유사한 지식재산에 적용되는 기준

② 제1항에도 불구하고 법 제65조의8 제4항 후단에 따라 일반경쟁입찰로 사용허가 등을 하는 경우 사용료 등은 최고입찰가로 결정한다. 이 경우 제29조 제6항을 적용하지 아니한다.

③ 법 제65조의11 제2항에 따라 사용허가 등을 갱신하는 경우 갱신된 사용허가등 기간의 사용료 등은 제34조 제2항에도 불구하고 제1항 및 제2항에 따른다. 다만, 법 제65조의11 제2항 단서에 따라 사용허가 등을 갱신하는 경우의 사용료 등은 다음 계산식에 따라 산출한다.

| 갱신하기 직전의 사용료 등 | × | 제1항에 따라 산정한 갱신되는 기간의 사용료 등 | ÷ | 제1항에 따라 산정한 갱신되기 이전 기간의 사용료 등 |

4 법 제65조의10(지식재산 사용료 또는 대부료의 감면)

중앙관서의 장 등은 제34조 제1항 및 제47조 제1항에서 정한 사항 외에 다음의 어느 하나에 해당하는 경우에는 대통령령으로 정하는 바에 따라 그 사용료 또는 대부료를 감면할 수 있다. 〈개정 2024.1.9.〉

① 「농업·농촌 및 식품산업기본법」 제3조 제2호에 따른 농업인과 「수산업·어촌 발전기본법」 제3조 제3호에 따른 어업인의 소득 증대, 「중소기업기본법」 제2조에 따른 중소기업의 수출 증진, 「중소기업창업지원법」 제2조 제3호 및 제6호에 따른 창업기업·재창업기업에 대한 지원 및 「벤처기업육성에 관한 특별법」 제2조 제1항에 따른 벤처기업의 창업 촉진, 그 밖에 이에 준하는 국가시책을 추진하기 위하여 중앙관서의 장 등이 필요하다고 인정하는 경우 : 면제

② 그 밖에 지식재산을 공익적 목적으로 활용하기 위하여 중앙관서의 장 등이 필요하다고 인정하는 경우 : 감면

> **지식재산 사용료 등의 감면(영 제67조의9)**
> ① 중앙관서의 장 등은 법 제65조의10에 따라 사용료 등을 감면하려는 경우 사용허가서 또는 대부계약서에 그 이용 방법 및 조건의 범위를 명시하여야 한다.
> ② 법 제65조의10 제2호의 경우 그 사용료 등의 감면비율은 다음과 같다.
>   1. 지방자치단체에 사용허가 등을 하는 경우 : 면제
>   2. 그 밖의 경우 : 사용료 등의 100분의 50

5 법 제65조의11(지식재산의 사용허가 등 기간) 기출 33회

① 제35조 또는 제46조에도 불구하고 지식재산의 사용허가기간 또는 대부기간은 5년 이내에서 대통령령으로 정한다.
② 사용허가기간 또는 대부기간이 끝난 지식재산(제35조 제2항 본문 및 제46조 제2항에 따라 대통령령으로 정하는 지식재산의 경우는 제외한다)에 대하여는 ①항의 사용허가기간 또는 대부기간을 초과하지 아니하는 범위에서 종전의 사용허가 등을 갱신할 수 있다. 다만, 제65조의8 제4항에 따른 사용허가 등의 경우에는 이를 한 번만 갱신할 수 있다.

> **지식재산의 사용허가 등 기간(영 제67조의10)**
> ① 법 제65조의11 제1항에 따라 지식재산(상표권은 제외한다)의 사용허가 등의 기간은 3년 이내로 한다.
> ② 제1항에도 불구하고 다음 각 호의 어느 하나에 해당하는 경우에는 그 사용허가 등의 기간을 다음 각 호의 구분에 따른 기간만큼 연장할 수 있다. 이 경우에도 최초의 사용허가 등의 기간과 연장된 사용허가 등의 기간을 합산한 기간은 5년을 초과하지 못한다.
>   1. 해당 지식재산을 실시하는 데에 필요한 준비기간이 1년 이상 걸리는 경우 : 그 준비기간
>   2. 해당 지식재산의 존속기간이 계약일부터 4년 이내에 만료되는 경우 : 그 존속기간 만료 시까지의 남은 기간
> ③ 상표권의 사용허가 등의 기간은 5년 이내로 한다.

5 저작권의 귀속 등(법 제65조의12)

① 중앙관서의 장 등은 국가 외의 자와 저작물 제작을 위한 계약을 체결하는 경우 그 결과물에 대한 저작권 귀속에 관한 사항을 계약내용에 포함하여야 한다.
② 중앙관서의 장 등이 국가 외의 자와 공동으로 창작하기 위한 계약을 체결하는 경우 그 결과물에 대한 저작권은 제11조 제1항 본문에도 불구하고 공동으로 소유하며, 별도의 정함이 없으면 그 지분은 균등한 것으로 한다. 다만, 그 결과물에 대한 기여도 및 국가안전보장, 국방, 외교관계 등 계약목적물의 특수성을 고려하여 협의를 통하여 저작권의 귀속주체 또는 지분율 등을 달리 정할 수 있다.
③ 중앙관서의 장 등은 ①항 및 ②항에 따른 계약을 체결하는 경우 그 결과물에 대한 저작권의 전부를 국가 외의 자에게 귀속시키는 내용의 계약을 체결하여서는 아니 된다.

제6장 대장(臺帳)과 보고

> **Point 출제포인트**
> ▷ 대장과 실태조사
> ▷ 다른 사람의 토지 등의 출입
> ▷ 멸실 등의 보고

1 법 제66조(대장과 실태조사)

① 중앙관서의 장 등은 국유재산의 구분과 종류에 따라 그 소관에 속하는 국유재산의 대장·등기사항증명서와 도면을 갖추어 두어야 한다. 이 경우 국유재산의 대장은 전산자료로 대신할 수 있다.
② 중앙관서의 장 등은 매년 그 소관에 속하는 국유재산의 실태를 조사하여 대장을 정비하여야 한다.
③ 대장과 실태조사에 필요한 사항은 대통령령으로 정한다.
④ 총괄청은 중앙관서별로 국유재산에 관한 총괄부(總括簿)를 갖추어 두어 그 상황을 명백히 하여야 한다. 이 경우 총괄부는 전산자료로 대신할 수 있다.
⑤ 총괄청, 중앙관서의 장 또는 제28조, 제29조, 제42조 제1항·제3항에 따라 관리사무를 위임받은 공무원이나 위탁받은 자가 국유재산의 관리·처분을 위하여 필요하면 등기소, 그 밖의 관계 행정기관의 장에게 무료로 필요한 서류의 열람과 등사 또는 그 등본, 초본 또는 등기사항증명서의 교부를 청구할 수 있다.

2 법 제67조(다른 사람의 토지 등의 출입)

① 중앙관서의 장 등 또는 제25조에 따라 총괄사무를 위임·위탁받은 자의 직원은 그 위임·위탁 사무의 수행이나 제66조 제2항에 따른 실태조사를 위하여 필요한 경우 다른 사람의 토지 등에 출입할 수 있다.
② 다른 사람의 토지 등에 출입하려는 사람은 소유자·점유자 또는 관리인(이하 "이해관계인"이라 한다)에게 미리 알려야 한다. 다만, 이해관계인을 알 수 없는 때에는 그러하지 아니하다.
③ 이해관계인은 정당한 사유 없이 ①항에 따른 출입을 거부하거나 방해하지 못한다.
④ 다른 사람의 토지 등에 출입하려는 사람은 신분을 표시하는 증표를 지니고 이를 이해관계인에게 내보여야 한다.

3 법 제68조(가격평가 등)

국유재산의 가격평가 등 회계처리는 「국가회계법」 제11조에 따른 국가회계기준에서 정하는 바에 따른다.

4 법 제69조(국유재산관리운용보고서)

① 중앙관서의 장은 그 소관에 속하는 국유재산에 관하여 국유재산관리운용보고서를 작성하여 다음 연도 2월 말일까지 총괄청에 제출하여야 한다. 이 경우 국유재산관리운용보고서에 포함되어야 할 사항은 대통령령으로 정한다.

> **국유재산관리운용보고서(영 제70조)**
> 법 제69조 제1항에 따른 국유재산관리운용보고서에 포함되어야 할 사항은 다음 각 호와 같다.
>   1. 국유재산종합계획에 대한 집행 실적 및 평가 결과
>   2. 연도 말 국유재산의 증감 및 보유 현황
>   2의2. 「국유재산특례제한법」 제9조에 따른 운용실적
>   3. 그 밖에 국유재산의 관리·처분 업무와 관련하여 중앙관서의 장이 중요하다고 인정하는 사항

② 총괄청은 국유재산관리운용보고서를 통합하여 국유재산관리운용총보고서를 작성하여야 한다.
③ 총괄청은 국유재산관리운용총보고서를 다음 연도 4월 10일까지 감사원에 제출하여 검사를 받아야 한다.
④ 총괄청은 감사원의 검사를 받은 국유재산관리운용총보고서와 감사원의 검사보고서를 다음 연도 5월 31일까지 국회에 제출하여야 한다.

5 법 제70조(멸실 등의 보고)

중앙관서의 장 등은 그 소관에 속하는 국유재산이 멸실되거나 철거된 경우에는 지체 없이 그 사실을 총괄청과 감사원에 보고하여야 한다.

6 법 제71조(적용 제외)

국방부장관이 관리하는 제5조 제1항 제2호의 재산과 그 밖에 중앙관서의 장이 총괄청과 협의하여 정하는 재산은 제68조부터 제70조까지의 규정을 적용하지 아니한다.

제7장 보칙 및 벌칙

Point 출제포인트
▷ 변상금의 징수
▷ 변상책임
▷ 청산절차

1 법 제72조(변상금의 징수) 기출 30회·31회

① 중앙관서의 장 등은 무단점유자에 대하여 대통령령으로 정하는 바에 따라 그 재산에 대한 사용료나 대부료의 100분의 120에 상당하는 변상금을 징수한다. 다만, 다음의 어느 하나에 해당하는 경우에는 변상금을 징수하지 아니한다.
　㉠ 등기사항증명서나 그 밖의 공부(公簿)상의 명의인을 정당한 소유자로 믿고 적절한 대가를 지급하고 권리를 취득한 자(취득자의 상속인이나 승계인을 포함한다)의 재산이 취득 후에 국유재산으로 밝혀져 국가에 귀속된 경우
　㉡ 국가나 지방자치단체가 재해대책 등 불가피한 사유로 일정 기간 국유재산을 점유하게 하거나 사용·수익하게 한 경우
② 변상금은 무단점유를 하게 된 경위(經緯), 무단점유지의 용도 및 해당 무단점유자의 경제적 사정 등을 고려하여 대통령령으로 정하는 바에 따라 5년의 범위에서 징수를 미루거나 나누어 내게 할 수 있다.
③ 변상금을 징수하는 경우에는 제33조에 따른 사용료와 제47조에 따른 대부료의 조정을 하지 아니한다.

> **변상금(영 제71조)**
> ① 법 제72조에 따른 변상금은 제29조 제1항부터 제4항까지의 규정에 따라 산출한 연간 사용료 또는 연간 대부료(지식재산의 경우 제67조의8 제1항에 따라 산출한 사용료 등을 말한다)의 100분의 120에 상당하는 금액으로 한다. 이 경우 점유한 기간이 1회계연도를 초과할 때에는 각 회계연도별로 산출한 변상금을 합산한 금액으로 한다. 〈개정 2022.12.30.〉
> ② 중앙관서의 장 등은 무단점유자가 다음 각 호의 어느 하나에 해당하는 경우에는 변상금의 최초 납부기한부터 1년의 범위에서 그 징수를 미룰 수 있다.
> 　1. 재해나 도난으로 재산에 심한 손실을 입은 경우
> 　2. 무단점유자 또는 그 동거 가족의 질병이나 중상해로 장기 치료가 필요한 경우
> 　3. 「국민기초생활보장법」 제2조 제2호에 따른 수급자인 경우
> 　4. 그 밖에 제1호 및 제2호에 준하는 사유로 인정되는 경우
> ③ 중앙관서의 장 등은 제1항의 변상금이 50만원을 초과하는 경우에는 법 제72조 제2항에 따라 변상금 잔액에 고시이자율을 적용하여 산출한 이자를 붙이는 조건으로 3년 이내의 기간에 걸쳐 나누어 내게 할 수 있다. 이 경우 나누어 낼 변상금의 납부일자와 납부금액을 함께 통지하여야 한다. 〈개정 2022.12.30.〉

④ 법 제72조 제2항에 따라 변상금을 미루어 내거나 나누어 내려는 자는 제5항에 따라 준용되는 제36조 제3항에 따른 납부기한 다음 날부터 기산해 1년이 되는 날까지 기획재정부령으로 정하는 신청서를 중앙관서의 장 등에게 제출해야 한다.
⑤ 변상금의 징수에 관하여는 제36조 제3항 및 제4항을 준용한다.

2 법 제73조(연체료 등의 징수)

① 중앙관서의 장 등은 국유재산의 사용료, 관리소홀에 따른 가산금, 대부료, 매각대금, 교환자금 및 변상금(징수를 미루거나 나누어 내는 경우 이자는 제외한다)이 납부기한까지 납부되지 아니한 경우 대통령령으로 정하는 바에 따라 연체료를 징수할 수 있다. 이 경우 연체료 부과대상이 되는 연체기간은 납기일부터 60개월을 초과할 수 없다.
② 중앙관서의 장 등은 국유재산의 사용료, 관리소홀에 따른 가산금, 대부료, 변상금 및 제1항에 따른 연체료가 납부기한까지 납부되지 아니한 경우에는 다음의 방법에 따라「국세징수법」제10조와 같은 법의 체납처분에 관한 규정을 준용하여 징수할 수 있다.
  ㉠ 중앙관서의 장(일반재산의 경우 제42조 제1항에 따라 관리·처분에 관한 사무를 위임받은 자를 포함한다)은 직접 또는 관할 세무서장이나 지방자치단체의 장(이하 "세무서장 등"이라 한다)에게 위임하여 징수할 수 있다. 이 경우 관할 세무서장등은 그 사무를 집행할 때 위임한 중앙관서의 장의 감독을 받는다.
  ㉡ 제42조 제1항에 따라 관리·처분에 관한 사무를 위탁받은 자는 관할 세무서장 등에게 징수하게 할 수 있다.

3 법 제73조의2(도시관리계획의 협의 등) 기출 36회

① 중앙관서의 장이나 지방자치단체의 장은 국유재산에 대하여「국토의 계획 및 이용에 관한 법률」에 따라 도시관리계획을 결정·변경하거나 다른 법률에 따라 이용 및 보전에 관한 제한을 하는 경우 대통령령으로 정하는 바에 따라 미리 해당 국유재산을 소관하는 총괄청이나 중앙관서의 장과 협의하여야 한다.

도시·군관리계획의 협의 등(영 제72조의2)
① 중앙관서의 장 또는 지방자치단체의 장이 법 제73조의2 제1항에 따라 협의하려는 경우에는 다음 각 호의 구분에 따른 자와 협의하여야 한다.
  1. 총괄청 소관 일반재산인 경우 : 총괄청
  2. 제1호 외의 국유재산인 경우 : 해당 국유재산을 소관하는 중앙관서의 장
② 중앙관서의 장 등이 법 제73조의2 제2항에 따라 총괄청과 협의하려는 경우에는 사전검토 의견과 함께 기획재정부령으로 정하는 서류를 첨부하여야 한다.

② 중앙관서의 장 등(다른 법령에 따라 국유재산의 관리·처분에 관한 사무를 위임 또는 위탁받은 자를 포함한다)은 「국토의 계획 및 이용에 관한 법률」 제65조 제3항 또는 그 밖의 법률에 따라 국유재산인 공공시설의 귀속에 관한 사항이 포함된 개발행위에 관한 인·허가 등을 하려는 자에게 의견을 제출하려는 경우에는 대통령령으로 정하는 바에 따라 총괄청과 미리 협의하여야 한다.
③ 총괄청이나 중앙관서의 장 등은 국유재산을 효율적으로 관리하고 그 활용도를 높이기 위하여 필요하다고 인정하는 경우 「국토의 계획 및 이용에 관한 법률」에 따른 도시관리계획의 입안권자에게 해당 도시관리계획의 변경을 요청할 수 있다.

4 법 제73조의3(소멸시효)

① 이 법에 따라 금전의 급부를 목적으로 하는 국가의 권리는 5년간 행사하지 아니하면 시효의 완성으로 소멸한다.
② 법 제73조 제2항의 권리의 소멸시효는 다음의 사유로 인하여 중단된다.
　㉠ 납부고지
　㉡ 독촉
　㉢ 교부청구
　㉣ 압류
③ 중단된 소멸시효는 다음의 어느 하나의 기간이 지난 때부터 새로 진행한다.
　㉠ 납부고지나 독촉에 따른 납입기간
　㉡ 교부청구 중의 기간
　㉢ 압류해제까지의 기간
④ 소멸시효는 다음의 어느 하나에 해당하는 기간에는 진행되지 아니한다.
　㉠ 이 법에 따른 분납기간, 징수유예기간
　㉡ 「국세징수법」에 따른 압류·매각의 유예기간
　㉢ 「국세징수법」 제25조에 따른 사해행위 취소소송이나 「민법」 제404조에 따른 채권자대위 소송을 제기하여 그 소송이 진행 중인 기간(소송이 각하·기각 또는 취소된 경우에는 시효정지의 효력이 없다)
⑤ 이 법에 따라 금전의 급부를 목적으로 하는 국가의 권리의 소멸시효에 관하여 이 법에 특별한 규정이 있는 것을 제외하고는 「민법」과 「국가재정법」에 따른다.

5 법 제74조(불법시설물의 철거)

정당한 사유 없이 국유재산을 점유하거나 이에 시설물을 설치한 경우에는 중앙관서의 장 등은 「행정대집행법」을 준용하여 철거하거나 그 밖에 필요한 조치를 할 수 있다.

6 법 제75조(과오납금 반환 가산금)

국가는 과오납된 국유재산의 사용료, 대부료, 매각대금 또는 변상금을 반환하는 경우에는 과오납된 날의 다음 날부터 반환하는 날까지의 기간에 대하여 대통령령으로 정하는 이자를 가산하여 반환한다.
※ "대통령령으로 정하는 이자"란 고시이자율을 적용하여 산출한 이자를 말한다(영 제73조).

7 법 제76조(정보공개)

① 총괄청은 국유재산의 효율적인 관리와 처분을 위하여 보유·관리하고 있는 정보를 정보통신망을 활용한 정보공개시스템을 통하여 공표하여야 한다.
② 공표 대상 정보의 범위 및 공표 절차 등에 필요한 사항은 대통령령으로 정한다.

> **정보 공개(영 제74조)**
> 법 제76조 제1항에 따라 총괄청은 다음 각 호의 정보를 국민들이 알기 쉽도록 공개하여야 한다.
> 1. 국유재산의 취득, 처분 및 보유 규모
> 2. 사용허가, 대부 및 매각이 가능한 국유재산 현황
> 3. 그 밖에 국유재산의 중요 정책 등에 관한 현황

8 은닉재산 등

(1) 은닉재산 등의 신고(법 제77조)

① 은닉된 국유재산이나 소유자 없는 부동산을 발견하여 정부에 신고한 자에게는 대통령령으로 정하는 바에 따라 보상금을 지급할 수 있다.

> **은닉재산 등의 신고(영 제75조)**
> ① 법 제77조에 따른 보상금의 지급 또는 양여의 대상이 되는 은닉된 국유재산은 등기부 등본 또는 지적공부에 국가 외의 자의 명의로 등기 또는 등록되어 있고, 국가가 그 사실을 인지하지 못하고 있는 국유재산으로 한다.
> ② 법 제77조에 따른 보상금의 지급 또는 양여의 대상이 되는 소유자 없는 부동산은 등기부 등본 또는 지적공부에 등기 또는 등록된 사실이 없는 재산이거나 그 밖에 소유자를 확인할 수 없는 재산으로서 국가가 그 사실을 인지하지 못하고 있는 재산으로 한다. 다만, 공공용재산은 제외한다.
> ③ 법 제77조에 따른 은닉재산 등의 신고는 기획재정부령으로 정하는 바에 따라 조달청장에게 하여야 한다.
> ④ 조달청장은 기획재정부령으로 정하는 바에 따라 은닉재산 등 처리대장을 갖추어 두고 이에 필요한 사항을 적어야 한다.

② 지방자치단체가 은닉된 국유재산이나 소유자 없는 부동산을 발견하여 신고한 경우에는 대통령령으로 정하는 바에 따라 그 재산가격의 2분의 1의 범위에서 그 지방자치단체에 국유재산을 양여하거나 보상금을 지급할 수 있다.

> **보상금의 지급(영 제76조)**
> ① 지방자치단체 외의 자가 발견하여 신고한 은닉재산 등의 국가귀속이 확정되었을 때에는 법 제77조에 따라 그 신고자에게 해당 재산가격의 100분의 10의 범위에서 보상금을 지급한다.
> ② 제1항의 보상금은 3천만원을 한도로 하되, 은닉재산 등의 종류별 보상률과 최고 금액은 기획재정부령으로 정한다.
> ③ 법 제77조 제2항에 따라 지방자치단체에 보상하려는 경우에는 다음 각 호의 구분에 따라 재산을 양여할 수 있다.
>   1. 은닉재산을 발견·신고한 경우 : 총괄청이 지정하는 재산으로서 지방자치단체가 신고한 해당 재산 가격의 100분의 30을 넘지 아니하는 금액에 상당하는 재산을 양여
>   2. 다음 각 목의 어느 하나에 해당하는 소유자 없는 부동산을 발견·신고한 경우 : 총괄청이 지정하는 재산으로서 지방자치단체가 신고한 해당 재산 가격의 100분의 15를 넘지 않는 금액에 상당하는 재산을 양여
>   가. 공공용재산(폐쇄도로와 폐하천을 포함한다) 외에 처음부터 등기부 등본 또는 지적공부에 등기 또는 등록된 사실이 없는 재산
>   나. 공유수면 매립 등으로 조성된 토지의 이해관계인이 없어 소유권 취득 절차를 밟지 아니한 재산
> ④ 은닉재산 등을 신고한 자가 둘 이상인 경우에는 먼저 신고한 자에게 보상금을 지급한다. 다만, 신고한 면적이 서로 다른 경우에는 나중에 신고한 자에게도 잔여분에 한정하여 보상금을 지급할 수 있다.
> ⑤ 제1항 및 제3항의 경우에 해당 재산가격의 결정에 관하여는 제29조 제2항 각 호를 준용한다.

(2) 은닉재산의 자진반환자 등에 관한 특례(법 제78조)

은닉된 국유재산을 선의(善意)로 취득한 후 그 재산을 다음의 어느 하나에 해당하는 원인으로 국가에 반환한 자에게 같은 재산을 매각하는 경우에는 제50조에도 불구하고 <u>대통령령으로 정하는</u> 바에 따라 반환의 원인별로 차등을 두어 그 매각대금을 이자 없이 12년 이하에 걸쳐 나누어 내게 하거나 매각 가격에서 8할 이하의 금액을 뺀 잔액을 그 매각대금으로 하여 전액을 한꺼번에 내게 할 수 있다.
① 사신 반환
② 재판상의 화해
③ 그 밖에 대통령령으로 정하는 원인

> **은닉재산의 자진반환자 등에 관한 특례(영 제77조)**
> ① 법 제78조에 따른 매각의 대상이 되는 은닉된 국유재산은 등기부 등본 또는 지적공부에 국가 외의 자의 명의로 등기 또는 등록된 국유재산으로 한다.
> ② 법 제78조에 따라 은닉된 국유재산을 국가에 반환한 자에게 매각하는 경우 그 반환의 원인에 따라 매각대금을 나누어 낼 때의 분할납부기간과 일시납부하는 때의 매각대금은 [별표 3]과 같다.
> ③ 제2항에 따른 자진반환의 경우에 그 반환일은 반환하려는 은닉재산의 소유권 이전을 위한 등기신청서의 접수일로 한다.

9 법 제79조(변상책임)

① 국유재산의 관리에 관한 사무를 위임받은 자가 고의나 중대한 과실로 그 임무를 위반한 행위를 함으로써 그 재산에 대하여 손해를 끼친 경우에는 변상의 책임이 있다.
② 변상책임에 관하여는 「회계관계직원 등의 책임에 관한 법률」 제4조 제3항·제4항 및 제6조부터 제8조까지의 규정을 준용한다.

> **변상책임(영 제78조)**
>
> 중앙관서의 장은 법 제79조 제1항과 「회계관계직원 등의 책임에 관한 법률」 제4조 제3항 및 제4항에 해당하는 사실이 발생하였을 때에는 지체 없이 그 내용을 총괄청과 감사원에 통지하여야 한다.

> **➕ 알아보기** 회계관계직원의 변상책임(회계관계직원 등의 책임에 관한 법률 제4조)
> ① 회계관계직원은 고의 또는 중대한 과실로 법령이나 그 밖의 관계 규정 및 예산에 정하여진 바를 위반하여 국가, 지방자치단체, 그 밖에 감사원의 감사를 받는 단체 등의 재산에 손해를 끼친 경우에는 변상할 책임이 있다.
> ② 현금 또는 물품을 출납·보관하는 회계관계직원은 선량한 관리자로서의 주의를 게을리하여 그가 보관하는 현금 또는 물품이 망실(亡失)되거나 훼손(毁損)된 경우에는 변상할 책임이 있다.
> ③ 제2항의 경우 현금 또는 물품을 출납·보관하는 회계관계직원은 스스로 사무를 집행하지 아니한 것을 이유로 그 책임을 면할 수 없다.
> ④ 제1항 및 제2항의 경우 그 손해가 2명 이상의 회계관계직원의 행위로 인하여 발생한 경우에는 각자의 행위가 손해발생에 미친 정도에 따라 각각 변상책임을 진다. 이 경우 손해발생에 미친 정도가 분명하지 아니하면 그 정도가 같은 것으로 본다.

10 법 제79조의2(벌칙 적용에서의 공무원 의제)

위원회, 제59조의3 제3항에 따른 민간참여개발자문단 및 같은 조 제7항에 따른 민간참여개발사업평가단의 위원 중 공무원이 아닌 위원은 「형법」 제129조부터 제132조까지의 규정을 적용할 때에는 공무원으로 본다.

11 청산절차 등

(1) 청산절차의 특례(법 제80조)

국가가 지분증권의 2분의 1 이상을 보유하는 회사 중 대통령령으로 정하는 회사의 청산에 관하여는 「상법」 중 주주총회나 사원총회의 권한과 소집·결의방법 등에 관한 규정에도 불구하고 대통령령으로 정하는 바에 따른다.

> **청산에 관한 특례를 적용받는 회사의 범위(영 제79조)**
> ① 법 제80조에 따라 「상법」의 적용을 받지 아니하는 회사는 법률이나 기부채납 등에 따라 그 지분증권이 국가에 귀속된 기업체로서 총괄청이 지정하는 회사(이하 "청산법인"이라 한다)로 한다.
> ② 총괄청은 청산법인을 지정하였을 때에는 지체 없이 공고하여야 한다.

청산에 관한 특례(영 제80조)

① 청산법인이 법 제80조에 따라 「상법」을 적용받지 아니하는 범위는 다음 각 호의 사항에 관한 것으로 한다.
  1. 청산인 및 감사의 임명
  2. 「상법」 제533조에 따른 재산목록 및 대차대조표의 승인
  3. 영업의 양도·양수, 자본의 감소와 정관의 변경
  4. 청산경비·결산 및 청산종결의 승인
  5. 잔여재산의 분배 및 분배방법의 결정
  6. 주주총회 또는 사원총회의 소집
  7. 서류 보존인의 임명 및 보존방법의 결정
② 총괄청은 관계기관, 법인의 청산업무에 관한 학식과 경험이 풍부한 사람 등의 의견을 들어 제1항 각 호의 사항을 결정한다.
③ 청산법인의 청산에 관한 법령(법률은 제외한다)의 규정 중 이 영에 저촉되는 사항은 이 영에서 정하는 바에 따른다.

(2) 군사분계선 이북지역에 있는 회사의 청산절차(법 제81조) 기출 31회

① 제80조에 따른 회사 중 그 본점이나 주사무소가 군사분계선 이북지역에 있는 회사의 청산에 관하여는 「상법」과 제80조를 준용한다. 다만, 「상법」 중 다음의 사항에 해당하는 규정은 그러하지 아니하다.
  ㉠ 회사의 해산등기
  ㉡ 청산인의 신고 및 등기
  ㉢ 「상법」 제533조에 따른 재산목록 및 대차대조표의 제출
  ㉣ 청산종결의 등기
② 청산절차가 진행 중인 회사가 소유하고 있는 부동산의 소유권이 「민법」 제245조에 따라 그 부동산을 무단점유하고 있는 자에게 이전될 우려가 있으면 청산절차의 종결 전에도 총괄청이 그 부동산을 국가로 귀속시킬 수 있다. 이 경우 청산종결 후 남은 재산의 분배에서 주주나 그 밖의 지분권자의 권리는 영향을 받지 아니한다.
③ 회사를 청산하려면 대통령령으로 정하는 바에 따라 필요한 사항을 공고하여야 한다.
④ ②항이나 청산절차종결에 의하여 남은 재산의 분배에 따라 국가가 해당 회사의 부동산에 대한 소유권이전등기를 촉탁하는 경우의 등기절차는 「부동산등기법」의 규정에도 불구하고 대통령령으로 정하는 바에 따른다.

군사분계선 이북지역에 있는 회사의 청산절차(영 제81조)

① 법 제81조 제1항에 따라 회사를 청산하려면 같은 조 제3항에 따라 다음 각 호의 사항을 관보에 공고하고, 전국을 보급지역으로 하여 발행되는 일간신문이나 인터넷 홈페이지, 방송 등을 통해서도 이를 공고해야 한다.
  1. 해당 회사의 회사명 및 재산명세
  2. 공고 후 6개월이 지날 때까지 신고를 하지 아니하는 주주, 채권자, 그 밖의 권리자는 청산에서 제외된다는 뜻
② 법 제81조 제2항 후단 또는 청산절차 종결에 의한 잔여재산의 분배에 따라 국가가 해당 회사의 부동산에 대한 소유권이전등기를 촉탁하는 경우에는 법 제81조 제4항에 따라 「부동산등기법」 제36조 제1항에 따른 등기의무자의 승낙서를 첨부하지 아니하며, 같은 법 제40조 제1항 제2호에 따른 등기원인을 증명하는 서면은 총괄청이 관계기관, 법인의 청산업무에 관한 학식과 경험이 풍부한 사람 등의 의견을 들어 정한 서면으로 갈음한다.

12 보험 가입(영 제82조)

① 중앙관서의 장은 국유재산 중 연면적이 1천제곱미터 이상인 건물, 선박·항공기 및 그 종물과 법 제5조 제1항 제3호의 기계와 기구 중 중요한 것에 대해서는 손해보험에 가입하여야 한다.
② ①항의 건물, 선박·항공기 및 기계·기구를 사용허가하거나 대부하는 경우에는 유상·무상 여부와 관계없이 해당 사용허가 또는 대부를 받는 자에게 미리 손해보험에 가입하게 하거나 중앙관서의 장이 부담한 보험료를 내게 할 수 있다.

13 국유재산관리공무원에 대한 예산성과금 등의 지급(영 제83조)

① 총괄청 및 중앙관서의 장은 법 제28조 및 제42조에 따라 국유재산의 관리에 관한 사무를 위임받거나 그 사무의 일부를 분장하고 있는 공무원이 제도의 개선 등으로 인하여 수입을 늘리거나 지출을 절약하는데 기여하였을 때에는 「국가재정법」 제49조에 따라 예산성과금을 지급할 수 있다.
② 총괄청은 국유재산 관리에 관한 사무를 성실히 수행하거나 우수한 업무성과를 낸 공무원 또는 기관에 포상금을 지급할 수 있다.

14 고유식별정보의 처리(영 제84조)

총괄청 또는 중앙관서의 장 등은 다음의 사무를 수행하기 위하여 불가피한 경우 「개인정보 보호법 시행령」 제19조 제1호에 따른 주민등록번호가 포함된 자료를 처리할 수 있다.
① 법 제12조에 따른 소유자 없는 부동산의 공고에 따른 이의신청 관련 사무
② 법 제13조에 따른 기부채납 사무
③ 법 제18조에 따른 영구시설물 축조 관련 사무
④ 법 제30조(법 제47조 제1항에서 준용하는 경우를 포함한다)에 따른 사용허가 또는 대부 관련 사무
⑤ 법 제48조, 제54조 및 제55조에 따른 매각, 교환 및 양여 관련 사무
⑥ 법 제66조 및 제67조에 따른 실태조사 및 이와 관련된 토지 등의 출입
⑦ 법 제72조 및 제73조에 따른 변상금 또는 연체료 등의 징수
⑧ 법 제74조에 따른 불법시설물의 철거
⑨ 법 제75조에 따른 과오납금 반환
⑩ 법 제77조에 따른 은닉된 국유재산 또는 소유자 없는 부동산 신고 관련 사무

15 법 제82조(벌칙)

제7조 제1항을 위반하여 행정재산을 사용하거나 수익한 자는 2년 이하의 징역 또는 2천만원 이하의 벌금에 처한다.

제4편 | 국유재산법

제4편 실전문제

※ 개정법령 반영으로 인해 기출문제를 수정한 경우 기출수정 표기를 하였습니다.

제1장 총칙

01 국유재산법상 용어의 정의이다. ( )에 들어갈 내용으로 옳은 것은? 기출 24

- (ㄱ)(이)란 국가 외의 자가 제5조 제1항 각 호에 해당하는 재산의 소유권을 무상으로 국가에 이전하여 국가가 이를 취득하는 것을 말한다.
- (ㄴ)이란 사용허가나 대부계약 없이 국유재산을 사용·수익하거나 점유한 자에게 부과하는 금액을 말한다.
- 총괄청이란 (ㄷ)을 말한다.

① ㄱ : 기부채납, ㄴ : 부담금, ㄷ : 중앙관서의 장
② ㄱ : 무상양도, ㄴ : 변상금, ㄷ : 기획재정부장관
③ ㄱ : 기부채납, ㄴ : 변상금, ㄷ : 기획재정부장관
④ ㄱ : 무상양도, ㄴ : 변상금, ㄷ : 중앙관서의 장
⑤ ㄱ : 기부채납, ㄴ : 부담금, ㄷ : 기획재정부장관

해설

ㄱ. (**기부채납**)이란 국가 외의 자가 제5조 제1항 각 호에 해당하는 재산의 소유권을 무상으로 국가에 이전하여 국가가 이를 취득하는 것을 말한다(법 제2조 제2호).
ㄴ. (**변상금**)이란 사용허가나 대부계약 없이 국유재산을 사용·수익하거나 점유한 자에게 부과하는 금액을 말한다(법 제2조 제9호).
ㄷ. 총괄청이란 (**기획재정부장관**)을 말한다(법 제2조 제10호).

답 ③

02 국유재산법상 국유재산 관리·처분의 기본원칙으로 명시되어 있는 것은? 기출 18

① 수익과 손실이 균형을 이룰 것
② 보존가치와 활용가치를 고려할 것
③ 투명하고 효율적인 절차를 따를 것
④ 지속가능한 미래의 가치와 비용을 고려할 것
⑤ 국유재산이 소재한 지방자치단체의 이익에 부합되도록 할 것

해설

국유재산 관리·처분의 기본원칙(법 제3조)
 1. 국가전체의 이익에 부합되도록 할 것
 2. 취득과 처분이 균형을 이룰 것
 3. 공공가치와 활용가치를 고려할 것
 4. 경제적 비용을 고려할 것
 5. 투명하고 효율적인 절차를 따를 것

답 ③

03 국유재산법령상 국유재산에 관한 설명으로 옳지 않은 것은? 기출 24

① 정부시설에서 사용하는 궤도차량으로서 해당 시설의 폐지와 함께 포괄적으로 용도폐지된 것은 해당 시설이 폐지된 후에는 국유재산으로 하지 아니한다.
② 총괄청은 일반재산을 보존용재산으로 전환하여 관리할 수 있다.
③ 등기가 필요한 국유재산이 부동산인 경우 그 권리자의 명의는 국(國)으로 하되 소관 중앙관서의 명칭을 함께 적어야 한다.
④ 총괄청이나 중앙관서의 장은 소유자 없는 부동산을 국유재산으로 취득한다.
⑤ 지상권, 전세권, 광업권은 국유재산의 범위에 속한다.

해설

① (×) 정부시설에서 사용하는 궤도차량으로서 해당 시설의 폐지와 함께 포괄적으로 용도폐지된 것은 해당 시설이 폐지된 후도 국유재산으로 한다(법 제5조 제2항).

답 ①

04 국유재산법령상 국유재산에 관한 설명으로 옳지 않은 것은? 기출 18

① 대통령 관저와 국무총리 공관은 공용재산이다.
② 행정재산 외의 모든 국유재산은 일반재산이다.
③ 행정재산의 사용 여부는 「국가재정법」 제6조에 따른 중앙관서의 장의 의견을 들어 기획재정부장관이 결정한다.
④ 국가가 보존할 필요가 있다고 국토교통부장관이 결정한 재산은 보존용재산이다.
⑤ 정부기업이 비상근무에 종사하는 직원에게 제공하는 해당 근무지의 구내 또는 이와 인접한 장소에 설치된 주거용 시설은 기업용재산이다.

해설

④ (×) 보존용재산은 법령이나 그 밖의 필요에 따라 국가가 보존하는 재산이다(법 제6조 제2항 제4호).
① (○) 공용재산은 국가가 직접 사무용·사업용 또는 공무원의 주거용(직무 수행을 위하여 필요한 경우로서 대통령령으로 정하는 경우로 한정한다)으로 사용하거나 대통령령으로 정하는 기한까지 사용하기로 결정한 재산이다(법 제6조 제2항 제1호).
② (○) "일반재산"이란 행정재산 외의 모든 국유재산을 말한다(법 제6조 제3항).
③ (○) 행정재산의 사용 또는 보존 여부는 총괄청(기획재정부장관)이 「국가재정법」 제6조에 따른 중앙관서의 장의 의견을 들어 결정한다(영 제4조 제5항).
⑤ (○) 기업용재산은 정부기업이 직접 사무용·사업용 또는 그 기업에 종사하는 직원의 주거용(직무 수행을 위하여 필요한 경우로서 대통령령으로 정하는 경우로 한정한다)으로 사용하거나 대통령령으로 정하는 기한까지 사용하기로 결정한 재산이다(법 제6조 제2항 제3호, 영 제4조 제3항).

답 ④

05 국유재산법령상 국유재산에 관한 설명으로 옳은 것은? 기출 22

① 국가가 직접 사무용·사업용으로 사용하는 재산은 공공용재산이다.
② 총괄청은 일반재산을 보존용재산으로 전환하여 관리할 수 있다.
③ 중앙관서의 장 등이 필요하다고 인정하는 경우에는 보존용재산에 사권을 설정할 수 있다.
④ 공용재산은 시효취득의 대상이 될 수 있다.
⑤ 영농을 목적으로 하는 토지와 그 정착물의 대부기간은 20년 이내로 한다.

해설

② (○) 총괄청은 일반재산을 보존용재산으로 전환하여 관리할 수 있다(법 제8조 제2항).
① (×) 국가가 직접 사무용·사업용으로 사용하는 재산은 공용재산이다(법 제6조 제2항 제1호).
③ (×) 국유재산에는 사권을 설정하지 못한다(법 제11조 제2항).
④ (×) 행정재산은 「민법」 제245조에도 불구하고 시효취득의 대상이 되지 아니한다(법 제7조 제2항).
⑤ (×) 조림을 목적으로 하는 토지와 그 정착물의 대부기간은 20년 이내로 한다(법 제46조 제1항 제1호).

답 ②

06 국유재산법령상 국유재산에 관한 설명으로 옳은 것은? 기출 20

① 행정재산은 「민법」에 따른 시효취득의 대상이 된다.
② 판결에 따라 취득하는 경우에도 사권(私權)이 소멸되지 않은 재산은 국유재산으로 취득하지 못한다.
③ 총괄청은 일반재산을 보존용재산으로 전환하여 관리할 수 있다.
④ 직접 공공용으로 사용하기 위하여 국유재산을 관리전환하는 경우에는 유상으로 하여야 한다.
⑤ 중앙관서의 장이 국유재산으로 취득한 소유자 없는 부동산은 등기일부터 20년간은 처분할 수 없다.

해설

③ (○) 법 제8조 제2항
① (×) 행정재산은 시효취득의 대상이 아니다(법 제7조 제2항).
② (×) 사권이 설정된 재산은 그 사권이 소멸된 후가 아니면 국유재산으로 취득하지 못한다. 다만, 판결에 따라 취득하는 경우에는 그러하지 아니하다(법 제11조 제1항).
④ (×) 직접 도로, 하천, 항만, 공항, 철도, 공유수면, 그 밖의 공공용으로 사용하기 위하여 필요한 경우에는 무상으로 관리전환할 수 있다(법 제17조 제1항 제1호).
⑤ (×) 등기일부터 10년간은 처분할 수 없다(법 제12조 제4항).

답 ③

07 국유재산법령상 국유재산에 관한 설명으로 옳지 않은 것은? 기출 19

① 사권이 설정된 재산을 판결에 따라 취득하는 경우 그 사권이 소멸된 후가 아니면 국유재산으로 취득하지 못한다.
② 국유재산의 범위에는 선박, 지상권, 광업권, 특허권, 저작권이 포함된다.
③ 총괄청은 다음 연도의 국유재산의 관리·처분에 관한 계획의 작성을 위한 지침을 매년 4월 30일까지 중앙관서의 장에게 통보하여야 한다.
④ 총괄청은 일반재산을 보존용재산으로 전환하여 관리할 수 있다.
⑤ 확정판결에 따라 일반재산에 사권을 설정할 수 있다.

해설

① (×) 사권이 설정된 재산은 그 사권이 소멸된 후가 아니면 국유재산으로 취득하지 못한다. 다만, 판결에 따라 취득하는 경우에는 그러하지 아니하다(법 제11조 제1항).
② (○) 법 제5조 제1항
③ (○) 법 제9조 제1항
④ (○) 법 제8조 제2항
⑤ (○) 법 제11조 제2항, 영 제6조 제1호

답 ①

08 국유재산법령상 행정재산에 관한 설명으로 옳지 않은 것은? 기출 25

① 행정재산의 종류에는 공용재산, 공공용재산, 기업용재산, 보존용재산이 있다.
② 총괄청은 기부채납에 따른 행정재산의 취득에 관한 사무를 중앙관서의 장에게 위임한다.
③ 행정재산은 「민법」에도 불구하고 시효취득의 대상이 되지 아니한다.
④ 총괄청은 사용을 승인한 행정재산의 재산관리가 감사 결과 부당한 것으로 인정된 경우 국유재산정책심의위원회의 심의를 거쳐 그 사용 승인을 철회할 수 있다.
⑤ 중앙관서의 장은 행정재산으로 기부하는 재산에 대하여 기부자에게 무상으로 사용허가하여 줄 것을 조건으로 그 재산을 기부하는 경우 그 기부를 받아서는 아니 된다.

해설

⑤ (×) 중앙관서의 장은 행정재산으로 기부하는 재산에 대하여 기부자에게 무상으로 사용허가하여 줄 것을 조건으로 그 재산을 기부하는 경우에는 기부에 조건이 붙은 것으로 보지 아니하여, 기부받을 수 있다(법 제13조 제2항 단서).

> **기부채납(법 제13조 제2항)**
> 총괄청이나 중앙관서의 장은 국가에 기부하려는 재산이 국가가 관리하기 곤란하거나 필요하지 아니한 것인 경우 또는 기부에 조건이 붙은 경우에는 받아서는 아니 된다. 다만, 다음 각 호의 어느 하나에 해당하는 경우에는 기부에 조건이 붙은 것으로 보지 아니한다.
> 1. 행정재산으로 기부하는 재산에 대하여 기부자, 그 상속인, 그 밖의 포괄승계인에게 무상으로 사용허가하여 줄 것을 조건으로 그 재산을 기부하는 경우
> 2. 행정재산의 용도를 폐지하는 경우 그 용도에 사용될 대체시설을 제공한 자, 그 상속인, 그 밖의 포괄승계인이 그 부담한 비용의 범위에서 제55조 제1항 제3호에 따라 용도폐지된 재산을 양여할 것을 조건으로 그 대체시설을 기부하는 경우

① (○) 법 제6조 제2항
② (○) 영 제4조의3 제1항 제1호
③ (○) 법 제7조 제2항
④ (○) 법 제8조의2 제1항 제2호

답 ⑤

09

국유재산법령상 국유재산에 관한 설명으로 옳은 것은? 기출 23

① 재판상 화해에 의해 일반재산에 사권(私權)을 설정할 수 없다.
② 총괄청의 허가를 받은 경우라 할지라도 국유재산에 관한 사무에 종사하는 직원은 그 처리 하는 국유재산을 취득할 수 없다.
③ 국가 외의 자는 기부를 조건으로 축조하는 경우에도 국유재산에 영구시설물을 축조할 수 없다.
④ 총괄청은 다음 연도의 국유재산의 관리·처분에 관한 계획의 작성을 위한 지침을 매년 6월 30일까지 중앙관서의 장에게 통보하여야 한다.
⑤ 한국예탁결제원은 총괄청이나 중앙관서의 장 등이 증권을 보관·취급하게 할 수 있는 법인에 해당한다.

해설

증권의 보관·취급(법 제15조 제1항)
총괄청이나 중앙관서의 장 등은 증권을 한국은행이나 대통령령으로 정하는 법인(이하 "한국은행 등"이라 한다)으로 하여금 보관·취급하게 하여야 한다.

> **"대통령령으로 정하는 법인"(영 제10조 제1항)**
> 다음 각 호의 어느 하나에 해당하는 법인을 말한다.
> 1. 「은행법」 제2조 제1항 제2호에 따른 은행(같은 법 제5조에 따라 은행으로 보는 것과 외국은행은 제외한다)
> 2. 한국예탁결제원

① (×) 국유재산에는 사권을 설정하지 못한다. 다만, 일반재산에 대하여 대통령령으로 정하는 경우에는 그러하지 아니하다. 즉 다른 법률 또는 확정판결(재판상 화해 등 확정판결과 같은 효력을 갖는 것을 포함한다)에 따라 일반재산에 사권(私權)을 설정하는 경우 사권을 설정할 수 있다(법 제11조 제2항, 영 제6조 제1호).
② (×) 국유재산에 관한 사무에 종사하는 직원은 그 처리하는 국유재산을 취득하거나 자기의 소유재산과 교환하지 못한다. 다만, 해당 총괄청이나 중앙관서의 장의 허가를 받은 경우에는 그러하지 아니하다(법 제20조 제1항).
③ (×) 국가 외의 자는 국유재산에 건물, 교량 등 구조물과 그 밖의 영구시설물을 축조하지 못한다. 다만, 다음 각 호의 어느 하나에 해당하는 경우에는 그러하지 아니하다(법 제18조 제1항).
　1. 기부를 조건으로 축조하는 경우
　2. 다른 법률에 따라 국가에 소유권이 귀속되는 공공시설을 축조하는 경우
④ (×) 총괄청은 다음 연도의 국유재산의 관리·처분에 관한 계획의 작성을 위한 지침을 매년 4월 30일까지 중앙관서의 장에게 통보하여야 한다(법 제9조 제1항).

답 ⑤

10 국유재산법령상 국유재산에 관한 설명으로 옳지 않은 것은? 기출 21

① 국유재산책임관의 임명은 중앙관서의 장이 소속 관서에 설치된 직위를 지정하는 것으로 갈음할 수 있다.
② 확정판결에 따라 일반재산에 대하여 사권을 설정할 수 있다.
③ 총괄청은 국가에 기부하려는 재산이 재산가액 대비 유지·보수비용이 지나치게 많은 경우에는 기부받아서는 아니 된다.
④ 국가 외의 자는 기부를 조건으로 하더라도 국유재산에 영구시설물을 축조할 수 없다.
⑤ 중앙관서의 장은 국유재산의 관리·처분에 관련된 법령을 개정하려면 그 내용에 관하여 총괄청 및 감사원과 협의하여야 한다.

해설

④ (×) 국가 외의 자는 국유재산에 건물, 교량 등 구조물과 그 밖의 영구시설물을 축조하지 못한다. 다만, 기부를 조건으로 축조하는 경우에는 그러하지 아니하다(법 제18조 제1항 제1호).
① (○) 법 제27조의2 제3항
② (○) 법 제11조 제2항, 영 제6조 제1호
③ (○) 법 제13조 제2항, 영 제8조 제3항 제2호
⑤ (○) 법 제19조

답 ④

제2장 총괄청

01 국유재산법령상 총괄청의 권한에 해당하지 않는 것은? 기출 19

① 중앙관서의 장에게 해당 국유재산의 관리상황에 관한 보고의 요구
② 중앙관서의 장에게 그 소관 국유재산 용도폐지의 요구
③ 국유재산의 관리·처분에 관한 소관 중앙관서의 장이 분명하지 아니한 국유재산에 대한 그 소관 중앙관서의 장의 지정
④ 중앙관서 소관 국유재산의 관리·처분 업무를 효율적으로 수행하기 위한 국유재산책임관의 임명
⑤ 국유재산관리기금의 관리·운용을 위하여 필요한 자금의 차입

해설

④ (×) 중앙관서의 장은 소관 국유재산의 관리·처분 업무를 효율적으로 수행하기 위하여 그 관서의 고위공무원으로서 기획업무를 총괄하는 직위에 있는 자를 국유재산책임관으로 임명하여야 한다(법 제27조의2 제1항).
① (○) 법 제21조 제1항
② (○) 법 제22조 제1항
③ (○) 법 제24조
⑤ (○) 법 제26조의4 제1항

답 ④

제3장 행정재산

01 국유재산법령상 행정재산에 관한 설명으로 옳지 않은 것은? 기출 20

① 행정재산은 사유재산과 교환할 수 없다.
② 행정재산을 경쟁입찰의 방법으로 사용허가 하는 경우 1개 이상의 유효한 입찰이 있으면 최고가격으로 응찰한 자를 낙찰자로 한다.
③ 두 번에 걸쳐 유효한 입찰이 성립되지 아니한 행정재산의 경우 수의의 방법으로 사용허가를 받을 자를 결정할 수 있다.
④ 중앙관서의 장이 행정재산의 사용허가를 철회하려는 경우에는 청문을 하여야 한다.
⑤ 중앙관서의 장은 행정재산으로 사용하기로 결정한 날부터 5년이 지난날까지 행정재산으로 사용되지 아니한 행정재산은 지체 없이 그 용도를 폐지하여야 한다.

해설

처분의 제한(법 제27조 제1항)
행정재산은 처분하지 못한다. 다만, 다음 각 호의 어느 하나에 해당하는 경우에는 교환하거나 양여할 수 있다.
　1. 공유(公有) 또는 사유재산과 교환하여 그 교환받은 재산을 행정재산으로 관리하려는 경우
　2. 대통령령으로 정하는 행정재산을 직접 공용이나 공공용으로 사용하려는 지방자치단체에 양여하는 경우

② (○) 영 제27조 제1항
③ (○) 영 제27조 제3항 제8호
④ (○) 법 제37조
⑤ (○) 법 제40조 제1항 제2호

답 ①

02 국유재산법령상 행정재산에 관한 설명으로 옳은 것은? 기출 22

① 중앙관서의 장은 사용허가 한 행정재산을 지방자치단체가 직접 공용으로 사용하기 위하여 필요하게 된 경우에도 그 허가를 철회할 수 없다.
② 행정재산의 관리위탁을 받은 자가 그 재산의 일부를 사용·수익하는 경우에는 미리 해당 중앙관서의 장의 승인을 받아야 한다.
③ 경작용으로 실경작자에게 행정재산의 사용허가를 하려는 경우에는 일반경쟁에 부쳐야 한다.
④ 수의의 방법으로 한 사용허가는 허가기간이 끝난 후 갱신할 수 없다.
⑤ 행정재산의 사용허가를 한 날부터 3년 내에는 사용료를 조정할 수 없다.

해설

② (○) 행정재산의 관리위탁을 받은 자가 그 재산의 일부를 사용·수익하는 경우에는 미리 해당 중앙관서의 장의 승인을 받아야 한다(법 제29조 제1항).
① (×) 중앙관서의 장은 사용허가 한 행정재산을 지방자치단체가 직접 공용으로 사용하기 위하여 필요하게 된 경우에도 그 허가를 철회할 수 있다(법 제36조 제2항).
③ (×) 경작용으로 실경작자에게 행정재산의 사용허가를 하려는 경우에는 수의방법으로 결정할 수 있다(영 제27조 제3항 제2호).
④ (×) 수의의 방법으로 한 사용허가는 허가기간이 끝난 후 갱신할 수 있다(법 제35조 제2항).
⑤ (×) 중앙관서의 장은 동일인(상속인이나 그 밖의 포괄승계인은 피승계인과 동일인으로 본다)이 같은 행정재산을 사용허가기간 내에서 1년을 초과하여 계속 사용·수익하는 경우로서 대통령령으로 정하는 경우에는 사용료를 조정할 수 있다(법 제33조 제1항).

답 ②

03 국유재산법령상 행정재산에 관한 설명으로 옳지 않은 것은? 기출 17

① 중앙관서의 장은 행정재산을 효율적으로 관리하기 위하여 필요하면 국가기관 외의 자에게 그 재산의 관리를 위탁할 수 있다.
② 행정재산을 사용허가하려는 경우 수의(隨意)의 방법으로는 사용허가를 받을 자를 결정할 수 없다.
③ 행정재산의 관리위탁을 받은 자는 미리 해당 중앙관서의 장의 승인을 받아 위탁받은 재산의 일부를 다른 사람에게 사용·수익하게 할 수 있다.
④ 중앙관서의 장은 건물 등을 신축하여 기부채납을 하려는 자가 신축기간에 그 부지를 사용하는 경우 그 사용료를 면제할 수 있다.
⑤ 중앙관서의 장은 행정재산의 사용허가를 철회하려는 경우에는 청문을 하여야 한다.

해설

② (×) 행정재산을 사용허가하려는 경우에는 그 뜻을 공고하여 일반경쟁에 부쳐야 한다. 다만, 사용허가의 목적·성질·규모 등을 고려하여 필요하다고 인정되면 대통령령으로 정하는 바에 따라 참가자의 자격을 제한하거나 참가자를 지명하여 경쟁에 부치거나 수의의 방법으로 할 수 있다(법 제31조 제1항 단서, 영 제27조 제3항).

> **사용허가의 방법(영 제27조 제3항)**
> 행정재산이 다음 각 호의 어느 하나에 해당하는 경우에는 법 제31조 제1항 단서에 따라 수의의 방법으로 사용허가를 받을 자를 결정할 수 있다.
> 1. 주거용으로 사용허가를 하는 경우
> 2. 경작용으로 실경작자에게 사용허가를 하는 경우
> 3. 외교상 또는 국방상의 이유로 사용·수익 행위를 비밀리에 할 필요가 있는 경우
> 4. 천재지변이나 그 밖의 부득이한 사유가 발생하여 재해 복구나 구호의 목적으로 사용허가를 하는 경우
> 4의2. 법 제18조 제1항 제3호에 따른 사회기반시설로 사용하려는 지방자치단체나 지방공기업에 사용허가를 하는 경우
> 5. 법 제34조 제1항 또는 다른 법률에 따라 사용료 면제의 대상이 되는 자에게 사용허가를 하는 경우
> 6. 국가와 재산을 공유하는 자에게 국가의 지분에 해당하는 부분에 대하여 사용허가를 하는 경우
> 7. 국유재산의 관리·처분에 지장이 없는 경우로서 사용목적이나 계절적 요인 등을 고려하여 6개월 미만의 사용허가를 하는 경우
> 8. 두 번에 걸쳐 유효한 입찰이 성립되지 아니한 경우
> 9. 그 밖에 재산의 위치·형태·용도 등이나 계약의 목적·성질 등으로 보아 경쟁입찰에 부치기 곤란하다고 인정되는 경우

① (○) 법 제29조 제1항
③ (○) 법 제29조 제2항
④ (○) 법 제34조 제1항 제1의2호
⑤ (○) 법 제37조

답 ②

04

국유재산법령상 행정재산의 사용허가와 일반재산의 처분에 있어 두 번의 일반경쟁입찰에도 낙찰자가 없는 경우 세 번째 입찰부터의 예정가격 조정·결정의 방법에 관한 설명이다. ( )에 들어갈 숫자로 옳은 것은? 기출 23

> • 행정재산 사용허가의 경우 : 최초 사용료 예정가격의 100분의 (ㄱ)을 최저한도로 하여 매회 100분의 10의 금액만큼 그 예정가격을 낮추는 방법으로 조정할 수 있다.
> • 일반재산 처분의 경우 : 최초 매각 예정가격의 100분의 (ㄴ)을 최저한도로 하여 매회 100분의 10의 금액만큼 그 예정가격을 낮출 수 있다.

① ㄱ : 10, ㄴ : 30
② ㄱ : 10, ㄴ : 50
③ ㄱ : 20, ㄴ : 30
④ ㄱ : 20, ㄴ : 50
⑤ ㄱ : 30, ㄴ : 50

해설

④ (○) ㄱ : 20, ㄴ : 50

> **사용허가의 방법(영 제27조 제5항)**
> 중앙관서의 장은 행정재산에 대하여 일반경쟁입찰을 두 번 실시하여도 낙찰자가 없는 재산에 대하여는 세 번째 입찰부터 최초 사용료 예정가격의 100분의 (20)을 최저한도로 하여 매회 100분의 10의 금액만큼 그 예정가격을 낮추는 방법으로 조정할 수 있다.
>
> **처분재산의 예정가격(영 제42조 제3항)**
> 중앙관서의 장 등은 일반재산에 대하여 일반경쟁입찰을 두 번 실시하여도 낙찰자가 없는 경우에는 세 번째 입찰부터 최초 매각 예정가격의 100분의 (50)을 최저한도로 하여 매회 100분의 10의 금액만큼 그 예정가격을 낮출 수 있다.

답 ④

05 국유재산법상 행정재산에 관한 설명으로 옳지 않은 것은? 기출 18

① 행정재산의 사용허가를 철회하려는 경우에는 청문을 하여야 한다.
② 행정재산의 사용허가에 관하여는 「국유재산법」에서 정한 것을 제외하고는 「민법」의 규정을 준용한다.
③ 행정재산으로 할 목적으로 기부를 받은 재산에 대하여 중앙관서의 장이 기부자에게 사용허가하는 경우 그 사용료를 면제할 수 있다.
④ 행정재산의 사용허가를 받은 자가 해당 재산의 보존을 게을리한 경우 그 허가를 철회할 수 있다.
⑤ 행정재산으로 사용하기로 결정한 날부터 5년이 지난날까지 해당 재산이 행정재산으로 사용되지 아니한 경우 지체 없이 행정재산의 용도를 폐지하여야 한다.

해설

② (×) 행정재산의 사용허가에 관하여는 「국유재산법」에서 정한 것을 제외하고는 「국가를 당사자로 하는 계약에 관한 법률」의 규정을 준용한다(법 제31조 제3항).
① (○) 법 제37조
③ (○) 법 제34조 제1항 제1호
④ (○) 법 제36조 제1항 제3호
⑤ (○) 법 제40조 제1항 제2호

답 ②

---

06 국유재산법령상 지식재산에 관한 설명으로 옳지 않은 것은? 기출 22

① 「식물신품종보호법」에 따른 품종보호권은 지식재산에 해당한다.
② 지식재산을 대부 받은 자는 해당 중앙관서의 장 등의 승인을 받아 그 지식재산을 다른 사람에게 사용·수익하게 할 수 있다.
③ 상표권의 사용료를 면제하는 경우 그 면제기간은 5년 이내로 한다.
④ 저작권 등의 사용허가를 받은 자는 해당 지식재산을 관리하는 중앙관서의 장 등의 승인을 받아 그 저작물의 개작을 할 수 있다.
⑤ 지식재산의 사용허가 등의 기간을 연장하는 경우 최초의 사용허가 등의 기간과 연장된 사용허가 등의 기간을 합산한 기간은 5년을 초과하지 못한다.

> **해설**

③ (×) '지식재산(「상표법」에 따라 등록된 특허권, 실용신안권, 디자인권 및 상표권)'의 사용료 면제기간은 20년으로 한다(영 제32조 제2항).
① (○) 법 제5조 제6호 다목
② (○) 법 제65조의7 제1항
④ (○) 법 제65조의7 제2항
⑤ (○) 영 제67조의10 제2항

답 ③

07 국유재산법령상 중앙관서의 장이 행정재산의 사용료를 면제할 수 있는 경우에 해당하지 않는 것은?

기출 20

① 행정재산으로 할 목적으로 기부를 받은 재산에 대하여 기부자의 상속인에게 사용허가 하는 경우
② 건물 등을 신축하여 기부채납을 하려는 자가 신축기간에 그 부지를 사용하는 경우
③ 행정재산을 직접 공공용으로 사용하려는 지방자치단체에 사용허가 하는 경우
④ 사용허가를 받은 행정재산을 천재지변으로 사용하지 못하게 되었을 때 그 사용하지 못한 기간에 대한 사용료의 경우
⑤ 법령에 따라 정부가 자본금의 50퍼센트 이상을 출자하는 법인이 행정재산을 직접 비영리공익사업용으로 사용하고자 하여 사용허가 하는 경우

> **해설**

⑤ (×) 정부가 자본금의 전액을 출자하는 법인이거나 기본재산의 전액을 출연하는 법인이 행정재산을 직접 비영리공익사업용으로 사용하고자 하여 사용허가 하는 경우이다(법 제34조 제1항 제3호, 영 제33조).

답 ⑤

08 국유재산법령상 행정재산의 사용허가에 관한 설명으로 옳지 않은 것은? 기출 25

① 보존용재산을 사용허가하는 경우에 재산의 유지·보존을 위하여 관리비가 특히 필요할 때에는 사용료에서 그 관리비 상당액을 뺀 나머지 금액을 징수할 수 있다.
② 행정재산이 토지의 용도 등을 고려할 때 해당 재산에 인접한 토지의 소유자를 지명하여 경쟁에 부칠 필요가 있는 경우에는 지명경쟁의 방법으로 사용허가를 받을 자를 결정할 수 있다.
③ 중앙관서의 장은 공공용 재산을 사용허가하는 경우 그의 용도나 목적에 장애가 되지 아니하는 범위에서만 사용허가를 할 수 있다.
④ 행정재산으로 할 목적으로 기부를 받은 재산의 상속인에게 사용허가를 하는 경우 사용허가기간은 5년 이내로 한다.
⑤ 중앙관서의 장은 행정재산의 사용허가를 받은 자가 해당 재산의 보존을 게을리한 경우에는 그 허가를 취소하거나 철회할 수 있다.

해설

④ (×) 행정재산의 사용허가기간은 5년 이내이나, 제34조 제1항 제1호(행정재산으로 할 목적으로 기부를 받은 재산의 상속인에게 사용허가를 하는 경우)의 경우에는 사용료의 총액이 기부를 받은 재산의 가액에 이르는 기간 이내로 한다(법 제35조 제1항).

> **사용허가기간(법 제35조 제1항)**
> 행정재산의 사용허가기간은 5년 이내로 한다. 다만, 제34조 제1항 제1호의 경우에는 사용료의 총액이 기부를 받은 재산의 가액에 이르는 기간 이내로 한다.
>
> **사용료의 감면(제34조 제1항)**
> 중앙관서의 장은 다음 각 호의 어느 하나에 해당하면 대통령령으로 정하는 바에 따라 그 사용료를 면제할 수 있다.
> 1. 행정재산으로 할 목적으로 기부를 받은 재산에 대하여 기부자나 그 상속인, 그 밖의 포괄승계인에게 사용허가하는 경우
> 1의2. 건물 등을 신축하여 기부채납을 하려는 자가 신축기간에 그 부지를 사용하는 경우
> 2. 행정재산을 직접 공용·공공용 또는 비영리 공익사업용으로 사용하려는 지방자치단체에 사용허가하는 경우
> 3. 행정재산을 직접 비영리 공익사업용으로 사용하려는 대통령령으로 정하는 공공단체에 사용허가하는 경우

① (○) 영 제29조 제7항
② (○) 영 제27조 제2항 제1호
③ (○) 법 제30조 제1항 제1호
⑤ (○) 법 제36조 제1항 제3호

답 ④

09 국유재산법령상 행정재산과 일반재산에 관한 내용으로 옳지 않은 것은? 기출 23

① 행정재산의 사용허가기간을 갱신받으려는 자는 허가기간이 끝나기 1개월 전에 중앙관서의 장에게 신청하여야 한다.
② 중앙관서의 장은 행정재산의 사용허가를 철회하려는 경우에는 청문을 하여야 한다.
③ 일반재산의 대부계약은 수의계약의 방법으로 대부할 때에는 1회만 갱신할 수 있다.
④ 행정재산의 사용허가가 취소된 경우에는 재산을 원래 상태대로 반환하여야 하지만, 중앙관서의 장이 미리 상태의 변경을 승인한 경우에는 변경된 상태로 반환할 수 있다.
⑤ 일반재산을 매각한 이후 매수자가 매각대금을 체납한 경우 그 계약을 해제할 수 있다.

해설

③ (×) 행정재산 사용 허가기간이 끝난 재산에 대하여 대통령령으로 정하는 경우를 제외하고는 5년을 초과하지 아니하는 범위에서 종전의 사용허가를 갱신할 수 있다. 다만, <u>수의의 방법으로 사용허가를 할 수 있는 경우가 아니면 1회만 갱신할 수 있다</u>(법 제35조 제2항).
① (○) 법 제35조 제3항
② (○) 법 제37조
④ (○) 법 제38조
⑤ (○) 법 제52조 제1호

답 ③

10 국유재산법령상 행정재산의 사용허가의 취소·철회사유에 해당하지 않는 것은? 기출 17

① 해당 재산의 보존을 게을리한 경우
② 부실한 증명서류를 제시하여 사용허가를 받은 경우
③ 중앙관서의 장이 사용허가 외의 방법으로 해당 재산을 관리·처분할 필요가 있다고 인정되는 경우
④ 납부기한까지 사용료를 납부하지 않은 경우
⑤ 중앙관서의 장의 승인 없이 사용허가를 받은 재산의 원래 상태를 변경한 경우

해설

사용허가의 취소와 철회(법 제36조 제1항)
중앙관서의 장은 행정재산의 사용허가를 받은 자가 다음 각 호의 어느 하나에 해당하면 그 허가를 취소하거나 철회할 수 있다.
1. 거짓 진술을 하거나 부실한 증명서류를 제시하거나 그 밖에 부정한 방법으로 사용허가를 받은 경우 (②)
2. 사용허가 받은 재산을 제30조 제2항을 위반하여 다른 사람에게 사용·수익하게 한 경우
3. 해당 재산의 보존을 게을리 하였거나 그 사용목적을 위배한 경우 (①)
4. 납부기한까지 사용료를 납부하지 아니하거나 (④) 제32조 제2항 후단에 따른 보증금 예치나 이행보증조치를 하지 아니한 경우
5. 중앙관서의 장의 승인 없이 사용허가를 받은 재산의 원래 상태를 변경한 경우 (⑤)

답 ③

11 국유재산법령상 행정재산의 사용허가에 관한 설명으로 옳은 것은? 기출 21

① 중앙관서의 장은 보존용 행정재산의 용도나 목적에 장애가 되지 아니하는 범위에서만 그에 대한 사용허가를 할 수 있다.
② 행정재산을 주거용으로 사용허가를 하는 경우에는 일반경쟁의 방법으로 사용허가를 받을 자를 결정하여야 한다.
③ 중앙관서의 장은 사용허가한 행정재산을 지방자치단체가 직접 공공용으로 사용하기 위하여 필요하게 된 경우에는 그 허가를 철회할 수 있다.
④ 행정재산으로 할 목적으로 기부를 받은 재산에 대하여 기부자에게 사용허가 하는 경우에는 그 사용허가기간은 5년 이내로 한다.
⑤ 행정재산의 사용허가에 관하여는 「국유재산법」에서 정한 것을 제외하고는 「민법」의 규정을 준용한다.

> **해설**

③ (○) 법 제36조 제2항
① (×) 중앙관서의 장은 행정재산 중 보존용재산에 대해 보존목적의 수행에 필요한 범위에서만 그에 대한 사용허가를 할 수 있다(법 제30조 제1항 제2호).
② (×) 행정재산을 주거용으로 사용허가를 하는 경우에는 수의의 방법으로 사용허가를 받을 자를 결정할 수 있다(영 제27조 제3항 제1호).
④ (×) 행정재산으로 할 목적으로 기부를 받은 재산에 대하여 기부자나 그 상속인, 그 밖의 포괄승계인에게 사용허가 하는 경우 사용료의 총액이 기부를 받은 재산의 가액에 이르는 기간 이내로 한다(법 제35조 제1항 단서).
⑤ (×) 행정재산의 사용허가에 관하여는 「국유재산법」에서 정한 것을 제외하고는 「국가를 당사자로 하는 계약에 관한 법률」의 규정을 준용한다(법 제31조 제3항).

답 ③

---

12 국유재산법령상 행정재산에 관한 설명으로 옳지 않은 것은? 기출 21

① 중앙관서의 장은 행정재산을 직접 공공용으로 사용하려는 지방자치단체에 사용허가 하는 경우에는 사용료를 면제할 수 있다.
② 중앙관서의 장은 사용허가를 받은 행정재산을 천재지변으로 사용하지 못하게 되면 그 사용하지 못한 기간에 대한 사용료를 면제할 수 있다.
③ 중앙관서의 장은 행정재산의 사용허가를 철회하려는 경우에는 「행정절차법」 제27조의 의견제출을 거쳐야 한다.
④ 중앙관서의 장은 행정재산으로 사용하기로 결정한 날부터 5년이 지난날까지 행정재산으로 사용되지 아니한 경우에는 지체 없이 그 용도를 폐지하여야 한다.
⑤ 행정재산은 「민법」 제245조에도 불구하고 시효취득의 대상이 되지 아니 한다.

> **해설**

③ (×) 중앙관서의 장은 행정재산의 사용허가를 취소하거나 철회하려는 경우에는 청문을 하여야 한다(법 제37조).
① (○) 법 제34조 제1항 제2호
② (○) 법 제34조 제2항
④ (○) 법 제40조 제1항 제2호
⑤ (○) 법 제7조 제2항

답 ③

13 국유재산법령상 행정재산에 관한 설명으로 옳은 것을 모두 고른 것은? 기출 16

ㄱ. 행정재산의 사용허가를 받은 자가 그 행정재산의 관리를 소홀히 하여 재산상의 손해를 발생하게 한 경우에는 사용료 이외에 가산금을 징수할 수 있다.
ㄴ. 주거용으로 사용허가를 하는 경우에는 수의의 방법으로 사용허가를 받을 자를 결정할 수 없다.
ㄷ. 행정재산인 부동산에 대한 사용허가기간은 기부받은 재산을 그 기부자 등에게 사용허가 하는 경우를 제외하고는 5년 이내로 한다.
ㄹ. 행정재산인 부동산을 직접 비영리 공익사업용으로 사용하려는 개인에게 사용허가 한 경우 중앙관서의 장은 그 사용료를 면제할 수 있다.

① ㄱ, ㄴ
② ㄱ, ㄷ
③ ㄴ, ㄷ
④ ㄴ, ㄹ
⑤ ㄷ, ㄹ

해설

ㄱ. (○) 법 제39조
ㄴ. (×) 주거용으로 사용허가를 하는 경우에는 수의의 방법으로 사용허가를 받을 자를 결정할 수 있다(법 제31조 제1항, 영 제27조 제3항 제1호).

사용허가의 방법(영 제27조 제3항)

행정재산이 다음 각 호의 어느 하나에 해당하는 경우에는 법 제31조 제1항 단서에 따라 수의의 방법으로 사용허가를 받을 자를 결정할 수 있다.
 1. 주거용으로 사용허가를 하는 경우
 2. 경작용으로 실경작자에게 사용허가를 하는 경우
 3. 외교상 또는 국방상의 이유로 사용·수익 행위를 비밀리에 할 필요가 있는 경우
 4. 천재지변이나 그 밖의 부득이한 사유가 발생하여 재해 복구나 구호의 목적으로 사용허가를 하는 경우
 4의2. 법 제18조 제1항 제3호에 따른 사회기반시설로 사용하려는 지방자치단체나 지방공기업에 사용허가를 하는 경우
 5. 법 제34조 제1항 또는 다른 법률에 따라 사용료 면제의 대상이 되는 자에게 사용허가를 하는 경우
 6. 국가와 재산을 공유하는 자에게 국가의 지분에 해당하는 부분에 대하여 사용허가를 하는 경우
 7. 국유재산의 관리·처분에 지장이 없는 경우로서 사용목적이나 계절적 요인 등을 고려하여 6개월 미만의 사용허가를 하는 경우
 8. 두 번에 걸쳐 유효한 입찰이 성립되지 아니한 경우
 9. 그 밖에 재산의 위치·형태·용도 등이나 계약의 목적·성질 등으로 보아 경쟁입찰에 부치기 곤란하다고 인정되는 경우

ㄷ. (○) 법 제35조 제1항, 법 제34조 제1항 제1호
ㄹ. (×) 개인이 아닌 공공단체에 사용허가 하는 경우에 면제할 수 있다(법 제34조 제1항 제3호).

> **사용료의 면제(법 제34조 제1항)**
> 중앙관서의 장은 다음 각 호의 어느 하나에 해당하면 대통령령으로 정하는 바에 따라 그 사용료를 면제할 수 있다.
> 1. 행정재산으로 할 목적으로 기부를 받은 재산에 대하여 기부자나 그 상속인, 그 밖의 포괄승계인에게 사용허가하는 경우
> 1의2. 건물 등을 신축하여 기부채납을 하려는 자가 신축기간에 그 부지를 사용하는 경우
> 2. 행정재산을 직접 공용·공공용 또는 비영리 공익사업용으로 사용하려는 지방자치단체에 사용허가하는 경우
> 3. 행정재산을 직접 비영리 공익사업용으로 사용하려는 대통령령으로 정하는 공공단체에 사용허가하는 경우

답 ②

14 국유재산법령상 부동산인 행정재산의 사용료에 관한 설명으로 옳지 않은 것은? 기출수정 기출 16

① 경쟁입찰로 사용허가를 하는 경우 첫 해의 사용료는 최고입찰가로 결정한다.
② 사용료가 50만원을 초과하는 경우에만 연 12회 이내에서 나누어 내게 할 수 있다.
③ 사용료를 나누어 내게 할 때 연간 사용료가 1천만원 이상인 경우에는 그 허가를 받은 자에게 연간 사용료의 100분의 50에 해당하는 금액의 범위에서 보증금을 예치하게 하거나 이행보증조치를 하도록 하여야 한다.
④ 중앙관서의 장은 행정재산을 공용으로 사용하려는 지방자치단체에 사용허가 하는 경우 사용료를 면제하여야 한다.
⑤ 보존용재산을 사용허가 하는 경우에 재산의 유지·보존을 위하여 관리비가 특히 필요할 때에는 사용료에서 그 관리비 상당액을 뺀 나머지 금액을 징수할 수 있다.

> **해설**
> ④ (×) 행정재산을 직접 공용·공공용 또는 비영리 공익사업용으로 사용하려는 지방자치단체에 사용허가 하는 경우 그 사용료를 **면제할 수 있다**(법 제34조 제1항 제2호).
> ① (○) 사용허가를 하는 경우 첫해의 사용료는 최고입찰가로 결정한다(영 제29조 제6항).
> ② (○) 사용료를 나누어 내게 하려는 경우에는 사용료가 50만원을 초과하는 경우에만 연 12회 이내에서 나누어 내게 할 수 있다(영 제30조 제5항). 〈개정 2022.12.30.〉
> ③ (○) 사용료는 대통령령으로 정하는 바에 따라 나누어 내게 할 수 있다. 이 경우 연간 사용료가 대통령령으로 정하는 금액(**1천만원**) 이상인 경우에는 사용허가(허가를 갱신하는 경우를 포함한다)할 때에 그 허가를 받는 자에게 대통령령으로 정하는 금액(**연간 사용료의 100분의 50에 해당하는 금액**)의 범위에서 보증금을 예치하게 하거나 이행보증조치를 하도록 하여야 한다(법 제32조 제2항, 영 제30조 제5항).
> ⑤ (○) 보존용재산을 사용허가 하는 경우에 재산의 유지·보존을 위하여 관리비가 특히 필요할 때에는 사용료에서 그 관리비 상당액을 뺀 나머지 금액을 징수할 수 있다(영 제29조 제7항).

답 ④

15 국유재산법령상 행정재산의 사용허가에 관한 설명으로 옳은 것은? 기출 24

① 사용허가를 받은 자는 허가기간이 끝난 경우에는 중앙관서의 장이 미리 상태의 변경을 승인하였더라도 그 재산을 원래 상태대로 반환하여야 한다.
② 경작용으로 실경작자에게 사용허가를 하는 경우에는 수의의 방법으로 사용허가를 받을 자를 결정할 수 없다.
③ 중앙관서의 장은 사용허가를 받은 자가 해당 재산의 보존을 게을리한 경우 그 허가를 철회할 수 있다.
④ 사용허가에 관하여는 「국유재산법」에서 정한 것을 제외하고는 「민법」의 규정을 준용한다.
⑤ 사용허가를 받은 자가 그 재산에 대하여 유지·보수 외의 시설을 설치하려는 때에는 총괄청의 허가를 받아야 한다.

해설

③ (○) 법 제36조 제1항 제3호

> **사용허가의 취소와 철회(법 제36조 제1항)**
> 중앙관서의 장은 행정재산의 사용허가를 받은 자가 다음 각 호의 어느 하나에 해당하면 그 허가를 취소하거나 철회할 수 있다.
> 1. 거짓 진술을 하거나 부실한 증명서류를 제시하거나 그 밖에 부정한 방법으로 사용허가를 받은 경우
> 2. 사용허가 받은 재산을 제30조 제2항을 위반하여 다른 사람에게 사용·수익하게 한 경우
> 3. 해당 재산의 보존을 게을리하였거나 그 사용목적을 위배한 경우
> 4. 납부기한까지 사용료를 납부하지 아니하거나 제32조 제2항 후단에 따른 보증금 예치나 이행보증조치를 하지 아니한 경우
> 5. 중앙관서의 장의 승인 없이 사용허가를 받은 재산의 원래 상태를 변경한 경우

① (×) 사용허가를 받은 자는 허가기간이 끝나거나 제36조에 따라 사용허가가 취소 또는 철회된 경우에는 그 재산을 원래 상태대로 반환하여야 한다. 다만, 중앙관서의 장이 미리 상태의 변경을 승인한 경우에는 변경된 상태로 반환할 수 있다(법 제38조).
② (×) 경작용으로 실경작자에게 사용허가를 하는 경우에는 수의의 방법으로 사용허가를 받을 자를 결정할 수 있다(영 제27조 제3항 제2호).
④ (×) 행정재산의 사용허가에 관하여는 이 법에서 정한 것을 제외하고는 「국가를 당사자로 하는 계약에 관한 법률」의 규정을 준용한다(법 제31조 제3항).
⑤ (×) 행정재산의 사용허가를 받은 자가 그 재산에 대하여 유지·보수 외의 시설을 설치하려는 때에는 그 경비조서를 갖추어 소관 중앙관서의 장의 승인을 받아야 한다(규칙 제19조 제1항).

답 ③

제4장　일반재산

01 국유재산법령상 일반재산에 관한 설명으로 옳지 않은 것은? 기출 18

① 일반재산은 대부 또는 처분할 수 있다.
② 중앙관서의 장은 국가의 활용계획이 없는 건물이 재산가액에 비하여 유지·보수비용이 과다한 경우 이를 철거할 수 있다.
③ 일반재산은 매립사업을 시행하기 위하여 그 사업의 완성을 조건으로 총괄청과 협의하여 매각을 예약할 수 있다.
④ 일반재산을 매각하는 경우에는 대통령령으로 정하는 바에 따라 매수자에게 그 재산의 용도와 그 용도에 사용하여야 할 기간을 정하여 매각할 수 있다.
⑤ 총괄청은 일반재산을 보존용재산으로 전환하여 관리할 수 없다.

해설

⑤ (×) 총괄청은 일반재산을 보존용재산으로 전환하여 관리할 수 있다(법 제8조 제2항).
① (○) 법 제41조 제1항
② (○) 법 제41조 제2항 제2호
③ (○) 법 제45조 제1항, 영 제40조 제3항 제7호
④ (○) 법 제49조

답 ⑤

02 국유재산법령상 일반재산에 관한 설명으로 옳지 않은 것은? 기출 16

① 일반재산은 대부 또는 처분할 수 있다.
② 총괄청은 일반재산의 관리·처분에 관한 사무의 일부를 위탁받을 수 있다.
③ 일반재산인 토지의 대장가격이 3천만원 이상인 경우 처분예정가격은 하나의 감정평가법인의 평가액으로 한다.
④ 일반재산은 개척사업을 시행하기 위하여 그 사업의 완성을 조건으로 대부·매각 또는 양여를 예약할 수 있다.
⑤ 대부계약의 갱신을 받으려는 자는 대부기간이 끝나기 1개월 전에 중앙관서의 장 등에 신청하여야 한다.

해설

③ (×) 대장가격이 3천만원 이상인 경우 처분예정가격은 <u>두 개의 감정평가업자의 평가액을 산술평균한 금액으로 한다</u>(영 제42조 제1항 제1호).
① (○) 법 제41조 제1항
② (○) 법 제42조 제2항
④ (○) 법 제45조 제1항
⑤ (○) 법 제46조 제3항

답 ③

03 국유재산법령상 일반재산의 처분가격에 관한 설명으로 옳은 것은? 기출 17

① 지식재산을 처분할 때의 예정가격은 두 개의 감정평가업자의 평가액을 산술평균한 금액으로 한다.
② 상장법인이 발행한 주권을 처분할 때의 예정가격은 하나의 감정평가업자의 평가액으로 한다.
③ 비상장법인이 발행한 지분증권을 처분할 때의 예정가격은 두 개의 감정평가업자의 평가액을 산술평균한 금액으로 한다.
④ 대장가격이 3천만원인 부동산을 공공기관에 처분할 때의 예정가격은 하나의 감정평가업자의 평가액으로 결정한다.
⑤ 증권을 제외한 일반재산을 처분할 때의 예정가격에 대한 감정평가업자의 평가액은 평가일부터 3년 이내에만 적용할 수 있다.

해설

④ (○) 대장가격이 3천만원 이상인 경우 예정가격의 결정방법은 두 개의 감정평가법인 등의 평가액을 산술평균한 금액으로 한다(영 제42조 제1항 제1호).
① (×) 지식재산을 처분할 때의 예정가격은 해당 지식재산 존속기간 중의 사용료 또는 대부료 추정 총액으로 한다(영 제42조의2 제1항).
② (×) 영 제43조 제1항 참조

> **상장증권의 예정가격(영 제43조 제1항)**
> 상장법인이 발행한 주권을 처분할 때에는 그 예정가격은 <u>다음 각 호의 어느 하나의 해당하는 가격 이상으로 한다</u>.
> 1. 평가기준일 전 1년 이내의 최근에 거래된 30일간의 증권시장에서의 최종 시세가액을 가중 산술평균하여 산출한 가액으로 하되, 거래 실적이 있는 날이 30일 미만일 때에는 거래된 날의 증권시장의 최종 시세가액을 가중 산출평균한 가액과 제44조 제1항의 방법에 따른 가액을 고려하여 산출한 가격. 다만, 경쟁입찰의 방법으로 처분하거나 「자본시장과 금융투자업에 관한 법률」 제9조 제9항에 따른 매출의 방법으로 처분하는 경우에는 평가기준일 전 1년 이내의 최근에 거래된 30일간(거래실적이 있는 날이 30일 미만인 경우에는 거래된 날)의 증권시장에서의 최종 시세가액을 가중 산출평균한 가액과 제44조 제1항의 방법에 따른 가액을 고려하여 산출한 가격으로 할 수 있다.
> 2. 제41조 제3호에 따라 공개매수에 응모하는 경우에는 그 공개매수 가격
> 3. 제41조 제4호에 따라 주식매수청구권을 행사하는 경우에는 「자본시장과 금융투자업에 관한 법률」 제165조의5에 따라 산출한 가격
> 4. 제41조 제5호에 따라 매각가격을 특정할 수 있는 경우에는 그 가격

③ (×) 비상장법인이 발행한 지분증권을 처분할 때에는 그 예정가격은 기획재정부령으로 정하는 산출 방식에 따라 비상장법인의 자산가치, 수익가치 및 상대가치를 고려하여 산출한 가격 이상으로 한다. 다만, 기획재정부령으로 정하는 경우에는 수익가치 또는 상대가치를 고려하지 아니할 수 있다(영 제44조 제1항).
⑤ (×) 감정평가법인 등이 평가한 금액은 평가일부터 1년이 지나면 적용할 수 없다(영 제42조 제2항).

답 ④

04 국유재산법령상 일반재산의 처분가격에 관한 설명으로 옳은 것은? 기출 22

① 증권을 처분할 때에는 시가를 고려하여 예정가격을 결정하여야 한다.
② 공공기관에 일반재산을 처분하는 경우에는 두 개의 감정평가법인 등의 평가액을 산술평균한 금액을 예정가격으로 하여야 한다.
③ 감정평가법인 등의 평가액은 평가일부터 2년까지 적용할 수 있다.
④ 국가가 보존·활용할 필요가 없고 대부·매각이나 교환이 곤란하여 일반재산을 양여하는 경우에는 대장가격을 재산가격으로 한다.
⑤ 일단(一團)의 토지 대장가격이 3천만원 이하인 국유지를 경쟁입찰의 방법으로 처분하는 경우에는 해당 국유지의 개별공시지가를 예정가격으로 할 수 있다.

해설

④ (○) 국가가 보존·활용할 필요가 없고 대부·매각이나 교환이 곤란하여 일반재산을 양여하는 경우에는 대장가격을 재산가격으로 한다(영 제42조 제8항).
① (×) 증권을 제외한 일반재산을 처분할 때에는 시가를 고려하여 해당 재산의 예정가격을 결정하여야 한다(영 제42조 제1항).
② (×) 공공기관에 일반재산을 처분하는 경우에는 하나의 감정평가법인 등의 평가액을 예정가격으로 하여야 한다(영 제42조 제1항 제2호).
③ (×) 감정평가법인 등의 평가액은 평가일부터 1년이 지나면 적용할 수 없다(영 제42조 제2항).
⑤ (×) 일단(一團)의 토지 대장가격이 1천만원 이하인 국유지를 경쟁입찰의 방법으로 처분하는 경우에는 해당 국유지의 개별공시지가를 예정가격으로 할 수 있다(영 제42조 제10항 제2호).

답 ④

05 국유재산법령상 일반재산에 관한 설명으로 옳은 것은? 기출 20

① 총괄청은 일반재산의 관리·처분에 관한 사무의 일부를 위탁받을 수 없다.
② 증권을 제외한 일반재산을 지방자치단체에 처분할 때 처분재산의 예정가격은 두 개의 감정평가업자의 평가액을 산술평균한 금액으로 결정한다.
③ 조림을 목적으로 하는 토지의 대부기간은 25년 이상으로 한다.
④ 중앙관서의 장은 일반재산을 교환하려면 그 내용을 감사원에 보고하여야 한다.
⑤ 일반재산을 매각하면서 매각대금을 한꺼번에 납부하기로 한 경우 매각대금의 완납 이전에도 해당 매각재산의 소유권 이전이 가능하다.

해설

④ (○) 법 제54조 제4항
① (×) 총괄청은 일반재산 관리·처분 사무의 일부를 위탁받을 수 있다(법 제42조 제2항).
② (×) 증권을 제외한 일반재산을 지방자치단체에 처분할 때 처분재산의 예정가격은 대장가격이 3천만원 이상인 경우에는 두 개의 감정평가업자의 평가액을 산술평균한 금액으로, 3천만원 미만인 경우나 지자체 또는 공공기관에 처분하는 경우에는 하나의 감정평가업자의 평가액으로 결정한다(영 제42조 제1항).
③ (×) 조림을 목적으로 하는 토지와 그 정착물의 대부기간은 20년 이상으로 한다(법 제46조 제1항 제1호).
⑤ (×) 일반재산을 매각하는 경우 소유권 이전은 매각대금이 완납된 후에 하여야 한다. 다만, 매각대금을 나누어 내게 하는 경우에는 매각대금이 완납되기 전에 소유권을 이전할 수 있다(법 제51조 제1항, 제2항).

답 ④

06 국유재산법령상 일반재산에 관한 설명으로 옳지 않은 것은? 기출 25

① 일반재산은「국토의 계획 및 이용에 관한 법률」등 다른 법률에 따라 그 처분이 제한되는 경우에 매각할 수 없다.
② 일반재산은 국유재산관리기금의 운용계획에 따라 국유재산관리기금의 재원으로 개발할 수 있다.
③ 용도를 지정하여 일반재산을 매각하는 경우에는 그 재산의 매각일부터 10년 이상 지정된 용도로 활용하여야 한다.
④ 총괄청이 일반재산을 민간사업자와 공동으로 개발한 경우 일반재산의 대부기간은 20년 이내로 할 수 있으며, 20년의 범위에서 두 차례 연장할 수 있다.
⑤ 소규모 일반재산을 한 곳에 모아 관리함으로써 재산의 효용성을 높이기 위하여 필요한 경우에는 일반재산인 토지와 사유재산인 토지를 교환할 수 있다.

해설

④ (×) 총괄청이 일반재산을 민간사업자와 공동으로 개발한 경우 일반재산의 대부기간은 30년 이내로 할 수 있으며, 20년의 범위에서 한 차례만 연장할 수 있다(법 제46조 제4항, 법 제59조의2 제1항).

> **대부기간(법 제46조 제4항)**
> 법 제58조(신탁 개발) 및 제59조의2(민간참여 개발)에 따라 개발된 일반재산의 대부기간은 30년 이내로 할 수 있으며, 20년의 범위에서 한 차례만 연장할 수 있다.
>
> **민간참여 개발(법 제59조의2 제1항)**
> 총괄청은 다음 각 호의 어느 하나에 해당하는 일반재산을 대통령령으로 정하는 민간사업자와 공동으로 개발할 수 있다.
>   1. 5년 이상 활용되지 아니한 재산
>   2. 국유재산정책심의위원회의 심의를 거쳐 개발이 필요하다고 인정되는 재산

① (○) 법 제48조 제1항 제2호
② (○) 법 제57조 제1항
③ (○) 법 제49조, 영 제53조 제1항
⑤ (○) 법 제54조 제1항 제2호

답 ④

07 국유재산법령상 일반재산의 대부에 관한 설명으로 옳은 것은? 기출 17

① 일반재산은 대부는 할 수 있으나 처분은 할 수 없다.
② 영구시설물의 축조를 목적으로 하는 토지와 그 정착물의 대부기간은 50년이 넘도록 정할 수 있다.
③ 대부기간이 끝난 일반재산에 대하여 종전의 대부계약을 갱신할 수 있는 경우에도 수의계약의 방법으로 대부할 수 있는 경우에는 1회만 갱신할 수 있다.
④ 중앙관서의 장 등은 연간 대부료의 일부를 대부보증금으로 환산하여 받아야 한다.
⑤ 일반재산을 주거용으로 대부계약을 하는 경우에는 수의(隨意)의 방법으로 대부계약의 상대방을 결정할 수 있다.

해설

⑤ (○) 법 제47조 제1항, 법 제31조 제1항, 영 제27조 제3항 제1호
① (×) 일반재산은 대부 또는 처분할 수 있다(법 제41조 제1항).
② (×) 영구시설물을 축조하는 경우에는 10년 이내로 한다(법 제46조 제1항 단서).
③ (×) 수의계약의 방법으로 대부할 수 있는 경우가 아니면 1회만 갱신할 수 있다(법 제46조 제2항 단서).
④ (×) 연간 대부료의 전부 또는 일부를 대부보증금으로 환산하여 받을 수 있다(법 제47조 제2항).

답 ⑤

08 국유재산법령상 일반재산에 관한 설명으로 옳지 않은 것은? 기출 23

① 일반재산의 처분가격은 대통령령으로 정하는 바에 따라 시가(時價)를 고려하여 결정한다.
② 총괄청은 일반재산이 3년 이상 활용되지 않은 경우 이 일반재산을 민간사업자인 법인(외국법인 제외)과 공동으로 개발할 수 있다.
③ 일반재산의 매각에 있어 매각 대금이 완납되기 전에 해당 매각재산의 소유권을 이전하는 경우에는 저당권 설정 등 채권의 확보를 위하여 필요한 조치를 취하여야 한다.
④ 부동산신탁을 취급하는 신탁업자에게 신탁하여 개발된 일반재산의 대부기간은 30년 이내로 할 수 있으며, 20년의 범위에서 한 차례만 연장할 수 있다.
⑤ 일반재산을 현물출자함에 있어 지분증권의 산정가액이 액면가에 미달하는 경우에는 그 지분증권의 액면가에 따라 출자가액을 산정한다.

해설

총괄청은 다음 각 호의 어느 하나에 해당하는 일반재산을 <u>대통령령으로 정하는 민간사업자</u>와 공동으로 개발할 수 있다(법 제59조의2 제1항).
  1. <u>5년 이상 활용되지 아니한 재산</u>
  2. 국유재산정책심의위원회의 심의를 거쳐 개발이 필요하다고 인정되는 재산

> "대통령령으로 정하는 민간사업자"(영 제64조의2)
> 다음 각 호에 해당하는 자를 제외한 법인(<u>외국법인을 포함한다</u>)을 말한다.
>   1. 국가, 지방자치단체 및 공공기관
>   2. 특별법에 따라 설립된 공사 또는 공단

① (○) 법 제44조
③ (○) 법 제51조 제2항
④ (○) 법 제46조 제4항
⑤ (○) 법 제62조

답 ②

09 국유재산법령상 일반재산에 관한 설명으로 옳지 않은 것은? 기출 19

① 일반재산은 대부 또는 처분할 수 있다.
② 총괄청은 3년 이상 활용되지 아니한 일반재산을 민간사업자와 공동으로 개발할 수 있다.
③ 정부출자기업체의 주주 등 출자자에게 해당 기업체의 지분증권을 매각하는 경우에는 일반재산을 수의계약으로 처분할 수 있다.
④ 정부는 정부출자기업체의 운영체제와 경영구조의 개편을 위하여 필요한 경우에는 일반재산을 현물출자 할 수 있다.
⑤ 일반재산인 토지와 사유재산인 토지를 교환할 때 쌍방의 가격이 같이 아니하면 그 차액을 금전으로 대납하여야 한다.

> [해설]

② (×) 총괄청은 5년 이상 활용되지 아니한 일반재산을 민간사업자와 공동으로 개발할 수 있다(법 제59조의2 제1항 제1호).
① (○) 법 제41조 제1항
③ (○) 법 제43조 제1항 단서, 영 제40조 제3항 제19호
④ (○) 법 제60조 제3호
⑤ (○) 법 제54조 제3항

답 ②

10 국유재산법령상 일반재산에 관한 설명으로 옳은 것은? 기출 21

① 정부는 정부출자기업체를 새로 설립하려는 경우에는 일반재산을 현물출자 할 수 있다.
② 총괄청은 5년 이상 활용되지 아니한 일반재산을 민간사업자와 공동으로 개발할 수 없다.
③ 중앙관서의 장은 다른 법률에 따라 그 처분이 제한되는 경우에도 일반재산을 매각할 수 있다.
④ 국가가 직접 행정재산으로 사용하기 위하여 필요한 경우에도 일반재산인 동산과 사유재산인 동산을 교환할 수 없다.
⑤ 일반재산을 매각하는 경우 해당 매각재산의 소유권 이전은 매각대금의 완납 이전에도 할 수 있다.

> [해설]

① (○) 정부는 정부출자기업체를 새로 설립하려는 경우에는 일반재산을 현물출자 할 수 있다(법 제60조 제1호).
② (×) 총괄청은 5년 이상 활용되지 아니한 일반재산을 민간사업자와 공동으로 개발할 수 있다(법 제59조의2 제1항 제1호).
③ (×) 중앙관서의 장은 다른 법률에 따라 그 처분이 제한되는 경우 일반재산을 매각할 수 없다(법 제48조 제1항 제2호).
④ (×) 국가가 직접 행정재산으로 사용하기 위하여 필요한 경우 일반재산인 동산과 사유재산인 동산을 교환할 수 있다(법 제54조 제1항 제1호).
⑤ (×) 일반재산을 매각하는 경우 해당 매각재산의 소유권 이전은 매각대금의 완납 이전에 할 수 없다(법 제51조 제1항).

답 ①

11 국유재산법령상 일반재산에 관한 설명으로 옳지 않은 것은? 기출 24

① 국가가 매각한 일반재산을 일정기간 계속하여 점유·사용하는 경우에는 매각대금이 완납되기 전에 매각재산의 소유권을 이전할 수 있다.
② 일반재산을 매각한 경우에 매수자가 매각대금을 체납하면 그 매각계약을 해제할 수 있다.
③ 일반재산의 매각대금이 3천만원을 초과하는 경우 매각대금을 5년 이내의 기간에 걸쳐 나누어 내게 할 수 있다.
④ 일반재산을 용도를 지정하여 매각하는 경우에는 매수자는 매각일부터 10년 이상 지정된 용도로 활용하여야 한다.
⑤ 부동산신탁을 취급하는 신탁업자에게 신탁하여 개발된 일반재산의 대부기간은 30년 이내로 할 수 있으며, 20년의 범위에서 한 차례만 연장할 수 있다.

해설

① (×) 국가가 매각한 일반재산을 일정기간 계속하여 점유·사용하는 경우는 영 제56조의 소유권 이전 사유에 해당하지 않는다(영 제55조 제2항 제8호).

소유권의 이전 등(법 제51조)
① 일반재산을 매각하는 경우 해당 매각재산의 소유권 이전은 매각대금이 완납된 후에 하여야 한다.
② 제1항에도 불구하고 제50조 제2항에 따라 매각대금을 나누어 내게 하는 경우로서 공익사업의 원활한 시행 등을 위하여 소유권의 이전이 불가피하여 대통령령으로 정하는 경우에는 매각대금이 완납되기 전에 소유권을 이전할 수 있다. 이 경우 저당권 설정 등 채권의 확보를 위하여 필요한 조치를 취하여야 한다.

"대통령령으로 정하는 경우"(영 제56조) 〈개정 2023.12.12.〉
제55조 제2항 제2호 및 제4호부터 제7호까지, 같은 조 제3항 제3호, 같은 조 제4항 제1호에 따라 매각대금을 나누어 내는 경우를 말한다.
1. 영 제55조 제2항 제2호 : 제33조에 따른 공공단체가 직접 비영리공익사업용으로 사용하려는 재산을 해당 공공단체에 매각하는 경우
2. 영 제55조 제2항 제4호 : 「도시 및 주거환경정비법」 제2조 제2호 나목에 따른 재개발사업을 시행하기 위한 정비구역에 있는 토지로서 시·도지사가 같은 법에 따라 재개발사업의 시행을 위하여 정하는 기준에 해당하는 사유건물로 점유·사용되고 있는 토지를 재개발사업 사업시행계획인가 당시의 점유·사용자로부터 같은 법 제129조에 따라 그 권리·의무를 승계한 자에게 매각하는 경우(해당 토지가 같은 법 제2조 제4호에 따른 정비기반시설의 설치예정지에 해당되어 그 토지의 점유·사용자로부터 같은 법 제129조에 따라 권리·의무를 승계한 자에게 그 정비구역의 다른 국유지를 매각하는 경우를 포함한다)
3. 영 제55조 제2항 제5호 : 「전통시장 및 상점가 육성을 위한 특별법」 제31조에 따른 시장정비사업 시행구역의 토지 중 사유건물로 점유·사용되고 있는 토지를 그 점유·사용자에게 매각하는 경우
4. 영 제55조 제2항 제6호 : 「벤처기업육성에 관한 특별법」 제19조 제1항에 따라 벤처기업집적시설의 개발 또는 설치와 그 운영을 위하여 필요한 토지를 벤처기업집적시설의 설치·운영자에게 매각하는 경우
5. 영 제55조 제2항 제7호 : 「산업기술단지 지원에 관한 특례법」 제10조 제1항에 따른 산업기술단지의 조성에 필요한 토지를 사업시행자에게 매각하는 경우

6. **영 제55조 제3항 제3호** : 지방자치단체에 그 지방자치단체가 다음 각 목의 용도로 사용하려는 재산을 매각하는 경우
   가. 직접 공용 또는 공공용으로 사용
   나. 법 제18조 제1항 제3호에 따른 사회기반시설로 사용
   다. 「산업입지 및 개발에 관한 법률」에 따른 산업단지의 조성을 위하여 사용
   라. 「국민여가활성화기본법」 제3조 제2호에 따른 여가시설의 조성을 위하여 사용
7. **영 제55조 제4항 제1호** : 「도시 및 주거환경정비법」 제2조 제2호 나목에 따른 재개발사업을 시행하기 위한 정비구역에 있는 토지로서 제2항 제4호에 따른 사유건물로 점유·사용되고 있는 토지를 재개발사업 시행인가 당시의 점유·사용자에게 매각하는 경우(해당 토지가 같은 법 제2조 제4호에 따른 정비기반시설의 설치예정지에 해당되어 그 토지의 점유·사용자에게 그 정비구역의 다른 국유지를 매각하는 경우를 포함한다)

② (○) 법 제52조 제1호

매각계약의 해제(법 제52조)
일반재산을 매각한 경우에 다음 각 호의 어느 하나에 해당하는 사유가 있으면 그 계약을 해제할 수 있다.
1. 매수자가 매각대금을 체납한 경우
2. 매수자가 거짓 진술을 하거나 부실한 증명서류를 제시하거나 그 밖의 부정한 방법으로 매수한 경우
3. 제49조(용도를 지정한 매각)에 따라 용도를 지정하여 매각한 경우에 매수자가 지정된 날짜가 지나도 그 용도에 사용하지 아니하거나 지정된 용도에 제공한 후 지정된 기간에 그 용도를 폐지한 경우

③ (○) 영 제55조 제2항 제1호
④ (○) 영 제53조 제1항
⑤ (○) 법 제46조 제4항

답 ①

제5장 지식재산 관리·처분의 특례

01 국유재산법령상 지식재산에 관한 설명으로 옳지 않은 것은? 기출 16

① 「디자인보호법」에 따라 등록된 디자인권은 지식재산에 해당한다.
② 중앙관서의 장 등은 지식재산의 사용허가 등을 하려는 경우에는 수의(隨意)의 방법으로 할 수 있다.
③ 상표권의 사용허가 등의 기간은 10년 이내로 한다.
④ 중앙관서의 장 등은 「중소기업기본법」에 따른 중소기업의 수출증진을 위하여 필요하다고 인정하는 경우 지식재산의 사용허가에 따른 사용료를 면제할 수 있다.
⑤ 저작권 등의 사용허가 등을 받은 자는 해당 지식재산을 관리하는 중앙관서의 장 등의 승인을 받아 그 저작물을 변형할 수 있다.

해설

③ (×) 상표권의 사용허가 등의 기간은 <u>5년 이내로 한다</u>(영 제67조의10 제3항).
① (○) 법 제5조 제1항 제6호 가목
② (○) 법 제65조의8 제1항
④ (○) 법 제65조의10 제1호
⑤ (○) 법 제65조의7 제2항

답 ③

제6장   대장(臺帳)과 보고

01 국유재산법령상 대장과 실태조사에 관한 설명으로 옳지 <u>않은</u> 것은?

① 중앙관서의 장 등은 국유재산의 구분과 종류에 따라 그 소관에 속하는 국유재산의 대장·등기사항증명서와 도면을 갖추어 두어야 한다.
② 국유재산의 대장은 전산자료로 대신할 수 없다.
③ 중앙관서의 장 등은 매년 그 소관에 속하는 국유재산의 실태를 조사하여 대장을 정비하여야 한다.
④ 총괄청은 중앙관서별로 국유재산에 관한 총괄부(總括簿)를 갖추어 두어 그 상황을 명백히 하여야 한다.
⑤ 중앙관서의 장 등 또는 총괄사무를 위임·위탁받은 자의 직원은 실태조사를 위하여 필요한 경우 다른 사람의 토지 등에 출입할 수 있다.

해설

② (×) 국유재산의 대장은 전산자료로 대신할 수 있다(법 제66조 제1항).
① (○) 법 제66조 제1항
③ (○) 법 제66조 제2항
④ (○) 법 제66조 제4항
⑤ (○) 법 제67조 제1항

답 ②

제7장 보칙 및 벌칙

01 국유재산법령상 무단점유자에 관한 설명으로 옳지 <u>않은</u> 것은? 기출 19

① 행정재산에 대한 사용허가 기간이 끝난 후 다시 사용허가 없이 행정재산을 계속 사용한 자는 무단점유자에 해당한다.
② 정당한 사유 없이 국유재산에 시설물을 설치한 경우 중앙관서의 장 등은 「행정대집행법」을 준용하여 철거할 수 있다.
③ 무단점유자가 재해로 재산에 심한 손실을 입은 경우는 중앙관서의 장 등이 변상금 징수를 미룰 수 있는 사유에 해당한다.
④ 변상금의 연체료 부과대상이 되는 연체기간은 납기일부터 60개월을 초과할 수 없다.
⑤ 중앙관서의 장 등은 행정재산의 무단점유자에 대하여 그 재산에 대한 사용료의 100분의 150에 상당하는 변상금을 징수한다.

해설

⑤ (×) 중앙관서의 장 등은 무단점유자에 대하여 대통령령으로 정하는 바에 따라 그 재산에 대한 사용료나 대부료의 <u>100분의 120</u>에 상당하는 변상금을 징수한다(법 제72조 제1항).
① (○) 법 제2조 제9호
② (○) 법 제74조
③ (○) 영 제71조 제2항 제1호
④ (○) 법 제73조 제1항

 ⑤

02 국유재산법령상 연체료 등에 대한 징수권의 소멸시효 중단 사유에 해당하지 않는 것은? 기출 25

① 제척기간 도과
② 납부고지
③ 독촉
④ 교부청구
⑤ 압류

해설

① (×) 제척기간 도과는 연체료 등에 대한 징수권의 소멸시효 중단 사유에 해당하지 않는다(법 제73조의3 제2항 참조).

> **연체료 등에 대한 징수권의 소멸시효 중단 사유(법 제73조의3 제2항)**
> 1. 납부고지 (②)
> 2. 독촉 (③)
> 3. 교부청구 (④)
> 4. 압류 (⑤)

답 ①

실패의 99%는 변명하는 습관이 있는 사람들에게서 온다.
- 조지 워싱턴 -

제5편 건축법

제1장　　총 칙
제2장　　건축물의 건축
제3장　　건축물의 대지와 도로
제4장　　건축물의 구조 및 재료 등
제5장　　지역 및 지구의 건축물
제6장　　특별건축구역 등
제7장　　건축협정 및 결합건축
제8장　　보 칙

제1장 총칙

> **Point 출제포인트**
> ▷ 용어의 정의
> ▷ 건축법을 적용하지 않는 건축물

1 법 제1조(목적)

이 법은 건축물의 대지·구조·설비 기준 및 용도 등을 정하여 건축물의 안전·기능·환경 및 미관을 향상시킴으로써 공공복리의 증진에 이바지하는 것을 목적으로 한다.

2 법 제2조 제1항(정의)

이 법에서 사용하는 용어의 뜻은 다음과 같다.

(1) 대지(垈地)

「공간정보의 구축 및 관리 등에 관한 법률」에 따라 각 필지(筆地)로 나눈 토지를 말한다. 다만, 대통령령으로 정하는 토지는 둘 이상의 필지를 하나의 대지로 하거나 하나 이상의 필지의 일부를 하나의 대지로 할 수 있다.

> **대지의 범위(영 제3조)**
>
> ① 법 제2조 제1항 제1호 단서에 따라 둘 이상의 필지를 하나의 대지로 할 수 있는 토지는 다음 각 호와 같다.
>   1. 하나의 건축물을 두 필지 이상에 걸쳐 건축하는 경우 : 그 건축물이 건축되는 각 필지의 토지를 합한 토지
>   2. 「공간정보의 구축 및 관리 등에 관한 법률」 제80조 제3항에 따라 합병이 불가능한 경우 중 다음 각 목의 어느 하나에 해당하는 경우 : 그 합병이 불가능한 필지의 토지를 합한 토지. 다만, 토지의 소유자가 서로 다르거나 소유권 외의 권리관계가 서로 다른 경우는 제외한다.
>   가. 각 필지의 지번부여지역(地番附與地域)이 서로 다른 경우
>   나. 각 필지의 도면의 축척이 다른 경우
>   다. 서로 인접하고 있는 필지로서 각 필지의 지반(地盤)이 연속되지 아니한 경우
>   3. 「국토의 계획 및 이용에 관한 법률」 제2조 제7호에 따른 도시·군계획시설(이하 "도시·군계획시설"이라 한다)에 해당하는 건축물을 건축하는 경우 : 그 도시·군계획시설이 설치되는 일단(一團)의 토지
>   4. 「주택법」 제15조에 따른 사업계획승인을 받아 주택과 그 부대시설 및 복리시설을 건축하는 경우 : 같은 법 제2조 제12호에 따른 주택단지
>   5. 도로의 지표 아래에 건축하는 건축물의 경우 : 특별시장·광역시장·특별자치시장·특별자치도지사·시장·군수 또는 구청장(자치구의 구청장을 말한다)이 그 건축물이 건축되는 토지로 정하는 토지
>   6. 법 제22조에 따른 사용승인을 신청할 때 둘 이상의 필지를 하나의 필지로 합칠 것을 조건으로 건축허가를 하는 경우 : 그 필지가 합쳐지는 토지. 다만, 토지의 소유자가 서로 다른 경우는 제외한다.

② 법 제2조 제1항 제1호 단서에 따라 하나 이상의 필지의 일부를 하나의 대지로 할 수 있는 토지는 다음 각 호와 같다.
1. 하나 이상의 필지의 일부에 대하여 도시·군계획시설이 결정·고시된 경우 : 그 결정·고시된 부분의 토지
2. 하나 이상의 필지의 일부에 대하여 「농지법」 제34조에 따른 농지전용허가를 받은 경우 : 그 허가받은 부분의 토지
3. 하나 이상의 필지의 일부에 대하여 「산지관리법」 제14조에 따른 산지전용허가를 받은 경우 : 그 허가받은 부분의 토지
4. 하나 이상의 필지의 일부에 대하여 「국토의 계획 및 이용에 관한 법률」 제56조에 따른 개발행위허가를 받은 경우 : 그 허가받은 부분의 토지
5. 법 제22조에 따른 사용승인을 신청할 때 필지를 나눌 것을 조건으로 건축허가를 하는 경우 : 그 필지가 나누어지는 토지

(2) 건축물

토지에 정착(定着)하는 공작물 중 지붕과 기둥 또는 벽이 있는 것과 이에 딸린 시설물, 지하나 고가(高架)의 공작물에 설치하는 사무소·공연장·점포·차고·창고, 그 밖에 대통령령으로 정하는 것을 말한다.

(3) 건축물의 용도

건축물의 종류를 유사한 구조, 이용 목적 및 형태별로 묶어 분류한 것을 말한다.

(4) 건축설비

건축물에 설치하는 전기·전화 설비, 초고속 정보통신 설비, 지능형 홈네트워크 설비, 가스·급수·배수(配水)·배수(排水)·환기·난방·냉방·소화(消火)·배연(排煙) 및 오물처리의 설비, 굴뚝, 승강기, 피뢰침, 국기 게양대, 공동시청 안테나, 유선방송 수신시설, 우편함, 저수조(貯水槽), 방범시설, 그 밖에 국토교통부령으로 정하는 설비를 말한다.

(5) 지하층 기출 32회·33회

건축물의 바닥이 지표면 아래에 있는 층으로서 바닥에서 지표면까지 평균높이가 해당 층 높이의 2분의 1 이상인 것을 말한다.

(6) 거 실

건축물 안에서 거주, 집무, 작업, 집회, 오락, 그 밖에 이와 유사한 목적을 위하여 사용되는 방을 말한다.

(7) 주요구조부

내력벽(耐力壁), 기둥, 바닥, 보, 지붕틀 및 주계단(主階段)을 말한다. 다만, 사이 기둥, 최하층 바닥, 작은 보, 차양, 옥외 계단, 그 밖에 이와 유사한 것으로 건축물의 구조상 중요하지 아니한 부분은 제외한다.

(8) 건 축

① "건축"이란 건축물을 신축·증축·개축·재축(再築)하거나 건축물을 이전하는 것을 말한다.
② "결합건축"이란 용적률을 개별 대지마다 적용하지 아니하고, 2개 이상의 대지를 대상으로 통합적용하여 건축물을 건축하는 것을 말한다.

> **정의(영 제2조)** 기출 35회
>
> 이 영에서 사용하는 용어의 뜻은 다음과 같다.
> 1. "신축"이란 건축물이 없는 대지(기존 건축물이 해체되거나 멸실된 대지를 포함한다)에 새로 건축물을 축조(築造)하는 것[부속건축물만 있는 대지에 새로 주된 건축물을 축조하는 것을 포함하되, 개축(改築) 또는 재축(再築)하는 것은 제외한다]을 말한다.
> 2. "증축"이란 기존 건축물이 있는 대지에서 건축물의 건축면적, 연면적, 층수 또는 높이를 늘리는 것을 말한다.
> 3. "개축"이란 기존 건축물의 전부 또는 일부[내력벽·기둥·보·지붕틀(한옥의 경우에는 지붕틀의 범위에서 서까래는 제외한다) 중 셋 이상이 포함되는 경우를 말한다]를 해체하고 그 대지에 종전과 같은 규모의 범위에서 건축물을 다시 축조하는 것을 말한다.
> 4. "재축"이란 건축물이 천재지변이나 그 밖의 재해(災害)로 멸실된 경우 그 대지에 다음 각 목의 요건을 모두 갖추어 다시 축조하는 것을 말한다.
>   가. 연면적 합계는 종전 규모 이하로 할 것
>   나. 동(棟)수, 층수 및 높이는 다음의 어느 하나에 해당할 것
>   1) 동수, 층수 및 높이가 모두 종전 규모 이하일 것
>   2) 동수, 층수 또는 높이의 어느 하나가 종전 규모를 초과하는 경우에는 해당 동수, 층수 및 높이가 「건축법」(이하 "법"이라 한다), 이 영 또는 건축조례(이하 "법령등"이라 한다)에 모두 적합할 것
> 5. "이전"이란 건축물의 주요구조부를 해체하지 아니하고 같은 대지의 다른 위치로 옮기는 것을 말한다.

(9) 대수선 기출 34회

건축물의 기둥, 보, 내력벽, 주계단 등의 구조나 외부 형태를 수선·변경하거나 증설하는 것으로서 <u>대통령령으로 정하는 것</u>을 말한다.

> **대수선의 범위(영 제3조의2)**
>
> 법 제2조 제1항 제9호에서 "대통령령으로 정하는 것"이란 다음 각 호의 어느 하나에 해당하는 것으로서 증축·개축 또는 재축에 해당하지 아니하는 것을 말한다.
> 1. 내력벽을 증설 또는 해체하거나 그 벽면적을 30제곱미터 이상 수선 또는 변경하는 것
> 2. 기둥을 증설 또는 해체하거나 세 개 이상 수선 또는 변경하는 것
> 3. 보를 증설 또는 해체하거나 세 개 이상 수선 또는 변경하는 것
> 4. 지붕틀(한옥의 경우에는 지붕틀의 범위에서 서까래는 제외한다)을 증설 또는 해체하거나 세 개 이상 수선 또는 변경하는 것
> 5. 방화벽 또는 방화구획을 위한 바닥 또는 벽을 증설 또는 해체하거나 수선 또는 변경하는 것
> 6. 주계단·피난계단 또는 특별피난계단을 증설 또는 해체하거나 수선 또는 변경하는 것
> 7. 삭제 〈2019.10.22.〉
> 8. 다가구주택의 가구 간 경계벽 또는 다세대주택의 세대 간 경계벽을 증설 또는 해체하거나 수선 또는 변경하는 것
> 9. 건축물의 외벽에 사용하는 마감재료(법 제52조 제2항에 따른 마감재료를 말한다)를 증설 또는 해체하거나 벽면적 30제곱미터 이상 수선 또는 변경하는 것

(10) 리모델링

건축물의 노후화를 억제하거나 기능 향상 등을 위하여 대수선하거나 건축물의 일부를 증축 또는 개축하는 행위를 말한다.

(11) 도 로

보행과 자동차 통행이 가능한 너비 4미터 이상의 도로(지형적으로 자동차 통행이 불가능한 경우와 막다른 도로의 경우에는 대통령령으로 정하는 구조와 너비의 도로)로서 다음의 어느 하나에 해당하는 도로나 그 예정도로를 말한다.

① 「국토의 계획 및 이용에 관한 법률」, 「도로법」, 「사도법」, 그 밖의 관계 법령에 따라 신설 또는 변경에 관한 고시가 된 도로
② 건축허가 또는 신고 시에 특별시장·광역시장·특별자치시장·도지사·특별자치도지사(이하 "시·도지사"라 한다) 또는 시장·군수·구청장(자치구의 구청장을 말한다)이 위치를 지정하여 공고한 도로

> **대통령령으로 정하는 구조와 너비의 도로(영 제3조의3)**
>
> 다음 각 호의 어느 하나에 해당하는 도로를 말한다.
> 1. 특별자치시장·특별자치도지사 또는 시장·군수·구청장이 지형적 조건으로 인하여 차량 통행을 위한 도로의 설치가 곤란하다고 인정하여 그 위치를 지정·공고하는 구간의 너비 3미터 이상(길이가 10미터 미만인 막다른 도로인 경우에는 너비 2미터 이상)인 도로
> 2. 제1호에 해당하지 아니하는 막다른 도로로서 그 도로의 너비가 그 길이에 따라 각각 다음 표에 정하는 기준 이상인 도로
>
> | 막다른 도로의 길이 | 도로의 너비 |
> |---|---|
> | 10미터 미만 | 2미터 |
> | 10미터 이상 35미터 미만 | 3미터 |
> | 35미터 이상 | 6미터(도시지역이 아닌 읍·면지역은 4미터) |

(12) 건축주 등

① **건축주** : 건축물의 건축·대수선·용도변경, 건축설비의 설치 또는 공작물의 축조(이하 "건축물의 건축 등"이라 한다) 에 관한 공사를 발주하거나 현장 관리인을 두어 스스로 그 공사를 하는 자를 말한다.
② **제조업자** : 건축물의 건축·대수선·용도변경, 건축설비의 설치 또는 공작물의 축조 등에 필요한 건축자재를 제조하는 사람을 말한다.
③ **유통업자** : 건축물의 건축·대수선·용도변경, 건축설비의 설치 또는 공작물의 축조에 필요한 건축자재를 판매하거나 공사현장에 납품하는 사람을 말한다.
④ **설계자** : 자기의 책임(보조자의 도움을 받는 경우를 포함한다)으로 설계도서를 작성하고 그 설계도서에서 의도하는 바를 해설하며, 지도하고 자문에 응하는 자를 말한다.
⑤ **설계도서** : 건축물의 건축 등에 관한 공사용 도면, 구조 계산서, 시방서(示方書), 그 밖에 국토교통부령으로 정하는 공사에 필요한 서류를 말한다.
⑥ **공사감리자** : 자기의 책임(보조자의 도움을 받는 경우를 포함한다)으로 이 법으로 정하는 바에 따라 건축물, 건축설비 또는 공작물이 설계도서의 내용대로 시공되는지를 확인하고, 품질관리·공사관리·안전관리 등에 대하여 지도·감독하는 자를 말한다.
⑦ **공사시공자** : 「건설산업기본법」 제2조 제4호에 따른 건설공사를 하는 자를 말한다.

⑧ 건축물의 유지·관리 : 건축물의 소유자나 관리자가 사용 승인된 건축물의 대지·구조·설비 및 용도 등을 지속적으로 유지하기 위하여 건축물이 멸실될 때까지 관리하는 행위를 말한다.
⑨ 관계전문기술자 : 건축물의 구조·설비 등 건축물과 관련된 전문기술자격을 보유하고 설계와 공사감리에 참여하여 설계자 및 공사감리자와 협력하는 자를 말한다.

(13) 특별건축구역

조화롭고 창의적인 건축물의 건축을 통하여 도시경관의 창출, 건설기술 수준향상 및 건축 관련 제도개선을 도모하기 위하여 이 법 또는 관계 법령에 따라 일부 규정을 적용하지 아니하거나 완화 또는 통합하여 적용할 수 있도록 특별히 지정하는 구역을 말한다.

(14) 고층건축물 기출 33회

층수가 30층 이상이거나 높이가 120미터 이상인 건축물을 말한다.
① 초고층 건축물(영 제2조 제15호) : 층수가 50층 이상이거나 높이가 200미터 이상인 건축물을 말한다.
② 준초고층 건축물(영 제2조 제15의2호) : 고층건축물 중 초고층 건축물이 아닌 것을 말한다.

(15) 실내건축

건축물의 실내를 안전하고 쾌적하며 효율적으로 사용하기 위하여 내부 공간을 칸막이로 구획하거나 <u>벽지, 천장재, 바닥재, 유리 등 대통령령으로 정하는 재료 또는 장식물을 설치하는 것</u>을 말한다.

> **벽지, 천장재, 바닥재, 유리 등 대통령령으로 정하는 재료 또는 장식물(영 제3조의4)**
> 다음 각 호의 재료를 말한다.
> 1. 벽, 천장, 바닥 및 반자틀의 재료
> 2. 실내에 설치하는 난간, 창호 및 출입문의 재료
> 3. 실내에 설치하는 전기·가스·급수(給水), 배수(排水)·환기시설의 재료
> 4. 실내에 설치하는 충돌·끼임 등 사용자의 안전사고 방지를 위한 시설의 재료

> **➕ 알아보기 건축재료 등(영 제2조 제6호~제11호)**
> 6. 내수재료(耐水材料) : 인조석·콘크리트 등 내수성을 가진 재료
> 7. 내화구조(耐火構造) : 화재에 견딜 수 있는 성능을 가진 구조
> 8. 방화구조(防火構造) : 화염의 확산을 막을 수 있는 성능을 가진 구조
> 9. 난연재료(難燃材料) : 불에 잘 타지 아니하는 성능을 가진 재료
> 10. 불연재료(不燃材料) : 불에 타지 아니하는 성질을 가진 재료
> 11. 준불연재료 : 불연재료에 준하는 성질을 가진 재료

(16) 부속구조물

건축물의 안전·기능·환경 등을 향상시키기 위하여 건축물에 추가적으로 설치하는 <u>환기시설물 등 대통령령으로 정하는 구조물</u>을 말한다.

> **환기시설물 등 대통령령으로 정하는 구조물(영 제2조 제19호)**
> 급기(給氣) 및 배기(排氣)를 위한 건축 구조물의 개구부(開口部)인 환기구를 말한다.

> ➕ **알아보기** 부속건축물 등(영 제2조 제12호~제13호)
>
> 12. "부속건축물"이란 같은 대지에서 주된 건축물과 분리된 부속용도의 건축물로서 주된 건축물을 이용 또는 관리하는 데에 필요한 건축물을 말한다.
> 13. "부속용도"란 건축물의 주된 용도의 기능에 필수적인 용도로서 다음 각 목의 어느 하나에 해당하는 용도를 말한다.
>   가. 건축물의 설비, 대피, 위생, 그 밖에 이와 비슷한 시설의 용도
>   나. 사무, 작업, 집회, 물품저장, 주차, 그 밖에 이와 비슷한 시설의 용도
>   다. 구내식당·직장어린이집·구내운동시설 등 종업원 후생복리시설, 구내소각시설, 그 밖에 이와 비슷한 시설의 용도. 이 경우 다음의 요건을 모두 갖춘 휴게음식점([별표 1] 제3호의 제1종 근린생활시설 중 같은 호 나목에 따른 휴게음식점을 말한다)은 구내식당에 포함되는 것으로 본다.
>   1) 구내식당 내부에 설치할 것
>   2) 설치면적이 구내식당 전체 면적의 3분의 1 이하로서 50제곱미터 이하일 것
>   3) 다류(茶類)를 조리·판매하는 휴게음식점일 것
>   라. 관계 법령에서 주된 용도의 부수시설로 설치할 수 있게 규정하고 있는 시설, 그 밖에 국토교통부장관이 이와 유사하다고 인정하여 고시하는 시설의 용도

(17) 발코니(영 제2조 제14호)

건축물의 내부와 외부를 연결하는 완충공간으로서 전망이나 휴식 등의 목적으로 건축물 외벽에 접하여 부가적(附加的)으로 설치되는 공간을 말한다. 이 경우 주택에 설치되는 발코니로서 국토교통부장관이 정하는 기준에 적합한 발코니는 필요에 따라 거실·침실·창고 등의 용도로 사용할 수 있다.

(18) 다중이용 건축물(영 제2조 제17호) 기출 35회·36회

다음의 어느 하나에 해당하는 건축물을 말한다.
① 다음의 어느 하나에 해당하는 용도로 쓰는 바닥면적의 합계가 5천제곱미터 이상인 건축물
   ㉠ 문화 및 집회시설(동물원 및 식물원은 제외한다)
   ㉡ 종교시설
   ㉢ 판매시설
   ㉣ 운수시설 중 여객용 시설
   ㉤ 의료시설 중 종합병원
   ㉥ 숙박시설 중 관광숙박시설
② 16층 이상인 건축물

(19) 준다중이용 건축물(영 제2조 제17의2호)

다중이용 건축물 외의 건축물로서 다음의 어느 하나에 해당하는 용도로 쓰는 바닥면적의 합계가 1천제곱미터 이상인 건축물을 말한다.
① 문화 및 집회시설(동물원 및 식물원은 제외한다)
② 종교시설
③ 판매시설
④ 운수시설 중 여객용 시설
⑤ 의료시설 중 종합병원

⑥ 교육연구시설
⑦ 노유자시설
⑧ 운동시설
⑨ 숙박시설 중 관광숙박시설
⑩ 위락시설
⑪ 관광 휴게시설
⑫ 장례시설

(20) 특수구조 건축물(영 제2조 제18호) 기출 35회

다음의 어느 하나에 해당하는 건축물을 말한다.
① 한쪽 끝은 고정되고 다른 끝은 지지(支持)되지 아니한 구조로 된 보·차양 등이 외벽(외벽이 없는 경우에는 외곽 기둥을 말한다)의 중심선으로부터 3미터 이상 돌출된 건축물
② 기둥과 기둥 사이의 거리(기둥의 중심선 사이의 거리를 말하며, 기둥이 없는 경우에는 내력벽과 내력벽의 중심선 사이의 거리를 말한다)가 20미터 이상인 건축물
③ 무량판 구조(보가 없이 바닥판·기둥으로 구성된 구조를 말한다)를 가진 건축물로서 무량판 구조인 어느 하나의 층에 수직으로 배치된 주요구조부의 전체 단면적에서 보가 없이 배치된 기둥의 전체 단면적이 차지하는 비율이 4분의 1 이상인 건축물 〈개정 2024.12.17.〉
④ 특수한 설계·시공·공법 등이 필요한 건축물로서 국토교통부장관이 정하여 고시하는 구조로 된 건축물

3 법 제2조 제2항(건축물의 용도)

(1) 건축물의 용도 구분

건축물의 용도는 다음과 같이 구분하되, 각 용도에 속하는 건축물의 세부 용도는 대통령령으로 정한다.
① 단독주택
② 공동주택
③ 제1종 근린생활시설
④ 제2종 근린생활시설
⑤ 문화 및 집회시설
⑥ 종교시설
⑦ 판매시설
⑧ 운수시설
⑨ 의료시설
⑩ 교육연구시설
⑪ 노유자(老幼者 : 노인 및 어린이)시설
⑫ 수련시설
⑬ 운동시설
⑭ 업무시설
⑮ 숙박시설

⑯ 위락(慰樂)시설
⑰ 공장
⑱ 창고시설
⑲ 위험물 저장 및 처리 시설
⑳ 자동차 관련 시설
㉑ 동물 및 식물 관련 시설
㉒ 자원순환 관련 시설
㉓ 교정(矯正)시설
㉔ 국방 · 군사시설
㉕ 방송통신시설
㉖ 발전시설
㉗ 묘지 관련 시설
㉘ 관광 휴게시설
㉙ 그 밖에 대통령령으로 정하는 시설

(2) 용도별 건축물의 종류(영 제3조의5)

법 제2조 제2항 각 호의 용도에 속하는 건축물의 종류는 [별표 1]과 같다.

> **➕ 알아보기** 건축법 시행령 [별표 1] 용도별 건축물의 종류(영 제3조의5 관련) 〈개정 2024.2.13.〉
>
> 1. 단독주택[단독주택의 형태를 갖춘 가정어린이집·공동생활가정·지역아동센터·공동육아나눔터(「아이돌봄 지원법」 제19조에 따른 공동육아나눔터를 말한다)·작은도서관(「도서관법」 제4조 제2항 제1호 가목에 따른 작은도서관을 말하며, 해당 주택의 1층에 설치한 경우만 해당한다) 및 노인복지시설(노인복지주택은 제외한다)을 포함한다]
>   가. 단독주택
>   나. 다중주택 : 다음의 요건을 모두 갖춘 주택을 말한다.
>   1) 학생 또는 직장인 등 여러 사람이 장기간 거주할 수 있는 구조로 되어 있는 것
>   2) 독립된 주거의 형태를 갖추지 않은 것(각 실별로 욕실은 설치할 수 있으나, 취사시설은 설치하지 않은 것을 말한다)
>   3) 1개 동의 주택으로 쓰이는 바닥면적(부설 주차장 면적은 제외한다)의 합계가 660제곱미터 이하이고 주택으로 쓰는 층수(지하층은 제외한다)가 3개 층 이하일 것. 다만, 1층의 전부 또는 일부를 필로티 구조로 하여 주차장으로 사용하고 나머지 부분을 주택(주거 목적으로 한정한다) 외의 용도로 쓰는 경우에는 해당 층을 주택의 층수에서 제외한다.
>   4) 적정한 주거환경을 조성하기 위하여 건축조례로 정하는 실별 최소 면적, 창문의 설치 및 크기 등의 기준에 적합할 것
>   다. 다가구주택 : 다음의 요건을 모두 갖춘 주택으로서 공동주택에 해당하지 아니하는 것을 말한다.
>   1) 주택으로 쓰는 층수(지하층은 제외한다)가 3개 층 이하일 것. 다만, 1층의 전부 또는 일부를 필로티 구조로 하여 주차장으로 사용하고 나머지 부분을 주택(주거 목적으로 한정한다) 외의 용도로 쓰는 경우에는 해당 층을 주택의 층수에서 제외한다.
>   2) 1개 동의 주택으로 쓰이는 바닥면적의 합계가 660제곱미터 이하일 것
>   3) 19세대(대지 내 동별 세대수를 합한 세대를 말한다) 이하가 거주할 수 있을 것
>   라. 공관(公館)

2. 공동주택[공동주택의 형태를 갖춘 가정어린이집·공동생활가정·지역아동센터·공동육아나눔터·작은 도서관·노인복지시설(노인복지주택은 제외한다) 및 「주택법 시행령」 제10조 제1항 제1호에 따른 소형 주택을 포함한다]. 다만, 가목이나 나목에서 층수를 산정할 때 1층 전부를 필로티 구조로 하여 주차장으로 사용하는 경우에는 필로티 부분을 층수에서 제외하고, 다목에서 층수를 산정할 때 1층의 전부 또는 일부를 필로티 구조로 하여 주차장으로 사용하고 나머지 부분을 주택(주거 목적으로 한정한다) 외의 용도로 쓰는 경우에는 해당 층을 주택의 층수에서 제외하며, 가목부터 라목까지의 규정에서 층수를 산정할 때 지하층을 주택의 층수에서 제외한다.

  가. 아파트 : 주택으로 쓰는 층수가 5개 층 이상인 주택
  나. 연립주택 : 주택으로 쓰는 1개 동의 바닥면적(2개 이상의 동을 지하주차장으로 연결하는 경우에는 각각의 동으로 본다) 합계가 660제곱미터를 초과하고, 층수가 4개 층 이하인 주택
  다. 다세대주택 : 주택으로 쓰는 1개 동의 바닥면적 합계가 660제곱미터 이하이고, 층수가 4개 층 이하인 주택(2개 이상의 동을 지하주차장으로 연결하는 경우에는 각각의 동으로 본다)
  라. 기숙사 : 다음의 어느 하나에 해당하는 건축물로서 공간의 구성과 규모 등에 관하여 국토교통부장관이 정하여 고시하는 기준에 적합한 것. 다만, 구분소유된 개별 실(室)은 제외한다.
    1) 일반기숙사 : 학교 또는 공장 등의 학생 또는 종업원 등을 위하여 사용하는 것으로서 해당 기숙사의 공동취사시설 이용 세대 수가 전체 세대 수(건축물의 일부를 기숙사로 사용하는 경우에는 기숙사로 사용하는 세대 수로 한다)의 50퍼센트 이상인 것(「교육기본법」 제27조 제2항에 따른 학생복지 주택을 포함한다)
    2) 임대형기숙사 : 「공공주택 특별법」 제4조에 따른 공공주택사업자 또는 「민간임대주택에 관한 특별법」 제2조 제7호에 따른 임대사업자가 임대사업에 사용하는 것으로서 임대 목적으로 제공하는 실이 20실 이상이고 해당 기숙사의 공동취사시설 이용 세대 수가 전체 세대 수의 50퍼센트 이상인 것

3. 제1종 근린생활시설
  가. 식품·잡화·의류·완구·서적·건축자재·의약품·의료기기 등 일용품을 판매하는 소매점으로서 같은 건축물(하나의 대지에 두 동 이상의 건축물이 있는 경우에는 이를 같은 건축물로 본다)에 해당 용도로 쓰는 바닥면적의 합계가 1천제곱미터 미만인 것
  나. 휴게음식점, 제과점 등 음료·차(茶)·음식·빵·떡·과자 등을 조리하거나 제조하여 판매하는 시설(제4호 너목 또는 제17호에 해당하는 것은 제외한다)로서 같은 건축물에 해당 용도로 쓰는 바닥면적의 합계가 300제곱미터 미만인 것
  다. 이용원, 미용원, 목욕장, 세탁소 등 사람의 위생관리나 의류 등을 세탁·수선하는 시설(세탁소의 경우 공장에 부설되는 것과 「대기환경보전법」, 「물환경보전법」 또는 「소음·진동관리법」에 따른 배출시설의 설치 허가 또는 신고의 대상인 것은 제외한다)
  라. 의원, 치과의원, 한의원, 침술원, 접골원(接骨院), 조산원, 안마원, 산후조리원 등 주민의 진료·치료 등을 위한 시설
  마. 탁구장, 체육도장으로서 같은 건축물에 해당 용도로 쓰는 바닥면적의 합계가 500제곱미터 미만인 것
  바. 지역자치센터, 파출소, 지구대, 소방서, 우체국, 방송국, 보건소, 공공도서관, 건강보험공단 사무소 등 주민의 편의를 위하여 공공업무를 수행하는 시설로서 같은 건축물에 해당 용도로 쓰는 바닥면적의 합계가 1천제곱미터 미만인 것
  사. 마을회관, 마을공동작업소, 마을공동구판장, 공중화장실, 대피소, 지역아동센터(단독주택과 공동주택에 해당하는 것은 제외한다) 등 주민이 공동으로 이용하는 시설
  아. 변전소, 도시가스배관시설, 통신용 시설(해당 용도로 쓰는 바닥면적의 합계가 1천제곱미터 미만인 것에 한정한다), 정수장, 양수장 등 주민의 생활에 필요한 에너지공급·통신서비스제공이나 급수·배수와 관련된 시설
  자. 금융업소, 사무소, 부동산중개사무소, 결혼상담소 등 소개업소, 출판사 등 일반업무시설로서 같은 건축물에 해당 용도로 쓰는 바닥면적의 합계가 30제곱미터 미만인 것
  차. 전기자동차 충전소(해당 용도로 쓰는 바닥면적의 합계가 1천제곱미터 미만인 것으로 한정한다)

4. 제2종 근린생활시설
    가. 공연장(극장, 영화관, 연예장, 음악당, 서커스장, 비디오물감상실, 비디오물소극장, 그 밖에 이와 비슷한 것을 말한다)으로서 같은 건축물에 해당 용도로 쓰는 바닥면적의 합계가 500제곱미터 미만인 것
    나. 종교집회장[교회, 성당, 사찰, 기도원, 수도원, 수녀원, 제실(祭室), 사당, 그 밖에 이와 비슷한 것을 말한다]으로서 같은 건축물에 해당 용도로 쓰는 바닥면적의 합계가 500제곱미터 미만인 것
    다. 자동차영업소로서 같은 건축물에 해당 용도로 쓰는 바닥면적의 합계가 1천제곱미터 미만인 것
    라. 서점(제1종 근린생활시설에 해당하지 않는 것)
    마. 총포판매소
    바. 사진관, 표구점
    사. 청소년게임제공업소, 복합유통게임제공업소, 인터넷컴퓨터게임시설제공업소, 가상현실체험 제공업소, 그 밖에 이와 비슷한 게임 및 체험 관련 시설로서 같은 건축물에 해당 용도로 쓰는 바닥면적의 합계가 500제곱미터 미만인 것
    아. 휴게음식점, 제과점 등 음료·차(茶)·음식·빵·떡·과자 등을 조리하거나 제조하여 판매하는 시설(너목 또는 제17호에 해당하는 것은 제외한다)로서 같은 건축물에 해당 용도로 쓰는 바닥면적의 합계가 300제곱미터 이상인 것
    자. 일반음식점
    차. 장의사, 동물병원, 동물미용실, 「동물보호법」 제32조 제1항 제6호에 따른 동물위탁관리업을 위한 시설, 그 밖에 이와 유사한 것
    카. 학원(자동차학원·무도학원 및 정보통신기술을 활용하여 원격으로 교습하는 것은 제외한다), 교습소(자동차교습·무도교습 및 정보통신기술을 활용하여 원격으로 교습하는 것은 제외한다), 직업훈련소(운전·정비 관련 직업훈련소는 제외한다)로서 같은 건축물에 해당 용도로 쓰는 바닥면적의 합계가 500제곱미터 미만인 것
    타. 독서실, 기원
    파. 테니스장, 체력단련장, 에어로빅장, 볼링장, 당구장, 실내낚시터, 골프연습장, 놀이형시설(「관광진흥법」에 따른 기타유원시설업의 시설을 말한다) 등 주민의 체육 활동을 위한 시설(제3호 마목의 시설은 제외한다)로서 같은 건축물에 해당 용도로 쓰는 바닥면적의 합계가 500제곱미터 미만인 것
    하. 금융업소, 사무소, 부동산중개사무소, 결혼상담소 등 소개업소, 출판사 등 일반업무시설로서 같은 건축물에 해당 용도로 쓰는 바닥면적의 합계가 500제곱미터 미만인 것(제1종 근린생활시설에 해당하는 것은 제외한다)
    거. 다중생활시설(「다중이용업소의 안전관리에 관한 특별법」에 따른 다중이용업 중 고시원업의 시설로서 국토교통부장관이 고시하는 기준과 그 기준에 위배되지 않는 범위에서 적정한 주거환경을 조성하기 위하여 건축조례로 정하는 실별 최소 면적, 창문의 설치 및 크기 등의 기준에 적합한 것을 말한다)로서 같은 건축물에 해당 용도로 쓰는 바닥면적의 합계가 500제곱미터 미만인 것
    너. 제조업소, 수리점 등 물품의 제조·가공·수리 등을 위한 시설로서 같은 건축물에 해당 용도로 쓰는 바닥면적의 합계가 500제곱미터 미만이고, 다음 요건 중 어느 하나에 해당하는 것
        1) 「대기환경보전법」, 「물환경보전법」 또는 「소음·진동관리법」에 따른 배출시설의 설치 허가 또는 신고의 대상이 아닌 것
        2) 「물환경보전법」 제33조 제1항 본문에 따라 폐수배출시설의 설치 허가를 받거나 신고해야 하는 시설로서 발생되는 폐수를 전량 위탁처리하는 것
    더. 단란주점으로서 같은 건축물에 해당 용도로 쓰는 바닥면적의 합계가 150제곱미터 미만인 것
    러. 안마시술소, 노래연습장
    머. 「물류시설의 개발 및 운영에 관한 법률」 제2조 제5호의2에 따른 주문배송시설로서 같은 건축물에 해당 용도로 쓰는 바닥면적의 합계가 500제곱미터 미만인 것(같은 법 제21조의2 제1항에 따라 물류창고업 등록을 해야 하는 시설을 말한다)

5. 문화 및 집회시설
   가. 공연장으로서 제2종 근린생활시설에 해당하지 아니하는 것
   나. 집회장[예식장, 공회당, 회의장, 마권(馬券) 장외 발매소, 마권 전화투표소, 그 밖에 이와 비슷한 것을 말한다]으로서 제2종 근린생활시설에 해당하지 아니하는 것
   다. 관람장(경마장, 경륜장, 경정장, 자동차 경기장, 그 밖에 이와 비슷한 것과 체육관 및 운동장으로서 관람석의 바닥면적의 합계가 1천제곱미터 이상인 것을 말한다)
   라. 전시장(박물관, 미술관, 과학관, 문화관, 체험관, 기념관, 산업전시장, 박람회장, 그 밖에 이와 비슷한 것을 말한다)
   마. 동·식물원(동물원, 식물원, 수족관, 그 밖에 이와 비슷한 것을 말한다)
6. 종교시설
   가. 종교집회장으로서 제2종 근린생활시설에 해당하지 아니하는 것
   나. 종교집회장(제2종 근린생활시설에 해당하지 아니하는 것을 말한다)에 설치하는 봉안당(奉安堂)
7. 판매시설
   가. 도매시장(「농수산물유통 및 가격안정에 관한 법률」에 따른 농수산물도매시장, 농수산물공판장, 그 밖에 이와 비슷한 것을 말하며, 그 안에 있는 근린생활시설을 포함한다)
   나. 소매시장(「유통산업발전법」 제2조 제3호에 따른 대규모 점포, 그 밖에 이와 비슷한 것을 말하며, 그 안에 있는 근린생활시설을 포함한다)
   다. 상점(그 안에 있는 근린생활시설을 포함한다)으로서 다음의 요건 중 어느 하나에 해당하는 것
      1) 제3호 가목에 해당하는 용도(서점은 제외한다)로서 제1종 근린생활시설에 해당하지 아니하는 것
      2) 「게임산업진흥에 관한 법률」 제2조 제6호의2 가목에 따른 청소년게임제공업의 시설, 같은 호 나목에 따른 일반게임제공업의 시설, 같은 조 제7호에 따른 인터넷컴퓨터게임시설제공업의 시설 및 같은 조 제8호에 따른 복합유통게임제공업의 시설로서 제2종 근린생활시설에 해당하지 아니하는 것
8. 운수시설
   가. 여객자동차터미널
   나. 철도시설
   다. 공항시설
   라. 항만시설
   마. 그 밖에 가목부터 라목까지의 규정에 따른 시설과 비슷한 시설
9. 의료시설
   가. 병원(종합병원, 병원, 치과병원, 한방병원, 정신병원 및 요양병원을 말한다)
   나. 격리병원(전염병원, 마약진료소, 그 밖에 이와 비슷한 것을 말한다)
10. 교육연구시설(제2종 근린생활시설에 해당하는 것은 제외한다)
    가. 학교(유치원, 초등학교, 중학교, 고등학교, 전문대학, 대학, 대학교, 그 밖에 이에 준하는 각종 학교를 말한다)
    나. 교육원(연수원, 그 밖에 이와 비슷한 것을 포함한다)
    다. 직업훈련소(운전 및 정비 관련 직업훈련소는 제외한다)
    라. 학원(자동차학원·무도학원 및 정보통신기술을 활용하여 원격으로 교습하는 것은 제외한다), 교습소(자동차교습·무도교습 및 정보통신기술을 활용하여 원격으로 교습하는 것은 제외한다)
    마. 연구소(연구소에 준하는 시험소와 계측계량소를 포함한다)
    바. 도서관
11. 노유자시설
    가. 아동 관련 시설(어린이집, 아동복지시설, 그 밖에 이와 비슷한 것으로서 단독주택, 공동주택 및 제1종 근린생활시설에 해당하지 아니하는 것을 말한다)
    나. 노인복지시설(단독주택과 공동주택에 해당하지 아니하는 것을 말한다)
    다. 그 밖에 다른 용도로 분류되지 아니한 사회복지시설 및 근로복지시설

12. 수련시설
    가. 생활권 수련시설(「청소년활동진흥법」에 따른 청소년수련관, 청소년문화의집, 청소년특화시설, 그 밖에 이와 비슷한 것을 말한다)
    나. 자연권 수련시설(「청소년활동진흥법」에 따른 청소년수련원, 청소년야영장, 그 밖에 이와 비슷한 것을 말한다)
    다. 「청소년활동진흥법」에 따른 유스호스텔
    라. 「관광진흥법」에 따른 야영장 시설로서 제29호에 해당하지 아니하는 시설
13. 운동시설
    가. 탁구장, 체육도장, 테니스장, 체력단련장, 에어로빅장, 볼링장, 당구장, 실내낚시터, 골프연습장, 놀이형시설, 그 밖에 이와 비슷한 것으로서 제1종 근린생활시설 및 제2종 근린생활시설에 해당하지 아니하는 것
    나. 체육관으로서 관람석이 없거나 관람석의 바닥면적이 1천제곱미터 미만인 것
    다. 운동장(육상장, 구기장, 볼링장, 수영장, 스케이트장, 롤러스케이트장, 승마장, 사격장, 궁도장, 골프장 등과 이에 딸린 건축물을 말한다)으로서 관람석이 없거나 관람석의 바닥면적이 1천제곱미터 미만인 것
14. 업무시설
    가. 공공업무시설 : 국가 또는 지방자치단체의 청사와 외국공관의 건축물로서 제1종 근린생활시설에 해당하지 아니하는 것
    나. 일반업무시설 : 다음 요건을 갖춘 업무시설을 말한다.
        1) 금융업소, 사무소, 결혼상담소 등 소개업소, 출판사, 신문사, 그 밖에 이와 비슷한 것으로서 제1종 근린생활시설 및 제2종 근린생활시설에 해당하지 않는 것
        2) 오피스텔(업무를 주로 하며, 분양하거나 임대하는 구획 중 일부 구획에서 숙식을 할 수 있도록 한 건축물로서 국토교통부장관이 고시하는 기준에 적합한 것을 말한다)
15. 숙박시설
    가. 일반숙박시설 및 생활숙박시설(「공중위생관리법」 제3조 제1항 전단에 따라 숙박업 신고를 해야 하는 시설로서 국토교통부장관이 정하여 고시하는 요건을 갖춘 시설을 말한다)
    나. 관광숙박시설(관광호텔, 수상관광호텔, 한국전통호텔, 가족호텔, 호스텔, 소형호텔, 의료관광호텔 및 휴양 콘도미니엄)
    다. 다중생활시설(제2종 근린생활시설에 해당하지 아니하는 것을 말한다)
    라. 그 밖에 가목부터 다목까지의 시설과 비슷한 것
16. 위락시설
    가. 단란주점으로서 제2종 근린생활시설에 해당하지 아니하는 것
    나. 유흥주점이나 그 밖에 이와 비슷한 것
    다. 「관광진흥법」에 따른 유원시설업의 시설, 그 밖에 이와 비슷한 시설(제2종 근린생활시설과 운동시설에 해당하는 것은 제외한다)
    라. 삭제 〈2010.2.18.〉
    마. 무도장, 무도학원
    바. 카지노영업소
17. 공장
    물품의 제조·가공[염색·도장(塗裝)·표백·재봉·건조·인쇄 등을 포함한다] 또는 수리에 계속적으로 이용되는 건축물로서 제1종 근린생활시설, 제2종 근린생활시설, 위험물저장 및 처리시설, 자동차 관련 시설, 자원순환 관련 시설 등으로 따로 분류되지 아니한 것

18. 창고시설(제2종 근린생활시설에 해당하는 것과 위험물 저장 및 처리 시설 또는 그 부속용도에 해당하는 것은 제외한다)
    가. 창고(물품저장시설로서「물류정책기본법」에 따른 일반창고와 냉장 및 냉동 창고를 포함한다)
    나. 하역장
    다. 「물류시설의 개발 및 운영에 관한 법률」에 따른 물류터미널
    라. 집배송 시설
19. 위험물 저장 및 처리 시설
    「위험물안전관리법」,「석유 및 석유대체연료사업법」,「도시가스사업법」,「고압가스안전관리법」,「액화석유가스의 안전관리 및 사업법」,「총포·도검·화약류 등 단속법」,「화학물질관리법」 등에 따라 설치 또는 영업의 허가를 받아야 하는 건축물로서 다음 각 목의 어느 하나에 해당하는 것. 다만, 자가난방, 자가발전, 그 밖에 이와 비슷한 목적으로 쓰는 저장시설은 제외한다.
    가. 주유소(기계식 세차설비를 포함한다) 및 석유 판매소
    나. 액화석유가스 충전소·판매소·저장소(기계식 세차설비를 포함한다)
    다. 위험물 제조소·저장소·취급소
    라. 액화가스 취급소·판매소
    마. 유독물 보관·저장·판매시설
    바. 고압가스 충전소·판매소·저장소
    사. 도료류 판매소
    아. 도시가스 제조시설
    자. 화약류 저장소
    차. 그 밖에 가목부터 자목까지의 시설과 비슷한 것
20. 자동차 관련 시설(건설기계 관련 시설을 포함한다)
    가. 주차장
    나. 세차장
    다. 폐차장
    라. 검사장
    마. 매매장
    바. 정비공장
    사. 운전학원 및 정비학원(운전 및 정비 관련 직업훈련시설을 포함한다)
    아. 「여객자동차 운수사업법」,「화물자동차 운수사업법」 및 「건설기계관리법」에 따른 차고 및 주기장(駐機場)
    자. 전기자동차 충전소로서 제1종 근린생활시설에 해당하지 않는 것
21. 동물 및 식물 관련 시설
    가. 축사(양잠·양봉·양어·양돈·양계·곤충사육 시설 및 부화장 등을 포함한다)
    나. 가축시설[가축용 운동시설, 인공수정센터, 관리사(管理舍), 가축용 창고, 가축시장, 동물검역소, 실험동물 사육시설, 그 밖에 이와 비슷한 것을 말한다]
    다. 도축장
    라. 도계장
    마. 작물 재배사
    바. 종묘배양시설
    사. 화초 및 분재 등의 온실
    아. 동물 또는 식물과 관련된 가목부터 사목까지의 시설과 비슷한 것(동·식물원은 제외한다)

22. 자원순환 관련 시설
    가. 하수 등 처리시설
    나. 고물상
    다. 폐기물재활용시설
    라. 폐기물 처분시설
    마. 폐기물감량화시설
23. 교정 및 군사 시설(제1종 근린생활시설에 해당하는 것은 제외한다)
    가. 교정시설(보호감호소, 구치소 및 교도소를 말한다)
    나. 갱생보호시설, 그 밖에 범죄자의 갱생·보육·교육·보건 등의 용도로 쓰는 시설
    다. 소년원 및 소년분류심사원
    라. 삭제 〈2023.5.15.〉
23의2. 국방·군사시설(제1종 근린생활시설에 해당하는 것은 제외한다)
    「국방·군사시설 사업에 관한 법률」에 따른 국방·군사시설
24. 방송통신시설(제1종 근린생활시설에 해당하는 것은 제외한다)
    가. 방송국(방송프로그램 제작시설 및 송신·수신·중계시설을 포함한다)
    나. 전신전화국
    다. 촬영소
    라. 통신용 시설
    마. 데이터센터
    바. 그 밖에 가목부터 마목까지의 시설과 비슷한 것
25. 발전시설
    발전소(집단에너지 공급시설을 포함한다)로 사용되는 건축물로서 제1종 근린생활시설에 해당하지 아니하는 것
26. 묘지 관련 시설
    가. 화장시설
    나. 봉안당(종교시설에 해당하는 것은 제외한다)
    다. 묘지와 자연장지에 부수되는 건축물
    라. 동물화장시설, 동물건조장(乾燥葬)시설 및 동물 전용의 납골시설
27. 관광 휴게시설
    가. 야외음악당
    나. 야외극장
    다. 어린이회관
    라. 관망탑
    마. 휴게소
    바. 공원·유원지 또는 관광지에 부수되는 시설
28. 장례시설
    가. 장례식장[의료시설의 부수시설(「의료법」 제36조 제1호에 따른 의료기관의 종류에 따른 시설을 말한다)에 해당하는 것은 제외한다]
    나. 동물 전용의 장례식장
29. 야영장 시설
    「관광진흥법」에 따른 야영장 시설로서 관리동, 화장실, 샤워실, 대피소, 취사시설 등의 용도로 쓰는 바닥면적의 합계가 300제곱미터 미만인 것

4 법 제3조(적용 제외) 기출 30회·31회

(1) 건축법을 적용하지 않는 건축물

다음의 어느 하나에 해당하는 건축물에는 이 법을 적용하지 아니한다. 〈개정 2024.2.6.〉

① 「문화유산의 보존 및 활용에 관한 법률」에 따른 지정문화유산이나 임시지정문화유산 또는 「자연유산의 보존 및 활용에 관한 법률」에 따라 지정된 천연기념물 등이나 임시지정천연기념물, 임시지정명승, 임시지정시·도자연유산, 임시자연유산자료
② 철도나 궤도의 선로 부지(敷地)에 있는 다음의 시설
　㉠ 운전보안시설
　㉡ 철도 선로의 위나 아래를 가로지르는 보행시설
　㉢ 플랫폼
　㉣ 해당 철도 또는 궤도사업용 급수(給水)·급탄(給炭) 및 급유(給油) 시설
③ 고속도로 통행료 징수시설
④ 컨테이너를 이용한 간이창고(「산업집적활성화 및 공장설립에 관한 법률」 제2조 제1호에 따른 공장의 용도로만 사용되는 건축물의 대지에 설치하는 것으로서 이동이 쉬운 것만 해당된다)
⑤ 「하천법」에 따른 하천구역 내의 수문조작실

(2) 도시지역 및 지구단위계획구역 외의 지역으로서 동이나 읍이 아닌 지역

「국토의 계획 및 이용에 관한 법률」에 따른 도시지역 및 같은 법 제51조 제3항에 따른 지구단위계획구역 외의 지역으로서 동이나 읍(동이나 읍에 속하는 섬의 경우에는 인구가 500명 이상인 경우만 해당된다)이 아닌 지역은 제44조부터 제47조까지, 제51조 및 제57조를 적용하지 아니한다.

(3) 도시·군계획시설로 결정된 도로의 예정지에 건축하는 경우

「국토의 계획 및 이용에 관한 법률」 제47조 제7항에 따른 건축물이나 공작물을 도시·군계획시설로 결정된 도로의 예정지에 건축하는 경우에는 제45조부터 제47조까지의 규정을 적용하지 아니한다.

5 법 제4조(건축위원회)

(1) 건축위원회의 설치

국토교통부장관, 시·도지사 및 시장·군수·구청장은 다음의 사항을 조사·심의·조정 또는 재정(이하 "심의 등"이라 한다)하기 위하여 각각 건축위원회를 두어야 한다.

① 이 법과 조례의 제정·개정 및 시행에 관한 중요 사항
② 건축물의 건축 등과 관련된 분쟁의 조정 또는 재정에 관한 사항. 다만, 시·도지사 및 시장·군수·구청장이 두는 건축위원회는 제외한다.
③ 건축물의 건축 등과 관련된 민원에 관한 사항. 다만, 국토교통부장관이 두는 건축위원회는 제외한다.
④ 건축물의 건축 또는 대수선에 관한 사항
⑤ 다른 법령에서 건축위원회의 심의를 받도록 규정한 사항

중앙건축위원회의 설치 등(영 제5조)

① 법 제4조 제1항에 따라 국토교통부에 두는 건축위원회(이하 "중앙건축위원회"라 한다)는 다음 각 호의 사항을 조사·심의·조정 또는 재정(이하 "심의 등"이라 한다)한다.
   1. 법 제23조 제4항에 따른 표준설계도서의 인정에 관한 사항
   2. 건축물의 건축·대수선·용도변경, 건축설비의 설치 또는 공작물의 축조(이하 "건축물의 건축 등"이라 한다)와 관련된 분쟁의 조정 또는 재정에 관한 사항
   3. 법과 이 영의 제정·개정 및 시행에 관한 중요 사항
   4. 다른 법령에서 중앙건축위원회의 심의를 받도록 한 경우 해당 법령에서 규정한 심의사항
   5. 그 밖에 국토교통부장관이 중앙건축위원회의 심의가 필요하다고 인정하여 회의에 부치는 사항
② 제1항에 따라 심의 등을 받은 건축물이 다음 각 호의 어느 하나에 해당하는 경우에는 해당 건축물의 건축 등에 관한 중앙건축위원회의 심의 등을 생략할 수 있다.
   1. 건축물의 규모를 변경하는 것으로서 다음 각 목의 요건을 모두 갖춘 경우
      가. 건축위원회의 심의 등의 결과에 위반되지 아니할 것
      나. 심의 등을 받은 건축물의 건축면적, 연면적, 층수 또는 높이 중 어느 하나도 10분의 1을 넘지 아니하는 범위에서 변경할 것
   2. 중앙건축위원회의 심의 등의 결과를 반영하기 위하여 건축물의 건축 등에 관한 사항을 변경하는 경우
③ 중앙건축위원회는 위원장 및 부위원장 각 1명을 포함하여 70명 이내의 위원으로 구성한다.
④ 중앙건축위원회의 위원은 관계 공무원과 건축에 관한 학식 또는 경험이 풍부한 사람 중에서 국토교통부장관이 임명하거나 위촉한다.
⑤ 중앙건축위원회의 위원장과 부위원장은 제4항에 따라 임명 또는 위촉된 위원 중에서 국토교통부장관이 임명하거나 위촉한다.
⑥ 공무원이 아닌 위원의 임기는 2년으로 하며, 한 차례만 연임할 수 있다.

(2) 전문위원회의 운영

① 국토교통부장관, 시·도지사 및 시장·군수·구청장은 건축위원회의 심의 등을 효율적으로 수행하기 위하여 필요하면 자신이 설치하는 건축위원회에 다음의 전문위원회를 두어 운영할 수 있다.
   ㉠ 건축분쟁전문위원회(국토교통부에 설치하는 건축위원회에 한정한다)
   ㉡ <u>건축민원전문위원회</u>(시·도 및 시·군·구에 설치하는 건축위원회에 한정한다)
   ㉢ 건축계획·건축구조·건축설비 등 분야별 전문위원회
② 전문위원회는 건축위원회가 정하는 사항에 대하여 심의 등을 한다.
③ 전문위원회의 심의 등을 거친 사항은 건축위원회의 심의 등을 거친 것으로 본다.

건축민원전문위원회(법 제4조의4)

① 제4조 제2항에 따른 건축민원전문위원회는 건축물의 건축 등과 관련된 다음 각 호의 민원[특별시장·광역시장·특별자치시장·특별자치도지사 또는 시장·군수·구청장(이하 "허가권자"라 한다)의 처분이 완료되기 전의 것으로 한정하며, 이하 "질의민원"이라 한다]을 심의하며, 시·도지사가 설치하는 건축민원전문위원회(이하 "광역지방건축민원전문위원회"라 한다)와 시장·군수·구청장이 설치하는 건축민원전문위원회(이하 "기초지방건축민원전문위원회"라 한다)로 구분한다.
   1. 건축법령의 운영 및 집행에 관한 민원
   2. 건축물의 건축 등과 복합된 사항으로서 제11조 제5항 각 호에 해당하는 법률 규정의 운영 및 집행에 관한 민원
   3. 그 밖에 대통령령으로 정하는 민원

② 광역지방건축민원전문위원회는 허가권자나 도지사(이하 "허가권자 등"이라 한다)의 제11조에 따른 건축허가나 사전승인에 대한 질의민원을 심의하고, 기초지방건축민원전문위원회는 시장(행정시의 시장을 포함한다)·군수·구청장의 제11조 및 제14조에 따른 건축허가 또는 건축신고와 관련한 질의민원을 심의한다.
③ 건축민원전문위원회의 구성·회의·운영, 그 밖에 필요한 사항은 해당 지방자치단체의 조례로 정한다.

(3) 건축위원회의 조직·운영 등

각 건축위원회의 조직·운영, 그 밖에 필요한 사항은 대통령령으로 정하는 바에 따라 국토교통부령이나 해당 지방자치단체의 조례(자치구의 경우에는 특별시나 광역시의 조례를 말한다)로 정한다.

(4) 건축위원회의 건축 심의 등(법 제4조의2)

① 대통령령으로 정하는 건축물을 건축하거나 대수선하려는 자는 국토교통부령으로 정하는 바에 따라 시·도지사 또는 시장·군수·구청장에게 건축위원회의 심의를 신청하여야 한다.
② 심의 신청을 받은 시·도지사 또는 시장·군수·구청장은 대통령령으로 정하는 바에 따라 건축위원회에 심의 안건을 상정하고, 심의 결과를 국토교통부령으로 정하는 바에 따라 심의를 신청한 자에게 통보하여야 한다.
③ 건축위원회의 심의 결과에 이의가 있는 자는 심의 결과를 통보받은 날부터 1개월 이내에 시·도지사 또는 시장·군수·구청장에게 건축위원회의 재심의를 신청할 수 있다.
④ 재심의 신청을 받은 시·도지사 또는 시장·군수·구청장은 그 신청을 받은 날부터 15일 이내에 대통령령으로 정하는 바에 따라 건축위원회에 재심의 안건을 상정하고, 재심의 결과를 국토교통부령으로 정하는 바에 따라 재심의를 신청한 자에게 통보하여야 한다.

(5) 건축위원회 회의록의 공개(법 제4조의3)

시·도지사 또는 시장·군수·구청장은 심의(재심의를 포함한다)를 신청한 자가 요청하는 경우에는 대통령령으로 정하는 바에 따라 건축위원회 심의의 일시·장소·안건·내용·결과 등이 기록된 회의록을 공개하여야 한다. 다만, 심의의 공정성을 침해할 우려가 있다고 인정되는 이름, 주민등록번호 등 대통령령으로 정하는 개인 식별 정보에 관한 부분의 경우에는 그러하지 아니하다.

6 법 제5조(적용의 완화)

① 건축주, 설계자, 공사시공자 또는 공사감리자(이하 "건축관계자"라 한다)는 업무를 수행할 때 이 법을 적용하는 것이 매우 불합리하다고 인정되는 대지나 건축물로서 대통령령으로 정하는 것에 대하여는 이 법의 기준을 완화하여 적용할 것을 허가권자에게 요청할 수 있다.

> **적용의 완화(영 제6조 제1항)** 〈개정 2024.12.17.〉
> 법 제5조 제1항에 따라 완화하여 적용하는 건축물 및 기준은 다음 각 호와 같다.
> 1. 수면 위에 건축하는 건축물 등 대지의 범위를 설정하기 곤란한 경우 : 법 제40조부터 제47조까지, 법 제55조부터 제57조까지, 법 제60조 및 법 제61조에 따른 기준
> 2. 거실이 없는 통신시설 및 기계·설비시설인 경우 : 법 제44조부터 법 제46조까지의 규정에 따른 기준

3. 31층 이상인 건축물(건축물 전부가 공동주택의 용도로 쓰이는 경우는 제외한다)과 발전소, 제철소, 「산업집적활성화 및 공장설립에 관한 법률 시행령」 [별표 1의2] 제2호 마목에 따라 산업통상자원부령으로 정하는 업종의 제조시설, 운동시설 등 특수 용도의 건축물인 경우 : 법 제43조, 제49조부터 제52조까지, 제62조, 제64조, 제67조 및 제68조에 따른 기준
4. 전통사찰, 전통한옥 등 전통문화의 보존을 위하여 시·도의 건축조례로 정하는 지역의 건축물인 경우 : 법 제2조 제1항 제11호, 제44조, 제46조 및 제60조 제3항에 따른 기준
5. 경사진 대지에 계단식으로 건축하는 공동주택으로서 지면에서 직접 각 세대가 있는 층으로의 출입이 가능하고, 위층 세대가 아래층 세대의 지붕을 정원 등으로 활용하는 것이 가능한 형태의 건축물과 초고층 건축물인 경우 : 법 제55조에 따른 기준
6. 다음 각 목의 어느 하나에 해당하는 건축물인 경우 : 법 제42조, 제43조, 제46조, 제55조, 제56조, 제58조, 제60조, 제61조 제2항에 따른 기준
   가. 허가권자가 리모델링 활성화가 필요하다고 인정하여 지정·공고한 구역(이하 "리모델링 활성화 구역"이라 한다) 안의 건축물
   나. 사용승인을 받은 후 15년 이상이 되어 리모델링이 필요한 건축물
   다. 기존 건축물을 건축(증축, 일부 개축 또는 일부 재축으로 한정한다. 이하 이 목 2) 및 제32조 제3항에서 같다)하거나 대수선하는 경우로서 다음의 요건을 모두 갖춘 건축물
      1) 기존 건축물이 건축 또는 대수선 당시의 법령상 건축물 전체에 대하여 다음의 구분에 따른 확인 또는 확인 서류 제출을 하여야 하는 건축물에 해당하지 아니할 것
         가) 2009년 7월 16일 대통령령 제21629호 건축법 시행령 일부개정령으로 개정되기 전의 제32조에 따른 지진에 대한 안전여부의 확인
         나) 2009년 7월 16일 대통령령 제21629호 건축법 시행령 일부개정령으로 개정된 이후부터 2014년 11월 28일 대통령령 제25786호 건축법 시행령 일부개정령으로 개정되기 전까지의 제32조에 따른 구조 안전의 확인
         다) 2014년 11월 28일 대통령령 제25786호 건축법 시행령 일부개정령으로 개정된 이후의 제32조에 따른 구조 안전의 확인 서류 제출
      2) 제32조 제3항에 따라 기존 건축물을 건축 또는 대수선하기 전과 후의 건축물 전체에 대한 구조 안전의 확인 서류를 제출할 것. 다만, 기존 건축물을 일부 재축하는 경우에는 재축 후의 건축물에 대한 구조 안전의 확인 서류만 제출한다.
7. 기존 건축물에 「장애인·노인·임산부 등의 편의증진 보장에 관한 법률」 제8조에 따른 편의시설을 설치하면 법 제55조 또는 법 제56조에 따른 기준에 적합하지 아니하게 되는 경우 : 법 제55조 및 법 제56조에 따른 기준
7의2. 「국토의 계획 및 이용에 관한 법률」에 따른 도시지역 및 지구단위계획구역 외의 지역 중 동이나 읍에 해당하는 지역에 건축하는 건축물로서 건축조례로 정하는 건축물인 경우 : 법 제2조 제1항 제11호 및 제44조에 따른 기준
8. 다음 각 목의 어느 하나에 해당하는 대지에 건축하는 건축물로서 재해예방을 위한 조치가 필요한 경우 : 법 제55조, 법 제56조, 법 제60조 및 법 제61조에 따른 기준
   가. 「국토의 계획 및 이용에 관한 법률」 제37조에 따라 지정된 방재지구(防災地區)
   나. 「급경사지 재해예방에 관한 법률」 제6조에 따라 지정된 붕괴위험지역
9. 조화롭고 창의적인 건축을 통하여 아름다운 도시경관을 창출한다고 법 제11조에 따른 특별시장·광역시장·특별자치시장·특별자치도지사 또는 시장·군수·구청장(이하 "허가권자"라 한다)가 인정하는 건축물과 「주택법 시행령」 제10조 제1항에 따른 도시형 생활주택(아파트는 제외한다)인 경우 : 법 제60조 및 제61조에 따른 기준
10. 「공공주택 특별법」 제2조 제1호에 따른 공공주택인 경우 : 법 제61조 제2항에 따른 기준

> 11. 다음 각 목의 어느 하나에 해당하는 공동주택에 「주택건설기준 등에 관한 규정」 제2조 제3호에 따른 주민공동시설(주택소유자가 공유하는 시설로서 영리를 목적으로 하지 아니하고 주택의 부속용도로 사용하는 시설만 해당하며, 이하 "주민공동시설"이라 한다)을 설치하는 경우 : 법 제56조에 따른 기준
>   가. 「주택법」 제15조에 따라 사업계획 승인을 받아 건축하는 공동주택
>   나. 상업지역 또는 준주거지역에서 법 제11조에 따라 건축허가를 받아 건축하는 200세대 이상 300세대 미만인 공동주택
>   다. 법 제11조에 따라 건축허가를 받아 건축하는 「주택법 시행령」 제10조에 따른 도시형 생활주택
> 12. 법 제77조의4 제1항에 따라 건축협정을 체결하여 건축물의 건축·대수선 또는 리모델링을 하려는 경우 : 법 제55조 및 제56조에 따른 기준
> 13. 기존 주택단지에 「아동복지법」 제44조의2에 따른 다함께돌봄센터를 설치하는 경우 : 법 제56조에 따른 기준

② 요청을 받은 허가권자는 건축위원회의 심의를 거쳐 완화 여부와 적용 범위를 결정하고 그 결과를 신청인에게 알려야 한다.
③ 요청 및 결정의 절차와 그 밖에 필요한 사항은 해당 지방자치단체의 조례로 정한다.

7 기타 특례

(1) 기존의 건축물 등에 관한 특례(법 제6조)

허가권자는 법령의 제정·개정이나 그 밖에 대통령령으로 정하는 사유로 대지나 건축물이 이 법에 맞지 아니하게 된 경우에는 대통령령으로 정하는 범위에서 해당 지방자치단체의 조례로 정하는 바에 따라 건축을 허가할 수 있다.

(2) 특수구조 건축물의 특례(법 제6조의2)

건축물의 구조, 재료, 형식, 공법 등이 특수한 대통령령으로 정하는 건축물(이하 "특수구조 건축물"이라 한다)은 제4조, 제4조의2부터 제4조의8까지, 제5조부터 제9조까지, 제11조, 제14조, 제19조, 제21조부터 제25조까지, 제40조, 제41조, 제48조, 제48조의2, 제49조, 제50조, 제50조의2, 제51조, 제52조, 제52조의2, 제52조의4, 제53조, 제62조부터 제64조까지, 제65조의2, 제67조, 제68조 및 제84조를 적용할 때 대통령령으로 정하는 바에 따라 강화 또는 변경하여 적용할 수 있다.

(3) 부유식 건축물의 특례(법 제6조의3)

① 「공유수면 관리 및 매립에 관한 법률」 제8조에 따른 공유수면 위에 고정된 인공대지(제2조 제1항 제1호의 "대지"로 본다)를 설치하고 그 위에 설치한 건축물(이하 "부유식 건축물"이라 한다)은 제40조부터 제44조까지, 제46조 및 제47조를 적용할 때 대통령령으로 정하는 바에 따라 달리 적용할 수 있다.
② 부유식 건축물의 설계, 시공 및 유지관리 등에 대하여 이 법을 적용하기 어려운 경우에는 대통령령으로 정하는 바에 따라 변경하여 적용할 수 있다.

(4) 리모델링에 대비한 특례 등(법 제8조)

리모델링이 쉬운 구조의 공동주택의 건축을 촉진하기 위하여 공동주택을 대통령령으로 정하는 구조로 하여 건축허가를 신청하면 제56조, 제60조 및 제61조에 따른 기준을 100분의 120의 범위에서 대통령령으로 정하는 비율로 완화하여 적용할 수 있다.

8 법 제9조(다른 법령의 배제)

① 건축물의 건축 등을 위하여 지하를 굴착하는 경우에는 「민법」 제244조 제1항을 적용하지 아니한다. 다만, 필요한 안전조치를 하여 위해(危害)를 방지하여야 한다.
② 건축물에 딸린 개인하수처리시설에 관한 설계의 경우에는 「하수도법」 제38조를 적용하지 아니한다.

제2장 건축물의 건축

> **Point 출제포인트**
> ▷ 건축 관련 입지와 규모의 사전결정
> ▷ 건축허가의 승인
> ▷ 건축물 안전영향평가
> ▷ 건축허가의 의제
> ▷ 건축물의 용도와 시설군
> ▷ 가설건축물

1 법 제10조(건축 관련 입지와 규모의 사전결정) 기출 30회·31회

(1) 사전결정의 신청

① 건축허가 대상 건축물을 건축하려는 자는 건축허가를 신청하기 전에 허가권자에게 그 건축물의 건축에 관한 다음의 사항에 대한 사전결정을 신청할 수 있다.
  ㉠ 해당 대지에 건축하는 것이 이 법이나 관계 법령에서 허용되는지 여부
  ㉡ 이 법 또는 관계 법령에 따른 건축기준 및 건축제한, 그 완화에 관한 사항 등을 고려하여 해당 대지에 건축 가능한 건축물의 규모
  ㉢ 건축허가를 받기 위하여 신청자가 고려하여야 할 사항
② 사전결정을 신청하는 자(이하 "사전결정신청자"라 한다)는 건축위원회 심의와 「도시교통정비촉진법」에 따른 교통영향평가서의 검토를 동시에 신청할 수 있다.
③ 허가권자는 사전결정이 신청된 건축물의 대지면적이 「환경영향평가법」 제43조에 따른 소규모 환경영향평가 대상사업인 경우 환경부장관이나 지방환경관서의 장과 소규모 환경영향평가에 관한 협의를 하여야 한다.
④ 허가권자는 ①항과 ②항에 따른 신청을 받으면 입지, 건축물의 규모, 용도 등을 사전결정한 후 사전결정 신청자에게 알려야 한다.
⑤ 신청 절차, 신청 서류, 통지 등에 필요한 사항은 국토교통부령으로 정한다.

(2) 다른 법률에 의한 허가·신고 또는 협의 등의 의제

① 사전결정 통지를 받은 경우에는 다음의 허가를 받거나 신고 또는 협의를 한 것으로 본다.
  ㉠ 「국토의 계획 및 이용에 관한 법률」 제56조에 따른 개발행위허가
  ㉡ 「산지관리법」 제14조와 제15조에 따른 산지전용허가와 산지전용신고, 같은 법 제15조의2에 따른 산지일시사용허가·신고. 다만, 보전산지인 경우에는 도시지역만 해당된다.
  ㉢ 「농지법」 제34조, 제35조 및 제43조에 따른 농지전용허가·신고 및 협의
  ㉣ 「하천법」 제33조에 따른 하천점용허가

② 허가권자는 ①항의 어느 하나에 해당되는 내용이 포함된 사전결정을 하려면 미리 관계 행정기관의 장과 협의하여야 하며, 협의를 요청받은 관계 행정기관의 장은 요청받은 날부터 15일 이내에 의견을 제출하여야 한다.

③ 관계 행정기관의 장이 ②항에서 정한 기간(「민원 처리에 관한 법률」 제20조 제2항에 따라 회신기간을 연장한 경우에는 그 연장된 기간을 말한다) 내에 의견을 제출하지 아니하면 협의가 이루어진 것으로 본다.

(3) 사전결정의 효력 상실

사전결정신청자는 사전결정을 통지받은 날부터 2년 이내에 건축허가를 신청하여야 하며, 이 기간에 건축허가를 신청하지 아니하면 사전결정의 효력이 상실된다.

2 법 제11조(건축허가) 기출 33회

(1) 건축허가권자

건축물을 건축하거나 대수선하려는 자는 특별자치시장·특별자치도지사 또는 시장·군수·구청장의 허가를 받아야 한다. 다만, 21층 이상의 건축물 등 대통령령으로 정하는 용도 및 규모의 건축물을 특별시나 광역시에 건축하려면 특별시장이나 광역시장의 허가를 받아야 한다.

> **건축허가(영 제8조 제1항)**
>
> 법 제11조 제1항 단서에 따라 특별시장 또는 광역시장의 허가를 받아야 하는 건축물의 건축은 층수가 21층 이상이거나 연면적의 합계가 10만제곱미터 이상인 건축물의 건축(연면적의 10분의 3 이상을 증축하여 층수가 21층 이상으로 되거나 연면적의 합계가 10만제곱미터 이상으로 되는 경우를 포함한다)을 말한다. 다만, 다음 각 호의 어느 하나에 해당하는 건축물의 건축은 제외한다.
> 1. 공장
> 2. 창고
> 3. 지방건축위원회의 심의를 거친 건축물(특별시 또는 광역시의 건축조례로 정하는 바에 따라 해당 지방건축위원회의 심의사항으로 할 수 있는 건축물에 한정하며, 초고층 건축물은 제외한다)

(2) 도지사의 승인 기출 32회·36회

시장·군수는 다음의 어느 하나에 해당하는 건축물의 건축을 허가하려면 미리 건축계획서와 국토교통부령으로 정하는 건축물의 용도, 규모 및 형태가 표시된 기본설계도서를 첨부하여 도지사의 승인을 받아야 한다.

① (1)의 단서에 해당하는 건축물. 다만, 도시환경, 광역교통 등을 고려하여 해당 도의 조례로 정하는 건축물은 제외한다.

② 자연환경이나 수질을 보호하기 위하여 도지사가 지정·공고한 구역에 건축하는 3층 이상 또는 연면적의 합계가 1천제곱미터 이상인 건축물로서 위락시설과 숙박시설 등 대통령령으로 정하는 용도에 해당하는 건축물

> **위락시설과 숙박시설 등 대통령령으로 정하는 용도에 해당하는 건축물(영 제8조 제3항)**
>
> 다음 각 호의 건축물을 말한다.
>   1. 공동주택
>   2. 제2종 근린생활시설(일반음식점만 해당한다)
>   3. 업무시설(일반업무시설만 해당한다)
>   4. 숙박시설
>   5. 위락시설

③ 주거환경이나 교육환경 등 주변 환경을 보호하기 위하여 필요하다고 인정하여 도지사가 지정·공고한 구역에 건축하는 위락시설 및 숙박시설에 해당하는 건축물

(3) 신청서 및 구비서류의 제출

허가를 받으려는 자는 허가신청서에 국토교통부령으로 정하는 설계도서와 허가 등을 받거나 신고를 하기 위하여 관계 법령에서 제출하도록 의무화하고 있는 신청서 및 구비서류를 첨부하여 허가권자에게 제출하여야 한다. 다만, 국토교통부장관이 관계 행정기관의 장과 협의하여 국토교통부령으로 정하는 신청서 및 구비서류는 제21조에 따른 착공신고 전까지 제출할 수 있다.

(4) 한국건축규정의 준수 여부 확인 〈개정 2023.12.26.〉

허가권자는 건축허가를 하고자 하는 때에 「건축기본법」 제25조에 따른 한국건축규정의 준수 여부를 확인하여야 한다. 다만, 다음의 어느 하나에 해당하는 경우에는 이 법이나 다른 법률에도 불구하고 건축위원회의 심의를 거쳐 건축허가를 하지 아니할 수 있다.

① 위락시설이나 숙박시설에 해당하는 건축물의 건축을 허가하는 경우 해당 대지에 건축하려는 건축물의 용도·규모 또는 형태가 주거환경이나 교육환경 등 주변 환경을 고려할 때 부적합하다고 인정되는 경우

② 「국토의 계획 및 이용에 관한 법률」 제37조 제1항 제4호에 따른 방재지구(이하 "방재지구"라 한다) 및 「자연재해대책법」 제12조 제1항에 따른 자연재해위험개선지구 등 상습적으로 침수되거나 침수가 우려되는 대통령령으로 정하는 지역에 건축하려는 건축물에 대하여 일부 공간에 거실을 설치하는 것이 부적합하다고 인정되는 경우

> **상습 침수 우려지역(영 제9조의2)** 〈본조신설 2024.3.26.〉
>
> 허가권자는 법 제11조 제4항 제2호에 따라 다음 각 호의 어느 하나에 해당하는 지역에 건축하려는 건축물에 대하여 일부 공간에 거실을 설치하는 것이 부적합한 경우에는 건축위원회의 심의를 거쳐 건축허가를 하지 않을 수 있다.
>   1. 「국토의 계획 및 이용에 관한 법률」 제37조 제1항 제4호에 따른 방재지구
>   2. 「자연재해대책법」 제12조 제1항에 따른 자연재해위험개선지구(같은 법 시행령 제8조 제1항 제1호에 따른 상습가뭄재해지구는 제외한다)
>   3. 제1호 및 제2호에 준하는 지역으로서 허가권자가 상습적으로 침수되거나 침수가 우려된다고 인정하여 지정·고시하는 지역

(5) 허가 또는 신고의 의제

① 건축허가를 받으면 다음의 허가 등을 받거나 신고를 한 것으로 보며, 공장건축물의 경우에는 「산업집적활성화 및 공장설립에 관한 법률」 제13조의2와 제14조에 따라 관련 법률의 인·허가 등이나 허가 등을 받은 것으로 본다.

> 1. 제20조 제3항에 따른 공사용 가설건축물의 축조신고
> 2. 제83조에 따른 공작물의 축조신고
> 3. 「국토의 계획 및 이용에 관한 법률」 제56조에 따른 개발행위허가
> 4. 「국토의 계획 및 이용에 관한 법률」 제86조 제5항에 따른 시행자의 지정과 같은 법 제88조 제2항에 따른 실시계획의 인가
> 5. 「산지관리법」 제14조와 제15조에 따른 산지전용허가와 산지전용신고, 같은 법 제15조의2에 따른 산지일시사용허가·신고. 다만, 보전산지인 경우에는 도시지역만 해당된다.
> 6. 「사도법」 제4조에 따른 사도(私道)개설허가
> 7. 「농지법」 제34조, 제35조 및 제43조에 따른 농지전용허가·신고 및 협의
> 8. 「도로법」 제36조에 따른 도로관리청이 아닌 자에 대한 도로공사 시행의 허가, 같은 법 제52조 제1항에 따른 도로와 다른 시설의 연결 허가
> 9. 「도로법」 제61조에 따른 도로의 점용 허가
> 10. 「하천법」 제33조에 따른 하천점용 등의 허가
> 11. 「하수도법」 제27조에 따른 배수설비(配水設備)의 설치신고
> 12. 「하수도법」 제34조 제2항에 따른 개인하수처리시설의 설치신고
> 13. 「수도법」 제38조에 따라 수도사업자가 지방자치단체인 경우 그 지방자치단체가 정한 조례에 따른 상수도 공급신청
> 14. 「전기안전관리법」 제8조에 따른 자가용전기설비 공사계획의 인가 또는 신고
> 15. 「물환경보전법」 제33조에 따른 수질오염물질 배출시설 설치의 허가나 신고
> 16. 「대기환경보전법」 제23조에 따른 대기오염물질 배출시설설치의 허가나 신고
> 17. 「소음·진동관리법」 제8조에 따른 소음·진동 배출시설 설치의 허가나 신고
> 18. 「가축분뇨의 관리 및 이용에 관한 법률」 제11조에 따른 배출시설 설치허가나 신고
> 19. 「자연공원법」 제23조에 따른 행위허가
> 20. 「도시공원 및 녹지 등에 관한 법률」 제24조에 따른 도시공원의 점용허가
> 21. 「토양환경보전법」 제12조에 따른 특정토양오염관리대상시설의 신고
> 22. 「수산자원관리법」 제52조 제2항에 따른 행위의 허가
> 23. 「초지법」 제23조에 따른 초지전용의 허가 및 신고

② 허가권자는 ①항의 어느 하나에 해당하는 사항이 다른 행정기관의 권한에 속하면 그 행정기관의 장과 미리 협의하여야 하며, 협의 요청을 받은 관계 행정기관의 장은 요청을 받은 날부터 15일 이내에 의견을 제출하여야 한다. 이 경우 관계 행정기관의 장은 ③항에 따른 처리기준이 아닌 사유를 이유로 협의를 거부할 수 없고, 협의 요청을 받은 날부터 15일 이내에 의견을 제출하지 아니하면 협의가 이루어진 것으로 본다.

③ ①항의 어느 하나에 해당하는 사항과 제12조 제1항의 관계 법령을 관장하는 중앙행정기관의 장은 그 처리기준을 국토교통부장관에게 통보하여야 한다. 처리기준을 변경한 경우에도 또한 같다.

④ 국토교통부장관은 처리기준을 통보받은 때에는 이를 통합하여 고시하여야 한다.

(6) 건축허가의 취소

허가권자는 허가를 받은 자가 다음의 어느 하나에 해당하면 허가를 취소하여야 한다. 다만, ①항에 해당하는 경우로서 정당한 사유가 있다고 인정되면 1년의 범위에서 공사의 착수기간을 연장할 수 있다.

① 허가를 받은 날부터 2년(「산업집적활성화 및 공장설립에 관한 법률」제13조에 따라 공장의 신설·증설 또는 업종변경의 승인을 받은 공장은 3년) 이내에 공사에 착수하지 아니한 경우
② ①항의 기간 이내에 공사에 착수하였으나 공사의 완료가 불가능하다고 인정되는 경우
③ 제21조에 따른 착공신고 전에 경매 또는 공매 등으로 건축주가 대지의 소유권을 상실한 때부터 6개월이 지난 이후 공사의 착수가 불가능하다고 판단되는 경우

(7) 건축허가의 효력 상실

건축위원회의 심의를 받은 자가 심의 결과를 통지 받은 날부터 2년 이내에 건축허가를 신청하지 아니하면 건축위원회 심의의 효력이 상실된다.

(8) 대지의 소유권 확보

건축허가를 받으려는 자는 해당 대지의 소유권을 확보하여야 한다. 다만, 다음의 어느 하나에 해당하는 경우에는 그러하지 아니하다. 〈개정 2021.8.10.〉

① 건축주가 대지의 소유권을 확보하지 못하였으나 그 대지를 사용할 수 있는 권원을 확보한 경우. 다만, 분양을 목적으로 하는 공동주택은 제외한다.
② 건축주가 건축물의 노후화 또는 구조안전 문제 등 대통령령으로 정하는 사유로 건축물을 신축·개축·재축 및 리모델링을 하기 위하여 건축물 및 해당 대지의 공유자 수의 100분의 80 이상의 동의를 얻고 동의한 공유자의 지분 합계가 전체 지분의 100분의 80 이상인 경우

> **건축허가 신청시 소유권 확보 예외 사유(영 제9조의3 제1항)**
>
> 법 제11조 제11항 제2호에서 "건축물의 노후화 또는 구조안전 문제 등 대통령령으로 정하는 사유"란 건축물이 다음 각 호의 어느 하나에 해당하는 경우를 말한다.
> 1. 급수·배수·오수 설비 등의 설비 또는 지붕·벽 등의 노후화나 손상으로 그 기능 유지가 곤란할 것으로 우려되는 경우
> 2. 건축물의 노후화로 내구성에 영향을 주는 기능적 결함이나 구조적 결함이 있는 경우
> 3. 건축물이 훼손되거나 일부가 멸실되어 붕괴 등 그 밖의 안전사고가 우려되는 경우
> 4. 천재지변이나 그 밖의 재해로 붕괴되어 다시 신축하거나 재축하려는 경우

③ 건축주가 건축허가를 받아 주택과 주택 외의 시설을 동일 건축물로 건축하기 위하여 「주택법」제21조를 준용한 대지 소유 등의 권리 관계를 증명한 경우. 다만, 「주택법」제15조 제1항 각 호 외의 부분 본문에 따른 대통령령으로 정하는 호수 이상으로 건설·공급하는 경우에 한정한다.
④ 건축하려는 대지에 포함된 국유지 또는 공유지에 대하여 허가권자가 해당 토지의 관리청이 해당 토지를 건축주에게 매각하거나 양여할 것을 확인한 경우
⑤ 건축주가 집합건물의 공용부분을 변경하기 위하여 「집합건물의 소유 및 관리에 관한 법률」제15조 제1항에 따른 결의가 있었음을 증명한 경우
⑥ 건축주가 집합건물을 재건축하기 위하여 「집합건물의 소유 및 관리에 관한 법률」제47조에 따른 결의가 있었음을 증명한 경우

(9) 매도청구 등(법 제17조의2)

① (8)의 ②항에 따라 건축허가를 받은 건축주는 해당 건축물 또는 대지의 공유자 중 동의하지 아니한 공유자에게 그 공유지분을 시가(市價)로 매도할 것을 청구할 수 있다. 이 경우 매도청구를 하기 전에 매도청구 대상이 되는 공유자와 3개월 이상 협의를 하여야 한다.

② 매도청구에 관하여는 「집합건물의 소유 및 관리에 관한 법률」 제48조를 준용한다. 이 경우 구분소유권 및 대지사용권은 매도청구의 대상이 되는 대지 또는 건축물의 공유지분으로 본다.

(10) 소유자를 확인하기 곤란한 공유지분 등에 대한 처분(법 제17조의3)

① (8)의 ②항에 따라 건축허가를 받은 건축주는 해당 건축물 또는 대지의 공유자가 거주하는 곳을 확인하기가 현저히 곤란한 경우에는 전국적으로 배포되는 둘 이상의 일간신문에 두 차례 이상 공고하고, 공고한 날부터 30일 이상이 지났을 때에는 매도청구 대상이 되는 건축물 또는 대지로 본다.

② 건축주는 매도청구 대상 공유지분의 감정평가액에 해당하는 금액을 법원에 공탁(供託)하고 착공할 수 있다.

③ 공유지분의 감정평가액은 허가권자가 추천하는 「감정평가 및 감정평가사에 관한 법률」에 따른 감정평가법인등 2인 이상이 평가한 금액을 산술평균하여 산정한다.

3 건축 안전관리

(1) 건축 공사현장 안전관리 예치금 등(법 제13조)

① 건축허가를 받은 자는 건축물의 건축공사를 중단하고 장기간 공사현장을 방치할 경우 공사현장의 미관 개선과 안전관리 등 필요한 조치를 하여야 한다.

② 허가권자는 연면적이 1천제곱미터 이상인 건축물(「주택도시기금법」에 따른 주택도시보증공사가 분양보증을 한 건축물, 「건축물의 분양에 관한 법률」 제4조 제1항 제1호에 따른 분양보증이나 신탁계약을 체결한 건축물은 제외한다)로서 해당 지방자치단체의 조례로 정하는 건축물에 대하여는 제21조에 따른 착공신고를 하는 건축주(「한국토지주택공사법」에 따른 한국토지주택공사 또는 「지방공기업법」에 따라 건축사업을 수행하기 위하여 설립된 지방공사는 제외한다)에게 장기간 건축물의 공사현장이 방치되는 것에 대비하여 미리 미관 개선과 안전관리에 필요한 비용(대통령령으로 정하는 보증서를 포함하며, 이하 "예치금"이라 한다)을 건축공사비의 1퍼센트의 범위에서 예치하게 할 수 있다.

> **대통령령으로 정하는 보증서(영 제10조의2 제1항)**
> 다음 각 호의 어느 하나에 해당하는 보증서를 말한다.
> 1. 「보험업법」에 따른 보험회사가 발행한 보증보험증권
> 2. 「은행법」에 따른 은행이 발행한 지급보증서
> 3. 「건설산업기본법」에 따른 공제조합이 발행한 채무액 등의 지급을 보증하는 보증서
> 4. 「자본시장과 금융투자업에 관한 법률 시행령」 제192조 제2항에 따른 상장증권
> 5. 그 밖에 국토교통부령으로 정하는 보증서

③ 허가권자가 예치금을 반환할 때에는 대통령령으로 정하는 이율로 산정한 이자를 포함하여 반환하여야 한다. 다만, 보증서를 예치한 경우에는 그러하지 아니하다.

> **대통령령으로 정하는 이율(영 제10조의2 제2항)**
>
> 법 제13조 제2항에 따른 안전관리 예치금을 「국고금관리법 시행령」 제11조에서 정한 금융기관에 예치한 경우의 안전관리 예치금에 대하여 적용하는 이자율을 말한다.

④ 예치금의 산정·예치 방법, 반환 등에 관하여 필요한 사항은 해당 지방자치단체의 조례로 정한다.

⑤ 허가권자는 공사현장이 방치되어 도시미관을 저해하고 안전을 위해한다고 판단되면 건축허가를 받은 자에게 건축물 공사현장의 미관과 안전관리를 위한 다음의 개선을 명할 수 있다.
  ㉠ 안전울타리 설치 등 안전조치
  ㉡ 공사재개 또는 해체 등 정비

⑥ 허가권자는 개선명령을 받은 자가 개선을 하지 아니하면 「행정대집행법」으로 정하는 바에 따라 대집행을 할 수 있다. 이 경우 건축주가 예치한 예치금을 행정대집행에 필요한 비용에 사용할 수 있으며, 행정대집행에 필요한 비용이 이미 납부한 예치금보다 많을 때에는 「행정대집행법」 제6조에 따라 그 차액을 추가로 징수할 수 있다.

⑦ 허가권자는 방치되는 공사현장의 안전관리를 위하여 긴급한 필요가 있다고 인정하는 경우에는 대통령령으로 정하는 바에 따라 건축주에게 고지한 후 건축주가 예치한 예치금을 사용하여 제5항 제1호 중 대통령령으로 정하는 조치를 할 수 있다.

> **대통령령으로 정하는 조치(영 제10조의2 제3항)**
>
> 법 제13조 제7항에 따라 허가권자는 착공신고 이후 건축 중에 공사가 중단된 건축물로서 공사 중단 기간이 2년을 경과한 경우에는 건축주에게 서면으로 알린 후 법 제13조 제2항에 따른 예치금을 사용하여 공사현장의 미관과 안전관리 개선을 위한 다음 각 호의 조치를 할 수 있다.
>   1. 공사현장 안전울타리의 설치
>   2. 대지 및 건축물의 붕괴 방지 조치
>   3. 공사현장의 미관 개선을 위한 조경 또는 시설물 등의 설치
>   4. 그 밖에 공사현장의 미관 개선 또는 대지 및 건축물에 대한 안전관리 개선 조치가 필요하여 건축조례로 정하는 사항

(2) 건축물 안전영향평가(법 제13조의2) 기출 30회·33회·34회

① 허가권자는 초고층 건축물 등 대통령령으로 정하는 주요 건축물에 대하여 건축허가를 하기 전에 건축물의 구조, 지반 및 풍환경(風環境) 등이 건축물의 구조안전과 인접 대지의 안전에 미치는 영향 등을 평가하는 건축물 안전영향평가(이하 "안전영향평가"라 한다)를 안전영향평가기관에 의뢰하여 실시하여야 한다.

> **초고층 건축물 등 대통령령으로 정하는 주요 건축물(영 제10조의3 제1항)**
>
> 다음 각 호의 어느 하나에 해당하는 건축물을 말한다.
>   1. 초고층 건축물
>   2. 다음 각 목의 요건을 모두 충족하는 건축물
>   가. 연면적(하나의 대지에 둘 이상의 건축물을 건축하는 경우에는 각각의 건축물의 연면적을 말한다)이 10만제곱미터 이상일 것
>   나. 16층 이상일 것

② 안전영향평가기관은 국토교통부장관이 「공공기관의 운영에 관한 법률」 제4조에 따른 공공기관으로서 건축 관련 업무를 수행하는 기관 중에서 지정하여 고시한다.

③ 안전영향평가 결과는 건축위원회의 심의를 거쳐 확정한다. 이 경우 제4조의2에 따라 건축위원회의 심의를 받아야 하는 건축물은 건축위원회 심의에 안전영향평가 결과를 포함하여 심의할 수 있다.

④ 안전영향평가 대상 건축물의 건축주는 건축허가 신청시 제출하여야 하는 도서에 안전영향평가 결과를 반영하여야 하며, 건축물의 계획상 반영이 곤란하다고 판단되는 경우에는 그 근거 자료를 첨부하여 허가권자에게 건축위원회의 재심의를 요청할 수 있다.

⑤ 안전영향평가의 검토 항목과 건축주의 안전영향평가 의뢰, 평가 비용 납부 및 처리 절차 등 그 밖에 필요한 사항은 대통령령으로 정한다.

⑥ 허가권자는 제3항 및 제4항의 심의 결과 및 안전영향평가 내용을 국토교통부령으로 정하는 방법에 따라 즉시 공개하여야 한다.

⑦ 안전영향평가를 실시하여야 하는 건축물이 다른 법률에 따라 구조안전과 인접 대지의 안전에 미치는 영향 등을 평가 받은 경우에는 안전영향평가의 해당 항목을 평가 받은 것으로 본다.

4 법 제14조(건축신고) 기출 28회

(1) 건축신고 대상

건축허가 대상 건축물이라 하더라도 다음의 어느 하나에 해당하는 경우에는 미리 특별자치시장·특별자치도지사 또는 시장·군수·구청장에게 국토교통부령으로 정하는 바에 따라 신고를 하면 건축허가를 받은 것으로 본다.

① 바닥면적의 합계가 85제곱미터 이내의 증축·개축 또는 재축. 다만, 3층 이상 건축물인 경우에는 증축·개축 또는 재축하려는 부분의 바닥면적의 합계가 건축물 연면적의 10분의 1 이내인 경우로 한정한다.

② 「국토의 계획 및 이용에 관한 법률」에 따른 관리지역, 농림지역 또는 자연환경보전지역에서 연면적이 200제곱미터 미만이고 3층 미만인 건축물의 건축. 다만, 다음의 어느 하나에 해당하는 구역에서의 건축은 제외한다.
   ㉠ 지구단위계획구역
   ㉡ 방재지구 등 재해취약지역으로서 대통령령으로 정하는 구역

> **방재지구 등 재해취약지역으로서 대통령령으로 정하는 구역(영 제11조 제1항)**
> 다음 각 호의 어느 하나에 해당하는 지구 또는 지역을 말한다.
> 1. 「국토의 계획 및 이용에 관한 법률」 제37조에 따라 지정된 방재지구(防災地區)
> 2. 「급경사지 재해예방에 관한 법률」 제6조에 따라 지정된 붕괴위험지역

③ 연면적이 200제곱미터 미만이고 3층 미만인 건축물의 대수선
④ 주요구조부의 해체가 없는 등 대통령령으로 정하는 대수선

> **주요구조부의 해체가 없는 등 대통령령으로 정하는 대수선(영 제11조 제2항)**
>
> 다음 각 호의 어느 하나에 해당하는 대수선을 말한다.
> 1. 내력벽의 면적을 30제곱미터 이상 수선하는 것
> 2. 기둥을 세 개 이상 수선하는 것
> 3. 보를 세 개 이상 수선하는 것
> 4. 지붕틀을 세 개 이상 수선하는 것
> 5. 방화벽 또는 방화구획을 위한 바닥 또는 벽을 수선하는 것
> 6. 주계단·피난계단 또는 특별피난계단을 수선하는 것

⑤ 그 밖에 소규모 건축물로서 대통령령으로 정하는 건축물의 건축

> **대통령령으로 정하는 건축물(영 제11조 제3항)**
>
> 다음 각 호의 어느 하나에 해당하는 건축물을 말한다.
> 1. 연면적의 합계가 100제곱미터 이하인 건축물
> 2. 건축물의 높이를 3미터 이하의 범위에서 증축하는 건축물
> 3. 법 제23조 제4항에 따른 표준설계도서(이하 "표준설계도서"라 한다)에 따라 건축하는 건축물로서 그 용도 및 규모가 주위환경이나 미관에 지장이 없다고 인정하여 건축조례로 정하는 건축물
> 4. 「국토의 계획 및 이용에 관한 법률」 제36조 제1항 제1호 다목에 따른 공업지역, 같은 법 제51조 제3항에 따른 지구단위계획구역(같은 법 시행령 제48조 제10호에 따른 산업·유통형만 해당한다) 및 「산업입지 및 개발에 관한 법률」에 따른 산업단지에서 건축하는 2층 이하인 건축물로서 연면적 합계 500제곱미터 이하인 공장([별표 1] 제4호 너목에 따른 제조업소 등 물품의 제조·가공을 위한 시설을 포함한다)
> 5. 농업이나 수산업을 경영하기 위하여 읍·면지역(특별자치시장·특별자치도지사·시장·군수가 지역계획 또는 도시·군계획에 지장이 있다고 지정·공고한 구역은 제외한다)에서 건축하는 연면적 200제곱미터 이하의 창고 및 연면적 400제곱미터 이하의 축사, 작물재배사(作物栽培舍), 종묘배양시설, 화초 및 분재 등의 온실

(2) 건축허가 규정의 준용

건축신고에 관하여는 제11조 제5항 및 제6항을 준용한다.

(3) 신고수리 여부 또는 처리기간의 연장 여부 통지

① 특별자치시장·특별자치도지사 또는 시장·군수·구청장은 건축신고를 받은 날부터 5일 이내에 신고수리 여부 또는 민원 처리 관련 법령에 따른 처리기간의 연장 여부를 신고인에게 통지하여야 한다. 다만, 이 법 또는 다른 법령에 따라 심의, 동의, 협의, 확인 등이 필요한 경우에는 20일 이내에 통지하여야 한다.

② 특별자치시장·특별자치도지사 또는 시장·군수·구청장은 건축신고가 ①항 단서에 해당하는 경우에는 신고를 받은 날부터 5일 이내에 신고인에게 그 내용을 통지하여야 한다.

(4) 건축신고의 효력 상실

건축신고를 한 자가 신고일부터 1년 이내에 공사에 착수하지 아니하면 그 신고의 효력은 없어진다. 다만, 건축주의 요청에 따라 허가권자가 정당한 사유가 있다고 인정하면 1년의 범위에서 착수기한을 연장할 수 있다.

5 법 제16조(허가와 신고사항의 변경)

① 건축주가 건축허가를 받았거나 신고한 사항을 변경하려면 변경하기 전에 대통령령으로 정하는 바에 따라 허가권자의 허가를 받거나 특별자치시장·특별자치도지사 또는 시장·군수·구청장에게 신고하여야 한다. 다만, 대통령령으로 정하는 경미한 사항의 변경은 그러하지 아니하다.

> **허가·신고사항의 변경 등(영 제12조 제1항~제2항)**
>
> ① 법 제16조 제1항에 따라 허가를 받았거나 신고한 사항을 변경하려면 다음 각 호의 구분에 따라 허가권자의 허가를 받거나 특별자치시장·특별자치도지사 또는 시장·군수·구청장에게 신고하여야 한다.
>   1. 바닥면적의 합계가 85제곱미터를 초과하는 부분에 대한 신축·증축·개축에 해당하는 변경인 경우에는 허가를 받고, 그 밖의 경우에는 신고할 것
>   2. 법 제14조 제1항 제2호 또는 제5호에 따라 신고로써 허가를 갈음하는 건축물에 대하여는 변경 후 건축물의 연면적을 각각 신고로써 허가를 갈음할 수 있는 규모에서 변경하는 경우에는 제1호에도 불구하고 신고할 것
>   3. 건축주·설계자·공사시공자 또는 공사감리자(이하 "건축관계자"라 한다)를 변경하는 경우에는 신고할 것
> ② 법 제16조 제1항 단서에서 "대통령령으로 정하는 경미한 사항의 변경"이란 신축·증축·개축·재축·이전·대수선 또는 용도변경에 해당하지 아니하는 변경을 말한다.

② 건축허가나 신고사항 중 대통령령으로 정하는 사항의 변경은 제22조에 따른 사용승인을 신청할 때 허가권자에게 일괄하여 신고할 수 있다.

> **대통령령으로 정하는 사항(영 제12조 제3항)**
>
> 다음 각 호의 어느 하나에 해당하는 사항을 말한다.
>   1. 건축물의 동수나 층수를 변경하지 아니하면서 변경되는 부분의 바닥면적의 합계가 50제곱미터 이하인 경우로서 다음 각 목의 요건을 모두 갖춘 경우
>   가. 변경되는 부분의 높이가 1미터 이하이거나 전체 높이의 10분의 1 이하일 것
>   나. 허가를 받거나 신고를 하고 건축 중인 부분의 위치 변경범위가 1미터 이내일 것
>   다. 법 제14조 제1항에 따라 신고를 하면 법 제11조에 따른 건축허가를 받은 것으로 보는 규모에서 건축허가를 받아야 하는 규모로의 변경이 아닐 것
>   2. 건축물의 동수나 층수를 변경하지 아니하면서 변경되는 부분이 연면적 합계의 10분의 1 이하인 경우(연면적이 5천제곱미터 이상인 건축물은 각 층의 바닥면적이 50제곱미터 이하의 범위에서 변경되는 경우만 해당한다). 다만, 제4호 본문 및 제5호 본문에 따른 범위의 변경인 경우만 해당한다.
>   3. 대수선에 해당하는 경우
>   4. 건축물의 층수를 변경하지 아니하면서 변경되는 부분의 높이가 1미터 이하이거나 전체 높이의 10분의 1 이하인 경우. 다만, 변경되는 부분이 제1호 본문, 제2호 본문 및 제5호 본문에 따른 범위의 변경인 경우만 해당한다.
>   5. 허가를 받거나 신고를 하고 건축 중인 부분의 위치가 1미터 이내에서 변경되는 경우. 다만, 변경되는 부분이 제1호 본문, 제2호 본문 및 제4호 본문에 따른 범위의 변경인 경우만 해당한다.

③ 건축허가 사항의 변경허가에 관하여는 제11조 제5항 및 제6항을 준용한다.
④ 건축신고 사항의 변경신고에 관하여는 제11조 제5항·제6항 및 제14조 제3항·제4항을 준용한다.

6 법 제17조(건축허가 등의 수수료)

① 제11조, 제14조, 제16조, 제19조, 제20조 및 제83조에 따라 허가를 신청하거나 신고를 하는 자는 허가권자나 신고수리자에게 수수료를 납부하여야 한다.
② 수수료는 국토교통부령으로 정하는 범위에서 해당 지방자치단체의 조례로 정한다.

7 법 제18조(건축허가 제한 등)

(1) 건축허가나 건축물의 착공 제한

① 국토교통부장관은 국토관리를 위하여 특히 필요하다고 인정하거나 주무부장관이 국방, 「국가유산기본법」 제3조에 따른 국가유산의 보존, 환경보전 또는 국민경제를 위하여 특히 필요하다고 인정하여 요청하면 허가권자의 건축허가나 허가를 받은 건축물의 착공을 제한할 수 있다.
② 특별시장·광역시장·도지사는 지역계획이나 도시·군계획에 특히 필요하다고 인정하면 시장·군수·구청장의 건축허가나 허가를 받은 건축물의 착공을 제한할 수 있다.

(2) 건축위원회의 심의

국토교통부장관이나 시·도지사는 건축허가나 건축허가를 받은 건축물의 착공을 제한하려는 경우에는 「토지이용규제기본법」 제8조에 따라 주민의견을 청취한 후 건축위원회의 심의를 거쳐야 한다.

(3) 제한기간

건축허가나 건축물의 착공을 제한하는 경우 제한기간은 2년 이내로 한다. 다만, 1회에 한하여 1년 이내의 범위에서 제한기간을 연장할 수 있다.

(4) 통보 및 공고

국토교통부장관이나 특별시장·광역시장·도지사는 건축허가나 건축물의 착공을 제한하는 경우 제한 목적·기간, 대상 건축물의 용도와 대상 구역의 위치·면적·경계 등을 상세하게 정하여 허가권자에게 통보하여야 하며, 통보를 받은 허가권자는 지체 없이 이를 공고하여야 한다.

(5) 보고 및 제한 해제

특별시장·광역시장·도지사는 시장·군수·구청장의 건축허가나 건축물의 착공을 제한한 경우 즉시 국토교통부장관에게 보고하여야 하며, 보고를 받은 국토교통부장관은 제한 내용이 지나치다고 인정하면 해제를 명할 수 있다.

8 법 제19조(용도변경) 기출 31회

(1) 건축물의 용도변경

① 건축물의 용도변경은 변경하려는 용도의 건축기준에 맞게 하여야 한다.
② 사용승인을 받은 건축물의 용도를 변경하려는 자는 다음의 구분에 따라 국토교통부령으로 정하는 바에 따라 특별자치시장·특별자치도지사 또는 시장·군수·구청장의 허가를 받거나 신고를 하여야 한다.

허가 대상	시설군(施設群)에 속하는 건축물의 용도를 상위군(시설군의 번호가 용도변경하려는 건축물이 속하는 시설군보다 작은 시설군을 말한다)에 해당하는 용도로 변경하는 경우
신고 대상	시설군에 속하는 건축물의 용도를 하위군(시설군의 번호가 용도변경하려는 건축물이 속하는 시설군보다 큰 시설군을 말한다)에 해당하는 용도로 변경하는 경우

③ 시설군 중 같은 시설군 안에서 용도를 변경하려는 자는 국토교통부령으로 정하는 바에 따라 특별자치시장·특별자치도지사 또는 시장·군수·구청장에게 건축물대장 기재내용의 변경을 신청하여야 한다. 다만, 대통령령으로 정하는 변경의 경우에는 그러하지 아니하다.

용도변경(영 제14조 제3항~제4항)

③ 국토교통부장관은 법 제19조 제1항에 따른 용도변경을 할 때 적용되는 건축기준을 고시할 수 있다. 이 경우 다른 행정기관의 권한에 속하는 건축기준에 대하여는 미리 관계 행정기관의 장과 협의하여야 한다.
④ 법 제19조 제3항 단서에서 "대통령령으로 정하는 변경"이란 다음 각 호의 어느 하나에 해당하는 건축물 상호간의 용도변경을 말한다. 다만, [별표 1] 제3호 다목(목욕장만 해당한다)·라목, 같은 표 제4호 가목·사목·카목·파목(골프연습장, 놀이형시설만 해당한다)·더목·러목·머목, 같은 표 제7호 다목2), 같은 표 제15호 가목(생활숙박시설만 해당한다) 및 같은 표 제16호 가목·나목에 해당하는 용도로 변경하는 경우는 제외한다. 〈개정 2024.2.13.〉
1. [별표 1]의 같은 호에 속하는 건축물 상호간의 용도변경
2. 「국토의 계획 및 이용에 관한 법률」이나 그 밖의 관계 법령에서 정하는 용도제한에 적합한 범위에서 제1종 근린생활시설과 제2종 근린생활시설 상호 간의 용도변경

(2) 시설군의 구분 및 세부 용도 〈개정 2023.5.15.〉 기출 35회·36회

시설군은 다음과 같고, 각 시설군에 속하는 건축물의 세부 용도는 대통령령으로 정한다.

시설군의 구분	세부 용도
1. 자동차 관련 시설군	자동차 관련 시설
2. 산업 등의 시설군	운수시설
	창고시설
	공장
	위험물저장 및 처리시설
	자원순환 관련 시설
	묘지 관련 시설
	장례시설
3. 전기통신시설군	방송통신시설
	발전시설
4. 문화 및 집회시설군	문화 및 집회시설
	종교시설
	위락시설
5. 영업시설군	판매시설
	운동시설
	숙박시설
	제2종 근린생활시설 중 다중생활시설

	의료시설
	교육연구시설
6. 교육 및 복지시설군	노유자시설(老幼者施設)
	수련시설
	야영장 시설
7. 근린생활시설군	제1종 근린생활시설
	제2종 근린생활시설(다중생활시설은 제외한다)
	단독주택
	공동주택
8. 주거업무시설군	업무시설
	교정시설
	국방·군사시설
9. 그 밖의 시설군	동물 및 식물 관련 시설

(3) 사용승인 규정의 준용

허가나 신고 대상인 경우로서 용도변경하려는 부분의 바닥면적의 합계가 100제곱미터 이상인 경우의 사용승인에 관하여는 제22조를 준용한다. 다만, 용도변경하려는 부분의 바닥면적의 합계가 500제곱미터 미만으로서 대수선에 해당되는 공사를 수반하지 아니하는 경우에는 그러하지 아니하다.

(4) 건축물의 설계 규정의 준용

허가 대상인 경우로서 용도변경하려는 부분의 바닥면적의 합계가 500제곱미터 이상인 용도변경(대통령령으로 정하는 경우는 제외한다)의 설계에 관하여는 제23조(건축물의 설계)를 준용한다.

※ "대통령령으로 정하는 경우"란 1층인 축사를 공장으로 용도변경하는 경우로서 증축·개축 또는 대수선이 수반되지 아니하고 구조 안전이나 피난 등에 지장이 없는 경우를 말한다(영 제14조 제7항).

(5) 복수 용도의 인정(법 제19조의2)

① 건축주는 건축물의 용도를 복수로 하여 제11조에 따른 건축허가, 제14조에 따른 건축신고 및 제19조에 따른 용도변경 허가·신고 또는 건축물대장 기재내용의 변경 신청을 할 수 있다.
② 허가권자는 ①항에 따라 신청한 복수의 용도가 이 법 및 관계 법령에서 정한 건축기준과 입지기준 등에 모두 적합한 경우에 한정하여 국토교통부령으로 정하는 바에 따라 복수 용도를 허용할 수 있다.

9 법 제20조(가설건축물)

(1) 가설건축물의 허가

① 도시·군계획시설 및 도시·군계획시설예정지에서 가설건축물을 건축하려는 자는 특별자치시장·특별자치도지사 또는 시장·군수·구청장의 허가를 받아야 한다.
② 특별자치시장·특별자치도지사 또는 시장·군수·구청장은 해당 가설건축물의 건축이 다음의 어느 하나에 해당하는 경우가 아니면 ①항에 따른 허가를 하여야 한다.

㉠ 「국토의 계획 및 이용에 관한 법률」 제64조에 위배되는 경우
㉡ 4층 이상인 경우
㉢ 구조, 존치기간, 설치목적 및 다른 시설 설치 필요성 등에 관하여 대통령령으로 정하는 기준의 범위에서 조례로 정하는 바에 따르지 아니한 경우
㉣ 그 밖에 이 법 또는 다른 법령에 따른 제한규정을 위반하는 경우

> **대통령령으로 정하는 기준(영 제15조 제1항)**
> 다음 각 호의 기준을 말한다.
> 1. 철근콘크리트조 또는 철골철근콘크리트조가 아닐 것
> 2. 존치기간은 3년 이내일 것. 다만, 도시·군계획사업이 시행될 때까지 그 기간을 연장할 수 있다.
> 3. 전기·수도·가스 등 새로운 간선 공급설비의 설치를 필요로 하지 아니할 것
> 4. 공동주택·판매시설·운수시설 등으로서 분양을 목적으로 건축하는 건축물이 아닐 것

(2) 신고 후 착공

① 재해복구, 흥행, 전람회, 공사용 가설건축물 등 대통령령으로 정하는 용도의 가설건축물을 축조하려는 자는 대통령령으로 정하는 존치 기간, 설치 기준 및 절차에 따라 특별자치시장·특별자치도지사 또는 시장·군수·구청장에게 신고한 후 착공하여야 한다.

> **재해복구, 흥행, 전람회, 공사용 가설건축물 등 대통령령으로 정하는 용도의 가설건축물(영 제15조 제5항)**
> 다음 각 호의 어느 하나에 해당하는 것을 말한다.
> 1. 재해가 발생한 구역 또는 그 인접구역으로서 특별자치시장·특별자치도지사 또는 시장·군수·구청장이 지정하는 구역에서 일시사용을 위하여 건축하는 것
> 2. 특별자치시장·특별자치도지사 또는 시장·군수·구청장이 도시미관이나 교통소통에 지장이 없다고 인정하는 가설흥행장, 가설전람회장, 농·수·축산물 직거래용 가설점포, 그 밖에 이와 비슷한 것
> 3. 공사에 필요한 규모의 공사용 가설건축물 및 공작물
> 4. 전시를 위한 견본주택이나 그 밖에 이와 비슷한 것
> 5. 특별자치시장·특별자치도지사 또는 시장·군수·구청장이 도로변 등의 미관정비를 위하여 지정·공고하는 구역에서 축조하는 가설점포(물건 등의 판매를 목적으로 하는 것을 말한다)로서 안전·방화 및 위생에 지장이 없는 것
> 6. 조립식 구조로 된 경비용으로 쓰는 가설건축물로서 연면적이 10제곱미터 이하인 것
> 7. 조립식 경량구조로 된 외벽이 없는 임시 자동차 차고
> 8. 컨테이너 또는 이와 비슷한 것으로 된 가설건축물로서 임시사무실·임시창고 또는 임시숙소로 사용되는 것(건축물의 옥상에 축조하는 것은 제외한다. 다만, 2009년 7월 1일부터 2015년 6월 30일까지 및 2016년 7월 1일부터 2019년 6월 30일까지 공장의 옥상에 축조하는 것은 포함한다)
> 9. 도시지역 중 주거지역·상업지역 또는 공업지역에 설치하는 농업·어업용 비닐하우스로서 연면적이 100제곱미터 이상인 것
> 10. 연면적이 100제곱미터 이상인 간이축사용, 가축분뇨처리용, 가축운동용, 가축의 비가림용 비닐하우스 또는 천막(벽 또는 지붕이 합성수지 재질로 된 것과 지붕 면적의 2분의 1 이하가 합성강판으로 된 것을 포함한다)구조 건축물
> 11. 농업·어업용 고정식 온실 및 간이작업장, 가축양육실
> 12. 물품저장용, 간이포장용, 간이수선작업용 등으로 쓰기 위하여 공장 또는 창고시설에 설치하거나 인접 대지에 설치하는 천막(벽 또는 지붕이 합성수지 재질로 된 것을 포함한다), 그 밖에 이와 비슷한 것

13. 유원지, 종합휴양업 사업지역 등에서 한시적인 관광·문화행사 등을 목적으로 천막 또는 경량구조로 설치하는 것
14. 야외전시시설 및 촬영시설
15. 야외흡연실 용도로 쓰는 가설건축물로서 연면적이 50제곱미터 이하인 것
16. 그 밖에 제1호부터 제14호까지의 규정에 해당하는 것과 비슷한 것으로서 건축조례로 정하는 건축물

② 신고에 관하여는 제14조 제3항 및 제4항을 준용한다.

(3) 일부 규정의 적용 배제

가설건축물을 건축하거나 축조할 때에는 대통령령으로 정하는 바에 따라 제25조, 제38조부터 제42조까지, 제44조부터 제50조까지, 제50조의2, 제51조부터 제64조까지, 제67조, 제68조와「녹색건축물 조성 지원법」제15조 및「국토의 계획 및 이용에 관한 법률」제76조 중 일부 규정을 적용하지 아니한다.

(4) 가설건축물대장에 기재 관리

특별자치시장·특별자치도지사 또는 시장·군수·구청장은 가설건축물의 건축을 허가하거나 축조신고를 받은 경우 국토교통부령으로 정하는 바에 따라 가설건축물대장에 이를 기재하여 관리하여야 한다.

(5) 관계 행정기관의 장과 사전 협의

가설건축물의 건축허가 신청 또는 축조신고를 받은 때에는 다른 법령에 따른 제한 규정에 대하여 확인이 필요한 경우 관계 행정기관의 장과 미리 협의하여야 하고, 협의 요청을 받은 관계 행정기관의 장은 요청을 받은 날부터 15일 이내에 의견을 제출하여야 한다. 이 경우 관계 행정기관의 장이 협의 요청을 받은 날부터 15일 이내에 의견을 제출하지 아니하면 협의가 이루어진 것으로 본다.

10 법 제21조(착공신고 등)

① 제11조·제14조 또는 제20조 제1항에 따라 허가를 받거나 신고를 한 건축물의 공사를 착수하려는 건축주는 국토교통부령으로 정하는 바에 따라 허가권자에게 공사계획을 신고하여야 한다.
② 공사계획을 신고하거나 변경신고를 하는 경우 해당 공사감리자(제25조 제1항에 따른 공사감리자를 지정한 경우만 해당된다)와 공사시공자가 신고서에 함께 서명하여야 한다.
③ 허가권자는 신고를 받은 날부터 3일 이내에 신고수리 여부 또는 민원 처리 관련 법령에 따른 처리기간의 연장 여부를 신고인에게 통지하여야 한다.
④ 허가권자가 ③항에서 정한 기간 내에 신고수리 여부 또는 민원 처리 관련 법령에 따른 처리기간의 연장 여부를 신고인에게 통지하지 아니하면 그 기간이 끝난 날의 다음 날에 신고를 수리한 것으로 본다.
⑤ 건축주는「건설산업기본법」제41조를 위반하여 건축물의 공사를 하거나 하게 할 수 없다.
⑥ 허가를 받은 건축물의 건축주는 ①항에 따른 신고를 할 때에는 제15조 제2항에 따른 각 계약서의 사본을 첨부하여야 한다.

11 법 제22조(건축물의 사용승인)

(1) 사용승인의 신청

건축주가 제11조·제14조 또는 제20조 제1항에 따라 허가를 받았거나 신고를 한 건축물의 건축공사를 완료[하나의 대지에 둘 이상의 건축물을 건축하는 경우 동(棟)별 공사를 완료한 경우를 포함한다]한 후 그 건축물을 사용하려면 공사감리자가 작성한 감리완료보고서(공사감리자를 지정한 경우만 해당된다)와 국토교통부령으로 정하는 공사완료도서를 첨부하여 허가권자에게 사용승인을 신청하여야 한다.

(2) 사용승인서의 발급

허가권자는 사용승인신청을 받은 경우 국토교통부령으로 정하는 기간에 다음의 사항에 대한 검사를 실시하고, 검사에 합격된 건축물에 대하여는 사용승인서를 내주어야 한다. 다만, 해당 지방자치단체의 조례로 정하는 건축물은 사용승인을 위한 검사를 실시하지 아니하고 사용승인서를 내줄 수 있다.

① 사용승인을 신청한 건축물이 이 법에 따라 허가 또는 신고한 설계도서대로 시공되었는지의 여부
② 감리완료보고서, 공사완료도서 등의 서류 및 도서가 적합하게 작성되었는지의 여부

※ 허가권자는 사용승인신청을 받은 경우에는 그 신청서를 받은 날부터 7일 이내에 사용승인을 위한 현장검사를 실시하여야 하며, 현장검사에 합격된 건축물에 대하여는 사용승인서를 신청인에게 발급하여야 한다(규칙 제16조 제3항).

(3) 임시사용승인

건축주는 사용승인을 받은 후가 아니면 건축물을 사용하거나 사용하게 할 수 없다. 다만, 다음의 어느 하나에 해당하는 경우에는 그러하지 아니하다.

① 허가권자가 기간 내에 사용승인서를 교부하지 아니한 경우
② 사용승인서를 교부받기 전에 공사가 완료된 부분이 건폐율, 용적률, 설비, 피난·방화 등 국토교통부령으로 정하는 기준에 적합한 경우로서 기간을 정하여 대통령령으로 정하는 바에 따라 임시로 사용의 승인을 한 경우

건축물의 사용승인(영 제17조 제2항~제4항)

② 건축주는 법 제22조 제3항 제2호에 따라 사용승인서를 받기 전에 공사가 완료된 부분에 대한 임시사용의 승인을 받으려는 경우에는 국토교통부령으로 정하는 바에 따라 임시사용승인신청서를 허가권자에게 제출(전자문서에 의한 제출을 포함한다)하여야 한다.
③ 허가권자는 제2항의 신청서를 접수한 경우에는 공사가 완료된 부분이 법 제22조 제3항 제2호에 따른 기준에 적합한 경우에만 임시사용을 승인할 수 있으며, 식수 등 조경에 필요한 조치를 하기에 부적합한 시기에 건축공사가 완료된 건축물은 허가권자가 지정하는 시기까지 식수(植樹) 등 조경에 필요한 조치를 할 것을 조건으로 임시사용을 승인할 수 있다.
④ 임시사용승인의 기간은 2년 이내로 한다. 다만, 허가권자는 대형 건축물 또는 암반공사 등으로 인하여 공사기간이 긴 건축물에 대하여는 그 기간을 연장할 수 있다.

12 법 제23조(건축물의 설계)

(1) 건축물의 설계자

건축허가를 받아야 하거나 건축신고를 하여야 하는 건축물 또는 「주택법」 제66조 제1항 또는 제2항에 따른 리모델링을 하는 건축물의 건축 등을 위한 설계는 건축사가 아니면 할 수 없다. 다만, 다음의 어느 하나에 해당하는 경우에는 그러하지 아니하다.
① 바닥면적의 합계가 85제곱미터 미만인 증축·개축 또는 재축
② 연면적이 200제곱미터 미만이고 층수가 3층 미만인 건축물의 대수선
③ 그 밖에 건축물의 특수성과 용도 등을 고려하여 대통령령으로 정하는 건축물의 건축 등

> **대통령령으로 정하는 건축물(영 제18조)**
> 다음 각 호의 어느 하나에 해당하는 건축물을 말한다.
> 1. 읍·면지역(시장 또는 군수가 지역계획 또는 도시·군계획에 지장이 있다고 인정하여 지정·공고한 구역은 제외한다)에서 건축하는 건축물 중 연면적이 200제곱미터 이하인 창고 및 농막(「농지법」에 따른 농막을 말한다)과 연면적 400제곱미터 이하인 축사, 작물재배사, 종묘배양시설, 화초 및 분재 등의 온실
> 2. 영 제15조 제5항 각 호의 어느 하나에 해당하는 가설건축물로서 건축조례로 정하는 가설건축물

(2) 설계도서의 작성

① 설계자는 건축물이 이 법과 이 법에 따른 명령이나 처분, 그 밖의 관계 법령에 맞고 안전·기능 및 미관에 지장이 없도록 설계하여야 하며, 국토교통부장관이 정하여 고시하는 설계도서 작성기준에 따라 설계도서를 작성하여야 한다. 다만, 해당 건축물의 공법(工法) 등이 특수한 경우로서 국토교통부령으로 정하는 바에 따라 건축위원회의 심의를 거친 때에는 그러하지 아니하다.
② 설계도서를 작성한 설계자는 설계가 이 법과 이 법에 따른 명령이나 처분, 그 밖의 관계 법령에 맞게 작성되었는지를 확인한 후 설계도서에 서명날인하여야 한다.

13 법 제24조(건축시공)

① 공사시공자는 계약대로 성실하게 공사를 수행하여야 하며, 이 법과 이 법에 따른 명령이나 처분, 그 밖의 관계 법령에 맞게 건축물을 건축하여 건축주에게 인도하여야 한다.
② 공사시공자는 건축물(건축허가나 용도변경허가 대상인 것만 해당된다)의 공사현장에 설계도서를 갖추어 두어야 한다.
③ 공사시공자는 설계도서가 이 법과 이 법에 따른 명령이나 처분, 그 밖의 관계 법령에 맞지 아니하거나 공사의 여건상 불합리하다고 인정되면 건축주와 공사감리자의 동의를 받아 서면으로 설계자에게 설계를 변경하도록 요청할 수 있다. 이 경우 설계자는 정당한 사유가 없으면 요청에 따라야 한다.
④ 공사시공자는 공사를 하는 데에 필요하다고 인정하거나 공사감리자로부터 상세시공도면을 작성하도록 요청을 받으면 상세시공도면을 작성하여 공사감리자의 확인을 받아야 하며, 이에 따라 공사를 하여야 한다.
⑤ 공사시공자는 건축허가나 용도변경허가가 필요한 건축물의 건축공사를 착수한 경우에는 해당 건축공사의 현장에 국토교통부령으로 정하는 바에 따라 건축허가 표지판을 설치하여야 한다.
　※ 공사시공자는 건축물의 규모·용도·설계자·시공자 및 감리자 등을 표시한 건축허가표지판을 주민이 보기 쉽도록 해당건축공사 현장의 주요 출입구에 설치하여야 한다(규칙 제18조).

⑥ 「건설산업기본법」 제41조 제1항 각 호에 해당하지 아니하는 건축물의 건축주는 공사 현장의 공정 및 안전을 관리하기 위하여 같은 법 제2조 제15호에 따른 건설기술인 1명을 현장관리인으로 지정하여야 한다. 이 경우 현장관리인은 국토교통부령으로 정하는 바에 따라 공정 및 안전 관리 업무를 수행하여야 하며, 건축주의 승낙을 받지 아니하고는 정당한 사유 없이 그 공사 현장을 이탈하여서는 아니 된다.

⑦ 공동주택, 종합병원, 관광숙박시설 등 대통령령으로 정하는 용도 및 규모의 건축물의 공사시공자는 건축주, 공사감리자 및 허가권자가 설계도서에 따라 적정하게 공사되었는지를 확인할 수 있도록 공사의 공정이 대통령령으로 정하는 진도에 다다른 때마다 사진 및 동영상을 촬영하고 보관하여야 한다. 이 경우 촬영 및 보관 등 그 밖에 필요한 사항은 국토교통부령으로 정한다.

사진 및 동영상 촬영 대상 건축물 등(영 제18조의2)

① 법 제24조 제7항 전단에서 "공동주택, 종합병원, 관광숙박시설 등 대통령령으로 정하는 용도 및 규모의 건축물"이란 다음 각 호의 어느 하나에 해당하는 건축물을 말한다.
  1. 다중이용 건축물
  2. 특수구조 건축물
  3. 건축물의 하층부가 필로티나 그 밖에 이와 비슷한 구조(벽면적의 2분의 1 이상이 그 층의 바닥면에서 위층 바닥 아래면까지 공간으로 된 것만 해당한다)로서 상층부와 다른 구조형식으로 설계된 건축물(이하 "필로티형식 건축물"이라 한다) 중 3층 이상인 건축물

② 법 제24조 제7항 전단에서 "대통령령으로 정하는 진도에 다다른 때"란 다음 각 호의 구분에 따른 단계에 다다른 경우를 말한다. 〈개정 2024.6.18.〉
  1. 다중이용 건축물 : 다음 각 목에 해당하는 단계
    가. 제19조 제3항 제1호부터 제3호까지의 구분에 따른 단계
    나. 제46조 제1항에 따른 방화구획 설치 공사와 관련하여 국토교통부령으로 정하는 단계
  2. 특수구조 건축물 : 다음 각 목외 어느 하나에 해당하는 단계
    가. 매 층마다 상부 슬래브배근을 완료한 경우
    나. 매 층마다 주요구조부의 조립을 완료한 경우
  3. 3층 이상의 필로티형식 건축물 : 다음 각 목의 어느 하나에 해당하는 단계
    가. 기초공사 시 철근배치를 완료한 경우
    나. 건축물 상층부의 하중이 상층부와 다른 구조형식의 하층부로 전달되는 다음의 어느 하나에 해당하는 부재(部材)의 철근배치를 완료한 경우
      1) 기둥 또는 벽체 중 하나
      2) 보 또는 슬래브 중 하나

14 법 제25조(건축물의 공사감리)

(1) 공사감리자의 지정

① 건축주는 대통령령으로 정하는 용도·규모 및 구조의 건축물을 건축하는 경우 건축사나 대통령령으로 정하는 자를 공사감리자(공사시공자 본인 및 「독점규제 및 공정거래에 관한 법률」 제2조에 따른 계열회사는 제외한다)로 지정하여 공사감리를 하게 하여야 한다.

공사감리(영 제19조 제1항)

법 제25조 제1항에 따라 공사감리자를 지정하여 공사감리를 하게 하는 경우에는 다음 각 호의 구분에 따른 자를 공사감리자로 지정하여야 한다.
1. 다음 각 목의 어느 하나에 해당하는 경우 : 건축사
   가. 법 제11조에 따라 건축허가를 받아야 하는 건축물(법 제14조에 따른 건축신고 대상 건축물은 제외한다)을 건축하는 경우
   나. 제6조 제1항 제6호에 따른 건축물을 리모델링하는 경우
2. 다중이용 건축물을 건축하는 경우 : 「건설기술진흥법」에 따른 건설엔지니어링사업자(공사시공자 본인이거나 「독점규제 및 공정거래에 관한 법률」 제2조 제12호에 따른 계열회사인 건설엔지니어링사업자는 제외한다) 또는 건축사(「건설기술진흥법 시행령」 제60조에 따라 건설사업관리기술인을 배치하는 경우만 해당한다)

② 「건설산업기본법」 제41조 제1항 각 호에 해당하지 아니하는 소규모 건축물로서 건축주가 직접 시공하는 건축물 및 주택으로 사용하는 건축물 중 <u>대통령령으로 정하는 건축물</u>의 경우에는 대통령령으로 정하는 바에 따라 허가권자가 해당 건축물의 설계에 참여하지 아니한 자 중에서 공사감리자를 지정하여야 한다. 다만, 다음의 어느 하나에 해당하는 건축물의 건축주가 국토교통부령으로 정하는 바에 따라 허가권자에게 신청하는 경우에는 해당 건축물을 설계한 자를 공사감리자로 지정할 수 있다.
㉠ 「건설기술진흥법」 제14조에 따른 신기술 중 대통령령으로 정하는 신기술을 보유한 자가 그 신기술을 적용하여 설계한 건축물
㉡ 「건축서비스산업진흥법」 제13조 제4항에 따른 역량 있는 건축사로서 대통령령으로 정하는 건축사가 설계한 건축물
㉢ 설계공모를 통하여 설계한 건축물

대통령령으로 정하는 건축물(영 제19조의2 제1항)

다음 각 호의 건축물을 말한다.
1. 「건설산업기본법」 제41조 제1항 각 호에 해당하지 아니하는 건축물 중 다음 각 목의 어느 하나에 해당하지 아니하는 건축물
   가. [별표 1] 제1호 가목의 단독주택
   나. 농업·임업·축산업 또는 어업용으로 설치하는 창고·저장고·작업장·퇴비사·축사·양어장 및 그 밖에 이와 유사한 용도의 건축물
   다. 해당 건축물의 건축공사가 「건설산업기본법 시행령」 제8조 제1항 각 호의 어느 하나에 해당하는 경미한 건설공사인 경우
2. 주택으로 사용하는 다음 각 목의 어느 하나에 해당하는 건축물(각 목에 해당하는 건축물과 그 외의 건축물이 하나의 건축물로 복합된 경우를 포함한다)
   가. 아파트
   나. 연립주택
   다. 다세대주택
   라. 다중주택
   마. 다가구주택

(2) 공사시공의 시정 및 재시공 요청

① 공사감리자는 공사감리를 할 때 이 법과 이 법에 따른 명령이나 처분, 그 밖의 관계 법령에 위반된 사항을 발견하거나 공사시공자가 설계도서대로 공사를 하지 아니하면 이를 건축주에게 알린 후 공사시공자에게 시정하거나 재시공하도록 요청하여야 하며, 공사시공자가 시정이나 재시공 요청에 따르지 아니하면 서면으로 그 건축공사를 중지하도록 요청할 수 있다. 이 경우 공사중지를 요청받은 공사시공자는 정당한 사유가 없으면 즉시 공사를 중지하여야 한다.

② 공사감리자는 공사시공자가 시정이나 재시공 요청을 받은 후 이에 따르지 아니하거나 공사중지 요청을 받고도 공사를 계속하면 국토교통부령으로 정하는 바에 따라 이를 허가권자에게 보고하여야 한다.

③ 건축주나 공사시공자는 위반사항에 대한 시정이나 재시공을 요청하거나 위반사항을 허가권자에게 보고한 공사감리자에게 이를 이유로 공사감리자의 지정을 취소하거나 보수의 지급을 거부하거나 지연시키는 등 불이익을 주어서는 아니 된다.

(3) 상세시공도면의 작성 요청

대통령령으로 정하는 용도 또는 규모의 공사의 공사감리자는 필요하다고 인정하면 공사시공자에게 상세시공도면을 작성하도록 요청할 수 있다.

※ "대통령령으로 정하는 용도 또는 규모의 공사"란 연면적의 합계가 5천제곱미터 이상인 건축공사를 말한다(영 제19조 제4항).

(4) 감리중간보고서 및 감리완료보고서의 제출

공사감리자는 국토교통부령으로 정하는 바에 따라 감리일지를 기록·유지하여야 하고, 공사의 공정(工程)이 대통령령으로 정하는 진도에 다다른 경우에는 감리중간보고서를, 공사를 완료한 경우에는 감리완료보고서를 국토교통부령으로 정하는 바에 따라 각각 작성하여 건축주에게 제출하여야 한다. 이 경우 건축주는 감리중간보고서는 제출받은 때, 감리완료보고서는 제22조에 따른 건축물의 사용승인을 신청할 때 허가권자에게 제출하여야 한다.

> **공사의 공정이 대통령령으로 정하는 진도에 다다른 경우(영 제19조 제3항)** 〈개정 2024.12.17.〉
>
> 공사(하나의 대지에 둘 이상의 건축물을 건축하는 경우에는 각각의 건축물에 대한 공사를 말한다)의 공정이 다음 각 호의 구분에 따른 단계에 다다른 경우를 말한다.
> 1. 해당 건축물의 구조가 철근콘크리트조·철골철근콘크리트조·조적조 또는 보강콘크리트블럭조인 경우 : 다음 각 목의 어느 하나에 해당하는 단계
>   가. 기초공사 시 철근배치를 완료한 경우
>   나. 지붕슬래브배근을 완료한 경우
>   다. 지상 5개 층마다 상부 슬래브배근을 완료한 경우
>   라. 지하층 각 층(제2조 제18호 다목에 따른 특수구조 건축물로서 무량판 구조인 해당 지하층에 수직으로 배치된 주요구조부의 전체 단면적에서 보가 없이 배치된 기둥의 전체 단면적이 차지하는 비율이 4분의 1 이상인 경우만 해당한다)의 상부 슬래브배근을 완료한 경우
> 2. 해당 건축물의 구조가 철골조인 경우 : 다음 각 목의 어느 하나에 해당하는 단계
>   가. 기초공사 시 철근배치를 완료한 경우
>   나. 지붕철골 조립을 완료한 경우
>   다. 지상 3개 층마다 또는 높이 20미터마다 주요구조부의 조립을 완료한 경우

> 3. 해당 건축물의 구조가 제1호 또는 제2호 외의 구조인 경우 : 기초공사에서 거푸집 또는 주춧돌의 설치를 완료한 단계
> 4. 제1호부터 제3호까지에 해당하는 건축물이 3층 이상의 필로티형식 건축물인 경우 : 다음 각 목의 어느 하나에 해당하는 단계
>   가. 해당 건축물의 구조에 따라 제1호부터 제3호까지의 어느 하나에 해당하는 경우
>   나. 영 제18조의2 제2항 제3호 나목에 해당하는 경우

15 법 제25조의2(건축관계자 등에 대한 업무제한)

① 허가권자는 설계자, 공사시공자, 공사감리자 및 관계전문기술자(이하 "건축관계자 등"이라 한다)가 대통령령으로 정하는 주요 건축물에 대하여 제21조에 따른 착공신고 시부터 「건설산업기본법」 제28조에 따른 하자담보책임 기간에 제40조, 제41조, 제48조, 제50조 및 제51조를 위반하거나 중대한 과실로 건축물의 기초 및 주요구조부에 중대한 손괴를 일으켜 사람을 사망하게 한 경우에는 1년 이내의 기간을 정하여 이 법에 의한 업무를 수행할 수 없도록 업무정지를 명할 수 있다.

> **대통령령으로 정하는 주요 건축물**(영 제19조의3 제1항)
> 다음 각 호의 건축물을 말한다.
>   1. 다중이용 건축물
>   2. 준다중이용 건축물

② 허가권자는 건축관계자 등이 제40조, 제41조, 제48조, 제49조, 제50조, 제50조의2, 제51조, 제52조 및 제52조의4를 위반하여 건축물의 기초 및 주요구조부에 중대한 손괴를 일으켜 대통령령으로 정하는 규모 이상의 재산상의 피해가 발생한 경우(①항에 해당하는 위반행위는 제외한다)에는 다음에서 정하는 기간 이내의 범위에서 다중이용건축물 등 대통령령으로 정하는 주요 건축물에 대하여 이 법에 의한 업무를 수행할 수 없도록 업무정지를 명할 수 있다.
  ㉠ 최초로 위반행위가 발생한 경우 : 업무정지일부터 6개월
  ㉡ 2년 이내에 동일한 현장에서 위반행위가 다시 발생한 경우 : 다시 업무정지를 받는 날부터 1년

> **업무제한 대상 건축물 등**(영 제19조의3 제2항~제3항)
> ② 법 제25조의2 제2항 각 호 외의 부분에서 "대통령령으로 정하는 규모 이상의 재산상의 피해"란 도급 또는 하도급받은 금액의 100분의 10 이상으로서 그 금액이 1억원 이상인 재산상의 피해를 말한다.
> ③ 법 제25조의2 제2항 각 호 외의 부분에서 "다중이용건축물 등 대통령령으로 정하는 주요 건축물"이란 다음 각 호의 건축물을 말한다.
>   1. 다중이용 건축물
>   2. 준다중이용 건축물

③ 허가권자는 건축관계자 등이 제40조, 제41조, 제48조, 제49조, 제50조, 제50조의2, 제51조, 제52조 및 제52조의4를 위반한 경우(①항 및 ②항에 해당하는 위반행위는 제외한다)와 제28조를 위반하여 가설시설물이 붕괴된 경우에는 기간을 정하여 시정을 명하거나 필요한 지시를 할 수 있다.

④ 허가권자는 ③항에 따른 시정명령 등에도 불구하고 특별한 이유 없이 이를 이행하지 아니한 경우에는 다음에서 정하는 기간 이내의 범위에서 이 법에 의한 업무를 수행할 수 없도록 업무정지를 명할 수 있다.
  ㉠ 최초의 위반행위가 발생하여 허가권자가 지정한 시정기간 동안 특별한 사유 없이 시정하지 아니하는 경우 : 업무정지일부터 3개월
  ㉡ 2년 이내에 위반행위가 동일한 현장에서 2차례 발생한 경우 : 업무정지일부터 3개월
  ㉢ 2년 이내에 위반행위가 동일한 현장에서 3차례 발생한 경우 : 업무정지일부터 1년
⑤ 허가권자는 업무정지처분을 갈음하여 다음의 구분에 따라 건축관계자 등에게 과징금을 부과할 수 있다.
  ㉠ ④항 ㉠ 또는 ㉡에 해당하는 경우 : 3억원 이하
  ㉡ ④항 ㉢에 해당하는 경우 : 10억원 이하
⑥ 건축관계자 등은 업무정지처분에도 불구하고 그 처분을 받기 전에 계약을 체결하였거나 관계 법령에 따라 허가, 인가 등을 받아 착수한 업무는 사용승인을 받은 때까지 계속 수행할 수 있다.
⑦ ①항부터 ⑤항까지에 해당하는 조치는 그 소속 법인 또는 단체에게도 동일하게 적용한다. 다만, 소속 법인 또는 단체가 위반행위를 방지하기 위하여 해당 업무에 관하여 상당한 주의와 감독을 게을리하지 아니한 경우에는 그러하지 아니하다.
⑧ ①항부터 ⑤항까지의 조치는 관계 법률에 따라 건축허가를 의제하는 경우의 건축관계자 등에게 동일하게 적용한다.
⑨ 허가권자는 ①항부터 ⑤항까지의 조치를 한 경우 그 내용을 국토교통부장관에게 통보하여야 한다.
⑩ 국토교통부장관은 ⑨항에 따라 통보된 사항을 종합관리하고, 허가권자가 해당 건축관계자 등과 그 소속 법인 또는 단체를 알 수 있도록 국토교통부령으로 정하는 바에 따라 공개하여야 한다.
⑪ 건축관계자 등, 소속 법인 또는 단체에 대한 업무정지처분을 하려는 경우에는 청문을 하여야 한다.

16 법 제29조(공용건축물에 대한 특례)

① 국가나 지방자치단체는 제11조, 제14조, 제19조, 제20조 및 제83조에 따른 건축물을 건축·대수선·용도변경하거나 가설건축물을 건축하거나 공작물을 축조하려는 경우에는 대통령령으로 정하는 바에 따라 미리 건축물의 소재지를 관할하는 허가권자와 협의하여야 한다.

> **공용건축물에 대한 특례(영 제22조 제1항~제2항)**
> ① 국가 또는 지방자치단체가 법 제29조에 따라 건축물을 건축하려면 해당 건축공사를 시행하는 행정기관의 장 또는 그 위임을 받은 자는 건축공사에 착수하기 전에 그 공사에 관한 설계도서와 국토교통부령으로 정하는 관계 서류를 허가권자에게 제출(전자문서에 의한 제출을 포함한다)하여야 한다. 다만, 국가안보상 중요하거나 국가기밀에 속하는 건축물을 건축하는 경우에는 설계도서의 제출을 생략할 수 있다.
> ② 허가권자는 제1항 본문에 따라 제출된 설계도서와 관계 서류를 심사한 후 그 결과를 해당 행정기관의 장 또는 그 위임을 받은 자에게 통지(해당 행정기관의 장 또는 그 위임을 받은 자가 원하거나 전자문서로 제1항에 따른 설계도서 등을 제출한 경우에는 전자문서로 알리는 것을 포함한다)하여야 한다.

② 국가나 지방자치단체가 건축물의 소재지를 관할하는 허가권자와 협의한 경우에는 제11조, 제14조, 제19조, 제20조 및 제83조에 따른 허가를 받았거나 신고한 것으로 본다.

③ ①항에 따라 협의한 건축물에는 제22조 제1항부터 제3항까지의 규정을 적용하지 아니한다. 다만, 건축물의 공사가 끝난 경우에는 지체 없이 허가권자에게 통보하여야 한다.

※ 국가 또는 지방자치단체는 건축물의 공사가 완료되었음을 허가권자에게 통보하는 경우에는 국토교통부령으로 정하는 관계 서류를 첨부하여야 한다(영 제22조 제3항).

④ 국가나 지방자치단체가 소유한 대지의 지상 또는 지하 여유공간에 구분지상권을 설정하여 주민편의시설 등 대통령령으로 정하는 시설을 설치하고자 하는 경우 허가권자는 구분지상권자를 건축주로 보고 구분지상권이 설정된 부분을 제2조 제1항 제1호의 대지로 보아 건축허가를 할 수 있다. 이 경우 구분지상권 설정의 대상 및 범위, 기간 등은 「국유재산법」 및 「공유재산 및 물품관리법」에 적합하여야 한다.

주민편의시설 등 대통령령으로 정하는 시설(영 제22조 제4항)

다음 각 호의 시설을 말한다.
1. 제1종 근린생활시설
2. 제2종 근린생활시설(총포판매소, 장의사, 다중생활시설, 제조업소, 단란주점, 안마시술소 및 노래연습장은 제외한다)
3. 문화 및 집회시설(공연장 및 전시장으로 한정한다)
4. 의료시설
5. 교육연구시설
6. 노유자시설
7. 운동시설
8. 업무시설(오피스텔은 제외한다)

17 법 제32조(건축허가 업무 등의 전산처리 등)

① 허가권자는 건축허가 업무 등의 효율적인 처리를 위하여 국토교통부령으로 정하는 바에 따라 전자정보처리 시스템을 이용하여 이 법에 규정된 업무를 처리할 수 있다.

② 전자정보처리 시스템에 따라 처리된 자료(이하 "전산자료"라 한다)를 이용하려는 자는 대통령령으로 정하는 바에 따라 관계 중앙행정기관의 장의 심사를 거쳐 다음의 구분에 따라 국토교통부장관, 시·도지사 또는 시장·군수·구청장의 승인을 받아야 한다. 다만, 지방자치단체의 장이 승인을 신청하는 경우에는 관계 중앙행정기관의 장의 심사를 받지 아니한다. 〈개정 2022.6.10.〉
  ㉠ 전국 단위의 전산자료 : 국토교통부장관
  ㉡ 특별시·광역시·특별자치시·도·특별자치도(이하 "시·도"라 한다) 단위의 전산자료 : 시·도지사
  ㉢ 시·군 또는 구(자치구를 말한다) 단위의 전산자료 : 시장·군수·구청장

건축 허가업무 등의 전산처리 등(영 제22조의2 제1항~제4항)

① 법 제32조 제2항 각 호 외의 부분 본문에 따라 같은 조 제1항에 따른 전자정보처리 시스템으로 처리된 자료(이하 "전산자료"라 한다)를 이용하려는 자는 관계 중앙행정기관의 장의 심사를 받기 위하여 다음 각 호의 사항을 적은 신청서를 관계 중앙행정기관의 장에게 제출하여야 한다.
  1. 전산자료의 이용 목적 및 근거
  2. 전산자료의 범위 및 내용
  3. 전산자료를 제공받는 방식
  4. 전산자료의 보관방법 및 안전관리대책 등
② 제1항에 따라 전산자료를 이용하려는 자는 전산자료의 이용목적에 맞는 최소한의 범위에서 신청하여야 한다.
③ 제1항에 따른 신청을 받은 관계 중앙행정기관의 장은 다음 각 호의 사항을 심사한 후 신청받은 날부터 15일 이내에 그 심사결과를 신청인에게 알려야 한다.
  1. 제1항 각 호의 사항에 대한 타당성·적합성 및 공익성
  2. 법 제32조 제3항에 따른 개인정보 보호기준에의 적합 여부
  3. 전산자료의 이용목적 외 사용방지 대책의 수립 여부
④ 법 제32조 제2항에 따라 전산자료 이용의 승인을 받으려는 자는 국토교통부령으로 정하는 건축행정 전산자료 이용승인 신청서에 제3항에 따른 심사결과를 첨부하여 국토교통부장관, 시·도지사 또는 시장·군수·구청장에게 제출하여야 한다. 다만, 중앙행정기관의 장 또는 지방자치단체의 장이 전산자료를 이용하려는 경우에는 전산자료 이용의 근거·목적 및 안전관리대책 등을 적은 문서로 승인을 신청할 수 있다.

③ 국토교통부장관, 시·도지사 또는 시장·군수·구청장이 제2항에 따른 승인신청을 받은 경우에는 건축허가 업무 등의 효율적인 처리에 지장이 없고 대통령령으로 정하는 건축주 등의 개인정보 보호기준을 위반하지 아니한다고 인정되는 경우에만 승인할 수 있다. 이 경우 용도를 한정하여 승인할 수 있다.

대통령령으로 정하는 건축주 등의 개인정보 보호기준(영 제22조의2 제5항)

다음 각 호의 기준을 말한다.
  1. 신청한 전산자료는 그 자료에 포함되어 있는 성명·주민등록번호 등의 사항에 따라 특정 개인임을 알 수 있는 정보(해당 정보만으로는 특정개인을 식별할 수 없더라도 다른 정보와 쉽게 결합하여 식별할 수 있는 정보를 포함한다), 그 밖에 개인의 사생활을 침해할 우려가 있는 정보가 아닐 것. 다만, 개인의 동의가 있거나 다른 법률에 근거가 있는 경우에는 이용하게 할 수 있다.
  2. 제1호 단서에 따라 개인정보가 포함된 전산자료를 이용하는 경우에는 전산자료의 이용목적 외의 사용 또는 외부로의 누출·분실·도난 등을 방지할 수 있는 안전관리대책이 마련되어 있을 것

④ 건축물의 소유자가 본인 소유의 건축물에 대한 소유 정보를 신청하거나 건축물의 소유자가 사망하여 그 상속인이 피상속인의 건축물에 대한 소유 정보를 신청하는 경우에는 승인 및 심사를 받지 아니할 수 있다.
⑤ 승인을 받아 전산자료를 이용하려는 자는 사용료를 내야 한다.
⑥ 위의 규정에 따른 전자정보처리 시스템의 운영에 관한 사항, 전산자료의 이용 대상 범위와 심사기준, 승인절차, 사용료 등에 관하여 필요한 사항은 대통령령으로 정한다.

제3장 건축물의 대지와 도로

Point 출제포인트
▷ 대지의 조경
▷ 공개공지 등의 확보
▷ 도로의 지정·폐지 또는 변경

1 40조(대지의 안전 등)

① 대지는 인접한 도로면보다 낮아서는 아니 된다. 다만, 대지의 배수에 지장이 없거나 건축물의 용도상 방습(防濕)의 필요가 없는 경우에는 인접한 도로면보다 낮아도 된다.
② 습한 토지, 물이 나올 우려가 많은 토지, 쓰레기, 그 밖에 이와 유사한 것으로 매립된 토지에 건축물을 건축하는 경우에는 성토(盛土), 지반 개량 등 필요한 조치를 하여야 한다.
③ 대지에는 빗물과 오수를 배출하거나 처리하기 위하여 필요한 하수관, 하수구, 저수탱크, 그 밖에 이와 유사한 시설을 하여야 한다.
④ 손궤(損潰; 무너져 내림)의 우려가 있는 토지에 대지를 조성하려면 국토교통부령으로 정하는 바에 따라 옹벽을 설치하거나 그 밖에 필요한 조치를 하여야 한다.

2 법 제41조(토지 굴착 부분에 대한 조치 등)

① 공사시공자는 대지를 조성하거나 건축공사를 하기 위하여 토지를 굴착·절토(切土)·매립(埋立) 또는 성토 등을 하는 경우 그 변경 부분에는 국토교통부령으로 정하는 바에 따라 공사 중 비탈면 붕괴, 토사 유출 등 위험 발생의 방지, 환경 보존, 그 밖에 필요한 조치를 한 후 해당 공사현장에 그 사실을 게시하여야 한다.
② 허가권자는 ①항을 위반한 자에게 의무이행에 필요한 조치를 명할 수 있다.

3 법 제42조(대지의 조경)

① 면적이 200제곱미터 이상인 대지에 건축을 하는 건축주는 용도지역 및 건축물의 규모에 따라 해당 지방자치단체의 조례로 정하는 기준에 따라 대지에 조경이나 그 밖에 필요한 조치를 하여야 한다. 다만, 조경이 필요하지 아니한 건축물로서 대통령령으로 정하는 건축물에 대하여는 조경 등의 조치를 하지 아니할 수 있으며, 옥상 조경 등 대통령령으로 따로 기준을 정하는 경우에는 그 기준에 따른다.

대지의 조경(영 제27조) 기출 31회

① 법 제42조 제1항 단서에 따라 다음 각 호의 어느 하나에 해당하는 건축물에 대하여는 조경 등의 조치를 하지 아니할 수 있다.
  1. 녹지지역에 건축하는 건축물
  2. 면적 5천제곱미터 미만인 대지에 건축하는 공장
  3. 연면적의 합계가 1천500제곱미터 미만인 공장
  4. 「산업집적활성화 및 공장설립에 관한 법률」 제2조 제14호에 따른 산업단지의 공장
  5. 대지에 염분이 함유되어 있는 경우 또는 건축물 용도의 특성상 조경 등의 조치를 하기가 곤란하거나 조경 등의 조치를 하는 것이 불합리한 경우로서 건축조례로 정하는 건축물
  6. 축사
  7. 법 제20조 제1항에 따른 가설건축물
  8. 연면적의 합계가 1천500제곱미터 미만인 물류시설(주거지역 또는 상업지역에 건축하는 것은 제외한다)로서 국토교통부령으로 정하는 것
  9. 「국토의 계획 및 이용에 관한 법률」에 따라 지정된 자연환경보전지역·농림지역 또는 관리지역(지구단위계획구역으로 지정된 지역은 제외한다)의 건축물
  10. 다음 각 목의 어느 하나에 해당하는 건축물 중 건축조례로 정하는 건축물
     가. 「관광진흥법」 제2조 제6호에 따른 관광지 또는 같은 조 제7호에 따른 관광단지에 설치하는 관광시설
     나. 「관광진흥법 시행령」 제2조 제1항 제3호 가목에 따른 전문휴양업의 시설 또는 같은 호 나목에 따른 종합휴양업의 시설
     다. 「국토의 계획 및 이용에 관한 법률 시행령」 제48조 제10호에 따른 관광·휴양형 지구단위계획구역에 설치하는 관광시설
     라. 「체육시설의 설치·이용에 관한 법률 시행령」 [별표 1]에 따른 골프장

② 법 제42조 제1항 단서에 따른 조경 등의 조치에 관한 기준은 다음 각 호와 같다. 다만, 건축조례로 다음 각 호의 기준보다 더 완화된 기준을 정한 경우에는 그 기준에 따른다.
  1. 공장(제1항 제2호부터 제4호까지의 규정에 해당하는 공장은 제외한다) 및 물류시설(제1항 제8호에 해당하는 물류시설과 주거지역 또는 상업지역에 건축하는 물류시설은 제외한다)
     가. 연면적의 합계가 2천제곱미터 이상인 경우 : 대지면적의 10퍼센트 이상
     나. 연면적의 합계가 1천500 제곱미터 이상 2천제곱미터 미만인 경우 : 대지면적의 5퍼센트 이상
  2. 「공항시설법」 제2조 제7호에 따른 공항시설 : 대지면적(활주로·유도로·계류장·착륙대 등 항공기의 이륙 및 착륙시설로 쓰는 면적은 제외한다)의 10퍼센트 이상
  3. 「철도의 건설 및 철도시설 유지관리에 관한 법률」 제2조 제1호에 따른 철도 중 역시설 : 대지면적(선로·승강장 등 철도운행에 이용되는 시설의 면적은 제외한다)의 10퍼센트 이상
  4. 그 밖에 면적 200제곱미터 이상 300제곱미터 미만인 대지에 건축하는 건축물 : 대지면적의 10퍼센트 이상

③ 건축물의 옥상에 법 제42조 제2항에 따라 국토교통부장관이 고시하는 기준에 따라 조경이나 그 밖에 필요한 조치를 하는 경우에는 옥상부분 조경면적의 3분의 2에 해당하는 면적을 법 제42조 제1항에 따른 대지의 조경면적으로 산정할 수 있다. 이 경우 조경면적으로 산정하는 면적은 법 제42조 제1항에 따른 조경면적의 100분의 50을 초과할 수 없다.

② 국토교통부장관은 식재(植栽) 기준, 조경 시설물의 종류 및 설치방법, 옥상 조경의 방법 등 조경에 필요한 사항을 정하여 고시할 수 있다.

4 법 제43조(공개공지 등의 확보) 기출 33회·36회

(1) 공개공지의 설치

다음의 어느 하나에 해당하는 지역의 환경을 쾌적하게 조성하기 위하여 대통령령으로 정하는 용도와 규모의 건축물은 일반이 사용할 수 있도록 대통령령으로 정하는 기준에 따라 소규모 휴식시설 등의 공개공지(空地 ; 공터) 또는 공개 공간(이하 "공개공지 등"이라 한다)을 설치하여야 한다.

① 일반주거지역, 준주거지역
② 상업지역
③ 준공업지역
④ 특별자치시장·특별자치도지사 또는 시장·군수·구청장이 도시화의 가능성이 크거나 노후 산업단지의 정비가 필요하다고 인정하여 지정·공고하는 지역

> **공개공지 등의 설치(영 제27조의2 제1항~제3항)**
>
> ① 법 제43조 제1항에 따라 다음 각 호의 어느 하나에 해당하는 건축물의 대지에는 공개공지 또는 공개 공간(이하 "공개공지 등"이라 한다)을 설치해야 한다. 이 경우 공개공지는 필로티의 구조로 설치할 수 있다.
>   1. 문화 및 집회시설, 종교시설, 판매시설(「농수산물 유통 및 가격안정에 관한 법률」에 따른 농수산물유통시설은 제외한다), 운수시설(여객용 시설만 해당한다), 업무시설 및 숙박시설로서 해당 용도로 쓰는 바닥면적의 합계가 5천제곱미터 이상인 건축물
>   2. 그 밖에 다중이 이용하는 시설로서 건축조례로 정하는 건축물
> ② 공개공지 등의 면적은 대지면적의 100분의 10 이하의 범위에서 건축조례로 정한다. 이 경우 법 제42조에 따른 조경면적과 「매장유산 보호 및 조사에 관한 법률」 제14조 제1항 제1호에 따른 매장유산의 현지보존 조치 면적을 공개공지등의 면적으로 할 수 있다. 〈개정 2024.5.7.〉
> ③ 제1항에 따라 공개공지 등을 설치할 때에는 모든 사람들이 환경친화적으로 편리하게 이용할 수 있도록 긴 의자 또는 조경시설 등 건축조례로 정하는 시설을 설치해야 한다.

(2) 공개공지 등의 완화 적용

공개공지 등을 설치하는 경우에는 제55조, 제56조와 제60조를 대통령령으로 정하는 바에 따라 완화하여 적용할 수 있다.

> **공개공지 등의 완화 적용(영 제27조의2 제4항~제5항)**
>
> ④ 제1항에 따른 건축물(제1항에 따른 건축물과 제1항에 해당되지 아니하는 건축물이 하나의 건축물로 복합된 경우를 포함한다)에 공개공지 등을 설치하는 경우에는 법 제43조 제2항에 따라 다음 각 호의 범위에서 대지면적에 대한 공개공지 등 면적 비율에 따라 법 제56조 및 제60조를 완화하여 적용한다. 다만, 다음 각 호의 범위에서 건축조례로 정한 기준이 완화 비율보다 큰 경우에는 해당 건축조례로 정하는 바에 따른다.
>   1. 법 제56조에 따른 용적률은 해당 지역에 적용하는 용적률의 1.2배 이하
>   2. 법 제60조에 따른 높이 제한은 해당 건축물에 적용하는 높이기준의 1.2배 이하
> ⑤ 제1항에 따른 공개공지 등의 설치대상이 아닌 건축물(「주택법」 제15조 제1항에 따른 사업계획승인 대상인 공동주택 중 주택 외의 시설과 주택을 동일 건축물로 건축하는 것 외의 공동주택은 제외한다)의 대지에 법 제43조 제4항, 이 조 제2항 및 제3항에 적합한 공개공지를 설치하는 경우에는 제4항을 준용한다.

(3) 공개공지 등에 대한 점검 등 유지·관리에 관한 사항

시·도지사 또는 시장·군수·구청장은 관할 구역내 공개공지 등에 대한 점검 등 유지·관리에 관한 사항을 해당 지방자치단체의 조례로 정할 수 있다.

(4) 공개공지 등의 활용에 제한되는 행위

① 누구든지 공개공지 등에 물건을 쌓아놓거나 출입을 차단하는 시설을 설치하는 등 공개공지등의 활용을 저해하는 행위를 하여서는 아니 된다.
② 제한되는 행위의 유형 또는 기준은 대통령령으로 정한다.

> **제한되는 행위(영 제27조의2 제6항~제7항)**
> ⑥ 공개공지 등에는 연간 60일 이내의 기간 동안 건축조례로 정하는 바에 따라 주민들을 위한 문화행사를 열거나 판촉활동을 할 수 있다. 다만, 울타리를 설치하는 등 공중이 해당 공개공지 등을 이용하는데 지장을 주는 행위를 해서는 아니 된다.
> ⑦ 법 제43조 제4항에 따라 제한되는 행위는 다음 각 호와 같다.
>   1. 공개공지 등의 일정 공간을 점유하여 영업을 하는 행위
>   2. 공개공지 등의 이용에 방해가 되는 행위로서 다음 각 목의 행위
>   가. 공개공지 등에 제3항에 따른 시설 외의 시설물을 설치하는 행위
>   나. 공개공지 등에 물건을 쌓아 놓는 행위
>   3. 울타리나 담장 등의 시설을 설치하거나 출입구를 폐쇄하는 등 공개공지등의 출입을 차단하는 행위
>   4. 공개공지 등과 그에 설치된 편의시설을 훼손하는 행위
>   5. 그 밖에 제1호부터 제4호까지의 행위와 유사한 행위로서 건축조례로 정하는 행위

5 법 제44조(대지와 도로의 관계)

(1) 원 칙

건축물의 대지는 2미터 이상이 도로(자동차만의 통행에 사용되는 도로는 제외한다)에 접하여야 한다.

(2) 예 외

다만, 다음의 어느 하나에 해당하면 그러하지 아니하다.
① 해당 건축물의 출입에 지장이 없다고 인정되는 경우
② 건축물의 주변에 대통령령으로 정하는 공지가 있는 경우
  ※ 대통령령으로 정하는 공지"란 다음 각 호의 어느 하나에 해당하는 공지로서 허가권자가 인정한 것을 말한다(영 제28조 제1항). 〈개정 2024.7.30.〉
    1. 광장
    2. 공원
    3. 유원지
    4. 그 밖에 관계 법령에 따라 건축이 금지되고 공중의 통행에 지장이 없는 공지
③ 「농지법」 제2조 제1호 나목에 따른 농막을 건축하는 경우

(3) 대지와 도로의 관계

건축물의 대지가 접하는 도로의 너비, 대지가 도로에 접하는 부분의 길이, 그 밖에 대지와 도로의 관계에 관하여 필요한 사항은 대통령령으로 정하는 바에 따른다.

※ 연면적의 합계가 2천제곱미터(공장인 경우에는 3천제곱미터) 이상인 건축물(축사, 작물 재배사, 그 밖에 이와 비슷한 건축물로서 건축조례로 정하는 규모의 건축물은 제외한다)의 대지는 너비 6미터 이상의 도로에 4미터 이상 접하여야 한다(영 제28조 제2항).

6 법 제45조(도로의 지정·폐지 또는 변경)

(1) 도로의 지정

허가권자는 도로의 위치를 지정·공고하려면 국토교통부령으로 정하는 바에 따라 그 도로에 대한 이해 관계인의 동의를 받아야 한다. 다만, 다음의 어느 하나에 해당하면 이해관계인의 동의를 받지 아니하고 건축위원회의 심의를 거쳐 도로를 지정할 수 있다.

① 허가권자가 이해관계인이 해외에 거주하는 등의 사유로 이해관계인의 동의를 받기가 곤란하다고 인정하는 경우
② 주민이 오랫동안 통행로로 이용하고 있는 사실상의 통로로서 해당 지방자치단체의 조례로 정하는 것인 경우

(2) 도로의 폐지 또는 변경

허가권자는 지정한 도로를 폐지하거나 변경하려면 그 도로에 대한 이해관계인의 동의를 받아야 한다. 그 도로에 편입된 토지의 소유자, 건축주 등이 허가권자에게 지정된 도로의 폐지나 변경을 신청하는 경우에도 또한 같다.

(3) 도로관리대장의 기재 관리

허가권자는 도로를 지정하거나 변경하면 국토교통부령으로 정하는 바에 따라 도로관리대장에 이를 적어서 관리하여야 한다.

7 건축선

(1) 건축선의 지정(법 제46조)

① 도로와 접한 부분에 건축물을 건축할 수 있는 선[이하 "건축선(建築線)"이라 한다]은 대지와 도로의 경계선으로 한다. 다만, 제2조 제1항 제11호에 따른 소요 너비에 못 미치는 너비의 도로인 경우에는 그 중심선으로부터 그 소요 너비의 2분의 1의 수평거리만큼 물러난 선을 건축선으로 하되, 그 도로의 반대쪽에 경사지, 하천, 철도, 선로부지, 그 밖에 이와 유사한 것이 있는 경우에는 그 경사지 등이 있는 쪽의 도로경계선에서 소요 너비에 해당하는 수평거리의 선을 건축선으로 하며, 도로의 모퉁이에서는 대통령령으로 정하는 선을 건축선으로 한다.

도로모퉁이 부분의 건축선(영 제31조 제1항)

법 제46조 제1항에 따라 너비 8미터 미만인 도로의 모퉁이에 위치한 대지의 도로모퉁이 부분의 건축선은 그 대지에 접한 도로경계선의 교차점으로부터 도로경계선에 따라 다음의 표에 따른 거리를 각각 후퇴한 두 점을 연결한 선으로 한다.

(단위 : 미터)

도로의 교차각	해당 도로의 너비		교차되는 도로의 너비
	6 이상 8 미만	4 이상 6 미만	
90° 미만	4	3	6 이상 8 미만
	3	2	4 이상 6 미만
90° 이상 120° 미만	3	2	6 이상 8 미만
	2	2	4 이상 6 미만

② 특별자치시장·특별자치도지사 또는 시장·군수·구청장은 시가지 안에서 건축물의 위치나 환경을 정비하기 위하여 필요하다고 인정하면 ①항에도 불구하고 대통령령으로 정하는 범위에서 건축선을 따로 지정할 수 있다.

※ 특별자치시장·특별자치도지사 또는 시장·군수·구청장은 법 제46조 제2항에 따라 「국토의 계획 및 이용에 관한 법률」 제36조 제1항 제1호에 따른 도시지역에는 4미터 이하의 범위에서 건축선을 따로 지정할 수 있다(영 제31조 제2항).

③ 특별자치시장·특별자치도지사 또는 시장·군수·구청장은 ②항에 따라 건축선을 지정하면 지체 없이 이를 고시하여야 한다.

※ 특별자치시장·특별자치도지사 또는 시장·군수·구청장은 제2항에 따라 건축선을 지정하려면 미리 그 내용을 해당 지방자치단체의 공보(公報), 일간신문 또는 인터넷 홈페이지 등에 30일 이상 공고하여야 하며, 공고한 내용에 대하여 의견이 있는 자는 공고기간에 특별자치시장·특별자치도지사 또는 시장·군수·구청장에게 의견을 제출(전자문서에 의한 제출을 포함한다)할 수 있다(영 제31조 제3항).

(2) 건축선에 따른 건축제한(법 제47조)

① 건축물과 담장은 건축선의 수직면(垂直面)을 넘어서는 아니 된다. 다만, 지표(地表) 아래 부분은 그러하지 아니하다.

② 도로면으로부터 높이 4.5미터 이하에 있는 출입구, 창문, 그 밖에 이와 유사한 구조물은 열고 닫을 때 건축선의 수직면을 넘지 아니하는 구조로 하여야 한다.

제4장 건축물의 구조 및 재료 등

Point 출제포인트
▷ 건축물의 구조내력
▷ 건축물의 내진등급 및 내진능력

1 법 제48조(구조내력 등) 기출 31회

① 건축물은 고정하중, 적재하중(積載荷重), 적설하중(積雪荷重), 풍압(風壓), 지진, 그 밖의 진동 및 충격 등에 대하여 안전한 구조를 가져야 한다.
② 제11조 제1항에 따른 건축물을 건축하거나 대수선하는 경우에는 <u>대통령령으로 정하는 바에 따라</u> 구조의 안전을 확인하여야 한다.

> **구조 안전의 확인(영 제32조 제1항~제3항)**
> ① 법 제48조 제2항에 따라 법 제11조 제1항에 따른 건축물을 건축하거나 대수선하는 경우 해당 건축물의 설계자는 국토교통부령으로 정하는 구조기준 등에 따라 그 구조의 안전을 확인하여야 한다.
> ② 제1항에 따라 구조 안전을 확인한 건축물 중 다음 각 호의 어느 하나에 해당하는 건축물의 건축주는 해당 건축물의 설계자로부터 구조 안전의 확인 서류를 받아 법 제21조에 따른 착공신고를 하는 때에 그 확인 서류를 허가권자에게 제출하여야 한다. 다만, 표준설계도서에 따라 건축하는 건축물은 제외한다. 〈개정 2024.12.17.〉
> 1. 층수가 2층[주요구조부인 기둥과 보를 설치하는 건축물로서 그 기둥과 보가 목재인 목구조 건축물(이하 "목구조 건축물"이라 한다)의 경우에는 3층] 이상인 건축물
> 2. 연면적이 200제곱미터(목구조 건축물의 경우에는 500제곱미터) 이상인 건축물. 다만, 창고, 축사, 작물 재배사는 제외한다.
> 3. 높이가 13미터 이상인 건축물
> 4. 처마높이가 9미터 이상인 건축물
> 5. 기둥과 기둥 사이의 거리가 10미터 이상인 건축물
> 6. 건축물의 용도 및 규모를 고려한 중요도가 높은 건축물로서 국토교통부령으로 정하는 건축물
> 7. 국가적 문화유산으로 보존할 가치가 있는 건축물로서 국토교통부령으로 정하는 것
> 8. 제2조 제18호 가목, 다목 및 라목의 건축물
> 9. [별표 1] 제1호의 단독주택 및 같은 표 제2호의 공동주택
> ③ 제1항 및 제2항 각 호 외의 부분 본문에도 불구하고 방화·방수·단열 등의 성능 개선을 위해 기존 건축물을 국토교통부령으로 정하는 바에 따라 증축 또는 대수선하는 건축주에 대해서는 다음 각 호의 요건을 모두 갖춘 경우 국토교통부령으로 정하는 바에 따라 구조 안전의 확인 방법을 달리 적용할 수 있다. 다만, 제3조의2 제5호에 해당하는 경우에는 제1호를 적용하지 않는다. 〈신설 2024.12.17.〉
> 1. 주요구조부의 변경이 없을 것
> 2. 법 제48조 제1항에 따른 구조내력(構造耐力)의 변경이 국토교통부령으로 정하는 경미한 변경에 해당할 것

③ 지방자치단체의 장은 구조 안전 확인 대상 건축물에 대하여 허가 등을 하는 경우 내진(耐震)성능 확보 여부를 확인하여야 한다.
④ 구조내력의 기준과 구조 계산의 방법 등에 관하여 필요한 사항은 국토교통부령으로 정한다.

2 건축물 내진등급 및 내진능력 등

(1) 건축물 내진등급의 설정(법 제48조의2) 기출 31회

① 국토교통부장관은 지진으로부터 건축물의 구조 안전을 확보하기 위하여 건축물의 용도, 규모 및 설계구조의 중요도에 따라 내진등급(耐震等級)을 설정하여야 한다.
② 내진등급을 설정하기 위한 내진등급기준 등 필요한 사항은 국토교통부령으로 정한다.

(2) 건축물의 내진능력 공개(법 제48조의3) 기출 31회

① 다음의 어느 하나에 해당하는 건축물을 건축하고자 하는 자는 사용승인을 받는 즉시 건축물이 지진 발생 시에 견딜 수 있는 능력(이하 "내진능력"이라 한다)을 공개하여야 한다. 다만, 구조안전 확인 대상 건축물이 아니거나 내진능력 산정이 곤란한 건축물로서 대통령령으로 정하는 건축물은 공개하지 아니한다.

> **대통령령으로 정하는 건축물(영 제32조의2 제1항)**
> 다음 각 호의 어느 하나에 해당하는 건축물을 말한다.
> 1. 창고, 축사, 작물 재배사 및 표준설계도서에 따라 건축하는 건축물로서 제32조 제2항 제1호 및 제3호부터 제9호까지의 어느 하나에도 해당하지 아니하는 건축물
> 2. 제32조 제1항에 따른 구조기준 중 국토교통부령으로 정하는 소규모건축구조기준을 적용한 건축물

  ㉠ 층수가 2층[주요구조부인 기둥과 보를 설치하는 건축물로서 그 기둥과 보가 목재인 목구조 건축물(이하 "목구조 건축물"이라 한다)의 경우에는 3층] 이상인 건축물
  ㉡ 연면적이 200제곱미터(목구조 건축물의 경우에는 500제곱미터) 이상인 건축물
  ㉢ 그 밖에 건축물의 규모와 중요도를 고려하여 대통령령으로 정하는 건축물
    ※ "대통령령으로 정하는 건축물"이란 영 제32조 제2항 제3호부터 제9호까지의 어느 하나에 해당하는 건축물을 말한다(영 제32조의2 제2항).

② 내진능력의 산정 기준과 공개 방법 등 세부사항은 국토교통부령으로 정한다.

(3) 부속구조물의 설치 및 관리(법 제48조의4)

건축관계자, 소유자 및 관리자는 건축물의 부속구조물을 설계·시공 및 유지·관리 등을 고려하여 국토교통부령으로 정하는 기준에 따라 설치·관리하여야 한다.

3 건축물의 피난시설 및 용도제한 등(법 제49조)

(1) 통로의 설치

대통령령으로 정하는 용도 및 규모의 건축물과 그 대지에는 국토교통부령으로 정하는 바에 따라 복도, 계단, 출입구, 그 밖의 피난시설과 저수조(貯水槽), 대지 안의 피난과 소화에 필요한 통로를 설치하여야 한다.

① 직통계단의 설치

직통계단의 설치(영 제34조)

① 건축물의 피난층(직접 지상으로 통하는 출입구가 있는 층 및 제3항과 제4항에 따른 피난안전구역을 말한다) 외의 층에서는 피난층 또는 지상으로 통하는 직통계단(경사로를 포함한다)을 거실의 각 부분으로부터 계단(거실로부터 가장 가까운 거리에 있는 1개소의 계단을 말한다)에 이르는 보행거리가 30미터 이하가 되도록 설치해야 한다. 다만, 건축물(지하층에 설치하는 것으로서 바닥면적의 합계가 300제곱미터 이상인 공연장·집회장·관람장 및 전시장은 제외한다)의 주요구조부가 내화구조 또는 불연재료로 된 건축물은 그 보행거리가 50미터(층수가 16층 이상인 공동주택의 경우 16층 이상인 층에 대해서는 40미터) 이하가 되도록 설치할 수 있으며, 자동화 생산시설에 스프링클러 등 자동식 소화설비를 설치한 공장으로서 국토교통부령으로 정하는 공장인 경우에는 그 보행거리가 75미터(무인화 공장인 경우에는 100미터) 이하가 되도록 설치할 수 있다.

② 법 제49조 제1항에 따라 피난층 외의 층이 다음 각 호의 어느 하나에 해당하는 용도 및 규모의 건축물에는 국토교통부령으로 정하는 기준에 따라 피난층 또는 지상으로 통하는 직통계단을 2개소 이상 설치하여야 한다.

1. 제2종 근린생활시설 중 공연장·종교집회장, 문화 및 집회시설(전시장 및 동·식물원은 제외한다), 종교시설, 위락시설 중 주점영업 또는 장례시설의 용도로 쓰는 층으로서 그 층에서 해당 용도로 쓰는 바닥면적의 합계가 200제곱미터(제2종 근린생활시설 중 공연장·종교집회장은 각각 300제곱미터) 이상인 것

2. 단독주택 중 다중주택·다가구주택, 제1종 근린생활시설 중 정신과의원(입원실이 있는 경우로 한정한다), 제2종 근린생활시설 중 인터넷컴퓨터게임시설제공업소(해당 용도로 쓰는 바닥면적의 합계가 300제곱미터 이상인 경우만 해당한다)·학원·독서실, 판매시설, 운수시설(여객용 시설만 해당한다), 의료시설(입원실이 없는 치과병원은 제외한다), 교육연구시설 중 학원, 노유자시설 중 아동 관련 시설·노인복지시설·장애인 거주시설(「장애인복지법」 제58조 제1항 제1호에 따른 장애인 거주시설 중 국토교통부령으로 정하는 시설을 말한다) 및 「장애인복지법」 제58조 제1항 제4호에 따른 장애인 의료재활시설(이하 "장애인 의료재활시설"이라 한다), 수련시설 중 유스호스텔 또는 숙박시설의 용도로 쓰는 3층 이상의 층으로서 그 층의 해당 용도로 쓰는 거실의 바닥면적의 합계가 200제곱미터 이상인 것

3. 공동주택(층당 4세대 이하인 것은 제외한다) 또는 업무시설 중 오피스텔의 용도로 쓰는 층으로서 그 층의 해당 용도로 쓰는 거실의 바닥면적의 합계가 300제곱미터 이상인 것

4. 제1호부터 제3호까지의 용도로 쓰지 아니하는 3층 이상의 층으로서 그 층 거실의 바닥면적의 합계가 400제곱미터 이상인 것

5. 지하층으로서 그 층 거실의 바닥면적의 합계가 200제곱미터 이상인 것

③ 초고층 건축물에는 피난층 또는 지상으로 통하는 직통계단과 직접 연결되는 피난안전구역(건축물의 피난·안전을 위하여 건축물 중간층에 설치하는 대피공간을 말한다)을 지상층으로부터 최대 30개 층마다 1개소 이상 설치하여야 한다.

④ 준초고층 건축물에는 피난층 또는 지상으로 통하는 직통계단과 직접 연결되는 피난안전구역을 해당 건축물 전체 층수의 2분의 1에 해당하는 층으로부터 상하 5개층 이내에 1개소 이상 설치하여야 한다. 다만, 국토교통부령으로 정하는 기준에 따라 피난층 또는 지상으로 통하는 직통계단을 설치하는 경우에는 그러하지 아니하다.

⑤ 제3항 및 제4항에 따른 피난안전구역의 규모와 설치기준은 국토교통부령으로 정한다.

② 피난계단의 설치

피난계단의 설치(영 제35조)

① 법 제49조 제1항에 따라 5층 이상 또는 지하 2층 이하인 층에 설치하는 직통계단은 국토교통부령으로 정하는 기준에 따라 피난계단 또는 특별피난계단으로 설치하여야 한다. 다만, 건축물의 주요구조부가 내화구조 또는 불연재료로 되어 있는 경우로서 다음 각 호의 어느 하나에 해당하는 경우에는 그러하지 아니하다.
  1. 5층 이상인 층의 바닥면적의 합계가 200제곱미터 이하인 경우
  2. 5층 이상인 층의 바닥면적 200제곱미터 이내마다 방화구획이 되어 있는 경우
② 건축물(갓복도식 공동주택은 제외한다)의 11층(공동주택의 경우에는 16층) 이상 층(바닥면적이 400제곱미터 미만인 층은 제외한다) 또는 지하 3층 이하인 층(바닥면적이 400제곱미터미만인 층은 제외한다)으로부터 피난층 또는 지상으로 통하는 직통계단은 제1항에도 불구하고 특별피난계단으로 설치하여야 한다.
③ 제1항에서 판매시설의 용도로 쓰는 층으로부터의 직통계단은 그중 1개소 이상을 특별피난계단으로 설치하여야 한다.
④ 삭제 〈1995.12.30.〉
⑤ 건축물의 5층 이상인 층으로서 문화 및 집회시설 중 전시장 또는 동·식물원, 판매시설, 운수시설(여객용 시설만 해당한다), 운동시설, 위락시설, 관광휴게시설(다중이 이용하는 시설만 해당한다) 또는 수련시설 중 생활권 수련시설의 용도로 쓰는 층에는 제34조에 따른 직통계단 외에 그 층의 해당 용도로 쓰는 바닥면적의 합계가 2천제곱미터를 넘는 경우에는 그 넘는 2천제곱미터 이내마다 1개소의 피난계단 또는 특별피난계단(4층 이하의 층에는 쓰지 아니하는 피난계단 또는 특별피난계단만 해당한다)을 설치하여야 한다.

③ 옥외 피난계단의 설치

옥외 피난계단의 설치(영 제36조)

건축물의 3층 이상인 층(피난층은 제외한다)으로서 다음 각 호의 어느 하나에 해당하는 용도로 쓰는 층에는 제34조에 따른 직통계단 외에 그 층으로부터 지상으로 통하는 옥외피난계단을 따로 설치하여야 한다.
  1. 제2종 근린생활시설 중 공연장(해당 용도로 쓰는 바닥면적의 합계가 300제곱미터 이상인 경우만 해당한다), 문화 및 집회시설 중 공연장이나 위락시설 중 주점영업의 용도로 쓰는 층으로서 그 층 거실의 바닥면적의 합계가 300제곱미터 이상인 것
  2. 문화 및 집회시설 중 집회장의 용도로 쓰는 층으로서 그 층 거실의 바닥면적의 합계가 1천제곱미터 이상인 것

④ 지하층과 피난층 사이의 개방공간 설치

지하층과 피난층 사이의 개방공간 설치(영 제37조)

바닥면적의 합계가 3천제곱미터 이상인 공연장·집회장·관람장 또는 전시장을 지하층에 설치하는 경우에는 각 실에 있는 자가 지하층 각 층에서 건축물 밖으로 피난하여 옥외 계단 또는 경사로 등을 이용하여 피난층으로 대피할 수 있도록 천장이 개방된 외부 공간을 설치하여야 한다.

⑤ 관람실 등으로부터의 출구 설치

관람실 등으로부터의 출구 설치(영 제38조)

법 제49조 제1항에 따라 다음 각 호의 어느 하나에 해당하는 건축물에는 국토교통부령으로 정하는 기준에 따라 관람실 또는 집회실로부터의 출구를 설치해야 한다.
  1. 제2종 근린생활시설 중 공연장·종교집회장(해당 용도로 쓰는 바닥면적의 합계가 각각 300제곱미터 이상인 경우만 해당한다)
  2. 문화 및 집회시설(전시장 및 동·식물원은 제외한다)

3. 종교시설
　　4. 위락시설
　　5. 장례시설

⑥ 건축물 바깥쪽으로의 출구 설치

건축물 바깥쪽으로의 출구 설치(영 제39조)

① 법 제49조 제1항에 따라 다음 각 호의 어느 하나에 해당하는 건축물에는 국토교통부령으로 정하는 기준에 따라 그 건축물로부터 바깥쪽으로 나가는 출구를 설치하여야 한다.
　1. 제2종 근린생활시설 중 공연장·종교집회장·인터넷컴퓨터게임시설제공업소(해당 용도로 쓰는 바닥면적의 합계가 각각 300제곱미터 이상인 경우만 해당한다)
　2. 문화 및 집회시설(전시장 및 동·식물원은 제외한다)
　3. 종교시설
　4. 판매시설
　5. 업무시설 중 국가 또는 지방자치단체의 청사
　6. 위락시설
　7. 연면적이 5천제곱미터 이상인 창고시설
　8. 교육연구시설 중 학교
　9. 장례시설
　10. 승강기를 설치하여야 하는 건축물
② 법 제49조 제1항에 따라 건축물의 출입구에 설치하는 회전문은 국토교통부령으로 정하는 기준에 적합하여야 한다.

⑦ 옥상광장 등의 설치

옥상광장 등의 설치(영 제40조)

① 옥상광장 또는 2층 이상인 층에 있는 노대 등[노대(露臺)나 그 밖에 이와 비슷한 것을 말한다]의 주위에는 높이 1.2미터 이상의 난간을 설치하여야 한다. 다만, 그 노대 등에 출입할 수 없는 구조인 경우에는 그러하지 아니하다.
② 5층 이상인 층이 제2종 근린생활시설 중 공연장·종교집회장·인터넷컴퓨터게임시설제공업소(해당 용도로 쓰는 바닥면적의 합계가 각각 300제곱미터 이상인 경우만 해당한다), 문화 및 집회시설(전시장 및 동·식물원은 제외한다), 종교시설, 판매시설, 위락시설 중 주점영업 또는 장례시설의 용도로 쓰는 경우에는 피난 용도로 쓸 수 있는 광장을 옥상에 설치하여야 한다.
③ 다음 각 호의 어느 하나에 해당하는 건축물은 옥상으로 통하는 출입문에 「소방시설 설치 및 관리에 관한 법률」 제40조 제1항에 따른 성능인증 및 같은 조 제2항에 따른 제품검사를 받은 비상문자동개폐장치(화재 등 비상시에 소방시스템과 연동되어 잠김 상태가 자동으로 풀리는 장치를 말한다)를 설치해야 한다.
　1. 제2항에 따라 피난 용도로 쓸 수 있는 광장을 옥상에 설치해야 하는 건축물
　2. 피난 용도로 쓸 수 있는 광장을 옥상에 설치하는 다음 각 목의 건축물
　　가. 다중이용 건축물
　　나. 연면적 1천제곱미터 이상인 공동주택

④ 층수가 11층 이상인 건축물로서 11층 이상인 층의 바닥면적의 합계가 1만제곱미터 이상인 건축물의 옥상에는 다음 각 호의 구분에 따른 공간을 확보하여야 한다.
  1. 건축물의 지붕을 평지붕으로 하는 경우 : 헬리포트를 설치하거나 헬리콥터를 통하여 인명 등을 구조할 수 있는 공간
  2. 건축물의 지붕을 경사지붕으로 하는 경우 : 경사지붕 아래에 설치하는 대피공간
⑤ 제4항에 따른 헬리포트를 설치하거나 헬리콥터를 통하여 인명 등을 구조할 수 있는 공간 및 경사지붕 아래에 설치하는 대피공간의 설치기준은 국토교통부령으로 정한다.

⑧ 대지 안의 피난 및 소화에 필요한 통로 설치

대지 안의 피난 및 소화에 필요한 통로 설치(영 제41조)

① 건축물의 대지 안에는 그 건축물 바깥쪽으로 통하는 주된 출구와 지상으로 통하는 피난계단 및 특별피난계단으로부터 도로 또는 공지(공원, 광장, 그 밖에 이와 비슷한 것으로서 피난 및 소화를 위하여 해당 대지의 출입에 지장이 없는 것을 말한다)로 통하는 통로를 다음 각 호의 기준에 따라 설치하여야 한다.
  1. 통로의 너비는 다음 각 목의 구분에 따른 기준에 따라 확보할 것
    가. 단독주택 : 유효 너비 0.9미터 이상
    나. 바닥면적의 합계가 500제곱미터 이상인 문화 및 집회시설, 종교시설, 의료시설, 위락시설 또는 장례시설 : 유효 너비 3미터 이상
    다. 그 밖의 용도로 쓰는 건축물 : 유효 너비 1.5미터 이상
  2. 필로티 내 통로의 길이가 2미터 이상인 경우에는 피난 및 소화활동에 장애가 발생하지 아니하도록 자동차 진입억제용 말뚝 등 통로 보호시설을 설치하거나 통로에 단차(段差)를 둘 것
② 제1항에도 불구하고 다중이용 건축물, 준다중이용 건축물 또는 층수가 11층 이상인 건축물이 건축되는 대지에는 그 안의 모든 다중이용 건축물, 준다중이용 건축물 또는 층수가 11층 이상인 건축물에 「소방기본법」 제21조에 따른 소방자동차(이하 "소방자동차"라 한다)의 접근이 가능한 통로를 설치하여야 한다. 다만, 모든 다중이용 건축물, 준다중이용 건축물 또는 층수가 11층 이상인 건축물이 소방자동차의 접근이 가능한 도로 또는 공지에 직접 접하여 건축되는 경우로서 소방자동차가 도로 또는 공지에서 직접 소방활동이 가능한 경우에는 그러하지 아니하다.

(2) 방화구획 등의 설치

대통령령으로 정하는 용도 및 규모의 건축물의 안전·위생 및 방화(防火) 등을 위하여 필요한 용도 및 구조의 제한, 방화구획(防火區劃), 화장실의 구조, 계단·출입구, 거실의 반자 높이, 거실의 채광·환기, 배연설비와 바닥의 방습 등에 관하여 필요한 사항은 국토교통부령으로 정한다. 다만, 대규모 창고시설 등 대통령령으로 정하는 용도 및 규모의 건축물에 대해서는 방화구획 등 화재 안전에 필요한 사항을 국토교통부령으로 별도로 정할 수 있다.

① 방화구획의 설치

방화구획 등의 설치(영 제46조)

① 법 제49조 제2항 본문에 따라 주요구조부가 내화구조 또는 불연재료로 된 건축물로서 연면적이 1천제곱미터를 넘는 것은 국토교통부령으로 정하는 기준에 따라 다음 각 호의 구조물로 구획(이하 "방화구획"이라 한다)을 해야 한다. 다만, 「원자력안전법」 제2조 제8호 및 제10호에 따른 원자로 및 관계시설은 같은 법에서 정하는 바에 따른다. 〈개정 2022.4.29.〉
  1. 내화구조로 된 바닥 및 벽
  2. 제64조 제1항 제1호·제2호에 따른 방화문 또는 자동방화셔터(국토교통부령으로 정하는 기준에 적합한 것을 말한다)

② 다음 각 호에 해당하는 건축물의 부분에는 제1항을 적용하지 않거나 그 사용에 지장이 없는 범위에서 제1항을 완화하여 적용할 수 있다. 〈개정 2023.5.15.〉
  1. 문화 및 집회시설(동·식물원은 제외한다), 종교시설, 운동시설 또는 장례시설의 용도로 쓰는 거실로서 시선 및 활동공간의 확보를 위하여 불가피한 부분
  2. 물품의 제조·가공 및 운반 등(보관은 제외한다)에 필요한 고정식 대형 기기(器機) 또는 설비의 설치를 위하여 불가피한 부분. 다만, 지하층인 경우에는 지하층의 외벽 한쪽 면(지하층의 바닥면에서 지상층 바닥 아래면까지의 외벽 면적 중 4분의 1 이상이 되는 면을 말한다) 전체가 건물 밖으로 개방되어 보행과 자동차의 진입·출입이 가능한 경우로 한정한다.
  3. 계단실·복도 또는 승강기의 승강장 및 승강로로서 그 건축물의 다른 부분과 방화구획으로 구획된 부분. 다만, 해당 부분에 위치하는 설비배관 등이 바닥을 관통하는 부분은 제외한다.
  4. 건축물의 최상층 또는 피난층으로서 대규모 회의장·강당·스카이라운지·로비 또는 피난안전구역 등의 용도로 쓰는 부분으로서 그 용도로 사용하기 위하여 불가피한 부분
  5. 복층형 공동주택의 세대별 층간 바닥 부분
  6. 주요구조부가 내화구조 또는 불연재료로 된 주차장
  7. 단독주택, 동물 및 식물 관련 시설 또는 국방·군사시설(집회, 체육, 창고 등의 용도로 사용되는 시설만 해당한다)로 쓰는 건축물
  8. 건축물의 1층과 2층의 일부를 동일한 용도로 사용하며 그 건축물의 다른 부분과 방화구획으로 구획된 부분(바닥면적의 합계가 500제곱미터 이하인 경우로 한정한다)

③ 건축물 일부의 주요구조부를 내화구조로 하거나 제2항에 따라 건축물의 일부에 제1항을 완화하여 적용한 경우에는 내화구조로 한 부분 또는 제1항을 완화하여 적용한 부분과 그 밖의 부분을 방화구획으로 구획하여야 한다. 〈개정 2024.6.18.〉

④ 공동주택 중 아파트로서 4층 이상인 층의 각 세대가 2개 이상의 직통계단을 사용할 수 없는 경우에는 발코니(발코니의 외부에 접하는 경우를 포함한다)에 인접 세대와 공동으로 또는 각 세대별로 다음 각 호의 요건을 모두 갖춘 대피공간을 하나 이상 설치해야 한다. 이 경우 인접 세대와 공동으로 설치하는 대피공간은 인접 세대를 통하여 2개 이상의 직통계단을 쓸 수 있는 위치에 우선 설치되어야 한다. 〈개정 2024.6.18.〉
  1. 대피공간은 바깥의 공기와 접할 것
  2. 대피공간은 실내의 다른 부분과 방화구획으로 구획될 것
  3. 대피공간의 바닥면적은 인접 세대와 공동으로 설치하는 경우에는 3제곱미터 이상, 각 세대별로 설치하는 경우에는 2제곱미터 이상일 것
  4. 대피공간으로 통하는 출입문은 제64조 제1항 제1호에 따른 60분+ 방화문으로 설치할 것
  5. 국토교통부장관이 정하는 기준에 적합할 것

⑤ 제4항에도 불구하고 아파트의 4층 이상인 층에서 발코니(제4호의 경우에는 발코니의 외부에 접하는 경우를 포함한다)에 다음 각 호의 어느 하나에 해당하는 구조 또는 시설을 갖춘 경우에는 대피공간을 설치하지 않을 수 있다.
1. 발코니와 인접 세대와의 경계벽이 파괴하기 쉬운 경량구조 등인 경우
2. 발코니의 경계벽에 피난구를 설치한 경우
3. 발코니의 바닥에 국토교통부령으로 정하는 하향식 피난구를 설치한 경우
4. 국토교통부장관이 제4항에 따른 대피공간과 동일하거나 그 이상의 성능이 있다고 인정하여 고시하는 구조 또는 시설(이하 "대체시설"이라 한다)을 갖춘 경우. 이 경우 국토교통부장관은 대체시설의 성능에 대해 미리「과학기술분야 정부출연연구기관 등의 설립·운영 및 육성에 관한 법률」제8조 제1항에 따라 설립된 한국건설기술연구원(이하 "한국건설기술연구원"이라 한다)의 기술검토를 받은 후 고시해야 한다.
⑥ 요양병원, 정신병원,「노인복지법」제34조 제1항 제1호에 따른 노인요양시설(이하 "노인요양시설"이라 한다), 장애인 거주시설 및 장애인 의료재활시설의 피난층 외의 층에는 다음 각 호의 어느 하나에 해당하는 시설을 설치하여야 한다.
1. 각 층마다 별도로 방화구획된 대피공간
2. 거실에 접하여 설치된 노대등
3. 계단을 이용하지 아니하고 건물 외부의 지상으로 통하는 경사로 또는 인접 건축물로 피난할 수 있도록 설치하는 연결복도 또는 연결통로
⑦ 법 제49조 제2항 단서에서 "대규모 창고시설 등 대통령령으로 정하는 용도 및 규모의 건축물"이란 제2항 제2호에 해당하여 제1항을 적용하지 않거나 완화하여 적용하는 부분이 포함된 창고시설을 말한다.

> **알아보기** 방화문의 구분(영 제64조 제1항)
>
> 방화문은 다음 각 호와 같이 구분한다.
> 1. <u>60분+ 방화문</u> : 연기 및 불꽃을 차단할 수 있는 시간이 60분 이상이고, 열을 차단할 수 있는 시간이 30분 이상인 방화문
> 2. <u>60분 방화문</u> : 연기 및 불꽃을 차단할 수 있는 시간이 60분 이상인 방화문
> 3. <u>30분 방화문</u> : 연기 및 불꽃을 차단할 수 있는 시간이 30분 이상 60분 미만인 방화문

② 계단·복도 및 출입구의 설치

계단·복도 및 출입구의 설치(영 제48조)
① 법 제49조 제2항 본문에 따라 연면적 200제곱미터를 초과하는 건축물에 설치하는 계단 및 복도는 국토교통부령으로 정하는 기준에 적합해야 한다. 〈개정 2022.4.29.〉
② 법 제49조 제2항 본문에 따라 제39조 제1항 각 호에 해당하는 건축물의 출입구는 국토교통부령으로 정하는 기준에 적합해야 한다.

> **알아보기** 피난 규정의 적용례(영 제44조)
>
> 건축물이 창문, 출입구, 그 밖의 개구부(開口部)(이하 "창문 등"이라 한다)가 없는 내화구조의 바닥 또는 벽으로 구획되어 있는 경우에는 그 구획된 각 부분을 각각 별개의 건축물로 보아 제34조부터 제41조까지 및 제48조를 적용한다.

③ 거실반자의 설치

거실반자의 설치(영 제50조)

법 제49조 제2항 본문에 따라 공장, 창고시설, 위험물저장 및 처리시설, 동물 및 식물 관련 시설, 자원순환 관련 시설 또는 묘지 관련시설 외의 용도로 쓰는 건축물 거실의 반자(반자가 없는 경우에는 보 또는 바로 위층의 바닥판의 밑면, 그 밖에 이와 비슷한 것을 말한다)는 국토교통부령으로 정하는 기준에 적합해야 한다.

④ 채광 및 환기를 위한 설비

거실의 채광 등(영 제51조)

① 법 제49조 제2항 본문에 따라 단독주택 및 공동주택의 거실, 교육연구시설 중 학교의 교실, 의료시설의 병실 및 숙박시설의 객실에는 국토교통부령으로 정하는 기준에 따라 채광 및 환기를 위한 창문등이나 설비를 설치해야 한다. 〈개정 2022.4.29.〉

② 법 제49조 제2항 본문에 따라 다음 각 호에 해당하는 건축물의 거실(피난층의 거실은 제외한다)에는 배연설비를 해야 한다. 〈개정 2022.4.29.〉

1. 6층 이상인 건축물로서 다음 각 목에 해당하는 용도로 쓰는 건축물
   가. 제2종 근린생활시설 중 공연장, 종교집회장, 인터넷컴퓨터게임시설제공업소 및 다중생활시설(공연장, 종교집회장 및 인터넷컴퓨터게임시설제공업소는 해당 용도로 쓰는 바닥면적의 합계가 각각 300제곱미터 이상인 경우만 해당한다)
   나. 문화 및 집회시설
   다. 종교시설
   라. 판매시설
   마. 운수시설
   바. 의료시설(요양병원 및 정신병원은 제외한다)
   사. 교육연구시설 중 연구소
   아. 노유자시설 중 아동 관련 시설, 노인복지시설(노인요양시설은 제외한다)
   자. 수련시설 중 유스호스텔
   차. 운동시설
   카. 업무시설
   타. 숙박시설
   파. 위락시설
   하. 관광휴게시설
   거. 장례시설
2. 다음 각 목에 해당하는 용도로 쓰는 건축물
   가. 의료시설 중 요양병원 및 정신병원
   나. 노유자시설 중 노인요양시설·장애인 거주시설 및 장애인 의료재활시설
   다. 제1종 근린생활시설 중 산후조리원

③ 법 제49조 제2항 본문에 따라 오피스텔에 거실 바닥으로부터 높이 1.2미터 이하 부분에 여닫을 수 있는 창문을 설치하는 경우에는 국토교통부령으로 정하는 기준에 따라 추락방지를 위한 안전시설을 설치해야 한다. 〈개정 2022.4.29.〉

④ 법 제49조 제3항에 따라 건축물의 11층 이하의 층에는 소방관이 진입할 수 있는 창을 설치하고, 외부에서 주야간에 식별할 수 있는 표시를 해야 한다. 다만, 다음 각 호의 어느 하나에 해당하는 아파트는 제외한다.
1. 제46조 제4항 및 제5항에 따라 대피공간 등을 설치한 아파트
2. 「주택건설기준 등에 관한 규정」 제15조 제2항에 따라 비상용승강기를 설치한 아파트

⑤ 방습을 위한 조치

> **거실 등의 방습(영 제52조)**
> 법 제49조 제2항 본문에 따라 다음 각 호에 해당하는 거실·욕실 또는 조리장의 바닥 부분에는 국토교통부령으로 정하는 기준에 따라 방습을 위한 조치를 해야 한다. 〈개정 2022.4.29.〉
> 1. 건축물의 최하층에 있는 거실(바닥이 목조인 경우만 해당한다)
> 2. 제1종 근린생활시설 중 목욕장의 욕실과 휴게음식점 및 제과점의 조리장
> 3. 제2종 근린생활시설 중 일반음식점, 휴게음식점 및 제과점의 조리장과 숙박시설의 욕실

(3) **창문 등의 설치**

대통령령으로 정하는 건축물은 국토교통부령으로 정하는 기준에 따라 소방관이 진입할 수 있는 창을 설치하고, 외부에서 주야간에 식별할 수 있는 표시를 하여야 한다.

(4) **경계벽 및 바닥의 설치** 기출 35회

대통령령으로 정하는 용도 및 규모의 건축물에 대하여 가구·세대 등 간 소음 방지를 위하여 국토교통부령으로 정하는 바에 따라 경계벽 및 바닥을 설치하여야 한다.

① 경계벽 등의 설치

> **경계벽 등의 설치(영 제53조)**
> ① 법 제49조 제4항에 따라 다음 각 호의 어느 하나에 해당하는 건축물의 경계벽은 국토교통부령으로 정하는 기준에 따라 설치해야 한다.
> 1. 단독주택 중 다가구주택의 각 가구 간 또는 공동주택(기숙사는 제외한다)의 각 세대 간 경계벽(제2조 제14호 후단에 따라 거실·침실 등의 용도로 쓰지 아니하는 발코니 부분은 제외한다)
> 2. 공동주택 중 기숙사의 침실, 의료시설의 병실, 교육연구시설 중 학교의 교실 또는 숙박시설의 객실 간 경계벽
> 3. 제1종 근린생활시설 중 산후조리원의 다음 각 호의 어느 하나에 해당하는 경계벽
>   가. 임산부실 간 경계벽
>   나. 신생아실 간 경계벽
>   다. 임산부실과 신생아실 간 경계벽
> 4. 제2종 근린생활시설 중 다중생활시설의 호실간 경계벽
> 5. 노유자시설 중 「노인복지법」 제32조 제1항 제3호에 따른 노인복지주택(이하 "노인복지주택"이라 한다)의 각 세대 간 경계벽
> 6. 노유자시설 중 노인요양시설의 호실 간 경계벽
> ② 법 제49조 제4항에 따라 다음 각 호의 어느 하나에 해당하는 건축물의 층간바닥(화장실의 바닥은 제외한다)은 국토교통부령으로 정하는 기준에 따라 설치해야 한다.
> 1. 단독주택 중 다가구주택
> 2. 공동주택(「주택법」 제15조에 따른 주택건설사업계획승인 대상은 제외한다)
> 3. 업무시설 중 오피스텔
> 4. 제2종 근린생활시설 중 다중생활시설
> 5. 숙박시설 중 다중생활시설

② 건축물에 설치하는 굴뚝

> **건축물에 설치하는 굴뚝(영 제54조)**
> 건축물에 설치하는 굴뚝은 국토교통부령으로 정하는 기준에 따라 설치하여야 한다.

③ 창문 등의 차면시설

> **창문 등의 차면시설(영 제55조)**
> 인접 대지경계선으로부터 직선거리 2미터 이내에 이웃 주택의 내부가 보이는 창문 등을 설치하는 경우에는 차면시설(遮面施設)을 설치하여야 한다.

(5) 침수 방지 및 방수기준

「자연재해대책법」 제12조 제1항에 따른 자연재해위험개선지구 중 침수위험지구에 국가·지방자치단체 또는 「공공기관의 운영에 관한 법률」 제4조 제1항에 따른 공공기관이 건축하는 건축물은 침수 방지 및 방수를 위하여 다음 각 호의 기준에 따라야 한다.
① 건축물의 1층 전체를 필로티(건축물을 사용하기 위한 경비실, 계단실, 승강기실, 그 밖에 이와 비슷한 것을 포함한다) 구조로 할 것
② 국토교통부령으로 정하는 침수 방지시설을 설치할 것

4 법 제49조의2(피난시설 등의 유지·관리에 대한 기술지원)

국가 또는 지방자치단체는 건축물의 소유자나 관리자에게 제49조 제1항 및 제2항에 따른 피난시설 등의 설치, 개량·보수 등 유지·관리에 대한 기술지원을 할 수 있다.

5 법 제50조(건축물의 내화구조와 방화벽)

(1) 건축물의 내화구조

문화 및 집회시설, 의료시설, 공동주택 등 대통령령으로 정하는 건축물은 국토교통부령으로 정하는 기준에 따라 주요구조부와 지붕을 내화(耐火)구조로 하여야 한다. 다만, 막구조 등 대통령령으로 정하는 구조는 주요구조부에만 내화구조로 할 수 있다.

> **건축물의 내화구조(영 제56조)**
> ① 법 제50조 제1항 본문에 따라 다음 각 호의 어느 하나에 해당하는 건축물(제5호에 해당하는 건축물로서 2층 이하인 건축물은 지하층 부분만 해당한다)의 주요구조부와 지붕은 내화구조로 해야 한다. 다만, 연면적이 50제곱미터 이하인 단층의 부속건축물로서 외벽 및 처마 밑면을 방화구조로 한 것과 무대의 바닥은 그렇지 않다.
> 1. 제2종 근린생활시설 중 공연장·종교집회장(해당 용도로 쓰는 바닥면적의 합계가 각각 300제곱미터 이상인 경우만 해당한다), 문화 및 집회시설(전시장 및 동·식물원은 제외한다), 종교시설, 위락시설 중 주점영업 및 장례시설의 용도로 쓰는 건축물로서 관람실 또는 집회실의 바닥면적의 합계가 200제곱미터(옥외관람석의 경우에는 1천제곱미터) 이상인 건축물

2. 문화 및 집회시설 중 전시장 또는 동·식물원, 판매시설, 운수시설, 교육연구시설에 설치하는 체육관·강당, 수련시설, 운동시설 중 체육관·운동장, 위락시설(주점영업의 용도로 쓰는 것은 제외한다), 창고시설, 위험물저장 및 처리시설, 자동차 관련 시설, 방송통신시설 중 방송국·전신전화국·촬영소, 묘지 관련 시설 중 화장시설·동물화장시설 또는 관광휴게시설의 용도로 쓰는 건축물로서 그 용도로 쓰는 바닥면적의 합계가 500제곱미터 이상인 건축물
3. 공장의 용도로 쓰는 건축물로서 그 용도로 쓰는 바닥면적의 합계가 2천제곱미터 이상인 건축물. 다만, 화재의 위험이 적은 공장으로서 국토교통부령으로 정하는 공장은 제외한다.
4. 건축물의 2층이 단독주택 중 다중주택 및 다가구주택, 공동주택, 제1종 근린생활시설(의료의 용도로 쓰는 시설만 해당한다), 제2종 근린생활시설 중 다중생활시설, 의료시설, 노유자시설 중 아동 관련 시설 및 노인복지시설, 수련시설 중 유스호스텔, 업무시설 중 오피스텔, 숙박시설 또는 장례시설의 용도로 쓰는 건축물로서 그 용도로 쓰는 바닥면적의 합계가 400제곱미터 이상인 건축물
5. 3층 이상인 건축물 및 지하층이 있는 건축물. 다만, 단독주택(다중주택 및 다가구주택은 제외한다), 동물 및 식물 관련 시설, 발전시설(발전소의 부속용도로 쓰는 시설은 제외한다), 교도소·소년원 또는 묘지 관련 시설(화장시설 및 동물화장시설은 제외한다)의 용도로 쓰는 건축물과 철강 관련 업종의 공장 중 제어실로 사용하기 위하여 연면적 50제곱미터 이하로 증축하는 부분은 제외한다.

② 법 제50조 제1항 단서에 따라 막구조의 건축물은 주요구조부에만 내화구조로 할 수 있다.

(2) 건축물의 방화벽

<u>대통령령으로 정하는 용도 및 규모의 건축물</u>은 국토교통부령으로 정하는 기준에 따라 방화벽으로 구획하여야 한다.

대규모 건축물의 방화벽 등(영 제57조)

① 법 제50조 제2항에 따라 연면적 1천제곱미터 이상인 건축물은 방화벽으로 구획하되, 각 구획된 바닥면적의 합계는 1천제곱미터 미만이어야 한다. 다만, 주요구조부가 내화구조이거나 불연재료인 건축물과 제56조 제1항 제5호 단서에 따른 건축물 또는 내부설비의 구조상 방화벽으로 구획할 수 없는 창고시설의 경우에는 그러하지 아니하다.
② 제1항에 따른 방화벽의 구조에 관하여 필요한 사항은 국토교통부령으로 정한다.
③ 연면적 1천제곱미터 이상인 목조 건축물의 구조는 국토교통부령으로 정하는 바에 따라 방화구조로 하거나 불연재료로 하여야 한다.

6 법 제50조의2(고층건축물의 피난 및 안전관리)

① 고층건축물에는 대통령령으로 정하는 바에 따라 피난안전구역을 설치하거나 대피공간을 확보한 계단을 설치하여야 한다. 이 경우 피난안전구역의 설치 기준, 계단의 설치 기준과 구조 등에 관하여 필요한 사항은 국토교통부령으로 정한다.
② 고층건축물에 설치된 피난안전구역·피난시설 또는 대피공간에는 국토교통부령으로 정하는 바에 따라 화재 등의 경우에 피난 용도로 사용되는 것임을 표시하여야 한다.
③ 고층건축물의 화재예방 및 피해경감을 위하여 국토교통부령으로 정하는 바에 따라 제48조부터 제50조까지의 기준을 강화하여 적용할 수 있다.

7 법 제51조(방화지구 안의 건축물)

① 「국토의 계획 및 이용에 관한 법률」 제37조 제1항 제3호에 따른 방화지구(이하 "방화지구"라 한다) 안에서는 건축물의 주요구조부와 지붕·외벽을 내화구조로 하여야 한다. 다만, 대통령령으로 정하는 경우에는 그러하지 아니하다.

방화지구의 건축물(영 제58조)
법 제51조 제1항에 따라 그 주요구조부 및 외벽을 내화구조로 하지 아니할 수 있는 건축물은 다음 각 호와 같다.
1. 연면적 30제곱미터 미만인 단층 부속건축물로서 외벽 및 처마면이 내화구조 또는 불연재료로 된 것
2. 도매시장의 용도로 쓰는 건축물로서 그 주요구조부가 불연재료로 된 것

② 방화지구 안의 공작물로서 간판, 광고탑, 그 밖에 대통령령으로 정하는 공작물 중 건축물의 지붕 위에 설치하는 공작물이나 높이 3미터 이상의 공작물은 주요부를 불연(不燃)재료로 하여야 한다.

③ 방화지구 안의 지붕·방화문 및 인접 대지 경계선에 접하는 외벽은 국토교통부령으로 정하는 구조 및 재료로 하여야 한다.

8 법 제52조(건축물의 마감재료 등)

① 대통령령으로 정하는 용도 및 규모의 건축물의 벽, 반자, 지붕(반자가 없는 경우에 한정한다) 등 내부의 마감재료[제52조의4 제1항의 복합자재의 경우 심재(心材)를 포함한다]는 방화에 지장이 없는 재료로 하되, 「실내공기질 관리법」 제5조 및 제6조에 따른 실내공기질 유지기준 및 권고기준을 고려하고 관계 중앙행정기관의 장과 협의하여 국토교통부령으로 정하는 기준에 따른 것이어야 한다.

대통령령으로 정하는 용도 및 규모의 건축물(영 제61조 제1항) 〈개정 2024.6.18.〉
다음 각 호의 어느 하나에 해당하는 건축물을 말한다. 다만, 다음 각 호(제8호는 제외한다)의 어느 하나에 해당하는 건축물의 주요구조부가 내화구조 또는 불연재료로 되어 있고 그 거실의 바닥면적(스프링클러나 그 밖에 이와 비슷한 자동식 소화설비를 설치한 바닥면적을 뺀 면적으로 한다) 200제곱미터 이내마다 방화구획이 되어 있는 건축물은 제외한다.
1. 단독주택 중 다중주택·다가구주택
1의2. 공동주택
1의3. 제1종 근린생활시설 중 의원, 치과의원, 한의원, 조산원
2. 제2종 근린생활시설 중 공연장·종교집회장·인터넷컴퓨터게임시설제공업소·학원·독서실·당구장·다중생활시설의 용도로 쓰는 건축물
3. 발전시설, 방송통신시설(방송국·촬영소의 용도로 쓰는 건축물로 한정한다)
4. 공장, 창고시설, 위험물 저장 및 처리 시설(자가난방과 자가발전 등의 용도로 쓰는 시설을 포함한다), 자동차 관련 시설의 용도로 쓰는 건축물
5. 5층 이상인 층 거실의 바닥면적의 합계가 500제곱미터 이상인 건축물
6. 문화 및 집회시설, 종교시설, 판매시설, 운수시설, 의료시설, 교육연구시설 중 학교·학원, 노유자시설, 수련시설, 업무시설 중 오피스텔, 숙박시설, 위락시설, 장례시설
7. 삭제 〈2021.8.10.〉
8. 「다중이용업소의 안전관리에 관한 특별법 시행령」 제2조에 따른 다중이용업의 용도로 쓰는 건축물

② 대통령령으로 정하는 건축물의 외벽에 사용하는 마감재료(두 가지 이상의 재료로 제작된 자재의 경우 각 재료를 포함한다)는 방화에 지장이 없는 재료로 하여야 한다. 이 경우 마감재료의 기준은 국토교통부령으로 정한다.

대통령령으로 정하는 건축물(영 제61조 제2항)

다음 각 호의 건축물을 말한다.
1. 상업지역(근린상업지역은 제외한다)의 건축물로서 다음 각 목의 어느 하나에 해당하는 것
   가. 제1종 근린생활시설, 제2종 근린생활시설, 문화 및 집회시설, 종교시설, 판매시설, 운동시설 및 위락시설의 용도로 쓰는 건축물로서 그 용도로 쓰는 바닥면적의 합계가 2천제곱미터 이상인 건축물
   나. 공장(국토교통부령으로 정하는 화재 위험이 적은 공장은 제외한다)의 용도로 쓰는 건축물로부터 6미터 이내에 위치한 건축물
2. 의료시설, 교육연구시설, 노유자시설 및 수련시설의 용도로 쓰는 건축물
3. 3층 이상 또는 높이 9미터 이상인 건축물
4. 1층의 전부 또는 일부를 필로티 구조로 설치하여 주차장으로 쓰는 건축물
5. 제1항 제4호에 해당하는 건축물

③ 욕실, 화장실, 목욕장 등의 바닥 마감재료는 미끄럼을 방지할 수 있도록 국토교통부령으로 정하는 기준에 적합하여야 한다.
④ 대통령령으로 정하는 용도 및 규모에 해당하는 건축물 외벽에 설치되는 창호(窓戶)는 방화에 지장이 없도록 인접 대지와의 이격거리를 고려하여 방화성능 등이 국토교통부령으로 정하는 기준에 적합하여야 한다.
※ "대통령령으로 정하는 용도 및 규모에 해당하는 건축물"이란 영 제61조 제2항 각 호의 건축물을 말한다(영 제61조 제3항).

9 법 제53조(지하층) 〈개정 2023.12.26.〉

① 건축물에 설치하는 지하층의 구조 및 설비는 국토교통부령으로 정하는 기준에 맞게 하여야 한다.
② 단독주택, 공동주택 등 대통령령으로 정하는 건축물의 지하층에는 거실을 설치할 수 없다. 다만, 다음 각 호의 사항을 고려하여 해당 지방자치단체의 조례로 정하는 경우에는 그러하지 아니하다.

〈신설 2023.12.26.〉

1. 침수위험 정도를 비롯한 지역적 특성
2. 피난 및 대피 가능성
3. 그 밖에 주거의 안전과 관련된 사항

지하층에 거실 설치가 금지되는 건축물(영 제63조의6) 〈신설 2024.6.18.〉

법 제53조 제2항 각 호 외의 부분 본문에서 "단독주택, 공동주택 등 대통령령으로 정하는 건축물"이란 다음 각 호의 어느 하나에 해당하는 건축물을 말한다. 다만, 지하층에 거실을 부속용도로 설치하는 건축물은 제외한다.
1. 단독주택
2. 공동주택

10 법 제53조의2(건축물의 범죄예방)

① 국토교통부장관은 범죄를 예방하고 안전한 생활환경을 조성하기 위하여 건축물, 건축설비 및 대지에 관한 범죄예방 기준을 정하여 고시할 수 있다.

② 대통령령으로 정하는 건축물은 ①항의 범죄예방 기준에 따라 건축하여야 한다.

대통령령으로 정하는 건축물(영 제63조의7)

다음 각 호의 어느 하나에 해당하는 건축물을 말한다.
1. 다가구주택, 아파트, 연립주택 및 다세대주택
2. 제1종 근린생활시설 중 일용품을 판매하는 소매점
3. 제2종 근린생활시설 중 다중생활시설
4. 문화 및 집회시설(동·식물원은 제외한다)
5. 교육연구시설(연구소 및 도서관은 제외한다)
6. 노유자시설
7. 수련시설
8. 업무시설 중 오피스텔
9. 숙박시설 중 다중생활시설

제5장 지역 및 지구의 건축물

Point 출제포인트
▷ 건축물의 건폐율 및 용적률
▷ 건축물의 높이 제한

1 법 제54조(건축물의 대지가 지역·지구 또는 구역에 걸치는 경우의 조치)

(1) 지역·지구 또는 구역에 걸치는 경우

① 대지가 이 법이나 다른 법률에 따른 지역·지구(녹지지역과 방화지구는 제외한다) 또는 구역에 걸치는 경우에는 대통령령으로 정하는 바에 따라 그 건축물과 대지의 전부에 대하여 대지의 과반(過半)이 속하는 지역·지구 또는 구역 안의 건축물 및 대지 등에 관한 이 법의 규정을 적용한다.

> **건축물의 대지가 지역·지구 또는 구역에 걸치는 경우(영 제77조)**
>
> 법 제54조 제1항에 따라 대지가 지역·지구 또는 구역에 걸치는 경우 그 대지의 과반이 속하는 지역·지구 또는 구역의 건축물 및 대지 등에 관한 규정을 그 대지의 전부에 대하여 적용 받으려는 자는 해당 대지의 지역·지구 또는 구역별 면적과 적용 받으려는 지역·지구 또는 구역에 관한 사항을 허가권자에게 제출(전자문서에 의한 제출을 포함한다)하여야 한다.

② ①항에도 불구하고 해당 대지의 규모와 그 대지가 속한 용도지역·지구 또는 구역의 성격 등 그 대지에 관한 주변여건상 필요하다고 인정하여 해당 지방자치단체의 조례로 적용방법을 따로 정하는 경우에는 그에 따른다.

(2) 방화지구와 그 밖의 구역에 걸치는 경우

하나의 건축물이 방화지구와 그 밖의 구역에 걸치는 경우에는 그 전부에 대하여 방화지구 안의 건축물에 관한 이 법의 규정을 적용한다. 다만, 건축물의 방화지구에 속한 부분과 그 밖의 구역에 속한 부분의 경계가 방화벽으로 구획되는 경우 그 밖의 구역에 있는 부분에 대하여는 그러하지 아니하다.

(3) 녹지지역과 그 밖의 지역·지구 또는 구역에 걸치는 경우

대지가 녹지지역과 그 밖의 지역·지구 또는 구역에 걸치는 경우에는 각 지역·지구 또는 구역 안의 건축물과 대지에 관한 이 법의 규정을 적용한다. 다만, 녹지지역 안의 건축물이 방화지구에 걸치는 경우에는 제2항에 따른다.

2 건축물의 건폐율 및 용적률

(1) 건축물의 건폐율(법 제55조)

대지면적에 대한 건축면적(대지에 건축물이 둘 이상 있는 경우에는 이들 건축면적의 합계로 한다)의 비율(이하 "건폐율"이라 한다)의 최대한도는 「국토의 계획 및 이용에 관한 법률」 제77조에 따른 건폐율의 기준에 따른다. 다만, 이 법에서 기준을 완화하거나 강화하여 적용하도록 규정한 경우에는 그에 따른다.

(2) 건축물의 용적률(법 제56조)

대지면적에 대한 연면적(대지에 건축물이 둘 이상 있는 경우에는 이들 연면적의 합계로 한다)의 비율(이하 "용적률"이라 한다)의 최대한도는 「국토의 계획 및 이용에 관한 법률」 제78조에 따른 용적률의 기준에 따른다. 다만, 이 법에서 기준을 완화하거나 강화하여 적용하도록 규정한 경우에는 그에 따른다.

3 대지의 분할 제한 및 대지 안의 공지

(1) 대지의 분할 제한(법 제57조 제1항)

건축물이 있는 대지는 대통령령으로 정하는 범위에서 해당 지방자치단체의 조례로 정하는 면적에 못 미치게 분할할 수 없다.

> **대통령령으로 정하는 범위(영 제80조)**
> 다음 각 호의 어느 하나에 해당하는 규모 이상을 말한다.
> 1. 주거지역 : 60제곱미터
> 2. 상업지역 : 150제곱미터
> 3. 공업지역 : 150제곱미터
> 4. 녹지지역 : 200제곱미터
> 5. 제1호부터 제4호까지의 규정에 해당하지 아니하는 지역 : 60제곱미터

(2) 대지 안의 공지(법 제58조)

건축물을 건축하는 경우에는 「국토의 계획 및 이용에 관한 법률」에 따른 용도지역·용도지구, 건축물의 용도 및 규모 등에 따라 건축선 및 인접 대지경계선으로부터 6미터 이내의 범위에서 대통령령으로 정하는 바에 따라 해당 지방자치단체의 조례로 정하는 거리 이상을 띄워야 한다.

> **대지 안의 공지(영 제80조의2)**
> 법 제58조에 따라 건축선(법 제46조 제1항에 따른 건축선을 말한다) 및 인접 대지경계선(대지와 대지 사이에 공원, 철도, 하천, 광장, 공공공지, 녹지, 그 밖에 건축이 허용되지 아니하는 공지가 있는 경우에는 그 반대편의 경계선을 말한다)으로부터 건축물의 각 부분까지 띄어야 하는 거리의 기준은 [별표 2]와 같다.

4 법 제59조(맞벽 건축과 연결복도)

(1) 적용하지 않는 경우

다음의 어느 하나에 해당하는 경우에는 제58조, 제61조 및 「민법」 제242조를 적용하지 아니한다.

① 대통령령으로 정하는 지역에서 도시미관 등을 위하여 둘 이상의 건축물 벽을 맞벽(대지경계선으로부터 50센티미터 이내인 경우를 말한다)으로 하여 건축하는 경우

> **대통령령으로 정하는 지역(영 제81조 제1항)**
>
> 다음 각 호의 어느 하나에 해당하는 지역을 말한다.
> 1. 상업지역(다중이용 건축물 및 공동주택은 스프링클러나 그 밖에 이와 비슷한 자동식 소화설비를 설치한 경우로 한정한다)
> 2. 주거지역(건축물 및 토지의 소유자 간 맞벽건축을 합의한 경우에 한정한다)
> 3. 허가권자가 도시미관 또는 한옥 보전·진흥을 위하여 건축조례로 정하는 구역
> 4. 건축협정구역

② 대통령령으로 정하는 기준에 따라 인근 건축물과 이어지는 연결복도나 연결통로를 설치하는 경우

> **대통령령으로 정하는 기준(영 제81조 제5항)**
>
> 다음 각 호의 기준을 말한다.
> 1. 주요구조부가 내화구조일 것
> 2. 마감재료가 불연재료일 것
> 3. 밀폐된 구조인 경우 벽면적의 10분의 1 이상에 해당하는 면적의 창문을 설치할 것. 다만, 지하층으로서 환기설비를 설치하는 경우에는 그러하지 아니하다.
> 4. 너비 및 높이가 각각 5미터 이하일 것. 다만, 허가권자가 건축물의 용도나 규모 등을 고려할 때 원활한 통행을 위하여 필요하다고 인정하면 지방건축위원회의 심의를 거쳐 그 기준을 완화하여 적용할 수 있다.
> 5. 건축물과 복도 또는 통로의 연결부분에 자동방화셔터 또는 방화문을 설치할 것
> 6. 연결복도가 설치된 대지 면적의 합계가 「국토의 계획 및 이용에 관한 법률 시행령」 제55조에 따른 개발행위의 최대 규모 이하일 것. 다만, 지구단위계획구역에서는 그러하지 아니하다.

(2) 맞벽, 연결복도, 연결통로의 구조·크기 등

맞벽, 연결복도, 연결통로의 구조·크기 등에 관하여 필요한 사항은 대통령령으로 정한다.

① 맞벽은 다음의 기준에 적합하여야 한다(영 제81조 제3항).
  ㉠ 주요구조부가 내화구조일 것
  ㉡ 마감재료가 불연재료일 것

② (1)의 ①항 대통령령으로 정하는 지역(건축협정구역은 제외한다)에서 맞벽건축을 할 때 맞벽 대상 건축물의 용도, 맞벽 건축물의 수 및 층수 등 맞벽에 필요한 사항은 건축조례로 정한다(영 제81조 제4항).

③ 연결복도나 연결통로는 건축사 또는 건축구조기술사로부터 안전에 관한 확인을 받아야 한다(영 제81조 제6항).

5 법 제60조(건축물의 높이 제한) 기출 30회·31회

① 허가권자는 가로구역을 단위로 하여 대통령령으로 정하는 기준과 절차에 따라 건축물의 높이를 지정·공고할 수 있다. 다만, 특별자치시장·특별자치도지사 또는 시장·군수·구청장은 가로구역의 높이를 완화하여 적용할 필요가 있다고 판단되는 대지에 대하여는 대통령령으로 정하는 바에 따라 건축위원회의 심의를 거쳐 높이를 완화하여 적용할 수 있다.

※ 가로구역(街路區域) : 도로로 둘러싸인 일단(一團)의 지역을 말한다.

> **건축물의 높이 제한(영 제82조)**
> ① 허가권자는 법 제60조 제1항에 따라 가로구역별로 건축물의 높이를 지정·공고할 때에는 다음 각 호의 사항을 고려하여야 한다.
>   1. 도시·군관리계획 등의 토지이용계획
>   2. 해당 가로구역이 접하는 도로의 너비
>   3. 해당 가로구역의 상·하수도 등 간선시설의 수용능력
>   4. 도시미관 및 경관계획
>   5. 해당 도시의 장래 발전계획
> ② 허가권자는 제1항에 따라 가로구역별 건축물의 높이를 지정하려면 지방건축위원회의 심의를 거쳐야 한다. 이 경우 주민의 의견청취 절차 등은 「토지이용규제기본법」 제8조에 따른다.
> ③ 허가권자는 같은 가로구역에서 건축물의 용도 및 형태에 따라 건축물의 높이를 다르게 정할 수 있다.
> ④ 법 제60조 제1항 단서에 따라 가로구역의 높이를 완화하여 적용하는 경우에 대한 구체적인 완화기준은 제1항 각 호의 사항을 고려하여 건축조례로 정한다.

② 특별시장이나 광역시장은 도시의 관리를 위하여 필요하면 가로구역별 건축물의 높이를 특별시나 광역시의 조례로 정할 수 있다.

③ 허가권자는 일조(日照)·통풍 등 주변 환경 및 도시미관에 미치는 영향이 크지 않다고 인정하는 경우에는 건축위원회의 심의를 거쳐 이 법 및 다른 법률에 따른 가로구역의 높이 완화에 관한 규정을 중첩하여 적용할 수 있다. 〈신설 2022.2.3.〉

6 법 제61조(일조 등의 확보를 위한 건축물의 높이 제한)

(1) 전용주거지역과 일반주거지역 안에서 건축하는 건축물

전용주거지역과 일반주거지역 안에서 건축하는 건축물의 높이는 일조 등의 확보를 위하여 정북방향(正北方向)의 인접 대지경계선으로부터의 거리에 따라 대통령령으로 정하는 높이 이하로 하여야 한다. 〈개정 2022.2.3.〉

> **일조 등의 확보를 위한 건축물의 높이 제한(영 제86조 제1항~제2항)** 〈개정 2023.9.12.〉
> ① 전용주거지역이나 일반주거지역에서 건축물을 건축하는 경우에는 법 제61조 제1항에 따라 건축물의 각 부분을 정북(正北) 방향으로의 인접 대지경계선으로부터 다음 각 호의 범위에서 건축조례로 정하는 거리 이상을 띄어 건축하여야 한다.
>   1. 높이 10미터 이하인 부분 : 인접 대지경계선으로부터 1.5미터 이상
>   2. 높이 10미터를 초과하는 부분 : 인접 대지경계선으로부터 해당 건축물 각 부분 높이의 2분의 1 이상

② 다음 각 호의 어느 하나에 해당하는 경우에는 제1항을 적용하지 아니한다.
  1. 다음 각 목의 어느 하나에 해당하는 구역 안의 대지 상호간에 건축하는 건축물로서 해당 대지가 너비 20 미터 이상의 도로(자동차·보행자·자전거 전용도로를 포함하며, 도로에 공공공지, 녹지, 광장, 그 밖에 건축미관에 지장이 없는 도시·군계획시설이 접한 경우 해당 시설을 포함한다)에 접한 경우
    가. 「국토의 계획 및 이용에 관한 법률」 제51조에 따른 지구단위계획구역, 같은 법 제37조 제1항 제1호에 따른 경관지구
    나. 「경관법」 제9조 제1항 제4호에 따른 중점경관관리구역
    다. 법 제77조의2 제1항에 따른 특별가로구역
    라. 도시미관 향상을 위하여 허가권자가 지정·공고하는 구역
  2. 건축협정구역 안에서 대지 상호간에 건축하는 건축물(법 제77조의4 제1항에 따른 건축협정에 일정 거리 이상을 띄어 건축하는 내용이 포함된 경우만 해당한다)의 경우
  3. 건축물의 정북 방향의 인접 대지가 전용주거지역이나 일반주거지역이 아닌 용도지역에 해당하는 경우

(2) 공동주택

다음의 어느 하나에 해당하는 공동주택(일반상업지역과 중심상업지역에 건축하는 것은 제외한다)은 채광 (採光) 등의 확보를 위하여 <u>대통령령으로 정하는 높이</u> 이하로 하여야 한다.
① 인접 대지경계선 등의 방향으로 채광을 위한 창문 등을 두는 경우
② 하나의 대지에 두 동(棟) 이상을 건축하는 경우

> **일조 등의 확보를 위한 건축물의 높이 제한(영 제86조 제3항)** 〈개정 2024.6.18.〉
>
> 법 제61조 제2항에 따라 공동주택은 다음 각 호의 기준을 충족해야 한다. 다만, 채광을 위한 창문 등이 있는 벽면에서 직각 방향으로 인접 대지경계선까지의 수평거리가 1미터 이상으로서 건축조례로 정하는 거리 이상인 다세대주택은 제1호를 적용하지 않는다.
>   1. 건축물(기숙사는 제외한다)의 각 부분의 높이는 그 부분으로부터 채광을 위한 창문 등이 있는 벽면에서 직각 방향으로 인접 대지경계선까지의 수평거리의 2배(근린상업지역 또는 준주거지역의 건축물은 4배) 이하로 할 것
>   2. 같은 대지에서 두 동(棟) 이상의 건축물이 서로 마주보고 있는 경우(한 동의 건축물 각 부분이 서로 마주보고 있는 경우를 포함한다)에 건축물 각 부분 사이의 거리는 다음 각 목의 거리 이상을 띄어 건축할 것. 다만, 그 대지의 모든 세대가 동지(冬至)를 기준으로 9시에서 15시 사이에 2시간 이상을 계속하여 일조 (日照)를 확보할 수 있는 거리 이상으로 할 수 있다.
>   가. 채광을 위한 창문 등이 있는 벽면으로부터 직각방향으로 건축물 각 부분 높이의 0.5배(도시형 생활주택의 경우에는 0.25배) 이상의 범위에서 건축조례로 정하는 거리 이상
>   나. 가목에도 불구하고 서로 마주보는 건축물 중 높은 건축물(높은 건축물을 중심으로 마주보는 두 동의 축이 시계방향으로 정동에서 정서 방향인 경우만 해당한다)의 주된 개구부(거실과 주된 침실이 있는 부분의 개구부를 말한다)의 방향이 낮은 건축물을 향하는 경우에는 10미터 이상으로서 낮은 건축물 각 부분의 높이의 0.5배(도시형 생활주택의 경우에는 0.25배) 이상의 범위에서 건축조례로 정하는 거리 이상
>   다. 가목에도 불구하고 건축물과 부대시설 또는 복리시설이 서로 마주보고 있는 경우에는 부대시설 또는 복리시설 각 부분 높이의 1배 이상
>   라. 채광창(창넓이가 0.5제곱미터 이상인 창을 말한다)이 없는 벽면과 측벽이 마주보는 경우에는 8미터 이상
>   마. 측벽과 측벽이 마주보는 경우[마주보는 측벽 중 하나의 측벽에 채광을 위한 창문 등이 설치되어 있지 아니한 바닥면적 3제곱미터 이하의 발코니(출입을 위한 개구부를 포함한다)를 설치하는 경우를 포함한다]에는 4미터 이상

3. 주택단지에 두 동 이상의 건축물이 법 제2조 제1항 제11호에 따른 도로를 사이에 두고 서로 마주보고 있는 경우에는 제2호 가목부터 다목까지의 규정을 적용하지 아니하되, 해당 도로의 중심선을 인접 대지경계선으로 보아 제1호를 적용한다.

(3) 정남(正南)방향의 인접 대지경계선으로부터의 거리에 따른 높이 제한

다음의 어느 하나에 해당하면 건축물의 높이를 정남(正南)방향의 인접 대지경계선으로부터의 거리에 따라 <u>대통령령으로 정하는 높이</u> 이하로 할 수 있다.

① 「택지개발촉진법」 제3조에 따른 택지개발지구인 경우
② 「주택법」 제15조에 따른 대지조성사업지구인 경우
③ 「지역 개발 및 지원에 관한 법률」 제11조에 따른 지역개발사업구역인 경우
④ 「산업입지 및 개발에 관한 법률」 제6조, 제7조, 제7조의2 및 제8조에 따른 국가산업단지, 일반산업단지, 도시첨단산업단지 및 농공단지인 경우
⑤ 「도시개발법」 제2조 제1항 제1호에 따른 도시개발구역인 경우
⑥ 「도시 및 주거환경정비법」 제8조에 따른 정비구역인 경우
⑦ 정북방향으로 도로, 공원, 하천 등 건축이 금지된 공지에 접하는 대지인 경우
⑧ 정북방향으로 접하고 있는 대지의 소유자와 합의한 경우나 그 밖에 대통령령으로 정하는 경우

일조 등의 확보를 위한 건축물의 높이 제한(영 제86조 제4항~제7항)

④ 법 제61조 제3항 각 호 외의 부분에서 "대통령령으로 정하는 높이"란 제1항에 따른 높이의 범위에서 특별자치시장·특별자치도지사 또는 시장·군수·구청장이 정하여 고시하는 높이를 말한다.
⑤ 특별자치시장·특별자치도지사 또는 시장·군수·구청장은 제4항에 따라 건축물의 높이를 고시하려면 국토교통부령으로 정하는 바에 따라 미리 해당 지역주민의 의견을 들어야 한다. 다만, 법 제61조 제3항 제1호부터 제6호까지의 어느 하나에 해당하는 지역인 경우로서 건축위원회의 심의를 거친 경우에는 그러하지 아니하다.
⑥ 제1항부터 제5항까지를 적용할 때 건축물을 건축하려는 대지와 다른 대지 사이에 다음 각 호의 시설 또는 부지가 있는 경우에는 그 반대편의 대지경계선(공동주택은 인접 대지경계선과 그 반대편 대지경계선의 중심선)을 인접 대지경계선으로 한다. 〈개정 2021.11.2.〉
  1. 공원(「도시공원 및 녹지 등에 관한 법률」 제2조 제3호에 따른 도시공원 중 지방건축위원회의 심의를 거쳐 허가권자가 공원의 일조 등을 확보할 필요가 있다고 인정하는 공원은 제외한다), 도로, 철도, 하천, 광장, 공공공지, 녹지, 유수지, 자동차 전용도로, 유원지
  2. 다음 각 목에 해당하는 대지(건축물이 없는 경우로 한정한다)
     가. 너비(대지경계선에서 가장 가까운 거리를 말한다)가 2미터 이하인 대지
     나. 면적이 제80조 각 호에 따른 분할제한 기준 이하인 대지
  3. 제1호 및 제2호 외에 건축이 허용되지 아니하는 공지
⑦ 제1항부터 제5항까지의 규정을 적용할 때 건축물(공동주택으로 한정한다)을 건축하려는 하나의 대지 사이에 제6항 각 호의 시설 또는 부지가 있는 경우에는 지방건축위원회의 심의를 거쳐 제6항 각 호의 시설 또는 부지를 기준으로 마주하고 있는 해당 대지의 경계선의 중심선을 인접 대지경계선으로 할 수 있다.

(4) 적용 제외

2층 이하로서 높이가 8미터 이하인 건축물에는 해당 지방자치단체의 조례로 정하는 바에 따라 위의 규정을 적용하지 아니할 수 있다.

제6장 특별건축구역 등

> **Point 출제포인트**
> ▷ 특별건축구역의 지정
> ▷ 특별건축구역으로 지정할 수 없는 경우
> ▷ 특별건축구역의 변경지정

1 법 제69조(특별건축구역의 지정) 기출 30회·31회

(1) 특별건축구역의 지정

국토교통부장관 또는 시·도지사는 다음의 구분에 따라 도시나 지역의 일부가 특별건축구역으로 특례적용이 필요하다고 인정하는 경우에는 특별건축구역을 지정할 수 있다.

① 국토교통부장관이 지정하는 경우
  ㉠ 국가가 국제행사 등을 개최하는 도시 또는 지역의 사업구역
  ㉡ 관계법령에 따른 국가정책사업으로서 <u>대통령령으로 정하는 사업구역</u>

> **대통령령으로 정하는 사업구역(영 제105조 제1항)**
> 다음 각 호의 어느 하나에 해당하는 구역을 말한다.
> 1. 「신행정수도 후속대책을 위한 연기·공주지역 행정중심복합도시 건설을 위한 특별법」에 따른 행정중심복합도시의 사업구역
> 2. 「혁신도시 조성 및 발전에 관한 특별법」에 따른 혁신도시의 사업구역
> 3. 「경제자유구역의 지정 및 운영에 관한 특별법」제4조에 따라 지정된 경제자유구역
> 4. 「택지개발촉진법」에 따른 택지개발사업구역
> 5. 「공공주택 특별법」제2조 제2호에 따른 공공주택지구
> 6. 「도시개발법」에 따른 도시개발구역
> 7. 「아시아문화중심도시 조성에 관한 특별법」에 따른 국립아시아문화전당 건설사업구역
> 8. 「국토의 계획 및 이용에 관한 법률」제51조에 따른 지구단위계획구역 중 현상설계(懸賞設計) 등에 따른 창의적 개발을 위한 특별계획구역

② 시·도지사가 지정하는 경우
　㉠ 지방자치단체가 국제행사 등을 개최하는 도시 또는 지역의 사업구역
　㉡ 관계법령에 따른 도시개발·도시재정비 및 건축문화 진흥사업으로서 건축물 또는 공간환경을 조성하기 위하여 대통령령으로 정하는 사업구역

> **대통령령으로 정하는 사업구역(영 제105조 제2항)**
>
> 다음 각 호의 어느 하나에 해당하는 구역을 말한다.
> 1. 「경제자유구역의 지정 및 운영에 관한 특별법」 제4조에 따라 지정된 경제자유구역
> 2. 「택지개발촉진법」에 따른 택지개발사업구역
> 3. 「도시 및 주거환경정비법」에 따른 정비구역
> 4. 「도시개발법」에 따른 도시개발구역
> 5. 「도시재정비 촉진을 위한 특별법」에 따른 재정비촉진구역
> 6. 「제주특별자치도 설치 및 국제자유도시 조성을 위한 특별법」에 따른 국제자유도시의 사업구역
> 7. 「국토의 계획 및 이용에 관한 법률」 제51조에 따른 지구단위계획구역 중 현상설계(懸賞設計) 등에 따른 창의적 개발을 위한 특별계획구역
> 8. 「관광진흥법」 제52조 및 제70조에 따른 관광지, 관광단지 또는 관광특구
> 9. 「지역문화진흥법」 제18조에 따른 문화지구

　㉢ 그 밖에 대통령령으로 정하는 도시 또는 지역의 사업구역

> **대통령령으로 정하는 도시 또는 지역(영 제105조 제3항)**
>
> 다음 각 호의 어느 하나에 해당하는 도시 또는 지역을 말한다.
> 1. 건축문화 진흥을 위하여 국토교통부령으로 정하는 건축물 또는 공간환경을 조성하는 지역
> 2. 주거, 상업, 업무 등 다양한 기능을 결합하는 복합적인 토지 이용을 증진시킬 필요가 있는 지역으로서 다음 각 목의 요건을 모두 갖춘 지역
>   가. 도시지역일 것
>   나. 「국토의 계획 및 이용에 관한 법률 시행령」 제71조에 따른 용도지역 안에서의 건축제한 적용을 배제할 필요가 있을 것
> 3. 그 밖에 도시경관의 창출, 건설기술 수준향상 및 건축 관련 제도개선을 도모하기 위하여 특별건축구역으로 지정할 필요가 있다고 시·도지사가 인정하는 도시 또는 지역

(2) 특별건축구역의 지정 제외

다음의 어느 하나에 해당하는 지역·구역 등에 대하여는 특별건축구역으로 지정할 수 없다.
① 「개발제한구역의 지정 및 관리에 관한 특별조치법」에 따른 개발제한구역
② 「자연공원법」에 따른 자연공원
③ 「도로법」에 따른 접도구역
④ 「산지관리법」에 따른 보전산지

(3) 특별건축구역의 사전 협의

국토교통부장관 또는 시·도지사는 특별건축구역으로 지정하고자 하는 지역이 「군사기지 및 군사시설 보호법」에 따른 군사기지 및 군사시설 보호구역에 해당하는 경우에는 국방부장관과 사전에 협의하여야 한다.

2 법 제70조(특별건축구역의 건축물)

특별건축구역에서 제73조에 따라 건축기준 등의 특례사항을 적용하여 건축할 수 있는 건축물은 다음의 어느 하나에 해당되어야 한다.
① 국가 또는 지방자치단체가 건축하는 건축물
②「공공기관의 운영에 관한 법률」제4조에 따른 공공기관 중 대통령령으로 정하는 공공기관이 건축하는 건축물

> **대통령령으로 정하는 공공기관(영 제106조 제1항)**
> 다음 각 호의 공공기관을 말한다.
> 1.「한국토지주택공사법」에 따른 한국토지주택공사
> 2.「한국수자원공사법」에 따른 한국수자원공사
> 3.「한국도로공사법」에 따른 한국도로공사
> 4.「한국철도공사법」에 따른 한국철도공사
> 5.「국가철도공단법」에 따른 국가철도공단
> 6.「한국관광공사법」에 따른 한국관광공사
> 7.「한국농어촌공사 및 농지관리기금법」에 따른 한국농어촌공사

③ 그 밖에 대통령령으로 정하는 용도·규모의 건축물로서 도시경관의 창출, 건설기술 수준향상 및 건축 관련 제도개선을 위하여 특례 적용이 필요하다고 허가권자가 인정하는 건축물
 ※ "대통령령으로 정하는 용도·규모의 건축물"이란 [별표 3]과 같다(영 제106조 제2항).

3 법 제71조(특별건축구역의 지정절차 등)

(1) 특별건축구역의 지정 신청

중앙행정기관의 장, 제69조 제1항 각 호의 사업구역을 관할하는 시·도지사 또는 시장·군수·구청장(이하 "지정신청기관"이라 한다)은 특별건축구역의 지정이 필요한 경우에는 다음의 자료를 갖추어 중앙행정기관의 장 또는 시·도지사는 국토교통부장관에게, 시장·군수·구청장은 특별시장·광역시장·도지사에게 각각 특별건축구역의 지정을 신청할 수 있다.
① 특별건축구역의 위치·범위 및 면적 등에 관한 사항
② 특별건축구역의 지정 목적 및 필요성
③ 특별건축구역 내 건축물의 규모 및 용도 등에 관한 사항
④ 특별건축구역의 도시·군관리계획에 관한 사항. 이 경우 도시·군관리계획의 세부 내용은 대통령령으로 정한다.
⑤ 건축물의 설계, 공사감리 및 건축시공 등의 발주방법 등에 관한 사항
⑥ 제74조에 따라 특별건축구역 전부 또는 일부를 대상으로 통합하여 적용하는 미술작품, 부설주차장, 공원 등의 시설에 대한 운영관리 계획서. 이 경우 운영관리 계획서의 작성방법, 서식, 내용 등에 관한 사항은 국토교통부령으로 정한다.
⑦ 그 밖에 특별건축구역의 지정에 필요한 대통령령으로 정하는 사항

(2) 특별건축구역의 지정 제안 절차

① 지정신청기관 외의 자는 (1)의 자료를 갖추어 제69조 제1항 제2호의 사업구역을 관할하는 시·도지사에게 특별건축구역의 지정을 제안할 수 있다.
② 특별건축구역 지정 제안의 방법 및 절차 등에 관하여 필요한 사항은 대통령령으로 정한다.

> **특별건축구역의 지정 제안 절차 등(영 제107조의2)**
> ① 법 제71조 제2항에 따라 특별건축구역 지정을 제안하려는 자는 같은 조 제1항의 자료를 갖추어 시장·군수·구청장에게 의견을 요청할 수 있다.
> ② 시장·군수·구청장은 제1항에 따라 의견 요청을 받으면 특별건축구역 지정의 필요성, 타당성, 공공성 등과 피난·방재 등의사항을 검토하여 의견을 통보해야 한다. 이 경우 「건축기본법」 제23조에 따라 시장·군수·구청장이 위촉한 민간전문가의 자문을 받을 수 있다.
> ③ 법 제71조 제2항에 따라 특별건축구역 지정을 제안하려는 자는 시·도지사에게 제안하기 전에 다음 각 호에 해당하는 자의 서면 동의를 받아야 한다. 이 경우 토지소유자의 서면 동의 방법은 국토교통부령으로 정한다.
>   1. 대상 토지 면적(국유지·공유지의 면적은 제외한다)의 3분의 2 이상에 해당하는 토지소유자
>   2. 국유지 또는 공유지의 재산관리청(국유지 또는 공유지가 포함되어 있는 경우로 한정한다)
> ④ 법 제71조 제2항에 따라 특별건축구역 지정을 제안하려는 자는 다음 각 호의 서류를 시·도지사에게 제출해야 한다.
>   1. 법 제71조 제1항 각 호의 자료
>   2. 제2항에 따른 시장·군수·구청장의 의견(의견을 요청한 경우로 한정한다)
>   3. 제3항에 따른 토지소유자 및 재산관리청의 서면 동의서
> ⑤ 시·도지사는 제4항에 따른 서류를 받은 날부터 45일 이내에 특별건축구역 지정의 필요성, 타당성, 공공성 등과 피난·방재 등의 사항을 검토하여 특별건축구역 지정여부를 결정해야 한다. 이 경우 관할 시장·군수·구청장의 의견을 청취(제4항 제2호의 의견서를 제출받은 경우는 제외한다)한 후 시·도지사가 두는 건축위원회의 심의를 거쳐야 한다.
> ⑥ 시·도지사는 제5항에 따라 지정여부를 결정한 날부터 14일 이내에 특별건축구역 지정을 제안한 자에게 그 결과를 통보해야 한다.
> ⑦ 제5항에 따라 지정된 특별건축구역에 대한 변경지정의 제안에 관하여는 제1항부터 제6항까지의 규정을 준용한다.
> ⑧ 제1항부터 제7항까지에서 규정한 사항 외에 특별건축구역의 지정에 필요한 세부 사항은 국토교통부장관이 정하여 고시한다.

(3) 건축위원회의 심의

① 국토교통부장관 또는 특별시장·광역시장·도지사는 지정신청이 접수된 경우에는 특별건축구역 지정의 필요성, 타당성 및 공공성 등과 피난·방재 등의 사항을 검토하고, 지정 여부를 결정하기 위하여 지정신청을 받은 날부터 30일 이내에 국토교통부장관이 지정신청을 받은 경우에는 국토교통부장관이 두는 건축위원회(이하 "중앙건축위원회"라 한다), 특별시장·광역시장·도지사가 지정신청을 받은 경우에는 각각 특별시장·광역시장·도지사가 두는 건축위원회의 심의를 거쳐야 한다.
② 국토교통부장관 또는 특별시장·광역시장·도지사는 각각 중앙건축위원회 또는 특별시장·광역시장·도지사가 두는 건축위원회의 심의 결과를 고려하여 필요한 경우 특별건축구역의 범위, 도시·군관리계획 등에 관한 사항을 조정할 수 있다.

(4) 직권에 의한 특별건축구역의 지정

국토교통부장관 또는 시·도지사는 필요한 경우 직권으로 특별건축구역을 지정할 수 있다. 이 경우 (1)의 자료에 따라 특별건축구역 지정의 필요성, 타당성 및 공공성 등과 피난·방재 등의 사항을 검토하고 각각 중앙건축위원회 또는 시·도지사가 두는 건축위원회의 심의를 거쳐야 한다.

(5) 관보의 고시 및 관계 서류의 사본의 송부

① 국토교통부장관 또는 시·도지사는 특별건축구역을 지정하거나 변경·해제하는 경우에는 대통령령으로 정하는 바에 따라 주요 내용을 관보(시·도지사는 공보)에 고시하고, 국토교통부장관 또는 특별시장·광역시장·도지사는 지정신청기관에 관계 서류의 사본을 송부하여야 한다.
② 관계 서류의 사본을 받은 지정신청기관은 관계 서류에 도시·군관리계획의 결정사항이 포함되어 있는 경우에는 「국토의 계획 및 이용에 관한 법률」 제32조에 따라 지형도면의 승인신청 등 필요한 조치를 취하여야 한다.

(6) 특별건축구역의 변경지정 기출 30회

지정신청기관은 특별건축구역 지정 이후 변경이 있는 경우 변경지정을 받아야 한다. 이 경우 변경지정을 받아야 하는 변경의 범위, 변경지정의 절차 등 필요한 사항은 대통령령으로 정한다.

(7) 특별건축구역의 지정해제

국토교통부장관 또는 시·도지사는 다음의 어느 하나에 해당하는 경우에는 특별건축구역의 전부 또는 일부에 대하여 지정을 해제할 수 있다. 이 경우 국토교통부장관 또는 특별시장·광역시장·도지사는 지정신청기관의 의견을 청취하여야 한다.
① 지정신청기관의 요청이 있는 경우
② 거짓이나 그 밖의 부정한 방법으로 지정을 받은 경우
③ 특별건축구역 지정일부터 5년 이내에 특별건축구역 지정목적에 부합하는 건축물의 착공이 이루어지지 아니하는 경우
④ 특별건축구역 지정요건 등을 위반하였으나 시정이 불가능한 경우

(8) 도시·군관리계획의 결정의제

특별건축구역을 지정하거나 변경한 경우에는 「국토의 계획 및 이용에 관한 법률」 제30조에 따른 도시·군관리계획의 결정(용도지역·지구·구역의 지정 및 변경은 제외한다)이 있는 것으로 본다.

4 법 제72조(특별건축구역내 건축물의 심의 등)

(1) 건축기준 등의 특례사항을 적용한 건축허가의 신청

① 특별건축구역에서 제73조에 따라 건축기준 등의 특례사항을 적용하여 건축허가를 신청하고자 하는 자(이하 "허가신청자"라 한다)는 다음의 사항이 포함된 특례적용계획서를 첨부하여 제11조에 따라 해당 허가권자에게 건축허가를 신청하여야 한다. 이 경우 특례적용계획서의 작성방법 및 제출서류 등은 국토교통부령으로 정한다.

㉠ 제5조에 따라 기준을 완화하여 적용할 것을 요청하는 사항
㉡ 제71조에 따른 특별건축구역의 지정요건에 관한 사항
㉢ 제73조 제1항의 적용배제 특례를 적용한 사유 및 예상효과 등
㉣ 제73조 제2항의 완화적용 특례의 동등 이상의 성능에 대한 증빙내용
㉤ 건축물의 공사 및 유지·관리 등에 관한 계획

② 건축허가는 해당 건축물이 특별건축구역의 지정 목적에 적합한지의 여부와 특례적용계획서 등 해당 사항에 대하여 시·도지사 및 시장·군수·구청장이 설치하는 건축위원회(이하 "지방건축위원회"라 한다)의 심의를 거쳐야 한다.

(2) 지방건축위원회의 통합심의

① 허가신청자는 건축허가시 「도시교통정비촉진법」 제16조에 따른 교통영향평가서의 검토를 동시에 진행하고자 하는 경우에는 같은 법 제16조에 따른 교통영향평가서에 관한 서류를 첨부하여 허가권자에게 심의를 신청할 수 있다.
② 교통영향평가서에 대하여 지방건축위원회에서 통합심의한 경우에는 「도시교통정비촉진법」 제17조에 따른 교통영향평가서의 심의를 한 것으로 본다.

(3) 건축허가를 받은 건축물에 대한 모니터링 실시

국토교통부장관 또는 특별시장·광역시장·도지사는 건축제도의 개선 및 건설기술의 향상을 위하여 허가권자의 의견을 들어 특별건축구역 내에서 건축허가를 받은 건축물에 대하여 모니터링(특례를 적용한 건축물에 대하여 해당 건축물의 건축시공, 공사감리, 유지·관리 등의 과정을 검토하고 실제로 건축물에 구현된 기능·미관·환경 등을 분석하여 평가하는 것을 말한다)을 실시할 수 있다.

5 법 제73조(관계 법령의 적용 특례)

특별건축구역에 건축하는 건축물에 대하여는 다음 규정을 적용하지 아니할 수 있다.
① 제42조, 제55조, 제56조, 제58조, 제60조 및 제61조
② 「주택법」 제35조 중 대통령령으로 정하는 규정

6 법 제74조(통합적용계획의 수립 및 시행)

① 특별건축구역에서는 다음의 관계 법령의 규정에 대하여는 개별 건축물마다 적용하지 아니하고 특별건축구역 전부 또는 일부를 대상으로 통합하여 적용할 수 있다.
㉠ 「문화예술진흥법」 제9조에 따른 건축물에 대한 미술작품의 설치
㉡ 「주차장법」 제19조에 따른 부설주차장의 설치
㉢ 「도시공원 및 녹지 등에 관한 법률」에 따른 공원의 설치

② 지정신청기관은 관계 법령의 규정을 통합하여 적용하려는 경우에는 특별건축구역 전부 또는 일부에 대하여 미술작품, 부설주차장, 공원 등에 대한 수요를 개별법으로 정한 기준 이상으로 산정하여 파악하고 이용자의 편의성, 쾌적성 및 안전 등을 고려한 통합적용계획을 수립하여야 한다.

③ 지정신청기관이 통합적용계획을 수립하는 때에는 해당 구역을 관할하는 허가권자와 협의하여야 하며, 협의요청을 받은 허가권자는 요청받은 날부터 20일 이내에 지정신청기관에게 의견을 제출하여야 한다.

④ 지정신청기관은 도시·군관리계획의 변경을 수반하는 통합적용계획이 수립된 때에는 관련 서류를 「국토의 계획 및 이용에 관한 법률」 제30조에 따른 도시·군관리계획 결정권자에게 송부하여야 하며, 이 경우 해당 도시·군관리계획 결정권자는 특별한 사유가 없으면 도시·군관리계획의 변경에 필요한 조치를 취하여야 한다.

7 건축주 및 허가권자 등의 의무

(1) 건축주 등의 의무(법 제75조 제1항)

특별건축구역에서 제73조에 따라 건축기준 등의 적용 특례사항을 적용하여 건축허가를 받은 건축물의 공사감리자, 시공자, 건축주, 소유자 및 관리자는 시공 중이거나 건축물의 사용승인 이후에도 당초 허가를 받은 건축물의 형태, 재료, 색채 등이 원형을 유지하도록 필요한 조치를 하여야 한다.

(2) 허가권자 등의 의무(법 제76조)

① 허가권자는 특별건축구역의 건축물에 대하여 설계자의 창의성·심미성 등의 발휘와 제도개선·기술발전 등이 유도될 수 있도록 노력하여야 한다.

② 허가권자는 제77조 제2항에 따른 모니터링 결과를 국토교통부장관 또는 특별시장·광역시장·도지사에게 제출하여야 하며, 국토교통부장관 또는 특별시장·광역시장·도지사는 제77조에 따른 검사 및 모니터링 결과 등을 분석하여 필요한 경우 이 법 또는 관계 법령의 제도개선을 위하여 노력하여야 한다.

8 법 제77조(특별건축구역 건축물의 검사 등)

① 국토교통부장관 및 허가권자는 특별건축구역의 건축물에 대하여 제87조에 따라 검사를 할 수 있으며, 필요한 경우 제79조에 따라 시정명령 등 필요한 조치를 할 수 있다.

② 국토교통부장관 및 허가권자는 제72조 제6항에 따라 모니터링을 실시하는 건축물에 대하여 직접 모니터링을 하거나 분야별 전문가 또는 전문기관에 용역을 의뢰할 수 있다. 이 경우 해당 건축물의 건축주, 소유자 또는 관리자는 특별한 사유가 없으면 모니터링에 필요한 사항에 대하여 협조하여야 한다.

9 법 제77조의2(특별가로구역의 지정) 기출 35회

(1) 특별가로구역의 지정

국토교통부장관 및 허가권자는 도로에 인접한 건축물의 건축을 통한 조화로운 도시경관의 창출을 위하여 이 법 및 관계 법령에 따라 일부 규정을 적용하지 아니하거나 완화하여 적용할 수 있도록 다음의 어느 하나에 해당하는 지구 또는 구역에서 대통령령으로 정하는 도로에 접한 대지의 일정 구역을 특별가로구역으로 지정할 수 있다.

① 경관지구
② 지구단위계획구역 중 미관유지를 위하여 필요하다고 인정하는 구역

> **대통령령으로 정하는 도로(영 제110조의2 제1항)** 기출 35회
>
> 다음 각 호의 어느 하나에 해당하는 도로를 말한다.
> 1. 건축선을 후퇴한 대지에 접한 도로로서 허가권자(허가권자가 구청장인 경우에는 특별시장이나 광역시장을 말한다)가 건축조례로 정하는 도로
> 2. 허가권자가 리모델링 활성화가 필요하다고 인정하여 지정·공고한 지역 안의 도로
> 3. 보행자전용도로로서 도시미관 개선을 위하여 허가권자가 건축조례로 정하는 도로
> 4. 「지역문화진흥법」 제18조에 따른 문화지구 안의 도로
> 5. 그 밖에 조화로운 도시경관 창출을 위하여 필요하다고 인정하여 국토교통부장관이 고시하거나 허가권자가 건축조례로 정하는 도로

(2) 건축위원회의 심의

국토교통부장관 및 허가권자는 특별가로구역을 지정하려는 경우에는 다음의 자료를 갖추어 국토교통부장관 또는 허가권자가 두는 건축위원회의 심의를 거쳐야 한다.

① 특별가로구역의 위치·범위 및 면적 등에 관한 사항
② 특별가로구역의 지정 목적 및 필요성
③ 특별가로구역 내 건축물의 규모 및 용도 등에 관한 사항
④ 그 밖에 특별가로구역의 지정에 필요한 사항으로서 대통령령으로 정하는 사항

> **대통령령으로 정하는 사항(영 제110조의2 제2항)**
>
> 다음 각 호의 사항을 말한다.
> 1. 특별가로구역에서 이 법 또는 관계 법령의 규정을 적용하지 아니하거나 완화하여 적용하는 경우에 해당 규정과 완화 등의 범위에 관한 사항
> 2. 건축물의 지붕 및 외벽의 형태나 색채 등에 관한 사항
> 3. 건축물의 배치, 대지의 출입구 및 조경의 위치에 관한 사항
> 4. 건축선 후퇴 공간 및 공개공지 등의 관리에 관한 사항
> 5. 그 밖에 특별가로구역의 지정에 필요하다고 인정하여 국토교통부장관이 고시하거나 허가권자가 건축조례로 정하는 사항

(3) 지역 주민에게 통지

국토교통부장관 및 허가권자는 특별가로구역을 지정하거나 변경·해제하는 경우에는 국토교통부령으로 정하는 바에 따라 이를 지역 주민에게 알려야 한다.

제7장 건축협정 및 결합건축

Point 출제포인트
▷ 건축협정의 체결
▷ 건축협정의 변경 및 관리
▷ 결합건축 대상지

제1절 건축협정

1 법 제77조의4(건축협정의 체결)

① 토지 또는 건축물의 소유자, 지상권자 등 대통령령으로 정하는 자(이하 "소유자 등"이라 한다)는 전원의 합의로 다음의 어느 하나에 해당하는 지역 또는 구역에서 건축물의 건축·대수선 또는 리모델링에 관한 협정(이하 "건축협정"이라 한다)을 체결할 수 있다.
  ㉠ 「국토의 계획 및 이용에 관한 법률」 제51조에 따라 지정된 지구단위계획구역
  ㉡ 「도시 및 주거환경정비법」 제2조 제2호 가목에 따른 주거환경개선사업을 시행하기 위하여 같은 법 제8조에 따라 지정·고시된 정비구역
  ㉢ 「도시재정비 촉진을 위한 특별법」 제2조 제6호에 따른 존치지역
  ㉣ 「도시재생 활성화 및 지원에 관한 특별법」 제2조 제1항 제5호에 따른 도시재생활성화지역
  ㉤ 그 밖에 시·도지사 및 시장·군수·구청장(이하 "건축협정인가권자"라 한다)이 도시 및 주거환경 개선이 필요하다고 인정하여 해당 지방자치단체의 조례로 정하는 구역

> **토지 또는 건축물의 소유자, 지상권자 등 대통령령으로 정하는 자(영 제110조의3 제1항)**
> 다음 각 호의 자를 말한다.
>   1. 토지 또는 건축물의 소유자(공유자를 포함한다)
>   2. 토지 또는 건축물의 지상권자
>   3. 그 밖에 해당 토지 또는 건축물에 이해관계가 있는 자로서 건축조례로 정하는 자 중 그 토지 또는 건축물 소유자의 동의를 받은 자

② ①항의 지역 또는 구역에서 둘 이상의 토지를 소유한 자가 1인인 경우에도 그 토지 소유자는 해당 토지의 구역을 건축협정 대상 지역으로 하는 건축협정을 정할 수 있다. 이 경우 그 토지 소유자 1인을 건축협정 체결자로 본다.

③ 소유자 등은 건축협정을 체결(토지 소유자 1인이 건축협정을 정하는 경우를 포함한다)하는 경우에는 다음의 사항을 준수하여야 한다.
　㉠ 이 법 및 관계 법령을 위반하지 아니할 것
　㉡ 「국토의 계획 및 이용에 관한 법률」 제30조에 따른 도시·군관리계획 및 이 법 제77조의11 제1항에 따른 건축물의 건축·대수선 또는 리모델링에 관한 계획을 위반하지 아니할 것

④ 건축협정은 다음의 사항을 포함하여야 한다.
　㉠ 건축물의 건축·대수선 또는 리모델링에 관한 사항
　㉡ 건축물의 위치·용도·형태 및 부대시설에 관하여 <u>대통령령으로 정하는 사항</u>

> **대통령령으로 정하는 사항(영 제110조의3 제2항)**
> 다음 각 호의 사항을 말한다.
>   1. 건축선
>   2. 건축물 및 건축설비의 위치
>   3. 건축물의 용도, 높이 및 층수
>   4. 건축물의 지붕 및 외벽의 형태
>   5. 건폐율 및 용적률
>   6. 담장, 대문, 조경, 주차장 등 부대시설의 위치 및 형태
>   7. 차양시설, 차면시설 등 건축물에 부착하는 시설물의 형태
>   8. 법 제59조 제1항 제1호에 따른 맞벽 건축의 구조 및 형태
>   9. 그 밖에 건축물의 위치, 용도, 형태 또는 부대시설에 관하여 건축조례로 정하는 사항

2 법 제77조의6(건축협정의 인가)

① 협정체결자 또는 건축협정운영회의 대표자는 건축협정서를 작성하여 국토교통부령으로 정하는 바에 따라 해당 건축협정인가권자의 인가를 받아야 한다. 이 경우 인가신청을 받은 건축협정인가권자는 인가를 하기 전에 건축협정인가권자가 두는 건축위원회의 심의를 거쳐야 한다.
② 건축협정 체결 대상 토지가 둘 이상의 특별자치시 또는 시·군·구에 걸치는 경우 건축협정 체결 대상 토지면적의 과반(過半)이 속하는 건축협정인가권자에게 인가를 신청할 수 있다. 이 경우 인가 신청을 받은 건축협정인가권자는 건축협정을 인가하기 전에 다른 특별자치시장 또는 시장·군수·구청장과 협의하여야 한다.
③ 건축협정인가권자는 건축협정을 인가하였을 때에는 국토교통부령으로 정하는 바에 따라 그 내용을 공고하여야 한다.

3 건축협정의 변경 및 관리

(1) 건축협정의 변경(법 제77조의7 제1항)

협정체결자 또는 건축협정운영회의 대표자는 인가받은 사항을 변경하려면 국토교통부령으로 정하는 바에 따라 변경인가를 받아야 한다. 다만, 대통령령으로 정하는 경미한 사항을 변경하는 경우에는 그러하지 아니하다.

(2) 건축협정의 관리(법 제77조의8)

건축협정인가권자는 건축협정을 인가하거나 변경인가하였을 때에는 국토교통부령으로 정하는 바에 따라 건축협정 관리대장을 작성하여 관리하여야 한다.

4 법 제77조의9 제1항(건축협정의 폐지)

협정체결자 또는 건축협정운영회의 대표자는 건축협정을 폐지하려는 경우에는 협정체결자 과반수의 동의를 받아 국토교통부령으로 정하는 바에 따라 건축협정인가권자의 인가를 받아야 한다. 다만, 제77조의13에 따른 특례를 적용하여 제21조에 따른 착공신고를 한 경우에는 대통령령으로 정하는 기간이 지난 후에 건축협정의 폐지 인가를 신청할 수 있다.

※ "대통령령으로 정하는 기간"이란 착공신고를 한 날부터 20년을 말한다(영 제110조의4 제1항).

5 법 제77조의10(건축협정의 효력 및 승계)

① 건축협정이 체결된 지역 또는 구역(이하 "건축협정구역"이라 한다)에서 건축물의 건축·대수선 또는 리모델링을 하거나 그 밖에 대통령령으로 정하는 행위(영 제110조의3 제2항)를 하려는 소유자 등은 인가·변경인가된 건축협정에 따라야 한다.
② 건축협정이 공고된 후 건축협정구역에 있는 토지나 건축물 등에 관한 권리를 협정체결자인 소유자 등으로부터 이전받거나 설정받은 자는 협정체결자로서의 지위를 승계한다. 다만, 건축협정에서 달리 정한 경우에는 그에 따른다.

6 법 제77조의11(건축협정에 관한 계획 수립 및 지원)

① 건축협정인가권자는 소유자 등이 건축협정을 효율적으로 체결할 수 있도록 건축협정구역에서 건축물의 건축·대수선 또는 리모델링에 관한 계획을 수립할 수 있다.
② 건축협정인가권자는 대통령령으로 정하는 바에 따라 도로 개설 및 정비 등 건축협정구역 안의 주거환경개선을 위한 사업비용의 일부를 지원할 수 있다.

> **건축협정에 관한 지원(영 제110조의6)**
>
> 법 제77조의4 제1항 제4호에 따른 건축협정인가권자가 법 제77조의11 제2항에 따라 건축협정구역 안의 주거환경개선을 위한 사업비용을 지원하려는 경우에는 법 제77조의4 제1항 및 제2항에 따라 건축협정을 체결한 자(이하 "협정체결자"라 한다) 또는 법 제77조의5 제1항에 따른 건축협정운영회(이하 "건축협정운영회"라 한다)의 대표자에게 다음 각 호의 사항이 포함된 사업계획서를 요구할 수 있다.
> 1. 주거환경개선사업의 목표
> 2. 협정체결자 또는 건축협정운영회 대표자의 성명
> 3. 주거환경개선사업의 내용 및 추진방법
> 4. 주거환경개선사업의 비용
> 5. 그 밖에 건축조례로 정하는 사항

7 법 제77조의13(건축협정에 따른 특례)

① 건축협정을 체결하여 둘 이상의 건축물 벽을 맞벽으로 하여 건축하려는 경우 맞벽으로 건축하려는 자는 공동으로 제11조에 따른 건축허가를 신청할 수 있다.

② ①항의 경우에 제17조, 제21조, 제22조 및 제25조에 관하여는 개별 건축물마다 적용하지 아니하고 허가를 신청한 건축물 전부 또는 일부를 대상으로 통합하여 적용할 수 있다.

③ 건축협정의 인가를 받은 건축협정구역에서 연접한 대지에 대하여는 다음의 관계 법령의 규정을 개별 건축물마다 적용하지 아니하고 건축협정구역의 전부 또는 일부를 대상으로 통합하여 적용할 수 있다.
- ㉠ 제42조에 따른 대지의 조경
- ㉡ 제44조에 따른 대지와 도로와의 관계
- ㉢ 제53조에 따른 지하층의 설치
- ㉣ 제55조에 따른 건폐율
- ㉤ 「주차장법」 제19조에 따른 부설주차장의 설치
- ㉥ 「하수도법」 제34조에 따른 개인하수처리시설의 설치

④ 관계 법령의 규정을 적용하려는 경우에는 건축협정구역 전부 또는 일부에 대하여 조경 및 부설주차장에 대한 기준을 이 법 및 「주차장법」에서 정한 기준 이상으로 산정하여 적용하여야 한다.

⑤ 건축협정을 체결하여 둘 이상 건축물의 경계벽을 전체 또는 일부를 공유하여 건축하는 경우에는 ①항부터 ④항까지의 특례를 적용하며, 해당 대지를 하나의 대지로 보아 이 법의 기준을 개별 건축물마다 적용하지 아니하고 허가를 신청한 건축물의 전부 또는 일부를 대상으로 통합하여 적용할 수 있다.

⑥ 건축협정구역에 건축하는 건축물에 대하여는 제42조, 제55조, 제56조, 제58조, 제60조 및 제61조와 「주택법」 제35조를 대통령령으로 정하는 바에 따라 완화하여 적용할 수 있다. 다만, 제56조를 완화하여 적용하는 경우에는 제4조에 따른 건축위원회의 심의와 「국토의 계획 및 이용에 관한 법률」 제113조에 따른 지방도시계획위원회의 심의를 통합하여 거쳐야 한다.

건축협정에 따른 특례(영 제110조의7 제1항) 〈개정 2024.6.18.〉

건축협정구역에서 건축하는 건축물에 대해서는 법 제77조의13 제6항에 따라 법 제42조, 제55조, 제56조, 제60조 및 제61조를 다음 각 호의 구분에 따라 완화하여 적용할 수 있다.

1. 법 제42조에 따른 대지의 조경 면적 : 대지의 조경을 도로에 면하여 통합적으로 조성하는 건축협정구역에 한정하여 해당 지역에 적용하는 조경 면적기준의 100분의 20의 범위에서 완화
2. 법 제55조에 따른 건폐율 : 해당 지역에 적용하는 건폐율의 100분의 20의 범위에서 완화. 이 경우 「국토의 계획 및 이용에 관한 법률 시행령」 제84조에 따른 건폐율의 최대한도를 초과할 수 없다.
3. 법 제56조에 따른 용적률 : 해당 지역에 적용하는 용적률의 100분의 20의 범위에서 완화. 이 경우 「국토의 계획 및 이용에 관한 법률 시행령」 제85조에 따른 용적률의 최대한도를 초과할 수 없다.
4. 법 제60조에 따른 높이 제한 : 너비 6미터 이상의 도로에 접한 건축협정구역에 한정하여 해당 건축물에 적용하는 높이 기준의 100분의 20의 범위에서 완화
5. 법 제61조에 따른 일조 등의 확보를 위한 건축물의 높이 제한 : 건축협정구역 안에서 대지 상호간에 건축하는 공동주택에 한정하여 제86조 제3항 제1호에 따른 기준의 100분의 20의 범위에서 완화

8 법 제77조의14(건축협정 집중구역 지정 등)

① 건축협정인가권자는 건축협정의 효율적인 체결을 통한 도시의 기능 및 미관의 증진을 위하여 제77조의4 제1항의 어느 하나에 해당하는 지역 및 구역의 전체 또는 일부를 건축협정 집중구역으로 지정할 수 있다.

② 건축협정인가권자는 건축협정 집중구역을 지정하는 경우에는 미리 다음의 사항에 대하여 건축협정인가권자가 두는 건축위원회의 심의를 거쳐야 한다.
  ㉠ 건축협정 집중구역의 위치, 범위 및 면적 등에 관한 사항
  ㉡ 건축협정 집중구역의 지정 목적 및 필요성
  ㉢ 건축협정 집중구역에서 제77조의4 제4항 각 호의 사항 중 건축협정인가권자가 도시의 기능 및 미관 증진을 위하여 세부적으로 규정하는 사항
  ㉣ 건축협정 집중구역에서 제77조의13에 따른 건축협정의 특례 적용에 관하여 세부적으로 규정하는 사항

③ 건축협정 집중구역 내의 건축협정이 ②항에 관한 심의내용에 부합하는 경우에는 건축위원회의 심의를 생략할 수 있다.

제2절 결합건축

1 법 제77조의15(결합건축 대상지)

① 다음의 어느 하나에 해당하는 지역에서 대지간의 최단거리가 100미터 이내의 범위에서 대통령령으로 정하는 범위에 있는 2개의 대지의 건축주가 서로 합의한 경우 2개의 대지를 대상으로 결합건축을 할 수 있다.

> **대통령령으로 정하는 범위에 있는 2개의 대지(영 제111조 제1항)**
> 다음 각 호의 요건을 모두 충족하는 2개의 대지를 말한다.
> 1. 2개의 대지 모두가 법 제77조의15 제1항 각 호의 지역 중 동일한 지역에 속할 것
> 2. 2개의 대지 모두가 너비 12미터 이상인 도로로 둘러싸인 하나의 구역 안에 있을 것. 이 경우 그 구역 안에 너비 12미터 이상인 도로로 둘러싸인 더 작은 구역이 있어서는 아니 된다.

  ㉠ 「국토의 계획 및 이용에 관한 법률」 제36조에 따라 지정된 상업지역
  ㉡ 「역세권의 개발 및 이용에 관한 법률」 제4조에 따라 지정된 역세권개발구역
  ㉢ 「도시 및 주거환경정비법」 제2조에 따른 정비구역 중 주거환경개선사업의 시행을 위한 구역
  ㉣ 그 밖에 도시 및 주거환경 개선과 효율적인 토지이용이 필요하다고 대통령령으로 정하는 지역

> **대통령령으로 정하는 지역(영 제111조 제2항)**
>
> 다음 각 호의 지역을 말한다.
> 1. 건축협정구역
> 2. 특별건축구역
> 3. 리모델링 활성화 구역
> 4. 「도시재생 활성화 및 지원에 관한 특별법」 제2조 제1항 제5호에 따른 도시재생활성화지역
> 5. 「한옥 등 건축자산의 진흥에 관한 법률」 제17조 제1항에 따른 건축자산 진흥구역

② 다음의 어느 하나에 해당하는 경우에는 ①항의 어느 하나에 해당하는 지역에서 <u>대통령령으로 정하는 범위에 있는 3개 이상 대지</u>의 건축주 등이 서로 합의한 경우 3개 이상의 대지를 대상으로 결합건축을 할 수 있다. 〈신설 2020.4.7.〉

> **대통령령으로 정하는 범위에 있는 3개 이상의 대지(영 제111조 제3항)** 〈신설 2021.1.8.〉
>
> 다음 각 호의 요건을 모두 충족하는 3개 이상의 대지를 말한다.
> 1. 대지 모두가 법 제77조의15 제1항 각 호의 지역 중 같은 지역에 속할 것
> 2. 모든 대지 간 최단거리가 500미터 이내일 것

　㉠ 국가·지방자치단체 또는 「공공기관의 운영에 관한 법률」 제4조 제1항에 따른 공공기관이 소유 또는 관리하는 건축물과 결합건축하는 경우
　㉡ 「빈집 및 소규모주택 정비에 관한 특례법」 제2조 제1항 제1호에 따른 빈집 또는 「건축물관리법」 제42조에 따른 빈 건축물을 철거하여 그 대지에 <u>공원, 광장 등 대통령령으로 정하는 시설</u>을 설치하는 경우

> **공원, 광장 등 대통령령으로 정하는 시설(영 제111조 제4항)** 〈신설 2021.1.8.〉
>
> 다음 각 호의 어느 하나에 해당하는 시설을 말한다.
> 1. 공원, 녹지, 광장, 정원, 공지, 주차장, 놀이터 등 공동이용시설
> 2. 그 밖에 제1호의 시설과 비슷한 것으로서 건축조례로 정하는 시설

　㉢ 그 밖에 대통령령으로 정하는 건축물과 결합건축하는 경우

> **대통령령으로 정하는 건축물(영 제111조 제5항)** 〈신설 2021.1.8.〉
>
> 다음 각 호의 건축물을 말한다.
> 1. 마을회관, 마을공동작업소, 마을도서관, 어린이집 등 공동이용건축물
> 2. 공동주택 중 「민간임대주택에 관한 특별법」 제2조 제1호의 민간임대주택
> 3. 그 밖에 제1호 및 제2호의 건축물과 비슷한 것으로서 건축조례로 정하는 건축물

③ 도시경관의 형성, 기반시설 부족 등의 사유로 해당 지방자치단체의 조례로 정하는 지역 안에서는 결합건축을 할 수 없다.
④ 결합건축을 하려는 2개 이상의 대지를 소유한 자가 1명인 경우는 제77조의4 제2항을 준용한다.

2 법 제77조의16(결합건축의 절차)

① 결합건축을 하고자 하는 건축주는 제11조에 따라 건축허가를 신청하는 때에는 결합건축협정서를 첨부하여야 하며, 국토교통부령으로 정하는 도서를 제출하여야 한다.
② 허가권자는 「국토의 계획 및 이용에 관한 법률」 제2조 제11호에 따른 도시·군계획사업에 편입된 대지가 있는 경우에는 결합건축을 포함한 건축허가를 아니할 수 있다.
③ 허가권자는 건축허가를 하기 전에 건축위원회의 심의를 거쳐야 한다. 다만, 결합건축으로 조정되어 적용되는 대지별 용적률이 「국토의 계획 및 이용에 관한 법률」 제78조에 따라 해당 대지에 적용되는 도시계획조례의 용적률의 100분의 20을 초과하는 경우에는 대통령령으로 정하는 바에 따라 건축위원회 심의와 도시계획위원회 심의를 공동으로 하여 거쳐야 한다.

3 법 제77조의17(결합건축의 관리)

① 허가권자는 결합건축을 포함하여 건축허가를 한 경우 국토교통부령으로 정하는 바에 따라 그 내용을 공고하고, 결합건축 관리대장을 작성하여 관리하여야 한다.
② 허가권자는 결합건축과 관련된 건축물의 사용승인 신청이 있는 경우 해당 결합건축협정서상의 다른 대지에서 착공신고 또는 대통령령으로 정하는 조치가 이행되었는지를 확인한 후 사용승인을 하여야 한다.
③ 허가권자는 결합건축을 허용한 경우 건축물대장에 국토교통부령으로 정하는 바에 따라 결합건축에 관한 내용을 명시하여야 한다.
④ 결합건축협정서에 따른 협정체결 유지기간은 최소 30년으로 한다. 다만, 결합건축협정서의 용적률 기준을 종전대로 환원하여 신축·개축·재축하는 경우에는 그러하지 아니한다.
⑤ 결합건축협정서를 폐지하려는 경우에는 결합건축협정체결자 전원이 동의하여 허가권자에게 신고하여야 하며, 허가권자는 용적률을 이전받은 건축물이 멸실된 것을 확인한 후 결합건축의 폐지를 수리하여야 한다. 이 경우 결합건축 폐지에 관하여는 ①항 및 ③항을 준용한다.
⑥ 결합건축협정의 준수 여부, 효력 및 승계에 대하여는 제77조의4 제3항 및 제77조의10을 준용한다. 이 경우 "건축협정"은 각각 "결합건축협정"으로 본다.

제8장 보칙

> **Point 출제포인트**
> ▷ 위반 건축물 등에 대한 조치
> ▷ 이행강제금
> ▷ 「행정대집행법」 적용의 특례

1 법 제78조(감독)

① 국토교통부장관은 시·도지사 또는 시장·군수·구청장이 한 명령이나 처분이 이 법이나 이 법에 따른 명령이나 처분 또는 조례에 위반되거나 부당하다고 인정하면 그 명령 또는 처분의 취소·변경, 그 밖에 필요한 조치를 명할 수 있다.

② 특별시장·광역시장·도지사는 시장·군수·구청장이 한 명령이나 처분이 이 법 또는 이 법에 따른 명령이나 처분 또는 조례에 위반되거나 부당하다고 인정하면 그 명령이나 처분의 취소·변경, 그 밖에 필요한 조치를 명할 수 있다.

③ 시·도지사 또는 시장·군수·구청장이 ①항에 따라 필요한 조치명령을 받으면 그 시정 결과를 국토교통부장관에게 지체 없이 보고하여야 하며, 시장·군수·구청장이 ②항에 따라 필요한 조치명령을 받으면 그 시정 결과를 특별시장·광역시장·도지사에게 지체 없이 보고하여야 한다.

④ 국토교통부장관 및 시·도지사는 건축허가의 적법한 운영, 위법 건축물의 관리 실태 등 건축행정의 건실한 운영을 지도·점검하기 위하여 국토교통부령으로 정하는 바에 따라 매년 지도·점검 계획을 수립·시행하여야 한다.

⑤ 국토교통부장관 및 시·도지사는 건축위원회의 심의 방법 또는 결과가 이 법 또는 이 법에 따른 명령이나 처분 또는 조례에 위반되거나 부당하다고 인정하면 그 심의 방법 또는 결과의 취소·변경, 그 밖에 필요한 조치를 할 수 있다. 이 경우 심의에 관한 조사·시정명령 및 변경절차 등에 관하여는 대통령령으로 정한다.

2 법 제79조(위반 건축물 등에 대한 조치 등)

① 허가권자는 이 법 또는 이 법에 따른 명령이나 처분에 위반되는 대지나 건축물에 대하여 이 법에 따른 허가 또는 승인을 취소하거나 그 건축물의 건축주·공사시공자·현장관리인·소유자·관리자 또는 점유자(이하 "건축주 등"이라 한다)에게 공사의 중지를 명하거나 상당한 기간을 정하여 그 건축물의 해체·개축·증축·수선·용도변경·사용금지·사용제한, 그 밖에 필요한 조치를 명할 수 있다.

② 허가권자는 허가나 승인이 취소된 건축물 또는 시정명령을 받고 이행하지 아니한 건축물에 대하여는 다른 법령에 따른 영업이나 그 밖의 행위를 허가·면허·인가·등록·지정 등을 하지 아니하도록 요청할 수 있다. 다만, 허가권자가 기간을 정하여 그 사용 또는 영업, 그 밖의 행위를 허용한 주택과 대통령령으로 정하는 경우에는 그러하지 아니하다.

대통령령으로 정하는 경우(영 제114조)
바닥면적의 합계가 400제곱미터 미만인 축사와 바닥면적의 합계가 400제곱미터 미만인 농업용·임업용·축산업용 및 수산업용 창고를 말한다.

③ 요청을 받은 자는 특별한 이유가 없으면 요청에 따라야 한다.
④ 허가권자는 시정명령을 하는 경우 국토교통부령으로 정하는 바에 따라 건축물대장에 위반내용을 적어야 한다.
⑤ 허가권자는 이 법 또는 이 법에 따른 명령이나 처분에 위반되는 대지나 건축물에 대한 실태를 파악하기 위하여 조사를 할 수 있다.

위반 건축물 등에 대한 실태조사 및 정비(영 제115조)
① 허가권자는 법 제79조 제5항에 따른 실태조사를 매년 정기적으로 하며, 위반행위의 예방 또는 확인을 위하여 수시로 실태조사를 할 수 있다.
② 허가권자는 제1항에 따른 조사를 하려는 경우에는 조사 목적·기간·대상 및 방법 등이 포함된 실태조사 계획을 수립해야 한다.
③ 제1항에 따른 조사는 서면 또는 현장조사의 방법으로 실시할 수 있다.
④ 허가권자는 제1항에 따른 조사를 한 경우 법 제79조에 따른 시정조치를 하기 위하여 정비계획을 수립·시행해야 하며, 그 결과를 시·도지사(특별자치시장 및 특별자치도지사는 제외한다)에게 보고해야 한다.
⑤ 허가권자는 위반 건축물의 체계적인 사후 관리와 정비를 위하여 국토교통부령으로 정하는 바에 따라 위반건축물 관리대장을 작성·관리해야 한다. 이 경우 전자적 처리가 불가능한 특별한 사유가 없으면 법 제32조 제1항에 따른 전자정보처리 시스템을 이용하여 작성·관리해야 한다. 〈개정 2021.11.2.〉
⑥ 제1항부터 제4항까지에서 규정한 사항 외에 실태조사의 방법·절차에 필요한 세부적인 사항은 건축조례로 정할 수 있다.

3 법 제80조(이행강제금) 기출 32회·34회

(1) 이행강제금의 부과 및 징수

허가권자는 제79조 제1항에 따라 시정명령을 받은 후 시정기간 내에 시정명령을 이행하지 아니한 건축주 등에 대하여는 그 시정명령의 이행에 필요한 상당한 이행기한을 정하여 그 기한까지 시정명령을 이행하지 아니하면 다음의 이행강제금을 부과한다. 다만, 연면적(공동주택의 경우에는 세대 면적을 기준으로 한다)이 60제곱미터 이하인 주거용 건축물과 ②항 중 주거용 건축물로서 대통령령으로 정하는 경우에는 다음의 어느 하나에 해당하는 금액의 2분의 1의 범위에서 해당 지방자치단체의 조례로 정하는 금액을 부과한다.
① 건축물이 건폐율이나 용적률을 초과하여 건축된 경우 또는 허가를 받지 아니하거나 신고를 하지 아니하고 건축된 경우에는 「지방세법」에 따라 해당 건축물에 적용되는 1제곱미터의 시가표준액의 100분의 50에 해당하는 금액에 위반면적을 곱한 금액 이하의 범위에서 위반 내용에 따라 대통령령으로 정하는 비율을 곱한 금액

> **대통령령으로 정하는 비율(영 제115조의3 제1항)**
>
> 다음 각 호의 구분에 따른 비율을 말한다. 다만, 건축조례로 다음 각 호의 비율을 낮추어 정할 수 있되, 낮추는 경우에도 그 비율은 100분의 60 이상이어야 한다.
>   1. 건폐율을 초과하여 건축한 경우 : 100분의 80
>   2. 용적률을 초과하여 건축한 경우 : 100분의 90
>   3. 허가를 받지 아니하고 건축한 경우 : 100분의 100
>   4. 신고를 하지 아니하고 건축한 경우 : 100분의 70

② 건축물이 ①항 외의 위반 건축물에 해당하는 경우에는 「지방세법」에 따라 그 건축물에 적용되는 시가표준액에 해당하는 금액의 100분의 10의 범위에서 위반내용에 따라 대통령령으로 정하는 금액

> **이행강제금의 부과 및 징수(영 제115조의2)**
>
> ① 법 제80조 제1항 각 호 외의 부분 단서에서 "대통령령으로 정하는 경우"란 다음 각 호의 경우를 말한다.
>   1. 법 제22조에 따른 사용승인을 받지 아니하고 건축물을 사용한 경우
>   2. 법 제42조에 따른 대지의 조경에 관한 사항을 위반한 경우
>   3. 법 제60조에 따른 건축물의 높이 제한을 위반한 경우
>   4. 법 제61조에 따른 일조 등의 확보를 위한 건축물의 높이 제한을 위반한 경우
>   5. 그 밖에 법 또는 법에 따른 명령이나 처분을 위반한 경우([별표 15] 위반 건축물란의 제1호의2, 제4호부터 제9호까지의 규정에 해당하는 경우는 제외한다)로서 건축조례로 정하는 경우
> ② 법 제80조 제1항 제2호에 따른 이행강제금의 산정기준은 [별표 15]와 같다.
> ③ 이행강제금의 부과 및 징수 절차는 국토교통부령으로 정한다.

(2) 이행강제금의 탄력적 운영

허가권자는 영리목적을 위한 위반이나 상습적 위반 등 대통령령으로 정하는 경우에 ①항에 따른 금액을 100분의 100의 범위에서 해당 지방자치단체의 조례로 정하는 바에 따라 가중하여야 한다.

> **영리목적을 위한 위반이나 상습적 위반 등 대통령령으로 정하는 경우(영 제115조의3 제2항)**
>
> 다음 각 호의 어느 하나에 해당하는 경우를 말한다. 다만, 위반행위 후 소유권이 변경된 경우는 제외한다.
>   1. 임대 등 영리를 목적으로 법 제19조를 위반하여 용도변경을 한 경우(위반면적이 50제곱미터를 초과하는 경우로 한정한다)
>   2. 임대 등 영리를 목적으로 허가나 신고 없이 신축 또는 증축한 경우(위반면적이 50제곱미터를 초과하는 경우로 한정한다)
>   3. 임대 등 영리를 목적으로 허가나 신고 없이 다세대주택의 세대수 또는 다가구주택의 가구수를 증가시킨 경우(5세대 또는 5가구 이상 증가시킨 경우로 한정한다)
>   4. 동일인이 최근 3년 내에 2회 이상 법 또는 법에 따른 명령이나 처분을 위반한 경우
>   5. 제1호부터 제4호까지의 규정과 비슷한 경우로서 건축조례로 정하는 경우

(3) 이행강제금의 부과 및 징수절차

① 허가권자는 이행강제금을 부과하기 전에 이행강제금을 부과·징수한다는 뜻을 미리 문서로써 계고(戒告)하여야 한다.
② 허가권자는 이행강제금을 부과하는 경우 금액, 부과 사유, 납부기한, 수납기관, 이의제기 방법 및 이의제기 기관 등을 구체적으로 밝힌 문서로 하여야 한다.

③ 허가권자는 최초의 시정명령이 있었던 날을 기준으로 하여 1년에 2회 이내의 범위에서 해당 지방자치단체의 조례로 정하는 횟수만큼 그 시정명령이 이행될 때까지 반복하여 이행강제금을 부과·징수할 수 있다.
④ 허가권자는 시정명령을 받은 자가 이를 이행하면 새로운 이행강제금의 부과를 즉시 중지하되, 이미 부과된 이행강제금은 징수하여야 한다.
⑤ 허가권자는 이행강제금 부과처분을 받은 자가 이행강제금을 납부기한까지 내지 아니하면 「지방행정제재·부과금의 징수 등에 관한 법률」에 따라 징수한다.

4 법 제80조의2(이행강제금 부과에 관한 특례)

① 허가권자는 이행강제금을 다음에서 정하는 바에 따라 감경할 수 있다. 다만, 지방자치단체의 조례로 정하는 기간까지 위반내용을 시정하지 아니한 경우는 제외한다. 〈개정 2024.3.26.〉
  ㉠ 축사 등 농업용·어업용 시설로서 500제곱미터(「수도권정비계획법」 제2조 제1호에 따른 수도권 외의 지역에서는 1천제곱미터) 이하인 경우는 5분의 1을 감경
  ㉡ 그 밖에 위반 동기, 위반 범위 및 위반 시기 등을 고려하여 대통령령으로 정하는 경우(제80조 제2항에 해당하는 경우는 제외한다)에는 100분의 75의 범위에서 대통령령으로 정하는 비율을 감경

> **대통령령으로 정하는 경우(영 제115조의4 제1항)** 〈개정 2024.6.18.〉
> 다음 각 호의 어느 하나에 해당하는 경우를 말한다.
>   1. 위반행위 후 소유권이 변경된 경우
>   2. 임차인이 있어 현실적으로 임대기간 중에 위반내용을 시정하기 어려운 경우(법 제79조 제1항에 따른 최초의 시정명령 전에 이미 임대차계약을 체결한 경우로서 해당 계약이 종료되거나 갱신되는 경우는 제외한다) 등 상황의 특수성이 인정되는 경우
>   3. 위반면적이 30제곱미터 이하인 경우([별표 1] 제1호부터 제4호까지의 규정에 따른 건축물로 한정하며, 「집합건물의 소유 및 관리에 관한 법률」의 적용을 받는 집합건축물은 제외한다)
>   4. 「집합건물의 소유 및 관리에 관한 법률」의 적용을 받는 집합건축물의 구분소유자가 위반한 면적이 5제곱미터 이하인 경우([별표 1] 제2호부터 제4호까지의 규정에 따른 건축물로 한정한다)
>   5. 법 제22조에 따른 사용승인 당시 존재하던 위반사항으로서 사용승인 이후 확인된 경우
>   6. 법률 제12516호 가축분뇨의 관리 및 이용에 관한 법률 일부개정법률 부칙 제9조에 따라 같은 조 제1항 각 호에 따른 기간(같은 조 제3항에 따른 환경부령으로 정하는 규모 미만의 시설의 경우 같은 항에 따른 환경부령으로 정하는 기한을 말한다) 내에 「가축분뇨의 관리 및 이용에 관한 법률」 제11조에 따른 허가 또는 변경허가를 받거나 신고 또는 변경신고를 하려는 배출시설(처리시설을 포함한다)의 경우
>   6의2. 법률 제12516호 가축분뇨의 관리 및 이용에 관한 법률 일부개정법률 부칙 제10조의2에 따라 같은 조 제1항에 따른 기한까지 환경부장관이 정하는 바에 따라 허가신청을 하였거나 신고한 배출시설(개 사육시설은 제외하되, 처리시설은 포함한다)의 경우
>   7. 그 밖에 위반행위의 정도와 위반 동기 및 공중에 미치는 영향 등을 고려하여 감경이 필요한 경우로서 건축조례로 정하는 경우

대통령령으로 정하는 비율(영 제115조의4 제2항) 〈개정 2024.6.18.〉

다음 각 호의 구분에 따른 비율을 말한다. 다만, 법 제80조 제1항 각 호 외의 부분 단서에 해당하는 경우에는 같은 항 각 호 외의 부분 단서에 따른 금액의 100분의 50을 말한다.
1. 제1항 제1호부터 제6호까지 및 제6호의2의 경우 : 100분의 75
2. 제1항 제7호의 경우 : 건축조례로 정하는 비율

② 허가권자는 법률 제4381호 건축법 개정법률의 시행일(1992년 6월 1일을 말한다) 이전에 이 법 또는 이 법에 따른 명령이나 처분을 위반한 주거용 건축물에 관하여는 대통령령으로 정하는 바에 따라 이행강제금을 감경할 수 있다.

이행강제금의 감경 비율(영 제115조의4 제3항)

다음 각 호와 같다.
1. 연면적 85제곱미터 이하 주거용 건축물의 경우 : 100분의 80
2. 연면적 85제곱미터 초과 주거용 건축물의 경우 : 100분의 60

5 법 제83조(옹벽 등의 공작물에의 준용)

① 대지를 조성하기 위한 옹벽, 굴뚝, 광고탑, 고가수조(高架水槽), 지하 대피호, 그 밖에 이와 유사한 것으로서 대통령령으로 정하는 공작물을 축조하려는 자는 대통령령으로 정하는 바에 따라 특별자치시장·특별자치도지사 또는 시장·군수·구청장에게 신고하여야 한다.

옹벽 등의 공작물에의 준용(영 제118조 제1항)

법 제83조 제1항에 따라 공작물을 축조(건축물과 분리하여 축조하는 것을 말한다)할 때 특별자치시장·특별자치도지사 또는 시장·군수·구청장에게 신고를 해야 하는 공작물은 다음 각 호와 같다.
1. 높이 6미터를 넘는 굴뚝
2. 삭제 〈2020.12.15.〉
3. 높이 4미터를 넘는 장식탑, 기념탑, 첨탑, 광고탑, 광고판, 그 밖에 이와 비슷한 것
4. 높이 8미터를 넘는 고가수조나 그 밖에 이와 비슷한 것
5. 높이 2미터를 넘는 옹벽 또는 담장
6. 바닥면적 30제곱미터를 넘는 지하대피호
7. 높이 6미터를 넘는 골프연습장 등의 운동시설을 위한 철탑, 주거지역·상업지역에 설치하는 통신용 철탑, 그 밖에 이와 비슷한 것
8. 높이 8미터(위험을 방지하기 위한 난간의 높이는 제외한다) 이하의 기계식 주차장 및 철골 조립식 주차장(바닥면이 조립식이 아닌 것을 포함한다)으로서 외벽이 없는 것
9. 건축조례로 정하는 제조시설, 저장시설(시멘트사일로를 포함한다), 유희시설, 그 밖에 이와 비슷한 것
10. 건축물의 구조에 심대한 영향을 줄 수 있는 중량물로서 건축조례로 정하는 것
11. 높이 5미터를 넘는 「신에너지 및 재생에너지 개발·이용·보급촉진법」 제2조 제2호 가목에 따른 태양에너지를 이용하는 발전설비와 그 밖에 이와 비슷한 것

② 제14조, 제21조 제5항, 제29조, 제40조 제4항, 제41조, 제47조, 제48조, 제55조, 제58조, 제60조, 제61조, 제79조, 제84조, 제85조, 제87조와 「국토의 계획 및 이용에 관한 법률」 제76조는 대통령령으로 정하는 바에 따라 ①항의 경우에 준용한다.

6 법 제84조(면적·높이 및 층수의 산정)

건축물의 대지면적, 연면적, 바닥면적, 높이, 처마, 천장, 바닥 및 층수의 산정방법은 대통령령으로 정한다.

(1) 대지면적(영 제119조 제1항 제1호)

> 대지의 수평투영면적으로 한다. 다만, 다음 각 목의 어느 하나에 해당하는 면적은 제외한다.
> 가. 법 제46조 제1항 단서에 따라 대지에 건축선이 정하여진 경우 : 그 건축선과 도로 사이의 대지면적
> 나. 대지에 도시·군계획시설인 도로·공원 등이 있는 경우 : 그 도시·군계획시설에 포함되는 대지(「국토의 계획 및 이용에 관한 법률」제47조 제7항에 따라 건축물 또는 공작물을 설치하는 도시·군계획시설의 부지는 제외한다)면적

(2) 건축면적(영 제119조 제1항 제2호)

> 건축물의 외벽(외벽이 없는 경우에는 외곽 부분의 기둥으로 한다)의 중심선으로 둘러싸인 부분의 수평투영면적으로 한다. 다만, 다음 각 목의 어느 하나에 해당하는 경우에는 해당 목에서 정하는 기준에 따라 산정한다.
> 가. 처마, 차양, 부연(附椽), 그 밖에 이와 비슷한 것으로서 그 외벽의 중심선으로부터 수평거리 1미터 이상 돌출된 부분이 있는 건축물의 건축면적은 그 돌출된 끝부분으로부터 다음의 구분에 따른 수평거리를 후퇴한 선으로 둘러싸인 부분의 수평투영면적으로 한다.
>   1) 「전통사찰의 보존 및 지원에 관한 법률」제2조 제1호에 따른 전통사찰 : 4미터 이하의 범위에서 외벽의 중심선까지의 거리
>   2) 사료 투여, 가축 이동 및 가축 분뇨 유출 방지 등을 위하여 처마, 차양, 부연, 그 밖에 이와 비슷한 것이 설치된 축사 : 3미터 이하의 범위에서 외벽의 중심선까지의 거리(두 동의 축사가 하나의 차양으로 연결된 경우에는 6미터 이하의 범위에서 축사 양 외벽의 중심선까지의 거리를 말한다)
>   3) 한옥 : 2미터 이하의 범위에서 외벽의 중심선까지의 거리
>   4) 「환경친화적자동차의 개발 및 보급 촉진에 관한 법률 시행령」제18조의5에 따른 충전시설(그에 딸린 충전 전용 주차구획을 포함한다)의 설치를 목적으로 처마, 차양, 부연, 그 밖에 이와 비슷한 것이 설치된 공동주택(「주택법」제15조에 따른 사업계획승인 대상으로 한정한다) : 2미터 이하의 범위에서 외벽의 중심선까지의 거리
>   5) 「신에너지 및 재생에너지 개발·이용·보급촉진법」제2조 제3호에 따른 신·재생에너지 설비(신·재생에너지를 생산하거나 이용하기 위한 것만 해당한다)를 설치하기 위하여 처마, 차양, 부연, 그 밖에 이와 비슷한 것이 설치된 건축물로서 「녹색건축물 조성 지원법」제17조에 따른 제로에너지건축물 인증을 받은 건축물 : 2미터 이하의 범위에서 외벽의 중심선까지의 거리
>   6) 「환경친화적 자동차의 개발 및 보급촉진에 관한 법률」제2조 제9호의 수소연료공급시설을 설치하기 위하여 처마, 차양, 부연 그 밖에 이와 비슷한 것이 설치된 [별표 1] 제19호 가목의 주유소, 같은 호 나목의 액화석유가스 충전소 또는 같은 호 바목의 고압가스 충전소 : 2미터 이하의 범위에서 외벽의 중심선까지의 거리
>   7) 그 밖의 건축물 : 1미터
> 나. 다음의 건축물의 건축면적은 국토교통부령으로 정하는 바에 따라 산정한다.
>   1) 태양열을 주된 에너지원으로 이용하는 주택
>   2) 창고 또는 공장 중 물품을 입출고하는 부위의 상부에 한쪽 끝은 고정되고 다른 쪽 끝은 지지되지 않는 구조로 설치된 돌출차양
>   3) 단열재를 구조체의 외기측에 설치하는 단열공법으로 건축된 건축물

다. 다음의 경우에는 건축면적에 산입하지 않는다.
1) 지표면으로부터 1미터 이하에 있는 부분(창고 중 물품을 입출고하기 위하여 차량을 접안시키는 부분의 경우에는 지표면으로부터 1.5미터 이하에 있는 부분)
2) 「다중이용업소의 안전관리에 관한 특별법 시행령」 제9조에 따라 기존의 다중이용업소(2004년 5월 29일 이전의 것만 해당한다)의 비상구에 연결하여 설치하는 폭 2미터 이하의 옥외 피난계단(기존 건축물에 옥외 피난계단을 설치함으로써 법 제55조에 따른 건폐율의 기준에 적합하지 아니하게 된 경우만 해당한다)
3) 건축물 지상층에 일반인이나 차량이 통행할 수 있도록 설치한 보행통로나 차량통로
4) 지하주차장의 경사로
5) 건축물 지하층의 출입구 상부(출입구 너비에 상당하는 규모의 부분을 말한다)
6) 생활폐기물 보관시설(음식물쓰레기, 의류 등의 수거시설을 말한다)
7) 「영유아보육법」 제15조에 따른 어린이집(2005년 1월 29일 이전에 설치된 것만 해당한다)의 비상구에 연결하여 설치하는 폭 2미터 이하의 영유아용 대피용 미끄럼대 또는 비상계단(기존 건축물에 영유아용 대피용 미끄럼대 또는 비상계단을 설치함으로써 법 제55조에 따른 건폐율 기준에 적합하지 아니하게 된 경우만 해당한다)
8) 「장애인·노인·임산부 등의 편의증진 보장에 관한 법률 시행령」 [별표 2]의 기준에 따라 설치하는 장애인용 승강기, 장애인용 에스컬레이터, 휠체어리프트 또는 경사로
9) 「가축전염병예방법」 제17조 제1항 제1호에 따른 소독설비를 갖추기 위하여 같은 호에 따른 가축사육시설(2015년 4월 27일 전에 건축되거나 설치된 가축사육시설로 한정한다)에서 설치하는 시설
10) 「매장유산 보호 및 조사에 관한 법률」 제14조 제1항 제1호 및 제2호에 따른 현지보존 및 이전보존을 위하여 매장유산 보호 및 전시에 전용되는 부분
11) 「가축분뇨의 관리 및 이용에 관한 법률」 제12조 제1항에 따른 처리시설(법률 제12516호 가축분뇨의 관리 및 이용에 관한 법률 일부개정법률 부칙 제9조에 해당하는 배출시설의 처리시설로 한정한다)
12) 「영유아보육법」 제15조에 따른 설치기준에 따라 직통계단 1개소를 갈음하여 건축물의 외부에 설치하는 비상계단(같은 조에 따른 어린이집이 2011년 4월 6일 이전에 설치된 경우로서 기존 건축물에 비상계단을 설치함으로써 법 제55조에 따른 건폐율 기준에 적합하지 않게 된 경우만 해당한다)

(3) 바닥면적(영 제119조 제1항 제3호)

건축물의 각 층 또는 그 일부로서 벽, 기둥, 그 밖에 이와 비슷한 구획의 중심선으로 둘러싸인 부분의 수평투영면적으로 한다. 다만, 다음 각 목의 어느 하나에 해당하는 경우에는 각 목에서 정하는 바에 따른다.
가. 벽·기둥의 구획이 없는 건축물은 그 지붕 끝부분으로부터 수평거리 1미터를 후퇴한 선으로 둘러싸인 수평투영면적으로 한다.
나. 건축물의 노대 등의 바닥은 난간 등의 설치 여부에 관계없이 노대 등의 면적(외벽의 중심선으로부터 노대 등의 끝부분까지의 면적을 말한다)에서 노대 등이 접한 가장 긴 외벽에 접한 길이에 1.5미터를 곱한 값을 뺀 면적을 바닥면적에 산입한다.
다. 필로티나 그 밖에 이와 비슷한 구조(벽면적의 2분의 1 이상이 그 층의 바닥면에서 위층 바닥 아래면까지 공간으로 된 것만 해당한다) 부분은 그 부분이 공중의 통행이나 차량의 통행 또는 주차에 전용되는 경우와 공동주택의 경우에는 바닥면적에 산입하지 아니한다.

라. 승강기탑(옥상 출입용 승강장을 포함한다), 계단탑, 장식탑, 다락[층고(層高)가 1.5미터(경사진 형태의 지붕인 경우에는 1.8미터) 이하인 것만 해당한다], 건축물의 내부에 설치하는 냉방설비 배기장치 전용 설치공간(각 세대나 실별로 외부 공기에 직접 닿는 곳에 설치하는 경우로서 1제곱미터 이하로 한정한다), 건축물의 외부 또는 내부에 설치하는 굴뚝, 더스트슈트, 설비덕트, 그 밖에 이와 비슷한 것과 옥상·옥외 또는 지하에 설치하는 물탱크, 기름탱크, 냉각탑, 정화조, 도시가스 정압기, 그 밖에 이와 비슷한 것을 설치하기 위한 구조물과 건축물 간에 화물의 이동에 이용되는 컨베이어벨트만을 설치하기 위한 구조물은 바닥면적에 산입하지 않는다.
마. 공동주택으로서 지상층에 설치한 기계실, 전기실, 어린이놀이터, 조경시설 및 생활폐기물 보관시설의 면적은 바닥면적에 산입하지 않는다.
바. 「다중이용업소의 안전관리에 관한 특별법 시행령」 제9조에 따라 기존의 다중이용업소(2004년 5월 29일 이전의 것만 해당한다)의 비상구에 연결하여 설치하는 폭 1.5미터 이하의 옥외 피난계단(기존 건축물에 옥외 피난계단을 설치함으로써 법 제56조에 따른 용적률에 적합하지 아니하게 된 경우만 해당한다)은 바닥면적에 산입하지 아니한다.
사. 제6조 제1항 제6호에 따른 건축물을 리모델링하는 경우로서 미관 향상, 열의 손실 방지 등을 위하여 외벽에 부가하여 마감재 등을 설치하는 부분은 바닥면적에 산입하지 아니한다.
아. 제1항 제2호 나목 3)의 건축물의 경우에는 단열재가 설치된 외벽 중 내측 내력벽의 중심선을 기준으로 산정한 면적을 바닥면적으로 한다.
자. 「영유아보육법」 제15조에 따른 어린이집(2005년 1월 29일 이전에 설치된 것만 해당한다)의 비상구에 연결하여 설치하는 폭 2미터 이하의 영유아용 대피용 미끄럼대 또는 비상계단의 면적은 바닥면적(기존 건축물에 영유아용 대피용 미끄럼대 또는 비상계단을 설치함으로써 법 제56조에 따른 용적률 기준에 적합하지 아니하게 된 경우만 해당한다)에 산입하지 아니한다.
차. 「장애인·노인·임산부 등의 편의증진 보장에 관한 법률 시행령」 [별표 2]의 기준에 따라 설치하는 장애인용 승강기, 장애인용 에스컬레이터, 휠체어리프트 또는 경사로는 바닥면적에 산입하지 아니한다.
카. 「가축전염병예방법」 제17조 제1항 제1호에 따른 소독설비를 갖추기 위하여 같은 호에 따른 가축사육시설(2015년 4월 27일 전에 건축되거나 설치된 가축사육시설로 한정한다)에서 설치하는 시설은 바닥면적에 산입하지 아니한다.
타. 「매장유산 보호 및 조사에 관한 법률」 제14조 제1항 제1호 및 제2호에 따른 현지보존 및 이전보존을 위하여 매장유산 보호 및 전시에 전용되는 부분은 바닥면적에 산입하지 아니한다.
파. 「영유아보육법」 제15조에 따른 설치기준에 따라 직통계단 1개소를 갈음하여 건축물의 외부에 설치하는 비상계단의 면적은 바닥면적(같은 조에 따른 어린이집이 2011년 4월 6일 이전에 설치된 경우로서 기존 건축물에 비상계단을 설치함으로써 법 제56조에 따른 용적률 기준에 적합하지 않게 된 경우만 해당한다)에 산입하지 않는다.
하. 지하주차장의 경사로(지상층에서 지하 1층으로 내려가는 부분으로 한정한다)는 바닥면적에 산입하지 않는다.
거. 제46조 제4항 제3호에 따른 대피공간의 바닥면적은 건축물의 각 층 또는 그 일부로서 벽의 내부선으로 둘러싸인 부분의 수평투영면적으로 한다. 〈신설 2023.9.12.〉
너. 제46조 제5항 제3호 또는 제4호에 따른 구조 또는 시설(해당 세대 밖으로 대피할 수 있는 구조 또는 시설만 해당한다)을 같은 조 제4항에 따른 대피공간에 설치하는 경우 또는 같은 조 제5항 제4호에 따른 대체시설을 발코니(발코니의 외부에 접하는 경우를 포함한다)에 설치하는 경우에는 해당 구조 또는 시설이 설치되는 대피공간 또는 발코니의 면적 중 다음의 구분에 따른 면적까지를 바닥면적에 산입하지 않는다. 〈신설 2023.9.12.〉
   1) 인접세대와 공동으로 설치하는 경우 : 4제곱미터
   2) 각 세대별로 설치하는 경우 : 3제곱미터

(4) 연면적(영 제119조 제1항 제4호)

하나의 건축물 각 층의 바닥면적의 합계로 하되, 용적률을 산정할 때에는 다음 각 목에 해당하는 면적은 제외한다.
　　가. 지하층의 면적
　　나. 지상층의 주차용(해당 건축물의 부속용도인 경우만 해당한다)으로 쓰는 면적
　　다. 삭제 〈2012.12.12.〉
　　라. 삭제 〈2012.12.12.〉
　　마. 제34조 제3항 및 제4항에 따라 초고층 건축물과 준초고층 건축물에 설치하는 피난안전구역의 면적
　　바. 제40조 제4항 제2호에 따라 건축물의 경사지붕 아래에 설치하는 대피공간의 면적

(5) 건축물의 높이(영 제119조 제1항 제5호) 〈개정 2024.6.18.〉

지표면으로부터 그 건축물의 상단까지의 높이[건축물의 1층 전체에 필로티(건축물을 사용하기 위한 경비실, 계단실, 승강기실, 그 밖에 이와 비슷한 것을 포함한다)가 설치되어 있는 경우에는 법 제60조 및 법 제61조 제2항을 적용할 때 필로티의 층고를 제외한 높이]로 한다. 다만, 다음 각 목의 어느 하나에 해당하는 경우에는 각 목에서 정하는 바에 따른다.
　　가. 법 제60조에 따른 건축물의 높이는 전면도로의 중심선으로부터의 높이로 산정한다. 다만, 전면도로가 다음의 어느 하나에 해당하는 경우에는 그에 따라 산정한다.
　　　　1) 건축물의 대지에 접하는 전면도로의 노면에 고저차가 있는 경우에는 그 건축물이 접하는 범위의 전면도로부분의 수평거리에 따라 가중평균한 높이의 수평면을 전면도로면으로 본다.
　　　　2) 건축물의 대지의 지표면이 전면도로보다 높은 경우에는 그 고저차의 2분의 1의 높이만큼 올라온 위치에 그 전면도로의 면이 있는 것으로 본다.
　　나. 법 제61조에 따른 건축물 높이를 산정할 때 건축물 대지의 지표면과 인접 대지의 지표면 간에 고저차가 있는 경우에는 그 지표면의 평균 수평면을 지표면으로 본다. 다만, 법 제61조 제2항에 따른 높이를 산정할 때 해당 대지가 인접 대지의 높이보다 낮은 경우에는 해당 대지의 지표면을 지표면으로 보고, 공동주택을 다른 용도와 복합하여 건축하는 경우에는 공동주택의 가장 낮은 부분을 그 건축물의 지표면으로 본다.
　　다. 건축물의 옥상에 설치되는 승강기탑(옥상 출입용 승강장을 포함한다)·계단탑·망루·장식탑·옥탑 등으로서 그 수평투영면적의 합계가 해당 건축물 건축면적의 8분의 1(「주택법」 제15조 제1항에 따른 사업계획승인 대상인 공동주택 중 세대별 전용면적이 85제곱미터 이하인 경우에는 6분의 1) 이하인 경우로서 그 부분의 높이가 12미터를 넘는 경우에는 그 넘는 부분만 해당 건축물의 높이에 산입한다.
　　라. 지붕마루장식·굴뚝·방화벽의 옥상돌출부나 그 밖에 이와 비슷한 옥상돌출물과 난간벽(그 벽면적의 2분의 1 이상이 공간으로 되어 있는 것만 해당한다)은 그 건축물의 높이에 산입하지 아니한다.

(6) 처마높이(영 제119조 제1항 제6호)

지표면으로부터 건축물의 지붕틀 또는 이와 비슷한 수평재를 지지하는 벽·깔도리 또는 기둥의 상단까지의 높이로 한다.

(7) 반자높이(영 제119조 제1항 제7호)

방의 바닥면으로부터 반자까지의 높이로 한다. 다만, 한 방에서 반자높이가 다른 부분이 있는 경우에는 그 각 부분의 반자면적에 따라 가중평균한 높이로 한다.

(8) 층고(영 제119조 제1항 제8호)

방의 바닥구조체 윗면으로부터 위층 바닥구조체의 윗면까지의 높이로 한다. 다만, 한 방에서 층의 높이가 다른 부분이 있는 경우에는 그 각 부분 높이에 따른 면적에 따라 가중평균한 높이로 한다.

(9) 층수(영 제119조 제1항 제9호)

승강기탑(옥상 출입용 승강장을 포함한다), 계단탑, 망루, 장식탑, 옥탑, 그 밖에 이와 비슷한 건축물의 옥상 부분으로서 그 수평투영면적의 합계가 해당 건축물 건축면적의 8분의 1(「주택법」 제15조 제1항에 따른 사업계획승인 대상인 공동주택 중 세대별 전용면적이 85제곱미터 이하인 경우에는 6분의 1) 이하인 것과 지하층은 건축물의 층수에 산입하지 아니하고, 층의 구분이 명확하지 아니한 건축물은 그 건축물의 높이 4미터마다 하나의 층으로 보고 그 층수를 산정하며, 건축물이 부분에 따라 그 층수가 다른 경우에는 그중 가장 많은 층수를 그 건축물의 층수로 본다.

(10) 지하층의 지표면(영 제119조 제1항 제10호)

법 제2조 제1항 제5호에 따른 지하층의 지표면은 각 층의 주위가 접하는 각 지표면 부분의 높이를 그 지표면 부분의 수평거리에 따라 가중평균한 높이의 수평면을 지표면으로 산정한다.

7 법 제85조(「행정대집행법」 적용의 특례)

① 허가권자는 제11조, 제14조, 제41조와 제79조 제1항에 따라 필요한 조치를 할 때 다음의 어느 하나에 해당하는 경우로서 「행정대집행법」 제3조 제1항과 제2항에 따른 절차에 의하면 그 목적을 달성하기 곤란한 때에는 해당 절차를 거치지 아니하고 대집행할 수 있다.
  ㉠ 재해가 발생할 위험이 절박한 경우
  ㉡ 건축물의 구조 안전상 심각한 문제가 있어 붕괴 등 손괴의 위험이 예상되는 경우
  ㉢ 허가권자의 공사중지명령을 받고도 따르지 아니하고 공사를 강행하는 경우
  ㉣ 도로통행에 현저하게 지장을 주는 불법건축물인 경우
  ㉤ 그 밖에 공공의 안전 및 공익에 매우 저해되어 신속하게 실시할 필요가 있다고 인정되는 경우로서 <u>대통령령으로 정하는 경우</u>
    ※ "대통령령으로 정하는 경우"란 「대기환경보전법」에 따른 대기오염물질 또는 「물환경보전법」에 따른 수질오염 물질을 배출하는 건축물로서 주변 환경을 심각하게 오염시킬 우려가 있는 경우를 말한다(영 제119조의2).
② 대집행은 건축물의 관리를 위하여 필요한 최소한도에 그쳐야 한다.

8 법 제86조(청문)

허가권자는 제79조에 따라 허가나 승인을 취소하려면 청문을 실시하여야 한다.

9 법 제87조의2(지역건축안전센터 설립)

① 지방자치단체의 장은 다음의 업무를 수행하기 위하여 관할 구역에 지역건축안전센터를 설치할 수 있다. 〈개정 2022.6.10.〉
  ㉠ 제21조, 제22조, 제27조 및 제87조에 따른 기술적인 사항에 대한 보고·확인·검토·심사 및 점검
  ㉡ 제11조, 제14조 및 제16조에 따른 허가 또는 신고에 관한 업무
  ㉢ 제25조에 따른 공사감리에 대한 관리·감독
  ㉣ 그 밖에 대통령령으로 정하는 사항
    ※ "대통령령으로 정하는 사항"이란 관할 구역 내 건축물의 안전에 관한 사항으로서 해당 지방자치단체의 조례로 정하는 사항을 말한다(영 제119조의3).

② 다음의 어느 하나에 해당하는 지방자치단체의 장은 관할 구역에 지역건축안전센터를 설치하여야 한다. 〈신설 2022.6.10.〉
  ㉠ 시·도
  ㉡ 인구 50만명 이상 시·군·구
  ㉢ 국토교통부령으로 정하는 바에 따라 산정한 건축허가 면적(직전 5년 동안의 연평균 건축허가 면적을 말한다) 또는 노후건축물 비율이 전국 지방자치단체 중 상위 30퍼센트 이내에 해당하는 인구 50만명 미만 시·군·구

③ 체계적이고 전문적인 업무 수행을 위하여 지역건축안전센터에「건축사법」제23조 제1항에 따라 신고한 건축사 또는「기술사법」제6조 제1항에 따라 등록한 기술사 등 전문인력을 배치하여야 한다. 〈개정 2022.6.10.〉

④ 지역건축안전센터의 설치·운영 및 전문인력의 자격과 배치기준 등에 필요한 사항은 국토교통부령으로 정한다. 〈개정 2022.6.10.〉

10 건축분쟁의 조정 등

(1) 건축분쟁전문위원회(법 제88조 제1항)

건축 등과 관련된 다음의 분쟁(「건설산업기본법」제69조에 따른 조정의 대상이 되는 분쟁은 제외한다)의 조정(調停) 및 재정(裁定)을 하기 위하여 국토교통부에 건축분쟁전문위원회(이하 "분쟁위원회"라 한다)를 둔다.
① 건축관계자와 해당 건축물의 건축 등으로 피해를 입은 인근주민 간의 분쟁
② 관계전문기술자와 인근주민 간의 분쟁
③ 건축관계자와 관계전문기술자 간의 분쟁
④ 건축관계자 간의 분쟁
⑤ 인근주민 간의 분쟁
⑥ 관계전문기술자 간의 분쟁
⑦ 그 밖에 대통령령으로 정하는 사항

(2) 분쟁위원회의 구성(법 제89조)

① 분쟁위원회는 위원장과 부위원장 각 1명을 포함한 15명 이내의 위원으로 구성한다.
② 분쟁위원회의 위원은 건축이나 법률에 관한 학식과 경험이 풍부한 자로서 다음의 어느 하나에 해당하는 자 중에서 국토교통부장관이 임명하거나 위촉한다. 이 경우 ⓒ에 해당하는 자가 2명 이상 포함되어야 한다.
  ㉠ 3급 상당 이상의 공무원으로 1년 이상 재직한 자
  ㉡ 「고등교육법」에 따른 대학에서 건축공학이나 법률학을 가르치는 조교수 이상의 직(職)에 3년 이상 재직한 자
  ㉢ <u>판사, 검사 또는 변호사의 직에 6년 이상 재직한 자</u>
  ㉣ 「국가기술자격법」에 따른 건축분야 기술사 또는 「건축사법」 제23조에 따라 건축사사무소개설신고를 하고 건축사로 6년 이상 종사한 자
  ㉤ 건설공사나 건설업에 대한 학식과 경험이 풍부한 자로서 그 분야에 15년 이상 종사한 자
③ 분쟁위원회의 위원장과 부위원장은 위원 중에서 국토교통부장관이 위촉한다.
④ 공무원이 아닌 위원의 임기는 3년으로 하되, 연임할 수 있으며, 보궐위원의 임기는 전임자의 남은 임기로 한다.
⑤ 분쟁위원회의 회의는 재적위원 과반수의 출석으로 열고 출석위원 과반수의 찬성으로 의결한다.

(3) 조정 등의 신청(법 제92조)

① 건축물의 건축 등과 관련된 분쟁의 조정 또는 재정(이하 "조정 등"이라 한다)을 신청하려는 자는 분쟁위원회에 조정 등의 신청서를 제출하여야 한다.
② 조정신청은 해당 사건의 당사자 중 1명 이상이 하며, 재정신청은 해당 사건 당사자 간의 합의로 한다. 다만, 분쟁위원회는 조정신청을 받으면 해당 사건의 모든 당사자에게 조정신청이 접수된 사실을 알려야 한다.
③ 분쟁위원회는 당사자의 조정신청을 받으면 60일 이내에, 재정신청을 받으면 120일 이내에 절차를 마쳐야 한다. 다만, 부득이한 사정이 있으면 분쟁위원회의 의결로 기간을 연장할 수 있다.

(4) 조정 등의 신청에 따른 공사중지(법 제93조 제3항)

시·도지사 또는 시장·군수·구청장은 위해 방지를 위하여 긴급한 상황이거나 그 밖에 특별한 사유가 없으면 조정 등의 신청이 있다는 이유만으로 해당 공사를 중지하게 하여서는 아니 된다.

(5) 조정위원회와 재정위원회(법 제94조)

① 조정은 3명의 위원으로 구성되는 조정위원회에서 하고, 재정은 5명의 위원으로 구성되는 재정위원회에서 한다.
② 조정위원회의 위원(이하 "조정위원"이라 한다)과 재정위원회의 위원(이하 "재정위원"이라 한다)은 사건마다 분쟁위원회의 위원 중에서 위원장이 지명한다. 이 경우 재정위원회에는 제89조 제2항 제4호 (<u>판사, 검사 또는 변호사의 직에 6년 이상 재직한 자</u>)에 해당하는 위원이 1명 이상 포함되어야 한다.
③ 조정위원회와 재정위원회의 회의는 구성원 전원의 출석으로 열고 과반수의 찬성으로 의결한다.

(6) 조정을 위한 조사 및 의견 청취(법 제95조)

① 조정위원회는 조정에 필요하다고 인정하면 조정위원 또는 사무국의 소속 직원에게 관계 서류를 열람하게 하거나 관계 사업장에 출입하여 조사하게 할 수 있다.
② 조정위원회는 필요하다고 인정하면 당사자나 참고인을 조정위원회에 출석하게 하여 의견을 들을 수 있다.
③ 분쟁의 조정신청을 받은 조정위원회는 조정기간 내에 심사하여 조정안을 작성하여야 한다.

(7) 조정의 효력(법 제96조) 기출 34회

① 조정위원회는 조정안을 작성하면 지체 없이 각 당사자에게 조정안을 제시하여야 한다.
② 조정안을 제시받은 당사자는 제시를 받은 날부터 15일 이내에 수락 여부를 조정위원회에 알려야 한다.
③ 조정위원회는 당사자가 조정안을 수락하면 즉시 조정서를 작성하여야 하며, 조정위원과 각 당사자는 이에 기명날인하여야 한다.
④ 당사자가 조정안을 수락하고 조정서에 기명날인하면 조정서의 내용은 재판상 화해와 동일한 효력을 갖는다. 다만, 당사자가 임의로 처분할 수 없는 사항에 관한 것은 그러하지 아니하다. 〈개정 2020.12.22.〉

(8) 분쟁의 재정(법 제97조)

① 재정은 문서로써 하여야 하며, 재정 문서에는 다음의 사항을 적고 재정위원이 이에 기명날인하여야 한다.
  ㉠ 사건번호와 사건명
  ㉡ 당사자, 선정대표자, 대표당사자 및 대리인의 주소·성명
  ㉢ 주문(主文)
  ㉣ 신청 취지
  ㉤ 이유
  ㉥ 재정 날짜
② 이유를 적을 때에는 주문의 내용이 정당하다는 것을 인정할 수 있는 한도에서 당사자의 주장 등을 표시하여야 한다.
③ 재정위원회는 재정을 하면 지체 없이 재정 문서의 정본(正本)을 당사자나 대리인에게 송달하여야 한다.

(9) 재정을 위한 조사권 등(법 제98조)

① 재정위원회는 분쟁의 재정을 위하여 필요하다고 인정하면 당사자의 신청이나 직권으로 재정위원 또는 소속 공무원에게 다음의 행위를 하게 할 수 있다.
  ㉠ 당사자나 참고인에 대한 출석 요구, 자문 및 진술 청취
  ㉡ 감정인의 출석 및 감정 요구
  ㉢ 사건과 관계있는 문서나 물건의 열람·복사·제출 요구 및 유치
  ㉣ 사건과 관계있는 장소의 출입·조사
② 당사자는 조사 등에 참여할 수 있다.

③ 재정위원회가 직권으로 조사 등을 한 경우에는 그 결과에 대하여 당사자의 의견을 들어야 한다.
④ 재정위원회는 당사자나 참고인에게 진술하게 하거나 감정인에게 감정하게 할 때에는 당사자나 참고인 또는 감정인에게 선서를 하도록 하여야 한다.
⑤ 사건과 관계있는 장소의 출입·조사를 하는 경우에 재정위원 또는 소속 공무원은 그 권한을 나타내는 증표를 지니고 이를 관계인에게 내보여야 한다.

(10) 재정의 효력 등(법 제99조)

재정위원회가 재정을 한 경우 재정 문서의 정본이 당사자에게 송달된 날부터 60일 이내에 당사자 양쪽이나 어느 한쪽으로부터 그 재정의 대상인 건축물의 건축 등의 분쟁을 원인으로 하는 소송이 제기되지 아니하거나 그 소송이 철회되면 그 재정 내용은 재판상 화해와 동일한 효력을 갖는다. 다만, 당사자가 임의로 처분할 수 없는 사항에 관한 것은 그러하지 아니하다.

(11) 시효의 중단(법 제100조)

당사자가 재정에 불복하여 소송을 제기한 경우 시효의 중단과 제소기간을 산정할 때에는 재정신청을 재판상의 청구로 본다.

(12) 조정 회부(법 제101조)

분쟁위원회는 재정신청이 된 사건을 조정에 회부하는 것이 적합하다고 인정하면 직권으로 직접 조정할 수 있다.

(13) 비용부담(법 제102조)

① 분쟁의 조정 등을 위한 감정·진단·시험 등에 드는 비용은 당사자 간의 합의로 정하는 비율에 따라 당사자가 부담하여야 한다. 다만, 당사자 간에 비용부담에 대하여 합의가 되지 아니하면 조정위원회나 재정위원회에서 부담비율을 정한다.
② 조정위원회나 재정위원회는 필요하다고 인정하면 대통령령으로 정하는 바에 따라 당사자에게 비용을 예치하게 할 수 있다.
③ 비용의 범위에 관하여는 국토교통부령으로 정한다.

(14) 분쟁위원회의 운영 및 사무처리 위탁(법 제103조)

① 국토교통부장관은 분쟁위원회의 운영 및 사무처리를 「국토안전관리원법」에 따른 국토안전관리원(이하 "국토안전관리원"이라 한다)에 위탁할 수 있다.
② 분쟁위원회의 운영 및 사무처리를 위한 조직 및 인력 등은 대통령령으로 정한다.
③ 국토교통부장관은 예산의 범위에서 분쟁위원회의 운영 및 사무처리에 필요한 경비를 국토안전관리원에 출연 또는 보조할 수 있다.

(15) 조정 등의 절차(법 제104조)

제88조부터 제103조까지의 규정에서 정한 것 외에 분쟁의 조정 등의 방법·절차 등에 관하여 필요한 사항은 대통령령으로 정한다.

제5편 | 건축법

실전문제

※ 개정법령 반영으로 인해 기출문제를 수정한 경우 기출수정 표기를 하였습니다.

제1장 총칙

01 건축법상 용어의 정의에 관한 조문의 일부이다. ( )에 들어갈 내용으로 옳은 것은? 기출 22

> • "지하층"이란 건축물의 바닥이 지표면 아래에 있는 층으로서 바닥에서 지표면까지 평균높이가 해당 층 높이의 (ㄱ)분의 1 이상인 것을 말한다.
> • "고층건축물"이란 층수가 (ㄴ)층 이상이거나 높이가 (ㄷ)미터 이상인 건축물을 말한다.

① ㄱ : 2, ㄴ : 20, ㄷ : 100
② ㄱ : 2, ㄴ : 20, ㄷ : 120
③ ㄱ : 2, ㄴ : 30, ㄷ : 120
④ ㄱ : 3, ㄴ : 20, ㄷ : 100
⑤ ㄱ : 3, ㄴ : 30, ㄷ : 120

해설

③ (○) ㄱ : 2, ㄴ : 30, ㄷ : 120

> 정의(법 제2조 제1항)
> • "지하층"이란 건축물의 바닥이 지표면 아래에 있는 층으로서 바닥에서 지표면까지 평균높이가 해당 층 높이의 (2분의 1) 이상인 것을 말한다.
> • "고층건축물"이란 층수가 (30층) 이상이거나 높이가 (120미터) 이상인 건축물을 말한다.

답 ③

02 건축법령상 용어에 관한 설명으로 옳지 않은 것은? 기출 21

① "지하층"이란 건축물의 바닥이 지표면 아래에 있는 층으로서 바닥에서 지표면까지 평균높이가 해당 층 높이의 3분의 1 이상인 것을 말한다.
② "거실"이란 건축물 안에서 거주, 집무, 작업, 집회, 오락, 그 밖에 이와 유사한 목적을 위하여 사용되는 방을 말한다.
③ "고층건축물"이란 층수가 30층 이상이거나 높이가 120미터 이상인 건축물을 말한다.
④ "초고층 건축물"이란 층수가 50층 이상이거나 높이가 200미터 이상인 건축물을 말한다.
⑤ "이전"이란 건축물의 주요구조부를 해체하지 아니하고 같은 대지의 다른 위치로 옮기는 것을 말한다.

해설

① (×) "지하층"이란 건축물의 바닥이 지표면 아래에 있는 층으로서 바닥에서 지표면까지 평균높이가 해당 층 높이의 <u>2분의 1</u> 이상인 것을 말한다(법 제2조 제1항 제5호).
② (○) 법 제2조 제1항 제6호
③ (○) 법 제2조 제1항 제19호
④ (○) 영 제2조 제15호
⑤ (○) 영 제2조 제5호

답 ①

03 건축법령상 다중이용 건축물에 해당하는 것은? 기출 25

① 바닥면적의 합계가 1만5천제곱미터인 동물원
② 바닥면적의 합계가 4천제곱미터인 10층의 학원
③ 바닥면적의 합계가 1만제곱미터인 요양병원
④ 바닥면적의 합계가 8천제곱미터인 종교시설
⑤ 바닥면적의 합계가 6천제곱미터인 일반숙박시설

해설

④ (○) 바닥면적의 합계가 5천제곱미터 이상인 종교시설은 다중이용 건축물에 해당한다(영 제2조 제17호 가목).

> **다중이용 건축물의 정의(영 제2조 제17호 가목)**
> "다중이용 건축물"이란 다음의 어느 하나에 해당하는 용도로 쓰는 바닥면적의 합계가 5천제곱미터 이상인 건축물을 말한다.
> 1) 문화 및 집회시설(동물원 및 식물원은 제외한다)
> 2) 종교시설
> 3) 판매시설
> 4) 운수시설 중 여객용 시설
> 5) 의료시설 중 종합병원
> 6) 숙박시설 중 관광숙박시설

답 ④

04 건축법령상 용어의 정의에 관한 설명으로 옳지 않은 것은? 기출 24

① 기존 건축물의 전부를 해체하고 그 대지에 종전과 같은 규모의 범위에서 건축물을 다시 축조하는 것은 "개축"에 해당한다.
② "재축"에 해당하려면 연면적 합계는 종전 규모 이하로 하여야 한다.
③ "이전"이란 건축물의 주요구조부를 해체하지 아니하고 같은 대지의 다른 위치로 옮기는 것을 말한다.
④ 16층 이상인 건축물은 그 용도에 관계없이 "다중이용 건축물"이다.
⑤ 기둥과 기둥 사이의 거리가 15미터 이상인 건축물은 "특수구조 건축물"이다.

> **해설**

⑤ (×) 기둥과 기둥 사이의 거리(기둥의 중심선 사이의 거리를 말하며, 기둥이 없는 경우에는 내력벽과 내력벽의 중심선 사이의 거리를 말한다)가 <u>20미터 이상인 건축물이 '특수구조 건축물'</u>이다(영 제2조 제18호 나목).
① (○) 영 제2조 제3호
② (○) 영 제2조 제4호
③ (○) 영 제2조 제5호
④ (○) 영 제2조 제17호 나목

답 ⑤

05 건축법령상 용어에 관한 설명으로 옳지 않은 것은? 기출 16

① "지하층"이란 건축물의 바닥이 지표면 아래에 있는 층으로서 바닥에서 지표면까지 평균높이가 해당 층 높이의 2분의 1 이상인 것을 말한다.
② 건축물을 이전하는 것은 "건축"에 해당하지 않는다.
③ "리모델링"이란 건축물의 노후화를 억제하거나 기능 향상 등을 위하여 대수선하거나 일부 증축하는 행위를 말한다.
④ 층수가 25층이며, 높이가 120미터인 건축물은 "고층건축물"에 해당한다.
⑤ 피뢰침은 "건축설비"에 해당한다.

> **해설**

② (×) "건축"이란 건축물을 신축·증축·개축·재축하거나 <u>건축물을 이전하는 것</u>을 말한다(법 제2조 제1항 제8호).
① (○) 법 제2조 제1항 제5호
③ (○) 법 제2조 제1항 제10호
④ (○) "고층건축물"이란 층수가 <u>30층 이상이거나 높이가 120미터 이상인 건축물</u>을 말한다(법 제2조 제1항 제19호).
⑤ (○) "건축설비"란 건축물에 설치하는 전기·전화 설비, 초고속 정보통신 설비, 지능형 홈네트워크 설비, 가스·급수·배수(配水)·배수(排水)·환기·난방·냉방·소화(消火)·배연(排煙) 및 오물처리의 설비, 굴뚝, 승강기, 피뢰침, 국기 게양대, 공동시청 안테나, 유선방송 수신시설, 우편함, 저수조(貯水槽), 방범시설, 그 밖에 국토교통부령으로 정하는 설비를 말한다(법 제2조 제1항 제4호).

답 ②

06 건축법령상 건축법을 적용하지 않는 건축물을 모두 고른 것은? 기출수정 기출 19

ㄱ. 「문화유산의 보존 및 활용에 관한 법률」에 따른 지정문화유산이나 임시지정문화유산
ㄴ. 철도나 궤도의 선로 부지에 있는 플랫폼
ㄷ. 고속도로 통행료 징수시설
ㄹ. 주거용 건축물의 대지에 설치한 컨테이너를 이용한 간이창고
ㅁ. 「하천법」에 따른 하천구역 내의 수문조작실

① ㄱ, ㄹ
② ㄴ, ㄷ
③ ㄱ, ㄴ, ㄷ, ㅁ
④ ㄱ, ㄷ, ㄹ, ㅁ
⑤ ㄴ, ㄷ, ㄹ, ㅁ

해설

③ (○) 법 제3조 제1항

> **적용 제외(법 제3조 제1항)**
> 다음 각 호의 어느 하나에 해당하는 건축물에는 이 법을 적용하지 아니한다.
> 1. 「문화유산의 보존 및 활용에 관한 법률」에 따른 지정문화유산이나 임시지정문화유산 또는 「자연유산의 보존 및 활용에 관한 법률」에 따라 지정된 천연기념물 등이나 임시지정 천연기념물, 임시지정 명승, 임시지정 시·도 자연유산, 임시 자연유산자료 (ㄱ) 〈개정 2024.2.6.〉
> 2. 철도나 궤도의 선로 부지(敷地)에 있는 다음 각 목의 시설
>   가. 운전보안시설
>   나. 철도 선로의 위나 아래를 가로지르는 보행시설
>   다. 플랫폼 (ㄴ)
>   라. 해당 철도 또는 궤도사업용 급수(給水)·급탄(給炭) 및 급유(給油) 시설
> 3. 고속도로 통행료 징수시설 (ㄷ)
> 4. 컨테이너를 이용한 간이창고(「산업집적활성화 및 공장설립에 관한 법률」 제2조 제1호에 따른 공장의 용도로만 사용되는 건축물의 대지에 설치하는 것으로서 이동이 쉬운 것만 해당된다)
> 5. 「하천법」에 따른 하천구역 내의 수문조작실 (ㅁ)

답 ③

제2장 건축물의 건축

01 건축법령상 건축 관련 입지와 규모의 사전결정에 관한 설명으로 옳지 않은 것은? 기출 18

① 건축허가 대상 건축물을 건축하려는 자는 건축허가를 신청하기 전에 허가권자에게 해당 대지에 건축 가능한 건축물의 규모에 대한 사전결정을 신청할 수 있다.
② 사전결정신청자는 건축위원회 심의와 「도시교통정비촉진법」에 따른 교통영향평가서의 검토를 동시에 신청할 수 있다.
③ 허가권자는 사전결정이 신청된 건축물의 대지면적이 「환경영향평가법」에 따른 소규모 환경영향평가 대상사업인 경우 환경부장관이나 지방환경관서의 장과 소규모 환경영향평가에 관한 협의를 하여야 한다.
④ 사전결정신청자가 사전결정 통지를 받은 경우에는 「하천법」에 따른 하천점용허가를 받은 것으로 본다.
⑤ 사전결정신청자는 사전결정을 통지받은 날부터 2년 이내에 건축허가를 받아야 하며, 이 기간에 건축허가를 받지 아니하면 사전결정의 효력은 상실된다.

해설

⑤ (×) 사전결정신청자는 사전결정을 통지받은 날부터 2년 이내에 <u>건축허가를 신청하여야</u> 하며, 이 기간에 건축허가를 신청하지 아니하면 사전결정의 효력이 상실된다(법 제10조 제9항).
① (○) 법 제10조 제1항 제2호
② (○) 법 제10조 제2항
③ (○) 법 제10조 제3항
④ (○) 법 제10조 제6항 제4호

답 ⑤

02 건축법령상 건축허가권자로부터 건축 관련 입지와 규모의 사전결정 통지를 받은 경우 허가를 받은 것으로 보는 것이 아닌 것은? 기출 20

① 「국토의 계획 및 이용에 관한 법률」에 따른 개발행위허가
② 「산지관리법」에 따른 산지전용허가(보전산지가 아님)
③ 「농지법」에 따른 농지전용허가
④ 「하천법」에 따른 하천점용허가
⑤ 「도로법」에 따른 도로점용허가

해설

⑤ (×) 「도로법」에 따른 도로점용허가는 의제사항이 아니다.

> **건축 관련 입지와 규모의 사전결정(법 제10조 제6항)**
>
> 사전결정 통지를 받은 경우에는 다음 각 호의 허가를 받거나 신고 또는 협의를 한 것으로 본다.
> 1. 「국토의 계획 및 이용에 관한 법률」 제56조에 따른 개발행위허가
> 2. 「산지관리법」 제14조와 제15조에 따른 산지전용허가와 산지전용신고, 같은 법 제15조의2에 따른 산지일시사용허가·신고. 다만, 보전산지인 경우에는 도시지역만 해당된다.
> 3. 「농지법」 제34조, 제35조 및 제43조에 따른 농지전용허가·신고 및 협의
> 4. 「하천법」 제33조에 따른 하천점용허가

답 ⑤

03
건축법령상 건축허가 등에 관한 설명으로 옳지 않은 것은? 기출 17

① 광역시에 연면적의 합계가 20만제곱미터인 공장을 건축하려면 광역시장의 허가를 받아야 한다.
② 허가권자는 숙박시설에 해당하는 건축물의 용도가 교육환경 등 주변 환경을 고려할 때 부적합하다고 인정되는 경우에는 건축위원회의 심의를 거쳐 해당 건축허가를 하지 아니할 수 있다.
③ 건축허가를 받으면 「도로법」에 따른 도로의 점용 허가를 받은 것으로 본다.
④ 건축 관련 입지와 규모에 대한 사전결정을 신청한 자는 사전결정을 통지받은 날부터 2년 이내에 건축허가를 신청하여야 한다.
⑤ 건축허가를 받은 후 건축주를 변경하는 경우에는 신고하여야 한다.

해설

① (×) 공장은 광역시장의 허가를 받아 건축해야 하는 건축물에 해당하지 않는다(영 제8조 제1항 단서 제1호).

> **건축허가(영 제8조)**
> ① 법 제11조 제1항 단서에 따라 특별시장 또는 광역시장의 허가를 받아야 하는 건축물의 건축은 층수가 21층 이상이거나 연면적의 합계가 10만 제곱미터 이상인 건축물의 건축(연면적의 10분의 3 이상을 증축하여 층수가 21층 이상으로 되거나 연면적의 합계가 10만 제곱미터 이상으로 되는 경우를 포함한다)을 말한다. 다만, 다음 각 호의 어느 하나에 해당하는 건축물의 건축은 제외한다.
> 1. 공장
> 2. 창고
> 3. 지방건축위원회의 심의를 거친 건축물(특별시 또는 광역시의 건축조례로 정하는 바에 따라 해당 지방건축위원회의 심의사항으로 할 수 있는 건축물에 한정하며, 초고층 건축물은 제외한다)

② (○) 법 제11조 제4항 제1호
③ (○) 법 제11조 제5항 제9호
④ (○) 법 제10조 제9항
⑤ (○) 법 제16조 제1항, 영 제12조 제1항 제3호

답 ①

04
건축법령상 자연환경이나 수질을 보호하기 위하여 도지사가 지정·공고한 구역에 건축하는 3층 이상 또는 연면적의 합계가 1천제곱미터 이상인 건축물로서 시장·군수가 건축허가를 할 경우 사전에 도지사의 승인을 받아야 하는 건축물이 아닌 것은? (단, 다른 조건은 고려하지 않음) 기출 25

① 공동주택
② 제2종 근린생활시설인 일반음식점
③ 공공업무시설
④ 숙박시설
⑤ 위락시설

> **해설**

③ (×) 공공업무시설이 아닌 일반업무시설이 사전에 도지사의 승인을 받아야 하는 건축물에 해당한다(법 제11조 제2항 제2호, 영 제8조 제3항 제3호 참조).

> **건축허가(법 제11조 제2항 제2호)**
> 시장·군수는 자연환경이나 수질을 보호하기 위하여 도지사가 지정·공고한 구역에 건축하는 3층 이상 또는 연면적의 합계가 1천제곱미터 이상인 건축물로서 위락시설과 숙박시설 등 대통령령으로 정하는 용도에 해당하는 건축물의 건축을 허가하려면 미리 건축계획서와 국토교통부령으로 정하는 건축물의 용도, 규모 및 형태가 표시된 기본설계도서를 첨부하여 도지사의 승인을 받아야 한다.
>
> **위락시설과 숙박시설 등 대통령령으로 정하는 용도에 해당하는 건축물(영 제8조 제3항)**
> 1. 공동주택 (①)
> 2. 제2종 근린생활시설(일반음식점만 해당한다) (②)
> 3. 업무시설(일반업무시설만 해당한다)
> 4. 숙박시설 (④)
> 5. 위락시설 (⑤)

답 ③

---

05 건축법령상 건축물의 용도에 따른 건축허가의 승인에 관한 설명이다. ( )에 해당하는 건축물이 아닌 것은? 기출 22

> 시장·군수가 자연환경이나 수질을 보호하기 위하여 도지사가 지정·공고한 구역에 건축하는 3층 이상 또는 연면적의 합계가 1천제곱미터 이상인 건축물로서 ( )의 건축을 허가하려면 미리 도지사의 승인을 받아야 한다.

① 공동주택
② 제2종 근린생활시설(일반음식점만 해당한다)
③ 업무시설(일반업무시설은 제외한다)
④ 숙박시설
⑤ 위락시설

> **해설**

③ (×) 업무시설 중 일반업무시설만 해당한다(영 제8조 제3항 제3호).

답 ③

06 건축법령상 건축허가에 관한 설명으로 옳은 것은? (단, 조례는 고려하지 않음) 기출 21

① 21층 이상의 건축물을 특별시나 광역시에 건축하려면 국토교통부장관의 허가를 받아야 한다.
② 주거환경이나 교육환경 등 주변 환경을 보호하기 위하여 도지사가 필요하다고 인정하여 지정·공고한 구역에 건축하는 위락시설에 해당하는 건축물의 건축을 시장·군수가 허가하려면 도지사의 승인을 받아야 한다.
③ 허가권자는 숙박시설에 해당하는 건축물의 건축을 허가하는 경우 해당 대지에 건축하려는 건축물의 용도·규모가 주거환경 등 주변 환경을 고려할 때 부적합하다고 인정되는 경우에는 건축위원회의 심의를 거치지 않고 건축허가를 하지 아니할 수 있다.
④ 허가권자는 허가를 받은 자가 허가를 받은 날부터 4년 이내에 공사에 착수하지 아니한 경우라도 정당한 사유가 있다고 인정되면 2년의 범위에서 공사 기간을 연장할 수 있다.
⑤ 분양을 목적으로 하는 공동주택의 건축허가를 받으려는 자는 대지의 소유권을 확보하지 않아도 된다.

해설

② (○) 법 제11조 제2항 제3호
① (×) 21층 이상의 건축물을 특별시나 광역시에 건축하려면 특별시장, 광역시장의 허가를 받아야 한다(법 제11조 제1항 단서).
③ (×) 허가권자는 숙박시설에 해당하는 건축물의 건축을 허가하는 경우 해당 대지에 건축하려는 건축물의 용도·규모가 주거환경 등 주변 환경을 고려할 때 부적합하다고 인정되는 경우에는 건축위원회의 심의를 거쳐 건축허가를 하지 아니할 수 있다(법 제11조 제4항 제1호).
④ (×) 허가권자는 허가를 받은 자가 허가를 받은 날부터 2년 이내에 공사에 착수하지 아니한 경우라도 정당한 사유가 있다고 인정되면 1년의 범위에서 공사 기간을 연장할 수 있다(법 제11조 제7항 제1호).
⑤ (×) 분양을 목적으로 하는 공동주택의 건축허가를 받으려는 자는 대지의 소유권을 확보하여야 한다(법 제11조 제11항 제1호).

답 ②

07 건축법령상 건축허가에 관한 설명으로 옳은 것은? 기출 16

① 위락시설에 해당하는 건축물의 건축을 허가하는 경우 건축물의 용도·규모가 주거환경 등 주변 환경을 고려할 때 부적합하다고 인정되면 건축위원회의 심의를 거쳐 건축허가를 하지 않을 수 있다.
② 연면적의 합계가 10만제곱미터 이상인 공장을 광역시에 건축하려면 광역시장의 허가를 받아야 한다.
③ 고속도로 통행료 징수시설을 대수선하려는 자는 시장·군수·구청장의 허가를 받아야 한다.
④ 허가권자는 건축허가를 받은 자가 허가를 받은 날부터 6개월 이내에 공사에 착수하지 아니한 경우 허가를 취소하여야 한다.
⑤ 건축위원회의 심의를 받은 자가 심의 결과를 통지 받은 날부터 1년 이내에 건축허가를 신청하지 아니하면 건축위원회 심의의 효력이 상실된다.

해설

① (○) 법 제11조 제4항 제1호
② (×) 공장의 건축은 제외한다(영 제8조 제1항 제1호).

> **건축허가(영 제8조 제1항)**
> 법 제11조 제1항 단서에 따라 특별시장 또는 광역시장의 허가를 받아야 하는 건축물의 건축은 층수가 21층 이상이거나 연면적의 합계가 10만제곱미터 이상인 건축물의 건축(연면적의 10분의 3이상을 증축하여 층수가 21층 이상으로 되거나 연면적의 합계가 10만제곱미터 이상으로 되는 경우를 포함한다)을 말한다. 다만, 다음 각 호의 어느 하나에 해당하는 건축물의 건축은 제외한다.
> 1. 공장
> 2. 창고
> 3. 지방건축위원회의 심의를 거친 건축물(특별시 또는 광역시의 건축조례로 정하는 바에 따라 해당 지방건축위원회의 심의사항으로 할 수 있는 건축물에 한정하며, 초고층 건축물은 제외한다)

③ (×) 고속도로 통행료 징수시설에 대해서는 건축법을 적용하지 않는다(법 제3조 제1항 제3호).
④ (×) 허가를 받은 날부터 2년 이내에 공사에 착수하지 않는 경우 건축허가를 취소하여야 한다(법 제11조 제7항).
⑤ (×) 건축위원회의 심의를 받은 자가 심의 결과를 통지 받은 날부터 2년 이내에 건축허가를 신청하지 아니하면 건축위원회 심의의 효력이 상실된다(법 제11조 제10항).

답 ①

08 건축법령상 건축허가 전에 건축물 안전영향평가를 받아야 하는 주요 건축물에 해당하지 <u>않는</u> 것은? (단, 하나의 대지 위에 하나의 건축물이 있는 경우를 전제로 함) 기출 18

① 층수가 70층인 건축물
② 높이가 250미터인 건축물
③ 연면적 10만제곱미터인 20층의 건축물
④ 연면적 20만제곱미터인 30층의 건축물
⑤ 층수가 15층이고 높이가 150미터인 연면적 10만제곱미터의 건축물

해설

⑤ (×) 허가권자는 <u>초고층 건축물 등 대통령령으로 정하는 주요 건축물</u>에 대하여 건축허가를 하기 전에 건축물의 구조, 지반 및 풍환경(風環境) 등이 건축물의 구조안전과 인접 대지의 안전에 미치는 영향 등을 평가하는 건축물 안전영향평가를 안전영향평가기관에 의뢰하여 실시하여야 한다(법 제13조의2 제1항).

> **"초고층 건축물 등 대통령령으로 정하는 주요 건축물"**(영 제10조의3 제1항)
> 1. 초고층 건축물
> 2. 다음 각 목의 요건을 모두 충족하는 건축물
>   가. 연면적(하나의 대지에 둘 이상의 건축물을 건축하는 경우에는 각각의 건축물의 연면적을 말한다)이 10만제곱미터 이상일 것
>   나. 16층 이상일 것

답 ⑤

---

09 건축법령상 건축허가에 관한 설명으로 옳지 <u>않은</u> 것은? (단, 조례는 고려하지 않음) 기출 19

① 50층의 공동주택을 광역시에 건축하려면 광역시장의 허가를 받아야 한다.
② 자연환경을 보호하기 위하여 도지사가 지정·공고한 구역에 건축하는 3층의 숙박시설에 대하여 시장·군수가 건축허가를 하려면 도지사의 승인을 받아야 한다.
③ 건축허가를 받으면 「자연공원법」에 따른 행위허가를 받은 것으로 본다.
④ 건축허가시 실시하는 건축물 안전영향평가는 건축물이 연면적 10만제곱미터 이상이고 21층 이상일 것을 요건으로 한다.
⑤ 2층 건축물이 건축허가 대상이라도 증축하려는 부분의 바닥면적의 합계가 80제곱미터인 경우에는 증축에 대한 건축신고를 하면 건축허가를 받은 것으로 본다.

> **해설**

④ (×) 건축허가시 실시하는 건축물 안전영향평가는 건축물이 연면적 10만제곱미터 이상이고 16층 이상일 것을 요건으로 한다(영 제10조의3 제1항).
① (○) 법 제11조 제1항, 영 제8조 제1항
② (○) 법 제11조 제2항
③ (○) 법 제11조 제5항 제19호
⑤ (○) 법 제14조 제1항 제1호

답 ④

10

건축법령상 안전영향평가를 실시하여야 할 건축물은 다음 각 호의 어느 하나에 해당하는 건축물이다. ( )에 들어갈 내용으로 옳은 것은? 기출 23

> 1. 초고층 건축물
> 2. 연면적(하나의 대지에 둘 이상의 건축물을 건축하는 경우에는 각각의 건축물의 연면적을 말한다)이 (ㄱ)만 제곱미터 이상이고, (ㄴ)층 이상인 건축물

① ㄱ : 5,   ㄴ : 15
② ㄱ : 7,   ㄴ : 15
③ ㄱ : 7,   ㄴ : 16
④ ㄱ : 10, ㄴ : 15
⑤ ㄱ : 10, ㄴ : 16

> **해설**

⑤ (○) 허가권자는 초고층 건축물 등 대통령령으로 정하는 주요 건축물에 대하여 건축허가를 하기 전에 건축물의 구조, 지반 및 풍환경(風環境) 등이 건축물의 구조안전과 인접 대지의 안전에 미치는 영향 등을 평가하는 건축물 안전영향평가를 안전영향평가기관에 의뢰하여 실시하여야 한다(법 제13조의2 제1항).

> **"초고층 건축물 등 대통령령으로 정하는 주요 건축물"**(영 제10조의3 제1항)
> 다음 각 호의 어느 하나에 해당하는 건축물을 말한다.
>   1. 초고층 건축물
>   2. 다음 각 목의 요건을 모두 충족하는 건축물
>   가. 연면적(하나의 대지에 둘 이상의 건축물을 건축하는 경우에는 각각의 건축물의 연면적을 말한다)이 (10)만 제곱미터 이상일 것
>   나. (16)층 이상일 것

답 ⑤

11 건축법령상 안전영향평가에 관한 설명으로 옳지 않은 것은? 기출 22

① 허가권자는 초고층 건축물에 대하여 건축허가를 하기 전에 안전영향평가를 안전영향평가기관에 의뢰하여 실시하여야 한다.
② 안전영향평가는 건축물의 구조, 지반 및 풍환경(風環境) 등이 건축물의 구조안전과 인접 대지의 안전에 미치는 영향 등을 평가하는 것이다.
③ 안전영향평가 결과는 건축위원회의 심의를 거쳐 확정한다.
④ 안전영향평가의 대상에는 하나의 건축물이 연면적 10만제곱미터 이상이면서 16층 이상인 경우도 포함된다.
⑤ 안전영향평가를 실시하여야 하는 건축물이 다른 법률에 따라 구조안전과 인접 대지의 안전에 미치는 영향 등을 평가 받은 경우에는 안전영향평가의 모든 항목을 평가 받은 것으로 본다.

해설

⑤ (✕) 안전영향평가를 실시하여야 하는 건축물이 다른 법률에 따라 구조안전과 인접 대지의 안전에 미치는 영향 등을 평가 받은 경우에는 안전영향평가의 해당 항목을 평가 받은 것으로 본다(법 제13조의2 제7항).

> **건축물 안전영향평가(법 제13조의2)**
> ① 허가권자는 초고층 건축물 등 대통령령으로 정하는 주요 건축물에 대하여 제11조에 따른 건축허가를 하기 전에 건축물의 구조, 지반 및 풍환경(風環境) 등이 건축물의 구조안전과 인접 대지의 안전에 미치는 영향 등을 평가하는 건축물 안전영향평가를 안전영향평가기관에 의뢰하여 실시하여야 한다.
> ② 안전영향평가기관은 국토교통부장관이 「공공기관의 운영에 관한 법률」 제4조에 따른 공공기관으로서 건축 관련 업무를 수행하는 기관 중에서 지정하여 고시한다.
> ③ 안전영향평가 결과는 건축위원회의 심의를 거쳐 확정한다. 이 경우 제4조의2에 따라 건축위원회의 심의를 받아야 하는 건축물은 건축위원회 심의에 안전영향평가 결과를 포함하여 심의할 수 있다.
> ④ 안전영향평가 대상 건축물의 건축주는 건축허가 신청 시 제출하여야 하는 도서에 안전영향평가 결과를 반영하여야 하며, 건축물의 계획상 반영이 곤란하다고 판단되는 경우에는 그 근거 자료를 첨부하여 허가권자에게 건축위원회의 재심의를 요청할 수 있다.
> ⑤ 안전영향평가의 검토 항목과 건축주의 안전영향평가 의뢰, 평가 비용 납부 및 처리 절차 등 그 밖에 필요한 사항은 대통령령으로 정한다.
> ⑥ 허가권자는 제3항 및 제4항의 심의 결과 및 안전영향평가 내용을 국토교통부령으로 정하는 방법에 따라 즉시 공개하여야 한다.
> ⑦ 안전영향평가를 실시하여야 하는 건축물이 다른 법률에 따라 구조안전과 인접 대지의 안전에 미치는 영향 등을 평가받은 경우에는 안전영향평가의 해당 항목을 평가받은 것으로 본다.

① (○) 법 제13조의2 제1항
② (○) 법 제13조의2 제1항
③ (○) 법 제13조의2 제3항
④ (○) 영 제10조의3 제1항 제2호

답 ⑤

12 건축법령상 주요구조부의 해체가 없는 등 대수선의 경우로 신고를 하면 건축허가가 의제되는 것은? 기출 23

① 내력벽의 면적을 20제곱미터 이상 수선하는 것
② 특별피난계단을 수선하는 것
③ 보를 두 개 이상 수선하는 것
④ 지붕틀을 두 개 이상 수선하는 것
⑤ 기둥을 두 개 이상 수선하는 것

해설

② (○) 주요구조부의 해체가 없는 등 대통령령으로 정하는 대수선의 경우에 신고를 하면 건축허가를 받은 것으로 본다(법 제14조 제1항 제4호).

> **"주요구조부의 해체가 없는 등 대통령령으로 정하는 대수선"**(영 제11조 제2항)
> 다음 각 호의 어느 하나에 해당하는 대수선을 말한다.
> 1. 내력벽의 면적을 30제곱미터 이상 수선하는 것
> 2. 기둥을 세 개 이상 수선하는 것
> 3. 보를 세 개 이상 수선하는 것
> 4. 지붕틀을 세 개 이상 수선하는 것
> 5. 방화벽 또는 방화구획을 위한 바닥 또는 벽을 수선하는 것
> 6. 주계단·피난계단 또는 특별피난계단을 수선하는 것

답 ②

13 건축법령상 허가 대상 건축물이라 하더라도 건축신고를 하면 건축허가를 받은 것으로 보는 경우를 모두 고른 것은? 기출 17

ㄱ. 연면적이 150제곱미터이고 2층인 건축물의 대수선
ㄴ. 보를 5개 수선하는 것
ㄷ. 내력벽의 면적을 50제곱미터 수선하는 것
ㄹ. 소규모 건축물로서 연면적의 합계가 150제곱미터인 건축물의 신축
ㅁ. 소규모 건축물로서 건축물의 높이를 5미터 증축하는 건축물의 증축

① ㄱ, ㄴ, ㄷ
② ㄱ, ㄷ, ㄹ
③ ㄱ, ㄹ, ㅁ
④ ㄴ, ㄷ, ㄹ
⑤ ㄴ, ㄷ, ㄹ, ㅁ

해설

건축신고를 하면 건축허가를 받은 것으로 보는 경우(법 제14조 제1항, 영 제11조 제2항, 제3항)

1. 바닥면적의 합계가 85제곱미터 이내의 증축·개축 또는 재축. 다만, 3층 이상 건축물인 경우에는 증축·개축 또는 재축하려는 부분의 바닥면적의 합계가 건축물 연면적의 10분의 1 이내인 경우로 한정한다.
2. 「국토의 계획 및 이용에 관한 법률」에 따른 관리지역, 농림지역 또는 자연환경보전지역에서 연면적이 200제곱미터 미만이고 3층 미만인 건축물의 건축. 다만, 다음 각 목의 어느 하나에 해당하는 구역에서의 건축은 제외한다.
   가. 지구단위계획구역
   나. 방재지구 등 재해취약지역으로서 대통령령으로 정하는 구역
3. 연면적이 200제곱미터 미만이고 3층 미만인 건축물의 대수선 (ㄱ)
4. 주요구조부의 해체가 없는 등 대통령령으로 정하는 대수선(영 제11조 제2항)
   - 내력벽의 면적을 30제곱미터 이상 수선하는 것 (ㄷ)
   - 기둥을 세 개 이상 수선하는 것
   - 보를 세 개 이상 수선하는 것 (ㄴ)
   - 지붕틀을 세 개 이상 수선하는 것
   - 방화벽 또는 방화구획을 위한 바닥 또는 벽을 수선하는 것
   - 주계단·피난계단 또는 특별피난계단을 수선하는 것
5. 그 밖에 소규모 건축물로서 대통령령으로 정하는 건축물의 건축(영 제11조 제3항)
   - 연면적의 합계가 100제곱미터 이하인 건축물 (ㄹ)
   - 건축물의 높이를 3미터 이하의 범위에서 증축하는 건축물 (ㅁ)
   ~ 이하 생략 ~

ㄹ. (×) 연면적의 합계가 100제곱미터 이하이어야 한다(영 제11조 제3항 제1호).
ㅁ. (×) 건축물의 높이를 3미터 이하의 범위에서 증축하는 경우이다(영 제11조 제3항 제2호).

답 ①

---

14 건축법령상 시설군과 그에 속하는 건축물의 용도의 연결로 옳지 않은 것은? 기출 24

① 영업시설군 – 운동시설
② 주거업무시설군 – 교정시설
③ 문화집회시설군 – 장례시설
④ 교육 및 복지시설군 – 의료시설
⑤ 그 밖의 시설군 – 동물 및 식물 관련 시설

해설

③ (×) 장례시설은 산업 등 시설군에 속한다(영 제14조 제5항 제2호 사목).

답 ③

15 건축법령상 건축물의 용도와 그에 부합하는 시설군의 연결로 옳지 않은 것은?

① 묘지 관련 시설 – 교육 및 복지시설군
② 발전시설 – 전기통신시설군
③ 관광휴게시설 – 문화 및 집회시설군
④ 숙박시설 – 영업시설군
⑤ 교정시설 – 주거업무시설군

해설

① (×) 묘지 관련 시설 – **산업 등 시설군**(영 제14조 제5항 제2호 바목)
② (○) 발전시설 – 전기통신시설군(영 제14조 제5항 제3호 나목)
③ (○) 관광휴게시설 – 문화 및 집회시설군(영 제14조 제5항 제4호 라목)
④ (○) 숙박시설 – 영업시설군(영 제14조 제5항 제5호 다목)
⑤ (○) 교정시설 – 주거업무시설군(영 제14조 제5항 제8호 라목)

건축물의 세부용도(영 제14조 제5항) 〈개정 2023.5.15.〉

1. 자동차 관련 시설군 자동차 관련 시설
2. 산업 등 시설군
   가. 운수시설
   나. 창고시설
   다. 공장
   라. 위험물저장 및 처리시설
   마. 자원순환 관련 시설
   바. 묘지 관련 시설
   사. 장례시설
3. 전기통신시설군
   가. 방송통신시설
   나. 발전시설
4. 문화집회시설군
   가. 문화 및 집회시설
   나. 종교시설
   다. 위락시설
   라. 관광휴게시설
5. 영업시설군
   가. 판매시설
   나. 운동시설
   다. 숙박시설
   라. 제2종 근린생활시설 중 다중생활시설

```
        6. 교육 및 복지시설군
            가. 의료시설
            나. 교육연구시설
            다. 노유자시설(老幼者施設)
            라. 수련시설
            마. 야영장 시설
        7. 근린생활시설군
            가. 제1종 근린생활시설
            나. 제2종 근린생활시설(다중생활시설은 제외한다)
        8. 주거업무시설군
            가. 단독주택
            나. 공동주택
            다. 업무시설
            라. 교정시설
            마. 국방·군사시설
        9. 그 밖의 시설군
            가. 동물 및 식물 관련 시설
```

답 ①

16

건축법령상 시설군과 그에 속하는 건축물의 용도를 옳게 연결한 것은? 기출 20

① 자동차 관련 시설군 – 운수시설
② 산업 등 시설군 – 자원순환 관련 시설
③ 전기통신시설군 – 공장
④ 문화 및 집회시설군 – 수련시설
⑤ 교육 및 복지시설군 – 종교시설

해설

② (○) 산업 등 시설군 – 자원순환 관련 시설(법 제19조 제4항, 영 제14조 제5항 제2호 마목)
① (×) 운수시설은 산업 등 시설군에 해당한다.
③ (×) 공장은 산업 등 시설군에 해당한다.
④ (×) 수련시설은 교육 및 복지시설군에 해당한다.
⑤ (×) 종교시설은 문화 및 집회시설군에 해당한다.

답 ②

17. 건축법령상 주거업무시설군에 해당하는 시설은? 기출 25

① 국방·군사시설
② 자원순환 관련 시설
③ 방송통신시설
④ 운동시설
⑤ 의료시설

해설

① (○) 국방·군사시설이 주거업무시설군에 해당한다(영 제14조 제5항 제8호 마목).

시설군의 구분 및 세부 용도(영 제14조 제5항 참조)

시설군의 구분	세부 용도
1. 자동차 관련 시설군	자동차 관련 시설
2. 산업 등의 시설군	운수시설, 창고시설, 공장, 위험물저장 및 처리시설, 자원순환 관련 시설, 묘지 관련 시설, 장례시설
3. 전기통신시설군	방송통신시설, 발전시설
4. 문화 및 집회시설군	문화 및 집회시설, 종교시설, 위락시설, 관광휴게시설
5. 영업시설군	판매시설, 운동시설, 숙박시설, 제2종 근린생활시설 중 다중생활시설
6. 교육 및 복지시설군	의료시설, 교육연구시설, 노유자시설(老幼者施設), 수련시설, 야영장 시설
7. 근린생활시설군	제1종 근린생활시설, 제2종 근린생활시설(다중생활시설은 제외한다)
8. 주거업무시설군	단독주택, 공동주택, 업무시설, 교정시설, 국방·군사시설
9. 그 밖의 시설군	동물 및 식물 관련 시설

답 ①

18 건축법령상 도시·군계획시설에서 가설건축물을 건축하는 경우 그 허가권자로 옳지 않은 것은?

기출 21

① 특별자치시장
② 광역시장
③ 특별자치도지사
④ 시장
⑤ 군수

해설

② (×) 광역시장은 도시·군계획시설에서 가설건축물을 건축하는 경우 그 허가권자에 해당하지 않는다.

> **가설건축물(법 제20조 제1항)**
> 도시·군계획시설 및 도시·군계획시설예정지에서 가설건축물을 건축하려는 자는 특별자치시장·특별자치도지사 또는 시장·군수·구청장의 허가를 받아야 한다.

답 ②

제3장 건축물의 대지와 도로

01
CHECK
O △ X

건축법령상 면적이 200제곱미터 이상인 대지에 건축을 하는 건축주는 용도지역 및 건축물의 규모에 따라 해당 지방자치단체의 조례로 정하는 기준에 따라 대지에 조경이나 그 밖에 필요한 조치를 하여야 한다. 다만, 건축법령은 예외적으로 조경 등의 조치를 필요로 하지 않는 건축물을 허용하고 있다. 이러한 예외에 해당하는 것을 모두 고른 것은? (단, 그 밖의 조례, 「건축법」제73조에 따른 적용 특례, 건축협정은 고려하지 않음) 기출 20

> ㄱ. 축사
> ㄴ. 녹지지역에 건축하는 건축물
> ㄷ. 「건축법」상 일부 가설건축물
> ㄹ. 면적 4천제곱미터인 대지에 건축하는 공장
> ㅁ. 상업지역에 건축하는 연면적 합계가 1천500제곱미터인 물류시설

① ㄱ, ㄴ, ㄹ
② ㄱ, ㄴ, ㅁ
③ ㄷ, ㄹ, ㅁ
④ ㄱ, ㄴ, ㄷ, ㄹ
⑤ ㄴ, ㄷ, ㄹ, ㅁ

해설

ㄱ. (○) 축사(영 제27조 제1항 제6호)
ㄴ. (○) 녹지지역에 건축하는 건축물(영 제27조 제1항 제1호)
ㄷ. (○) 「건축법」상 일부 가설건축물(영 제27조 제1항 제7호)
ㄹ. (○) 면적 4천제곱미터인 대지에 건축하는 공장(영 제27조 제1항 제2호)
ㅁ. (×) 상업지역과 주거지역에서의 물류시설의 경우에는 대지면적이 200제곱미터 이상인 경우에 조경을 설치하여야 한다 (영 제27조 제1항 제8호).

> **대지의 조경(영 제27조 제1항)**
> 법 제42조 제1항 단서에 따라 다음 각 호의 어느 하나에 해당하는 건축물에 대하여는 조경 등의 조치를 하지 아니할 수 있다.
> 1. 녹지지역에 건축하는 건축물 (ㄴ)
> 2. 면적 5천제곱미터 미만인 대지에 건축하는 공장 (ㄹ)
> 3. 연면적의 합계가 1천500제곱미터 미만인 공장
> 4. 「산업집적활성화 및 공장설립에 관한 법률」제2조 제14호에 따른 산업단지의 공장
> 5. 대지에 염분이 함유되어 있는 경우 또는 건축물 용도의 특성상 조경 등의 조치를 하기가 곤란하거나 조경 등의 조치를 하는 것이 불합리한 경우로서 건축조례로 정하는 건축물
> 6. 축사 (ㄱ)
> 7. 법 제20조 제1항에 따른 가설건축물 (ㄷ)

8. 연면적의 합계가 1천500제곱미터 미만인 물류시설(주거지역 또는 상업지역에 건축하는 것은 제외한다)로서 국토교통부령으로 정하는 것
9. 「국토의 계획 및 이용에 관한 법률」에 따라 지정된 자연환경보전지역·농림지역 또는 관리지역(지구단위계획구역으로 지정된 지역은 제외한다)의 건축물
10. 이하 생략

답 ④

02 건축법령상 공개공지 또는 공개공간을 확보해야 하는 대상 지역에 해당하지 않는 것은? (단, 다른 조건은 고려하지 않음) 기출 25

① 준주거지역
② 일반주거지역
③ 준공업지역
④ 일반공업지역
⑤ 일반상업지역

해설

④ (×) 일반공업지역은 공개공지 또는 공개공간을 확보해야 하는 대상 지역에 해당하지 않는다(법 제43조 제1항 참조).

공개 공지 등의 확보(법 제43조 제1항)
다음 각 호의 어느 하나에 해당하는 지역의 환경을 쾌적하게 조성하기 위하여 대통령령으로 정하는 용도와 규모의 건축물은 일반이 사용할 수 있도록 대통령령으로 정하는 기준에 따라 소규모 휴식시설 등의 공개공지(空地 : 공터) 또는 공개공간(이하 "공개공지 등"이라 한다)을 설치하여야 한다.
1. 일반주거지역, 준주거지역 (①, ②)
2. 상업지역 (⑤)
3. 준공업지역 (③)
4. 특별자치시장·특별자치도지사 또는 시장·군수·구청장이 도시화의 가능성이 크거나 노후 산업단지의 정비가 필요하다고 인정하여 지정·공고하는 지역

답 ④

03 건축법령상 공개공지 등에 관한 설명으로 옳지 않은 것은? (단, 조례는 고려하지 않음) 기출 22

① 공개공지 등은 해당 지역의 환경을 쾌적하게 조성하기 위하여 일반이 사용할 수 있도록 설치하는 소규모 휴식시설 등의 공개공지 또는 공개 공간을 지칭한다.
② 공개공지 등은 상업지역에도 설치할 수 있다.
③ 공개공지는 필로티의 구조로 설치할 수 있다.
④ 숙박시설로서 해당 용도로 쓰는 바닥면적의 합계가 3천제곱미터인 건축물의 대지에는 공개공지 또는 공개 공간을 설치하여야 한다.
⑤ 판매시설 중 「농수산물 유통 및 가격안정에 관한 법률」에 따른 농수산물유통시설에는 공개공지 등을 설치하지 않아도 된다.

해설

④ (×) 숙박시설로서 해당 용도로 쓰는 바닥면적의 합계가 5천제곱미터인 건축물의 대지에는 공개공지 또는 공개공간을 설치하여야 한다(영 제27조의2 제1항 제1호).

> **공개공지 등의 확보(영 제27조의2 제1항)**
>
> 법 제43조 제1항에 따라 다음 각 호의 어느 하나에 해당하는 건축물의 대지에는 공개공지 또는 공개공간(이하 "공개공지 등"이라 한다)을 설치해야 한다. 이 경우 공개공지는 필로티의 구조로 설치할 수 있다.
> 1. 문화 및 집회시설, 종교시설, 판매시설(「농수산물 유통 및 가격안정에 관한 법률」에 따른 농수산물유통시설은 제외한다), 운수시설(여객용 시설만 해당한다), 업무시설 및 숙박시설로서 해당 용도로 쓰는 바닥면적의 합계가 5천제곱미터 이상인 건축물
> 2. 그 밖에 다중이 이용하는 시설로서 건축조례로 정하는 건축물

① (○) 법 제43조 제1항
② (○) 법 제43조 제1항 제2호
③ (○) 영 제27조의2 제1항
⑤ (○) 영 제27조의2 제1항 제1호

답 ④

04 건축법령상 공개공지 등의 확보에 관한 설명으로 옳지 않은 것은? 기출 17

CHECK ○△×

① 상업지역에서 업무시설로서 해당 용도로 쓰는 바닥면적의 합계가 5천제곱미터 이상인 건축물의 대지에는 공개공지 등을 확보하여야 한다.
② 공개공지는 필로티의 구조로 설치할 수 있다.
③ 공개공지 등에는 물건을 쌓아 놓거나 출입을 차단하는 시설을 설치하지 아니하여야 한다.
④ 공개공지 등의 면적은 건축면적의 100분의 10 이하로 한다.
⑤ 공개공지 등을 설치하는 경우에는 건축물의 용적률 기준을 완화하여 적용할 수 있다.

해설

④ (×) 공개공지 등의 면적은 <u>대지면적</u>의 100분의 10 이하의 범위에서 건축조례로 정한다(영 제27조의2 제2항).
① (○) 영 제27조의2 제1항 제1호
② (○) 영 제27조의2 제1항
③ (○) 법 제43조 제4항
⑤ (○) 법 제43조 제2항, 법 제56조

답 ④

05 건축법령상 건축물의 대지와 도로에 관한 설명으로 옳지 않은 것은? (단, 건축법상 적용제외 규정 및 건축협정에 따른 특례는 고려하지 않음) 기출 17

① 건축물의 주변에 허가권자가 인정한 유원지가 있는 경우에는 건축물의 대지가 자동차전용도로가 아닌 도로에 2미터 이상 접할 것이 요구되지 아니 한다.
② 연면적의 합계가 3천제곱미터인 작물 재배사의 대지는 너비 6미터 이상의 도로에 4미터 이상 접할 것이 요구되지 아니 한다.
③ 주민이 오랫동안 통행로로 이용하고 있는 사실상의 통로로서 해당 지방자치단체의 조례로 정하는 것인 경우의「건축법」상 도로는 이해관계인의 동의를 받지 아니하고 건축위원회의 심의를 거쳐 그 도로를 폐지할 수 있다.
④ 면적 5천제곱미터 미만인 대지에 공장을 건축하는 건축주는 대지에 조경 등의 조치를 하지 아니할 수 있다.
⑤ 도로면으로부터 높이 4.5미터 이하에 있는 창문은 열고 닫을 때 건축선의 수직면을 넘지 아니하는 구조로 하여야 한다.

해설

③ (×) 허가권자는 지정한 도로를 폐지하거나 변경하려면 그 도로에 대한 이해관계인의 동의를 받아야 한다(법 제45조 제2항).

> **도로의 지정·폐지 또는 변경(건축법 제45조 제1항)**
>
> 허가권자는 제2조 제1항 제11호 나목에 따라 도로의 위치를 지정·공고하려면 국토교통부령으로 정하는 바에 따라 그 도로에 대한 이해관계인의 동의를 받아야 한다. 다만, 다음 각 호의 어느 하나에 해당하면 이해관계인의 동의를 받지 아니하고 건축위원회의 심의를 거쳐 도로를 지정할 수 있다.
> 1. 허가권자가 이해관계인이 해외에 거주하는 등의 사유로 이해관계인의 동의를 받기가 곤란하다고 인정하는 경우
> 2. 주민이 오랫동안 통행로로 이행하고 있는 사실상 통로로서 해당 지방자치단체의 조례로 정하는 것인 경우

① (○) 건축물의 주변에 대통령령으로 정하는 공지(광장, 공원, 유원지, 그 밖에 관계 법령에 따라 건축이 금지되고 공중의 통행에 지장이 없는 공지로서 허가권자가 인정한 것)가 있는 경우 해당 대지는 2미터 이상이 도로에 접할 것이 요구되지 않는다(법 제44조 제1항 제2호, 영 제28조 제1항).
② (○) 연면적의 합계 2천제곱미터(공장인 경우에는 3천제곱미터) 이상인 건축물(축사, 작물 재배사, 그 밖에 이와 비슷한 건축물로서 건축조례로 정하는 규모의 건축물은 제외한다)의 대지는 너비 6미터 이상의 도로에 4미터 이상 접하여야 한다(영 제28조 제2항).
④ (○) 면적 5천제곱미터 미만인 대지에 건축하는 공장에 대하여는 조경 등의 조치를 하지 아니할 수 있다(법 제42조 제1항, 영 제27조 제1항 제2호).
⑤ (○) 도로면으로부터 높이 4.5미터 이하에 있는 출입구, 창문, 그 밖에 이와 유사한 구조물은 열고 닫을 때 건축선의 수직면을 넘지 아니하는 구조로 하여야 한다(법 제47조 제2항).

답 ③

제4장 건축물의 구조 및 재료 등

01 건축법령상 건축물의 구조 및 재료 등에 관한 설명으로 옳지 않은 것은? 기출 20

① 건축물은 고정하중, 적재하중, 적설하중, 풍압, 지진, 그 밖의 진동 및 충격 등에 대하여 안전한 구조를 가져야 한다.
② 지방자치단체의 장은 구조 안전 확인 대상 건축물에 대하여 건축허가를 하는 경우 내진성능 확보 여부를 확인하여야 한다.
③ 국토교통부장관은 지진으로부터 건축물의 구조 안전을 확보하기 위하여 건축물의 용도, 규모 및 설계구조의 중요도에 따라 내진등급을 설정하여야 한다.
④ 연면적이 200제곱미터인 목구조 건축물을 건축하고자 하는 자는 사용승인을 받는 즉시 내진능력을 공개하여야 한다.
⑤ 국가 또는 지방자치단체는 건축물의 소유자나 관리자에게 피난시설 등의 설치, 개량·보수등 유지·관리에 대한 기술지원을 할 수 있다.

해설

④ (×) 기둥과 보가 목구조 건축물인 경우에는 <u>연면적 500제곱미터 이상인 경우</u>이다(법 제48조의3 제1항 제2호).
① (○) 법 제48조 제1항
② (○) 법 제48조 제3항
③ (○) 법 제48조의2 제1항
⑤ (○) 법 제49조의2

답 ④

02 건축법령상 소음 방지를 위한 일정한 기준에 따라 층간바닥(화장실의 바닥은 제외)을 설치해야 하는 건축물이 아닌 것은? (단, 건축법령상의 특례는 고려하지 않음) 기출 24

① 업무시설 중 오피스텔
② 단독주택 중 다가구주택
③ 교육연구시설 중 도서관
④ 숙박시설 중 다중생활시설
⑤ 제2종 근린생활시설 중 다중생활시설

해설

③ (×) 다음 각 호의 어느 하나에 해당하는 건축물의 층간바닥(화장실의 바닥은 제외한다)은 국토교통부령으로 정하는 기준에 따라 설치해야 한다(영 제53조 제2항).
  1. 단독주택 중 다가구주택 (②)
  2. 공동주택(「주택법」 제15조에 따른 주택건설사업계획승인 대상은 제외한다)
  3. 업무시설 중 오피스텔 (①)
  4. 제2종 근린생활시설 중 다중생활시설 (⑤)
  5. 숙박시설 중 다중생활시설 (④)

답 ③

제5장 지역 및 지구의 건축물

01 건축법령상 허가권자가 가로구역별로 건축물의 높이를 지정·공고할 때 고려하여야 할 사항에 해당하지 않는 것은? 기출 19

① 도시·군관리계획 등의 토지이용계획
② 해당 가로구역이 접하는 도로의 너비
③ 해당 가로구역의 상·하수도 등 간선시설의 수용능력
④ 도시미관 및 경관계획
⑤ 에너지이용 관리계획

해설

⑤ (×) 에너지이용 관리계획은 고려사항에 해당하지 않는다(법 제60조 제1항, 영 제82조 제1항).

> **건축물의 높이 제한(영 제82조 제1항)**
> 허가권자는 법 제60조 제1항에 따라 가로구역별로 건축물의 높이를 지정·공고할 때에는 다음 각 호의 사항을 고려하여야 한다.
> 1. 도시·군관리계획 등의 토지이용계획 (①)
> 2. 해당 가로구역이 접하는 도로의 너비 (②)
> 3. 해당 가로구역의 상·하수도 등 간선시설의 수용능력 (③)
> 4. 도시미관 및 경관계획 (④)
> 5. 해당 도시의 장래 발전계획

답 ⑤

제6장 특별건축구역 등

01 건축법령상 국토교통부장관이 특별건축구역으로 지정할 수 있는 것은? 기출 18

① 국가가 국제행사를 개최하는 도시의 사업구역
② 「자연공원법」에 따른 자연공원
③ 「개발제한구역의 지정 및 관리에 관한 특별조치법」에 따른 개발제한구역
④ 「산지관리법」에 따른 보전산지
⑤ 「도로법」에 따른 접도구역

해설

특별건축구역의 지정(법 제69조 제1항)
국토교통부장관 또는 시·도지사는 다음 각 호의 구분에 따라 도시나 지역의 일부가 특별건축구역으로 특례 적용이 필요하다고 인정하는 경우에는 특별건축구역을 지정할 수 있다.
  1. 국토교통부장관이 지정하는 경우
     가. <u>국가가 국제행사 등을 개최하는 도시 또는 지역의 사업구역</u>
     나. 관계법령에 따른 국가정책사업으로서 대통령령으로 정하는 사업구역
  2. 시·도지사가 지정하는 경우
     가. 지방자치단체가 국제행사 등을 개최하는 도시 또는 지역의 사업구역
     나. 관계법령에 따른 도시개발·도시재정비 및 건축문화 진흥사업으로서 건축물 또는 공간환경을 조성하기 위하여 대통령령으로 정하는 사업구역
     다. 그 밖에 대통령령으로 정하는 도시 또는 지역의 사업구역

특별건축구역으로 지정할 수 없는 경우(법 제69조 제2항)
  1. 「개발제한구역의 지정 및 관리에 관한 특별조치법」에 따른 개발제한구역 (③)
  2. 「자연공원법」에 따른 자연공원 (②)
  3. 「도로법」에 따른 접도구역 (⑤)
  4. 「산지관리법」에 따른 보전산지 (④)

답 ①

02 건축법령상 특별건축구역에 관한 설명으로 옳은 것은? 기출 19

① 시장·군수·구청장은 특별건축구역의 지정을 신청할 수 없다.
② 「군사기지 및 군사시설 보호법」에 따른 군사기지 및 군사시설 보호구역은 특례 적용이 필요하다고 인정하는 경우에도 특별건축구역으로 지정될 수 없다.
③ 시·도지사는 「도시개발법」에 따른 도시개발구역에 대하여 특별건축구역을 지정할 수 있다.
④ 「주택도시기금법」에 따른 주택도시보증공사가 건축하는 건축물은 특별건축구역에서 특례사항을 적용하여 건축할 수 있는 건축물에 해당된다.
⑤ 지정신청기관은 특별건축구역 지정 이후 특별건축구역의 도시·군관리계획에 관한 사항이 변경되는 경우에는 변경지정을 받지 않아도 된다.

해설

③ (○) 법 제69조 제1항 제2호 나목, 영 제105조 제2항 제4호
① (×) 시장·군수·구청장은 특별시장·광역시장·도지사에게 각각 특별건축구역의 지정을 신청할 수 있다(법 제71조 제1항).
② (×) 국토교통부장관 또는 시·도지사는 특별건축구역으로 지정하고자 하는 지역이 「군사기지 및 군사시설 보호법」에 따른 군사기지 및 군사시설 보호구역에 해당하는 경우에는 국방부장관과 사전에 협의하여야 한다(법 제69조 제3항).
④ (×) 한국토지주택공사, 한국수자원공사, 한국도로공사, 한국철도공사, 국가철도공단, 한국관광공사, 한국농어촌공사 등 공공기관이 건축하는 건축물은 특별건축구역에서 특례사항을 적용하여 건축할 수 있는 건축물에 해당된다(법 제70조, 영 제106조 제1항).
⑤ (×) 지정신청기관은 특별건축구역 지정 이후 변경이 있는 경우 변경지정을 받아야 한다(법 제71조 제9항).

답 ③

03 건축법령상 특별가로구역에 관한 조문의 내용이다. (　)에 들어갈 내용으로 옳은 것은? 기출 24

> 국토교통부장관 및 허가권자는 「건축법」 및 관계 법령에 따라 일부 규정을 적용하지 아니하거나 완화하여 적용할 수 있도록 (ㄱ)에서 (ㄴ)에 접한 대지의 일정 구역을 특별가로구역으로 지정할 수 있다.

① ㄱ: 개발진흥지구,
　ㄴ: 허가권자가 리모델링 활성화가 필요하다고 인정하여 지정·공고한 지역 안의 도로
② ㄱ: 경관지구,
　ㄴ: 「지역문화진흥법」에 따른 문화지구 안의 도로
③ ㄱ: 개발진흥지구,
　ㄴ: 보행자전용도로로서 도시미관 개선을 위하여 허가권자가 건축조례로 정하는 도로
④ ㄱ: 경관지구,
　ㄴ: 「도시 및 주거환경정비법」에 따른 정비구역 안의 도로
⑤ ㄱ: 개발진흥지구,
　ㄴ: 건축선을 후퇴한 대지에 접한 도로로서 허가권자가 건축조례로 정하는 도로

해설

② (○) 법 제77조의2 제1항 제2호, 영 제110조의2 제1항 제4호

> 국토교통부장관 및 허가권자는 「건축법」 및 관계 법령에 따라 일부 규정을 적용하지 아니하거나 완화하여 적용할 수 있도록 (**경관지구**)에서 (**「지역문화진흥법」에 따른 문화지구 안의 도로**)에 접한 대지의 일정 구역을 특별가로구역으로 지정할 수 있다.

답 ②

제7장 건축협정 및 결합건축

01 건축법령상 건축협정의 체결에 관한 설명으로 옳지 않은 것은?

① 소유자 등은 전원의 합의로 「국토의 계획 및 이용에 관한 법률」에 따라 지정된 지구단위계획구역에서 건축물의 건축·대수선을 체결할 수 있으며, 리모델링에 관한 협정은 제외한다.
② 주거환경개선사업을 시행하기 위하여 지정·고시된 정비구역에서 둘 이상의 토지를 소유한 자가 1인인 경우에도 그 토지 소유자는 해당 토지의 구역을 건축협정 대상 지역으로 하는 건축협정을 정할 수 있다.
③ 소유자등이 건축협정을 체결하는 경우에는 건축협정서를 작성하여야 하며, 건축협정서에는 건축협정의 목적이 명시되어야 한다.
④ 건축협정은 건축물의 건축·대수선 또는 리모델링에 관한 사항을 포함하여야 한다.
⑤ 소유자 등은 건축협정을 체결하는 경우에는 「국토의 계획 및 이용에 관한 법률」에 따른 도시·군관리계획의 사항을 준수하여야 한다.

해설

① (×) 소유자 등은 전원의 합의로 「국토의 계획 및 이용에 관한 법률」에 따라 지정된 지구단위계획구역에서 건축물의 건축·대수선 또는 리모델링에 관한 협정을 체결할 수 있다(법 제77조의4 제1항 제1호).
② (○) 법 제77조의4 제2항
③ (○) 법 제77조의4 제5항 제3호
④ (○) 법 제77조의4 제4항 제1호
⑤ (○) 법 제77조의4 제3항 제2호

답 ①

제8장 보칙

01 건축법령상 위반 건축물 등에 대한 조치에 관한 설명으로 옳지 않은 것은? 기출수정 기출 16

① 허가권자는 건축물이 건축법령에 위반되는 경우 그 건축물의 현장관리인에게 공사의 중지를 명할 수 있다.
② 건축물이 용적률을 초과하여 건축된 경우 해당 건축물에 적용되는 시가표준액의 100분의 10에 해당하는 금액으로 이행강제금이 부과된다.
③ 허가권자는 이행강제금을 부과하기 전에 이행강제금을 부과·징수한다는 뜻을 미리 문서로써 계고(戒告)하여야 한다.
④ 허가권자는 이행강제금 부과처분을 받은 자가 이행강제금을 납부기한까지 내지 아니하면 「지방행정제재·부과금의 징수 등에 관한 법률」에 따라 징수한다.
⑤ 허가권자는 시정명령을 받은 자가 이를 이행하면 새로운 이행강제금의 부과를 즉시 중지하되, 이미 부과된 이행강제금은 징수하여야 한다.

해설

② (×) 건축물이 용적률을 초과하여 건축된 경우에는 「지방세법」에 따라 해당 건축물에 적용되는 1제곱미터의 시가표준액의 100분의 50에 해당하는 금액에 위반면적을 곱한 금액 이하의 범위에서 위반 내용에 따라 대통령령으로 정하는 비율(100분의 90)을 곱한 금액을 부과한다(법 제80조 제1항 제1호, 영 제115조의3 제1항 제2호).
① (○) 법 제79조 제1항
③ (○) 법 제80조 제3항
④ (○) 법 제80조 제7항
⑤ (○) 법 제80조 제6항

답 ②

02 건축법령상 이행강제금에 관한 설명으로 옳은 것은? 기출 21

① 이행강제금은 건축신고 대상 건축물에 대하여 부과할 수 없다.
② 이행강제금의 징수절차는 「지방세법」을 준용한다.
③ 허가권자는 이행강제금을 부과하기 전에 이행강제금을 부과·징수한다는 뜻을 미리 문서로써 계고하여야 한다.
④ 허가권자는 위반 건축물에 대한 시정명령을 받은 자가 이를 이행하면 이미 부과된 이행강제금의 징수를 즉시 중지하여야 한다.
⑤ 허가권자는 최초의 시정명령이 있었던 날을 기준으로 하여 1년에 5회 이내의 범위에서 그 시정명령이 이행될 때까지 반복하여 이행강제금을 부과·징수할 수 있다.

해설

③ (○) 법 제80조 제3항
① (×) 이행강제금은 건축신고 대상 건축물에 대하여 부과할 수 있다(법 제80조 제1항 제1호).
② (×) 허가권자는 이행강제금 부과처분을 받은 자가 이행강제금을 납부기한까지 내지 아니하면 「지방행정제재·부과금의 징수 등에 관한 법률」에 따라 징수한다(법 제80조 제7항).
④ (×) 허가권자는 위반 건축물에 대한 시정명령을 받은 자가 이를 이행하면 새로운 이행강제금의 부과를 즉시 중지하되, 이미 부과된 이행강제금은 징수하여야 한다(법 제80조 제6항).
⑤ (×) 허가권자는 최초의 시정명령이 있었던 날을 기준으로 하여 1년에 2회 이내의 범위에서 해당 지방자치단체의 조례로 정하는 횟수만큼 그 시정명령이 이행될 때까지 반복하여 이행강제금을 부과·징수할 수 있다(법 제80조 제5항).

답 ③

03 건축법령상 이행강제금에 관한 설명으로 옳은 것을 모두 고른 것은? 기출 23

ㄱ. 허가권자는 시정명령을 받은 자가 이를 이행하면 새로운 이행강제금의 부과를 즉시 중지하되, 이미 부과된 이행강제금은 징수하여야 한다.
ㄴ. 동일인이 「건축법」에 따른 명령을 최근 2년 내에 2회 위반한 경우 부과될 금액을 100분의 150의 범위에서 가중하여야 한다.
ㄷ. 허가권자는 최초의 시정명령이 있었던 날을 기준으로 하여 1년에 최대 3회 이내의 범위에서 그 시정명령이 이행될 때까지 반복하여 이행강제금을 부과·징수할 수 있다.

① ㄱ
② ㄴ
③ ㄱ, ㄴ
④ ㄴ, ㄷ
⑤ ㄱ, ㄴ, ㄷ

해설

ㄱ. (○) 허가권자는 시정명령을 받은 자가 이를 이행하면 새로운 이행강제금의 부과를 즉시 중지하되, 이미 부과된 이행강제금은 징수하여야 한다(법 제80조 제6항).
ㄴ. (×) 동일인이 「건축법」에 따른 명령을 최근 3년 내에 2회 위반한 경우 부과될 금액을 100분의 100의 범위에서 가중하여야 한다(법 제80조 제2항, 영 제115조의3 제4호).
ㄷ. (×) 허가권자는 최초의 시정명령이 있었던 날을 기준으로 하여 1년에 2회 이내의 범위에서 해당 지방자치단체의 조례로 정하는 횟수만큼 그 시정명령이 이행될 때까지 반복하여 이행강제금을 부과·징수할 수 있다(법 제80조 제5항).

답 ①

04 건축법령상 「행정대집행법」 적용의 특례 사유로 규정되지 않은 것은? 기출 16

① 어린이를 보호하기 위하여 필요하다고 인정되는 경우
② 재해가 발생할 위험이 절박한 경우
③ 건축물의 구조 안전상 심각한 문제가 있어 붕괴 등 손괴의 위험이 예상되는 경우
④ 허가권자의 공사중지명령을 받고도 불응하여 공사를 강행하는 경우
⑤ 도로통행에 현저하게 지장을 주는 불법건축물인 경우

해설

「행정대집행법」 적용의 특례(법 제85조 제1항)

허가권자는 제11조, 제14조, 제41조와 제79조 제1항에 따라 필요한 조치를 할 때 다음 각 호의 어느 하나에 해당하는 경우로서 「행정대집행법」 제3조 제1항과 제2항에 따른 절차에 의하면 그 목적을 달성하기 곤란한 때에는 해당 절차를 거치지 아니하고 대집행할 수 있다.

1. 재해가 발생할 위험이 절박한 경우 (②)
2. 건축물의 구조 안전상 심각한 문제가 있어 붕괴 등 손괴의 위험이 예상되는 경우 (③)
3. 허가권자의 공사중지명령을 받고도 따르지 아니하고 공사를 강행하는 경우 (④)
4. 도로통행에 현저하게 지장을 주는 불법건축물인 경우 (⑤)
5. 그 밖에 공공의 안전 및 공익에 매우 저해되어 신속하게 실시할 필요가 있다고 인정되는 경우로서 대통령령으로 정하는 경우

답 ①

---

05 건축법령상 조정(調停) 및 재정(裁定)에 관한 설명으로 옳지 않은 것은? 기출 23

① 조정 및 재정을 하기 위하여 국토교통부에 건축분쟁전문위원회를 둔다.
② 부득이한 사정으로 연장되지 않는 한 건축분쟁전문위원회는 당사자의 조정신청을 받으면 60일 이내에 절차를 마쳐야 한다.
③ 조정안을 제시받은 당사자는 제시를 받은 날부터 30일 이내에 수락 여부를 조정위원회에 알려야 한다.
④ 조정위원회는 필요하다고 인정하면 당사자나 참고인을 조정위원회에 출석하게 하여 의견을 들을 수 있다.
⑤ 건축분쟁전문위원회는 재정신청이 된 사건을 조정에 회부하는 것이 적합하다고 인정하면 직권으로 직접 조정할 수 있다.

해설

③ (×) 조정안을 제시받은 당사자는 제시를 받은 날부터 <u>15일 이내</u>에 수락 여부를 조정위원회에 알려야 한다(법 제96조 제2항).
① (○) 법 제88조 제1항
② (○) 법 제92조 제3항
④ (○) 법 제95조 제2항
⑤ (○) 법 제101조

답 ③

"간절"하면 이루어지는 것이 아니라, "하면" 이루어지는 것이다.
– 작가 이동영 –

제6편
공간정보의 구축 및 관리 등에 관한 법률

제1장   총 칙
제2장   측 량
제3장   지적(地籍)
제4장   보 칙

제1장 총칙

> **Point 출제포인트**
> ▷ 용어의 정의
> ▷ 토지의 이동
> ▷ 등록전환

1 법 제1조(목적)

이 법은 측량의 기준 및 절차와 지적공부(地籍公簿)·부동산종합공부(不動産綜合公簿)의 작성 및 관리 등에 관한 사항을 규정함으로써 국토의 효율적 관리 및 국민의 소유권 보호에 기여함을 목적으로 한다.

2 법 제2조(정의) 기출 32회·33회·34회

이 법에서 사용하는 용어의 뜻은 다음과 같다. 〈개정 2022.6.10.〉

(1) 공간정보
「국가공간정보기본법」 제2조 제1호에 따른 공간정보를 말한다.

(2) 측량
공간상에 존재하는 일정한 점들의 위치를 측정하고 그 특성을 조사하여 도면 및 수치로 표현하거나 도면상의 위치를 현지(現地)에 재현하는 것을 말하며, 측량용 사진의 촬영, 지도의 제작 및 각종 건설사업에서 요구하는 도면작성 등을 포함한다.

(3) 기본측량
모든 측량의 기초가 되는 공간정보를 제공하기 위하여 국토교통부장관이 실시하는 측량을 말한다.

(4) 공공측량
① 국가, 지방자치단체, 그 밖에 <u>대통령령으로 정하는 기관</u>이 관계 법령에 따른 사업 등을 시행하기 위하여 기본측량을 기초로 실시하는 측량

> **대통령령으로 정하는 기관(영 제2조)**
> 다음 각 호의 기관을 말한다. 〈개정 2022.12.9.〉
> 1. 「정부출연연구기관 등의 설립·운영 및 육성에 관한 법률」 제8조에 따른 정부출연연구기관 및 「과학기술분야 정부출연연구기관 등의 설립·운영 및 육성에 관한 법률」에 따른 과학기술분야 정부출연연구기관
> 2. 「공공기관의 운영에 관한 법률」에 따른 공공기관

3. 「지방공기업법」에 따른 지방직영기업, 지방공사 및 지방공단(이하 "지방공기업"이라 한다)
4. 「지방자치단체 출자·출연 기관의 운영에 관한 법률」 제2조 제1항에 따른 출자기관
5. 「사회기반시설에 대한 민간투자법」 제2조 제8호의 사업시행자
6. 지하시설물 측량을 수행하는 「도시가스사업법」 제2조 제2호의 도시가스사업자와 「전기통신사업법」 제6조의 기간통신사업자

② ①항 외의 자가 시행하는 측량 중 공공의 이해 또는 안전과 밀접한 관련이 있는 측량으로서 <u>대통령령으로 정하는 측량</u>

대통령령으로 정하는 측량(영 제3조)

다음 각 호의 측량 중 국토교통부장관이 지정하여 고시하는 측량을 말한다.
1. 측량실시지역의 면적이 1제곱킬로미터 이상인 기준점측량, 지형측량 및 평면측량
2. 측량노선의 길이가 10킬로미터 이상인 기준점측량
3. 국토교통부장관이 발행하는 지도의 축척과 같은 축척의 지도 제작
4. 촬영지역의 면적이 1제곱킬로미터 이상인 측량용 사진의 촬영
5. 지하시설물 측량
6. 인공위성 등에서 취득한 영상정보에 좌표를 부여하기 위한 2차원 또는 3차원의 좌표측량
7. 그 밖에 공공의 이해에 특히 관계가 있다고 인정되는 사설철도 부설, 간척 및 매립사업 등에 수반되는 측량

(5) 지적측량

토지를 지적공부에 등록하거나 지적공부에 등록된 경계점을 지상에 복원하기 위하여 필지의 경계 또는 좌표와 면적을 정하는 측량을 말하며, 지적확정측량 및 지적재조사측량을 포함한다.

(6) 지적확정측량

제86조 제1항에 따른 사업이 끝나 토지의 표시를 새로 정하기 위하여 실시하는 지적측량을 말한다.

(7) 지적재조사측량

「지적재조사에 관한 특별법」에 따른 지적재조사사업에 따라 토지의 표시를 새로 정하기 위하여 실시하는 지적측량을 말한다.

(8) 일반측량

기본측량, 공공측량 및 지적측량 외의 측량을 말한다.

(9) 측량기준점

측량의 정확도를 확보하고 효율성을 높이기 위하여 특정 지점을 제6조에 따른 측량기준에 따라 측정하고 좌표 등으로 표시하여 측량 시에 기준으로 사용되는 점을 말한다.

(10) 측량성과

측량을 통하여 얻은 최종 결과를 말한다.

(11) 측량기록
측량성과를 얻을 때까지의 측량에 관한 작업의 기록을 말한다.

(12) 지명(地名)
산, 하천, 호수 등과 같이 자연적으로 형성된 지형(地形)이나 교량, 터널, 교차로 등 지물(地物)·지역(地域)에 부여된 이름을 말한다.

(13) 지 도
측량 결과에 따라 공간상의 위치와 지형 및 지명 등 여러 공간정보를 일정한 축척에 따라 기호나 문자 등으로 표시한 것을 말하며, 정보처리시스템을 이용하여 분석, 편집 및 입력·출력할 수 있도록 제작된 수치지형도[항공기나 인공위성 등을 통하여 얻은 영상정보를 이용하여 제작하는 정사영상지도(正射映像地圖)를 포함한다]와 이를 이용하여 특정한 주제에 관하여 제작된 지하시설물도·토지이용현황도 등 대통령령으로 정하는 수치주제도(數值主題圖)를 포함한다.

(14) 지적소관청
지적공부를 관리하는 특별자치시장, 시장(「제주특별자치도 설치 및 국제자유도시 조성을 위한 특별법」 제10조 제2항에 따른 행정시의 시장을 포함하며, 「지방자치법」 제3조 제3항에 따라 자치구가 아닌 구를 두는 시의 시장은 제외한다)·군수 또는 구청장(자치구가 아닌 구의 구청장을 포함한다)을 말한다.

(15) 지적공부
토지대장, 임야대장, 공유지연명부, 대지권등록부, 지적도, 임야도 및 경계점좌표등록부 등 지적측량 등을 통하여 조사된 토지의 표시와 해당 토지의 소유자 등을 기록한 대장 및 도면(정보처리시스템을 통하여 기록·저장된 것을 포함한다)을 말한다.

(16) 연속지적도
지적측량을 하지 아니하고 전산화된 지적도 및 임야도 파일을 이용하여, 도면상 경계점들을 연결하여 작성한 도면으로서 측량에 활용할 수 없는 도면을 말한다.

(17) 부동산종합공부
토지의 표시와 소유자에 관한 사항, 건축물의 표시와 소유자에 관한 사항, 토지의 이용 및 규제에 관한 사항, 부동산의 가격에 관한 사항 등 부동산에 관한 종합정보를 정보관리체계를 통하여 기록·저장한 것을 말한다.

(18) 토지의 표시
지적공부에 토지의 소재·지번(地番)·지목(地目)·면적·경계 또는 좌표를 등록한 것을 말한다.

(19) 필 지

대통령령으로 정하는 바에 따라 구획되는 토지의 등록단위를 말한다.

> **1필지로 정할 수 있는 기준(영 제5조)**
> ① 법 제2조 제21호에 따라 지번부여지역의 토지로서 소유자와 용도가 같고 지반이 연속된 토지는 1필지로 할 수 있다.
> ② 제1항에도 불구하고 다음 각 호의 어느 하나에 해당하는 토지는 주된 용도의 토지에 편입하여 1필지로 할 수 있다. 다만, 종된 용도의 토지의 지목(地目)이 "대"(垈)인 경우와 종된 용도의 토지 면적이 주된 용도의 토지 면적의 10퍼센트를 초과하거나 330제곱미터를 초과하는 경우에는 그러하지 아니하다.
>   1. 주된 용도의 토지의 편의를 위하여 설치된 도로·구거(溝渠 : 도랑) 등의 부지
>   2. 주된 용도의 토지에 접속되거나 주된 용도의 토지로 둘러싸인 토지로서 다른 용도로 사용되고 있는 토지

(20) 지 번

필지에 부여하여 지적공부에 등록한 번호를 말한다.

(21) 지번부여지역

지번을 부여하는 단위지역으로서 동·리 또는 이에 준하는 지역을 말한다.

(22) 지 목

토지의 주된 용도에 따라 토지의 종류를 구분하여 지적공부에 등록한 것을 말한다.

(23) 경계점

필지를 구획하는 선의 굴곡점으로서 지적도나 임야도에 도해(圖解) 형태로 등록하거나 경계점좌표등록부에 좌표 형태로 등록하는 점을 말한다.

(24) 경 계

필지별로 경계점들을 직선으로 연결하여 지적공부에 등록한 선을 말한다.

(25) 면 적

지적공부에 등록한 필지의 수평면상 넓이를 말한다.

(26) 토지의 이동(異動)

토지의 표시를 새로 정하거나 변경 또는 말소하는 것을 말한다.

(27) 신규등록

새로 조성된 토지와 지적공부에 등록되어 있지 아니한 토지를 지적공부에 등록하는 것을 말한다.

(28) 등록전환

임야대장 및 임야도에 등록된 토지를 토지대장 및 지적도에 옮겨 등록하는 것을 말한다.

(29) **분할**
지적공부에 등록된 1필지를 2필지 이상으로 나누어 등록하는 것을 말한다.

(30) **합병**
지적공부에 등록된 2필지 이상을 1필지로 합하여 등록하는 것을 말한다.

(31) **지목변경**
지적공부에 등록된 지목을 다른 지목으로 바꾸어 등록하는 것을 말한다.

(32) **축척변경**
지적도에 등록된 경계점의 정밀도를 높이기 위하여 작은 축척을 큰 축척으로 변경하여 등록하는 것을 말한다.

3 법 제3조(다른 법률과의 관계)

측량과 지적공부·부동산종합공부의 작성 및 관리, 지명의 결정에 관하여 다른 법률에 특별한 규정이 있는 경우를 제외하고는 이 법에 따른다. 〈개정 2022.6.10.〉

4 법 제4조(적용 범위)

다음의 어느 하나에 해당하는 측량으로서 국토교통부장관이 고시하는 측량 및 「해양조사와 해양정보 활용에 관한 법률」 제2조 제3호에 따른 수로측량에 대하여는 이 법을 적용하지 아니한다.
① 국지적 측량(지적측량은 제외한다)
② 고도의 정확도가 필요하지 아니한 측량
③ 순수 학술 연구나 군사 활동을 위한 측량

제2장 측량

> **Point 출제포인트**
> ▷ 기본측량·공공측량·일반측량
> ▷ 지적측량
> ▷ 측량기술자
> ▷ 측량업

제1절 통칙

1 법 제5조(측량기본계획 및 시행계획)

① 국토교통부장관은 다음의 사항이 포함된 측량기본계획을 5년마다 수립하여야 한다.
  ㉠ 측량에 관한 기본 구상 및 추진 전략
  ㉡ 측량의 국내외 환경 분석 및 기술연구
  ㉢ 측량산업 및 기술인력 육성 방안
  ㉣ 그 밖에 측량 발전을 위하여 필요한 사항
② 국토교통부장관은 측량기본계획에 따라 연도별 시행계획을 수립·시행하고, 그 추진실적을 평가하여야 한다.
③ 국토교통부장관은 측량기본계획과 연도별 시행계획을 수립하려는 경우 평가 결과를 반영하여야 한다.
④ 연도별 추진실적 평가의 기준·방법·절차에 관한 사항은 국토교통부령으로 정한다.

2 법 제6조 제1항(측량기준)

측량의 기준은 다음과 같다.
① 위치는 세계측지계(世界測地系)에 따라 측정한 지리학적 경위도와 높이(평균해수면으로부터의 높이를 말한다)로 표시한다. 다만, 지도 제작 등을 위하여 필요한 경우에는 직각좌표와 높이, 극좌표와 높이, 지구중심 직교좌표 및 그 밖의 다른 좌표로 표시할 수 있다.
② 측량의 원점은 대한민국 경위도원점(經緯度原點) 및 수준원점(水準原點)으로 한다. 다만, 섬 등 대통령령으로 정하는 지역에 대하여는 국토교통부장관이 따로 정하여 고시하는 원점을 사용할 수 있다.

3 법 제7조 제1항(측량기준점)

측량기준점은 다음의 구분에 따른다.

① **국가기준점** : 측량의 정확도를 확보하고 효율성을 높이기 위하여 국토교통부장관이 전 국토를 대상으로 주요 지점마다 정한 측량의 기본이 되는 측량기준점

② **공공기준점** : 공공측량시행자가 공공측량을 정확하고 효율적으로 시행하기 위하여 국가기준점을 기준으로 하여 따로 정하는 측량기준점

③ **지적기준점** : 특별시장·광역시장·특별자치시장·도지사 또는 특별자치도지사(이하 "시·도지사"라 한다)나 지적소관청이 지적측량을 정확하고 효율적으로 시행하기 위하여 국가기준점을 기준으로 하여 따로 정하는 측량기준점

측량기준점의 구분(영 제8조 제1항)

법 제7조 제1항에 따른 측량기준점은 다음 각 호의 구분에 따른다.
1. 국가기준점
   가. 우주측지기준점 : 국가측지기준계를 정립하기 위하여 전 세계 초장거리간섭계와 연결하여 정한 기준점
   나. 위성기준점 : 지리학적 경위도, 직각좌표 및 지구중심 직교좌표의 측정 기준으로 사용하기 위하여 대한민국 경위도원점을 기초로 정한 기준점
   다. 수준점 : 높이 측정의 기준으로 사용하기 위하여 대한민국 수준원점을 기초로 정한 기준점
   라. 중력점 : 중력 측정의 기준으로 사용하기 위하여 정한 기준점
   마. 통합기준점 : 지리학적 경위도, 직각좌표, 지구중심 직교좌표, 높이 및 중력 측정의 기준으로 사용하기 위하여 위성기준점, 수준점 및 중력점을 기초로 정한 기준점
   바. 삼각점 : 지리학적 경위도, 직각좌표 및 지구중심 직교좌표 측정의 기준으로 사용하기 위하여 위성기준점 및 통합기준점을 기초로 정한 기준점
   사. 지자기점(地磁氣點) : 지구자기 측정의 기준으로 사용하기 위하여 정한 기준점
2. 공공기준점
   가. 공공삼각점 : 공공측량시 수평위치의 기준으로 사용하기 위하여 국가기준점을 기초로 하여 정한 기준점
   나. 공공수준점 : 공공측량시 높이의 기준으로 사용하기 위하여 국가기준점을 기초로 하여 정한 기준점
3. 지적기준점
   가. 지적삼각점(地籍三角點) : 지적측량시 수평위치 측량의 기준으로 사용하기 위하여 국가기준점을 기준으로 하여 정한 기준점
   나. 지적삼각보조점 : 지적측량시 수평위치 측량의 기준으로 사용하기 위하여 국가기준점과 지적삼각점을 기준으로 하여 정한 기준점
   다. 지적도근점(地籍圖根點) : 지적측량시 필지에 대한 수평위치 측량 기준으로 사용하기 위하여 국가기준점, 지적삼각점, 지적삼각보조점 및 다른 지적도근점을 기초로 하여 정한 기준점

제2절 기본측량·공공측량·일반측량

1 법 제12조(기본측량의 실시 등)

① 국토교통부장관은 기본측량을 하려면 미리 측량지역, 측량기간, 그 밖에 필요한 사항을 시·도지사에게 통지하여야 한다. 그 기본측량을 끝낸 경우에도 같다.
② 시·도지사는 통지를 받았으면 지체 없이 시장·군수 또는 구청장에게 그 사실을 통지(특별자치시장 및 특별자치도지사의 경우는 제외한다)하고 대통령령으로 정하는 바에 따라 공고하여야 한다.
③ 기본측량의 방법 및 절차 등에 필요한 사항은 국토교통부령으로 정한다.

2 법 제17조(공공측량의 실시 등)

① 공공측량은 기본측량성과나 다른 공공측량성과를 기초로 실시하여야 한다.
② 공공측량의 시행을 하는 자(이하 "공공측량시행자"라 한다)가 공공측량을 하려면 국토교통부령으로 정하는 바에 따라 미리 공공측량 작업계획서를 국토교통부장관에게 제출하여야 한다. 제출한 공공측량 작업계획서를 변경한 경우에는 변경한 작업계획서를 제출하여야 한다.

3 법 제22조(일반측량의 실시 등)

① 일반측량은 기본측량성과 및 그 측량기록, 공공측량성과 및 그 측량기록을 기초로 실시하여야 한다.
② 국토교통부장관은 다음의 어느 하나에 해당하는 목적을 위하여 필요하다고 인정되는 경우에는 일반측량을 한 자에게 그 측량성과 및 측량기록의 사본을 제출하게 할 수 있다.
  ㉠ 측량의 정확도 확보
  ㉡ 측량의 중복 배제
  ㉢ 측량에 관한 자료의 수집·분석
③ 국토교통부장관은 측량의 정확도 확보 등을 위하여 일반측량에 관한 작업기준을 정할 수 있다.

제3절 지적측량

1 법 제23조(지적측량의 실시 등)

① 다음의 어느 하나에 해당하는 경우에는 지적측량을 하여야 한다.

> 1. 제7조 제1항 제3호에 따른 지적기준점을 정하는 경우
> 2. 제25조에 따라 지적측량성과를 검사하는 경우
> 3. 다음 각 목의 어느 하나에 해당하는 경우로서 측량을 할 필요가 있는 경우
>   가. 제74조에 따라 지적공부를 복구하는 경우
>   나. 제77조에 따라 토지를 신규등록하는 경우

다. 제78조에 따라 토지를 등록전환하는 경우
  라. 제79조에 따라 토지를 분할하는 경우
  마. 제82조에 따라 바다가 된 토지의 등록을 말소하는 경우
  바. 제83조에 따라 축척을 변경하는 경우
  사. 제84조에 따라 지적공부의 등록사항을 정정하는 경우
  아. 제86조에 따른 도시개발사업 등의 시행지역에서 토지의 이동이 있는 경우
  자. 「지적재조사에 관한 특별법」에 따른 지적재조사사업에 따라 토지의 이동이 있는 경우
4. 경계점을 지상에 복원하는 경우
5. 그 밖에 대통령령으로 정하는 경우
  ※ "대통령령으로 정하는 경우"란 지상건축물 등의 현황을 지적도 및 임야도에 등록된 경계와 대비하여 표시하는 데에 필요한 경우를 말한다(영 제18조).

② 지적측량의 방법 및 절차 등에 필요한 사항은 국토교통부령으로 정한다.

2 법 제24조(지적측량 의뢰 등)

① 토지소유자 등 이해관계인은 제23조 제1항 제1호 및 제3호(자목은 제외한다)부터 제5호까지의 사유로 지적측량을 할 필요가 있는 경우에는 다음의 어느 하나에 해당하는 자(이하 "지적측량수행자"라 한다)에게 지적측량을 의뢰하여야 한다. 〈개정 2024.2.20.〉
  ㉠ 제44조 제1항 제2호의 지적측량업의 등록을 한 자
  ㉡ 「한국국토정보공사법」 제3조 제1항에 따라 설립된 한국국토정보공사
② 지적측량수행자는 지적측량 의뢰를 받으면 지적측량을 하여 그 측량성과를 결정하여야 한다.
③ 지적측량 의뢰 및 측량성과 결정 등에 필요한 사항은 국토교통부령으로 정한다.

3 법 제25조(지적측량성과의 검사)

① 지적측량수행자가 지적측량을 하였으면 시·도지사, 대도시 시장(「지방자치법」 제198조에 따라 서울특별시·광역시 및 특별자치시를 제외한 인구 50만 이상의 시의 시장을 말한다) 또는 지적소관청으로부터 측량성과에 대한 검사를 받아야 한다. 다만, 지적공부를 정리하지 아니하는 측량으로서 국토교통부령으로 정하는 측량의 경우에는 그러하지 아니하다.
② 지적측량성과의 검사방법 및 검사절차 등에 필요한 사항은 국토교통부령으로 정한다.

4 법 제26조(토지의 이동에 따른 면적 등의 결정방법)

① 합병에 따른 경계·좌표 또는 면적은 따로 지적측량을 하지 아니하고 다음의 구분에 따라 결정한다.
  ㉠ 합병 후 필지의 경계 또는 좌표 : 합병 전 각 필지의 경계 또는 좌표 중 합병으로 필요 없게 된 부분을 말소하여 결정
  ㉡ 합병 후 필지의 면적 : 합병 전 각 필지의 면적을 합산하여 결정
② 등록전환이나 분할에 따른 면적을 정할 때 오차가 발생하는 경우 그 오차의 허용 범위 및 처리방법 등에 필요한 사항은 대통령령으로 정한다.

5 법 제27조(지적기준점성과의 보관 및 열람 등)

① 시·도지사나 지적소관청은 지적기준점성과(지적기준점에 의한 측량성과를 말한다)와 그 측량기록을 보관하고 일반인이 열람할 수 있도록 하여야 한다.
② 지적기준점성과의 등본이나 그 측량기록의 사본을 발급받으려는 자는 국토교통부령으로 정하는 바에 따라 시·도지사나 지적소관청에 그 발급을 신청하여야 한다.

6 법 제28조(지적위원회)

① 다음의 사항을 심의·의결하기 위하여 국토교통부에 중앙지적위원회를 둔다.
  ㉠ 지적 관련 정책 개발 및 업무 개선 등에 관한 사항
  ㉡ 지적측량기술의 연구·개발 및 보급에 관한 사항
  ㉢ 제29조 제6항에 따른 지적측량 적부심사(適否審査)에 대한 재심사(再審査)
  ㉣ 제39조에 따른 측량기술자 중 지적분야 측량기술자(이하 "지적기술자"라 한다)의 양성에 관한 사항
  ㉤ 제42조에 따른 지적기술자의 업무정지 처분 및 징계요구에 관한 사항
② 지적측량에 대한 적부심사 청구사항을 심의·의결하기 위하여 특별시·광역시·특별자치시·도 또는 특별자치도(이하 "시·도"라 한다)에 지방지적위원회를 둔다.
③ 중앙지적위원회와 지방지적위원회의 위원 구성 및 운영에 필요한 사항은 대통령령으로 정한다.
④ 중앙지적위원회와 지방지적위원회의 위원 중 공무원이 아닌 사람은 「형법」 제127조 및 제129조부터 제132조까지의 규정을 적용할 때에는 공무원으로 본다.

7 법 제29조(지적측량의 적부심사 등)

① 토지소유자, 이해관계인 또는 지적측량수행자는 지적측량성과에 대하여 다툼이 있는 경우에는 대통령령으로 정하는 바에 따라 관할 시·도지사를 거쳐 지방지적위원회에 지적측량 적부심사를 청구할 수 있다.

② 지적측량 적부심사청구를 받은 시·도지사는 30일 이내에 다음의 사항을 조사하여 지방지적위원회에 회부하여야 한다.
  ㉠ 다툼이 되는 지적측량의 경위 및 그 성과
  ㉡ 해당 토지에 대한 토지이동 및 소유권 변동 연혁
  ㉢ 해당 토지 주변의 측량기준점, 경계, 주요 구조물 등 현황 실측도

③ 지적측량 적부심사청구를 회부받은 지방지적위원회는 그 심사청구를 회부받은 날부터 60일 이내에 심의·의결하여야 한다. 다만, 부득이한 경우에는 그 심의기간을 해당 지적위원회의 의결을 거쳐 30일 이내에서 한 번만 연장할 수 있다.

④ 지방지적위원회는 지적측량 적부심사를 의결하였으면 대통령령으로 정하는 바에 따라 의결서를 작성하여 시·도지사에게 송부하여야 한다.

⑤ 시·도지사는 의결서를 받은 날부터 7일 이내에 지적측량 적부심사 청구인 및 이해관계인에게 그 의결서를 통지하여야 한다.

⑥ 의결서를 받은 자가 지방지적위원회의 의결에 불복하는 경우에는 그 의결서를 받은 날부터 90일 이내에 국토교통부장관을 거쳐 중앙지적위원회에 재심사를 청구할 수 있다.

⑦ 재심사청구에 관하여는 ②항부터 ⑤항까지의 규정을 준용한다. 이 경우 "시·도지사"는 "국토교통부장관"으로, "지방지적위원회"는 "중앙지적위원회"로 본다.

⑧ 중앙지적위원회로부터 의결서를 받은 국토교통부장관은 그 의결서를 관할 시·도지사에게 송부하여야 한다.

⑨ 시·도지사는 지방지적위원회의 의결서를 받은 후 해당 지적측량 적부심사 청구인 및 이해관계인이 ⑥항에 따른 기간에 재심사를 청구하지 아니하면 그 의결서 사본을 지적소관청에 보내야 하며, 중앙지적위원회의 의결서를 받은 경우에는 그 의결서 사본에 ④항에 따라 받은 지방지적위원회의 의결서 사본을 첨부하여 지적소관청에 보내야 한다.

⑩ 지방지적위원회 또는 중앙지적위원회의 의결서 사본을 받은 지적소관청은 그 내용에 따라 지적공부의 등록사항을 정정하거나 측량성과를 수정하여야 한다.

⑪ ⑨항 및 ⑩항에도 불구하고 특별자치시장은 ④항에 따라 지방지적위원회의 의결서를 받은 후 해당 지적측량 적부심사 청구인 및 이해관계인이 ⑥항에 따른 기간에 재심사를 청구하지 아니하거나 ⑧항에 따라 중앙지적위원회의 의결서를 받은 경우에는 직접 그 내용에 따라 지적공부의 등록사항을 정정하거나 측량성과를 수정하여야 한다.

⑫ 지방지적위원회의 의결이 있은 후 ⑥항에 따른 기간에 재심사를 청구하지 아니하거나 중앙지적위원회의 의결이 있는 경우에는 해당 지적측량성과에 대하여 다시 지적측량 적부심사청구를 할 수 없다.

제4절 측량기술자

1 법 제39조(측량기술자)

① 이 법에서 정하는 측량은 측량기술자가 아니면 할 수 없다.
② 측량기술자는 다음의 어느 하나에 해당하는 자로서 대통령령으로 정하는 자격기준에 해당하는 자이어야 하며, 대통령령으로 정하는 바에 따라 그 등급을 나눌 수 있다.
　㉠ 「국가기술자격법」에 따른 측량 및 지형공간정보, 지적, 측량, 지도 제작, 도화(圖畵) 또는 항공사진 분야의 기술자격 취득자
　㉡ 측량, 지형공간정보, 지적, 지도 제작, 도화 또는 항공사진 분야의 일정한 학력 또는 경력을 가진 자
③ 측량기술자는 전문분야를 측량분야와 지적분야로 구분한다.

2 법 제40조(측량기술자의 신고 등)

① 측량업무에 종사하는 측량기술자(「건설기술진흥법」 제2조 제8호에 따른 건설기술인인 측량기술자와 「기술사법」 제2조에 따른 기술사는 제외한다)는 국토교통부령으로 정하는 바에 따라 근무처·경력·학력 및 자격 등(이하 "근무처 및 경력 등"이라 한다)을 관리하는 데에 필요한 사항을 국토교통부장관에게 신고할 수 있다. 신고사항의 변경이 있는 경우에도 같다.
② 국토교통부장관은 ①항에 따른 신고를 받았으면 측량기술자의 근무처 및 경력 등에 관한 기록을 유지·관리하여야 한다.
③ 국토교통부장관은 측량기술자가 신청하면 근무처 및 경력 등에 관한 증명서(이하 "측량기술경력증"이라 한다)를 발급할 수 있다.
④ 국토교통부장관은 ①항에 따라 신고를 받은 내용을 확인하기 위하여 필요한 경우에는 중앙행정기관, 지방자치단체, 「초·중등교육법」 제2조 및 「고등교육법」 제2조의 학교, 신고를 한 측량기술자가 소속된 측량 관련 업체 등 관련 기관의 장에게 관련 자료를 제출하도록 요청할 수 있다. 이 경우 그 요청을 받은 기관의 장은 특별한 사유가 없으면 요청에 따라야 한다.
⑤ 이 법이나 그 밖의 관계 법률에 따른 인가·허가·등록·면허 등을 하려는 행정기관의 장은 측량기술자의 근무처 및 경력등을 확인할 필요가 있는 경우에는 국토교통부장관의 확인을 받아야 한다.
⑥ ①항에 따른 신고가 신고서의 기재사항 및 구비서류에 흠이 없고, 관계 법령 등에 규정된 형식상의 요건을 충족하는 경우에는 신고서가 접수기관에 도달된 때에 신고된 것으로 본다.
⑦ 위에서 규정한 사항 외에 측량기술자의 신고, 기록의 유지·관리, 측량기술경력증의 발급 등에 필요한 사항은 국토교통부령으로 정한다.

3 법 제41조(측량기술자의 의무)

① 측량기술자는 신의와 성실로써 공정하게 측량을 하여야 하며, 정당한 사유 없이 측량을 거부하여서는 아니 된다.
② 측량기술자는 정당한 사유 없이 그 업무상 알게 된 비밀을 누설하여서는 아니 된다.
③ 측량기술자는 둘 이상의 측량업자에게 소속될 수 없다.
④ 측량기술자는 다른 사람에게 측량기술경력증을 빌려 주거나 자기의 성명을 사용하여 측량업무를 수행하게 하여서는 아니 된다.

4 법 제42조(측량기술자의 업무정지 등)

① 국토교통부장관은 측량기술자(「건설기술진흥법」 제2조 제8호에 따른 건설기술인인 측량기술자는 제외한다)가 다음의 어느 하나에 해당하는 경우에는 1년(지적기술자의 경우에는 2년) 이내의 기간을 정하여 측량업무의 수행을 정지시킬 수 있다. 이 경우 지적기술자에 대하여는 대통령령으로 정하는 바에 따라 중앙지적위원회의 심의·의결을 거쳐야 한다.
 ㉠ 제40조 제1항에 따른 근무처 및 경력 등의 신고 또는 변경신고를 거짓으로 한 경우
 ㉡ 제41조 제4항을 위반하여 다른 사람에게 측량기술경력증을 빌려 주거나 자기의 성명을 사용하여 측량업무를 수행하게 한 경우
 ㉢ 지적기술자가 제50조 제1항을 위반하여 신의와 성실로써 공정하게 지적측량을 하지 아니하거나 고의 또는 중대한 과실로 지적측량을 잘못하여 다른 사람에게 손해를 입힌 경우
 ㉣ 지적기술자가 제50조 제1항을 위반하여 정당한 사유 없이 지적측량 신청을 거부한 경우
② 국토교통부장관은 지적기술자가 ①항의 어느 하나에 해당하는 경우 위반행위의 횟수, 정도, 동기 및 결과 등을 고려하여 지적기술자가 소속된 한국국토정보공사 또는 지적측량업자에게 해임 등 적절한 징계를 할 것을 요청할 수 있다.
③ 업무정지의 기준과 그 밖에 필요한 사항은 국토교통부령으로 정한다.

제5절 측량업

1 법 제44조(측량업의 등록)

① 측량업은 다음의 업종으로 구분한다.
 ㉠ 측지측량업
 ㉡ 지적측량업
 ㉢ 그 밖에 항공촬영, 지도제작 등 대통령령으로 정하는 업종
② 측량업을 하려는 자는 업종별로 대통령령으로 정하는 기술인력·장비 등의 등록기준을 갖추어 국토교통부장관, 시·도지사 또는 대도시 시장에게 등록하여야 한다. 다만, 한국국토정보공사는 측량업의 등록을 하지 아니하고 지적측량업을 할 수 있다.

③ 국토교통부장관, 시·도지사 또는 대도시 시장은 측량업의 등록을 한 자(이하 "측량업자"라 한다)에게 측량업등록증 및 측량업등록수첩을 발급하여야 한다.
④ 측량업자는 발급받은 측량업등록증 또는 측량업등록수첩을 잃어버리거나 못쓰게 된 때에는 국토교통부령으로 정하는 바에 따라 재발급 받을 수 있다. 〈신설 2022.6.10.〉
⑤ 측량업자는 등록사항이 변경된 경우에는 국토교통부장관, 시·도지사 또는 대도시 시장에게 신고하여야 한다. 〈개정 2022.6.10.〉
⑥ 국토교통부장관, 시·도지사 또는 대도시 시장은 신고를 받은 날부터 20일 이내에 신고수리 여부를 신고인에게 통지하여야 한다. 〈개정 2022.6.10.〉
⑦ 국토교통부장관, 시·도지사 또는 대도시 시장이 ⑥항에 따른 기간 내에 신고수리 여부 또는 민원 처리 관련 법령에 따른 처리기간의 연장을 신고인에게 통지하지 아니하면 그 기간(민원 처리 관련 법령에 따라 처리기간이 연장 또는 재연장된 경우에는 해당 처리기간을 말한다)이 끝난 날의 다음 날에 신고를 수리한 것으로 본다. 〈개정 2022.6.10.〉
⑧ 측량업의 등록, 등록사항의 변경신고, 측량업등록증 및 측량업등록수첩의 발급절차 등에 필요한 사항은 대통령령으로 정한다. 〈개정 2022.6.10.〉

2 법 제45조(지적측량업자의 업무 범위)

지적측량업의 등록을 한 자(이하 "지적측량업자"라 한다)는 제23조 제1항 제1호 및 제3호부터 제5호까지의 규정에 해당하는 사유로 하는 지적측량 중 다음의 지적측량과 지적전산자료를 활용한 정보화사업을 할 수 있다.
① 제73조에 따른 경계점좌표등록부가 있는 지역에서의 지적측량
② 「지적재조사에 관한 특별법」에 따른 지적재조사지구에서 실시하는 지적재조사측량
③ 제86조에 따른 도시개발사업 등이 끝남에 따라 하는 지적확정측량

지적전산자료를 활용한 정보화사업 등(영 제39조)
법 제45조에 따른 지적전산자료를 활용한 정보화사업에는 다음 각 호의 사업을 포함한다.
 1. 지적도·임야도, 연속지적도, 도시개발사업 등의 계획을 위한 지적도 등의 정보처리시스템을 통한 기록·저장 업무
 2. 토지대장, 임야대장의 전산화 업무

3 법 제46조(측량업자의 지위 승계)

① 측량업자가 그 사업을 양도하거나 사망한 경우 또는 법인인 측량업자의 합병이 있는 경우로서 그 사업의 양수인·상속인 또는 합병 후 존속하는 법인이나 합병으로 설립된 법인이 종전의 측량업자의 지위를 승계하려는 경우에는 양수·상속 또는 합병한 날부터 30일 이내에 대통령령으로 정하는 바에 따라 국토교통부장관, 시·도지사 또는 대도시 시장에게 신고하여야 한다.
② 국토교통부장관, 시·도지사 또는 대도시 시장은 ①항에 따른 신고를 받은 경우 측량업자의 지위를 승계하려는 자가 제47조 각 호의 어느 하나에 해당하면 신고를 수리하여서는 아니 된다.

③ 국토교통부장관, 시·도지사 또는 대도시 시장은 ①항에 따른 신고를 받은 날부터 20일 이내에 신고수리 여부를 신고인에게 통지하여야 한다. 〈신설 2021.8.10.〉

④ 국토교통부장관, 시·도지사 또는 대도시 시장이 ③항에서 정한 기간 내에 신고수리 여부 또는 민원 처리 관련 법령에 따른 처리기간의 연장을 신고인에게 통지하지 아니하면 ②항의 규정에도 불구하고 그 기간(민원 처리 관련 법령에 따라 처리기간이 연장 또는 재연장된 경우에는 해당 처리기간을 말한다)이 끝난 날의 다음 날에 신고를 수리한 것으로 본다. 〈신설 2021.8.10.〉

⑤ 양수인·상속인 또는 합병 후 존속하는 법인이나 합병으로 설립된 법인은 ③항에 따른 신고가 수리된 경우(신고가 수리된 것으로 보는 경우를 포함한다)에는 그 양수일, 상속일 또는 합병일부터 종전의 측량업자의 지위를 승계한다. 〈신설 2021.8.10.〉

4 법 제47조(측량업등록의 결격사유)

다음의 어느 하나에 해당하는 자는 측량업의 등록을 할 수 없다.
① 피성년후견인 또는 피한정후견인
② 이 법이나 「국가보안법」 또는 「형법」 제87조부터 제104조까지의 규정을 위반하여 금고 이상의 실형을 선고받고 그 집행이 끝나거나(집행이 끝난 것으로 보는 경우를 포함한다) 집행이 면제된 날부터 2년이 지나지 아니한 자
③ 이 법이나 「국가보안법」 또는 「형법」 제87조부터 제104조까지의 규정을 위반하여 금고 이상의 형의 집행유예를 선고받고 그 집행유예기간 중에 있는 자
④ 제52조에 따라 측량업의 등록이 취소(제47조 제1호에 해당하여 등록이 취소된 경우는 제외한다)된 후 2년이 지나지 아니한 자
⑤ 임원 중에 제1호부터 제4호까지의 어느 하나에 해당하는 자가 있는 법인

5 법 제48조(측량업의 휴업·폐업 등 신고)

다음의 어느 하나에 해당하는 자는 국토교통부령으로 정하는 바에 따라 국토교통부장관, 시·도지사 또는 대도시 시장에게 해당 각 호의 사실이 발생한 날부터 30일 이내에 그 사실을 신고하여야 한다.
① 측량업자인 법인이 파산 또는 합병 외의 사유로 해산한 경우 : 해당 법인의 청산인
② 측량업자가 폐업한 경우 : 폐업한 측량업자
③ 측량업자가 30일을 넘는 기간 동안 휴업하거나, 휴업 후 업무를 재개한 경우 : 해당 측량업자

6 법 제49조(측량업등록증의 대여 금지 등)

① 측량업자는 다른 사람에게 자기의 측량업등록증 또는 측량업등록수첩을 빌려 주거나 자기의 성명 또는 상호를 사용하여 측량업무를 하게 하여서는 아니 된다.
② 누구든지 다른 사람의 등록증 또는 등록수첩을 빌려서 사용하거나 다른 사람의 성명 또는 상호를 사용하여 측량업무를 하여서는 아니 된다.

7 법 제50조(지적측량수행자의 성실의무 등)

① 지적측량수행자(소속 지적기술자를 포함한다)는 신의와 성실로써 공정하게 지적측량을 하여야 하며, 정당한 사유 없이 지적측량 신청을 거부하여서는 아니 된다.
② 지적측량수행자는 본인, 배우자 또는 직계 존속·비속이 소유한 토지에 대한 지적측량을 하여서는 아니 된다.
③ 지적측량수행자는 지적측량수수료 외에는 어떠한 명목으로도 그 업무와 관련된 대가를 받으면 아니 된다.

8 법 제51조(손해배상책임의 보장)

① 지적측량수행자가 타인의 의뢰에 의하여 지적측량을 하는 경우 고의 또는 과실로 지적측량을 부실하게 함으로써 지적측량의뢰인이나 제3자에게 재산상의 손해를 발생하게 한 때에는 지적측량수행자는 그 손해를 배상할 책임이 있다.
② 지적측량수행자는 손해배상책임을 보장하기 위하여 대통령령으로 정하는 바에 따라 보험가입 등 필요한 조치를 하여야 한다.

손해배상책임의 보장(영 제41조)

① 지적측량수행자는 법 제51조 제2항에 따라 손해배상책임을 보장하기 위하여 다음 각 호의 구분에 따라 보증보험에 가입하거나 공간정보산업협회가 운영하는 보증 또는 공제에 가입하는 방법으로 보증설정(이하 "보증설정"이라 한다)을 하여야 한다. 〈개정 2025.2.7.〉
  1. 지적측량업자 : 보장기간 10년 이상 및 보증금액 1억원 이상
  2. 「한국국토정보공사법」에 따른 한국국토정보공사(이하 "한국국토정보공사"라 한다) : 보증금액 20억원 이상
② 지적측량업자는 지적측량업 등록증을 발급받은 날부터 10일 이내에 제1항 제1호의 기준에 따라 보증설정을 해야 하며, 보증설정을 했을 때에는 이를 증명하는 서류를 제35조 제1항에 따라 등록한 시·도지사 또는 대도시 시장에게 제출해야 한다.

9 법 제52조(측량업의 등록취소 등)

① 국토교통부장관, 시·도지사 또는 대도시 시장은 측량업자가 다음의 어느 하나에 해당하는 경우에는 측량업의 등록을 취소하거나 1년 이내의 기간을 정하여 영업의 정지를 명할 수 있다. 다만, 제2호·제4호·제7호·제8호·제11호 또는 제15호에 해당하는 경우에는 측량업의 등록을 취소하여야 한다. 〈개정 2022.6.10.〉

1. 고의 또는 과실로 측량을 부정확하게 한 경우
2. 거짓이나 그 밖의 부정한 방법으로 측량업의 등록을 한 경우
3. 정당한 사유 없이 측량업의 등록을 한 날부터 1년 이내에 영업을 시작하지 아니하거나 계속하여 1년 이상 휴업한 경우
4. 제44조 제2항에 따른 등록기준에 미달하게 된 경우. 다만, 일시적으로 등록기준에 미달되는 등 대통령령으로 정하는 경우는 제외한다.
5. 삭제 〈2022.11.15.〉
6. 지적측량업자가 제45조에 따른 업무 범위를 위반하여 지적측량을 한 경우
7. 제47조 각 호의 어느 하나에 해당하게 된 경우. 다만, 측량업자가 같은 조 제5호에 해당하게 된 경우로서 그 사유가 발생한 날부터 3개월 이내에 그 사유를 없앤 경우는 제외한다.
8. 제49조 제1항을 위반하여 다른 사람에게 자기의 측량업등록증 또는 측량업등록수첩을 빌려 주거나 자기의 성명 또는 상호를 사용하여 측량업무를 하게 한 경우
9. 지적측량업자가 제50조를 위반한 경우
10. 제51조를 위반하여 보험가입 등 필요한 조치를 하지 아니한 경우
11. 영업정지기간 중에 계속하여 영업을 한 경우
12. 제52조 제3항에 따른 임원의 직무정지 명령을 이행하지 아니한 경우
13. 지적측량업자가 제106조 제2항에 따른 지적측량수수료를 같은 조 제3항에 따라 고시한 금액보다 과다 또는 과소하게 받은 경우
14. 다른 행정기관이 관계 법령에 따라 등록취소 또는 영업정지를 요구한 경우
15. 「국가기술자격법」 제15조 제2항을 위반하여 측량업자가 측량기술자의 국가기술자격증을 대여 받은 사실이 확인된 경우

② 측량업자의 지위를 승계한 상속인이 측량업등록의 결격사유에 해당하는 경우에는 그 결격사유에 해당하게 된 날부터 6개월이 지난 날까지는 ①항 제7호를 적용하지 아니한다.

③ 국토교통부장관, 시·도지사 또는 대도시 시장은 측량업자가 제47조 제5호에 해당하게 된 경우에는 같은 조 제1호부터 제4호까지의 어느 하나에 해당하는 임원의 직무를 정지하도록 해당 측량업자에게 명할 수 있다.

④ 국토교통부장관, 시·도지사 또는 대도시 시장은 영업정지를 명하여야 하는 경우로서 그 영업정지가 해당 영업의 이용자에게 심한 불편을 주거나 공익을 해칠 우려가 있는 경우에는 영업정지 처분을 갈음하여 4천만원 이하의 과징금을 부과할 수 있다. 〈개정 2022.11.15.〉

⑤ 국토교통부장관, 시·도지사 또는 대도시 시장은 측량업등록의 취소, 영업정지 또는 과징금 부과 처분을 하였으면 그 사실을 공고하여야 한다. 〈개정 2022.11.15.〉

⑥ 국토교통부장관, 시·도지사 또는 대도시 시장은 과징금 부과처분을 받은 자가 납부기한까지 과징금을 내지 아니하면 국세강제징수의 예 또는 「지방행정제재·부과금의 징수 등에 관한 법률」에 따라 징수한다. 〈신설 2022.11.15.〉
⑦ 측량업등록의 취소 및 영업정지 처분에 관한 세부 기준과 과징금의 부과기준 및 과징금의 징수에 관하여 필요한 사항은 대통령령으로 정한다. 〈신설 2022.11.15.〉

10 법 제52조의2(측량업자의 행정처분 효과의 승계 등)

① 제48조에 따라 폐업신고한 측량업자가 폐업신고 당시와 동일한 측량업을 다시 등록한 때에는 폐업신고 전의 측량업자의 지위를 승계한다.
② 폐업신고 전의 측량업자에 대하여 제52조 제1항 및 제111조 제1항부터 제3항까지의 규정의 위반행위로 인한 행정처분의 효과는 그 폐업일부터 6개월 이내에 다시 측량업의 등록을 한 자(이하 "재등록 측량업자"라 한다)에게 승계된다. 〈개정 2022.11.15.〉
③ 재등록 측량업자에 대하여 폐업신고 전의 제52조 제1항의 위반행위에 대한 행정처분을 할 수 있다. 다만, 다음의 어느 하나에 해당하는 경우는 제외한다.
　㉠ 폐업신고를 한 날부터 다시 측량업의 등록을 한 날까지의 기간(이하 "폐업기간"이라 한다)이 2년을 초과한 경우
　㉡ 폐업신고 전의 위반행위에 대한 행정처분이 영업정지에 해당하는 경우로서 폐업기간이 1년을 초과한 경우
④ 행정처분을 할 때에는 폐업기간과 폐업의 사유를 고려하여야 한다.

11 법 제53조(등록취소 등의 처분 후 측량업자의 업무 수행 등)

① 등록취소 또는 영업정지 처분을 받거나 제48조에 따라 폐업신고를 한 측량업자 및 그 포괄승계인은 그 처분 및 폐업신고 전에 체결한 계약에 따른 측량업무를 계속 수행할 수 있다. 다만, 등록취소 또는 영업정지 처분을 받은 지적측량업자나 그 포괄승계인의 경우에는 그러하지 아니하다.
② 측량업자 또는 포괄승계인은 등록취소 또는 영업정지 처분을 받은 사실을 지체 없이 해당 측량의 발주자에게 알려야 한다.
③ 측량업무를 계속하는 자는 그 측량이 끝날 때까지 측량업자로 본다.
④ 측량의 발주자는 특별한 사유가 있는 경우를 제외하고는 그 측량업자로부터 통지를 받거나 등록취소 또는 영업정지의 처분이 있은 사실을 안 날부터 30일 이내에만 그 측량에 관한 계약을 해지할 수 있다.

12 법 제55조(측량의 대가)

① 기본측량 및 공공측량에 대한 대가의 기준과 산정방법에 필요한 사항은 대통령령으로 정한다.
② 국토교통부장관은 ①항에 따른 기준을 정할 때에는 기획재정부장관과 협의하여야 한다.
③ 일반측량의 대가는 ①항에 따른 기준을 준용하여 산정할 수 있다.

제3장 지적(地籍)

> **Point 출제포인트**
> ▷ 토지의 등록
> ▷ 지상 경계의 결정기준
> ▷ 지상경계점등록부의 등록사항
> ▷ 지번의 구성과 부여방법
> ▷ 지목의 종류 및 표기방법
> ▷ 공유지연명부의 등록사항
> ▷ 대지권등록부의 등록사항
> ▷ 지적도 등의 등록사항
> ▷ 지적공부
> ▷ 토지의 이동 신청 및 지적정리
> ▷ 합병 신청을 할 수 없는 경우
> ▷ 지목변경 신청 및 축척변경
> ▷ 등록사항의 직권정정

제1절 토지의 등록

1 법 제64조(토지의 조사·등록 등) 기출 35회

① 국토교통부장관은 모든 토지에 대하여 필지별로 소재·지번·지목·면적·경계 또는 좌표 등을 조사·측량하여 지적공부에 등록하여야 한다.
② 지적공부에 등록하는 지번·지목·면적·경계 또는 좌표는 토지의 이동이 있을 때 토지소유자(법인이 아닌 사단이나 재단의 경우에는 그 대표자나 관리인을 말한다)의 신청을 받아 지적소관청이 결정한다. 다만, 신청이 없으면 지적소관청이 직권으로 조사·측량하여 결정할 수 있다.
③ 조사·측량의 절차 등에 필요한 사항은 국토교통부령으로 정한다.

> **토지의 조사·등록(규칙 제59조 제1항)**
> 지적소관청은 법 제64조 제2항 단서에 따라 토지의 이동현황을 직권으로 조사·측량하여 토지의 지번·지목·면적·경계 또는 좌표를 결정하려는 때에는 토지이동현황 조사계획을 수립하여야 한다. 이 경우 토지이동현황 조사계획은 시·군·구별로 수립하되, 부득이한 사유가 있는 때에는 읍·면·동별로 수립할 수 있다.

2 법 제65조(지상경계의 구분 등) 기출 30회·31회

① 토지의 지상경계는 둑, 담장이나 그 밖에 구획의 목표가 될 만한 구조물 및 경계점표지 등으로 구분한다.
② 지적소관청은 토지의 이동에 따라 지상경계를 새로 정한 경우에는 다음의 사항을 등록한 지상경계점 등록부를 작성·관리하여야 한다.
    ㉠ 토지의 소재
    ㉡ 지번
    ㉢ 경계점 좌표(경계점좌표등록부 시행지역에 한정한다)
    ㉣ 경계점 위치 설명도
    ㉤ 그 밖에 국토교통부령으로 정하는 사항

> **그 밖에 국토교통부령으로 정하는 사항(규칙 제60조 제2항)**
>
> 다음 각 호의 사항을 말한다.
>   1. 공부상 지목과 실제 토지이용 지목
>   2. 경계점의 사진 파일
>   3. 경계점표지의 종류 및 경계점 위치

③ 지상경계의 결정 기준 등 지상경계의 결정에 필요한 사항은 <u>대통령령으로 정하고</u>, 경계점표지의 규격과 재질 등에 필요한 사항은 국토교통부령으로 정한다.

> **지상 경계의 결정기준 등(영 제55조)** 기출 36회
>
> ① 법 제65조 제1항에 따른 지상 경계의 결정기준은 다음 각 호의 구분에 따른다.
>   1. 연접되는 토지 간에 높낮이 차이가 없는 경우 : 그 구조물 등이 중앙
>   2. 연접되는 토지 간에 높낮이 차이가 있는 경우 : 그 구조물 등의 하단부
>   3. 도로·구거 등의 토지에 절토(땅깎기)된 부분이 있는 경우 : 그 경사면의 상단부
>   4. 토지가 해면 또는 수면에 접하는 경우 : 최대만조위 또는 최대만수위가 되는 선
>   5. 공유수면매립지의 토지 중 제방 등을 토지에 편입하여 등록하는 경우 : 바깥쪽 어깨부분
> ② 지상 경계의 구획을 형성하는 구조물 등의 소유자가 다른 경우에는 제1항 제1호부터 제3호까지의 규정에도 불구하고 그 소유권에 따라 지상 경계를 결정한다.
> ③ 다음 각 호의 어느 하나에 해당하는 경우에는 지상 경계점에 법 제65조 제1항에 따른 경계점표지를 설치하여 측량할 수 있다.
>   1. 법 제86조 제1항에 따른 도시개발사업 등의 사업시행자가 사업지구의 경계를 결정하기 위하여 토지를 분할하려는 경우
>   2. 법 제87조 제1호 및 제2호에 따른 사업시행자와 행정기관의 장 또는 지방자치단체의 장이 토지를 취득하기 위하여 분할하려는 경우
>   3. 「국토의 계획 및 이용에 관한 법률」 제30조 제6항에 따른 도시·군관리계획 결정고시와 같은 법 제32조 제4항에 따른 지형도면 고시가 된 지역의 도시·군관리계획선에 따라 토지를 분할하려는 경우
>   4. 제65조 제1항에 따라 토지를 분할하려는 경우
>   5. 관계 법령에 따라 인가·허가 등을 받아 토지를 분할하려는 경우

④ 분할에 따른 지상 경계는 지상건축물을 걸리게 결정해서는 아니 된다. 다만, 다음 각 호의 어느 하나에 해당하는 경우에는 그러하지 아니하다.
  1. 법원의 확정판결이 있는 경우
  2. 법 제87조 제1호에 해당하는 토지를 분할하는 경우
  3. 제3항 제1호 또는 제3호에 따라 토지를 분할하는 경우
⑤ 지적확정측량의 경계는 공사가 완료된 현황대로 결정하되, 공사가 완료된 현황이 사업계획도와 다를 때에는 미리 사업시행자에게 그 사실을 통지하여야 한다.

3 법 제66조(지번의 부여 등) 기출 30회

① 지번은 지적소관청이 지번부여지역별로 차례대로 부여한다.

지번의 구성 및 부여방법 등(영 제56조)

① 지번(地番)은 아라비아숫자로 표기하되, 임야대장 및 임야도에 등록하는 토지의 지번은 숫자 앞에 "산"자를 붙인다.
② 지번은 본번(本番)과 부번(副番)으로 구성하되, 본번과 부번 사이에 "-" 표시로 연결한다. 이 경우 "-" 표시는 "의"라고 읽는다.
③ 법 제66조에 따른 지번의 부여방법은 다음 각 호와 같다.
  1. 지번은 북서에서 남동으로 순차적으로 부여할 것
  2. 신규등록 및 등록전환의 경우에는 그 지번부여지역에서 인접토지의 본번에 부번을 붙여서 지번을 부여할 것. 다만, 다음 각 목의 어느 하나에 해당하는 경우에는 그 지번부여지역의 최종 본번의 다음 순번부터 본번으로 하여 순차적으로 지번을 부여할 수 있다.
    가. 대상토지가 그 지번부여지역의 최종 지번의 토지에 인접하여 있는 경우
    나. 대상토지가 이미 등록된 토지와 멀리 떨어져 있어서 등록된 토지의 본번에 부번을 부여하는 것이 불합리한 경우
    다. 대상토지가 여러 필지로 되어 있는 경우
  3. 분할의 경우에는 분할 후의 필지 중 1필지의 지번은 분할 전의 지번으로 하고, 나머지 필지의 지번은 본번의 최종 부번 다음 순번으로 부번을 부여할 것. 이 경우 주거·사무실 등의 건축물이 있는 필지에 대해서는 분할 전의 지번을 우선하여 부여하여야 한다.
  4. 합병의 경우에는 합병 대상 지번 중 선순위의 지번을 그 지번으로 하되, 본번으로 된 지번이 있을 때에는 본번 중 선순위의 지번을 합병 후의 지번으로 할 것. 이 경우 토지소유자가 합병 전의 필지에 주거·사무실 등의 건축물이 있어서 그 건축물이 위치한 지번을 합병 후의 지번으로 신청할 때에는 그 지번을 합병 후의 지번으로 부여하여야 한다.
  5. 지적확정측량을 실시한 지역의 각 필지에 지번을 새로 부여하는 경우에는 다음 각 목의 지번을 제외한 본번으로 부여할 것. 다만, 부여할 수 있는 종전 지번의 수가 새로 부여할 지번의 수보다 적을 때에는 블록 단위로 하나의 본번을 부여한 후 필지별로 부번을 부여하거나, 그 지번부여지역의 최종 본번 다음 순번부터 본번으로 하여 차례로 지번을 부여할 수 있다.
    가. 지적확정측량을 실시한 지역의 종전의 지번과 지적확정측량을 실시한 지역 밖에 있는 본번이 같은 지번이 있을 때에는 그 지번
    나. 지적확정측량을 실시한 지역의 경계에 걸쳐 있는 지번

6. 다음 각 목의 어느 하나에 해당할 때에는 제5호를 준용하여 지번을 부여할 것
   가. 법 제66조 제2항에 따라 지번부여지역의 지번을 변경할 때
   나. 법 제85조 제2항에 따른 행정구역 개편에 따라 새로 지번을 부여할 때
   다. 제72조 제1항에 따라 축척변경 시행지역의 필지에 지번을 부여할 때
④ 법 제86조에 따른 도시개발사업 등이 준공되기 전에 사업시행자가 지번부여 신청을 하면 국토교통부령으로 정하는 바에 따라 지번을 부여할 수 있다.

> **➕ 알아보기** 도시개발사업 등 준공 전 지번부여(규칙 제61조)
>
> 지적소관청은 영 제56조 제4항에 따라 도시개발사업 등이 준공되기 전에 지번을 부여하는 때에는 제95조 제1항 제3호의 사업계획도에 따르되, 영 제56조 제3항 제5호에 따라 부여하여야 한다.

② 지적소관청은 지적공부에 등록된 지번을 변경할 필요가 있다고 인정하면 시·도지사나 대도시 시장의 승인을 받아 지번부여지역의 전부 또는 일부에 대하여 지번을 새로 부여할 수 있다.

> **지번변경 승인신청 등(영 제57조)**
>
> ① 지적소관청은 법 제66조 제2항에 따라 지번을 변경하려면 지번변경 사유를 적은 승인신청서에 지번변경 대상지역의 지번·지목·면적·소유자에 대한 상세한 내용(이하 "지번 등 명세"라 한다)을 기재하여 시·도지사 또는 대도시 시장에게 제출해야 한다. 이 경우 시·도지사 또는 대도시 시장은 「전자정부법」 제36조 제1항에 따른 행정정보의 공동이용을 통하여 지번변경 대상지역의 지적도 및 임야도를 확인해야 한다.
> ② 제1항에 따라 신청을 받은 시·도지사 또는 대도시 시장은 지번변경 사유 등을 심사한 후 그 결과를 지적소관청에 통지하여야 한다.

③ 지번의 부여방법 및 부여절차 등에 필요한 사항은 대통령령으로 정한다.

4 법 제67조(지목의 종류) 기출 30회·31회·33회·34회·35회

(1) 지목의 구분

지목은 전·답·과수원·목장용지·임야·광천지·염전·대(垈)·공장용지·학교용지·주차장·주유소용지·창고용지·도로·철도용지·제방(堤防)·하천·구거(溝渠)·유지(溜池)·양어장·수도용지·공원·체육용지·유원지·종교용지·사적지·묘지·잡종지로 구분하여 정한다.

> **지목의 구분(영 제58조)** 〈개정 2024.5.7.〉
>
> 법 제67조 제1항에 따른 지목의 구분은 다음 각 호의 기준에 따른다.
>   1. 전 : 물을 상시적으로 이용하지 않고 곡물·원예작물(과수류는 제외한다)·약초·뽕나무·닥나무·묘목·관상수 등의 식물을 주로 재배하는 토지와 식용(食用)으로 죽순을 재배하는 토지
>   2. 답 : 물을 상시적으로 직접 이용하여 벼·연(蓮)·미나리·왕골 등의 식물을 주로 재배하는 토지
>   3. 과수원 : 사과·배·밤·호두·귤나무 등 과수류를 집단적으로 재배하는 토지와 이에 접속된 저장고 등 부속시설물의 부지. 다만, 주거용 건축물의 부지는 "대"로 한다.

4. 목장용지 : 다음 각 목의 토지. 다만, 주거용 건축물의 부지는 "대"로 한다.
   가. 축산업 및 낙농업을 하기 위하여 초지를 조성한 토지
   나. 「축산법」 제2조 제1호에 따른 가축을 사육하는 축사 등의 부지
   다. 가목 및 나목의 토지와 접속된 부속시설물의 부지
5. 임야 : 산림 및 원야(原野)를 이루고 있는 수림지(樹林地)·죽림지·암석지·자갈땅·모래땅·습지·황무지 등의 토지
6. 광천지 : 지하에서 온수·약수·석유류 등이 용출되는 용출구(湧出口)와 그 유지(維持)에 사용되는 부지. 다만, 온수·약수·석유류 등을 일정한 장소로 운송하는 송수관·송유관 및 저장시설의 부지는 제외한다.
7. 염전 : 바닷물을 끌어들여 소금을 채취하기 위하여 조성된 토지와 이에 접속된 제염장(製鹽場) 등 부속시설물의 부지. 다만, 천일제염 방식으로 하지 아니하고 동력으로 바닷물을 끌어들여 소금을 제조하는 공장시설물의 부지는 제외한다.
8. 대
   가. 영구적 건축물 중 주거·사무실·점포와 박물관·극장·미술관 등 문화시설과 이에 접속된 정원 및 부속시설물의 부지
   나. 「국토의 계획 및 이용에 관한 법률」 등 관계 법령에 따른 택지조성공사가 준공된 토지
9. 공장용지
   가. 제조업을 하고 있는 공장시설물의 부지
   나. 「산업집적활성화 및 공장설립에 관한 법률」 등 관계 법령에 따른 공장부지 조성공사가 준공된 토지
   다. 가목 및 나목의 토지와 같은 구역에 있는 의료시설 등 부속시설물의 부지
10. 학교용지 : 학교의 교사(校舍)와 이에 접속된 체육장 등 부속시설물의 부지
11. 주차장 : 자동차 등의 주차에 필요한 독립적인 시설을 갖춘 부지와 주차전용 건축물 및 이에 접속된 부속시설물의 부지. 다만, 다음 각 목의 어느 하나에 해당하는 시설의 부지는 제외한다.
    가. 「주차장법」 제2조 제1호 가목 및 다목에 따른 노상주차장 및 부설주차장(「주차장법」 제19조 제4항에 따라 시설물의 부지 인근에 설치된 부설주차장은 제외한다)
    나. 자동차 등의 판매 목적으로 설치된 물류장 및 야외전시장
12. 주유소용지 : 다음 각 목의 토지. 다만, 자동차·선박·기차 등의 제작 또는 정비공장 안에 설치된 급유·송유시설 등의 부지는 제외한다.
    가. 석유·석유제품, 액화석유가스, 전기 또는 수소 등의 판매를 위하여 일정한 설비를 갖춘 시설물의 부지
    나. 저유소(貯油所) 및 원유저장소의 부지와 이에 접속된 부속시설물의 부지
13. 창고용지 : 물건 등을 보관하거나 저장하기 위하여 독립적으로 설치된 보관시설물의 부지와 이에 접속된 부속시설물의 부지
14. 도로 : 다음 각 목의 토지. 다만, 아파트·공장 등 단일 용도의 일정한 단지 안에 설치된 통로 등은 제외한다.
    가. 일반 공중(公衆)의 교통 운수를 위하여 보행이나 차량운행에 필요한 일정한 설비 또는 형태를 갖추어 이용되는 토지
    나. 「도로법」 등 관계 법령에 따라 도로로 개설된 토지
    다. 고속도로의 휴게소 부지
    라. 2필지 이상에 진입하는 통로로 이용되는 토지
15. 철도용지 : 교통 운수를 위하여 일정한 궤도 등의 설비와 형태를 갖추어 이용되는 토지와 이에 접속된 역사(驛舍)·차고·발전시설 및 공작창(工作廠) 등 부속시설물의 부지
16. 제방 : 조수·자연유수(自然流水)·모래·바람 등을 막기 위하여 설치된 방조제·방수제·방사제·방파제 등의 부지
17. 하천 : 자연의 유수(流水)가 있거나 있을 것으로 예상되는 토지

18. 구거 : 용수(用水) 또는 배수(排水)를 위하여 일정한 형태를 갖춘 인공적인 수로·둑 및 그 부속시설물의 부지와 자연의 유수(流水)가 있거나 있을 것으로 예상되는 소규모 수로부지
19. 유지(溜池) : 물이 고이거나 상시적으로 물을 저장하고 있는 댐·저수지·소류지(沼溜地)·호수·연못 등의 토지와 연·왕골 등이 자생하는 배수가 잘 되지 아니하는 토지
20. 양어장 : 육상에 인공으로 조성된 수산생물의 번식 또는 양식을 위한 시설을 갖춘 부지와 이에 접속된 부속시설물의 부지
21. 수도용지 : 물을 정수하여 공급하기 위한 취수·저수·도수(導水)·정수·송수 및 배수 시설의 부지 및 이에 접속된 부속시설물의 부지
22. 공원 : 일반 공중의 보건·휴양 및 정서생활에 이용하기 위한 시설을 갖춘 토지로서「국토의 계획 및 이용에 관한 법률」에 따라 공원 또는 녹지로 결정·고시된 토지
23. 체육용지 : 국민의 건강증진 등을 위한 체육활동에 적합한 시설과 형태를 갖춘 종합운동장·실내체육관·야구장·골프장·스키장·승마장·경륜장 등 체육시설의 토지와 이에 접속된 부속시설물의 부지. 다만, 체육시설로서의 영속성과 독립성이 미흡한 정구장·골프연습장·실내수영장 및 체육도장과 유수(流水)를 이용한 요트장 및 카누장 등의 토지는 제외한다.
24. 유원지 : 일반 공중의 위락·휴양 등에 적합한 시설을 종합적으로 갖춘 수영장·유선장(遊船場)·낚시터·어린이놀이터·동물원·식물원·민속촌·경마장·야영장 등의 토지와 이에 접속된 부속시설물의 부지. 다만, 이들 시설과의 거리 등으로 보아 독립적인 것으로 인정되는 숙식시설 및 유기장(遊技場)의 부지와 하천·구거 또는 유지[공유(公有)인 것으로 한정한다]로 분류되는 것은 제외한다.
25. 종교용지 : 일반 공중의 종교의식을 위하여 예배·법요·설교·제사 등을 하기 위한 교회·사찰·향교 등 건축물의 부지와 이에 접속된 부속시설물의 부지
26. 사적지 : 국가유산으로 지정된 역사적인 유적·고적·기념물 등을 보존하기 위하여 구획된 토지. 다만, 학교용지·공원·종교용지 등 다른 지목으로 된 토지에 있는 유적·고적·기념물 등을 보호하기 위하여 구획된 토지는 제외한다.
27. 묘지 : 사람의 시체나 유골이 매장된 토지,「도시공원 및 녹지 등에 관한 법률」에 따른 묘지공원으로 결정·고시된 토지 및「장사 등에 관한 법률」제2조 제9호에 따른 봉안시설과 이에 접속된 부속시설물의 부지. 다만, 묘지의 관리를 위한 건축물의 부지는 "대"로 한다.
28. 잡종지 : 다음 각 목의 토지. 다만, 원상회복을 조건으로 돌을 캐내는 곳 또는 흙을 파내는 곳으로 허가된 토지는 제외한다.
    가. 갈대밭, 실외에 물건을 쌓아두는 곳, 돌을 캐내는 곳, 흙을 파내는 곳, 야외시장 및 공동우물
    나. 변전소, 송신소, 수신소 및 송유시설 등의 부지
    다. 여객자동차터미널, 자동차운전학원 및 폐차장 등 자동차와 관련된 독립적인 시설물을 갖춘 부지
    라. 공항시설 및 항만시설 부지
    마. 도축장, 쓰레기처리장 및 오물처리장 등의 부지
    바. 그 밖에 다른 지목에 속하지 않는 토지

지목의 표기방법(규칙 제64조) 기출 36회

지목을 지적도 및 임야도(이하 "지적도면"이라 한다)에 등록하는 때에는 다음의 부호로 표기하여야 한다.

지목	부호	지목	부호
전	전	철도용지	철
답	답	제방	제
과수원	과	하천	천
목장용지	목	구거	구

임야	임	유지	유
광천지	광	양어장	양
염전	염	수도용지	수
대	대	공원	공
공장용지	장	체육용지	체
학교용지	학	유원지	원
주차장	차	종교용지	종
주유소용지	주	사적지	사
창고용지	창	묘지	묘
도로	도	잡종지	잡

(2) 지목의 설정방법

지목의 구분 및 설정방법 등에 필요한 사항은 대통령령으로 정한다.

지목의 설정방법 등(영 제59조)

① 법 제67조 제1항에 따른 지목의 설정은 다음 각 호의 방법에 따른다.
　1. 필지마다 하나의 지목을 설정할 것
　2. 1필지가 둘 이상의 용도로 활용되는 경우에는 주된 용도에 따라 지목을 설정할 것
② 토지가 일시적 또는 임시적인 용도로 사용될 때에는 지목을 변경하지 아니한다.

5 법 제68조(면적의 단위 등)

① 면적의 단위는 제곱미터로 한다.
② 면적의 결정방법 등에 필요한 사항은 대통령령으로 정한다.

면적의 결정 및 측량계산의 끝수처리(영 제60조)

① 면적의 결정은 다음 각 호의 방법에 따른다.
　1. 토지의 면적에 1제곱미터 미만의 끝수가 있는 경우 0.5제곱미터 미만일 때에는 버리고 0.5제곱미터를 초과하는 때에는 올리며, 0.5제곱미터일 때에는 구하려는 끝자리의 숫자가 0 또는 짝수이면 버리고 홀수이면 올린다. 다만, 1필지의 면적이 1제곱미터 미만일 때에는 1제곱미터로 한다.
　2. 지적도의 축척이 600분의 1인 지역과 경계점좌표등록부에 등록하는 지역의 토지 면적은 제1호에도 불구하고 제곱미터 이하 한 자리 단위로 하되, 0.1제곱미터 미만의 끝수가 있는 경우 0.05제곱미터 미만일 때에는 버리고 0.05제곱미터를 초과할 때에는 올리며, 0.05제곱미터일 때에는 구하려는 끝자리의 숫자가 0 또는 짝수이면 버리고 홀수이면 올린다. 다만, 1필지의 면적이 0.1제곱미터 미만일 때에는 0.1제곱미터로 한다.
② 방위각의 각치(角値), 종횡선의 수치 또는 거리를 계산하는 경우 구하려는 끝자리의 다음 숫자가 5 미만일 때에는 버리고 5를 초과할 때에는 올리며, 5일 때에는 구하려는 끝자리의 숫자가 0 또는 짝수이면 버리고 홀수이면 올린다. 다만, 전자계산조직을 이용하여 연산할 때에는 최종수치에만 이를 적용한다.

제2절 지적공부

1 법 제69조(지적공부의 보존 등) 기출 31회

① 지적소관청은 해당 청사에 지적서고를 설치하고 그 곳에 지적공부(정보처리시스템을 통하여 기록·저장한 경우는 제외한다)를 영구히 보존하여야 하며, 다음의 어느 하나에 해당하는 경우 외에는 해당 청사 밖으로 지적공부를 반출할 수 없다.
  ㉠ 천재지변이나 그 밖에 이에 준하는 재난을 피하기 위하여 필요한 경우
  ㉡ 관할 시·도지사 또는 대도시 시장의 승인을 받은 경우

지적서고의 설치기준 등(규칙 제65조)
① 법 제69조 제1항에 따른 지적서고는 지적사무를 처리하는 사무실과 연접(連接)하여 설치하여야 한다.
② 제1항에 따른 지적서고의 구조는 다음 각 호의 기준에 따라야 한다.
  1. 골조는 철근콘크리트 이상의 강질로 할 것
  2. 지적서고의 면적은 [별표 7]의 기준면적에 따를 것
  3. 바닥과 벽은 2중으로 하고 영구적인 방수설비를 할 것
  4. 창문과 출입문은 2중으로 하되, 바깥쪽 문은 반드시 철제로 하고 안쪽 문은 곤충·쥐 등의 침입을 막을 수 있도록 철망 등을 설치할 것
  5. 온도 및 습도 자동조절장치를 설치하고, 연중 평균온도는 섭씨 20±5도를, 연중평균습도는 65±5퍼센트를 유지할 것
  6. 전기시설을 설치하는 때에는 단독퓨즈를 설치하고 소화장비를 갖춰 둘 것
  7. 열과 습도의 영향을 받지 아니하도록 내부공간을 넓게 하고 천장을 높게 설치할 것
③ 지적서고는 다음 각 호의 기준에 따라 관리하여야 한다.
  1. 지적서고는 제한구역으로 지정하고, 출입자를 지적사무담당공무원으로 한정할 것
  2. 지적서고에는 인화물질의 반입을 금지하며, 지적공부, 지적 관계 서류 및 지적측량장비만 보관할 것
④ 지적공부 보관상자는 벽으로부터 15센티미터 이상 띄워야 하며, 높이 10센티미터 이상의 깔판 위에 올려놓아야 한다.

② 지적공부를 정보처리시스템을 통하여 기록·저장한 경우 관할 시·도지사, 시장·군수 또는 구청장은 그 지적공부를 지적정보관리체계에 영구히 보존하여야 한다.

지적공부의 보관방법 등(규칙 제66조)
① 부책(簿冊)으로 된 토지대장·임야대장 및 공유지연명부는 지적공부 보관상자에 넣어 보관하고, 카드로 된 토지대장·임야대장·공유지연명부·대지권등록부 및 경계점좌표등록부는 100장 단위로 바인더(binder)에 넣어 보관하여야 한다.
② 일람도·지번색인표 및 지적도면은 지번부여지역별로 도면번호순으로 보관하되, 각 장별로 보호대에 넣어야 한다.
③ 법 제69조 제2항에 따라 지적공부를 정보처리시스템을 통하여 기록·보존하는 때에는 그 지적공부를 「공공기관의 기록물 관리에 관한 법률」 제19조 제2항에 따라 기록물관리기관에 이관할 수 있다.

③ 국토교통부장관은 보존하여야 하는 지적공부가 멸실되거나 훼손될 경우를 대비하여 지적공부를 복제하여 관리하는 정보관리체계를 구축하여야 한다.
④ 지적서고의 설치기준, 지적공부의 보관방법 및 반출승인 절차 등에 필요한 사항은 국토교통부령으로 정한다.

2 법 제70조(지적정보 전담 관리기구의 설치)

① 국토교통부장관은 지적공부의 효율적인 관리 및 활용을 위하여 지적정보 전담 관리기구를 설치·운영한다.
② 국토교통부장관은 지적공부를 과세나 부동산정책자료 등으로 활용하기 위하여 주민등록전산자료, 가족관계등록전산자료, 부동산등기전산자료 또는 공시지가전산자료 등을 관리하는 기관에 그 자료를 요청할 수 있으며 요청을 받은 관리기관의 장은 특별한 사정이 없으면 그 요청을 따라야 한다.
③ 지적정보 전담 관리기구의 설치·운영에 관한 세부사항은 대통령령으로 정한다.

3 법 제71조(토지대장 등의 등록사항) 기출 30회·33회·35회

(1) 토지대장과 임야대장의 등록사항

토지대장과 임야대장에는 다음의 사항을 등록하여야 한다.
① 토지의 소재
② 지번
③ 지목
④ 면적
⑤ 소유자의 성명 또는 명칭, 주소 및 주민등록번호(국가, 지방자치단체, 법인, 법인 아닌 사단이나 재단 및 외국인의 경우에는 「부동산등기법」 제49조에 따라 부여된 등록번호를 말한다)
⑥ 그 밖에 국토교통부령으로 정하는 사항

> **그 밖에 국토교통부령으로 정하는 사항(규칙 제68조 제2항)**
>
> 다음 각 호의 사항을 말한다.
> 1. 토지의 고유번호(각 필지를 서로 구별하기 위하여 필지마다 붙이는 고유한 번호를 말한다)
> 2. 지적도 또는 임야도의 번호와 필지별 토지대장 또는 임야대장의 장번호 및 축척
> 3. 토지의 이동사유
> 4. 토지소유자가 변경된 날과 그 원인
> 5. 토지등급 또는 기준수확량등급과 그 설정·수정 연월일
> 6. 개별공시지가와 그 기준일
> 7. 그 밖에 국토교통부장관이 정하는 사항

(2) 공유지연명부의 등록사항

(1)의 ⑤항의 소유자가 둘 이상이면 공유지연명부에 다음의 사항을 등록하여야 한다.
① 토지의 소재
② 지번
③ 소유권 지분
④ 소유자의 성명 또는 명칭, 주소 및 주민등록번호
⑤ 그 밖에 국토교통부령으로 정하는 사항

> **그 밖에 국토교통부령으로 정하는 사항(규칙 제68조 제3항)**
> 다음 각 호의 사항을 말한다.
>   1. 토지의 고유번호
>   2. 필지별 공유지연명부의 장번호
>   3. 토지소유자가 변경된 날과 그 원인

(3) 대지권등록부의 등록사항

토지대장이나 임야대장에 등록하는 토지가 「부동산등기법」에 따라 대지권 등기가 되어 있는 경우에는 대지권등록부에 다음의 사항을 등록하여야 한다.
① 토지의 소재
② 지번
③ 대지권 비율
④ 소유자의 성명 또는 명칭, 주소 및 주민등록번호
⑤ 그 밖에 국토교통부령으로 정하는 사항

> **그 밖에 국토교통부령으로 정하는 사항(규칙 제68조 제4항)**
> 다음 각 호의 사항을 말한다.
>   1. 토지의 고유번호
>   2. 전유부분(專有部分)의 건물표시
>   3. 건물의 명칭
>   4. 집합건물별 대지권등록부의 장번호
>   5. 토지소유자가 변경된 날과 그 원인
>   6. 소유권 지분

4 법 제72조(지적도 등의 등록사항) 기출 31회

지적도 및 임야도에는 다음의 사항을 등록하여야 한다.
① 토지의 소재
② 지번
③ 지목
④ 경계
⑤ 그 밖에 국토교통부령으로 정하는 사항

> **지적도면 등의 등록사항 등(규칙 제69조)**
> ① 법 제72조에 따른 지적도 및 임야도는 각각 별지 제67호 서식 및 별지 제68호 서식과 같다.
> ② 법 제72조 제5호에서 "그 밖에 국토교통부령으로 정하는 사항"이란 다음 각 호의 사항을 말한다.
>   1. 지적도면의 색인도(인접도면의 연결 순서를 표시하기 위하여 기재한 도표와 번호를 말한다)
>   2. 지적도면의 제명 및 축척

3. 도곽선(圖廓線)과 그 수치
4. 좌표에 의하여 계산된 경계점 간의 거리(경계점좌표등록부를 갖춰 두는 지역으로 한정한다)
5. 삼각점 및 지적기준점의 위치
6. 건축물 및 구조물 등의 위치
7. 그 밖에 국토교통부장관이 정하는 사항

③ 경계점좌표등록부를 갖춰 두는 지역의 지적도에는 해당 도면의 제명 끝에 "(좌표)"라고 표시하고, 도곽선의 오른쪽 아래 끝에 "이 도면에 의하여 측량을 할 수 없음"이라고 적어야 한다.
④ 지적도면에는 지적소관청의 직인을 날인하여야 한다. 다만, 정보처리시스템을 이용하여 관리하는 지적도면의 경우에는 그러하지 아니하다.
⑤ 지적소관청은 지적도면의 관리에 필요한 경우에는 지번부여지역마다 일람도와 지번색인표를 작성하여 갖춰 둘 수 있다.
⑥ 지적도면의 축척은 다음 각 호의 구분에 따른다.
 1. 지적도 : 1/500, 1/600, 1/1000, 1/1200, 1/2400, 1/3000, 1/6000
 2. 임야도 : 1/3000, 1/6000

5 법 제73조(경계점좌표등록부의 등록사항) 기출 36회

지적소관청은 도시개발사업 등에 따라 새로이 지적공부에 등록하는 토지에 대하여는 다음의 사항을 등록한 경계점좌표등록부를 작성하고 갖춰 두어야 한다.
① 토지의 소재
② 지번
③ 좌표
④ 그 밖에 국토교통부령으로 정하는 사항

경계점좌표등록부의 등록사항 등(규칙 제71조)
① 법 제73조의 경계점좌표등록부는 별지 제69호 서식과 같다.
② 법 제73조에 따라 경계점좌표등록부를 갖춰 두는 토지는 지적확정측량 또는 축척변경을 위한 측량을 실시하여 경계점을 좌표로 등록한 지역의 토지로 한다.
③ 법 제73조 제4호에서 "그 밖에 국토교통부령으로 정하는 사항"이란 다음 각 호의 사항을 말한다.
 1. 토지의 고유번호
 2. 지적도면의 번호
 3. 필지별 경계점좌표등록부의 장번호
 4. 부호 및 부호도

6 법 제74조(지적공부의 복구) 기출 30회

지적소관청(제69조 제2항에 따른 지적공부의 경우에는 시·도지사, 시장·군수 또는 구청장)은 지적공부의 전부 또는 일부가 멸실되거나 훼손된 경우에는 대통령령으로 정하는 바에 따라 지체 없이 이를 복구하여야 한다.

> **지적공부의 복구(영 제61조)**
> ① 지적소관청이 법 제74조에 따라 지적공부를 복구할 때에는 멸실·훼손 당시의 지적공부와 가장 부합된다고 인정되는 관계 자료에 따라 토지의 표시에 관한 사항을 복구하여야 한다. 다만, 소유자에 관한 사항은 부동산등기부나 법원의 확정판결에 따라 복구하여야 한다.
> ② 제1항에 따른 지적공부의 복구에 관한 관계 자료 및 복구절차 등에 관하여 필요한 사항은 국토교통부령으로 정한다.

7 법 제75조(지적공부의 열람 및 등본 발급)

① 지적공부를 열람하거나 그 등본을 발급받으려는 자는 해당 지적소관청에 그 열람 또는 발급을 신청하여야 한다. 다만, 정보처리시스템을 통하여 기록·저장된 지적공부(지적도 및 임야도는 제외한다)를 열람하거나 그 등본을 발급받으려는 경우에는 특별자치시장, 시장·군수 또는 구청장이나 읍·면·동의 장에게 신청할 수 있다.
② 지적공부의 열람 및 등본 발급의 절차 등에 필요한 사항은 국토교통부령으로 정한다.

8 법 제76조(지적전산자료의 이용 등) 기출 31회

① 지적공부에 관한 전산자료(연속지적도를 포함하며, 이하 "지적전산자료"라 한다)를 이용하거나 활용하려는 자는 다음의 구분에 따라 국토교통부장관, 시·도지사 또는 지적소관청에 지적전산자료를 신청하여야 한다.
　㉠ 전국 단위의 지적전산자료 : 국토교통부장관, 시·도지사 또는 지적소관청
　㉡ 시·도 단위의 지적전산자료 : 시·도지사 또는 지적소관청
　㉢ 시·군·구(자치구가 아닌 구를 포함한다) 단위의 지적전산자료 : 지적소관청
② 지적전산자료를 신청하려는 자는 대통령령으로 정하는 바에 따라 지적전산자료의 이용 또는 활용 목적 등에 관하여 미리 관계 중앙행정기관의 심사를 받아야 한다. 다만, 중앙행정기관의 장, 그 소속 기관의 장 또는 지방자치단체의 장이 신청하는 경우에는 그러하지 아니하다.
③ 다음의 어느 하나에 해당하는 경우에는 관계 중앙행정기관의 심사를 받지 아니할 수 있다.
　㉠ 토지소유자가 자기 토지에 대한 지적전산자료를 신청하는 경우
　㉡ 토지소유자가 사망하여 그 상속인이 피상속인의 토지에 대한 지적전산자료를 신청하는 경우
　㉢ 「개인정보보호법」 제2조 제1호에 따른 개인정보를 제외한 지적전산자료를 신청하는 경우

④ 지적전산자료의 이용 또는 활용에 필요한 사항은 대통령령으로 정한다.

> **지적전산자료의 이용 등(영 제62조)**
> ① 법 제76조 제1항에 따라 지적공부에 관한 전산자료(이하 "지적전산자료"라 한다)를 이용하거나 활용하려는 자는 같은 조 제2항에 따라 다음 각 호의 사항을 적은 신청서를 관계 중앙행정기관의 장에게 제출하여 심사를 신청하여야 한다.
>   1. 자료의 이용 또는 활용 목적 및 근거
>   2. 자료의 범위 및 내용
>   3. 자료의 제공 방식, 보관 기관 및 안전관리대책 등
> ② 제1항에 따른 심사 신청을 받은 관계 중앙행정기관의 장은 다음 각 호의 사항을 심사한 후 그 결과를 신청인에게 통지하여야 한다.
>   1. 신청 내용의 타당성, 적합성 및 공익성
>   2. 개인의 사생활 침해 여부
>   3. 자료의 목적 외 사용 방지 및 안전관리대책
> ③ 법 제76조 제1항에 따라 지적전산자료의 이용 또는 활용 신청을 하려는 자는 지적전산자료의 이용·활용 신청서에 제2항에 따른 심사 결과를 첨부하여 국토교통부장관, 시·도지사 또는 지적소관청에 제출해야 한다. 다만, 다음 각 호의 경우에는 제2항에 따른 심사 결과를 첨부하지 않을 수 있다. 〈개정 2024.9.19.〉
>   1. 법 제76조 제2항 단서에 따라 중앙행정기관의 장, 그 소속 기관의 장 또는 지방자치단체의 장이 지적전산자료의 이용 또는 활용을 신청하는 경우
>   2. 법 제76조 제3항 각 호의 어느 하나에 해당하는 경우로서 관계 중앙행정기관의 심사를 받지 않은 경우
> ④ 제3항에 따른 신청을 받은 국토교통부장관, 시·도지사 또는 지적소관청은 지적전산자료의 이용·활용 신청서 및 제2항에 따른 심사 결과(제3항 단서에 따라 지적전산자료의 이용·활용 신청서만 제출한 경우는 제외한다)를 확인한 후 지적전산자료를 제공해야 한다. 다만, 다음 각 호의 어느 하나에 해당하는 경우에는 지적전산자료를 제공하지 않을 수 있다. 〈개정 2024.9.19.〉
>   1. 신청한 사항의 처리가 전산정보처리조직으로 불가능한 경우
>   2. 신청한 사항의 처리가 지적업무수행에 지장을 주는 경우
> ⑤ 국토교통부장관, 시·도지사 또는 지적소관청은 제4항에 따른 확인을 거쳐 지적전산자료를 제공했을 때에는 지적전산자료 이용·활용 대장에 그 내용을 기록·관리해야 한다. 〈개정 2024.9.19.〉
> ⑥ 제4항에 따라 지적전산자료를 제공받는 자는 국토교통부령으로 정하는 사용료를 내야 한다. 다만, 국가나 지방자치단체에 대해서는 사용료를 면제한다. 〈개정 2024.9.19.〉

9 부동산종합공부

(1) 법 제76조의2(부동산종합공부의 관리 및 운영) 기출 31회

① 지적소관청은 부동산의 효율적 이용과 부동산과 관련된 정보의 종합적 관리·운영을 위하여 부동산종합공부를 관리·운영한다.
② 지적소관청은 부동산종합공부를 영구히 보존하여야 하며, 부동산종합공부의 멸실 또는 훼손에 대비하여 이를 별도로 복제하여 관리하는 정보관리체계를 구축하여야 한다.

③ 제76조의3 각 호의 등록사항을 관리하는 기관의 장은 지적소관청에 상시적으로 관련 정보를 제공하여야 한다.
④ 지적소관청은 부동산종합공부의 정확한 등록 및 관리를 위하여 필요한 경우에는 제76조의3 각 호의 등록사항을 관리하는 기관의 장에게 관련 자료의 제출을 요구할 수 있다. 이 경우 자료의 제출을 요구받은 기관의 장은 특별한 사유가 없으면 자료를 제공하여야 한다.

(2) 부동산종합공부의 등록사항 등(법 제76조의3)

지적소관청은 부동산종합공부에 다음의 사항을 등록하여야 한다.
① 토지의 표시와 소유자에 관한 사항 : 이 법에 따른 지적공부의 내용
② 건축물의 표시와 소유자에 관한 사항(토지에 건축물이 있는 경우만 해당한다) : 「건축법」 제38조에 따른 건축물대장의 내용
③ 토지의 이용 및 규제에 관한 사항 : 「토지이용규제기본법」 제10조에 따른 토지이용계획확인서의 내용
④ 부동산의 가격에 관한 사항 : 「부동산 가격공시에 관한 법률」 제10조에 따른 개별공시지가, 같은 법 제16조, 제17조 및 제18조에 따른 개별주택가격 및 공동주택가격 공시내용
⑤ 그 밖에 부동산의 효율적 이용과 부동산과 관련된 정보의 종합적 관리·운영을 위하여 필요한 사항으로서 대통령령으로 정하는 사항
※ "대통령령으로 정하는 사항"이란 「부동산등기법」 제48조에 따른 부동산의 권리에 관한 사항을 말한다(영 제62조의2).

(3) 부동산종합공부의 열람 및 증명서 발급(법 제76조의4) 기출 31회

① 부동산종합공부를 열람하거나 부동산종합공부 기록사항의 전부 또는 일부에 관한 증명서(이하 "부동산종합증명서"라 한다)를 발급받으려는 자는 지적소관청이나 읍·면·동의 장에게 신청할 수 있다.
② 부동산종합공부의 열람 및 부동산종합증명서 발급의 절차 등에 관하여 필요한 사항은 국토교통부령으로 정한다.

(4) 준용(법 제76조의5)

부동산종합공부의 등록사항 정정에 관하여는 제84조를 준용한다.

> **부동산종합공부의 등록사항 정정 등(영 제62조의3)**
> ① 지적소관청은 법 제76조의5에 따라 준용되는 법 제84조에 따른 부동산종합공부의 등록사항 정정을 위하여 법 제76조의3 각 호의 등록사항 상호 간에 일치하지 아니하는 사항(이하 "불일치 등록사항"이라 한다)을 확인 및 관리하여야 한다.
> ② 지적소관청은 제1항에 따른 불일치 등록사항에 대해서는 법 제76조의3 각 호의 등록사항을 관리하는 기관의 장에게 그 내용을 통지하여 등록사항 정정을 요청할 수 있다.
> ③ 제1항 및 제2항에 따른 부동산종합공부의 등록사항 정정 절차 등에 관하여 필요한 사항은 국토교통부장관이 따로 정한다.

제3절 토지의 이동 신청 및 지적정리 등

1 법 제77조(신규등록 신청) 기출 34회

토지소유자는 신규등록할 토지가 있으면 <u>대통령령으로 정하는</u> 바에 따라 그 사유가 발생한 날부터 60일 이내에 지적소관청에 신규등록을 신청하여야 한다.

> **신규등록 신청(영 제63조)**
>
> 토지소유자는 법 제77조에 따라 신규등록을 신청할 때에는 신규등록 사유를 적은 신청서에 국토교통부령으로 정하는 서류를 첨부하여 지적소관청에 제출하여야 한다.

2 법 제78조(등록전환 신청)

토지소유자는 등록전환할 토지가 있으면 <u>대통령령으로 정하는</u> 바에 따라 그 사유가 발생한 날부터 60일 이내에 지적소관청에 등록전환을 신청하여야 한다.

> **등록전환 신청(영 제64조 제1항)** 기출 35회
>
> 법 제78조에 따라 등록전환을 신청할 수 있는 경우는 다음 각 호와 같다.
> 1. 「산지관리법」에 따른 산지전용허가·신고, 산지일시사용허가·신고, 「건축법」에 따른 건축허가·신고 또는 그 밖의 관계 법령에 따른 개발행위 허가 등을 받은 경우
> 2. 대부분의 토지가 등록전환되어 나머지 토지를 임야도에 계속 존치하는 것이 불합리한 경우
> 3. 임야도에 등록된 토지가 사실상 형질변경되었으나 지목변경을 할 수 없는 경우
> 4. 도시·군관리계획선에 따라 토지를 분할하는 경우

3 법 제79조(분할 신청)

① 토지소유자는 토지를 분할하려면 <u>대통령령으로 정하는</u> 바에 따라 지적소관청에 분할을 신청하여야 한다.
② 토지소유자는 지적공부에 등록된 1필지의 일부가 형질변경 등으로 용도가 변경된 경우에는 <u>대통령령으로 정하는 바</u>에 따라 용도가 변경된 날부터 60일 이내에 지적소관청에 토지의 분할을 신청하여야 한다.

> **분할 신청(영 제65조)**
>
> ① 법 제79조 제1항에 따라 분할을 신청할 수 있는 경우는 다음 각 호와 같다. 다만, 관계 법령에 따라 해당 토지에 대한 분할이 개발행위 허가 등의 대상인 경우에는 개발행위 허가 등을 받은 이후에 분할을 신청할 수 있다.
> 1. 소유권이전, 매매 등을 위하여 필요한 경우
> 2. 토지이용상 불합리한 지상 경계를 시정하기 위한 경우
>
> ② 토지소유자는 법 제79조에 따라 토지의 분할을 신청할 때에는 분할 사유를 적은 신청서에 국토교통부령으로 정하는 서류를 첨부하여 지적소관청에 제출하여야 한다. 이 경우 법 제79조 제2항에 따라 1필지의 일부가 형질변경 등으로 용도가 변경되어 분할을 신청할 때에는 제67조 제2항에 따른 지목변경 신청서를 함께 제출하여야 한다.

4 법 제80조(합병 신청) 기출 33회

① 토지소유자는 토지를 합병하려면 밑줄 대통령령으로 정하는 바에 따라 지적소관청에 합병을 신청하여야 한다.
② 토지소유자는 「주택법」에 따른 공동주택의 부지, 도로, 제방, 하천, 구거, 유지, 그 밖에 대통령령으로 정하는 토지로서 합병하여야 할 토지가 있으면 그 사유가 발생한 날부터 60일 이내에 지적소관청에 합병을 신청하여야 한다.

   ※ "대통령령으로 정하는 토지"란 공장용지·학교용지·철도용지·수도용지·공원·체육용지 등 다른 지목의 토지를 말한다(영 제66조 제2항).

③ 다음의 어느 하나에 해당하는 경우에는 합병 신청을 할 수 없다.
   ㉠ 합병하려는 토지의 지번부여지역, 지목 또는 소유자가 서로 다른 경우
   ㉡ 합병하려는 토지에 다음의 등기 외의 등기가 있는 경우
      ⓐ 소유권·지상권·전세권 또는 임차권의 등기
      ⓑ 승역지(承役地)에 대한 지역권의 등기
      ⓒ 합병하려는 토지 전부에 대한 등기원인(登記原因) 및 그 연월일과 접수번호가 같은 저당권의 등기
      ⓓ 합병하려는 토지 전부에 대한 「부동산등기법」 제81조 제1항 각 호의 등기사항이 동일한 신탁등기
   ㉢ 그 밖에 합병하려는 토지의 지적도 및 임야도의 축척이 서로 다른 경우 등 대통령령으로 정하는 경우

합병하려는 토지의 지적도 및 임야도의 축척이 서로 다른 경우 등 대통령령으로 정하는 경우(영 제66조 제3항)

다음 각 호의 경우를 말한다. 〈개정 2022.1.18.〉
1. 합병하려는 토지의 지적도 및 임야도의 축척이 서로 다른 경우
2. 합병하려는 각 필지가 서로 연접하지 않은 경우
3. 합병하려는 토지가 등기된 토지와 등기되지 아니한 토지인 경우
4. 합병하려는 각 필지의 지목은 같으나 일부 토지의 용도가 다르게 되어 법 제79조 제2항에 따른 분할대상 토지인 경우. 다만, 합병 신청과 동시에 토지의 용도에 따라 분할 신청을 하는 경우는 제외한다.
5. 합병하려는 토지의 소유자별 공유지분이 다른 경우
6. 합병하려는 토지가 구획정리, 경지정리 또는 축척변경을 시행하고 있는 지역의 토지와 그 지역 밖의 토지인 경우
7. 합병하려는 토지 소유자의 주소가 서로 다른 경우. 다만, 제1항에 따른 신청을 접수받은 지적소관청이 「전자정부법」 제36조 제1항에 따른 행정정보의 공동이용을 통하여 다음 각 목의 사항을 확인(신청인이 주민등록표 초본 확인에 동의하지 않는 경우에는 해당 자료를 첨부하도록 하여 확인)한 결과 토지 소유자가 동일인임을 확인할 수 있는 경우는 제외한다.
   가. 토지등기사항증명서
   나. 법인등기사항증명서(신청인이 법인인 경우만 해당한다)
   다. 주민등록표 초본(신청인이 개인인 경우만 해당한다)

5 법 제81조(지목변경 신청) 기출 32회

토지소유자는 지목변경을 할 토지가 있으면 대통령령으로 정하는 바에 따라 그 사유가 발생한 날부터 60일 이내에 지적소관청에 지목변경을 신청하여야 한다.

지목변경 신청(영 제67조)
① 법 제81조에 따라 지목변경을 신청할 수 있는 경우는 다음 각 호와 같다.
  1. 「국토의 계획 및 이용에 관한 법률」 등 관계 법령에 따른 토지의 형질변경 등의 공사가 준공된 경우
  2. 토지나 건축물의 용도가 변경된 경우
  3. 법 제86조에 따른 도시개발사업 등의 원활한 추진을 위하여 사업시행자가 공사 준공 전에 토지의 합병을 신청하는 경우
② 토지소유자는 법 제81조에 따라 지목변경을 신청할 때에는 지목변경 사유를 적은 신청서에 국토교통부령으로 정하는 서류를 첨부하여 지적소관청에 제출하여야 한다.

6 법 제82조(바다로 된 토지의 등록말소 신청) 기출 35회

① 지적소관청은 지적공부에 등록된 토지가 지형의 변화 등으로 바다로 된 경우로서 원상(原狀)으로 회복될 수 없거나 다른 지목의 토지로 될 가능성이 없는 경우에는 지적공부에 등록된 토지소유자에게 지적공부의 등록말소 신청을 하도록 통지하여야 한다.
② 지적소관청은 토지소유자가 통지를 받은 날부터 90일 이내에 등록말소 신청을 하지 아니하면 대통령령으로 정하는 바에 따라 등록을 말소한다.
③ 지적소관청은 말소한 토지가 지형의 변화 등으로 다시 토지가 된 경우에는 대통령령으로 정하는 바에 따라 토지로 회복등록을 할 수 있다.

바다로 된 토지의 등록말소 및 회복(영 제68조)
① 법 제82조 제2항에 따라 토지소유자가 등록말소 신청을 하지 아니하면 지적소관청이 직권으로 그 지적공부의 등록사항을 말소하여야 한다.
② 지적소관청은 법 제82조 제3항에 따라 회복등록을 하려면 그 지적측량성과 및 등록말소 당시의 지적공부 등 관계 자료에 따라야 한다.
③ 제1항 및 제2항에 따라 지적공부의 등록사항을 말소하거나 회복등록하였을 때에는 그 정리 결과를 토지소유자 및 해당 공유수면의 관리청에 통지하여야 한다.

7 법 제83조(축척변경) 기출 32회·34회·36회

① 축척변경에 관한 사항을 심의·의결하기 위하여 지적소관청에 축척변경위원회를 둔다.
② 지적소관청은 지적도가 다음의 어느 하나에 해당하는 경우에는 토지소유자의 신청 또는 지적소관청의 직권으로 일정한 지역을 정하여 그 지역의 축척을 변경할 수 있다.
  ㉠ 잦은 토지의 이동으로 1필지의 규모가 작아서 소축척으로는 지적측량성과의 결정이나 토지의 이동에 따른 정리를 하기가 곤란한 경우
  ㉡ 하나의 지번부여지역에 서로 다른 축척의 지적도가 있는 경우
  ㉢ 그 밖에 지적공부를 관리하기 위하여 필요하다고 인정되는 경우

③ 지적소관청은 축척변경을 하려면 축척변경 시행지역의 토지소유자 3분의 2 이상의 동의를 받아 축척변경위원회의 의결을 거친 후 시·도지사 또는 대도시 시장의 승인을 받아야 한다. 다만, 다음의 어느 하나에 해당하는 경우에는 축척변경위원회의 의결 및 시·도지사 또는 대도시 시장의 승인 없이 축척변경을 할 수 있다.
  ㉠ 합병하려는 토지가 축척이 다른 지적도에 각각 등록되어 있어 축척변경을 하는 경우
  ㉡ 제86조에 따른 도시개발사업 등의 시행지역에 있는 토지로서 그 사업 시행에서 제외된 토지의 축척변경을 하는 경우
④ 축척변경의 절차, 축척변경으로 인한 면적 증감의 처리, 축척변경 결과에 대한 이의신청 및 축척변경위원회의 구성·운영 등에 필요한 사항은 대통령령으로 정한다.

축척변경 신청(영 제69조)

법 제83조 제2항에 따라 축척변경을 신청하는 토지소유자는 축척변경 사유를 적은 신청서에 국토교통부령으로 정하는 서류를 첨부하여 지적소관청에 제출하여야 한다.

축척변경 승인신청(영 제70조)

① 지적소관청은 법 제83조 제2항에 따라 축척변경을 할 때에는 축척변경 사유를 적은 승인신청서에 다음 각 호의 서류를 첨부하여 시·도지사 또는 대도시 시장에게 제출하여야 한다. 이 경우 시·도지사 또는 대도시 시장은 「전자정부법」 제36조 제1항에 따른 행정정보의 공동이용을 통하여 축척변경 대상지역의 지적도를 확인하여야 한다.
  1. 축척변경의 사유
  2. 삭제 〈2010.11.2.〉
  3. 지번등 명세
  4. 법 제83조 제3항에 따른 토지소유자의 동의서
  5. 법 제83조 제1항에 따른 축척변경위원회(이하 "축척변경위원회"라 한다)의 의결서 사본
  6. 그 밖에 축척변경 승인을 위하여 시·도지사 또는 대도시 시장이 필요하다고 인정하는 서류
② 제1항에 따른 신청을 받은 시·도지사 또는 대도시 시장은 축척변경 사유 등을 심사한 후 그 승인 여부를 지적소관청에 통지하여야 한다.

축척변경 시행공고 등(영 제71조) 기출 36회

① 지적소관청은 법 제83조 제3항에 따라 시·도지사 또는 대도시 시장으로부터 축척변경 승인을 받았을 때에는 지체 없이 다음 각 호의 사항을 20일 이상 공고하여야 한다.
  1. 축척변경의 목적, 시행지역 및 시행기간
  2. 축척변경의 시행에 관한 세부계획
  3. 축척변경의 시행에 따른 청산방법
  4. 축척변경의 시행에 따른 토지소유자 등의 협조에 관한 사항
② 제1항에 따른 시행공고는 시·군·구(자치구가 아닌 구를 포함한다) 및 축척변경 시행지역 동·리의 게시판에 주민이 볼 수 있도록 게시하여야 한다.
③ 축척변경 시행지역의 토지소유자 또는 점유자는 시행공고가 된 날(이하 "시행공고일"이라 한다)부터 30일 이내에 시행공고일 현재 점유하고 있는 경계에 국토교통부령으로 정하는 경계점표지를 설치하여야 한다.

토지의 표시 등(영 제72조)
① 지적소관청은 축척변경 시행지역의 각 필지별 지번·지목·면적·경계 또는 좌표를 새로 정하여야 한다.
② 지적소관청이 축척변경을 위한 측량을 할 때에는 제71조 제3항에 따라 토지소유자 또는 점유자가 설치한 경계점표지를 기준으로 새로운 축척에 따라 면적·경계 또는 좌표를 정하여야 한다.
③ 법 제83조 제3항 단서에 따라 축척을 변경할 때에는 제1항에도 불구하고 각 필지별 지번·지목 및 경계는 종전의 지적공부에 따르고 면적만 새로 정하여야 한다.
④ 제3항에 따른 축척변경절차 및 면적결정방법 등에 관하여 필요한 사항은 국토교통부령으로 정한다.

축척변경 지번별 조서의 작성(영 제73조)
지적소관청은 제72조 제2항에 따라 축척변경에 관한 측량을 완료하였을 때에는 시행공고일 현재의 지적공부상의 면적과 측량 후의 면적을 비교하여 그 변동사항을 표시한 축척변경 지번별 조서를 작성하여야 한다.

지적공부정리 등의 정지(영 제74조)
지적소관청은 축척변경 시행기간 중에는 축척변경 시행지역의 지적공부정리와 경계복원측량(제71조 제3항에 따른 경계점표지의 설치를 위한 경계복원측량은 제외한다)을 제78조에 따른 축척변경 확정공고일까지 정지하여야 한다. 다만, 축척변경위원회의 의결이 있는 경우에는 그러하지 아니하다.

청산금의 산정(영 제75조)
① 지적소관청은 축척변경에 관한 측량을 한 결과 측량 전에 비하여 면적의 증감이 있는 경우에는 그 증감면적에 대하여 청산을 하여야 한다. 다만, 다음 각 호의 어느 하나에 해당하는 경우에는 그러하지 아니하다.
　1. 필지별 증감면적이 제19조 제1항 제2호 가목에 따른 허용범위 이내인 경우. 다만, 축척변경위원회의 의결이 있는 경우는 제외한다.
　2. 토지소유자 전원이 청산하지 아니하기로 합의하여 서면으로 제출한 경우
② 제1항 본문에 따라 청산을 할 때에는 축척변경위원회의 의결을 거쳐 지번별로 제곱미터당 금액(이하 "지번별 제곱미터당 금액"이라 한다)을 정하여야 한다. 이 경우 지적소관청은 시행공고일 현재를 기준으로 그 축척변경 시행지역의 토지에 대하여 지번별 제곱미터당 금액을 미리 조사하여 축척변경위원회에 제출하여야 한다.
③ 청산금은 제73조에 따라 작성된 축척변경 지번별 조서의 필지별 증감면적에 제2항에 따라 결정된 지번별 제곱미터당 금액을 곱하여 산정한다.
④ 지적소관청은 청산금을 산정하였을 때에는 청산금 조서(축척변경 지번별 조서에 필지별 청산금 명세를 적은 것을 말한다)를 작성하고, 청산금이 결정되었다는 뜻을 제71조 제2항의 방법에 따라 15일 이상 공고하여 일반인이 열람할 수 있게 하여야 한다.
⑤ 제3항에 따라 청산금을 산정한 결과 증가된 면적에 대한 청산금의 합계와 감소된 면적에 대한 청산금의 합계에 차액이 생긴 경우 초과액은 그 지방자치단체(「제주특별자치도 설치 및 국제자유도시 조성을 위한 특별법」 제10조 제2항에 따른 행정시의 경우에는 해당 행정시가 속한 특별자치도를 말하고, 「지방자치법」 제3조 제3항에 따른 자치구가 아닌 구의 경우에는 해당 구가 속한 시를 말한다. 이하 이 항에서 같다)의 수입으로 하고, 부족액은 그 지방자치단체가 부담한다.

청산금의 납부고지 등(영 제76조)
① 지적소관청은 제75조 제4항에 따라 청산금의 결정을 공고한 날부터 20일 이내에 토지소유자에게 청산금의 납부고지 또는 수령통지를 하여야 한다.
② 제1항에 따른 납부고지를 받은 자는 그 고지를 받은 날부터 6개월 이내에 청산금을 지적소관청에 내야 한다.
③ 지적소관청은 제1항에 따른 수령통지를 한 날부터 6개월 이내에 청산금을 지급하여야 한다.

④ 지적소관청은 청산금을 지급받을 자가 행방불명 등으로 받을 수 없거나 받기를 거부할 때에는 그 청산금을 공탁할 수 있다.
⑤ 지적소관청은 청산금을 내야 하는 자가 제77조 제1항에 따른 기간 내에 청산금에 관한 이의신청을 하지 아니하고 제2항에 따른 기간 내에 청산금을 내지 아니하면 「지방행정제재·부과금의 징수 등에 관한 법률」에 따라 징수할 수 있다. 〈개정 2023.6.9.〉

청산금에 관한 이의신청(영 제77조)

① 제76조 제1항에 따라 납부고지되거나 수령통지된 청산금에 관하여 이의가 있는 자는 납부고지 또는 수령통지를 받은 날부터 1개월 이내에 지적소관청에 이의신청을 할 수 있다.
② 제1항에 따른 이의신청을 받은 지적소관청은 1개월 이내에 축척변경위원회의 심의·의결을 거쳐 그 인용(認容) 여부를 결정한 후 지체 없이 그 내용을 이의신청인에게 통지하여야 한다.

축척변경의 확정공고(영 제78조)

① 청산금의 납부 및 지급이 완료되었을 때에는 지적소관청은 지체 없이 축척변경의 확정공고를 하여야 한다.
② 지적소관청은 제1항에 따른 확정공고를 하였을 때에는 지체 없이 축척변경에 따라 확정된 사항을 지적공부에 등록하여야 한다.
③ 축척변경 시행지역의 토지는 제1항에 따른 확정공고일에 토지의 이동이 있는 것으로 본다.

축척변경위원회의 구성 등(영 제79조)

① 축척변경위원회는 5명 이상 10명 이하의 위원으로 구성하되, 위원의 2분의 1 이상을 토지소유자로 하여야 한다. 이 경우 그 축척변경 시행지역의 토지소유자가 5명 이하일 때에는 토지소유자 전원을 위원으로 위촉하여야 한다.
② 위원장은 위원 중에서 지적소관청이 지명한다.
③ 위원은 다음 각 호의 사람 중에서 지적소관청이 위촉한다.
  1. 해당 축척변경 시행지역의 토지소유자로서 지역 사정에 정통한 사람
  2. 지적에 관하여 전문지식을 가진 사람
④ 축척변경위원회의 위원에게는 예산의 범위에서 출석수당과 여비, 그 밖의 실비를 지급할 수 있다. 다만, 공무원인 위원이 그 소관 업무와 직접적으로 관련되어 출석하는 경우에는 그러하지 아니하다.

축척변경위원회의 기능(영 제80조)

축척변경위원회는 지적소관청이 회부하는 다음 각 호의 사항을 심의·의결한다.
  1. 축척변경 시행계획에 관한 사항
  2. 지번별 제곱미터당 금액의 결정과 청산금의 산정에 관한 사항
  3. 청산금의 이의신청에 관한 사항
  4. 그 밖에 축척변경과 관련하여 지적소관청이 회의에 부치는 사항

축척변경위원회의 회의(영 제81조)

① 축척변경위원회의 회의는 지적소관청이 제80조 각 호의 어느 하나에 해당하는 사항을 축척변경위원회에 회부하거나 위원장이 필요하다고 인정할 때에 위원장이 소집한다.
② 축척변경위원회의 회의는 위원장을 포함한 재적위원 과반수의 출석으로 개의(開議)하고, 출석위원 과반수의 찬성으로 의결한다.
③ 위원장은 축척변경위원회의 회의를 소집할 때에는 회의일시·장소 및 심의안건을 회의 개최 5일 전까지 각 위원에게 서면으로 통지하여야 한다.

8 법 제84조(등록사항의 정정) 기출 32회

① 토지소유자는 지적공부의 등록사항에 잘못이 있음을 발견하면 지적소관청에 그 정정을 신청할 수 있다.
② 지적소관청은 지적공부의 등록사항에 잘못이 있음을 발견하면 대통령령으로 정하는 바에 따라 직권으로 조사·측량하여 정정할 수 있다.

> **등록사항의 직권정정 등(영 제82조)**
> ① 지적소관청이 법 제84조 제2항에 따라 지적공부의 등록사항에 잘못이 있는지를 직권으로 조사·측량하여 정정할 수 있는 경우는 다음 각 호와 같다.
>   1. 제84조 제2항에 따른 토지이동정리 결의서의 내용과 다르게 정리된 경우
>   2. 지적도 및 임야도에 등록된 필지가 면적의 증감 없이 경계의 위치만 잘못된 경우
>   3. 1필지가 각각 다른 지적도나 임야도에 등록되어 있는 경우로서 지적공부에 등록된 면적과 측량한 실제 면적은 일치하지만 지적도나 임야도에 등록된 경계가 서로 접합되지 않아 지적도나 임야도에 등록된 경계를 지상의 경계에 맞추어 정정하여야 하는 토지가 발견된 경우
>   4. 지적공부의 작성 또는 재작성 당시 잘못 정리된 경우
>   5. 지적측량성과와 다르게 정리된 경우
>   6. 법 제29조 제10항에 따라 지적공부의 등록사항을 정정하여야 하는 경우
>   7. 지적공부의 등록사항이 잘못 입력된 경우
>   8. 「부동산등기법」 제37조 제2항에 따른 통지가 있는 경우(지적소관청의 착오로 잘못 합병한 경우만 해당한다)
>   9. 법률 제2801호 지적법개정법률 부칙 제3조에 따른 면적 환산이 잘못된 경우
> ② 지적소관청은 제1항 각 호의 어느 하나에 해당하는 토지가 있을 때에는 지체 없이 관계 서류에 따라 지적공부의 등록사항을 정정하여야 한다.
> ③ 지적공부의 등록사항 중 경계나 면적 등 측량을 수반하는 토지의 표시가 잘못된 경우에는 지적소관청은 그 정정이 완료될 때까지 지적측량을 정지시킬 수 있다. 다만, 잘못 표시된 사항의 정정을 위한 지적측량은 그러하지 아니하다.

③ 정정으로 인접 토지의 경계가 변경되는 경우에는 다음의 어느 하나에 해당하는 서류를 지적소관청에 제출하여야 한다.
  ㉠ 인접 토지소유자의 승낙서
  ㉡ 인접 토지소유자가 승낙하지 아니하는 경우에는 이에 대항할 수 있는 확정판결서 정본(正本)
④ 지적소관청이 등록사항을 정정할 때 그 정정사항이 토지소유자에 관한 사항인 경우에는 등기필증, 등기완료통지서, 등기사항증명서 또는 등기관서에서 제공한 등기전산정보자료에 따라 정정하여야 한다. 다만, 미등기 토지에 대하여 토지소유자의 성명 또는 명칭, 주민등록번호, 주소 등에 관한 사항의 정정을 신청한 경우로서 그 등록사항이 명백히 잘못된 경우에는 가족관계 기록사항에 관한 증명서에 따라 정정하여야 한다.

9 법 제85조(행정구역의 명칭변경 등)

① 행정구역의 명칭이 변경되었으면 지적공부에 등록된 토지의 소재는 새로운 행정구역의 명칭으로 변경된 것으로 본다.
② 지번부여지역의 일부가 행정구역의 개편으로 다른 지번부여지역에 속하게 되었으면 지적소관청은 새로 속하게 된 지번부여지역의 지번을 부여하여야 한다.

10 법 제86조(도시개발사업 등 시행지역의 토지이동 신청에 관한 특례)

① 「도시개발법」에 따른 도시개발사업, 「농어촌정비법」에 따른 농어촌정비사업, 그 밖에 대통령령으로 정하는 토지개발사업의 시행자는 대통령령으로 정하는 바에 따라 그 사업의 착수·변경 및 완료 사실을 지적소관청에 신고하여야 한다.

> **대통령령으로 정하는 토지개발사업(영 제83조 제1항)**
> 다음 각 호의 사업을 말한다.
> 1. 「주택법」에 따른 주택건설사업
> 2. 「택지개발촉진법」에 따른 택지개발사업
> 3. 「산업입지 및 개발에 관한 법률」에 따른 산업단지개발사업
> 4. 「도시 및 주거환경정비법」에 따른 정비사업
> 5. 「지역 개발 및 지원에 관한 법률」에 따른 지역개발사업
> 6. 「체육시설의 설치·이용에 관한 법률」에 따른 체육시설 설치를 위한 토지개발사업
> 7. 「관광진흥법」에 따른 관광단지 개발사업
> 8. 「공유수면 관리 및 매립에 관한 법률」에 따른 매립사업
> 9. 「항만법」, 「신항만건설촉진법」에 따른 항만개발사업 및 「항만 재개발 및 주변지역 발전에 관한 법률」에 따른 항만재개발사업
> 10. 「공공주택 특별법」에 따른 공공주택지구조성사업
> 11. 「물류시설의 개발 및 운영에 관한 법률」 및 「경제자유구역의 지정 및 운영에 관한 특별법」에 따른 개발사업
> 12. 「철도의 건설 및 철도시설 유지관리에 관한 법률」에 따른 고속철도, 일반철도 및 광역철도 건설사업
> 13. 「도로법」에 따른 고속국도 및 일반국도 건설사업
> 14. 그 밖에 제1호부터 제13호까지의 사업과 유사한 경우로서 국토교통부장관이 고시하는 요건에 해당하는 토지개발사업

② ①항에 따른 사업과 관련하여 토지의 이동이 필요한 경우에는 해당 사업의 시행자가 지적소관청에 토지의 이동을 신청하여야 한다.
③ 토지의 이동은 토지의 형질변경 등의 공사가 준공된 때에 이루어진 것으로 본다.
④ 사업의 착수 또는 변경의 신고가 된 토지의 소유자가 해당 토지의 이동을 원하는 경우에는 해당 사업의 시행자에게 그 토지의 이동을 신청하도록 요청하여야 하며, 요청을 받은 시행자는 해당 사업에 지장이 없다고 판단되면 지적소관청에 그 이동을 신청하여야 한다.

11 법 제87조(신청의 대위) 기출 31회·35회

다음의 어느 하나에 해당하는 자는 이 법에 따라 토지소유자가 하여야 하는 신청을 대신할 수 있다. 다만, 제84조에 따른 등록사항 정정 대상토지는 제외한다.

① 공공사업 등에 따라 학교용지·도로·철도용지·제방·하천·구거·유지·수도용지 등의 지목으로 되는 토지인 경우 : 해당 사업의 시행자
② 국가나 지방자치단체가 취득하는 토지인 경우 : 해당 토지를 관리하는 행정기관의 장 또는 지방자치단체의 장
③ 「주택법」에 따른 공동주택의 부지인 경우 : 「집합건물의 소유 및 관리에 관한 법률」에 따른 관리인(관리인이 없는 경우에는 공유자가 선임한 대표자) 또는 해당 사업의 시행자
④ 「민법」 제404조에 따른 채권자

12 법 제88조(토지소유자의 정리)

① 지적공부에 등록된 토지소유자의 변경사항은 등기관서에서 등기한 것을 증명하는 등기필증, 등기완료통지서, 등기사항증명서 또는 등기관서에서 제공한 등기전산정보자료에 따라 정리한다. 다만, 신규등록하는 토지의 소유자는 지적소관청이 직접 조사하여 등록한다.
② 「국유재산법」 제2조 제10호에 따른 총괄청이나 같은 조 제11호에 따른 중앙관서의 장이 같은 법 제12조 제3항에 따라 소유자 없는 부동산에 대한 소유자 등록을 신청하는 경우 지적소관청은 지적공부에 해당 토지의 소유자가 등록되지 아니한 경우에만 등록할 수 있다.
③ 등기부에 적혀 있는 토지의 표시가 지적공부와 일치하지 아니하면 토지소유자를 정리할 수 없다. 이 경우 토지의 표시와 지적공부가 일치하지 아니하다는 사실을 관할 등기관서에 통지하여야 한다.
④ 지적소관청은 필요하다고 인정하는 경우에는 관할 등기관서의 등기부를 열람하여 지적공부와 부동산등기부가 일치하는지 여부를 조사·확인하여야 하며, 일치하지 아니하는 사항을 발견하면 등기사항증명서 또는 등기관서에서 제공한 등기전산정보자료에 따라 지적공부를 직권으로 정리하거나, 토지소유자나 그 밖의 이해관계인에게 그 지적공부와 부동산등기부가 일치하게 하는 데에 필요한 신청 등을 하도록 요구할 수 있다.
⑤ 지적소관청 소속 공무원이 지적공부와 부동산등기부의 부합 여부를 확인하기 위하여 등기부를 열람하거나, 등기사항증명서의 발급을 신청하거나, 등기전산정보자료의 제공을 요청하는 경우 그 수수료는 무료로 한다.

> **지적공부의 정리 등(영 제84조 제1항)**
>
> 지적소관청은 지적공부가 다음 각 호의 어느 하나에 해당하는 경우에는 지적공부를 정리하여야 한다. 이 경우 이미 작성된 지적공부에 정리할 수 없을 때에는 새로 작성하여야 한다.
> 1. 법 제66조 제2항에 따라 지번을 변경하는 경우
> 2. 법 제74조에 따라 지적공부를 복구하는 경우
> 3. 법 제77조부터 제86조까지의 규정에 따른 신규등록·등록전환·분할·합병·지목변경 등 토지의 이동이 있는 경우

13 법 제89조(등기촉탁)

① 지적소관청은 제64조 제2항(신규등록은 제외한다), 제66조 제2항, 제82조, 제83조 제2항, 제84조 제2항 또는 제85조 제2항에 따른 사유로 토지의 표시 변경에 관한 등기를 할 필요가 있는 경우에는 지체 없이 관할 등기관서에 그 등기를 촉탁하여야 한다. 이 경우 등기촉탁은 국가가 국가를 위하여 하는 등기로 본다.
② 등기촉탁에 필요한 사항은 국토교통부령으로 정한다.

14 법 제90조(지적정리 등의 통지)

제64조 제2항 단서, 제66조 제2항, 제74조, 제82조 제2항, 제84조 제2항, 제85조 제2항, 제86조 제2항, 제87조 또는 제89조에 따라 지적소관청이 지적공부에 등록하거나 지적공부를 복구 또는 말소하거나 등기 촉탁을 하였으면 <u>대통령령으로 정하는 바</u>에 따라 해당 토지소유자에게 통지하여야 한다. 다만, 통지받을 자의 주소나 거소를 알 수 없는 경우에는 국토교통부령으로 정하는 바에 따라 일간신문, 해당 시·군·구의 공보 또는 인터넷홈페이지에 공고하여야 한다.

> **지적정리 등의 통지(영 제85조)**
> 지적소관청이 법 제90조에 따라 토지소유자에게 지적정리 등을 통지하여야 하는 시기는 다음 각 호의 구분에 따른다.
> 1. 토지의 표시에 관한 변경등기가 필요한 경우 : 그 등기완료의 통지서를 접수한 날부터 15일 이내
> 2. 토지의 표시에 관한 변경등기가 필요하지 아니한 경우 : 지적공부에 등록한 날부터 7일 이내

15 법 제90조의2(연속지적도의 관리 등) 〈본조신설 2024.3.19.〉

① 국토교통부장관은 연속지적도의 관리 및 정비에 관한 정책을 수립·시행하여야 한다.

> **연속지적도의 관리 등(규칙 제98조의2)** 〈본조신설 2024.9.20.〉
> ① 국토교통부장관은 법 제90조의2 제1항에 따라 다음 각 호의 사항이 포함된 연속지적도의 관리 및 정비에 관한 정책을 수립·시행해야 한다.
>   1. 연속지적도의 이용·활용에 관한 사항
>   2. 연속지적도 정비기준의 마련에 관한 사항
>   3. 연속지적도의 품질관리에 관한 사항
>   4. 그 밖에 국토교통부장관이 연속지적도의 관리 및 정비를 위해 필요하다고 인정하는 사항
> ② 지적소관청은 법 제90조의2 제2항에 따라 지적·임야도에 등록된 사항에 대해 토지의 이동 또는 오류사항을 정비한 때에는 같은 조 제4항에 따른 연속지적도 정보관리체계를 통해 연속지적도에 반영해야 한다.
> ③ 제1항 및 제2항에서 정하는 사항 외에 연속지적도의 관리 및 정비에 관한 정책의 수립·시행 또는 연속지적도의 관리·정비 방법 등에 관한 세부사항은 국토교통부장관이 정하여 고시한다.

② 지적소관청은 지적도·임야도에 등록된 사항에 대하여 토지의 이동 또는 오류사항을 정비한 때에는 이를 연속지적도에 반영하여야 한다.

③ 국토교통부장관은 제2항에 따른 지적소관청의 연속지적도 정비에 필요한 경비의 전부 또는 일부를 지원할 수 있다.

④ 국토교통부장관은 연속지적도를 체계적으로 관리하기 위하여 <u>대통령령으로 정하는 바</u>에 따라 연속지적도 정보관리체계를 구축·운영할 수 있다.

> **연속지적도 정보관리체계의 구축·운영(영 제85조의2)** 〈본조신설 2024.9.19.〉
> ① 국토교통부장관은 법 제90조의2 제4항에 따른 연속지적도 정보관리체계(이하 "연속지적도 정보관리체계"라 한다)의 구축·운영을 위해 다음 각 호의 업무를 수행할 수 있다.
>   1. 연속지적도 정보관리체계의 구축·운영에 관한 연구개발 및 기술지원
>   2. 연속지적도 정보관리체계의 표준화 및 고도화
>   3. 연속지적도 정보관리체계를 이용한 정보의 공동 활용 촉진
>   4. 연속지적도를 이용·활용하는 법인, 단체 또는 기관 간의 상호 연계·협력 및 공동사업의 추진 지원
>   5. 그 밖에 연속지적도 정보관리체계의 구축·운영을 위하여 필요한 사항
> ② 제1항에서 정하는 사항 외에 연속지적도 정보관리체계의 구축·운영에 필요한 세부사항은 국토교통부장관이 정하여 고시한다.

⑤ 국토교통부장관 또는 지적소관청은 제2항에 따른 연속지적도의 관리·정비 및 제4항에 따른 연속지적도 정보관리체계의 구축·운영에 관한 업무를 <u>대통령령으로 정하는 법인, 단체 또는 기관</u>에 위탁할 수 있다. 이 경우 위탁관리에 필요한 경비의 전부 또는 일부를 지원할 수 있다.

> **연속지적도 관리 등 업무의 위탁(영 제85조의3)** 〈본조신설 2024.9.19.〉
> ① 법 제90조의2 제5항에서 "대통령령으로 정하는 법인, 단체 또는 기관"이란 다음 각 호의 어느 하나에 해당하는 법인, 단체 또는 기관을 말한다.
>   1. 한국국토정보공사
>   2. 법 제90조의2 제2항에 따른 연속지적도의 관리·정비 업무 또는 같은 조 제4항에 따른 연속지적도 정보관리체계의 구축·운영에 관한 업무의 수행에 필요한 전문인력과 장비를 갖추고 있다고 인정되어 국토교통부장관이 고시하는 법인, 단체 또는 기관
> ② 지적소관청은 법 제90조의2 제5항에 따라 같은 조 제2항에 따른 연속지적도의 관리·정비 업무를 위탁하는 경우에는 위탁받는 법인, 단체 또는 기관과 위탁업무의 내용 및 위탁기간을 해당 기관의 공보 및 인터넷 홈페이지에 고시해야 한다.
> ③ 국토교통부장관은 법 제90조의2 제5항에 따라 같은 조 제4항에 따른 연속지적도 정보관리체계의 구축·운영 업무를 위탁하는 경우에는 위탁받는 법인, 단체 또는 기관과 위탁업무의 내용 및 위탁기간을 관보 및 인터넷 홈페이지에 고시해야 한다.

⑥ 제1항 및 제2항에 따른 연속지적도의 관리·정비의 방법 등에 필요한 사항은 <u>국토교통부령으로 정한다.</u>

제4장 보칙

> **Point 출제포인트**
> ▷ 청문
> ▷ 토지 등에의 출입
> ▷ 토지 등의 출입 등에 따른 손실보상

1 법 제100조(청문)

국토교통부장관, 시·도지사 또는 대도시 시장은 다음의 어느 하나에 해당하는 처분을 하려는 경우에는 청문을 하여야 한다.
① 제52조 제1항에 따른 측량업의 등록취소
② 제96조 제1항에 따른 성능검사대행자의 등록취소

2 법 제101조(토지 등에의 출입 등)

① 이 법에 따라 측량을 하거나, 측량기준점을 설치하거나, 토지의 이동을 조사하는 자는 그 측량 또는 조사 등에 필요한 경우에는 타인의 토지·건물·공유수면 등(이하 "토지 등"이라 한다)에 출입하거나 일시 사용할 수 있으며, 특히 필요한 경우에는 나무, 흙, 돌, 그 밖의 장애물(이하 "장애물"이라 한다)을 변경하거나 제거할 수 있다.
② 타인의 토지 등에 출입하려는 자는 관할 특별자치시장, 특별자치도지사, 시장·군수 또는 구청장의 허가를 받아야 하며, 출입하려는 날의 3일 전까지 해당 토지 등의 소유자·점유자 또는 관리인에게 그 일시와 장소를 통지하여야 한다. 다만, 행정청인 자는 허가를 받지 아니하고 타인의 토지 등에 출입할 수 있다.
③ 타인의 토지 등을 일시 사용하거나 장애물을 변경 또는 제거하려는 자는 그 소유자·점유자 또는 관리인의 동의를 받아야 한다. 다만, 소유자·점유자 또는 관리인의 동의를 받을 수 없는 경우 행정청인 자는 관할 특별자치시장, 특별자치도지사, 시장·군수 또는 구청장에게 그 사실을 통지하여야 하며, 행정청이 아닌 자는 미리 관할 특별자치시장, 특별자치도지사, 시장·군수 또는 구청장의 허가를 받아야 한다.
④ 특별자치시장, 특별자치도지사, 시장·군수 또는 구청장은 ③항의 단서에 따라 허가를 하려면 미리 그 소유자·점유자 또는 관리인의 의견을 들어야 한다.

⑤ 토지 등을 일시 사용하거나 장애물을 변경 또는 제거하려는 자는 토지 등을 사용하려는 날이나 장애물을 변경 또는 제거하려는 날의 3일 전까지 그 소유자·점유자 또는 관리인에게 통지하여야 한다. 다만, 토지 등의 소유자·점유자 또는 관리인이 현장에 없거나 주소 또는 거소가 분명하지 아니할 때에는 관할 특별자치시장, 특별자치도지사, 시장·군수 또는 구청장에게 통지하여야 한다.
⑥ 해 뜨기 전이나 해가 진 후에는 그 토지 등의 점유자의 승낙 없이 택지나 담장 또는 울타리로 둘러싸인 타인의 토지에 출입할 수 없다.
⑦ 토지 등의 점유자는 정당한 사유 없이 ①항에 따른 행위를 방해하거나 거부하지 못한다.
⑧ ①항에 따른 행위를 하려는 자는 그 권한을 표시하는 허가증을 지니고 관계인에게 이를 내보여야 한다.
⑨ 허가증에 관하여 필요한 사항은 국토교통부령으로 정한다.

3 법 제102조(토지 등의 출입 등에 따른 손실보상)

① 제101조 제1항에 따른 행위로 손실을 받은 자가 있으면 그 행위를 한 자는 그 손실을 보상하여야 한다.
② 손실보상에 관하여는 손실을 보상할 자와 손실을 받은 자가 협의하여야 한다.
③ 손실을 보상할 자 또는 손실을 받은 자는 협의가 성립되지 아니하거나 협의를 할 수 없는 경우에는 관할 토지수용위원회에 재결(裁決)을 신청할 수 있다.
④ 관할 토지수용위원회의 재결에 관하여는 「공익사업을 위한 토지 등의 취득 및 보상에 관한 법률」 제84조부터 제88조까지의 규정을 준용한다.

4 법 제103조(토지의 수용 또는 사용)

① 국토교통부장관은 기본측량을 실시하기 위하여 필요하다고 인정하는 경우에는 토지, 건물, 나무, 그 밖의 공작물을 수용하거나 사용할 수 있다.
② 수용 또는 사용 및 이에 따른 손실보상에 관하여는 「공익사업을 위한 토지 등의 취득 및 보상에 관한 법률」을 적용한다.

5 법 제104조(업무의 수탁)

국토교통부장관은 그 업무 수행에 지장이 없는 범위에서 공익을 위하여 필요하다고 인정되면 국토교통부령으로 정하는 바에 따라 측량 업무를 위탁받아 수행할 수 있다.

제6편 실전문제

제6편 | 공간정보의 구축 및 관리 등에 관한 법률

※ 개정법령 반영으로 인해 기출문제를 수정한 경우 기출수정 표기를 하였습니다.

제1장 총칙

01 공간정보의 구축 및 관리 등에 관한 법령상 용어에 관한 설명으로 옳지 않은 것은? 기출 21

① 공공측량과 지적측량은 일반측량에 해당한다.
② 연속지적도는 측량에 활용할 수 없는 도면이다.
③ 토지의 이동이란 토지의 표시를 새로 정하거나 변경 또는 말소하는 것을 말한다.
④ 「지방자치법」에 따라 자치구가 아닌 구를 두는 시의 시장은 지적소관청에 해당하지 않는다.
⑤ 「도시개발법」에 따른 도시개발사업이 끝나 토지의 표시를 새로 정하기 위하여 실시하는 지적측량은 지적확정측량에 해당한다.

해설

① (×) "일반측량"이란 기본측량, 공공측량 및 지적측량 외의 측량을 말한다(법 제2조 제6호).
② (○) "연속지적도"란 지적측량을 하지 아니하고 전산화된 지적도 및 임야도 파일을 이용하여, 도면상 경계점들을 연결하여 작성한 도면으로서 측량에 활용할 수 없는 도면을 말한다(법 제2조 제19의2호).
③ (○) "토지의 이동(異動)"이란 토지의 표시를 새로 정하거나 변경 또는 말소하는 것을 말한다(법 제2조 제28호).
④ (○) 「지방자치법」에 따라 자치구가 아닌 구를 두는 시의 시장은 지적소관청에 해당하지 않는다(법 제2조 제18호).
⑤ (○) 「도시개발법」에 따른 도시개발사업이 끝나 토지의 표시를 새로 정하기 위하여 실시하는 지적측량은 지적확정측량에 해당한다(법 제2조 제4의2호).

답 ①

02 공간정보의 구축 및 관리 등에 관한 법령상 토지대장의 등록사항 중 이를 변경하는 것이 토지의 이동(異動)에 해당하지 않는 것은? 기출 22

① 지번
② 지목
③ 면적
④ 토지의 소재
⑤ 소유자의 주소

해설

⑤ (×) "토지의 이동(異動)"이란 <u>토지의 표시</u>를 새로 정하거나 변경 또는 말소하는 것을 말한다(법 제2조 제28호). 소유자의 주소는 토지이동사유가 아니다.

> **정의(법 제2조 제20호)**
> "토지의 표시"란 지적공부에 토지의 소재·지번(地番)·지목(地目)·면적·경계 또는 좌표를 등록한 것을 말한다.

답 ⑤

03 공간정보의 구축 및 관리 등에 관한 법령상 용어에 관한 설명으로 옳지 않은 것은? 기출 17

① 지적측량은 지적확정측량 및 지적재조사측량을 포함한다.
② 필지를 구획하는 선의 굴곡점으로서 지적도에 도해(圖解) 형태로 등록하는 점은 경계점에 해당한다.
③ 지적공부는 지적측량 등을 통하여 조사된 토지의 표시와 해당 토지의 소유자 등을 기록한 대장 및 도면을 말한다.
④ 축척변경은 지적도에 등록된 경계점의 정밀도를 높이기 위하여 작은 축척을 큰 축척으로 변경하여 등록하는 것을 말한다.
⑤ 등록전환은 토지대장 및 지적도에 등록된 임야를 임야대장 및 임야도에 옮겨 등록하는 것을 말한다.

> 해설

⑤ (×) "등록전환"이란 임야대장 및 임야도에 등록된 토지를 토지대장 및 지적도에 옮겨 등록하는 것을 말한다(법 제2조 제30호).
① (○) "지적측량"이란 토지를 지적공부에 등록하거나 지적공부에 등록된 경계점을 지상에 복원하기 위하여 제21호에 따른 필지의 경계 또는 좌표와 면적을 정하는 측량을 말하며, 지적확정측량 및 지적재조사측량을 포함한다(법 제2조 제4호).
② (○) "경계점"이란 필지를 구획하는 선의 굴곡점으로서 지적도나 임야도에 도해 형태로 등록하거나 경계점좌표등록부에 좌표 형태로 등록하는 점을 말한다(법 제2조 제25호).
③ (○) "지적공부"란 토지대장, 임야대장, 공유지연명부, 대지권등록부, 지적도, 임야도 및 경계점좌표등록부 등 지적측량 등을 통하여 조사된 토지의 표시와 해당 토지의 소유자 등을 기록한 대장 및 도면(정보처리시스템을 통하여 기록·저장된 것을 포함한다)을 말한다(법 제2조 제19호).
④ (○) "축척변경"이란 지적도에 등록된 경계점의 정밀도를 높이기 위하여 작은 축척을 큰 축척으로 변경하여 등록하는 것을 말한다(법 제2조 제34호).

답 ⑤

04 공간정보의 구축 및 관리 등에 관한 법령상 용어의 정의에 관한 내용으로 옳지 <u>않은</u> 것은? 기출 23

① 자치구가 아닌 구의 구청장은 "지적소관청"이 될 수 있다.
② "지목"이란 토지의 주된 용도에 따라 토지의 종류를 구분하여 지적공부에 등록한 것을 말한다.
③ "경계"란 필지별로 경계점들을 직선으로 연결하여 지적공부에 등록한 선을 말한다.
④ "등록전환"이란 지적공부에 등록되어 있지 아니한 토지를 지적공부에 등록하는 것을 말한다.
⑤ "축척변경"이란 지적도에 등록된 경계점의 정밀도를 높이기 위하여 작은 축척을 큰 축척으로 변경하여 등록하는 것을 말한다.

> 해설

④ (×) "신규등록"이란 새로 조성된 토지와 지적공부에 등록되어 있지 아니한 토지를 지적공부에 등록하는 것을 말한다. "등록전환"이란 임야대장 및 임야도에 등록된 토지를 토지대장 및 지적도에 옮겨 등록하는 것을 말한다(법 제2조 제29호, 제30호).
① (○) 법 제2조 제18호
② (○) 법 제2조 제24호
③ (○) 법 제2조 제26호
⑤ (○) 법 제2조 제34호

답 ④

제2장 측량

01 공간정보의 구축 및 관리 등에 관한 법령상 지적측량에 관한 설명으로 옳지 않은 것은?

① 지적측량성과를 검사하는 경우에는 지적측량을 하여야 한다.
② 토지소유자 등 이해관계인은 지적측량을 할 필요가 있는 경우에는 지적측량수행자에게 지적측량을 의뢰하여야 한다.
③ 지적측량의 방법 및 절차 등에 필요한 사항은 대통령령으로 정한다.
④ 합병에 따른 경계·좌표 또는 면적은 따로 지적측량을 하지 않는다.
⑤ 시·도지사나 지적소관청은 지적기준점성과와 그 측량기록을 보관하고 일반인이 열람할 수 있도록 하여야 한다.

해설

③ (×) 지적측량의 방법 및 절차 등에 필요한 사항은 국토교통부령으로 정한다(법 제23조 제2항).
① (○) 법 제23조 제1항 제2호
② (○) 법 제24조 제1항
④ (○) 법 제26조 제1항
⑤ (○) 법 제27조 제1항

답 ③

02 공간정보의 구축 및 관리 등에 관한 법령상 측량업의 등록을 할 수 없는 자에 해당하지 않는 것은?

① 피성년후견인 또는 피한정후견인
② 이 법의 규정을 위반하여 금고 이상의 실형을 선고받고 그 집행이 끝나거나(집행이 끝난 것으로 보는 경우를 포함한다) 집행이 면제된 날부터 2년이 지나지 아니한 자
③ 이 법의 규정을 위반하여 금고 이상의 형의 집행유예를 선고받고 그 집행유예기간 중에 있는 자
④ 피성년후견인 또는 피한정후견인에 해당하여 등록이 취소 후 2년이 지나지 아니한 자
⑤ 임원 중에 결격사유의 어느 하나에 해당하는 자가 있는 법인

해설

④ (×) 측량업의 등록이 취소(피성년후견인 또는 피한정후견인에 해당하여 등록이 취소된 경우는 제외한다)된 후 2년이 지나지 아니한 자(법 제47조 제4호).
① (○) 법 제47조 제1호
② (○) 법 제47조 제2호
③ (○) 법 제47조 제3호
⑤ (○) 법 제47조 제5호

답 ④

제3장 지적(地籍)

01 공간정보의 구축 및 관리 등에 관한 법령상 토지의 등록에 관한 설명으로 옳지 <u>않은</u> 것은? 기출 17

① 국토교통부장관은 모든 토지에 대하여 필지별로 소재·지번·지목·면적·경계 또는 좌표 등을 조사·측량하여 지적공부에 등록하여야 한다.
② 지번은 지적소관청이 지번부여지역별로 차례대로 부여한다.
③ 지적공부에 등록하는 경계 또는 좌표는 토지의 이동이 있을 때 토지소유자의 신청이 없는 경우 지적소관청이 직권으로 조사·측량하여 결정할 수는 없다.
④ 물을 상시적으로 이용하지 않고 약초를 주로 재배하는 토지의 지목은 전(田)이다.
⑤ 지목은 필지마다 하나의 지목을 설정하여야 한다.

해설

③ (×) 지적공부에 등록하는 지번·지목·면적·경계 또는 좌표는 토지의 이동이 있을 때 토지소유자(법인이 아닌 사단이나 재단의 경우에는 그 대표자나 관리인을 말한다)의 신청을 받아 지적소관청이 결정한다. 다만, 신청이 없으면 지적소관청이 직권으로 조사·측량하여 결정할 수 있다(법 제64조 제2항).
① (○) 법 제64조 제1항
② (○) 법 제66조 제1항
④ (○) 영 제58조 제1호
⑤ (○) 영 제59조 제1항 제1호

 ③

02 공간정보의 구축 및 관리 등에 관한 법령상 지상경계의 결정기준으로 옳지 <u>않은</u> 것은? (단, 다른 조건은 고려하지 않음) 기출 25

① 연접되는 토지 간에 높낮이 차이가 없는 경우 : 그 구조물 등의 중앙
② 연접되는 토지 간에 높낮이 차이가 있는 경우 : 그 구조물 등의 상단부
③ 도로·구거 등의 토지에 절토(땅깎기)된 부분이 있는 경우 : 그 경사면의 상단부
④ 토지가 해면 또는 수면에 접하는 경우 : 최대만조위 또는 최대만수위가 되는 선
⑤ 공유수면매립지의 토지 중 제방 등을 토지에 편입하여 등록하는 경우 : 바깥쪽 어깨부분

> 해설

② (×) 연접되는 토지 간에 높낮이 차이가 있는 경우 그 구조물 등의 하단부가 지상경계의 결정기준이 된다(영 제55조 제1항 제2호).

> **지상경계의 결정기준 등(영 제55조 제1항)**
> 법 제65조 제1항에 따른 지상경계의 결정기준은 다음 각 호의 구분에 따른다.
> 1. 연접되는 토지 간에 높낮이 차이가 없는 경우 : 그 구조물 등의 중앙 (①)
> 2. 연접되는 토지 간에 높낮이 차이가 있는 경우 : 그 구조물 등의 하단부 (②)
> 3. 도로·구거 등의 토지에 절토(땅깎기)된 부분이 있는 경우 : 그 경사면의 상단부 (③)
> 4. 토지가 해면 또는 수면에 접하는 경우 : 최대만조위 또는 최대만수위가 되는 선 (④)
> 5. 공유수면매립지의 토지 중 제방 등을 토지에 편입하여 등록하는 경우 : 바깥쪽 어깨부분 (⑤)

답 ②

03 공간정보의 구축 및 관리 등에 관한 법령상 지상경계의 결정기준을 옳게 연결한 것을 모두 고른 것은? 기출 16

> ㄱ. 연접되는 토지 간에 높낮이 차이가 없는 경우 : 그 구조물 등의 중앙
> ㄴ. 토지가 해면 또는 수면에 접하는 경우 : 최대만조위 또는 최대만수위가 되는 선
> ㄷ. 도로·구거 등의 토지에 절토된 부분이 있는 경우 : 경사면의 중앙
> ㄹ. 공유수면매립지의 토지 중 제방 등을 토지에 편입하여 등록하는 경우 : 바깥쪽 하단부
> ㅁ. 연접되는 토지 간에 높낮이 차이가 있는 경우 : 그 구조물 등의 하단부

① ㄱ, ㄹ
② ㄷ, ㅁ
③ ㄱ, ㄴ, ㄹ
④ ㄱ, ㄴ, ㅁ
⑤ ㄴ, ㄷ, ㄹ, ㅁ

> 해설

ㄱ. (○) 영 제55조 제1항 제1호
ㄴ. (○) 영 제55조 제1항 제4호
ㄷ. (×) 도로·구거 등의 토지에 절토된 부분이 있는 경우 : 그 경사면의 상단부(영 제55조 제1항 제3호)
ㄹ. (×) 공유수면매립지의 토지 중 제방 등을 토지에 편입하여 등록하는 경우 : 바깥쪽 어깨부분(영 제55조 제1항 제5호)
ㅁ. (○) 영 제55조 제1항 제2호

답 ④

04 공간정보의 구축 및 관리 등에 관한 법령상 지적소관청이 토지의 이동에 따라 지상경계를 새로 정한 경우 지상경계점등록부에 등록할 사항에 해당하지 않는 것은? 기출 19

① 토지의 소재
② 지번
③ 경계점 위치 설명도
④ 경계점의 사진 파일
⑤ 경계점 위치의 토지소유자 성명

해설

⑤ (×) '경계점 위치의 토지소유자 성명'은 지상경계점등록부에 등록할 사항이 아니다(법 제65조 제2항).

> **지상경계점등록부의 등록사항(법 제65조 제2항)**
> 지적소관청은 토지의 이동에 따라 지상경계를 새로 정한 경우에는 다음 각 호의 사항을 등록한 지상경계점등록부를 작성·관리하여야 한다.
> 1. 토지의 소재 (①)
> 2. 지번 (②)
> 3. 경계점 좌표(경계점좌표등록부 시행지역에 한정한다)
> 4. 경계점 위치 설명도 (③)
> 5. 그 밖에 국토교통부령으로 정하는 사항(규칙 제60조 제2항)
>   • 공부상 지목과 실제 토지이용 지목
>   • 경계점의 사진 파일 (④)
>   • 경계점표지의 종류 및 경계점 위치

 ⑤

05 공간정보의 구축 및 관리 등에 관한 법령상 지번의 부여 등에 관한 설명으로 옳지 않은 것은? 기출 18

① 지번은 지적소관청이 지번부여지역별로 차례대로 부여한다.
② 지번은 북서에서 남동으로 순차적으로 부여한다.
③ 지번변경 승인신청을 받은 승인권자는 지번변경 사유 등을 심사한 후 그 결과를 지적소관청에 통지하여야 한다.
④ 지번은 아라비아숫자로 표기하되, 임야대장 및 임야도에 등록하는 토지의 지번은 숫자 앞에 "산"자를 붙인다.
⑤ 지적소관청이 지적공부에 등록된 지번을 변경하려면 국토교통부장관의 승인을 받아야 한다.

> 해설

⑤ (×) 지적소관청은 지적공부에 등록된 지번을 변경할 필요가 있다고 인정하면 시·도지사나 대도시 시장의 승인을 받아 지번부여지역의 전부 또는 일부에 대하여 지번을 새로 부여할 수 있다(법 제66조 제2항).
① (○) 법 제66조 제1항
② (○) 영 제56조 제3항 제1호
③ (○) 영 제57조 제2항
④ (○) 영 제56조 제1항

답 ⑤

06 공간정보의 구축 및 관리 등에 관한 법령상 지번의 구성과 부여방법에 관한 설명으로 옳지 않은 것은? 기출 16

① 지번은 북서에서 남동으로 순차적으로 부여하여야 한다.
② 토지소유자가 합병 전의 필지에 주거·사무실 등의 건축물이 있어서 그 건축물이 위치한 지번을 합병 후의 지번으로 신청한 경우에도 합병 대상 지번 중 선순위의 지번으로 부여하여야 한다.
③ 분할의 경우에는 분할 후의 필지 중 주거·사무실 등의 건축물이 있는 필지에 대해서는 분할 전의 지번을 우선하여 부여하여야 한다.
④ 지번은 아라비아숫자로 표기하되, 임야대장 및 임야도에 등록하는 토지의 지번은 숫자 앞에 "산"자를 붙인다.
⑤ 신규등록 및 등록전환의 경우에 대상토지가 여러 필지로 되어 있는 경우에는 그 지번부여지역의 최종 본번의 다음 순번부터 본번으로 하여 순차적으로 지번을 부여할 수 있다.

> 해설

② (×) 합병의 경우에는 합병 대상 지번 중 선순위의 지번을 그 지번으로 하되, 본번으로 된 지번이 있을 때에는 본번 중 선순위의 지번을 합병 후의 지번으로 한다. 이 경우 토지소유자가 합병 전의 필지에 주거·사무실 등의 건축물이 있어서 그 건축물이 위치한 지번을 합병 후의 지번으로 신청할 때에는 그 지번을 합병 후의 지번으로 부여하여야 한다(영 제56조 제3항 제4호).
① (○) 영 제56조 제3항 제1호
③ (○) 영 제56조 제3항 제3호
④ (○) 영 제56조 제1항
⑤ (○) 영 제56조 제3항 제2호

답 ②

07 공간정보의 구축 및 관리 등에 관한 법령상 지목의 종류에 해당하지 않는 것은? 기출 19

① 창고용지
② 공장용지
③ 수도용지
④ 주택용지
⑤ 철도용지

해설

④ (×) 지목의 종류에 주택용지는 포함되지 않는다.

> **지목의 종류(법 제67조 제1항)**
> 지목은 전·답·과수원·목장용지·임야·광천지·염전·대(垈)·공장용지(②)·학교용지·주차장·주유소용지·창고용지(①)·도로·철도용지(⑤)·제방(堤防)·하천·구거(溝渠)·유지(溜池)·양어장·수도용지(③)·공원·체육용지·유원지·종교용지·사적지·묘지·잡종지로 구분하여 정한다.

답 ④

08 공간정보의 구축 및 관리 등에 관한 법령상 지목의 구분과 그에 속하는 내용의 연결로 옳지 않은 것은? 기출 20

① 도로 – 고속도로의 휴게소 부지
② 하천 – 자연의 유수가 있거나 있을 것으로 예상되는 토지
③ 제방 – 방조제의 부지
④ 대 – 묘지 관리를 위한 건축물의 부지
⑤ 전 – 물을 상시적으로 직접 이용하여 미나리를 주로 재배하는 토지

해설

⑤ (×) '전'이 아니라 '답'에 대한 설명이다.
- '전'은 물을 상시적으로 이용하지 않고, 곡물·원예작물(과수류는 제외한다)·약초·뽕나무·닥나무·묘목·관상수 등의 식물을 주로 재배하는 토지와 식용으로 죽순을 재배하는 토지이다(영 제58조 제1호).
- '답'은 물을 상시적으로 직접 이용하여 벼·연(蓮)·미나리·왕골 등의 식물을 주로 재배하는 토지이다(영 제58조 제2호).

① (○) 도로 – 고속도로의 휴게소 부지(영 제58조 제14호 다목)
② (○) 하천 – 자연의 유수가 있거나 있을 것으로 예상되는 토지(영 제58조 제17호)
③ (○) 제방 – 방조제의 부지(영 제58조 제16호)
④ (○) 대 – 묘지 관리를 위한 건축물의 부지(영 제58조 제27호 단서)

답 ⑤

09 공간정보의 구축 및 관리 등에 관한 법령상 지목의 표기방법으로 지목과 부호의 연결이 옳지 <u>않은</u> 것은? 기출 25

① 공장용지 – 장
② 철도용지 – 철
③ 하천 – 하
④ 광천지 – 광
⑤ 창고용지 – 창

해설

③ (×) 하천의 부호는 '천'이다(규칙 제64조 참조).

지목의 표기방법(규칙 제64조)

지목을 지적도 및 임야도(이하 "지적도면"이라 한다)에 등록하는 때에는 다음의 부호로 표기하여야 한다.

지 목	부 호	지 목	부 호
전	전	철도용지(②)	철
답	답	제방	제
과수원	과	하천	<u>천</u>
목장용지	목	구거	구
임야	임	유지	유
광천지(④)	광	양어장	양
염전	염	수도용지	수
대	대	공원	공
공장용지(①)	장	체육용지	체
학교용지	학	유원지	원
주차장	차	종교용지	종
주유소용지	주	사적지	사
창고용지(⑤)	창	묘지	묘
도로	도	잡종지	잡

답 ③

10 공간정보의 구축 및 관리 등에 관한 법령상 지목에 관한 설명으로 옳지 않은 것은? 기출 21

① 축산업 및 낙농업을 하기 위하여 초지를 조성한 토지와 접속된 주거용 건축물의 부지는 "대"로 한다.
② 지목이 유원지인 토지를 지적도에 등록하는 때에는 "유"로 표기하여야 한다.
③ 물을 상시적으로 이용하지 않고 관상수를 주고 재배하는 토지의 지목은 "전"으로 한다.
④ 1필지가 둘 이상의 용도로 활용되는 경우에는 주된 용도에 따라 지목을 설정한다.
⑤ 토지가 임시적인 용도로 사용될 때에는 지목을 변경하지 아니한다.

해설

② (×) 지목이 유원지인 토지를 지적도에 등록하는 때에는 '원'으로 표기하여야 한다(규칙 제64조).
① (○) 영 제58조 제4호 가목
③ (○) 영 제58조 제1호
④ (○) 영 제59조 제1항 제2호
⑤ (○) 영 제59조 제2항

답 ②

11 공간정보의 구축 및 관리 등에 관한 법령상 지목과 그를 지적도 및 임야도에 등록하는 때 표기하는 부호의 연결로 옳지 않은 것은? 기출 24

① 주차장 – 차
② 양어장 – 양
③ 유원지 – 원
④ 공장용지 – 장
⑤ 주유소용지 – 유

해설

⑤ (×) 주유소용지는 '주'로 표기한다(규칙 제64조).

답 ⑤

12 공간정보의 구축 및 관리 등에 관한 법령상 지목이 대(垈)에 해당하는 것은? 기출 17

① 일반 공중의 종교의식을 위하여 법요를 하기 위한 사찰의 부지
② 고속도로의 휴게소 부지
③ 영구적 건축물 중 미술관의 부지
④ 학교의 교사(校舍) 부지
⑤ 물건 등을 보관하거나 저장하기 위하여 독립적으로 설치된 보관시설물의 부지

해설

대(영 제58조 제8호)
- 영구적 건축물 중 주거·사무실·점포와 박물관·극장·미술관 등 문화시설과 이에 접속된 정원 및 부속시설물의 부지
- 「국토의 계획 및 이용에 관한 법률」 등 관계 법령에 따른 택지조성공사가 준공된 토지

① (×) **종교용지** : 일반 공중의 종교의식을 위하여 예배·법요·설교·제사 등을 하기 위한 교회·사찰·향교 등 건축물의 부지와 이에 접속된 부속시설물의 부지(영 제58조 제25호)
② (×) **도로** : 고속도로의 휴게소 부지(영 제58조 제14호 다목)
④ (×) **학교용지** : 학교의 교사와 이에 접속된 체육장 등 부속시설물의 부지(영 제58조 제10호)
⑤ (×) **창고용지** : 물건 등을 보관하거나 저장하기 위하여 독립적으로 설치된 보관시설물의 부지와 이에 접속된 부속시설물의 부지(영 제58조 제13호)

답 ③

13 공간정보의 구축 및 관리 등에 관한 법령상 토지와 지목이 옳게 연결된 것은? 기출 22

① 묘지의 관리를 위한 건축물의 부지 – 묘지
② 원상회복을 조건으로 흙을 파는 곳으로 허가된 토지 – 잡종지
③ 학교의 교사(校舍)와 이에 접속된 체육장 등 부속시설물의 부지 – 학교용지
④ 자동차 판매 목적으로 설치된 야외전시장의 부지 – 주차장
⑤ 자연의 유수가 있을 것으로 예상되는 소규모 수로부지 – 하천

해설

③ (○) 학교의 교사(校舍)와 이에 접속된 체육장 등 부속시설물의 부지 – 학교용지(영 제58조 제10호)
① (×) 묘지의 관리를 위한 건축물의 부지 – 대(영 제58조 제27호 단서)
② (×) 원상회복을 조건으로 흙을 파는 곳으로 허가된 토지 – 잡종지에서 제외(영 제58조 제28호 단서)
④ (×) 자동차 판매 목적으로 설치된 야외전시장의 부지 – 주차장에서 제외(영 제58조 제11호 나목)
⑤ (×) 자연의 유수가 있을 것으로 예상되는 소규모 수로부지 – 구거(영 제58조 제18호)

답 ③

14 공간정보의 구축 및 관리 등에 관한 법령상 지목에 관한 설명으로 옳은 것은? 기출 23

① 토지가 임시적인 용도로 사용될 때에는 지목을 변경할 수 있다.
② 합병하려는 토지의 지목이 서로 다르더라도 소유자가 동일한 경우에는 토지의 합병을 신청할 수 있다.
③ 자동차 정비공장 안에 설치된 급유시설 부지의 지목은 "주유소용지"로 한다.
④ 고속도로의 휴게소 부지의 지목은 "도로"로 한다.
⑤ 토지소유자는 지목변경을 할 토지가 있으면 그 사유가 발생한 날부터 30일 이내에 지적소관청에 지목변경을 신청하여야 한다.

해설

도로(영 제58조 제14호)
다음 각 목의 토지. 다만, 아파트·공장 등 단일 용도의 일정한 단지 안에 설치된 통로 등은 제외한다.
    가. 일반 공중(公衆)의 교통 운수를 위하여 보행이나 차량운행에 필요한 일정한 설비 또는 형태를 갖추어 이용되는 토지
    나. 「도로법」 등 관계 법령에 따라 도로로 개설된 토지
    다. 고속도로의 휴게소 부지
    라. 2필지 이상에 진입하는 통로로 이용되는 토지

① (×) 토지가 일시적 또는 임시적인 용도로 사용될 때에는 지목을 변경하지 아니한다(영 제59조 제2항).
② (×) 합병하려는 토지의 지목이 서로 다른 경우에는 토지의 합병을 신청할 수 없다(법 제80조 제3항 제1호).
③ (×) 자동차 정비공장 안에 설치된 급유시설 부지의 지목은 "주유소용지"에서 제외한다(영 제58조 제12호).
⑤ (×) 토지소유자는 지목변경을 할 토지가 있으면 그 사유가 발생한 날부터 60일 이내에 지적소관청에 지목변경을 신청하여야 한다(법 제81조).

답 ④

15 공간정보의 구축 및 관리 등에 관한 법령상 지목의 구분기준과 종류가 옳게 연결된 것은? 기출 18

① 자연의 유수(流水)가 있거나 있을 것으로 예상되는 토지 - 하천
② 축산업 및 낙농업을 하기 위하여 초지를 조성한 토지 내의 주거용 건축물의 부지 - 목장용지
③ 지하에서 용출되는 온수를 일정한 장소로 운송하는 송수관 및 저장시설의 부지 - 광천지
④ 자동차 등의 판매 목적으로 설치된 물류장 - 주차장
⑤ 아파트·공장 등 단일 용도의 일정한 단지 안에 설치된 통로 - 도로

> **해설**

① (○) 자연의 유수(流水)가 있거나 있을 것으로 예상되는 토지 – <u>하천</u>(영 제58조 제17호)
② (×) 축산업 및 낙농업을 하기 위하여 초지를 조성한 토지 내의 주거용 건축물의 부지 – <u>대</u>(영 제58조 제8호 가목)
③ (×) 지하에서 용출되는 온수를 일정한 장소로 운송하는 송수관 및 저장시설의 부지 – <u>광천지 제외</u>(영 제58조 제6호)
④ (×) 자동차 등의 판매 목적으로 설치된 물류장 – <u>주차장 제외</u>(영 제58조 제11호 나목)
⑤ (×) 아파트·공장 등 단일 용도의 일정한 단지 안에 설치된 통로 – <u>도로 제외</u>(영 제58조 제14호)

답 ①

---

16 공간정보의 구축 및 관리 등에 관한 법령상 다음의 설명에 해당하는 지목은? 기출 16

> 용수(用水) 또는 배수(排水)를 위하여 일정한 형태를 갖춘 인공적인 수로·둑 및 그 부속시설물의 부지와 자연의 유수(流水)가 있거나 있을 것으로 예상되는 소규모 수로부지

① 제방
② 유지
③ 하천
④ 광천지
⑤ 구거

> **해설**

⑤ (○) 문제의 지문은 '구거'에 해당한다(영 제58조 제18호).
① (×) **제방** : 조수·자연유수(自然流水)·모래·바람 등을 막기 위하여 설치된 방조제·방수제·방사제·방파제 등의 부지(영 제58조 제16호)
② (×) **유지** : 물이 고이거나 상시적으로 물을 저장하고 있는 댐·저수지·소류지(沼溜地)·호수·연못 등의 토지와 연·왕골 등이 자생하는 배수가 잘 되지 아니하는 토지(영 제58조 제19호)
③ (×) **하천** : 자연의 유수(流水)가 있거나 있을 것으로 예상되는 토지(영 제58조 제17호)
④ (×) **광천지** : 지하에서 온수·약수·석유류 등이 용출되는 용출구(湧出口)와 그 유지(維持)에 사용되는 부지. 다만, 온수·약수·석유류 등을 일정한 장소로 운송하는 송수관·송유관 및 저장시설의 부지는 제외한다(영 제58조 제6호).

답 ⑤

17. 공간정보의 구축 및 관리 등에 관한 법령상 지목에 관한 설명으로 옳은 것을 모두 고른 것은?

기출 24

ㄱ. 지목의 설정은 필지마다 하나의 지목을 설정하는 방법으로 한다.
ㄴ. 송유시설의 부지는 지목을 잡종지로 한다.
ㄷ. 건축물의 용도가 변경된 경우는 지목변경을 신청할 수 없다.
ㄹ. 지적소관청은 지목변경을 하려면 시·도지사의 승인을 받아야 한다.

① ㄱ, ㄴ
② ㄱ, ㄷ
③ ㄷ, ㄹ
④ ㄱ, ㄴ, ㄹ
⑤ ㄴ, ㄷ, ㄹ

해설

ㄱ. (○) 영 제59조 제1항 제1호
ㄴ. (○) 영 제58조 제28호 나목

> **지목의 구분(영 제58조)**
> 28. 잡종지 : 다음 각 목의 토지. 다만, 원상회복을 조건으로 돌을 캐내는 곳 또는 흙을 파내는 곳으로 허가된 토지는 제외한다.
> 가. 갈대밭, 실외에 물건을 쌓아두는 곳, 돌을 캐내는 곳, 흙을 파내는 곳, 야외시장 및 공동우물
> 나. 변전소, 송신소, 수신소 및 송유시설 등의 부지
> 다. 여객자동차터미널, 자동차운전학원 및 폐차장 등 자동차와 관련된 독립적인 시설물을 갖춘 부지
> 라. 공항시설 및 항만시설 부지
> 마. 도축장, 쓰레기처리장 및 오물처리장 등의 부지
> 바. 그 밖에 다른 지목에 속하지 않는 토지

ㄷ. (×) 건축물의 용도가 변경된 경우는 지목변경을 신청할 수 있다(영 제67조 제1항 제2호).
ㄹ. (×) 지적소관청이 지목변경을 하는 경우 시·도지사의 승인을 받을 필요가 없다(법 제81조, 영 제67조 제2항). 지적소관청이 시·도지사 또는 대도시 시장의 승인을 받아야 하는 경우는 지번의 변경, 지적공부의 반출, 축척변경의 경우이다.

답 ①

18 공간정보의 구축 및 관리 등에 관한 법령상 토지대장에 등록하는 토지의 소유자가 둘 이상인 경우 공유지연명부에 등록하여야 하는 사항이 아닌 것은? 기출 22

① 소유권 지분
② 토지의 고유번호
③ 지적도면의 번호
④ 필지별 공유지연명부의 장번호
⑤ 토지소유자가 변경된 날과 그 원인

해설

③ (×) '지적도면의 번호'는 토지대장과 임야대장에 등록할 사항이다(법 제71조 제1항, 규칙 제68조 제2항 제2호).

> **공유지연명부의 등록사항(법 제71조 제2항)**
> 소유자가 둘 이상이면 공유지연명부에 다음 각 호의 사항을 등록하여야 한다.
> 1. 토지의 소재
> 2. 지번
> 3. 소유권 지분 (①)
> 4. 소유자의 성명 또는 명칭, 주소 및 주민등록번호
> 5. 그 밖에 국토교통부령으로 정하는 사항(규칙 제68조 제3항)
>   • 토지의 고유번호 (②)
>   • 필지별 공유지연명부의 장번호 (④)
>   • 토지소유자가 변경된 날과 그 원인 (⑤)

답 ③

19 공간정보의 구축 및 관리 등에 관한 법령상 공유지연명부에 등록하여야 하는 사항에 해당하지 않는 것은? 기출 18

① 토지의 소재
② 지번
③ 지목
④ 소유권 지분
⑤ 소유자의 성명 또는 명칭, 주소 및 주민등록번호

해설

③ (✕) 지목은 공유지연명부의 등록사항이 아니다(법 제71조 제2항).

답 ③

20 공간정보의 구축 및 관리 등에 관한 법령상 대지권등록부에 등록하여야 하는 사항에 해당하지 않는 것은? 기출 19

① 토지의 소재
② 지번
③ 대지의 비율
④ 소유자의 성명 또는 명칭
⑤ 개별공시지가와 그 기준일

해설

⑤ (✕) '개별공시지가와 그 기준일'은 토지대장과 임야대장에 등록할 사항이다(법 제71조 제1항, 규칙 제68조 제2항 제6호).

대지권등록부의 등록사항(법 제71조 제3항)
토지대장이나 임야대장에 등록하는 토지가 「부동산등기법」에 따라 대지권 등기가 되어 있는 경우에는 대지권등록부에 다음 각 호의 사항을 등록하여야 한다.
1. 토지의 소재 (①)
2. 지번 (②)
3. 대지권 비율 (③)
4. 소유자의 성명 또는 명칭 (④), 주소 및 주민등록번호
5. 그 밖에 국토교통부령으로 정하는 사항

답 ⑤

21 공간정보의 구축 및 관리 등에 관한 법령상 지적도에 등록하여야 하는 사항이 아닌 것은? 기출 20

① 토지의 소재
② 소유권 지분
③ 도곽선(圖廓線)과 그 수치
④ 삼각점 및 지적기준점의 위치
⑤ 지목

해설

② (×) 소유권의 지분은 공유지연명부와 대지권등록부의 등록사항이다.

> **지적도 등의 등록사항(법 제72조)**
> 지적도 및 임야도에는 다음 각 호의 사항을 등록하여야 한다.
> 1. 토지의 소재 (①)
> 2. 지번
> 3. 지목 (⑤)
> 4. 경계
> 5. 그 밖에 국토교통부령으로 정하는 사항(규칙 제69조 제2항)
>   • 지적도면의 색인도(인접도면의 연결 순서를 표시하기 위하여 기재한 도표와 번호를 말한다)
>   • 지적도면의 제명 및 축척
>   • 도곽선(圖廓線)과 그 수치 (③)
>   • 좌표에 의하여 계산된 경계점 간의 거리(경계점좌표등록부를 갖춰 두는 지역으로 한정한다)
>   • 삼각점 및 지적기준점의 위치 (④)
>   • 건축물 및 구조물 등의 위치
>   • 그 밖에 국토교통부장관이 정하는 사항

답 ②

22 공간정보의 구축 및 관리 등에 관한 법령상 경계점좌표등록부의 등록사항이 아닌 것은? 기출 25

① 토지의 소재
② 지적도면의 번호
③ 토지의 고유번호
④ 측량 결과도
⑤ 부호 및 부호도

해설

④ (×) 측량 결과도는 경계점좌표등록부의 등록사항에 해당하지 않는다(법 제73조, 규칙 제71조 제3항 참조).

경계점좌표등록부의 등록사항(법 제73조)

지적소관청은 제86조에 따른 도시개발사업 등에 따라 새로이 지적공부에 등록하는 토지에 대하여는 다음 각 호의 사항을 등록한 경계점좌표등록부를 작성하고 갖춰 두어야 한다.

1. 토지의 소재 (①)
2. 지번
3. 좌표
4. 그 밖에 국토교통부령으로 정하는 사항

그 밖에 국토교통부령으로 정하는 사항(규칙 제71조 제3항)

1. 토지의 고유번호 (③)
2. 지적도면의 번호 (②)
3. 필지별 경계점좌표등록부의 장번호
4. 부호 및 부호도 (⑤)

답 ④

23 공간정보의 구축 및 관리 등에 관한 법령상 지적공부에 관한 설명으로 옳지 않은 것은? 기출 19

① 정보처리시스템을 통하여 기록·저장한 지적공부의 전부가 멸실된 경우에는 국토교통부장관은 지체 없이 이를 복구하여야 한다.
② 국토교통부장관은 정보처리시스템을 통하여 지적정보관리체계에 기록·저장한 지적공부가 멸실될 경우를 대비하여 지적공부를 복제하여 관리하는 정보관리체계를 구축하여야 한다.
③ 지적공부를 정보처리시스템을 통하여 기록·저장한 경우 관할 시·도지사, 시장·군수 또는 구청장은 그 지적공부를 지적정보관리체계에 영구히 보존하여야 한다.
④ 국토교통부장관은 지적공부의 효율적인 관리 및 활용을 위하여 지적정보 전담 관리기구를 설치·운영한다.
⑤ 지방자치단체의 장이 지적전산자료를 신청하는 경우에는 지적전산자료의 이용 목적 등에 관하여 미리 관계 중앙행정기관의 심사를 받지 않아도 된다.

해설

① (×) 지적소관청(정보처리시스템을 통하여 기록·저장한 지적공부의 경우에는 시·도지사, 시장·군수 또는 구청장)은 지적공부의 전부 또는 일부가 멸실되거나 훼손된 경우에는 대통령령으로 정하는 바에 따라 지체 없이 이를 복구하여야 한다(법 제74조).
② (○) 법 제69조 제3항
③ (○) 법 제69조 제2항
④ (○) 법 제70조 제1항
⑤ (○) 법 제76조 제2항 단서

답 ①

24 공간정보의 구축 및 관리 등에 관한 법령상 지적공부에 관한 내용으로 옳지 않은 것은? 기출 20

① 지적소관청은 관할 시·도지사의 승인을 받은 경우 지적서고에 보존되어 있는 지적공부를 해당 청사 밖으로 반출할 수 있다.
② 지적공부를 정보처리시스템을 통하여 기록·저장한 경우 관할 시·도지사, 시장·군수 또는 구청장은 그 지적공부를 지적정보관리체계에 영구히 보존하여야 한다.
③ 지적소관청은 부동산의 효율적 이용과 부동산과 관련된 정보의 종합적 관리·운영을 위하여 부동산종합공부를 관리·운영한다.
④ 부동산종합공부를 열람하거나 부동산종합증명서를 발급받으려는 자는 지적소관청이나 읍·면·동의 장에게 신청할 수 있다.
⑤ 지적전산자료를 신청하려는 자는 지적전산자료의 이용 또는 활용 목적 등에 관하여 미리 중앙지적위원회의 심사를 받아야 한다.

해설

⑤ (×) 지적전산자료를 신청하려는 자는 지적전산자료의 이용 또는 활용 목적 등에 관하여 미리 관계 중앙행정기관의 심사를 받아야 한다(법 제76조 제2항).
① (○) 법 제69조 제1항 제2호
② (○) 법 제69조 제2항
③ (○) 법 제76조의2 제1항
④ (○) 법 제76조의4 제1항

답 ⑤

25 공간정보의 구축 및 관리 등에 관한 법령상 지적공부에 관한 설명으로 옳지 않은 것은? 기출 18

① 지적공부를 정보처리시스템을 통하여 기록·저장한 경우 그 지적공부는 지적정보관리체계에 영구히 보존되어야 한다.
② 정보처리시스템을 통하여 기록·저장된 공유지연명부를 열람하려는 경우에는 특별자치시장, 시장·군수 또는 구청장이나 읍·면·동의 장에게 신청할 수 있다.
③ 지방자치단체장이 지적전산자료를 신청하는 경우에는 지적전산자료의 이용에 관하여 미리 관계 중앙행정기관의 심사를 받아야 한다.
④ 정보처리시스템을 통하여 기록·저장된 지적공부 사항 중 소유자에 관한 사항을 복구할 때에는 부동산등기부나 법원의 확정판결에 따라야 한다.
⑤ 시·군·구 단위의 지적전산자료를 이용하거나 활용하려는 자는 지적소관청에 지적전산자료를 신청하여야 한다.

> 해설

③ (×) 지적전산자료를 신청하려는 자는 대통령령으로 정하는 바에 따라 지적전산자료의 이용 또는 활용 목적 등에 관하여 미리 관계 중앙행정기관의 심사를 받아야 한다. 다만, 중앙행정기관의 장, 그 소속 기관의 장 또는 지방자치단체의 장이 신청하는 경우에는 그러하지 아니하다(법 제76조 제2항).
① (○) 법 제69조 제2항
② (○) 법 제75조 제1항
④ (○) 영 제61조 제1항
⑤ (○) 법 제76조 제1항

답 ③

26 공간정보의 구축 및 관리 등에 관한 법령상 지적에 관한 설명으로 옳지 않은 것은? 기출 23

① 지번은 지적소관청이 지번부여지역별로 차례대로 부여한다.
② 면적의 단위는 제곱미터로 한다.
③ 지적도면의 번호는 경계점좌표등록부에 등록하여야 할 사항에 속한다.
④ 토지소유자는 신규등록할 토지가 있으면 그 사유가 발생한 날부터 90일 이내에 지적소관청에 신규등록을 신청하여야 한다.
⑤ 행정구역의 명칭이 변경되었으면 지적공부에 등록된 토지의 소재는 새로운 행정구역의 명칭으로 변경된 것으로 본다.

> 해설

④ (×) 토지소유자는 신규등록할 토지가 있으면 대통령령으로 정하는 바에 따라 그 사유가 발생한날부터 60일 이내에 지적소관청에 신규등록을 신청하여야 한다(법 제77조).
① (○) 법 제66조 제1항
② (○) 법 제68조 제1항
③ (○) 법 제73조 제4호, 규칙 제71조 제3항 제2호
⑤ (○) 법 제85조 제1항

답 ④

27 공간정보의 구축 및 관리 등에 관한 법령상 토지의 이동 신청 및 지적정리 등에 관한 설명으로 옳은 것은? 기출 17

① 토지소유자는 신규등록할 토지가 있으면 그 사유가 발생한 날부터 60일 이내에 지적소관청에 신규등록을 신청하여야 한다.
② 합병하려는 토지의 소유자가 서로 다른 경우에는 합병에 합의한 날로부터 90일 이내에 지적소관청에 합병을 신청하여야 한다.
③ 지적소관청은 바다로 된 토지의 등록말소 신청을 하도록 통지받은 토지소유자가 그 통지를 받은 날로부터 60일 이내에 등록말소 신청을 하지 아니하면 등록을 말소한다.
④ 지적소관청은 축척변경을 하려면 축척변경 시행지역의 토지소유자 과반수의 동의를 받아야 한다.
⑤ 지적소관청은 합병하려는 토지가 축척이 다른 지적도에 각각 등록되어 있어 축척변경을 하는 경우에는 시·도지사의 승인을 받아야 한다.

해설

① (○) 법 제77조
② (×) 합병하려는 토지의 소유자가 서로 다른 경우에는 합병을 신청할 수 없다(법 제80조 제3항 제1호).
③ (×) 통지를 받은 날로부터 60일 이내에 등록말소 신청을 하지 아니하면 등록을 말소한다(법 제82조 제2항).
④ (×) 지적소관청은 축척변경을 하려면 축척변경 시행지역의 토지소유자 3분의 2 이상의 동의를 받아 축척변경위원회의 의결을 거친 후 시·도지사 또는 대도시 시장의 승인을 받아야 한다(법 제83조 제3항).
⑤ (×) 합병하려는 토지가 축척이 다른 지적도에 각각 등록되어 있어 축척변경을 하는 경우에는 축척변경위원회의 의결 및 시·도지사 또는 대도시 시장의 승인 없이 축척변경을 할 수 있다(법 제83조 제3항 제1호).

답 ①

28 공간정보의 구축 및 관리 등에 관한 법령상 등록전환을 신청할 수 있는 경우가 아닌 것은? 기출 24

① 「건축법」에 따른 건축신고를 한 경우
② 도시·군관리계획선에 따라 토지를 분할하는 경우
③ 「산지관리법」에 따른 산지일시사용허가를 받은 경우
④ 지적도에 등록된 토지가 사실상 형질변경되었으나 지목변경을 할 수 없는 경우
⑤ 대부분의 토지가 등록전환되어 나머지 토지를 임야도에 계속 존치하는 것이 불합리한 경우

해설

④ (×) 임야도에 등록된 토지가 사실상 형질변경 되었으나 지목변경을 할 수 없는 경우 등록전환을 신청할 수 있다(영 제64조 제1항 제3호).

등록전환 신청(영 제64조 제1항)

법 제78조에 따라 등록전환을 신청할 수 있는 경우는 다음 각 호와 같다.
1. 「산지관리법」에 따른 산지전용허가·신고, 산지일시사용허가·신고, 「건축법」에 따른 건축허가·신고 또는 그 밖의 관계 법령에 따른 개발행위 허가 등을 받은 경우
2. 대부분의 토지가 등록전환되어 나머지 토지를 임야도에 계속 존치하는 것이 불합리한 경우
3. 임야도에 등록된 토지가 사실상 형질변경되었으나 지목변경을 할 수 없는 경우
4. 도시·군관리계획선에 따라 토지를 분할하는 경우

답 ④

29 공간정보의 구축 및 관리 등에 관한 법령상 토지소유자가 지적소관청에 토지의 합병을 신청할 수 없는 경우를 모두 고른 것은? 기출 22

ㄱ. 합병하려는 토지의 지목이 서로 다른 경우
ㄴ. 합병하려는 토지의 소유자별 공유지분이 다른 경우
ㄷ. 합병하려는 토지가 구획정리를 시행하고 있는 지역의 토지와 그 지역 밖의 토지인 경우

① ㄱ
② ㄷ
③ ㄱ, ㄴ
④ ㄴ, ㄷ
⑤ ㄱ, ㄴ, ㄷ

해설

⑤ (○) ㄱ, ㄴ, ㄷ 모두 합병할 수 없다.

> **합병 신청을 할 수 없는 경우(법 제80조 제3항)**
>
> 다음 각 호의 어느 하나에 해당하는 경우에는 합병 신청을 할 수 없다.
> 1. 합병하려는 토지의 지번부여지역, 지목 또는 소유자가 서로 다른 경우 (ㄱ)
> 2. 합병하려는 토지에 다음 각 목의 등기 외의 등기가 있는 경우
>   가. 소유권·지상권·전세권 또는 임차권의 등기
>   나. 승역지(承役地)에 대한 지역권의 등기
>   다. 합병하려는 토지 전부에 대한 등기원인(登記原因) 및 그 연월일과 접수번호가 같은 저당권의 등기
>   라. 합병하려는 토지 전부에 대한 「부동산등기법」 제81조 제1항 각 호의 등기사항이 동일한 신탁등기
> 3. 그 밖에 합병하려는 토지의 지적도 및 임야도의 축척이 서로 다른 경우 등 대통령령으로 정하는 경우
>
> **"합병하려는 토지의 지적도 및 임야도의 축척이 서로 다른 경우 등 대통령령으로 정하는 경우"(영 제66조 제3항)**
>
> 1. 합병하려는 토지의 지적도 및 임야도의 축척이 서로 다른 경우
> 2. 합병하려는 각 필지가 서로 연접하지 않은 경우
> 3. 합병하려는 토지가 등기된 토지와 등기되지 아니한 토지인 경우
> 4. 합병하려는 각 필지의 지목은 같으나 일부 토지의 용도가 다르게 되어 법 제79조 제2항에 따른 분할대상 토지인 경우. 다만, 합병 신청과 동시에 토지의 용도에 따라 분할 신청을 하는 경우는 제외한다.
> 5. 합병하려는 토지의 소유자별 공유지분이 다른 경우 (ㄴ)
> 6. 합병하려는 토지가 구획정리, 경지정리 또는 축척변경을 시행하고 있는 지역의 토지와 그 지역 밖의 토지인 경우 (ㄷ)
> 7. 생략

답 ⑤

30 공간정보의 구축 및 관리 등에 관한 법령상 지목변경 신청 및 축척변경에 관한 설명이다. ( )에 들어갈 내용으로 각각 옳은 것은? 기출 21

> • 토지소유자는 지목변경을 할 토지가 있으면 그 사유가 발생한 날부터 (ㄱ) 이내에 지적소관청에 지목변경을 신청하여야 한다.
> • 지적소관청은 축척변경을 하려면 축척변경 시행지역의 토지소유자 (ㄴ) 이상의 동의를 받아야 한다.

① ㄱ : 30일, ㄴ : 2분의 1
② ㄱ : 30일, ㄴ : 3분의 2
③ ㄱ : 60일, ㄴ : 2분의 1
④ ㄱ : 60일, ㄴ : 3분의 2
⑤ ㄱ : 90일, ㄴ : 3분의 2

해설

ㄱ : 토지소유자는 지목변경을 할 토지가 있으면 그 사유가 발생한 날부터 (**60일**) 이내에 지적소관청에 지목변경을 신청하여야 한다(법 제81조).
ㄴ : 지적소관청은 축척변경을 하려면 축척변경 시행지역의 토지소유자 (**3분의 2**) 이상의 동의를 받아 축척변경위원회의 의결을 거친 후 시·도지사 또는 대도시 시장의 승인을 받아야 한다(법 제83조 제3항).

답 ④

31 공간정보의 구축 및 관리 등에 관한 법령상 축척변경에 관한 내용이다. ( )에 들어갈 내용으로 옳은 것은? 기출 25

> • 지적소관청은 축척변경을 하려면 축척변경 시행지역의 (ㄱ)(ㄴ) 이상의 동의를 받아 축척변경위원회의 의결을 거친 후 시·도지사 또는 대도시 시장의 승인을 받아야 한다.
> • 축척변경 시행지역의 토지소유자 또는 점유자는 시행공고가 된 날부터 (ㄷ)일 이내에 시행공고일 현재 점유하고 있는 경계에 국토교통부령으로 정하는 경계점표지를 설치하여야 한다.

① ㄱ : 주민, ㄴ : 2분의 1, ㄷ : 20
② ㄱ : 주민, ㄴ : 3분의 2, ㄷ : 30
③ ㄱ : 토지소유자, ㄴ : 2분의 1, ㄷ : 20
④ ㄱ : 토지소유자, ㄴ : 3분의 2, ㄷ : 30
⑤ ㄱ : 토지소유자 또는 점유자, ㄴ : 3분의 2, ㄷ : 20

> **해설**

④ (○) 제시된 내용의 ( )에 들어갈 내용은 순서대로 'ㄱ: 토지소유자, ㄴ: 3분의 2, ㄷ: 30'이다(법 제83조 제3항 본문, 영 제71조 제3항).

> • 지적소관청은 축척변경을 하려면 축척변경 시행지역의 **(토지소유자) (3분의 2)** 이상의 동의를 받아 축척변경위원회의 의결을 거친 후 시·도지사 또는 대도시 시장의 승인을 받아야 한다(법 제83조 제3항 본문).
> • 축척변경 시행지역의 토지소유자 또는 점유자는 시행공고가 된 날부터 **(30)**일 이내에 시행공고일 현재 점유하고 있는 경계에 국토교통부령으로 정하는 경계점표지를 설치하여야 한다(영 제71조 제3항).

답 ④

---

32 공간정보의 구축 및 관리 등에 관한 법령상 축척변경에 관한 설명으로 옳지 <u>않은</u> 것은? 기출 23

① 하나의 지번부여지역에 서로 다른 축척의 지적도가 있는 경우 그 지역의 축척을 변경할 수 있다.
② 축척변경을 하려면 축척변경 시행지역의 토지소유자 2분의 1 이상의 동의를 받아야 한다.
③ 합병하려는 토지가 축척이 다른 지적도에 각각 등록되어 있어 축척변경을 하는 경우 시·도지사 또는 대도시 시장의 승인을 요하지 않는다.
④ 도시개발사업의 시행지역에 있는 토지로서 그 사업 시행에서 제외된 토지의 축척변경은 축척변경위원회의 의결을 요하지 않는다.
⑤ 지적소관청은 축척변경 승인을 받았을 때에는 지체 없이 축척변경의 시행에 관한 세부계획을 20일 이상 공고하여야 한다.

> **해설**

② (×) 지적소관청은 축척변경을 하려면 축척변경 시행지역의 토지소유자 <u>3분의 2 이상의 동의</u>를 받아 축척변경위원회의 의결을 거친 후 시·도지사 또는 대도시 시장의 승인을 받아야 한다(법 제83조 제3항).
① (○) 법 제83조 제2항 제2호
③ (○) 법 제83조 제3항 제1호
④ (○) 법 제83조 제3항 제2호
⑤ (○) 영 제71조 제1항 제2호

답 ②

33 공간정보의 구축 및 관리 등에 관한 법령상 지적소관청이 지적공부의 등록사항을 직권으로 조사·측량하여 정정할 수 있는 경우가 <u>아닌</u> 것은? 기출 21

① 지적측량성과와 다르게 정리된 경우
② 지적공부의 작성 당시 잘못 정리된 경우
③ 지적공부의 등록사항이 잘못 입력된 경우
④ 합병하려는 토지의 소유자별 공유지분이 다른 경우
⑤ 토지이동정리 결의서의 내용과 다르게 정리된 경우

해설

④ (×) 합병하려는 토지의 소유자별 공유지분이 다른 경우는 토지소유자가 지적소관청에 토지의 합병을 신청할 수 없는 경우에 해당된다.

등록사항의 직권정정 등(영 제82조 제1항)

지적소관청이 법 제84조 제2항에 따라 지적공부의 등록사항에 잘못이 있는지를 직권으로 조사·측량하여 정정할 수 있는 경우는 다음 각 호와 같다.
1. 제84조 제2항에 따른 토지이동정리 결의서의 내용과 다르게 정리된 경우 (⑤)
2. 지적도 및 임야도에 등록된 필지가 면적의 증감 없이 경계의 위치만 잘못된 경우
3. 1필지가 각각 다른 지적도나 임야도에 등록되어 있는 경우로서 지적공부에 등록된 면적과 측량한 실제면적은 일치하지만 지적도나 임야도에 등록된 경계가 서로 접합되지 않아 지적도나 임야도에 등록된 경계를 지상의 경계에 맞추어 정정하여야 하는 토지가 발견된 경우
4. 지적공부의 작성 또는 재작성 당시 잘못 정리된 경우 (②)
5. 지적측량성과와 다르게 정리된 경우 (①)
6. 법 제29조 제10항에 따라 지적공부의 등록사항을 정정하여야 하는 경우
7. 지적공부의 등록사항이 잘못 입력된 경우 (③)
8. 「부동산등기법」 제37조 제2항에 따른 통지가 있는 경우(지적소관청의 착오로 잘못 합병한 경우만 해당한다)
9. 법률 제2801호 지적법개정법률 부칙 제3조에 따른 면적 환산이 잘못된 경우

답 ④

34 공간정보의 구축 및 관리 등에 관한 법령상 토지소유자가 하여야 하는 신청을 대신할 수 있는 자에 해당하지 않는 것은? (단, 등록사항 정정 대상 토지는 제외함) 기출 20

① 국가가 취득하는 토지인 경우 : 해당 토지를 관리하는 행정기관의 장
② 지방자치단체가 취득하는 토지인 경우 : 해당 지방지적위원회
③ 「주택법」에 따른 공동주택의 부지인 경우 : 「집합건물의 소유 및 관리에 관한 법률」에 따른 관리인 또는 해당 사업의 시행자
④ 「민법」 제404조에 따른 채권자
⑤ 공공사업 등에 따라 지목이 학교용지로 되는 토지인 경우 : 해당 사업의 시행자

해설

국가나 지방자치단체가 취득하는 토지인 경우 : 해당 토지를 관리하는 행정기관의 장 또는 지방자치단체의 장이 신청을 대신할 수 있다. 다만, 등록사항 정정 대상 토지는 제외한다(법 제87조 제2호).

> **신청의 대위(법 제87조)**
> 다음 각 호의 어느 하나에 해당하는 자는 이 법에 따라 토지소유자가 하여야 하는 신청을 대신할 수 있다. 다만, 제84조에 따른 등록사항 정정 대상 토지는 제외한다.
> 1. 공공사업 등에 따라 학교용지 (⑤)·도로·철도용지·제방·하천·구거·유지·수도용지 등의 지목으로 되는 토지인 경우 : 해당 사업의 시행자
> 2. 국가나 지방자치단체가 취득하는 토지인 경우 (①) : 해당 토지를 관리하는 행정기관의 장 또는 지방자치단체의 장
> 3. 「주택법」에 따른 공동주택의 부지인 경우 (③) : 「집합건물의 소유 및 관리에 관한 법률」에 따른 관리인 (관리인이 없는 경우에는 공유자가 선임한 대표자) 또는 해당 사업의 시행자
> 4. 「민법」 제404조에 따른 채권자 (④)

답 ②

35 공간정보의 구축 및 관리 등에 관한 법령상 토지소유자에 관한 설명으로 옳은 것은? 기출 24

① 토지대장에 토지소유자의 주민등록번호는 등록하지 않는다.
② 공유지연명부의 등록사항에 토지소유자의 변경 원인은 포함되지 않는다.
③ 토지의 이동(異動)이 있는 경우에도 토지소유자의 신청이 없으면 지적소관청은 지적공부에 등록하는 지목 또는 경계를 직권으로 결정할 수 없다.
④ 지적공부에 등록된 토지가 바다로 된 경우 토지소유자는 지적공부의 등록말소 신청을 할 수 없다.
⑤ 공공사업에 따라 지목이 도로가 되는 토지를 합병하려는 경우 토지소유자가 하여야 할 합병 신청을 해당 사업의 시행자가 대신할 수 있다.

> 해설

⑤ (○) 법 제87조 제1호
① (×) 소유자의 성명 또는 명칭, 주소 및 주민등록번호는 토지대장과 임야대장 등록사항이다(법 제71조 제1항 제5호).
② (×) 공유지연명부의 등록사항에 토지소유자의 변경 원인은 포함된다(법 제71조 제2항 제5호, 규칙 제68조 제3항 제3호).
③ (×) 지적공부에 등록하는 지번·지목·면적·경계 또는 좌표는 토지의 이동이 있을 때 토지소유자(법인이 아닌 사단이나 재단의 경우에는 그 대표자나 관리인을 말한다)의 신청을 받아 지적소관청이 결정한다. 다만, 신청이 없으면 지적소관청이 직권으로 조사·측량하여 결정할 수 있다(법 제64조 제2항).
④ (×) 지적소관청은 지적공부에 등록된 토지가 지형의 변화 등으로 바다로 된 경우로서 원상(原狀)으로 회복될 수 없거나 다른 지목의 토지로 될 가능성이 없는 경우에는 지적공부에 등록된 토지소유자에게 지적공부의 등록말소 신청을 하도록 통지하여야 한다(법 제82조 제1항).

답 ⑤

36 CHECK ○△×

공간정보의 구축 및 관리 등에 관한 법령상 지적공부와 부동산등기부에 관한 설명으로 옳지 않은 것은? 기출 16

① 지적소관청은 지적공부의 등록사항 중 지적도 및 임야도에 등록된 필지가 면적의 증감 없이 경계의 위치만 잘못된 경우를 발견하면 직권으로 조사·측량하여 정정할 수 있다.
② 지적소관청 소속 공무원이 지적공부와 부동산등기부의 부합 여부를 확인하기 위하여 등기사항증명서의 발급을 신청하는 경우 그 수수료를 감경할 수 있다.
③ 행정구역의 명칭이 변경되었으면 지적공부에 등록된 토지의 소재는 새로운 행정구역의 명칭으로 변경된 것으로 본다.
④ 지적공부에 신규등록하는 토지의 소유자에 관한 사항은 지적소관청이 직접 조사하여 등록한다.
⑤ 「국유재산법」상 중앙관서의 장이 소유자 없는 부동산에 대한 소유자 등록을 신청하는 때에 지적소관청은 지적공부에 해당 토지의 소유자가 등록되지 아니한 경우에만 등록할 수 있다.

> 해설

② (×) 지적소관청 소속 공무원이 지적공부와 부동산등기부의 부합 여부를 확인하기 위하여 등기부를 열람하거나, 등기사항증명서의 발급을 신청하거나, 등기전산정보자료의 제공을 요청하는 경우 그 수수료는 무료로 한다(법 제88조 제5항).
① (○) 법 제84조 제2항, 영 제82조 제1항 제2호
③ (○) 법 제85조 제1항
④ (○) 법 제88조 제1항 단서
⑤ (○) 법 제88조 제2항

답 ②

제4장 보칙

01 공간정보의 구축 및 관리 등에 관한 법령상 타인의 토지 등의 출입에 관한 설명으로 옳지 <u>않은</u> 것은?

① 토지의 이동을 조사하는 자는 타인의 토지 등에 출입하거나 일시 사용할 수 있으나, 나무, 흙, 돌, 그 밖의 장애물을 변경하거나 제거해서는 안 된다.
② 타인의 토지 등에 출입하려는 자는 관할 특별자치시장, 특별자치도지사, 시장·군수 또는 구청장의 허가를 받아야 한다.
③ 행정청인 자는 허가를 받지 아니하고 타인의 토지 등에 출입할 수 있다.
④ 타인의 토지 등을 일시 사용하거나 장애물을 변경 또는 제거하려는 자는 그 소유자·점유자 또는 관리인의 동의를 받아야 한다.
⑤ 해 뜨기 전이나 해가 진 후에는 그 토지 등의 점유자의 승낙 없이 택지나 담장 또는 울타리로 둘러싸인 타인의 토지에 출입할 수 없다.

해설

① (×) 이 법에 따라 측량을 하거나, 측량기준점을 설치하거나, 토지의 이동을 조사하는 자는 그 측량 또는 조사 등에 필요한 경우에는 타인의 토지·건물·공유수면 등(이하 "토지 등"이라 한다)에 출입하거나 일시 사용할 수 있으며, 특히 필요한 경우에는 나무, 흙, 돌, 그 밖의 <u>장애물을 변경하거나 제거할 수 있다</u>(법 제101조 제1항).
② (○) 법 제101조 제2항
③ (○) 법 제101조 제2항 단서
④ (○) 법 제101조 제3항
⑤ (○) 법 제101조 제6항

답 ①

제7편

부동산등기법

2026 시대에듀 감정평가사 1차 감정평가관계법규

제1장	총 칙
제2장	등기소와 등기관
제3장	등기부 등
제4장	등기절차
제5장	이 의
제6장	보칙 및 벌칙

제1장 총칙

> **Point 출제포인트**
> ▷ 용어의 정의
> ▷ 등기할 수 있는 권리
> ▷ 등기의 순위
> ▷ 등기신청의 접수시기
> ▷ 등기의 효력발생시기

1 법 제1조(목적)

이 법은 부동산등기(不動産登記)에 관한 사항을 규정함을 목적으로 한다.

2 법 제2조(정의)

이 법에서 사용하는 용어의 뜻은 다음과 같다.

(1) 등기부

전산정보처리조직에 의하여 입력·처리된 등기정보자료를 대법원규칙으로 정하는 바에 따라 편성한 것을 말한다.

(2) 등기부부본자료(登記簿副本資料)

등기부와 동일한 내용으로 보조기억장치에 기록된 자료를 말한다.

(3) 등기기록

1필의 토지 또는 1개의 건물에 관한 등기정보자료를 말한다.

(4) 등기필정보(登記畢情報)

등기부에 새로운 권리자가 기록되는 경우에 그 권리자를 확인하기 위하여 제11조 제1항에 따른 등기관이 작성한 정보를 말한다.

> **정의(등기규칙 제1조의2)** 〈본조신설 2024.11.29.〉
> 이 규칙에서 사용하는 용어의 뜻은 다음과 같다.
> 1. "전산정보처리조직"이란 법에 따른 절차에 필요한 전자문서의 작성·제출·통지·관리, 등기부의 보관·관리 및 등기자료의 제공·활용 등 등기사무처리를 지원할 수 있도록 하드웨어·소프트웨어·데이터베이스·네트워크·보안요소 등을 결합시켜 구축·운영하는 정보처리능력을 가진 전자적 장치 또는 체계로서 법원행정처에 둔 등기전산정보시스템을 말한다.
> 2. "인터넷등기소"란 이 규칙에서 정한 바에 따라 등기사항의 증명과 열람, 전자문서를 이용한 등기신청 등을 할 수 있도록 전산정보처리조직에 의하여 구축된 인터넷 활용공간을 말한다.
> 3. "등기전자서명"이란 「전자정부법」 제2조 제9호의 행정전자서명으로서 등기관이 등기사무의 처리를 위하여 사용하는 것을 말한다.

3 법 제3조(등기할 수 있는 권리 등) 기출 30회

등기는 부동산의 표시(表示)와 다음의 어느 하나에 해당하는 권리의 보존, 이전, 설정, 변경, 처분의 제한 또는 소멸에 대하여 한다.
① 소유권(所有權)
② 지상권(地上權)
③ 지역권(地役權)
④ 전세권(傳貰權)
⑤ 저당권(抵當權)
⑥ 권리질권(權利質權)
⑦ 채권담보권(債權擔保權)
⑧ 임차권(賃借權)

4 등기 순위

(1) 권리의 순위(법 제4조)

① 같은 부동산에 관하여 등기한 권리의 순위는 법률에 다른 규정이 없으면 등기한 순서에 따른다.
② 등기의 순서는 등기기록 중 같은 구(區)에서 한 등기 상호간에는 순위번호에 따르고, 다른 구에서 한 등기 상호간에는 접수번호에 따른다.

(2) 부기등기의 순위(법 제5조)

부기등기(附記登記)의 순위는 주등기(主登記)의 순위에 따른다. 다만, 같은 주등기에 관한 부기등기 상호간의 순위는 그 등기 순서에 따른다.

5 법 제6조(등기신청의 접수시기 및 등기의 효력발생시기) 기출 33회

(1) 등기신청의 접수시기

등기신청은 대법원규칙으로 정하는 등기신청정보가 전산정보처리조직에 저장된 때 접수된 것으로 본다.

> **등기신청의 접수시기(등기규칙 제3조)**
> ① 법 제6조 제1항에서 "대법원규칙으로 정하는 등기신청정보"란 해당 부동산이 다른 부동산과 구별될 수 있게 하는 정보를 말한다.
> ② 같은 토지 위에 있는 여러 개의 구분건물에 대한 등기를 동시에 신청하는 경우에는 그 건물의 소재 및 지번에 관한 정보가 전산정보처리조직에 저장된 때 등기신청이 접수된 것으로 본다.

(2) 등기의 효력발생시기

등기관이 등기를 마친 경우 그 등기는 접수한 때부터 효력을 발생한다.

> **등기관이 등기를 마친 시기(등기규칙 제4조)**
> 법 제6조 제2항에서 "등기관이 등기를 마친 경우"란 법 제11조 제4항에 따라 등기사무를 처리한 등기관이 누구인지 알 수 있는 조치를 하였을 때를 말한다.

제2장 등기소와 등기관

> **Point 출제포인트**
> ▷ 관할 등기소
> ▷ 등기사무의 정지
> ▷ 등기사무의 처리
> ▷ 등기관의 업무처리의 제한

1 법 제7조(관할 등기소) 기출 36회

① 등기사무는 부동산의 소재지를 관할하는 지방법원, 그 지원(支院) 또는 등기소(이하 "등기소"라 한다)에서 담당한다.
② 부동산이 여러 등기소의 관할구역에 걸쳐 있을 때에는 대법원규칙으로 정하는 바에 따라 각 등기소를 관할하는 상급법원의 장이 관할 등기소를 지정한다.

2 법 제7조의2(관련 사건의 관할에 관한 특례) 〈본조신설 2024.9.20.〉 기출 36회

① 법 제7조에도 불구하고 관할 등기소가 다른 여러 개의 부동산과 관련하여 등기목적과 등기원인이 동일하거나 그 밖에 대법원규칙으로 정하는 등기신청이 있는 경우에는 그 중 하나의 관할 등기소에서 해당 신청에 따른 등기사무를 담당할 수 있다.
② 법 제7조에도 불구하고 제11조 제1항에 따른 등기관이 당사자의 신청이나 직권에 의한 등기를 하고 제71조, 제78조 제4항(제72조 제2항에서 준용하는 경우를 포함한다) 또는 대법원규칙으로 정하는 바에 따라 다른 부동산에 대하여 등기를 하여야 하는 경우에는 그 부동산의 관할 등기소가 다른 때에도 해당 등기를 할 수 있다.
③ 등기를 신청하는 경우의 신청정보 제공방법과 등기사무의 처리 절차 및 방법 등에 관하여 필요한 사항은 대법원규칙으로 정한다.

3 법 제7조의3(상속·유증 사건의 관할에 관한 특례) 〈본조신설 2024.9.20.〉 기출 36회

① 법 제7조에도 불구하고 상속 또는 유증으로 인한 등기신청의 경우에는 부동산의 관할 등기소가 아닌 등기소도 그 신청에 따른 등기사무를 담당할 수 있다.
② 등기신청의 유형과 등기사무의 처리 절차 및 방법 등에 관하여 필요한 사항은 대법원규칙으로 정한다.

4 법 제8조(관할의 위임) 기출 36회

대법원장은 어느 등기소의 관할에 속하는 사무를 다른 등기소에 위임하게 할 수 있다.

5 법 제9조(관할의 변경)

어느 부동산의 소재지가 다른 등기소의 관할로 바뀌었을 때에는 종전의 관할 등기소는 전산정보처리조직을 이용하여 그 부동산에 관한 등기기록의 처리권한을 다른 등기소로 넘겨주는 조치를 하여야 한다.

6 법 제10조(등기사무의 정지 등) 〈개정 2024.9.20.〉

① 대법원장은 다음의 어느 하나에 해당하는 경우로서 등기소에서 정상적인 등기사무의 처리가 어려운 경우에는 기간을 정하여 등기사무의 정지를 명령하거나 대법원규칙으로 정하는 바에 따라 등기사무의 처리를 위하여 필요한 처분을 명령할 수 있다.
  ㉠ 「재난 및 안전관리기본법」 제3조 제1호의 재난이 발생한 경우
  ㉡ 정전 또는 정보통신망의 장애가 발생한 경우
  ㉢ 그 밖에 ㉠ 또는 ㉡에 준하는 사유가 발생한 경우
② 대법원장은 대법원규칙으로 정하는 바에 따라 정지명령에 관한 권한을 법원행정처장에게, 처분명령에 관한 권한을 법원행정처장 또는 지방법원장에게 위임할 수 있다.

> **등기사무정지명령(등기규칙 제6조의2)** 〈본조신설 2024.11.29.〉
> ① 대법원장은 법 제10조 제1항 각 호의 어느 하나에 해당하는 경우로서 제6조의3 제1항에 따른 처분으로 정상적인 등기사무의 처리가 어려운 때에는 기간을 정하여 등기사무의 정지를 명할 수 있다.
> ② 대법원장은 법 제10조 제2항에 따라 제1항의 등기사무의 정지명령에 관한 권한을 법원행정처장에게 위임한다.

7 법 제11조(등기사무의 처리) 기출 35회

① 등기사무는 등기소에 근무하는 법원서기관·등기사무관·등기주사 또는 등기주사보(법원사무관·법원주사 또는 법원주사보 중 2001년 12월 31일 이전에 시행한 채용시험에 합격하여 임용된 사람을 포함한다) 중에서 지방법원장(등기소의 사무를 지원장이 관장하는 경우에는 지원장을 말한다)이 지정하는 자[이하 "등기관"(登記官)이라 한다]가 처리한다.
② 등기관은 등기사무를 전산정보처리조직을 이용하여 등기부에 등기사항을 기록하는 방식으로 처리하여야 한다.
③ 등기관은 접수번호의 순서에 따라 등기사무를 처리하여야 한다.
④ 등기관이 등기사무를 처리한 때에는 등기사무를 처리한 등기관이 누구인지 알 수 있는 조치를 하여야 한다.

8 법 제12조(등기관의 업무처리의 제한)

① 등기관은 자기, 배우자 또는 4촌 이내의 친족(이하 "배우자등"이라 한다)이 등기신청인인 때에는 그 등기소에서 소유권등기를 한 성년자로서 등기관의 배우자등이 아닌 자 2명 이상의 참여가 없으면 등기를 할 수 없다. 배우자등의 관계가 끝난 후에도 같다.
② 등기관은 ①항의 경우에 조서를 작성하여 참여인과 같이 기명날인 또는 서명을 하여야 한다.

9 법 제13조(재정보증)

법원행정처장은 등기관의 재정보증(財政保證)에 관한 사항을 정하여 운용할 수 있다.

제3장 등기부 등

> **Point 출제포인트**
> ▷ 등기부의 종류
> ▷ 신탁원부 등의 보존기간
> ▷ 등기기록의 폐쇄
> ▷ 중복등기기록의 정리

1 법 제14조(등기부의 종류 등) 기출 30회·35회

① 등기부는 토지등기부(土地登記簿)와 건물등기부(建物登記簿)로 구분한다.
② 등기부는 영구(永久)히 보존하여야 한다.
③ 등기부는 대법원규칙으로 정하는 장소에 보관·관리하여야 하며, 전쟁·천재지변이나 그 밖에 이에 준하는 사태를 피하기 위한 경우 외에는 그 장소 밖으로 옮기지 못한다.
④ 등기부의 부속서류는 전쟁·천재지변이나 그 밖에 이에 준하는 사태를 피하기 위한 경우 외에는 등기소 밖으로 옮기지 못한다. 다만, 신청서나 그 밖의 부속서류에 대하여는 법원의 명령 또는 촉탁(囑託)이 있거나 법관이 발부한 영장에 의하여 압수하는 경우에는 그러하지 아니하다.

2 법 제15조(물적 편성주의) 기출 35회

① 등기부를 편성할 때에는 1필의 토지 또는 1개의 건물에 대하여 1개의 등기기록을 둔다. 다만, 1동의 건물을 구분한 건물에 있어서는 1동의 건물에 속하는 전부에 대하여 1개의 등기기록을 사용한다.
② 등기기록에는 부동산의 표시에 관한 사항을 기록하는 표제부와 소유권에 관한 사항을 기록하는 갑구(甲區) 및 소유권 외의 권리에 관한 사항을 기록하는 을구(乙區)를 둔다.

> **부동산고유번호(등기규칙 제12조)**
> ① 등기기록을 개설할 때에는 1필의 토지 또는 1개의 건물마다 부동산고유번호를 부여하고 이를 등기기록에 기록하여야 한다.
> ② 구분건물에 대하여는 전유부분마다 부동산고유번호를 부여한다.
>
> **등기기록의 양식(등기규칙 제13조)**
> ① 토지등기기록의 표제부에는 표시번호란, 접수란, 소재지번란, 지목란, 면적란, 등기원인 및 기타사항란을 두고, 건물등기기록의 표제부에는 표시번호란, 접수란, 소재지번·건물명칭 및 건물번호란, 건물내역란, 등기원인 및 기타사항란을 둔다. 〈개정 2024.11.29.〉
> ② 갑구와 을구에는 순위번호란, 등기목적란, 접수란, 등기원인란, 권리자 및 기타사항란을 둔다.
> ③ 토지등기기록은 별지 제1호 양식, 건물등기기록은 별지 제2호 양식에 따른다.

> **구분건물등기기록의 양식(등기규칙 제14조)**
> ① 법 제15조 제1항 단서에 해당하는 구분건물등기기록에는 1동의 건물에 대한 표제부를 두고 전유부분마다 표제부, 갑구, 을구를 둔다.
> ② 제1항의 등기기록 중 1동의 건물의 표제부에는 표시번호란, 접수란, 소재지번·건물명칭 및 번호란, 건물내역란, 등기원인 및 기타사항란을 두고, 전유부분의 표제부에는 표시번호란, 접수란, 건물번호란, 건물내역란, 등기원인 및 기타사항란을 둔다. 다만, 구분한 각 건물 중 대지권이 있는 건물이 있는 경우에는 1동의 건물의 표제부에는 대지권의 목적인 토지의 표시를 위한 표시번호란, 소재지번란, 지목란, 면적란, 등기원인 및 기타사항란을 두고, 전유부분의 표제부에는 대지권의 표시를 위한 표시번호란, 대지권종류란, 대지권비율란, 등기원인 및 기타사항란을 둔다.
> ③ 구분건물등기기록은 별지 제3호 양식에 따른다.

3 법 제16조(등기부부본자료의 작성)

등기관이 등기를 마쳤을 때에는 등기부부본자료를 작성하여야 한다.

4 법 제17조(등기부의 손상과 복구)

① 등기부의 전부 또는 일부가 손상되거나 손상될 염려가 있을 때에는 대법원장은 대법원규칙으로 정하는 바에 따라 등기부의 복구·손상방지 등 필요한 처분을 명령할 수 있다.
② 대법원장은 대법원규칙으로 정하는 바에 따라 처분명령에 관한 권한을 법원행정처장 또는 지방법원장에게 위임할 수 있다.

> **등기부의 손상과 복구(등기규칙 제17조)**
> ① 등기부의 전부 또는 일부가 손상되거나 손상될 염려가 있을 때에는 전산운영책임관은 지체 없이 그 상황을 조사한 후 처리방법을 법원행정처장에게 보고하여야 한다.
> ② 등기부의 전부 또는 일부가 손상된 경우에 전산운영책임관은 제15조의 등기부부본자료에 의하여 그 등기부를 복구하여야 한다.
> ③ 제2항에 따라 등기부를 복구한 경우에 전산운영책임관은 지체없이 그 경과를 법원행정처장에게 보고하여야 한다.
>
> **신탁원부 등의 보존(등기규칙 제18조)** 〈개정 2024.11.29.〉
> 신탁원부, 공동담보(전세)목록, 도면 및 매매목록은 보조기억장치(자기디스크, 자기테이프 그 밖에 이와 유사한 방법으로 일정한 등기사항을 기록·보관할 수 있는 전자적 정보저장매체를 말한다)에 저장하여 영구적으로 보존하여야 한다. 이 경우 제63조 단서에 따라 서면으로 작성되어 등기소에 제출된 도면은 이를 전자적 이미지정보로 변환하여 보존한다.
>
> **신청정보 등의 보존(등기규칙 제19조)**
> ① 법 제24조 제1항 제2호에 따라 등기가 이루어진 경우 그 신청정보 및 첨부정보는 보조기억장치에 저장하여 보존하여야 한다.
> ② 법 제24조 제1항 제2호에 따른 등기신청이 취하된 경우 그 취하정보는 보조기억장치에 저장하여 보존하여야 한다.

③ 제1항 및 제2항에 따라 보조기억장치에 저장한 정보의 보존기간은 5년으로 하고, 해당 연도의 다음 해부터 기산한다. 〈신설 2024.11.29.〉
④ 보존기간이 만료된 제1항 및 제2항의 정보는 법원행정처장의 인가를 받아 보존기간이 만료되는 해의 다음 해 3월 말까지 삭제한다. 〈신설 2024.11.29.〉
⑤ 제4항에도 불구하고 전자문서의 특징 및 전자문서의 삭제 방법의 확립, 등기원인정보의 보존 필요성 등을 고려하여 대법원예규로 정하는 바에 따라 보존기간이 만료된 정보의 삭제를 유예할 수 있다. 〈신설 2024.11.29.〉

5 법 제18조(부속서류의 손상 등 방지처분)

① 등기부의 부속서류가 손상·멸실(滅失)의 염려가 있을 때에는 대법원장은 그 방지를 위하여 필요한 처분을 명령할 수 있다.
② ①항에 따른 처분명령에는 제17조 제2항을 준용한다.

6 등기에 관한 장부

(1) 장부의 비치(등기규칙 제21조 제1항)

등기소에는 다음의 장부를 갖추어 두어야 한다.
① 부동산등기신청서 접수장
② 기타 문서 접수장
③ 결정원본 편철장
④ 이의신청서류 편철장
⑤ 사용자등록신청서류 등 편철장
⑥ 신청서 기타 부속서류 편철장
⑦ 신청서 기타 부속서류 송부부
⑧ 각종 통지부
⑨ 열람신청서류 편철장
⑩ 제증명신청서류 편철장
⑪ 그 밖에 대법원예규로 정하는 장부

(2) 접수장(등기규칙 제22조)

① 부동산등기신청서 접수장에는 다음의 사항을 적어야 한다.
  ㉠ 접수연월일과 접수번호
  ㉡ 등기의 목적
  ㉢ 신청인의 성명 또는 명칭

ⓔ 부동산의 개수

ⓜ 등기신청수수료

ⓑ 취득세 또는 등록면허세와 국민주택채권매입금액

ⓢ 법 제7조의2 및 제7조의3에 따른 신청 해당 여부

② ①항 ㉠의 접수번호는 대법원예규에서 정하는 바에 따라 전국 모든 등기소를 통합하여 부여하되, 매년 새로 부여하여야 한다. 〈개정 2024.11.29.〉

③ 등기권리자 또는 등기의무자가 여러 명인 경우 부동산등기신청서 접수장에 신청인의 성명 또는 명칭을 적을 때에는 신청인 중 1명의 성명 또는 명칭과 나머지 인원을 적는 방법으로 할 수 있다.

④ 등기신청 외의 등기사무에 관한 문서를 접수할 때에는 기타문서 접수장에 등재한다.

(3) 신청서 기타 부속서류 편철장(등기규칙 제23조)

신청서, 촉탁서, 통지서, 허가서, 참여조서, 확인조서, 취하서 그 밖의 부속서류는 접수번호의 순서에 따라 대법원예규에서 정하는 방식으로 신청서 기타 부속서류 편철장에 편철하여야 한다. 〈개정 2024.11.29.〉

(4) 각종 통지부(등기규칙 제24조)

각종 통지부에는 법 및 이 규칙에서 정하고 있는 통지사항, 통지를 받을 자 및 통지서를 발송하는 연월일을 적어야 한다.

(5) 장부의 보존기간(등기규칙 제25조)

① 등기소에 갖추어 두어야 할 장부의 보존기간은 다음과 같다.

㉠ 부동산등기신청서 접수장 : 5년

㉡ 기타 문서 접수장 : 10년

㉢ 결정원본 편철장 : 10년

㉣ 이의신청서류 편철장 : 10년

㉤ 사용자등록신청서류 등 편철장 : 10년

㉥ 신청서 기타 부속서류 편철장 : 5년

㉦ 신청서 기타 부속서류 송부부 : 신청서 그 밖의 부속서류가 반환된 날부터 5년

㉧ 각종 통지부 : 1년

㉨ 열람신청서류 편철장 : 1년

㉩ 제증명신청서류 편철장 : 1년

② 장부의 보존기간은 해당 연도의 다음해부터 기산한다.

③ 보존기간이 만료된 장부 또는 서류는 지방법원장의 인가를 받아 보존기간이 만료되는 해의 다음해 3월말까지 폐기한다.

7 법 제19조(등기사항의 열람과 증명) 기출 35회

① 누구든지 수수료를 내고 대법원규칙으로 정하는 바에 따라 등기기록에 기록되어 있는 사항의 전부 또는 일부의 열람(閱覽)과 이를 증명하는 등기사항증명서의 발급을 청구할 수 있다. 다만, 등기기록의 부속서류에 대하여는 이해관계 있는 부분만 열람을 청구할 수 있다.
② 등기기록의 열람 및 등기사항증명서의 발급 청구는 관할 등기소가 아닌 등기소에 대하여도 할 수 있다.
③ 수수료의 금액과 면제의 범위는 대법원규칙으로 정한다.

8 법 제20조(등기기록의 폐쇄)

① 등기관이 등기기록에 등기된 사항을 새로운 등기기록에 옮겨 기록한 때에는 종전 등기기록을 폐쇄(閉鎖)하여야 한다.
② 폐쇄한 등기기록은 영구히 보존하여야 한다.
③ 폐쇄한 등기기록에 관하여는 제19조를 준용한다.

9 법 제21조(중복등기기록의 정리)

① 등기관이 같은 토지에 관하여 중복하여 마쳐진 등기기록을 발견한 경우에는 <u>대법원규칙으로 정하는 바</u>에 따라 중복등기기록 중 어느 하나의 등기기록을 폐쇄하여야 한다.
② 폐쇄된 등기기록의 소유권의 등기명의인 또는 등기상 이해관계인은 대법원규칙으로 정하는 바에 따라 그 토지가 폐쇄된 등기기록의 소유권의 등기명의인의 소유임을 증명하여 폐쇄된 등기기록의 부활을 신청할 수 있다.

※ 중복등기기록의 정리는 실체의 권리관계에 영향을 미치지 아니한다(등기규칙 제33조 제2항).

제4장 등기절차

Point 출제포인트
▷ 등기신청인
▷ 등기신청의 방법
▷ 법인 아닌 사단 등의 등기신청
▷ 등기사항
▷ 변경등기의 신청
▷ 직권에 의한 표시변경등기
▷ 건물의 표시에 관한 등기
▷ 권리에 관한 등기
▷ 부기로 하는 등기
▷ 말소회복등기
▷ 소유권 등기
▷ 용익권 및 담보권에 관한 등기
▷ 임차권 등의 등기사항
▷ 신탁에 관한 등기
▷ 가등기
▷ 수용으로 인한 등기

제1절 총칙

1 통칙

(1) 신청주의(법 제22조)
① 등기는 당사자의 신청 또는 관공서의 촉탁에 따라 한다. 다만, 법률에 다른 규정이 있는 경우에는 그러하지 아니하다.
② 촉탁에 따른 등기절차는 법률에 다른 규정이 없는 경우에는 신청에 따른 등기에 관한 규정을 준용한다.
③ 등기를 하려고 하는 자는 대법원규칙으로 정하는 바에 따라 수수료를 내야 한다.

(2) 등기신청인(법 제23조) 기출 29회·31회
① 등기는 법률에 다른 규정이 없는 경우에는 등기권리자(登記權利者)와 등기의무자(登記義務者)가 공동으로 신청한다.
② 소유권보존등기(所有權保存登記) 또는 소유권보존등기의 말소등기(抹消登記)는 등기명의인으로 될 자 또는 등기명의인이 단독으로 신청한다.

③ 상속, 법인의 합병, 그 밖에 대법원규칙으로 정하는 포괄승계에 따른 등기는 등기권리자가 단독으로 신청한다.
④ 등기절차의 이행 또는 인수를 명하는 판결에 의한 등기는 승소한 등기권리자 또는 등기의무자가 단독으로 신청하고, 공유물을 분할하는 판결에 의한 등기는 등기권리자 또는 등기의무자가 단독으로 신청한다.
⑤ 부동산표시의 변경이나 경정(更正)의 등기는 소유권의 등기명의인이 단독으로 신청한다.
⑥ 등기명의인표시의 변경이나 경정의 등기는 해당 권리의 등기명의인이 단독으로 신청한다.
⑦ 신탁재산에 속하는 부동산의 신탁등기는 수탁자(受託者)가 단독으로 신청한다.
⑧ 수탁자가 「신탁법」 제3조 제5항에 따라 타인에게 신탁재산에 대하여 신탁을 설정하는 경우 해당 신탁재산에 속하는 부동산에 관한 권리이전등기에 대하여는 새로운 신탁의 수탁자를 등기권리자로 하고 원래 신탁의 수탁자를 등기의무자로 한다. 이 경우 해당 신탁재산에 속하는 부동산의 신탁등기는 제7항에 따라 새로운 신탁의 수탁자가 단독으로 신청한다.

(3) 등기신청의 방법(법 제24조) 기출 32회

① 등기는 다음의 어느 하나에 해당하는 방법으로 신청한다. 〈개정 2024.9.20.〉
  ㉠ 방문신청 : 신청인 또는 그 대리인(代理人)이 등기소에 출석하여 신청정보 및 첨부정보를 적은 서면을 제출하는 방법. 다만, 대리인이 변호사[법무법인, 법무법인(유한) 및 법무조합을 포함한다]나 법무사[법무사법인 및 법무사법인(유한)을 포함한다]인 경우에는 대법원규칙으로 정하는 사무원을 등기소에 출석하게 하여 그 서면을 제출할 수 있다.
  ㉡ 전자신청 : 전산정보처리조직을 이용[이동통신단말장치에서 사용되는 애플리케이션(Application)을 통하여 이용하는 경우를 포함한다]하여 신청정보 및 첨부정보를 보내는 방법. 전자신청이 가능한 등기유형에 관한 사항과 전자신청의 방법은 대법원규칙으로 정한다.
② 신청인이 제공하여야 하는 신청정보 및 첨부정보는 대법원규칙으로 정한다.

(4) 신청정보의 제공방법(법 제25조)

등기의 신청은 1건당 1개의 부동산에 관한 신청정보를 제공하는 방법으로 하여야 한다. 다만, 등기목적과 등기원인이 동일하거나 그 밖에 대법원규칙으로 정하는 경우에는 여러 개의 부동산에 관한 신청정보를 일괄하여 제공하는 방법으로 할 수 있다. 〈개정 2024.9.20.〉

> **일괄신청과 동시신청(등기규칙 제47조 제1항)**
> 법 제25조 단서에 따라 다음 각 호의 경우에는 1건의 신청정보로 일괄하여 신청하거나 촉탁할 수 있다.
> 1. 같은 채권의 담보를 위하여 소유자가 다른 여러 개의 부동산에 대한 저당권설정등기를 신청하는 경우
> 2. 법 제97조 각 호의 등기를 촉탁하는 경우
> 3. 「민사집행법」 제144조 제1항 각 호의 등기를 촉탁하는 경우

(5) 법인 아닌 사단 등의 등기신청(법 제26조) 기출 31회·35회·36회

① 종중(宗中), 문중(門中), 그 밖에 대표자나 관리인이 있는 법인 아닌 사단(社團)이나 재단(財團)에 속하는 부동산의 등기에 관하여는 그 사단이나 재단을 등기권리자 또는 등기의무자로 한다.
② 등기는 그 사단이나 재단의 명의로 그 대표자나 관리인이 신청한다.

> **법인 아닌 사단이나 재단의 등기신청(등기규칙 제48조)**
>
> 법 제26조의 종중, 문중, 그 밖에 대표자나 관리인이 있는 법인 아닌 사단이나 재단이 등기를 신청하는 경우에는 다음 각 호의 정보를 첨부정보로서 등기소에 제공하여야 한다.
>   1. 정관이나 그 밖의 규약
>   2. 대표자나 관리인임을 증명하는 정보. 다만, 등기되어 있는 대표자나 관리인이 신청하는 경우에는 그러하지 아니하다.
>   3. 「민법」 제276조 제1항의 결의가 있음을 증명하는 정보(법인 아닌 사단이 등기의무자인 경우로 한정한다)
>   4. 대표자나 관리인의 주소 및 주민등록번호를 증명하는 정보

(6) 포괄승계인에 의한 등기신청(법 제27조)

등기원인이 발생한 후에 등기권리자 또는 등기의무자에 대하여 상속이나 그 밖의 포괄승계가 있는 경우에는 상속인이나 그 밖의 포괄승계인이 그 등기를 신청할 수 있다.

(7) 채권자대위권에 의한 등기신청(법 제28조)

① 채권자는 「민법」 제404조에 따라 채무자를 대위(代位)하여 등기를 신청할 수 있다.
② 등기관이 ①항 또는 다른 법령에 따른 대위신청에 의하여 등기를 할 때에는 대위자의 성명 또는 명칭, 주소 또는 사무소 소재지 및 대위원인을 기록하여야 한다.

(8) 신청의 각하(법 제29조)

등기관은 다음의 어느 하나에 해당하는 경우에만 이유를 적은 결정으로 신청을 각하(却下)하여야 한다. 다만, 신청의 잘못된 부분이 보정(補正)될 수 있는 경우로서 신청인이 등기관이 보정을 명한 날의 다음 날까지 그 잘못된 부분을 보정하였을 때에는 그러하지 아니하다.
① 사건이 그 등기소의 관할이 아닌 경우
② <u>사건이 등기할 것이 아닌 경우</u>

> **사건이 등기할 것이 아닌 경우(등기규칙 제52조)**
>
> 다음 각 호의 어느 하나에 해당하는 경우를 말한다.
>   1. 등기능력 없는 물건 또는 권리에 대한 등기를 신청한 경우
>   2. 법령에 근거가 없는 특약사항의 등기를 신청한 경우
>   3. 구분건물의 전유부분과 대지사용권의 분리처분 금지에 위반한 등기를 신청한 경우
>   4. 농지를 전세권설정의 목적으로 하는 등기를 신청한 경우
>   5. 저당권을 피담보채권과 분리하여 양도하거나, 피담보채권과 분리하여 다른 채권의 담보로 하는 등기를 신청한 경우
>   6. 일부지분에 대한 소유권보존등기를 신청한 경우
>   7. 공동상속인 중 일부가 자신의 상속지분만에 대한 상속등기를 신청한 경우
>   8. 관공서 또는 법원의 촉탁으로 실행되어야 할 등기를 신청한 경우
>   9. 이미 보존등기된 부동산에 대하여 다시 보존등기를 신청한 경우
>   10. 그 밖에 신청취지 자체에 의하여 법률상 허용될 수 없음이 명백한 등기를 신청한 경우

③ 신청할 권한이 없는 자가 신청한 경우
④ 제24조 제1항 제1호에 따라 등기를 신청할 때에 당사자나 그 대리인이 출석하지 아니한 경우

⑤ 신청정보의 제공이 대법원규칙으로 정한 방식에 맞지 아니한 경우
⑥ 신청정보의 부동산 또는 등기의 목적인 권리의 표시가 등기기록과 일치하지 아니한 경우
⑦ 신청정보의 등기의무자의 표시가 등기기록과 일치하지 아니한 경우. 다만, 다음의 어느 하나에 해당하는 경우는 제외한다. 〈개정 2024.9.20.〉
  ㉠ 법 제27조에 따라 포괄승계인이 등기신청을 하는 경우
  ㉡ 신청정보와 등기기록의 등기의무자가 동일인임을 대법원규칙으로 정하는 바에 따라 확인할 수 있는 경우

> **등기의무자의 동일성 판단 기준(등기규칙 제52조의2)** 〈본조신설 2024.11.29.〉
> ① 신청정보의 등기의무자의 표시에 관한 사항 중 주민등록번호(또는 부동산등기용등록번호)는 등기기록과 일치하고 주소(또는 사무소 소재지)가 일치하지 아니하는 경우에도 주소를 증명하는 정보에 의해 등기의무자의 등기기록상 주소가 신청정보상의 주소로 변경된 사실이 확인되어 등기의무자의 동일성이 인정되는 경우에는 법 제29조 제7호 나목에 따라 신청을 각하하지 아니한다.
> ② 등기의무자가 외국인, 국내에 영업소나 사무소의 설치 등기를 하지 아니한 외국법인, 법인 아닌 사단이나 재단인 경우에는 제1항을 적용하지 아니한다.
> ③ 등기의무자의 등기기록상의 주소가 신청에 따른 등기가 마쳐질 당시에 잘못 기록되는 등 등기명의인의 표시에 경정사유가 존재하는 경우에는 제1항을 적용하지 아니한다.

⑧ 신청정보와 등기원인을 증명하는 정보가 일치하지 아니한 경우
⑨ 등기에 필요한 첨부정보를 제공하지 아니한 경우
⑩ 취득세(「지방세법」 제20조의2에 따라 분할납부하는 경우에는 등기하기 이전에 분할납부하여야 할 금액을 말한다), 등록면허세(등록에 대한 등록면허세만 해당한다) 또는 수수료를 내지 아니하거나 등기신청과 관련하여 다른 법률에 따라 부과된 의무를 이행하지 아니한 경우
⑪ 신청정보 또는 등기기록의 부동산의 표시가 토지대장·임야대장 또는 건축물대장과 일치하지 아니한 경우

> **등기신청의 취하(등기규칙 제51조)**
> ① 등기신청의 취하는 등기관이 등기를 마치기 전까지 할 수 있다.
> ② 제1항의 취하는 다음 각 호의 구분에 따른 방법으로 하여야 한다. 〈개정 2024.11.29.〉
>   1. 방문신청 : 신청인 또는 그 대리인이 등기소에 출석하여 취하서를 제출하는 방법
>   2. 전자신청 : 전산정보처리조직을 이용하여 취하정보를 전자문서로 등기소에 송신하는 방법

(9) 등기완료의 통지(법 제30조)

등기관이 등기를 마쳤을 때에는 대법원규칙으로 정하는 바에 따라 신청인 등에게 그 사실을 알려야 한다.

(10) 행정구역의 변경(법 제31조)

행정구역 또는 그 명칭이 변경되었을 때에는 등기기록에 기록된 행정구역 또는 그 명칭에 대하여 변경등기가 있는 것으로 본다.

(11) 등기의 경정(법 제32조)

① 등기관이 등기를 마친 후 그 등기에 착오(錯誤)나 빠진 부분이 있음을 발견하였을 때에는 지체 없이 그 사실을 등기권리자와 등기의무자에게 알려야 하고, 등기권리자와 등기의무자가 없는 경우에는 등기명의인에게 알려야 한다. 다만, 등기권리자, 등기의무자 또는 등기명의인이 각 2인 이상인 경우에는 그중 1인에게 통지하면 된다.

② 등기관이 등기의 착오나 빠진 부분이 등기관의 잘못으로 인한 것임을 발견한 경우에는 지체 없이 그 등기를 직권으로 경정하여야 한다. 다만, 등기상 이해관계 있는 제3자가 있는 경우에는 제3자의 승낙이 있어야 한다.

③ 등기관이 경정등기를 하였을 때에는 그 사실을 등기권리자, 등기의무자 또는 등기명의인에게 알려야 한다. 이 경우 ①항 단서를 준용한다.

④ 채권자대위권에 의하여 등기가 마쳐진 때에는 ①항 및 ③항의 통지를 그 채권자에게도 하여야 한다. 이 경우 ①항 단서를 준용한다.

(12) 새 등기기록에의 이기(법 제33조)

등기기록에 기록된 사항이 많아 취급하기에 불편하게 되는 등 합리적 사유로 등기기록을 옮겨 기록할 필요가 있는 경우에 등기관은 현재 효력이 있는 등기만을 새로운 등기기록에 옮겨 기록할 수 있다.

2 방문신청 및 전자신청

(1) 방문신청의 방법(등기규칙 제56조)

① 방문신청을 하는 경우에는 등기신청서에 제43조 및 그 밖의 법령에 따라 신청정보의 내용으로 등기소에 제공하여야 하는 정보를 적고 신청인 또는 그 대리인이 기명날인하거나 서명하여야 한다.

② 신청서가 여러 장일 때에는 신청인 또는 그 대리인이 간인을 하여야 하고, 등기권리자 또는 등기의무자가 여러 명일 때에는 그중 1명이 간인하는 방법으로 한다. 다만, 신청서에 서명을 하였을 때에는 각 장마다 연결되는 서명을 함으로써 간인을 대신한다.

③ ①항의 경우에는 그 등기신청서에 제46조 및 그 밖의 법령에 따라 첨부정보로서 등기소에 제공하여야 하는 정보를 담고 있는 서면을 첨부하여야 한다.

(2) 신청서 등의 문자(등기규칙 제57조)

① 신청서나 그 밖의 등기에 관한 서면을 작성할 때에는 자획(字劃)을 분명히 하여야 한다.

② 서면에 적은 문자의 정정, 삽입 또는 삭제를 한 경우에는 그 글자 수를 난외(欄外)에 적으며 문자의 앞뒤에 괄호를 붙이고 이에 날인 또는 서명하여야 한다. 이 경우 삭제한 문자는 해독할 수 있게 글자체를 남겨두어야 한다.

(3) 전자표준양식에 의한 신청(등기규칙 제64조)

방문신청을 하고자 하는 신청인은 신청서를 등기소에 제출하기 전에 전산정보처리조직에 신청정보를 입력하고, 그 입력한 신청정보를 서면으로 출력하여 등기소에 제출하는 방법으로 할 수 있다.

(4) 등기신청서의 접수(등기규칙 제65조)

① 등기신청서를 받은 등기관은 전산정보처리조직에 접수연월일, 접수번호, 등기의 목적, 신청인의 성명 또는 명칭, 부동산의 표시, 등기신청수수료, 취득세 또는 등록면허세, 국민주택채권매입금액 및 그 밖에 대법원예규로 정하는 사항을 입력한 후 신청서에 접수번호표를 붙여야 한다.
② 같은 부동산에 관하여 동시에 여러 개의 등기신청이 있는 경우에는 같은 접수번호를 부여하여야 한다.
③ 등기관이 신청서를 접수하였을 때에는 신청인의 청구에 따라 그 신청서의 접수증을 발급하여야 한다.

(5) 전자신청의 방법(등기규칙 제67조) 기출 35회

① 전자신청은 당사자가 직접 하거나 자격자대리인이 당사자를 대리하여 한다. 다만, 법인 아닌 사단이나 재단은 전자신청을 할 수 없으며, 외국인의 경우에는 다음의 어느 하나에 해당하는 요건을 갖추어야 한다.
  ㉠ 「출입국관리법」 제31조에 따른 외국인등록
  ㉡ 「재외동포의 출입국과 법적 지위에 관한 법률」 제6조, 제7조에 따른 국내거소신고
② 전자신청을 하는 경우에는 제43조 및 그 밖의 법령에 따라 신청정보의 내용으로 등기소에 제공하여야 하는 정보를 전자문서로 등기소에 송신하여야 한다. 이 경우 사용자등록번호도 함께 송신하여야 하고, 사용자등록번호 및 제43조 제1항 제7호의 등기필정보를 제공하지 아니한 때에는 신청정보를 송신할 수 없다. 〈개정 2024.11.29.〉
③ ②항의 경우에는 제46조 및 그 밖의 법령에 따라 첨부정보로서 등기소에 제공하여야 하는 정보를 전자문서로 등기소에 송신하거나 대법원예규로 정하는 바에 따라 등기소에 제공하여야 한다.
④ 전자문서를 송신할 때에는 다음의 구분에 따른 신청인 또는 문서작성자의 전자서명정보(이하 "인증서등"이라 한다)를 함께 송신하여야 한다. 〈개정 2024.11.29.〉
  ㉠ 개인 : 「전자서명법」 제2조 제6호에 따른 인증서(서명자의 실지명의를 확인할 수 있는 것으로서 법원행정처장이 지정·공고하는 인증서를 말한다)
  ㉡ 법인 : 「상업등기법」의 전자증명서. 이 경우 「상업등기규칙」 제1조의2 제7호의 추가인증을 하여야 한다.
  ㉢ 관공서 : 대법원예규로 정하는 전자인증서
⑤ ④항 ㉠ 개인의 공고는 인터넷등기소에 하여야 한다. 〈신설 2021.5.27.〉

제2절 표시에 관한 등기

1 토지의 표시에 관한 등기

(1) 등기사항(법 제34조) 기출 33회

등기관은 토지 등기기록의 표제부에 다음의 사항을 기록하여야 한다.
① 표시번호
② 접수연월일

③ 소재와 지번(地番)
④ 지목(地目)
⑤ 면적
⑥ 등기원인

(2) 변경등기의 신청(법 제35조) 기출 32회

토지의 분할, 합병이 있는 경우와 등기사항에 변경이 있는 경우에는 그 토지 소유권의 등기명의인은 그 사실이 있는 때부터 1개월 이내에 그 등기를 신청하여야 한다.

(3) 직권에 의한 표시변경등기(법 제36조)

① 등기관이 지적(地籍)소관청으로부터 「공간정보의 구축 및 관리 등에 관한 법률」제88조 제3항의 통지를 받은 경우에 제35조의 기간 이내에 등기명의인으로부터 등기신청이 없을 때에는 그 통지서의 기재 내용에 따른 변경의 등기를 직권으로 하여야 한다.
② 등기를 하였을 때에는 등기관은 지체 없이 그 사실을 지적소관청과 소유권의 등기명의인에게 알려야 한다. 다만, 등기명의인이 2인 이상인 경우에는 그중 1인에게 통지하면 된다.

(4) 합필 제한(법 제37조)

① 합필(合筆)하려는 토지에 다음의 등기 외의 권리에 관한 등기가 있는 경우에는 합필의 등기를 할 수 없다.
　㉠ 소유권·지상권·전세권·임차권 및 승역지(承役地 : 편익제공지)에 하는 지역권의 등기
　㉡ 합필하려는 모든 토지에 있는 등기원인 및 그 연월일과 접수번호가 동일한 저당권에 관한 등기
　㉢ 합필하려는 모든 토지에 있는 제81조 제1항 각 호의 등기사항이 동일한 신탁등기
② 등기관이 ①항을 위반한 등기의 신청을 각하하면 지체 없이 그 사유를 지적소관청에 알려야 한다.

(5) 합필의 특례(법 제38조)

① 「공간정보의 구축 및 관리 등에 관한 법률」에 따른 토지합병절차를 마친 후 합필등기(合筆登記)를 하기 전에 합병된 토지 중 어느 토지에 관하여 소유권이전등기가 된 경우라 하더라도 이해관계인의 승낙이 있으면 해당 토지의 소유권의 등기명의인들은 합필 후의 토지를 공유(共有)로 하는 합필등기를 신청할 수 있다.
② 「공간정보의 구축 및 관리 등에 관한 법률」에 따른 토지합병절차를 마친 후 합필등기를 하기 전에 합병된 토지 중 어느 토지에 관하여 제37조 제1항에서 정한 합필등기의 제한 사유에 해당하는 권리에 관한 등기가 된 경우라 하더라도 이해관계인의 승낙이 있으면 해당 토지의 소유권의 등기명의인은 그 권리의 목적물을 합필 후의 토지에 관한 지분으로 하는 합필등기를 신청할 수 있다. 다만, 요역지(要役地 : 편익필요지)에 하는 지역권의 등기가 있는 경우에는 합필 후의 토지 전체를 위한 지역권으로 하는 합필등기를 신청하여야 한다.

(6) 멸실등기의 신청(법 제39조)

토지가 멸실된 경우에는 그 토지 소유권의 등기명의인은 그 사실이 있는 때부터 1개월 이내에 그 등기를 신청하여야 한다.

2 건물의 표시에 관한 등기

(1) 등기사항(법 제40조) 기출 33회·35회

① 등기관은 건물 등기기록의 표제부에 다음의 사항을 기록하여야 한다.
  ㉠ 표시번호
  ㉡ 접수연월일
  ㉢ 소재, 지번, 건물명칭(건축물대장에 건물명칭이 기재되어 있는 경우만 해당한다) 및 번호. 다만, 같은 지번 위에 1개의 건물만 있는 경우에는 건물번호는 기록하지 아니한다.
  ㉣ 건물의 종류, 구조와 면적. 부속건물이 있는 경우에는 부속건물의 종류, 구조와 면적도 함께 기록한다.
  ㉤ 등기원인
  ㉥ 도면의 번호[같은 지번 위에 여러 개의 건물이 있는 경우와 「집합건물의 소유 및 관리에 관한 법률」 제2조 제1호의 구분소유권(區分所有權)의 목적이 되는 건물(이하 "구분건물"이라 한다)인 경우로 한정한다]
② 등기할 건물이 구분건물(區分建物)인 경우에 등기관은 1동 건물의 등기기록의 표제부에는 소재와 지번, 건물명칭 및 번호를 기록하고 전유부분의 등기기록의 표제부에는 건물번호를 기록하여야 한다.
〈개정 2024.9.20.〉
③ 구분건물에 「집합건물의 소유 및 관리에 관한 법률」 제2조 제6호의 대지사용권(垈地使用權)으로서 건물과 분리하여 처분할 수 없는 것[이하 "대지권"(垈地權)이라 한다]이 있는 경우에는 등기관은 ②항에 따라 기록하여야 할 사항 외에 1동 건물의 등기기록의 표제부에 대지권의 목적인 토지의 표시에 관한 사항을 기록하고 전유부분의 등기기록의 표제부에는 대지권의 표시에 관한 사항을 기록하여야 한다.
④ 등기관이 대지권등기를 하였을 때에는 직권으로 대지권의 목적인 토지의 등기기록에 소유권, 지상권, 전세권 또는 임차권이 대지권이라는 뜻을 기록하여야 한다.

(2) 법 제41조(변경등기의 신청) 기출 31회

① 건물의 분할, 구분, 합병이 있는 경우와 등기사항에 변경이 있는 경우에는 그 건물 소유권의 등기명의인은 그 사실이 있는 때부터 1개월 이내에 그 등기를 신청하여야 한다.
② 구분건물로서 표시등기만 있는 건물에 관하여는 제65조 각 호의 어느 하나에 해당하는 자가 ①항의 등기를 신청하여야 한다.
③ 구분건물로서 그 대지권의 변경이나 소멸이 있는 경우에는 구분건물의 소유권의 등기명의인은 1동의 건물에 속하는 다른 구분건물의 소유권의 등기명의인을 대위하여 그 등기를 신청할 수 있다.
④ 건물이 구분건물인 경우에 그 건물의 등기기록 중 1동 표제부에 기록하는 등기사항에 관한 변경등기는 그 구분건물과 같은 1동의 건물에 속하는 다른 구분건물에 대하여도 변경등기로서의 효력이 있다.

(3) 합병 제한(법 제42조)

① 합병하려는 건물에 다음의 등기 외의 권리에 관한 등기가 있는 경우에는 합병의 등기를 할 수 없다.
  ㉠ 소유권·전세권 및 임차권의 등기
  ㉡ 합병하려는 모든 건물에 있는 등기원인 및 그 연월일과 접수번호가 동일한 저당권에 관한 등기
  ㉢ 합병하려는 모든 건물에 있는 제81조 제1항 각 호의 등기사항이 동일한 신탁등기
② 등기관이 ①항을 위반한 등기의 신청을 각하하면 지체 없이 그 사유를 건축물대장 소관청에 알려야 한다.

(4) 멸실등기의 신청(법 제43조) 기출 35회
① 건물이 멸실된 경우에는 그 건물 소유권의 등기명의인은 그 사실이 있는 때부터 1개월 이내에 그 등기를 신청하여야 한다. 이 경우 제41조 제2항을 준용한다.
② ①항의 경우 그 소유권의 등기명의인이 1개월 이내에 멸실등기를 신청하지 아니하면 그 건물대지의 소유자가 건물 소유권의 등기명의인을 대위하여 그 등기를 신청할 수 있다.
③ 구분건물로서 그 건물이 속하는 1동 전부가 멸실된 경우에는 그 구분건물의 소유권의 등기명의인은 1동의 건물에 속하는 다른 구분건물의 소유권의 등기명의인을 대위하여 1동 전부에 대한 멸실등기를 신청할 수 있다.

(5) 건물의 부존재(법 제44조)
① 존재하지 아니하는 건물에 대한 등기가 있을 때에는 그 소유권의 등기명의인은 지체 없이 그 건물의 멸실등기를 신청하여야 한다.
② 그 건물 소유권의 등기명의인이 ①항에 따라 등기를 신청하지 아니하는 경우에는 제43조 제2항을 준용한다.
③ 존재하지 아니하는 건물이 구분건물인 경우에는 제43조 제3항을 준용한다.

(6) 등기상 이해관계인이 있는 건물의 멸실(법 제45조)
① 소유권 외의 권리가 등기되어 있는 건물에 대한 멸실등기의 신청이 있는 경우에 등기관은 그 권리의 등기명의인에게 1개월 이내의 기간을 정하여 그 기간까지 이의(異議)를 진술하지 아니하면 멸실등기를 한다는 뜻을 알려야 한다. 다만, 건축물대장에 건물멸실의 뜻이 기록되어 있거나 소유권 외의 권리의 등기명의인이 멸실등기에 동의한 경우에는 그러하지 아니하다.
② ①항 본문의 경우에는 제58조 제2항부터 제4항까지를 준용한다.

(7) 구분건물의 표시에 관한 등기(법 제46조) 기출 35회
① 1동의 건물에 속하는 구분건물 중 일부만에 관하여 소유권보존등기를 신청하는 경우에는 나머지 구분건물의 표시에 관한 등기를 동시에 신청하여야 한다.
② ①항의 경우에 구분건물의 소유자는 1동에 속하는 다른 구분건물의 소유자를 대위하여 그 건물의 표시에 관한 등기를 신청할 수 있다.
③ 구분건물이 아닌 건물로 등기된 건물에 접속하여 구분건물을 신축한 경우에 그 신축건물의 소유권보존등기를 신청할 때에는 구분건물이 아닌 건물을 구분건물로 변경하는 건물의 표시변경등기를 동시에 신청하여야 한다. 이 경우 ②항을 준용한다.

(8) 규약상 공용부분의 등기와 규약폐지에 따른 등기(법 제47조)
① 「집합건물의 소유 및 관리에 관한 법률」 제3조 제4항에 따른 공용부분(共用部分)이라는 뜻의 등기는 소유권의 등기명의인이 신청하여야 한다. 이 경우 공용부분인 건물에 소유권 외의 권리에 관한 등기가 있을 때에는 그 권리의 등기명의인의 승낙이 있어야 한다.
② 공용부분이라는 뜻을 정한 규약을 폐지한 경우에 공용부분의 취득자는 지체 없이 소유권보존등기를 신청하여야 한다.

제3절 권리에 관한 등기

1 통칙

(1) 등기사항(법 제48조) 기출 34회·35회

① 등기관이 갑구 또는 을구에 권리에 관한 등기를 할 때에는 다음의 사항을 기록하여야 한다.
  ㉠ 순위번호
  ㉡ 등기목적
  ㉢ 접수연월일 및 접수번호
  ㉣ 등기원인 및 그 연월일
  ㉤ 권리자
② 권리자에 관한 사항을 기록할 때에는 권리자의 성명 또는 명칭 외에 주민등록번호 또는 부동산등기용 등록번호와 주소 또는 사무소 소재지를 함께 기록하여야 한다.
③ 제26조에 따라 법인 아닌 사단이나 재단 명의의 등기를 할 때에는 그 대표자나 관리인의 성명, 주소 및 주민등록번호를 함께 기록하여야 한다.
④ 권리자가 2인 이상인 경우에는 권리자별 지분을 기록하여야 하고 등기할 권리가 합유(合有)인 때에는 그 뜻을 기록하여야 한다.

> **등기할 권리자가 2인 이상인 경우(등기규칙 제105조)**
> ① 등기할 권리자가 2인 이상일 때에는 그 지분을 신청정보의 내용으로 등기소에 제공하여야 한다.
> ② 제1항의 경우에 등기할 권리가 합유일 때에는 합유라는 뜻을 신청정보의 내용으로 등기소에 제공하여야 한다.

(2) 등록번호의 부여절차(법 제49조) 기출 34회·35회

① 부동산등기용등록번호(이하 "등록번호"라 한다)는 다음의 방법에 따라 부여한다.
  ㉠ 국가·지방자치단체·국제기관 및 외국정부의 등록번호는 국토교통부장관이 지정·고시한다.
  ㉡ 주민등록번호가 없는 재외국민의 등록번호는 대법원 소재지 관할 등기소의 등기관이 부여하고, 법인의 등록번호는 주된 사무소(회사의 경우에는 본점, 외국법인의 경우에는 국내에 최초로 설치 등기를 한 영업소나 사무소를 말한다) 소재지 관할 등기소의 등기관이 부여한다.
  ㉢ 법인 아닌 사단이나 재단 및 국내에 영업소나 사무소의 설치 등기를 하지 아니한 외국법인의 등록번호는 시장(「제주특별자치도 설치 및 국제자유도시 조성을 위한 특별법」제10조 제2항에 따른 행정시의 시장을 포함하며, 「지방자치법」제3조 제3항에 따라 자치구가 아닌 구를 두는 시의 시장은 제외한다), 군수 또는 구청장(자치구가 아닌 구의 구청장을 포함한다)이 부여한다.
  ㉣ 외국인의 등록번호는 체류지(국내에 체류지가 없는 경우에는 대법원 소재지에 체류지가 있는 것으로 본다)를 관할하는 지방출입국·외국인관서의 장이 부여한다.
② ①항 ㉡에 따른 등록번호의 부여절차는 대법원규칙으로 정하고, ①항 ㉢과 ㉣에 따른 등록번호의 부여절차는 대통령령으로 정한다.

(3) 등기필정보(법 제50조)

① 등기관이 새로운 권리에 관한 등기를 마쳤을 때에는 등기필정보를 작성하여 등기권리자에게 통지하여야 한다. 다만, 다음의 어느 하나에 해당하는 경우에는 그러하지 아니하다.
  ㉠ 등기권리자가 등기필정보의 통지를 원하지 아니하는 경우
  ㉡ 국가 또는 지방자치단체가 등기권리자인 경우
  ㉢ ㉠ 및 ㉡에서 규정한 경우 외에 대법원규칙으로 정하는 경우

② 등기권리자와 등기의무자가 공동으로 권리에 관한 등기를 신청하는 경우에 신청인은 그 신청정보와 함께 ①항에 따라 통지받은 등기의무자의 등기필정보를 등기소에 제공하여야 한다. 승소한 등기의무자가 단독으로 권리에 관한 등기를 신청하는 경우에도 또한 같다.

> **등기필정보 통지의 상대방(등기규칙 제108조)** 기출 35회
> ① 등기관은 등기를 마치면 등기필정보를 등기명의인이 된 신청인에게 통지한다. 다만, 관공서가 등기권리자를 위하여 등기를 촉탁한 경우에는 대법원예규로 정하는 바에 따라 그 관공서 또는 등기권리자에게 등기필정보를 통지한다.
> ② 법정대리인이 등기를 신청한 경우에는 그 법정대리인에게, 법인의 대표자나 지배인이 신청한 경우에는 그 대표자나 지배인에게, 법인 아닌 사단이나 재단의 대표자나 관리인이 신청한 경우에는 그 대표자나 관리인에게 등기필정보를 통지한다.

(4) 등기필정보가 없는 경우(법 제51조)

제50조 제2항의 경우에 등기의무자의 등기필정보가 없을 때에는 등기의무자 또는 그 법정대리인(이하 "등기의무자 등"이라 한다)이 등기소에 출석하여 등기관으로부터 등기의무자 등임을 확인받아야 한다. 다만, 등기신청인의 대리인(변호사나 법무사만을 말한다)이 등기의무자등으로부터 위임받았음을 확인한 경우 또는 신청서(위임에 의한 대리인이 신청하는 경우에는 그 권한을 증명하는 서면을 말한다) 중 등기의무자 등의 작성부분에 관하여 공증(公證)을 받은 경우에는 그러하지 아니하다.

(5) 부기로 하는 등기(법 제52조) 기출 31회·33회·35회

등기관이 다음의 등기를 할 때에는 부기로 하여야 한다. 다만, ⑤항의 등기는 등기상 이해관계 있는 제3자의 승낙이 없는 경우에는 그러하지 아니하다.
① 등기명의인표시의 변경이나 경정의 등기
② 소유권 외의 권리의 이전등기
③ 소유권 외의 권리를 목적으로 하는 권리에 관한 등기
④ 소유권 외의 권리에 대한 처분제한 등기
⑤ 권리의 변경이나 경정의 등기
⑥ 제53조의 환매특약등기
⑦ 제54조의 권리소멸약정등기
⑧ 제67조 제1항 후단의 공유물 분할금지의 약정등기
⑨ 그 밖에 대법원규칙으로 정하는 등기

(6) 환매특약의 등기(법 제53조)

등기관이 환매특약의 등기를 할 때에는 다음의 사항을 기록하여야 한다. 다만, ③항은 등기원인에 그 사항이 정하여져 있는 경우에만 기록한다.
① 매수인이 지급한 대금
② 매매비용
③ 환매기간

(7) 권리소멸약정의 등기(법 제54조) 기출 31회

등기원인에 권리의 소멸에 관한 약정이 있을 경우 신청인은 그 약정에 관한 등기를 신청할 수 있다.

(8) 사망 등으로 인한 권리의 소멸과 말소등기(법 제55조)

등기명의인인 사람의 사망 또는 법인의 해산으로 권리가 소멸한다는 약정이 등기되어 있는 경우에 사람의 사망 또는 법인의 해산으로 그 권리가 소멸하였을 때에는, 등기권리자는 그 사실을 증명하여 단독으로 해당 등기의 말소를 신청할 수 있다.

(9) 등기의무자의 소재불명과 말소등기(법 제56조)

① 등기권리자가 등기의무자의 소재불명으로 인하여 공동으로 등기의 말소를 신청할 수 없을 때에는 「민사소송법」에 따라 공시최고(公示催告)를 신청할 수 있다.
② ①항의 경우에 제권판결(除權判決)이 있으면 등기권리자가 그 사실을 증명하여 단독으로 등기의 말소를 신청할 수 있다.

(10) 이해관계 있는 제3자가 있는 등기의 말소(법 제57조)

① 등기의 말소를 신청하는 경우에 그 말소에 대하여 등기상 이해관계 있는 제3자가 있을 때에는 제3자의 승낙이 있어야 한다.
② 등기를 말소할 때에는 등기상 이해관계 있는 제3자 명의의 등기는 등기관이 직권으로 말소한다.

(11) 직권에 의한 등기의 말소(법 제58조) 기출 35회

① 등기관이 등기를 마친 후 그 등기가 제29조 제1호 또는 제2호에 해당된 것임을 발견하였을 때에는 등기권리자, 등기의무자와 등기상 이해관계 있는 제3자에게 1개월 이내의 기간을 정하여 그 기간에 이의를 진술하지 아니하면 등기를 말소한다는 뜻을 통지하여야 한다.
② ①항의 경우 통지를 받을 자의 주소 또는 거소(居所)를 알 수 없으면 ①항의 통지를 갈음하여 ①항의 기간 동안 등기소 게시장에 이를 게시하거나 대법원규칙으로 정하는 바에 따라 공고하여야 한다.
③ 등기관은 ①항의 말소에 관하여 이의를 진술한 자가 있으면 그 이의에 대한 결정을 하여야 한다.
④ 등기관은 ①항의 기간 이내에 이의를 진술한 자가 없거나 이의를 각하한 경우에는 등기를 직권으로 말소하여야 한다.

(12) 말소등기의 회복(법 제59조) 기출 33회

말소된 등기의 회복(回復)을 신청하는 경우에 등기상 이해관계 있는 제3자가 있을 때에는 그 제3자의 승낙이 있어야 한다.

> **말소회복등기(등기규칙 제118조)**
> 법 제59조의 말소된 등기에 대한 회복 신청을 받아 등기관이 등기를 회복할 때에는 회복의 등기를 한 후 다시 말소된 등기와 같은 등기를 하여야 한다. 다만, 등기전체가 아닌 일부 등기사항만 말소된 것일 때에는 부기에 의하여 말소된 등기사항만 다시 등기한다.

(13) 대지사용권의 취득(법 제60조)

① 구분건물을 신축한 자가 「집합건물의 소유 및 관리에 관한 법률」 제2조 제6호의 대지사용권을 가지고 있는 경우에 대지권에 관한 등기를 하지 아니하고 구분건물에 관하여만 소유권이전등기를 마쳤을 때에는 현재의 구분건물의 소유명의인과 공동으로 대지사용권에 관한 이전등기를 신청할 수 있다.
② 구분건물을 신축하여 양도한 자가 그 건물의 대지사용권을 나중에 취득하여 이전하기로 약정한 경우에는 ①항을 준용한다.
③ 등기는 대지권에 관한 등기와 동시에 신청하여야 한다.

(14) 구분건물의 등기기록에 대지권등기가 되어 있는 경우(법 제61조) 기출 35회

① 대지권을 등기한 후에 한 건물의 권리에 관한 등기는 대지권에 대하여 동일한 등기로서 효력이 있다. 다만, 그 등기에 건물만에 관한 것이라는 뜻의 부기가 되어 있을 때에는 그러하지 아니하다.
② 대지권에 대한 등기로서의 효력이 있는 등기와 대지권의 목적인 토지의 등기기록 중 해당 구에 한 등기의 순서는 접수번호에 따른다.
③ 대지권이 등기된 구분건물의 등기기록에는 건물만에 관한 소유권이전등기 또는 저당권설정등기, 그 밖에 이와 관련이 있는 등기를 할 수 없다.
④ 토지의 소유권이 대지권인 경우에 대지권이라는 뜻의 등기가 되어 있는 토지의 등기기록에는 소유권이전등기, 저당권설정등기, 그 밖에 이와 관련이 있는 등기를 할 수 없다.
⑤ 지상권, 전세권 또는 임차권이 대지권인 경우에는 ④항을 준용한다.

> **대지권이 있는 건물에 관한 등기(등기규칙 제119조)**
> ① 대지권을 등기한 건물에 관하여 등기를 신청하는 경우에는 대지권의 표시에 관한 사항을 신청정보의 내용으로 등기소에 제공하여야 한다. 다만, 건물만에 관한 등기를 신청하는 경우에는 그러하지 아니하다.
> ② 제1항 단서에 따라 건물만에 관한 등기를 할 때에는 그 등기에 건물만에 관한 것이라는 뜻을 기록하여야 한다.

(15) 소유권변경 사실의 통지(법 제62조)

등기관이 다음의 등기를 하였을 때에는 지체 없이 그 사실을 토지의 경우에는 지적소관청에, 건물의 경우에는 건축물대장 소관청에 각각 알려야 한다.
① 소유권의 보존 또는 이전
② 소유권의 등기명의인표시의 변경 또는 경정
③ 소유권의 변경 또는 경정
④ 소유권의 말소 또는 말소회복

(16) 과세자료의 제공(법 제63조)

등기관이 소유권의 보존 또는 이전의 등기[가등기(假登記)를 포함한다]를 하였을 때에는 대법원규칙으로 정하는 바에 따라 지체 없이 그 사실을 부동산 소재지 관할 세무서장에게 통지하여야 한다.

2 소유권에 관한 등기 기출 27회

(1) 소유권보존등기의 등기사항(법 제64조)
등기관이 소유권보존등기를 할 때에는 제48조 제1항 제4호에도 불구하고 등기원인과 그 연월일을 기록하지 아니한다.

(2) 소유권보존등기의 신청인(법 제65조) 기출 35회
미등기의 토지 또는 건물에 관한 소유권보존등기는 다음의 어느 하나에 해당하는 자가 신청할 수 있다.
① 토지대장, 임야대장 또는 건축물대장에 최초의 소유자로 등록되어 있는 자 또는 그 상속인, 그 밖의 포괄승계인
② 확정판결에 의하여 자기의 소유권을 증명하는 자
③ 수용(收用)으로 인하여 소유권을 취득하였음을 증명하는 자
④ 특별자치도지사, 시장, 군수 또는 구청장(자치구의 구청장을 말한다)의 확인에 의하여 자기의 소유권을 증명하는 자(건물의 경우로 한정한다)

(3) 미등기부동산의 처분제한의 등기와 직권보존(법 제66조)
① 등기관이 미등기부동산에 대하여 법원의 촉탁에 따라 소유권의 처분제한의 등기를 할 때에는 직권으로 소유권보존등기를 하고, 처분제한의 등기를 명하는 법원의 재판에 따라 소유권의 등기를 한다는 뜻을 기록하여야 한다.
② 등기관이 건물에 대한 소유권보존등기를 하는 경우에는 제65조를 적용하지 아니한다. 다만, 그 건물이 「건축법」상 사용승인을 받아야 할 건물임에도 사용승인을 받지 아니하였다면 그 사실을 표제부에 기록하여야 한다.
③ ②항의 단서에 따라 등기된 건물에 대하여 「건축법」상 사용승인이 이루어진 경우에는 그 건물 소유권의 등기명의인은 1개월 이내에 ②항 단서의 기록에 대한 말소등기를 신청하여야 한다.

주소변경의 직권등기(등기규칙 제122조)
등기관이 소유권이전등기를 할 때에 등기명의인의 주소변경으로 신청정보 상의 등기의무자의 표시가 등기기록과 일치하지 아니하는 경우라도 첨부정보로서 제공된 주소를 증명하는 정보에 등기의무자의 등기기록 상의 주소가 신청정보 상의 주소로 변경된 사실이 명백히 나타나면 직권으로 등기명의인표시의 변경등기를 하여야 한다. 다만, 제52조의2 제1항에 해당하는 경우에는 그러하지 아니하다. 〈개정 2024.11.29.〉

(4) 소유권의 일부이전(법 제67조)
① 등기관이 소유권의 일부에 관한 이전등기를 할 때에는 이전되는 지분을 기록하여야 한다. 이 경우 등기원인에 「민법」 제268조 제1항 단서의 약정이 있을 때에는 그 약정에 관한 사항도 기록하여야 한다.
② ①항 후단의 약정의 변경등기는 공유자 전원이 공동으로 신청하여야 한다.

소유권의 일부이전등기 신청(등기규칙 제123조)
소유권의 일부에 대한 이전등기를 신청하는 경우에는 이전되는 지분을 신청정보의 내용으로 등기소에 제공하여야 한다. 이 경우 등기원인에 「민법」 제268조 제1항 단서의 약정이 있을 때에는 그 약정에 관한 사항도 신청정보의 내용으로 등기소에 제공하여야 한다.

(5) 거래가액의 등기(법 제68조)

등기관이 「부동산 거래신고 등에 관한 법률」 제3조 제1항에서 정하는 계약을 등기원인으로 한 소유권이전 등기를 하는 경우에는 대법원규칙으로 정하는 바에 따라 거래가액을 기록한다.

3 용익권(用益權)에 관한 등기 기출 28회·33회

(1) 지상권의 등기사항(법 제69조)

등기관이 지상권설정의 등기를 할 때에는 제48조에서 규정한 사항 외에 다음의 사항을 기록하여야 한다. 다만, ③항부터 ⑤항까지는 등기원인에 그 약정이 있는 경우에만 기록한다.

① 지상권설정의 목적
② 범위
③ 존속기간
④ 지료와 지급시기
⑤ 「민법」 제289조의2 제1항 후단의 약정
⑥ 지상권설정의 범위가 토지의 일부인 경우에는 그 부분을 표시한 도면의 번호

(2) 지역권의 등기사항(법 제70조) 기출 33회

등기관이 승역지의 등기기록에 지역권설정의 등기를 할 때에는 제48조 제1항 제1호부터 제4호까지에서 규정한 사항 외에 다음의 사항을 기록하여야 한다. 다만, ④항은 등기원인에 그 약정이 있는 경우에만 기록한다.

① 지역권설정의 목적
② 범위
③ 요역지
④ 「민법」 제292조 제1항 단서, 제297조 제1항 단서 또는 제298조의 약정
⑤ 승역지의 일부에 지역권설정의 등기를 할 때에는 그 부분을 표시한 도면의 번호

(3) 요역지지역권의 등기사항(법 제71조)

① 등기관이 승역지에 지역권설정의 등기를 하였을 때에는 직권으로 요역지의 등기기록에 다음의 사항을 기록하여야 한다.
  ㉠ 순위번호
  ㉡ 등기목적
  ㉢ 승역지
  ㉣ 지역권설정의 목적
  ㉤ 범위
  ㉥ 등기연월일
② 등기관이 승역지에 지역권변경 또는 말소의 등기를 하였을 때에는 직권으로 요역지의 등기기록에 변경 또는 말소의 등기를 하여야 한다. 〈개정 2024.9.20.〉

(4) 전세권 등의 등기사항(법 제72조)

① 등기관이 전세권설정이나 전전세(轉傳貰)의 등기를 할 때에는 제48조에서 규정한 사항 외에 다음의 사항을 기록하여야 한다. 다만, ㉢부터 ㉤까지는 등기원인에 그 약정이 있는 경우에만 기록한다.
  ㉠ 전세금 또는 전전세금
  ㉡ 범위
  ㉢ 존속기간
  ㉣ 위약금 또는 배상금
  ㉤ 「민법」제306조 단서의 약정
  ㉥ 전세권설정이나 전전세의 범위가 부동산의 일부인 경우에는 그 부분을 표시한 도면의 번호
② 여러 개의 부동산에 관한 권리를 목적으로 하는 전세권설정의 등기를 하는 경우에는 제78조를 준용한다.

(5) 전세금반환채권의 일부양도에 따른 전세권 일부이전등기(법 제73조)

① 등기관이 전세금반환채권의 일부 양도를 원인으로 한 전세권 일부이전등기를 할 때에는 양도액을 기록한다.
② 전세권 일부이전등기의 신청은 전세권의 존속기간의 만료 전에는 할 수 없다. 다만, 존속기간 만료 전이라도 해당 전세권이 소멸하였음을 증명하여 신청하는 경우에는 그러하지 아니하다.

> **전세금반환채권의 일부양도에 따른 등기신청(등기규칙 제129조)**
> ① 전세금반환채권의 일부양도를 원인으로 한 전세권의 일부이전등기를 신청하는 경우에는 양도액을 신청정보의 내용으로 등기소에 제공하여야 한다.
> ② 전세권의 존속기간 만료 전에 제1항의 등기를 신청하는 경우에는 전세권이 소멸하였음을 증명하는 정보를 첨부정보로서 등기소에 제공하여야 한다.

(6) 법 제74조(임차권 등의 등기사항) 기출 31회

등기관이 임차권 설정 또는 임차물 전대(轉貸)의 등기를 할 때에는 제48조에서 규정한 사항 외에 다음의 사항을 기록하여야 한다. 다만, ③항부터 ⑥항까지는 등기원인에 그 사항이 있는 경우에만 기록한다.
① 차임(借賃)
② 범위
③ 차임지급시기
④ 존속기간. 다만, 처분능력 또는 처분권한 없는 임대인에 의한 「민법」제619조의 단기임대차인 경우에는 그 뜻도 기록한다.
⑤ 임차보증금
⑥ 임차권의 양도 또는 임차물의 전대에 대한 임대인의 동의
⑦ 임차권설정 또는 임차물전대의 범위가 부동산의 일부인 때에는 그 부분을 표시한 도면의 번호

4 담보권에 관한 등기 기출 28회

(1) 저당권의 등기사항(법 제75조)

① 등기관이 저당권설정의 등기를 할 때에는 제48조에서 규정한 사항 외에 다음의 사항을 기록하여야 한다. 다만, ㉢부터 ◎까지는 등기원인에 그 약정이 있는 경우에만 기록한다.
  ㉠ 채권액
  ㉡ 채무자의 성명 또는 명칭과 주소 또는 사무소 소재지
  ㉢ 변제기(辨濟期)
  ㉣ 이자 및 그 발생기·지급시기
  ㉤ 원본(元本) 또는 이자의 지급장소
  ㉥ 채무불이행(債務不履行)으로 인한 손해배상에 관한 약정
  ㉦ 「민법」 제358조 단서의 약정
  ◎ 채권의 조건

② 등기관은 ①항의 저당권의 내용이 근저당권(根抵當權)인 경우에는 제48조에서 규정한 사항 외에 다음의 사항을 기록하여야 한다. 다만, ㉢ 및 ㉣은 등기원인에 그 약정이 있는 경우에만 기록한다.
  ㉠ 채권의 최고액
  ㉡ 채무자의 성명 또는 명칭과 주소 또는 사무소 소재지
  ㉢ 「민법」 제358조 단서의 약정
  ㉣ 존속기간

> **저당권설정등기의 신청(등기규칙 제131조)**
> ① 저당권 또는 근저당권(이하 "저당권"이라 한다) 설정의 등기를 신청하는 경우에는 법 제75조의 등기사항을 신청정보의 내용으로 등기소에 제공하여야 한다.
> ② 저당권설정의 등기를 신청하는 경우에 그 권리의 목적이 소유권 외의 권리일 때에는 그 권리의 표시에 관한 사항을 신청정보의 내용으로 등기소에 제공하여야 한다.
> ③ 일정한 금액을 목적으로 하지 않는 채권을 담보하기 위한 저당권설정등기를 신청하는 경우에는 그 채권의 평가액을 신청정보의 내용으로 등기소에 제공하여야 한다.

(2) 저당권부채권에 대한 질권 등의 등기사항(법 제76조)

① 등기관이 「민법」 제348조에 따라 저당권부채권(抵當權附債權)에 대한 질권의 등기를 할 때에는 제48조에서 규정한 사항 외에 다음의 사항을 기록하여야 한다.
  ㉠ 채권액 또는 채권최고액
  ㉡ 채무자의 성명 또는 명칭과 주소 또는 사무소 소재지
  ㉢ 변제기와 이자의 약정이 있는 경우에는 그 내용

② 등기관이 「동산·채권 등의 담보에 관한 법률」 제37조에서 준용하는 「민법」 제348조에 따른 채권담보권의 등기를 할 때에는 제48조에서 정한 사항 외에 다음의 사항을 기록하여야 한다.
  ㉠ 채권액 또는 채권최고액
  ㉡ 채무자의 성명 또는 명칭과 주소 또는 사무소 소재지
  ㉢ 변제기와 이자의 약정이 있는 경우에는 그 내용

(3) **피담보채권이 금액을 목적으로 하지 아니하는 경우(법 제77조)**

등기관이 일정한 금액을 목적으로 하지 아니하는 채권을 담보하기 위한 저당권설정의 등기를 할 때에는 그 채권의 평가액을 기록하여야 한다.

(4) **공동저당의 등기(법 제78조)** 기출 31회

① 등기관이 동일한 채권에 관하여 여러 개의 부동산에 관한 권리를 목적으로 하는 저당권설정의 등기를 할 때에는 각 부동산의 등기기록에 그 부동산에 관한 권리가 다른 부동산에 관한 권리와 함께 저당권의 목적으로 제공된 뜻을 기록하여야 한다.
② 등기관은 ①항의 경우에 부동산이 5개 이상일 때에는 공동담보목록을 작성하여야 한다.
③ 공동담보목록은 등기기록의 일부로 본다.
④ 등기관이 1개 또는 여러 개의 부동산에 관한 권리를 목적으로 하는 저당권설정의 등기를 한 후 동일한 채권에 대하여 다른 1개 또는 여러 개의 부동산에 관한 권리를 목적으로 하는 저당권설정의 등기를 할 때에는 그 등기와 종전의 등기에 각 부동산에 관한 권리가 함께 저당권의 목적으로 제공된 뜻을 기록하여야 한다. 이 경우 ②항 및 ③항을 준용한다.

(5) **채권일부의 양도 또는 대위변제로 인한 저당권 일부이전등기의 등기사항(법 제79조)**

등기관이 채권의 일부에 대한 양도 또는 대위변제(代位辨濟)로 인한 저당권 일부이전등기를 할 때에는 제48조에서 규정한 사항 외에 양도액 또는 변제액을 기록하여야 한다.

> **저당권 이전등기의 신청(등기규칙 제137조)**
> ① 저당권의 이전등기를 신청하는 경우에는 저당권이 채권과 같이 이전한다는 뜻을 신청정보의 내용으로 등기소에 제공하여야 한다.
> ② 채권일부의 양도나 대위변제로 인한 저당권의 이전등기를 신청하는 경우에는 양도나 대위변제의 목적인 채권액을 신청정보의 내용으로 등기소에 제공하여야 한다.

(6) **공동저당의 대위등기(법 제80조)**

① 등기관이 「민법」 제368조 제2항 후단의 대위등기를 할 때에는 제48조에서 규정한 사항 외에 다음의 사항을 기록하여야 한다.
  ㉠ 매각 부동산(소유권 외의 권리가 저당권의 목적일 때에는 그 권리를 말한다)
  ㉡ 매각대금
  ㉢ 선순위 저당권자가 변제받은 금액
② ①항의 등기에는 제75조를 준용한다.

5 신탁에 관한 등기 기출 32회

(1) 신탁등기의 등기사항(법 제81조)

① 등기관이 신탁등기를 할 때에는 다음의 사항을 기록한 신탁원부(信託原簿)를 작성하고, 등기기록에는 제48조에서 규정한 사항 외에 그 신탁원부의 번호 및 신탁재산에 속하는 부동산의 거래에 관한 주의사항을 기록하여야 한다. 〈개정 2024.9.20.〉

> 1. 위탁자(委託者), 수탁자 및 수익자(受益者)의 성명 및 주소(법인인 경우에는 그 명칭 및 사무소 소재지를 말한다)
> 2. 수익자를 지정하거나 변경할 수 있는 권한을 갖는 자를 정한 경우에는 그 자의 성명 및 주소(법인인 경우에는 그 명칭 및 사무소 소재지를 말한다)
> 3. 수익자를 지정하거나 변경할 방법을 정한 경우에는 그 방법
> 4. 수익권의 발생 또는 소멸에 관한 조건이 있는 경우에는 그 조건
> 5. 신탁관리인이 선임된 경우에는 신탁관리인의 성명 및 주소(법인인 경우에는 그 명칭 및 사무소 소재지를 말한다)
> 6. 수익자가 없는 특정의 목적을 위한 신탁인 경우에는 그 뜻
> 7. 「신탁법」 제3조 제5항에 따라 수탁자가 타인에게 신탁을 설정하는 경우에는 그 뜻
> 8. 「신탁법」 제59조 제1항에 따른 유언대용신탁인 경우에는 그 뜻
> 9. 「신탁법」 제60조에 따른 수익자연속신탁인 경우에는 그 뜻
> 10. 「신탁법」 제78조에 따른 수익증권발행신탁인 경우에는 그 뜻
> 11. 「공익신탁법」에 따른 공익신탁인 경우에는 그 뜻
> 12. 「신탁법」 제114조 제1항에 따른 유한책임신탁인 경우에는 그 뜻
> 13. 신탁의 목적
> 14. 신탁재산의 관리, 처분, 운용, 개발, 그 밖에 신탁 목적의 달성을 위하여 필요한 방법
> 15. 신탁종료의 사유
> 16. 그 밖의 신탁 조항

② ①항의 제5호, 제6호, 제10호 및 제11호의 사항에 관하여 등기를 할 때에는 수익자의 성명 및 주소를 기재하지 아니할 수 있다.
③ 신탁원부는 등기기록의 일부로 본다.
④ ①항 각 호 외의 부분에 따른 주의사항의 내용 및 등기방법 등에 관하여 필요한 사항은 대법원규칙으로 정한다. 〈신설 2024.9.20.〉

(2) 신탁등기의 신청방법(법 제82조)

① 신탁등기의 신청은 해당 부동산에 관한 권리의 설정등기, 보존등기, 이전등기 또는 변경등기의 신청과 동시에 하여야 한다.
② 수익자나 위탁자는 수탁자를 대위하여 신탁등기를 신청할 수 있다. 이 경우 ①항은 적용하지 아니한다.
③ ②항에 따른 대위등기의 신청에 관하여는 제28조 제2항을 준용한다.

(3) 신탁의 합병·분할 등에 따른 신탁등기의 신청(법 제82조의2) 기출 36회

① 신탁의 합병 또는 분할로 인하여 하나의 신탁재산에 속하는 부동산에 관한 권리가 다른 신탁의 신탁재산에 귀속되는 경우 신탁등기의 말소등기 및 새로운 신탁등기의 신청은 신탁의 합병 또는 분할로 인한 권리변경등기의 신청과 동시에 하여야 한다.

②「신탁법」제34조 제1항 제3호 및 같은 조 제2항에 따라 여러 개의 신탁을 인수한 수탁자가 하나의 신탁재산에 속하는 부동산에 관한 권리를 다른 신탁의 신탁재산에 귀속시키는 경우 신탁등기의 신청 방법에 관하여는 ①항을 준용한다.

(4) 수탁자의 임무 종료에 의한 등기(법 제83조) 기출 36회

다음의 어느 하나에 해당하여 수탁자의 임무가 종료된 경우 신수탁자는 단독으로 신탁재산에 속하는 부동산에 관한 권리이전등기를 신청할 수 있다.

①「신탁법」제12조 제1항 각 호의 어느 하나에 해당하여 수탁자의 임무가 종료된 경우
②「신탁법」제16조 제1항에 따라 수탁자를 해임한 경우
③「신탁법」제16조 제3항에 따라 법원이 수탁자를 해임한 경우
④「공익신탁법」제27조에 따라 법무부장관이 직권으로 공익신탁의 수탁자를 해임한 경우

(5) 수탁자가 여러 명인 경우(법 제84조) 기출 36회

① 수탁자가 여러 명인 경우 등기관은 신탁재산이 합유인 뜻을 기록하여야 한다.
② 여러 명의 수탁자 중 1인이 제83조 각 호의 어느 하나의 사유로 그 임무가 종료된 경우 다른 수탁자는 단독으로 권리변경등기를 신청할 수 있다. 이 경우 다른 수탁자가 여러 명일 때에는 그 전원이 공동으로 신청하여야 한다.

(6) 신탁재산에 관한 등기신청의 특례(법 제84조의2)

다음의 어느 하나에 해당하는 경우 수탁자는 단독으로 해당 신탁재산에 속하는 부동산에 관한 권리변경등기를 신청할 수 있다.

①「신탁법」제3조 제1항 제3호에 따라 신탁을 설정하는 경우
②「신탁법」제34조 제2항 각 호의 어느 하나에 해당하여 다음의 어느 하나의 행위를 하는 것이 허용된 경우
  ㉠ 수탁자가 신탁재산에 속하는 부동산에 관한 권리를 고유재산에 귀속시키는 행위
  ㉡ 수탁자가 고유재산에 속하는 부동산에 관한 권리를 신탁재산에 귀속시키는 행위
  ㉢ 여러 개의 신탁을 인수한 수탁자가 하나의 신탁재산에 속하는 부동산에 관한 권리를 다른 신탁의 신탁재산에 귀속시키는 행위
③「신탁법」제90조 또는 제94조에 따라 수탁자가 신탁을 합병, 분할 또는 분할합병하는 경우

(7) 촉탁에 의한 신탁변경등기(법 제85조)

① 법원은 다음의 어느 하나에 해당하는 재판을 한 경우 지체 없이 신탁원부 기록의 변경등기를 등기소에 촉탁하여야 한다.
  ㉠ 수탁자 해임의 재판
  ㉡ 신탁관리인의 선임 또는 해임의 재판
  ㉢ 신탁 변경의 재판

② 법무부장관은 다음의 어느 하나에 해당하는 경우 지체 없이 신탁원부 기록의 변경등기를 등기소에 촉탁하여야 한다.
  ㉠ 수탁자를 직권으로 해임한 경우
  ㉡ 신탁관리인을 직권으로 선임하거나 해임한 경우
  ㉢ 신탁내용의 변경을 명한 경우
③ 등기관이 법원 또는 주무관청의 촉탁에 의하여 수탁자 해임에 관한 신탁원부 기록의 변경등기를 하였을 때에는 직권으로 등기기록에 수탁자 해임의 뜻을 부기하여야 한다.

(8) 직권에 의한 신탁변경등기(법 제85조의2)

등기관이 신탁재산에 속하는 부동산에 관한 권리에 대하여 다음의 어느 하나에 해당하는 등기를 할 경우 직권으로 그 부동산에 관한 신탁원부 기록의 변경등기를 하여야 한다.
① 수탁자의 변경으로 인한 이전등기
② 여러 명의 수탁자 중 1인의 임무 종료로 인한 변경등기
③ 수탁자인 등기명의인의 성명 및 주소(법인인 경우에는 그 명칭 및 사무소 소재지를 말한다)에 관한 변경등기 또는 경정등기

(9) 신탁변경등기의 신청(법 제86조)

수탁자는 제85조 및 제85조의2에 해당하는 경우를 제외하고 제81조 제1항 각 호의 사항이 변경되었을 때에는 지체 없이 신탁원부 기록의 변경등기를 신청하여야 한다.

(10) 신탁등기의 말소(법 제87조)

① 신탁재산에 속한 권리가 이전, 변경 또는 소멸됨에 따라 신탁재산에 속하지 아니하게 된 경우 신탁등기의 말소신청은 신탁된 권리의 이전등기, 변경등기 또는 말소등기의 신청과 동시에 하여야 한다.
② 신탁종료로 인하여 신탁재산에 속한 권리가 이전 또는 소멸된 경우에는 제1항을 준용한다.
③ 신탁등기의 말소등기는 수탁자가 단독으로 신청할 수 있다.
④ 신탁등기의 말소등기의 신청에 관하여는 제82조 제2항 및 제3항을 준용한다.

(11) 담보권신탁에 관한 특례(법 제87조의2)

① 위탁자가 자기 또는 제3자 소유의 부동산에 채권자가 아닌 수탁자를 저당권자로 하여 설정한 저당권을 신탁재산으로 하고 채권자를 수익자로 지정한 신탁의 경우 등기관은 그 저당권에 의하여 담보되는 피담보채권이 여럿이고 각 피담보채권별로 제75조에 따른 등기사항이 다를 때에는 제75조에 따른 등기사항을 각 채권별로 구분하여 기록하여야 한다.
② 신탁의 신탁재산에 속하는 저당권에 의하여 담보되는 피담보채권이 이전되는 경우 수탁자는 신탁원부 기록의 변경등기를 신청하여야 한다.
③ 신탁의 신탁재산에 속하는 저당권의 이전등기를 하는 경우에는 제79조를 적용하지 아니한다.

6 가등기 기출 32회·35회

(1) 가등기의 대상(법 제88조)

가등기는 제3조 각 호의 어느 하나에 해당하는 권리의 설정, 이전, 변경 또는 소멸의 청구권(請求權)을 보전(保全)하려는 때에 한다. 그 청구권이 시기부(始期附) 또는 정지조건부(停止條件附)일 경우나 그 밖에 장래에 확정될 것인 경우에도 같다.

(2) 가등기의 신청방법(법 제89조)

가등기권리자는 제23조 제1항에도 불구하고 가등기의무자의 승낙이 있거나 가등기를 명하는 법원의 가처분명령(假處分命令)이 있을 때에는 단독으로 가등기를 신청할 수 있다.

> **가등기의 신청(등기규칙 제145조)**
> ① 가등기를 신청하는 경우에는 그 가등기로 보전하려고 하는 권리를 신청정보의 내용으로 등기소에 제공하여야 한다.
> ② 법 제89조에 따라 가등기권리자가 단독으로 가등기를 신청하는 경우에는 가등기의무자의 승낙이나 가처분명령이 있음을 증명하는 정보를 첨부정보로서 등기소에 제공하여야 한다.

(3) 가등기를 명하는 가처분명령(법 제90조)

① 가등기를 명하는 가처분명령은 부동산의 소재지를 관할하는 지방법원이 가등기권리자의 신청으로 가등기 원인사실의 소명이 있는 경우에 할 수 있다.
② 신청을 각하한 결정에 대하여는 즉시항고(卽時抗告)를 할 수 있다.
③ 즉시항고에 관하여는 「비송사건절차법」을 준용한다.

(4) 가등기에 의한 본등기의 순위(법 제91조)

가등기에 의한 본등기(本登記)를 한 경우 본등기의 순위는 가등기의 순위에 따른다.

> **가등기에 의한 본등기(등기규칙 제146조)**
> 가등기를 한 후 본등기의 신청이 있을 때에는 가등기의 순위번호를 사용하여 본등기를 하여야 한다.

(5) 가등기에 의하여 보전되는 권리를 침해하는 가등기 이후 등기의 직권말소(법 제92조)

① 등기관은 가등기에 의한 본등기를 하였을 때에는 대법원규칙으로 정하는 바에 따라 가등기 이후에 된 등기로서 가등기에 의하여 보전되는 권리를 침해하는 등기를 직권으로 말소하여야 한다.
② 등기관이 가등기 이후의 등기를 말소하였을 때에는 지체 없이 그 사실을 말소된 권리의 등기명의인에게 통지하여야 한다.

(6) 가등기의 말소(법 제93조)

① 가등기명의인은 제23조 제1항에도 불구하고 단독으로 가등기의 말소를 신청할 수 있다.
② 가등기의무자 또는 가등기에 관하여 등기상 이해관계 있는 자는 제23조 제1항에도 불구하고 가등기명의인의 승낙을 받아 단독으로 가등기의 말소를 신청할 수 있다.

7 가처분에 관한 등기

(1) 가처분등기(등기규칙 제151조)
① 등기관이 가처분등기를 할 때에는 가처분의 피보전권리와 금지사항을 기록하여야 한다.
② 가처분의 피보전권리가 소유권 이외의 권리설정등기청구권으로서 소유명의인을 가처분채무자로 하는 경우에는 그 가처분등기를 등기기록 중 갑구에 한다.

(2) 가처분등기 이후의 등기 등의 말소(법 제94조)
① 「민사집행법」 제305조 제3항에 따라 권리의 이전, 말소 또는 설정등기청구권을 보전하기 위한 처분금지가처분등기가 된 후 가처분채권자가 가처분채무자를 등기의무자로 하여 권리의 이전, 말소 또는 설정의 등기를 신청하는 경우에는, 대법원규칙으로 정하는 바에 따라 그 가처분등기 이후에 된 등기로서 가처분채권자의 권리를 침해하는 등기의 말소를 단독으로 신청할 수 있다.
② 등기관이 ①항의 신청에 따라 가처분등기 이후의 등기를 말소할 때에는 직권으로 그 가처분등기도 말소하여야 한다. 가처분등기 이후의 등기가 없는 경우로서 가처분채무자를 등기의무자로 하는 권리의 이전, 말소 또는 설정의 등기만을 할 때에도 또한 같다.
③ 등기관이 ①항의 신청에 따라 가처분등기 이후의 등기를 말소하였을 때에는 지체 없이 그 사실을 말소된 권리의 등기명의인에게 통지하여야 한다.

(3) 가처분에 따른 소유권 외의 권리 설정등기(법 제95조)
등기관이 제94조 제1항에 따라 가처분채권자 명의의 소유권 외의 권리 설정등기를 할 때에는 그 등기가 가처분에 기초한 것이라는 뜻을 기록하여야 한다.

8 관공서가 촉탁하는 등기 등

(1) 관공서가 등기명의인 등을 갈음하여 촉탁할 수 있는 등기(법 제96조)
관공서가 체납처분(滯納處分)으로 인한 압류등기(押留登記)를 촉탁하는 경우에는 등기명의인 또는 상속인, 그 밖의 포괄승계인을 갈음하여 부동산의 표시, 등기명의인의 표시의 변경, 경정 또는 상속, 그 밖의 포괄승계로 인한 권리이전(權利移轉)의 등기를 함께 촉탁할 수 있다.

(2) 공매처분으로 인한 등기의 촉탁(법 제97조)
관공서가 공매처분(公賣處分)을 한 경우에 등기권리자의 청구를 받으면 지체 없이 다음의 등기를 등기소에 촉탁하여야 한다.
① 공매처분으로 인한 권리이전의 등기
② 공매처분으로 인하여 소멸한 권리등기(權利登記)의 말소
③ 체납처분에 관한 압류등기 및 공매공고등기의 말소

(3) 관공서의 촉탁에 따른 등기(법 제98조)

① 국가 또는 지방자치단체가 등기권리자인 경우에는 국가 또는 지방자치단체는 등기의무자의 승낙을 받아 해당 등기를 지체 없이 등기소에 촉탁하여야 한다.
② 국가 또는 지방자치단체가 등기의무자인 경우에는 국가 또는 지방자치단체는 등기권리자의 청구에 따라 지체 없이 해당 등기를 등기소에 촉탁하여야 한다.

> **등기촉탁서 제출방법(등기규칙 제155조)**
> ① 관공서가 촉탁정보 및 첨부정보를 적은 서면을 제출하는 방법으로 등기촉탁을 하는 경우에는 우편으로 그 촉탁서를 제출할 수 있다.
> ② 관공서가 등기촉탁을 하는 경우로서 소속 공무원이 직접 등기소에 출석하여 촉탁서를 제출할 때에는 그 소속 공무원임을 확인할 수 있는 신분증명서를 제시하여야 한다.

(4) 수용으로 인한 등기(법 제99조) 기출 30회

① 수용으로 인한 소유권이전등기는 제23조 제1항에도 불구하고 등기권리자가 단독으로 신청할 수 있다.

> **수용으로 인한 등기의 신청(등기규칙 제156조)**
> ① 수용으로 인한 소유권이전등기를 신청하는 경우에 토지수용위원회의 재결로써 존속이 인정된 권리가 있으면 이에 관한 사항을 신청정보의 내용으로 등기소에 제공하여야 한다.
> ② 수용으로 인한 소유권이전등기를 신청하는 경우에는 보상이나 공탁을 증명하는 정보를 첨부정보로서 등기소에 제공하여야 한다.

② 등기권리자는 ①항의 신청을 하는 경우에 등기명의인이나 상속인, 그 밖의 포괄승계인을 갈음하여 부동산의 표시 또는 등기명의인의 표시의 변경, 경정 또는 상속, 그 밖의 포괄승계로 인한 소유권이전의 등기를 신청할 수 있다.
③ 국가 또는 지방자치단체가 등기권리자인 경우에는 국가 또는 지방자치단체는 지체 없이 ①항과 ②항의 등기를 등기소에 촉탁하여야 한다.
④ 등기관이 수용으로 인한 소유권이전등기를 하는 경우 그 부동산의 등기기록 중 소유권, 소유권 외의 권리, 그 밖의 처분제한에 관한 등기가 있으면 그 등기를 직권으로 말소하여야 한다. 다만, 그 부동산을 위하여 존재하는 지역권의 등기 또는 토지수용위원회의 재결(裁決)로써 존속(存續)이 인정된 권리의 등기는 그러하지 아니하다.
⑤ 부동산에 관한 소유권 외의 권리의 수용으로 인한 권리이전등기에 관하여는 ①항부터 ④항까지의 규정을 준용한다.

제5장 이의

> **Point 출제포인트**
> ▷ 이의절차
> ▷ 새로운 사실에 의한 이의 금지
> ▷ 등기관의 조치
> ▷ 집행 부정지
> ▷ 가등기 또는 부기등기의 말소

1 법 제100조(이의신청과 그 관할)
등기관의 결정 또는 처분에 이의가 있는 자는 그 결정 또는 처분을 한 등기관이 속한 지방법원(이하 "관할 지방법원"이라 한다)에 이의신청을 할 수 있다. 〈개정 2024.9.20.〉

2 법 제101조(이의신청의 방법) 〈개정 2024.9.20.〉
제100조에 따른 이의신청은 대법원규칙으로 정하는 바에 따라 결정 또는 처분을 한 등기관이 속한 등기소에 이의신청서를 제출하거나 전산정보처리조직을 이용하여 이의신청정보를 보내는 방법으로 한다.

3 법 제102조(새로운 사실에 의한 이의 금지) 기출 34회·36회
새로운 사실이나 새로운 증거방법을 근거로 이의신청을 할 수는 없다.

4 법 제103조(등기관의 조치) 기출 34회·36회
① 등기관은 이의가 이유 있다고 인정하면 그에 해당하는 처분을 하여야 한다.
② 등기관은 이의가 이유 없다고 인정하면 이의신청일부터 3일 이내에 의견을 붙여 이의신청서 또는 이의신청정보를 관할 지방법원에 보내야 한다. 〈개정 2024.9.20.〉
③ 등기를 마친 후에 이의신청이 있는 경우에는 3일 이내에 의견을 붙여 이의신청서 또는 이의신청정보를 관할 지방법원에 보내고 등기상 이해관계 있는 자에게 이의신청 사실을 알려야 한다. 〈개정 2024.9.20.〉

5 법 제104조(집행 부정지) 기출 34회·35회·36회

이의에는 집행정지(執行停止)의 효력이 없다.

6 법 제105조(이의에 대한 결정과 항고) 기출 36회

① 관할 지방법원은 이의에 대하여 이유를 붙여 결정을 하여야 한다. 이 경우 이의가 이유 있다고 인정하면 등기관에게 그에 해당하는 처분을 명령하고 그 뜻을 이의신청인과 등기상 이해관계 있는 자에게 알려야 한다.
② ①항의 결정에 대하여는 「비송사건절차법」에 따라 항고할 수 있다.

> **등본에 의한 통지(등기규칙 제160조)**
> 법 제105조 제1항의 통지는 결정서 등본에 의하여 한다.

7 법 제106조(처분 전의 가등기 및 부기등기의 명령) 기출 30회·36회

관할 지방법원은 이의신청에 대하여 결정하기 전에 등기관에게 가등기 또는 이의가 있다는 뜻의 부기등기를 명령할 수 있다.

> **가등기 또는 부기등기의 말소(등기규칙 제162조)**
> 법 제106조에 따른 가등기 또는 부기등기는 등기관이 관할 지방법원으로부터 이의신청에 대한 기각결정(각하, 취하를 포함한다)의 통지를 받았을 때에 말소한다.

8 법 제107조(관할 법원의 명령에 따른 등기)

등기관이 관할 지방법원의 명령에 따라 등기를 할 때에는 명령을 한 지방법원, 명령의 연월일 및 명령에 따라 등기를 한다는 뜻을 기록하여야 한다.

9 법 제108조(송달) 기출 34회

송달에 대하여는 「민사소송법」을 준용하고, 이의의 비용에 대하여는 「비송사건절차법」을 준용한다.

제6장 보칙 및 벌칙

> **Point 출제포인트**
> ▷ 등기정보자료의 제공
> ▷ 등기필정보의 안전확보
> ▷ 벌칙

1 법 제109조(등기사무의 처리에 필요한 전산정보자료의 제공 요청)

법원행정처장은 「전자정부법」 제2조 제2호에 따른 행정기관 및 같은 조 제3호에 따른 공공기관(이하 "행정기관 등"이라 한다)의 장에게 등기사무의 처리에 필요한 전산정보자료의 제공을 요청할 수 있다.

2 법 제109조의2(등기정보자료의 제공 등)

① 행정기관 등의 장은 소관 업무의 처리를 위하여 필요한 경우에 관계 중앙행정기관의 장의 심사를 거치고 법원행정처장의 승인을 받아 등기정보자료의 제공을 요청할 수 있다. 다만, 중앙행정기관의 장은 법원행정처장과 협의를 하여 협의가 성립되는 때에 등기정보자료의 제공을 요청할 수 있다.
② 행정기관 등의 장이 아닌 자는 수수료를 내고 대법원규칙으로 정하는 바에 따라 등기정보자료를 제공받을 수 있다. 다만, 등기명의인별로 작성되어 있거나 그 밖에 등기명의인을 알아볼 수 있는 사항을 담고 있는 등기정보자료는 다른 법률에 특별한 규정이 있는 경우를 제외하고는 해당 등기명의인이나 그 포괄승계인만이 제공받을 수 있다.
③ 등기정보자료의 제공 절차, 수수료의 금액 및 그 면제 범위는 대법원규칙으로 정한다.

3 법 제110조(등기필정보의 안전확보)

① 등기관은 취급하는 등기필정보의 누설·멸실 또는 훼손의 방지와 그 밖에 등기필정보의 안전관리를 위하여 필요하고도 적절한 조치를 마련하여야 한다.
② 등기관과 그 밖에 등기소에서 부동산등기사무에 종사하는 사람이나 그 직에 있었던 사람은 그 직무로 인하여 알게 된 등기필정보의 작성이나 관리에 관한 비밀을 누설하여서는 아니 된다.
③ 누구든지 부실등기를 하도록 등기의 신청이나 촉탁에 제공할 목적으로 등기필정보를 취득하거나 그 사정을 알면서 등기필정보를 제공하여서는 아니 된다.

4 법 제111조(벌칙)

다음의 어느 하나에 해당하는 사람은 2년 이하의 징역 또는 1천만원 이하의 벌금에 처한다.
① 제110조 제2항을 위반하여 등기필정보의 작성이나 관리에 관한 비밀을 누설한 사람
② 제110조 제3항을 위반하여 등기필정보를 취득한 사람 또는 그 사정을 알면서 등기필정보를 제공한 사람
③ 부정하게 취득한 등기필정보를 ②항의 목적으로 보관한 사람

5 법 제113조(대법원규칙에의 위임)

이 법 시행에 필요한 사항은 대법원규칙으로 정한다.

> **대법원예규에의 위임(등기규칙 제167조)** 〈개정 2024.11.29.〉
> 부동산등기 절차와 관련하여 필요한 사항 중 이 규칙에서 정하고 있지 아니한 사항은 대법원예규로 정할 수 있다.

제7편 실전문제

※ 개정법령 반영으로 인해 기출문제를 수정한 경우 기출수정 표기를 하였습니다.

제1장 총칙

01 부동산등기법령상 등기할 수 있는 권리에 해당하지 않는 것은? 기출 19

① 소유권
② 지역권
③ 권리질권
④ 유치권
⑤ 채권담보권

해설

④ (×) 등기를 할 수 있는 권리는 원칙적으로 토지 및 건물에 대한 물권, 즉 부동산물권이다. 부동산물권 중 유치권은 점유를 본질로 하는 권리이므로 등기할 권리가 아니다.
①·②·③·⑤ (○) 소유권, 지역권, 권리질권, 채권담보권은 등기할 수 있는 권리이다(법 제3조).

> **등기할 수 있는 권리 등(법 제3조)**
> 등기는 부동산의 표시(表示)와 다음 각 호의 어느 하나에 해당하는 권리의 보존, 이전, 설정, 변경, 처분의 제한 또는 소멸에 대하여 한다.
> 1. 소유권(所有權) (①)
> 2. 지상권(地上權)
> 3. 지역권(地役權) (②)
> 4. 전세권(傳貰權)
> 5. 저당권(抵當權)
> 6. 권리질권(權利質權) (③)
> 7. 채권담보권(債權擔保權) (⑤)
> 8. 임차권(賃借權)

답 ④

02 부동산등기법령상 등기의 순위와 접수 등에 관한 설명으로 옳지 않은 것은? 기출 17

① 같은 부동산에 관하여 등기한 권리의 순위는 법률에 다른 규정이 없으면 등기한 순서에 따른다.
② 등기의 순서는 등기기록 중 같은 구(區)에서 한 등기 상호간에는 순위번호에 따른다.
③ 같은 주등기에 관한 부기등기 상호간의 순위는 그 등기 순서에 따른다.
④ 등기신청은 대법원규칙으로 정하는 등기신청정보가 전산정보처리조직에 저장된 때 접수된 것으로 본다.
⑤ 등기관이 등기를 마쳤을 때에는 신청인에게 그 사실을 알려야 하며, 신청인이 등기완료의 통지를 받은 때부터 그 등기의 효력이 발생한다.

해설

⑤ (×) 등기관이 등기를 마친 경우 그 등기는 접수한 때부터 효력을 발생한다(법 제6조 제2항).
① (○) 법 제4조 제1항
② (○) 법 제4조 제2항
③ (○) 법 제5조 단서
④ (○) 법 제6조 제1항

답 ⑤

03 부동산등기법령상 등기의 관할에 관한 설명으로 옳지 않은 것은? 기출 25

① 지방법원장은 어느 등기소의 관할에 속하는 사무를 다른 등기소에 위임하게 할 수 있다.
② 관할 등기소가 다른 여러 개의 부동산과 관련하여 등기목적과 등기원인이 동일한 경우 그 중 하나의 관할 등기소에서 등기사무를 담당할 수 있다.
③ 상속으로 인한 등기신청의 경우 부동산의 관할 등기소가 아닌 등기소도 그 신청에 따른 등기사무를 담당할 수 있다.
④ 사건이 그 등기소의 관할이 아닌 경우의 등기신청은 각하사유에 해당한다.
⑤ 부동산이 여러 등기소의 관할구역에 걸쳐 있을 때에는 대법원규칙으로 정하는 바에 따라 각 등기소를 관할하는 상급법원의 장이 관할 등기소를 지정한다.

> **해설**

① (×) 대법원장은 어느 등기소의 관할에 속하는 사무를 다른 등기소에 위임하게 할 수 있다(법 제8조).
② (○) 법 제7조의2 제1항
③ (○) 법 제7조의3 제1항
④ (○) 법 제29조 본문 제1호
⑤ (○) 법 제7조 제2항

답 ①

---

04 부동산등기법령상 등기신청 및 등기의 효력발생시기에 관한 설명으로 옳은 것을 모두 고른 것은?

기출 22

> ㄱ. 소유권보존등기 또는 소유권보존등기의 말소등기는 등기명의인으로 될 자 또는 등기명의인이 단독으로 신청한다.
> ㄴ. 대표자가 있는 법인 아닌 사단에 속하는 부동산의 등기 신청에 관하여는 그 사단의 대표자를 등기권리자 또는 등기의무자로 한다.
> ㄷ. 등기신청은 해당 부동산이 다른 부동산과 구별될 수 있게 하는 정보가 전산정보처리조직에 서장된 때 접수된 것으로 본다.
> ㄹ. 등기관이 등기를 마친 경우 그 등기는 등기완료의 통지를 한 때부터 효력을 발생한다.

① ㄱ, ㄴ
② ㄱ, ㄷ
③ ㄷ, ㄹ
④ ㄴ, ㄷ, ㄹ
⑤ ㄱ, ㄴ, ㄷ, ㄹ

> **해설**

ㄱ. (○) 소유권보존등기 또는 소유권보존등기의 말소등기는 등기명의인으로 될 자 또는 등기명의인이 단독으로 신청한다(법 제23조 제2항).
ㄴ. (×) 대표자가 있는 법인 아닌 사단에 속하는 부동산의 등기 신청에 관하여는 그 사단의 대표자는 단지 등기신청인에 불과하며, 그 사단을 등기권리자 또는 등기의무자로 한다(법 제26조 제1항).
ㄷ. (○) 등기신청은 해당 부동산이 다른 부동산과 구별될 수 있게 하는 정보가 전산정보처리조직에 저장된 때 접수된 것으로 본다(법 제6조 제1항).
ㄹ. (×) 등기관이 등기를 마친 경우 그 등기는 접수 한 때부터 효력을 발생한다(법 제6조 제2항).

답 ②

제2장 등기소와 등기관

01 부동산등기법령상 등기소와 등기관에 관한 설명으로 옳지 않은 것은?

① 등기사무는 부동산의 소재지를 관할하는 지방법원, 그 지원(支院) 또는 등기소에서 담당한다.
② 부동산이 여러 등기소의 관할구역에 걸쳐 있을 때에는 대법원규칙으로 정하는 바에 따라 각 등기소를 관할하는 상급법원의 장이 관할 등기소를 지정한다.
③ 지방법원장은 등기소에서 등기사무를 정지하여야 하는 사유가 발생하면 기간을 정하여 등기사무의 정지를 명령할 수 있다.
④ 등기관이 등기사무를 처리한 때에는 등기사무를 처리한 등기관이 누구인지 알 수 있는 조치를 하여야 한다.
⑤ 등기관은 접수번호의 순서에 따라 등기사무를 처리하여야 한다.

해설

③ (×) 대법원장은 등기소에서 등기사무를 정지하여야 하는 사유가 발생하면 기간을 정하여 등기사무의 정지를 명령할 수 있다(법 제10조).
① (○) 법 제7조 제1항
② (○) 법 제7조 제2항
④ (○) 법 제11조 제4항
⑤ (○) 법 제11조 제3항

답 ③

02 부동산등기법령상 등기사무에 관한 설명으로 옳지 않은 것은? 기출 24
CHECK
O △ ×

① 등기관은 접수번호의 순서에 따라 등기사무를 처리하여야 한다.
② 등기관은 등기사무를 처리한 때에는 등기사무를 처리한 등기관이 누구인지 알 수 없도록 조치하여야 한다.
③ 토지등기부와 건물등기부는 영구히 보존하여야 한다.
④ 등기부를 편성할 때 1동의 건물을 구분한 건물에 있어서는 1동의 건물에 속하는 전부에 대하여 1개의 등기기록을 사용한다.
⑤ 폐쇄한 등기기록의 열람 청구는 관할 등기소가 아닌 등기소에 대하여도 할 수 있다.

해설

② (×) 등기관이 등기사무를 처리한 때에는 등기사무를 처리한 등기관이 <u>누구인지 알 수 있는 조치를 하여야 한다</u>(법 제11조 제4항).
① (○) 법 제11조 제3항
③ (○) 법 제14조 제2항
④ (○) 법 제15조 제1항
⑤ (○) 법 제19조 제2항

답 ②

제3장 등기부 등

01 부동산등기법령상 등기부에 관한 설명으로 옳은 것은? 기출 19

① 등기부는 토지등기부, 건물등기부, 집합건물등기부로 구분한다.
② 등기부와 폐쇄한 등기기록은 모두 영구히 보존하여야 한다.
③ 등기부는 법관이 발부한 영장에 의하여 압수하는 경우 외에는 등기정보중앙관리소에 보관·관리하여야 한다.
④ 등기기록의 열람 청구는 관할 등기소가 아닌 등기소에 대하여 할 수 없다.
⑤ 1동의 건물을 구분한 건물에 있어서는 1동의 건물에 속하는 전부에 대하여 1개의 등기기록을 사용할 수 없다.

해설

② (○) 법 제14조 제2항, 법 제20조 제2항
① (×) 등기부는 토지등기부와 건물등기부로 구분한다(법 제14조 제1항).
③ (×) 등기부는 대법원규칙으로 정하는 장소(중앙관리소)에 보관·관리하여야 하며, 전쟁·천재지변이나 그 밖에 이에 준하는 사태를 피하기 위한 경우 외에는 그 장소 밖으로 옮기지 못한다(법 제14조 제3항). 등기부의 부속서류는 전쟁·천재지변이나 그 밖에 이에 준하는 사태를 피하기 위한 경우 외에는 등기소 밖으로 옮기지 못한다. 다만, 신청서나 그 밖의 부속서류에 대하여는 법원의 명령 또는 촉탁이 있거나 법관이 발부한 영장에 의하여 압수하는 경우에는 그러하지 아니하다(법 제14조 제4항).
④ (×) 등기기록의 열람 및 등기사항증명서의 발급 청구는 관할 등기소가 아닌 등기소에 대하여도 할 수 있다(법 제19조 제2항).
⑤ (×) 1동의 건물을 구분한 건물에 있어서는 1동의 건물에 속하는 전부에 대하여 1개의 등기기록을 사용한다(법 제15조 제1항 단서).

답 ②

02 부동산등기법령상 등기소에 갖추어 두어야 할 장부의 보존기간이 나머지 것과 <u>다른</u> 것은?

① 부동산등기신청서 접수장
② 사용자등록신청서류 등 편철장
③ 결정원본 편철장
④ 이의신청서류 편철장
⑤ 기타 문서 접수장

해설

부동산등기신청서 접수장은 5년이고, 나머지 ②, ③, ④, ⑤는 10년이다(등기규칙 제25조 제1항).

장부의 보존기간(등기규칙 제25조 제1항)
등기소에 갖추어 두어야 할 장부의 보존기간은 다음 각 호와 같다.
1. 부동산등기신청서 접수장 : 5년 (①)
2. 기타 문서 접수장 : 10년 (⑤)
3. 결정원본 편철장 : 10년 (③)
4. 이의신청서류 편철장 : 10년 (④)
5. 사용자등록신청서류 등 편철장 : 10년 (②)
6. 신청서 기타 부속서류 편철장 : 5년
7. 신청서 기타 부속서류 송부부 : 신청서 그 밖의 부속서류가 반환된 날부터 5년
8. 각종 통지부 : 1년
9. 열람신청서류 편철장 : 1년
10. 제증명신청서류 편철장 : 1년

답 ①

03 부동산등기법상 등기부 등에 관한 설명으로 옳지 <u>않은</u> 것은? 기출 18

① 등기부는 토지등기부와 건물등기부로 구분한다.
② 법원의 명령 또는 촉탁이 있는 경우에는 신청서나 그 밖의 부속서류를 등기소 밖으로 옮길 수 있다.
③ 등기관이 등기를 마쳤을 때에는 등기부부본자료를 작성하여야 한다.
④ 폐쇄한 등기기록의 열람 및 등기사항증명서의 발급은 관할 등기소가 아닌 등기소에 청구할 수 없다.
⑤ 등기부의 부속서류가 손상·멸실의 염려가 있을 때에는 대법원장은 그 방지를 위하여 필요한 처분을 명령할 수 있다.

> 해설

④ (×) 폐쇄한 등기기록의 열람 및 등기사항증명서의 발급은 관할 등기소가 아닌 등기소에 청구할 수 있다(법 제20조 제3항, 법 제19조 제2항).
① (○) 법 제14조 제1항
② (○) 법 제14조 제4항 단서
③ (○) 법 제16조
⑤ (○) 법 제17조 제1항

답 ④

04 부동산등기법령상 등기부 등에 관한 설명으로 옳지 않은 것은? 기출 17

① 등기부는 영구히 보존하여야 한다.
② 법관이 발부한 영장에 의하여 신청서나 그 밖의 부속서류를 압수하는 경우에는 이를 등기소 밖으로 옮길 수 있다.
③ 1동의 건물을 구분한 건물에 있어서는 1동의 건물에 속하는 전부에 대하여 1개의 등기기록을 사용한다.
④ 등기기록의 부속서류에 대하여는 이해관계 있는 부분만 열람을 청구할 수 있다.
⑤ 등기관의 중복등기기록 정리는 실체의 권리관계에 영향을 미친다.

> 해설

⑤ (×) 중복등기기록의 정리는 실체의 권리관계에 영향을 미치지 아니한다(등기규칙 제33조 제2항).
① (○) 법 제14조 제2항
② (○) 법 제14조 제4항 단서
③ (○) 법 제15조 제1항 단서
④ (○) 법 제19조 제1항 단서

답 ⑤

제4장 등기절차

01 부동산등기법상 등기신청인에 관한 설명으로 옳지 않은 것은? 기출 18

① 소유권보존등기 또는 소유권보존등기의 말소등기는 등기명의인으로 될 자 또는 등기명의인이 단독으로 신청한다.
② 상속, 법인의 합병, 그 밖에 대법원규칙으로 정하는 포괄승계에 따른 등기는 등기권리자가 단독으로 신청한다.
③ 판결에 의한 등기는 승소한 등기권리자 또는 등기의무자가 단독으로 신청한다.
④ 신탁재산에 속하는 부동산의 신탁등기는 위탁자가 단독으로 신청한다.
⑤ 등기명의인표시의 변경이나 경정의 등기는 해당 권리의 등기명의인이 단독으로 신청한다.

해설

④ (×) 해당 신탁재산에 속하는 부동산의 신탁등기는 새로운 신탁의 수탁자가 단독으로 신청한다(법 제23조 제8항).
① (○) 법 제23조 제2항
② (○) 법 제23조 제3항
③ (○) 법 제23조 제4항
⑤ (○) 법 제23조 제6항

답 ④

02 부동산등기법령상 등기의 신청에 관한 설명으로 옳지 않은 것은? 기출 25

① 소유권보존등기 또는 소유권보존등기의 말소등기는 등기명의인으로 될 자 또는 등기명의인이 단독으로 신청한다.
② 공유물을 분할하는 판결에 의한 등기는 등기권리자 또는 등기의무자가 단독으로 신청한다.
③ 가등기권리자는 가등기의무자의 승낙이 있을 때에는 단독으로 가등기를 신청할 수 있다.
④ 채권자는 「민법」에 따라 채무자를 대위하여 등기를 신청할 수 있다.
⑤ 대표자나 관리인이 있는 법인 아닌 사단에 속하는 부동산의 등기에 관하여는 그 사단의 대표자나 관리인을 등기권리자 또는 등기의무자로 한다.

> 해설

⑤ (×) 대표자나 관리인이 있는 법인 아닌 사단(社團)에 속하는 부동산의 등기에 관하여는 <u>그 사단이 등기권리자 또는 등기의무자로 한다</u>(법 제26조 제1항).

> **법인 아닌 사단 등의 등기신청(법 제26조)**
> ① 종중(宗中), 문중(門中), 그 밖에 대표자나 관리인이 있는 법인 아닌 사단(社團)이나 재단(財團)에 속하는 부동산의 등기에 관하여는 <u>그 사단이나 재단을 등기권리자 또는 등기의무자로 한다.</u>
> ② 제1항의 등기는 그 사단이나 재단의 명의로 그 대표자나 관리인이 신청한다.

① (○) 법 제23조 제2항
② (○) 법 제23조 제4항
③ (○) 법 제89조
④ (○) 법 제28조 제1항

답 ⑤

---

03 부동산등기법령상 등기신청에 관한 설명으로 옳지 <u>않은</u> 것은? 기출 20

① 법인의 합병에 따른 등기는 등기권리자가 단독으로 신청한다.
② 신탁재산에 속하는 부동산의 신탁등기는 수탁자가 단독으로 신청한다.
③ 수용으로 인한 소유권이전등기는 등기권리자가 단독으로 신청할 수 있다.
④ 채권자는 「민법」 제404조에 따라 채무자를 대위하여 등기를 신청할 수 있다.
⑤ 대표자가 있는 종중에 속하는 부동산의 등기는 대표자의 명의로 신청한다.

> 해설

⑤ (×) 종중, 문중, 그 밖에 대표자나 관리인이 있는 법인 아닌 사단이나 재단에 속하는 부동산의 등기에 관하여는 그 사단이나 재단을 등기권리자 또는 등기의무자로 하여 그 사단이나 재단의 명의로 그 대표자나 관리인이 신청한다(법 제26조 제1항, 제2항).

① (○) 법 제23조 제3항
② (○) 법 제23조 제7항
③ (○) 법 제99조 제1항
④ (○) 법 제28조 제1항

답 ⑤

04 부동산등기법상 등기절차에 관한 설명으로 옳지 <u>않은</u> 것은? 기출 18

① 대표자나 관리인이 있는 법인 아닌 사단이나 재단에 속하는 부동산의 등기에 관하여는 그 대표자나 관리인을 등기권리자 또는 등기의무자로 한다.
② 등기기록에 기록된 사항이 많아 취급하기에 불편하게 되는 등 합리적 사유로 등기기록을 옮겨 기록할 필요가 있는 경우에 등기관은 현재 효력이 있는 등기만을 새로운 등기기록에 옮겨 기록할 수 있다.
③ 채권자는 「민법」의 채권자대위권 규정에 따라 채무자를 대위하여 등기를 신청할 수 있다.
④ 행정구역이 변경되었을 때에는 등기기록에 기록된 행정구역에 대하여 변경등기가 있는 것으로 본다.
⑤ 등기는 법률에 다른 규정이 없는 한 당사자의 신청 또는 관공서의 촉탁에 따라 한다.

해설

① (×) 대표자나 관리인이 있는 법인 아닌 사단(社團)이나 재단(財團)에 속하는 부동산의 등기에 관하여는 그 사단이나 재단을 등기권리자 또는 등기의무자로 하며, 등기는 그 사단이나 재단의 명의로 그 대표자나 관리인이 신청한다(법 제26조 제1항, 제2항).
② (○) 법 제33조
③ (○) 법 제28조 제1항
④ (○) 법 제31조
⑤ (○) 법 제22조 제1항

답 ①

---

05 부동산등기법령상 등기절차에 관한 설명으로 옳지 <u>않은</u> 것은? 기출 16

① 신탁재산에 속하는 부동산의 신탁등기는 수탁자가 단독으로 신청한다.
② 부동산표시의 변경등기는 소유권의 등기명의인이 단독으로 신청한다.
③ 등기관이 등기의 착오가 등기관의 잘못으로 인한 것임을 발견한 경우 등기상 이해관계 있는 제3자가 없다면 지체 없이 그 등기를 직권으로 경정하여야 한다.
④ 등기관은 등기권리자, 등기의무자 또는 등기명의인이 각 2인 이상인 경우에는 직권으로 경정등기를 한 사실을 그 모두에게 알려야 한다.
⑤ 토지가 멸실된 경우에는 그 토지소유권의 등기명의인은 그 사실이 있는 때부터 1개월 이내에 그 등기를 신청하여야 한다.

> **해설**

④ (✕) 등기권리자, 등기의무자 또는 등기명의인이 각 2인 이상인 경우에는 그중 1인에게 통지하면 된다(법 제32조 제1항 단서, 제3항).
① (○) 법 제23조 제7항
② (○) 법 제23조 제5항
③ (○) 법 제32조 제2항
⑤ (○) 법 제39조

답 ④

06

부동산등기법령상 '변경등기의 신청'에 관한 조문의 일부분이다. 괄호 안에 들어갈 내용으로 각각 옳은 것은? 기출 20

- 토지의 분할, 합병이 있는 경우와 제34조의 등기사항에 변경이 있는 경우에는 그 토지 소유권의 등기명의인은 그 사실이 있는 때부터 (ㄱ) 이내에 그 등기를 신청하여야 한다.
- 건물의 분할, 구분, 합병이 있는 경우와 제40조의 등기사항에 변경이 있는 경우에는 그 건물 소유권의 등기명의인은 그 사실이 있는 때부터 (ㄴ) 이내에 그 등기를 신청하여야 한다.

① ㄱ : 30일,   ㄴ : 30일
② ㄱ : 3개월, ㄴ : 3개월
③ ㄱ : 3개월, ㄴ : 1개월
④ ㄱ : 1개월, ㄴ : 3개월
⑤ ㄱ : 1개월, ㄴ : 1개월

> **해설**

⑤ (○) 문제의 지문 모두 1개월 이내에 신청하여야 한다.

변경등기의 신청(법 제35조)
토지의 분할, 합병이 있는 경우와 제34조의 등기사항에 변경이 있는 경우에는 그 토지 소유권의 등기명의인은 그 사실이 있는 때부터 (1개월) 이내에 그 등기를 신청하여야 한다.

변경등기의 신청(법 제41조 제1항)
건물의 분할, 구분, 합병이 있는 경우와 제40조의 등기사항에 변경이 있는 경우에는 그 건물 소유권의 등기명의인은 그 사실이 있는 때부터 (1개월) 이내에 그 등기를 신청하여야 한다.

답 ⑤

07 부동산등기법령상 등기절차에 관한 설명으로 옳은 것은? 기출 21

① 법인의 합병에 따른 등기는 등기권리자와 등기의무자가 공동으로 신청하여야 한다.
② 등기의무자는 공유물을 분할하는 판결에 의한 등기를 단독으로 신청할 수 없다.
③ 토지의 분할이 있는 경우에는 그 토지 소유권의 등기명의인은 그 사실이 있는 때부터 1개월 이내에 그 등기를 신청하여야 한다.
④ 등기관이 직권에 의한 표시변경등기를 하였을 때에는 소유권의 등기명의인은 지체 없이 그 사실을 지적소관청에게 알려야 한다.
⑤ 토지가 멸실된 경우에는 그 토지 소유권의 등기명의인은 그 사실이 있는 때부터 14일 이내에 그 등기를 신청하여야 한다.

해설

③ (○) 법 제35조
① (×) 법인의 합병에 따른 등기는 단독으로 신청하여야 한다(법 제23조 제3항).
② (×) 등기의무자는 공유물을 분할하는 판결에 의한 등기를 단독으로 신청할 수 있다(법 제23조 제4항).
④ (×) 등기관이 직권에 의한 표시변경등기를 하였을 때에는 등기관은 지체 없이 그 사실을 지적소관청과 소유권의 등기명의인에게 알려야 한다. 다만, 등기명의인이 2인 이상인 경우에는 그중 1인에게 통지하면 된다(법 제36조 제2항).
⑤ (×) 토지가 멸실된 경우에는 그 토지 소유권의 등기명의인은 그 사실이 있는 때부터 1개월 이내에 그 등기를 신청하여야 한다(법 제39조).

답 ③

08 부동산등기법령상 등기관이 건물 등기기록의 표제부에 기록하여야 하는 사항 중 같은 지번 위에 여러 개의 건물이 있는 경우와 구분건물의 경우에 한정하여 기록하여야 하는 것은? 기출 22

① 건물의 종류
② 건물의 구조
③ 건물의 면적
④ 표시번호
⑤ 도면의 번호

해설

⑤ (○) 도면의 번호를 기록한다.

> **등기사항(법 제40조 제1항)** 〈개정 2024.9.20.〉
> 등기관은 건물 등기기록의 표제부에 다음 각 호의 사항을 기록하여야 한다.
> 1. 표시번호
> 2. 접수연월일

> 3. 소재, 지번, 건물명칭(건축물대장에 건물명칭이 기재되어 있는 경우만 해당한다) 및 번호. 다만, 같은 지번 위에 1개의 건물만 있는 경우에는 건물번호는 기록하지 아니한다.
> 4. 건물의 종류, 구조와 면적. 부속건물이 있는 경우에는 부속건물의 종류, 구조와 면적도 함께 기록한다.
> 5. 등기원인
> 6. 도면의 번호[같은 지번 위에 여러 개의 건물이 있는 경우와 「집합건물의 소유 및 관리에 관한 법률」 제2조 제1호의 구분소유권(區分所有權)의 목적이 되는 건물(이하 "구분건물"이라 한다)인 경우로 한정한다]

답 ⑤

09 부동산등기법상 건물의 표시에 관한 등기에 대한 설명으로 옳지 않은 것은? 기출 18

① 등기관이 대지권등기를 하였을 때에는 직권으로 대지권의 목적인 토지의 등기기록에 소유권, 지상권, 전세권 또는 임차권이 대지권이라는 뜻을 기록하여야 한다.
② 건물이 멸실된 경우에는 그 건물 소유권의 등기명의인은 그 사실이 있는 때부터 2개월 이내에 그 등기를 신청하여야 한다.
③ 존재하지 아니하는 건물에 대한 등기가 있을 때에는 그 소유권의 등기명의인은 지체 없이 그 건물의 멸실등기를 신청하여야 한다.
④ 구분건물로서 그 대지권의 변경이나 소멸이 있는 경우에는 구분건물의 소유권의 등기명의인은 1동의 건물에 속하는 다른 구분건물의 소유권의 등기명의인을 대위하여 그 등기를 신청할 수 있다.
⑤ 1동의 건물에 속하는 구분건물 중 일부만에 관하여 소유권보존등기를 신청하는 경우에는 나머지 구분건물의 표시에 관한 등기를 동시에 신청하여야 한다.

해설

② (×) 건물이 멸실된 경우에는 그 건물 소유권의 등기명의인은 그 사실이 있는 때부터 <u>1개월</u> 이내에 그 등기를 신청하여야 한다(법 제43조 제1항).
① (○) 법 제40조 제4항
③ (○) 법 제44조 제1항
④ (○) 법 제41조 제3항
⑤ (○) 법 제46조 제1항

답 ②

10 부동산등기법령상 표시에 관한 등기에 관한 설명으로 옳지 않은 것은? 기출 23

① 등기관은 토지 등기기록의 표제부에 등기목적을 기록하여야 한다.
② 토지의 분할이 있는 경우 그 토지 소유권의 등기명의인은 그 사실이 있는 때부터 1개월 이내에 그 등기를 신청하여야 한다.
③ 구분건물로서 그 대지권의 변경이 있는 경우 구분건물의 소유권의 등기명의인은 1동의 건물에 속하는 다른 구분건물의 소유권의 등기명의인을 대위하여 그 등기를 신청할 수 있다.
④ 건물이 구분건물인 경우에 그 건물의 등기기록 중 1동 표제부에 기록하는 등기사항에 관한 변경등기는 그 구분건물과 같은 1동의 건물에 속하는 다른 구분건물에 대하여도 변경등기로서의 효력이 있다.
⑤ 1동의 건물에 속하는 구분건물 중 일부만에 관하여 소유권보존등기를 신청하는 경우에는 나머지 구분건물의 표시에 관한 등기를 동시에 신청하여야 한다.

해설

① (×) 등기목적은 갑구 또는 을구에 기재된다(법 제48조 제1항 제2호).

> **등기사항(법 제48조 제1항)**
> 등기관이 갑구 또는 을구에 권리에 관한 등기를 할 때에는 다음 각 호의 사항을 기록하여야 한다.
> 1. 순위번호
> 2. 등기목적
> 3. 접수연월일 및 접수번호
> 4. 등기원인 및 그 연월일
> 5. 권리자

② (○) 법 제35조
③ (○) 법 제41조 제3항
④ (○) 법 제41조 제4항
⑤ (○) 법 제46조 제1항

답 ①

11 부동산등기법령상 권리에 관한 등기에 관한 설명으로 옳지 않은 것은? 기출 23

① 국가·지방자치단체·국제기관 및 외국정부의 부동산등기용 등록번호는 법무부장관이 지정·고시한다.
② 등기관이 환매특약의 등기를 할 때에는 매수인이 지급한 대금을 기록하여야 한다.
③ 등기원인에 권리의 소멸에 관한 약정이 있을 경우 신청인은 그 약정에 관한 등기를 신청할 수 있다.
④ 등기의 말소를 신청하는 경우에 그 말소에 대하여 등기상 이해관계 있는 제3자가 있을 때에는 제3자의 승낙이 있어야 한다.
⑤ 등기관이 토지에 대하여 소유권경정등기를 하였을 때에는 지체 없이 그 사실을 지적소관청에 알려야 한다.

해설

① (×) 국가·지방자치단체·국제기관 및 외국정부의 부동산등기용 등록번호는 <u>국토교통부장관이 지정·고시한다</u>(법 제49조 제1항 제1호).
② (○) 법 제53조 제1호
③ (○) 법 제54조
④ (○) 법 제57조 제1항
⑤ (○) 법 제62조 제3호

답 ①

12 부동산등기법령상 대표자나 관리인이 있는 법인 아닌 사단(이하 '비법인사단')에 속하는 부동산의 등기에 관한 설명으로 옳은 것은? 기출 24

① 등기에 관하여는 비법인사단의 대표자나 관리인을 등기권리자 또는 등기의무자로 한다.
② 비법인사단의 부동산등기용등록번호는 소재지 관할 등기소의 등기관이 부여한다.
③ 권리에 관한 등기를 비법인사단의 명의로 할 때에는 그 대표자나 관리인의 성명, 주소를 등기사항으로 기록하지 않아도 된다.
④ 비법인사단은 사용자등록을 하고 등기에 관하여 전자신청을 할 수 있다.
⑤ 비법인사단의 대표자나 관리인이 등기를 신청한 경우 등기관은 등기를 마치면 그 대표자나 관리인에게 등기필정보를 통지한다.

해설

⑤ (○) 법정대리인이 등기를 신청한 경우에는 그 법정대리인에게, 법인의 대표자나 지배인이 신청한 경우에는 그 대표자나 지배인에게, 법인 아닌 사단이나 재단의 대표자나 관리인이 신청한 경우에는 그 대표자나 관리인에게 등기필정보를 통지한다(등기규칙 제108조 제2항).
① (×) 종중(宗中), 문중(門中), 그 밖에 대표자나 관리인이 있는 법인 아닌 사단이나 재단에 속하는 부동산의 등기에 관하여는 그 사단이나 재단을 등기권리자 또는 등기의무자로 한다(법 제26조 제1항).
② (×) 법인 아닌 사단이나 재단 및 국내에 영업소나 사무소의 설치 등기를 하지 아니한 외국법인의 등록번호는 시장(「제주특별자치도 설치 및 국제자유도시 조성을 위한 특별법」제10조 제2항에 따른 행정시의 시장을 포함하며, 「지방자치법」제3조 제3항에 따라 자치구가 아닌 구를 두는 시의 시장은 제외한다), 군수 또는 구청장(자치구가 아닌 구의 구청장을 포함한다)이 부여한다(법 제49조 제3호).
③ (×) 법인 아닌 사단이나 재단 명의의 등기를 할 때에는 그 대표자나 관리인의 성명, 주소 및 주민등록번호를 함께 기록하여야 한다(법 제48조 제3항).
④ (×) 전자신청은 당사자가 직접 하거나 자격자대리인이 당사자를 대리하여 한다. 다만, 법인 아닌 사단이나 재단은 전자신청을 할 수 없다(등기규칙 제67조 제1항).

 ⑤

13 부동산등기법령상 권리에 관한 등기에 관한 설명으로 옳지 않은 것은? 기출 21

① 지방자치단체의 부동산등기용등록번호는 국토교통부장관이 지정·고시한다.
② 등기관이 권리의 변경이나 경정의 등기를 할 때에는 등기상 이해관계 있는 제3자의 승낙이 없는 경우에도 부기로 하여야 한다.
③ 등기관이 전세금반환채권의 일부 양도를 원인으로 한 전세권 일부이전등기를 할 때에는 양도액을 기록한다.
④ 등기관이 환매특약의 등기를 할 경우 매매비용은 필요적 기록사항이다.
⑤ 국가가 등기권리자인 경우, 등기관이 새로운 권리에 관한 등기를 마쳤을 때에는 등기필정보를 작성하여 등기권리자에게 통지하지 않아도 된다.

해설

② (×) 등기관이 권리의 변경이나 경정의 등기를 할 때에는 등기상 이해관계 있는 제3자의 승낙이 없는 경우에 주등기로 하여야 한다(법 제52조 제5호).

> **부기로 하는 등기(법 제52조)**
> 등기관이 다음 각 호의 등기를 할 때에는 부기로 하여야 한다. 다만, 제5호의 등기는 등기상 이해관계 있는 제3자의 승낙이 없는 경우에는 그러하지 아니하다.
> 1. 등기명의인표시의 변경이나 경정의 등기
> 2. 소유권 외의 권리의 이전등기
> 3. 소유권 외의 권리를 목적으로 하는 권리에 관한 등기
> 4. 소유권 외의 권리에 대한 처분제한 등기
> 5. 권리의 변경이나 경정의 등기
> 6. 제53조의 환매특약등기
> 7. 제54조의 권리소멸약정등기
> 8. 제67조 제1항 후단의 공유물 분할금지의 약정등기
> 9. 그 밖에 대법원규칙으로 정하는 등기

① (○) 법 제49조 제1항 제1호
③ (○) 법 제73조 제1항
④ (○) 법 제53조 제2호
⑤ (○) 법 제50조 제1항 제2호

답 ②

14 부동산등기법령상 부기로 하여야 하는 등기가 아닌 것은? 기출 22

① 소유권 외의 권리의 이전등기
② 소유권 외의 권리에 대한 처분제한 등기
③ 소유권 외의 권리를 목적으로 하는 권리에 관한 등기
④ 전체가 말소된 등기에 대한 회복등기
⑤ 등기명의인표시의 변경이나 경정의 등기

해설

④ (×) 전체가 말소된 등기에 대한 회복등기는 주등기에 의하고, 일부말소 회복등기는 부기등기에 의한다.

> **말소회복등기(등기규칙 제118조)**
> 법 제59조의 말소된 등기에 대한 회복 신청을 받아 등기관이 등기를 회복할 때에는 회복의 등기를 한 후 다시 말소된 등기와 같은 등기를 하여야 한다. 다만, 등기전체가 아닌 일부 등기사항만 말소된 것일 때에는 부기에 의하여 말소된 등기사항만 다시 등기한다.

①·②·③·⑤ (○) 소유권 외의 권리의 이전등기, 소유권 외의 권리에 대한 처분제한 등기, 소유권 외의 권리를 목적으로 하는 권리에 관한 등기, 등기명의인표시의 변경이나 경정의 등기는 부기등기에 의한다(법 제52조).

답 ④

---

15 부동산등기법령상 '권리에 관한 등기'에 관한 설명으로 옳은 것은? 기출 20

① 권리자가 2인 이상인 경우에는 권리자별 지분을 기록하여야 하고 등기할 권리가 총유(總有)인 때에는 그 뜻을 기록하여야 한다.
② 등기원인에 권리의 소멸에 관한 약정이 있을 경우 신청인은 그 약정에 관한 등기를 신청할 수 있다.
③ 등기관이 소유권 외의 권리에 대한 처분제한 등기를 할 때 등기상 이해관계 있는 제3자의 승낙이 없으면 부기로 할 수 없다.
④ 등기관이 환매특약의 등기를 할 때 매매비용은 기록하지 아니한다.
⑤ 등기관이 소유권보존등기를 할 때 등기원인과 그 연월일을 기록하여야 한다.

해설

② (○) 법 제54조
① (×) 권리자가 2인 이상인 경우에는 권리자별 지분을 기록하여야 하고 등기할 권리가 합유인 때에는 그 뜻을 기록하여야 한다(법 제48조 제4항).

③ (×) 등기관이 소유권 외의 권리에 대한 처분제한 등기를 할 때 부기로 하여야 한다(법 제52조 제4호).
④ (×) 등기관이 환매특약의 등기를 할 때 매수인이 지급한 대금, 매매비용, 환매기간을 기록하여야 한다. 다만, 환매기간은 등기원인에 그 사항이 정하여져 있는 경우에만 기록한다(법 제53조).
⑤ (×) 등기관이 소유권보존등기를 할 때 등기원인과 그 연월일을 기록하지 아니한다(법 제64조).

답 ②

16 기출 24

부동산등기법령상 구분건물에 대한 등기에 관한 설명으로 옳지 <u>않은</u> 것은?

① 등기관은 구분건물인 경우 건물 등기기록의 표제부에 도면의 번호를 기록하여야 한다.
② 구분건물이 속하는 1동 전부가 멸실된 경우에는 그 구분건물의 소유권의 등기명의인은 1동의 건물에 속하는 다른 구분건물의 소유권의 등기명의인을 대위하여 1동 전부에 대한 멸실등기를 신청할 수 있다.
③ 1동의 건물에 속하는 구분건물 중 일부만에 관하여 소유권보존등기를 신청하는 경우에는 나머지 구분건물의 표시에 관한 등기를 동시에 신청하여야 한다.
④ 대지권이 등기된 구분건물의 등기기록에는 건물만에 관한 저당권설정등기를 할 수 있다.
⑤ 구분건물에 대하여는 전유부분마다 부동산고유번호를 부여한다.

해설

④ (×) 대지권이 등기된 구분건물의 등기기록에는 건물만에 관한 소유권이전등기 또는 저당권설정등기, 그 밖에 이와 관련이 있는 등기를 할 수 없다(법 제61조 제3항).
① (○) 법 제40조 제1항 제6호

> **등기사항(법 제40조 제1항)** 〈개정 2024.9.20.〉
> 등기관은 건물 등기기록의 표제부에 다음 각 호의 사항을 기록하여야 한다.
> 1. 표시번호
> 2. 접수연월일
> 3. 소재, 지번, 건물명칭(건축물대장에 건물명칭이 기재되어 있는 경우만 해당한다) 및 번호. 다만, 같은 지번 위에 1개의 건물만 있는 경우에는 건물번호는 기록하지 아니한다.
> 4. 건물의 종류, 구조와 면적. 부속건물이 있는 경우에는 부속건물의 종류, 구조와 면적도 함께 기록한다.
> 5. 등기원인
> 6. 도면의 번호[같은 지번 위에 여러 개의 건물이 있는 경우와 「집합건물의 소유 및 관리에 관한 법률」 제2조 제1호의 <u>구분소유권의 목적이 되는 건물(이하 "구분건물")</u>인 경우로 한정한다]

② (○) 법 제43조 제3항
③ (○) 법 제46조 제1항
⑤ (○) 등기규칙 제12조 제2항

답 ④

17 부동산등기법령상 소유권 등기에 관한 설명으로 옳은 것은? 기출 16

① 등기관이 소유권보존등기를 할 때에는 등기원인과 그 연월일을 기록하지 아니한다.
② 토지대장에 최초의 소유자로 등록되어 있는 자의 상속인은 소유권보존등기를 신청할 수 없다.
③ 등기관이 직권으로 소유권보존등기를 할 수 있는 경우는 없다.
④ 소유권의 일부이전등기를 할 때 이전되는 지분을 표시하지 않아도 된다.
⑤ 소유권의 이전에 관한 사항은 등기기록의 을구에 기록한다.

해설

① (○) 법 제64조
② (×) 건축물대장에 최초의 소유자로 등록되어 있는 자 또는 그 상속인은 미등기의 토지 또는 건물에 관한 소유권보존등기를 신청할 수 있다(법 제65조 제1호).
③ (×) 등기관이 미등기부동산에 대하여 법원의 촉탁에 따라 소유권의 처분제한의 등기를 할 때에는 직권으로 소유권보존등기를 한다(법 제66조 제1항).
④ (×) 등기관이 소유권의 일부에 관한 이전등기를 할 때에는 이전되는 지분을 기록하여야 한다(법 제67조 제1항).
⑤ (×) 소유권의 이전에 관한 사항은 갑구에 기록한다(법 제15조 제2항).

답 ①

18 부동산등기법령상 용익권 및 담보권에 관한 등기에 대한 설명으로 옳은 것은? 기출 17

① 등기관이 지상권설정의 등기를 할 때 지상권의 범위는 등기원인에 그 약정이 있는 경우에만 기록한다.
② 등기관이 근저당권설정의 등기를 할 때 채권의 최고액은 등기원인에 그 약정이 있는 경우에만 기록한다.
③ 등기관이 전세권설정의 등기를 할 때 위약금 또는 배상금은 등기원인에 그 약정이 있는 경우에만 기록한다.
④ 등기관이 전세금반환채권의 일부 양도를 원인으로 한 전세권 일부이전등기를 할 때 양도액은 기록하지 않는다.
⑤ 등기관이 동일한 채권에 관하여 여러 개의 부동산에 관한 권리를 목적으로 하는 저당권설정의 등기를 할 경우, 부동산이 3개 이상일 때에는 공동담보목록을 작성하여야 한다.

> [해설]

전세권 등의 등기사항(법 제72조 제1항)
등기관이 전세권설정이나 전전세(轉傳貰)의 등기를 할 때에는 제48조에서 규정한 사항 외에 다음 각 호의 사항을 기록하여야 한다. 다만, 제3호부터 제5호까지는 등기원인에 그 약정이 있는 경우에만 기록한다.
  1. 전세금 또는 전전세금
  2. 범위
  3. 존속기간
  4. 위약금 또는 배상금
  5. 「민법」 제306조 단서의 약정
  6. 전세권설정이나 전전세의 범위가 부동산의 일부인 경우에는 그 부분을 표시한 도면의 번호

① (×) 지상권의 범위는 약정 여부와 관계 없이 반드시 기록해야 한다(법 제69조 제2호).
② (×) 채권의 최고액은 약정 여부와 관계 없이 반드시 기록해야 한다(법 제75조 제2항 제1호).
④ (×) 등기관이 전세금반환채권의 일부 양도를 원인으로 한 전세권 일부이전등기를 할 때에는 양도액을 기록한다(법 제73조 제1항).
⑤ (×) 부동산이 5개 이상일 때에는 공동담보목록을 작성하여야 한다(법 제78조 제2항).

답 ③

---

19 부동산등기법령상 A(용익권 또는 담보권)와 B(등기원인에 그 약정이 있는 경우에만 기록하여야 하는 사항)의 연결로 옳지 않은 것은? 기출 22

① A : 지역권,   B : 범위
② A : 전세권,   B : 존속기간
③ A : 저당권,   B : 변제기
④ A : 근저당권, B : 존속기간
⑤ A : 지상권,   B : 지료와 지급시기

> [해설]

① (×) A : 지역권, B : 범위는 필요적 기록사항이다(법 제70조 제2호).
② (○) A : 전세권, B : 존속기간(법 제72조 제1항 제3호)
③ (○) A : 저당권, B : 변제기(법 제75조 제1항 제3호)
④ (○) A : 근저당권, B : 존속기간(법 제75조 제2항 제4호)
⑤ (○) A : 지상권, B : 지료와 지급시기(법 제69조 제4호)

답 ①

20. 부동산등기법령상 임차권 설정등기의 등기사항 중 등기원인에 그 사항이 없더라도 반드시 기록하여야 하는 사항을 모두 고른 것은? 기출 20

ㄱ. 등기목적
ㄴ. 권리자
ㄷ. 차임
ㄹ. 차임지급시기
ㅁ. 임차보증금
ㅂ. 존속기간

① ㄱ, ㄴ, ㄷ
② ㄱ, ㄷ, ㄹ
③ ㄴ, ㄷ, ㅁ
④ ㄱ, ㄹ, ㅁ, ㅂ
⑤ ㄴ, ㄹ, ㅁ, ㅂ

해설

ㄱ·ㄴ·ㄷ. (○) 제시된 내용 중 부동산등기법령상 임차권 설정등기의 등기사항 중 등기원인에 그 사항이 없더라도 반드시 기록하여야 하는 사항은 ㄱ(등기목적), ㄴ(권리자), ㄷ(차임)이다(법 제74조, 제48조 제1항).

> **임차권 등의 등기사항(법 제74조)**
> 등기관이 임차권 설정 또는 임차물 전대(轉貸)의 등기를 할 때에는 제48조에서 규정한 사항 외에 다음 각 호의 사항을 기록하여야 한다. 다만, 제3호부터 제6호까지는 등기원인에 그 사항이 있는 경우에만 기록한다.
> 1. 차임(借賃)
> 2. 범위
> 3. 차임지급시기 (ㄹ)
> 4. 존속기간 (ㅂ). 다만, 처분능력 또는 처분권한 없는 임대인에 의한 「민법」제619조의 단기임대차인 경우에는 그 뜻도 기록한다.
> 5. 임차보증금 (ㅁ)
> 6. 임차권의 양도 또는 임차물의 전대에 대한 임대인의 동의
> 7. 임차권설정 또는 임차물전대의 범위가 부동산의 일부인 때에는 그 부분을 표시한 도면의 번호
>
> **등기사항(법 제48조)**
> ① 등기관이 갑구 또는 을구에 권리에 관한 등기를 할 때에는 다음 각 호의 사항을 기록하여야 한다.
> 1. 순위번호
> 2. 등기목적 (ㄱ)
> 3. 접수연월일 및 접수번호
> 4. 등기원인 및 그 연월일
> 5. 권리자 (ㄴ)

ㄹ·ㅁ·ㅂ. (×) 차임지급시기, 임차보증금, 존속기간, 임차권의 양도 또는 임차물의 전대에 대한 임대인의 동의사항은 등기원인에 그 사항이 있는 경우에만 기록하는 사항이다.

답 ①

21 부동산등기법령상 소유권등기 및 담보권등기에 관한 설명으로 옳지 않은 것은? 기출 23

① 등기관이 소유권보존등기를 할 때에는 등기원인과 그 연월일을 기록하지 아니한다.
② 미등기의 토지 또는 건물의 경우 수용(收用)으로 인하여 소유권을 취득하였음을 증명하는 자는 소유권보존등기를 신청할 수 있다.
③ 등기관이 동일한 채권에 관하여 3개의 부동산에 관한 권리를 목적으로 하는 저당권설정의 등기를 할 때에는 공동담보목록을 작성하여야 한다.
④ 등기관은 근저당권을 내용으로 하는 저당권설정의 등기를 할 때에는 채권의 최고액을 기록하여야 한다.
⑤ 등기관이 채권의 일부에 대한 대위변제로 인한 저당권 일부이전등기를 할 때에는 변제액을 기록하여야 한다.

해설

③ (×) 등기관이 동일한 채권에 관하여 <u>5개의 부동산에 관한 권리</u>를 목적으로 하는 저당권설정의 등기를 할 때에는 공동담보목록을 작성하여야 한다(법 제78조 제2항).

> **공동저당의 등기(법 제78조)**
> ① 등기관이 동일한 채권에 관하여 여러 개의 부동산에 관한 권리를 목적으로 하는 저당권설정의 등기를 할 때에는 각 부동산의 등기기록에 그 부동산에 관한 권리가 다른 부동산에 관한 권리와 함께 저당권의 목적으로 제공된 뜻을 기록하여야 한다.
> ② 등기관은 제1항의 경우에 <u>부동산이 5개 이상</u>일 때에는 공동담보목록을 작성하여야 한다.

① (○) 법 제64조
② (○) 법 제65조 제3호
④ (○) 법 제75조 제2항 제1호
⑤ (○) 법 제79조

답 ③

22
CHECK ○△✕

부동산등기법령상 신탁등기에 관한 설명으로 옳지 않은 것은? 기출 25

① 수탁자가 여러 명인 경우 등기관은 신탁재산이 공유 또는 합유인 뜻을 기록하여야 한다.
② 수익자나 위탁자는 수탁자를 대위하여 신탁등기를 신청할 수 있다.
③ 여러 명의 수탁자 중 1인이 법원의 해임으로 그 임무가 종료된 경우 다른 수탁자가 여러 명일 때에는 그 전원이 공동으로 권리변경등기를 신청하여야 한다.
④ 수탁자의 사망으로 수탁자의 임무가 종료된 경우 신수탁자는 단독으로 신탁재산에 속하는 부동산에 관한 권리이전등기를 신청할 수 있다.
⑤ 신탁등기의 말소등기는 수탁자가 단독으로 신청할 수 있다.

해설

① (✕) 수탁자가 여러 명인 경우 등기관은 신탁재산이 합유인 뜻을 기록하여야 한다(법 제84조 제1항).
② (○) 법 제82조 제2항 전단
③ (○) 법 제84조 제2항, 법 제83조 제3호

> **수탁자가 여러 명인 경우(법 제84조 제2항)**
>
> 여러 명의 수탁자 중 1인이 제83조 각 호의 어느 하나의 사유로 그 임무가 종료된 경우 다른 수탁자는 단독으로 권리변경등기를 신청할 수 있다. 이 경우 다른 수탁자가 여러 명일 때에는 그 전원이 공동으로 신청하여야 한다.
>
> **수탁자의 임무 종료에 의한 등기(법 제83조)**
>
> 다음 각 호의 어느 하나에 해당하여 수탁자의 임무가 종료된 경우 신수탁자는 단독으로 신탁재산에 속하는 부동산에 관한 권리이전등기를 신청할 수 있다.
> 1. 「신탁법」제12조 제1항 각 호의 어느 하나에 해당하여 수탁자의 임무가 종료된 경우
> 2. 「신탁법」제16조 제1항에 따라 수탁자를 해임한 경우
> 3. 「신탁법」제16조 제3항에 따라 법원이 수탁자를 해임한 경우
> 4. 「공익신탁법」제27조에 따라 법무부장관이 직권으로 공익신탁의 수탁자를 해임한 경우

④ (○) 법 제83조 제1호, 신탁법 제12조 제1항 제1호

> **수탁자의 임무 종료(신탁법 제12조 제1항)**
>
> 다음 각 호의 어느 하나에 해당하는 경우 수탁자의 임무는 종료된다.
> 1. 수탁자가 사망한 경우
> 2. 수탁자가 금치산선고 또는 한정치산선고를 받은 경우
> 3. 수탁자가 파산선고를 받은 경우
> 4. 법인인 수탁자가 합병 외의 사유로 해산한 경우

⑤ (○) 법 제87조 제3항

답 ①

23 부동산등기법령상 신탁에 관한 등기에 관한 설명으로 옳은 것을 모두 고른 것은? 기출 21

> ㄱ. 수탁자가 여러 명인 경우 등기관은 신탁재산이 합유인 뜻을 기록하여야 한다.
> ㄴ. 위탁자가 수탁자를 대위하여 신탁등기를 신청하는 경우 신탁등기의 신청은 해당 부동산에 관한 권리의 설정등기의 신청과 동시에 하여야 한다.
> ㄷ. 수익자나 위탁자는 수탁자를 대위하여 신탁등기의 말소등기를 신청할 수 없다.
> ㄹ. 법원은 수탁자 해임의 재판을 한 경우 지체 없이 신탁원부 기록의 변경등기를 등기소에 촉탁하여야 한다.

① ㄱ, ㄷ
② ㄱ, ㄹ
③ ㄴ, ㄷ
④ ㄱ, ㄴ, ㄹ
⑤ ㄴ, ㄷ, ㄹ

해설

ㄱ. (○) 수탁자가 여러 명인 경우 등기관은 신탁재산이 합유인 뜻을 기록하여야 한다(법 제84조 제1항).
ㄴ. (×) 위탁자가 수탁자를 대위하여 신탁등기를 신청하는 경우 신탁등기의 신청은 해당 부동산에 관한 권리의 설정등기의 신청과 동시에 할 필요가 없다(법 제82조 제2항).
ㄷ. (×) 수익자나 위탁자는 수탁자를 대위하여 신탁등기의 말소등기를 신청할 수 있다(법 제87조 제4항).
ㄹ. (○) 법원은 수탁자 해임의 재판을 한 경우 지체 없이 신탁원부 기록의 변경등기를 등기소에 촉탁하여야 한다(법 제85조 제1항 제1호).

답 ②

24 부동산등기법령상 권리에 관한 등기에 관한 설명으로 옳은 것은? 기출 24

① 임차권을 정지조건부로 설정하는 청구권을 보전하려는 경우에도 가등기를 할 수 있다.
② 등기관이 등기를 마친 후 그 등기가 신청할 권한이 없는 자가 신청한 것임을 발견한 때에는 등기를 직권말소한다는 뜻을 통지하여야 한다.
③ 환매특약등기는 이해관계 있는 제3자의 승낙이 없는 경우 부기로 할 수 없다.
④ 미등기의 토지에 대해 매매계약서에 의하여 소유권을 증명하는 자는 그 토지에 관한 소유권보존등기를 신청할 수 있다.
⑤ 등기관이 직권으로 등기를 말소한 처분에 대하여 관할 법원에 이의를 신청하면 등기말소처분은 효력이 정지된다.

해설

① (○) 가등기는 등기 대상에 해당하는 권리의 설정, 이전, 변경 또는 소멸의 청구권을 보전하려는 때에 하므로 그 청구권이 시기부(始期附) 또는 정지조건부(停止條件附)일 경우나 그 밖에 장래에 확정될 것인 경우에도 가등기를 할 수 있다(법 제88조). 따라서 임차권을 정지조건부로 설정하는 청구권을 보전하려는 경우에도 가등기를 할 수 있다.
② (×) 등기관이 등기를 마친 후 그 등기가 제29조 제1호(사건이 그 등기소의 관할이 아닌 경우) 또는 제2호(사건이 등기할 것이 아닌 경우)에 해당된 것임을 발견하였을 때에는 등기권리자, 등기의무자와 등기상 이해관계 있는 제3자에게 1개월 이내의 기간을 정하여 그 기간에 이의를 진술하지 아니하면 등기를 말소한다는 뜻을 통지하여야 한다(법 제58조 제1항).
③ (×) 환매특약등기는 제3자의 승낙 여부와 관계없이 부기로 한다(법 제52조 제6호).
④ 미등기의 토지 또는 건물에 관한 소유권보존등기는 다음 각 호의 어느 하나에 해당하는 자가 신청할 수 있다(법 제65조).
 1. 토지대장, 임야대장 또는 건축물대장에 최초의 소유자로 등록되어 있는 자 또는 그 상속인, 그 밖의 포괄승계인
 2. 확정판결에 의하여 자기의 소유권을 증명하는 자
 3. 수용(收用)으로 인하여 소유권을 취득하였음을 증명하는 자
 4. 특별자치도지사, 시장, 군수 또는 구청장(자치구의 구청장을 말한다)의 확인에 의하여 자기의 소유권을 증명하는 자(건물의 경우로 한정한다)
⑤ (×) 이의에는 집행정지(執行停止)의 효력이 없다(법 제104조).

답 ①

25 부동산등기법령상 가등기에 관한 설명으로 옳지 않은 것은? 기출 21

① 가등기를 명하는 가처분명령의 관할법원은 부동산의 소재지를 관할하는 지방법원이다.
② 가등기권리자는 가등기를 명하는 법원의 가처분명령이 있을 때에는 단독으로 가등기를 신청할 수 있다.
③ 가등기를 명하는 가처분명령의 신청을 각하하는 결정에 대하여는 즉시항고를 할 수 있다.
④ 가등기에 의한 본등기를 한 경우 본등기의 순위는 가등기의 순위에 따른다.
⑤ 가등기의무자는 가등기명의인의 동의 없이도 단독으로 가등기의 말소를 신청할 수 있다.

해설

⑤ (×) 가등기의무자 또는 가등기에 관하여 등기상 이해관계 있는 자는 <u>가등기명의인의 승낙을 받아</u> 단독으로 가등기의 말소를 신청할 수 있다(법 제93조 제2항).
① (○) 법 제90조 제1항
② (○) 법 제89조
③ (○) 법 제90조 제2항
④ (○) 법 제91조

답 ⑤

26 부동산등기법령상 수용으로 인한 등기에 관한 설명으로 옳은 것은? 기출 19

① 수용으로 인한 소유권이전등기는 등기권리자가 단독으로 신청할 수 없다.
② 등기관이 수용으로 인한 소유권이전등기를 하는 경우 그 부동산의 등기기록 중 소유권 외의 권리에 관한 등기가 있으면 그 등기를 당사자의 신청에 따라 말소하여야 한다.
③ 부동산에 관한 소유권 외의 권리의 수용으로 인한 권리이전등기에 관하여는 수용으로 인한 소유권이전등기 규정이 적용되지 않는다.
④ 등기관이 수용으로 인한 소유권이전등기를 하는 경우 그 부동산의 등기기록 중 그 부동산을 위하여 존재하는 지역권의 등기는 직권으로 말소할 수 없다.
⑤ 수용으로 인한 소유권이전등기를 신청하는 경우에 등기권리자는 포괄승계인을 갈음하여 포괄승계로 인한 소유권이전의 등기를 신청할 수 없다.

해설

④ (○) 등기관이 수용으로 인한 소유권이전등기를 하는 경우 그 부동산의 등기기록 중 소유권, 소유권 외의 권리, 그 밖의 처분제한에 관한 등기가 있으면 그 등기를 직권으로 말소하여야 한다. 다만, 그 부동산을 위하여 존재하는 지역권의 등기 또는 토지수용위원회의 재결(裁決)로써 존속(存續)이 인정된 권리의 등기는 그러하지 아니하다(법 제99조 제4항).
① (×) 수용으로 인한 소유권이전등기는 등기권리자가 단독으로 신청할 수 있다(법 제99조 제1항).
② (×) 등기관이 수용으로 인한 소유권이전등기를 하는 경우 그 부동산의 등기기록 중 소유권, 소유권 외의 권리, 그 밖의 처분제한에 관한 등기가 있으면 그 등기를 직권으로 말소하여야 한다(법 제99조 제4항).
③ (×) 부동산에 관한 소유권 외의 권리의 수용으로 인한 권리이전등기에 관하여는 수용으로 인한 소유권이전등기 규정이 적용된다(법 제99조 제5항).
⑤ (×) 등기권리자는 수용으로 인한 소유권이전등기를 신청하는 경우에 등기명의인이나 상속인, 그 밖의 포괄승계인을 갈음하여 부동산의 표시 또는 등기명의인의 표시의 변경, 경정 또는 상속, 그 밖의 포괄승계로 인한 소유권이전의 등기를 신청할 수 있다(법 제99조 제2항).

답 ④

제5장　이 의

01 부동산등기법령상 이의에 관한 설명으로 옳은 것을 모두 고른 것은? 기출 23

> ㄱ. 새로운 사실이나 새로운 증거방법을 근거로 이의신청을 할 수 있다.
> ㄴ. 등기관은 이의가 이유 없다고 인정하면 이의신청일부터 7일 이내에 의견을 붙여 이의신청서를 관할 지방법원에 보내야 한다.
> ㄷ. 이의에는 집행정지의 효력이 없다.
> ㄹ. 송달에 대하여는 「민사소송법」을 준용하고, 이의의 비용에 대하여는 「비송사건절차법」을 준용한다.

① ㄱ, ㄴ
② ㄱ, ㄷ
③ ㄱ, ㄹ
④ ㄴ, ㄷ
⑤ ㄷ, ㄹ

해설

ㄱ. (×) 새로운 사실이나 새로운 증거방법을 근거로 <u>이의신청을 할 수는 없다</u>(법 제102조).
ㄴ. (×) 등기관은 이의가 이유 없다고 인정하면 이의신청일부터 <u>3일 이내</u>에 의견을 붙여 이의신청서 또는 이의신청정보를 관할 지방법원에 보내야 한다(법 제103조 제2항). 〈개정 2024.9.20.〉
ㄷ. (○) 이의에는 집행정지(執行停止)의 효력이 없다(법 제104조).
ㄹ. (○) 송달에 대하여는 「민사소송법」을 준용하고, 이의의 비용에 대하여는 「비송사건절차법」을 준용한다(법 제108조).

답 ⑤

02 부동산등기법령상 '이의'에 관한 설명으로 옳은 것을 모두 고른 것은? 기출수정 기출 17

> ㄱ. 이의신청은 결정 또는 처분을 한 등기관이 속한 등기소에 이의신청서를 제출하거나 전산정보처리조직을 이용하여 이의신청정보를 보내는 방법으로 한다.
> ㄴ. 새로운 사실이나 새로운 증거방법을 근거로 이의신청을 할 수 있다.
> ㄷ. 이의에는 집행정지의 효력이 없다.
> ㄹ. 등기관은 이의가 이유 없다고 인정하면 이의신청일부터 7일 이내에 의견을 붙여 이의신청서를 관할 지방법원에 보내야 한다.

① ㄱ, ㄴ
② ㄱ, ㄷ
③ ㄴ, ㄷ
④ ㄴ, ㄹ
⑤ ㄷ, ㄹ

해설

ㄱ. (○) 법 제101조 〈개정 2024.9.20.〉
ㄴ. (×) 새로운 사실이나 새로운 증거방법을 근거로 <u>이의신청을 할 수는 없다</u>(법 제102조).
ㄷ. (○) 법 제104조
ㄹ. (×) 등기관은 이의가 이유 없다고 인정하면 이의신청일부터 <u>3일</u> 이내에 의견을 붙여 이의신청서 또는 이의신청정보를 관할 지방법원에 보내야 한다(법 제103조 제2항). 〈개정 2024.9.20.〉

답 ②

03 부동산등기법령상 등기관의 처분에 대한 이의에 관한 설명으로 옳은 것은? 기출 16

① 이의의 신청은 「민사소송법」이 정하는 바에 따라 관할 지방법원에 이의신청서를 제출하는 방법으로 한다.
② 새로운 사실이나 새로운 증거방법을 근거로 이의신청을 할 수 있다.
③ 등기관은 이의가 이유 있다고 인정하더라도 그에 해당하는 처분을 해서는 아니 되고 관할 지방법원에 보내 그 결정에 따라야 한다.
④ 이의에는 집행정지의 효력이 없다.
⑤ 이의에 대한 관할 지방법원의 결정에 대해서는 불복할 수 없다.

해설

④ (○) 법 제104조
① (×) 이의신청은 대법원규칙으로 정하는 바에 따라 결정 또는 처분을 한 등기관이 속한 등기소에 이의신청서를 제출하거나 전산정보처리조직을 이용하여 이의신청정보를 보내는 방법으로 한다(법 제101조). 〈개정 2024.12.20.〉
② (×) 새로운 사실이나 새로운 증거방법을 근거로 이의신청을 할 수는 없다(법 제102조).
③ (×) 등기관은 이의가 이유 있다고 인정하면 그에 해당하는 처분을 하여야 한다(법 제103조 제1항).
⑤ (×) 「비송사건절차법」에 따라 항고할 수 있다(법 제105조 제2항).

답 ④

04 부동산등기법령상 이의에 관한 설명으로 옳은 것은? 기출 25

① 관할 지방법원은 이의신청에 대하여 결정한 후에 등기관에게 가등기 또는 이의가 있다는 뜻의 부기등기를 명령할 수 있다.
② 새로운 사실이나 새로운 증거방법을 근거로 이의신청을 할 수 있다.
③ 등기관은 등기를 마치기 전에 이의가 이유 있다고 인정하면 3일 이내에 의견을 붙여 이의신청서 또는 이의신청정보를 지방법원에 보내야 한다.
④ 등기관의 결정에 이의를 한 때에는 관할 지방법원의 결정 때까지 집행이 정지된다.
⑤ 관할 지방법원은 이의가 이유 있다고 인정하면 등기관에게 그에 해당하는 처분을 명령하고 그 뜻을 이의신청인은 물론 등기상 이해관계 있는 자에게도 알려야 한다.

> **해설**

⑤ (○) 법 제105조 제1항 후단
① (×) 관할 지방법원은 이의신청에 대하여 <u>결정하기 전에 등기관에게 가등기 또는 이의가 있다는 뜻의 부기등기를 명령할 수 있다</u>(법 제106조).
② (×) 새로운 사실이나 새로운 증거방법을 근거로 이의신청을 할 수는 <u>없다</u>(법 제102조).
③ (×) 등기관은 (등기를 마치기 전에) <u>이의가 이유 없다</u>고 인정하면 이의신청일부터 3일 이내에 의견을 붙여 이의신청서 또는 이의신청정보를 관할 지방법원에 보내야 한다(법 제103조 제2항).
④ (×) <u>이의에는 집행정지(執行停止)의 효력이 없다</u>(법 제104조).

답 ⑤

05 부동산등기법령상 '이의'에 관한 설명으로 옳지 않은 것은? 기출수정 기출 19

① 등기관의 결정 또는 처분에 이의가 있는 자는 그 결정 또는 처분을 한 등기관이 속한 지방법원에 이의신청을 할 수 있다.
② 이의신청은 대법원규칙으로 정하는 바에 따라 결정 또는 처분을 한 등기관이 속한 등기소에 이의 신청서를 제출하거나 전산정보처리조직을 이용하여 이의신청정보를 보내는 방법으로 한다.
③ 관할 지방법원은 이의신청에 대하여 결정하기 전에 등기관에게 가등기 또는 이의가 있다는 뜻의 부기등기를 명령할 수 없다.
④ 이의의 비용에 대하여「비송사건절차법」을 준용한다.
⑤ 이의에 대한 관할 지방법원의 결정에 대하여는「비송사건절차법」에 따라 항고할 수 있다.

> **해설**

③ (×) 관할 지방법원은 이의신청에 대하여 결정하기 전에 등기관에게 가등기 또는 이의가 있다는 뜻의 부기등기를 <u>명령할 수 있다</u>(법 제106조).
① (○) 법 제100조 〈개정 2024.9.20.〉
② (○) 법 제101조 〈개정 2024.9.20.〉
④ (○) 법 제108조
⑤ (○) 법 제105조 제2항

답 ③

제6장 보칙 및 벌칙

01 부동산등기법령상 등기사무에 관한 설명으로 옳지 않은 것은?

① 지방법원장은 행정기관 등의 장에게 등기사무의 처리에 필요한 전산정보자료의 제공을 요청할 수 있다.
② 행정기관 등의 장이 아닌 자는 수수료를 내고 대법원규칙으로 정하는 바에 따라 등기정보자료를 제공받을 수 있다.
③ 등기관은 취급하는 등기필정보의 누설·멸실 또는 훼손의 방지와 그 밖에 등기필정보의 안전관리를 위하여 필요하고도 적절한 조치를 마련하여야 한다.
④ 등기관과 그 밖에 등기소에서 부동산등기사무에 종사하는 사람이나 그 직에 있었던 사람은 그 직무로 인하여 알게 된 등기필정보의 작성이나 관리에 관한 비밀을 누설하여서는 아니 된다.
⑤ 규정을 위반하여 등기필정보를 취득한 사람 또는 그 사정을 알면서 등기필정보를 제공한 사람은 2년 이하의 징역 또는 1천만원 이하의 벌금에 처한다.

해설

① (×) 법원행정처장은 「전자정부법」 제2조 제2호에 따른 행정기관 및 같은 조 제3호에 따른 공공기관(이하 "행정기관 등"이라 한다)의 장에게 등기사무의 처리에 필요한 전산정보자료의 제공을 요청할 수 있다(법 제109조).
② (○) 법 제109조의2 제2항
③ (○) 법 제110조 제1항
④ (○) 법 제110조 제2항
⑤ (○) 법 제111조 제2호

답 ①

제8편
동산·채권 등의 담보에 관한 법률

제1장   총 칙
제2장   동산담보권
제3장   채권담보권
제4장   담보등기
제5장   지식재산권의 담보에 관한 특례
제6장   보칙 및 벌칙

제1장 총칙

> **Point 출제포인트**
> ▷ 용어의 정의
> ▷ 담보권설정자
> ▷ 이해관계인

1 법 제1조(목적)

이 법은 동산·채권·지식재산권을 목적으로 하는 담보권과 그 등기 또는 등록에 관한 사항을 규정하여 자금조달을 원활하게 하고 거래의 안전을 도모하며 국민경제의 건전한 발전에 이바지함을 목적으로 한다.

2 법 제2조(정의)

이 법에서 사용하는 용어의 뜻은 다음과 같다.

(1) 담보약정

양도담보 등 명목을 묻지 아니하고 이 법에 따라 동산·채권·지식재산권을 담보로 제공하기로 하는 약정을 말한다.

(2) 동산담보권

담보약정에 따라 동산(여러 개의 동산 또는 장래에 취득할 동산을 포함한다)을 목적으로 등기한 담보권을 말한다.

(3) 채권담보권

담보약정에 따라 금전의 지급을 목적으로 하는 지명채권(여러 개의 채권 또는 장래에 발생할 채권을 포함한다)을 목적으로 등기한 담보권을 말한다.

(4) 지식재산권담보권

담보약정에 따라 특허권, 실용신안권, 디자인권, 상표권, 저작권, 반도체집적회로의 배치설계권 등 지식재산권[법률에 따라 질권(質權)을 설정할 수 있는 경우로 한정한다]을 목적으로 그 지식재산권을 규율하는 개별 법률에 따라 등록한 담보권을 말한다.

(5) 담보권설정자

이 법에 따라 동산·채권·지식재산권에 담보권을 설정한 자를 말한다. 다만, 동산·채권을 담보로 제공하는 경우에는 법인(상사법인, 민법법인, 특별법에 따른 법인, 외국법인을 말한다) 또는 「부가가치세법」에 따라 사업자등록을 한 사람으로 한정한다.

(6) 담보권자

이 법에 따라 동산·채권·지식재산권을 목적으로 하는 담보권을 취득한 자를 말한다.

(7) 담보등기

이 법에 따라 동산·채권을 담보로 제공하기 위하여 이루어진 등기를 말한다.

(8) 담보등기부

전산정보처리조직에 의하여 입력·처리된 등기사항에 관한 전산정보자료를 담보권설정자별로 저장한 보조기억장치(자기디스크, 자기테이프, 그 밖에 이와 유사한 방법으로 일정한 등기사항을 기록·보존할 수 있는 전자적 정보저장매체를 포함한다)를 말하고, 동산담보등기부와 채권담보등기부로 구분한다.

(9) 채무자 등

채무자, 담보목적물의 물상보증인(物上保證人), 담보목적물의 제3취득자를 말한다.

(10) 이해관계인

채무자 등과 담보목적물에 대한 권리자로서 담보등기부에 기록되어 있거나 그 권리를 증명한 자, 압류 및 가압류 채권자, 집행력 있는 정본(正本)에 의하여 배당을 요구한 채권자를 말한다.

(11) 등기필정보

담보등기부에 새로운 권리자가 기록되는 경우 그 권리자를 확인하기 위하여 지방법원, 그 지원 또는 등기소에 근무하는 법원서기관, 등기사무관, 등기주사 또는 등기주사보 중에서 지방법원장(등기소의 사무를 지원장이 관장하는 경우에는 지원장을 말한다)이 지정하는 사람(이하 "등기관"이라 한다)이 작성한 정보를 말한다.

제2장 동산담보권

> **Point 출제포인트**
> ▷ 동산담보권의 목적물
> ▷ 근담보권
> ▷ 동산담보권 효력의 범위
> ▷ 동산담보권의 양도
> ▷ 동산담보권의 실행
> ▷ 담보권 실행을 위한 경매절차

1 법 제3조(동산담보권의 목적물) 기출 30회·34회·35회

① 법인 또는 「부가가치세법」에 따라 사업자등록을 한 사람(이하 "법인 등"이라 한다)이 담보약정에 따라 동산을 담보로 제공하는 경우에는 담보등기를 할 수 있다.

② 여러 개의 동산(장래에 취득할 동산을 포함한다)이더라도 목적물의 종류, 보관장소, 수량을 정하거나 그 밖에 이와 유사한 방법으로 특정할 수 있는 경우에는 이를 목적으로 담보등기를 할 수 있다.

③ 다음의 어느 하나에 해당하는 경우에는 이를 목적으로 하여 담보등기를 할 수 없다.
  ㉠ 「선박등기법」에 따라 등기된 선박, 「자동차 등 특정동산 저당법」에 따라 등록된 건설기계·자동차·항공기·소형선박, 「공장 및 광업재단 저당법」에 따라 등기된 기업재산, 그 밖에 다른 법률에 따라 등기되거나 등록된 동산
  ㉡ 화물상환증, 선하증권, 창고증권이 작성된 동산
  ㉢ 무기명채권증서 등 대통령령으로 정하는 증권

> **동산담보권의 목적물에서 제외되는 증권(영 제2조)**
> 「동산·채권 등의 담보에 관한 법률」제3조 제3항 제3호에서 "무기명채권증서 등 대통령령으로 정하는 증권"이란 다음 각 호와 같다.
>   1. 무기명채권증서
>   2. 「자산유동화에 관한 법률」제2조 제4호에 따른 유동화증권
>   3. 「자본시장과 금융투자업에 관한 법률」제4조에 따른 증권

2 법 제4조(담보권설정자의 사업자등록 말소와 동산담보권의 효력) 기출 34회·36회

담보권설정자의 사업자등록이 말소된 경우에도 이미 설정된 동산담보권의 효력에는 영향을 미치지 아니한다.

3 법 제5조(근담보권) 기출 33회

① 동산담보권은 그 담보할 채무의 최고액만을 정하고 채무의 확정을 장래에 보류하여 설정할 수 있다. 이 경우 그 채무가 확정될 때까지 채무의 소멸 또는 이전은 이미 설정된 동산담보권에 영향을 미치지 아니한다.
② 채무의 이자는 최고액 중에 포함된 것으로 본다.

4 법 제6조(동산담보권을 설정하려는 자의 명시의무)

동산담보권을 설정하려는 자는 담보약정을 할 때 다음의 사항을 상대방에게 명시하여야 한다.
① 담보목적물의 소유 여부
② 담보목적물에 관한 다른 권리의 존재 유무

5 법 제7조(담보등기의 효력) 기출 34회

① 약정에 따른 동산담보권의 득실변경(得失變更)은 담보등기부에 등기를 하여야 그 효력이 생긴다.
② 동일한 동산에 설정된 동산담보권의 순위는 등기의 순서에 따른다.
③ 동일한 동산에 관하여 담보등기부의 등기와 인도(「민법」에 규정된 간이인도, 점유개정, 목적물반환청구권의 양도를 포함한다)가 행하여진 경우에 그에 따른 권리 사이의 순위는 법률에 다른 규정이 없으면 그 선후(先後)에 따른다.

6 법 제8조(동산담보권의 내용)

담보권자는 채무자 또는 제3자가 제공한 담보목적물에 대하여 다른 채권자보다 자기채권을 우선변제 받을 권리가 있다.

7 법 제9조(동산담보권의 불가분성)

담보권자는 채권 전부를 변제받을 때까지 담보목적물 전부에 대하여 그 권리를 행사할 수 있다.

8 법 제10조(동산담보권 효력의 범위) 기출 31회

동산담보권의 효력은 담보목적물에 부합된 물건과 종물(從物)에 미친다. 다만, 법률에 다른 규정이 있거나 설정행위에 다른 약정이 있으면 그러하지 아니하다.

9 법 제11조(과실에 대한 효력) 기출 34회·36회

동산담보권의 효력은 담보목적물에 대한 압류 또는 제25조 제2항의 인도 청구가 있은 후에 담보권설정자가 그 담보목적물로부터 수취한 과실(果實) 또는 수취할 수 있는 과실에 미친다.

10 법 제12조(피담보채권의 범위)

동산담보권은 원본(原本), 이자, 위약금, 담보권실행의 비용, 담보목적물의 보존비용 및 채무불이행 또는 담보목적물의 흠으로 인한 손해배상의 채권을 담보한다. 다만, 설정행위에 다른 약정이 있는 경우에는 그 약정에 따른다.

11 법 제13조(동산담보권의 양도) 기출 31회·36회

동산담보권은 피담보채권과 분리하여 타인에게 양도할 수 없다.

12 법 제14조(물상대위)

동산담보권은 담보목적물의 매각, 임대, 멸실, 훼손 또는 공용징수 등으로 인하여 담보권설정자가 받을 금전이나 그 밖의 물건에 대하여도 행사할 수 있다. 이 경우 그 지급 또는 인도 전에 압류하여야 한다.

13 법 제15조(담보목적물이 아닌 재산으로부터의 변제)

① 담보권자는 담보목적물로부터 변제를 받지 못한 채권이 있는 경우에만 채무자의 다른 재산으로부터 변제를 받을 수 있다.
② ①항은 담보목적물보다 먼저 다른 재산을 대상으로 하여 배당이 실시되는 경우에는 적용하지 아니한다. 다만, 다른 채권자는 담보권자에게 그 배당금액의 공탁을 청구할 수 있다.

14 법 제16조(물상보증인의 구상권)

타인의 채무를 담보하기 위한 담보권설정자가 그 채무를 변제하거나 동산담보권의 실행으로 인하여 담보목적물의 소유권을 잃은 경우에는 「민법」의 보증채무에 관한 규정에 따라 채무자에 대한 구상권이 있다.

15 법 제17조(담보목적물에 대한 현황조사 및 담보목적물의 보충) 기출 34회

① 담보권설정자는 정당한 사유 없이 담보권자의 담보목적물에 대한 현황조사 요구를 거부할 수 없다. 이 경우 담보목적물의 현황을 조사하기 위하여 약정에 따라 전자적으로 식별할 수 있는 표지를 부착하는 등 필요한 조치를 할 수 있다.

② 담보권설정자에게 책임이 있는 사유로 담보목적물의 가액(價額)이 현저히 감소된 경우에는 담보권자는 담보권설정자에게 그 원상회복 또는 적당한 담보의 제공을 청구할 수 있다.

16 법 제18조(제3취득자의 비용상환청구권)

담보목적물의 제3취득자가 그 담보목적물의 보존·개량을 위하여 필요비 또는 유익비를 지출한 경우에는 「민법」제203조 제1항 또는 제2항에 따라 담보권자가 담보목적물을 실행하고 취득한 대가에서 우선하여 상환받을 수 있다.

17 법 제19조(담보목적물 반환청구권)

① 담보권자는 담보목적물을 점유한 자에 대하여 담보권설정자에게 반환할 것을 청구할 수 있다.

② 담보권자가 담보목적물을 점유할 권원(權原)이 있거나 담보권설정자가 담보목적물을 반환받을 수 없는 사정이 있는 경우에 담보권자는 담보목적물을 점유한 자에 대하여 자신에게 담보목적물을 반환할 것을 청구할 수 있다.

③ 점유자가 그 물건을 점유할 권리가 있는 경우에는 반환을 거부할 수 있다.

18 법 제20조(담보목적물의 방해제거청구권 및 방해예방청구권) 기출 36회

담보권자는 동산담보권을 방해하는 자에게 방해의 제거를 청구할 수 있고, 동산담보권을 방해할 우려가 있는 행위를 하는 자에게 방해의 예방이나 손해배상의 담보를 청구할 수 있다.

19 법 제21조(동산담보권의 실행방법) 기출 31회

① 담보권자는 자기의 채권을 변제받기 위하여 담보목적물의 경매를 청구할 수 있다.

② 정당한 이유가 있는 경우 담보권자는 담보목적물로써 직접 변제에 충당하거나 담보목적물을 매각하여 그 대금을 변제에 충당할 수 있다. 다만, 선순위권리자(담보등기부에 등기되어 있거나 담보권자가 알고 있는 경우로 한정한다)가 있는 경우에는 그의 동의를 받아야 한다.

20 법 제22조(담보권 실행을 위한 경매절차) 기출 31회

① 제21조 제1항에 따른 경매절차는 「민사집행법」 제264조, 제271조 및 제272조를 준용한다.
② 담보권설정자가 담보목적물을 점유하는 경우에 경매절차는 압류에 의하여 개시한다.

> **부동산에 대한 경매신청(민사집행법 제264조)**
> ① 부동산을 목적으로 하는 담보권을 실행하기 위한 경매신청을 함에는 담보권이 있다는 것을 증명하는 서류를 내야 한다.
> ② 담보권을 승계한 경우에는 승계를 증명하는 서류를 내야 한다.
> ③ 부동산 소유자에게 경매개시결정을 송달할 때에는 제2항의 규정에 따라 제출된 서류의 등본을 붙여야 한다.
>
> **유체동산에 대한 경매(민사집행법 제271조)**
> 유체동산을 목적으로 하는 담보권 실행을 위한 경매는 채권자가 그 목적물을 제출하거나, 그 목적물의 점유자가 압류를 승낙한 때에 개시한다.

21 법 제23조(담보목적물의 직접 변제충당 등의 절차)

① 제21조 제2항에 따라 담보권자가 담보목적물로써 직접 변제에 충당하거나 담보목적물을 매각하기 위하여는 그 채권의 변제기 후에 동산담보권 실행의 방법을 채무자 등과 담보권자가 알고 있는 이해관계인에게 통지하고, 그 통지가 채무자 등과 담보권자가 알고 있는 이해관계인에게 도달한 날부터 1개월이 지나야 한다. 다만, 담보목적물이 멸실 또는 훼손될 염려가 있거나 가치가 급속하게 감소될 우려가 있는 경우에는 그러하지 아니하다.
② ①항의 통지에는 피담보채권의 금액, 담보목적물의 평가액 또는 예상매각대금, 담보목적물로써 직접 변제에 충당하거나 담보목적물을 매각하려는 이유를 명시하여야 한다.
③ 담보권자는 담보목적물의 평가액 또는 매각대금(이하 "매각대금 등"이라 한다)에서 그 채권액을 뺀 금액(이하 "청산금"이라 한다)을 채무자 등에게 지급하여야 한다. 이 경우 담보목적물에 선순위의 동산담보권 등이 있을 때에는 그 채권액을 계산할 때 선순위의 동산담보권 등에 의하여 담보된 채권액을 포함한다.
④ 담보권자가 담보목적물로써 직접 변제에 충당하는 경우 청산금을 채무자 등에게 지급한 때에 담보목적물의 소유권을 취득한다.
⑤ 다음의 구분에 따라 정한 기간 내에 담보목적물에 대하여 경매가 개시된 경우에는 담보권자는 직접 변제충당 등의 절차를 중지하여야 한다.
  ㉠ 담보목적물을 직접 변제에 충당하는 경우 : 청산금을 지급하기 전 또는 청산금이 없는 경우 ①항의 기간이 지나기 전
  ㉡ 담보목적물을 매각하여 그 대금을 변제에 충당하는 경우 : 담보권자가 제3자와 매매계약을 체결하기 전
⑥ 통지의 내용과 방식에 관하여는 대통령령으로 정한다.

> **담보목적물의 직접 변제충당 등의 통지(영 제3조)**
> ① 담보권자는 법 제23조 제1항 및 제2항에 따른 통지를 할 때 담보목적물의 평가액 또는 예상매각대금에서 그 채권액을 뺀 금액이 없다고 인정되는 경우에는 그 뜻을 밝혀야 한다.
> ② 담보권자는 법 제23조 제1항 및 제2항에 따른 통지를 할 때 담보목적물이 여러 개인 경우에는 각 담보목적물의 평가액 또는 예상매각대금에 비례하여 소멸시키려는 채권과 그 비용을 밝혀야 한다.
> ③ 법 제23조 제1항 및 제2항에 따른 통지는 우편이나 그 밖의 적당한 방식으로 할 수 있다.
> ④ 담보목적물에 대한 권리자로서 담보등기부에 기록되어 있는 이해관계인에 대한 법 제23조 제1항 및 제2항에 따른 통지는 받을 자의 등기부상의 주소로 할 수 있다.
> ⑤ 담보권자가 과실 없이 채무자 등과 담보권자가 알고 있는 이해관계인의 소재를 알지 못하여 제3항에 따른 방식으로 통지할 수 없는 경우에는 「민사소송법」의 공시송달에 관한 규정에 따라 통지할 수 있다.

22 법 제24조(담보목적물 취득자 등의 지위)

제21조 제2항에 따른 동산담보권의 실행으로 담보권자나 매수인이 담보목적물의 소유권을 취득하면 그 담보권자의 권리와 그에 대항할 수 없는 권리는 소멸한다.

23 법 제25조(담보목적물의 점유)

① 담보권자가 담보목적물을 점유한 경우에는 피담보채권을 전부 변제받을 때까지 담보목적물을 유치할 수 있다. 다만, 선순위권리자에게 대항하지 못한다.
② 담보권자가 담보권을 실행하기 위하여 필요한 경우에는 채무자 등에게 담보목적물의 인도를 청구할 수 있다.
③ 담보권자가 담보목적물을 점유하는 경우에 담보권자는 선량한 관리자의 주의로 담보목적물을 관리하여야 한다.
④ ③항의 경우에 담보권자는 담보목적물의 과실을 수취하여 다른 채권자보다 먼저 그 채권의 변제에 충당할 수 있다. 다만, 과실이 금전이 아닌 경우에는 제21조에 따라 그 과실을 경매하거나 그 과실로써 직접 변제에 충당하거나 그 과실을 매각하여 그 대금으로 변제에 충당할 수 있다.

24 법 제26조(후순위권리자의 권리행사)

① 후순위권리자는 제23조 제3항에 따라 채무자 등이 받을 청산금에 대하여 그 순위에 따라 청산금이 지급될 때까지 그 권리를 행사할 수 있고, 담보권자는 후순위권리자가 요구하는 경우에는 청산금을 지급하여야 한다.
② 제21조 제2항에 따른 동산담보권 실행의 경우에 후순위권리자는 제23조 제5항 각 호의 구분에 따라 정한 기간 전까지 담보목적물의 경매를 청구할 수 있다. 다만, 그 피담보채권의 변제기가 되기 전에는 제23조 제1항의 기간에만 경매를 청구할 수 있다.

③ 후순위권리자는 ①항의 권리를 행사할 때에는 그 피담보채권의 범위에서 그 채권의 명세와 증서를 담보권자에게 건네주어야 한다.
④ 담보권자가 ③항의 채권 명세와 증서를 받고 후순위권리자에게 청산금을 지급한 때에는 그 범위에서 채무자 등에 대한 청산금 지급채무가 소멸한다.
⑤ ①항의 권리행사를 막으려는 자는 청산금을 압류하거나 가압류하여야 한다.

25 법 제27조(매각대금 등의 공탁) 기출 36회

① 담보목적물의 매각대금 등이 압류되거나 가압류된 경우 또는 담보목적물의 매각대금 등에 관하여 권리를 주장하는 자가 있는 경우에 담보권자는 그 전부 또는 일부를 담보권설정자의 주소(법인인 경우에는 본점 또는 주된 사무소 소재지를 말한다)를 관할하는 법원에 공탁할 수 있다. 이 경우 담보권자는 공탁사실을 즉시 담보등기부에 등기되어 있거나 담보권자가 알고 있는 이해관계인과 담보목적물의 매각대금 등을 압류 또는 가압류하거나 그에 관하여 권리를 주장하는 자에게 통지하여야 한다.
② 담보목적물의 매각대금 등에 대한 압류 또는 가압류가 있은 후에 담보목적물의 매각대금 등을 공탁한 경우에는 채무자 등의 공탁금출급청구권이 압류되거나 가압류된 것으로 본다.
③ 담보권자는 공탁금의 회수를 청구할 수 없다.

26 법 제28조(변제와 실행 중단) 기출 31회

① 동산담보권의 실행의 경우에 채무자 등은 제23조 제5항 각 호의 구분에 따라 정한 기간까지 피담보채무액을 담보권자에게 지급하고 담보등기의 말소를 청구할 수 있다. 이 경우 담보권자는 동산담보권의 실행을 즉시 중지하여야 한다.
② ①항에 따라 동산담보권의 실행을 중지함으로써 담보권자에게 손해가 발생하는 경우에 채무자 등은 그 손해를 배상하여야 한다.

27 법 제29조(공동담보와 배당, 후순위자의 대위)

① 동일한 채권의 담보로 여러 개의 담보목적물에 동산담보권을 설정한 경우에 그 담보목적물의 매각대금을 동시에 배당할 때에는 각 담보목적물의 매각대금에 비례하여 그 채권의 분담을 정한다.
② ①항의 담보목적물 중 일부의 매각대금을 먼저 배당하는 경우에는 그 대가에서 그 채권 전부를 변제받을 수 있다. 이 경우 경매된 동산의 후순위담보권자는 선순위담보권자가 다른 담보목적물의 동산담보권 실행으로 변제받을 수 있는 금액의 한도에서 선순위담보권자를 대위(代位)하여 담보권을 행사할 수 있다.
③ 담보권자가 제21조 제2항에 따라 동산담보권을 실행하는 경우에는 ①항과 ②항을 준용한다. 다만, ①항에 따라 각 담보목적물의 매각대금을 정할 수 없는 경우에는 제23조 제2항에 따른 통지에 명시된 각 담보목적물의 평가액 또는 예상매각대금에 비례하여 그 채권의 분담을 정한다.

28 법 제30조(이해관계인의 가처분신청 등)

① 이해관계인은 담보권자가 위법하게 동산담보권을 실행하는 경우에 담보권설정자의 주소를 관할하는 법원에 제21조 제2항에 따른 동산담보권 실행의 중지 등 필요한 조치를 명하는 가처분을 신청할 수 있다.
② 법원은 ①항의 신청에 대한 결정을 하기 전에 이해관계인에게 담보를 제공하게 하거나 제공하지 아니하고 집행을 일시 정지하도록 명하거나 담보권자에게 담보를 제공하고 그 집행을 계속하도록 명하는 등 잠정처분을 할 수 있다.
③ 담보권 실행을 위한 경매에 대하여 이해관계인은 「민사집행법」에 따라 이의신청을 할 수 있다.

29 법 제31조(동산담보권 실행에 관한 약정)

① 담보권자와 담보권설정자는 이 법에서 정한 실행절차와 다른 내용의 약정을 할 수 있다. 다만, 제23조 제1항에 따른 통지가 없거나 통지 후 1개월이 지나지 아니한 경우에도 통지 없이 담보권자가 담보목적물을 처분하거나 직접 변제에 충당하기로 하는 약정은 효력이 없다.
② ①항 본문의 약정에 의하여 이해관계인의 권리를 침해하지 못한다.

30 법 제32조(담보목적물의 선의취득)

이 법에 따라 동산담보권이 설정된 담보목적물의 소유권·질권을 취득하는 경우에는 「민법」 제249조부터 제251조까지의 규정을 준용한다.

31 법 제33조(준용규정)

동산담보권에 관하여는 「민법」 제331조 및 제369조를 준용한다.

제3장 채권담보권

> **Point 출제포인트**
> ▷ 채권담보권의 목적
> ▷ 담보등기의 효력
> ▷ 채권담보권의 실행

1 법 제34조(채권담보권의 목적)

① 법인 등이 담보약정에 따라 금전의 지급을 목적으로 하는 지명채권을 담보로 제공하는 경우에는 담보등기를 할 수 있다.
② 여러 개의 채권(채무자가 특정되었는지 여부를 묻지 아니하고 장래에 발생할 채권을 포함한다)이더라도 채권의 종류, 발생 원인, 발생 연월일을 정하거나 그 밖에 이와 유사한 방법으로 특정할 수 있는 경우에는 이를 목적으로 하여 담보등기를 할 수 있다.

2 법 제35조(담보등기의 효력)

① 약정에 따른 채권담보권의 득실변경은 담보등기부에 등기한 때에 지명채권의 채무자(이하 "제3채무자"라 한다) 외의 제3자에게 대항할 수 있다.
② 담보권자 또는 담보권설정자(채권담보권 양도의 경우에는 그 양도인 또는 양수인을 말한다)는 제3채무자에게 제52조의 등기사항증명서를 건네주는 방법으로 그 사실을 통지하거나 제3채무자가 이를 승낙하지 아니하면 제3채무자에게 대항하지 못한다.
③ 동일한 채권에 관하여 담보등기부의 등기와 「민법」 제349조 또는 제450조 제2항에 따른 통지 또는 승낙이 있는 경우에 담보권자 또는 담보의 목적인 채권의 양수인은 법률에 다른 규정이 없으면 제3채무자 외의 제3자에게 등기와 그 통지의 도달 또는 승낙의 선후에 따라 그 권리를 주장할 수 있다.

> **지명채권에 대한 질권의 대항요건(민법 제349조)**
> ① 지명채권을 목적으로 한 질권의 설정은 설정자가 제450조의 규정에 의하여 제삼채무자에게 질권설정의 사실을 통지하거나 제삼채무자가 이를 승낙함이 아니면 이로써 제삼채무자 기타 제3자에게 대항하지 못한다.
> ② 제451조의 규정은 전항의 경우에 준용한다.

> **지명채권양도의 대항요건(민법 제450조)**
> ① 지명채권의 양도는 양도인이 채무자에게 통지하거나 채무자가 승낙하지 아니하면 채무자 기타 제3자에게 대항하지 못한다.
> ② 전항의 통지나 승낙은 확정일자 있는 증서에 의하지 아니하면 채무자 이외의 제3자에게 대항하지 못한다.

④ ②항의 통지, 승낙에 관하여는 「민법」 제451조 및 제452조를 준용한다.

> **승낙, 통지의 효과(민법 제451조)**
> ① 채무자가 이의를 보류하지 아니하고 전조의 승낙을 한 때에는 양도인에게 대항할 수 있는 사유로써 양수인에게 대항하지 못한다. 그러나 채무자가 채무를 소멸하게 하기 위하여 양도인에게 급여한 것이 있으면 이를 회수할 수 있고 양도인에 대하여 부담한 채무가 있으면 그 성립되지 아니함을 주장할 수 있다.
> ② 양도인이 양도통지만을 한 때에는 채무자는 그 통지를 받은 때까지 양도인에 대하여 생긴 사유로써 양수인에게 대항할 수 있다.

> **양도통지와 금반언(민법 제452조)**
> ① 양도인이 채무자에게 채권양도를 통지한 때에는 아직 양도하지 아니하였거나 그 양도가 무효인 경우에도 선의인 채무자는 양수인에게 대항할 수 있는 사유로 양도인에게 대항할 수 있다.
> ② 전항의 통지는 양수인의 동의가 없으면 철회하지 못한다.

3 법 제36조(채권담보권의 실행) 기출 28회

① 담보권자는 피담보채권의 한도에서 채권담보권의 목적이 된 채권을 직접 청구할 수 있다.
② 채권담보권의 목적이 된 채권이 피담보채권보다 먼저 변제기에 이른 경우에는 담보권자는 제3채무자에게 그 변제금액의 공탁을 청구할 수 있다. 이 경우 제3채무자가 변제금액을 공탁한 후에는 채권담보권은 그 공탁금에 존재한다.
③ 담보권자는 ①항 및 ②항에 따른 채권담보권의 실행방법 외에 「민사집행법」에서 정한 집행방법으로 채권담보권을 실행할 수 있다.

4 법 제37조(준용규정)

채권담보권에 관하여는 그 성질에 반하지 아니하는 범위에서 동산담보권에 관한 제2장과 「민법」 제348조 및 제352조를 준용한다.

제4장 담보등기

> **Point 출제포인트**
> ▷ 등기신청인
> ▷ 등기신청의 방법
> ▷ 등기신청의 접수
> ▷ 이의신청
> ▷ 등기관의 조치

1 법 제38조(등기할 수 있는 권리)
담보등기는 동산담보권이나 채권담보권의 설정, 이전, 변경, 말소 또는 연장에 대하여 한다.

2 법 제39조(관할 등기소)
① 등기에 관한 사무(이하 "등기사무"라 한다)는 대법원장이 지정·고시하는 지방법원, 그 지원 또는 등기소에서 취급한다.
② 등기사무에 관하여는 대법원장이 지정·고시한 지방법원, 그 지원 또는 등기소 중 담보권설정자의 주소를 관할하는 지방법원, 그 지원 또는 등기소를 관할 등기소로 한다.
③ 대법원장은 어느 등기소의 관할에 속하는 사무를 다른 등기소에 위임할 수 있다.

3 법 제40조(등기사무의 처리)
① 등기사무는 등기관이 처리한다.
② 등기관은 접수번호의 순서에 따라 전산정보처리조직에 의하여 담보등기부에 등기사항을 기록하는 방식으로 등기사무를 처리하여야 한다.
③ 등기관이 등기사무를 처리할 때에는 대법원규칙으로 정하는 바에 따라 등기관의 식별부호를 기록하는 등 등기사무를 처리한 등기관을 확인할 수 있는 조치를 하여야 한다.

4 법 제41조(등기신청인) 기출 35회

① 담보등기는 법률에 다른 규정이 없으면 등기권리자와 등기의무자가 공동으로 신청한다.
② 등기명의인 표시의 변경 또는 경정(更正)의 등기는 등기명의인 단독으로 신청할 수 있다.
③ 판결에 의한 등기는 승소한 등기권리자 또는 등기의무자 단독으로 신청할 수 있고, 상속이나 그 밖의 포괄승계로 인한 등기는 등기권리자 단독으로 신청할 수 있다.

5 법 제42조(등기신청의 방법)

담보등기는 다음의 어느 하나에 해당하는 방법으로 신청한다.
① **방문신청** : 신청인 또는 그 대리인이 등기소에 출석하여 서면으로 신청. 다만, 대리인이 변호사 또는 법무사[법무법인, 법무법인(유한), 법무조합, 법무사법인 또는 법무사법인(유한)을 포함한다]인 경우에는 대법원규칙으로 정하는 사무원을 등기소에 출석하게 하여 등기를 신청할 수 있다.
② **전자신청** : 대법원규칙으로 정하는 바에 따라 전산정보처리조직을 이용하여 신청

6 법 제43조(등기신청에 필요한 서면 또는 전자문서 및 신청서의 기재사항 및 방식)

① 담보등기를 신청할 때에는 다음의 서면 또는 전자문서(이하 "서면 등"이라 한다)를 제출 또는 송신하여야 한다.
  ㉠ 대법원규칙으로 정하는 방식에 따른 신청서
  ㉡ 등기원인을 증명하는 서면 등
  ㉢ 등기원인에 대하여 제3자의 허가, 동의 또는 승낙이 필요할 때에는 이를 증명하는 서면 등
  ㉣ 대리인이 등기를 신청할 때에는 그 권한을 증명하는 서면 등
  ㉤ 그 밖에 당사자의 특정 등을 위하여 대법원규칙으로 정하는 서면 등
② 대법원규칙으로 정하는 방식에 따른 신청서에는 다음의 사항을 기록하고 신청인이 기명날인하거나 서명 또는 「전자서명법」 제2조 제2호에 따른 전자서명을 하여야 한다.
  ㉠ 제47조 제2항 제1호부터 제9호까지의 규정에서 정한 사항
  ㉡ 대리인이 등기를 신청할 경우 대리인의 성명[대리인이 법무법인, 법무법인(유한), 법무조합, 법무사법인 또는 법무사법인(유한)인 경우에는 그 명칭을 말한다], 주소(법인이나 조합인 경우는 본점 또는 주된 사무소를 말한다)
  ㉢ 등기권리자와 등기의무자가 공동으로 신청하는 경우 및 승소한 등기의무자가 단독으로 등기를 신청하는 경우에 등기의무자의 등기필정보. 다만, 최초 담보권설정등기의 경우에는 기록하지 아니한다.
  ㉣ 등기소의 표시
  ㉤ 연월일

7 법 제44조(신청수수료)

담보등기부에 등기를 하려는 자는 대법원규칙으로 정하는 바에 따라 수수료를 내야 한다.

8 법 제45조(등기신청의 접수)

① 등기신청은 등기의 목적, 신청인의 성명 또는 명칭, 그 밖에 대법원규칙으로 정하는 등기신청정보가 전산정보처리조직에 전자적으로 기록된 때에 접수된 것으로 본다.
② 등기관이 등기를 마친 경우 그 등기는 접수한 때부터 효력을 발생한다.

9 법 제46조(신청의 각하)

등기관은 다음의 어느 하나에 해당하는 경우에만 이유를 적은 결정으로써 신청을 각하하여야 한다. 다만, 신청의 잘못된 부분이 보정(補正)될 수 있는 경우에 신청인이 당일 이를 보정하였을 때에는 그러하지 아니하다.
① 사건이 그 등기소의 관할이 아닌 경우
② 사건이 등기할 것이 아닌 경우
③ 권한이 없는 자가 신청한 경우
④ 방문신청의 경우 당사자나 그 대리인이 출석하지 아니한 경우
⑤ 신청서가 대법원규칙으로 정하는 방식에 맞지 아니한 경우
⑥ 신청서에 기록된 사항이 첨부서면과 들어맞지 아니한 경우
⑦ 신청서에 필요한 서면 등을 첨부하지 아니한 경우
⑧ 신청의 내용이 이미 담보등기부에 기록되어 있던 사항과 일치하지 아니한 경우
⑨ 제44조에 따른 신청수수료를 내지 아니하거나 등기신청과 관련하여 다른 법률에 따라 부과된 의무를 이행하지 아니한 경우

10 법 제47조(등기부의 작성 및 기록사항)

① 담보등기부는 담보목적물인 동산 또는 채권의 등기사항에 관한 전산정보자료를 전산정보처리조직에 의하여 담보권설정자별로 구분하여 작성한다.
② 담보등기부에 기록할 사항은 다음과 같다.
  ㉠ 담보권설정자의 성명, 주소 및 주민등록번호(법인인 경우에는 상호 또는 명칭, 본점 또는 주된 사무소 및 법인등록번호를 말한다)
  ㉡ 채무자의 성명과 주소(법인인 경우에는 상호 또는 명칭 및 본점 또는 주된 사무소를 말한다)

ⓒ 담보권자의 성명, 주소 및 주민등록번호(법인인 경우에는 상호 또는 명칭, 본점 또는 주된 사무소 및 법인등록번호를 말한다)
　　② 담보권설정자나 담보권자가 주민등록번호가 없는 재외국민이거나 외국인인 경우에는 「부동산등기법」 제49조 제1항 제2호 또는 제4호에 따라 부여받은 부동산등기용등록번호
　　⑩ 담보권설정자나 채무자 또는 담보권자가 외국법인인 경우 국내의 영업소 또는 사무소. 다만, 국내에 영업소 또는 사무소가 없는 경우에는 대법원규칙으로 정하는 사항
　　ⓗ 담보등기의 등기원인 및 그 연월일
　　ⓢ 담보등기의 목적물인 동산, 채권을 특정하는데 필요한 사항으로서 대법원규칙으로 정한 사항
　　ⓞ 피담보채권액 또는 그 최고액
　　ⓩ 제10조 단서 또는 제12조 단서의 약정이 있는 경우 그 약정
　　ⓧ 담보권의 존속기간
　　ⓚ 접수번호
　　ⓣ 접수연월일

11 법 제48조(등기필정보의 통지)

등기관이 담보권의 설정 또는 이전등기를 마쳤을 때에는 등기필정보를 등기권리자에게 통지하여야 한다. 다만, 최초 담보권설정등기의 경우에는 담보권설정자에게도 등기필정보를 통지하여야 한다.

12 법 제49조(담보권의 존속기간 및 연장등기) 기출 35회

① 이 법에 따른 담보권의 존속기간은 5년을 초과할 수 없다. 다만, 5년을 초과하지 않는 기간으로 이를 갱신할 수 있다.
② 담보권설정자와 담보권자는 존속기간을 갱신하려면 그 만료 전에 연장등기를 신청하여야 한다.
③ 연장등기를 위하여 담보등기부에 다음 사항을 기록하여야 한다.
　　㉠ 존속기간을 연장하는 취지
　　㉡ 연장 후의 존속기간
　　㉢ 접수번호
　　㉣ 접수연월일

13 법 제50조(말소등기) 기출 35회

① 담보권설정자와 담보권자는 다음의 어느 하나에 해당하는 경우에 말소등기를 신청할 수 있다.
    ㉠ 담보약정의 취소, 해제 또는 그 밖의 원인으로 효력이 발생하지 아니하거나 효력을 상실한 경우
    ㉡ 담보목적물인 동산이 멸실되거나 채권이 소멸한 경우
    ㉢ 그 밖에 담보권이 소멸한 경우
② 말소등기를 하기 위하여 담보등기부에 다음의 사항을 기록하여야 한다.
    ㉠ 담보등기를 말소하는 취지. 다만, 담보등기의 일부를 말소하는 경우에는 그 취지와 말소등기의 대상
    ㉡ 말소등기의 등기원인 및 그 연월일
    ㉢ 접수번호
    ㉣ 접수연월일

14 법 제51조(등기의 경정 등)

① 담보등기부에 기록된 사항에 오기(誤記)나 누락(漏落)이 있는 경우 담보권설정자 또는 담보권자는 경정등기를 신청할 수 있다. 다만, 오기나 누락이 등기관의 잘못으로 인한 경우에는 등기관이 직권으로 경정할 수 있다.
② 담보등기부에 기록된 담보권설정자의 법인등기부상 상호, 명칭, 본점 또는 주된 사무소(이하 "상호 등"이라 한다)가 변경된 경우 담보등기를 담당하는 등기관은 담보등기부의 해당 사항을 직권으로 변경할 수 있다.
③ 직권변경을 위하여 담보권설정자의 법인등기를 담당하는 등기관은 담보권설정자의 상호 등에 대한 변경등기를 마친 후 지체 없이 담보등기를 담당하는 등기관에게 이를 통지하여야 한다.

15 법 제52조(담보등기부의 열람 및 증명서의 발급)

① 누구든지 수수료를 내고 등기사항을 열람하거나 그 전부 또는 일부를 증명하는 서면의 발급을 청구할 수 있다.
② 등기부의 열람 또는 발급의 범위 및 방식, 수수료에 관하여는 대법원규칙으로 정한다.

16 법 제53조(이의신청 등) 기출 32회
① 등기관의 결정 또는 처분에 이의가 있는 자는 관할 지방법원에 이의신청을 할 수 있다.
② 이의신청서는 등기소에 제출한다.
③ 이의신청은 집행정지의 효력이 없다.

17 법 제54조(이의신청 사유의 제한)
새로운 사실이나 새로운 증거방법을 근거로 제53조에 따른 이의신청을 할 수 없다.

18 법 제55조(등기관의 조치)
① 등기관은 이의가 이유 있다고 인정하면 그에 해당하는 처분을 하여야 한다.
② 등기관은 이의가 이유 없다고 인정하면 3일 이내에 의견서를 붙여 사건을 관할 지방법원에 송부하여야 한다.
③ 등기를 완료한 후에 이의신청이 있는 경우 등기관은 다음의 구분에 따른 당사자에게 이의신청 사실을 통지하고, ②항의 조치를 하여야 한다.
  ㉠ 제3자가 이의신청한 경우 : 담보권설정자 및 담보권자
  ㉡ 담보권설정자 또는 담보권자가 이의신청한 경우 : 그 상대방

19 법 제56조(이의에 대한 결정과 항고)
① 관할 지방법원은 이의에 대하여 이유를 붙인 결정을 하여야 한다. 이 경우 이의가 이유 있다고 인정하면 등기관에게 그에 해당하는 처분을 명하고 그 뜻을 이의신청인 및 제55조 제3항의 당사자에게 통지하여야 한다.
② ①항의 결정에 대하여는 「비송사건절차법」에 따라 항고할 수 있다.

20 법 제57조(준용규정)
담보등기에 관하여는 이 법에 특별한 규정이 있는 경우를 제외하고는 그 성질에 반하지 아니하는 범위에서 「부동산등기법」을 준용한다.

제5장 지식재산권의 담보에 관한 특례

> **Point 출제포인트**
> ▷ 지식재산권담보권 등록
> ▷ 등록의 효력
> ▷ 지식재산권담보권자의 권리행사

1 법 제58조(지식재산권담보권 등록)

① 지식재산권자가 약정에 따라 동일한 채권을 담보하기 위하여 2개 이상의 지식재산권을 담보로 제공하는 경우에는 특허원부, 저작권등록부 등 그 지식재산권을 등록하는 공적(公的) 장부(이하 "등록부"라 한다)에 이 법에 따른 담보권을 등록할 수 있다.
② 담보의 목적이 되는 지식재산권은 그 등록부를 관장하는 기관이 동일하여야 하고, 지식재산권의 종류와 대상을 정하거나 그 밖에 이와 유사한 방법으로 특정할 수 있어야 한다.

2 법 제59조(등록의 효력)

① 약정에 따른 지식재산권담보권의 득실변경은 그 등록을 한 때에 그 지식재산권에 대한 질권의 득실변경을 등록한 것과 동일한 효력이 생긴다.
② 동일한 지식재산권에 관하여 이 법에 따른 담보권 등록과 그 지식재산권을 규율하는 개별 법률에 따른 질권 등록이 이루어진 경우에 그 순위는 법률에 다른 규정이 없으면 그 선후에 따른다.

3 법 제60조(지식재산권담보권자의 권리행사)

담보권자는 지식재산권을 규율하는 개별 법률에 따라 담보권을 행사할 수 있다.

4 법 제61조(준용규정)

지식재산권담보권에 관하여는 그 성질에 반하지 아니하는 범위에서 동산담보권에 관한 제2장과 「민법」 제352조를 준용한다. 다만, 제21조 제2항과 지식재산권에 관하여 규율하는 개별 법률에서 다르게 정한 경우에는 그러하지 아니하다.

> **질권설정자의 권리처분제한(민법 제352조)**
> 질권설정자는 질권자의 동의없이 질권의 목적된 권리를 소멸하게 하거나 질권자의 이익을 해하는 변경을 할 수 없다.

제6장 보칙 및 벌칙

> **Point 출제포인트**
> ▷ 등기필정보의 안전 확보
> ▷ 대법원규칙
> ▷ 벌칙

1 보 칙

(1) 등기필정보의 안전 확보(법 제62조)
① 등기관은 취급하는 등기필정보의 누설, 멸실 또는 훼손의 방지와 그 밖에 등기필정보의 안전관리에 필요한 적절한 조치를 마련하여야 한다.
② 등기관과 그 밖에 등기소에서 등기사무에 종사하는 사람이나 그 직(職)에 있었던 사람은 그 직무로 인하여 알게 된 등기필정보의 작성이나 관리에 관한 비밀을 누설하여서는 아니 된다.
③ 누구든지 등기를 신청하거나 촉탁하여 담보등기부에 불실등기(不實登記)를 하도록 할 목적으로 등기필정보를 취득하거나 그 사정을 알면서 등기필정보를 제공하여서는 아니 된다.

(2) 대법원규칙(법 제63조)
이 법에서 규정한 사항 외에 이 법의 시행에 필요한 사항은 대법원규칙으로 정한다.

2 법 제64조(벌칙)

다음의 어느 하나에 해당하는 사람은 <u>2년 이하의 징역 또는 1천만원 이하의 벌금</u>에 처한다.
① 제62조 제2항을 위반하여 등기필정보의 작성이나 관리에 관한 비밀을 누설한 사람
② 제62조 제3항을 위반하여 담보등기부에 불실등기를 하도록 할 목적으로 등기필정보를 취득한 사람 또는 그 사정을 알면서 등기필정보를 제공한 사람
③ 부정하게 취득한 등기필정보를 ②항의 목적으로 보관한 사람

제8편 실전문제

※ 개정법령 반영으로 인해 기출문제를 수정한 경우 기출수정 표기를 하였습니다.

제1장 총칙

01 동산·채권 등의 담보에 관한 법령상 용어에 관한 다음 설명 중 옳지 <u>않은</u> 것은?

① "채권담보권"은 담보약정에 따라 금전의 지급을 목적으로 하는 지명채권을 목적으로 등기한 담보권을 말한다.
② "채무자 등"은 채무자, 담보목적물의 물상보증인, 담보목적물의 제3취득자를 말한다.
③ "담보권설정자"는 이 법에 따라 동산·채권·지식재산권을 목적으로 하는 담보권을 취득한 자를 말한다.
④ "담보약정"은 양도담보 등 명목을 묻지 아니하고 이 법에 따라 동산·채권·지식재산권을 담보로 제공하기로 하는 약정을 말한다.
⑤ "이해관계인"은 채무자 등과 담보목적물에 대한 권리자로서 담보등기부에 기록되어 있거나 그 권리를 증명한 자, 압류 및 가압류 채권자, 집행력 있는 정본에 의하여 배당을 요구한 채권자를 말한다.

해설

③ (×) "담보권설정자"는 이 법에 따라 동산·채권·지식재산권에 담보권을 설정한 자를 말한다. 다만, 동산·채권을 담보로 제공하는 경우에는 법인(상사법인, 민법법인, 특별법에 따른 법인, 외국법인을 말한다) 또는 「상업등기법」에 따라 상호등기를 한 사람으로 한정한다(법 제2조 제5호).
① (○) 법 제2조 제3호
② (○) 법 제2조 제9호
④ (○) 법 제2조 제1호
⑤ (○) 법 제2조 제10호

답 ③

02 동산·채권 등의 담보에 관한 법령과 관련한 다음의 설명 중 옳지 <u>않은</u> 것은?

① 「동산·채권 등의 담보에 관한 법률」은 동산·채권·지식재산권을 목적으로 하는 담보권과 그 등기 또는 등록에 관한 사항을 규정하여 자금조달을 원활하게 하고 거래의 안전을 도모하며 국민경제의 건전한 발전에 이바지함을 목적으로 한다.
② 특허권과 같은 지적재산권은 「민법」상 질권의 방법 외에는 담보로 제공할 수 없는 한계가 있고, 「동산·채권 등의 담보에 관한 법률」은 이를 극복하는 데 그 제정취지가 있다.
③ 담보약정이란 양도담보 등 명목을 묻지 아니하고 이 법에 따라 동산·채권·지식재산권을 담보로 제공하기로 하는 약정을 말한다.
④ 채권담보권이란 담보약정에 따라 금전의 지급을 목적으로 하는 지명채권(여러 개의 채권 또는 장래에 발생할 채권을 포함한다)을 목적으로 등기한 담보권을 말한다.
⑤ 「동산·채권 등의 담보에 관한 법률」에서 규정한 "이해관계인"에는 담보목적물의 물상보증인과 담보목적물의 제3취득자는 포함되지 않는다.

해설

⑤ (×) "이해관계인"은 <u>채무자 등</u>과 담보목적물에 대한 권리자로서 담보등기부에 기록되어 있거나 그 권리를 증명한 자, 압류 및 가압류 채권자, 집행력 있는 정본에 의하여 배당을 요구한 채권자를 말하며(법 제2조 제10호), "채무자 등"은 채무자, 담보목적물의 물상보증인, 담보목적물의 제3취득자를 말하므로(법 제2조 제9호), 담보목적물의 물상보증인과 담보목적물의 제3취득자도 이해관계인에 포함된다.

답 ⑤

제2장 동산담보권

01 동산·채권 등의 담보에 관한 법령상 동산담보권의 목적물에 해당하지 않는 것을 모두 고른 것은?

기출 19

ㄱ. 무기명채권증서
ㄴ. 화물상환증이 작성된 동산
ㄷ. 「선박등기법」에 따라 등기된 선박
ㄹ. 「자산유동화에 관한 법률」에 따른 유동화증권

① ㄱ
② ㄴ, ㄷ
③ ㄴ, ㄹ
④ ㄱ, ㄷ, ㄹ
⑤ ㄱ, ㄴ, ㄷ, ㄹ

해설

ㄱ·ㄴ·ㄷ·ㄹ. (○) 법 제3조 제3항 및 영 제2조.

동산담보권의 목적물에 해당되지 않는 것(법 제3조 제3항, 영 제2조)

다음 각 호의 어느 하나에 해당하는 경우에는 이를 목적으로 하여 담보등기를 할 수 없다.
1. 「선박등기법」에 따라 등기된 선박, 「자동차 등 특정 동산 저당법」에 따라 등록된 건설기계·자동차·항공기·소형선박, 「공장 및 광업재단 저당법」에 따라 등기된 기업재산, 그 밖에 다른 법률에 따라 등기되거나 등록된 동산
2. 화물상환증, 선하증권, 창고증권이 작성된 동산
3. 무기명채권증서 등 대통령령으로 정하는 증권(영 제2조)
   • 무기명채권증서
   • 「자산유동화에 관한 법률」 제2조 제4호에 따른 유동화증권
   • 「자본시장과 금융투자업에 관한 법률」 제4조에 따른 증권

답 ⑤

02

다음 보기 중 동산·채권 등의 담보에 관한 법령상 동산담보권의 목적이 될 수 없는 것은 모두 몇 개인가?

> ㄱ. 「선박등기법」에 따라 등기된 선박
> ㄴ. 「자동차 등 특정동산 저당법」에 따라 등록된 소형선박
> ㄷ. 창고증권이 작성된 동산
> ㄹ. 무기명채권증서
> ㅁ. 「자산유동화에 관한 법률」에 따른 유동화증권

① 1개 ② 2개
③ 3개 ④ 4개
⑤ 5개

해설

ㄱ·ㄴ·ㄷ·ㄹ·ㅁ. (○) 법 제3조 제3항 및 영 제2조.

답 ⑤

03 동산·채권 등의 담보에 관한 법령상 동산담보권에 관한 설명으로 옳지 <u>않은</u> 것은? 기출 22

① 담보목적물의 훼손으로 인하여 담보권설정자가 받을 금전에 대하여 동산담보권을 행사하려면 그 지급 전에 압류하여야 한다.
② 담보권자가 담보목적물을 점유한 경우에는 피담보채권을 전부 변제받을 때까지 담보목적물을 유치할 수 있지만, 선순위권리자에게는 대항하지 못한다.
③ 동산담보권을 그 담보할 채무의 최고액만을 정하고 채무의 확정을 장래에 보류하여 설정하는 경우 채무의 이자는 최고액 중에 포함되지 아니한다.
④ 약정에 따른 동산담보권의 득실변경은 담보등기부에 등기를 하여야 그 효력이 생긴다.
⑤ 동일한 동산에 관하여 담보등기부의 등기와 「민법」에 규정된 점유개정이 행하여진 경우에 그에 따른 권리 사이의 순위는 법률에 다른 규정이 없으면 그 선후에 따른다.

해설

③ (×) 동산담보권을 그 담보할 채무의 최고액만을 정하고 채무의 확정을 장래에 보류하여 설정하는 경우 채무의 이자는 최고액 중에 포함된 것으로 본다(법 제5조 제2항).
① (○) 법 제14조
② (○) 법 제25조 제1항
④ (○) 법 제7조 제1항
⑤ (○) 법 제59조 제2항

답 ③

04 동산·채권 등의 담보에 관한 법령상 동산담보권에 관한 설명으로 옳지 <u>않은</u> 것은? 기출 16

① 창고증권이 작성된 동산은 담보등기의 목적물이 될 수 없다.
② 담보권설정자의 상호등기가 말소된 경우에도 이미 설정된 동산담보권의 효력에는 영향을 미치지 아니한다.
③ 동산담보권은 피담보채권과 분리하여 타인에게 양도할 수 없다.
④ 담보권자는 채권의 일부를 변제받은 경우에도 담보목적물 전부에 대하여 그 권리를 행사할 수 있다.
⑤ 동산담보권의 효력은 법률에 다른 규정이 없거나 설정행위에 다른 약정이 없다면 담보목적물의 종물에 미치지 않는다.

> 해설

⑤ (×) 동산담보권의 효력은 담보목적물에 부합된 물건과 종물에 미친다. 다만, 법률에 다른 규정이 있거나 설정행위에 다른 약정이 있으면 그러하지 아니하다(법 제10조).
① (○) 법 제3조 제3항 제2호
② (○) 법 제4조
③ (○) 법 제13조
④ (○) 법 제9조(불가분성)

답 ⑤

05 동산·채권 등의 담보에 관한 법령상 동산담보권에 관한 설명으로 옳은 것은? 기출 23

① 창고증권이 작성된 동산을 목적으로 담보등기를 할 수 있다.
② 담보권설정자의 사업자등록이 말소된 경우 그에 따라 이미 설정된 동산담보권도 소멸한다.
③ 담보권설정자의 행위에 의한 사유로 담보목적물의 가액(價額)이 현저히 증가된 경우 담보목적물의 일부를 반환받을 수 있다.
④ 동산담보권의 효력은 담보목적물에 대한 압류가 있은 후에 담보권설정자가 그 담보목적물로부터 수취할 수 있는 과실(果實)에 미친다.
⑤ 담보권자와 담보권설정자간 약정에 따른 동산담보권의 득실변경(得失變更)은 담보등기부에 등기하지 않더라도 그 효력이 생긴다.

> 해설

④ (○) 동산담보권의 효력은 담보목적물에 대한 압류 또는 인도 청구가 있은 후에 담보권설정자가 그 담보목적물로부터 수취한 과실(果實) 또는 수취할 수 있는 과실에 미친다(법 제11조).
① (×) 창고증권이 작성된 동산을 목적으로 담보등기를 할 수 없다(법 제3조 제3항 제2호).
② (×) 담보권설정자의 사업자등록이 말소된 경우에도 이미 설정된 동산담보권의 효력에는 영향을 미치지 아니한다(법 제4조).
③ (×) 담보권설정자에게 책임이 있는 사유로 담보목적물의 가액(價額)이 현저히 감소된 경우에는 담보권자는 담보권설정자에게 그 원상회복 또는 적당한 담보의 제공을 청구할 수 있다(법 제17조 제2항).
⑤ (×) 약정에 따른 동산담보권의 득실변경(得失變更)은 담보등기부에 등기를 하여야 그 효력이 생긴다(법 제7조 제1항).

답 ④

06 다음 중 동산·채권 등의 담보에 관한 법령상의 내용으로 옳지 않은 것은?

① 동산담보권이 성립하기 위하여 채권자와 목적동산의 소유자인 채무자 또는 물상보증인 등 사이의 담보약정이 있어야 한다.
② 근담보권의 경우 그 채무가 확정될 때까지 채무의 소멸 또는 이전은 이미 설정된 동산담보권에 영향을 미치지 아니한다.
③ 담보권자는 동산담보권을 방해할 우려가 있는 행위를 하는 자에게 방해의 예방을 청구할 수 있지만, 손해배상의 담보를 청구할 수는 없다.
④ 동산담보권은 원본, 이자, 위약금, 담보권실행의 비용, 담보목적물의 보존비용 및 채무불이행 또는 담보목적물의 흠으로 인한 손해배상의 채권을 담보한다.
⑤ 담보권자가 담보권을 실행하기 위하여 필요한 경우에는 채무자 등에게 담보목적물의 인도를 청구할 수 있다.

해설

③ (×) 담보권자는 동산담보권을 방해하는 자에게 방해의 제거를 청구할 수 있고, 동산담보권을 방해할 우려가 있는 행위를 하는 자에게 방해의 예방이나 손해배상의 담보를 청구할 수 있다(법 제20조).
① (○) 법 제2조
② (○) 법 제5조 제1항
④ (○) 법 제12조
⑤ (○) 법 제25조 제2항

답 ③

07 동산·채권 등의 담보에 관한 법령상 동산담보권에 관한 설명으로 옳은 것은? 기출

① 동산담보권의 효력은 설정행위에 다른 약정이 있더라도 담보목적물에 부합된 물건과 종물(從物)에 미친다.
② 동산담보권은 피담보채권과 분리하여 타인에게 양도할 수 있다.
③ 담보권설정자가 담보목적물을 점유하는 경우에 경매절차는 압류에 의하여 개시한다.
④ 채무자의 변제를 원인으로 동산담보권의 실행을 중지함으로써 담보권자에게 손해가 발생하더라도 채무자가 그 손해를 배상하여야 하는 것은 아니다.
⑤ 담보권자는 자기의 채권을 변제받기 위하여 담보목적물의 경매를 청구할 수 없다.

> 해설

③ (○) 법 제22조 제2항
① (×) 동산담보권의 효력은 담보목적물에 부합된 물건과 종물에 미친다. 다만, 법률에 다른 규정이 있거나 설정행위에 다른 약정이 있으면 그러하지 아니하다(법 제10조).
② (×) 동산담보권은 피담보채권과 분리하여 타인에게 양도할 수 없다(법 제13조).
④ (×) 동산담보권의 실행을 중지함으로써 담보권자에게 손해가 발생하는 경우에 채무자 등은 그 손해를 배상하여야 한다(법 제28조 제2항).
⑤ (×) 담보권자는 자기의 채권을 변제받기 위하여 담보목적물의 경매를 청구할 수 있다(법 제21조 제1항).

답 ③

08 동산·채권 등의 담보에 관한 법령상 동산담보권의 효력에 관한 설명 중 옳지 않은 것은?

① 담보권설정자에게 책임이 있는 사유로 담보목적물의 가액이 현저히 감소된 경우에는 담보권자는 담보권설정자에게 그 원상회복 또는 적당한 담보의 제공을 청구할 수 있다.
② 담보권자가 담보목적물을 점유하는 경우에 담보권자는 선량한 관리자의 주의로 담보목적물을 관리하여야 하므로, 담보권자는 담보목적물의 과실을 수취하여 다른 채권자보다 먼저 그 채권의 변제에 충당하여서는 아니 된다.
③ 담보권자가 담보목적물을 점유할 권원이 있거나 담보권설정자가 담보목적물을 반환받을 수 없는 사정이 있는 경우에 담보권자는 담보목적물을 점유한 자에 대하여 자신에게 담보목적물을 반환할 것을 청구할 수 있다.
④ 동산담보권은 그 담보할 채무의 최고액만을 정하고 채무의 확정을 장래에 보류하여 설정할 수 있다.
⑤ 동산담보권의 효력은 담보목적물에 대한 압류 또는 담보권 실행을 위한 인도 청구가 있은 후에 담보권설정자가 그 담보목적물로부터 수취한 과실 또는 수취할 수 있는 과실에 미친다.

> 해설

② (×) 담보권자가 담보목적물을 점유하는 경우에 담보권자는 선량한 관리자의 주의로 담보목적물을 관리하여야 한다. 이 경우에 담보권자는 담보목적물의 과실을 수취하여 다른 채권자보다 먼저 그 채권의 변제에 충당할 수 있다. 다만, 과실이 금전이 아닌 경우에는 그 과실을 경매하거나 그 과실로써 직접 변제에 충당하거나 그 과실을 매각하여 그 대금으로 변제에 충당할 수 있다(법 제25조 제3항 및 제4항).
① (○) 법 제17조 제2항
③ (○) 법 제19조 제2항
④ (○) 법 제5조 제1항
⑤ (○) 법 제11조

답 ②

09 동산·채권 등의 담보에 관한 법령상 동산담보권에 관한 설명으로 옳은 것은? 기출 25

① 담보권설정자의 사업자등록이 말소된 경우에는 이미 설정된 동산담보권의 효력에도 영향을 미친다.
② 담보권자는 공탁금의 회수를 청구할 수 없다.
③ 동산담보권의 효력은 담보목적물에 대한 압류 후에 담보권설정자가 그 담보목적물로부터 수취한 과실(果實)에 미치지 않는다.
④ 동산담보권은 피담보채권과 분리하여 타인에게 양도할 수 있다.
⑤ 담보권자는 동산담보권을 방해하는 자에게 방해의 제거를 청구할 수 있지만, 동산담보권을 방해할 우려가 있다는 이유로 방해의 예방을 청구할 수는 없다.

해설

② (○) 법 제27조 제3항
① (×) 담보권설정자의 사업자등록이 말소된 경우에도 이미 설정된 동산담보권의 효력에는 영향을 미치지 아니한다(법 제4조).
③ (×) 동산담보권의 효력은 담보목적물에 대한 압류 또는 제25조 제2항의 인도 청구가 있은 후에 담보권설정자가 그 담보목적물로부터 수취한 과실(果實) 또는 수취할 수 있는 과실에 미친다(법 제11조).
④ (×) 동산담보권은 피담보채권과 분리하여 타인에게 양도할 수 없다(법 제13조).
⑤ (×) 담보권자는 동산담보권을 방해하는 자에게 방해의 제거를 청구할 수 있고, 동산담보권을 방해할 우려가 있는 행위를 하는 자에게 방해의 예방이나 손해배상의 담보를 청구할 수 있다(법 제20조).

답 ②

10 동산·채권 등의 담보에 관한 법령상 동산담보권의 실행에 관한 내용으로 옳지 않은 것은?

① 유체동산을 목적으로 하는 담보권 실행을 위한 경매는 채권자가 그 목적물을 제출하거나, 그 목적물의 점유자가 압류를 승낙한 때에 개시한다.
② 담보권자는 자기의 채권을 변제받기 위하여 담보목적물의 경매를 청구할 수 있다.
③ 담보권설정자가 담보목적물을 점유하는 경우에 경매절차는 압류에 의하여 개시한다.
④ 담보권자는 담보목적물로부터 변제를 받지 못한 채권이 있는 경우에만 채무자의 다른 재산으로부터 변제를 받을 수 있다.
⑤ 담보권자와 담보권설정자는 이해관계인의 권리를 침해하지 못하므로「동산·채권 등의 담보에 관한 법률」에서 정한 실행절차와 다른 내용의 약정을 할 수 없다.

해설

⑤ (×) 담보권자와 담보권설정자는 이 법에서 정한 실행절차와 다른 내용의 약정을 할 수 있다(법 제31조 제1항). 다만, 그 약정에 의하여 이해관계인의 권리를 침해하지 못한다(동조 제2항).
① (○)「민사집행법」제271조
② (○) 법 제21조 제1항
③ (○) 법 제22조 제2항
④ (○) 법 제15조 제1항

답 ⑤

제3장 채권담보권

01 동산·채권 등의 담보에 관한 법령상 채권담보권의 설명으로 옳지 <u>않은</u> 것은?

① 법인 등이 담보약정에 따라 금전의 지급을 목적으로 하는 지명채권을 담보로 제공하는 경우에는 담보등기를 할 수 있다.
② 약정에 따른 채권담보권의 득실변경은 담보등기부에 등기한 때에 지명채권의 채무자 외의 제3자에게 대항할 수 있다.
③ 채권담보권은 담보약정에 따라 금전의 지급을 목적으로 하는 지명채권(여러 개의 채권 또는 장래에 발생한 채권을 포함한다)을 목적으로 등기한 담보권이다.
④ 여러 개의 채권(채무자가 특정된 경우만 해당한다)이더라도 채권의 종류, 발생원인, 발생연월일을 정하거나 그 밖에 이와 유사한 방법으로 특정할 수 있는 경우에는 이를 목적으로 하여 담보등기를 할 수 있다.
⑤ 담보권자는 피담보채권의 한도에서 채권담보권의 목적이 된 채권을 직접 청구할 수 있다.

해설

④ (×) 여러 개의 채권(채무자가 <u>특정되었는지 여부를 묻지 아니하고 장래에 발생할 채권을 포함한다</u>)이더라도 채권의 종류, 발생원인, 발생 연월일을 정하거나 그 밖에 이와 유사한 방법으로 특정할 수 있는 경우에는 이를 목적으로 하여 담보등기를 할 수 있다(법 제34조 제2항).
① (○) 법 제34조 제1항
② (○) 법 제35조 제1항
③ (○) 법 제2조 제3호
⑤ (○) 법 제36조 제1항

답 ④

02 동산·채권 등의 담보에 관한 법령상 채권담보권에 관한 설명으로 옳지 않은 것은? 기출 17

① 법인 등이 담보약정에 따라 금전의 지급을 목적으로 하는 지명채권을 담보로 제공하는 경우에는 담보등기를 할 수 있다.
② 채무자가 특정되지 아니한 여러 개의 채권이더라도 채권의 종류, 발생원인, 발생연월일을 정하는 등의 방법으로 특정할 수 있는 경우에는 이를 목적으로 하여 담보등기를 할 수 있다.
③ 채권담보권의 목적이 된 채권이 피담보채권보다 먼저 변제기에 이른 경우에는 담보권자는 제3채무자에게 그 변제금액의 공탁을 청구할 수 있다.
④ 담보권자는 「민사집행법」에서 정한 집행방법으로는 채권담보권을 실행할 수 없다.
⑤ 담보권자는 피담보채권의 한도에서 채권담보권의 목적이 된 채권을 직접 청구할 수 있다.

해설

④ (×) 담보권자는 채권담보권의 실행방법 외에 「민사집행법」에서 정한 집행방법으로 채권담보권을 실행할 수 있다(법 제36조 제3항).
① (○) 법 제34조 제1항
② (○) 법 제34조 제2항
③ (○) 법 제36조 제2항
⑤ (○) 법 제36조 제1항

답 ④

제4장 담보등기

01 동산·채권 등의 담보에 관한 법령상의 내용으로 옳지 않은 것은?

① 담보등기에 관한 사무는 대법원장이 지정·고시하는 지방법원, 그 지원 또는 등기소에서 취급한다.
② 담보권설정자가 법인인 경우, 등기사무는 대법원장이 지정·고시하는 지방법원, 그 지원 또는 등기소 중 상호등기를 한 사람의 영업소 소재지를 관할하는 지방법원, 그 지원 또는 등기소를 관할등기소로 한다.
③ 담보등기는 법률에 다른 규정이 없으면 등기권리자가 단독으로 신청한다.
④ 판결에 의한 등기는 승소한 등기권리자 또는 등기의무자 단독으로 신청할 수 있고, 상속이나 그 밖의 포괄승계로 인한 등기는 등기권리자 단독으로 신청할 수 있다.
⑤ 등기관은 접수번호의 순서에 따라 전산정보처리조직에 의하여 담보등기부에 등기사항을 기록하는 방식으로 등기사무를 처리하여야 한다.

해설

③ (×) 담보등기는 법률에 다른 규정이 없으면 등기권리자와 등기의무자가 공동으로 신청한다(법 제41조 제1항).
① (○) 법 제39조 제1항
② (○) 법 제39조 제2항
④ (○) 법 제41조 제3항
⑤ (○) 법 제40조 제2항

답 ③

02 동산·채권 등의 담보에 관한 법령상 담보등기에 관한 설명으로 옳은 것은? 기출 24

① 장래에 취득할 동산은 특정할 수 있는 경우에도 이를 목적으로 담보등기를 할 수 없다.
② 등기명의인 표시의 변경의 등기는 등기명의인 단독으로 신청할 수 있다.
③ 담보권자가 담보권의 존속기간을 갱신하려면 그 존속기간 만료 전후 1개월 내에 연장등기를 신청하여야 한다.
④ 포괄승계로 인한 등기는 등기권리자 또는 등기의무자 단독으로 신청할 수 있다.
⑤ 담보목적물인 동산이 멸실된 경우 그 말소등기의 신청은 담보권설정자가 하여야 한다.

> 해설

② (○) 등기명의인 표시의 변경 또는 경정(更正)의 등기는 등기명의인 단독으로 신청할 수 있다(법 제41조 제2항).
① (×) 여러 개의 동산(장래에 취득할 동산을 포함한다)이더라도 목적물의 종류, 보관장소, 수량을 정하거나 그 밖에 이와 유사한 방법으로 특정할 수 있는 경우에는 이를 목적으로 담보등기를 할 수 있다(법 제3조 제2항).
③ (×) 담보권설정자와 담보권자는 존속기간을 갱신하려면 그 만료 전에 연장등기를 신청하여야 한다(법 제49조 제2항).
④ (×) 판결에 의한 등기는 승소한 등기권리자 또는 등기의무자 단독으로 신청할 수 있고, 상속이나 그 밖의 포괄승계로 인한 등기는 등기권리자 단독으로 신청할 수 있다(법 제41조 제3항).
⑤ (×) 담보권설정자와 담보권자는 담보목적물인 동산이 멸실될 경우 말소등기를 신청할 수 있다(법 제50조 제1항 제2호).

답 ②

03 다음 중 동산·채권 등의 담보에 관한 법령상 담보등기의 내용으로 옳지 않은 것은?

① 등기는 등기관이 등기를 마친 때부터 효력이 발생된다.
② 담보등기는 동산담보권이나 채권담보권의 설정, 이전, 변경, 말소, 연장에 대하여 한다.
③ 담보등기는 방문신청 또는 전자신청의 방법의 방법으로 등기신청한다.
④ 등기관은 사건이 그 등기소의 관할이 아닌 경우에는 이유를 적은 결정으로써 신청을 각하하여야 한다.
⑤ 담보등기부는 담보목적물인 동산 또는 채권의 등기사항에 관한 전산정보자료를 전산정보처리조직에 의하여 담보권설정자별로 구분하여 작성한다.

> 해설

① (×) 등기관이 등기를 마친 경우 그 등기는 접수한 때부터 효력을 발생한다(법 제45조 제2항).
② (○) 법 제38조
③ (○) 법 제42조
④ (○) 법 제46조 제1호
⑤ (○) 법 제47조 제1항

답 ①

04 동산·채권 등의 담보에 관한 법률상 담보등기에 관한 설명으로 옳지 않은 것은? 기출 18

① 담보등기는 법률에 다른 규정이 없으면 등기권리자와 등기의무자가 공동으로 신청한다.
② 등기관이 등기를 마친 경우 그 등기는 접수한 때부터 효력을 발생한다.
③ 「동산·채권 등의 담보에 관한 법률」에 따른 담보권의 존속기간은 5년을 초과할 수 없으나, 5년을 초과하지 않는 기간으로 이를 갱신할 수 있다.
④ 등기관의 결정 또는 처분에 대한 이의신청은 집행정지의 효력이 없다.
⑤ 등기관의 결정 또는 처분에 이의가 있는 자는 새로운 사실이나 새로운 증거방법을 근거로 관할 지방법원에 이의신청을 할 수 있다.

해설

⑤ (×) 등기관의 결정 또는 처분에 이의가 있는 자는 새로운 사실이나 새로운 증거방법을 근거로 관할 지방법원에 이의신청을 할 수 없다(법 제54조).
① (○) 법 제41조 제1항
② (○) 법 제45조 제2항
③ (○) 법 제49조 제1항
④ (○) 법 제53조 제3항

답 ⑤

05 동산·채권 등의 담보에 관한 법령상 담보등기에 관한 설명으로 옳은 것은? 기출 21

① 판결에 의한 등기는 등기권리자와 등기의무자가 공동으로 신청하여야 한다.
② 등기관이 등기를 마친 경우 그 등기는 등기신청을 접수한 날의 다음 날부터 효력을 발생한다.
③ 등기관의 결정에 대한 이의신청은 집행정지의 효력이 있다.
④ 등기관은 자신의 결정 또는 처분에 대한 이의가 이유 없다고 인정하면 3일 이내에 의견서를 붙여 사건을 관할 지방법원에 송부하여야 한다.
⑤ 「동산·채권 등의 담보에 관한 법률」에 따른 담보권의 존속기간은 7년을 초과하지 않는 기간으로 이를 갱신할 수 있다.

해설

④ (○) 법 제55조 제2항
① (×) 판결에 의한 등기는 승소한 등기권리자와 등기의무자가 단독으로 신청할 수 있다(법 제41조 제3항).
② (×) 등기관이 등기를 마친 경우 그 등기는 등기신청을 접수한 때 효력을 발생한다(법 제45조 제2항).
③ (×) 등기관의 결정에 대한 이의신청은 집행정지의 효력이 없다(법 제53조 제3항).
⑤ (×) 「동산·채권 등의 담보에 관한 법률」에 따른 담보권의 존속기간은 5년을 초과하지 않는 기간으로 이를 갱신할 수 있다(법 제49조 제1항).

답 ④

제5장 지식재산권의 담보에 관한 특례

01 동산·채권 등의 담보에 관한 법령상 지식재산권의 담보에 관한 특례에 관한 설명으로 옳지 <u>않은</u> 것은?

① 지식재산권자가 약정에 따라 동일한 채권을 담보하기 위하여 2개 이상의 지식재산권을 담보로 제공하는 경우에는 특허원부, 저작권등록부 등 그 지식재산권을 등록하는 공적(公的) 장부(이하 "등록부"라 한다)에 이 법에 따른 담보권을 등록할 수 있다.
② 담보의 목적이 되는 지식재산권은 그 등록부를 관장하는 기관이 동일하여야 하고, 지식재산권의 종류와 대상을 정하거나 그 밖에 이와 유사한 방법으로 특정할 수 있어야 한다.
③ 약정에 따른 지식재산권담보권의 득실변경은 그 등록을 한 때에 그 지식재산권에 대한 질권의 득실변경을 등록한 것과 동일한 효력이 생긴다.
④ 지식재산권담보권에 관하여는 그 성질에 반하지 아니하는 범위에서 동산담보권에 관한 「민법」 제352조를 준용한다.
⑤ 담보권자는 지식재산권을 규율하는 개별 법률에 따라 담보권을 행사할 수 없다.

해설

⑤ (×) 담보권자는 지식재산권을 규율하는 개별 법률에 따라 담보권을 행사할 수 있다(법 제60조).
① (○) 법 제58조 제1항
② (○) 법 제58조 제2항
③ (○) 법 제59조 제1항
④ (○) 법 제61조

답 ⑤

제6장 보칙 및 벌칙

01 동산·채권 등의 담보에 관한 법령상 '등기필정보'에 관한 설명으로 옳지 않은 것은?

① 등기관은 취급하는 등기필정보의 누설, 멸실 또는 훼손의 방지와 그 밖에 등기필정보의 안전관리에 필요한 적절한 조치를 마련하여야 한다.
② 등기필정보의 작성이나 관리에 관한 비밀을 누설한 사람은 1년 이하의 징역 또는 1천만원 이하의 벌금에 처한다.
③ 등기관과 그 밖에 등기소에서 등기사무에 종사하는 사람이나 그 직(職)에 있었던 사람은 그 직무로 인하여 알게 된 등기필정보의 작성이나 관리에 관한 비밀을 누설하여서는 아니 된다.
④ 누구든지 등기를 신청하거나 촉탁하여 담보등기부에 불실등기(不實登記)를 하도록 할 목적으로 등기필정보를 취득하거나 그 사정을 알면서 등기필정보를 제공하여서는 아니 된다.
⑤ 담보등기부에 불실등기를 하도록 할 목적으로 등기필정보를 취득한 사람은 2년 이하의 징역 또는 1천만원 이하의 벌금에 처한다.

해설

② (×) 등기필정보의 작성이나 관리에 관한 비밀을 누설한 사람은 2년 이하의 징역 또는 1천만원 이하의 벌금에 처한다(법 제64조 제1호).
① (○) 법 제62조 제1항
③ (○) 법 제62조 제2항
④ (○) 법 제62조 제3항
⑤ (○) 법 제64조 제2호

답 ②

제9편
도시 및 주거환경정비법

제1장   총칙
제2장   기본계획의 수립 및 정비구역의 지정
제3장   정비사업의 시행
제4장   비용의 부담 등
제5장   공공재개발사업 및 공공재건축사업
제6장   감독 등
제7장   보칙 및 벌칙

제1장 총칙

> **Point 출제포인트**
> ▷ 용어의 정의
> ▷ 주거환경개선사업
> ▷ 정비기반시설
> ▷ 도시·주거환경정비 기본방침

1 법 제1조(목적)

이 법은 도시기능의 회복이 필요하거나 주거환경이 불량한 지역을 계획적으로 정비하고 노후·불량건축물을 효율적으로 개량하기 위하여 필요한 사항을 규정함으로써 도시환경을 개선하고 주거생활의 질을 높이는데 이바지함을 목적으로 한다.

2 법 제2조(정의)

이 법에서 사용하는 용어의 뜻은 다음과 같다.

(1) 정비구역

정비사업을 계획적으로 시행하기 위하여 제16조에 따라 지정·고시된 구역을 말한다.

(2) 정비사업 기출 30회·32회·35회

이 법에서 정한 절차에 따라 도시기능을 회복하기 위하여 정비구역에서 정비기반시설을 정비하거나 주택 등 건축물을 개량 또는 건설하는 다음의 사업을 말한다.

① **주거환경개선사업**: 도시저소득 주민이 집단거주하는 지역으로서 정비기반시설이 극히 열악하고 노후·불량건축물이 과도하게 밀집한 지역의 주거환경을 개선하거나 단독주택 및 다세대주택이 밀집한 지역에서 정비기반시설과 공동이용시설 확충을 통하여 주거환경을 보전·정비·개량하기 위한 사업

② **재개발사업**: 정비기반시설이 열악하고 노후·불량건축물이 밀집한 지역에서 주거환경을 개선하거나 상업지역·공업지역 등에서 도시기능의 회복 및 상권활성화 등을 위하여 도시환경을 개선하기 위한 사업. 이 경우 다음 요건을 모두 갖추어 시행하는 재개발사업을 "공공재개발사업"이라 한다.

  ㉠ 특별자치시장, 특별자치도지사, 시장, 군수, 자치구의 구청장(이하 "시장·군수 등"이라 한다) 또는 제10호에 따른 토지주택공사 등(조합과 공동으로 시행하는 경우를 포함한다)이 제24조에 따른 주거환경개선사업의 시행자, 제25조 제1항 또는 제26조 제1항에 따른 재개발사업의 시행자나 제28조에 따른 재개발사업의 대행자(이하 "공공재개발사업 시행자"라 한다)일 것

ⓒ 건설·공급되는 주택의 전체 세대수 또는 전체 연면적 중 토지등소유자 대상 분양분(제80조에 따른 지분형주택은 제외한다)을 제외한 나머지 주택의 세대수 또는 연면적의 <u>100분의 20 이상 100분의 50 이하의 범위에서 대통령령으로 정하는 기준에 따라 특별시·광역시·특별자치시·도·특별자치도</u> 또는 「지방자치법」 제198조에 따른 서울특별시·광역시 및 특별자치시를 제외한 인구 50만 이상 대도시(이하 "대도시"라 한다)의 조례(이하 "시·도조례"라 한다)로 정하는 비율 이상을 제80조에 따른 지분형주택,「공공주택 특별법」에 따른 공공임대주택(이하 "공공임대주택"이라 한다) 또는 「민간임대주택에 관한 특별법」 제2조 제4호에 따른 공공지원민간임대주택(이하 "공공지원민간임대주택"이라 한다)으로 건설·공급할 것. 이 경우 주택 수 산정방법 및 주택 유형별 건설비율은 대통령령으로 정한다. 〈개정 2023.7.18.〉

공공재개발사업의 공공임대주택 건설비율(영 제1조의2 제1항) 〈신설 2023.12.5.〉
다음 각 호의 구분에 따른 기준을 말한다.
1. 「수도권정비계획법」 제6조 제1항 제1호에 따른 과밀억제권역(이하 "과밀억제권역"이라 한다)에서 시행하는 경우 : 100분의 30 이상 100분의 40 이하
2. 과밀억제권역 외의 지역에서 시행하는 경우 : 100분의 20 이상 100분의 30 이하

※ 건설·공급해야 하는 공공임대주택(「공공주택 특별법」에 따른 공공임대주택을 말한다) 건설비율은 건설·공급되는 주택의 전체 세대수의 100분의 20 이하에서 국토교통부장관이 정하여 고시하는 비율 이상으로 한다(영 제1조의2 제2항).

③ **재건축사업** : 정비기반시설은 양호하나 노후·불량건축물에 해당하는 공동주택이 밀집한 지역에서 주거환경을 개선하기 위한 사업. 이 경우 다음 요건을 모두 갖추어 시행하는 재건축사업을 "공공재건축사업"이라 한다.
ⓐ 시장·군수 등 또는 토지주택공사 등(조합과 공동으로 시행하는 경우를 포함한다)이 제25조 제2항 또는 제26조 제1항에 따른 재건축사업의 시행자나 제28조 제1항에 따른 재건축사업의 대행자(이하 "공공재건축사업 시행자"라 한다)일 것
ⓑ 종전의 용적률, 토지면적, 기반시설 현황 등을 고려하여 <u>대통령령으로 정하는 세대수 이상</u>을 건설·공급할 것. 다만, 제8조 제1항에 따른 정비구역의 지정권자가 「국토의 계획 및 이용에 관한 법률」 제18조에 따른 도시·군기본계획, 토지이용 현황 등 대통령령으로 정하는 불가피한 사유로 해당하는 세대수를 충족할 수 없다고 인정하는 경우에는 그러하지 아니하다.

※ "대통령령으로 정하는 세대수"란 공공재건축사업을 추진하는 단지의 종전 세대수의 100분의 160에 해당하는 세대를 말한다(영 제1조의3 제1항).

도시·군기본계획, 토지이용 현황 등 대통령령으로 정하는 불가피한 사유(영 제1조의3 제2항)
다음 각 호의 어느 하나에 해당하는 사유를 말한다. 이 경우 정비구역지정권자는 각 호의 사유로 제1항에 따른 세대수를 충족할 수 없는지를 판단할 때에는 지방도시계획위원회의 심의를 거쳐야 한다.
1. 제1항에 따른 세대수를 건설·공급하는 경우 「국토의 계획 및 이용에 관한 법률」 제18조에 따른 도시·군기본계획에 부합하지 않게 되는 경우
2. 해당 토지 및 인근 토지의 이용 현황을 고려할 때 제1항에 따른 세대수를 건설·공급하기 어려운 부득이한 사정이 있는 경우

(3) 노후·불량건축물

다음의 어느 하나에 해당하는 건축물을 말한다.
① 건축물이 훼손되거나 일부가 멸실되어 붕괴, 그 밖의 안전사고의 우려가 있는 건축물
② 내진성능이 확보되지 아니한 건축물 중 중대한 기능적 결함 또는 부실 설계·시공으로 구조적 결함 등이 있는 건축물로서 <u>대통령령으로 정하는 건축물</u>

> **대통령령으로 정하는 건축물(영 제2조 제1항)**
> 건축물을 건축하거나 대수선할 당시 건축법령에 따른 지진에 대한 안전 여부 확인 대상이 아닌 건축물로서 다음 각 호의 어느 하나에 해당하는 건축물을 말한다.
> 1. 급수·배수·오수 설비 등의 설비 또는 지붕·외벽 등 마감의 노후화나 손상으로 그 기능을 유지하기 곤란할 것으로 우려되는 건축물
> 2. 법 제12조 제4항에 따른 안전진단기관이 실시한 안전진단 결과 건축물의 내구성·내하력(耐荷力) 등이 같은 조 제5항에 따라 국토교통부장관이 정하여 고시하는 기준에 미치지 못할 것으로 예상되어 구조 안전의 확보가 곤란할 것으로 우려되는 건축물

③ 다음의 요건을 모두 충족하는 건축물로서 <u>대통령령으로 정하는 바에 따라 "시·도조례"로 정하는 건축물</u> 〈개정 2023.7.18.〉
  ㉠ 주변 토지의 이용 상황 등에 비추어 주거환경이 불량한 곳에 위치할 것
  ㉡ 건축물을 철거하고 새로운 건축물을 건설하는 경우 건설에 드는 비용과 비교하여 효용의 현저한 증가가 예상될 것

> **서울특별시·광역시 및 특별자치시를 제외한 인구 50만 이상 대도시의 조례로 정할 수 있는 건축물(영 제2조 제2항)**
> 다음 각 호의 어느 하나에 해당하는 건축물을 말한다.
> 1. 「건축법」 제57조 제1항에 따라 해당 지방자치단체의 조례로 정하는 면적에 미치지 못하거나 「국토의 계획 및 이용에 관한 법률」 제2조 제7호에 따른 도시·군계획시설(이하 "도시·군계획시설"이라 한다) 등의 설치로 인하여 효용을 다할 수 없게 된 대지에 있는 건축물
> 2. 공장의 매연·소음 등으로 인하여 위해를 초래할 우려가 있는 지역에 있는 건축물
> 3. 해당 건축물을 준공일 기준으로 40년까지 사용하기 위하여 보수·보강하는데 드는 비용이 철거 후 새로운 건축물을 건설하는데 드는 비용보다 클 것으로 예상되는 건축물

④ 도시미관을 저해하거나 노후화된 건축물로서 <u>대통령령으로 정하는 바에 따라 시·도조례로 정하는 건축물</u>

> **시·도조례로 정할 수 있는 건축물(영 제2조 제3항)**
> 다음 각 호의 어느 하나에 해당하는 건축물을 말한다.
> 1. 준공된 후 20년 이상 30년 이하의 범위에서 시·도조례로 정하는 기간이 지난 건축물
> 2. 「국토의 계획 및 이용에 관한 법률」 제19조 제1항 제8호에 따른 도시·군기본계획의 경관에 관한 사항에 어긋나는 건축물

(4) 정비기반시설 기출 31회·32회

도로·상하수도·구거(溝渠 ; 도랑)·공원·공용주차장·공동구(「국토의 계획 및 이용에 관한 법률」제2조 제9호에 따른 공동구를 말한다), 그 밖에 주민의 생활에 필요한 열·가스 등의 공급시설로서 대통령령으로 정하는 시설을 말한다.

> **대통령령으로 정하는 시설(영 제3조)**
> 다음 각 호의 시설을 말한다.
> 1. 녹지
> 2. 하천
> 3. 공공공지
> 4. 광장
> 5. 소방용수시설
> 6. 비상대피시설
> 7. 가스공급시설
> 8. 지역난방시설
> 9. 주거환경개선사업을 위하여 지정·고시된 정비구역에 설치하는 공동이용시설로서 법 제52조에 따른 사업시행계획서(이하 "사업시행계획서"라 한다)에 해당 특별자치시장·특별자치도지사·시장·군수 또는 자치구의 구청장(이하 "시장·군수 등"이라 한다)이 관리하는 것으로 포함된 시설

(5) 공동이용시설

주민이 공동으로 사용하는 놀이터·마을회관·공동작업장, 그 밖에 대통령령으로 정하는 시설을 말한다.

> **대통령령으로 정하는 시설(영 제4조)**
> 다음 각 호의 시설을 말한다.
> 1. 공동으로 사용하는 구판장·세탁장·화장실 및 수도
> 2. 탁아소·어린이집·경로당 등 노유자시설
> 3. 그 밖에 제1호 및 제2호의 시설과 유사한 용도의 시설로서 시·도조례로 정하는 시설

(6) 대 지

정비사업으로 조성된 토지를 말한다.

(7) 주택단지

주택 및 부대시설·복리시설을 건설하거나 대지로 조성되는 일단의 토지로서 다음의 어느 하나에 해당하는 일단의 토지를 말한다.

① 「주택법」제15조에 따른 사업계획승인을 받아 주택 및 부대시설·복리시설을 건설한 일단의 토지
② ①항에 따른 일단의 토지 중 「국토의 계획 및 이용에 관한 법률」제2조 제7호에 따른 도시·군계획시설(이하 "도시·군계획시설"이라 한다)인 도로나 그 밖에 이와 유사한 시설로 분리되어 따로 관리되고 있는 각각의 토지
③ ①항에 따른 일단의 토지 둘 이상이 공동으로 관리되고 있는 경우 그 전체 토지
④ 제67조에 따라 분할된 토지 또는 분할되어 나가는 토지
⑤ 「건축법」제11조에 따라 건축허가를 받아 아파트 또는 연립주택을 건설한 일단의 토지

(8) 사업시행자

정비사업을 시행하는 자를 말한다.

(9) 토지등소유자

다음의 어느 하나에 해당하는 자를 말한다. 다만, 제27조 제1항에 따라 「자본시장과 금융투자업에 관한 법률」 제8조 제7항에 따른 신탁업자(이하 "신탁업자"라 한다)가 사업시행자로 지정된 경우 토지등소유자가 정비사업을 목적으로 신탁업자에게 신탁한 토지 또는 건축물에 대하여는 위탁자를 토지등소유자로 본다.
① 주거환경개선사업 및 재개발사업의 경우에는 정비구역에 위치한 토지 또는 건축물의 소유자 또는 그 지상권자
② 재건축사업의 경우에는 정비구역에 위치한 건축물 및 그 부속토지의 소유자

(10) 토지주택공사 등

「한국토지주택공사법」에 따라 설립된 한국토지주택공사 또는 「지방공기업법」에 따라 주택사업을 수행하기 위하여 설립된 지방공사를 말한다.

(11) 정관 등

다음의 것을 말한다.
① 제40조에 따른 조합의 정관
② 사업시행자인 토지등소유자가 자치적으로 정한 규약
③ 시장·군수 등, 토지주택공사 등 또는 신탁업자가 제53조에 따라 작성한 시행규정

3 법 제3조(도시·주거환경정비 기본방침)

국토교통부장관은 도시 및 주거환경을 개선하기 위하여 10년마다 다음의 사항을 포함한 기본방침을 정하고, 5년마다 타당성을 검토하여 그 결과를 기본방침에 반영하여야 한다.
① 도시 및 주거환경 정비를 위한 국가 정책 방향
② 도시·주거환경정비기본계획의 수립 방향
③ 노후·불량 주거지 조사 및 개선계획의 수립
④ 도시 및 주거환경 개선에 필요한 재정지원계획
⑤ 그 밖에 도시 및 주거환경 개선을 위하여 필요한 사항으로서 대통령령으로 정하는 사항

제2장 기본계획의 수립 및 정비구역의 지정

Point 출제포인트
▷ 기본계획의 내용
▷ 주민공람과 지방의회의 의견청취 절차
▷ 정비구역에서 허가를 받아야 하는 행위
▷ 정비구역의 해제사유
▷ 정비구역 등의 직권해제

제1절 기본계획의 수립

1 법 제4조(도시·주거환경정비기본계획의 수립)

① 특별시장·광역시장·특별자치시장·특별자치도지사 또는 시장은 관할 구역에 대하여 도시·주거환경정비기본계획(이하 "기본계획"이라 한다)을 10년 단위로 수립하여야 한다. 다만, 도지사가 대도시가 아닌 시로서 기본계획을 수립할 필요가 없다고 인정하는 시에 대하여는 기본계획을 수립하지 아니할 수 있다.

② 특별시장·광역시장·특별자치시장·특별자치도지사 또는 시장(이하 "기본계획의 수립권자"라 한다)은 기본계획에 대하여 5년마다 타당성을 검토하여 그 결과를 기본계획에 반영하여야 한다.

2 법 제5조(기본계획의 내용) 기출 33회·36회

(1) 기본계획에 포함되는 사항

기본계획에는 다음의 사항이 포함되어야 한다.
① 정비사업의 기본방향
② 정비사업의 계획기간
③ 인구·건축물·토지이용·정비기반시설·지형 및 환경 등의 현황
④ 주거지 관리계획
⑤ 토지이용계획·정비기반시설계획·공동이용시설설치계획 및 교통계획

⑥ 녹지·조경·에너지공급·폐기물처리 등에 관한 환경계획
⑦ 사회복지시설 및 주민문화시설 등의 설치계획
⑧ 도시의 광역적 재정비를 위한 기본방향
⑨ 정비구역으로 지정할 예정인 구역(이하 "정비예정구역"이라 한다)의 개략적 범위
⑩ 단계별 정비사업 추진계획(정비예정구역별 정비계획의 수립시기가 포함되어야 한다)
⑪ 건폐율·용적률 등에 관한 건축물의 밀도계획
⑫ 세입자에 대한 주거안정대책
⑬ 그 밖에 주거환경 등을 개선하기 위하여 필요한 사항으로서 대통령령으로 정하는 사항

> **대통령령으로 정하는 사항(영 제5조)**
> 다음 각 호의 사항을 말한다.
> 1. 도시관리·주택·교통정책 등 「국토의 계획 및 이용에 관한 법률」 제2조 제2호의 도시·군계획과 연계된 도시·주거환경정비의 기본방향
> 2. 도시·주거환경정비의 목표
> 3. 도심기능의 활성화 및 도심공동화 방지 방안
> 4. 역사적 유물 및 전통건축물의 보존계획
> 5. 정비사업의 유형별 공공 및 민간부문의 역할
> 6. 정비사업의 시행을 위하여 필요한 재원조달에 관한 사항

(2) 기본계획에서 생략할 수 있는 사항

기본계획의 수립권자는 기본계획에 다음의 사항을 포함하는 경우에는 (1)의 ⑨항 및 ⑩항의 사항을 생략할 수 있다.
① 생활권의 설정, 생활권별 기반시설 설치계획 및 주택수급계획
② 생활권별 주거지의 정비·보전·관리의 방향

(3) 기본계획의 작성기준 및 작성방법

기본계획의 작성기준 및 작성방법은 국토교통부장관이 정하여 고시한다.

3 법 제6조(기본계획 수립을 위한 주민의견청취 등) 기출 30회

① 기본계획의 수립권자는 기본계획을 수립하거나 변경하려는 경우에는 14일 이상 주민에게 공람하여 의견을 들어야 하며, 제시된 의견이 타당하다고 인정되면 이를 기본계획에 반영하여야 한다.
② 기본계획의 수립권자는 ①항에 따른 공람과 함께 지방의회의 의견을 들어야 한다. 이 경우 지방의회는 기본계획의 수립권자가 기본계획을 통지한 날부터 60일 이내에 의견을 제시하여야 하며, 의견제시 없이 60일이 지난 경우 이의가 없는 것으로 본다.
③ ①항 및 ②항에도 불구하고 대통령령으로 정하는 경미한 사항을 변경하는 경우에는 주민공람과 지방의회의 의견청취 절차를 거치지 아니할 수 있다.

대통령령으로 정하는 경미한 사항을 변경하는 경우(영 제6조 제4항)

다음 각 호의 경우를 말한다.
1. 정비기반시설(제3조 제9호에 해당하는 시설은 제외한다. 이하 제8조 제3항·제13조 제4항·제38조 및 제76조 제3항에서 같다)의 규모를 확대하거나 그 면적을 10퍼센트 미만의 범위에서 축소하는 경우
2. 정비사업의 계획기간을 단축하는 경우
3. 공동이용시설에 대한 설치계획을 변경하는 경우
4. 사회복지시설 및 주민문화시설 등에 대한 설치계획을 변경하는 경우
5. 구체적으로 면적이 명시된 법 제5조 제1항 제9호에 따른 정비예정구역(이하 "정비예정구역"이라 한다)의 면적을 20퍼센트 미만의 범위에서 변경하는 경우
6. 법 제5조 제1항 제10호에 따른 단계별 정비사업 추진계획(이하 "단계별 정비사업 추진계획"이라 한다)을 변경하는 경우
7. 건폐율(「건축법」 제55조에 따른 건폐율을 말한다) 및 용적률(「건축법」 제56조에 따른 용적률을 말한다)을 각 20퍼센트 미만의 범위에서 변경하는 경우
8. 정비사업의 시행을 위하여 필요한 재원조달에 관한 사항을 변경하는 경우
9. 「국토의 계획 및 이용에 관한 법률」 제2조 제3호에 따른 도시·군기본계획의 변경에 따라 기본계획을 변경하는 경우

4 법 제7조(기본계획의 확정·고시 등) 기출 32회

(1) 협의 및 심의

기본계획의 수립권자(대도시의 시장이 아닌 시장은 제외한다)는 기본계획을 수립하거나 변경하려면 관계 행정기관의 장과 협의한 후 「국토의 계획 및 이용에 관한 법률」 제113조 제1항 및 제2항에 따른 지방도시계획위원회(이하 "지방도시계획위원회"라 한다)의 심의를 거쳐야 한다. 다만, 대통령령으로 정하는 경미한 사항을 변경하는 경우에는 관계 행정기관의 장과의 협의 및 지방도시계획위원회의 심의를 거치지 아니한다.

(2) 도지사의 승인

대도시의 시장이 아닌 시장은 기본계획을 수립하거나 변경하려면 도지사의 승인을 받아야 하며, 도지사가 이를 승인하려면 관계 행정기관의 장과 협의한 후 지방도시계획위원회의 심의를 거쳐야 한다. 다만, (1)의 단서에 해당하는 변경의 경우에는 도지사의 승인을 받지 아니할 수 있다.

(3) 고 시

기본계획의 수립권자는 기본계획을 수립하거나 변경한 때에는 지체 없이 이를 해당 지방자치단체의 공보에 고시하고 일반인이 열람할 수 있도록 하여야 한다.

(4) 보 고

기본계획의 수립권자는 기본계획을 고시한 때에는 국토교통부령으로 정하는 방법 및 절차에 따라 국토교통부장관에게 보고하여야 한다.

제2절 정비구역의 지정

1 법 제8조(정비구역의 지정) 기출 35회

① 특별시장·광역시장·특별자치시장·특별자치도지사·시장 또는 군수(광역시의 군수는 제외하며, 이하 "정비구역의 지정권자"라 한다)는 기본계획에 적합한 범위에서 노후·불량건축물이 밀집하는 등 대통령령으로 정하는 요건에 해당하는 구역에 대하여 정비계획을 결정하여 정비구역을 지정(변경 지정을 포함한다)할 수 있다.
② ①항에도 불구하고 제26조 제1항 제1호 및 제27조 제1항 제1호에 따라 정비사업을 시행하려는 경우에는 기본계획을 수립하거나 변경하지 아니하고 정비구역을 지정할 수 있다.

> **제26조 제1항 제1호 및 제27조 제1항 제1호**
> 천재지변, 「재난 및 안전관리기본법」 제27조 또는 「시설물의 안전 및 유지관리에 관한 특별법」 제23조에 따른 사용제한·사용금지, 그 밖의 불가피한 사유로 긴급하게 정비사업을 시행할 필요가 있다고 인정하는 때

③ 정비구역의 지정권자는 정비구역의 진입로 설치를 위하여 필요한 경우에는 진입로 지역과 그 인접 지역을 포함하여 정비구역을 지정할 수 있다.
④ 정비구역의 지정권자는 정비구역 지정을 위하여 직접 정비계획을 입안할 수 있다.
⑤ 자치구의 구청장 또는 광역시의 군수(이하 제9조, 제11조 및 제20조에서 "구청장 등"이라 한다)는 제9조에 따른 정비계획을 입안하여 특별시장·광역시장에게 정비구역 지정을 신청하여야 한다. 이 경우 지방의회의 의견을 첨부하여야 한다.

2 법 제9조(정비계획의 내용) 〈개정 2022.6.10.〉 기출 36회

정비계획에는 다음의 사항이 포함되어야 한다.
① 정비사업의 명칭
② 정비구역 및 그 면적
③ 토지등소유자별 분담금 추산액 및 산출근거
④ 도시·군계획시설의 설치에 관한 계획
⑤ 공동이용시설 설치계획
⑥ 건축물의 주용도·건폐율·용적률·높이에 관한 계획
⑦ 환경보전 및 재난방지에 관한 계획
⑧ 정비구역 주변의 교육환경 보호에 관한 계획
⑨ 세입자 주거대책
⑩ 정비사업시행 예정시기

⑪ 정비사업을 통하여 공공지원민간임대주택을 공급하거나 주택임대관리업자(이하 "주택임대관리업자"라 한다)에게 임대할 목적으로 주택을 위탁하려는 경우에는 다음의 사항. 다만, ⓒ과 ⓒ의 사항은 건설하는 주택 전체 세대수에서 공공지원민간임대주택 또는 임대할 목적으로 주택임대관리업자에게 위탁하려는 주택(이하 "임대관리 위탁주택"이라 한다)이 차지하는 비율이 100분의 20 이상, 임대기간이 8년 이상의 범위 등에서 대통령령으로 정하는 요건에 해당하는 경우로 한정한다.

대통령령으로 정하는 요건에 해당하는 경우(영 제8조 제1항)

건설하는 주택 전체 세대수에서 다음 각 호의 주택으로서 임대기간이 8년 이상인 주택이 차지하는 비율의 합계가 100분의 20 이상인 경우를 말한다.
1. 「민간임대주택에 관한 특별법」 제2조 제4호에 따른 공공지원민간임대주택(이하 "공공지원민간임대주택"이라 한다)
2. 「민간임대주택에 관한 특별법」 제2조 제11호에 따른 주택임대관리업자에게 관리를 위탁하려는 주택(이하 "임대관리 위탁주택"이라 한다)

㉠ 공공지원민간임대주택 또는 임대관리 위탁주택에 관한 획지별 토지이용 계획
㉡ 주거·상업·업무 등의 기능을 결합하는 등 복합적인 토지이용을 증진시키기 위하여 필요한 건축물의 용도에 관한 계획
㉢ 「국토의 계획 및 이용에 관한 법률」 제36조 제1항 제1호 가목에 따른 주거지역을 세분 또는 변경하는 계획과 용적률에 관한 사항
㉣ 그 밖에 공공지원민간임대주택 또는 임대관리 위탁주택의 원활한 공급 등을 위하여 대통령령으로 정하는 사항

공공지원민간임대주택 또는 임대관리 위탁주택의 원활한 공급 등을 위하여 대통령령으로 정하는 사항(영 제8조 제2항)

다음 각 호의 사항을 말한다. 다만, 제2호 및 제3호의 사항은 정비계획에 필요한 경우로 한정한다.
1. 건설하는 주택 전체 세대수에서 공공지원민간임대주택 또는 임대관리 위탁주택이 차지하는 비율
2. 공공지원민간임대주택 및 임대관리 위탁주택의 건축물 배치 계획
3. 주변지역의 여건 등을 고려한 입주예상 가구 특성 및 임대사업 운영방향

⑫ 「국토의 계획 및 이용에 관한 법률」 제52조 제1항 각 호의 사항에 관한 계획(필요한 경우로 한정한다)
⑬ 그 밖에 정비사업의 시행을 위하여 필요한 사항으로서 대통령령으로 정하는 사항

대통령령으로 정하는 사항(영 제8조 제3항)

다음 각 호의 사항을 말한다.
1. 법 제17조 제4항에 따른 현금납부에 관한 사항
2. 법 제18조에 따라 정비구역을 분할, 통합 또는 결합하여 지정하려는 경우 그 계획
3. 법 제23조 제1항 제2호에 따른 방법으로 시행하는 주거환경개선사업의 경우 법 제24조에 따른 사업시행자로 예정된 자
4. 정비사업의 시행방법
5. 기존 건축물의 정비·개량에 관한 계획
6. 정비기반시설의 설치계획
7. 건축물의 건축선에 관한 계획

8. 홍수 등 재해에 대한 취약요인에 관한 검토 결과
9. 정비구역 및 주변지역의 주택수급에 관한 사항
10. 안전 및 범죄예방에 관한 사항
11. 그 밖에 정비사업의 원활한 추진을 위하여 시·도조례로 정하는 사항

3 법 제10조(임대주택 및 주택규모별 건설비율)

① 정비계획의 입안권자는 주택수급의 안정과 저소득 주민의 입주기회 확대를 위하여 정비사업으로 건설하는 주택에 대하여 다음 각 호의 구분에 따른 범위에서 국토교통부장관이 정하여 고시하는 임대주택 및 주택규모별 건설비율 등을 정비계획에 반영하여야 한다.
  ㉠ 「주택법」 제2조 제6호에 따른 국민주택규모의 주택(이하 "국민주택규모 주택"이라 한다)이 전체 세대수의 100분의 90 이하에서 대통령령으로 정하는 범위
  ㉡ 임대주택(공공임대주택 및 「민간임대주택에 관한 특별법」에 따른 민간임대주택을 말한다)이 전체 세대수 또는 전체 연면적의 100분의 30 이하에서 대통령령으로 정하는 범위
② 사업시행자는 고시된 내용에 따라 주택을 건설하여야 한다.

4 법 제11조(기본계획 및 정비계획 수립시 용적률 완화)

① 기본계획의 수립권자 또는 정비계획의 입안권자는 정비사업의 원활한 시행을 위하여 기본계획을 수립하거나 정비계획을 입안하려는 경우에는(기본계획 또는 정비계획을 변경하려는 경우에도 또한 같다) 「국토의 계획 및 이용에 관한 법률」 제36조에 따른 주거지역에 대하여는 같은 법 제78조에 따라 조례로 정한 용적률에도 불구하고 같은 조 및 관계 법률에 따른 용적률의 상한까지 용적률을 정할 수 있다.
② 기본계획의 수립권자 또는 정비계획의 입안권자는 천재지변, 그 밖의 불가피한 사유로 건축물이 붕괴할 우려가 있어 긴급히 정비사업을 시행할 필요가 있다고 인정하는 경우에는 용도지역의 변경을 통해 용적률을 완화하여 기본계획을 수립하거나 정비계획을 입안할 수 있다. 이 경우 기본계획의 수립권자, 정비계획의 입안권자 및 정비구역의 지정권자는 용도지역의 변경을 이유로 기부채납을 요구하여서는 아니 된다. 〈신설 2021.4.13.〉
③ 구청장 등 또는 대도시의 시장이 아닌 시장은 ①항에 따라 정비계획을 입안하거나 변경입안하려는 경우 기본계획의 변경 또는 변경승인을 특별시장·광역시장·도지사에게 요청할 수 있다.

5 법 제12조(재건축사업을 위한 재건축진단) 〈개정 2024.12.3.〉

(1) 재건축진단의 실시 시기
시장·군수 등은 제5조 제1항 제10호에 따른 정비예정구역별 정비계획의 수립시기가 도래한 때부터 제50조에 따른 사업시행계획인가 전까지 재건축진단을 실시하여야 한다.

(2) 재건축진단의 실시
시장·군수 등은 (1)에도 불구하고 다음의 어느 하나에 해당하는 경우에는 재건축진단을 실시하여야 한다. 이 경우 시장·군수 등은 재건축진단에 드는 비용을 해당 재건축진단의 실시를 요청하는 자에게 부담하게 할 수 있다.

① 정비계획의 입안을 요청하려는 자가 입안을 요청하기 전에 해당 정비예정구역 또는 사업예정구역에 위치한 건축물 및 그 부속토지의 소유자 10분의 1 이상의 동의를 받아 재건축진단의 실시를 요청하는 경우

② 정비계획의 입안을 제안하려는 자가 입안을 제안하기 전에 해당 정비예정구역에 위치한 건축물 및 그 부속토지의 소유자 10분의 1 이상의 동의를 받아 재건축진단의 실시를 요청하는 경우

③ 제5조 제2항에 따라 정비예정구역을 지정하지 아니한 지역에서 재건축사업을 하려는 자가 사업예정구역에 있는 건축물 및 그 부속토지의 소유자 10분의 1 이상의 동의를 받아 재건축진단의 실시를 요청하는 경우

④ 제2조 제3호 나목에 해당하는 건축물의 소유자로서 재건축사업을 시행하려는 자가 해당 사업예정구역에 위치한 건축물 및 그 부속토지의 소유자 10분의 1 이상의 동의를 받아 재건축진단의 실시를 요청하는 경우

⑤ 제15조에 따라 정비계획을 입안하여 주민에게 공람한 지역 또는 제16조에 따라 정비구역으로 지정된 지역에서 재건축사업을 시행하려는 자가 해당 구역에 위치한 건축물 및 그 부속토지의 소유자 10분의 1 이상의 동의를 받아 재건축진단의 실시를 요청하는 경우

⑥ 제31조에 따라 시장·군수 등의 승인을 받은 조합설립추진위원회(이하 "추진위원회"라 한다) 또는 사업시행자가 재건축진단의 실시를 요청하는 경우

(3) 재건축사업의 재건축진단 대상
재건축사업의 재건축진단은 주택단지(연접한 단지를 포함한다)의 건축물을 대상으로 한다. 다만, 대통령령으로 정하는 주택단지의 건축물인 경우에는 재건축진단 대상에서 제외할 수 있다.

> **대통령령으로 정하는 주택단지의 건축물(영 제10조 제3항)**
> 다음 각 호의 어느 하나를 말한다.
> 1. 정비계획의 입안권자가 천재지변 등으로 주택이 붕괴되어 신속히 재건축을 추진할 필요가 있다고 인정하는 것
> 2. 주택의 구조안전상 사용금지가 필요하다고 정비계획의 입안권자가 인정하는 것

3. [별표 1] 제3호 라목에 따른 노후·불량건축물 수에 관한 기준을 충족한 경우 잔여 건축물
4. 정비계획의 입안권자가 진입도로 등 기반시설 설치를 위하여 불가피하게 정비구역에 포함된 것으로 인정하는 건축물
5. 「시설물의 안전 및 유지관리에 관한 특별법」 제2조 제1호의 시설물로서 같은 법 제16조에 따라 지정받은 안전등급이 D (미흡) 또는 E (불량)인 건축물

(4) 재건축진단기관에 의뢰

시장·군수 등은 대통령령으로 정하는 재건축진단기관에 의뢰하여 주거환경 적합성, 해당 건축물의 구조안전성, 건축마감, 설비노후도 등에 관한 재건축진단을 실시하여야 한다.

(5) 재건축진단 결과보고서의 작성 및 제출

재건축진단을 의뢰받은 재건축진단기관은 국토교통부장관이 정하여 고시하는 기준(건축물의 내진성능 확보를 위한 비용을 포함한다)에 따라 재건축진단을 실시하여야 하며, 국토교통부령으로 정하는 방법 및 절차에 따라 재건축진단 결과보고서를 작성하여 시장·군수 등 및 재건축진단의 실시를 요청한 자에게 제출하여야 한다.

(6) 사업시행계획인가 여부의 결정

시장·군수 등은 재건축진단의 결과와 도시계획 및 지역여건 등을 종합적으로 검토하여 사업시행계획인가 여부(제75조에 따른 시기 조정을 포함한다)를 결정하여야 한다.

(7) 재건축진단의 대상·기준·실시기관·지정절차·수수료 및 결과에 대한 조치 등

재건축진단의 대상·기준·실시기관·지정절차·수수료 및 결과에 대한 조치 등에 필요한 사항은 대통령령으로 정한다.

6 법 제13조(재건축진단 결과의 적정성 검토) 〈개정 2024.12.3.〉

① 시장·군수 등(특별자치시장 및 특별자치도지사는 제외한다)은 제12조 제5항에 따라 재건축진단 결과보고서를 제출받은 경우에는 지체 없이 특별시장·광역시장·도지사에게 결정내용과 해당 재건축진단 결과보고서를 제출하여야 한다.
② 특별시장·광역시장·특별자치시장·도지사·특별자치도지사(이하 "시·도지사"라 한다)는 필요한 경우 「국토안전관리원법」에 따른 국토안전관리원 또는 「과학기술분야 정부출연연구기관 등의 설립·운영 및 육성에 관한 법률」에 따른 한국건설기술연구원에 재건축진단 결과의 적정성에 대한 검토를 의뢰할 수 있다.
③ 국토교통부장관은 시·도지사에게 재건축진단 결과보고서의 제출을 요청할 수 있으며, 필요한 경우 시·도지사에게 재건축진단 결과의 적정성에 대한 검토를 요청할 수 있다.
④ 특별시장·광역시장·도지사는 제2항 및 제3항에 따른 검토결과에 따라 필요한 경우 시장·군수 등에게 재건축진단에 대한 시정요구 등 대통령령으로 정하는 조치를 요청할 수 있으며, 시장·군수 등은 특별한 사유가 없으면 그 요청에 따라야 한다.
⑤ 위의 규정에 따른 재건축진단 결과의 평가 등에 필요한 사항은 대통령령으로 정한다.

7 법 제13조의2(정비구역의 지정을 위한 정비계획의 입안 요청 등) 〈본조신설 2023.7.18.〉

① 토지등소유자 또는 추진위원회는 다음의 어느 하나에 해당하는 경우에는 정비계획의 입안권자에게 정비구역의 지정을 위한 정비계획의 입안을 요청할 수 있다. 〈개정 2024.12.3.〉
  ㉠ 제4조 제1항 단서에 따라 기본계획을 수립하지 아니한 지역으로서 대통령령으로 정하는 경우
  ㉡ 제5조 제1항 제10호에 따른 단계별 정비사업 추진계획상 정비예정구역별 정비계획의 입안시기가 지났음에도 불구하고 정비계획이 입안되지 아니한 경우
  ㉢ 제5조 제2항에 따라 기본계획에 같은 조 제1항 제9호 및 제10호에 따른 사항을 생략한 경우
  ㉣ 천재지변 등 대통령령으로 정하는 불가피한 사유로 긴급하게 정비사업을 시행할 필요가 있다고 판단되는 경우
② 정비계획의 입안권자는 ①항의 요청이 있는 경우에는 요청일부터 4개월 이내에 정비계획의 입안 여부를 결정하여 토지등소유자 및 정비구역의 지정권자에게 알려야 한다. 다만, 정비계획의 입안권자는 정비계획의 입안 여부의 결정 기한을 2개월의 범위에서 한 차례만 연장할 수 있다.
③ 정비구역의 지정권자는 다음의 어느 하나에 해당하는 경우에는 토지이용, 주택건설 및 기반시설의 설치 등에 관한 기본방향(이하 "정비계획의 기본방향"이라 한다)을 작성하여 정비계획의 입안권자에게 제시하여야 한다.
  ㉠ 정비계획의 입안권자가 토지등소유자에게 정비계획을 입안하기로 통지한 경우
  ㉡ 단계별 정비사업 추진계획에 따라 정비계획의 입안권자가 요청하는 경우
  ㉢ 정비계획의 입안권자가 정비계획을 입안하기로 결정한 경우로서 대통령령으로 정하는 경우
  ㉣ 정비계획을 변경하는 경우로서 대통령령으로 정하는 경우
④ 위에서 규정한 사항 외에 정비구역의 지정요청을 위한 요청서의 작성, 토지등소유자의 동의, 요청서의 처리 및 정비계획의 기본방향 작성을 위하여 필요한 사항은 대통령령으로 정한다.

8 법 제14조(정비계획의 입안 제안) 기출 35회

① 토지등소유자(㉤의 경우에는 제26조 제1항 제1호 및 제27조 제1항 제1호에 따라 사업시행자가 되려는 자를 말한다) 또는 추진위원회는 다음의 어느 하나에 해당하는 경우에는 정비계획의 입안권자에게 정비계획의 입안을 제안할 수 있다. 〈개정 2024.12.3.〉
  ㉠ 제5조 제1항 제10호에 따른 단계별 정비사업 추진계획상 정비예정구역별 정비계획의 입안시기가 지났음에도 불구하고 정비계획이 입안되지 아니하거나 같은 호에 따른 정비예정구역별 정비계획의 수립시기를 정하고 있지 아니한 경우
  ㉡ 토지등소유자가 제26조 제1항 제7호 및 제8호에 따라 토지주택공사 등을 사업시행자로 지정 요청하려는 경우
  ㉢ 대도시가 아닌 시 또는 군으로서 시·도조례로 정하는 경우
  ㉣ 정비사업을 통하여 공공지원민간임대주택을 공급하거나 임대할 목적으로 주택을 주택임대관리업자에게 위탁하려는 경우로서 제9조 제1항 제10호 각 목을 포함하는 정비계획의 입안을 요청하려는 경우
  ㉤ 제26조 제1항 제1호 및 제27조 제1항 제1호에 따라 정비사업을 시행하려는 경우

ⓗ 토지등소유자(조합이 설립된 경우에는 조합원을 말한다)가 3분의 2 이상의 동의로 정비계획의 변경을 요청하는 경우. 다만, 제15조 제3항에 따른 경미한 사항을 변경하는 경우에는 토지등소유자의 동의절차를 거치지 아니한다.
　　ⓘ 토지등소유자가 공공재개발사업 또는 공공재건축사업을 추진하려는 경우
　② 정비계획 입안의 제안을 위한 토지등소유자의 동의, 제안서의 처리 등에 필요한 사항은 대통령령으로 정한다.

> **정비계획의 입안 제안(영 제12조 제1항~제2항)**
> ① 토지등소유자가 법 제14조 제1항에 따라 정비계획의 입안권자에게 정비계획의 입안을 제안하려는 경우 토지등소유자의 3분의 2 이하 및 토지면적 3분의 2 이하의 범위에서 시·도조례로 정하는 비율 이상의 동의를 받은 후 시·도조례로 정하는 제안서 서식에 정비계획도서, 계획설명서, 그 밖의 필요한 서류를 첨부하여 정비계획의 입안권자에게 제출하여야 한다.
> ② 정비계획의 입안권자는 제1항의 제안이 있는 경우에는 제안일부터 60일 이내에 정비계획에의 반영여부를 제안자에게 통보하여야 한다. 다만, 부득이한 사정이 있는 경우에는 한 차례만 30일을 연장할 수 있다.

9 법 제15조(정비계획 입안을 위한 주민의견청취 등)

① 정비계획의 입안권자는 정비계획을 입안하거나 변경하려면 주민에게 서면으로 통보한 후 주민설명회 및 30일 이상 주민에게 공람하여 의견을 들어야 하며, 제시된 의견이 타당하다고 인정되면 이를 정비계획에 반영하여야 한다.
② 정비계획의 입안권자는 주민공람과 함께 지방의회의 의견을 들어야 한다. 이 경우 지방의회는 정비계획의 입안권자가 정비계획을 통지한 날부터 60일 이내에 의견을 제시하여야 하며, 의견제시 없이 60일이 지난 경우 이의가 없는 것으로 본다.
③ ①항 및 ②항에도 불구하고 대통령령으로 정하는 경미한 사항을 변경하는 경우에는 주민에 대한 서면통보, 주민설명회, 주민공람 및 지방의회의 의견청취 절차를 거치지 아니할 수 있다.

> **대통령령으로 정하는 경미한 사항을 변경하는 경우(영 제13조 제4항)** 〈개정 2024.12.17.〉
> 다음 각 호의 어느 하나에 해당하는 경우를 말한다.
> 　1. 정비구역의 면적을 10퍼센트 미만의 범위에서 변경하는 경우(법 제18조에 따라 정비구역을 분할, 통합 또는 결합하는 경우를 제외한다)
> 1의2. 토지등소유자별 분담금 추산액 및 산출근거를 변경하는 경우
> 　2. 정비기반시설의 위치를 변경하는 경우와 정비기반시설 규모를 10퍼센트 미만의 범위에서 변경하는 경우
> 　3. 공동이용시설 설치계획을 변경하는 경우
> 　4. 재난방지에 관한 계획을 변경하는 경우
> 　5. 정비사업시행 예정시기를 3년의 범위에서 조정하는 경우
> 　6. 「건축법 시행령」 [별표 1] 각 호의 용도범위에서 건축물의 주용도(해당 건축물의 가장 넓은 바닥면적을 차지하는 용도를 말한다. 이하 같다)를 변경하는 경우
> 　7. 건축물의 건폐율 또는 용적률을 축소하거나 10퍼센트 미만의 범위에서 확대하는 경우
> 　8. 건축물의 최고 높이를 변경하는 경우
> 　9. 법 제66조 제1항에 따라 용적률을 완화하여 변경하는 경우

> 10. 「국토의 계획 및 이용에 관한 법률」 제2조 제3호에 따른 도시·군기본계획, 같은 조 제4호에 따른 도시·군관리계획 또는 기본계획의 변경에 따라 정비계획을 변경하는 경우
> 11. 「도시교통정비촉진법」에 따른 교통영향평가 등 관계법령에 의한 심의결과에 따른 변경인 경우
> 11의2. 「공공주택 특별법」에 따른 공공주택의 세부 유형을 변경하는 경우
> 11의3. 법 제23조 제1항 제2호에 따른 방법으로 시행하는 주거환경개선사업의 경우로서 법 제24조에 따른 사업시행자로 예정된 자를 변경하는 경우
> 11의4. 제1호, 제2호부터 제8호까지, 제10호, 제11호, 제11호의2 및 제11호의3과 유사한 사항으로서 정비계획에서 경미한 사항으로 결정한 사항을 변경하는 경우
> 12. 그 밖에 제1호, 제2호부터 제8호까지, 제10호, 제11호, 제11호의2 및 제11호의3과 유사한 사항으로서 시·도조례로 정하는 사항을 변경하는 경우

④ 정비계획의 입안권자는 제97조, 제98조, 제101조 등에 따라 정비기반시설 및 국유·공유재산의 귀속 및 처분에 관한 사항이 포함된 정비계획을 입안하려면 미리 해당 정비기반시설 및 국유·공유재산의 관리청의 의견을 들어야 한다.

10 법 제16조(정비계획의 결정 및 정비구역의 지정·고시)

① 정비구역의 지정권자는 정비구역을 지정하거나 변경지정하려면 지방도시계획위원회의 심의를 거쳐야 한다. 다만, 제15조 제3항에 따른 경미한 사항을 변경하는 경우에는 지방도시계획위원회의 심의를 거치지 아니할 수 있다.
② 정비구역의 지정권자는 정비구역을 지정(변경지정을 포함한다)하거나 정비계획을 결정(변경결정을 포함한다)한 때에는 정비계획을 포함한 정비구역 지정의 내용을 해당 지방자치단체의 공보에 고시하여야 한다. 이 경우 지형도면 고시 등에 대하여는 「토지이용규제 기본법」 제8조에 따른다.
③ 정비구역의 지정권자는 정비계획을 포함한 정비구역을 지정·고시한 때에는 국토교통부령으로 정하는 방법 및 절차에 따라 국토교통부장관에게 그 지정의 내용을 보고하여야 하며, 관계 서류를 일반인이 열람할 수 있도록 하여야 한다.

11 법 제17조(정비구역 지정·고시의 효력 등)

① 정비구역의 지정·고시가 있는 경우 해당 정비구역 및 정비계획 중 「국토의 계획 및 이용에 관한 법률」 제52조 제1항 각 호의 어느 하나에 해당하는 사항은 같은 법 제50조에 따라 지구단위계획구역 및 지구단위계획으로 결정·고시된 것으로 본다.
② 「국토의 계획 및 이용에 관한 법률」에 따른 지구단위계획구역에 대하여 제9조 제1항 각 호의 사항을 모두 포함한 지구단위계획을 결정·고시(변경 결정·고시하는 경우를 포함한다)하는 경우 해당 지구단위계획구역은 정비구역으로 지정·고시된 것으로 본다.
③ 정비계획을 통한 토지의 효율적 활용을 위하여 「국토의 계획 및 이용에 관한 법률」 제52조 제3항에 따른 건폐율·용적률 등의 완화규정은 제9조 제1항에 따른 정비계획에 준용한다. 이 경우 "지구단위계획구역"은 "정비구역"으로, "지구단위계획"은 "정비계획"으로 본다.

④ ③항에도 불구하고 용적률이 완화되는 경우로서 사업시행자가 정비구역에 있는 대지의 가액 일부에 해당하는 금액을 현금으로 납부한 경우에는 대통령령으로 정하는 공공시설 또는 기반시설(이하 "공공시설 등"이라 한다)의 부지를 제공하거나 공공시설 등을 설치하여 제공한 것으로 본다.

⑤ 현금납부 및 부과 방법 등에 필요한 사항은 대통령령으로 정한다.

용적률 완화를 위한 현금납부 방법 등(영 제14조)

① 법 제17조 제4항에서 "대통령령으로 정하는 공공시설 또는 기반시설"이란 「국토의 계획 및 이용에 관한 법률 시행령」 제46조 제1항에 따른 공공시설 또는 기반시설을 말한다.

② 사업시행자는 법 제17조 제4항에 따라 현금납부를 하려는 경우에는 토지등소유자(법 제35조에 따라 조합을 설립한 경우에는 조합원을 말한다) 과반수의 동의를 받아야 한다. 이 경우 현금으로 납부하는 토지의 기부면적은 전체 기부면적의 2분의 1을 넘을 수 없다.

③ 법 제17조 제4항에 따른 현금납부액은 시장·군수 등이 지정한 둘 이상의 감정평가법인 등(「감정평가 및 감정평가사에 관한 법률」에 따른 감정평가법인 등을 말한다)이 해당 기부토지에 대하여 평가한 금액을 산술평균하여 산정한다. 〈개정 2022.1.21.〉

④ 제3항에 따른 현금납부액 산정기준일은 법 제50조 제9항에 따른 사업시행계획인가(현금납부에 관한 정비계획이 반영된 최초의 사업시행계획인가를 말한다) 고시일로 한다. 다만, 산정기준일부터 3년이 되는 날까지 법 제74조에 따른 관리처분계획인가를 신청하지 아니한 경우에는 산정기준일부터 3년이 되는 날의 다음 날을 기준으로 제3항에 따라 다시 산정하여야 한다. 〈개정 2022.12.9.〉

⑤ 사업시행자는 착공일부터 준공검사일까지 제3항에 따라 산정된 현금납부액을 특별시장, 광역시장, 특별자치시장, 특별자치도지사, 시장 또는 군수(광역시의 군수는 제외한다)에게 납부하여야 한다.

⑥ 특별시장 또는 광역시장은 제5항에 따라 납부받은 금액을 사용하는 경우에는 해당 정비사업을 관할하는 자치구의 구청장 또는 광역시의 군수의 의견을 들어야 한다.

⑦ 제3항부터 제6항까지에서 규정된 사항 외에 현금납부액의 구체적인 산정 기준, 납부 방법 및 사용 방법 등에 필요한 세부사항은 시·도조례로 정할 수 있다.

12 제18조(정비구역의 분할, 통합 및 결합) 기출 35회

① 정비구역의 지정권자는 정비사업의 효율적인 추진 또는 도시의 경관보호를 위하여 필요하다고 인정하는 경우에는 다음의 방법에 따라 정비구역을 지정할 수 있다.
  ㉠ 하나의 정비구역을 둘 이상의 정비구역으로 분할
  ㉡ 서로 연접한 정비구역을 하나의 정비구역으로 통합
  ㉢ 서로 연접하지 아니한 둘 이상의 구역(제8조 제1항에 따라 대통령령으로 정하는 요건에 해당하는 구역으로 한정한다) 또는 정비구역을 하나의 정비구역으로 결합

② ①항에 따라 정비구역을 분할·통합하거나 서로 떨어진 구역을 하나의 정비구역으로 결합하여 지정하려는 경우 시행 방법과 절차에 관한 세부사항은 시·도조례로 정한다.

13 법 제19조(행위제한 등) 기출 33회·35회

(1) 행위허가의 대상(영 제15조 제1항)

정비구역에서 다음의 어느 하나에 해당하는 행위를 하려는 자는 시장·군수 등의 허가를 받아야 한다. 허가받은 사항을 변경하려는 때에도 또한 같다.

① 건축물의 건축 등 :「건축법」제2조 제1항 제2호에 따른 건축물(가설건축물을 포함한다)의 건축, 용도변경
② 공작물의 설치 : 인공을 가하여 제작한 시설물(「건축법」제2조 제1항 제2호에 따른 건축물을 제외한다)의 설치
③ 토지의 형질변경 : 절토(땅깎기)·성토(흙쌓기)·정지(땅고르기)·포장 등의 방법으로 토지의 형상을 변경하는 행위, 토지의 굴착 또는 공유수면의 매립
④ 토석의 채취 : 흙·모래·자갈·바위 등의 토석을 채취하는 행위. 다만, 토지의 형질변경을 목적으로 하는 것은 ③항에 따른다.
⑤ 토지분할
⑥ 물건을 쌓아놓는 행위 : 이동이 쉽지 아니한 물건을 1개월 이상 쌓아놓는 행위
⑦ 죽목의 벌채 및 식재

(2) 허가대상이 아닌 행위

다음의 어느 하나에 해당하는 행위는 허가를 받지 아니하고 할 수 있다.

① 재해복구 또는 재난수습에 필요한 응급조치를 위한 행위
② 기존 건축물의 붕괴 등 안전사고의 우려가 있는 경우 해당 건축물에 대한 안전조치를 위한 행위
③ 그 밖에 대통령령으로 정하는 행위

> **대통령령으로 정하는 행위(영 제15조 제3항)** 〈개정 2022.12.9.〉
>
> 다음 각 호의 어느 하나에 해당하는 행위로서「국토의 계획 및 이용에 관한 법률」제56조에 따른 개발행위허가의 대상이 아닌 것을 말한다.
> 1. 농림수산물의 생산에 직접 이용되는 것으로서 국토교통부령으로 정하는 간이공작물의 설치
> 2. 경작을 위한 토지의 형질변경
> 3. 정비구역의 개발에 지장을 주지 아니하고 자연경관을 손상하지 아니하는 범위에서의 토석의 채취
> 4. 정비구역에 존치하기로 결정된 대지에 물건을 쌓아놓는 행위
> 5. 관상용 죽목의 임시식재(경작지에서의 임시식재는 제외한다)

> **➕ 알아보기** "국토교통부령으로 정하는 간이공작물"(규칙 제5조)
>
> 다음 각 호의 공작물을 말한다.
> 1. 비닐하우스
> 2. 양잠장
> 3. 고추, 잎담배, 김 등 농림수산물의 건조장
> 4. 버섯재배사
> 5. 종묘배양장
> 6. 퇴비장
> 7. 탈곡장
> 8. 그 밖에 제1호부터 제7호까지와 비슷한 공작물로서 국토교통부장관이 정하여 관보에 고시하는 공작물

(3) 행위제한 등 〈개정 2024.1.30.〉

① 허가를 받아야 하는 행위로서 정비구역의 지정 및 고시 당시 이미 관계 법령에 따라 행위허가를 받았거나 허가를 받을 필요가 없는 행위에 관하여 그 공사 또는 사업에 착수한 자는 대통령령으로 정하는 바에 따라 시장·군수 등에게 신고한 후 이를 계속 시행할 수 있다.
  ※ 법 제19조 제3항에 따라 신고하여야 하는 자는 정비구역이 지정·고시된 날부터 30일 이내에 그 공사 또는 사업의 진행상황과 시행계획을 첨부하여 관할 시장·군수 등에게 신고하여야 한다(영 제15조 제4항).

② 시장·군수 등은 행위허가를 위반한 자에게 원상회복을 명할 수 있다. 이 경우 명령을 받은 자가 그 의무를 이행하지 아니하는 때에는 시장·군수 등은 「행정대집행법」에 따라 대집행할 수 있다.

③ 허가에 관하여 이 법에 규정된 사항을 제외하고는 「국토의 계획 및 이용에 관한 법률」 제57조부터 제60조까지 및 제62조를 준용한다.

④ 허가를 받은 경우에는 「국토의 계획 및 이용에 관한 법률」 제56조에 따라 허가를 받은 것으로 본다.

⑤ 국토교통부장관, 시·도지사, 시장, 군수 또는 구청장(자치구의 구청장을 말한다)은 비경제적인 건축행위 및 투기 수요의 유입을 막기 위하여 제6조 제1항에 따라 기본계획을 공람 중인 정비예정구역 또는 정비계획을 수립 중인 지역에 대하여 3년 이내의 기간(1년의 범위에서 한 차례만 연장할 수 있다)을 정하여 대통령령으로 정하는 방법과 절차에 따라 다음의 행위를 제한할 수 있다. 〈개정 2024.1.30.〉
  ㉠ 건축물의 건축
  ㉡ 토지의 분할
  ㉢ 「건축법」 제38조에 따른 건축물대장 중 일반건축물대장을 집합건축물대장으로 전환
  ㉣ 「건축법」 제38조에 따른 건축물대장 중 집합건축물대장의 전유부분 분할

⑥ 정비예정구역 또는 정비구역(이하 "정비구역 등"이라 한다)에서는 「주택법」 제2조 제11호 가목에 따른 지역주택조합의 조합원을 모집해서는 아니 된다.

14 정비구역 등의 해제

(1) 정비구역 등의 해제(법 제20조 제1항) 기출 31회·35회

정비구역의 지정권자는 다음의 어느 하나에 해당하는 경우에는 정비구역 등을 해제하여야 한다. 〈개정 2024.12.3.〉

① 정비예정구역에 대하여 기본계획에서 정한 정비구역 지정 예정일부터 3년이 되는 날까지 특별자치시장, 특별자치도지사, 시장 또는 군수가 정비구역을 지정하지 아니하거나 구청장등이 정비구역의 지정을 신청하지 아니하는 경우

② 재개발사업·재건축사업[제35조에 따른 조합(이하 "조합"이라 한다)이 시행하는 경우로 한정한다]이 다음의 어느 하나에 해당하는 경우
  ㉠ 토지등소유자가 정비구역으로 지정·고시된 날부터 2년이 되는 날까지 추진위원회의 승인을 신청하지 아니하는 경우(제31조 제2항 제1호에 따라 추진위원회를 구성하는 경우로 한정한다)
  ㉡ 토지등소유자가 정비구역으로 지정·고시된 날부터 3년이 되는 날까지 제35조에 따른 조합설립인가(이하 "조합설립인가"라 한다)를 신청하지 아니하는 경우(제31조 제7항에 따라 추진위원회를 구성하지 아니하는 경우로 한정한다)

ⓒ 추진위원회가 추진위원회 승인일(제31조 제2항 제2호에 따라 추진위원회를 구성하는 경우에는 제16조에 따른 정비구역 지정·고시일로 본다)부터 2년이 되는 날까지 조합설립인가를 신청하지 아니하는 경우
　　ⓓ 조합이 조합설립인가를 받은 날부터 3년이 되는 날까지 사업시행계획인가를 신청하지 아니하는 경우
　③ 토지등소유자가 시행하는 재개발사업으로서 토지등소유자가 정비구역으로 지정·고시된 날부터 5년이 되는 날까지 사업시행계획인가를 신청하지 아니하는 경우

(2) 정비구역 등의 직권해제(법 제21조 제1항) 기출 30회·31회

정비구역의 지정권자는 다음의 어느 하나에 해당하는 경우 지방도시계획위원회의 심의를 거쳐 정비구역 등을 해제할 수 있다. 이 경우 ①항 및 ②항에 따른 구체적인 기준 등에 필요한 사항은 시·도조례로 정한다.
① 정비사업의 시행으로 토지등소유자에게 과도한 부담이 발생할 것으로 예상되는 경우
② 정비구역 등의 추진 상황으로 보아 지정 목적을 달성할 수 없다고 인정되는 경우
③ 토지등소유자의 100분의 30 이상이 정비구역 등(추진위원회가 구성되지 아니한 구역으로 한정한다)의 해제를 요청하는 경우
④ 제23조 제1항 제1호에 따른 방법으로 시행 중인 주거환경개선사업의 정비구역이 지정·고시된 날부터 10년 이상 지나고, 추진 상황으로 보아 지정 목적을 달성할 수 없다고 인정되는 경우로서 토지등소유자의 과반수가 정비구역의 해제에 동의하는 경우
⑤ 추진위원회 구성 또는 조합 설립에 동의한 토지등소유자의 2분의 1 이상 3분의 2 이하의 범위에서 시·도조례로 정하는 비율 이상의 동의로 정비구역의 해제를 요청하는 경우(사업시행계획인가를 신청하지 아니한 경우로 한정한다)
⑥ 추진위원회가 구성되거나 조합이 설립된 정비구역에서 토지등소유자 과반수의 동의로 정비구역의 해제를 요청하는 경우(사업시행계획인가를 신청하지 아니한 경우로 한정한다)

(3) 도시재생선도지역 지정 요청(법 제21조의2)

정비구역 등이 해제된 경우 정비구역의 지정권자는 해제된 정비구역 등을 「도시재생 활성화 및 지원에 관한 특별법」에 따른 도시재생선도지역으로 지정하도록 국토교통부장관에게 요청할 수 있다.

(4) 정비구역 등 해제의 효력(법 제22조) 기출 35회

① 정비구역 등이 해제된 경우에는 정비계획으로 변경된 용도지역, 정비기반시설 등은 정비구역 지정 이전의 상태로 환원된 것으로 본다. 다만, (2)의 ④항의 경우 정비구역의 지정권자는 정비기반시설의 설치 등 해당 정비사업의 추진 상황에 따라 환원되는 범위를 제한할 수 있다.
② 정비구역 등(재개발사업 및 재건축사업을 시행하려는 경우로 한정한다)이 해제된 경우 정비구역의 지정권자는 해제된 정비구역 등을 제23조 제1항 제1호의 방법(제24조에 따른 사업시행자가 정비구역에서 정비기반시설 및 공동이용시설을 새로 설치하거나 확대하고 토지등소유자가 스스로 주택을 보전·정비하거나 개량하는 방법)으로 시행하는 주거환경개선구역(주거환경개선사업을 시행하는 정비구역을 말한다)으로 지정할 수 있다. 이 경우 주거환경개선구역으로 지정된 구역은 제7조에 따른 기본계획에 반영된 것으로 본다.
③ 정비구역 등이 해제·고시된 경우 추진위원회 구성승인 또는 조합설립인가는 취소된 것으로 보고, 시장·군수 등은 해당 지방자치단체의 공보에 그 내용을 고시하여야 한다.

제3장 정비사업의 시행

> **Point 출제포인트**
> ▷ 정비사업의 시행방법
> ▷ 주거환경개선사업의 시행자
> ▷ 재개발사업·재건축사업의 공공시행자
> ▷ 조합설립추진위원회의 업무
> ▷ 토지등소유자의 동의자수 산정방법
> ▷ 정관의 기재사항 변경
> ▷ 조합 및 조합임원
> ▷ 관리처분계획의 인가

제1절 정비사업의 시행방법 등

1 법 제23조(정비사업의 시행방법) 기출 30회·31회

(1) 주거환경개선사업

주거환경개선사업은 다음의 어느 하나에 해당하는 방법 또는 이를 혼용하는 방법으로 한다.
① 사업시행자가 정비구역에서 정비기반시설 및 공동이용시설을 새로 설치하거나 확대하고 토지등소유자가 스스로 주택을 보전·정비하거나 개량하는 방법
② 사업시행자가 제63조에 따라 정비구역의 전부 또는 일부를 수용하여 주택을 건설한 후 토지등소유자에게 우선 공급하거나 대지를 토지등소유자 또는 토지등소유자 외의 자에게 공급하는 방법
③ 사업시행자가 제69조 제2항에 따라 환지로 공급하는 방법
④ 사업시행자가 정비구역에서 제74조에 따라 인가받은 관리처분계획에 따라 주택 및 부대시설·복리시설을 건설하여 공급하는 방법

(2) 재개발사업

재개발사업은 정비구역에서 제74조에 따라 인가받은 관리처분계획에 따라 건축물을 건설하여 공급하거나 제69조 제2항에 따라 환지로 공급하는 방법으로 한다.

(3) 재건축사업

① 재건축사업은 정비구역에서 제74조에 따라 인가받은 관리처분계획에 따라 주택, 부대시설·복리시설 및 오피스텔(「건축법」 제2조 제2항에 따른 오피스텔을 말한다)을 건설하여 공급하는 방법으로 한다. 다만, 주택단지에 있지 아니하는 건축물의 경우에는 지형여건·주변의 환경으로 보아 사업 시행상 불가피한 경우로서 정비구역으로 보는 사업에 한정한다.

② 오피스텔을 건설하여 공급하는 경우에는 「국토의 계획 및 이용에 관한 법률」에 따른 준주거지역 및 상업지역에서만 건설할 수 있다. 이 경우 오피스텔의 연면적은 전체 건축물 연면적의 100분의 30 이하이어야 한다.

2 법 제24조(주거환경개선사업의 시행자)

① 제23조 제1항 제1호에 따른 방법으로 시행하는 주거환경개선사업은 시장·군수 등이 직접 시행하되, 토지주택공사 등을 사업시행자로 지정하여 시행하게 하려는 경우에는 제15조 제1항에 따른 공람공고일 현재 토지등소유자의 과반수의 동의를 받아야 한다.

② 제23조 제1항 제2호부터 제4호까지의 규정에 따른 방법으로 시행하는 주거환경개선사업은 시장·군수 등이 직접 시행하거나 다음에서 정한 자에게 시행하게 할 수 있다.

㉠ 시장·군수 등이 다음의 어느 하나에 해당하는 자를 사업시행자로 지정하는 경우

ⓐ 토지주택공사 등

ⓑ 주거환경개선사업을 시행하기 위하여 국가, 지방자치단체, 토지주택공사 등 또는 「공공기관의 운영에 관한 법률」 제4조에 따른 공공기관이 총지분의 100분의 50을 초과하는 출자로 설립한 법인

㉡ 시장·군수 등이 ㉠에 해당하는 자와 다음의 어느 하나에 해당하는 자를 공동시행자로 지정하는 경우

ⓐ 「건설산업기본법」 제9조에 따른 건설업자(이하 "건설업자"라 한다)

ⓑ 「주택법」 제7조 제1항에 따라 건설업자로 보는 등록사업자(이하 "등록사업자"라 한다)

③ ②항에 따라 시행하려는 경우에는 제15조 제1항에 따른 공람공고일 현재 해당 정비예정구역의 토지 또는 건축물의 소유자 또는 지상권자의 3분의 2 이상의 동의와 세입자(제15조 제1항에 따른 공람공고일 3개월 전부터 해당 정비예정구역에 3개월 이상 거주하고 있는 자를 말한다) 세대수의 과반수의 동의를 각각 받아야 한다. 다만, 세입자의 세대수가 토지등소유자의 2분의 1 이하인 경우 등 대통령령으로 정하는 사유가 있는 경우에는 세입자의 동의절차를 거치지 아니할 수 있다.

> **세입자의 세대수가 토지등소유자의 2분의 1 이하인 경우 등 대통령령으로 정하는 사유(영 제18조)**
> 다음 각 호의 어느 하나에 해당하는 것을 말한다.
> 1. 세입자의 세대수가 토지등소유자의 2분의 1 이하인 경우
> 2. 법 제16조 제2항에 따른 정비구역의 지정·고시일 현재 해당 지역이 속한 시·군·구에 공공임대주택 등 세입자가 입주 가능한 임대주택이 충분하여 임대주택을 건설할 필요가 없다고 시·도지사가 인정하는 경우
> 3. 법 제23조 제1항 제1호, 제3호 또는 제4호에 따른 방법으로 사업을 시행하는 경우

④ 시장·군수 등은 천재지변, 그 밖의 불가피한 사유로 건축물이 붕괴할 우려가 있어 긴급히 정비사업을 시행할 필요가 있다고 인정하는 경우에는 토지등소유자 및 세입자의 동의 없이 자신이 직접 시행하거나 토지주택공사 등을 사업시행자로 지정하여 시행하게 할 수 있다. 이 경우 시장·군수 등은 지체 없이 토지등소유자에게 긴급한 정비사업의 시행 사유·방법 및 시기 등을 통보하여야 한다.

3 법 제25조(재개발사업·재건축사업의 시행자) 기출 30회·35회

(1) 재개발사업의 시행자

재개발사업은 다음의 어느 하나에 해당하는 방법으로 시행할 수 있다.
① 조합이 시행하거나 조합이 조합원의 과반수의 동의를 받아 시장·군수 등, 토지주택공사 등, 건설업자, 등록사업자 또는 대통령령으로 정하는 요건을 갖춘 자와 공동으로 시행하는 방법
② 토지등소유자가 20인 미만인 경우에는 토지등소유자가 시행하거나 토지등소유자가 토지등소유자의 과반수의 동의를 받아 시장·군수 등, 토지주택공사 등, 건설업자, 등록사업자 또는 대통령령으로 정하는 요건을 갖춘 자와 공동으로 시행하는 방법
※ "대통령령으로 정하는 요건을 갖춘 자"란 각각 「자본시장과 금융투자업에 관한 법률」 제8조 제7항에 따른 신탁업자와 「한국부동산원법」에 따른 한국부동산원을 말한다(영 제19조).

(2) 재건축사업의 시행자

재건축사업은 조합이 시행하거나 조합이 조합원의 과반수의 동의를 받아 시장·군수 등, 토지주택공사 등, 건설업자 또는 등록사업자와 공동으로 시행할 수 있다.

4 법 제26조 제1항(재개발사업·재건축사업의 공공시행자) 기출 33회

시장·군수 등은 재개발사업 및 재건축사업이 다음의 어느 하나에 해당하는 때에는 제25조에도 불구하고 직접 정비사업을 시행하거나 토지주택공사 등(토지주택공사 등이 건설업자 또는 등록사업자와 공동으로 시행하는 경우를 포함한다)을 사업시행자로 지정하여 정비사업을 시행하게 할 수 있다.
① 천재지변, 「재난 및 안전관리기본법」 제27조 또는 「시설물의 안전 및 유지관리에 관한 특별법」 제23조에 따른 사용제한·사용금지, 그 밖의 불가피한 사유로 긴급하게 정비사업을 시행할 필요가 있다고 인정하는 때
② 제16조 제2항 전단에 따라 고시된 정비계획에서 정한 정비사업시행 예정일부터 2년 이내에 사업시행계획인가를 신청하지 아니하거나 사업시행계획인가를 신청한 내용이 위법 또는 부당하다고 인정하는 때(재건축사업의 경우는 제외한다)
③ 추진위원회가 시장·군수 등의 구성승인을 받은 날부터 3년 이내에 조합설립인가를 신청하지 아니하거나 조합이 조합설립인가를 받은 날부터 3년 이내에 사업시행계획인가를 신청하지 아니한 때
④ 지방자치단체의 장이 시행하는 「국토의 계획 및 이용에 관한 법률」 제2조 제11호에 따른 도시·군계획사업과 병행하여 정비사업을 시행할 필요가 있다고 인정하는 때

⑤ 제59조 제1항에 따른 순환정비방식으로 정비사업을 시행할 필요가 있다고 인정하는 때
⑥ 제113조에 따라 사업시행계획인가가 취소된 때
⑦ 해당 정비구역의 국·공유지 면적 또는 국·공유지와 토지주택공사 등이 소유한 토지를 합한 면적이 전체 토지면적의 2분의 1 이상으로서 토지등소유자의 과반수가 시장·군수 등 또는 토지주택공사 등을 사업시행자로 지정하는 것에 동의하는 때
⑧ 해당 정비구역의 토지면적 2분의 1 이상의 토지소유자와 토지등소유자의 3분의 2 이상에 해당하는 자가 시장·군수 등 또는 토지주택공사 등을 사업시행자로 지정할 것을 요청하는 때. 이 경우 제14조 제1항 제2호에 따라 토지등소유자가 정비계획의 입안을 제안한 경우 입안제안에 동의한 토지등소유자는 토지주택공사 등의 사업시행자 지정에 동의한 것으로 본다. 다만, 사업시행자의 지정 요청 전에 시장·군수 등 및 제47조에 따른 주민대표회의에 사업시행자의 지정에 대한 반대의 의사표시를 한 토지등소유자의 경우에는 그러하지 아니하다.

5 법 제27조 제1항(재개발사업·재건축사업의 지정개발자) 기출 33회

시장·군수 등은 재개발사업 및 재건축사업이 다음의 어느 하나에 해당하는 때에는 토지등소유자, 「사회기반시설에 대한 민간투자법」 제2조 제12호에 따른 민관합동법인 또는 신탁업자로서 대통령령으로 정하는 요건을 갖춘 자(이하 "지정개발자"라 한다)를 사업시행자로 지정하여 정비사업을 시행하게 할 수 있다.

① 천재지변, 「재난 및 안전관리기본법」 제27조 또는 「시설물의 안전 및 유지관리에 관한 특별법」 제23조에 따른 사용제한·사용금지, 그 밖의 불가피한 사유로 긴급하게 정비사업을 시행할 필요가 있다고 인정하는 때
② 제16조 제2항 전단에 따라 고시된 정비계획에서 정한 정비사업시행 예정일부터 2년 이내에 사업시행계획인가를 신청하지 아니하거나 사업시행계획인가를 신청한 내용이 위법 또는 부당하다고 인정하는 때(재건축사업의 경우는 제외한다)
③ 제35조에 따른 재개발사업 및 재건축사업의 조합설립을 위한 동의요건 이상에 해당하는 자가 신탁업자를 사업시행자로 지정하는 것에 동의하는 때

> **대통령령으로 정하는 요건을 갖춘 자(영 제21조 제1항)** 〈개정 2024.12.17.〉
>
> 다음 각 호의 어느 하나에 해당하는 자를 말한다.
> 1. 정비구역의 토지 중 정비구역 전체 면적 대비 50퍼센트 이상의 토지를 소유한 자로서 토지등소유자의 2분의 1 이상의 추천을 받은 자
> 2. 「사회기반시설에 대한 민간투자법」 제2조 제12호에 따른 민관합동법인(민간투자사업의 부대사업으로 시행하는 경우에만 해당한다)으로서 토지등소유자의 2분의 1 이상의 추천을 받은 자
> 3. 신탁업자로서 토지등소유자의 2분의 1 이상의 추천을 받거나 법 제27조 제1항 제3호, 법 제28조 제1항 제2호 또는 법 제101조의8 제1항 각 호 외의 부분 전단에 따른 동의를 받은 자

6 법 제28조(재개발사업·재건축사업의 사업대행자)

① 시장·군수 등은 다음의 어느 하나에 해당하는 경우에는 해당 조합 또는 토지등소유자를 대신하여 직접 정비사업을 시행하거나 토지주택공사 등 또는 지정개발자에게 해당 조합 또는 토지등소유자를 대신하여 정비사업을 시행하게 할 수 있다.
  ㉠ 장기간 정비사업이 지연되거나 권리관계에 관한 분쟁 등으로 해당 조합 또는 토지등소유자가 시행하는 정비사업을 계속 추진하기 어렵다고 인정하는 경우
  ㉡ 토지등소유자(조합을 설립한 경우에는 조합원을 말한다)의 과반수 동의로 요청하는 경우
② 정비사업을 대행하는 시장·군수 등, 토지주택공사 등 또는 지정개발자(이하 "사업대행자"라 한다)는 사업시행자에게 청구할 수 있는 보수 또는 비용의 상환에 대한 권리로써 사업시행자에게 귀속될 대지 또는 건축물을 압류할 수 있다.
③ 정비사업을 대행하는 경우 사업대행의 개시결정, 그 결정의 고시 및 효과, 사업대행자의 업무집행, 사업대행의 완료와 그 고시 등에 필요한 사항은 대통령령으로 정한다.

7 법 제29조(계약의 방법 및 시공자 선정 등)

① 추진위원장 또는 사업시행자(청산인을 포함한다)는 이 법 또는 다른 법령에 특별한 규정이 있는 경우를 제외하고는 계약(공사, 용역, 물품구매 및 제조 등을 포함한다)을 체결하려면 일반경쟁에 부쳐야 한다. 다만, 계약규모, 재난의 발생 등 대통령령으로 정하는 경우에는 입찰 참가자를 지명(指名)하여 경쟁에 부치거나 수의계약(隨意契約)으로 할 수 있다.
② 일반경쟁의 방법으로 계약을 체결하는 경우로서 대통령령으로 정하는 규모를 초과하는 계약은 「전자조달의 이용 및 촉진에 관한 법률」 제2조 제4호의 국가종합전자조달시스템(이하 "전자조달시스템"이라 한다)을 이용하여야 한다.
③ ①항 및 ②항에 따라 계약을 체결하는 경우 계약의 방법 및 절차 등에 필요한 사항은 국토교통부 장관이 정하여 고시한다.
④ 조합은 조합설립인가를 받은 후 조합총회에서 경쟁입찰 또는 수의계약(2회 이상 경쟁입찰이 유찰된 경우로 한정한다)의 방법으로 건설업자 또는 등록사업자를 시공자로 선정하여야 한다. 다만, 대통령령으로 정하는 규모 이하의 정비사업은 조합총회에서 정관으로 정하는 바에 따라 선정할 수 있다.
⑤ 토지등소유자가 제25조 제1항 제2호에 따라 재개발사업을 시행하는 경우에는 ①항에도 불구하고 사업시행계획인가를 받은 후 제2조 제11호 나목에 따른 규약에 따라 건설업자 또는 등록사업자를 시공자로 선정하여야 한다.
⑥ 시장·군수 등이 제26조 제1항 및 제27조 제1항에 따라 직접 정비사업을 시행하거나 토지주택공사 등 또는 지정개발자를 사업시행자로 지정한 경우 사업시행자는 제26조 제2항 및 제27조 제2항에 따른 사업시행자 지정·고시 후 ①항에 따른 경쟁입찰 또는 수의계약의 방법으로 건설업자 또는 등록사업자를 시공자로 선정하여야 한다.

⑦ 시공자를 선정하거나 제23조 제1항 제4호의 방법으로 시행하는 주거환경개선사업의 사업시행자가 시공자를 선정하는 경우 제47조에 따른 주민대표회의 또는 제48조에 따른 토지등소유자 전체회의는 대통령령으로 정하는 경쟁입찰 또는 수의계약(2회 이상 경쟁입찰이 유찰된 경우로 한정한다)의 방법으로 시공자를 추천할 수 있다.

⑧ 조합은 제4항에 따른 시공자 선정을 위한 입찰에 참가하는 건설업자 또는 등록사업자가 토지등소유자에게 시공에 관한 정보를 제공할 수 있도록 합동설명회를 2회 이상 개최하여야 한다. 〈신설 2023.12.26.〉

⑨ 제8항에 따른 합동설명회의 개최 방법이나 시기 등은 국토교통부령으로 정한다. 〈신설 2023.12.26.〉

⑩ 제7항에 따라 주민대표회의 또는 토지등소유자 전체회의가 시공자를 추천한 경우 사업시행자는 추천받은 자를 시공자로 선정하여야 한다. 이 경우 시공자와의 계약에 관해서는 「지방자치단체를 당사자로 하는 계약에 관한 법률」 제9조 또는 「공공기관의 운영에 관한 법률」 제39조를 적용하지 아니한다. 〈개정 2023.12.26.〉

⑪ 사업시행자(사업대행자를 포함한다)는 제4항부터 제7항까지 및 제10항에 따라 선정된 시공자와 공사에 관한 계약을 체결할 때에는 기존 건축물의 철거 공사(「석면안전관리법」에 따른 석면 조사·해체·제거를 포함한다)에 관한 사항을 포함시켜야 한다. 〈개정 2023.12.26.〉

8 법 제29조의2(공사비 검증 요청 등)

① 재개발사업·재건축사업의 사업시행자(시장·군수 등 또는 토지주택공사 등이 단독 또는 공동으로 정비사업을 시행하는 경우는 제외한다)는 시공자와 계약 체결 후 다음의 어느 하나에 해당하는 때에는 제114조에 따른 정비사업 지원기구에 공사비 검증을 요청하여야 한다.
  ㉠ 토지등소유자 또는 조합원 5분의 1 이상이 사업시행자에게 검증 의뢰를 요청하는 경우
  ㉡ 공사비의 증액 비율(당초 계약금액 대비 누적 증액 규모의 비율로서 생산자물가상승률은 제외한다)이 다음의 어느 하나에 해당하는 경우
    ⓐ 사업시행계획인가 이전에 시공자를 선정한 경우 : 100분의 10 이상
    ⓑ 사업시행계획인가 이후에 시공자를 선정한 경우 : 100분의 5 이상
  ㉢ 공사비 검증이 완료된 이후 공사비의 증액 비율(검증 당시 계약금액 대비 누적 증액 규모의 비율로서 생산자물가상승률은 제외한다)이 100분의 3 이상인 경우
② 공사비 검증의 방법 및 절차, 검증 수수료, 그 밖에 필요한 사항은 국토교통부장관이 정하여 고시한다.

제2절 조합설립추진위원회 및 조합의 설립 등

1 조합설립추진위원회

(1) 조합설립추진위원회의 구성·승인(법 제31조) 기출 31회·32회

① 조합을 설립하려는 경우에는 다음의 사항에 대하여 토지등소유자 과반수의 동의를 받아 조합설립을 위한 추진위원회를 구성하여 국토교통부령으로 정하는 방법과 절차에 따라 시장·군수 등의 승인을 받아야 한다. 이 경우 시장·군수 등은 승인 이후 구역경계, 토지등소유자의 수 등 국토교통부령으로 정하는 사항을 해당 지방자치단체 공보에 고시하여야 한다. 〈개정 2024.12.3.〉
   ㉠ 추진위원회 위원장(이하 "추진위원장"이라 한다)을 포함한 5명 이상의 추진위원회 위원(이하 "추진위원"이라 한다)
   ㉡ 제34조 제1항에 따른 운영규정

② 추진위원회는 다음의 어느 하나에 해당하는 지역을 대상으로 구성한다. 〈신설 2024.12.3.〉
   ㉠ 제16조에 따라 정비구역으로 지정·고시된 지역
   ㉡ 제16조에 따라 정비구역으로 지정·고시되지 아니한 지역으로서 다음의 어느 하나에 해당하는 지역
      ⓐ 제4조 제1항 단서에 따라 기본계획을 수립하지 아니한 지역 또는 제5조 제2항에 따라 기본계획에 같은 조 제1항 제9호 및 제10호의 사항을 생략한 지역으로서 대통령령으로 정하는 지역
      ⓑ 기본계획에 제5조 제1항 제9호에 따른 정비예정구역이 설정된 지역
      ⓒ 제13조의2에 따른 입안 요청 및 제14조에 따른 입안 제안에 따라 정비계획의 입안을 결정한 지역
      ⓓ 제15조에 따라 정비계획의 입안을 위하여 주민에게 공람한 지역

③ 추진위원회의 구성에 동의한 토지등소유자(이하 "추진위원회 동의자"라 한다)는 제35조 제1항부터 제5항까지의 규정에 따른 조합의 설립에 동의한 것으로 본다. 다만, 조합설립인가를 신청하기 전에 시장·군수 등 및 추진위원회에 조합설립에 대한 반대의 의사표시를 한 추진위원회 동의자의 경우에는 그러하지 아니하다. 〈개정 2024.12.3.〉

④ 추진위원회를 구성하여 승인받은 경우로서 승인 당시의 구역과 제16조에 따라 지정·고시된 정비구역의 면적 차이가 대통령령으로 정하는 기준 이상인 경우 추진위원회는 ①항의 사항에 대하여 토지등소유자 과반수의 동의를 받아 시장·군수 등에게 다시 승인을 받아야 한다. 이 경우 추진위원회 구성에 동의한 자는 정비구역 지정·고시 이후 1개월 이내에 동의를 철회하지 아니하는 경우 동의한 것으로 본다. 〈신설 2024.12.3.〉

⑤ ④항에 따른 승인이 있는 경우 기존의 추진위원회의 업무와 관련된 권리·의무는 승인받은 추진위원회가 포괄승계한 것으로 본다. 〈신설 2024.12.3.〉

⑥ ①항 및 ④항에 따른 토지등소유자의 동의를 받으려는 자는 대통령령으로 정하는 방법 및 절차에 따라야 한다. 이 경우 동의를 받기 전에 ③항의 내용을 설명·고지하여야 한다. 〈개정 2024.12.3.〉

⑦ 정비사업에 대하여 제118조에 따른 공공지원을 하려는 경우에는 추진위원회를 구성하지 아니할 수 있다. 이 경우 조합설립 방법 및 절차 등에 필요한 사항은 대통령령으로 정한다. 〈개정 2024.12.3.〉

(2) 추진위원회의 기능(법 제32조) 기출 31회·32회

① 추진위원회는 다음의 업무를 수행할 수 있다.
  ㉠ 제102조에 따른 정비사업전문관리업자(이하 "정비사업전문관리업자"라 한다)의 선정 및 변경
  ㉡ 설계자의 선정 및 변경
  ㉢ 개략적인 정비사업 시행계획서의 작성
  ㉣ 조합설립인가를 받기 위한 준비업무
  ㉤ 그 밖에 조합설립을 추진하기 위하여 대통령령으로 정하는 업무

> **대통령령으로 정하는 업무(영 제26조)**
>
> 다음 각 호의 업무를 말한다.
> 1. 법 제31조 제1항 제2호에 따른 추진위원회 운영규정의 작성
> 2. 토지등소유자의 동의서의 접수
> 3. 조합의 설립을 위한 창립총회(이하 "창립총회"라 한다)의 개최
> 4. 조합 정관의 초안 작성
> 5. 그 밖에 추진위원회 운영규정으로 정하는 업무

② 추진위원회가 정비사업전문관리업자를 선정하려는 경우에는 추진위원회 승인을 받은 후 경쟁입찰 또는 수의계약(2회 이상 경쟁입찰이 유찰된 경우로 한정한다)의 방법으로 선정하여야 한다.
③ 추진위원회는 제35조 제2항, 제3항 및 제5항에 따른 조합설립인가를 신청하기 전에 대통령령으로 정하는 방법 및 절차에 따라 조합설립을 위한 창립총회를 개최하여야 한다.
④ 추진위원회가 수행하는 업무의 내용이 토지등소유자의 비용부담을 수반하거나 권리·의무에 변동을 발생시키는 경우로서 대통령령으로 정하는 사항에 대하여는 그 업무를 수행하기 전에 대통령령으로 정하는 비율 이상의 토지등소유자의 동의를 받아야 한다.

(3) 추진위원회의 조직(법 제33조) 기출 31회

① 추진위원회는 추진위원회를 대표하는 추진위원장 1명과 감사를 두어야 한다.
② 추진위원의 선출에 관한 선거관리는 제41조 제3항을 준용한다. 이 경우 "조합"은 "추진위원회"로, "조합임원"은 "추진위원"으로 본다.
③ 토지등소유자는 추진위원회의 운영규정에 따라 추진위원회에 추진위원의 교체 및 해임을 요구할 수 있으며, 추진위원장이 사임, 해임, 임기만료, 그 밖에 불가피한 사유 등으로 직무를 수행할 수 없는 때부터 6개월 이상 선임되지 아니한 경우 그 업무의 대행에 관하여는 제41조 제5항 단서를 준용한다. 이 경우 "조합임원"은 "추진위원장"으로 본다.
④ 추진위원의 교체·해임 절차 등에 필요한 사항은 제34조 제1항에 따른 운영규정에 따른다.
⑤ 추진위원의 결격사유는 제43조 제1항부터 제3항까지를 준용한다. 이 경우 "조합"은 "추진위원회"로, "조합임원"은 "추진위원"으로, "제35조에 따른 조합설립 인가권자"는 "제31조에 따른 추진위원회 승인권자"로 본다. 〈개정 2023.7.18.〉

(4) 추진위원회의 운영(법 제34조)

① 국토교통부장관은 추진위원회의 공정한 운영을 위하여 다음의 사항을 포함한 추진위원회의 운영규정을 정하여 고시하여야 한다.
  ㉠ 추진위원의 선임방법 및 변경
  ㉡ 추진위원의 권리·의무
  ㉢ 추진위원회의 업무범위
  ㉣ 추진위원회의 운영방법
  ㉤ 토지등소유자의 운영경비 납부
  ㉥ 추진위원회 운영자금의 차입
  ㉦ 그 밖에 추진위원회의 운영에 필요한 사항으로서 대통령령으로 정하는 사항
② 추진위원회는 운영규정에 따라 운영하여야 하며, 토지등소유자는 운영에 필요한 경비를 운영규정에 따라 납부하여야 한다.
③ 추진위원회는 수행한 업무를 제44조에 따른 총회(이하 "총회"라 한다)에 보고하여야 하며, 그 업무와 관련된 권리·의무는 조합이 포괄승계한다.
④ 추진위원회는 사용경비를 기재한 회계장부 및 관계 서류를 조합설립인가일부터 30일 이내에 조합에 인계하여야 한다.
⑤ 추진위원회의 운영에 필요한 사항은 대통령령으로 정한다.

2 조합의 설립 등

(1) 조합설립인가 등(법 제35조) 기출 32회·34회

① 시장·군수 등, 토지주택공사 등 또는 지정개발자가 아닌 자가 정비사업을 시행하려는 경우에는 토지등소유자로 구성된 조합을 설립하여야 한다. 다만, 제25조 제1항 제2호에 따라 토지등소유자가 재개발사업을 시행하려는 경우에는 그러하지 아니하다.
② 재개발사업의 추진위원회(제31조 제7항에 따라 추진위원회를 구성하지 아니하는 경우에는 토지등소유자를 말한다)가 조합을 설립하려면 토지등소유자의 4분의 3 이상 및 토지면적의 2분의 1 이상의 토지소유자의 동의를 받아 다음의 사항을 첨부하여 제16조에 따른 정비구역 지정·고시 후 시장·군수 등의 인가를 받아야 한다. 〈개정 2024.12.3.〉
  ㉠ 정관
  ㉡ 정비사업비와 관련된 자료 등 국토교통부령으로 정하는 서류
  ㉢ 그 밖에 시·도조례로 정하는 서류
③ 재건축사업의 추진위원회(제31조 제7항에 따라 추진위원회를 구성하지 아니하는 경우에는 토지등소유자를 말한다)가 조합을 설립하려는 때에는 주택단지의 공동주택의 각 동(복리시설의 경우에는 주택단지의 복리시설 전체를 하나의 동으로 본다)별 구분소유자의 과반수(복리시설로서 대통령령으로 정하는 경우에는 3분의 1 이상으로 한다) 동의(공동주택의 각 동별 구분소유자가 5 이하인 경우는 제외한다)와 주택단지의 전체 구분소유자의 100분의 70 이상 및 토지면적의 100분의 70 이상의 토지소유자의 동의를 받아 ②항의 사항을 첨부하여 제16조에 따른 정비구역 지정·고시 후 시장·군수 등의 인가를 받아야 한다. 〈개정 2025.1.31.〉

④ ③항에도 불구하고 주택단지가 아닌 지역이 정비구역에 포함된 때에는 주택단지가 아닌 지역의 토지 또는 건축물 소유자의 4분의 3 이상 및 토지면적의 3분의 2 이상의 토지소유자의 동의를 받아야 한다.
⑤ ②항 및 ③항에 따라 설립된 조합이 인가받은 사항을 변경하고자 하는 때에는 총회에서 조합원의 3분의 2 이상의 찬성으로 의결하고, ②항의 사항을 첨부하여 제16조에 따른 정비구역지정·고시 후 시장·군수 등의 인가를 받아야 한다. 다만, 대통령령으로 정하는 경미한 사항을 변경하려는 때에는 총회의 의결 없이 시장·군수 등에게 신고하고 변경할 수 있다.

> **대통령령으로 정하는 경미한 사항(영 제31조)** 기출 35회
> 다음 각 호의 사항을 말한다.
> 1. 착오·오기 또는 누락임이 명백한 사항
> 2. 조합의 명칭 및 주된 사무소의 소재지와 조합장의 성명 및 주소(조합장의 변경이 없는 경우로 한정한다)
> 3. 토지 또는 건축물의 매매 등으로 조합원의 권리가 이전된 경우의 조합원의 교체 또는 신규가입
> 4. 조합임원 또는 대의원의 변경(법 제45조에 따른 총회의 의결 또는 법 제46조에 따른 대의원회의 의결을 거친 경우로 한정한다)
> 5. 건설되는 건축물의 설계 개요의 변경
> 6. 정비사업비의 변경
> 7. 현금청산으로 인하여 정관에서 정하는 바에 따라 조합원이 변경되는 경우
> 8. 법 제16조에 따른 정비구역 또는 정비계획의 변경에 따라 변경되어야 하는 사항. 다만, 정비구역 면적이 10퍼센트 이상의 범위에서 변경되는 경우는 제외한다.
> 9. 그 밖에 시·도조례로 정하는 사항

⑥ 시장·군수 등은 ⑤항 단서에 따른 신고를 받은 날부터 20일 이내에 신고수리 여부를 신고인에게 통지하여야 한다. 〈신설 2021.3.16.〉
⑦ 시장·군수 등이 ⑥항에서 정한 기간 내에 신고수리 여부 또는 민원 처리 관련 법령에 따른 처리기간의 연장을 신고인에게 통지하지 아니하면 그 기간(민원 처리 관련 법령에 따라 처리기간이 연장 또는 재연장된 경우에는 해당 처리기간을 말한다)이 끝난 날의 다음 날에 신고를 수리한 것으로 본다. 〈신설 2021.3.16.〉
⑧ 조합이 정비사업을 시행하는 경우 「주택법」 제54조를 적용할 때에는 조합을 같은 법 제2조 제10호에 따른 사업주체로 보며, 조합설립인가일부터 같은 법 제4조에 따른 주택건설사업 등의 등록을 한 것으로 본다. 〈개정 2021.3.16.〉
⑨ ②항부터 ⑤항까지의 규정에 따른 토지등소유자에 대한 동의의 대상 및 절차, 조합설립 신청 및 인가 절차, 인가받은 사항의 변경 등에 필요한 사항은 대통령령으로 정한다. 〈개정 2021.3.16.〉
⑩ 추진위원회는 조합설립에 필요한 동의를 받기 전에 추정분담금 등 대통령령으로 정하는 정보를 토지등소유자에게 제공하여야 한다. 〈개정 2021.3.16.〉

> **추정분담금 등 대통령령으로 정하는 정보(영 제32조)** 〈개정 2022.12.9.〉
> 다음 각 호의 정보를 말한다.
> 1. 토지등소유자별 분담금 추산액 및 산출근거
> 2. 그 밖에 추정 분담금의 산출 등과 관련하여 시·도조례로 정하는 정보

(2) 조합의 법인격 등(법 제38조)

① 조합은 법인으로 한다.
② 조합은 조합설립인가를 받은 날부터 30일 이내에 주된 사무소의 소재지에서 대통령령으로 정하는 사항을 등기하는 때에 성립한다.
③ 조합은 명칭에 "정비사업조합"이라는 문자를 사용하여야 한다.

(3) 조합원의 자격 등(법 제39조)

① 정비사업의 조합원(사업시행자가 신탁업자인 경우에는 위탁자를 말한다)은 토지등소유자(재건축사업의 경우에는 재건축사업에 동의한 자만 해당한다)로 하되, 다음의 어느 하나에 해당하는 때에는 그 여러 명을 대표하는 1명을 조합원으로 본다. 다만, 「지방자치분권 및 지역균형발전에 관한 특별법」 제25조에 따른 공공기관지방이전 및 혁신도시 활성화를 위한 시책 등에 따라 이전하는 공공기관이 소유한 토지 또는 건축물을 양수한 경우 양수한 자(공유의 경우 대표자 1명을 말한다)를 조합원으로 본다.

〈개정 2023.6.9.〉

  ㉠ 토지 또는 건축물의 소유권과 지상권이 여러 명의 공유에 속하는 때
  ㉡ 여러 명의 토지등소유자가 1세대에 속하는 때. 이 경우 동일한 세대별 주민등록표 상에 등재되어 있지 아니한 배우자 및 미혼인 19세 미만의 직계비속은 1세대로 보며, 1세대로 구성된 여러 명의 토지등소유자가 조합설립인가 후 세대를 분리하여 동일한 세대에 속하지 아니하는 때에도 이혼 및 19세 이상 자녀의 분가(세대별 주민등록을 달리하고, 실거주지를 분가한 경우로 한정한다)를 제외하고는 1세대로 본다.
  ㉢ 조합설립인가(조합설립인가 전에 제27조 제1항 제3호에 따라 신탁업자를 사업시행자로 지정한 경우에는 사업시행자의 지정을 말한다) 후 1명의 토지등소유자로부터 토지 또는 건축물의 소유권이나 지상권을 양수하여 여러 명이 소유하게 된 때

② 「주택법」 제63조 제1항에 따른 투기과열지구(이하 "투기과열지구"라 한다)로 지정된 지역에서 재건축사업을 시행하는 경우에는 조합설립인가 후, 재개발사업을 시행하는 경우에는 제74조에 따른 관리처분계획의 인가 후 해당 정비사업의 건축물 또는 토지를 양수(매매·증여, 그 밖의 권리의 변동을 수반하는 모든 행위를 포함하되, 상속·이혼으로 인한 양도·양수의 경우는 제외한다)한 자는 ①항에도 불구하고 조합원이 될 수 없다. 다만, 양도인이 다음의 어느 하나에 해당하는 경우 그 양도인으로부터 그 건축물 또는 토지를 양수한 자는 그러하지 아니하다.

  ㉠ 세대원(세대주가 포함된 세대의 구성원을 말한다)의 근무상 또는 생업상의 사정이나 질병치료(「의료법」 제3조에 따른 의료기관의 장이 1년 이상의 치료나 요양이 필요하다고 인정하는 경우로 한정한다)·취학·결혼으로 세대원이 모두 해당 사업구역에 위치하지 아니한 특별시·광역시·특별자치시·특별자치도·시 또는 군으로 이전하는 경우
  ㉡ 상속으로 취득한 주택으로 세대원 모두 이전하는 경우
  ㉢ 세대원 모두 해외로 이주하거나 세대원 모두 2년 이상 해외에 체류하려는 경우
  ㉣ 1세대(①항 ㉡에 따라 1세대에 속하는 때를 말한다) 1주택자로서 양도하는 주택에 대한 소유기간 및 거주기간이 대통령령으로 정하는 기간 이상인 경우

> **대통령령으로 정하는 기간(영 제37조 제1항)**
> 다음 각 호의 구분에 따른 기간을 말한다. 이 경우 소유자가 피상속인으로부터 주택을 상속받아 소유권을 취득한 경우에는 피상속인의 주택의 소유기간 및 거주기간을 합산한다.
>   1. 소유기간 : 10년
>   2. 거주기간(「주민등록법」 제7조에 따른 주민등록표를 기준으로 하며, 소유자가 거주하지 아니하고 소유자의 배우자나 직계존비속이 해당 주택에 거주한 경우에는 그 기간을 합산한다) : 5년

　　ⓜ 제80조에 따른 지분형주택을 공급받기 위하여 건축물 또는 토지를 토지주택공사 등과 공유하려는 경우
　　ⓗ 공공임대주택, 「공공주택 특별법」에 따른 공공분양주택의 공급 및 대통령령으로 정하는 사업을 목적으로 건축물 또는 토지를 양수하려는 공공재개발사업 시행자에게 양도하려는 경우
　　　　※ "대통령령으로 정하는 사업"이란 공공재개발사업 시행자가 상가를 임대하는 사업을 말한다(영 제37조 제2항).
　　ⓢ 그 밖에 불가피한 사정으로 양도하는 경우로서 대통령령으로 정하는 경우

> **대통령령으로 정하는 경우(영 제37조 제3항)**
> 다음 각 호의 어느 하나에 해당하는 경우를 말한다.
>   1. 조합설립인가일부터 3년 이상 사업시행인가 신청이 없는 재건축사업의 건축물을 3년 이상 계속하여 소유하고 있는 자(소유기간을 산정할 때 소유자가 피상속인으로부터 상속받아 소유권을 취득한 경우에는 피상속인의 소유기간을 합산한다. 이하 제2호 및 제3호에서 같다)가 사업시행인가 신청 전에 양도하는 경우
>   2. 사업시행계획인가일부터 3년 이내에 착공하지 못한 재건축사업의 토지 또는 건축물을 3년 이상 계속하여 소유하고 있는 자가 착공 전에 양도하는 경우
>   3. 착공일부터 3년 이상 준공되지 않은 재개발사업·재건축사업의 토지를 3년 이상 계속하여 소유하고 있는 경우
>   4. 법률 제7056호 도시 및 주거환경정비법 일부개정법률 부칙 제2항에 따른 토지등소유자로부터 상속·이혼으로 인하여 토지 또는 건축물을 소유한 자
>   5. 국가·지방자치단체 및 금융기관(「주택법 시행령」 제71조 제1호 각 목의 금융기관을 말한다)에 대한 채무를 이행하지 못하여 재개발사업·재건축사업의 토지 또는 건축물이 경매 또는 공매되는 경우
>   6. 「주택법」 제63조 제1항에 따른 투기과열지구(이하 "투기과열지구"라 한다)로 지정되기 전에 건축물 또는 토지를 양도하기 위한 계약(계약금 지급 내역 등으로 계약일을 확인할 수 있는 경우로 한정한다)을 체결하고, 투기과열지구로 지정된 날부터 60일 이내에 「부동산 거래신고 등에 관한 법률」 제3조에 따라 부동산 거래의 신고를 한 경우

(4) 정관의 기재사항 등(법 제40조) 기출 30회·31회·34회

① 조합의 정관에는 다음의 사항이 포함되어야 한다.

> 1. 조합의 명칭 및 사무소의 소재지
> 2. 조합원의 자격
> 3. 조합원의 제명·탈퇴 및 교체
> 4. 정비구역의 위치 및 면적
> 5. 제41조에 따른 조합의 임원(이하 "조합임원"이라 한다)의 수 및 업무의 범위

6. 조합임원의 권리·의무·보수·선임방법·변경 및 해임
7. 대의원의 수, 선임방법, 선임절차 및 대의원회의 의결방법
8. 조합의 비용부담 및 조합의 회계
9. 정비사업의 시행연도 및 시행방법
10. 총회의 소집 절차·시기 및 의결방법
11. 총회의 개최 및 조합원의 총회소집 요구
12. 제73조 제3항에 따른 이자 지급
13. 정비사업비의 부담 시기 및 절차
14. 정비사업이 종결된 때의 청산절차(제86조의2에 따른 조합의 해산 이후 청산인의 보수 등 청산 업무에 필요한 사항을 포함한다)
15. 청산금의 징수·지급의 방법 및 절차
16. 시공자·설계자의 선정 및 계약서에 포함될 내용
17. 정관의 변경절차
18. 그 밖에 정비사업의 추진 및 조합의 운영을 위하여 필요한 사항으로서 대통령령으로 정하는 사항

대통령령으로 정하는 사항(영 제38조)
다음 각 호의 사항을 말한다.
1. 정비사업의 종류 및 명칭
2. 임원의 임기, 업무의 분담 및 대행 등에 관한 사항
3. 대의원회의 구성, 개회와 기능, 의결권의 행사방법 및 그 밖에 회의의 운영에 관한 사항
4. 법 제24조 및 제25조에 따른 정비사업의 공동시행에 관한 사항
5. 정비사업전문관리업자에 관한 사항
6. 정비사업의 시행에 따른 회계 및 계약에 관한 사항
7. 정비기반시설 및 공동이용시설의 부담에 관한 개략적인 사항
8. 공고·공람 및 통지의 방법
9. 토지 및 건축물 등에 관한 권리의 평가방법에 관한 사항
10. 법 제74조 제1항에 따른 관리처분계획(이하 "관리처분계획"이라 한다) 및 청산(분할징수 또는 납입에 관한 사항을 포함한다)에 관한 사항
11. 사업시행계획서의 변경에 관한 사항
12. 조합의 합병 또는 해산에 관한 사항
13. 임대주택의 건설 및 처분에 관한 사항
14. 총회의 의결을 거쳐야 할 사항의 범위
15. 조합원의 권리·의무에 관한 사항
16. 조합직원의 채용 및 임원 중 상근(常勤)임원의 지정에 관한 사항과 직원 및 상근임원의 보수에 관한 사항
17. 그 밖에 시·도조례로 정하는 사항

② 시·도지사는 ①항의 사항이 포함된 표준정관을 작성하여 보급할 수 있다.
③ 조합이 정관을 변경하려는 경우에는 제35조 제2항부터 제5항까지의 규정에도 불구하고 총회를 개최하여 조합원 과반수의 찬성으로 시장·군수 등의 인가를 받아야 한다. 다만, ①항 제2호·제3호·제4호·제8호·제13호 또는 제16호의 경우에는 조합원 3분의 2 이상의 찬성으로 한다.
④ ③항에도 불구하고 대통령령으로 정하는 경미한 사항을 변경하려는 때에는 이 법 또는 정관으로 정하는 방법에 따라 변경하고 시장·군수 등에게 신고하여야 한다.

⑤ 시장·군수 등은 ④항에 따른 신고를 받은 날부터 20일 이내에 신고수리 여부를 신고인에게 통지하여야 한다. 〈신설 2021.3.16.〉

⑥ 시장·군수 등이 ⑤항에서 정한 기간 내에 신고수리 여부 또는 민원 처리 관련 법령에 따른 처리기간의 연장을 신고인에게 통지하지 아니하면 그 기간(민원 처리 관련 법령에 따라 처리기간이 연장 또는 재연장된 경우에는 해당 처리기간을 말한다)이 끝난 날의 다음 날에 신고를 수리한 것으로 본다.
〈신설 2021.3.16.〉

(5) 조합의 임원(법 제41조) 기출 34회·36회

① 조합은 조합원으로서 정비구역에 위치한 건축물 또는 토지(재건축사업의 경우에는 건축물과 그 부속토지를 말한다)를 소유한 자[하나의 건축물 또는 토지의 소유권을 다른 사람과 공유한 경우에는 가장 많은 지분을 소유(2인 이상의 공유자가 가장 많은 지분을 소유한 경우를 포함한다)한 경우로 한정한다] 중 다음의 어느 하나의 요건을 갖춘 조합장 1명과 이사, 감사를 임원으로 둔다. 이 경우 조합장은 선임일부터 제74조 제1항에 따른 관리처분계획인가를 받을 때까지는 해당 정비구역에서 거주(영업을 하는 자의 경우 영업을 말한다)하여야 한다. 〈개정 2023.7.18.〉

㉠ 정비구역에 위치한 건축물 또는 토지를 5년 이상 소유할 것
㉡ 정비구역에서 거주하고 있는 자로서 선임일 직전 3년 동안 정비구역에서 1년 이상 거주할 것

> **조합임원의 수(영 제40조)** 기출 34회
> 법 제41조 제1항에 따라 조합에 두는 이사의 수는 3명 이상으로 하고, 감사의 수는 1명 이상 3명 이하로 한다. 다만, 토지등소유자의 수가 100인을 초과하는 경우에는 이사의 수를 5명 이상으로 한다.

② 조합의 이사와 감사의 수는 대통령령으로 정하는 범위에서 정관으로 정한다.
③ 조합은 총회 의결을 거쳐 조합임원의 선출에 관한 선거관리를 「선거관리위원회법」 제3조에 따라 선거관리위원회에 위탁할 수 있다.
④ 조합임원의 임기는 3년 이하의 범위에서 정관으로 정하되, 연임할 수 있다.
⑤ 조합임원의 선출방법 등은 정관으로 정한다. 다만, 시장·군수 등은 다음의 어느 하나에 해당하는 경우 시·도조례로 정하는 바에 따라 변호사·회계사·기술사 등으로서 대통령령으로 정하는 요건을 갖춘 자를 전문조합관리인으로 선정하여 조합임원의 업무를 대행하게 할 수 있다.
㉠ 조합임원이 사임, 해임, 임기만료, 그 밖에 불가피한 사유 등으로 직무를 수행할 수 없는 때부터 6개월 이상 선임되지 아니한 경우
㉡ 총회에서 조합원 과반수의 출석과 출석 조합원 과반수의 동의로 전문조합관리인의 선정을 요청하는 경우
⑥ 전문조합관리인의 선정절차, 업무집행 등에 필요한 사항은 대통령령으로 정한다.

(6) 조합임원의 직무 등(법 제42조) 기출 31회·36회

① 조합장은 조합을 대표하고, 그 사무를 총괄하며, 총회 또는 제46조에 따른 대의원회의 의장이 된다.
② 조합장이 대의원회의 의장이 되는 경우에는 대의원으로 본다.
③ 조합장 또는 이사가 자기를 위하여 조합과 계약이나 소송을 할 때에는 감사가 조합을 대표한다.
④ 조합임원은 같은 목적의 정비사업을 하는 다른 조합의 임원 또는 직원을 겸할 수 없다.

(7) 조합임원 등의 결격사유 및 해임(법 제43조) 기출 30회·36회

① 다음의 어느 하나에 해당하는 자는 조합임원 또는 전문조합관리인이 될 수 없다. 〈개정 2023.7.18.〉
   ㉠ 미성년자·피성년후견인 또는 피한정후견인
   ㉡ 파산선고를 받고 복권되지 아니한 자
   ㉢ 금고 이상의 실형을 선고받고 그 집행이 종료(종료된 것으로 보는 경우를 포함한다)되거나 집행이 면제된 날부터 2년이 지나지 아니한 자
   ㉣ 금고 이상의 형의 집행유예를 받고 그 유예기간 중에 있는 자
   ㉤ 이 법을 위반하여 벌금 100만원 이상의 형을 선고받고 10년이 지나지 아니한 자
   ㉥ 조합설립 인가권자에 해당하는 지방자치단체의 장, 지방의회의원 또는 그 배우자·직계존속·직계비속

② 조합임원이 다음의 어느 하나에 해당하는 경우에는 당연 퇴임한다.
   ㉠ ①항의 어느 하나에 해당하게 되거나 선임 당시 그에 해당하는 자이었음이 밝혀진 경우
   ㉡ 조합임원이 제41조 제1항에 따른 자격요건을 갖추지 못한 경우

③ 퇴임된 임원이 퇴임 전에 관여한 행위는 그 효력을 잃지 아니한다.

④ 조합임원은 제44조 제2항에도 불구하고 조합원 10분의 1 이상의 요구로 소집된 총회에서 조합원 과반수의 출석과 출석 조합원 과반수의 동의를 받아 해임할 수 있다. 이 경우 요구자 대표로 선출된 자가 해임 총회의 소집 및 진행을 할 때에는 조합장의 권한을 대행한다.

⑤ 시장·군수 등이 전문조합관리인을 선정한 경우 전문조합관리인이 업무를 대행할 임원은 당연 퇴임한다.

(8) 총회의 소집(법 제44조)

① 조합에는 조합원으로 구성되는 총회를 둔다.
② 총회는 조합장이 직권으로 소집하거나 조합원 5분의 1 이상(정관의 기재사항 중 제40조 제1항 제6호에 따른 조합임원의 권리·의무·보수·선임방법·변경 및 해임에 관한 사항을 변경하기 위한 총회의 경우는 10분의 1 이상으로 한다) 또는 대의원 3분의 2 이상의 요구로 조합장이 소집하며, 조합원 또는 대의원의 요구로 총회를 소집하는 경우 조합은 소집을 요구하는 자가 본인인지 여부를 대통령령으로 정하는 기준에 따라 정관으로 정하는 방법으로 확인하여야 한다. 〈개정 2023.7.18.〉

> **총회의 소집(영 제41조의2)** 〈본조신설 2023.12.5.〉
> 다음 각 호와 같다.
> 1. 총회의 소집을 요구하는 조합원 또는 대의원은 요구서에 성명을 적고 서명 또는 지장날인을 하며, 주민등록증, 여권 등 신원을 확인할 수 있는 신분증명서의 사본을 첨부할 것
> 2. 제1호에도 불구하고 총회의 소집을 요구하는 조합원 또는 대의원이 해외에 장기체류하는 등 불가피한 사유가 있다고 인정되는 경우에는 해당 조합원 또는 대의원의 인감도장을 찍은 요구서에 해당 인감증명서를 첨부할 것

③ ②항에도 불구하고 조합임원의 사임, 해임 또는 임기만료 후 6개월 이상 조합임원이 선임되지 아니한 경우에는 시장·군수 등이 조합임원 선출을 위한 총회를 소집할 수 있다.

④ 총회를 소집하려는 자는 총회가 개최되기 7일 전까지 회의 목적·안건·일시 및 장소와 제45조 제5항, 제6항 및 제8항에 따른 의결권의 행사기간 및 장소 등 의결권 행사에 필요한 사항을 정하여 조합원에게 통지하여야 한다. 〈개정 2024.12.3〉

⑤ 총회의 소집 절차·시기 등에 필요한 사항은 정관으로 정한다.

온라인총회(법 제44조의2) 〈본조신설 2024.12.3.〉

① 조합은 총회의 의결을 거쳐 제44조에 따른 총회와 병행하여 「정보통신망 이용촉진 및 정보보호 등에 관한 법률」 제2조 제1항 제1호에 따른 정보통신망을 이용한 총회(이하 "온라인총회"라 한다)를 개최하여 조합원이 참석하게 할 수 있다. 다만, 「재난 및 안전관리 기본법」 제3조 제1호에 따른 재난의 발생 등 대통령령으로 정하는 사유가 발생하여 시장·군수 등이 조합원의 직접 출석이 어렵다고 인정하는 경우에는 온라인총회를 단독으로 개최할 수 있다.

② 제1항에 따른 온라인총회는 다음 각 호의 요건을 모두 갖추어 개최하여야 한다. 이 경우 정족수를 산정할 때에는 직접 출석한 것으로 본다.
  1. 온라인총회에 참석한 조합원이 본인인지 여부를 확인할 수 있을 것
  2. 온라인총회에 참석한 조합원의 접속 기록 등이 보관되어 실제 참석 여부를 확인·관리할 수 있을 것
  3. 그 밖에 원활한 의견의 청취·제시 등을 위하여 대통령령으로 정하는 기준에 부합할 것

③ 그 밖에 온라인총회의 개최 방법 및 절차에 관하여 필요한 사항은 대통령령으로 정한다.

(9) 총회의 의결(법 제45조) 기출 35회·36회

① 다음의 사항은 총회의 의결을 거쳐야 한다. 〈개정 2022.6.10.〉

1. 정관의 변경(제40조 제4항에 따른 경미한 사항의 변경은 이 법 또는 정관에서 총회의결사항으로 정한 경우로 한정한다)
2. 자금의 차입과 그 방법·이자율 및 상환방법
3. 정비사업비의 세부 항목별 사용계획이 포함된 예산안 및 예산의 사용내역
4. 예산으로 정한 사항 외에 조합원에게 부담이 되는 계약
5. 시공자·설계자 및 감정평가법인등(제74조 제4항에 따라 시장·군수 등이 선정·계약하는 감정평가법인등은 제외한다)의 선정 및 변경. 다만, 감정평가법인등 선정 및 변경은 총회의 의결을 거쳐 시장·군수 등에게 위탁할 수 있다.
6. 정비사업전문관리업자의 선정 및 변경
7. 조합임원의 선임 및 해임
8. 정비사업비의 조합원별 분담내역
9. 제52조에 따른 사업시행계획서의 작성 및 변경(제50조 제1항 본문에 따른 정비사업의 중지 또는 폐지에 관한 사항을 포함하며, 같은 항 단서에 따른 경미한 변경은 제외한다)
10. 제74조에 따른 관리처분계획의 수립 및 변경(제74조 제1항 각 호 외의 부분 단서에 따른 경미한 변경은 제외한다)
10의2. 제86조의2에 따른 조합의 해산과 조합 해산 시의 회계보고
11. 제89조에 따른 청산금의 징수·지급(분할징수·분할지급을 포함한다)
12. 제93조에 따른 비용의 금액 및 징수방법
13. 그 밖에 조합원에게 경제적 부담을 주는 사항 등 주요한 사항을 결정하기 위하여 대통령령 또는 정관으로 정하는 사항

② ①항의 사항 중 이 법 또는 정관에 따라 조합원의 동의가 필요한 사항은 총회에 상정하여야 한다.
③ 총회의 의결은 이 법 또는 정관에 다른 규정이 없으면 조합원 과반수의 출석과 출석 조합원의 과반수 찬성으로 한다.
④ ①항 <u>제9호 및 제10호의 경우에는</u> 조합원 과반수의 찬성으로 의결한다. 다만, 정비사업비가 100분의 10(생산자물가상승률분, 제73조에 따른 손실보상 금액은 제외한다) 이상 늘어나는 경우에는 조합원 3분의 2 이상의 찬성으로 의결하여야 한다.
⑤ 조합원은 서면으로 의결권을 행사하거나 다음의 어느 하나에 해당하는 경우에는 대리인을 통하여 의결권을 행사할 수 있다. 서면으로 의결권을 행사하는 경우에는 정족수를 산정할 때에 출석한 것으로 본다.
  ㉠ 조합원이 권한을 행사할 수 없어 배우자, 직계존비속 또는 형제자매 중에서 성년자를 대리인으로 정하여 위임장을 제출하는 경우
  ㉡ 해외에 거주하는 조합원이 대리인을 지정하는 경우
  ㉢ 법인인 토지등소유자가 대리인을 지정하는 경우. 이 경우 법인의 대리인은 조합임원 또는 대의원으로 선임될 수 있다.
⑥ ⑤항에도 불구하고 조합원은 다음의 요건을 모두 충족한 경우에는 전자적 방법(「전자문서 및 전자거래 기본법」 제2조 제2호에 따른 정보처리시스템을 사용하거나 그 밖의 정보통신기술을 이용하는 방법을 말한다)으로 의결권을 행사할 수 있다. 이 경우 정족수를 산정할 때에 출석한 것으로 본다.
〈신설 2024.12.3.〉

  ㉠ 조합원이 전자적 방법 외에 ⑤항에 따른 방법으로도 의결권을 행사할 수 있게 할 것
  ㉡ 의결권의 행사 방법에 따른 결과가 각각 구분되어 확인·관리할 수 있을 것
  ㉢ 그 밖에 전자적 방법을 통한 의결권의 투명한 행사 등을 위하여 대통령령으로 정하는 기준에 부합할 것
⑦ 조합은 조합원의 참여를 확대하기 위하여 조합원이 전자적 방법을 우선적으로 이용하도록 노력하여야 한다. 〈신설 2024.12.3.〉
⑧ ⑥항 ㉠에도 불구하고 제44조의2 제1항 단서에 해당하는 경우에는 전자적 방법만으로 의결권을 행사할 수 있다. 〈신설 2024.12.3.〉
⑨ 조합은 ⑤항, ⑥항 및 ⑧항에 따라 서면 또는 전자적 방법으로 의결권을 행사하는 자가 본인인지를 확인하여야 한다. 〈신설 2024.12.3.〉
⑩ 총회의 의결은 조합원의 100분의 10 이상이 직접 출석(⑤항에 따라 대리인을 통하거나 ⑥항 또는 ⑧항에 따라 전자적 방법으로 의결권을 행사하는 경우 직접 출석한 것으로 본다)하여야 한다. 다만, 시공자의 선정을 의결하는 총회의 경우에는 조합원의 과반수가 직접 출석하여야 하고, 창립총회, 시공자 선정 취소를 위한 총회, 사업시행계획서의 작성 및 변경, 관리처분계획의 수립 및 변경을 의결하는 총회 등 대통령령으로 정하는 총회의 경우에는 조합원의 100분의 20 이상이 직접 출석하여야 한다.
〈신설 2024.12.3.〉

창립총회, 시공자 선정 취소를 위한 총회, 사업시행계획서의 작성 및 변경, 관리처분계획의 수립 및 변경을 의결하는 총회 등 대통령령으로 정하는 총회(영 제42조 제2항) 〈개정 2023.12.5.〉

다음 각 호의 어느 하나에 해당하는 총회를 말한다.
  1. 창립총회
  1의2. 시공자 선정 취소를 위한 총회

2. 사업시행계획서의 작성 및 변경을 위하여 개최하는 총회
3. 관리처분계획의 수립 및 변경을 위하여 개최하는 총회
4. 정비사업비의 사용 및 변경을 위하여 개최하는 총회

⑪ 총회의 의결방법, 서면 또는 전자적 방법에 따른 의결권 행사 및 본인확인방법 등에 필요한 사항은 정관으로 정한다. 〈개정 2024.12.3.〉

(10) 대의원회(법 제46조) 기출 34회·36회

① 조합원의 수가 100명 이상인 조합은 대의원회를 두어야 한다.
② 대의원회는 조합원의 10분의 1 이상으로 구성한다. 다만, 조합원의 10분의 1이 100명을 넘는 경우에는 조합원의 10분의 1의 범위에서 100명 이상으로 구성할 수 있다.
③ 조합장이 아닌 조합임원은 대의원이 될 수 없다.
④ 대의원회는 총회의 의결사항 중 대통령령으로 정하는 사항 외에는 총회의 권한을 대행할 수 있다.
⑤ 대의원의 수, 선임방법, 선임절차 및 대의원회의 의결방법 등은 대통령령으로 정하는 범위에서 정관으로 정한다.

대의원회가 총회의 권한을 대행할 수 없는 사항(영 제43조) 〈개정 2022.12.9.〉

법 제46조 제4항에서 "대통령령으로 정하는 사항"이란 다음 각 호의 사항을 말한다.
1. 법 제45조 제1항 제1호에 따른 정관의 변경에 관한 사항(법 제40조 제4항에 따른 경미한 사항의 변경은 법 또는 정관에서 총회의결사항으로 정한 경우로 한정한다)
2. 법 제45조 제1항 제2호에 따른 자금의 차입과 그 방법·이자율 및 상환방법에 관한 사항
3. 법 제45조 제1항 제4호에 따른 예산으로 정한 사항 외에 조합원에게 부담이 되는 계약에 관한 사항
4. 법 제45조 제1항 제5호에 따른 시공자·설계자 또는 감정평가법인등(법 제74조 제4항에 따라 시장·군수 등이 선정·계약하는 감정평가법인 등은 제외한다)의 선정 및 변경에 관한 사항
5. 법 제45조 제1항 제6호에 따른 정비사업전문관리업자의 선정 및 변경에 관한 사항
6. 법 제45조 제1항 제7호에 따른 조합임원의 선임 및 해임과 제42조 제1항 제2호에 따른 대의원의 선임 및 해임에 관한 사항. 다만, 정관으로 정하는 바에 따라 임기중 궐위된 자(조합장은 제외한다)를 보궐선임하는 경우를 제외한다.
7. 법 제45조 제1항 제9호에 따른 사업시행계획서의 작성 및 변경에 관한 사항(법 제50조 제1항 본문에 따른 정비사업의 중지 또는 폐지에 관한 사항을 포함하며, 같은 항 단서에 따른 경미한 변경은 제외한다)
8. 법 제45조 제1항 제10호에 따른 관리처분계획의 수립 및 변경에 관한 사항(법 제74조 제1항 각 호 외의 부분 단서에 따른 경미한 변경은 제외한다)
9. 법 제45조 제2항에 따라 총회에 상정하여야 하는 사항
10. 제42조 제1항 제1호에 따른 조합의 합병 또는 해산에 관한 사항. 다만, 사업완료로 인한 해산의 경우는 제외한다.
11. 제42조 제1항 제3호에 따른 건설되는 건축물의 설계 개요의 변경에 관한 사항
12. 제42조 제1항 제4호에 따른 정비사업비의 변경에 관한 사항

(11) 주민대표회의(법 제47조)

① 토지등소유자가 시장·군수 등 또는 토지주택공사 등의 사업시행을 원하는 경우에는 정비구역 지정·고시 후 주민대표기구(이하 "주민대표회의"라 한다)를 구성하여야 한다. 다만, 제26조 제4항에 따라 협약 등이 체결된 경우에는 정비구역 지정·고시 이전에 주민대표회의를 구성할 수 있다. 〈개정 2024.12.3.〉

② 주민대표회의는 위원장을 포함하여 5명 이상 25명 이하로 구성한다.
③ 주민대표회의는 토지등소유자의 과반수의 동의를 받아 구성하며, 국토교통부령으로 정하는 방법 및 절차에 따라 시장·군수 등의 승인을 받아야 한다.
④ 주민대표회의의 구성에 동의한 자는 제26조 제1항 제8호 후단에 따른 사업시행자의 지정에 동의한 것으로 본다. 다만, 사업시행자의 지정 요청 전에 시장·군수 등 및 주민대표회의에 사업시행자의 지정에 대한 반대의 의사표시를 한 토지등소유자의 경우에는 그러하지 아니하다.
⑤ 주민대표회의 또는 세입자(상가세입자를 포함한다)는 사업시행자가 다음의 사항에 관하여 제53조에 따른 시행규정을 정하는 때에 의견을 제시할 수 있다. 이 경우 사업시행자는 주민대표회의 또는 세입자의 의견을 반영하기 위하여 노력하여야 한다.
  ㉠ 건축물의 철거
  ㉡ 주민의 이주(세입자의 퇴거에 관한 사항을 포함한다)
  ㉢ 토지 및 건축물의 보상(세입자에 대한 주거이전비 등 보상에 관한 사항을 포함한다)
  ㉣ 정비사업비의 부담
  ㉤ 세입자에 대한 임대주택의 공급 및 입주자격
  ㉥ 그 밖에 정비사업의 시행을 위하여 필요한 사항으로서 대통령령으로 정하는 사항
⑥ 주민대표회의의 운영, 비용부담, 위원의 선임 방법 및 절차 등에 필요한 사항은 대통령령으로 정한다.

(12) 토지등소유자 전체회의(법 제48조)

① 사업시행자로 지정된 신탁업자는 다음의 사항에 관하여 해당 정비사업의 토지등소유자(재건축사업의 경우에는 신탁업자를 사업시행자로 지정하는 것에 동의한 토지등소유자를 말한다) 전원으로 구성되는 회의(이하 "토지등소유자 전체회의"라 한다)의 의결을 거쳐야 한다.
  ㉠ 시행규정의 확정 및 변경
  ㉡ 정비사업비의 사용 및 변경
  ㉢ 정비사업전문관리업자와의 계약 등 토지등소유자의 부담이 될 계약
  ㉣ 시공자의 선정 및 변경
  ㉤ 정비사업비의 토지등소유자별 분담내역
  ㉥ 자금의 차입과 그 방법·이자율 및 상환방법
  ㉦ 제52조에 따른 사업시행계획서의 작성 및 변경(제50조 제1항 본문에 따른 정비사업의 중지 또는 폐지에 관한 사항을 포함하며, 같은 항 단서에 따른 경미한 변경은 제외한다)
  ㉧ 제74조에 따른 관리처분계획의 수립 및 변경(제74조 제1항 각 호 외의 부분 단서에 따른 경미한 변경은 제외한다)
  ㉨ 제89조에 따른 청산금의 징수·지급(분할징수·분할지급을 포함한다)과 조합 해산 시의 회계보고
  ㉩ 제93조에 따른 비용의 금액 및 징수방법
  ㉪ 그 밖에 토지등소유자에게 부담이 되는 것으로 시행규정으로 정하는 사항
② 토지등소유자 전체회의는 사업시행자가 직권으로 소집하거나 토지등소유자 5분의 1 이상의 요구로 사업시행자가 소집한다.

제3절 사업시행계획 등

1 법 제50조(사업시행계획인가) 기출 34회

① 사업시행자(제25조 제1항 및 제2항에 따른 공동시행의 경우를 포함하되, 사업시행자가 시장·군수 등인 경우는 제외한다)는 정비사업을 시행하려는 경우에는 제52조에 따른 사업시행계획서(이하 "사업시행계획서"라 한다)에 정관 등과 그 밖에 국토교통부령으로 정하는 서류를 첨부하여 시장·군수 등에게 제출하고 사업시행계획인가를 받아야 하고, 인가받은 사항을 변경하거나 정비사업을 중지 또는 폐지하려는 경우에도 또한 같다. 다만, 대통령령으로 정하는 경미한 사항을 변경하려는 때에는 시장·군수 등에게 신고하여야 한다.

> **대통령령으로 정하는 경미한 사항을 변경하려는 때(영 제46조)** 〈개정 2024.12.17.〉 기출 31회·36회
>
> 다음 각 호의 어느 하나에 해당하는 때를 말한다.
> 1. 정비사업비를 10퍼센트의 범위에서 변경하거나 관리처분계획의 인가에 따라 변경하는 때. 다만, 「주택법」 제2조 제5호에 따른 국민주택을 건설하는 사업인 경우에는 「주택도시기금법」에 따른 주택도시기금의 지원 금액이 증가되지 아니하는 경우만 해당한다.
> 2. 건축물이 아닌 부대시설·복리시설의 설치규모를 확대하는 때(위치가 변경되는 경우는 제외한다)
> 3. 대지면적을 10퍼센트의 범위에서 변경하는 때
> 4. 세대수와 세대당 주거전용면적을 변경하지 않고 세대당 주거전용면적의 10퍼센트의 범위에서 세대 내부 구조의 위치 또는 면적을 변경하는 때
> 5. 내장재료 또는 외장재료를 변경하는 때
> 6. 사업시행계획인가의 조건으로 부과된 사항의 이행에 따라 변경하는 때
> 7. 건축물의 설계와 용도별 위치를 변경하지 아니하는 범위에서 건축물의 배치 및 주택단지 안의 도로선형을 변경하는 때
> 8. 「건축법 시행령」 제12조 제3항 각 호의 어느 하나에 해당하는 사항을 변경하는 때
> 9. 사업시행자의 명칭 또는 사무소 소재지를 변경하는 때
> 10. 정비구역 또는 정비계획의 변경에 따라 사업시행계획서를 변경하는 때
> 11. 법 제35조 제5항 본문에 따른 조합설립변경 인가에 따라 사업시행계획서를 변경하는 때
> 11의2. 계산 착오, 오기, 누락이나 이에 준하는 명백한 오류에 해당하는 사항을 정정하는 때
> 11의3. 사업시행기간을 단축하거나 연장하는 때. 다만, 법 제73조 제1항 각 호에 해당하는 자가 소유하는 토지 또는 건축물(토지 또는 건축물의 소유자가 국가나 지방자치단체인 경우는 제외한다)의 취득이 완료되기 전에 사업시행기간을 연장하는 때는 제외한다.
> 12. 그 밖에 시·도조례로 정하는 사항을 변경하는 때

② 시장·군수 등은 ①항 단서에 따른 신고를 받은 날부터 20일 이내에 신고수리 여부를 신고인에게 통지하여야 한다. 〈신설 2021.3.16.〉

③ 시장·군수 등이 ②항에서 정한 기간 내에 신고수리 여부 또는 민원 처리 관련 법령에 따른 처리기간의 연장을 신고인에게 통지하지 아니하면 그 기간(민원 처리 관련 법령에 따라 처리기간이 연장 또는 재연장된 경우에는 해당 처리기간을 말한다)이 끝난 날의 다음 날에 신고를 수리한 것으로 본다.

〈신설 2021.3.16.〉

⑤ 사업시행자(시장·군수 등 또는 토지주택공사 등은 제외한다)는 사업시행계획인가를 신청하기 전에 미리 총회의 의결을 거쳐야 하며, 인가받은 사항을 변경하거나 정비사업을 중지 또는 폐지하려는 경우에도 또한 같다. 다만, ①항 단서에 따른 경미한 사항의 변경은 총회의 의결을 필요로 하지 아니한다.

⑥ 토지등소유자가 제25조 제1항 제2호에 따라 재개발사업을 시행하려는 경우에는 사업시행계획인가를 신청하기 전에 사업시행계획서에 대하여 토지등소유자의 4분의 3 이상 및 토지면적의 2분의 1 이상의 토지소유자의 동의를 받아야 한다. 다만, 인가받은 사항을 변경하려는 경우에는 규약으로 정하는 바에 따라 토지등소유자의 과반수의 동의를 받아야 하며, ①항 단서에 따른 경미한 사항의 변경인 경우에는 토지등소유자의 동의를 필요로 하지 아니한다.

⑦ 지정개발자가 정비사업을 시행하려는 경우에는 사업시행계획인가를 신청하기 전에 토지등소유자의 과반수의 동의 및 토지면적의 2분의 1 이상의 토지소유자의 동의를 받아야 한다. 다만, ①항 단서에 따른 경미한 사항의 변경인 경우에는 토지등소유자의 동의를 필요로 하지 아니한다.

⑧ 제26조 제1항 제1호 및 제27조 제1항 제1호에 따른 사업시행자는 ⑦항에도 불구하고 토지등소유자의 동의를 필요로 하지 아니한다.

⑨ 시장·군수 등은 사업시행계획인가(시장·군수 등이 사업시행계획서를 작성한 경우를 포함한다)를 하거나 정비사업을 변경·중지 또는 폐지하는 경우에는 국토교통부령으로 정하는 방법 및 절차에 따라 그 내용을 해당 지방자치단체의 공보에 고시하여야 한다. 다만, ①항 단서에 따른 경미한 사항을 변경하려는 경우에는 그러하지 아니하다.

2 법 제50조의2 제1항(사업시행계획의 통합심의) 〈본조신설 2023.7.18.〉

정비구역의 지정권자는 사업시행계획인가와 관련된 다음 중 둘 이상의 심의가 필요한 경우에는 이를 통합하여 검토 및 심의(이하 "통합심의"라 한다)하여야 한다.
① 「건축법」에 따른 건축물의 건축 및 특별건축구역의 지정 등에 관한 사항
② 「경관법」에 따른 경관 심의에 관한 사항
③ 「교육환경 보호에 관한 법률」에 따른 교육환경평가
④ 「국토의 계획 및 이용에 관한 법률」에 따른 도시·군관리계획에 관한 사항
⑤ 「도시교통정비촉진법」에 따른 교통영향평가에 관한 사항
⑥ 「환경영향평가법」에 따른 환경영향평가 등에 관한 사항
⑦ 그 밖에 국토교통부장관, 시·도지사 또는 시장·군수 등이 필요하다고 인정하여 통합심의에 부치는 사항

3 법 제50조의3(정비계획 변경 및 사업시행인가의 심의 특례) 〈본조신설 2023.7.18.〉

① 정비구역의 지정권자는 제50조 제1항에 따른 사업시행계획인가(인가받은 사항을 변경하는 경우를 포함한다)에 앞서 제16조 제2항에 따라 결정·고시된 정비계획의 변경(정비구역의 변경도 포함하며, 제15조 제3항에 따른 경미한 변경은 제외한다)이 필요한 경우 제16조에도 불구하고 정비계획의 변경을 위한 지방도시계획위원회 심의를 사업시행계획인가와 관련된 심의와 함께 통합하여 검토 및 심의할 수 있다.

② 정비구역의 지정권자가 ①항에 따라 심의를 통합하여 실시하는 경우 사업시행자는 하나의 총회(제27조 제1항에 따라 신탁업자가 사업시행자로 지정된 경우에는 제48조에 따른 토지등소유자 전체회의를 말한다에서 제45조 제1항 제8호 및 제9호에 관한 사항을 의결하여야 한다.

③ 위에서 규정한 사항 외에 심의 및 총회 의결을 위한 절차와 방법에 관하여 필요한 사항은 대통령령으로 정한다.

4 법 제52조 제1항(사업시행계획서의 작성) 기출 35회

사업시행자는 정비계획에 따라 다음의 사항을 포함하는 사업시행계획서를 작성하여야 한다.
① 토지이용계획(건축물배치계획을 포함한다)
② 정비기반시설 및 공동이용시설의 설치계획
③ 임시거주시설을 포함한 주민이주대책
④ 세입자의 주거 및 이주 대책
⑤ 사업시행기간 동안 정비구역 내 가로등 설치, 폐쇄회로 텔레비전 설치 등 범죄예방대책
⑥ 제10조에 따른 임대주택의 건설계획(재건축사업의 경우는 제외한다)
⑦ 제54조 제4항, 제101조의5 및 제101조의6에 따른 국민주택규모 주택의 건설계획(주거환경개선사업의 경우는 제외한다)
⑧ 공공지원민간임대주택 또는 임대관리 위탁주택의 건설계획(필요한 경우로 한정한다)
⑨ 건축물의 높이 및 용적률 등에 관한 건축계획
⑩ 정비사업의 시행과정에서 발생하는 폐기물의 처리계획
⑪ 교육시설의 교육환경 보호에 관한 계획(정비구역부터 200미터 이내에 교육시설이 설치되어 있는 경우로 한정한다)
⑫ 정비사업비
⑬ 그 밖에 사업시행을 위한 사항으로서 대통령령으로 정하는 바에 따라 시·도조례로 정하는 사항

5 법 제58조(사업시행계획인가의 특례)

① 사업시행자는 일부 건축물의 존치 또는 리모델링(「주택법」 제2조 제25호 또는 「건축법」 제2조 제1항 제10호에 따른 리모델링을 말한다)에 관한 내용이 포함된 사업시행계획서를 작성하여 사업시행계획인가를 신청할 수 있다.

② 시장·군수 등은 존치 또는 리모델링하는 건축물 및 건축물이 있는 토지가 「주택법」 및 「건축법」에 따른 다음의 건축 관련 기준에 적합하지 아니하더라도 대통령령으로 정하는 기준에 따라 사업시행계획인가를 할 수 있다.
 ㉠ 「주택법」 제2조 제12호에 따른 주택단지의 범위
 ㉡ 「주택법」 제35조 제1항 제3호 및 제4호에 따른 부대시설 및 복리시설의 설치기준
 ㉢ 「건축법」 제44조에 따른 대지와 도로의 관계

ⓔ 「건축법」 제46조에 따른 건축선의 지정
ⓜ 「건축법」 제61조에 따른 일조 등의 확보를 위한 건축물의 높이 제한
③ 사업시행자가 사업시행계획서를 작성하려는 경우에는 존치 또는 리모델링하는 건축물 소유자의 동의(「집합건물의 소유 및 관리에 관한 법률」 제2조 제2호에 따른 구분소유자가 있는 경우에는 구분소유자의 3분의 2 이상의 동의와 해당 건축물 연면적의 3분의 2 이상의 구분소유자의 동의로 한다)를 받아야 한다. 다만, 정비계획에서 존치 또는 리모델링하는 것으로 계획된 경우에는 그러하지 아니한다.

제4절 정비사업 시행을 위한 조치 등

1 법 제61조(임시거주시설·임시상가의 설치 등)

① 사업시행자는 주거환경개선사업 및 재개발사업의 시행으로 철거되는 주택의 소유자 또는 세입자에게 해당 정비구역 안과 밖에 위치한 임대주택 등의 시설에 임시로 거주하게 하거나 주택자금의 융자를 알선하는 등 임시거주에 상응하는 조치를 하여야 한다.
② 사업시행자는 임시거주시설(이하 "임시거주시설"이라 한다)의 설치 등을 위하여 필요한 때에는 국가·지방자치단체, 그 밖의 공공단체 또는 개인의 시설이나 토지를 일시 사용할 수 있다.
③ 국가 또는 지방자치단체는 사업시행자로부터 임시거주시설에 필요한 건축물이나 토지의 사용신청을 받은 때에는 대통령령으로 정하는 사유가 없으면 이를 거절하지 못한다. 이 경우 사용료 또는 대부료는 면제한다.

> **대통령령으로 정하는 사유(영 제53조)**
> 다음 각 호의 사유를 말한다.
> 1. 법 제61조 제1항에 따른 임시거주시설(이하 "임시거주시설"이라 한다)의 설치를 위하여 필요한 건축물이나 토지에 대하여 제3자와 이미 매매계약을 체결한 경우
> 2. 사용신청 이전에 임시거주시설의 설치를 위하여 필요한 건축물이나 토지에 대한 사용계획이 확정된 경우
> 3. 제3자에게 이미 임시거주시설의 설치를 위하여 필요한 건축물이나 토지에 대한 사용허가를 한 경우

④ 사업시행자는 정비사업의 공사를 완료한 때에는 완료한 날부터 30일 이내에 임시거주시설을 철거하고, 사용한 건축물이나 토지를 원상회복하여야 한다.
⑤ 재개발사업의 사업시행자는 사업시행으로 이주하는 상가세입자가 사용할 수 있도록 정비구역 또는 정비구역 인근에 임시상가를 설치할 수 있다.

2 법 제62조(임시거주시설·임시상가의 설치 등에 따른 손실보상)

① 사업시행자는 공공단체(지방자치단체는 제외한다) 또는 개인의 시설이나 토지를 일시 사용함으로써 손실을 입은 자가 있는 경우에는 손실을 보상하여야 하며, 손실을 보상하는 경우에는 손실을 입은 자와 협의하여야 한다.

② 사업시행자 또는 손실을 입은 자는 손실보상에 관한 협의가 성립되지 아니하거나 협의할 수 없는 경우에는 「공익사업을 위한 토지 등의 취득 및 보상에 관한 법률」 제49조에 따라 설치되는 관할 토지수용위원회에 재결을 신청할 수 있다.

③ 손실보상은 이 법에 규정된 사항을 제외하고는 「공익사업을 위한 토지 등의 취득 및 보상에 관한 법률」을 준용한다.

3 법 제63조(토지 등의 수용 또는 사용)

사업시행자는 정비구역에서 정비사업(재건축사업의 경우에는 제26조 제1항 제1호 및 제27조 제1항 제1호에 해당하는 사업으로 한정한다)을 시행하기 위하여 「공익사업을 위한 토지 등의 취득 및 보상에 관한 법률」 제3조에 따른 토지·물건 또는 그 밖의 권리를 취득하거나 사용할 수 있다.

4 법 제64조(재건축사업에서의 매도청구)

① 재건축사업의 사업시행자는 사업시행계획인가의 고시가 있는 날부터 30일 이내에 다음의 자에게 조합설립 또는 사업시행자의 지정에 관한 동의 여부를 회답할 것을 서면으로 촉구하여야 한다.
   ㉠ 제35조 제3항부터 제5항까지에 따른 조합설립에 동의하지 아니한 자
   ㉡ 제26조 제1항 및 제27조 제1항에 따라 시장·군수 등, 토지주택공사 등 또는 신탁업자의 사업시행자 지정에 동의하지 아니한 자

② 촉구를 받은 토지등소유자는 촉구를 받은 날부터 2개월 이내에 회답하여야 한다.

③ ②항의 기간 내에 회답하지 아니한 경우 그 토지등소유자는 조합설립 또는 사업시행자의 지정에 동의하지 아니하겠다는 뜻을 회답한 것으로 본다.

④ ②항의 기간이 지나면 사업시행자는 그 기간이 만료된 때부터 2개월 이내에 조합설립 또는 사업시행자 지정에 동의하지 아니하겠다는 뜻을 회답한 토지등소유자와 건축물 또는 토지만 소유한 자에게 건축물 또는 토지의 소유권과 그 밖의 권리를 매도할 것을 청구할 수 있다.

5 법 제65조(「공익사업을 위한 토지 등의 취득 및 보상에 관한 법률」의 준용)

① 정비구역에서 정비사업의 시행을 위한 토지 또는 건축물의 소유권과 그 밖의 권리에 대한 수용 또는 사용은 이 법에 규정된 사항을 제외하고는 「공익사업을 위한 토지 등의 취득 및 보상에 관한 법률」을 준용한다. 다만, 정비사업의 시행에 따른 손실보상의 기준 및 절차는 대통령령으로 정할 수 있다.

② 제1항에 따라 「공익사업을 위한 토지 등의 취득 및 보상에 관한 법률」을 준용하는 경우 사업시행계획인가 고시(시장·군수 등이 직접 정비사업을 시행하는 경우에는 제50조 제9항에 따른 사업시행계획서의 고시를 말한다)가 있은 때에는 같은 법 제20조 제1항 및 제22조 제1항에 따른 사업인정 및 그 고시가 있은 것으로 본다.

③ 수용 또는 사용에 대한 재결의 신청은 「공익사업을 위한 토지 등의 취득 및 보상에 관한 법률」 제23조 및 같은 법 제28조 제1항에도 불구하고 사업시행계획인가(사업시행계획변경인가를 포함한다)를 할 때 정한 사업시행기간 이내에 하여야 한다.

④ 대지 또는 건축물을 현물보상하는 경우에는 「공익사업을 위한 토지 등의 취득 및 보상에 관한 법률」 제42조에도 불구하고 제83조에 따른 준공인가 이후에도 할 수 있다.

손실보상 등(영 제54조)

① 제13조 제1항에 따른 공람공고일부터 계약체결일 또는 수용재결일까지 계속하여 거주하고 있지 아니한 건축물의 소유자는 「공익사업을 위한 토지 등의 취득 및 보상에 관한 법률 시행령」 제40조 제5항 제2호에 따라 이주대책대상자에서 제외한다. 다만, 같은 호 단서(같은 호 마목은 제외한다)에 해당하는 경우에는 그러하지 아니하다.

② 정비사업으로 인한 영업의 폐지 또는 휴업에 대하여 손실을 평가하는 경우 영업의 휴업기간은 4개월 이내로 한다. 다만, 다음 각 호의 어느 하나에 해당하는 경우에는 실제 휴업기간으로 하되, 그 휴업기간은 2년을 초과할 수 없다.
  1. 해당 정비사업을 위한 영업의 금지 또는 제한으로 인하여 4개월 이상의 기간동안 영업을 할 수 없는 경우
  2. 영업시설의 규모가 크거나 이전에 고도의 정밀성을 요구하는 등 해당 영업의 고유한 특수성으로 인하여 4개월 이내에 다른 장소로 이전하는 것이 어렵다고 객관적으로 인정되는 경우

③ 제2항에 따라 영업손실을 보상하는 경우 보상대상자의 인정시점은 제13조 제1항에 따른 공람공고일로 본다.

④ 주거이전비를 보상하는 경우 보상대상자의 인정시점은 제13조 제1항에 따른 공람공고일로 본다.

6 법 제66조(용적률에 관한 특례 등)

① 사업시행자가 다음의 어느 하나에 해당하는 경우에는 「국토의 계획 및 이용에 관한 법률」 제78조 제1항에도 불구하고 해당 정비구역에 적용되는 용적률의 100분의 125 이하의 범위에서 대통령령으로 정하는 바에 따라 특별시·광역시·특별자치시·특별자치도·시 또는 군의 조례로 용적률을 완화하여 정할 수 있다. 〈개정 2023.7.18.〉

  ㉠ 제65조 제1항 단서에 따라 대통령령으로 정하는 손실보상의 기준 이상으로 세입자에게 주거이전비를 지급하거나 영업의 폐지 또는 휴업에 따른 손실을 보상하는 경우

  ㉡ 제65조 제1항 단서에 따른 손실보상에 더하여 임대주택을 추가로 건설하거나 임대상가를 건설하는 등 추가적인 세입자 손실보상 대책을 수립하여 시행하는 경우

대통령령으로 정하는 완화된 용적률을 적용받으려는 경우(영 제55조 제1항~제2항)

① 사업시행자가 완화된 용적률을 적용받으려는 경우에는 사업시행계획인가 신청 전에 다음 각 호의 사항을 시장·군수등에게 제출하고 사전협의해야 한다. 〈개정 2023.12.5.〉
  1. 정비구역 내 세입자 현황
  2. 세입자에 대한 손실보상 계획
② 제1항에 따른 협의를 요청받은 시장·군수등은 의견을 사업시행자에게 통보해야 하며, 용적률을 완화받을 수 있다는 통보를 받은 사업시행자는 사업시행계획서를 작성할 때 제1항 제2호에 따른 세입자에 대한 손실보상 계획을 포함해야 한다. 〈개정 2023.12.5.〉

② 정비구역이 역세권 등 대통령령으로 정하는 요건에 해당하는 경우(제24조 제4항, 제26조 제1항 제1호 및 제27조 제1항 제1호에 따른 정비사업을 시행하는 경우는 제외한다)에는 제11조, 제54조 및 「국토의 계획 및 이용에 관한 법률」 제78조에도 불구하고 다음의 어느 하나에 따라 용적률을 완화하여 적용할 수 있다. 〈신설 2023.7.18.〉
  ㉠ 지방도시계획위원회의 심의를 거쳐 법적상한용적률의 100분의 120까지 완화
  ㉡ 용도지역의 변경을 통하여 용적률을 완화하여 정비계획을 수립(변경수립을 포함한다)한 후 변경된 용도지역의 법적상한용적률까지 완화

역세권 등 대통령령으로 정하는 요건에 해당하는 경우(영 제55조 제3항)

③ 법 제66조 제2항 각 호 외의 부분에서 "역세권 등 대통령령으로 정하는 요건에 해당하는 경우"란 다음 각 호의 요건을 모두 갖춘 경우를 말한다. 〈신설 2023.12.5.〉
  1. 해당 정비구역 총 면적의 2분의 1 이상이 다음 각 목의 어느 하나에 해당하는 지역에 위치할 것
    가. 「철도의 건설 및 철도시설 유지관리에 관한 법률」 제2조 제1호에 따른 철도 또는 「도시철도법」 제2조 제2호에 따른 도시철도의 승강장 경계로부터 시·도조례로 정하는 거리 이내에 위치한 지역
    나. 세 개 이상의 대중교통 정류장이 인접해 있거나 고속버스·시외버스 터미널, 간선도로의 교차지 등 양호한 기반시설을 갖추고 있어 대중교통 이용이 용이한 지역으로서 시·도조례로 정하는 요건을 모두 갖춘 지역
  2. 해당 정비구역에서 시행하는 정비사업이 법 제54조 제1항 각 호의 어느 하나에 해당할 것

③ 사업시행자는 ②항에 따라 완화된 용적률에서 정비계획으로 정하여진 용적률을 뺀 용적률의 100분의 75 이하로서 대통령령으로 정하는 바에 따라 시·도조례로 정하는 비율에 해당하는 면적에 국민주택규모 주택을 건설하여 인수자에게 공급하여야 한다. 이 경우 국민주택규모 주택의 공급 및 인수방법에 관하여는 제55조를 준용한다. 〈신설 2023.7.18.〉

인수자에게 공급해야 하는 면적(영 제55조 제4항)

④ 사업시행자가 국민주택규모 주택을 건설하여 인수자에게 공급해야 하는 면적은 법 제66조 제2항에 따라 완화된 용적률에서 정비계획으로 정하여진 용적률을 뺀 용적률(이하 이 조에서 "추가용적률"이라 한다)의 다음 각 호의 구분에 따른 비율에 해당하는 면적으로 한다. 〈신설 2023.12.5.〉
  1. 과밀억제권역에서 시행하는 재건축사업 : 추가용적률의 100분의 30 이상 100분의 75 이하의 범위에서 시·도조례로 정하는 비율
  2. 과밀억제권역에서 시행하는 재개발사업 : 추가용적률의 100분의 50 이상 100분의 75 이하의 범위에서 시·도조례로 정하는 비율

3. 과밀억제권역 외의 지역에서 시행하는 재건축사업 : 추가용적률의 100분의 50 이하의 범위에서 시·도 조례로 정하는 비율
4. 과밀억제권역 외의 지역에서 시행하는 재개발사업 : 추가용적률의 100분의 75 이하의 범위에서 시·도 조례로 정하는 비율

④ ③항에도 불구하고 인수자는 사업시행자로부터 공급받은 주택 중 <u>대통령령으로 정하는 비율</u>에 해당하는 주택에 대해서는 「공공주택 특별법」 제48조에 따라 분양할 수 있다. 이 경우 해당 주택의 공급가격은 「주택법」 제57조 제4항에 따라 국토교통부장관이 고시하는 건축비로 하며, 부속 토지의 가격은 감정평가액의 100분의 50 이상의 범위에서 대통령령으로 정한다. 〈신설 2023.7.18.〉

대통령령으로 정하는 비율(영 제55조 제5항~제6항)
⑤ 100분의 20 이상의 범위에서 시·도조례로 정하는 비율을 말한다. 〈신설 2023.12.5.〉
⑥ 인수자는 법 제66조 제4항에 따라 사업시행자로부터 공급받은 주택을 「공공주택 특별법」 제48조에 따라 분양하려는 경우에는 감정평가액의 100분의 50에 해당하는 가격으로 부속 토지를 인수해야 하며, 해당 주택을 다음 각 호의 어느 하나에 해당하는 주택으로 분양해야 한다. 〈신설 2023.12.5.〉
1. 「공공주택 특별법」 제2조 제1호의4에 따른 지분적립형 분양주택
2. 「공공주택 특별법」 제2조 제1호의5에 따른 이익공유형 분양주택
3. 「주택법」 제2조 제9호에 따른 토지임대부 분양주택(사업주체가 「공공주택 특별법」 제4조에 따른 공공주택사업자인 경우로 한정한다)

⑤ ③항 및 ④항에서 규정한 사항 외에 국민주택규모 주택의 인수 절차 및 활용에 필요한 사항은 대통령령으로 정할 수 있다. 〈신설 2023.7.18.〉

7 법 제67조(재건축사업의 범위에 관한 특례)

① 사업시행자 또는 추진위원회는 다음의 어느 하나에 해당하는 경우에는 그 주택단지 안의 일부 토지에 대하여 「건축법」 제57조에도 불구하고 분할하려는 토지면적이 같은 조에서 정하고 있는 면적에 미달되더라도 토지분할을 청구할 수 있다.
㉠ 「주택법」 제15조 제1항에 따라 사업계획승인을 받아 건설한 둘 이상의 건축물이 있는 주택단지에 재건축사업을 하는 경우
㉡ 제35조 제3항에 따른 조합설립의 동의요건을 충족시키기 위하여 필요한 경우
② 사업시행자 또는 추진위원회는 토지분할 청구를 하는 때에는 토지분할의 대상이 되는 토지 및 그 위의 건축물과 관련된 토지등소유자와 협의하여야 한다.
③ 사업시행자 또는 추진위원회는 토지분할의 협의가 성립되지 아니한 경우에는 법원에 토지분할을 청구할 수 있다.

④ 시장·군수 등은 토지분할이 청구된 경우에 분할되어 나가는 토지 및 그 위의 건축물이 다음의 요건을 충족하는 때에는 토지분할이 완료되지 아니하여 ①항에 따른 동의요건에 미달되더라도 「건축법」 제4조에 따라 특별자치시·특별자치도·시·군·구(자치구를 말한다)에 설치하는 건축위원회의 심의를 거쳐 조합설립인가와 사업시행계획인가를 할 수 있다. 〈개정 2024.1.30.〉
  ㉠ 해당 토지 및 건축물과 관련된 토지등소유자(제77조에 따른 기준일의 다음 날 이후에 정비구역에 위치한 건축물 및 그 부속토지의 소유권을 취득한 자는 제외한다)의 수가 전체의 10분의 1 이하일 것
  ㉡ 분할되어 나가는 토지 위의 건축물이 분할선 상에 위치하지 아니할 것
  ㉢ 그 밖에 사업시행계획인가를 위하여 대통령령으로 정하는 요건에 해당할 것

8 법 제68조(건축규제의 완화 등에 관한 특례)

① 주거환경개선사업에 따른 건축허가를 받은 때와 부동산등기(소유권 보존등기 또는 이전등기로 한정한다)를 하는 때에는 「주택도시기금법」 제8조의 국민주택채권의 매입에 관한 규정을 적용하지 아니한다.
② 주거환경개선구역에서 「국토의 계획 및 이용에 관한 법률」 제43조 제2항에 따른 도시·군계획시설의 결정·구조 및 설치의 기준 등에 필요한 사항은 국토교통부령으로 정하는 바에 따른다.
③ 사업시행자는 주거환경개선구역에서 다음의 어느 하나에 해당하는 사항은 시·도조례로 정하는 바에 따라 기준을 따로 정할 수 있다.
  ㉠ 「건축법」 제44조에 따른 대지와 도로의 관계(소방활동에 지장이 없는 경우로 한정한다)
  ㉡ 「건축법」 제60조 및 제61조에 따른 건축물의 높이 제한(사업시행자가 공동주택을 건설·공급하는 경우로 한정한다)
④ 사업시행자는 공공재건축사업을 위한 정비구역, 제26조 제1항 제1호 및 제27조 제1항 제1호에 따른 재건축구역(재건축사업을 시행하는 정비구역을 말한다) 또는 제66조 제2항에 따라 용적률을 완화하여 적용하는 정비구역에서 다음의 어느 하나에 해당하는 사항에 대하여 대통령령으로 정하는 범위에서 「건축법」 제72조 제2항에 따른 지방건축위원회 또는 지방도시계획위원회의 심의를 거쳐 그 기준을 완화받을 수 있다. 〈개정 2023.7.18.〉
  ㉠ 「건축법」 제42조에 따른 대지의 조경기준
  ㉡ 「건축법」 제55조에 따른 건폐율의 산정기준
  ㉢ 「건축법」 제58조에 따른 대지 안의 공지 기준
  ㉣ 「건축법」 제60조 및 제61조에 따른 건축물의 높이 제한
  ㉤ 「주택법」 제35조 제1항 제3호 및 제4호에 따른 부대시설 및 복리시설의 설치기준
  ㉥ 「도시공원 및 녹지 등에 관한 법률」 제14조에 따른 도시공원 또는 녹지 확보기준
  ㉦ 위에서 규정한 사항 외에 공공재건축사업 또는 제26조 제1항 제1호 및 제27조 제1항 제1호에 따른 재건축사업의 원활한 시행을 위하여 대통령령으로 정하는 사항

> **대통령령으로 정하는 범위(영 제57조)**
>
> 다음 각 호를 말한다.
> 1. 「건축법」 제55조에 따른 건폐율 산정 시 주차장 부분의 면적은 건축면적에서 제외할 수 있다.
> 2. 「건축법」 제58조에 따른 대지 안의 공지 기준은 2분의 1 범위에서 완화할 수 있다.
> 3. 「건축법」 제60조에 따른 건축물의 높이 제한 기준은 2분의 1 범위에서 완화할 수 있다.
> 4. 「건축법」 제61조 제2항 제1호에 따른 건축물(7층 이하의 건축물에 한정한다)의 높이 제한 기준은 2분의 1 범위에서 완화할 수 있다.
> 5. 「주택법」 제35조 제1항 제3호 및 제4호에 따른 부대시설 및 복리시설의 설치기준은 다음 각 목의 범위에서 완화할 수 있다.
>   가. 「주택법」 제2조 제14호 가목에 따른 어린이놀이터를 설치하는 경우에는 「주택건설기준 등에 관한 규정」 제55조의2 제7항 제2호 다목을 적용하지 아니할 수 있다.
>   나. 「주택법」 제2조 제14호에 따른 복리시설을 설치하는 경우에는 「주택법」 제35조 제1항 제4호에 따른 복리시설별 설치기준에도 불구하고 설치대상 복리시설(어린이놀이터는 제외한다)의 면적의 합계 범위에서 필요한 복리시설을 설치할 수 있다.
> 6. 「도시공원 및 녹지 등에 관한 법률」 제14조에 따른 도시공원 또는 녹지 확보기준은 정비구역의 면적이 10만제곱미터 미만인 경우에는 그 기준을 완화하여 적용할 수 있다.

9 법 제69조 제1항(다른 법령의 적용 및 배제)

주거환경개선구역은 해당 정비구역의 지정·고시가 있은 날부터 「국토의 계획 및 이용에 관한 법률」 제36조 제1항 제1호 가목 및 같은 조 제2항에 따라 주거지역을 세분하여 정하는 지역 중 대통령령으로 정하는 지역으로 결정·고시된 것으로 본다. 다만, 다음의 어느 하나에 해당하는 경우에는 그러하지 아니하다.

① 해당 정비구역이 「개발제한구역의 지정 및 관리에 관한 특별조치법」 제3조 제1항에 따라 결정된 개발제한구역인 경우
② 시장·군수 등이 주거환경개선사업을 위하여 필요하다고 인정하여 해당 정비구역의 일부분을 종전 용도지역으로 그대로 유지하거나 동일면적의 범위에서 위치를 변경하는 내용으로 정비계획을 수립한 경우
③ 시장·군수 등이 제9조 제1항 제10호 다목의 사항을 포함하는 정비계획을 수립한 경우

> **대통령령으로 정하는 지역(영 제58조 제1항)**
>
> 다음 각 호의 구분에 따른 용도지역을 말한다.
> 1. 주거환경개선사업이 법 제23조 제1항 제1호 또는 제3호의 방법으로 시행되는 경우 : 「국토의 계획 및 이용에 관한 법률 시행령」 제30조 제1호 나목 (2)에 따른 제2종일반주거지역
> 2. 주거환경개선사업이 법 제23조 제1항 제2호 또는 제4호의 방법으로 시행되는 경우 : 「국토의 계획 및 이용에 관한 법률 시행령」 제30조 제1호 나목 (3)에 따른 제3종일반주거지역. 다만, 공공지원민간임대주택 또는 「공공주택 특별법」 제2조 제1호의2에 따른 공공건설임대주택을 200세대 이상 공급하려는 경우로서 해당 임대주택의 건설지역을 포함하여 정비계획에서 따로 정하는 구역은 「국토의 계획 및 이용에 관한 법률 시행령」 제30조 제1호 다목에 따른 준주거지역으로 한다.

10 법 제70조(지상권 등 계약의 해지)

① 정비사업의 시행으로 지상권·전세권 또는 임차권의 설정 목적을 달성할 수 없는 때에는 그 권리자는 계약을 해지할 수 있다.
② 계약을 해지할 수 있는 자가 가지는 전세금·보증금, 그 밖의 계약상의 금전의 반환청구권은 사업시행자에게 행사할 수 있다.
③ 금전의 반환청구권의 행사로 해당 금전을 지급한 사업시행자는 해당 토지등소유자에게 구상할 수 있다.
④ 사업시행자는 ③항에 따른 구상이 되지 아니하는 때에는 해당 토지등소유자에게 귀속될 대지 또는 건축물을 압류할 수 있다. 이 경우 압류한 권리는 저당권과 동일한 효력을 가진다.
⑤ 제74조에 따라 관리처분계획의 인가를 받은 경우 지상권·전세권설정계약 또는 임대차계약의 계약기간은 「민법」 제280조·제281조 및 제312조 제2항, 「주택임대차보호법」 제4조 제1항, 「상가건물임대차보호법」 제9조 제1항을 적용하지 아니한다.

11 법 제71조(소유자의 확인이 곤란한 건축물 등에 대한 처분)

① 사업시행자는 다음에서 정하는 날 현재 건축물 또는 토지의 소유자의 소재 확인이 현저히 곤란한 때에는 전국적으로 배포되는 둘 이상의 일간신문에 2회 이상 공고하고, 공고한 날부터 30일 이상이 지난 때에는 그 소유자의 해당 건축물 또는 토지의 감정평가액에 해당하는 금액을 법원에 공탁하고 정비사업을 시행할 수 있다.
  ㉠ 제25조에 따라 조합이 사업시행자가 되는 경우에는 제35조에 따른 조합설립인가일
  ㉡ 제25조 제1항 제2호에 따라 토지등소유자가 시행하는 재개발사업의 경우에는 제50조에 따른 사업시행계획인가일
  ㉢ 제26조 제1항에 따라 시장·군수 등, 토지주택공사 등이 정비사업을 시행하는 경우에는 같은 조 제2항에 따른 고시일
  ㉣ 제27조 제1항에 따라 지정개발자를 사업시행자로 지정하는 경우에는 같은 조 제2항에 따른 고시일
② 재건축사업을 시행하는 경우 조합설립인가일 현재 조합원 전체의 공동소유인 토지 또는 건축물은 조합 소유의 토지 또는 건축물로 본다.
③ 조합 소유로 보는 토지 또는 건축물의 처분에 관한 사항은 제74조 제1항에 따른 관리처분계획에 명시하여야 한다.
④ 토지 또는 건축물의 감정평가는 제74조 제4항 제1호를 준용한다.

제5절 관리처분계획 등

1 법 제72조(분양공고 및 분양신청)

① 사업시행자는 제50조 제9항에 따른 사업시행계획인가의 고시가 있은 날(사업시행계획인가 이후 시공자를 선정한 경우에는 시공자와 계약을 체결한 날)부터 120일 이내에 다음의 사항을 토지등소유자에게 통지하고, 분양의 대상이 되는 대지 또는 건축물의 내역 등 대통령령으로 정하는 사항을 해당 지역에서 발간되는 일간신문에 공고하여야 한다. 다만, 토지등소유자 1인이 시행하는 재개발사업의 경우에는 그러하지 아니하다.

분양의 대상이 되는 대지 또는 건축물의 내역 등 대통령령으로 정하는 사항(영 제59조 제1항)

다음 각 호의 사항을 말한다.
1. 사업시행인가의 내용
2. 정비사업의 종류·명칭 및 정비구역의 위치·면적
3. 분양신청기간 및 장소
4. 분양대상 대지 또는 건축물의 내역
5. 분양신청자격
6. 분양신청방법
7. 토지등소유자외의 권리자의 권리신고방법
8. 분양을 신청하지 아니한 자에 대한 조치
9. 그 밖에 시·도조례로 정하는 사항

㉠ 분양대상자별 종전의 토지 또는 건축물의 명세 및 사업시행계획인가의 고시가 있은 날을 기준으로 한 가격(사업시행계획인가 전에 제81조 제3항에 따라 철거된 건축물은 시장·군수 등에게 허가를 받은 날을 기준으로 한 가격)
㉡ 분양대상자별 분담금의 추산액
㉢ 분양신청기간
㉣ 그 밖에 대통령령으로 정하는 사항

대통령령으로 정하는 사항(영 제59조 제2항)

다음 각 호의 사항을 말한다.
1. 제1항 제1호부터 제6호까지 및 제8호의 사항
2. 분양신청서
3. 그 밖에 시·도조례로 정하는 사항

② 분양신청기간은 통지한 날부터 30일 이상 60일 이내로 하여야 한다. 다만, 사업시행자는 제74조 제1항에 따른 관리처분계획의 수립에 지장이 없다고 판단하는 경우에는 분양신청기간을 20일의 범위에서 한 차례만 연장할 수 있다.

③ 대지 또는 건축물에 대한 분양을 받으려는 토지등소유자는 ②항에 따른 분양신청기간에 대통령령으로 정하는 방법 및 절차에 따라 사업시행자에게 대지 또는 건축물에 대한 분양신청을 하여야 한다.

④ 사업시행자는 ②항에 따른 분양신청기간 종료 후 제50조 제1항에 따른 사업시행계획인가의 변경(경미한 사항의 변경은 제외한다)으로 세대수 또는 주택규모가 달라지는 경우 ①항부터 ③항까지의 규정에 따라 분양공고 등의 절차를 다시 거칠 수 있다.

⑤ 사업시행자는 정관 등으로 정하고 있거나 총회의 의결을 거친 경우 제73조 제1항 제1호 및 제2호에 해당하는 토지등소유자에게 분양신청을 다시 하게 할 수 있다.

⑥ 투기과열지구의 정비사업에서 제74조에 따른 관리처분계획에 따라 같은 조 제1항 제2호 또는 제1항 제4호 가목의 분양대상자 및 그 세대에 속한 자는 분양대상자 선정일(조합원 분양분의 분양대상자는 최초 관리처분계획 인가일을 말한다)부터 5년 이내에는 투기과열지구에서 분양신청을 할 수 없다. 다만, 상속, 결혼, 이혼으로 조합원 자격을 취득한 경우에는 분양신청을 할 수 있다.

⑦ 공공재개발사업 시행자는 제39조 제2항 제6호에 따라 건축물 또는 토지를 양수하려는 경우 무분별한 분양신청을 방지하기 위하여 분양공고시 양수대상이 되는 건축물 또는 토지의 조건을 함께 공고하여야 한다. 〈신설 2021.4.13.〉

2 법 제73조(분양신청을 하지 아니한 자 등에 대한 조치) 기출 35회

① 사업시행자는 관리처분계획이 인가·고시된 다음 날부터 90일 이내에 다음에서 정하는 자와 토지, 건축물 또는 그 밖의 권리의 손실보상에 관한 협의를 하여야 한다. 다만, 사업시행자는 분양신청기간 종료일의 다음 날부터 협의를 시작할 수 있다.

  ㉠ 분양신청을 하지 아니한 자
  ㉡ 분양신청기간 종료 이전에 분양신청을 철회한 자
  ㉢ 제72조 제6항 본문에 따라 분양신청을 할 수 없는 자
  ㉣ 제74조에 따라 인가된 관리처분계획에 따라 분양대상에서 제외된 자

② 사업시행자는 협의가 성립되지 아니하면 그 기간의 만료일 다음 날부터 60일 이내에 수용재결을 신청하거나 매도청구소송을 제기하여야 한다.

③ 사업시행자는 ②항에 따른 기간을 넘겨서 수용재결을 신청하거나 매도청구소송을 제기한 경우에는 해당 토지등소유자에게 지연일수(遲延日數)에 따른 이자를 지급하여야 한다. 이 경우 이자는 100분의 15 이하의 범위에서 대통령령으로 정하는 이율을 적용하여 산정한다.

> **분양신청을 하지 아니한 자 등에 대한 조치(영 제60조)**
>
> ① 사업시행자가 법 제73조 제1항에 따라 토지등소유자의 토지, 건축물 또는 그 밖의 권리에 대하여 현금으로 청산하는 경우 청산금액은 사업시행자와 토지등소유자가 협의하여 산정한다. 이 경우 재개발사업의 손실보상액의 산정을 위한 감정평가법인등 선정에 관하여는 「공익사업을 위한 토지 등의 취득 및 보상에 관한 법률」 제68조 제1항에 따른다. 〈개정 2022.1.21.〉
>
> ② 법 제73조 제3항 후단에서 "대통령령으로 정하는 이율"이란 다음 각 호를 말한다.
>   1. 6개월 이내의 지연일수에 따른 이자의 이율 : 100분의 5
>   2. 6개월 초과 12개월 이내의 지연일수에 따른 이자의 이율 : 100분의 10
>   3. 12개월 초과의 지연일수에 따른 이자의 이율 : 100분의 15

3 법 제74조(관리처분계획의 인가 등) 기출 30회·33회

(1) 관리처분계획의 수립·인가

사업시행자는 제72조에 따른 분양신청기간이 종료된 때에는 분양신청의 현황을 기초로 다음의 사항이 포함된 관리처분계획을 수립하여 시장·군수 등의 인가를 받아야 하며, 관리처분계획을 변경·중지 또는 폐지하려는 경우에도 또한 같다. 다만, 대통령령으로 정하는 경미한 사항을 변경하려는 경우에는 시장·군수 등에게 신고하여야 한다.

> **대통령령으로 정하는 경미한 사항을 변경하려는 경우(영 제61조)** 기출 35회
>
> 다음 각 호의 어느 하나에 해당하는 경우를 말한다.
> 1. 계산착오·오기·누락 등에 따른 조서의 단순정정인 경우(불이익을 받는 자가 없는 경우에만 해당한다)
> 2. 법 제40조 제3항에 따른 정관 및 법 제50조에 따른 사업시행계획인가의 변경에 따라 관리처분계획을 변경하는 경우
> 3. 법 제64조에 따른 매도청구에 대한 판결에 따라 관리처분계획을 변경하는 경우
> 4. 법 제129조에 따른 권리·의무의 변동이 있는 경우로서 분양설계의 변경을 수반하지 아니하는 경우
> 5. 주택분양에 관한 권리를 포기하는 토지등소유자에 대한 임대주택의 공급에 따라 관리처분계획을 변경하는 경우
> 6. 「민간임대주택에 관한 특별법」 제2조 제7호에 따른 임대사업자의 주소(법인인 경우에는 법인의 소재지와 대표자의 성명 및 주소)를 변경하는 경우

① 분양설계
② 분양대상자의 주소 및 성명
③ 분양대상자별 분양예정인 대지 또는 건축물의 추산액(임대관리 위탁주택에 관한 내용을 포함한다)
④ 다음에 해당하는 보류지 등의 명세와 추산액 및 처분방법. 다만, ⓒ의 경우에는 제30조 제1항에 따라 선정된 임대사업자의 성명 및 주소(법인인 경우에는 법인의 명칭 및 소재지와 대표자의 성명 및 주소)를 포함한다.
　㉠ 일반 분양분
　㉡ 공공지원민간임대주택
　㉢ 임대주택
　㉣ 그 밖에 부대시설·복리시설 등
⑤ 분양대상자별 종전의 토지 또는 건축물 명세 및 사업시행계획인가 고시가 있은 날을 기준으로 한 가격(사업시행계획인가 전에 제81조 제3항에 따라 철거된 건축물은 시장·군수 등에게 허가를 받은 날을 기준으로 한 가격)
⑥ 정비사업비의 추산액(재건축사업의 경우에는 「재건축초과이익 환수에 관한 법률」에 따른 재건축부담금에 관한 사항을 포함한다) 및 그에 따른 조합원 분담규모 및 분담시기
⑦ 분양대상자의 종전 토지 또는 건축물에 관한 소유권 외의 권리명세
⑧ 세입자별 손실보상을 위한 권리명세 및 그 평가액
⑨ 그 밖에 정비사업과 관련한 권리 등에 관하여 대통령령으로 정하는 사항

> **대통령령으로 정하는 사항(영 제62조)**
>
> 다음 각 호의 사항을 말한다.
> 1. 법 제73조에 따라 현금으로 청산하여야 하는 토지등소유자별 기존의 토지·건축물 또는 그 밖의 권리의 명세와 이에 대한 청산방법
> 2. 법 제79조 제4항 전단에 따른 보류지 등의 명세와 추산가액 및 처분방법
> 3. 제63조 제1항 제4호에 따른 비용의 부담비율에 따른 대지 및 건축물의 분양계획과 그 비용부담의 한도·방법 및 시기. 이 경우 비용부담으로 분양받을 수 있는 한도는 정관 등에서 따로 정하는 경우를 제외하고는 기존의 토지 또는 건축물의 가격의 비율에 따라 부담할 수 있는 비용의 50퍼센트를 기준으로 정한다.
> 4. 정비사업의 시행으로 인하여 새롭게 설치되는 정비기반시설의 명세와 용도가 폐지되는 정비기반시설의 명세
> 5. 기존 건축물의 철거 예정시기
> 6. 그 밖에 시·도조례로 정하는 사항

(2) 신고인에게 통지

① 시장·군수 등은 (1)의 각 호 외의 부분 단서에 따른 신고를 받은 날부터 20일 이내에 신고수리 여부를 신고인에게 통지하여야 한다. 〈신설 2021.3.16.〉

② 시장·군수 등이 제2항에서 정한 기간 내에 신고수리 여부 또는 민원 처리 관련 법령에 따른 처리기간의 연장을 신고인에게 통지하지 아니하면 그 기간(민원 처리 관련 법령에 따라 처리기간이 연장 또는 재연장된 경우에는 해당 처리기간을 말한다)이 끝난 날의 다음 날에 신고를 수리한 것으로 본다.

〈신설 2021.3.16.〉

(3) 재산 또는 권리의 평가 [기출 35회]

정비사업에서 (1)의 ③·⑤ 및 ⑧항에 따라 재산 또는 권리를 평가할 때에는 다음의 방법에 따른다.

① 「감정평가 및 감정평가사에 관한 법률」에 따른 감정평가법인 등 중 다음의 구분에 따른 감정평가법인 등이 평가한 금액을 산술평균하여 산정한다. 다만, 관리처분계획을 변경·중지 또는 폐지하려는 경우 분양예정 대상인 대지 또는 건축물의 추산액과 종전의 토지 또는 건축물의 가격은 사업시행자 및 토지등소유자 전원이 합의하여 산정할 수 있다.
  ㉠ 주거환경개선사업 또는 재개발사업 : 시장·군수 등이 선정·계약한 2인 이상의 감정평가법인 등
  ㉡ 재건축사업 : 시장·군수 등이 선정·계약한 1인 이상의 감정평가법인등과 조합총회의 의결로 선정·계약한 1인 이상의 감정평가법인 등

② 시장·군수 등은 감정평가법인 등을 선정·계약하는 경우 감정평가법인 등의 업무수행능력, 소속 감정평가사의 수, 감정평가 실적, 법규 준수 여부, 평가계획의 적정성 등을 고려하여 객관적이고 투명한 절차에 따라 선정하여야 한다. 이 경우 감정평가법인 등의 선정·절차 및 방법 등에 필요한 사항은 시·도조례로 정한다.

③ 사업시행자는 감정평가를 하려는 경우 시장·군수 등에게 감정평가법인 등의 선정·계약을 요청하고 감정평가에 필요한 비용을 미리 예치하여야 한다. 시장·군수 등은 감정평가가 끝난 경우 예치된 금액에서 감정평가 비용을 직접 지급한 후 나머지 비용을 사업시행자와 정산하여야 한다.

4 법 제75조(사업시행계획인가 및 관리처분계획인가의 시기 조정)

① 특별시장·광역시장 또는 도지사는 정비사업의 시행으로 정비구역 주변 지역에 주택이 현저하게 부족하거나 주택시장이 불안정하게 되는 등 특별시·광역시 또는 도의 조례로 정하는 사유가 발생하는 경우에는 「주거기본법」 제9조에 따른 시·도 주거정책심의위원회의 심의를 거쳐 사업시행계획인가 또는 제74조에 따른 관리처분계획인가의 시기를 조정하도록 해당 시장, 군수 또는 구청장에게 요청할 수 있다. 이 경우 요청을 받은 시장, 군수 또는 구청장은 특별한 사유가 없으면 그 요청에 따라야 하며, 사업시행계획인가 또는 관리처분계획인가의 조정 시기는 인가를 신청한 날부터 1년을 넘을 수 없다.

② 특별자치시장 및 특별자치도지사는 정비사업의 시행으로 정비구역 주변 지역에 주택이 현저하게 부족하거나 주택시장이 불안정하게 되는 등 특별자치시 및 특별자치도의 조례로 정하는 사유가 발생하는 경우에는 「주거기본법」 제9조에 따른 시·도 주거정책심의위원회의 심의를 거쳐 사업시행계획인가 또는 제74조에 따른 관리처분계획인가의 시기를 조정할 수 있다. 이 경우 사업시행계획인가 또는 관리처분계획인가의 조정 시기는 인가를 신청한 날부터 1년을 넘을 수 없다.

③ 사업시행계획인가 또는 관리처분계획인가의 시기 조정의 방법 및 절차 등에 필요한 사항은 특별시·광역시·특별자치시·도 또는 특별자치도의 조례로 정한다.

5 법 제76조(관리처분계획의 수립기준)

관리처분계획의 내용은 다음의 기준에 따른다. 〈개정 2024.1.30.〉

① 종전의 토지 또는 건축물의 면적·이용 상황·환경, 그 밖의 사항을 종합적으로 고려하여 대지 또는 건축물이 균형 있게 분양신청자에게 배분되고 합리적으로 이용되도록 한다.

② 지나치게 좁거나 넓은 토지 또는 건축물은 넓히거나 좁혀 대지 또는 건축물이 적정 규모가 되도록 한다.

③ 너무 좁은 토지 또는 건축물을 취득한 자나 정비구역 지정 후 분할된 토지 또는 집합건물의 구분소유권을 취득한 자에게는 현금으로 청산할 수 있다.

④ 재해 또는 위생상의 위해를 방지하기 위하여 토지의 규모를 조정할 특별한 필요가 있는 때에는 너무 좁은 토지를 넓혀 토지를 갈음하여 보상을 하거나 건축물의 일부와 그 건축물이 있는 대지의 공유지분을 교부할 수 있다.

⑤ 분양설계에 관한 계획은 제72조에 따른 분양신청기간이 만료하는 날을 기준으로 하여 수립한다.

⑥ 1세대 또는 1명이 하나 이상의 주택 또는 토지를 소유한 경우 1주택을 공급하고, 같은 세대에 속하지 아니하는 2명 이상이 1주택 또는 1토지를 공유한 경우에는 1주택만 공급한다.

⑦ 다음의 경우에는 각 방법에 따라 주택을 공급할 수 있다.

㉠ 2명 이상이 1토지를 공유한 경우로서 시·도조례로 주택공급을 따로 정하고 있는 경우에는 시·도조례로 정하는 바에 따라 주택을 공급할 수 있다.

㉡ 다음 어느 하나에 해당하는 토지등소유자에게는 소유한 주택 수만큼 공급할 수 있다.

ⓐ 과밀억제권역에 위치하지 아니한 재건축사업의 토지등소유자. 다만, 투기과열지구 또는 「주택법」 제63조의2 제1항 제1호에 따라 지정된 조정대상지역(이하 "조정대상지역"이라 한다)에서 사업시행계획인가(최초 사업시행계획인가를 말한다)를 신청하는 재건축사업의 토지등소유자는 제외한다.

ⓑ 근로자(공무원인 근로자를 포함한다) 숙소, 기숙사 용도로 주택을 소유하고 있는 토지등소유자

ⓒ 국가, 지방자치단체 및 토지주택공사 등
ⓓ 「지방자치분권 및 지역균형발전에 관한 특별법」 제25조에 따른 공공기관지방이전 및 혁신도시 활성화를 위한 시책 등에 따라 이전하는 공공기관이 소유한 주택을 양수한 자 〈개정 2023.6.9.〉
ⓒ 과밀억제권역 외의 조정대상지역 또는 투기과열지구에서 조정대상지역 또는 투기과열지구로 지정되기 전에 1명의 토지등소유자로부터 토지 또는 건축물의 소유권을 양수하여 여러 명이 소유하게 된 경우에는 양도인과 양수인에게 각각 1주택을 공급할 수 있다.
ⓔ 제74조 제1항 제5호에 따른 가격의 범위 또는 종전 주택의 주거전용면적의 범위에서 2주택을 공급할 수 있고, 이 중 1주택은 주거전용면적을 60제곱미터 이하로 한다. 다만, 60제곱미터 이하로 공급받은 1주택은 제86조 제2항에 따른 이전고시일 다음 날부터 3년이 지나기 전에는 주택을 전매(매매·증여나 그 밖에 권리의 변동을 수반하는 모든 행위를 포함하되 상속의 경우는 제외한다)하거나 전매를 알선할 수 없다.
ⓜ 과밀억제권역에 위치한 재건축사업의 경우에는 토지등소유자가 소유한 주택수의 범위에서 3주택까지 공급할 수 있다. 다만, 투기과열지구 또는 조정대상지역에서 사업시행계획인가(최초 사업시행계획인가를 말한다)를 신청하는 재건축사업의 경우에는 그러하지 아니하다.

6 법 제77조(주택 등 건축물을 분양받을 권리의 산정 기준일)

① 정비사업을 통하여 분양받을 건축물이 다음의 어느 하나에 해당하는 경우에는 제16조 제2항 전단에 따른 고시가 있은 날 또는 시·도지사가 투기를 억제하기 위하여 제6조 제1항에 따른 기본계획 수립을 위한 주민공람의 공고일 후 정비구역 지정·고시 전에 따로 정하는 날(이하 "기준일"이라 한다)의 다음 날을 기준으로 건축물을 분양받을 권리를 산정한다. 〈개정 2024.1.30.〉
㉠ 1필지의 토지가 여러 개의 필지로 분할되는 경우
㉡ 「집합건물의 소유 및 관리에 관한 법률」에 따른 집합건물이 아닌 건축물이 같은 법에 따른 집합건물로 전환되는 경우
㉢ 하나의 대지 범위에 속하는 동일인 소유의 토지와 주택 등 건축물을 토지와 주택 등 건축물로 각각 분리하여 소유하는 경우
㉣ 나대지에 건축물을 새로 건축하거나 기존 건축물을 철거하고 다세대주택, 그 밖의 공동주택을 건축하여 토지등소유자의 수가 증가하는 경우
㉤ 「집합건물의 소유 및 관리에 관한 법률」 제2조 제3호에 따른 전유부분의 분할로 토지등소유자의 수가 증가하는 경우
② 시·도지사는 기준일을 따로 정하는 경우에는 기준일·지정사유·건축물을 분양받을 권리의 산정 기준 등을 해당 지방자치단체의 공보에 고시하여야 한다.

7 법 제78조(관리처분계획의 공람 및 인가절차 등) 기출 35회

① 사업시행자는 제74조에 따른 관리처분계획인가를 신청하기 전에 관계 서류의 사본을 30일 이상 토지등소유자에게 공람하게 하고 의견을 들어야 한다. 다만, 제74조 제1항 각 호 외의 부분 단서에 따라 대통령령으로 정하는 경미한 사항을 변경하려는 경우에는 토지등소유자의 공람 및 의견청취 절차를 거치지 아니할 수 있다.

② 시장·군수 등은 사업시행자의 관리처분계획인가의 신청이 있는 날부터 30일 이내에 인가 여부를 결정하여 사업시행자에게 통보하여야 한다. 다만, 시장·군수 등은 관리처분계획의 타당성 검증을 요청하는 경우에는 관리처분계획인가의 신청을 받은 날부터 60일 이내에 인가 여부를 결정하여 사업시행자에게 통지하여야 한다.

③ 시장·군수 등은 다음의 어느 하나에 해당하는 경우에는 <u>대통령령으로 정하는 공공기관(토지주택공사 등, 한국부동산원)</u>에 관리처분계획의 타당성 검증을 요청하여야 한다. 이 경우 시장·군수 등은 타당성 검증 비용을 사업시행자에게 부담하게 할 수 있다.

    ㉠ 제74조 제1항 제6호에 따른 정비사업비가 제52조 제1항 제12호에 따른 정비사업비 기준으로 100분의 10 이상으로서 <u>대통령령으로 정하는 비율(100분의 10)</u> 이상 늘어나는 경우

    ㉡ 제74조 제1항 제6호에 따른 조합원 분담규모가 제72조 제1항 제2호에 따른 분양대상자별 분담금의 추산액 총액 기준으로 100분의 20 이상으로서 <u>대통령령으로 정하는 비율(100분의 20)</u> 이상 늘어나는 경우

    ㉢ 조합원 5분의 1 이상이 관리처분계획인가 신청이 있는 날부터 15일 이내에 시장·군수 등에게 타당성 검증을 요청한 경우

    ㉣ 그 밖에 시장·군수 등이 필요하다고 인정하는 경우

④ 시장·군수 등이 관리처분계획을 인가하는 때에는 그 내용을 해당 지방자치단체의 공보에 고시하여야 한다.

⑤ 사업시행자는 공람을 실시하려거나 시장·군수 등의 고시가 있는 때에는 대통령령으로 정하는 방법과 절차에 따라 토지등소유자에게는 공람계획을 통지하고, 분양신청을 한 자에게는 관리처분계획인가의 내용 등을 통지하여야 한다.

⑥ ①항, ④항 및 ⑤항은 시장·군수 등이 직접 관리처분계획을 수립하는 경우에 준용한다.

8 법 제79조(관리처분계획에 따른 처분 등)

① 정비사업의 시행으로 조성된 대지 및 건축물은 관리처분계획에 따라 처분 또는 관리하여야 한다.

② 사업시행자는 정비사업의 시행으로 건설된 건축물을 제74조에 따라 인가받은 관리처분계획에 따라 토지등소유자에게 공급하여야 한다.

③ 사업시행자(제23조 제1항 제2호에 따라 대지를 공급받아 주택을 건설하는 자를 포함한다)는 정비구역에 주택을 건설하는 경우에는 입주자 모집 조건·방법·절차, 입주금(계약금·중도금 및 잔금을 말한다)의 납부 방법·시기·절차, 주택공급 방법·절차 등에 관하여 「주택법」 제54조에도 불구하고 대통령령으로 정하는 범위에서 시장·군수 등의 승인을 받아 따로 정할 수 있다.

④ 사업시행자는 제72조에 따른 분양신청을 받은 후 잔여분이 있는 경우에는 정관 등 또는 사업시행계획으로 정하는 목적을 위하여 그 잔여분을 보류지(건축물을 포함한다)로 정하거나 조합원 또는 토지등소유자 이외의 자에게 분양할 수 있다. 이 경우 분양공고와 분양신청절차 등에 필요한 사항은 대통령령으로 정한다.

⑤ 국토교통부장관, 시·도지사, 시장, 군수, 구청장 또는 토지주택공사 등은 조합이 요청하는 경우 재개발사업의 시행으로 건설된 임대주택을 인수하여야 한다. 이 경우 재개발임대주택의 인수 절차 및 방법, 인수 가격 등에 필요한 사항은 대통령령으로 정한다.

⑥ 사업시행자는 정비사업의 시행으로 임대주택을 건설하는 경우에는 임차인의 자격·선정방법·임대보증금·임대료 등 임대조건에 관한 기준 및 무주택 세대주에게 우선 매각하도록 하는 기준 등에 관하여 「민간임대주택에 관한 특별법」 제42조 및 제44조, 「공공주택 특별법」 제48조, 제49조 및 제50조의3에도 불구하고 대통령령으로 정하는 범위에서 시장·군수 등의 승인을 받아 따로 정할 수 있다. 다만, 재개발임대주택으로서 최초의 임차인 선정이 아닌 경우에는 대통령령으로 정하는 범위에서 인수자가 따로 정한다.

⑦ 사업시행자는 ②항부터 ⑥항까지의 규정에 따른 공급대상자에게 주택을 공급하고 남은 주택을 ②항부터 ⑥항까지의 규정에 따른 공급대상자 외의 자에게 공급할 수 있다.

⑧ 주택의 공급 방법·절차 등은 「주택법」 제54조를 준용한다. 다만, 사업시행자가 제64조에 따른 매도청구소송을 통하여 법원의 승소판결을 받은 후 입주예정자에게 피해가 없도록 손실보상금을 공탁하고 분양예정인 건축물을 담보한 경우에는 법원의 승소판결이 확정되기 전이라도 「주택법」 제54조에도 불구하고 입주자를 모집할 수 있으나, 제83조에 따른 준공인가 신청 전까지 해당 주택건설 대지의 소유권을 확보하여야 한다.

9 법 제80조(지분형주택 등의 공급)

① 사업시행자가 토지주택공사 등인 경우에는 분양대상자와 사업시행자가 공동 소유하는 방식으로 주택(이하 "지분형주택"이라 한다)을 공급할 수 있다. 이 경우 공급되는 지분형주택의 규모, 공동 소유기간 및 분양대상자 등 필요한 사항은 대통령령으로 정한다.

> **지분형주택의 공급(영 제70조)**
> ① 법 제80조에 따른 지분형주택(이하 "지분형주택"이라 한다)의 규모, 공동 소유기간 및 분양대상자는 다음 각 호와 같다.
>   1. 지분형주택의 규모는 주거전용면적 60제곱미터 이하인 주택으로 한정한다.
>   2. 지분형주택의 공동 소유기간은 법 제86조 제2항에 따라 소유권을 취득한 날부터 10년의 범위에서 사업시행자가 정하는 기간으로 한다.
>   3. 지분형주택의 분양대상자는 다음 각 목의 요건을 모두 충족하는 자로 한다.
>   가. 법 제74조 제1항 제5호에 따라 산정한 종전에 소유하였던 토지 또는 건축물의 가격이 제1호에 따른 주택의 분양가격 이하에 해당하는 사람
>   나. 세대주로서 제13조 제1항에 따른 정비계획의 공람 공고일 당시 해당 정비구역에 2년 이상 실제 거주한 사람
>   다. 정비사업의 시행으로 철거되는 주택 외 다른 주택을 소유하지 아니한 사람
> ② 지분형주택의 공급방법·절차, 지분 취득비율, 지분 사용료 및 지분 취득가격 등에 관하여 필요한 사항은 사업시행자가 따로 정한다.

② 국토교통부장관, 시·도지사, 시장, 군수, 구청장 또는 토지주택공사 등은 정비구역에 세입자와 <U>대통령령으로 정하는 면적 이하의 토지 또는 주택을 소유한 자</U>의 요청이 있는 경우에는 제79조 제5항에 따라 인수한 임대주택의 일부를 「주택법」에 따른 토지임대부 분양주택으로 전환하여 공급하여야 한다.

> **대통령령으로 정하는 면적 이하의 토지 또는 주택을 소유한 자(영 제71조 제1항)**
> 다음 각 호의 어느 하나에 해당하는 자를 말한다.
> 1. 면적이 90제곱미터 미만의 토지를 소유한 자로서 건축물을 소유하지 아니한 자
> 2. 바닥면적이 40제곱미터 미만의 사실상 주거를 위하여 사용하는 건축물을 소유한 자로서 토지를 소유하지 아니한 자

10 법 제81조(건축물 등의 사용·수익의 중지 및 철거 등) 기출 36회

① 종전의 토지 또는 건축물의 소유자·지상권자·전세권자·임차권자 등 권리자는 제78조 제4항에 따른 관리처분계획인가의 고시가 있은 때에는 제86조에 따른 이전고시가 있는 날까지 종전의 토지 또는 건축물을 사용하거나 수익할 수 없다. 다만, 다음의 어느 하나에 해당하는 경우에는 그러하지 아니하다.
  ㉠ 사업시행자의 동의를 받은 경우
  ㉡ 「공익사업을 위한 토지 등의 취득 및 보상에 관한 법률」에 따른 손실보상이 완료되지 아니한 경우
② 사업시행자는 관리처분계획인가를 받은 후 기존의 건축물을 철거하여야 한다.
③ 사업시행자는 다음의 어느 하나에 해당하는 경우에는 ②항에도 불구하고 기존 건축물 소유자의 동의 및 시장·군수 등의 허가를 받아 해당 건축물을 철거할 수 있다. 이 경우 건축물의 철거는 토지등소유자로서의 권리·의무에 영향을 주지 아니한다.
  ㉠ 「재난 및 안전관리기본법」·「주택법」·「건축법」 등 관계 법령에서 정하는 기존 건축물의 붕괴 등 안전사고의 우려가 있는 경우
  ㉡ 폐공가(廢空家)의 밀집으로 범죄발생의 우려가 있는 경우
④ 시장·군수 등은 사업시행자가 기존의 건축물을 철거하거나 철거를 위하여 점유자를 퇴거시키려는 경우 다음의 어느 하나에 해당하는 시기에는 건축물을 철거하거나 점유자를 퇴거시키는 것을 제한할 수 있다. 〈개정 2022.6.10., 2023.2.14.〉
  ㉠ 일출 전과 일몰 후
  ㉡ 호우, 대설, 폭풍해일, 지진해일, 태풍, 강풍, 풍랑, 한파 등으로 해당 지역에 중대한 재해발생이 예상되어 기상청장이 「기상법」 제13조의2에 따라 특보를 발표한 때
  ㉢ 「재난 및 안전관리기본법」 제3조에 따른 재난이 발생한 때
  ㉣ 위의 규정에 준하는 시기로 시장·군수 등이 인정하는 시기

11 법 제82조(시공보증)

① 조합이 정비사업의 시행을 위하여 시장·군수 등 또는 토지주택공사 등이 아닌 자를 시공자로 선정 (제25조에 따른 공동사업시행자가 시공하는 경우를 포함한다)한 경우 그 시공자는 공사의 시공보증 (시공자가 공사의 계약상 의무를 이행하지 못하거나 의무이행을 하지 아니할 경우 보증기관에서 시공자를 대신하여 계약이행의무를 부담하거나 총 공사금액의 100분의 50 이하 대통령령으로 정하는 비율(공사금액의 100분의 30) 이상의 범위에서 사업시행자가 정하는 금액을 납부할 것을 보증하는 것을 말한다)을 위하여 국토교통부령으로 정하는 기관의 시공보증서를 조합에 제출하여야 한다.

② 시장·군수 등은 「건축법」 제21조에 따른 착공신고를 받는 경우에는 ①항에 따른 시공보증서의 제출 여부를 확인하여야 한다.

제6절 공사완료에 따른 조치 등

1 법 제83조(정비사업의 준공인가) 기출 34회

① 시장·군수 등이 아닌 사업시행자가 정비사업 공사를 완료한 때에는 대통령령으로 정하는 방법 및 절차에 따라 시장·군수 등의 준공인가를 받아야 한다.

② 준공인가신청을 받은 시장·군수 등은 지체 없이 준공검사를 실시하여야 한다. 이 경우 시장·군수 등은 효율적인 준공검사를 위하여 필요한 때에는 관계 행정기관·공공기관·연구기관, 그 밖의 전문기관 또는 단체에게 준공검사의 실시를 의뢰할 수 있다.

③ 시장·군수 등은 준공검사를 실시한 결과 정비사업이 인가받은 사업시행계획대로 완료되었다고 인정되는 때에는 준공인가를 하고 공사의 완료를 해당 지방자치단체의 공보에 고시하여야 한다.

④ 시장·군수 등은 직접 시행하는 정비사업에 관한 공사가 완료된 때에는 그 완료를 해당 지방자치단체의 공보에 고시하여야 한다.

⑤ 시장·군수 등은 준공인가를 하기 전이라도 완공된 건축물이 사용에 지장이 없는 등 대통령령으로 정하는 기준에 적합한 경우에는 입주예정자가 완공된 건축물을 사용할 수 있도록 사업시행자에게 허가할 수 있다. 다만, 시장·군수 등이 사업시행자인 경우에는 허가를 받지 아니하고 입주예정자가 완공된 건축물을 사용하게 할 수 있다.

⑥ 공사완료의 고시 절차 및 방법, 그 밖에 필요한 사항은 대통령령으로 정한다.

2 법 제84조(준공인가 등에 따른 정비구역의 해제)

① 정비구역의 지정은 준공인가의 고시가 있은 날(관리처분계획을 수립하는 경우에는 이전고시가 있은 때를 말한다)의 다음 날에 해제된 것으로 본다. 이 경우 지방자치단체는 해당 지역을 「국토의 계획 및 이용에 관한 법률」에 따른 지구단위계획으로 관리하여야 한다.

② 정비구역의 해제는 조합의 존속에 영향을 주지 아니한다.

3 법 제86조(이전고시 등)

① 사업시행자는 제83조 제3항 및 제4항에 따른 고시가 있은 때에는 지체 없이 대지확정측량을 하고 토지의 분할절차를 거쳐 관리처분계획에서 정한 사항을 분양받을 자에게 통지하고 대지 또는 건축물의 소유권을 이전하여야 한다. 다만, 정비사업의 효율적인 추진을 위하여 필요한 경우에는 해당 정비사업에 관한 공사가 전부 완료되기 전이라도 완공된 부분은 준공인가를 받아 대지 또는 건축물별로 분양받을 자에게 소유권을 이전할 수 있다.

② 사업시행자는 대지 및 건축물의 소유권을 이전하려는 때에는 그 내용을 해당 지방자치단체의 공보에 고시한 후 시장·군수 등에게 보고하여야 한다. 이 경우 대지 또는 건축물을 분양받을 자는 고시가 있은 날의 다음 날에 그 대지 또는 건축물의 소유권을 취득한다.

4 법 제86조의2(조합의 해산) 〈본조신설 2022.6.10.〉

① 조합장은 제86조 제2항에 따른 고시가 있은 날부터 1년 이내에 조합 해산을 위한 총회를 소집하여야 한다.

② 조합장이 ①항에 따른 기간 내에 총회를 소집하지 아니한 경우 제44조 제2항에도 불구하고 조합원 5분의 1 이상의 요구로 소집된 총회에서 조합원 과반수의 출석과 출석 조합원 과반수의 동의를 받아 해산을 의결할 수 있다. 이 경우 요구자 대표로 선출된 자가 조합 해산을 위한 총회의 소집 및 진행을 할 때에는 조합장의 권한을 대행한다.

③ 시장·군수 등은 조합이 정당한 사유 없이 ①항 또는 ②항에 따라 해산을 의결하지 아니하는 경우에는 조합설립인가를 취소할 수 있다.

④ 해산하는 조합에 청산인이 될 자가 없는 경우에는 「민법」 제83조에도 불구하고 시장·군수 등은 법원에 청산인의 선임을 청구할 수 있다.

⑤ ①항 또는 ②항에 따라 조합이 해산을 의결하거나 ③항에 따라 조합설립인가가 취소된 경우 청산인은 지체 없이 청산의 목적범위에서 성실하게 청산인의 직무를 수행하여야 한다. 〈신설 2023.12.26.〉

5 법 제87조(대지 및 건축물에 대한 권리의 확정)

① 대지 또는 건축물을 분양받을 자에게 소유권을 이전한 경우 종전의 토지 또는 건축물에 설정된 지상권·전세권·저당권·임차권·가등기담보권·가압류 등 등기된 권리 및 「주택임대차보호법」 제3조 제1항의 요건을 갖춘 임차권은 소유권을 이전받은 대지 또는 건축물에 설정된 것으로 본다.

② 취득하는 대지 또는 건축물 중 토지등소유자에게 분양하는 대지 또는 건축물은 「도시개발법」 제40조에 따라 행하여진 환지로 본다.

③ 제79조 제4항에 따른 보류지와 일반에게 분양하는 대지 또는 건축물은 「도시개발법」 제34조에 따른 보류지 또는 체비지로 본다.

6 법 제88조(등기절차 및 권리변동의 제한)

① 사업시행자는 이전고시가 있은 때에는 지체 없이 대지 및 건축물에 관한 등기를 지방법원지원 또는 등기소에 촉탁 또는 신청하여야 한다.
② 등기에 필요한 사항은 대법원규칙으로 정한다.
③ 정비사업에 관하여 이전고시가 있은 날부터 등기가 있을 때까지는 저당권 등의 다른 등기를 하지 못한다.

7 청산금 등

(1) 청산금(법 제89조)

① 대지 또는 건축물을 분양받은 자가 종전에 소유하고 있던 토지 또는 건축물의 가격과 분양받은 대지 또는 건축물의 가격 사이에 차이가 있는 경우 사업시행자는 이전고시가 있은 후에 그 차액에 상당하는 금액(이하 "청산금"이라 한다)을 분양받은 자로부터 징수하거나 분양받은 자에게 지급하여야 한다.
② ①항에도 불구하고 사업시행자는 정관 등에서 분할징수 및 분할지급을 정하고 있거나 총회의 의결을 거쳐 따로 정한 경우에는 관리처분계획인가 후부터 이전고시가 있는 날까지 일정 기간별로 분할징수하거나 분할지급할 수 있다.
③ 사업시행자는 ①항 및 ②항을 적용하기 위하여 종전에 소유하고 있던 토지 또는 건축물의 가격과 분양받은 대지 또는 건축물의 가격을 평가하는 경우 그 토지 또는 건축물의 규모·위치·용도·이용 상황·정비사업비 등을 참작하여 평가하여야 한다.
④ 가격평가의 방법 및 절차 등에 필요한 사항은 대통령령으로 정한다.

(2) 청산금의 징수방법 등(법 제90조)

① 시장·군수 등인 사업시행자는 청산금을 납부할 자가 이를 납부하지 아니하는 경우 지방세 체납처분의 예에 따라 징수(분할징수를 포함한다)할 수 있으며, 시장·군수 등이 아닌 사업시행자는 시장·군수 등에게 청산금의 징수를 위탁할 수 있다. 이 경우 제93조 제5항을 준용한다.
② 청산금을 지급받을 자가 받을 수 없거나 받기를 거부한 때에는 사업시행자는 그 청산금을 공탁할 수 있다.
③ 청산금을 지급(분할지급을 포함한다)받을 권리 또는 이를 징수할 권리는 이전고시일의 다음 날부터 5년간 행사하지 아니하면 소멸한다.

(3) 저당권의 물상대위(법 제91조)

정비구역에 있는 토지 또는 건축물에 저당권을 설정한 권리자는 사업시행자가 저당권이 설정된 토지 또는 건축물의 소유자에게 청산금을 지급하기 전에 압류절차를 거쳐 저당권을 행사할 수 있다.

제4장 비용의 부담 등

Point 출제포인트
▷ 비용부담의 원칙
▷ 정비기반시설의 비용부담
▷ 보조 및 융자

1 법 제92조(비용부담의 원칙) 기출 34회

① 정비사업비는 이 법 또는 다른 법령에 특별한 규정이 있는 경우를 제외하고는 사업시행자가 부담한다.
② 시장·군수 등은 시장·군수 등이 아닌 사업시행자가 시행하는 정비사업의 정비계획에 따라 설치되는 다음의 시설에 대하여는 그 건설에 드는 비용의 전부 또는 일부를 부담할 수 있다.
  ㉠ 도시·군계획시설 중 대통령령으로 정하는 주요 정비기반시설 및 공동이용시설
  ㉡ 임시거주시설

대통령령으로 정하는 주요 정비기반시설 및 공동이용시설(영 제77조)

다음 각 호의 시설을 말한다.
  1. 도로
  2. 상·하수도
  3. 공원
  4. 공용주차장
  5. 공동구
  6. 녹지
  7. 하천
  8. 공공공지
  9. 광장

2 법 제93조(비용의 조달)

① 사업시행자는 토지등소유자로부터 제92조 제1항에 따른 비용과 정비사업의 시행과정에서 발생한 수입의 차액을 부과금으로 부과·징수할 수 있다.
② 사업시행자는 토지등소유자가 부과금의 납부를 게을리한 때에는 연체료를 부과·징수할 수 있다.

③ 부과금 및 연체료의 부과·징수에 필요한 사항은 정관 등으로 정한다.
④ 시장·군수 등이 아닌 사업시행자는 부과금 또는 연체료를 체납하는 자가 있는 때에는 시장·군수 등에게 그 부과·징수를 위탁할 수 있다.
⑤ 시장·군수 등은 부과·징수를 위탁받은 경우에는 지방세 체납처분의 예에 따라 부과·징수할 수 있다. 이 경우 사업시행자는 징수한 금액의 100분의 4에 해당하는 금액을 해당 시장·군수 등에게 교부하여야 한다.

3 정비기반시설의 비용부담 등

(1) 정비기반시설 관리자의 비용부담(법 제94조)

① 시장·군수 등은 자신이 시행하는 정비사업으로 현저한 이익을 받는 정비기반시설의 관리자가 있는 경우에는 대통령령으로 정하는 방법 및 절차에 따라 해당 정비사업비의 일부를 그 정비기반시설의 관리자와 협의하여 그 관리자에게 부담시킬 수 있다.
② 사업시행자는 정비사업을 시행하는 지역에 전기·가스 등의 공급시설을 설치하기 위하여 공동구를 설치하는 경우에는 다른 법령에 따라 그 공동구에 수용될 시설을 설치할 의무가 있는 자에게 공동구의 설치에 드는 비용을 부담시킬 수 있다.
   ※ 공동구에 수용될 전기·가스·수도의 공급시설과 전기통신시설 등의 관리자(이하 "공동구점용예정자"라 한다)가 부담할 공동구의 설치에 드는 비용의 부담비율은 공동구의 점용예정면적비율에 따른다(규칙 제16조 제2항).
③ 비용부담의 비율 및 부담방법과 공동구의 관리에 필요한 사항은 국토교통부령으로 정한다.

> **정비기반시설 관리자의 비용부담(영 제78조)**
> ① 법 제94조 제1항에 따라 정비기반시설 관리자가 부담하는 비용의 총액은 해당 정비사업에 소요된 비용(제76조 제3항 제1호의 비용을 제외한다)의 3분의 1을 초과해서는 아니 된다. 다만, 다른 정비기반시설의 정비가 그 정비사업의 주된 내용이 되는 경우에는 그 부담비용의 총액은 해당 정비사업에 소요된 비용의 2분의 1까지로 할 수 있다.
> ② 시장·군수 등은 법 제94조 제1항에 따라 정비사업비의 일부를 정비기반시설의 관리자에게 부담시키려는 때에는 정비사업에 소요된 비용의 명세와 부담 금액을 명시하여 해당 관리자에게 통지하여야 한다.

(2) 보조 및 융자(법 제95조)

① 국가 또는 시·도는 시장, 군수, 구청장 또는 토지주택공사 등이 시행하는 정비사업에 관한 기초조사 및 정비사업의 시행에 필요한 시설로서 대통령령으로 정하는 정비기반시설, 임시거주시설 및 주거환경개선사업에 따른 공동이용시설의 건설에 드는 비용의 일부를 보조하거나 융자할 수 있다. 이 경우 국가 또는 시·도는 다음의 어느 하나에 해당하는 사업에 우선적으로 보조하거나 융자할 수 있다.
   ※ "대통령령으로 정하는 정비기반시설, 임시거주시설 및 주거환경개선사업에 따른 공동이용시설"이란 정비기반시설, 임시거주시설 및 주거환경개선사업에 따른 공동이용시설의 전부를 말한다(영 제79조 제1항).

㉠ 시장·군수 등 또는 토지주택공사 등이 다음의 어느 하나에 해당하는 지역에서 시행하는 주거환경개선사업
    ⓐ 제20조 및 제21조에 따라 해제된 정비구역 등
    ⓑ 「도시재정비 촉진을 위한 특별법」 제7조 제2항에 따라 재정비촉진지구가 해제된 지역
㉡ 국가 또는 지방자치단체가 도시영세민을 이주시켜 형성된 낙후지역으로서 <u>대통령령으로 정하는 지역</u>에서 시장·군수 등 또는 토지주택공사 등이 단독으로 시행하는 재개발사업

> **대통령령으로 정하는 지역(영 제79조 제2항)**
> 정비구역 지정(변경지정을 포함한다) 당시 다음 각 호의 요건에 모두 해당하는 지역을 말한다.
> 1. 「공익사업을 위한 토지 등의 취득 및 보상에 관한 법률」 제4조에 따른 공익사업의 시행으로 다른 지역으로 이주하게 된 자가 집단으로 정착한 지역으로서 이주 당시 300세대 이상의 주택을 건설하여 정착한 지역
> 2. 정비구역 전체 건축물 중 준공 후 20년이 지난 건축물의 비율이 100분의 50 이상인 지역

② 시장·군수 등은 사업시행자가 토지주택공사 등인 주거환경개선사업과 관련하여 정비기반시설 및 공동이용시설, 임시거주시설을 건설하는 경우 건설에 드는 비용의 전부 또는 일부를 토지주택공사 등에게 보조하여야 한다.
③ 국가 또는 지방자치단체는 시장·군수 등이 아닌 사업시행자가 시행하는 정비사업에 드는 비용의 일부를 보조 또는 융자하거나 융자를 알선할 수 있다.
④ 국가 또는 지방자치단체는 정비사업에 필요한 비용을 보조 또는 융자하는 경우 제59조 제1항에 따른 순환정비방식의 정비사업에 우선적으로 지원할 수 있다. 이 경우 순환정비방식의 정비사업의 원활한 시행을 위하여 국가 또는 지방자치단체는 다음의 비용 일부를 보조 또는 융자할 수 있다.
  ㉠ 순환용주택의 건설비
  ㉡ 순환용주택의 단열보완 및 창호교체 등 에너지 성능 향상과 효율개선을 위한 리모델링 비용
  ㉢ 공가(空家)관리비
⑤ 국가는 다음의 어느 하나에 해당하는 비용의 전부 또는 일부를 지방자치단체 또는 토지주택공사 등에 보조 또는 융자할 수 있다.
  ㉠ 제59조 제2항에 따라 토지주택공사 등이 보유한 공공임대주택을 순환용주택으로 조합에게 제공하는 경우 그 건설비 및 공가관리비 등의 비용
  ㉡ 제79조 제5항에 따라 시·도지사, 시장, 군수, 구청장 또는 토지주택공사 등이 재개발임대주택을 인수하는 경우 그 인수 비용
⑥ 국가 또는 지방자치단체는 토지임대부 분양주택을 공급받는 자에게 해당 공급비용의 전부 또는 일부를 보조 또는 융자할 수 있다.

(3) **정비기반시설의 설치(법 제96조)**

사업시행자는 관할 지방자치단체의 장과의 협의를 거쳐 정비구역에 정비기반시설(주거환경개선사업의 경우에는 공동이용시설을 포함한다)을 설치하여야 한다.

(4) **정비기반시설 및 토지 등의 귀속(법 제97조)**

① 시장·군수 등 또는 토지주택공사 등이 정비사업의 시행으로 새로 정비기반시설을 설치하거나 기존의 정비기반시설을 대체하는 정비기반시설을 설치한 경우에는 「국유재산법」 및 「공유재산 및 물품관리법」에도 불구하고 종래의 정비기반시설은 사업시행자에게 무상으로 귀속되고, 새로 설치된 정비기반시설은 그 시설을 관리할 국가 또는 지방자치단체에 무상으로 귀속된다.

② 시장·군수 등 또는 토지주택공사 등이 아닌 사업시행자가 정비사업의 시행으로 새로 설치한 정비기반시설은 그 시설을 관리할 국가 또는 지방자치단체에 무상으로 귀속되고, 정비사업의 시행으로 용도가 폐지되는 국가 또는 지방자치단체 소유의 정비기반시설은 사업시행자가 새로 설치한 정비기반시설의 설치비용에 상당하는 범위에서 그에게 무상으로 양도된다.

③ 정비기반시설에 해당하는 도로는 다음의 어느 하나에 해당하는 도로를 말한다.
   ㉠ 「국토의 계획 및 이용에 관한 법률」 제30조에 따라 도시·군관리계획으로 결정되어 설치된 도로
   ㉡ 「도로법」 제23조에 따라 도로관리청이 관리하는 도로
   ㉢ 「도시개발법」 등 다른 법률에 따라 설치된 국가 또는 지방자치단체 소유의 도로
   ㉣ 그 밖에 「공유재산 및 물품관리법」에 따른 공유재산 중 일반인의 교통을 위하여 제공되고 있는 부지. 이 경우 부지의 사용 형태, 규모, 기능 등 구체적인 기준은 시·도조례로 정할 수 있다.

④ 시장·군수 등은 정비기반시설의 귀속 및 양도에 관한 사항이 포함된 정비사업을 시행하거나 그 시행을 인가하려는 경우에는 미리 그 관리청의 의견을 들어야 한다. 인가받은 사항을 변경하려는 경우에도 또한 같다.

⑤ 사업시행자는 ①항부터 ③항까지의 규정에 따라 관리청에 귀속될 정비기반시설과 사업시행자에게 귀속 또는 양도될 재산의 종류와 세목을 정비사업의 준공 전에 관리청에 통지하여야 하며, 해당 정비기반시설은 그 정비사업이 준공인가되어 관리청에 준공인가통지를 한 때에 국가 또는 지방자치단체에 귀속되거나 사업시행자에게 귀속 또는 양도된 것으로 본다.

⑥ 정비기반시설에 대한 등기의 경우 정비사업의 시행인가서와 준공인가서(시장·군수 등이 직접 정비사업을 시행하는 경우에는 제50조 제9항에 따른 사업시행계획인가의 고시와 제83조 제4항에 따른 공사완료의 고시를 말한다)는 「부동산등기법」에 따른 등기원인을 증명하는 서류를 갈음한다.

⑦ 정비사업의 시행으로 용도가 폐지되는 국가 또는 지방자치단체 소유의 정비기반시설의 경우 정비사업의 시행 기간 동안 해당 시설의 대부료는 면제된다.

4 국유·공유재산의 처분 및 임대 등

(1) 국유·공유재산의 처분 등(법 제98조)

① 시장·군수 등은 제50조 및 제52조에 따라 인가하려는 사업시행계획 또는 직접 작성하는 사업시행계획서에 국유·공유재산의 처분에 관한 내용이 포함되어 있는 때에는 미리 관리청과 협의하여야 한다. 이 경우 관리청이 불분명한 재산 중 도로·구거(도랑) 등은 국토교통부장관을, 하천은 환경부장관을, 그 외의 재산은 기획재정부장관을 관리청으로 본다.

② 협의를 받은 관리청은 20일 이내에 의견을 제시하여야 한다.

③ 정비구역의 국유·공유재산은 정비사업 외의 목적으로 매각되거나 양도될 수 없다.

④ 정비구역의 국유·공유재산은 「국유재산법」 제9조 또는 「공유재산 및 물품관리법」 제10조에 따른 국유재산종합계획 또는 공유재산관리계획과 「국유재산법」 제43조 및 「공유재산 및 물품관리법」 제29조에 따른 계약의 방법에도 불구하고 사업시행자 또는 점유자 및 사용자에게 다른 사람에 우선하여 수의계약으로 매각 또는 임대될 수 있다.

⑤ 다른 사람에 우선하여 매각 또는 임대될 수 있는 국유·공유재산은 「국유재산법」, 「공유재산 및 물품관리법」 및 그 밖에 국·공유지의 관리와 처분에 관한 관계 법령에도 불구하고 사업시행계획인가의 고시가 있은 날부터 종전의 용도가 폐지된 것으로 본다.

⑥ 정비사업을 목적으로 우선하여 매각하는 국·공유지는 사업시행계획인가의 고시가 있은 날을 기준으로 평가하며, 주거환경개선사업의 경우 매각가격은 평가금액의 100분의 80으로 한다. 다만, 사업시행계획인가의 고시가 있은 날부터 3년 이내에 매매계약을 체결하지 아니한 국·공유지는 「국유재산법」 또는 「공유재산 및 물품관리법」에서 정한다.

(2) 국유·공유재산의 임대(법 제99조)

① 지방자치단체 또는 토지주택공사 등은 주거환경개선구역 및 재개발구역(재개발사업을 시행하는 정비구역을 말한다)에서 임대주택을 건설하는 경우에는 「국유재산법」 제46조 제1항 또는 「공유재산 및 물품관리법」 제31조에도 불구하고 국·공유지 관리청과 협의하여 정한 기간 동안 국·공유지를 임대할 수 있다.

② 시장·군수 등은 「국유재산법」 제18조 제1항 또는 「공유재산 및 물품관리법」 제13조에도 불구하고 임대하는 국·공유지 위에 공동주택, 그 밖의 영구시설물을 축조하게 할 수 있다. 이 경우 해당 시설물의 임대기간이 종료되는 때에는 임대한 국·공유지 관리청에 기부 또는 원상으로 회복하여 반환하거나 국·공유지 관리청으로부터 매입하여야 한다.

③ 임대하는 국·공유지의 임대료는 「국유재산법」 또는 「공유재산 및 물품관리법」에서 정한다.

5 법 제100조(공동이용시설 사용료의 면제)

① 지방자치단체의 장은 마을공동체 활성화 등 공익 목적을 위하여 「공유재산 및 물품관리법」 제20조에 따라 주거환경개선구역 내 공동이용시설에 대한 사용 허가를 하는 경우 같은 법 제22조에도 불구하고 사용료를 면제할 수 있다.
② 공익 목적의 기준, 사용료 면제 대상 및 그 밖에 필요한 사항은 시·도조례로 정한다.

6 법 제101조(국·공유지의 무상양여 등)

① 다음의 어느 하나에 해당하는 구역에서 국가 또는 지방자치단체가 소유하는 토지는 제50조 제9항에 따른 사업시행계획인가의 고시가 있은 날부터 종전의 용도가 폐지된 것으로 보며, 「국유재산법」, 「공유재산 및 물품관리법」 및 그 밖에 국·공유지의 관리 및 처분에 관하여 규정한 관계 법령에도 불구하고 해당 사업시행자에게 무상으로 양여된다. 다만, 「국유재산법」 제6조 제2항에 따른 행정재산 또는 「공유재산 및 물품관리법」 제5조 제2항에 따른 행정재산과 국가 또는 지방자치단체가 양도계약을 체결하여 정비구역지정 고시일 현재 대금의 일부를 수령한 토지에 대하여는 그러하지 아니하다.
　㉠ 주거환경개선구역
　㉡ 국가 또는 지방자치단체가 도시영세민을 이주시켜 형성된 낙후지역으로서 대통령령으로 정하는 재개발구역(무상양여 대상에서 국유지는 제외하고, 공유지는 시장·군수 등 또는 토지주택공사 등이 단독으로 사업시행자가 되는 경우로 한정한다)
② 무상양여된 토지의 사용수익 또는 처분으로 발생한 수입은 주거환경개선사업 또는 재개발사업 외의 용도로 사용할 수 없다.
③ 시장·군수 등은 무상양여의 대상이 되는 국·공유지를 소유 또는 관리하고 있는 국가 또는 지방자치단체와 협의를 하여야 한다.
④ 사업시행자에게 양여된 토지의 관리처분에 필요한 사항은 국토교통부장관의 승인을 받아 해당 시·도조례 또는 토지주택공사 등의 시행규정으로 정한다.

제5장 공공재개발사업 및 공공재건축사업

> **Point 출제포인트**
> ▷ 공공재개발사업 예정구역의 지정·고시
> ▷ 공공재개발사업을 위한 정비구역 지정 등
> ▷ 공공재건축사업에서의 용적률 완화 및 주택 건설비율
> ▷ 공공재개발사업 및 공공재건축사업의 사업시행계획 통합심의

1 공공재개발사업

(1) 공공재개발사업 예정구역의 지정·고시(법 제101조의2)

① 정비구역의 지정권자는 비경제적인 건축행위 및 투기 수요의 유입을 방지하고, 합리적인 사업계획을 수립하기 위하여 공공재개발사업을 추진하려는 구역을 공공재개발사업 예정구역으로 지정할 수 있다. 이 경우 공공재개발사업 예정구역의 지정·고시에 관한 절차는 제16조를 준용한다.

② 정비계획의 입안권자 또는 토지주택공사 등은 정비구역의 지정권자에게 공공재개발사업 예정구역의 지정을 신청할 수 있다. 이 경우 토지주택공사 등은 정비계획의 입안권자를 통하여 신청하여야 한다.

③ 공공재개발사업 예정구역에서 제19조 제7항 각 호의 어느 하나에 해당하는 행위 또는 같은 조 제8항의 행위를 하려는 자는 시장·군수 등의 허가를 받아야 한다. 허가받은 사항을 변경하려는 때에도 또한 같다.

④ 공공재개발사업 예정구역 내에 분양받을 건축물이 제77조 제1항 각 호의 어느 하나에 해당하는 경우에는 제77조에도 불구하고 공공재개발사업 예정구역 지정·고시가 있은 날 또는 시·도지사가 투기를 억제하기 위하여 공공재개발사업 예정구역 지정·고시 전에 따로 정하는 날의 다음 날을 기준으로 건축물을 분양받을 권리를 산정한다. 이 경우 시·도지사가 건축물을 분양받을 권리일을 따로 정하는 경우에는 제77조 제2항을 준용한다.

⑤ 정비구역의 지정권자는 공공재개발사업 예정구역이 지정·고시된 날부터 2년이 되는 날까지 공공재개발사업 예정구역이 공공재개발사업을 위한 정비구역으로 지정되지 아니하거나, 공공재개발사업 시행자가 지정되지 아니하면 그 2년이 되는 날의 다음 날에 공공재개발사업 예정구역 지정을 해제하여야 한다. 다만, 정비구역의 지정권자는 1회에 한하여 1년의 범위에서 공공재개발사업 예정구역의 지정을 연장할 수 있다.

⑥ 공공재개발사업 예정구역의 지정과 지정 신청에 필요한 사항 및 그 절차는 대통령령으로 정한다.

> **공공재개발사업 예정구역의 지정 등(영 제80조의2)**
>
> ① 정비구역지정권자는 법 제101조의2 제1항 후단에서 준용하는 법 제16조 제1항에 따라 공공재개발사업 예정구역 지정에 관하여 지방도시계획위원회의 심의를 거치기 전에 미리 관할 시장·군수 등의 의견을 들어야 한다. 다만, 법 제101조의2 제2항에 따라 정비계획의 입안권자가 공공재개발사업 예정구역의 지정을 신청한 경우에는 의견청취를 생략할 수 있다.
> ② 지방도시계획위원회는 제1항에 따른 심의를 하는 경우에는 제5항 각 호의 사항을 고려해야 한다.
> ③ 지방도시계획위원회는 법 제101조의2 제2항에 따른 공공재개발사업 예정구역 지정의 신청이 있는 경우 신청일부터 30일 이내에 심의를 완료해야 한다. 다만, 30일 이내에 심의를 완료할 수 없는 정당한 사유가 있다고 판단되는 경우에는 심의기간을 30일의 범위에서 한 차례 연장할 수 있다.
> ④ 정비구역지정권자는 법 제101조의2 제1항 후단에서 준용하는 법 제16조 제2항에 따라 공공재개발사업 예정구역을 지정·고시하기 전에 예정구역 지정의 내용을 14일 이상 주민에게 공람하여 의견을 들어야 하며, 제시된 의견이 타당하다고 인정되면 이를 반영하여 지정·고시해야 한다.
> ⑤ 제4항에 따른 공공재개발사업 예정구역 고시에는 다음 각 호의 사항이 포함되어야 한다.
>   1. 공공재개발사업 예정구역의 명칭, 위치 및 면적 등 구역개요
>   2. 공공재개발사업 예정구역의 현황(인구, 건축물, 토지이용계획, 정비기반시설 등)
>   3. 법 제101조의3 제1항에 따른 정비구역 지정 예정시기
>   4. 공공재개발사업을 시행할 시장·군수 등이나 토지주택공사 등의 명칭, 소재지 및 대표자 성명
>   5. 그 밖에 공공재개발사업 예정구역의 지정과 관련하여 시·도조례로 정하는 사항
> ⑥ 법 제101조의5 제4항 전단에서 "대통령령으로 정하는 비율"이란 100분의 50 이상의 범위에서 시·도조례로 정하는 비율을 말한다. 〈신설 2023.12.5.〉

(2) 공공재개발사업을 위한 정비구역 지정 등(법 제101조의3)

① 정비구역의 지정권자는 제8조 제1항에도 불구하고 기본계획을 수립하거나 변경하지 아니하고 공공재개발사업을 위한 정비계획을 결정하여 정비구역을 지정할 수 있다.

② 정비계획의 입안권자는 공공재개발사업의 추진을 전제로 정비계획을 작성하여 정비구역의 지정권자에게 공공재개발사업을 위한 정비구역의 지정을 신청할 수 있다. 이 경우 공공재개발사업을 시행하려는 공공재개발사업 시행자는 정비계획의 입안권자에게 공공재개발사업을 위한 정비계획의 수립을 제안할 수 있다.

③ 정비계획의 지정권자는 공공재개발사업을 위한 정비구역을 지정·고시한 날부터 1년이 되는 날까지 공공재개발사업 시행자가 지정되지 아니하면 그 1년이 되는 날의 다음 날에 공공재개발사업을 위한 정비구역의 지정을 해제하여야 한다. 다만, 정비구역의 지정권자는 1회에 한하여 1년의 범위에서 공공재개발사업을 위한 정비구역의 지정을 연장할 수 있다.

(3) 공공재개발사업 예정구역 및 공공재개발사업·공공재건축사업을 위한 정비구역 지정을 위한 특례(법 제101조의4)

① 지방도시계획위원회 또는 도시재정비위원회는 공공재개발사업 예정구역 또는 공공재개발사업·공공재건축사업을 위한 정비구역의 지정에 필요한 사항을 심의하기 위하여 분과위원회를 둘 수 있다. 이 경우 분과위원회의 심의는 지방도시계획위원회 또는 도시재정비위원회의 심의로 본다.

② 정비구역의 지정권자가 공공재개발사업 또는 공공재건축사업을 위한 정비구역의 지정·변경을 고시한 때에는 제7조에 따른 기본계획의 수립·변경, 「도시재정비 촉진을 위한 특별법」 제5조에 따른 재정비촉진지구의 지정·변경 및 같은 법 제12조에 따른 재정비촉진계획의 결정·변경이 고시된 것으로 본다.

(4) 공공재개발사업에서의 용적률 완화 및 주택 건설비율 등(법 제101조의5)

① 공공재개발사업 시행자는 공공재개발사업(「도시재정비촉진을 위한 특별법」 제2조 제1호에 따른 재정비촉진지구에서 시행되는 공공재개발사업을 포함한다)을 시행하는 경우 「국토의 계획 및 이용에 관한 법률」 제78조 및 조례에도 불구하고 지방도시계획위원회 및 도시재정비위원회의 심의를 거쳐 법적상한용적률의 100분의 120(이하 "법적상한초과용적률"이라 한다)까지 건축할 수 있다.

② 공공재개발사업 시행자는 제54조에도 불구하고 법적상한초과용적률에서 정비계획으로 정하여진 용적률을 뺀 용적률의 100분의 20 이상 100분의 70 이하로서 시·도조례로 정하는 비율에 해당하는 면적에 국민주택규모 주택을 건설하여 인수자에게 공급하여야 한다. 다만, 제24조 제4항, 제26조 제1항 제1호 및 제27조 제1항 제1호에 따른 정비사업을 시행하는 경우에는 그러하지 아니한다.
〈개정 2023.7.18.〉

③ 국민주택규모 주택의 공급 및 인수방법에 관하여는 제55조를 준용한다.

④ ③항에도 불구하고 인수자는 공공재개발사업 시행자로부터 공급받은 주택 중 대통령령으로 정하는 비율에 해당하는 주택에 대해서는 「공공주택 특별법」 제48조에 따라 분양할 수 있다. 이 경우 해당 주택의 공급가격과 부속 토지의 가격은 제66조 제4항을 준용하여 정한다. 〈신설 2023.7.18.〉

※ 100분의 50 이상의 범위에서 시·도조례로 정하는 비율을 말한다(영 제80조2 제6항). 〈신설 2023.12.5.〉

2 공공재건축사업

(1) 공공재건축사업에서의 용적률 완화 및 주택 건설비율 등(법 제101조의6)

① 공공재건축사업을 위한 정비구역에 대해서는 해당 정비구역의 지정·고시가 있은 날부터 「국토의 계획 및 이용에 관한 법률」 제36조 제1항 제1호 가목 및 같은 조 제2항에 따라 주거지역을 세분하여 정하는 지역 중 대통령령으로 정하는 지역으로 결정·고시된 것으로 보아 해당 지역에 적용되는 용적률 상한까지 용적률을 정할 수 있다. 다만, 다음의 어느 하나에 해당하는 경우에는 그러하지 아니하다.

　㉠ 해당 정비구역이 「개발제한구역의 지정 및 관리에 관한 특별조치법」 제3조 제1항에 따라 결정된 개발제한구역인 경우

　㉡ 시장·군수 등이 공공재건축사업을 위하여 필요하다고 인정하여 해당 정비구역의 일부분을 종전 용도지역으로 그대로 유지하거나 동일면적의 범위에서 위치를 변경하는 내용으로 정비계획을 수립한 경우

　㉢ 시장·군수 등이 제9조 제1항 제10호 다목의 사항을 포함하는 정비계획을 수립한 경우

> **대통령령으로 정하는 지역(영 제80조의3 제1항)**
> 다음 각 호의 구분에 따른 용도지역을 말한다.
> 1. 현행 용도지역이 「국토의 계획 및 이용에 관한 법률 시행령」 제30조 제1항 제1호 가목 (1)의 제1종전용주거지역인 경우 : 같은 목 (2)의 제2종전용주거지역
> 2. 현행 용도지역이 「국토의 계획 및 이용에 관한 법률 시행령」 제30조 제1항 제1호 가목 (2)의 제2종전용주거지역인 경우 : 같은 호 나목 (1)의 제1종일반주거지역
> 3. 현행 용도지역이 「국토의 계획 및 이용에 관한 법률 시행령」 제30조 제1항 제1호 나목 (1)의 제1종일반주거지역인 경우 : 같은 목 (2)의 제2종일반주거지역

4. 현행 용도지역이 「국토의 계획 및 이용에 관한 법률 시행령」 제30조 제1항 제1호 나목 (2)의 제2종일반주거지역인 경우 : 같은 목 (3)의 제3종일반주거지역
5. 현행 용도지역이 「국토의 계획 및 이용에 관한 법률 시행령」 제30조 제1항 제1호 나목 (3)의 제3종일반주거지역인 경우 : 같은 호 다목의 준주거지역

② 공공재건축사업 시행자는 공공재건축사업(「도시재정비 촉진을 위한 특별법」 제2조 제1호에 따른 재정비촉진지구에서 시행되는 공공재건축사업을 포함한다)을 시행하는 경우 제54조 제4항에도 불구하고 완화된 용적률에서 정비계획으로 정하여진 용적률을 뺀 용적률의 100분의 40 이상 100분의 70 이하로서 주택증가 규모, 공공재건축사업을 위한 정비구역의 재정적 여건 등을 고려하여 시·도조례로 정하는 비율에 해당하는 면적에 국민주택규모 주택을 건설하여 인수자에게 공급하여야 한다.

③ 주택의 공급가격은 「공공주택 특별법」 제50조의4에 따라 국토교통부장관이 고시하는 공공건설임대주택의 표준건축비로 하고, ④항 단서에 따라 분양을 목적으로 인수한 주택의 공급가격은 「주택법」 제57조 제4항에 따라 국토교통부장관이 고시하는 기본형건축비로 한다. 이 경우 부속 토지는 인수자에게 기부채납한 것으로 본다.

④ 국민주택규모 주택의 공급 및 인수방법에 관하여는 제55조를 준용한다. 다만, 인수자는 공공재건축사업 시행자로부터 공급받은 주택 중 <u>대통령령으로 정하는 비율</u>에 해당하는 주택에 대해서는 「공공주택 특별법」 제48조에 따라 분양할 수 있다.
   ※ "대통령령으로 정하는 비율"이란 100분의 50 이상의 범위에서 시·도조례로 정하는 비율을 말한다(영 제80조의3 제3항). 〈개정 2023.12.5.〉

⑤ ③항 후단에도 불구하고 ④항 단서에 따른 분양주택의 인수자는 감정평가액의 100분의 50 이상의 범위에서 <u>대통령령으로 정하는 가격</u>으로 부속 토지를 인수하여야 한다.
   ※ "대통령령으로 정하는 가격"이란 부속 토지 감정평가액의 100분의 50을 말한다(영 제80조의3 제4항).

(2) 공공재개발사업 및 공공재건축사업의 사업시행계획 통합심의(법 제101조의7) 〈삭제 2023.7.18.〉

3 공공시행자 및 지정개발자 사업시행의 특례(법 제5장의2) 〈신설 2023.7.18.〉

(1) 정비구역 지정의 특례(법 제101조의8) 〈본조신설 2023.7.18.〉

① 토지주택공사 등(제26조에 따라 사업시행자로 지정되려는 경우로 한정한다) 또는 지정개발자(제27조 제1항에 따른 신탁업자로 한정한다)는 제8조에도 불구하고 대통령령으로 정하는 비율 이상의 토지등소유자의 동의를 받아 정비구역의 지정권자(특별자치시장·특별자치도지사·시장·군수인 경우로 한정한다)에게 정비구역의 지정(변경지정을 포함한다)을 제안할 수 있다. 이 경우 토지주택공사 등 또는 지정개발자는 다음의 사항을 포함한 제안서를 정비구역의 지정권자에게 제출하여야 한다.
   ㉠ 정비사업의 명칭
   ㉡ 정비구역의 위치, 면적 등 개요
   ㉢ 토지이용, 주택건설 및 기반시설의 설치 등에 관한 기본방향
   ㉣ 그 밖에 지정제안을 위하여 필요한 사항으로서 대통령령으로 정하는 사항

② 토지주택공사 등 또는 지정개발자가 정비구역의 지정을 제안한 경우 정비구역의 지정권자는 제8조 및 제16조에도 불구하고 정비계획을 수립하기 전에 정비구역을 지정할 수 있다.

③ 정비구역의 지정권자는 정비구역을 지정하려면 주민 및 지방의회의 의견을 들어야 하며, 지방도시계획위원회의 심의를 거쳐야 한다. 다만, 제15조 제3항에 따른 경미한 사항을 변경하는 경우에는 그러하지 아니하다.

④ 정비구역 지정에 대한 고시에 대하여는 제16조 제2항 및 제3항을 준용한다. 이 경우 "정비계획을 포함한 정비구역"은 "정비구역"으로 본다.

⑤ 위에서 규정한 사항 외에 정비구역의 지정제안 및 정비구역 지정을 위한 절차 등에 관하여 필요한 사항은 대통령령으로 정한다.

(2) 사업시행자 지정의 특례(법 제101조의9) 〈본조신설 2023.7.18.〉

① 정비구역의 지정권자는 제26조 제1항 제8호 및 제27조 제1항 제3호에도 불구하고 토지면적 2분의 1 이상의 토지소유자와 토지등소유자의 3분의 2 이상에 해당하는 자가 동의하는 경우에는 정비구역의 지정과 동시에 토지주택공사 등 또는 지정개발자를 사업시행자로 지정할 수 있다. 이 경우 제101조의8 제1항에 따라 정비구역 지정제안에 동의한 토지등소유자는 토지주택공사 등 또는 지정개발자의 사업시행자 지정에 동의한 것으로 본다.

② 정비구역의 지정권자는 토지주택공사 등 또는 지정개발자를 사업시행자로 지정하는 때에는 정비사업 시행구역 등 토지등소유자에게 알릴 필요가 있는 사항으로서 대통령령으로 정하는 사항을 해당 지방자치단체의 공보에 고시하여야 한다.

> **사업시행자 지정 고시 등(영 제80조의5)** 〈개정 2023.12.5.〉
> ① 법 제101조의9 제2항에서 "대통령령으로 정하는 사항"이란 제20조 제1항 각 호의 사항을 말한다.
> ② 정비구역지정권자는 토지등소유자에게 법 제101조의9 제2항에 따라 고시한 제20조 제1항 각 호의 사항을 통지해야 한다.

(3) 정비계획과 사업시행계획의 통합 수립(법 제101조의10) 〈본조신설 2023.7.18.〉

① 사업시행자는 제101조의8에 따라 정비구역이 지정된 경우에는 제9조에 따른 정비계획과 제52조에 따른 사업시행계획을 통합하여 다음의 사항이 포함된 계획(이하 "정비사업계획"이라 한다)을 수립하여야 한다.
  ㉠ 제9조 제1항에 따른 정비계획의 내용(제9호는 제외한다)
  ㉡ 제52조 제1항에 따른 사업시행계획서의 내용

② 사업시행자는 정비사업을 시행하려는 경우에는 정비사업계획에 정관 등과 그 밖에 국토교통부령으로 정하는 서류를 첨부하여 정비구역의 지정권자에게 제출하고 정비사업계획인가를 받아야 하고, 인가받은 사항을 변경하거나 정비사업을 중지 또는 폐지하려는 경우에도 또한 같다. 다만, 제15조 제3항 및 제50조 제1항 단서에 따른 경미한 사항을 변경하려는 때에는 정비구역의 지정권자에게 신고하여야 한다.

③ 지정개발자가 정비사업을 시행하려는 경우에는 정비사업계획인가(최초 정비사업계획인가를 말한다)를 신청하기 전에 제35조에 따른 재개발사업 및 재건축사업의 조합설립을 위한 동의요건 이상의 동의를 받아야 한다. 이 경우 제101조의9에 따라 사업시행자 지정에 동의한 토지등소유자는 동의한 것으로 본다.

④ 정비구역의 지정권자는 정비사업계획인가를 하거나 정비사업을 변경·중지 또는 폐지하는 경우에는 국토교통부령으로 정하는 방법 및 절차에 따라 그 내용을 해당 지방자치단체의 공보에 고시하여야 한다. 다만, ②항 단서에 따른 경미한 사항을 변경하려는 경우에는 그러하지 아니하다.

⑤ 정비사업계획인가의 고시가 있는 경우 해당 정비사업계획 중「국토의 계획 및 이용에 관한 법률」제52조 제1항 각 호의 어느 하나에 해당하는 사항은 같은 법 제50조에 따라 지구단위계획구역 및 지구단위계획으로 결정·고시된 것으로 본다.

⑥ 정비사업계획인가의 고시는 제16조 제2항에 따른 정비계획 결정의 고시 및 제50조 제9항에 따른 사업시행계획인가의 고시로 본다.

⑦ 정비사업계획에 관하여는 제10조부터 제13조까지, 제17조 제3항부터 제5항까지, 제50조 제2항부터 제8항까지(제7항은 제외한다), 제50조의2, 제51조 및 제53조부터 제59조까지를 준용한다. 이 경우 "시장·군수 등"은 "정비구역의 지정권자"로, "정비계획" 및 "사업시행계획"은 "정비사업계획"으로 본다.

⑧ 위에서 규정한 사항 외에 정비사업계획인가 및 고시 등을 위하여 필요한 사항은 대통령령으로 정한다.

제6장 감독 등

> **Point 출제포인트**
> ▷ 자금차입의 신고
> ▷ 건설업자 및 등록사업자의 입찰참가 제한
> ▷ 도시분쟁조정위원회
> ▷ 정비사업의 공공지원

1 법 제111조의2(자금차입의 신고) 〈본조신설 2022.6.10.〉

추진위원회 또는 사업시행자(시장·군수 등과 토지주택공사 등은 제외한다)는 자금을 차입한 때에는 대통령령으로 정하는 바에 따라 자금을 대여한 상대방, 차입액, 이자율 및 상환방법 등의 사항을 시장·군수 등에게 신고하여야 한다.

> **자금차입 신고의 방법(영 제87조의2)** 〈본조신설 2022.12.9.〉
> 법 제111조의2에 따른 자금차입의 신고는 추진위원회 또는 사업시행자(시장·군수 등과 토지주택공사 등은 제외한다)가 자금을 차입한 날부터 30일 이내에 자금을 대여한 상대방, 차입일, 차입액, 이자율, 상환기한 및 상환방법을 기재한 자금차입계약서의 사본을 관할 시장·군수 등에게 제출하는 방법으로 한다.

2 법 제113조(감독)

① 정비사업(제86조의2에 따라 해산한 조합의 청산 업무를 포함한다. 이하 이 조에서 같다)의 시행이 이 법 또는 이 법에 따른 명령·처분이나 사업시행계획서 또는 관리처분계획에 위반되었다고 인정되는 때에는 정비사업의 적정한 시행을 위하여 필요한 범위에서 국토교통부장관은 시·도지사, 시장, 군수, 구청장, 추진위원회, 주민대표회의, 사업시행자(청산인을 포함한다. 이하 이 항에서 같다) 또는 정비사업전문관리업자에게, 특별시장, 광역시장 또는 도지사는 시장, 군수, 구청장, 추진위원회, 주민대표회의, 사업시행자 또는 정비사업전문관리업자에게, 시장·군수등은 추진위원회, 주민대표회의, 사업시행자 또는 정비사업전문관리업자에게 처분의 취소·변경 또는 정지, 공사의 중지·변경, 임원의 개선 권고, 그 밖의 필요한 조치를 취할 수 있다. 〈개정 2023.12.26.〉

② 국토교통부장관, 시·도지사, 시장, 군수 또는 구청장은 이 법에 따른 정비사업의 원활한 시행을 위하여 관계 공무원 및 전문가로 구성된 점검반을 구성하여 정비사업 현장조사를 통하여 분쟁의 조정, 위법사항의 시정요구 또는 수사기관에 고발 등 필요한 조치를 할 수 있다. 이 경우 관할 지방자치단체의 장과 조합 등은 대통령령으로 정하는 자료의 제공 등 점검반의 활동에 적극 협조하여야 한다.

③ 정비사업 현장조사에 관하여는 제107조 제2항, 제3항 및 제5항을 준용한다.

3 법 제113조의2(시공자 선정 취소 명령 또는 과징금)

① 시·도지사(해당 정비사업을 관할하는 시·도지사를 말한다)는 건설업자 또는 등록사업자가 다음의 어느 하나에 해당하는 경우 사업시행자에게 건설업자 또는 등록사업자의 해당 정비사업에 대한 시공자 선정을 취소할 것을 명하거나 그 건설업자 또는 등록사업자에게 사업시행자와 시공자 사이의 계약서상 공사비의 100분의 20 이하에 해당하는 금액의 범위에서 과징금을 부과할 수 있다. 이 경우 시공자 선정 취소의 명을 받은 사업시행자는 시공자 선정을 취소하여야 한다. 〈개정 2022.6.10.〉
  ㉠ 건설업자 또는 등록사업자가 제132조 제1항 또는 제2항을 위반한 경우
  ㉡ 건설업자 또는 등록사업자가 제132조의2를 위반하여 관리·감독 등 필요한 조치를 하지 아니한 경우로서 용역업체의 임직원(건설업자 또는 등록사업자가 고용한 개인을 포함한다)이 제132조 제1항을 위반한 경우

② 과징금을 부과하는 위반행위의 종류와 위반 정도 등에 따른 과징금의 금액 등에 필요한 사항은 대통령령으로 정한다.

③ 시·도지사는 과징금의 부과처분을 받은 자가 납부기한까지 과징금을 내지 아니하면 「지방행정제재·부과금의 징수 등에 관한 법률」에 따라 징수한다.

4 법 제113조의3(건설업자 및 등록사업자의 입찰참가 제한)

① 시·도지사는 제113조의2 제1항 각 호의 어느 하나에 해당하는 건설업자 또는 등록사업자에 대해서는 2년 이내의 범위에서 대통령령으로 정하는 기간 동안 정비사업의 입찰참가를 제한하여야 한다. 〈개정 2024.1.30.〉

② 시·도지사는 ①항에 따라 건설업자 또는 등록사업자에 대한 정비사업의 입찰참가를 제한하려는 경우에는 대통령령으로 정하는 바에 따라 대상, 기간, 사유, 그 밖의 입찰참가 제한과 관련된 내용을 공개하고, 관할 구역의 시장, 군수 또는 구청장 및 사업시행자에게 통보하여야 한다. 다만, 정비사업의 입찰참가를 제한하려는 해당 건설업자 또는 등록사업자가 입찰 참가자격을 제한받은 사실이 있는 경우에는 시·도지사가 입찰참가 제한과 관련된 내용을 전국의 시장, 군수 또는 구청장에게 통보하여야 하고, 통보를 받은 시장, 군수 또는 구청장은 관할 구역의 사업시행자에게 관련된 내용을 다시 통보하여야 한다. 〈개정 2024.1.30.〉

③ 입찰자격 제한과 관련된 내용을 통보받은 사업시행자는 해당 건설업자 또는 등록사업자의 입찰 참가자격을 제한하여야 한다. 이 경우 사업시행자는 전단에 따라 입찰참가를 제한받은 건설업자 또는 등록사업자와 계약(수의계약을 포함한다)을 체결하여서는 아니 된다. 〈개정 2024.1.30.〉

④ 시·도지사는 정비사업의 입찰참가를 제한하는 경우에는 대통령령으로 정하는 바에 따라 입찰참가 제한과 관련된 내용을 제119조 제1항에 따른 정비사업관리시스템에 등록하여야 한다. 〈신설 2024.1.30.〉

⑤ 시·도지사는 대통령령으로 정하는 위반행위에 대하여는 ①항부터 ③항까지에도 불구하고 1회에 한하여 과징금으로 ①항의 입찰참가 제한을 갈음할 수 있다. 이 경우 과징금의 부과기준 및 절차는 제113조의2 제1항 및 제3항을 준용하고, 과징금을 부과하는 위반행위의 종류와 위반 정도 등에 따른 과징금의 금액 등에 필요한 사항은 대통령령으로 정한다. 〈신설 2024.1.30.〉

5 도시분쟁조정위원회

(1) 도시분쟁조정위원회의 구성 등(법 제116조)

① 정비사업의 시행으로 발생한 분쟁을 조정하기 위하여 정비구역이 지정된 특별자치시, 특별자치도, 또는 시·군·구(자치구를 말한다)에 도시분쟁조정위원회(이하 "조정위원회"라 한다)를 둔다. 다만, 시장·군수 등을 당사자로 하여 발생한 정비사업의 시행과 관련된 분쟁 등의 조정을 위하여 필요한 경우에는 시·도에 조정위원회를 둘 수 있다.
② 조정위원회는 부시장·부지사·부구청장 또는 부군수를 위원장으로 한 10명 이내의 위원으로 구성한다.
③ 조정위원회 위원은 정비사업에 대한 학식과 경험이 풍부한 사람으로서 시장·군수 등이 임명 또는 위촉한다.
④ 조정위원회에는 위원 3명으로 구성된 분과위원회(이하 "분과위원회"라 한다)를 둔다.

(2) 조정위원회의 조정 등(법 제117조 제1항)

조정위원회는 정비사업의 시행과 관련하여 다음의 어느 하나에 해당하는 분쟁 사항을 심사·조정한다. 다만, 「주택법」, 「공익사업을 위한 토지 등의 취득 및 보상에 관한 법률」, 그 밖의 관계 법률에 따라 설치된 위원회의 심사대상에 포함되는 사항은 제외할 수 있다.
① 매도청구권 행사 시 감정가액에 대한 분쟁
② 공동주택 평형 배정방법에 대한 분쟁
③ 그 밖에 대통령령으로 정하는 분쟁

> **대통령령으로 정하는 분쟁(영 제91조)**
> 다음 각 호의 어느 하나에 해당하는 분쟁을 말한다.
> 1. 건축물 또는 토지 명도에 관한 분쟁
> 2. 손실보상 협의에서 발생하는 분쟁
> 3. 총회 의결사항에 대한 분쟁
> 4. 그 밖에 시·도조례로 정하는 사항에 대한 분쟁

(3) 협의체의 운영 등(법 제117조의2) 〈본조신설 2022.6.10.〉

① 시장·군수 등은 정비사업과 관련하여 발생하는 문제를 협의하기 위하여 조정위원회의 조정신청을 받기 전에 사업시행자, 관계 공무원 및 전문가, 그 밖에 이해관계가 있는 자 등으로 구성된 협의체를 구성·운영할 수 있다.
② 특별시장·광역시장 또는 도지사는 협의체의 구성·운영에 드는 비용의 전부 또는 일부를 보조할 수 있다.
③ 협의체의 구성·운영 시기, 협의 대상·방법 및 비용 보조 등에 관하여 필요한 사항은 시·도조례로 정한다.

6 법 제118조(정비사업의 공공지원)

(1) 공공지원의 위탁

시장·군수 등은 정비사업의 투명성 강화 및 효율성 제고를 위하여 시·도조례로 정하는 정비사업에 대하여 사업시행 과정을 지원(이하 "공공지원"이라 한다)하거나 토지주택공사 등, 신탁업자, 「주택도시기금법」에 따른 주택도시보증공사 또는 이 법 제102조 제1항 각 호 외의 부분 단서에 따라 대통령령으로 정하는 기관에 공공지원을 위탁할 수 있다.

(2) 위탁지원자의 업무

정비사업을 공공지원하는 시장·군수 등 및 공공지원을 위탁받은 자(이하 "위탁지원자"라 한다)는 다음의 업무를 수행한다.
① 추진위원회 또는 주민대표회의 구성
② 정비사업전문관리업자의 선정(위탁지원자는 선정을 위한 지원으로 한정한다)
③ 설계자 및 시공자 선정 방법 등
④ 제52조 제1항 제4호에 따른 세입자의 주거 및 이주 대책(이주 거부에 따른 협의 대책을 포함한다) 수립
⑤ 관리처분계획 수립
⑥ 그 밖에 시·도조례로 정하는 사항

(3) 위탁지원자의 대외적인 책임

시장·군수 등은 위탁지원자의 공정한 업무수행을 위하여 관련 자료의 제출 및 조사, 현장점검 등 필요한 조치를 할 수 있다. 이 경우 위탁지원자의 행위에 대한 대외적인 책임은 시장·군수 등에게 있다.

(4) 공공지원에 필요한 비용

공공지원에 필요한 비용은 시장·군수 등이 부담하되, 특별시장, 광역시장 또는 도지사는 관할 구역의 시장, 군수 또는 구청장에게 특별시·광역시 또는 도의 조례로 정하는 바에 따라 그 비용의 일부를 지원할 수 있다.

(5) 공공지원의 시행을 위한 방법과 절차 등

공공지원의 시행을 위한 방법과 절차, 기준 및 도시·주거환경정비기금의 지원, 시공자 선정 시기 등에 필요한 사항은 시·도조례로 정한다.

7 법 제121조(청문)

국토교통부장관, 시·도지사, 시장, 군수 또는 구청장은 다음의 어느 하나에 해당하는 처분을 하려는 경우에는 청문을 하여야 한다. 〈개정 2022.6.10.〉
① 제86조의2 제3항에 따른 조합설립인가의 취소
② 제106조 제1항에 따른 정비사업전문관리업의 등록취소
③ 제113조 제1항부터 제3항까지의 규정에 따른 추진위원회 승인의 취소, 조합설립인가의 취소, 사업시행계획인가의 취소 또는 관리처분계획인가의 취소
④ 제113조의2 제1항에 따른 시공자 선정 취소 또는 과징금 부과
⑤ 제113조의3 제1항에 따른 입찰참가 제한

제7장 보칙 및 벌칙

> **Point 출제포인트**
> ▷ 도시·주거환경정비기금의 설치
> ▷ 정비구역의 범죄 등의 예방
> ▷ 건설업자와 등록사업자의 관리·감독 의무
> ▷ 허위·과장된 정보제공 등의 금지

제1절 보칙

1 법 제126조(도시·주거환경정비기금의 설치 등)

(1) 도시·주거환경정비기금의 설치

제4조 및 제7조에 따라 기본계획을 수립하거나 승인하는 특별시장·광역시장·특별자치시장·도지사·특별자치도지사 또는 시장은 정비사업의 원활한 수행을 위하여 도시·주거환경정비기금(이하 "정비기금"이라 한다)을 설치하여야 한다. 다만, 기본계획을 수립하지 아니하는 시장 및 군수도 필요한 경우에는 정비기금을 설치할 수 있다.

(2) 정비기금의 재원

정비기금은 다음의 어느 하나에 해당하는 금액을 재원으로 조성한다.
① 제17조 제4항에 따라 사업시행자가 현금으로 납부한 금액
② 제55조 제1항, 제101조의5 제2항 및 제101조의6 제2항에 따라 시·도지사, 시장, 군수 또는 구청장에게 공급된 주택의 임대보증금 및 임대료
③ 제94조에 따른 부담금 및 정비사업으로 발생한 「개발이익 환수에 관한 법률」에 따른 개발부담금 중 지방자치단체 귀속분의 일부
④ 제98조에 따른 정비구역(재건축구역은 제외한다) 안의 국·공유지 매각대금 중 대통령령으로 정하는 일정 비율 이상의 금액
   ※ "대통령령으로 정하는 일정 비율"이란 국유지의 경우에는 20퍼센트, 공유지의 경우에는 30퍼센트를 말한다. 다만, 국유지의 경우에는 「국유재산법」 제2조 제11호에 따른 중앙관서의 장과 협의하여야 한다(영 제95조 제1항).
⑤ 제113조의2에 따른 과징금
⑥ 「재건축초과이익 환수에 관한 법률」에 따른 재건축부담금 중 같은 법 제4조 제3항 및 제4항에 따른 지방자치단체 귀속분
⑦ 「지방세법」 제69조에 따라 부과·징수되는 지방소비세 또는 같은 법 제112조(같은 조 제1항 제1호는 제외한다)에 따라 부과·징수되는 재산세 중 대통령령으로 정하는 일정 비율 이상의 금액

> **대통령령으로 정하는 일정 비율(영 제95조 제2항)**
> 다음 각 호의 비율을 말한다. 다만, 해당 지방자치단체의 조례로 다음 각 호의 비율 이상의 범위에서 달리 정하는 경우에는 그 비율을 말한다.
> 1. 「지방세법」에 따라 부과·징수되는 지방소비세의 경우 : 3퍼센트
> 2. 「지방세법」에 따라 부과·징수되는 재산세의 경우 : 10퍼센트

⑧ 그 밖에 시·도조례로 정하는 재원

(3) 정비기금의 용도

정비기금은 다음의 어느 하나의 용도 이외의 목적으로 사용하여서는 아니 된다.
① 이 법에 따른 정비사업으로서 다음의 어느 하나에 해당하는 사항
    ㉠ 기본계획의 수립
    ㉡ 재건축진단 및 정비계획의 수립 〈개정 2024.12.3.〉
    ㉢ 추진위원회의 운영자금 대여
    ㉣ 그 밖에 이 법과 시·도조례로 정하는 사항
② 임대주택의 건설·관리
③ 임차인의 주거안정 지원
④ 「재건축초과이익 환수에 관한 법률」에 따른 재건축부담금의 부과·징수
⑤ 주택개량의 지원
⑥ 정비구역 등이 해제된 지역에서의 정비기반시설의 설치 지원
⑦ 「빈집 및 소규모주택 정비에 관한 특례법」 제44조에 따른 빈집정비사업 및 소규모주택정비사업에 대한 지원
⑧ 「주택법」 제68조에 따른 증축형 리모델링의 안전진단 지원
⑨ 제142조에 따른 신고포상금의 지급

(4) 정비기금으로 적립되는 비율 등

정비기금의 관리·운용과 개발부담금의 지방자치단체의 귀속분 중 정비기금으로 적립되는 비율 등에 필요한 사항은 시·도조례로 정한다.

2 법 제127조(노후·불량주거지 개선계획의 수립)

국토교통부장관은 주택 또는 기반시설이 열악한 주거지의 주거환경개선을 위하여 5년마다 개선대상지역을 조사하고 연차별 재정지원계획 등을 포함한 노후·불량주거지 개선계획을 수립하여야 한다.

3 법 제129조(사업시행자 등의 권리·의무의 승계)

사업시행자와 정비사업과 관련하여 권리를 갖는 자(이하 "권리자"라 한다)의 변동이 있을 때에는 종전의 사업시행자와 권리자의 권리·의무는 새로 사업시행자와 권리자로 된 자가 승계한다.

4 법 제130조(정비구역의 범죄 등의 예방)

① 시장·군수 등은 제50조 제1항에 따른 사업시행계획인가를 한 경우 그 사실을 관할 경찰서장 및 관할 소방서장에게 통보하여야 한다.
② 시장·군수 등은 사업시행계획인가를 한 경우 정비구역 내 주민 안전 등을 위하여 다음의 사항을 관할 시·도경찰청장 또는 경찰서장에게 요청할 수 있다.
　㉠ 순찰 강화
　㉡ 순찰초소의 설치 등 범죄 예방을 위하여 필요한 시설의 설치 및 관리
　㉢ 그 밖에 주민의 안전을 위하여 필요하다고 인정하는 사항
③ 시장·군수 등은 사업시행계획인가를 한 경우 정비구역 내 주민 안전 등을 위하여 관할 시·도 소방본부장 또는 소방서장에게 화재예방 순찰을 강화하도록 요청할 수 있다. 〈신설 2021.8.10.〉

5 법 제132조(조합임원 등의 선임·선정 및 계약 체결시 행위제한)

① 누구든지 추진위원, 조합임원의 선임 또는 제29조에 따른 계약 체결과 관련하여 다음의 행위를 하여서는 아니 된다. 〈개정 2022.6.10.〉
　㉠ 금품, 향응 또는 그 밖의 재산상 이익을 제공하거나 제공의사를 표시하거나 제공을 약속하는 행위
　㉡ 금품, 향응 또는 그 밖의 재산상 이익을 제공받거나 제공의사 표시를 승낙하는 행위
　㉢ 제3자를 통하여 ㉠ 또는 ㉡에 해당하는 행위를 하는 행위
② 건설업자와 등록사업자는 제29조에 따른 계약의 체결과 관련하여 시공과 관련 없는 사항으로서 다음의 어느 하나에 해당하는 사항을 제안하여서는 아니 된다. 〈신설 2022.6.10.〉
　㉠ 이사비, 이주비, 이주촉진비, 그 밖에 시공과 관련 없는 사항에 대한 금전이나 재산상 이익을 제공하는 것으로서 대통령령으로 정하는 사항

> **대통령령으로 정하는 사항(영 제96조의2 제1항)**
> 다음 각 호의 사항을 말한다.
> 1. 이사비, 이주비, 이주촉진비 및 그 밖에 시공과 관련 없는 금전이나 재산상 이익을 무상으로 제공하는 것
> 2. 이사비, 이주비, 이주촉진비, 그 밖에 시공과 관련 없는 금전이나 재산상 이익을 무이자나 제안 시점에 「은행법」에 따라 설립된 은행 중 전국을 영업구역으로 하는 은행이 적용하는 대출금리 중 가장 낮은 금리보다 더 낮은 금리로 대여하는 것

　㉡ 「재건축초과이익 환수에 관한 법률」에 따른 재건축부담금의 대납 등 이 법 또는 다른 법률을 위반하는 방법으로 정비사업을 수행하는 것으로서 대통령령으로 정하는 사항
　　※ "대통령령으로 정하는 사항"이란 「재건축초과이익 환수에 관한 법률」에 따른 재건축부담금의 대납을 말한다(영 제96조의2 제2항).
③ 시·도지사, 시장, 군수 또는 구청장은 ①항 각 호 또는 ②항 각 호의 행위에 대한 신고의 접수·처리 등의 업무를 수행하기 위하여 신고센터를 설치·운영할 수 있다. 〈신설 2023.12.26.〉
④ ③항에 따른 신고센터의 설치 및 운영에 필요한 사항은 국토교통부령으로 정한다. 〈신설 2023.12.26.〉

6 법 제132조의2(건설업자와 등록사업자의 관리·감독 의무) 〈개정 2022.6.10.〉

건설업자와 등록사업자는 시공자 선정과 관련하여 홍보 등을 위하여 계약한 용역업체의 임직원이 제132조 제1항을 위반하지 아니하도록 교육, 용역비 집행 점검, 용역업체 관리·감독 등 필요한 조치를 하여야 한다.

7 법 제132조의3(허위·과장된 정보제공 등의 금지) 〈본조신설 2022.6.10.〉

① 건설업자, 등록사업자 및 정비사업전문관리업자는 토지등소유자에게 정비사업에 관한 정보를 제공함에 있어 다음의 행위를 하여서는 아니 된다.
　㉠ 사실과 다르게 정보를 제공하거나 사실을 부풀려 정보를 제공하는 행위
　㉡ 사실을 숨기거나 축소하는 방법으로 정보를 제공하는 행위
② ①항의 행위의 구체적인 내용은 대통령령으로 정한다.
③ 건설업자, 등록사업자 및 정비사업전문관리업자는 ①항을 위반함으로써 피해를 입은 자가 있는 경우에는 그 피해자에 대하여 손해배상의 책임을 진다.
④ 손해가 발생된 사실은 인정되나 그 손해액을 증명하는 것이 사안의 성질상 곤란한 경우 법원은 변론 전체의 취지와 증거조사의 결과에 기초하여 상당한 손해액을 인정할 수 있다.

> **금지되는 허위·과장된 정보제공 행위(영 제96조의3)** 〈본조신설 2022.12.9.〉
> ① 법 제132조의3 제1항 제1호에 따라 금지되는 행위의 구체적인 내용은 다음 각 호와 같다.
> 　1. 정비사업 방식에 따른 용적률, 기부채납 비율, 임대주택 건설비율, 임대주택 인수가격, 건축물 높이 제한, 건축물 층수 제한 및 분양가격에 대한 정보를 사실과 다르게 제공하는 행위
> 　2. 객관적인 근거 없이 정비사업 추진에 따른 예상수익 정보를 과장하여 제공하는 행위
> ② 법 제132조의3 제1항 제2호에 따라 금지되는 행위의 구체적인 내용은 다음 각 호와 같다.
> 　1. 정비사업 방식에 따른 용적률, 기부채납 비율, 임대주택 건설비율, 임대주택 인수가격, 건축물 높이 제한, 건축물 층수 제한 및 분양가격에 대한 정보를 숨기는 행위
> 　2. 객관적인 근거 없이 정비사업 추진에 따른 분담금 추산액 및 예상손실에 대한 정보를 축소하여 제공하는 행위

8 법 제134조(벌칙 적용에서 공무원 의제)

추진위원장·조합임원·청산인·전문조합관리인 및 정비사업전문관리업자의 대표자(법인인 경우에는 임원을 말한다)·직원 및 위탁지원자는 「형법」 제129조부터 제132조까지의 규정을 적용할 때에는 공무원으로 본다.

제2절 벌칙

1 법 제135조(5년 이하의 징역 또는 5천만원 이하의 벌금) 〈개정 2024.12.3.〉〈시행일 2025.12.4.〉

다음의 어느 하나에 해당하는 자는 5년 이하의 징역 또는 5천만원 이하의 벌금에 처한다.
① 제36조에 따른 토지등소유자의 서면동의서 또는 전자서명동의서를 위조한 자
② 제132조 제1항 각 호의 어느 하나를 위반하여 금품, 향응 또는 그 밖의 재산상 이익을 제공하거나 제공의사를 표시하거나 제공을 약속하는 행위를 하거나 제공을 받거나 제공의사 표시를 승낙한 자

2 법 제136조(3년 이하의 징역 또는 3천만원 이하의 벌금) 〈개정 2024.12.3.〉〈시행일 2025.12.4.〉

① 제29조 제1항에 따른 계약의 방법을 위반하여 계약을 체결한 추진위원장, 전문조합관리인 또는 조합임원(조합의 청산인 및 토지등소유자가 시행하는 재개발사업의 경우에는 그 대표자, 지정개발자가 사업시행자인 경우 그 대표자를 말한다)
② 제29조 제4항부터 제7항까지 및 제10항을 위반하여 시공자를 선정한 자 및 시공자로 선정된 자
③ 제29조 제11항을 위반하여 시공자와 공사에 관한 계약을 체결한 자
④ 제31조 제1항에 따른 시장·군수 등의 추진위원회 승인을 받지 아니하고 정비사업전문관리업자를 선정한 자
⑤ 제32조 제2항에 따른 계약의 방법을 위반하여 정비사업전문관리업자를 선정한 추진위원장(전문조합관리인을 포함한다)
⑥ 제36조에 따른 토지등소유자의 서면동의서 또는 전자서명동의서를 매도하거나 매수한 자
⑦ 거짓 또는 부정한 방법으로 제39조 제2항을 위반하여 조합원 자격을 취득한 자와 조합원 자격을 취득하게 하여준 토지등소유자 및 조합의 임직원(전문조합관리인을 포함한다)
⑧ 제39조 제2항을 회피하여 제72조에 따른 분양주택을 이전 또는 공급받을 목적으로 건축물 또는 토지의 양도·양수 사실을 은폐한 자
⑨ 제76조 제1항 제7호 라목 단서를 위반하여 주택을 전매하거나 전매를 알선한 자

3 법 제137조(2년 이하의 징역 또는 2천만원 이하의 벌금)

① 제12조 제5항에 따른 재건축진단 결과보고서를 거짓으로 작성한 자 〈개정 2024.12.3.〉
② 제19조 제1항을 위반하여 허가 또는 변경허가를 받지 아니하거나 거짓, 그 밖의 부정한 방법으로 허가 또는 변경허가를 받아 행위를 한 자
③ 제31조 제1항 또는 제47조 제3항을 위반하여 추진위원회 또는 주민대표회의의 승인을 받지 아니하고 제32조 제1항 각 호의 업무를 수행하거나 주민대표회의를 구성·운영한 자
④ 제31조 제1항 또는 제47조 제3항에 따라 승인받은 추진위원회 또는 주민대표회의가 구성되어 있음에도 불구하고 임의로 추진위원회 또는 주민대표회의를 구성하여 이 법에 따른 정비사업을 추진한 자
⑤ 제35조에 따라 조합이 설립되었는데도 불구하고 추진위원회를 계속 운영한 자
⑥ 제45조에 따른 총회의 의결을 거치지 아니하고 같은 조 제1항 각 호의 사업(같은 항 제13호 중 정관으로 정하는 사항은 제외한다)을 임의로 추진한 조합임원(전문조합관리인을 포함한다)

⑦ 제50조에 따른 사업시행계획인가를 받지 아니하고 정비사업을 시행한 자와 같은 사업시행계획서를 위반하여 건축물을 건축한 자
⑧ 제74조에 따른 관리처분계획인가를 받지 아니하고 제86조에 따른 이전을 한 자
⑨ 제102조 제1항을 위반하여 등록을 하지 아니하고 이 법에 따른 정비사업을 위탁받은 자 또는 거짓, 그 밖의 부정한 방법으로 등록을 한 정비사업전문관리업자
⑩ 제106조 제1항 각 호 외의 부분 단서에 따라 등록이 취소되었음에도 불구하고 영업을 하는 자
⑪ 제113조 제1항부터 제3항까지의 규정에 따른 처분의 취소·변경 또는 정지, 그 공사의 중지 및 변경에 관한 명령을 받고도 이를 따르지 아니한 추진위원회, 사업시행자, 주민대표회의 및 정비사업전문관리업자
⑫ 제124조 제1항에 따른 서류 및 관련 자료를 거짓으로 공개한 추진위원장 또는 조합임원(토지등소유자가 시행하는 재개발사업의 경우 그 대표자)
⑬ 제124조 제4항에 따른 열람·복사 요청에 허위의 사실이 포함된 자료를 열람·복사해 준 추진위원장 또는 조합임원(토지등소유자가 시행하는 재개발사업의 경우 그 대표자)

4 법 제138조(1년 이하의 징역 또는 1천만원 이하의 벌금)

① 제19조 제8항을 위반하여 「주택법」 제2조 제11호 가목에 따른 지역주택조합의 조합원을 모집한 자
② 제34조 제4항을 위반하여 추진위원회의 회계장부 및 관계 서류를 조합에 인계하지 아니한 추진위원장(전문조합관리인을 포함한다)
③ 제83조 제1항에 따른 준공인가를 받지 아니하고 건축물 등을 사용한 자와 같은 조 제5항 본문에 따라 시장·군수 등의 사용허가를 받지 아니하고 건축물을 사용한 자
④ 다른 사람에게 자기의 성명 또는 상호를 사용하여 이 법에서 정한 업무를 수행하게 하거나 등록증을 대여한 정비사업전문관리업자
⑤ 제102조 제1항 각 호에 따른 업무를 다른 용역업체 및 그 직원에게 수행하도록 한 정비사업전문관리업자
⑥ 제112조 제1항에 따른 회계감사를 요청하지 아니한 추진위원장, 전문조합관리인 또는 조합임원(토지등소유자가 시행하는 재개발사업 또는 제27조에 따라 지정개발자가 시행하는 정비사업의 경우에는 그 대표자를 말한다)
⑦ 제124조 제1항을 위반하여 정비사업시행과 관련한 서류 및 자료를 인터넷과 그 밖의 방법을 병행하여 공개하지 아니하거나 같은 조 제4항을 위반하여 조합원 또는 토지등소유자의 열람·복사 요청을 따르지 아니하는 추진위원장, 전문조합관리인 또는 조합임원(조합의 청산인 및 토지등소유자가 시행하는 재개발사업의 경우에는 그 대표자, 제27조에 따른 지정개발자가 사업시행자인 경우 그 대표자를 말한다)
⑧ 제125조 제1항을 위반하여 속기록 등을 만들지 아니하거나 관련 자료를 청산 시까지 보관하지 아니한 추진위원장, 전문조합관리인 또는 조합임원(조합의 청산인 및 토지등소유자가 시행하는 재개발사업의 경우에는 그 대표자, 제27조에 따른 지정개발자가 사업시행자인 경우 그 대표자를 말한다)
※ 건설업자 또는 등록사업자가 제132조의2에 따른 조치를 소홀히 하여 용역업체의 임직원이 제132조 제1항 각 호의 어느 하나를 위반한 경우 그 건설업자 또는 등록사업자는 5천만원 이하의 벌금에 처한다. 〈개정 2022.6.10.〉

5 과태료

(1) **1천만원 이하의 과태료(법 제140조 제1항)** 〈개정 2022.6.10.〉

① 제113조 제2항에 따른 점검반의 현장조사를 거부·기피 또는 방해한 자
② 제132조 제2항을 위반하여 제29조에 따른 계약의 체결과 관련하여 시공과 관련 없는 사항을 제안한 자
③ 제132조의3 제1항을 위반하여 사실과 다른 정보 또는 부풀려진 정보를 제공하거나, 사실을 숨기거나 축소하여 정보를 제공한 자

(2) **500만원 이하의 과태료(법 제140조 제2항)** 〈개정 2022.6.10.〉

① 제29조 제2항을 위반하여 전자조달시스템을 이용하지 아니하고 계약을 체결한 자
② 제78조 제5항 또는 제86조 제1항에 따른 통지를 게을리한 자
③ 제107조 제1항 및 제111조 제2항에 따른 보고 또는 자료의 제출을 게을리한 자
④ 제111조의2를 위반하여 자금차입에 관한 사항을 신고하지 아니하거나 거짓으로 신고한 자
⑤ 제125조 제2항에 따른 관계 서류의 인계를 게을리한 자

제9편 | 도시 및 주거환경정비법

실전문제

※ 개정법령 반영으로 인해 기출문제를 수정한 경우 기출수정 표기를 하였습니다.

제1장 총칙

01 도시 및 주거환경정비법령상 다음 설명에 해당하는 사업은? 기출 21

> 도시 저소득 주민이 집단거주하는 지역으로서 정비기반시설이 극히 열악하고 노후·불량건축물이 과도하게 밀집한 지역의 주거환경을 개선하거나 단독주택 및 다세대주택이 밀집한 지역에서 정비기반시설과 공동이용시설 확충을 통하여 주거환경을 보전·정비·개량하기 위한 사업

① 도시재개발사업
② 주택재건축사업
③ 가로주택정비사업
④ 주거환경개선사업
⑤ 도시재생사업

해설

④ (○) 법 제2조 제2호 가목

주거환경개선사업(법 제2조 제2호 가목)
도시 저소득 주민이 집단거주하는 지역으로서 정비기반시설이 극히 열악하고 노후·불량건축물이 과도하게 밀집한 지역의 주거환경을 개선하거나 단독주택 및 다세대주택이 밀집한 지역에서 정비기반시설과 공동이용시설 확충을 통하여 주거환경을 보전·정비·개량하기 위한 사업

답 ④

02 도시 및 주거환경정비법령상 정비기반시설이 아닌 것을 모두 고른 것은? (단, 주거환경개선사업을 위하여 지정·고시된 정비구역이 아님) 기출 21

ㄱ. 광장	ㄴ. 구거
ㄷ. 놀이터	ㄹ. 녹지
ㅁ. 공동구	ㅂ. 마을회관

① ㄱ, ㄴ
② ㄴ, ㄷ
③ ㄷ, ㅂ
④ ㄹ, ㅁ
⑤ ㅁ, ㅂ

해설

ㄷ·ㅂ. (×) 법 제2조 제4호, 영 제3조

정비기반시설(법 제2조 제4호)
"정비기반시설"이란 도로·상하수도·구거(溝渠 : 도랑)(ㄴ)·공원·공용주차장·공동구(ㅁ)(「국토의 계획 및 이용에 관한 법률」제2조 제9호에 따른 공동구를 말한다), 그 밖에 주민의 생활에 필요한 열·가스 등의 공급시설로서 대통령령으로 정하는 시설을 말한다.

"대통령령으로 정하는 시설"(영 제3조)
1. 녹지 (ㄹ)
2. 하천
3. 공공공지
4. 광장 (ㄱ)
5. 소방용수시설
6. 비상대피시설
7. 가스공급시설
8. 지역난방시설
9. 주거환경개선사업을 위하여 지정·고시된 정비구역에 설치하는 공동이용시설로서 법 제52조에 따른 사업시행계획서에 해당 특별자치시장·특별자치도지사·시장·군수 또는 자치구의 구청장(이하 "시장·군수 등"이라 한다)이 관리하는 것으로 포함된 시설

답 ③

03 도시 및 주거환경정비법령상 정비기반시설이 아닌 것은? 기출 20

① 경찰서
② 공용주차장
③ 상수도
④ 하천
⑤ 지역난방시설

해설

① (×) 경찰서는 정비기반시설에 해당하지 않는다(법 제2조 제4호, 영 제3조).

답 ①

---

04 도시 및 주거환경정비법령상 도시·주거환경정비기본계획에 포함되어야 하는 사항에 해당하지 않는 것은? 기출 17

① 도시 및 주거환경 정비를 위한 국가 정책방향
② 정비사업의 기본방향
③ 녹지·조성 등에 관한 환경계획
④ 도시의 광역적 재정비를 위한 기본방향
⑤ 건폐율·용적률 등에 관한 건축물의 밀도계획

해설

① (×) 도시 및 주거환경 정비를 위한 국가 정책방향은 도시·주거환경정비 기본방침에 해당된다(법 제3조 제1호).

> **도시·주거환경정비 기본방침(법 제3조)**
>
> 국토교통부장관은 도시 및 주거환경을 개선하기 위하여 10년마다 다음 각 호의 사항을 포함한 기본방침을 정하고, 5년마다 타당성을 검토하여 그 결과를 기본방침에 반영하여야 한다.
> 1. 도시 및 주거환경 정비를 위한 국가 정책방향
> 2. 도시·주거환경정비기본계획의 수립방향
> 3. 노후·불량 주거지 조사 및 개선계획의 수립
> 4. 도시 및 주거환경 개선에 필요한 재정지원계획
> 5. 그 밖에 도시 및 주거환경 개선을 위하여 필요한 사항으로서 대통령령으로 정하는 사항

답 ①

제2장 기본계획의 수립 및 정비구역의 지정

01 도시 및 주거환경정비법령상 도시·주거환경정비기본계획에 포함되어야 할 사항을 모두 고른 것은? 기출 22

> ㄱ. 녹지·조경·에너지공급·폐기물처리 등에 관한 환경계획
> ㄴ. 사회복지시설 및 주민문화시설 등의 설치계획
> ㄷ. 건폐율·용적률 등에 관한 건축물의 밀도계획
> ㄹ. 주거지 관리계획

① ㄱ
② ㄱ, ㄴ
③ ㄷ, ㄹ
④ ㄴ, ㄷ, ㄹ
⑤ ㄱ, ㄴ, ㄷ, ㄹ

해설

ㄱ·ㄴ·ㄷ·ㄹ. (○) 법 제5조 제1항.

기본계획의 내용(법 제5조 제1항)

기본계획에는 다음 각 호의 사항이 포함되어야 한다.
1. 정비사업의 기본방향
2. 정비사업의 계획기간
3. 인구·건축물·토지이용·정비기반시설·지형 및 환경 등의 현황
4. 주거지 관리계획 (ㄹ)
5. 토지이용계획·정비기반시설계획·공동이용시설설치계획 및 교통계획
6. 녹지·조경·에너지공급·폐기물처리 등에 관한 환경계획 (ㄱ)
7. 사회복지시설 및 주민문화시설 등의 설치계획 (ㄴ)
8. 도시의 광역적 재정비를 위한 기본방향
9. 제16조에 따라 정비구역으로 지정할 예정인 구역(이하 "정비예정구역"이라 한다)의 개략적 범위
10. 단계별 정비사업 추진계획(정비예정구역별 정비계획의 수립시기가 포함되어야 한다)
11. 건폐율·용적률 등에 관한 건축물의 밀도계획 (ㄷ)
12. 세입자에 대한 주거안정대책
13. 그 밖에 주거환경 등을 개선하기 위하여 필요한 사항으로서 대통령령으로 정하는 사항

답 ⑤

02 도시 및 주거환경정비법령상 도시·주거환경정비기본계획(이하 '기본계획')에 관한 설명으로 옳지 않은 것은? 기출 19

① 도지사가 대도시가 아닌 시로서 기본계획을 수립할 필요가 없다고 인정하는 시에 대하여는 기본계획을 수립하지 아니할 수 있다.
② 정비사업의 계획기간을 단축하는 경우 기본계획의 수립권자는 주민공람과 지방의회의 의견청취 절차를 거쳐야 한다.
③ 기본계획에는 세입자에 대한 주거안정대책도 포함되어야 한다.
④ 대도시의 시장이 아닌 시장은 기본계획을 수립하려면 도지사의 승인을 받아야 한다.
⑤ 기본계획의 수립권자는 기본계획을 수립하는 경우에 14일 이상 주민에게 공람하여 의견을 들어야 한다.

해설

② (×) '정비사업의 계획기간을 단축하는 경우'는 경미한 사항의 변경에 해당하므로, 기본계획의 수립권자는 주민공람과 지방의회의 의견청취 절차를 거치지 아니할 수 있다(법 제6조 제3항, 영 제6조 제4항 제2호).

> **"대통령령으로 정하는 경미한 사항을 변경하는 경우"(영 제6조 제4항)**
> 1. 정비기반시설(제3조 제9호에 해당하는 시설은 제외한다)의 규모를 확대하거나 그 면적을 10퍼센트 미만의 범위에서 축소하는 경우
> 2. 정비사업의 계획기간을 단축하는 경우
> 3. 공동이용시설에 대한 설치계획을 변경하는 경우
> 4. 사회복지시설 및 주민문화시설 등에 대한 설치계획을 변경하는 경우
> 5.~9. 생략

① (○) 법 제4조 제1항 단서
③ (○) 법 제5조 제1항 제12호
④ (○) 법 제7조 제2항
⑤ (○) 법 제6조 제1항

답 ②

03 도시 및 주거환경정비법령상 정비계획에 포함되어야 하는 사항을 모두 고른 것은? (단, 조례는 고려하지 않음) 기출 25

ㄱ. 도시·군계획시설의 설치에 관한 계획
ㄴ. 도시의 광역적 재정비를 위한 기본방향
ㄷ. 건축물의 주용도·건폐율·용적률·높이에 관한 계획
ㄹ. 세입자 주거대책

① ㄱ, ㄴ
② ㄴ, ㄹ
③ ㄷ, ㄹ
④ ㄱ, ㄴ, ㄷ
⑤ ㄱ, ㄷ, ㄹ

해설

ㄱ·ㄷ·ㄹ. (○) 법 제9조 제1항 참조

> **정비계획의 내용(법 제9조 제1항)**
> 1. 정비사업의 명칭
> 2. 정비구역 및 그 면적
> 2의2. 토지등소유자 유형별 분담금 추산액 및 산출근거
> 3. 도시·군계획시설의 설치에 관한 계획 (ㄱ)
> 4. 공동이용시설 설치계획
> 5. 건축물의 주용도·건폐율·용적률·높이에 관한 계획 (ㄷ)
> 6. 환경보전 및 재난방지에 관한 계획
> 7. 정비구역 주변의 교육환경 보호에 관한 계획
> 8. 세입자 주거대책 (ㄹ)
> 9. 정비사업시행 예정시기
>   ~ 이하 생략 ~

ㄴ. (×) 기본계획의 내용에 해당한다(법 제5조 제1항 제8호).

답 ⑤

04 도시 및 주거환경정비법령상 정비구역에 관한 설명으로 옳은 것은? 기출 24

① 광역시의 군수가 정비계획을 입안한 경우에는 직접 정비구역을 지정할 수 있다.
② 정비구역에서 건축물의 용도만을 변경하는 경우에는 따로 시장·군수등의 허가를 받지 않아도 된다.
③ 재개발사업을 시행하는 지정개발자가 사업시행자 지정일부터 3년이 되는 날까지 사업시행계획인가를 신청하지 않은 경우 해당 정비구역을 해제하여야 한다.
④ 토지등소유자는 공공재개발사업을 추진하려는 경우 정비계획의 입안권자에게 정비계획의 입안을 제안할 수 있다.
⑤ 정비구역이 해제된 경우에도 정비계획으로 변경된 용도지역, 정비기반시설 등은 정비구역 지정 이후의 상태로 존속한다.

해설

④ (○) 법 제14조 제1항 제7호
① (×) 자치구의 구청장 또는 광역시의 군수는 제9조(정비계획의 내용)에 따른 정비계획을 입안하여 특별시장·광역시장에게 정비구역 지정을 신청하여야 한다(법 제8조 제5항).
② (×) 건축물의 용도변경은 시장·군수 등의 허가를 받아야 한다(법 제19조 제1항, 영 제15조 제1항 제1호).
③ (×) 조합이 조합설립인가를 받은 날부터 3년이 되는 날까지 사업시행계획인가를 신청하지 아니하는 경우 정비구역의 지정권자는 정비구역 등을 해제하여야 한다(법 제20조 제1항 제2호 라목).
⑤ (×) 정비구역 등이 해제된 경우에는 정비계획으로 변경된 용도지역, 정비기반시설 등은 정비구역 지정 이전의 상태로 환원된 것으로 본다(법 제22조 제1항).

답 ④

05 도시 및 주거환경정비법령상 정비계획 입안을 위하여 주민의견 청취절차를 거쳐야 하는 경우는? (단, 조례는 고려하지 않음) 기출 21

① 공동이용시설 설치계획을 변경하는 경우
② 재난방지에 관한 계획을 변경하는 경우
③ 정비사업시행 예정시기를 3년의 범위에서 조정하는 경우
④ 건축물의 최고 높이를 변경하는 경우
⑤ 건축물의 용적률을 20퍼센트 미만의 범위에서 확대하는 경우

해설

⑤ (○) 건축물의 용적률을 10퍼센트 미만의 범위에서 확대하는 경우는 대통령으로 정하는 경미한 사항을 변경하는 경우에 해당하여 주민의견 청취절차를 거치지 아니할 수 있으나, 건축물의 용적률을 20퍼센트 미만의 범위에서 확대하는 경우는 주민의견 청취절차를 거쳐야 하는 경우가 있다(도시정비법 제15조 제3항, 동법 시행령 제13조 제4항 제7조 참조).
①·②·③·④ (×) ①~④는 모두 대통령으로 정하는 경미한 사항을 변경하는 경우에 해당하여 주민의견 청취절차를 거치지 아니할 수 있다(도시정비법 제15조 제3항, 동법 시행령 제13조 제4항 각호).

> **"대통령령으로 정하는 경미한 사항을 변경하는 경우"**(영 제13조 제4항)
> 1. 정비구역의 면적을 10퍼센트 미만의 범위에서 변경하는 경우(법 제18조에 따라 정비구역을 분할, 통합 또는 결합하는 경우를 제외한다)
> 1의2. 토지등소유자별 분담금 추산액 및 산출근거를 변경하는 경우
> 2. 정비기반시설의 위치를 변경하는 경우와 정비기반시설 규모를 10퍼센트 미만의 범위에서 변경하는 경우
> 3. 공동이용시설 설치계획을 변경하는 경우 (①)
> 4. 재난방지에 관한 계획을 변경하는 경우 (②)
> 5. 정비사업시행 예정시기를 3년의 범위에서 조정하는 경우 (③)
> 6. 「건축법 시행령」[별표 1] 각 호의 용도범위에서 건축물의 주용도(해당 건축물의 가장 넓은 바닥면적을 차지하는 용도를 말한다)를 변경하는 경우
> 7. 건축물의 건폐율 또는 용적률을 축소하거나 10퍼센트 미만의 범위에서 확대하는 경우
> 8. 건축물의 최고 높이를 변경하는 경우 (④)
> 9. 법 제66조에 따라 용적률을 완화하여 변경하는 경우
> 10.~12. 생략

답 ⑤

06 도시 및 주거환경정비법령상 정비구역에서 허가를 받아야 하는 행위와 그 구체적 내용을 옳게 연결한 것은? (단, 「국토의 계획 및 이용에 관한 법률」에 따른 개발행위허가의 대상이 아닌 것을 전제로 함) 기출 22

① 건축물의 건축 등 : 「건축법」 제2조 제1항 제2호에 따른 건축물(가설건축물을 포함한다)의 건축, 용도변경
② 공작물의 설치 : 농림수산물의 생산에 직접 이용되는 것으로서 국토교통부령으로 정하는 간이공작물의 설치
③ 토석의 채취 : 정비구역의 개발에 지장을 주지 아니하고 자연경관을 손상하지 아니하는 범위에서의 토석의 채취
④ 물건을 쌓아놓는 행위 : 정비구역에 존치하기로 결정된 대지에 물건을 쌓아놓는 행위
⑤ 죽목의 벌채 및 식재 : 관상용 죽목의 임시식재(경작지에서의 임시식재는 제외한다)

해설

① (○) 영 제15조 제1항

> **행위허가의 대상 등(영 제15조 제1항)**
>
> 법 제19조 제1항에 따라 시장·군수 등의 허가를 받아야 하는 행위는 다음 각 호와 같다.
> 1. 건축물의 건축 등 : 「건축법」 제2조 제1항 제2호에 따른 건축물(가설건축물을 포함한다)의 건축, 용도변경
> 2. 공작물의 설치 : 인공을 가하여 제작한 시설물(「건축법」 제2조 제1항 제2호에 따른 건축물을 제외한다)의 설치
> 3. 토지의 형질변경 : 절토(땅깎기)·성토(흙쌓기)·정지(땅고르기)·포장 등의 방법으로 토지의 형상을 변경하는 행위, 토지의 굴착 또는 공유수면의 매립
> 4. 토석의 채취 : 흙·모래·자갈·바위 등의 토석을 채취하는 행위. 다만, 토지의 형질변경을 목적으로 하는 것은 제3호에 따른다.
> 5. 토지분할
> 6. 물건을 쌓아놓는 행위 : 이동이 쉽지 아니한 물건을 1개월 이상 쌓아놓는 행위
> 7. 죽목의 벌채 및 식재

답 ①

07 도시 및 주거환경정비법령상 정비구역 안에서 시장·군수의 허가를 받아야하는 행위로 옳은 것만을 모두 고른 것은? (단, 재해복구 또는 재난수습에 필요한 응급조치를 위하여 하는 행위는 고려하지 않으며, 정비구역의 지정 및 고시 당시 이미 행위허가를 받았거나 받을 필요가 없는 행위는 제외함)

기출 16

ㄱ. 가설공연장의 용도변경
ㄴ. 죽목의 벌채
ㄷ. 토지분할
ㄹ. 이동이 용이하지 아니한 물건을 3주일 동안 쌓아놓는 행위

① ㄱ, ㄹ
② ㄷ, ㄹ
③ ㄱ, ㄴ, ㄷ
④ ㄱ, ㄷ, ㄹ
⑤ ㄱ, ㄴ, ㄷ, ㄹ

해설

ㄱ. (○) 가설공연장의 용도변경(영 제15조 제1항 제1호)
ㄴ. (○) 죽목의 벌채(영 제15조 제1항 제7호)
ㄷ. (○) 토지분할(법 제19조 제1항 제5호)

> **행위제한 등(법 제19조 제1항)**
> 정비구역에서 다음 각 호의 어느 하나에 해당하는 행위를 하려는 자는 시장·군수 등의 허가를 받아야 한다. 허가받은 사항을 변경하려는 때에도 또한 같다.
> 1. 건축물의 건축
> 2. 공작물의 설치
> 3. 토지의 형질변경
> 4. 토석의 채취
> 5. 토지분할
> 6. 물건을 쌓아 놓는 행위
> 7. 그 밖에 대통령령으로 정하는 행위

ㄹ. (×) 이동이 쉽지 아니한 물건을 <u>1개월 이상</u> 쌓아놓는 행위(영 제15조 제1항 제6호)

 ③

08 도시 및 주거환경정비법령상 정비구역의 해제사유에 해당하는 것은? 기출 20

① 조합의 재건축사업의 경우, 토지등소유자가 정비구역으로 지정·고시된 날부터 1년이 되는 날까지 조합설립추진위원회의 승인을 신청하지 않은 경우
② 조합의 재건축사업의 경우, 토지등소유자가 정비구역으로 지정·고시된 날부터 2년이 되는 날까지 조합설립인가를 신청하지 않은 경우
③ 조합의 재건축사업의 경우, 조합설립추진위원회가 추진위원회 승인일부터 1년이 되는 날까지 조합설립인가를 신청하지 않은 경우
④ 토지등소유자가 재개발사업을 시행하는 경우로서 토지등소유자가 정비구역으로 지정·고시된 날부터 5년이 되는 날까지 사업시행계획인가를 신청하지 않은 경우
⑤ 조합설립추진위원회가 구성된 구역에서 토지등소유자의 100분의 20이 정비구역의 해제를 요청한 경우

해설

④ (○) 법 제20조 제1항 제3호
① (×) 토지등소유자가 정비구역으로 지정·고시된 날부터 <u>2년</u>이 되는 날까지 조합설립추진위원회의 승인을 신청하지 아니하는 경우이다(법 제20조 제1항 제2호 가목).
② (×) 토지등소유자가 정비구역으로 지정·고시된 날부터 <u>3년</u>이 되는 날까지 조합설립인가를 신청하지 아니하는 경우(추진위원회를 구성하지 아니하는 경우로 한정한다)이다(법 제20조 제1항 제2호 나목).
③ (×) 추진위원회가 추진위원회 승인일부터 <u>2년</u>이 되는 날까지 조합설립인가를 신청하지 아니하는 경우이다(법 제20조 제1항 제2호 다목).
⑤ (×) 조합설립추진위원회가 구성되지 아니한 구역에서 토지등소유자의 <u>100분의 30 이상</u>이 해제를 요청한 경우는 <u>정비구역 등의 직권해제 사유</u>에 해당한다(법 제21조 제1항 제3호).

답 ④

09 도시 및 주거환경정비법령상 정비구역에 관한 설명으로 옳지 않은 것은? (단, 조례는 고려하지 않음) 기출 19

① 정비구역의 지정권자는 정비구역에서의 건축물의 최고 높이를 변경하는 경우에는 지방도시계획위원회의 심의를 거치지 아니할 수 있다.
② 정비구역의 지정권자는 정비사업의 효율적인 추진을 위하여 필요하다고 인정하는 경우에는 하나의 정비구역을 둘 이상의 정비구역으로 분할하는 방법으로 정비구역을 지정할 수 있다.
③ 정비사업의 시행으로 토지등소유자에게 과도한 부담이 발생할 것으로 예상되는 경우 정비구역의 지정권자는 지방도시계획위원회의 심의를 거치지 아니하고 정비구역 등을 해제할 수 있다.
④ 주거환경개선사업은 사업시행자가 정비구역에서 정비기반시설 및 공동이용시설을 새로 설치하거나 확대하고 토지등소유자가 스스로 주택을 보전·정비하거나 개량하는 방법으로 할 수 있다.
⑤ 정비구역 등의 추진 상황으로 보아 지정 목적을 달성할 수 없다고 인정되어 정비구역 등이 해제된 경우 정비계획으로 변경된 용도지역은 정비구역 지정 이전의 상태로 전환된 것으로 본다.

해설

③ (×) 정비사업의 시행으로 토지등소유자에게 과도한 부담이 발생할 것으로 예상되는 경우 정비구역의 지정권자는 지방도시계획위원회의 심의를 거쳐 정비구역 등을 해제할 수 있다(법 제21조 제1항 제1호).

정비구역 등의 직권해제(법 제21조 제1항)
정비구역의 지정권자는 다음 각 호의 어느 하나에 해당하는 경우 지방도시계획위원회의 심의를 거쳐 정비구역 등을 해제할 수 있다. 이 경우 제1호 및 제2호에 따른 구체적인 기준 등에 필요한 사항은 시·도조례로 정한다.
1. 정비사업의 시행으로 토지등소유자에게 과도한 부담이 발생할 것으로 예상되는 경우
2. 정비구역 등의 추진 상황으로 보아 지정 목적을 달성할 수 없다고 인정되는 경우
3. 토지등소유자의 100분의 30 이상이 정비구역 등(추진위원회가 구성되지 아니한 구역으로 한정한다)의 해제를 요청하는 경우
4. ~6. 생략

① (○) 법 제16조 제1항 단서, 영 제13조 제4항 제8호
② (○) 법 제18조 제1항 제1호
④ (○) 법 제23조 제1항 제1호
⑤ (○) 법 제22조 제1항

답 ③

제3장 정비사업의 시행

01 도시 및 주거환경정비법령상 주거환경개선사업에 관련된 설명 중 틀린 것은? [기출수정] [기출 18]

① 주거환경개선사업은 도시저소득 주민이 집단거주하는 지역으로서 정비기간시설이 극히 열악하고 노후·불량건축물이 과도하게 밀집한 지역의 주거환경을 개선하거나 단독주택 및 다세대주택이 밀집한 지역에서 정비기반시설과 공동이용시설 확충을 통하여 주거환경을 보전·정비·개량하기 위한 사업을 말한다.
② 사업시행자가 정비구역에서 인가받은 관리처분계획에 따라 주택 및 부대시설·복리시설을 건설하여 공급하는 방법으로 시행할 수도 있다.
③ 사업시행자가 정비구역에서 인가받은 관리처분계획에 따라 주택 및 부대시설·복리시설을 건설하여 공급하는 방법에 의한 주거환경개선사업인 경우 정비계획의 공람공고일 현재 해당 정비예정구역 안의 토지 또는 건축물의 소유자 또는 지상권자의 3분의 2 이상의 동의와 세입자 세대수 2분의 1 이상의 동의를 각각 얻어 시장·군수 등이 직접 시행할 수 있다.
④ 사업시행자가 정비구역 안에서 정비기반시설을 새로이 설치하거나 확대하고 토지등소유자가 스스로 주택을 개량하는 방법이나 환지로 공급하는 방법으로도 시행할 수 있다.
⑤ 사업시행자는 주거환경개산사업의 시행으로 철거되는 주택의 소유자 및 세입자에 대하여 당해 정비구역 내외에 소재한 임대주택 등의 시설에 임시로 거주하게 하거나 주택자금의 융자알선 등 임시거주에 상응하는 조치를 하여야 한다.

해설

③ (×) 공람공고일 현재 해당 정비예정구역의 토지 또는 건축물의 소유자 또는 지상권자의 3분의 2 이상의 동의와 세입자(공람공고일 3개월 전부터 해당 정비예정구역에 3개월 이상 거주하고 있는 자를 말한다) 세대수의 과반수의 동의를 각각 받아야 한다. 다만, 세입자의 세대수가 토지등소유자의 2분의 1 이하인 경우 등 대통령령으로 정하는 사유가 있는 경우에는 세입자의 동의절차를 거치지 아니할 수 있다(법 제24조 제3항).
① (○) 법 제2조 제2호 가목
② (○) 법 제23조 제1항 제4호
④ (○) 법 제23조 제1항 제1호, 제3호
⑤ (○) 법 제61조 제1항

답 ③

02 도시 및 주거환경정비법령상 정비사업의 시행에 관한 설명으로 옳지 않은 것은? 기출 19

① 재건축사업은 조합이 조합원의 과반수의 동의를 받아 시장·군수 등과 공동을 시행할 수 있다.
② 토지등소유자가 20인 미만인 경우에는 토지등소유자가 직접 재개발사업을 시행할 수 없다.
③ 조합설립추진위원회도 개략적인 정비사업 시행계획서를 작성할 수 있다.
④ 재개발사업은 정비구역에서 인가받은 관리처분계획에 따라 건축물을 건설하여 공급하거나 환지로 공급하는 방법으로 한다.
⑤ 조합이 사업시행자인 경우 시장·군수 등은 특별한 사유가 없으면 사업시행계획서의 제출이 있은 날부터 60일 이내에 인가 여부를 결정하여 사업시행자에게 통보하여야 한다.

해설

② (×) 토지등소유자가 20인 미만인 경우에는 토지등소유자가 시행하거나 토지등소유자가 토지등소유자의 과반수의 동의를 받아 시장·군수 등, 토지주택공사 등, 건설업자, 등록사업자 또는 대통령령으로 정하는 요건을 갖춘 자와 공동으로 재개발사업을 시행할 수 있다(법 제25조 제1항 제2호).

> **재개발사업 · 재건축사업의 시행자(법 제25조 제1항)**
> 재개발사업은 다음 각 호의 어느 하나에 해당하는 방법으로 시행할 수 있다.
> 1. 조합이 시행하거나 조합이 조합원의 과반수의 동의를 받아 시장·군수 등, 토지주택공사 등, 건설업자, 등록사업자 또는 대통령령으로 정하는 요건을 갖춘 자와 공동으로 시행하는 방법
> 2. 토지등소유자가 20인 미만인 경우에는 토지등소유자가 시행하거나 토지등소유자가 토지등소유자의 과반수의 동의를 받아 시장·군수 등, 토지주택공사 등, 건설업자, 등록사업자 또는 대통령령으로 정하는 요건을 갖춘 자와 공동으로 시행하는 방법

① (○) 법 제25조 제2항
③ (○) 법 제32조 제1항 제3호
④ (○) 법 제23조 제2항
⑤ (○) 법 제50조 제1항

답 ②

03 도시 및 주거환경정비법령상 시장·군수 등이 직접 정비사업을 시행하거나 토지주택공사 등을 사업시행자로 지정하여 정비사업을 시행하게 할 수 있는 경우에 해당하지 않는 것은? 기출 22

① 천재지변으로 긴급하게 정비사업을 시행할 필요가 있다고 인정하는 때
② 재건축조합이 사업시행 예정일부터 2년 이내에 사업시행계획인가를 신청하지 아니한 때
③ 조합설립추진위원회가 시장·군수 등의 구성승인을 받은 날부터 3년 이내에 조합설립인가를 신청하지 아니한 때
④ 지방자치단체의 장이 시행하는 「국토의 계획 및 이용에 관한 법률」에 따른 도시·군계획사업과 병행하여 정비사업을 시행할 필요가 있다고 인정하는 때
⑤ 해당 정비구역의 국·공유지 면적 또는 국·공유지와 토지주택공사 등이 소유한 토지를 합한 면적이 전체 토지면적의 2분의 1 이상으로서 토지등소유자의 과반수가 시장·군수 등 또는 토지주택공사 등을 사업시행자로 지정하는 것에 동의하는 때

해설

② (×) 시장·군수 등은 재개발사업 및 재건축사업이 고시된 정비계획에서 정한 정비사업시행 예정일부터 2년 이내에 사업시행계획인가를 신청하지 아니한 때에는 토지등소유자, 「사회기반시설에 대한 민간투자법」 제2조 제12호에 따른 민관합동법인 또는 신탁업자로서 대통령령으로 정하는 요건을 갖춘 자(이하 "지정개발자"라 한다)를 사업시행자로 지정하여 정비사업을 시행하게 할 수 있다(법 제27조 제1항 제2호).

> **재개발사업·재건축사업의 공공시행자(법 제26조 제1항)**
>
> 시장·군수 등은 재개발사업 및 재건축사업이 다음 각 호의 어느 하나에 해당하는 때에는 제25조에도 불구하고 직접 정비사업을 시행하거나 토지주택공사 등(토지주택공사 등이 건설업자 또는 등록사업자와 공동으로 시행하는 경우를 포함한다)을 사업시행자로 지정하여 정비사업을 시행하게 할 수 있다.
> 1. 천재지변, 「재난 및 안전관리기본법」 제27조 또는 「시설물의 안전 및 유지관리에 관한 특별법」 제23조에 따른 사용제한·사용금지, 그 밖의 불가피한 사유로 긴급하게 정비사업을 시행할 필요가 있다고 인정하는 때
> 2. 제16조 제2항 전단에 따라 고시된 정비계획에서 정한 정비사업시행 예정일부터 2년 이내에 사업시행계획인가를 신청하지 아니하거나 사업시행계획인가를 신청한 내용이 위법 또는 부당하다고 인정하는 때(재건축사업의 경우는 제외한다)
> 3. 추진위원회가 시장·군수 등의 구성승인을 받은 날부터 3년 이내에 조합설립인가를 신청하지 아니하거나 조합이 조합설립인가를 받은 날부터 3년 이내에 사업시행계획인가를 신청하지 아니한 때
> 4. 지방자치단체의 장이 시행하는 「국토의 계획 및 이용에 관한 법률」 제2조 제11호에 따른 도시·군계획사업과 병행하여 정비사업을 시행할 필요가 있다고 인정하는 때
> 5. 제59조 제1항에 따른 순환정비방식으로 정비사업을 시행할 필요가 있다고 인정하는 때
> 6. 제113조에 따라 사업시행계획인가가 취소된 때

> 7. 해당 정비구역의 국·공유지 면적 또는 국·공유지와 토지주택공사 등이 소유한 토지를 합한 면적이 전체 토지면적의 2분의 1 이상으로서 토지등소유자의 과반수가 시장·군수 등 또는 토지주택공사 등을 사업시행자로 지정하는 것에 동의하는 때
> 8. 해당 정비구역의 토지면적 2분의 1 이상의 토지소유자와 토지등소유자의 3분의 2 이상에 해당하는 자가 시장·군수 등 또는 토지주택공사 등을 사업시행자로 지정할 것을 요청하는 때. 이 경우 제14조 제1항 제2호에 따라 토지등소유자가 정비계획의 입안을 제안한 경우 입안제안에 동의한 토지등소유자는 토지주택공사 등의 사업시행자 지정에 동의한 것으로 본다. 다만, 사업시행자의 지정 요청 전에 시장·군수 등 및 제47조에 따른 주민대표회의에 사업시행자의 지정에 대한 반대의 의사표시를 한 토지등소유자의 경우에는 그러하지 아니하다.

답 ②

04 도시 및 주거환경정비법령상 조합설립추진위원회(이하 '추진위원회')에 관한 설명으로 옳지 않은 것은? 기출 21

① 국토교통부장관은 추진위원회의 공정한 운영을 위하여 추진위원회의 운영규정을 정하여 고시하여야 한다.
② 추진위원회는 운영규정에 따라 운영하여야 하며, 토지등소유자는 운영에 필요한 경비를 운영규정에 따라 납부하여야 한다.
③ 추진위원회는 사용경비를 기재한 회계장부 및 관계 서류를 조합설립인가일부터 30일 이내에 조합에 인계하여야 한다.
④ 추진위원회는 조합설립에 필요한 동의를 받기 전에 추정분담금 등 대통령령으로 정하는 정보를 토지등소유자에게 제공하여야 한다.
⑤ 조합이 시행하는 재건축사업에서 추진위원회가 추진위원회 승인일부터 1년이 되는 날까지 조합설립인가를 신청하지 아니하는 경우에는 정비구역의 지정권자는 정비구역 등을 해제하여야 한다.

해설

⑤ (×) 조합이 시행하는 재건축사업에서 추진위원회가 추진위원회 승인일부터 <u>2년이 되는</u> 날까지 조합설립인가를 신청하지 아니하는 경우에는 정비구역의 지정권자는 정비구역 등을 해제하여야 한다(법 제20조 제1항 제2호 다목).
① (○) 법 제34조 제1항
② (○) 법 제34조 제2항
③ (○) 법 제34조 제4항
④ (○) 법 제35조 제10항

답 ⑤

05 도시 및 주거환경정비법령상 조합설립추진위원회가 수행할 수 있는 업무에 해당하지 않는 것은? (단, 조합설립추진위원회 운영규정은 고려하지 않음) 기출 18

① 정비사업전문관리업자의 선정
② 조합 정관의 변경
③ 설계자의 변경
④ 개략적인 정비사업 시행계획서의 작성
⑤ 토지등소유자의 동의서 징구

해설

추진위원회의 기능(법 제32조 제1항)
추진위원회는 다음 각 호의 업무를 수행할 수 있다.
1. 제102조에 따른 정비사업전문관리업자의 선정 (①) 및 변경
2. 설계자의 선정 및 변경 (③)
3. 개략적인 정비사업 시행계획서의 작성 (④)
4. 조합설립인가를 받기 위한 준비업무
5. 그 밖에 조합설립을 추진하기 위하여 대통령령으로 정하는 업무(영 제26조)
   • 제31조 제1항 제2호에 따른 추진위원회 운영규정의 작성
   • 토지등소유자의 동의서의 접수 (⑤)
   • 조합의 설립을 위한 창립총회의 개최
   • 조합 정관의 초안 작성
   • 그 밖에 추진위원회 운영규정으로 정하는 업무

답 ②

06 도시 및 주거환경정비법령상 조합에 관한 설명으로 옳은 것은? 기출 23

① 조합이 정관의 기재사항인 조합임원의 수를 변경하려는 때에는 시장·군수 등의 인가를 받아야 한다.
② 건설되는 건축물의 설계 개요를 변경하려면 조합총회의 의결을 거쳐야 한다.
③ 토지등소유자의 수가 100인을 초과하는 경우 조합에 두는 이사의 수는 7명 이상으로 한다.
④ 조합임원의 임기는 5년 이하의 범위에서 정관으로 정하되, 연임할 수 없다.
⑤ 조합의 대의원회는 조합원의 10분의 1 이상으로 구성하며, 조합장이 아닌 조합임원도 대의원이 될 수 있다.

해설

① (×) 조합이 정관의 기재사항인 조합임원의 수를 변경하려는 때에는 시장·군수 등에게 신고하여야 한다(법 제40조 제4항, 영 제39조 제2호).
② (×) 조합설립인가내용 중 건설되는 건축물의 설계 개요의 변경은 "대통령령으로 정하는 경미한 사항"에 해당되어 총회의 의결 없이 시장·군수 등에게 신고하고 변경할 수 있다(법 제35조 제5항, 영 제31조 제5호).
  ※ 법 제35조(조합설립인가 등) 제5항 단서 조항 및 영 제31조(조합설립인가내용의 경미한 변경) 제5호에 따르면 "건설되는 건축물의 설계 개요의 변경"은 조합설립인가내용의 "대통령령으로 정하는 경미한 사항의 변경"에 해당하여 총회의 의결 없이 시장·군수 등에게 신고하고 변경할 수 있으므로 옳지 않은 지문이 된다. 따라서 모두 정답으로 처리하였다.

> **총회의 의결(법 제45조 제1항 제13호, 영 제42조 제1항)**
> 총회의 의결을 거쳐야 하는 사항은 다음 각 호와 같다.
>   1. 조합의 합병 또는 해산에 관한 사항
>   2. 대의원의 선임 및 해임에 관한 사항
>   3. 건설되는 건축물의 설계 개요의 변경
>   4. 정비사업비의 변경

③ (×) 토지 등 소유자의 수가 100인을 초과하는 경우에는 이사의 수를 5명 이상으로 한다(영 제40조 단서).
④ (×) 조합임원의 임기는 3년 이하의 범위에서 정관으로 정하되, 연임할 수 있다(법 제41조 제4항).
⑤ (×) 조합장이 아닌 조합임원은 대의원이 될 수 없다(법 제46조 제3항).

답 모두 정답

07 도시 및 주거환경정비법령상 주택재개발조합이 조합설립인가를 받은 사항 중 시장·군수등에게 신고하고 변경할 수 있는 사항을 모두 고른 것은? (단, 정관 및 조례는 고려하지 않음) 기출 24

> ㄱ. 착오임이 명백한 사항
> ㄴ. 토지의 매매로 조합원의 권리가 이전된 경우의 조합원의 교체
> ㄷ. 정비구역의 면적이 15퍼센트 변경됨에 따라 변경되어야 하는 사항
> ㄹ. 조합의 명칭

① ㄱ, ㄴ
② ㄴ, ㄷ
③ ㄷ, ㄹ
④ ㄱ, ㄴ, ㄹ
⑤ ㄱ, ㄷ, ㄹ

해설

ㄱ·ㄴ·ㄹ. (○) 영 제31조 참고

> **조합설립인가내용의 경미한 변경(영 제31조)**
> 법 제35조 제5항 단서에서 "대통령령으로 정하는 경미한 사항"이란 다음 각 호의 사항을 말한다.
> 1. 착오·오기 또는 누락임이 명백한 사항 (ㄱ)
> 2. 조합의 명칭 (ㄹ) 및 주된 사무소의 소재지와 조합장의 성명 및 주소(조합장의 변경이 없는 경우로 한정한다)
> 3. 토지 또는 건축물의 매매 등으로 조합원의 권리가 이전된 경우의 조합원의 교체 (ㄴ) 또는 신규가입
> 4. 조합임원 또는 대의원의 변경(법 제45조에 따른 총회의 의결 또는 법 제46조에 따른 대의원회의 의결을 거친 경우로 한정한다)
> 5. 건설되는 건축물의 설계 개요의 변경
> 6. 정비사업비의 변경
> 7. 현금청산으로 인하여 정관에서 정하는 바에 따라 조합원이 변경되는 경우
> 8. 법 제16조에 따른 정비구역 또는 정비계획의 변경에 따라 변경되어야 하는 사항. 다만, 정비구역 면적이 10퍼센트 이상의 범위에서 변경되는 경우는 제외한다.
> 9. 그 밖에 시·도 조례로 정하는 사항

답 ④

08 도시 및 주거환경정비법령상 조합을 설립하는 경우 토지등소유자의 동의자수 산정방법으로 옳지 않은 것은? 기출 17

① 주택재건축사업의 경우 1명이 둘 이상의 소유권을 소유하고 있는 경우에는 소유권의 수에 관계없이 토지등소유자를 1명으로 산정한다.
② 주택재개발사업의 경우 하나의 건축물이 수인의 공유에 속하는 때에는 그 수인을 대표하는 1인을 토지등소유자로 산정한다.
③ 국·공유지에 대해서는 그 재산관리청을 토지등소유자로 산정한다.
④ 주택재개발사업의 경우 토지에 지상권이 설정되어 있는 경우에는 토지의 소유자와 해당 토지의 지상권자를 대표하는 1인을 토지등소유자로 산정한다.
⑤ 도시환경정비사업의 경우 토지등소유자가 정비구역 지정 후에 정비사업을 목적으로 토지를 추가로 취득하여 1인이 다수 필지의 토지를 소유하게 된 경우에는 필지의 수에 관계없이 토지등소유자를 1인으로 산정한다.

해설

⑤ (×) 1인이 다수 필지의 토지 또는 다수의 건축물을 소유하고 있는 경우에는 필지나 건축물의 수에 관계없이 토지등소유자를 1인으로 산정할 것. 다만, 재개발사업으로서 법 제25조 제1항 제2호에 따라 토지등소유자가 재개발사업을 시행하는 경우 토지등소유자가 정비구역 지정 후에 정비사업을 목적으로 취득한 토지 또는 건축물에 대해서는 정비구역 지정 당시의 토지 또는 건축물의 소유자를 토지등소유자의 수에 포함하여 산정하되, 이 경우 동의 여부는 이를 취득한 토지등소유자에 따른다(영 제33조 제1항 제1호 다목).
① (○) 영 제33조 제1항 제2호 나목
② (○) 영 제33조 제1항 제1호 가목
③ (○) 영 제33조 제1항 제5호(이 경우 재산관리청은 동의 요청을 받은 날부터 30일 이내에 동의 여부를 표시하지 않으면 동의한 것으로 본다) 〈개정 2024.12.17.〉
④ (○) 영 제33조 제1항 제1호 나목

답 ⑤

09 도시 및 주거환경정비법령상 조합이 정관의 기재사항을 변경하려고 할 때, 조합원 3분의 2 이상의 찬성을 받아야 하는 것을 모두 고른 것은? (단, 조례는 고려하지 않음) 기출 20

> ㄱ. 조합의 명칭 및 사무소의 소재지
> ㄴ. 조합원의 자격
> ㄷ. 조합원의 제명·탈퇴 및 교체
> ㄹ. 정비사업비의 부담 시기 및 절차
> ㅁ. 조합의 비용부담 및 조합의 회계

① ㄱ, ㄴ, ㄷ
② ㄱ, ㄹ, ㅁ
③ ㄴ, ㄷ, ㄹ
④ ㄱ, ㄴ, ㄷ, ㅁ
⑤ ㄴ, ㄷ, ㄹ, ㅁ

해설

ㄱ. (×) 조합의 명칭 및 사무소의 소재지의 경우에는 조합원 과반수의 찬성으로 시장·군수 등의 인가를 받아야 한다(법 제40조 제3항).

ㄴ·ㄷ·ㄹ·ㅁ. (○) 조합이 정관을 변경하려는 경우에는 총회를 개최하여 조합원 과반수의 찬성으로 시장·군수 등의 인가를 받아야 한다. 다만, 다음의 경우에는 조합원 3분의 2 이상의 찬성으로 한다(법 제40조 제3항).
  1. 조합원의 자격(제2호)
  2. 조합원의 제명·탈퇴 및 교체(제3호)
  3. 정비구역의 위치 및 면적(제4후)
  4. 조합의 비용부담 및 조합의 회계(제8호)
  5. 정비사업비의 부담 시기 및 절차(제13호)
  6. 시공자·설계자의 선정 및 계약서에 포함될 내용(제16호)

> **정관의 기재사항 등(법 제40조 제1항)**
> 조합의 정관에는 다음 각 호의 사항이 포함되어야 한다.
>   1. 조합의 명칭 및 사무소의 소재지
>   2. 조합원의 자격 (ㄴ)
>   3. 조합원의 제명·탈퇴 및 교체 (ㄷ)
>   4. 정비구역의 위치 및 면적
>   5. 제41조에 따른 조합의 임원(이하 "조합임원"이라 한다)의 수 및 업무의 범위
>   6. 조합임원의 권리·의무·보수·선임방법·변경 및 해임
>   7. 대의원의 수, 선임방법, 선임절차 및 대의원회의 의결방법
>   8. 조합의 비용부담 및 조합의 회계 (ㅁ)
>   9. 정비사업의 시행연도 및 시행방법
>   10. 총회의 소집 절차·시기 및 의결방법
>   11. 총회의 개최 및 조합원의 총회소집 요구
>   12. 제73조 제3항에 따른 이자 지급

13. 정비사업비의 부담 시기 및 절차 (ㄹ)
14. 정비사업이 종결된 때의 청산절차
15. 청산금의 징수·지급의 방법 및 절차
16. 시공자·설계자의 선정 및 계약서에 포함될 내용
17. 정관의 변경절차
18. 그 밖에 정비사업의 추진 및 조합의 운영을 위하여 필요한 사항으로서 대통령령으로 정하는 사항

답 ⑤

10

도시 및 주거환경정비법령상 조합설립추진위원회와 조합에 관한 설명으로 옳지 않은 것은?

기출 20

① 조합설립추진위원회는 설계자의 선정 및 변경의 업무를 수행할 수 있다.
② 조합설립추진위원회는 추진위원회를 대표하는 추진위원장 1명과 감사를 두어야 한다.
③ 조합장이 자기를 위하여 조합과 계약이나 소송을 할 때에는 이사가 조합을 대표한다.
④ 정비사업전문관리업자의 선정 및 변경의 사항은 조합 총회의 의결을 거쳐야 한다.
⑤ 조합장이 아닌 조합임원은 조합의 대의원이 될 수 없다.

해설

③ (×) 조합장 또는 이사가 자기를 위하여 조합과 계약이나 소송을 할 때에는 <u>감사가 조합을 대표한다</u>(법 제42조 제3항).
① (○) 법 제32조 제1항 제2호
② (○) 법 제33조 제1항
④ (○) 법 제45조 제1항 제7호
⑤ (○) 법 제46조 제3항

답 ③

11 도시 및 주거환경정비법령상 조합임원에 관한 설명으로 옳은 것은? 기출 19

① 조합임원이 금고 이상의 형의 집행유예를 받고 그 유예기간 중에 있는 경우에는 총회의 의결을 거쳐 해임된다.
② 조합임원은 조합원 10분의 1 이상의 요구로 소집된 총회에서 조합원 과반수의 출석과 출석 조합원 과반수의 동의를 받아 해임할 수 있다.
③ 조합장 또는 이사가 자기를 위하여 조합과 계약이나 소송을 할 때에는 대의원회의 의장이 조합을 대표한다.
④ 조합임원의 임기는 정관으로 정하되, 연임할 수 없다.
⑤ 조합의 정관에는 조합임원 업무의 분담 및 대행 등에 관한 사항은 포함되지 아니한다.

해설

② (○) 법 제43조 제4항
① (×) 당연 퇴임사유이다(법 제43조 제1항 및 제2항).
③ (×) 조합장 또는 이사가 자기를 위하여 조합과 계약이나 소송을 할 때에는 감사가 조합을 대표한다(법 제42조 제3항).
④ (×) 조합임원의 임기는 3년 이하의 범위에서 정관으로 정하되, 연임할 수 있다(법 제41조 제4항).
⑤ (×) 조합의 정관에는 조합임원 업무의 분담 및 대행 등에 관한 사항은 포함된다(법 제40조 제1항 제18호, 영 제38조 제2호).

답 ②

12 도시 및 주거환경정비법령상 재건축사업의 관리처분계획에 관한 설명으로 옳은 것은? 기출 24

① 관리처분계획에 포함될 분양대상자별 분양예정인 건축물의 추산액을 평가하기 위하여 시장·군수 등이 선정·계약한 감정평가법인 등을 변경하는 경우에는 조합총회의 의결을 거치지 않아도 된다.
② 토지등소유자에 대한 사업시행자의 매도청구에 대한 판결에 따라 관리처분계획을 변경하는 경우에는 시장·군수 등의 변경인가를 받아야 한다.
③ 사업시행자는 관리처분계획이 인가·고시된 날부터 90일 이내에 분양신청을 하지 않은 자와 손실보상에 관한 협의를 하여야 한다.
④ 관리처분계획에 포함되는 세입자별 손실보상을 위한 권리명세 및 그 평가액은 시장·군수 등이 선정한 2인 이상의 감정평가법인등이 평가한 금액을 산술평균하여 산정한다.
⑤ 시장·군수 등이 직접 관리처분계획을 수립하는 경우에는 토지등소유자의 공람 및 의견청취절차를 생략할 수 있다.

해설

① (○) 시공자·설계자 및 감정평가법인 등(제74조 제4항에 따라 <u>시장·군수 등이 선정·계약하는 감정평가법인 등은 제외</u>한다)의 선정 및 변경시 총회의 의결을 거쳐야 한다. 다만, 감정평가법인 등 선정 및 변경은 총회의 의결을 거쳐 시장·군수 등에게 위탁할 수 있다(법 제45조 제1항 제5호).
② (×) 판결에 따라 관리처분계획을 변경하는 경우는 경미한 사항이므로 시장·군수 등에게 신고해야 한다(영 제61조 제3호).
③ (×) 사업시행자는 관리처분계획이 인가·고시된 다음 날부터 90일 이내에 <u>다음 각 호에서 정하는 자와 토지, 건축물 또는 그 밖의 권리의 손실보상에 관한 협의를 하여야 한다</u>. 다만, 사업시행자는 분양신청기간 종료일의 다음 날부터 협의를 시작할 수 있다(법 제73조 제1항).
  1. 분양신청을 하지 아니한 자
  2. 분양신청기간 종료 이전에 분양신청을 철회한 자
  3. 제72조 제6항 본문에 따라 분양신청을 할 수 없는 자
  4. 제74조에 따라 인가된 관리처분계획에 따라 분양대상에서 제외된 자
④ (×) 재건축사업은 시장·군수 등이 선정·계약한 1인 이상의 감정평가법인 등과 조합총회의 의결로 선정·계약한 1인 이상의 감정평가법인 등이 평가한 금액을 산술평균하여 결정한다(법 제74조 제4항 제1호 나목).
⑤ (×) 시장·군수 등이 직접 관리처분계획을 수립하는 경우에도 토지등소유자에게 공람하게 하고 의견을 들어야 한다(법 제78조 제6항).

답 ①

13 도시 및 주거환경정비법령상 조합에 관한 설명으로 옳은 것은? 기출 25

① 조합원이 정비구역에 위치한 하나의 건축물 또는 토지를 다른 사람과 공유한 경우에도 조합의 임원이 되는데 제한이 없다.
② 조합장을 제외한 조합임원은 대의원이 될 수 없다.
③ 조합장을 제외한 조합임원은 같은 목적의 정비사업을 하는 다른 조합의 임직원을 겸할 수 있다.
④ 시공자의 선정을 의결하는 총회 및 시공자 선정 취소를 위한 총회의 경우 조합원의 과반수가 직접 출석하여야 한다.
⑤ 조합장이 선임 당시 결격사유에 해당하는 자임이 밝혀진 경우 당연 퇴임하고, 퇴임된 임원이 퇴임 전에 관여한 행위는 그 효력을 잃는다.

해설

② (○) 조합장이 아닌 조합임원은 대의원이 될 수 없다(법 제46조 제3항).
① (×) 조합원이 정비구역에 위치한 하나의 건축물 또는 토지를 다른 사람과 공유한 경우에는 가장 많은 지분을 소유(2인 이상의 공유자가 가장 많은 지분을 소유한 경우를 포함)한 경우에 한정하여 조합의 임원이 될 수 있다(법 제41조 제1항 전단).
③ (×) 조합임원은 같은 목적의 정비사업을 하는 다른 조합의 임원 또는 직원을 겸할 수 없다(법 제42조 제4항).
④ (×) 시공자의 선정을 의결하는 총회의 경우에는 조합원의 과반수가 직접 출석하여야 하고, 시공자 선정 취소를 위한 총회의 경우에는 조합원의 100분의 20 이상이 직접 출석하여야 한다(법 제45조 제10항 단서). 〈개정 2024.12.3.〉
⑤ (×) 조합장이 선임 당시 결격사유에 해당하는 자임이 밝혀진 경우 당연 퇴임하고(법 제43조 제2항 제1호), 퇴임된 임원이 퇴임 전에 관여한 행위는 그 효력을 잃지 아니한다(법 제43조 제3항).

답 ②

14 도시 및 주거환경정비법령상 정비사업에 관한 설명이다. (   )에 들어갈 내용으로 옳은 것은?

기출 23

- 시장·군수 등이 아닌 사업시행자가 정비사업을 시행하려는 경우에는 사업시행계획서에 정관 등과 그 밖에 국토교통부령으로 정하는 서류를 첨부하여 시장·군수 등에게 제출하고 사업시행계획(ㄱ)을(를) 받아야 한다.
- 시장·군수 등이 아닌 사업시행자가 정비사업 공사를 완료한 때에는 대통령령으로 정하는 방법 및 절차에 따라 시장·군수 등의 준공(ㄴ)을(를) 받아야 한다.

① ㄱ: 승인, ㄴ: 인가
② ㄱ: 승인, ㄴ: 허가
③ ㄱ: 인가, ㄴ: 승인
④ ㄱ: 인가, ㄴ: 인가
⑤ ㄱ: 인가, ㄴ: 허가

해설

ㄱ. **인가**

시장·군수 등이 아닌 사업시행자가 정비사업을 시행하려는 경우에는 사업시행계획서에 정관 등과 그 밖에 국토교통부령으로 정하는 서류를 첨부하여 시장·군수 등에게 제출하고 사업시행계획(**인가**)를 받아야 하고, 인가받은 사항을 변경하거나 정비사업을 중지 또는 폐지하려는 경우에도 또한 같다. 다만, 대통령령으로 정하는 경미한 사항을 변경하려는 때에는 시장·군수 등에게 신고하여야 한다(법 제50조 제1항).

ㄴ. **인가**

시장·군수 등이 아닌 사업시행자가 정비사업 공사를 완료한 때에는 대통령령으로 정하는 방법 및 절차에 따라 시장·군수 등의 준공(**인가**)를 받아야 한다(법 제83조 제1항).

답 ④

15 도시 및 주거환경정비법령상 사업시행계획인가의 경미한 변경에 해당하지 않는 것은? 기출 25

① 건축물이 아닌 부대시설·복리시설의 위치를 변경하는 때
② 외장재료를 변경하는 때
③ 건축물의 설계와 용도별 위치를 변경하지 아니하는 범위에서 건축물의 배치 및 주택 단지 안의 도로선형을 변경하는 때
④ 사업시행자의 명칭을 변경하는 때
⑤ 정비계획의 변경에 따라 사업시행계획서를 변경하는 때

해설

① (×) 건축물이 아닌 부대시설·복리시설의 "설치규모를 확대하는 때"가 사업시행계획인가의 경미한 변경에 해당하고, 건축물이 아닌 부대시설·복리시설의 "위치가 변경되는 경우"는 경미한 변경에 해당하지 않는다(영 제46조 제2호 참조).

사업시행계획인가의 경미한 변경(영 제46조) 〈개정 2024.12.17.〉

법 제50조 제1항 단서에서 "대통령령으로 정하는 경미한 사항을 변경하려는 때"란 다음 각 호의 어느 하나에 해당하는 때를 말한다.
1. 정비사업비를 10퍼센트의 범위에서 변경하거나 관리처분계획의 인가에 따라 변경하는 때. 다만, 「주택법」 제2조 제5호에 따른 국민주택을 건설하는 사업인 경우에는 「주택도시기금법」에 따른 주택도시기금의 지원 금액이 증가되지 아니하는 경우만 해당한다.
2. 건축물이 아닌 부대시설·복리시설의 설치규모를 확대하는 때(위치가 변경되는 경우는 제외한다)
3. 대지면적을 10퍼센트의 범위에서 변경하는 때
4. 세대수와 세대당 주거전용면적을 변경하지 않고 세대당 주거전용면적의 10퍼센트의 범위에서 세대 내부 구조의 위치 또는 면적을 변경하는 때
5. 내장재료 또는 외장재료를 변경하는 때 (②)
6. 사업시행계획인가의 조건으로 부과된 사항의 이행에 따라 변경하는 때
7. 건축물의 설계와 용도별 위치를 변경하지 아니하는 범위에서 건축물의 배치 및 주택단지 안의 도로선형을 변경하는 때 (③)
8. 「건축법 시행령」 제12조 제3항 각 호의 어느 하나에 해당하는 사항을 변경하는 때
9. 사업시행자의 명칭 또는 사무소 소재지를 변경하는 때 (④)
10. 정비구역 또는 정비계획의 변경에 따라 사업시행계획서를 변경하는 때 (⑤)
11. 법 제35조 제5항 본문에 따른 조합설립변경 인가에 따라 사업시행계획서를 변경하는 때
11의2. 계산 착오, 오기, 누락이나 이에 준하는 명백한 오류에 해당하는 사항을 정정하는 때
11의3. 사업시행기간을 단축하거나 연장하는 때. 다만, 법 제73조 제1항 각 호에 해당하는 자가 소유하는 토지 또는 건축물(토지 또는 건축물의 소유자가 국가나 지방자치단체인 경우는 제외한다)의 취득이 완료되기 전에 사업시행기간을 연장하는 때는 제외한다.
12. 그 밖에 시·도 조례로 정하는 사항을 변경하는 때

답 ①

16 도시 및 주거환경정비법령상 사업시행계획의 변경시 신고 대상인 경미한 사항의 변경에 해당하지 않는 것은? (단, 조례는 고려하지 않음) 기출 23

① 대지면적을 10퍼센트의 범위에서 변경하는 때
② 사업시행자의 명칭을 변경하는 때
③ 건축물이 아닌 부대시설의 설치규모를 확대하는 때(위치가 변경되는 경우 포함)
④ 정비계획의 변경에 따라 사업시행계획서를 변경하는 때
⑤ 내장재료를 변경하는 때

해설

③ (×) 위치가 변경되는 경우는 제외한다(영 제46조 제2호).
① (○) 영 제46조 제3호
② (○) 영 제46조 제9호
④ (○) 영 제46조 제10호
⑤ (○) 영 제46조 제5호

답 ③

17 도시 및 주거환경정비법령상 관리처분계획에 포함되어야 하는 사항으로 명시되지 않은 것은? 기출 18

① 분양설계
② 분양대상자의 주소 및 성명
③ 세입자의 주거 및 이주대책
④ 기존 건축물의 철거 예정시기
⑤ 세입자별 손실보상을 위한 권리명세 및 그 평가액

해설

③ (×) 세입자의 주거 및 이주 대책은 사업시행계획서에 포함되어야 하는 사항이다(법 제52조 제1항 제4호).
① (○) 분양설계(법 제74조 제1항 제1호)
② (○) 분양대상자의 주소 및 성명(법 제74조 제1항 제2호)
④ (○) 기존 건축물의 철거 예정시기(영 제62조 제5호)
⑤ (○) 세입자별 손실보상을 위한 권리명세 및 그 평가액(법 제74조 제1항 제8호)

답 ③

18 도시 및 주거환경정비법령상 정비사업에 관한 설명으로 옳은 것은? 기출 24

① 재개발사업이란 정비기반시설은 양호하나 노후·불량건축물에 해당하는 공동주택이 밀집한 지역에서 주거환경을 개선하기 위한 사업을 말한다.
② 재건축사업의 경우 정비구역의 지정권자는 하나의 정비구역을 둘 이상의 정비구역으로 분할하여 지정할 수 없다.
③ 재건축사업은 관리처분계획에 따라 건축물을 공급하거나 환지로 공급하는 방법으로 한다.
④ 재개발사업의 시행자가 작성하는 사업시행계획서에는 임시거주시설을 포함한 주민이주대책이 포함되어야 한다.
⑤ 토지등소유자가 20인 미만인 경우에는 토지등소유자가 직접 재개발사업을 시행할 수 없다.

해설

④ (○) 법 제52조 제1항 제3호

사업시행계획서의 작성(법 제52조 제1항)

사업시행자는 정비계획에 따라 다음 각 호의 사항을 포함하는 사업시행계획서를 작성하여야 한다.
1. 토지이용계획(건축물배치계획을 포함한다)
2. 정비기반시설 및 공동이용시설의 설치계획
3. <u>임시거주시설을 포함한 주민이주대책</u>
4. 세입자의 주거 및 이주 대책
5. 사업시행기간 동안 정비구역 내 가로등 설치, 폐쇄회로 텔레비전 설치 등 범죄예방대책
6. 제10조에 따른 임대주택의 건설계획(재건축사업의 경우는 제외한다)
7. 제54조 제4항, 제101조의5 및 제101조의6에 따른 국민주택규모 주택의 건설계획(주거환경개선사업의 경우는 제외한다)
8. 공공지원민간임대주택 또는 임대관리 위탁주택의 건설계획(필요한 경우로 한정한다)
9. 건축물의 높이 및 용적률 등에 관한 건축계획
10. 정비사업의 시행과정에서 발생하는 폐기물의 처리계획
11. 교육시설의 교육환경 보호에 관한 계획(정비구역부터 200미터 이내에 교육시설이 설치되어 있는 경우로 한정한다)
12. 정비사업비
13. 그 밖에 사업시행을 위한 사항으로서 대통령령으로 정하는 바에 따라 시·도조례로 정하는 사항

① (×) 재개발사업이 아닌 재건축사업에 대한 내용이다(법 제2조 제2호 다목).
② (×) 하나의 정비구역을 둘 이상의 정비구역으로 분할할 수 있다(법 제18조 제1항 제1호).
③ (×) 재건축사업은 정비구역에서 인가받은 관리처분계획에 따라 주택, 부대시설·복리시설 및 오피스텔을 건설하여 공급하는 방법으로 한다(법 제23조 제3항). 환지공급방법은 주거환경개선사업 및 재개발사업의 경우 가능하다.
⑤ (×) 재개발사업은 토지등소유자가 20인 미만인 경우에는 토지등소유자가 시행할 수 있다(법 제25조 제1항 제2호).

답 ④

19 도시 및 주거환경정비법령상 관리처분계획에 포함되어야 할 사항에 해당하지 않는 것은? (단, 조례는 고려하지 않음) 기출 22

① 분양대상자별 분양예정인 대지 또는 건축물의 추산액(임대관리 위탁주택에 관한 내용을 포함한다)
② 정비사업비의 추산액(재건축사업의 경우에는 「재건축초과이익 환수에 관한 법률」에 따른 재건축부담금에 관한 사항을 포함하지 아니한다) 및 그에 따른 조합원 분담규모 및 분담시기
③ 분양대상자의 종전 토지 또는 건축물에 관한 소유권 외의 권리명세
④ 세입자별 손실보상을 위한 권리명세 및 그 평가액
⑤ 정비사업의 시행으로 인하여 새롭게 설치되는 정비기반시설의 명세와 용도가 폐지되는 정비기반시설의 명세

해설

② (×) 정비사업비의 추산액(재건축사업의 경우에는 「재건축초과이익 환수에 관한 법률」에 따른 재건축부담금에 관한 사항을 포함한다) 및 그에 따른 조합원 분담규모 및 분담시기(법 제74조 제1항 제6호)

> **관리처분계획의 인가 등(법 제74조 제1항)**
> 사업시행자는 제72조에 따른 분양신청기간이 종료된 때에는 분양신청의 현황을 기초로 다음 각 호의 사항이 포함된 관리처분계획을 수립하여 시장·군수 등의 인가를 받아야 하며, 관리처분계획을 변경·중지 또는 폐지하려는 경우에도 또한 같다. 다만, 대통령령으로 정하는 경미한 사항을 변경하려는 경우에는 시장·군수 등에게 신고하여야 한다.
> 1. 분양설계
> 2. 분양대상자의 주소 및 성명
> 3. 분양대상자별 분양예정인 대지 또는 건축물의 추산액(임대관리 위탁주택에 관한 내용을 포함한다) (①)
> 4. 다음 각 목에 해당하는 보류지 등의 명세와 추산액 및 처분방법. 다만, 나목의 경우에는 제30조 제1항에 따라 선정된 임대사업자의 성명 및 주소(법인인 경우에는 법인의 명칭 및 소재지와 대표자의 성명 및 주소)를 포함한다.
>   가. 일반 분양분
>   나. 공공지원민간임대주택
>   다. 임대주택
>   라. 그 밖에 부대시설·복리시설 등
> 5. 분양대상자별 종전의 토지 또는 건축물 명세 및 사업시행계획인가 고시가 있는 날을 기준으로 한 가격(사업시행계획인가 전에 제81조 제3항에 따라 철거된 건축물은 시장·군수 등에게 허가를 받은 날을 기준으로 한 가격)
> 6. 정비사업비의 추산액(재건축사업의 경우에는 「재건축초과이익 환수에 관한 법률」에 따른 재건축부담금에 관한 사항을 포함한다) 및 그에 따른 조합원 분담규모 및 분담시기
> 7. 분양대상자의 종전 토지 또는 건축물에 관한 소유권 외의 권리명세 (③)
> 8. 세입자별 손실보상을 위한 권리명세 및 그 평가액 (④)

> 9. 그 밖에 정비사업과 관련한 권리 등에 관하여 대통령령으로 정하는 사항(영 제62조)
>   - 법 제73조에 따라 현금으로 청산하여야 하는 토지등소유자별 기존의 토지·건축물 또는 그 밖의 권리의 명세와 이에 대한 청산방법
>   - 법 제79조 제4항 전단에 따른 보류지 등의 명세와 추산가액 및 처분방법
>   - 제63조 제1항 제4호에 따른 비용의 부담비율에 따른 대지 및 건축물의 분양계획과 그 비용부담의 한도·방법 및 시기. 이 경우 비용부담으로 분양받을 수 있는 한도는 정관 등에서 따로 정하는 경우를 제외하고는 기존의 토지 또는 건축물의 가격의 비율에 따라 부담할 수 있는 비용의 50퍼센트를 기준으로 정한다.
>   - 정비사업의 시행으로 인하여 새롭게 설치되는 정비기반시설의 명세와 용도가 폐지되는 정비기반시설의 명세 (⑤)
>   - 기존 건축물의 철거 예정시기
>   - 그 밖에 시·도조례로 정하는 사항

답 ②

20. 도시 및 주거환경정비법령상 관리처분계획에 관한 설명으로 옳은 것은? [기출수정] [기출 17]

① 주택재건축사업에서 주택분양에 관한 권리를 포기하는 토지등소유자에 대한 임대주택의 공급에 따라 관리처분계획을 변경하는 때에는 시장·군수에게 신고하여야 한다.
② 주택재개발사업에서 관리처분계획은 주택단지의 경우 1개의 건축물의 대지는 1필지의 토지가 되도록 정하여야 한다.
③ 주택재건축사업의 관리처분계획에서 분양대상자별 분양예정인 건축물의 추산액을 평가할 때에는 시장·군수가 선정·계약한 2인 이상의 감정평가업자가 평가한 금액을 산술평균하여 산정한다.
④ 주택재개발사업에서 지방자치단체인 토지등소유자에게는 하나 이상의 주택 또는 토지를 소유한 경우라도 1주택을 공급하도록 관리처분계획을 정한다.
⑤ 정비구역에서 인가받은 관리처분계획에 따라 주택 및 부대시설·복리시설을 건설하여 공급하는 주거환경개선사업은 시장·군수 등이 직접 시행할 수 없다.

해설

① (○) 주택분양에 관한 권리를 포기하는 토지등소유자에 대한 임대주택의 공급에 따라 관리처분계획을 변경하는 경우는 대통령령으로 정하는 경미한 사항에 해당되므로 시장·군수 등에게 신고하여야 한다(법 제74조 제1항 단서, 영 제61조 제5호).
② (×) 재개발사업에서 관리처분계획은 1개의 건축물의 대지는 1필지의 토지가 되도록 정할 것. 다만, 주택단지의 경우에는 그러하지 아니하다(영 제63조 제1항 제2호).
③ (×) 재건축사업의 관리처분계획에서 분양대상자별 분양예정인 건축물의 추산액을 평가할 때에는 시장·군수가 선정·계약한 1인 이상의 감정평가업자와 조합총회의 의결로 정하여 선정·계약한 1인 이상의 감정평가업자가 평가한 금액을 산술평균하여 산정한다(법 제74조 제4항 제1호 나목).

④ (×) 재개발사업에서 지방자치단체인 토지등소유자에게는 소유한 주택 수만큼 공급할 수 있다(법 제76조 제1항 제7호 나목).
⑤ (×) 정비구역에서 인가받은 관리처분계획에 따라 주택 및 부대시설·복리시설을 건설하여 공급하는 주거환경개선사업은 시장·군수 등이 직접 시행할 수 있다(법 제24조 제2항, 법 제74조 제7항).

답 ①

21

도시 및 주거환경정비법령상 관리처분계획 등에 관한 설명으로 옳지 않은 것은? (단, 다른 조건은 고려하지 않음) 기출 25

① 사업시행자는 분양신청을 받은 후 잔여분이 있는 경우에는 정관으로 정한 목적을 위하여 그 잔여분을 보류지로 정할 수 있다.
② 사업시행자는 정비사업의 시행으로 건설된 건축물을 인가받은 관리처분계획에 따라 토지등소유자에게 공급하여야 한다.
③ 시장은 관리처분계획의 타당성 검증을 요청하는 경우에는 관리처분계획인가의 신청을 받은 날부터 60일 이내에 인가 여부를 결정하여 사업시행자에게 통지하여야 한다.
④ 사업시행자는 분양신청을 하지 아니한 자와 손실보상에 관한 협의가 성립되지 아니하면 협의기간의 만료일 다음 날부터 60일 이내에 수용재결을 신청하거나 매도청구소송을 제기하여야 한다.
⑤ 종전의 건축물의 전세권자는 사업시행자의 동의를 받지 않더라도 관리처분계획인가의 고시가 있은 때에는 이전고시가 있는 날까지 계속 사용하거나 수익할 수 있다.

해설

⑤ (×) 종전의 건축물의 전세권자는 사업시행자의 동의를 받은 경우 관리처분계획인가의 고시가 있은 때에는 이전고시가 있는 날까지 계속 사용하거나 수익할 수 있다(법 제81조 제1항 단서 제1호).

> **건축물 등의 사용·수익의 중지 및 철거 등(법 제81조 제1항)**
> 종전의 토지 또는 건축물의 소유자·지상권자·전세권자·임차권자 등 권리자는 제78조 제4항에 따른 관리처분계획인가의 고시가 있은 때에는 제86조에 따른 이전고시가 있는 날까지 종전의 토지 또는 건축물을 사용하거나 수익할 수 없다. 다만, 다음 각 호의 어느 하나에 해당하는 경우에는 그러하지 아니하다.
> 1. 사업시행자의 동의를 받은 경우
> 2. 「공익사업을 위한 토지 등의 취득 및 보상에 관한 법률」에 따른 손실보상이 완료되지 아니한 경우

① (○) 법 제79조 제4항 전단
② (○) 법 제79조 제2항
③ (○) 법 제78조 제2항 단서
④ (○) 법 제73조 제1항, 제2항

답 ⑤

제4장 비용의 부담 등

01 도시 및 주거환경정비법령상 비용의 부담 등에 관한 설명으로 옳지 <u>않은</u> 것은? 기출 23

① 사업시행자는 토지등소유자로부터 정비사업비용과 정비사업의 시행과정에서 발생한 수입의 차액을 부과금으로 부과·징수할 수 있다.
② 체납된 부과금 또는 연체료의 부과·징수를 위탁받은 시장·군수 등은 지방세 체납처분의 예에 따라 부과·징수할 수 있다.
③ 공동구점용예정자가 부담할 공동구의 설치에 드는 비용의 부담비율은 공동구의 점용예정면적 비율에 따른다.
④ 부담금의 납부통지를 받은 공동구점용예정자는 공동구의 설치공사가 착수되기 전에 부담금액의 3분의 1 이상을 납부하여야 한다.
⑤ 시장·군수 등은 시장·군수 등이 아닌 사업시행자가 시행하는 정비사업의 정비계획에 따라 설치되는 임시거주시설에 대해서는 그 건설비용의 전부를 부담하여야 한다.

해설

⑤ (×) 시장·군수 등은 시장·군수 등이 아닌 사업시행자가 시행하는 정비사업의 정비계획에 따라 설치되는 임시거주시설에 대하여는 그 건설에 드는 비용의 <u>전부 또는 일부를</u> 부담할 수 있다(법 제92조 제2항 제2호).
① (○) 법 제93조 제1항
② (○) 법 제93조 제5항
③ (○) 법 제94조 제2항, 규칙 제16조 제2항
④ (○) 규칙 제16조 제4항

답 ⑤

02 도시 및 주거환경정비법령상 비용부담 등에 관한 설명으로 옳지 않은 것은? 기출 16

① 시장·군수는 시장·군수가 아닌 사업시행자가 시행하는 정비사업의 정비계획에 따라 설치되는 도시·군계획시설 중 녹지에 대하여는 그 건설에 소요되는 비용의 전부 또는 일부를 부담할 수 있다.
② 시장·군수는 그가 시행하는 정비사업으로 인하여 현저한 이익을 받는 정비기반시설의 관리자가 있는 경우에는 그 정비기반시설의 관리자와 협의하여 당해 정비사업비의 3분의 2까지를 그 관리자에게 부담시킬 수 있다.
③ 시장·군수가 아닌 사업시행자는 부과금 또는 연체료를 체납하는 자가 있는 때에는 시장·군수에게 그 부과·징수를 위탁할 수 있다.
④ 공동구에 수용될 전기·가스·수도의 공급시설과 전기통신시설 등의 관리자가 부담할 공동구의 설치에 소요되는 비용의 부담비율은 공동구의 점용예정면적비율에 의한다.
⑤ 사업시행자가 정비사업비의 일부를 정비기반시설의 관리자에게 부담시키고자 하는 때에는 정비사업에 소요된 비용의 명세와 부담 금액을 명시하여 그 비용을 부담시키고자 하는 자에게 통지하여야 한다.

해설

② (×) 시장·군수 등은 자신이 시행하는 정비사업으로 현저한 이익을 받는 정비기반시설의 관리자가 있는 경우에는 대통령령으로 정하는 방법 및 절차에 따라 해당 정비사업비의 일부를 그 정비기반시설의 관리자와 협의하여 그 관리자에게 부담시킬 수 있다. 정비기반시설 관리자가 부담하는 비용의 총액은 해당 정비사업에 소요된 비용(정비사업의 조사·측량·설계 및 감리에 소요된 비용을 제외한다)의 3분의 1을 초과해서는 아니 된다. 다만, 다른 정비기반시설의 정비가 그 정비사업의 주된 내용이 되는 경우에는 그 부담비용의 총액은 해당 정비사업에 소요된 비용의 2분의 1까지로 할 수 있다(법 제94조 제1항, 영 제78조 제1항).
① (○) 법 제92조 제2항, 영 제77조 제6호
③ (○) 법 제93조 제4항
④ (○) 규칙 제16조 제2항
⑤ (○) 영 제78조 제2항

답 ②

03 도시 및 주거환경정비법령상 비용부담 등에 관한 설명으로 옳지 않은 것은? 기출 18

① 정비사업비는 「도시 및 주거환경정비법」 또는 다른 법령에 특별한 규정이 있는 경우를 제외하고는 사업시행자가 부담한다.
② 사업시행자는 토지등소유자로부터 정비사업비용과 정비사업의 시행과정에서 발생한 수입의 차액을 부과금으로 부과·징수할 수 있다.
③ 시장·군수가 아닌 사업시행자는 부과금 또는 연체료를 체납하는 자가 있는 때에는 시장·군수에게 그 부과·징수를 위탁할 수 있다.
④ 국가는 시장·군수가 아닌 사업시행자가 시행하는 정비사업에 소요되는 비용의 일부에 대해 융자를 알선할 수 없다.
⑤ 정비구역 안의 국·공유재산은 정비사업외의 목적으로 매각하거나 양도할 수 없다.

해설

④ (×) 국가 또는 지방자치단체는 시장·군수 등이 아닌 사업시행자가 시행하는 정비사업에 드는 비용의 일부를 보조 또는 융자하거나 융자를 알선할 수 있다(법 제95조 제3항).
① (○) 법 제92조 제1항
② (○) 법 제93조 제1항
③ (○) 법 제93조 제4항
⑤ (○) 법 제98조 제3항

답 ④

제5장　공공재개발사업 및 공공재건축사업

01 도시 및 주거환경정비법령상 공공재개발사업 등에 관한 설명으로 옳지 않은 것은?

① 정비구역의 지정권자는 비경제적인 건축행위 및 투기 수요의 유입을 방지하고, 합리적인 사업계획을 수립하기 위하여 공공재개발사업을 추진하려는 구역을 공공재개발사업 예정구역으로 지정할 수 있다.
② 정비계획의 입안권자 또는 토지주택공사 등은 정비구역의 지정권자에게 공공재개발사업 예정구역의 지정을 신청할 수 있다.
③ 정비구역의 지정권자는 공공재개발사업 예정구역이 지정·고시된 날부터 2년이 되는 날까지 공공재개발사업 예정구역이 공공재개발사업을 위한 정비구역으로 지정되지 아니하거나, 공공재개발사업 시행자가 지정되지 아니하면 그 2년이 되는 날에 공공재개발사업 예정구역 지정을 해제하여야 한다.
④ 정비구역의 지정권자는 기본계획을 수립하거나 변경하지 아니하고 공공재개발사업을 위한 정비계획을 결정하여 정비구역을 지정할 수 있다.
⑤ 정비계획의 입안권자는 공공재개발사업의 추진을 전제로 정비계획을 작성하여 정비구역의 지정권자에게 공공재개발사업을 위한 정비구역의 지정을 신청할 수 있다.

해설

③ (×) 정비구역의 지정권자는 공공재개발사업 예정구역이 지정·고시된 날부터 2년이 되는 날까지 공공재개발사업 예정구역이 공공재개발사업을 위한 정비구역으로 지정되지 아니하거나, 공공재개발사업 시행자가 지정되지 아니하면 그 <u>2년이 되는 날의 다음 날</u>에 공공재개발사업 예정구역 지정을 해제하여야 한다(법 제101조의2 제5항).
① (○) 법 제101조의2 제1항
② (○) 법 제101조의2 제2항
④ (○) 법 제101조의3 제1항
⑤ (○) 법 제101조의3 제2항

답 ③

제6장 감독 등

01 도시 및 주거환경정비법령상 정비사업의 공공지원에 관한 설명으로 옳지 않은 것은?

① 시장·군수 등은 정비사업의 투명성 강화 및 효율성 제고를 위하여 시·도조례로 정하는 정비사업에 대하여 사업시행 과정을 지원(이하 "공공지원"이라 한다)할 수 있다.
② 시장·군수 등은 위탁지원자의 공정한 업무수행을 위하여 관련 자료의 제출 및 조사, 현장점검 등 필요한 조치를 할 수 있다.
③ 공공지원에 필요한 비용은 시장·군수 등이 부담하되, 특별시장, 광역시장 또는 도지사는 관할 구역의 시장, 군수 또는 구청장에게 특별시·광역시 또는 도의 조례로 정하는 바에 따라 그 비용의 일부를 지원할 수 있다.
④ 사업대행자가 정비사업을 시행하는 경우에는 토지등소유자의 3분의 2 이상의 동의를 받아 시공자를 선정할 수 있다.
⑤ 공공지원의 시행을 위한 방법과 절차, 기준 및 도시·주거환경정비기금의 지원, 시공자 선정 시기 등에 필요한 사항은 시·도조례로 정한다.

해설

④ (×) 사업대행자가 정비사업을 시행하는 경우에는 토지등소유자의 과반수 동의를 받아 시공자를 선정할 수 있다(법 제118조 제7항 제2호).

> **정비사업의 공공지원(법 제118조)**
> ⑦ 제6항에도 불구하고 다음 각 호의 어느 하나에 해당하는 경우에는 토지등소유자(제35조에 따라 조합을 설립한 경우에는 조합원을 말한다)의 과반수 동의를 받아 제29조 제4항에 따라 시공자를 선정할 수 있다. 다만, 제1호의 경우에는 해당 건설업자를 시공자로 본다.
> 1. 조합이 제25조에 따라 건설업자와 공동으로 정비사업을 시행하는 경우로서 조합과 건설업자 사이에 협약을 체결하는 경우
> 2. 제28조 제1항 및 제2항에 따라 사업대행자가 정비사업을 시행하는 경우

① (○) 법 제118조 제1항
② (○) 법 제118조 제3항
③ (○) 법 제118조 제4항
⑤ (○) 법 제118조 제6항

답 ④

제7장 보칙 및 벌칙

01 도시 및 주거환경정비법령상 도시·주거환경정비기금의 용도에 해당하는 것을 모두 고른 것은?

> ㄱ. 정비사업으로서 재건축진단 및 정비계획의 수립에 해당하는 사항
> ㄴ. 임대주택의 건설·관리
> ㄷ. 주택개량의 지원
> ㄹ. 정비구역 등이 해제된 지역에서의 정비기반시설의 설치 지원

① ㄱ, ㄴ
② ㄴ, ㄷ
③ ㄷ, ㄹ
④ ㄱ, ㄴ, ㄷ
⑤ ㄱ, ㄴ, ㄷ, ㄹ

해설

도시·주거환경정비기금의 용도(법 제126조 제3항) 〈개정 2024.12.3.〉
정비기금은 다음 각 호의 어느 하나의 용도 이외의 목적으로 사용하여서는 아니 된다.
1. 이 법에 따른 정비사업으로서 다음 각 목의 어느 하나에 해당하는 사항
   가. 기본계획의 수립
   나. 재건축진단 및 정비계획의 수립 (ㄱ)
   다. 추진위원회의 운영자금 대여
   라. 그 밖에 이 법과 시·도조례로 정하는 사항
2. 임대주택의 건설·관리 (ㄴ)
3. 임차인의 주거안정 지원
4. 「재건축초과이익 환수에 관한 법률」에 따른 재건축부담금의 부과·징수
5. 주택개량의 지원 (ㄷ)
6. 정비구역 등이 해제된 지역에서의 정비기반시설의 설치 지원 (ㄹ)
7. 「빈집 및 소규모주택 정비에 관한 특례법」 제44조에 따른 빈집정비사업 및 소규모주택정비사업에 대한 지원
8. 「주택법」 제68조에 따른 증축형 리모델링의 안전진단 지원
9. 제142조에 따른 신고포상금의 지급

답 ⑤

2026 시대에듀 감정평가사 1차 감정평가관계법규 한권으로 끝내기

개정2판1쇄 발행	2025년 07월 30일(인쇄 2025년 06월 25일)
초 판 발 행	2024년 01월 05일(인쇄 2023년 10월 06일)
발 행 인	박영일
책 임 편 집	이해욱
저 자	시대법학연구소
편 집 진 행	심정은
표지디자인	박종우
편집디자인	손설이 · 임창규
발 행 처	(주)시대고시기획
출 판 등 록	제10-1521호
주 소	서울시 마포구 큰우물로 75 [도화동 538 성지 B/D] 9F
전 화	1600-3600
팩 스	02-701-8823
홈 페 이 지	www.sdedu.co.kr
I S B N	979-11-383-8906-8 (13360)
정 가	42,000원

※ 이 책은 저작권법의 보호를 받는 저작물이므로 동영상 제작 및 무단전재와 배포를 금합니다.
※ 잘못된 책은 구입하신 서점에서 바꾸어 드립니다.

혼자 공부하기 힘드시다면 방법이 있습니다.
시대에듀의 동영상 강의를 이용하시면 됩니다.
www.sdedu.co.kr → 회원가입(로그인) → 강의 살펴보기

합격의 공식 **시대에듀**

감정평가사 1·2차
유료 동영상 강의

합격을 위한 동반자, 시대에듀 유료 동영상 강의와 함께하세요!

www.sdedu.co.kr

수강회원들을 위한 **특별한 혜택!**

》 무제한 반복 수강
PC + 모바일 스트리밍 서비스 무제한 수강 가능!

》 G-TELP 청취 특강
영어능력검정시험 대비용 지텔프 청취 특강 제공

》 회계 기초 과정 특강
회계 노베이스를 위한 기초회계 강의&교재 제공

》 1:1 맞춤학습 Q&A 제공
온라인피드백 서비스로 빠른 답변 제공

◀◀◀ 강의신청 바로가기

유료 동영상 강의 문의 1600-3600

※ 동영상 상품에 따라 제공되는 구성에 차이가 있을 수 있습니다.

시대에듀 감정평가사 1·2차 시리즈

1차 라인업

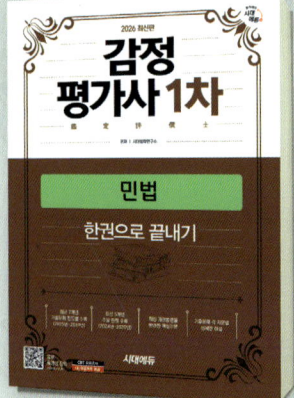

감정평가사 1차
민법 한권으로 끝내기

감정평가사 1차
경제학원론 기본서

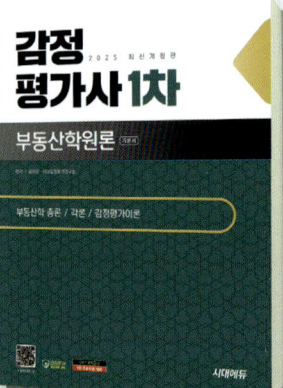

감정평가사 1차
부동산학원론 기본서

감정평가사 1차
감정평가관계법규 한권으로 끝내기

감정평가사 1차
회계학 기본서

감정평가사 1차
기출문제집

단기합격을 위한 최적의 시리즈!
감정평가사 기출이 충실히 반영된 시리즈!

2차 라인업

감정평가사 2차
감정평가 및 보상법규

감정평가사 2차
감정평가이론

감정평가사 2차
감정평가실무

※ 도서의 이미지 및 세부사항은 변경될 수 있습니다.

28.55%

*2025년 감정평가사 1차 합격률

CBT 모의고사로 최종 합격 점검!

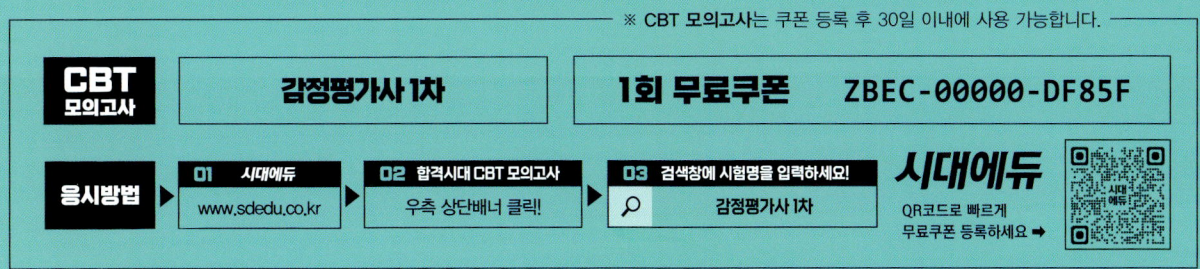

감정평가사
대표브랜드
시대에듀

시대에듀

정가 42,000원

발행일 2025년 7월 30일 | **발행인** 박영일 | **책임편집** 이해욱
편저 시대법학연구소 | **발행처** (주)시대고시기획
등록번호 제10-1521호 | **대표전화** 1600-3600 | **팩스** (02)701-8823
주소 서울시 마포구 큰우물로 75 [도화동 538 성지B/D] 9F
학습문의 www.sdedu.co.kr

ISBN 979-11-383-8906-8

※ 이 책은 저작권법에 의해 보호를 받는 저작물이므로 동영상 제작 및 무단전재와 복제를 금합니다.